U0922496

泰州年鉴

TAIZHOU YEARBOOK

2020

中共泰州市委 泰州市人民政府 主 办
泰州市党史方志办公室 编

方志出版社
Publishing House of Local Records

图书在版编目（CIP）数据

泰州年鉴. 2020 / 泰州市党史方志办公室编. -- 北京：方志出版社，2020. 9
ISBN 978-7-5144-4318-9

Ⅰ. ①泰… Ⅱ. ①泰… Ⅲ. ①泰州－2020－年鉴 Ⅳ. ①Z525.33

中国版本图书馆CIP数据核字（2020）第171373号

泰州年鉴（2020）

编　　者：	泰州市党史方志办公室
责任编辑：	宁　芳
出 版 者：	方志出版社
	地址　北京市朝阳区潘家园东里9号（国家方志馆4层）
	邮编　100021
	网址　http://www.zgfzcb.cn
发　　行：	方志出版社图书经销中心
	电话（010）67110500
经　　销：	各地新华书店
印　　刷：	南京凯德印刷有限公司
开　　本：	889×1194　　1/16
印　　张：	28.5
字　　数：	1209千字
版　　次：	2020年9月第1版　　2020年9月第1次印刷
印　　数：	0001~1500册

ISBN 978-7-5144-4318-9　　定价：300.00元

· 版权所有　翻印必究 ·

泰州年鉴编纂委员会

主　　任　朱立凡

副 主 任　张余松　臧大存　王学锋　王金国　沈明刚

委　　员　刘文来　沈惠彪　查学斌　吉志铭　戴庆柳

李　向　张士林　祝　光　万永良　刘秋平

徐生炉　戚才俊　李兴国　许向前　李龙根

毛正球　钱建网　刘宏鸣　顾维中　傅　升

李　军　商　喜　吴学华　邵春宁　王　亮

丁春华　孙佳玲　李新美　章惠明　任志强

主　　编　张士林

副 主 编　吴学华

编　　辑　张　华　耿　维　叶　彤　王　卉

泰州荣誉

全国文明城市

国家水生态文明城市

国家生态市

国家园林城市

国家环保模范城市

国家卫生城市

全国双拥模范城市

国家历史文化名城

中国优秀旅游城市

国内十佳旅游目的地

中国质量奖提名奖

全国科技进步先进市

中国地级市全面小康指数前100强

世界卫生健康组织健康城市联盟会员

泰州数据（2019年度）

户籍人口：500.55万人

总面积：5787.98平方千米

长江岸线：97.8千米

地区生产总值：5133.36亿元

泰州风物

国家级非物质文化遗产：	宝卷（靖江宝卷）	茅山号子	淮剧
	盆景技艺（扬派盆景技艺）	传统木船制造技艺	
	清明节（溱潼会船）	清明节（茅山会船）	
国家AAAAA级旅游景区：	溱湖国家湿地公园		
全国重点文物保护单位：	天目山遗址	泰州市城隍庙	人民海军诞生地
	日涉园	学政试院	上池斋药店
	黄桥战斗旧址	蒋庄遗址	兴化垛田

江苏中部支点城市建设

2019年，泰州市围绕省委确定的“建设江苏高质量发展中部支点城市”目标定位，紧抓战略“支点”建设机遇，以提升城市、交通、产业三大能级为关键支撑，着力打造长三角地区协同发展的中部门户城市、中轴交通枢纽、高质量发展新增长极，奋力谱写新时代长征之歌的泰州篇章。

◆ 以建设长三角中部门户城市为目标，统筹推进“一主一新一特”中心城市融合发展

做精做优主城区。图为泰山公园一隅 （市生态环境局　供图）

做大做强新城区。图为初具雏形的南部新城体育公园 （储忠源　摄）

做特做美姜堰区。图为姜堰城区河滨广场夜景（陆振东　摄）

◆ 以建设长三角中轴交通枢纽为目标，全面构建“面向长三角，接轨苏宁杭”互联互通立体交通网络

泰州永定路西段快速化改造项目竣工，实现全程快速通车 （顾祥忠　摄）

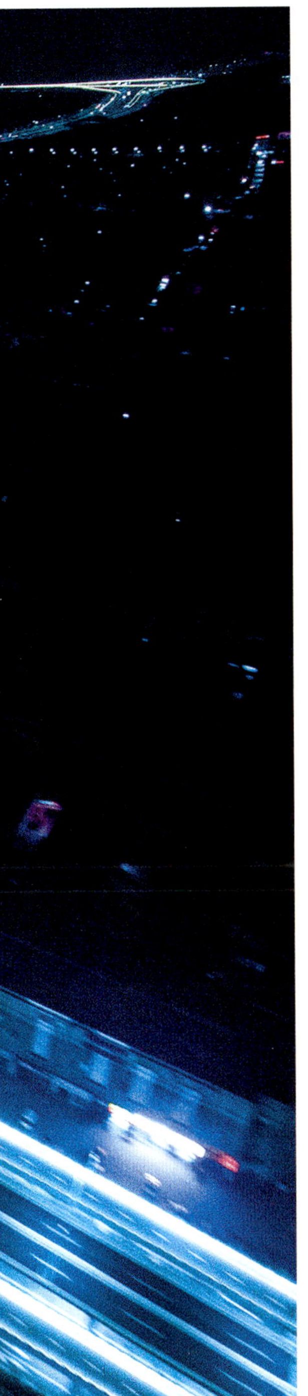

国家一类开放口岸泰州港与上海洋山港实现“日日快航”（高卫东 摄）

国内首座“三位一体”的跨江大桥——常泰长江大桥开工建设。图为常泰长江大桥建设现场（《泰州日报》社 供图）

◆ 以建设长三角高质量发展新增长极为目标，着力打造生物医药和新型医疗器械、高端装备和高技术船舶、化工及新材料三大先进制造产业集群

高端装备制造业重大项目建设进展顺利。图为2019年11月11日长城汽车泰州整车项目开工仪式现场

（顾祥忠　摄）

民营造船完工量突破1000万吨载重量。图为民营造船世界前10强、获评2018年最佳造船企业的新时代造船有限公司造船现场　（市委宣传部　供图）

医药产业规模居全国地级市首位，连续10年领跑江苏。图为2019年第十届中国（泰州）国际医博会展会现场交流 （市委宣传部 供图）

推动化工及新材料特色产业集群集聚。图为吸收合并东联化工、中海沥青（泰州）的中海油气（泰州）石化有限公司夜景（王建春 摄）

健康长江泰州行动

泰州市贯彻“让母亲河永葆生机活力”“对母亲河做一个大体检”重要精神，把修复长江生态环境摆在压倒性位置，全面启动“健康长江泰州行动”，打响“蓝天、碧水、净土”三大保卫战，举全市之力守护一江清水、两岸葱绿，推进生产、生活、生态和谐交融，让绿色成为发展的鲜明底色和突出标识。

泰州市被列为全国长江入河排污口排查整治专项行动首批试点城市。图为2019年7月9日全市“向环境污染宣战”督察“百人团”在泰兴市专项调研督察现场（顾祥忠 摄）

建成全国地级市首家遥感应用基地和“健康长江行动”大数据平台，组建“健康长江行动”指挥中心，在全国率先启动“长江大体检”。图为2019年3月19日生态环境部执法局相关人员在泰州通过无人机视频查看长江入河排污口（顾祥忠 摄）

全面推进长江生态环境整治修复，长江岸线绿化美化面积300多万平方米。图为依江而建的靖江音乐花海公园 （戴红章　摄）

全面推进沿江化工行业整治，关闭、整改、整治化工企业60多家。图为整治后的全球最大的氯乙酸和酞菁颜料生产基地——泰兴经济开发区

（《泰州通讯》 供图）

全面推进长江生态反哺增殖放流。图为泰州市个人出资增殖放流濒危品种第一人——“中国好人”陈伟（左一）放流河豚苗现场

（《泰州通讯》 供图）

十年“城”就

2009年，国务院批复中国医药城升级为国家级高新区，成为当时全国唯一的国家级医药高新区。十年光阴荏苒，中国医药城砥砺前行，从无到有，硕果累累。获评国家创新型特色园区、全国唯一的新型疫苗及特异性诊断试剂产业集聚发展试点、国家新药重大专项产业化示范基地。汇聚国内外知名医药企业、海内外高层次人才落户创业，2100多项医药创新成果落地申报。形成疫苗、抗体、诊断试剂及高端医疗器械、化学药新型制剂、中药现代化和特医食品六大特色产业集群。2019年，实现地区生产总值321.39亿元，税收收入31.01亿元。

泰州中国医药城核心区占地面积30平方千米，拥有科研开发区、生产制造区、会展交易区、康健医疗区等6大功能区域。图为会展交易区的中国医药城会展交易中心 （顾祥忠　摄）

被中组部授予“海外高层次人才创新创业基地”，集聚国家最高科学技术奖获得者、“两院”院士等在内的国内外高层次人才4000多名。图为在国家新药创制基地实验室的高端科研人员 （顾祥忠　摄）

获批国家创新型产业集群试点等多个国家级试点，是国家唯一的新型疫苗及特异性诊断试剂产业集聚发展试点基地。图为中国医药城疫苗工程中心 （《泰州通讯》 供图）

开展国内最大的单一地区健康人群队列研究，"泰州队列" 被纳入国家精准医学计划。图为 2019 年第十届中国（泰州）国际医药博览会上客户现场体验皮肤测试

（《泰州通讯》 供图）

国际遗传工程与生物技术中心全球首家区域研究中心落户泰州，并建成16个医疗器械工程技术研究中心（平台）。图为分子诊断和基因测序技术研发公共服务平台

（《泰州通讯》 供图）

集聚国内外医药企业1000多家，阿斯利康、武田制药、勃林格殷格翰等13家全球知名跨国制药企业落户泰州中国医药城。图为阿斯利康全球最大的独立生产基地（泰州）——阿斯利康药业（中国）有限公司厂区一角 （《泰州通讯》 供图）

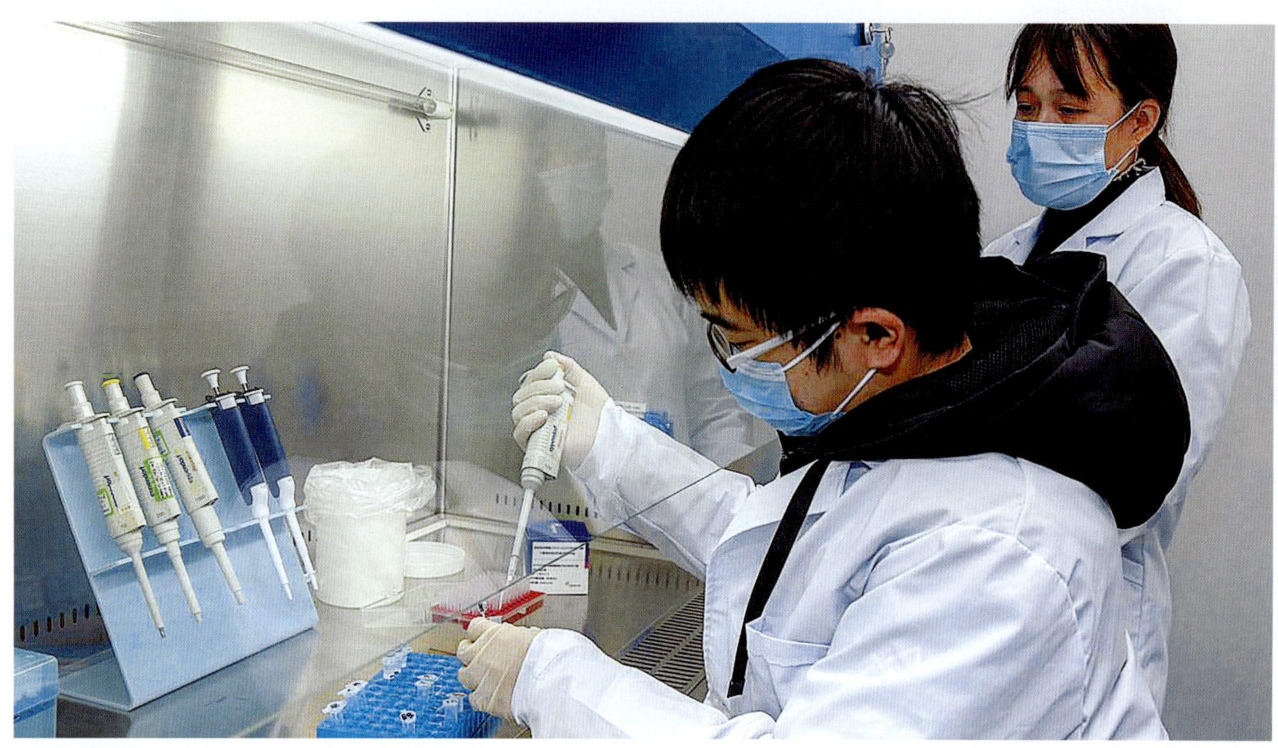

2019年12月5日，国内分子诊断行业的标杆企业——江苏硕世生物科技股份有限公司成功登陆“科创板”资本市场。图为硕世生物实验室 （顾祥忠 摄）

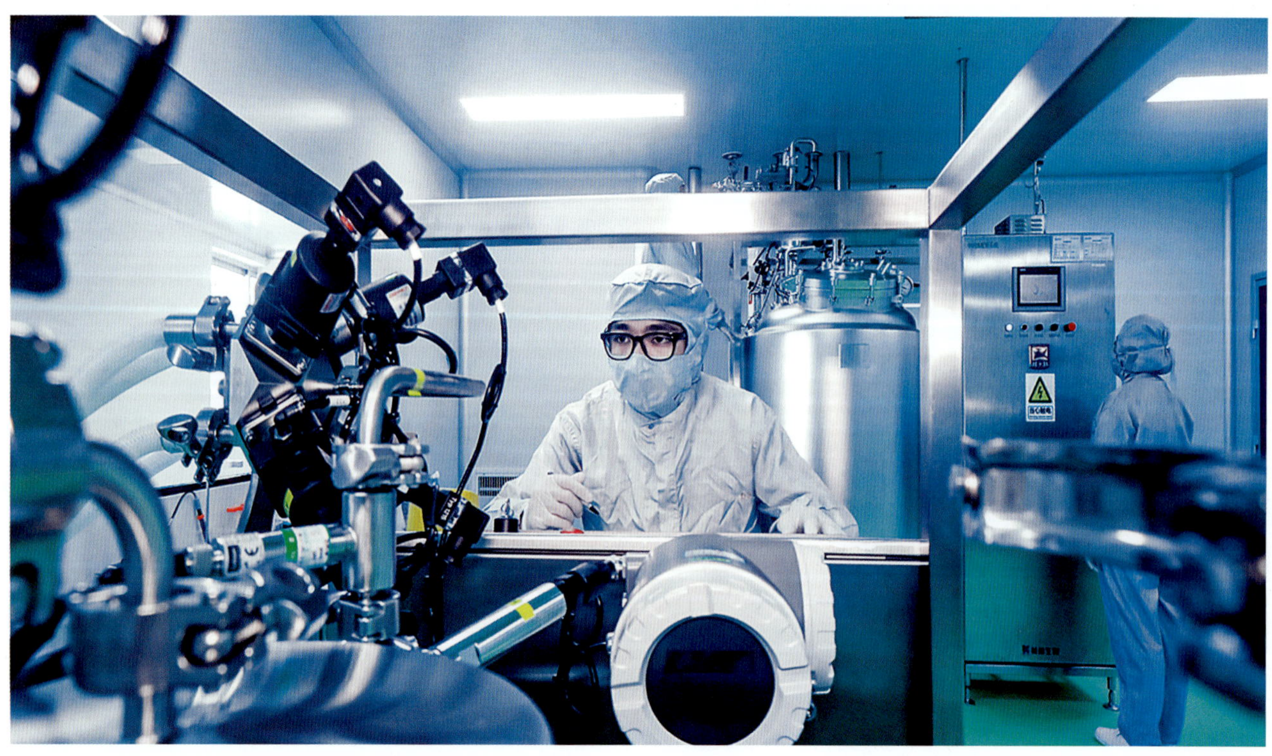

泽成生物技术有限公司自主研发的仪器及体外配套试剂通过欧盟认证。图为泽成生物研发实验室 （《泰州通讯》 供图）

泰州迈博太科药业研发的新生物制品二类新药“CMAB806”获临床批件，成为国内首张托珠单抗生物类似药临床批件。图为泰州迈博太科药业实验室（王惠清　摄）

泰州太美

秀水天堂

全国现存最完好的千年古护城河——泰州凤城河鸟瞰 （孙 丹 摄）

全国第二家、江苏省首家国家级湿地公园——溱湖湿地 （《泰州通讯》 供图）

江苏水美乡镇——海陵区九龙镇九岛环湖（胡兆明　摄）

世界最大水上庙会——溱潼会船（顾晓中 摄）

全球重要农业文化遗产（GIAHS）项目——兴化垛田　（汤德宏　摄）

2019年度全国“最具人气路”——兴化千垛美路（《泰州通讯》供图）

中国美丽休闲乡村——泰兴市黄桥镇祁巷村小南湖风景区 （鲁孝祖　摄）

江苏省文旅消费集聚区——靖江新城休闲水街（靖江市史志办　供图）

美食之都

全国首家国家级出口食品农产品质量安全示范区。图为首批全国受欧盟保护的地理标志农产品兴化香葱收获场景

（李红明　摄）

全国首创“农家宴”地方标准。图为按标准制作出炉的黄桥烧饼 （《泰州通讯》 供图）

靖江市获评全国唯一“中国四季美食名城”。图为2019年9月17日“寻味泰州”水城蟹乡美食旅游季上海交流推广周现场

（市文广旅局　供图）

泰州美食名播四海。图为2019年9月6日“水韵江苏·相约澳门”江苏文化嘉年华，嘉宾品尝泰州美食

（市文广旅局　供图）

泰州部分特色美食（市文广旅局　供图）

红色传承

庆祝中华人民共和国成立70周年。图为高港实验小学开展“我和我的祖国”国庆歌会 （《泰州通讯》 供图）

水兵母亲城——中国人民解放军海军诞生地。图为庆祝人民海军成立70周年“从泰州启航”快闪融媒体作品制作场景 （泰州广电传媒集团 供图）

全国双拥模范城。图为2019年4月27日海陵区钟楼社区街坊邻居为百岁老兵徐世椿摆长街宴庆祝生日 （周孝宇 摄）

渡江战役千里战线的东线起点。2019年4月18日，举行“东线第一帆”纪念公园、纪念馆授牌仪式。图为“东线第一帆”纪念公园 （靖江市史志办 供图）

“东线第一帆”纪念馆
（靖江市史志办　供图）

2019年4月16日，举办《东线第一帆——泰州市纪念渡江战役胜利70周年档案史料图片展》。图为展览现场
（市史志办　供图）

丰韵人文

享誉全国、独具特色的盐税文化。图为古盐运河新貌 （顾祥忠　摄）

闻名世界的泰州“人文三水”——施耐庵《水浒》、郑板桥“水墨”、梅兰芳“水袖”。图为泰州梅派京剧领军人李萍（右）指导小戏迷
（胡兆明　摄）

北宋教育思想家胡瑗首创分斋教学制度。图为2019年“书香泰州——胡瑗读书节”活动中享受阅读的孩子们 （胡兆明　摄）

中国历史上第一个思想启蒙学派——泰州学派。图为2019年10月31日江南文脉·泰州学派分论坛暨泰州学派学术研讨会在泰州开幕（顾祥忠　摄）

城市文化新名片——“里下河文学流派”。图为里下河文学流派代表人物、第八届茅盾文学奖获得者毕飞宇（《泰州通讯》供图）

源于始皇时期、彰显水城水乡农耕文化的里下河地区最具代表性的劳动号子——国家级“非遗”保护项目兴化茅山号子（骆忠明 摄）

国家级“非遗”保护项目——泰州盆景（《泰州通讯》供图）

姜堰面塑省级传承人王洪祥展示面塑作品（《泰州通讯》供图）

泰兴市黄桥镇建有国内首家提琴文化体验旅游风景区及国内最大乐器博览馆，被誉为“东方小提琴之乡”。图为工人调试提琴（市委宣传部　供图）

温馨家园

在全省率先建立经济发展和扩大就业联动机制，城镇就业水平全省最高。上图为海内外英才落户泰州。下图为2019第二届环保人才供需洽谈会暨环境技术交流会现场。（市人社局、市科技局　供图）

在全省率先推进“全市域”网格化社会治理。上图为高港区实验小学学生接受法治教育。下图为志愿者为市民讲解泰州市精神文明建设史上首部地方性法规——《泰州市文明行为条例》（《泰州通讯》 供图）

在全省率先实现优质高中教育全覆盖。2019年江苏省泰州中学入选省首批20所高品质示范高中建设立项
（市委宣传部　供图）

在全省率先实施健康扶贫补充保险。图为泰州市中医院到海陵区苏陈镇西石羊村送医下乡
（《泰州通讯》 供图）

在全省率先推出养老服务“三张券”（机构托养券、社区照护券、邻里互助券）。图为海陵区京泰路街道响林社区养老服务中心就餐点 （《泰州通讯》 供图）

在全省率先出台并实施《特色田园乡村建设行动计划》。图为入选全国“一村一品”示范村镇的兴化市沙沟镇淡水鱼捕捞现场（骆忠明　摄）

创成省级“四好农村路”示范市，“泰美农路”获评全国交通运输“政务事业类十佳文化品牌”。图为靖江市“靖善靖美·马洲农路”（靖江市史志办　供图）

主城区设立18个校园护学岗。图为放学时段交警执勤护送小学生安全过马路 （市委宣传部　供图）

全面开展智慧农贸市场“阳光菜篮子”建设。图为市三星级农贸市场——育才农贸市场 （《泰州通讯》 供图）

建成国家水生态文明市。图为全球生态环境500佳姜堰区河横村全景 （薛春凤　摄）

入选中国地级市全面小康指数前100强。图为水乡人制作年货（梅存锁　摄）

描绘泰州太美幸福之城 （李爱新　摄）

编辑说明

1.《泰州年鉴》是中共泰州市委、泰州市人民政府主办，泰州市党史方志办公室编纂的系统记述泰州市自然、政治、经济、文化、社会、生态等方面情况的综合性年度资料文献。1998年出版首卷，本卷年鉴为第23卷。

2. 本卷年鉴以马克思列宁主义、毛泽东思想、邓小平理论、“三个代表”重要思想、科学发展观、习近平新时代中国特色社会主义思想为指导，实事求是、较为全面翔实地记述2019年泰州市的基本情况及发生的各种大事、要事、新事和有影响的事，反映全市人民在改革开放、经济建设以及社会发展中取得的新成就、新进展、新经验。

3. 本卷年鉴采用分类编辑法，分为类目、分目、条目3个层次，部分分目下设副分目，条目为记述实体。类目、分目标题以不同字体字号标识，类目标题标于书眉，副分目标题前后加“·”表示，条目标题加“【】”表示。全书共分39个类目，设244个分目、101个副分目、1779个条目，收录表格85张、名录16份、随文图片168幅。

4. 本卷年鉴突出年度特色和地方特色。与2019卷年鉴相比，本卷年鉴在框架设置上作部分调整，如新设大健康产业、基础设施等类目，增设健康长江泰州行动、自然资源与保护、市场监督管理、节庆会展等分目，调整服务业、生态建设、城乡建设与发展、人力资源、人物等类目内容设置；彩页中设置江苏中部支点城市建设、健康长江泰州行动、十年“城”就、泰州太美4个专题，定格2019年泰州发展大事、要事瞬间。

5.《泰州年鉴》卷首有中文目录，卷末有索引，索引采用主题分析法编制。全书所有资料可通过目录、书眉、索引等检索渠道查阅。

6.《泰州年鉴》的文字资料由泰州市各部门、各市（区）及驻泰单位提供，相关数据、资料均经各部门领导审阅。书中所涉及机构名称采用规范化简称或习惯性简称，目录前备有部分组织机构简称、全称对照表。大事纪要类目中“Δ”表示“同日”，表格中“#”表示“其中主要部分”。撰稿人姓名加“（）”列于所撰正文之后，同一类目内相邻条目为同一撰稿人的，则列于末条正文之后。全书主要综合性统计资料由泰州市统计局提供。由于统计的来源、口径、方式、方法和时间的不同，所用统计数据可能存在一定差异，使用时请以泰州市统计局提供的统计资料数据为准；凡泰州市统计局未作统计的，以供稿单位提供的数据为准。为保持文献原貌、遵从行业习惯，特载、附录类目中所刊文献的文字、数据、计量单位均未作变动。

7.《泰州年鉴》除出版纸质本外，同时制作电子版，并在泰州市人民政府网站（http://www.taizhou.gov.cn）和记忆泰州（http://www.szb.taizhou.gov.cn）设立网页链接，供各界人士查阅。

部分组织机构简称、全称对照表

简　称	全　称	简　称	全　称
市委	中国共产党泰州市委员会	市民宗局	泰州市民族宗教事务局
市人大常委会	泰州市人民代表大会常务委员会	市机关管理局	泰州市机关事务管理局
市政府	泰州市人民政府	市外办	泰州市人民政府外事办公室
市政协	中国人民政治协商会议泰州市委员会	市金管局	泰州市地方金融监督管理局
市纪委监委	中国共产党泰州市纪律检查委员会 泰州市监察委员会	市供销社	泰州市供销合作总社
市法院	江苏省泰州市中级人民法院	市国资委	泰州市人民政府国有资产监督管理委员会
市检察院	江苏省泰州市人民检察院	市税务局	国家税务总局泰州市税务局
市委办	中国共产党泰州市委员会办公室	市人行	中国人民银行泰州市中心支行
市政府办	泰州市人民政府办公室	市银保监局	中国银行保险监督管理委员会泰州监管分局
市文明办	泰州市精神文明建设指导委员会办公室	工行泰州分行	中国工商银行股份有限公司泰州分行
市委统战部	中国共产党泰州市委员会统一战线工作部	建行泰州分行	中国建设银行股份有限公司泰州分行
市委政法委	中国共产党泰州市委员会政法委员会	中行泰州分行	中国银行股份有限公司泰州分行
市委网信办	中国共产党泰州市委员会网络安全和信息化领导小组办公室	农行泰州市分行	中国农业银行泰州市分行
市委编办	中国共产党泰州市委员会机构编制委员会办公室	农发行泰州市分行	中国农业发展银行泰州市分行
市委台办	中国共产党泰州市委员会台湾工作办公室	交行泰州分行	交通银行泰州分行
市委机关工委	中国共产党泰州市委员会市级机关工作委员会	泰州海关	中华人民共和国泰州海关
市发改委	泰州市发展和改革委员会	泰州海事局	中华人民共和国泰州海事局
市工信局	泰州市工业和信息化局	团市委	中国共产主义青年团泰州市委员会
市科技局	泰州市科学技术局	市妇联	泰州市妇女联合会
市人社局	泰州市人力资源和社会保障局	市文联	泰州市文学艺术界联合会
市住建局	泰州市住房和城乡建设局	市科协	泰州市科学技术协会
市城管局	泰州市城市管理局	市社科联	泰州市哲学社会科学界联合会
市文广旅局	泰州市文化广电和旅游局	市侨联	泰州市归国华侨联合会
市卫健委	泰州市卫生健康委员会	市残联	泰州市残疾人联合会
市医保局	泰州市医疗保障局	市工商联	泰州市工商业联合会
市市场监管局	泰州市市场监督管理局		

特载

专记

大事纪要

市情概貌

中共泰州市委员会

泰州市人民代表大会

泰州市人民政府

政协泰州市委员会

纪检监察

民主党派·工商联

群众团体

法　治

经济管理

大健康产业

农　业

工　业

建筑业

商贸服务业

信息服务业

金融业

旅游业

房地产业

开放型经济

城乡建设和管理

生态建设

人力资源

教　育

科学技术

文　化

卫生健康

体　　育

社会生活

公共安全

军事

市(区)概貌

人　物

附　　录

索　　引

打造江苏高质量发展中部支点城市

增强产业竞争力 为中部支点筑牢"硬核支撑"

工业立市、工业强市，是历届泰州市委、市政府一以贯之的发展战略。2018 年，泰州市委五届五次全会确立构建"1＋5＋1"现代产业体系，其中的"5"，即是加快推进生物医药及高性能医疗器械、高端装备制造及高技术船舶、节能与新能源、新一代信息技术、化工及新材料五大主导产业高质量发展。2018 年 9 月，《泰州市推进五大主导产业高质量发展的工作方案（2018～2020 年）》正式印发，围绕"打造泰州制造业升级版"，项目实施力度持续加大。

"抓发展必须抓项目，抓项目就是稳增长、抓机遇、谋未来。"泰州市委书记史立军说，市委、市政府聚焦支柱产业转型和新兴产业培育，狠抓产业创新、项目提质、企业培优，推动经济发展稳中有进。该市加快推动产业链、创新链、价值链"三链融合"，构建特色鲜明、自主可控的现代产业体系，以纳入省级重点产业集群的生物医药、高技术船舶为牵引，优化产业布局，培育一批大企业大集团和行业"隐形冠军"，形成既有"高原"又有"高峰"的优势产业格局。同时，着力提升产业承载能力，推动一批重点开发园区向专业化、特色化转型，并与上海张江等园区深度合作，力推重点产业协作共赢，打造长三角先进制造业基地。还要建好国家级医药健康产业创新中心，深入推进"产业－平台－园区－高校"机制建设，打造长三角科技成果转移转化基地。

统计数据显示，2019 年前三季度，泰州市规上工业增加值增长 5.9%，高于全省平均水平。全市亿元以上项目新开工 328 个、新竣工 254 个。五大主导产业完成产值 3093 亿元，占比较 2018 年提高 6.8 个百分点。高新技术产业投资增速较上半年提高 14.9 个百分点。1～8 月，全市规上工业企业实现利润 263.3 亿元，增速高于全省平均水平 8.6 个百分点。随着"泰州制造"创新力与竞争力不断提升，泰州正抢抓长三角一体化发展机遇，充分发挥制造业脊梁作用，筑牢"硬核支撑"，再造规模经济新优势，以更坚实的基础支撑江苏中部支点城市。

扩大城市承载力 优化中部支点内外通达新格局

泰州拥有风清水秀之美，江淮汇聚，水域面积占 21%，是名副其实的水城水乡。泰州在长三角城市群中还属于追赶型城市，要实现异军突起，不能靠城市规模，必须要靠个性化的特色和优势。

泰州市近年来以扬子江城市群建设为契机，以新型城镇化为突破，深化品质泰州建设，着力增强中心城市首位度、集聚力和影响力。该市以大交通引领中心城市大发展，加快构建现代综合交通体系，力争通过"十三五"期间的努力，2 小时通达长三角城市群省会城市，1.5 小时通达省内设区市，形成"1 小时市域交通圈"，半小时中心城区通达各县级节点，建设区域性交通枢纽城市。加快推进港口一体化建设，全力打造江海联运中心港。加快实施凤城河提升、双水绕城、大运河文化带、大江生态风光带等重点工程，推进全域旅游示范区创建，展现"文昌水秀、祥泰之州"的独特魅力。加快完善城市功能，提升城市品质，塑造城市特色，实现传统文化与现代文明交相辉映。

2019 年以来，泰州主动对接长三角区域一体化发展等重大战略，编制《泰州建设江苏高质量发展中部支点城市总体方案》，全市上下对中部支点城市建设实现从思想认同到行动协同的跃升。市区一体化加快推进，相关区划调整获批实施；北沿江高铁、盐泰锡常宜铁路前期工作抓紧推进，常泰过江通道、东环高架北延等重点工程加快施工。加快跨江融合发展，以推进锡常泰跨江融合为契机，深化江阴与靖江跨江融合高质量发展试验区建设，推进全市域跨江融合，并探索泰常联动，合作共建长三角南北中轴枢纽。

着眼于提升中心城市集聚度和融入长三角区域一体化的整体竞争力，泰州将加快市区一体化发展步伐，强化区域资源整合，推进"一主一新一特"，做精做优主城区、做大做强新城区、做特做美姜堰区。积极推进"三泰一体化"，形成中心城市空间新格局。优化对外交通条件，打造"面向长三角、接轨沪宁杭"的区域性交通枢纽城市。

提升市民获得感 用心塑造"泰州幸福多"品牌

700 多年前，马可·波罗游历泰

州时，曾赞叹“这城不很大，但各种尘世的幸福极多”。顺应人民群众对美好生活的新期待，泰州市坚守“口袋充实更富泰、百姓生活更康泰、社会治理更祥泰”的价值追求，着力解决一批结构性民生问题，实施一批普惠性民生工程，让城市更有温度、幸福更有质感，不断丰富“泰州幸福多”的内涵。

泰州市近年来始终突出“聚焦富民、发展惠民”，推进民生幸福工程，社会事业和人民生活水平迈上新台阶。该市每年安排全部财力的75%、新增财力的80%以上用于民生，全市公共服务和社会保障水平进一步提高，全域建成国家义务教育发展基本均衡市(区)，县域三级医院实现全覆盖，社会保险主要险种覆盖率稳定在97%以上。

为凸显社会普惠效应，泰州近年来致力于解决民生热点难点问题，全力建设“优教泰州”“健康泰州”“颐养泰州”“温暖泰州”。同时，实施“城建惠民”两年行动计划，真正把群众的事当成自家的事，多下功夫做这类精细活。这个“城建惠民”计划所列的重点任务，均是群众最关心、最期盼的问题，每项任务均有牵头单位、责任单位、年度目标、完成时限，并制定相应工作方案。以老旧小区改造为例，两年内市区将改造老旧小区50个，优先安排各类基础设施缺失或失养失修严重，特别是水、电、气、路等必要基础设施亟须更新的老旧小区(院落)等，努力打造“设施功能完善、街区容貌美观、环境整洁舒适、管理规范有序”的居住环境。

一座城市需要高楼大厦，更需要用文化来滋养心灵、涵养文明。作为全国文明城市，崇文重教的泰州自古先贤辈出，如今“好人”涌现，兴起崇德向善新热潮。该市持续数年开展“十行百星”评选活动，完成“美德善行一条街”改造升级，打造核心价值观主题公园，建设市级好人馆、市区好人园……漫步泰州街头，一个个“红马甲”让城市处处充满温暖。在他们的身后，是遍布全城的一个个志愿服务驿站，构成城市的温暖港湾，这里的城市文化潜移默化，文明风尚在会心微笑间已沁入心田。

摘自《新华日报》(2019年11月5日)

金融改革“泰州样板”

泰州，原本是苏中一个普通的地级市，可这两年名气越来越大，成了“网红”城市。这主要得益于该市是江苏省唯一的国家级金融改革试验区，正以全新的姿态进入公众视野。

今日的泰州，正由“祥泰之州”走向全面深化金融改革的“创新之城”，在全国率先试点取消企业开户许可证核发、首个试点开展资本项目收入兑换便利化、领先试点人民币跨境结算便利化“绿色通道”……一个个“第一”在这里创造，一项项改革措施从这里实践成功，打造可复制、可推广的“泰州样板”。

金改“上半场”：
跑出泰州“加速度”

“通过5年左右的努力，基本建成主体多元、功能完备、竞争有序、运行高效的金融服务体系，基本形成与泰州市产业高端化、高技术化和服务化发展相匹配的融资服务环境。”泰州市政府副秘书长、人行泰州市中心支行行长李军告诉《金融时报》记者，启动伊始，泰州金融改革试验区便被赋予重要意义，因为泰州不仅是江苏省唯一的国家级金融改革试验区，更是全国首个获批综合性金融改革的试验区。

改革，就是要整合资源、凝聚合力。在金改实践中，泰州无时无刻不在践行着改革的深刻内涵。李军坦言，江苏始终把金融改革工作摆在重要位置，省市联动，特别是金融系统一马当先，各行各业百舸争流。两年多来，人行南京分行党委书记、行长郭新明一直把泰州金改当作一项重要工作来抓，并数次到泰州调研指导。人行南京分行先后出台富有“含金量”的扶持泰州金改“22条”和“11条”政策措施；江苏地方金融监管局、银保监局、证监局也分别出台支持泰州金融改革的专项意见；省统计局审批立项泰州区域金融业综合统计项目；泰州金改被列入泰州市“一把手”工程，由泰州市政府主要领导亲自领衔负总责，参与重大区域金改项目谋划。

在泰州金改的“上半场”，各项基础设施不断完善，一个崭新、立体的金融格局正在泰州不断铺陈出来。据泰州市银保监局副局长刘维民介绍，截至2019年一季度末，辖内银行业金融机构已达36家、网点798个，覆盖所有乡镇。与此同时，法人机构转型发展也取得积极进展。例如，泰州、姜堰两家农商行引进优质法人股东，分别完成增资扩股5亿股、2.5亿股；泰州农商行、靖江农商行各发行6亿元二级资本债；江苏长江商业银行增加注册资本1.23亿元。

在金改的带动下，泰州逐渐营造出支持产业转型升级的良好金融生态，重塑风险防范化解的新格局。“我们始终把守住不发生区域性、系统性金融风险作为金融改革的底线，努力营造支持产业转型升级的良好金融生态。”泰州市地方金融监管局局长、市政府金融办主任申强如是说。他介绍说，截至2018年末，泰州市线下投融资机构由922家减少至313家；自改革以来，泰州分别累计压缩普通船舶、化工、不锈钢等产能过剩行业贷款64亿元、42亿元、67亿元；率先成立金融及破产案件审判庭，出台司法保障金改18条意见，为金融案件开辟绿色通道；率先建成“一会、一中心、二庭、三员”的金融消费纠纷调解机制，成为全国五种典型金融消费调解模式之一。

人行泰州市中心支行提供的一份材料显示，金改两年多来，泰州构建起特色现代产业体系和创新生态，金融支持产业转型升级的成效也得到显现，展露出全新的气象。截至今年3月末，泰州市制造业贷款同比增长8.2%，高于江苏省平均水平3.9个百分点；民营企业贷款增速连续两年稳步提升，分别增长6.5%、7.1%；小微企业贷款增长16.4%，高于2018年13个百分点；战略新兴产业贷款增速较改革前提升7.7个百分点。

加速、落地、推广、见效……如今，“国字号”金改试验区已走过两年多的历程，泰州也交出令人振奋的“上半场”成绩单。聚力转型，扩围升级，泰州金改不仅跑出加速度，更跑出深度与广度。

产融综合服务中心：
引金融业“源头活水”

永定路以北，文化中心以南，在城市中心轴线上，20幢楼宇气势恢宏、高耸林立，勾勒出优美的城市天际线。2018年6月投入试运行的产融综合服务中心就坐落于这片“泰州金融服务区”内，它的落成不仅意味着泰州增添了产业与金融融合的新地标、新名片，“筑巢引凤”的举动也将助力泰州打造熠熠生辉的“金改样本”。

数十家金融机构统一入驻，挂牌成立“中小企业金融支持中心”；人民银行、银保监局、国土局、经信委、再担保、银联商务等融资配套部门和机构也在此开设相应业务窗口；各大银行具有特色的小微信贷产品宣传信息琳琅满目，目不暇接；同样，又一批金融租赁公司、商业保理公司、健康保险公司、公募基金公司等持牌金融机构即将前来。两年多来，产融中心从无到有、从功能单一到服务多元化、从无人知晓到万企注册，目前“一站式”融资服务的格局已初步形成，金融资源集聚效应也日益显现。

在李军看来，撬动更多资金注入实体经济，让产业转型“开花结果”是泰州金改任务的根本所在，其发力点在于如何更好地满足民营、小微企业的融资需求。“为化解民营小微企业融资困局，泰州从提高融资效率和增强银行信心两方面入手，以建设‘前台+后台、线上+线下’的产融综合服务中心为载体，探索构建覆盖贷款各环节的民营小微企业全链条融资服务体系，即贷前尽职调查、贷中信用增信、贷后风险处置。”李军进一步介绍说。具体说来，在贷前，开发产融综合服务中心线上服务平台，成立地方国有背景的征信公司，实现企业贷前“信用画像”，引导金融机构实施精准扶持；在贷中，将2亿元创业担保基金、1亿元信用保证基金、5000万元科技金融风险担保资金及2亿元转贷基金等逐步纳入产融中心，提振银行放贷信心；在贷后，设立资产管理公司和金融巡回法庭，实现对不良资产起诉、保全、收购、处置的“一站式”服务。

“2018年下半年，我们与泰州广播电视台、银行合作，通过新媒体直播、专业主持、互动问答、注册抽奖等多种形式相结合，组织22场‘走出去’系列宣传推介活动，到场企业代表近2400家，现场注册上线平台近1600家，平均每场活动现场注册上线率65%。截至2018年底，上线企业达1.2万家，发布融资需求1592笔，其中1319笔已解决，累计融资总额达122.47亿元。目前，资产管理公司正在推进建设，征信系统已上线试运行。产融综合服务中心自试运行以来，融资对接成功率80%，纯信用贷款占比超10%，小微企业贷款覆盖面较改革前提升2.5个百分点。”申强透露说。

“1+5+1”现代产业体系：
助实体经济“枝繁叶茂”

由“一粒药”迈向“大健康”，被纳入国家创新型产业集群试点的泰州医药高新区已初展雄姿。“以大健康产业为标志，以生物医药及高性能医疗器械、高端装备制造及高技术船舶、节能与新能源、新一代信息技术、化工及新材料五大产业为主导，以现代服务业为支撑的‘1+5+1’现代产业体系，是泰州金改的重点产业服务领域。”泰州市地方金融监管局副局长张健羽向记者介绍说。

众所周知，生物医药行业具有研发周期长、轻资产、技术专利门槛高、试产及投产初期不确定性大等特点，传统信贷产品难以满足企业融资需求。生物医药作为泰州产业发展规划中的重要新兴产业板块，金融又该如何助力打破产业发展的“藩篱”？

对此，申强告诉记者，只有弹好政府“有形手”和市场“无形手”的“协奏曲”，才能集聚优势产业，真正实现“腾笼换鸟、凤凰涅槃”。在泰州，坚持“两条腿”走路的政策方针具体体现在以政策扶持和平台建设为抓手上，探索构建市场主导的全生命周期融资服务体系，分层分类引导企业对接金融资本。

据介绍，在政策扶持方面，泰州出台“科技金融风险补偿办法”“产业投资基金管理办法”，组建“1+10+N”产业投资基金体系，市场化构建初创期医药企业“风投+基金”模式，基金认缴规模达百亿元；设立境外股权投资基金和国家一类新药研发投资基金，组建大健康二级母基金、国科健康基金等，争取江苏省政府增资共建产业投资基金，将泰州市产业投资基金作为省政府投资基金旗下的区域基金。与此同时，泰州积极驱动企业上市挂牌。开展“十百千”培训工程，即每年遴选10家以上重点拟上市企业、100家以上拟挂牌企业、1000家上市（挂牌）后备企业开展上市培训，针对不同类型企业及不同资本市场的门槛要求，对企业分层分类辅导，推动企业与资本市场的精准对接。泰州还梳理21家科创板上市后备企业库，实现全市区域全覆盖。其中，江苏硕世生物科技公司成为苏中地区首家申报科创板获受理的企业。

在平台建设方面，泰州与上交所、深交所、全国中小企业股转系统等建立战略合作关系，成立以“大健康产业”为主题特色的“深圳证券交易所－泰州医药高新区”路演中心，搭建大健康产业企业外部金融资本融资对接平台；建立泰州医药高新区股权投融资撮合平台，目前已有100多家企业、50多家投资机构、20多家中介服务机构在平台注册并完成撮合工作；建立“泰科易”线上技术交易平台，强化科技项目对接，推动科技项目成果转化。目前已有4000多名各类技术专家在该平台注册，服务企业超4000家，撮合项目成功签约200余份，交易金额达1.65亿元。

试点成效：
“试验田”成为“示范田”

“一花独放不是春，百花齐放春满园”。坚持试点经验的可复制可推广性，是泰州在全国金融改革大局中的自觉担当。泰州试点经验的复制推广，在全国金融改革的红利释放中发挥着“放大器”的效应。

广东、天津、四川、安徽……近日来，全国各大省市陆续取消企业银行账户许可的消息接连刷屏，这正是金融改革排头兵的泰州，为全国金融改革贡献的重要经验之一。作为全国首批取消企业银行账户开户许可证核发试点地区，泰州探索建立较为完整的账户改革试点推进机制，实现企业开立基本存款账户由原来的商业银行、人民银行“两头跑”转变为银行内部“闭环”，平均开户时间缩短为1天，开户效率大为提高。同时，推动金融机构开发运营“企业账户统一服务平台”，扫描营业执照二维码即可自动抓取企业信息，并完成开立账户手续，在保障账户唯一性的基础上，大幅简化开户流程。“围绕账户改革目标，我们先后向人民银行总行反馈改革建议10余次，11条可执行建议被采纳，为全国分批推广贡献泰州智慧。”李军表示。

“便利化试点业务模式与传统资金结汇有很大不同，每笔资本金结汇使用仅凭一张支付命令函即可在银行当场办理结汇并完成向几十个收款人的支付手续，节约时间成本高达90%以上，便利程度非常显著。”泰州迈博太科药业有限公司的代表表示，作为首批试点备案企业，该公司尝到便利化试点政策红利的甜头。“试点实施以来，泰州医药高新区使用外资同比增长59.6%。”李军告诉记者。泰州自主研究制定“资本项目收入兑换便利化管理办法”，大幅缩短业务办理时间，银行柜面审核时间从4天缩短至半小时以内，有效提升企业资金使用效率，境外先进技术、资本流入的积极性明显增强。目前，该试点的成功经验已被深圳前海、广州自贸区、四川自贸区和苏州工业园区等多地复制。

人民币跨境结算便利化“绿色通道”是泰州金融改革又一次先行先试的重大突破。“作为跨境结算‘绿色通道’的首个试行者，我们已成功为乐金电子冷机有限公司办理便利化货币贸易项下跨境人民币业务，大大提高企业的运转效率。”中行泰州分行副行长边大军告诉记者。据介绍，目前已有符合条件的29家企业纳入经常项目“绿色通道”名单。试点启动以来，试点企业按照“绿色通道”业务流程办理跨境人民币业务金额同比增长30%，交易成本持续下降。

金改下半场：
书写好高质量发展的“新答卷”

“在金改的‘上半场’，我们已充分调动起以银行为主体的间接融资的积极性。聚焦下半场，我们将重点培育资本市场，充分利用直接融资产品，促进新型产业发展壮大，带动企业创新发展能力稳步提升。”李军如是说。

经过两年多的“立柱架梁”打根基，泰州金融改革正式步入“下半场”，每一项都是更加难啃的硬骨头，每一项都需要更强大的气魄和足够的智慧来推进。在李军看来，虽然随着金融改革的持续推进，很多地方需要爬坡过坎，但可喜的是，相较于两年前，泰州对于制度创新有了更为重要的共识：先行先试的“试验区”不是优惠政策的洼地，而是制度创新的高地。唯有加快机制体制创新引领，才能抢占新一轮发展的制高点。

登高瞭望，方知山高路远；重任在肩，更须蹄疾步稳。“今年是推进泰州金融改革的第三年，也是立足前期工作成效攻坚突破的关键之年，泰州市将聚焦重点项目，突破关键环节，致力开拓创新，努力取得实效。”李军对泰州金改下半场充满信心，他向记者描绘一幅改革的蓝图：一是紧扣一个主题，始终坚持支持产业转型升级的改革主题，聚焦“1+5+1”现代产业体系发展，以金融要素资源支持引导特色产业向高端化、智能化、绿色化和服务化方向转型发展。二是打造两个生态圈。以产融综合服务中心为核心，集成企业征信、融资担保、转贷服务、资产管理、金融及破产案件审判等涉及企业融资前、中、后全过程的金融服务，努力提升金融服务实体经济效能，打造融资服务生态圈。以发展金融广场为重点，打造创投、银行、保险、基金、商业保理、融资租赁、科技小贷等各类金融要素集聚发展的金融资源生态圈。三是构建三大体系，即构建更高效的产融对接体系、构建更精准的转型升级支持体系以及构建更全面的风险防范体系。

摘自《金融时报》(2019年6月13日)

泰州中国医药城跑出“加速度”

从当年的一片农田，到如今集聚一千多家国内外医药企业，产业链式发展、集群发展。这是泰州国家医药高新区成立10周年交出的“成绩单”。

“十年的发展，泰州中国医药城走出一条从无到有、从小到大的跨越发展之路。”泰州市委常委、医药高新区党工委书记张小兵说。“三年成势、五年成型、十年成城”，站在新的起点，泰州中国医药城奋力开启“二次创业”新征程，努力建设推动全市高质量发展主阵地、主引擎，把医药高新区建设成为泰州大健康产业发展的引领区、全市推进高质量发展的核心区、国内生物医药产业园区的示范区。利用十年左右时间，基本构建以“大健康产业”为引领的现代产业体系，早日建成“中国第一、世界有名”的医药健康名城。

攀上新高度，诞生一批全球第一

7月23日，泰州医药高新区雀巢健康科学（中国）公司液体特殊医学用全营养配方食品通过生产许可证现场核查，标志着该产品获准生产，成为首款获得注册证的国产特殊医学用途全营养配方食品。

8月中旬，江苏春帆生物科技公司对外宣布，由该公司联合哈尔滨工业大学研发团队成功研发出多人用型岩盐气溶胶治疗仪和单人用型岩盐气溶胶治疗仪，一举填补国内非药物治疗呼吸系统疾病的空白，成为全球第二家掌握这一技术的公司。

9月18日，江苏瑞科生物技术有限公司用于预防宫颈癌的九价HPV疫苗中试车间将竣工。目前该疫苗即将进入三期临床，力争在国内首家批准上市。

从建设医药城到建设大健康产业名城、现代化的南部新城，从打基础、拉框架到加快高质量发展，从“功能片区、产业基地建设”到“产城一体、融合发展”，泰州医药高新区的产业更加清晰：1000多家生物医药企业先后落户，包括阿斯利康、勃林格殷格翰等13家知名跨国企业，疫苗、诊断试剂及高端医疗器械、生物制药等六大特色产业集群基本形成。前不久，泰州医药高新区还用一场特别的仪式来庆祝自己的十周岁“生日”：26个重大产业项目集中开工，总投资119.2亿元。其中，赛孚士抗体药物等项目被列入2019年

江苏省重大项目计划。

伴随着资源要素的加速集聚，这里创造了一个又一个全球“唯一”和“第一”。继全球首家区域研究中心——国际遗传工程与生物技术中心落户泰州中国医药城，复旦大学泰州健康科学研究院三方合作项目今年4月启动。目前，泰州医药高新区先后摘得国家新型工业化产业示范基地、国家战略性新兴产业区域集聚发展试点、国家创新型特色园区等一系列“国”字号金字招牌。

开辟新蓝海，多个利好叠加

今年5月，《长江三角洲区域一体化发展规划纲要》明确提出，培育泰州医药健康产业创新中心。“这意味着，泰州医药健康产业在长三角区域一体化发展中有了明确定位，将迎来加快转型升级的战略机遇。”泰州医药高新区党工委副书记、管委会主任顾萍说。泰州医药健康产业创新中心，不是医药健康产业某个环节的创新，而是全产业链的创新；不仅是一个创新平台，更是着眼整个区域的生态系统创新。既突出泰州医药产业的主体地位，更拓展“药、医、养、食、游”整个大健康产业发展空间。

“泰州是长江经济带大健康产业集聚发展试点城市，大健康产业也是泰州‘1+5+1’现代产业体系的地标性产业。”泰州市发改委主任祝光说，泰州医药健康产业精彩连连，已有多个国家级试点在泰州市交汇叠加。这些利好将实现“同频共振”“能量聚合”，进一步建立健全泰州“政产学研金”协同发展，在全国乃至全世界叫响“健康名城”品牌。

当前，泰州医药健康产业“三根链条”正在变粗、变长。围绕生物医药、化学药新型制剂、中药现代化、高端医疗器械四大产业集群逐个绘制“产业链图谱”，打造全要素协同的大健康产业链。积极引进国内外著名大院大所和强链补链扩链的龙头型、科技型企业，推动泰州中国医药城建设国家级产业创新中心，形成自主可控的创新链。主动融入长三角地区医药产业布局，加强与上海、苏州等地医药园区的对接合作，实施差别化发展战略，引导最新医药创新成果到泰州孵化、转化、产业化，构建协同发展的价值链。

集聚资源，医博会成“风向标”

9月18日至20日，由省政府主办的第十届中国(泰州)国际医药博览会将在泰州中国医药城举办。本届医博会以“践行健康中国战略、引领生物医药发展”为主题，搭建医药及健康产业国际交流合作平台，进一步集聚海内外医药创新资源和高端人才，加快泰州医药高新区建设，促进我省生物医药健康产业又好又快发展。

医博会共有33场活动，数量为历届之最。海内外知名专家将登台演讲，通过高层论坛、专业活动发布最新信息，并就医药领域的最新政策动向、产业和技术发展方向等问题进行全面解读；国内外抗体、疫苗、医疗器械、诊断试剂、生物制品、医疗技术等各类前瞻信息将在此汇集。

“泰州医博会正成为医药产业发展的‘风向标’；泰州中国医药城正成为医药产业集聚的‘新地标’。”江苏长泰药业有限公司董事长蒋志君说。中国(泰州)国际医药博览会已迈入第十个年头，美、德、日等数十个国家和地区的企业参展或组团参展，一大批全球医药行业巨头纷纷亮相，走出了一条以集聚高端人才、引进高端成果、落户高端企业、发展高端产业的科学发展之路。在推动“健康中国”以及中国“互联网+医疗”、产品研发、医疗改革和国际合作等方面起到重大作用。

借力医博会，泰州医药高新区国际化眼光也更加敏锐，这里一切按国际理念思考，一切以国际标准规范。在人才引进上，园区更注重吸引国际顶尖医药科研、经营、管理人才参与园区建设发展。在成果开发上，突出抓好与国际顶级医药研发机构和国际一流医药大企业的合作，努力做到技术水平与国际同步、在国内领先。目前，泰州中国医药城已集聚国内外70多家知名大学和医药研发机构，2000多项“国际一流、国内领先”的医药创新成果成功申报，4000多名高层次人才加盟创业。

摘自《新华日报》(2019年9月16日)

“不忘初心、牢记使命”主题教育

2019年9月12日，泰州市“不忘初心、牢记使命”主题教育动员会议召开，1144名县处级以上领导干部、近29万名党员迅速行动，开启一次新整队、再出发。

泰州市贯彻落实中央和省委决策部署，紧扣“守初心、担使命，找差距、抓落实”总要求，加强组织领导，注重分类指导，强化宣传引导，一体推进学习教育、调查研究、检视问题、整改落实四项重点措施，推动主题教育往深里走、往心里走、往实里走，赢得群众认可，取得明显成效。真抓实干、跨越赶超的豪情和干劲，正在泰州大地迅速升腾。

一次滋养初心的理论武装行动

泰州市始终聚焦学习贯彻习近平新时代中国特色社会主义思想，规定书目应发尽发、参加对象全面覆盖、学习方式灵活多样。领导同志以上率下，全市党员干部读原著、学原文、悟原理，“早学一刻”成了习惯，交流研讨碰出火花，“百题百答”随机考查，“三学”“三问”“四重四亮”主题党日生动鲜活，习近平总书记在中央和国家机关党的建设工作会议上的重要讲话、十九届四中全会精神等及时跟进学习，新思想在党员干部头脑中深深扎根。

靖江市新桥镇党员闻雯已经习惯每天提前半个小时到单位。她所在的新桥镇党务群团支部利用每天上班前的半小时，组织大家依次领学理论知识、随堂开展知识测试。几个月下来，支部内用于轮流撰写心得体会的《学“习”感悟集》已经写满了七八本。闻雯表示：“每天早上集中学习30分钟，不仅培养学习习惯，也给一天的工作带来满满的元气。”广大党员、干部围绕“总书记这句话，最让我受教育”主题，纷纷撰文谈体会、谈收获，成为习近平新时代中国特色社会主义思想在泰州的坚定信仰者和忠实实践者。

市委组织部编印《铸魂之旅——

泰州红色教育精品线路指南》，运用105家党员组织生活馆及各类党性教育场所，组织15.4万人次党员干部接受革命传统教育；结合庆祝新中国成立70周年举办的成就展、红色故事会、“人民科学家”叶培建报告会等，更是给广大党员干部学习党史、新中国史，提供丰富多彩的形式。主题教育期间，市初心宣讲团巡回宣讲124场，3.7万名党员干部现场观看，各市（区）同步组织3196人成立413个初心宣讲团，引导12.3万名党员在对标先进中追赶先进、争当先进。

不少党员领导干部深有体会地说：“登高望远、找准航向，才能行稳致远。这次主题教育，帮助我们系统学习、对标对表新思想，就仿佛一盏明灯，廓清思想迷雾，让我们比以往任何时候都更坚定、更自信。”

一次刀刃向内的自我革命行动

“做到不忘初心、牢记使命，并不是一件容易的事情，必须有强烈的自我革命精神。”全市各级党组织和全体共产党员牢记习近平总书记在中央政治局第十五次集体学习时的谆谆教诲，把检视问题贯穿主题教育始终，勇于刀刃向内、自我革命，采取“自己找、群众提、上级点、集体议”等方式，排不足、找症结、挖根源，形成问题清单，开展自我革命。

这是一次勇于刀刃向内、对表对标检视问题的行动。市委常委会两次召开专题会议检视剖析，第二次会议更是开了七个多小时，找准了症结，激发了动力。各级领导干部对照“18个是否”，对照党章党规找差距、排不足；广大党员干部开展“七对照五排查”，把自己摆进去、把职责摆进去、把工作摆进去，梳理自身存在问题，一条一条列出来。

“观于明镜，则瑕疵不滞于躯；听于直言，则过行不累乎身。”2019年12月3日，市委常委会召开专题民主生活会，市委书记史立军带头反思剖析、开展批评和自我批评，常委同志逐一进行检视剖析，从理论武装、思想信念、履职尽责、作风建设、廉洁自律等方面带头检视剖析问题，自我批评不遮不掩、一针见血，相互批评开门见山、实事求是。

通过主题教育，广大党员、干部信仰之基更加牢固、精神之钙更加充足。一位市级领导同志这样说：“担任领导干部二十几年，像这样的会还是第一次。”

这次主题教育，中央将8个方面突出问题列入专项整治。习总书记强调，这些问题“都是可能动摇党的根基、阻碍党的事业的问题，必须以彻底的自我革命精神加以解决”。主题教育启动仅8天，泰州市就专门召开专项整治工作推进会。

“专项整治有靶心、有准头，发力准、效果好，有利于推进实际问题的解决。”泰兴市委常委、组织部部长鞠林红说。该市结合“三听两问”、大走访大落实新风行动，深入基层一线，摸情况、听意见，查根源、理思路，分层分级召开调研成果交流会，汇集各方面的智慧和力量，并下发专门文件，将相关对策建议转化为推进专项整治的具体举措。同时，采取“巡察＋监督＋查处”联动的方式，重点查处扶贫领域、生态环保领域腐败失职问题，立案查处失职失责问题4个，对3个党组织、9名领导干部实施问责。

通过半月报告、每月调度、提醒约谈等机制，八个方面专项整治的122项重点措施100%完成，74个软弱涣散党组织得到整顿，236起不担当不作为问题被查处，17个“一票否决”事项、39项责任状正在得到规范清理。

一次以百姓心为心的宗旨实践行动

按照“党委点题、群众出题、干部选题、公开评题、共同答题”思路，泰州市对表对标新思想，确定12个种子课题，58个重点领域和关键环节的重点课题、47个群众反映强烈的热点难点问题，实现靶向聚焦、精准发力。全市市级机关631个处级以上干部，每人确定一个课题开展调研并在媒体公布。

2019年11月26日，中央电视台《朝闻天下》栏目报道泰州医药高新区建成全省首个农村集体聚餐标准示范点的创新举措。这是市、区两级市场监管局把提升群众幸福感作为检验成果的重要标准，通过建场所、管厨师、上保险、出标准、大比武等系列举措，创出的一套农村集体聚餐的管理新路。

兴化市着力打通城乡客运班车村村通“最后一公里”，终结私车民营的客运机制，实行公车公营，添置新能源公交车100辆和中型柴油机车50辆，2018年10月底实现所有行政村开通城乡客运班车，最高票价也从原来的11元降到8元；有老年优惠卡的实行5折票价；70岁以上老人免费乘车。

千禧家园位于海陵区扬州路南侧，小区污水管网不畅，遇上暴雨经常形成内涝。对此，海陵区即知即改，组织专人走访勘测、谋划改造方案，推动污水管网项目快速上马实施，2019年11月初，千禧家园污水管网改造进场施工。

民生微改进，全市在行动。医保、人社、公安、民政、交通、住建、城管等21

2019年9月20日，泰州市“不忘初心、牢记使命”主题教育初心宣讲团举行首场报告会　（顾祥忠供图）

个民生部门，主动排出40个与群众日常生活密切相关的事项进行微改革、微创新，公厕人性化改造、老年大学"掌上课堂"、异地就医手续简化、市场监管"五线合一"等项目已全部到位。

各地各单位对调研发现的问题、群众反映的问题、自我排查的问题、上级指出的问题进行汇总梳理，制定整改方案，做到问题全覆盖、整改有目标、推进有措施、落实有责任、完成有时限。

经过主题教育的洗礼，党员干部的作风明显改进。"过去办事是我们等干部，现在办事是干部等我们"，泰兴市虹桥镇居民蒋宝维很有感触地说。

一次担当奋进的发展提质行动

市委书记史立军的一堂专题党课引起党员干部广泛共鸣，点燃全市上下干事创业的火热激情，激发出争先进位、比学赶超的热情干劲。随后开展的"新时代泰州实干作风"大讨论活动，进一步推动敢于负责、勇于担当、善于突破，想干事、敢干事、真干事的氛围不断升温。奋斗的姿态、实干的作风、惠民的举措，成为泰州主题教育的鲜明特质。

2019年12月27日，市委召开五届九次全会，号召全市上下用奋斗书写、用实干作答，努力实现"一高两强三突出"，用"苦干实干""负重前行"换取人民群众的"岁月静好"、赢得泰州发展的"阳光灿烂"！

市委推出《关于激励干部实干担当的六条措施》，突出"实干至上"的选人用人导向，坚持"谁有能力谁干、谁能胜任选谁、谁能干好用谁"，把愿不愿做事、敢不敢扛事、能不能成事、群众认不认可，作为选拔干部的重要依据。

一石激起千层浪。

靖江市决心"燃烧激情争第一、苦干实干创辉煌"；

泰兴市立志"扛起标杆大旗，拼进全省八强"；

兴化市致力"总量超千亿，'洼地'变'高地'，以务实过硬的发展成果造福于民"；

海陵区锚定"壮大城市经济，建强中心城区"；

高港区矢志"勇立潮头、争先领先，当好全市高质量发展排头兵"；

姜堰区坚持"彰显特色融合发展，跨越赶超争当主力"；

泰州医药高新区"坚守产业定力，坚持苦干实干，努力擦亮国家级医药高新区金字招牌"；

……

长城汽车泰州整车项目在高港开工，锦鸡股份在深圳证券交易所挂牌上市，雀巢健康科学中国产品创新中心在泰州医药城落地，一大批重大项目在全市各地集中签约、落地开工，高质量发展的成绩单越拉越长。

姜堰区商务局局长缪杰明说，主题教育促使该局19名党员积极比学赶超，大兴实干之风，争相走进企业，解决难题22个，帮助江苏海森电气解决数据错归问题，新增出口额600多万美元；帮助柏纬（泰州）铁工向商务部提供证明材料，税率由141%降至20.41%；帮助华丽塑料和中裕软管两家公司商谈境外投资及市场事宜，达成合作意向。

一次提标提质的党建强基行动

开展主题教育，解决基层组织存在的问题是目的、是保障，更是一次机遇。

泰州市确立高质量党建的目标追求，在省委下发的3张任务清单的基础上，分领域制订机关、村、社区、"两新"组织、学校、医院6类基层党支部书记责任清单，进一步强化分类指导，细化工作责任。重建新建基层党校70个，组织"不忘初心做头雁、牢记使命强堡垒"支部书记培训班334期、轮训1.3万人。

市委向71个市级机关部门、462名领导干部，精准反馈存在问题712条，各市（区）委按管理权限，对照反馈存在问题3006条，督促各级领导班子和领导干部自我净化、自我完善、自我革新、自我提高。

一个个基层支部，在群众提、上级点中看到自身存在的不足和差距，一条一条抓整改、抓落实。

高港区探索优秀村书记鼓励激励办法、农村无职党员和流动党员积分管理等一系列务实管用制度。"经过几个月的'政治考验'，社区党建全面加强，社区干部边学习边检视边整改，进一步增强啃硬骨头、破老大难的韧劲，群众从改进作风的实际成效中看到希望。"高港区口岸街道新城社区党委书记薛余俊说。

抓住主题教育契机，"月晒季评年考"制度得到进一步深化和坚持，以支部为单位开展组织生活成为习惯，"一切工作到支部"的意识不断增强；通过制定参考模板，指导开展主题党日，组织生活质量不断提高；在职党员纷纷回社区报到，亮身份、作奉献；无职党员"设岗定责"全面推开，广大党员想奉献有舞台，44619名无职党员上岗领责，181438名党员参加志愿服务。

摘自《泰州日报》（2020年1月13日）

责任编辑　叶　彤

品质泰州

【概况】 2019年，泰州市实施质量强市和品牌战略，以标准化推进品质泰州建设，促进质量治理从产品、企业向经济发展、社会文化、生态环境、公共服务、居民生活等城市治理、经济社会各方面拓展。泰州市获批创建国家标准国际化创新型城市试点，城市品质指数在长三角26个城市中排名第九，服务业公众满意度指数居全省第四位。开展《长三角城市品质指数》评价研究，提出深化品质城市建设对策建议。在全省率先出台标准创新奖励办法，扶持引导企事业单位参与制定国际标准、国家标准和行业标准，推进全国地级市首部标准化条例立法工作，出台《网店经营行为规范》《兴化大闸蟹等级规格》《企业安全生产双重预防机制建设通则》等一批服务经济社会发展地方标准，累计研究制定国际、国内标准1000多项，其中主导参与制定、修订国际标准13项，正式立项国际标准4项，建有国家、省级标准化试点99个，开展市级农业、服务业和社会管理与公共服务标准化试点项目79个。建立专利标准融合创新工作体系、政策体系和应用体系，累计培育56家专利标准创新型企业，推动299个专利转化为标准。在全国首创“泰州品质”认证评价试点工作，质量工作获省政府表彰。举办中国医药产业质量推进论坛，建立省生物医药产业院士协同创新中心，促进医药全产业链升级发展。出台《企业质量文化建设评价规范》江苏省团体标准，推动企业加强质量文化建设。

“品质至上”融入企业发展、机关党建、城市管理、社会治理、公共服务、市民生活各方面。举办中国品牌日主题活动，创新开展“泰州品质”认证评价试点，编印《泰州之光》，记录泰州优秀企业质量强企业绩；组织泵、减速机、制冷设备、脱水蔬菜、埋地管材、汽车零部件等9个重点行业、350多家企业开展质量提升行动。实施党政机关法律顾问服务规范地方标准，构建“品质先锋”机关党建工作标准体系，打造“泰”系列民生服务品牌，构建“党建＋民生服务”新模式。解决农村婚丧嫁娶、满月升学等集体聚餐安全隐患大、风险多、监管薄弱的难题，在全国率先制订农村（社区）聚餐点“建设规范”“服务规范”两个地方标准，建成50家“阳光宴会厅”，家宴备案数达4万多桌次。推进城市品质提升与文明创建相融并进，出台《泰州市文明行为条例》，创成全国水生态文明示范市，实施道路深度清洁、停车场计时服务等地方标准，推进品质文化园、食品安全主题公园、质量安全科普馆建设，举办“品质泰州”全国书法精品展、“品质泰州”夏令营等活动。品质泰州建设相关经验做法被中央电视台、《中国市场监管报》《中国质量报》等多家国家级媒体报道。

【《品质城市评价指标体系》获国家标准立项】 2019年10月30日，市市场监管局主导起草的《新型城镇化品质城市评价指标体系》（简称指标体系）获国家标准立项。该指标体系确立经济发展品质、社会文化品质、生态环境品质、公共服务品质、居民生活品质“五大品质”为一级指标，下设二级指标13个、三级指标71个，加分项5个，并在实践中结合国家政策规划、经济社会发展、最新研究成果等作动态调整完善，涵盖现代城市高质量发展应关注的主要领域和社会经济生活各方面，构成相对比较完整的评价指标体系。《品质城市评价指标体系》于2018年5月列入国家标准委城乡统筹国家标准前期研究项目，2018年12月形成国家标准草案。

【全国首创“农家宴”地方标准】 2019年，泰州市创新农村集体聚餐管理，推进农村（社区）聚餐点建设标准化、规范化，在全国首创研制并率先发布实施《农村（社区）聚餐点建设规范》《农村（社区）聚餐点服务规范》两个地方标准，从硬件设施、厨师条件到聚餐点管理制度、操作规范等方面制定具体规定，市民称之为“阳光宴会厅”。“阳光宴会厅”执行农村集体聚餐食品安全申报备案制度，举办者、承办者或食品安全协管员提前填写备案登记表。探索建立与责任保险相结合的食品安全长效监管机制，开展农村群众聚餐食品安全责任保险试点工作。至年末，在“阳光宴会厅”举办家宴的备案数有3000多户、4万多桌次。中央电视台《朝闻天下》栏目对“阳光宴会厅”作专题报道。 （丁　薇）

健康长江泰州行动

【概况】 2019年2月，泰州市列为全国长江入河排污口排查整治专项行动首批试点城市。2月14日，市委、市政

府在北京召开新闻通气会，宣布启动“健康长江泰州行动”，实施长江泰州段大体检、大整治。以“立体监控、实时分析、融合联动、快速反应”作为总体建设目标，启动并建成“健康长江泰州行动”大数据平台。创新建立“长江体检表”，全面检查沿江地区排口、工业、农业、航运、码头、岸线、生态、水质8个方面的生态环境问题、隐患和风险。出台《“健康长江泰州行动”2019年专项行动实施方案》《泰州市长江保护修复攻坚战行动计划实施方案》，组织开展长江生态修复、沿江水体治理、排口整治、饮用水水源地治理、长江清废、沿江化工行业整治、港口船舶污染治理、农业农村污染治理八大专项行动，治理重点领域污染，消除沿江地区环境风险。组建“健康长江泰州行动”指挥中心，建立应急响应、联动监管、社会监督等工作机制。建立“长江健康指数”，并定期发布。

至年末，全市完成沿江地区37条县乡级河道、273条村级河道的生态河湖治理和5条黑臭水体、627处河道“两违”整治。完成沿江1249个排口的排查、监测、溯源工作，推进带有二维码的排口标识牌的设立，实现“一口一码、扫码查询”功能，初步形成“权责清晰、监控到位、管理规范”的长江入河排口管理体系。完成沿江地区实有2219个固废及砂土堆存点位的现场核实，存在环境隐患的点位全部整改到位。关闭退出沿江化工企业10家、限期整改26家、整治提升26家。至年末，全市水环境质量持续改善，6个国家考核断面达到或优于地表水Ⅲ类标准的比例达100%，24个省以上考核断面达到或优于地表水Ⅲ类标准的比例达91.7%，居全省前列。沿江地区3个集中式饮用水水源地（长江永安洲永正水源地、靖江螃蜞港水源地、靖江明湖应急水源地）水质达标率均保持100%。沿江两市两区（靖江市、泰兴市、高港区、泰州医药高新区）空气环境质量持续改善，靖江市、泰兴市、高港区、泰州医药高新区环境空气质量优良率分别为77.1%、77.8%、75.6%、75.6%，细颗粒物分别减少2.3%、13.3%、4.4%、12.8%。“健康长江泰州行动”实践和做法得到全国人大常委会领导的肯定，中央电视台、《人民日报》《中国环境报》《新华日报》等国家级、省级媒体进行专题报道60多次；“创新实施‘健康长江泰州行动’守护一江清水”案例入选“江苏省2019年度十佳环境保护改革创新案例”。

沿江生态风光　　（顾祥忠供图）

【《“健康长江泰州行动”工作方案》出台】　2019年2月22日，市委、市政府出台《“健康长江泰州行动”工作方案》（简称《方案》）（泰办发〔2019〕14号），成立市委、市政府主要负责人任组长的领导小组，提出力争通过1～2年的时间，建设“排放减少、岸线优化、水质改善、生态修复、物种多样、公众满意”的健康长江泰州段。《方案》从4个方面全面推进“健康长江泰州行动”：建立长江体检表，全面检查长江泰州段的排口、工业、农业、航运等8个方面的环境问题、环境风险和生态隐患；强化大数据分析，创新建立大数据平台，针对长江生态隐患、岸线污染源、专项行动实施进展等，实现全方位立体式的监管；结合大数据分析结果，开展水体治理、生态修复、排口整治等八大专项行动，解决长江泰州段各类突出生态环境问题；规范环境应急管理，建立健全隐患排查、应急处置、快速响应3个机制，保障环境安全。

【沿江水体治理】　2019年，泰州市实施生态河湖治理“十百千”工程，古马干河整治工程、如泰运河接通工程完成年度建设任务，沿江地区37条县乡级河道、273条村级河道完成生态河湖治理。开展通江河流水质调查，监测76条入江支流水质，编制印发《健康长江泰州行动入江支流水文情报》5期。清理整治长江干流岸线利用项目，63个任务清单中，有7个拆除取缔项目率先通过省级销号验收，56个整改规范项目基本完成清理整治任务。加快污水管网建设和黑臭水体治理，沿江两市两区完成污水管网53千米的建设任务；整治黑臭水体5条，其中靖江市4条、泰兴市1条。排查水利工程取土坑和管理范围固体废弃物点位22处，逐一完成复核整治。完成沿江两市两区河道“两违”整治627处。开展生态补水活水工作，全年口岸闸、夏仕港闸等沿江口门向通南地区引水10.7亿立方米，高港节制闸向里下河地区送水53.17亿立方米，江都枢纽向里下河地区送水58.58亿立方米，高港枢纽向通南地区补水2.79亿立方米，马甸枢纽向通南地区补水2.13亿立方米，引江河城区调水泵站向中心城区补水1.19亿立方米。　（李　想　张　俊）

【长江生态修复】　2019年，泰州市实施长江生态环境整治修复项目20个，年内19个项目完工；因实施主体变更等原因，靖江市固体废弃物综合处理工程实施土方回填及试桩工作。完成长江岸线造林绿化147.27公顷、森林抚育73.47公顷，绿化总面积300多万平方米。累计完成16.4千米的江堤防洪能力提升工程建设、12千米的沿江生态廊道主体工程建设。（李 映）

【长江入河排污口排查整治】 2019年，泰州市对长江干流向陆地纵深3千米~5千米的所有排口进行全面排查，查出排口1249个。按“一口一档”要求，将排口分为工业企业排口、污水集中处理设施排口、畜禽养殖排口、水产养殖排口、城市雨洪排口、农田退水排口、其他排口7类排口以及通江河道八大类型，分类建立排口台账。开展排口监测和溯源分析工作，195个排口申请核减；其他1054个排口中，工业企业排污口134个、污水集中处理设施排口8个、农业农村排口491个、雨洪径流排口217个、溪流沟渠河港等159个、港口码头排口32个、其他排口13个。制定《泰州市长江入河排口分类整治方案》，按照“取缔一批、整治一批、规范一批”的原则分类整治。搭建泰州市长江入河排口信息系统，建立排口电子档案，设立带有二维码的排口标识牌，实现“一口一码、扫码查询”功能。

【饮用水水源地专项整治】 2019年，泰州市推进饮用水水源地规范化建设，全面开展集中式饮用水水源地环境状况评估，编制完成县级饮用水源国家级环境状况评估报告以及省级评估报告。推进长江饮用水源环境应急预案备案工作，修编并发布《泰州市集中式饮用水源突发环境事件应急预案》，编制完成《靖江市集中式饮用水水源地突发环境事件应急预案》；举办码头水体污染防控、消防联合应急演习。加强风险源风险防控与隐患排查整治，沿江两市两区253家重点环境风险企业入库率和217家较大及以上环境风险企业“八查八改”专家现场核查覆盖率均达100%；泰兴经济开发区、高永化工集中区、滨江工业园区完成环境监控预警平台升级改造项目大气、水监测仪器安装。长江永安洲永正水源地、靖江螃蜞港水源地、靖江明湖应急水源地3个城市集中式饮用水水源地水质达标率均保持100%。

【长江清废】 2019年，泰州市组织开展长江泰州段清废专项行动，推动长江泰州段沿岸固体废弃物大排查，对发现的违法行为依法查处。建立部门和区域联防联控机制，建立健全环保有奖举报制度，严厉打击固体废弃物非法转移和倾倒等活动。对无人机航拍影像提取的2226个沿江地区固体废弃物及砂土堆存点位进行现场核实，存在环境隐患的10个问题点位全部整改完成。

【沿江化工行业整治】 2019年，泰州市开展沿江化工生产企业“四个一批”专项行动，沿江两市两区关闭退出化工企业10家、限期整改26家、整治提升26家，完成年度目标任务。实施化工园区循环化改造，泰兴经济开发区推进列入国家园区循环化改造的重点项目及支撑项目建设，南大环保高浓度有机废水资源化利用项目、博特新材料高性能混凝土外加剂产业基地建设项目、爱科固废年处理1.5万吨固废项目、红宝丽化学环氧丙烷（聚醚）装置及相关配套工程一期、突发事件应急指挥平台一期、新浦烯烃轻烃综合利用项目6个项目建成，污水管网项目初步设计通过评审；编制完成滨江工业园区和高永化工集中区园区循环化改造实施方案。推进清洁生产审核工作，全市86家清洁生产重点企业中，82家企业完成清洁生产验收工作，3家企业因关停取消清洁生产审核工作，1家企业因从事经营活动免除清洁生产审核。提升化工园区环境风险管控能力，建立泰州市化工园区环境应急物资装备储备信息库，建成泰兴经济开发区废水特征污染物名录库系统。全面实施危化品重大危险源源长制，委托中国化学品安全协会专家检查江苏梅兰化工有限公司、长园华盛（泰兴）锂电材料有限公司、沙桐（泰兴）化学有限公司等企业重大危险源源长制落实等情况，督查沿江两市两区实施重大危险源源长制情况，推进重大危险源企业安全生产信息化平台建设。

（李 想 张 俊）

【港口码头船舶污染治理】 2019年，泰州市推进沿江港口码头企业污染防治工作，对防污染措施不到位的企业下发《环境隐患整改通知书》。开展航运防污排查，调查统计2127条进出港船舶的防污染措施，排查发现进行非法经营活动的“三无”船舶8艘。编制完成《港口岸线整合利用规划（征求意见稿）》，完成三峰靖江港务物流有限责任公司岸电工程、泰州集装箱码头有限公司二期岸电工程建设，沿江港口累计建成低压岸电53套，推进高港港务集团环保改造项目建设。开展防污染作业现场检查934次，处罚船舶涉污类346件，实施船舶安全检查1210艘次，发现缺陷16501项，其中涉及防治船舶污染的缺陷1165项。推动联单运行，沿江港口码头全部完成船舶垃圾分类回收设施建设，实现沿江船舶污染物“零排放、全接收”；落实船舶污染物接收、转运、处置联合监管和联单制度，强化港口船舶污染物接收单位备案管理。（李 玥）

【沿江地区农业农村污染治理】 2019年，泰州市建立沿江地区畜禽养殖污染、水产养殖生产单位分布及尾水处理方法和排放去向、化肥农药使用情况电子台账系统。沿江地区畜禽养殖场治理率100%，长期防治监督公示牌设立率100%；化肥使用总量比上年削减4.46%，农药使用量削减4.88%；靖江市、泰兴市和高港区沿江乡镇全部设立废旧农膜和农药包装物回收网点，废旧农膜回收率85.88%。推进畜禽养殖污染专项治理，完成沿江2千米范围内的20家畜禽养殖场分布、粪污排放和达标治理情况的排查整治；建立养殖场长效监管机制，设立长期防治监督公示牌，明确养殖场最大存栏量、达标治理要求、乡镇和村级责任人、举报电话等信息。开展水产健康养殖行动，组织沿江地区水产养殖生产单位排查，举办“健康长江泰州行动”水产生态健康养殖技术培训班；改善水产养殖环境，推进集中连片池塘生态化、标准化改造，沿江地区完成池塘标准化改造面积172.47公顷，建成生态健康养殖试验示范基地3个。实施化肥减量增效行动，开展测土配方施肥，测土配方施肥技术覆盖率95%；建立化肥施用监测点48个、测土配方

施肥示范区5个、水肥一体化示范基地2个、新肥料新技术示范方2个。实施农药减量，沿江地区累计设立43个农药强度调查点，建立市、县（区）、镇（乡）三级农药使用台账制度；实施植保工程建设，建立沿江地区病虫害监测点9个，重点推广高效低剂量农药，全面淘汰井冈霉素水剂、多酮等高剂量农药，蔬菜瓜果普及生物农药，非化学防控技术占比30%以上；建设绿色防控示范区，沿江地区建成绿色防控示范区9个，绿色防控产品的使用占比80%以上；鼓励社会力量参与统防统治服务，提升高效植保机械的保有量，年末无人植保机105台、自走式喷雾机378台，地区专业化统防统治覆盖率61%。（赵　蓉）

【"健康长江泰州行动"巡察督查】2019年，泰州市跟踪巡察"健康长江泰州行动"工作进展情况，形成涉及11个职能部门、58项工作目标的专项治理主体责任清单和监督责任清单，建立问题线索移送、定期会商及联合查处机制。推动建成市、县、乡三级联网运行的污染防治综合监管平台，全过程监督平台反馈问题线索处置。综合运用污染防治监管平台，将科技监督运用到环保线索处置全过程。全年发现和问责处理履行生态环境保护职责不力69人，其中党纪政务立案17人。推动建立长江环境污染联防联控机制和预警应急体系，健全行政执法、监督执纪、刑事司法衔接机制，并在泰兴试点推广行政执法快速响应全程监督系统。全年开展专项督查205次，查处污染防治攻坚战中失职渎职、形式主义等问题223人，其中党纪政务处分75人、诫勉谈话56人。

（朱亚男）

【泰州市成为全国长江入河排污口排查整治专项行动首批试点】2019年，生态环境部制定《长江入河排污口排查整治专项行动试点工作方案》。2月15日，生态环境部在重庆召开长江入河排污口排查整治专项行动暨试点工作启动会，确定江苏省泰州市和重庆市渝北区为全国长江入河排污口排查整治专项行动首批试点城市。

2018年7月，市委、市政府下达20个长江生态环境整治修复重点项目，总投资87.5亿元；同年10月，在全国率先启动"长江大体检"，生态环境部卫星环境应用中心在泰州设立全国地市首家遥感应用基地。2019年，泰州市对长江干流向陆地纵深3千米～5千米的所有排口进行全面排查，加强排口监测和溯源分析，全年核减排口195个。制定《泰州市长江入河排口分类整治方案》，推进长江泰州段入河排口信息系统建设，形成"权责清晰、监控到位、管理规范"的长江入河排口管理体系。

【全国首创"健康长江指数"】2019年，泰州市在全国首创研究项目"健康长江指数"。利用PSR模型开展项目评价，通过分析长江大保护总体状况、长江生态空间健康发展、长江治理修复行动成效、长江水质形势、水质变化预警、企业排放预警6个方面的大数据，建立并定期发布具有泰州特色的"健康长江指数"，指数数值和绩效评价结果反映长江泰州段的健康水平，并评估各政府部门在"三水"共治、"四源"齐控等工作的成效。12月24日，举办"健康长江指数"研讨会，南京大学环境学院教授毕军就"长江健康指数"的研究情况进行整体介绍，市相关部门就"健康长江指数"的研究提出建议。（张　俊）

【全省首创长江保护数据平台】2019年4月，泰州市在全省首创的长江保护数据平台——"健康长江泰州行动"大数据平台完成立项，7月启动建设，10月12日正式上线，获中央、省级环保资金2.73亿元。该平台由江苏神彩科技有限公司承建，生态环境部卫星环境应用中心、中国电信公司、中国铁塔公司、华为公司等科技单位参与合作，设有长江体检表、专项行动、决策分析、应急管理及社会监督五大功能板块，通过视频监控、监测传感、无人机航拍、卫星遥感等科学手段，对长江泰州段沿线排口、工业、农业、航运、码头、岸线、生态、水质八大核心生态要素的1222个排口、2011家污染源、3个化工园、93个码头、97.8千米长江岸线、307.13平方千米生态空间、3个沿江水源地实施24小时智能监控，构建一张水、陆、空立体式监测监控网，实现沿江生态环境数据、监控、分析和管理的全覆盖。至年末，通过对长江泰州段生态环境的历史及现状进行数据收集、整合及挖掘，累计收集市发改委、工信局、生态环境局、水利局等18个市级部门的253类、2565项数据信息资源，数据总量超过7500万条，基本实现长江泰州段生态环境保护数据和管理的全覆盖。

【泰州市政府与省农发行签署长江大保护战略合作协议】2019年10月25

2019年10月12日，"健康长江泰州行动"大数据平台正式上线

（市生态环境局供图）

日,泰州市政府与中国农业发展银行江苏省分行(简称省农发行)签署推进泰州市长江大保护战略合作协议。省农发行将在水利建设、改善农村人居环境、生态环境建设与保护等领域投放信贷资金200亿元,为泰州市开展长江大保护工作提供融资、融智支持。水利建设方面,重点支持重大水利工程、江河湖库水系连通工程、中小河流治理、病险水库(水闸)除险加固、海绵城市建设等。改善农村人居环境方面,侧重基础设施建设、农村危房等农村住房改造、乡村旅游开发、古村镇保护、文化教育卫生设施建设等。生态环境建设与保护方面,重点支持资源节约集约循环利用、环境综合治理、山水林田湖生态治理、生态产品供给建设等。林业资源开发与保护方面,支持国土绿化、林业生态保护、森林生态旅游资源开发、林业生产基地、林业配套设施等。农发行总行副行长林立、基础设施部总经理陈小强,省农发行行长徐浩、副行长陈梦蒙,泰州市市长史立军、常务副市长杨杰、市政府秘书长沈明刚参加签约仪式。 (徐 震)

营商环境

【概况】 2019年,泰州市成立优化营商环境工作领导小组,市委、市政府主要负责人任组长,下设6个专项行动组,开展行政审批提速等“六大行动”。推进减税降费,开展降低实体经济企业成本“十大专项行动”;深化金融改革,发展普惠金融,创新金融产品,开展贷后管理,督促银行主动服务民营企业;实施企业家座谈会制度,建立市领导和市级机关部门常态化挂钩服务机制。改革审批机构,创新审批模式,建设覆盖全市的四级网上政务服务体系。出台《守信联合激励和失信联合惩戒实施办法》等制度,定期发布全市诚信“红黑榜”;执行综合检查机制,在全省率先探索环保、市场监管等18个部门参与的跨部门“双随机一公开”检查。建立“月度快报、双月过堂、季度报告点评、半年现场督查、年度观摩述职”的工作推进机制;出台《泰州市重点开发园区高质量项目建设“三比一提升”行动方案》;强化“12345”政务服务热线运行管理和转办督办机制,设立营商环境和企业服务专线。在政府门户网站发布《行动方案》解读,各有关部门将相关政策文件汇编成册发放至各市(区)、园区及企业,通过网站、宣讲培训、报纸、公众号等方式开展政策解读。年内,中央广播电视总台编撰发布的《2019中国城市营商环境报告》中,泰州市在经济活跃城市的营商环境综合排名第18位。

【营商环境优化政策】 2019年10月30日,泰州市出台《聚焦企业关切 进一步优化营商环境行动方案》(简称《行动方案》)。《行动方案》分7个部分,有32项工作任务,包含行政审批提速、资源要素保障、惠企政策落地、市场法治护航、城市环境提升、作风效能优化等六大专项行动,以及强化营商环境建设组织推进的保障措施,明确各项任务的责任单位。六大专项行动中,行政审批提速行动包含加大简政放权力度、优化工程项目许可办理、推动数据信息互联互通、完善“不见面审批”服务、优化不动产登记服务、提升企业开办便利度等6项工作任务;资源要素保障行动包含改善企业融资环境、加强用才用工支撑、改进水电气接入服务、优化企业退出机制等6项工作任务;惠企政策落地行动包含全面落实减税政策、清理规范涉企收费、整治各类乱收费行为、做好政策宣传解读等6项工作任务;市场法治护航行动包含落实各项产权保护措施、加强知识产权保护、控制压缩裁量空间、规范招标采购管理、加强公正公平监管、加快信用体系建设6项工作任务;城市环境提升行动包含推进高水平对外开放、弘扬亲商重商文化、提高生态宜居水平、构建安全生产环境、优化政府政务服务等6项工作任务;作风效能优化行动包含打造服务企业升级版、开展对标找差“回头看”、加大督查问责力度、组织涉企问题专项整治等6项工作任务。

【审批制度改革】 简政放权。2019年,泰州市深化审批制度改革,加大简政放权力度。根据“市县扁平管理、一层全链审批”的原则,海陵辖区内建筑工程施工许可等5项行政权力事项交由海陵区行使。民用建筑防空地下室审批等2项行政权力事项赋权高港区行使,方便企业群众“就近办”。按照“园内事园内办结”目标,厘清审批权限,17项文化广电新闻出版文物类县级行政权力事项交由泰州医药高新区行使。

行政审批改革。实施工程建设项目审批制度改革,推进“一张蓝图、一个窗口、一张表单、一个平台、一套机制”,出台《工程建设项目审批事项清单》等配套文件15个,保留审批事项55项,取消10项,简化审批环节、优化审批流程、缩短办理时间。建设高质量审批服务团队,以“店小二”帮代办服务为基础,归类扎口管理涉及企业服务的服务事项,培植“线上线下一体化”帮办代办服务品牌;试行“一窗综合收件、分类部门审批、综合出件”模式,实行投资建设项目“全程代办”,提升不见面审批(服务)实现率。推进政务信息资源整合共享、政务大数据平台建设,打通省、市、市(区)纵向之间,市级部门横向之间的数据壁垒,建设覆盖全市的一体化大数据中心;整合全市政府信息资源,在统一的数据采集与交换规范标准下,实现各部门、各层级、各业务系统数据信息互联互通;统筹企业服务资源,推进“泰州市企业服务云”与“泰企云”的深度融合,探索“互联网+企业服务”新模式,打造企业“一站式”服务大平台。

中介服务机构管理。开展治理“红顶中介”行动,实施中介服务机构管理,规范行政许可前置中介服务收费。梳理并公布《市级涉企行政许可前置中介服务事项及中介服务收费目录清单》,市级部门涉企行政许可前置中介服务事项及中介服务收费事项由74项减少到61项。开通涉审中介服务超市平台,拟制《中介超市管理暂行办法》,建立中介机构服务评价机制,完善平台管理。动态调整并公布《市级实行政府定价管理的经营服务性收费目录清单》,编制《市区政府性基金行政事业性收费(含涉企收费)项目清单》,实现“清单以内做减法,清单以外零收费”。

政务服务线下集中办理。提高线

下服务大厅事项集中度，新集中市发改委、工信局等9个部门进驻市政务服务中心，协调人社、医保、车管所等7个分中心派员入驻中心服务大厅提供关联事项受理服务，将与群众生活密切相关的水、电、气、电话、市民卡等公共服务事项整合入驻中心。优化线下服务大厅资源配置，改造设立企业开办专区、工程建设专区、公共服务专区、并联图审专区、公安专区等功能性专区，基本实现政务服务“一站式”。

【融资环境】　融资模式创新。至2019年末，泰州市产融综合服务平台上线1.7万家企业，汇聚51家金融机构249个金融产品，企业征信系统在线生成征信报告，实现线上“多对多”银企实时对接。开展金融产品创新奖评选活动，鼓励金融机构创新多元化金融产品，编制特色产品库，并通过产融平台展示推介。设置产融联络员，帮助企业进行专业筛选配对，降低融资成本。组织小型专场融资联合会诊活动，依托各类优惠和支持性政策，解决企业融资难问题，市产融服务中心累计解决企业融资需求4100多项、近300亿元，融资对接成功率超过80%。发挥财政资金增信作用，市级融资担保公司增资至5亿元，担保能力得到提升；“泰信保”业务实现全流程在产融平台运行，年末业务余额超过10亿元。

企业上市融资。全年新增境内外上市企业5家，上市融资总额近21亿元。举办科创板上市后备企业培训、2019江苏资本市场培育发展首场活动、全省赴港上市推进会、第三届“投贷联动20强”评选等10多场上市推进活动。搭建平台，市政府与江苏证监局建立战略合作，在全省率先实现从监管部门到交易场所的全面合作。推动深交所泰州路演中心落地泰州医药高新区，先后开展3场融资路演活动。

“苏科贷”工作。落实“利用‘苏科贷’风险补偿资金发放的科技贷款”任务，推动各市（区）设立“苏科贷”风险补偿资金，开展科技信贷工作，缓解轻资产的科技型中小微企业“融资难”“融资贵”的难题。至年末，“苏科贷”工作实现市（区）全覆盖，全年发放“苏科贷”70笔，贷款额3亿元。开展“科技金融进孵化器行动”，举办专题活动11场，累计邀请33家金融机构，培训企业500家，达成意向融资8000万元，引导投融资机构加强对科技企业孵化器内科技创业企业的支持。

【公平法治环境】　行政执法监督。2019年，泰州市出台《关于加强行政执法监督 优化营商环境的意见》，全面规范行政执法依据、执法行为和执法监督行为。全面推进行政执法公示制度，通过政府门户网站或者其他政务新媒体及时准确公开行政执法主体和人员、职责和权限目录清单、行政执法流程图和服务指南、监督方式和救济渠道等信息；除法律、行政法规另有规定外，执法决定在作出20个工作日内向社会公布相关信息，行政许可、行政处罚在作出决定之日起7个工作日内公开。全面推进行政执法全过程记录制度，记录涉企行政执法的启动、调查取证、审核决定、送达执行情况。

泰州市产融综合服务中心　（市金管局供图）

重点领域执法专项检查。聚焦企业关切的热点难点问题，重点开展资源环境、食品药品安全、安全生产等领域专项执法检查评查活动，规范行政权力运行。将行政执法“三项制度”落实情况、“双随机一公开”工作情况、执法人员培训及证件管理情况、“两法衔接”移送情况、行政许可和行政处罚等执法案卷制作质量作为重要指标，纳入执法专项检查内容。通报发现问题并督促整改，坚决制止和纠正执法机关和执法人员侵犯企业利益的行为。

信用体系建设。出台《信用“红黑名单”管理办法》《加强个人诚信体系建设实施意见》《全面加强电子商务领域诚信建设实施意见》等制度，规范信用“红黑名单”的认定、发布、归集、应用及其管理；出台《加强涉审社会中介机构信用管理实施意见》，监管涉审中介机构，激励守信惩戒失信；推进政府采购信用管理，规范政府采购活动。提升公共信用信息归集质量，启动市公共信用信息系统三期升级，推进政务服务“一张网”与公共信用信息共享平台的互联互通和信息共享，推进“信易+”应用，实现守信联合激励和失信联合惩戒在行政监管和公共服务中的广泛应用；年末公共信用基础数据库归集信息类966个、数据项15466个，累计归集信用数据4600万条；“双公示”基本实现全覆盖，49个市级部门、6个市（区）均在网上开设行政许可、行政处罚等信用信息“双公示”专栏，归集“双公示”数据600多万条。推进信用联合奖惩，建立常态化诚信“红黑榜”发布机制，全年通过信用泰州网、泰州公共信息联播网、《泰州日报》《泰州晚报》等平台发布诚信“红黑名单”

12期,向省推送"红名单"15批2051个、"黑名单"4批8个。

公共资源交易"阳光平台"。成立由市政府主要负责人任主任的市公共资源交易管理委员会,制定《公共资源交易管理委员会议事规则》《关于进一步明确政府投资项目招标投标过程中各相关部门职责的意见》,统筹指导和协调全市公共资源交易重大事项、重大问题。出台《关于进一步加强市政府投资项目招标投标管理工作的意见》《关于在工程建设领域实行"黑名单管理"的通知》等文件,规范政府投资项目招投标行为,推动工程建设领域信用管理。构建"四位一体协同监督"体系(行政监督、社会监督、法律监督、纪检监察监督),定期举办"招投标开放日"活动;聘请资深招投标和法律专家组成顾问团,提供公共资源交易法律保障;引入社会监督,轮流参与重点项目招投标现场监督。建设完善"产权E"交易平台、政府采购交易执行系统和保证金管理系统,提升公共资源交易标准化、智能化及"不见面"水平。

【减税降费】 2019年,泰州市编制新一轮减税降费政策清单,开展降低实体经济企业成本"十大专项行动",全年减轻实体经济企业成本95亿元。两次降低一般工商业电价,降低企业用电成本4.4亿元。清理规范转供电环节加价行为,降低终端用户电费支出6100多万元。实施水、气、热大用户直接交易,减轻企业负担1.29亿元。实行煤热价格联动,供热价格累计降低8.53元/吨,减轻用热企业负担3000多万元。落实增值税加计抵减政策,全市深化增值税改革减税52.68亿元,小微企业普惠性减税12.18亿元,个人所得税专项改革减免11.11亿元。企业职工养老保险缴费比例由19%降至16%,企业用工保险综合缴费比例由29.6%降至26.6%,累计降低企业用工成本12.2亿元。

【土地资源和人才服务保障】 2019年,泰州市以工业用地调查、绩效评价、批后监管等工作为依托,建立低效用地项目库,对低效用地实行信息化管理,提升土地资源保障效率。以协商回购、土地置换、增资技改、兼并重组、引导转让等方式盘活低效用地,全年全市盘活利用低效闲置土地约600公顷。全年省重大产业项目争取点供指标124.73公顷。

泰州人才网开通"重点企业招聘服务专区",集中发布各类岗位需求信息。围绕三大主导产业,依托清华大学、上海交通大学等知名高校,先后举办19期市级专业技术人才公益性示范培训班,累计为企业培训950多名高级专业技术人才。培养高端技能人才,举办市级"蓝领精英示范培育班"。通过企校合作、工学交替的方式,组织企业技能岗位新招用和转岗等人员参加企业新型学徒培训。通过人才项目经费资助、发放人才"购房券"、给予租房补贴等措施,引导包括高校毕业生在内的各类人才到企业就业。推进"泰爱才"十大服务举措,营造良好人才生态环境。

(邵月娥)

民生实事

【市区改善民生实事】 2019年泰州市市区改善民生实事项目涵盖就业服务、养老服务、医疗救助、基础教育、交通出行、食品卫生、饮水安全、绿化提档、宜居环境、公共服务等10大类21项具体任务。就业服务方面,全年市区累计组织公益性人力资源招聘345场次,培训城乡各类劳动者38083人,城镇新增就业55967人,开发就业见习岗位2563个。养老服务方面,实施购买居家养老上门服务,累计受理服务申请60505人;举办失能老人家庭成员免费养老技能培训班6期,培训人员300人;建成老年人日间照料中心2个、标准化社区居家养老服务中心26个。医疗救助方面,低收入家庭中的白血病和尿毒症患者参照单人户纳入低保范围,审核通过158人;建档立卡低收入群众免费健康体检16196人;困难群众城乡居民医保大病保险起付线由1万元降为5000元;实施长期护理保险制度,评估验收通过定点机构41家,重度失能人员待遇申请评估通过1157人。基础教育方面,建成头营幼儿园、俞垛小学幼儿园、朱庄中心小学附属幼儿园、许庄中心小学、溱潼小学、仲院小学、医药城实验小学、泰州实验学校、大抡初中等9个幼儿园、小学、初中改扩建项目。交通出行方面,江洲路、东进路维修改造工程开工建设,城东公交枢纽站工程进行主体施工;更新运营公交车202辆;新辟K6公交线路,调整36路和302路公交线路,加密K3和902公交线路;新增停车泊位2858个,推进三水湾、华丽等停车项目建设;建成共享单车借还点569处,投放共享单车5000辆。食品卫生方面,完成食品安全监督抽检7873批次,组织"快速检"9639批次、"标准检"2443批次,1条餐饮质量安全示范街(区)、82家示范店(食堂)通过省级验收。饮水安全方面,市二水厂、三水厂自来水深度处理工程主体建筑物实现封顶。绿化提档方面,新(扩)建守信园、海光路西侧游园、刁东路游园等游园14个,建成泰州医药高新区祥泰路绿带、姜堰区老通扬运河慢行系统绿带,春兰路绿带完成道路范围内绿化栽植,海军东路绿带开展园路和绿化施工。宜居环境方面,新增污水管网49.9千米,完成海陵区金通梅园一期、高港区通扬新村、姜堰区书香院等雨污分流改造项目46处;整治海陵区九里沟、森园河、王庄河,姜堰区三水河等黑臭水体4处;完成30个老旧小区"微整治"。公共服务方面,市区网上公安为民服务工程建成并上线试运行,新(改)建公厕23座、垃圾中转站2座,30个小区完成垃圾分类。

(邵月娥)

【"城建惠民"行动】 2019年8月27日,泰州市发布"城建惠民"两年行动计划,计划组织实施6个专项行动、27项重点任务。成立"城建惠民"工作领导小组,9家牵头责任部门建立联席会商、定期过堂、督查交办制度。

市城管局牵头7项重点任务。公厕人性化改造方面,市环卫处完成163处直管公厕改造任务,其余各区、各相关部门牵头的改造任务均按序时推进。道路保洁质量提升方面,各区均完成省住建厅核定的2019年机械

化清扫率目标任务。垃圾分类加速推进方面,海陵区完成垃圾分类试点行政村(涉农社区)53个,高港区完成82个,姜堰区完成93个,泰州医药高新区累计完成16个。"三违"(违法建设、违法棚亭、违法广告)专项整治方面,拆除各类违法违规户外广告和店招标牌设施5064处,实施市区东部市场群、名流装饰城、扬州路广告店招改造和立面出新,整治主干道沿线和重点商圈周边违建127处,拆除公共电话亭159座、空置信息亭27座、空置报刊亭40座。流动摊点专项整治方面,各区均按要求制定整治方案,列出整治清单,并陆续开展集中整治行动。停车便利化方面,市区新增停车泊位18144个,《泰州市停车场管理办法》形成初稿并送审。洗车行业专项整治方面,开展前期情况摸排,制定《洗车行业污水隔油沉淀池建设标准》。

市住建局牵头9项重点任务。老旧小区改造方面,完成20个老旧小区改造任务。破旧立面整治方面,完成9条道路专项整治。建筑工地整治方面,179个在建项目建筑工地"六个百分百"达标率93.3%。通信杆线整治方面,启动9条道路整治工作,完成整治2条。绿色出行方面,5000辆共享单车、1500辆共享助力车投放到位,完成4条道路的慢行系统改造。污水管网整治方面,海陵区、高港区、姜堰区、泰州医药高新区分别完成5.38千米、26.39千米、17千米、12.58千米污水管网整治。园林绿化提档升级方面,建设景观大道5条,新建公园3座,新增游园绿地8处。照明亮化提档升级方面,海陵区完成2条道路路灯改造及4个新建照明亮化工程,高港区完成1个亮化项目,姜堰区2个亮化项目进场施工,泰州医药高新区完成90幢建筑的亮化提升。无障碍设施方面,完成11条道路的提档升级。

市城建办牵头1项重点任务。组织开展石材市场专项整治,关停、拆除、整改244家违规石材加工点,统筹推进各区石材加工集中区规划建设工作。

市交通运输局牵头1项重点任务。推进公交优化,畅通城区循环,完成公交线网优化方案评审,新辟6条公交线路,新增纯电动公交车202辆。

市市场监管局牵头1项重点任务。开展小餐饮大排档专项整治,建立基础台账,摸排小餐饮大排档3930家,发现无证、无备案、证件过期416家,梳理重点问题21项并开展专项整治。

市商务局牵头2项重点任务。提档升级农贸市场,市区新建、改造农贸市场11家;开展废旧回收专项整治,摸排需要整治废旧回收站点233家,完成整改61家。

温泰市场广告立面整治出新　（市城管局供图）

市体育局牵头1项重点任务。提档升级体育健身设施,完成人民广场、人民公园、泰山公园、市体育馆、西城河东侧滨河绿地、水泥厂旧址等处健身设施安装。

市文明办牵头2项重点任务。推进全民素质再提升和志愿服务再提升,建成新时代文明实践中心(所、站)652家,泰州市志愿服务云平台注册志愿者近125万人。

市水利局牵头1项重点任务。推进河道管护全覆盖,完成河道保洁全覆盖经费测算,排定2020年河道疏浚整治和活水工程项目。

市公安局牵头2项重点任务。推进交通堵点再减量,新排查市区交通堵点5处,新增智能交通诱导屏75块,实施118个路口实时优化控制,实施6条主干道绿波动态协调控制;推进文明交通再提升,常态化开展交通违法行为整治,7月至年末,市区现场查处各类交通违法行为13.6万起,其中酒驾毒驾656起、非机动车行人交通违法6.1万起、机动车斑马线未礼让行人2万多起。　（殷恒杰）

节庆会展

·第十届中国(泰州)国际医药博览会·

【概况】 2019年9月18~20日,江苏省政府主办第十届中国(泰州)国际医药博览会,科技部、商务部、国家卫健委、国家药品监管局、国家中医药管理局、国家知识产权局、中国国际贸促会共同支持,泰州市政府承办。该届医博会以"践行健康中国战略、引领生物医药发展"为主题,聚焦生物医药领域前沿技术,解读生物医药领域最新形势,推介生物医药领域产品成果。其间,举办各类会议、论坛33个,数量为历届之最。除10个综合性会议活动外,还举办专题峰会论坛活动23个,其中综合性活动9个、生物制药类2个、医疗器械类3个、化药类2个、中药类1个、特医食品类1个、精准医学与康健医疗类5个。活动吸引国内外4000

多名生物医药领域的企业家、科学家参会交流，包括阿弗拉姆·赫什科和阿达·尤纳斯两位诺贝尔奖得主、11位国内外院士、102位行业权威专家，参展企业886家，展览展示面积4万多平方米，专业参展人员逾万人。美国、英国、法国、比利时、意大利等23个国家和地区的团组和企业参展，包括礼来、阿斯利康、雀巢、勃林格殷格翰等全球知名医药企业，展出医疗行业和生物医药最前沿的核心技术和高端产品。

2019年9月18日，第十届中国(泰州)国际医药博览会在泰州中国医药城开幕　(顾祥忠供图)

新华社、中央电视台、《人民日报》《经济日报》《光明日报》等中央级媒体，《香港商报》《欧洲时报》《中美邮报》《大公报》等域外媒体，江苏卫视、《新华日报》《扬子晚报》《现代快报》等省内媒体，米内网、赛柏蓝、医麦克、药融圈、药通社、易企说、新药汇等专业媒体等80多家媒体参与报道，网络搜索结果36万多个。医博会开幕式当晚，中央电视台《新闻联播》、"学习强国"学习平台、《人民日报》、新华社新闻客户端、经济日报新闻客户端、光明日报新闻客户端、新华网、人民网、网易、《新华日报》、江苏卫视、荔枝新闻等均予以重点报道，中央广电总台等媒体以外文进行传播。新华社客户端报道泰州中国医药城"牵手"五大国际创新生物医药科技园区共建国际生物技术创新联盟活动，《欧洲时报》报道中国(泰州)医药峰会，《香港商报》报道泰州中国医药城政策发布暨项目签约仪式，"紫牛新闻"关注参展的科技产品。

2019年第十届中国(泰州)医博会专题峰会论坛活动一览表

表1

专题活动	活动内容(宗旨)
泰州中国医药城政策发布暨项目签约仪式	发布优惠政策30多项，集中签约招商引资项目30个
药品监管科学及立法研讨会	介绍"药品MAH试点""仿制药注射剂注册申请现场检查最新进展""三类医疗器械产品电子申报"
第十次省际药品(高值医用耗材)集中采购工作交流会	交流各省、市药品集中采购工作情况，分析药品及高值耗材集中采购新动向，探讨交流药品采购相关课题
第七届中国(泰州)国家医药人才智力交流大会	雀巢、阿斯利康、石药集团、硕世生物等184家企业报名参会，人才需求总数2422个
第六届中国(泰州)国际医药高层次人才创新创业大赛	组织海内外高层次人才参加创业大赛，吸引和集聚海内外高层次人才到泰州中国医药城创新创业
中国(泰州)医药峰会	设置智慧医疗与大健康前沿主论坛、疫苗产业高质量发展专题研讨会、医药品牌与媒体传播和医疗行业政策与专业化学术推广分论坛2个
第五届医药及健康产业国际合作交流会	分享全球最新医药及健康产品和技术，发布产品代理、技术转移、合作开发、市场拓展、生产外包等信息，促进产业的国际交流与合作
生物医药创新型企业深交所－泰州医药高新区路演中心医博会专场路演	园区企业进行项目路演，投资机构作项目点评；解读"科创板"最新政策
中国疫苗创新论坛	探讨疫苗产业的最新发展趋势、国内外领先的疫苗研发及生产技术、最新的疫苗研发进展
中国(泰州)第四届抗体药物创新及产业化国际论坛	分析中国抗体药物发展现状，交流抗体药物发展热点，展望抗体药物发展方向
国际生物治疗高峰论坛	集聚先进技术项目与产业园区进行洽谈对接

续表 1

专题活动	活动内容(宗旨)
中国生物制药创新大会	聚焦生物类似药、创新药关键技术、工艺及质量控制,探讨免疫治疗研究进展,分析治疗性疫苗研发关键技术的态势
医疗器械项目路演复赛	企业进行项目路演;投资机构和企业作项目点评
医疗器械市场拓展对接会	推动园区企业遴选出的医疗器械、诊断试剂类优秀产品,实现与国药器械全国网络营销平台无缝对接
下一代体外诊断高峰论坛	搭建"产学研用管"沟通交流平台,促进中国体外诊断技术进步及新产品研发与规范化应用,并为国内相关企业参与国际认证和竞争提供信息支持与帮助
特殊医学用途配方食品高峰论坛	探讨当前特医食品行业发展现状与产品研发设计思路经验、特医食品申报要求及其他常见问题
全国中医药合作发展高峰论坛	对"一带一路"背景下中药产业发展趋势、中药现代化、中医药康养、中医药院校如何与地方加强合作、中医药科技成果转移转化等议题进行解读和讨论
化学药研发与国际化发展论坛	探讨新背景下的化学药高质量发展与企业转型升级
细胞治疗与再生医学大会	介绍细胞治疗和免疫治疗,干细胞,组织工程和细胞工程,再生模型,再生分子机制,再生诊断和成像,再生医学基础研究、再生医学临床应用等领域
复旦大学泰州健康科学研究院新址入驻仪式暨精准医学发展战略论坛	交流现阶段中国精准医学发展情况和存在的问题,研讨未来一段时期精准医学发展方向
中国精准医学发展战略论坛	精准医学的产业延伸与实践案例分享
两岸医养产业合作发展论坛	拓宽两岸医养产业沟通渠道,加深互相了解

【医博会开幕式】　2019年9月18日,医博会开幕式在泰州中国医药城会展交易中心举行。2004年度诺贝尔化学奖获得者阿弗拉姆·赫什科,2009年度诺贝尔化学奖获得者阿达·尤纳斯,以色列理工学院教授朱迪思·赫什科,印度驻上海总领事瑞峰,中科院金力、徐涛等5名院士,国家、省、市相关领导等数百名嘉宾出席开幕式。开幕式上,举行国际生物技术创新联盟成立仪式、中国(泰州)医疗健康大数据中心启动仪式。开幕式前,与会领导巡馆医博会展区。

【国际生物技术创新联盟启动】　2019年9月18日,泰州中国医药城与英国剑桥创新中心、印度海德拉巴医药城、美国应用孵化实验室、摩洛哥癌症研究中心、比利时中比科技园五大国际创新生物医药科技园区共建的国际生物技术创新联盟正式启动。该联盟将围绕创新技术研发攻关、创新人才队伍建设、创新产业服务模式、创新成果转移共享、创新产业发展环境等领域,分享园区发展经验,搭建交流合作平台。

【医博会峰会论坛】　中国(泰州)医药峰会。2019年9月17～19日,泰州市政府、中国(泰州)医药峰会组委会、中国药理学会、中国农工民主党生物技术与药学工作委员会共同主办的2019中国(泰州)医药峰会在泰州中国医药城举行。该届峰会设置"智慧医疗与大健康前沿"主论坛、"医药品牌与媒体传播""医疗行业政策与专业化学术推广"2个分论坛,增设"疫苗产业高质量发展"专题研讨会。"智慧医疗与大健康前沿"论坛专家们交流生物技术、大数据、人工智能等前沿科技的应用、对医疗健康领域产生的影响等,网络直播点击量突破500万。人民网·人民健康、《瞭望》《第一财经日报》《中华全科医学杂志》等20多家媒体和专业期刊的代表参加"医药品牌与媒体传播"论坛;峰会向参会媒体及学术期刊发出倡议,筹备成立"中国(泰州)医药峰会媒体人委员会";中国抗衰老促进会党支部书记、中国中药协会媒体专业委员会主任徐述湘作《医药品牌传播要素及特点分析》的专题演讲。北京中医药大学东方医院药学部主任曹俊岭、北京泱深生物信息技术有限公司CEO杨承刚、药脉通副总裁王鹏、医学空间总经理杜怡利参加"医疗行业政策与专业化学术推广"论坛探讨和交流。"疫苗产业高质量发展"专题研讨会就泰州中国医药城疫苗产业未来发展进行专题探讨。

首届下一代体外诊断高峰论坛。2019年9月18～19日,中国医疗器械行业协会、泰州中国医药城主办的首届下一代体外诊断高峰论坛召开。中科院大学院士徐涛、中国医疗器械行业协会会长赵毅新、中国生物技术发展中心副主任范玲等出席开幕式并致辞。围绕"融合创新、引领未来"主题,中科院生物物理研究所、POCT联盟、中科院苏州医工所、中科院大连化物所、北京协和医院以及浙江大学、南京大学、上海交通大学等业界学界专家代表报告研究成果。其中,中科院生物物理研究所张先恩作《生物传感与大健康》主题演讲;POCT联盟王佳义作《体外诊断2035——下一代体外诊断的创新与发展》主题演讲。

中国疫苗创新论坛。2019年9月18～19日,中国疫苗行业协会(原中国医药企业发展促进会)与泰州医药高新技术产业园区管委会共同主办的2019中国疫苗创新论坛在泰州中国医药城会展中心召开。国内外疫苗行业的权威专家、企业高管、行业领袖以及100多家相关单位代表约280人参会，共同探讨疫苗产业的最新发展趋势、国内外领先的疫苗研发及生产技术、最新的疫苗研发进展等疫苗行业的最新发展动态。论坛还组织召开以“疫苗创新高质量发展”为主题的高级闭门圆桌会议。

第五届医药及健康产业国际合作交流会。2019年9月18日，泰州医药高新技术产业园区管委会主办，泰州医药高新技术产业园区招商中心、江苏贸促国际会展有限公司承办的第五届医药及健康产业国际合作交流会举行。活动以“立足健康新科技加速国际新融合”为主题，英国剑桥医学院CEO Takis Kotis、马来西亚投资发展局主任 Mr. Mohamad Ismail Abu Bakar、摩洛哥国家癌症研究所主任 Karim Ouldim、Dr. IT &BIO. Inc总经理宋永奎等9个国家的政府官员、专家、投资公司和企业代表参会，交流全球最新、最先进的医药及健康产品和技术，发布产品代理、技术转移、合作开发、市场拓展、生产外包等信息，300多名专业观众参加。

【泰州中国医药城政策发布暨项目签约仪式】 2019年9月19日，泰州中国医药城举行政策发布暨项目签约仪式，发布30多项优惠政策，涵盖支持企业创新产品、创新体系建设、企业上市、参与资本运作以及康健医疗区内的高端医疗服务业等领域。集中签约重大项目30个，其中大院大所项目1个、一类新药产业化项目1个、高端研发项目2个、重大产业化项目24个、重大产业配套项目2个，总投资61.5亿元。 （史　志）

·第11届中国泰州水城水乡国际旅游节·

【概况】 2019年4月6日~5月6日，省文旅厅与市政府联合主办第11届中国泰州水城水乡国际旅游节（简称旅游节）。旅游节以“水城水乡 乐游泰州”为主题，突出全域旅游理念，围绕戏曲文化、民俗文化、“非遗”文化、红色文化等泰州地域特色文化，设置“泰精彩”“泰有戏”“泰有味”“乡约泰州”“红色水城”“悦动泰州”6个板块，推出海陵区农业生态观光旅游节、姜堰区溱潼会船节、兴化市花海森林国际半程马拉松赛、靖江市文化研学游、泰兴市宣堡美食暨桃花节等60多项节庆活动，并开发系列“旅游+研学”产品。兴化市千垛镇东罗村、姜堰区桥头镇小杨村、沈高镇河横村等特色田园乡村建设试点村推出展现各自地域特色的乡村旅游活动。

推进旅游节市场化运作，联合广之旅、广东铁青旅等华南旅游龙头旅行商开发粤港豪华旅游专列，吸引600名粤港游客到泰州观光游览，其中香港游客占一半。联合中国国旅（青岛）公司连续8年开发山东旅游专列团，800名山东游客到泰州观光游览。北美系列旅游团，长三角地区自驾游团队以及山东、河北、河南等中远程市场旅行团到泰州游览。旅游节期间，全市国家AAAA级以上旅游景区、各星级酒店接待游客230万人次，其中溱湖风景区接待游客55万人次、景区门票收入3700多万元。

3月31日，中央电视台《朝闻天下》栏目报道宣堡桃花美食节。4月1日，中央电视台《新闻直播间》栏目一天两次连线直播千垛菜花美景。4月7日，旅游节开幕式4次亮相中央电视台频道，央视一套《新闻联播》栏目、央视四套《中国新闻》栏目和中央电视台新闻频道均报道旅游节盛况。新华社于4月5日和6日2次报道泰州国际旅游节，总阅读量接近40万。4月8日，《中国旅游报》头版重点推介旅游节。

2019年第11届中国泰州水城水乡国际旅游节活动一览表

表2

主要活动	活动时间	活动地点	主办单位
“泰精彩”重要旅游活动			
第十一届中国泰州水城水乡国际旅游节开幕式	4月6日	溱湖旅游景区	省文旅厅、泰州市政府
2019中国兴化千垛菜花旅游节	3月26日~5月8日	兴化市千垛菜花景区	兴化市委、市政府
2019中国泰州姜堰溱潼会船节	4月6日~5月8日	姜堰区溱湖旅游景区	溱湖旅游度假区
第十五届溱潼万朵古山茶观赏节	3月16日~4月6日	姜堰区溱潼古镇景区	溱湖旅游度假区
泰州春季旅游产品巡回推介、路演活动	3~5月	中国台湾、澳门及南京、苏州等客源城市	市文广旅局
泰州文化旅游产品暨精品旅游线路发布活动	4月	上海、南京、泰州及途牛、同程	市文广旅局
“泰有戏”文化旅游活动			
梅兰芳出国访问巡演100周年纪念活动	4月	凤城河风景区	市文旅集团

续表 2－1

主要活动	活动时间	活动地点	主办单位
望海楼名楼展	4 月	凤城河风景区	市文旅集团
天德湖第八届风筝文化节	5 月 1～3 日	天德湖景区	市城投集团
“碧丛赏春季　华袂迎花朝”汉服文化活动	3 月	稻河古街区	市城投集团
孤山“三月三”庙会	4 月 18～19 日	靖江市孤山镇	靖江市孤山镇政府、靖江市文体广电和旅游局
兴化市茅山第八届文化旅游节	4 月 5 日	兴化市茅山镇	兴化市茅山镇政府
第四届“水城古巷”慢吧节	4～5 月	海陵区钟楼巷	海陵区文体旅游局、团区委、城中街道办
海陵区文创旅游商品展	4 月	海陵区多胜文化广场	海陵区文体旅游局
看船泡汤春游会	4 月	泰州华侨城	泰州华侨城
秋雪湖游乐嘉年华活动	3～4 月	秋雪湖欢乐世界	秋雪湖游乐有限公司
“泰有味”美食旅游活动			
2019 年春季人文早茶集市	4 月 8～22 日	凤城河风景区	市文旅集团
靖江春季美食节	3～5 月	靖江滨江花园酒店、靖江市锦秀山庄	靖江滨江花园酒店、靖江市锦秀山庄、靖江市文体广电和旅游局
第四届宣堡美食暨桃花节	3～5 月	泰兴市宣堡镇	泰兴市宣堡镇政府
海陵区厨艺技能大赛	4～5 月	海陵区会宾楼宾馆	海陵区文体旅游局、人社局、商务局，泰州市餐饮协会
“乡约泰州”乡村旅游活动			
靖江乡村旅游节	3～4 月	靖江市马桥镇徐周村	靖江市政府
2019 西来第七届桃花节暨文体节	3～5 月	靖江市西来镇	靖江市西来镇政府、靖江市文体广电和旅游局
二月兰花海节暨第三届春江诗会	3 月 25 日～5 月 7 日	李中水上森林景区	兴化市文体广电和旅游局
海陵农业生态观光旅游活动	4～5 月	海陵区麒麟湾	海陵农业园区
“堰上花开　乐活田园”乡村旅游节	3 月 22 日～4 月 21 日	姜堰区河横、西陈庄、湖南、小杨、周庄等村	姜堰区文体广电和旅游局、沈高镇、兴泰镇、溱潼镇、桥头镇、淤溪镇
首届文化旅游博览会旅游装备展动态巡展活动	4 月	姜堰区溱湖绿洲	省旅游协会
高港区 2019 乡村旅游节	3～4 月	江苏中药科技园	高港区政府
“红色水城”红色旅游活动			
庆祝人民海军诞生 70 周年系列活动	4 月	泰州市	泰州市委、市政府
黄桥老区红色旅游主题系列活动	4～5 月	泰兴市黄桥镇	泰兴市黄桥镇政府
“悦动泰州”体育旅游活动			
第三届中国·兴化花海森林国际半程马拉松赛	4 月 28 日	兴化市千垛景区·李中水上森林景区	兴化市文体广电和旅游局
第十一届中国·兴化全国国际象棋锦标赛(个人甲组)	5 月 11～22 日	兴化市	兴化市文体广电和旅游局

续表 2-2

主要活动	活动时间	活动地点	主办单位
2019 悦动海陵旅游节启动仪式暨海陵区首届彩虹跑	4 月	海陵区香草湾	海陵区文体旅游局、团区委
第九届"黄龙士·精锻科技杯"世界女子围棋擂台赛	4 月	姜堰区溱湖开元名庭酒店	姜堰区文体广电和旅游局

【旅游节开幕式暨溱潼会船节】 2019年4月6日，水城水乡旅游节开幕式在姜堰溱湖风景区举行。哈萨克斯坦驻上海总领事馆参赞苏里曼·别克，中国旅游集团有限公司总经理助理、中国旅行社总社有限公司董事长、中国国际旅行社总社有限公司董事长陈荣，文化和旅游部、国家林业和草原局、省文化厅、省林业局、泰州市、姜堰区相关领导共同按下开幕推篙装置。开幕式上，为创成"2018～2020 年度中国民间文化艺术之乡"的姜堰区授牌，为创成江苏省五星级乡村旅游区的姜堰区、泰兴市和江苏农牧科技职业学院授牌。举行泰州文化旅游产品发布仪式，发布游园赏花、寻味美食、红色水城、静谧乡村、人文游学等6个主题旅游线路，并同步在途牛网、同程网上线销售。开幕式后，举行溱潼会船节会船表演，500 多条祭祀船、贡船、篙船、划船、龙船分别组成水上巡游方阵，1万多名选手参与会船表演；活动首次采用 5G 通信技术，借助 ZAKER 平台选取南京、合肥、泰安、广州、哈尔滨、长沙六大城市频道同步直播，线上120 万名网友与现场 1 万多名游客共同欣赏"世界最大的水上庙会"——溱潼会船，新华社、中央电视台、中国新闻社、《中国旅游报》、江苏卫视等近 70 家媒体现场报道。

2019 年 4 月 6 日，第 11 届中国泰州水城水乡国际旅游节开幕式在姜堰溱湖风景区举行　（罗卫星供图）

【旅游节项目集中签约大会】 2019年4月6日，旅游节项目集中签约大会举行，来自西班牙、阿联酋、日本、韩国等国家和中国香港、中国台湾等地区的 300 多名嘉宾出席。大会现场签约项目 43 个，其中院地合作项目 8 个、现代服务业项目8 个、产业项目27 个，总投资超过 300 亿元，涵盖生物医药、高端装备制造、节能与新能源、新一代信息技术、新材料等产业。签约项目中，10 亿元以上项目 22 个、外资项目 10 个。

【中国兴化千垛菜花旅游节】 2019 年3 月 26 日～5 月 8 日，2019 中国兴化千垛菜花旅游节举行，活动主场设在兴化千垛景区。3 月 26 日，举行开幕式，兴化市领导为"国家水利风景区"千垛景区、"江苏省四星级乡村旅游区"碧水东罗、"长江三角洲生态旅游区联盟创始成员"李中水上森林景区授牌。5 月 8 日，举行重大项目集中开工仪式，集中开工项目 28 个，计划总投资 46.1 亿元，其中亿元以上项目 16 个。举办碧水东罗开春大集、唐堡"草荡十宝"美食文化周、刘泽休闲渔乐节、施家桥"水浒"文化周、管阮板桥春韵、徐圩徐马荒鸟类摄影比赛、八尺沟浪漫樱花节以及第三届中国·兴化花海森林国际半程马拉松、第十一届全国国际象棋锦标赛、千垛动力三角翼低空飞行等活动 31 项。其间，接待游客 269 万人次、比上年增长 11.2%，实现旅游总收入 20.66 亿元、比上年增长 13.5%。

【宣堡桃花美食节】 2019 年 3 月 30 日，2019 宣堡桃花美食节开幕式在泰兴国家古银杏公园举行。该届桃花美食节是泰兴市宣堡镇连续第四年举办，活动从 3 月下旬持续至 5 月初，推出开幕式暨文艺会演、网民摄影采风大赛、宣堡小馄饨和地方美食评比大赛、重大项目开工典礼、投资环境说明暨项目签约仪式、地方特色小吃及农副产品展示、林果产业发展论坛等一系列节庆活动。3 月 31 日，中央电视台《朝闻天下》以《千亩桃花盛开，振兴乡村带领百姓致富》为题报道。

【"悦动海陵"系列活动】 2019 年4 月13 日，"悦动海陵"麒麟花海旅游节、第十二届全民健身节、文明旅游主题志愿服务在海陵区麒麟湾景区香草湾薰衣草主题乐园举行启动仪式，海陵区领导为泰州单声珍藏文物馆、江苏省海陵现代农业产业园区、泰州市多胜文化艺术生活广场、泰州市香草

湾薰衣草主题庄园4家海陵区首批中小学生研学旅行基地单位授牌，为文明旅游志愿服务者颁发聘书。该次活动依托麒麟湾景区植物科普馆、牡丹园、百草园、薰衣草主题乐园、花卉苗木园等现代农业资源，推出第四届"水城古巷"慢吧节、薰衣草文化节、"食尚乡宴"技能培训与烹饪大赛等系列活动。

·2019中国泰州梅兰芳艺术节·

【概况】 2019年10月18～30日，省文旅厅、泰州市政府共同主办的2019中国泰州梅兰芳艺术节（简称梅艺节）在泰州举行。其间，举办七大系列主题活动：2019中国泰州梅兰芳艺术节开幕式暨京剧《梅兰芳蓄须记》首演、昆剧《梅兰芳·当年梅郎》泰州首演、"河之韵"——大运河沿岸城市京剧票友演唱会、《琴芳梅兰》琴歌艺术演唱会、"兰芳雅致"——梅派戏曲兰花指摄影艺术展暨水墨京剧人物画展览、"同乐江苏"国际爵士音乐节泰州专场巡演、大运河文化带经典剧目展演。该届梅艺节以提升梅兰芳文化品牌影响和丰富大运河文化内涵为主线，突出"梅派"元素，推动运河文化和戏曲文化融合。

【梅艺节开幕式】 2019年10月18日，梅艺节开幕式在泰州大剧院举行。中国文联原副主席、中央文史研究馆馆员、著名文艺评论家仲呈祥，省演艺集团董事长郑泽云，省、市相关领导共同启动开幕装置。开幕式上，中央电视台原节目主持人白燕升现场访谈仲呈祥、文旅部梅兰芳纪念馆馆长刘祯、文艺评论家武丹丹、梅兰芳先生曾孙梅玮、《梅兰芳·蓄须记》编剧罗周以及导演徐春兰等。与会嘉宾共同欣赏新编现代京剧《梅兰芳·蓄须记》。

2019年10月21日，"同乐江苏"国际爵士音乐节泰州专场巡演在泰州职业技术学院举行　　（市文广旅局供图）

【昆剧《梅兰芳·当年梅郎》泰州首演】 2019年10月21日，江苏省演艺集团和泰州市委宣传部共同出品的昆剧《梅兰芳·当年梅郎》在泰州大剧院上演。该剧是将京剧宗师搬上昆曲舞台的首次尝试，是省演艺集团昆剧院近30年来首度创排的现代昆曲大戏，著名编剧罗周撰写剧本，上海越剧院著名导演童薇薇执导。该剧以1956年梅兰芳返乡泰州之行为切入点，通过梅兰芳携妻子返乡、祭祖、演出等现实事件与其回忆第一次登台上海的经历双线交织、相互推进，采用数字多媒体等高科技舞美手法，并将京剧与昆曲两个剧种进行创意性的融合，展现一代京剧大师的艺术成就与人格魅力。

【"同乐江苏"国际爵士音乐节泰州专场巡演】 2019年10月21日，省政府新闻办、中国泰州梅艺节组委会主办，省文化馆、市文广旅局、泰州职业技术学院承办的2019"同乐江苏"国际爵士音乐节泰州巡演在泰州职业技术学院体育场举行。斯洛文尼亚的Wild Strings Trio乐队、比利时的Evil Empire Orchestra乐队为泰州市民表演10多首风格迥异的爵士音乐作品。

【"河之韵"——大运河沿岸城市京剧票友演唱会】 2019年10月27～28日，梅艺节组委会主办的"河之韵"——大运河沿岸城市京剧票友演唱会在泰州市人民公园广场举行。来自北京、天津、山东、浙江和江苏的16个大运河沿岸城市的50多名京剧票友参加，表演节目近40个。　（杨俊杰）

责任编辑　叶　彤

2019年泰州大事记

1月

3日　市政府印发《关于做好当前和今后一段时期就业创业工作的实施意见》，在全省首家出台新一轮促进就业政策。

△　泰州市首家乡镇统战人士同心圆梦联谊会在泰兴市新街镇成立。

5日　泰州市获批第二批"江苏省生态园林城市"。

8日　泰州新源电工器材有限公司参研项目"超、特高压变压器/电抗器出线装置关键技术及工程应用"获2018年度国家科技进步奖二等奖。

△　副省长王江率调研组到泰州调研学前教育工作。

8～9日　省长吴政隆到泰州调研兴化市戴南镇产业转型升级情况，实地察看江苏泰富恒通特种材料有限公司、江苏兴达钢帘线股份有限公司，听取戴南镇总体规划情况汇报；走访慰问靖江市老党员、老军人、困难群众以及驻泰部队官兵。

9日　市委五届六次全会召开。

△　泰州市首条公铁两用过江通道开工建设。

△　姜堰区被文化和旅游部授予2018～2020年度"中国民间文化艺术之乡"称号。

10日　卓然(靖江)设备制造有限公司模块化制造的全国最大负荷余热锅炉装备装船发货。

12日　泰州市市级机构改革动员部署会召开，传达省委、省政府关于泰州市机构改革的部署要求，动员部署市级机构改革工作。

18日　泰州市汽车客运西站新站投入试运营。

△　泰州市首批"警银机动车登记服务站"和"警保交管便民服务中心"正式开通启动。

23日　辽宁省沈阳市市长姜有为率团到泰州考察。

25日　泰州市向环境污染宣战现场会召开。

△　省卫健委公布通过三级乙等综合医院评审的公示名单，靖江市人民医院、兴化市人民医院、泰州市第二人民医院3家医院入围；泰州市实现三级综合医院市域全覆盖。

25～28日　政协五届三次会议召开。会议增选刘汉秋为政协泰州市第五届委员会副主席。

26～29日　市五届人大三次会议召开。会议选举韩立明为泰州市第五届人大常务委员会主任。

△　市委、市政府印发《关于实施2019年市区改善民生实事的通知》，在就业服务、养老服务等10个方面提出具体目标和措施。

30日　中国电视艺术家协会电视戏曲委员会、市委宣传部、团市委、梨园梦(上海)文化传播有限公司联合拍摄制作的微电影《梨园追梦人》杀青。

31日　市五届纪委第四次全体会议召开。

△　泰州市"人民公安为人民"庆祝改革开放40周年暨第五届最美警察评选表彰活动举行。

△　主题为"古盐运河与大运河文化带建设"的江苏省哲学社会科学界第十二届学术大会苏中区域专场在泰州举行。

2019年1月9日，常泰过江通道项目开工仪式在泰兴市虹桥镇举行
（顾祥忠供图）

2月

12日　2019年“春风行动”市区农村劳动力转移就业专场洽谈会举行。

14日　市委、市政府在北京召开新闻通气会,宣布启动“健康长江泰州行动”。

15日　泰州成为全国长江入河排污口排查整治专项行动首批试点城市。

△　市委、市政府成立江苏省第20届运动会泰州市筹备委员会,市委副书记、市长史立军任筹备委员会主任。

16日　泰州电信公司建成泰州市首个5G试验基站。

20日　投资80亿元的长城汽车整车项目签约落户泰州。

22日　市委、市政府出台《“健康长江泰州行动”工作方案》。

△　泰州市推动长江经济带发展领导小组2019年第一次会议召开。

24日　《农民日报》发布“2019农业产业化龙头企业500强”榜单,泰州市9家企业上榜。

25日　市人大常委会首次票决通过2019年市级政府重大投资项目。

26日　泰州获评江苏省“公益之星”先进市。

27日　江苏省第二十届运动会泰州市筹委会第一次会议召开。

3月

1日　生态环境部公布2018年度国际生态学校项目绿旗荣誉学校公示名单,泰州市姜堰区励才实验学校、泰州市永安洲实验学校入选。

2日　民盟中央美术院泰州分院美术馆揭牌仪式举行。

4日　省生态环境厅公布2018年度全省“优秀环境守护者”名单,泰州市鞠鑫、夏晓华、何芳、王宝华、陆家宽、徐新标6人入选。

5～15日　第十三届全国人民代表大会第二次会议在北京召开,泰州市韩立明、史立军、徐镜人、刘锦兰、何健忠、杨恒俊、吉桂凤7名全国人大代表参会。

11日　市“110”报警服务台正式推广应用“泰州公安微警务”微信公众号开发的“微警务语音通话自助移车功能”。

12日　省委常委、常务副省长樊金龙到泰州调研长江生态环境整治工作。

18日　市人大常委会召开会议,部署《泰州市水环境保护条例》《泰州市公共信用信息条例》立法后评估工作,这是市人大常委会首次实施立法后评估工作。

23日　“花样情缘·茶会溱潼”第十五届中国·溱潼万朵古山茶观赏节开幕。

26日　2019中国·兴化千垛菜花旅游节开幕。

26～27日　省政协副主席王荣平就“加快发展农业现代化、休闲观光农业”到泰州调研。

27日　省委书记娄勤俭到泰州调研安全生产和污染防治工作,实地察看泰兴经济开发区,听取危化品企业隐患排查情况和污染地块整治进展情况汇报。

△　两岸健康照护及生技产业策略联盟试验示范区落户泰州。

28日　省长吴政隆就推动全省长江经济带发展到泰兴调研,实地察看泰兴市长江中路生态绿化工程项目现场、生态湿地绿色廊道、沿江污染地块修复现场。

△　生态环境部部长李干杰到泰州调研长江入河排污口排查整治工作,实地察看泰兴市新浦热电厂、滨江污水处理厂、包家港排涝站、天星港闸,听取推进长江入河排污口排查整治专项行动试点工作进展汇报。

△　市政协首次开展“知名人士看泰州”活动。

4月

1日　副省长王江到泰州督察安

2019年2月15日,泰州市设立分会场,收听收看生态环境部召开的长江入河排污口排查整治专项行动暨试点工作启动会,并举行“健康长江泰州行动”工作会议　（顾祥忠供图）

全生产工作。

2日　泰州移动公司建成泰州市首个5G商用基站。

△　首届“泰州青年五四奖章”评选结果揭晓，丁松等20人以及市法院少年及家事案件审判庭等10个集体入选。

2～3日　全国政协常委、香港江苏社团总会会长唐英年到泰州考察。

3日　省人大常委会副主任、省总工会主席魏国强到泰州开展“主任接待代表日”活动。

△　“泰州青年思享汇”互动交流活动正式启动。

3～4日　省政协主席黄莉新率调研组到泰州调研创业就业工作。

4日　市长史立军主持召开市政府安全生产专题常务会议，研究部署安全生产工作，并听取江苏中丹化工技术有限公司火灾事故及应急处置情况汇报。

6日　第十一届中国泰州水城水乡国际旅游节、第十四届中国湿地生态旅游节、2019年中国泰州姜堰溱潼会船节开幕式在溱湖风景区举行。同日，旅游节项目集中签约大会举行，现场签约项目43个，总投资超过300亿元。

7日　中央电视台《新闻联播》栏目、《中国新闻》栏目和新闻频道报道第十一届中国泰州水城水乡国际旅游节开幕式盛况。

2019年4月13日，西班牙萨拉戈萨市成为泰州第12个正式友好城市。图为泰州中国医药城与西班牙萨拉戈萨大学于10月共同举办第二届中国—西班牙科技创新（生物医药）论坛　（市外办供图）

9日　泰州市医疗保险信息系统与江苏省电子社保卡平台对接成功，在全省率先实现医保移动支付。

10日　兴化“1号水路”水上旅游风光带正式开通。

△　泰州市与上海市门诊直接结算联网成功，首次实现泰州市与长三角地区跨省异地就医门诊直接结算的“双向互通”。

12日　第二届全国幼儿园教育发展大会暨扬子江城市群幼教现场交流活动在泰州举行。

12～19日　江苏省第一届智力运动会在泰州举行。

13日　经全国友协批准，西班牙萨拉戈萨市成为泰州第12个正式友好城市。

14日　泰州市首支青少年拳击队成立。

15日　报告文学集《姜堰院士》首发式在姜堰举行。

16日　复旦大学、泰州市政府和泰州医药高新区三方签署合作文件，共同推进复旦大学泰州健康科学研究院建设。

18日　泰州市公用事业水务公司股权合作四方签约仪式举行，泰州城市供水收归国企控股。

18～19日　省人大常委会副主任曲福田到泰州督导扫黑除恶专项斗争工作。

20日　中国人民解放军海军指挥学院教育基地落户泰州。

22日　2019年“胡瑗读书节”正式启动。

23日　泰州市在海军诞生地纪念馆举行中国人民解放军海军成立70周年纪念日升国旗仪式。

24～26日　省人大常委会常务副

2019年4月23日，泰州市在海军诞生地纪念馆举行中国人民解放军海军成立70周年纪念日升国旗仪式　（顾祥忠供图）

主任陈震宁到泰州检查《中华人民共和国水污染防治法》贯彻实施情况。

26日　2019中国泰州(香港)投资推介会暨大健康产业发展对接会在香港会展中心举行,现场签约项目10个,总投资超过30亿元。

27日　“特色田园梦 乡约在泰州”特色田园乡村推介活动在市人民广场举行。

△　安哥拉泰州商会暨同乡会成立。

28日　泰州市劳动模范表彰大会召开,表彰2016年后全市各条战线上涌现出来的劳动模范和先进个人。

29日　泰兴市黄桥汽车客运站投入运营。

△　海军政治工作部在泰州大剧院举行“旗帜领航新时代”庆祝中国人民解放军海军成立70周年文艺晚会。

△　中央文明办发布4月“中国好人榜”,新华日报社泰州市记者站主任记者赵晓勇当选。

30日　泰州市胸痛中心联盟及胸痛救治联盟成立。

5月

4日　泰州市纪念五四运动100周年主题活动举行。

6日　泰州市第四届“见义勇为宣传日”活动在市人民广场举行。

7日　中国兽药协会主办的第三届兽药行业发展暨畜产品安全高层论坛在泰州召开。

△　省委常委、组织部部长郭文奇到泰州调研组织工作。

7~9日　国家煤矿安监局副局长张恩玺率国务院安委会第十六考核巡查组到泰州考核巡查安全生产和消防工作。

9日　省人大常委会副主任刘捍东到泰州调研重点建议督办开展情况。

10日　泰州市13个项目获江苏省科学技术奖,其中一等奖4个。

10~22日　第11届中国兴化全国国际象棋锦标赛(个人甲组)在兴化举行。

13日　“培育泰州医药健康产业创新中心”被列入《长江三角洲区域一体化发展规划纲要》。

14日　市政府与江苏证监局签订《促进资本市场健康发展的合作备忘录》,举行2019江苏资本市场培育发展首场活动。

15日　韩国高敞郡代表团到泰州友好访问。

△　2019年度全国“最美家庭”在北京揭晓,靖江市祁鸿家庭、泰兴市刘康圣家庭、高港区袁亚琴家庭入选。

16日　2019中国泰州首届互联网大会召开。

△　市法院民三庭副庭长王小莉当选“全国自强模范”。

21日　市人大常委会人大代表培训基地在南京师范大学泰州学院揭牌成立。

22日　“泰州节能环保新能源网”开通。

△　姜堰区溱潼古镇院士旧居和刘国钧故居入选省首批“新时代江苏省家教家风实践基地”

22~23日　省委常委、省纪委书记、省监委主任蒋卓庆到泰州调研长江经济带(江苏段)“共抓大保护、不搞大开发”、扫黑除恶专项斗争、农村集体“三资”监管、派出监察员办公室等工作。

23日　第三代智能化残疾人证泰州首发式在姜堰区举行,首批20名残疾人代表获得第三代智能化残疾人证。

△　水利部发布第二批通过全国水生态文明建设试点验收城市名单,泰州市入围。

25日　姜堰区文体广电和旅游局入选首批“全国象棋之乡”会员单位。

27日　泰州市首家航空医疗救援基地建成启用。

30日　泰州市举行为烈属军属和退役军人家庭悬挂光荣牌启动仪式。

31日　泰州市庆祝新中国成立70周年大型融媒体新闻行动启动仪式举行。

△　泰州市退役军人服务中心挂牌成立。

△　历时3个多月的泰州市首届戒烟公益大赛正式启动。

6月

4日　市政府常务会议研究并原则通过《泰州市标准化条例(草案)》。

△　省委宣传部等单位联合主办的“寻找大运河江苏记忆”活动成果发布会召开,泰州市溱湖、泰坝监掣官署、凤城河入选“最美运河地标”。

5日　第七届“感动泰州”十大人物颁奖典礼举行,马如松、徐亚福、陈韵昊、滕加亮、居广奇、唐传贵、钱维胜、朱惠泉、王亚男、海陵“教师妈妈”团队当选。

6日　泰州市特色田园乡村发展促进会成立大会召开。

△　“健康长江泰州行动”2019年渔业增殖放流活动在泰州长江大桥附近江段举行。

△　泰州中来光电科技有限公司与上海电气签约全球最大装机容量的太阳能光热、光伏综合工程“320兆瓦光伏太阳能电站项目”。

9日　市委五届七次全会召开。

11日　泰州中国医药城入驻企业——雀巢健康科学(中国)有限公司研发的产品“佳膳佳立畅”获全国首张液态全营养特医食品注册证。

13日　全省供销合作社监事会主任(监事)培训班在泰州开班。

14日　市发改委召开居民用天然气销售价格新闻通气会。

16日　中国女子佩剑国家队队员、姜堰籍选手钱佳睿获2019年亚洲击剑锦标赛女子佩剑团体赛冠军。

24日　泰州城投区域天然气管网项目签约仪式举行。

△　泰州市获2018年度“江苏省国土资源节约集约利用模范市”称号,靖江市、泰兴市和姜堰区获2018年度“江苏省国土资源节约集约利用模范县(市、区)”称号。

25日　兴化市农业农村局获全国“人民满意的公务员集体”称号。

△　省工信厅公布2018年度江苏省“自主工业品牌五十强”企业名单,扬子江药业、济川药业、兴达钢帘线、双登集团4家企业入围。

26日　省委常委、宣传部部长王燕文到泰州调研“三个高地”和“两中心一平台”建设推进情况。

27日　靖江市人民医院获国家级“综合卒中中心”授牌认证。

△　泰兴农产品加工园区入选第

二批国家农村产业融合发展示范园创建单位。

30日　泰州市庆祝中国共产党成立98周年暨“两优一先”表彰大会召开。

7月

1日　国家知识产权局发布新的一批国家知识产权试点园区名单，姜堰经济开发区入选；泰州市9个省级以上开发园区全部创成知识产权试点园区。

2日　靖江造船史上的最大矿砂船——32.5万吨的SEA GUAIBA号矿砂船在新时代造船有限公司2号船坞下水。

3日　第五届“百名硕博暑期实践泰州行”活动正式启动。

4日　省文旅厅主办的“水韵江苏·大运河主题国际摄影大赛”评选结果在南京揭晓，泰州市郑文才摄影作品《溱湖春色》获大赛唯一一等奖。

5日　泰州市首家县级融媒体中心——泰兴市融媒体中心挂牌成立。

△　省食药监局泰州医药高新区直属分局开发的全国首个综合性、公益性药品上市许可持有人(MAH)信息平台启动仪式举行。

6日　泰州籍运动员吴椒与队友焦婧婧搭档获得第三十届世界大学生夏季运动会跳水项目女子双人10米跳台冠军。

11日　省人大常委会副主任曲福田到泰州调研。

15日　商务部公布2019年新认定国家外贸转型升级基地名单，兴化市为苏中苏北唯一一家获批国家外贸转型升级基地(脱水蔬菜)。

15～16日　省政协副主席王荣平到泰州调研政协工作。

16日　市长史立军会见荷兰王国驻沪总领事万鹤庭。

18日　泰州咸阳扶贫工作座谈会在泰州召开，泰州市与咸阳市签订劳务协作“泰阳行动—培训计划”合作协议。

23日　泰州市主导产业“英才联盟”成立。

27日　市委五届八次全会召开。

△　民盟中央“一带一路”与民心相通论坛在泰州举行。

28日　中国科学院大学与泰州医药高新区共同规划建设的中国科学院大学泰州创新医疗产业平台项目举行签约仪式。

△　“中国邮政杯”2019年第三届“丝路信使”国际自行车赛开幕式在市人民广场举行。

29日　市政府与中国邮储银行江苏省分行签署战略合作协议。

△　省委常委、统战部部长杨岳到泰州专题调研扬子江生物制药项目和民营企业发展情况。

31日　“共筑强国强军梦　同心奋进新时代”2019年泰州市“最美军嫂”表彰活动举行。

8月

1日　“中国好人”汤恒跃、吴玲发布会在兴化市举行。

△　泰州市第三届中小企业“投贷联动20强”颁奖暨银企签约仪式举行。

△　“新时代　新征程”2019年泰州市“八一”慰问演出在泰州大剧院举行。

△　“江南风·黄土情”2019咸阳泰州文化交流演出在市文化馆举行。

2日　全国首个细分行业的公共关系社会组织——泰州市医疗行业公共关系学会成立。

3日　扬泰机场单日旅客吞吐量首次破万。

△　市委、市政府印发《泰州建设江苏高质量发展中部支点城市总体方案》(泰发〔2019〕7号)。

12日　泰州市市场监管“12315”热线开通。

△　中国残联批复泰州市为第三代残疾人证(智能化)电子证照全国试点。

12～13日　市五届人大常委会第十九次会议审核通过《泰州市文明行为条例》。

13日　市五届人大常委会第十九次会议决定任命张育林为泰州市政府副市长。

19日　全国第十五届精神文明建设“五个一工程”表彰座谈会在北京召开，泰兴籍作家韩青辰的小说《因为爸爸》获“五个一工程”奖。

27日　市政府举行新闻发布会，推出“城建惠民”两年行动计划，组织实施6个专项行动、27项重点任务。

9月

1日　往返泰州海陵区－姜堰区的泰姜定制直通车正式运行，单程票价6元。

2日　“礼赞祖国　逐梦未来”泰州市开学第一课示范活动举行。

3日　“品质泰州”全国书法精品展在市美术馆开展。

6日　中荷(泰州)现代农业产业园奠基仪式在海陵区现代农业产业园区举行，一期先导区总投资25亿元，项目总投资125亿元。

7日　市人大代表政情通报暨“五级代表回选区”成果交流会召开。

9日　泰州市教育大会暨教育领域专项治理工作会议召开，印发《加快推进泰州教育现代化实施方案(2019～2022年)》《泰州教育现代化2035》《关于深化教育体制机制改革的实施方案》《关于深化教育领域群众反映强烈突出问题专项治理工作方案》。

10日　泰州市九龙实验学校副校长顾广林获评“全国模范教师”称号并受邀参加庆祝2019年教师节暨全国教育系统先进集体和先进个人表彰大会。

11日　泰州市与药明康德子公司合全药业股份有限公司举行签约仪式，合作建设全球新药研发中心及生产基地项目。

12日　泰州市“不忘初心、牢记使命”主题教育动员会议召开。

15日　第二十二届全国公开水域游泳锦标赛在泰州凤城河举行。

16日　泰州市博爱关心下一代基金会成立。

17日　叶培建(泰兴籍)获“人民科学家”国家荣誉称号。

△　全国首家退役军人党校——泰州市退役军人党校挂牌成立。

△　泰州市双拥学院挂牌成立。

△　2019“寻味泰州”美食旅游季开幕式在上海东方明珠举行。

2019 年 9 月 18 日，省部共同推进泰州医药高新区建设联席会议第八次会议召开　（顾祥忠供图）

17～19 日　2019 中国（泰州）医药峰会在泰州中国医药城举行。

18 日　第十届中国（泰州）国际医药博览会在泰州中国医药城会展中心开幕，部省共同推进泰州医药高新区建设联席会议第八次会议召开，中国（泰州）健康医疗大数据中心正式启动，中国医药行业质量发展论坛、2019 海峡两岸医药健康产业发展论坛在泰州举行。

△　泰州市出台《泰州市国土空间总体规划编制工作方案（2020～2035 年）》，率先在全省开展国土空间总体规划编制工作。

△　2019 泰州印度电影周开幕。

△　工信部公布 2019 年国家技术创新示范企业名单，江苏太平洋精锻科技股份有限公司获评。

18～19 日　2019 中国疫苗创新论坛、第七届中国（泰州）国际医药人才智力交流大会在泰州中国医药城会展中心举行。

19 日　泰州中国医药城政策发布暨项目签约仪式举行，集中签约 30 个重大医药健康项目，项目总投资 61.5 亿元。

△　全国绿化委员会授予高港区“全国绿化模范单位”称号。

20 日　泰州市主题教育初心宣讲团首场报告会举行。

△　泰州籍运动员王爽获 2019 全国田径少年锦标赛男子 100 米冠军。

21 日　人民银行泰州市中心支行在万达广场举行 2019 年版第五套人民币现场宣传活动。

24 日　世卫组织健康城市联盟确认泰州市为健康城市联盟正式会员。

△　兴化市沙沟镇、姜堰区白米镇大安村、高港区白马镇陈家村入选全国第九批“一村一品”示范村镇名单。

△　“泰有法”诚信执业信息系统上线运行。

△　“祖国颂·泰州美”庆祝中华人民共和国成立 70 周年暨 2019 紫金文化艺术节泰州市广场演出在天德湖公园举行。

27 日　市党史方志办公室、市委市级机关工委联合举行全市红色资源开发利用座谈会暨《初心之光——泰州红色教育基地概览》发行仪式，泰州市烈士陵园、中国人民解放军海军诞生地纪念馆、新四军黄桥战役纪念馆 3 家单位获省级党史教育基地授牌。

30 日　泰州市庆祝中华人民共和国成立 70 周年文艺演出“我和我的祖国”在泰州大剧院举行。

△　“礼赞新中国　奋进新时代——泰州市庆祝中华人民共和国成立 70 周年成就展”在市体育馆开展。

10 月

8～11 日　2019“创青春”江苏青年创新创业大赛暨“泰爱才”青年人才活动周举行。

11 日　中国科学院化学研究所与泰州中国医药城就深化产学研合作签订科技合作协议。

12 日　泰州市第五届国医养生旅游季暨中医院第十一届膏方节正式启动。

14 日　柬埔寨泰兴同乡会成立。

15 日　上海海和药物研究开发有限公司与泰州医药高新区签署合作协议，投资 6 亿元建设创新药物商业化生产线。

△　“2019 第二届新时代江苏旅游发展论坛”在兴化市开幕。

2019 年 10 月 18 日，2019 中国泰州梅兰芳艺术节开幕。图为《梅兰芳·蓄须记》展演　（市委办供图）

△ 姜堰区华港镇整建制划归海陵区管辖。

17～18 日　中国·泰州第一届 BIM 工程技术峰会举行。

18 日　2019 中国泰州梅兰芳艺术节开幕。

19 日　国家制造强国建设战略咨询委员会主任、中国工程院院士周济率调研组调研泰州市构建自主可控的先进制造业体系、落实制造强省战略情况。

20 日　泰州籍运动员钱佳睿获第七届世界军人运动会女子佩剑个人赛银牌。

21 日　泰州市“不忘初心、牢记使命”主题教育推进会召开。

27 日　2019 泰兴国际半程马拉松举行。

28 日　盐泰锡常宜铁路过江通道工程涉水专题研究中间成果咨询研讨会在泰州召开。

29 日　泰州市领导干部会议召开，宣布省委决定：史立军任泰州市委书记，提名为泰州市人大常委会主任候选人；提名朱立凡为泰州市市长候选人。

△ 省委常委、统战部部长杨岳到泰州调研民营经济发展情况。

30 日　省政协副主席阎立率部分省政协委员就“优化沿江产业布局、推动长江大保护”到泰州开展集中视察。

△ 泰州市市场监管局主导起草的《新型城镇化品质城市评价指标体系》获国家标准立项。

2019 年 11 月 2 日，泰州远大足球队获中乙联赛第三名，升入中甲联赛

（市体育局供图）

31 日　江南文脉·泰州学派分论坛暨泰州学派学术研讨会在泰州召开，并举行“南京大学泰州学派研究中心”揭牌仪式。

△ 泰州电信商用 5G 正式开启。

11 月

1～2 日　金砖国家生物技术与生物医学创新合作大会在泰州召开。

2 日　泰州远大足球队升入中国足协甲级联赛。

6 日　市五届人大常委会第二十一次会议决定，接受史立军辞去泰州市政府市长职务，任命朱立凡为泰州市政府副市长、代理市长。会议还审议通过全国地级市首部标准化条例——《泰州市标准化条例》。

△ 省农业农村厅公布 2019 年江苏省农村一二三产业融合发展先导区名单，高港现代农业产业园入选。

7～9 日　泰州机电高等职业技术学校在第 23 届全国发明展览会上获 11 项大奖。

8 日　兴化市千垛镇东罗村东罗、陈堡镇唐庄村唐堡，泰兴市黄桥镇祁巷村祁家庄入选全省第一批次特色田园乡村名单。

11 日　长城汽车泰州整车项目在泰州港经济开发区汽车产业园正式开工建设。

13 日　全国特种泵阀领域专题对接交流活动在泰州召开。

△ 泰兴市黄桥镇祁巷村入选中国美丽休闲乡村。

14 日　生态环境部命名海陵区为第三批国家生态文明建设示范市县。

15 日　靖江国际大酒店获批全国饭店行业首个绿色能源管理培训基地。

△ 泰州市首个球迷协会——泰州凤城球迷俱乐部注册成立。

16～17 日　2019 中国汤包美食文化节在靖江市举行。活动期间，中国

2019 年 10 月 31 日，江南文脉·泰州学派分论坛暨泰州学派学术研讨会在泰州召开　（顾祥忠供图）

饭店协会批复靖江市为“中国四季美食名城”,是全国唯一一家。

17 日　第 12 届中国医药战略大会在泰州召开。

18 日　财政部、国开金融等 20 家单位联合发起,泰州市参股的国家制造业转型升级基金股份有限公司登记成立。该基金规模 1472 亿股,泰州市持股比例为 1.36%。

19 日　全省信访系统领导干部学习会在泰州开班。

△　泰州市数据共享开放应用创新大赛颁奖活动暨“泰企云”服务管理平台发布仪式举行。

21 日　第三届中国博士后泰州医药高新区创新创业峰会在泰州召开。

△　《泰州市节约用水办法》正式出台,2020 年 1 月 1 日起正式施行。

22 日　常泰长江大桥主体工程奠基仪式在泰兴市举行。

△　中国泰州第五届人力资源合作交流大会举行。

22～24 日　首届国际电力数据科学大会在泰州召开。

△　全国大学生动物防疫职业技能大赛决赛在泰州举行。

23 日　第七届全国里下河文学流派研讨会在泰州召开。

24 日　2019 花海森林兴化国际半程马拉松赛事开赛。

△　泰州市东方糕点有限公司的“王玉斋”、兴化市难得酒厂的“难得”、江苏金波酒业有限公司的“同记坊”、泰兴市人民饭店的“古仁和楼”、泰兴市善予食品有限公司的“金善予”等 5 个品牌获“江苏老字号”称号。

26～27 日　咸阳市委副书记、市长卫华一行到泰州考察经济社会发展情况。

27 日　孙龙父纪念馆揭牌开馆。

△　“新歌墨韵颂中华”——庆祝新中国成立 70 周年江苏当代名家书法邀请展(泰州巡展)开幕式在泰州美术馆举行。

27～29 日　柬埔寨暹粒省副省长本布拉格到泰州考察经济社会发展情况。

29 日　2019 江苏乡村振兴高质量发展论坛在泰州举行。

△　第五届蜂鸟杯青年创客大赛落幕。大赛历时 5 个月,征集优质项目 199 件。

12 月

2 日　张迅任泰州市委委员、常委、副书记,兼任市委统战部部长。

3 日　靖江市新桥镇入选全国乡村治理示范镇,姜堰区兴泰镇西陈庄村、兴化市昌荣镇安仁村、泰兴市滨江镇仁寿村入选全国乡村治理示范村。

4 日　泰州市首个居民区(莲花六号区)实现场景移动 5G 覆盖。

△　市政府出台《职业技能提升行动实施方案(2019～2021 年)》。

5 日　国务院安委办副主任、应急管理部副部长孙华山率国务院江苏安全生产专项整治督导组到泰州调研安全生产工作情况。

△　硕世生物在上交所科创板上市,成为泰州首家、苏中地区首家科创板上市企业。

△　泰州市首个工业园区(城东工业园)实现场景移动 5G 覆盖。

6 日　泰州医药高新区和中国光大控股有限公司举行签约仪式,共同发起设立总规模为 20 亿元的泰州光控大健康产业基金。

△　省政府发布“2018 年江苏省质量奖”获奖名单,济川药业集团有限公司、徐镜人(个人)获评“江苏省质量奖”。

△　南京海事法院泰州法庭挂牌成立。

9 日　市五届人大常委会第二十二次会议决定任命陈金观为泰州市政府副市长、市公安局局长,决定免去杜荣良的泰州市政府副市长、市公安局局长职务。

10 日　泰州市首条电信 5G 体验街(凤凰路)开通。

12 日　全国首部关于网店经营行为规范的地方标准——《泰州市网店经营行为规范》地方标准正式实施。

13 日　市政府授予扬子江药业集团江苏海慈生物药业有限公司、江苏艾兰得营养品有限公司、正太集团有限公司 3 家单位 2019 年度“泰州市市长质量奖”,授予江苏科兴电器有限公司、江苏新宏大集团有限公司 2 家单位 2019 年度“泰州市市长质量奖提名奖”。

14 日　中国(泰州)跨境医疗与健康旅游国际论坛召开,全球跨境联盟(GCMA)在泰州成立跨境医疗合作交流中心。

△　泰州市首部校园话剧《高考 1977》在江苏大剧院上演,泰州学院大学生艺术团青春剧社演出。

16 日　市委、市政府联合省委《群众》杂志社举办“建设江苏高质量发展中部支点城市”高层专家咨询会。

18 日　杨根思烈士陵园等 13 家单位被命名为市首批党史教育基地。

20 日　市区首部既有住宅加建电梯补助实施办法出台。

22 日　省姜堰中学成为清华大学优质生源中学。

24 日　泰州市通过国家节水型城市创建省级验收。

25 日　泰州市首个商圈(温泰市场)实现场景移动 5G 覆盖。

27 日　市委五届九次全会召开。

△　兴泰高速公路通过省交通厅组织的竣工验收。

30 日　泰州首个交通重大工程 PPP 项目——姜堰南绕城快速化改造工程开工建设。

31 日　海峡两岸关系协会会长张志军到泰州调研台资企业发展情况。

△　靖江市新桥镇获评全国乡村治理示范镇。

△　泰州市生活垃圾焚烧发电二期扩建项目、垃圾分类收集后端处理工程项目在泰州资源循环利用基地开工建设。

△　首届“泰田园”优质农副产品推介会在靖江市举行。

△　泰州市第一所公立妇幼保健医院——新泰州市妇幼保健院(泰州市人民医院妇幼分院)开工建设。

(史　志)

泰州国家医药高新区成立 10 周年十件大事

1. 中国首家国家级医药高新区获批成立。2009 年 3 月 18 日,国务院批复泰州医药高新技术产业开发区为全国第56个国家高新区,泰州医药高新区被纳入国家科技创新体系,成为创新型国家建设的重要组成部分。2009年5月29日,泰州国家医药高新技术产业开发区成立大会举行。

2. 部省共建泰州中国医药城机制正式建立。2010年2月25日,部省共建泰州中国医药城仪式在南京举行,科技部、卫生部、国家食品药品监督管理总局、国家中医药管理局四部门决定与江苏省共同建设泰州中国医药城。至2019年6月,召开7次部省共建联席会议和24次联络员会议,推动一大批重大事项的落实。

3. 举办9届中国(泰州)国际医药博览会。2010年12月13～14日,科技部、卫生部、国家食品药品监督管理总局、国家中医药管理局、中国国际贸易促进会和江苏省政府共同主办的首届中国(泰州)国际医药博览会在泰州举行。至2018年,成功举办9届中国(泰州)国际医药博览会,成为省委、省政府重点打造的全省7个品牌专业展会之一,是省委、省政府唯一保留的医药类展会。

4. 获批多个国家级试点。2013年10月18日,国家发改委和财政部批复同意泰州新型疫苗及特异性诊断试剂产业区域集聚发展试点实施方案。在试点方案的推动下,泰州中国医药城集聚疫苗企业13家,各类疫苗产品近50个,成为国内疫苗产业集聚度最高的园区;集聚的诊断试剂企业超过全省的20%。2017年12月1日,泰州医药高新区生物医药产业获批科技部第三批国家创新型产业集群试点。2018年12月25日,泰州医药高新区获批建设苏中苏北首家国家创新型特色园区。泰州医药高新区还获批国家低碳工业园区试点、国家新型工业化产业示范基地、科教结合泰州生物医药产业创新基地等多个国家级试点。

5. 13家全球知名跨国制药企业落户泰州中国医药城。阿斯利康全球最大的独立生产基地在泰州中国医药城建成投产,勃林格殷格翰公司在泰州中国医药城建设亚洲领先的动物疫苗生产基地,雀巢公司在泰州中国医药城建设国内首家符合GMP标准特殊医学用途配方食品现代化工厂,武田药品工业株式会社在泰州中国医药城建设武田制药在中国的第一个自有自营的仓储物流中心。至2018年末,13家全球知名跨国制药企业落户泰州中国医药城。

6. 泰州中国医药城打造“人才特区”。2011年9月,省委组织部下发《关于进一步支持中国医药城“人才特区”建设的批复》。2011年12月20日,中组部授予泰州医药高新区“海外高层次人才创新创业基地”称号。2013年,泰州中国医药城组织实施“113人才计划”,利用3年至5年的时间,集聚1000名高层次人才(团队),其中泰州中国医药城领军型人才(团队)100名;紧缺型优秀人才3000名。至2019年6月,泰州中国医药城集聚包括1名国家最高科学技术奖获得者、8名“两院”院士、59名国家级高端专家59名、7名国家杰出青年基金获得者在内的海内外高层次人才4000多名。

7. 国内最大的单一地区健康人群队列研究在泰州中国医药城开展。2007年,泰州市政府和复旦大学共建泰州健康科学研究院,在泰州中国医药城开展大型前瞻性人群队列暨“泰州队列”研究。研究院致力于健康大数据平台和生物资源库建设,“泰州队列”人群达20万人,是国内最大的单一地区健康人群队列,并建成有150多万份的健康人群生物样本库。“泰州队列”被纳入国家精准医学计划,成为国家百万人群队列计划的主要组成部分,也是中国人群多组学参比数据库的主要组成部分,成为健康研究“国家队”。

8. 国际遗传工程与生物技术中心全球首家区域研究中心落户泰州中国医药城。2018年5月10日,在国际遗传工程与生物技术中心(简称ICGEB)举行的第24届全体成员国理事会上,ICGEB－CMC(泰州中国医药城)区域研究中心建设方案获得全票通过,ICGEB全球首家区域研究中心正式落户泰州中国医药城。2018年9月15日,科技部中国生物技术发展中心、ICGEB、泰州中国医药城三方共建的ICGEB－中国区域研究中心共同签署谅解备忘录。2019年4月16日,ICGEB－中国区域研究中心科学委员会筹备会、高层学术研讨会、管理委员会会议先后在泰州中国医药城召开,标志着ICGEB－中国区域研究中心这一国际化重大创新载体建设进入实质性推进阶段。

9. 泰州综合保税区获批成立。2010年4月28日,泰州出口加工区经国务院正式批准设立,实现当年获批、当年封关运作。2015年5月6日,国务院正式批复江苏省政府和海关总署,批准泰州出口加工区整合优化为泰州综合保税区。2015年12月1日,泰州综合保税区通过省联合验收组验收,正式封关运作。2018年1月30日,海关总署批复同意泰州综合保税区(二期)通过省联合验收组验收。泰州综保区二期正式封关运作,封关运作总面积达1.58平方千米。

10. 滨江工业园区打造泰州石化新材料“行业旗舰”。2012年6月11日,中海油气(泰州)石化一体化项目举行开工奠基典礼,总投资102亿元,创泰州单体投资规模历史之最。2018年11月28日,中海油气(泰州)石化有限公司吸收合并中海沥青(泰州)有限责任公司、泰州东联化工有限公司签约仪式举行,3家企业兼并重组后,将通过加工手段和资源优势互补,上下游产业链互联互通,最大程度释放资产资源效益,加快推动泰州市高端石化特色产业集群集聚。 (李　芳)

责任编辑　叶　彤

自然地理

【位置面积】 泰州,简称"泰",江苏省地级市,地处江苏省中部,位于北纬32°01′57″~33°10′59″、东经119°38′21″~120°32′20″,南临长江,北邻盐城,东临南通,西接扬州,是上海都市圈、南京都市圈、苏锡常都市圈重要节点城市。全市总面积5787.98平方千米,其中陆地面积占77.85%、水域面积占22.15%。市区面积1567.75平方千米。

(季 杰)

【地貌】 泰州市除靖江有一独立山丘外,其余均为江淮两大水系冲积平原。地势呈中间高、南北低走向,南边沿江地区真高一般为2~5米,中部高沙地区真高一般为5~7米,北边里下河地区真高为1.5~5米。全市最高峰为靖江孤山,海拔55.6米,周长1.5千米,占地面积5万平方米,位于靖江市区北面五六千米的孤山镇,是浙江天目山向东北延伸的余脉之一。 (李 映)

【气候特征】 泰州市地处东亚季风气候区,属亚热带湿润季风气候,季风环流是支配境内气候的主要因素,四季分明,受到海洋性气候影响,雨水充沛。冬季受极地变性大陆气团控制,盛行西北气流,天气寒冷干燥。夏季受副热带高压影响,盛行低纬太平洋的偏东南风,温高湿润。春秋两季为冬夏季风交替时期,春季冷暖、干湿多变,天气变化无常,秋季则秋高气爽。泰州历年平均气温15.4℃、平均降水量1037.3毫米、平均日照时数2056.2小时,全年无霜期230天,大于0℃积温5594.6℃,大于10℃积温5036.1℃。常年主导风向为东南风,春、夏两季多东南风,秋季多偏东风,冬季多偏北风。

泰州市所在温度带属亚热带、干湿区属湿润区。一般在3月底、4月初进入春季,6月上、中旬进入夏季,9月中旬开始进入秋季,11月中旬转入冬季。大致上每年冬季有4个多月,夏季有3个多月,春、秋季各2个多月。一般情况下,四季的气候特征比较明显。冬季冷空气活动频繁,易受到寒潮侵袭。当冷锋过境时(即北方冷空气南迁时),全市普遍降温,气压上升,有时还会出现大风、雨雪、霜冻等天气现象。冷锋过境后,天气转晴,形成"三日寒,四日暖"的寒暖交替的天气变化过程。如果遇到强冷空气爆发南下(即冬季风强烈作用),会出现48小时内气温骤降10℃以上的寒潮天气。寒潮是冬半年主要的气象灾害。寒潮入侵时,会造成剧烈降温,有时还会出现大风、大雪、冻害等灾害性天气,对农业生产、水陆交通、市政建设及人民的生活等都会造成严重的危害。

泰州市春季天气多变,天气时寒时暖、乍晴乍雨,春雨对"三麦"、油菜等越冬作物的返青、生长,以及春播作物的及时下种和萌发都极为有利。夏季最典型的两种天气是梅雨和伏旱天气。正常年份的初夏(6月中下旬至7月中上旬)多出现阴雨连绵的天气,称为"梅雨"(亦称"黄梅雨""霉雨");梅雨天气一般持续23天左右,有利于水稻、玉米、棉花等农作物的生长发育。梅雨过后的盛夏,出现炎热干燥的天气,称为"伏旱",伏旱天气多出现旱灾,尤其是对"三日不雨小旱,七日不雨大旱"的高沙土壤区威胁最大。秋季多出现晴朗天气,有利于该季的农作物成熟和收割。在每年的夏秋季节,常受到台风的侵害,出现时多强风、特大暴雨等灾害性天气。

【气候事件】 2019年,泰州市年平均气温16.2℃,较常年偏高0.8℃;年降水量662.9毫米,较常年偏少3.6成;年日照时数较常年正常略偏少。主要天气气候事件:前冬(2018年12月至2019年2月)降水异常偏多且降雪频繁;4月上旬,全市普遍出现8级大风;7月6日,遭遇罕见强对流天气;自2017年起,连续3年梅雨量偏少;7月下旬,遭遇大范围高温热浪;台风"利奇马"影响较重;春夏秋全市连旱;初冬气温偏高、持续阴雨绵绵。

气温。2019年,全市平均气温15.9℃(兴化)~17.0℃(靖江),空间分布呈南高北低(见图1),与常年同期相比,平均气温一致偏高0.6℃(兴化)~1.4℃(姜堰)(见图2)。年高温日数12天(靖江)~16天(泰兴)。年极端最高气温38.7℃,于7月29日出现在泰兴;年极端最低气温-6℃,于1月2日出现在兴化。除2月平均气温正常略偏低外,其余月份均较常年偏高,其中3月较常年异常偏高2~3℃,11月和12月中南部地区较常年异常偏高2~3℃。

日照。2019年,全市日照总时数1712.1小时(姜堰)~1993.4小时(泰州)(见图3),除兴化较常年偏少约2成外,其他各地较常年偏少1成左右(见图4)。时间分布上,3月日照时数较常年正常偏多,1月、2月、4月和7月较常年偏少,其中2月大部分地区显著偏少,其他各月接近常年。

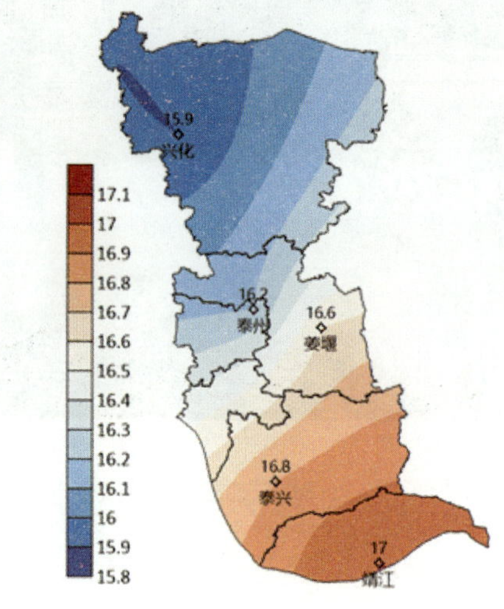

图1 2019年泰州市平均气温(℃)分布图

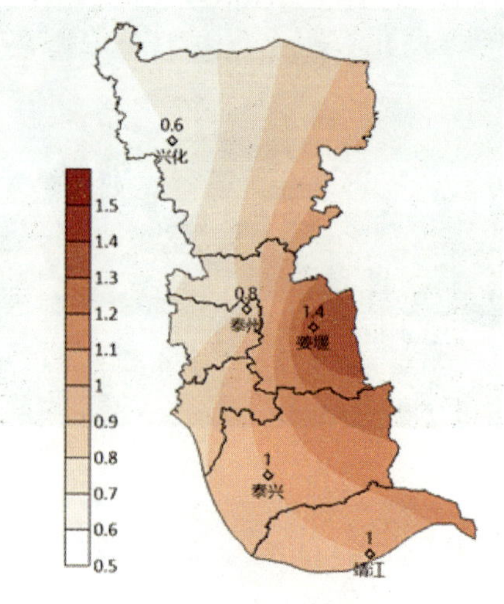

图2 2019年泰州市平均气温(℃)距平分布图

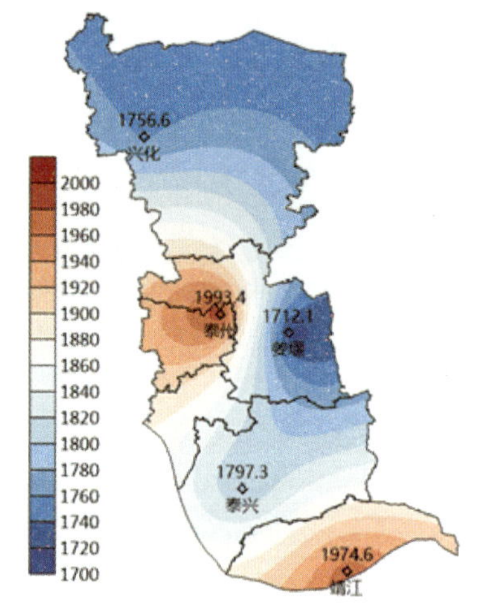

图3 2019年泰州市日照时数(小时)分布图

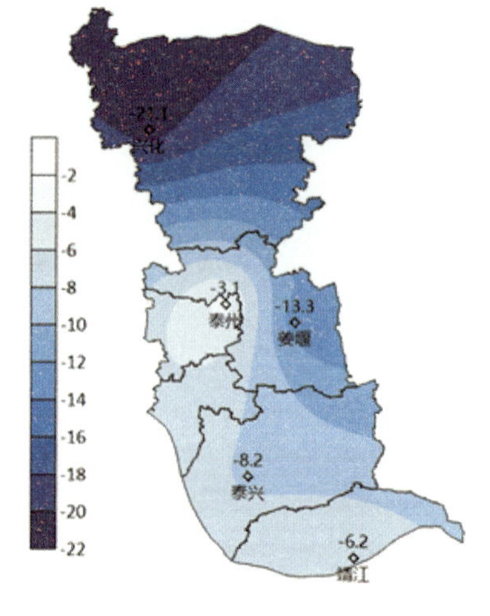

图4 2019年泰州市日照时数距平百分率(%)分布图

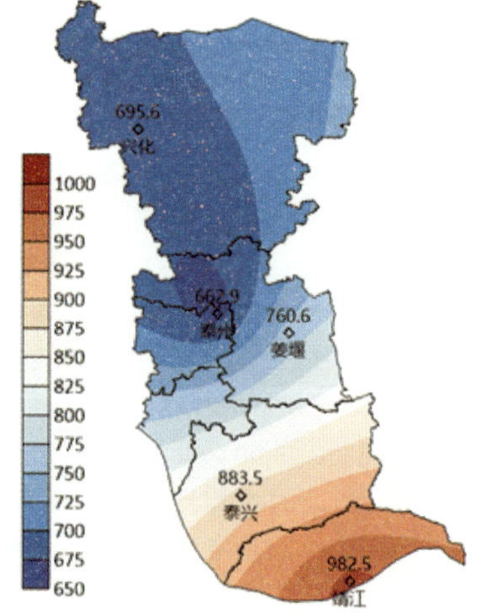

图5 2019年泰州市降水量(毫米)分布图

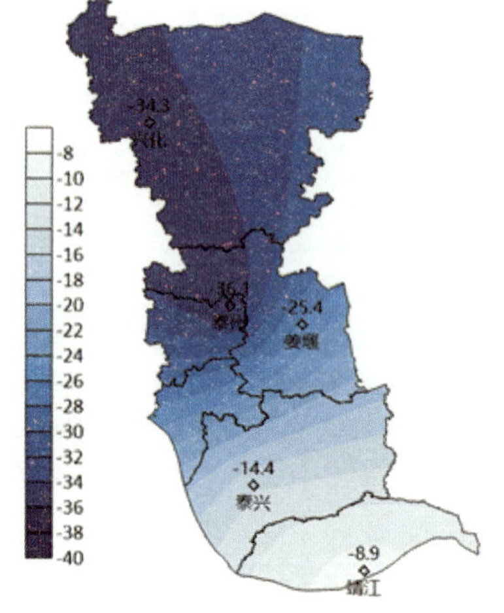

图6 2019年泰州市降水量距平百分率(%)分布图

(汤　敏)

【水系】 泰州市南临长江，北接淮水，跨长江、淮河两大流域，以328国道流域控制线为界，北为淮河流域的里下河地区，南为长江流域的通南地区。通南地区的水位一般比里下河地区水位高1～2米。境内长江岸线长97.8千米，各类河道24168条，其中县乡级以上河道2111条。

里下河水系。里下河地区面积3111.5平方千米，包括兴化市全境、海陵区和姜堰区部分，该区域地势低洼，河湖众多，水网纵横，平均地面高程仅1.8米。兴化、溱潼与建湖并称全省里下河"三大洼地"，排涝水系与长江、黄海相连，灌溉水源扎根长江，江淮并用。里下河地区是淮河流域洪泽湖下游重点防洪保护区，洪涝灾害频繁，共建有水闸4965座，固定排涝站1779座。主要河道有泰州引江河、新通扬运河、泰东河、卤汀河等14条，湖荡面积21.33平方千米。

通南水系。通南地区面积2507平方千米，包括靖江市、泰兴市、高港区、泰州医药高新区以及海陵区、姜堰区部分。其中，江平路以东、靖泰界河以北为通南高沙土地区，该地区水土流失严重，容易受旱；江平路以西、靖泰界河以南为通南沿江圩区，建有江港堤防157千米，各类通江涵闸247座。主要河道有南官河、周山河、古马干河、姜黄河等骨干河道20条，水流方向一般由南向北，由西向东。

市区水系。泰州市区包括海陵、高港、姜堰三区和医药高新区，区域内有县乡级各类河道656条，主要骨干河道有引江河、南官河、周山河、凤凰河等22条。主城区西至引江河，南至周山河，北至新通扬运河，东至231省道，总面积86平方千米，以老328国道流域控制线为界，北为淮河流域的里下河地区，南为长江流域的通南地区，城内有市管河道59条、闸涵泵站46座。

（李　想）

【水土资源】 2019年，泰州市土地总面积5787.98平方千米，占全省总面积的5.4%。境内地势低平，水土流失主要以降雨引起的水力侵蚀为主。据调查统计，全市现状水土流失面积293平方千米，均为微度侵蚀，占全市总面积的5.06%。

土地资源。2019年，全市总面积5787.98平方千米，其中陆地面积4505平方千米。农用地37.03万公顷、建设用地11.94万公顷、未利用地8.90万公顷，分别占全市总面积的64.0%、20.6%、15.4%。全市耕地保有量30.17万公顷，划定永久基本农田25万公顷。至年末，全市土地开发强度20.64%，低于全省平均水平1个百分点。全市土地利用率较高，亿元地区生产总值建设用地占用规模为22.12公顷；建设用地地均地区生产总值451.97万元/公顷；建设用地地均公共财政预算收入31.35万元/公顷。

水域水资源。2019年，全市水域面积1282平方千米，占市域总面积的22.15%，境内长江岸线长97.8千米；有里下河腹部地区湖泊（湖荡）23个，市级以上骨干河道65条、1041千米，县级河道143条、2064千米，乡级河道1816条、5420千米，列入省骨干河道名录的65条。年末，全市水资源总量6.3亿立方米，其中地表水资源总量3.18亿立方米、地下水资源总量3.16亿立方米、重复计算量0.4亿立方米。

降水量。2019年，全市降水量662.9毫米（泰州）至982.5毫米（靖江），空间分布呈北少南多的态势（见图5），较常年偏少1～4成（见图6）。降水量时空分布不均：降水较常年偏多的月份有1月、2月和12月，其中1月兴化异常偏多；2月靖江异常偏多；12月除泰州外，其他各地均异常偏多。降水较常年偏少的月份有3月、4月、5月、6月、10月和11月，其中3月除泰州和姜堰显著偏少外，其他各地均异常偏少；10月全市异常偏少。7月、8月和9月降水量空间分布不均，7月南多北少，除靖江正常偏多外，其他各地均偏少；8月南北多、中间少，除泰州和姜堰偏少外，其他各地以偏多为主；9月南多北少，兴化和泰州偏少，姜堰和靖江正常偏多，泰兴异常偏多。

（李　映　李　想）

【湿地资源】 2019年，泰州市湿地保有量10.33万公顷，其中自然湿地5.61万公顷、人工湿地4.72万公顷。拥有省级以上湿地公园3个，分别为溱湖国家湿地公园、江苏兴化里下河国家湿地公园、泰州春江省级湿地公园。全市有省级重要湿地5处，分别为兴化里下河国家湿地公园（试点）、大纵湖、姜堰溱湖国家湿地公园、泰州春江省级湿地公园和长江泰州段（岸线和水域），总面积1.59万公顷，占市域湿地面积的15.4%，占全省省级重要湿地面积的1.6%。

（李　映）

【林业资源】 2019年，泰州市林地面积124749公顷。其中，国家特别规定灌木林地面积5618公顷、"四旁"树折算面积23966公顷，有省级重点生态公益林地9520公顷。全市森林覆盖面积95165公顷，其中市区35028公顷、靖

引江河工程纪念碑　　（王建春供图）

江市10689公顷、泰兴市26044公顷、兴化市26861公顷。全市森林覆盖率17.40%,林木覆盖率24.76%。

(季　杰　李　映)

【生物资源】 2019年,泰州市有野生动物225种,其中兽类13种、鸟类125种、两栖类9种、爬行类15种、鱼类63种,包括麋鹿、扬子鳄、白鹳、鸳鸯及隼形目、鸮形目等国家重点保护野生动物,以及黑斑侧褶蛙、金线侧褶蛙、中华蟾蜍、王锦蛇、乌梢蛇、黑眉锦蛇、刺猬、黄鼬、戴胜、喜鹊、鹭科鸟类等省重点保护野生动物。陆地植物有20多科100多种,水生植物有30多科70多种,其中珍稀濒危或国家重点保护植物有银杏、青檀、榉树、香樟、中华水韭、水蕨、莼菜、野菱等10多种。

【矿产资源】 泰州市矿产资源相对贫乏,石油、地热、二氧化碳气体为特色矿种。石油资源主要分布在姜堰区和兴化市,其中兴化市陈堡地区探明石油地质储量1800万吨,是江苏省最大的陆上整装油田,2019年产量约40万吨。地热资源条件优越,特别是孔隙型和岩溶裂隙地热资源,分布广,埋藏深度浅,温度高、出水量大,具有很好的开发利用前景。二氧化碳气体主要分布在泰兴市的河失、溪桥一带。此外,姜堰区内部分区域有泥炭分布,规模小,矿泉水资源较丰富,主要为含锶偏硅酸矿泉水,但开发利用水平较低。

石油、天然气。泰州境内石油资源主要分布在姜堰、兴化两市,贮存在新生界下第三系三垛级下段E1s、戴南组Ed、阜宁组三段E3f、阜宁组二段E2f、泰州组E1地层中。经华东石油局和江苏石油勘探局30多年的石油地质普查勘探,发现淤溪、储家楼、达城、俞垛、周庄、茅山、刘陆等断块油田,中国石油勘探局在兴化市境内开展新一轮石油详查。此外,在兴化市境内天然气储量约1亿吨,产于周庄的天然气,其成分以甲烷为主,含量达97.8%,属于气类型;与石油天然气伴生的还有硼,主要分布在兴化戴南油田,但未达到工业品位。

二氧化碳。泰州境内二氧化碳气田主要位于泰兴黄桥地区,于1979年至80年代末由地矿部华东石油地质局进行油气地质普查时发现,储量综合评定为中深度、高产能的大型二氧化碳气田,居全国首位;与二氧化碳伴生的氦气,为黄金型气体,地质储量约1200万立方米,具有很好的开发利用价值。气田面积52.2平方千米,气田埋深1800~2650米,产气层位主要为中生界三叠系青龙组T1x、上古生界二叠系栖霞组P1q、石炭系船山组C3c、黄龙组C2h,产气层岩性主要为碳酸盐岩;探明可控面积二氧化碳地质储量261.48亿立方米,可采储量65亿立方米,二氧化碳纯度在99%以上,伴生少量凝析油;气田压力高,生产井口压力高8.6万帕斯卡。

地热。泰州境内蕴藏较大面积的孔隙型地热水和中深部的裂隙型地热水,为大型低中温地热田,控制面积120平方千米,水质含有对人体有益的碘、溴、锶、氡等微量元素,可用于洗浴、农业大棚种植、住宅供暖、旅游休闲等,具有广阔的开发利用前景。其中,海陵区地热资源尤为丰富,地热水埋深650~1800米,水温38℃~70℃,含有对人体有益的碘、溴、锶等微量元素。根据专家初步预测,全市地热资源储量估算40亿立方米以上。

煤炭、泥炭。泰州境内煤炭资源分布在靖江市孤山镇地区,查明资源储量1330.7万吨,产煤层位为上古生界二叠系龙潭组,煤质好;因煤层薄、地下涌水量大、开采储量有限、开采成本高,已封井,作为资源储备。境内泥炭资源主要分布在兴化市和姜堰区。泥炭具有制造肥料、工业过滤等特殊用途,尚未利用。

矿泉水。泰州境内矿泉水资源丰富,至2019年末,全市5处地下水通过原省地矿厅矿泉水鉴定评价,命名为含锶、溴、偏硅酸复合型饮用天然矿泉水和含锶、偏硅酸饮用水。

黏土、江砂。泰州境内黏土资源的获取以利用废弃土为主,结合土地整理的高田降土,农业生产结构改造的鱼塘浚深、水利河道疏浚、江滩溢泥等,严禁农田取土,有效保护市内有限的土地资源,并建立一套较为完善的黏土资源长效管理制度。市域长江内有适宜建筑用的江砂,江砂资源有待于科学开采和利用。

(李　映)

【交通格局】 泰州市位于苏中通江达海5条航道的交汇处、沿海与长江T型产业带的结合部,是承启南北、横贯东西的交通枢纽,自古就有“水陆要津,咽喉据郡”之称。境内新长铁路、宁启铁路以及京沪、泰镇、盐靖、启扬高速公路纵横全境,干线公路四通八达。江阴长江大桥、泰州长江大桥贯通大江南北,泰州火车站5条黄金始发线路通往全国上百个主要城市。扬州泰州国际机场为4E级机场,累计开通国内外通航点54个。泰州港为国家一类开放口岸,拥有长江自然岸线97.8千米,由高港、泰兴、靖江3个港区构成,年货物吞吐量超过2亿吨;泰州市内河港北部与盐城毗邻,东临南通,西接扬州,与上海、苏锡常等经济发达地区隔江相望,分为市区港区、兴化港区、姜堰港区、泰兴港区、靖江港区5个港区。优越的区位和公铁水空一体化格局,凸显泰州在长三角北翼交通枢纽的重要地位。

(李　玥)

历史　人文

【建置沿革】 周秦时代,今泰州即称海阳。海陵县首次出现于汉书。新莽天凤元年(14年),海陵县更名为亭间县。新莽地皇四年(23年),亭间县复称海陵县。

三国魏文帝黄初五年(224年),海陵县废。西晋武帝太康元年(280年),复置海陵县。东晋安帝义熙七年(411年),置海陵郡,治建陵县,辖建陵、宁海、如皋、蒲涛、临江。南北朝梁武帝天监元年(502年),郡治由建陵县移至海陵县,海陵郡辖海陵、建陵、宁海、如皋、临江、蒲涛、临泽、海安等县。

隋文帝开皇三年(583年),废海陵郡。五代十国杨吴武义二年(920年),置兴化县。南唐烈主昇元元年(937年),置泰州,取“国泰民安”之义,沿袭至今,时辖海陵、泰兴、兴化、盐城县。南唐元宗保大十年(952年),泰州增领

州城遗址　（顾祥忠供图）

如皋县。后周世宗显德五年(958年)，泰州升为团练州。

北宋太祖乾德五年(967年)，泰州由团练州降为军事州。北宋太祖开宝九年(976年)，盐城县改隶楚州，泰州辖海陵、兴化、泰兴、如皋。北宋徽宗宣和四年(1122年)，泰兴县改隶扬州。南宋高宗建炎四年(1130年)，泰兴县复隶泰州，兴化县改隶承州。南宋孝宗淳熙四年(1177年)，泰州辖海陵、如皋。明太祖洪武元年(1368年)，废海陵县，泰州仅辖如皋县。明宪宗成化七年(1471年)，分江阴之马驮沙置靖江县。清世宗雍正二年(1724年)，如皋县改隶通州，泰州遂为散州。

民国元年(1912年)，废州为县，泰州改称泰县。民国38年(1949年)1月21日，泰州城区解放；次日，划城区设置泰州市，乡村设置泰县；4月21日，苏北行政公署成立，行署驻泰州，下辖泰州、扬州、盐城、淮阴、南通5个行政区、41个县(市)；5月1日，原华中第一行政区改称苏北泰州行政区，辖泰州市、泰兴县、靖江县、泰县、海安县、如皋县、东台县、台北县等县(市)。

1950年1月，泰州行政区与扬州行政区合并为泰州行政区，地专机关驻泰州，下辖泰州市、扬州市、泰县、泰兴县、靖江县、江都县、兴化县、高邮县、宝应县、仪征县、六合县(1953年1月1日又从皖北滁县地区划进江浦县)等县(市)，后扬州市直属苏北行政区。1953年2月，苏北泰州专署改名为江苏省扬州行政公署(行署机关迁扬州)。1950年5～10月、1959年1月～1962年5月，泰州市与泰县几度划并。1996年8月，撤销县级泰州市，设立地级泰州市，辖海陵区、泰兴市、姜堰市、靖江市、兴化市。1997年4月，设高港区。2012年12月，撤销县级姜堰市，设立姜堰区。（史　志）

【行政区划】 2019年末，泰州市行政区划设三市三区及泰州医药高新区，共65个镇、2个乡、23个街道办事处。兴化市、靖江市、泰兴市三市下辖46个镇、2个乡、5个街道办事处、196个居委会和947个村委会；海陵区、高港区、姜堰区以及泰州医药高新区下辖19个镇、18个街道办事处、271个居委会和306个村委会。

2019年泰州市行政区划一览表

表3

市(区)	土地面积(平方千米)	户籍人口(万人)	常住人口(万人)	镇(个)	乡(个)	街道(个)	居委会(个)	村委会(个)
全市	5787.98	500.55	463.61	65	2	23	467	1253
市区	1567.75	163.85	163.99	19	—	18	271	306
海陵区	307.12	46.83	51.97	4	—	7	116	36
高港区	286.84	26.17	25.46	4	—	3	51	40
姜堰区	857.76	73.58	69.26	10	—	4	44	230
医药高新区	116.03	17.27	17.30	1	—	4	60	—
兴化市	2395.00	154.26	124.08	24	1	3	63	463
靖江市	655.58	65.53	68.46	8	—	1	80	188
泰兴市	1169.65	116.91	107.08	14	1	1	53	296

2019年泰州市各街道、镇、乡一览表

表4

市(区)	街道、镇、乡名称
海陵区	城东街道、城西街道、城南街道、城中街道、城北街道、京泰路街道、红旗街道、九龙镇、罡杨镇、苏陈镇、华港镇
高港区	口岸街道、刁铺街道、许庄街道、永安洲镇、白马镇、胡庄镇、大泗镇
姜堰区	罗塘街道、三水街道、天目山街道、梁徐街道、溱潼镇、蒋垛镇、顾高镇、大坨镇、张甸镇、淤溪镇、白米镇、娄庄镇、沈高镇、俞垛镇
医药高新区	凤凰街道、寺巷街道、明珠街道、沿江街道、野徐镇
兴化市	昭阳街道、临城街道、垛田街道、戴窑镇、合陈镇、永丰镇、新垛镇、安丰镇、海南镇、钓鱼镇、大邹镇、沙沟镇、中堡镇、竹泓镇、沈坨镇、大垛镇、荻垛镇、陶庄镇、昌荣镇、茅山镇、周庄镇、陈堡镇、戴南镇、张郭镇、大营镇、兴东镇、千垛镇、林湖乡
靖江市	靖城街道、新桥镇、东兴镇、斜桥镇、西来镇、季市镇、孤山镇、生祠镇、马桥镇
泰兴市	济川街道、黄桥镇、分界镇、古溪镇、元竹镇、珊瑚镇、广陵镇、曲霞镇、张桥镇、河失镇、新街镇、姚王镇、宣堡镇、滨江镇、虹桥镇、根思乡

【人口】 2019年末,泰州市户籍总人口500.55万人,比上年减少5.64‰。按性别分,男254.51万人、女246.04万人。按年龄分,18岁以下70.71万人、18~35岁94.05万人、35~60岁202.68万人、60岁以上133.11万人。市区户籍人口163.95万人,减少0.61‰。全市常住人口463.61万人,增加0.04万人,增长0.09‰。其中,城镇常住人口309.69万人,增加3.73万人;农村常住人口153.92万人,减少3.69万人。全市常住人口城镇化率66.8%,提高0.8个百分点。市区常住人口163.99万人,增长3.06‰。全市户籍人口中,全年新出生人口35263人,人口出生率7.02‰;死亡人口43357万人,人口死亡率8.64‰;人口自然增长率-1.61‰。 (季 杰)

【民族】 泰州市是少数民族散居地区,根据2010年第六次全国人口普查统计,全市少数民族有52个族别、28100多人,其中常住人口10150人。苗族、土家族、回族人口较多,占少数民族常住人口的48.5%。常住人口居前六位的分别是苗族2064人、土家族1851人、回族1007人、壮族761人、彝族704人、布依族583人,多数是婚嫁到泰州定居人口及其婚生子女。少数民族流动人口18000人,人口较多的分别是土家族3391人、苗族3009人、彝族2189人、回族1729人、壮族1123人,以在泰州务工、经商为主。至2019年末,全市有1个少数民族社会团体(泰州市民族团结促进会);3处回民公墓,分别位于兴化市、海陵区和姜堰区。

【宗教】 泰州市佛教、道教、伊斯兰教、天主教、基督教俱全,境内建有寺庵、宫观、清真寺、教堂等活动场所。至2019年末,全市有宗教团体22个。其中,市级宗教团体6个,分别是市佛教协会、道教协会、伊斯兰教协会、天主教爱国会、基督教“三自”爱国运动委员会、基督教协会;县级宗教团体16个。依法设立的宗教活动场所238处,其中佛教活动场所123处、道教活动场所19处、伊斯兰教活动场所1处、天主教活动场所2处、基督教活动场所93处。经认定备案的宗教教职人员557人。信教群众13.2万人,其中佛教信众10.6万人、道教信众4000人、基督教信众1.9万人、伊斯兰教信众3000人、天主教信众100人。泰州城隍庙为全国重点文物保护单位,泰州光孝律寺为江苏省重点佛教寺院和国家AAA级旅游景区。泰州光孝律寺、靖江孤山寺、泰州古寿圣寺被评为全国和谐寺观教堂。泰州光孝律寺、泰州古寿圣寺、兴化市基督教恩典堂被认定为江苏省五星级宗教活动场所。 (胡克文)

【历代名人】 泰州市历史上名贤辈出。唐代有书法评论家张怀瓘,著有《书断》《书议》《书估》等,擅长正、行草书,书法“正、行可比虞、褚,草欲独步于数百年间”。北宋思想家、教育家胡瑗,提倡“以仁义礼乐为学”,讲求“明体达用”,开宋代理学之先声。元末明初文学家施耐庵,创作中国文学史上第一部白话长篇小说——《水浒传》。至明代,哲学家王艮阐发以尊身立本为内涵的“格物说”与具有社会改良思想的“王道论”,逐渐形成“泰州学派”。清代有天文历算家陈厚耀、评话宗师柳敬亭、“扬州八怪”之一郑板桥、“扬州学派”先驱任大椿、文艺评论家刘熙载、围棋棋圣黄龙士、“太谷学派”集大成者黄葆年。近现代有地质学家丁文江、爱国实业家刘国钧、女教育家吴贻芳、剧作家丁西林、京剧表演艺术家梅兰芳、文学史家朱东润等。

【传统文化】 泰州市境内传统节日有庆贺、竞技、祭祀等文化活动,代代相传。传统庆贺节日主要有春节、元宵节、中秋节等,新中国成立后,增加国庆节、元旦节等,以春节的文化娱乐活动最为盛大热闹。春节文化活动丰富多彩,戏剧、曲艺、歌舞等艺术团体和各镇村的文艺宣传队在城乡巡回表演;除夕家家户户张贴对联、年画,吃年夜饭,守岁放鞭炮迎接新年;正月初一起,城乡表演划旱船、舞狮子、踩高跷、唱麒麟、唱凤凰、跳财神等传统文艺;元宵节有猜灯谜、游灯会、放灯等

溱湖会船节　　（《泰州通讯》供图）

活动。清明节、七月半（中元节）、冬至是传统的祭祀节日。清明节祭扫祖先和革命先烈，有扫墓、踏青、郊游、放风筝等活动；七月半和冬至均祭祀祖先。

泰州市境内规模较大的庙会有泰州城区的都天庙会，靖江市的生祠堂庙会、田墩子庙会、孤山庙会等，泰兴市、高港区的黄桥镇余庄村庙会、分界寺庙会、大元垛庙会、蒋华东岳庙会、刘陈南徐庄跳马舞庙会等，姜堰区的溱潼庙会，兴化市的昭阳镇五月赛神会等。姜堰区和兴化市有数十个水上庙会，尤以溱潼会船最为历史悠久，最早可追溯到南宋时期，延续至今，成为“世界最大的水上庙会”。

泰州市境内可考最早的诗社为清乾隆五十七年（1792 年）成立的芸香诗社，诗社延续至晚清，先后社员多达200 多人。清末，泰州人王贻哲发起成立海春诗社。民国时期，影响较大的诗社有来复社、海陵诗画社、泰社、绮社等。1976 年后，有红粟诗社、海陵诗社、楚水诗社、泰州教工诗社等。

民国时期，泰县新文学社团有雪鸿文艺社、1937 剧社、泰县抗战剧社等。民国 27 年（1938 年），中共泰州地下组织借国民党县党部名义，组建泰县文化界抗战工作团。20 世纪 80 年代后，境内部分中学成立各种形式的文学社，活动时间不长即解散。

新中国成立前，泰州市境内各县均有京剧票房，人数多少不一，聚散不定，自娱自乐。新中国成立后，泰州市的票房先后有红星、友好、友声、大公 4 家。1953 年前后，各票房先后解散。1978 年后，各地成立老年京剧联谊会，泰州市组建华夏梅乡京剧团。泰州市梅兰芳故乡京剧票友戏迷联谊会成立于 1997 年，先后参与策划在泰州市举办的第一届、第二届全国高校京剧票友演唱研讨会，新加坡平社访问泰州联谊演出等活动。

【方言】　泰州市位于吴方言和江淮官话交界地区，境内方言分属吴方言和江淮官话，过渡特征明显。靖江市方言属吴方言，与境内其他方言差异较大。泰兴市、兴化市（不包括原沙沟、周奋、李中 3 个镇，3 个镇属江淮官话洪巢片）、海陵区、高港区、姜堰区属江淮方言通泰片。

靖江市方言属吴语，保留浊声母。兴化市沙沟镇属江淮官话洪巢片，古全浊声母今读塞音、塞擦音平声送气、仄声不送气。其他市（区）属江淮官话通泰片，古全浊声母，今逢塞音、塞擦音不论平仄，白读一律送气。这也是通泰方言区内的统一特征，与客赣方言相同，而与北邻的洪巢片方言迥异。

靖江市、兴化市区、海陵区、泰兴市、兴化市入声按古声母清浊分阴入、阳入，“伯≠白”；兴化市沙沟镇入声合流，“伯＝白”。

各市（区）内方言存在一定差异。泰兴市根思镇以及原老叶、刘陈、河失、常周等乡（镇），当地人称其方言为“老龙河话”或“咬舌子音”，城区人称其为“乡下话”；黄桥镇以东地区的泰兴话夹杂一些如皋、海安话的特点，被称为“东乡话”；境内西南部的原永安洲、蒋华、七圩等乡镇的泰兴话与城区有别，被称为“洲上话”；西北角的原刁铺、口岸等乡镇一带与东北角的古溪镇语音相近，而与城关有别。姜堰区境内方言总体而言一致性较高，西部、南部、市区略有差别，分为西乡话、南乡话和北乡话。　（史　志）

【文化遗存】　泰州市是江苏省首批公布的省级历史文化名城，2013 年被国务院公布为全国历史文化名城，文物古迹众多。境内有距今 6000 多年的影山头遗址、距今 4000 多年的龙山文化遗址，更有长江以北地区首次发现的大型良渚文化聚落蒋庄遗址、新石器时代晚期至商周的古文化遗址。西汉初年开凿的古运盐河遗址、战国时期的昭阳墓、《水浒传》作者的施耐庵墓、“扬州八怪”之一的郑板桥墓、明朝南京吏部左侍郎储巏墓等亦在泰州。此外还有始建于东晋的江淮名刹光孝寺、唐建明修的南山寺大雄宝殿和城隍庙、明建清修的庆云寺、东岳庙、胡安定祠堂、崇儒祠、胡公书院、马洲书院、襟江书院和扬郡试院等。古典园林有日涉园和李园。另有郑板桥、刘熙载、刘国钧等故居。

泰州是具有光荣革命斗争传统的城市。南宋抗金、明代抗倭、鸦片战争期间群众抗英以及抗日战争和解放战争期间陈毅三进泰州、新四军黄桥决战、苏中七战七捷、中国人民解放军海军诞生等重大历史事件都发生在泰州。爱国主义和革命传统教育基地有中安轮遇难烈士纪念馆、杨根思烈士陵园、七战七捷纪念碑、中共江浙区委泰兴独立支部旧址、新四军东进泰州谈判处旧址、新四军黄桥战役纪念馆、中国人民解放军海军诞生地旧址等。

至 2019 年末，全市有各类登记备案博物馆 19 家，征集收藏从新石器时代，历商、周、汉、六朝、宋、元至明、清的珍贵陶瓷、服饰、字画、档案等文物近 4 万件，其中国家一级文物 19 件（套）。

已发现不可移动文物近800处,其中全国重点文物保护单位9处、江苏省文物保护单位42处。有非物质文化遗产保护项目248个,其中国家级7项、省级33项;非物质文化遗产代表性传承人228人,其中国家级5人、省级9人。

(杨俊杰)

【风景名胜】 姜堰溱湖旅游景区。姜堰溱湖旅游景区是国家AAAAA级旅游景区,位于全国著名三大洼地之一的里下河地区,是国家生态旅游示范区、国家级水利风景区、省级风景名胜区、省级旅游度假区、省级生态旅游示范区。景区内溱湖湿地公园是全省首家国家级湿地公园。溱潼会船、溱湖八鲜、湿地风景区、溱潼民俗多次亮相中央电视台《新闻联播》《共同关注》《新闻直播间》《走遍中国》《美丽中国乡村行》等栏目。景区规划总面积26平方千米,区内湿地风光秀美、人文底蕴深厚、民俗风情独特,素有"水乡明珠"之称。经过开发和利用,已形成以溱湖为核心,以溱湖国家湿地公园、溱潼古镇、泰州华侨城、农业生态园四大景区为主体,融湿地观光、古镇旅游、温泉度假、科普教育、民俗体验、休闲娱乐、拓展培训等功能于一体的生态旅游区。一年一度的水乡民间盛会——中国姜堰·溱潼会船节,被国家旅游总局列为中国十大民俗文化节庆之一,获"中国节庆产业十大博览赛事类节庆金手指奖""大世界吉尼斯之最——规模最大的船会活动"称号,被海内外人士誉为"天下会船数溱潼"。

凤城河风景区。凤城河风景区是国家AAAA级旅游景区,位于泰州市城区中心,是全省首家通过验收的国家级城市中央休闲区、国家水利风景区。景区融自然景观和人文特色于一体,四面环水,因水成趣,尽显江南水乡的特色。凤城河畔的"江淮第一楼"——望海楼与其特有的戏曲更显城市的文化底蕴。景区以望海楼为中心,四面辐射,桃园、老街交相呼应,集中完整地体现全国少有的都市水韵,彰显泰州悠久的历史文脉。

千垛景区。千垛景区位于兴化市千垛镇,千垛菜花素有"全国最美油菜花海"之称,是"全球四大花海"之一。景区内河港纵横,块块隔垛宛如漂浮于水面岛屿,有"万岛之国"美誉。水乡垛田与高山梯田有异曲同工之妙,垛田大小不等,形态不一,互不相连,非船不能行,置身其中,如同走进古人摆设的水中龙门阵。清明前后,油菜花开,蓝天、碧水、"金岛"织就"河有万湾多碧水,田无一垛不黄花"的奇丽画面。

【市树市花】 2002年1月6日,泰州市一届人大常委会第三十七次会议决定,泰州市市树为银杏树,市花为梅花。银杏树,又名白果树,古又称鸭脚树或公孙树,是世界上十分珍贵的树种之一,也是古代银杏类植物在地球上存活的唯一品种,植物学家称之为植物界的"活化石",并与雪松、南洋杉、金钱松一起,誉为"世界四大园林树木"。梅花,原产于中国,每年2月开花,花容端庄静雅,傲雪迎雪,凌寒独放,被人们视为高风亮节的象征。

【城市名片】 水兵母亲城。1949年4月23日,中国人民解放军第一支海军部队——华东军区海军在泰州市高港区白马庙诞生。1986年8月1日,海军东海舰队831舰被命名为"泰州舰"。1989年2月17日,中央军委颁发命令,确定1949年4月23日为中国人民解放军海军诞生日,江苏泰州白马庙为中国人民解放军海军诞生地,泰州由此被誉为"海军诞生地""水兵母亲城"。中国人民解放军海军诞生地纪念馆坐落在高港区白马镇,纪念馆分中国人民解放军第三野战军渡江战役指挥部旧址和海军诞生地新馆两部分,1999年4月29日,新馆落成开馆。海军文化根植泰州,泰州市海军中学是全国第一所以"海军"命名的中学,也是全国唯一一所拥有军舰的中学;海军小学、海娃艺术团、海军大道和海军公园等海军元素在泰州到处可见。

中国医药城。泰州医药高新技术产业开发区(又称"泰州中国医药城")是中国首家国家级医药高新区,于2006年11月启动建设,总体规划面积30平方千米,由科研开发区、生产制造区、会展交易区、康健医疗区、教育教学区、综合配套区等功能区组成,由科技部、国家卫生健康委、国家药品监管局、国家中医药管理局与江苏省政府共同建设。泰州中国医药城致力于打造中国规模最大、产业链最完善的生物医药产业基地,1000多家国内外知名医药企业先后落户,2100多项"国际一流、国内领先"的医药创新成果落地申报,4000多名海内外高层次人才落户创业。

梅派之城。泰州是京剧大师梅兰芳的故乡,京剧在泰州有着浓厚的历史文化积淀。泰州人以梅兰芳为骄傲,学、研、写、唱,各类怀梅纪梅活动层出不穷,梅派早已融入泰州人的生活日常。1988年9月,泰州市梅兰芳研

2019年,兴化垛田入选第八批全国重点文物保护单位

(《泰州通讯》供图)

泰州中国医药城　（顾祥忠供图）

究会正式成立。1997 年,“泰州梅兰芳故乡京剧票友戏迷联谊会”成立并创办全国唯一的《京剧票界》报。同年,泰州市合并梅兰芳公园和梅兰芳史料陈列馆,建立“梅兰芳纪念馆”,成为缅怀艺术大师、展现大师风采的场所。2002 年,梅兰芳大剧院正式建成。泰州地区以京剧为载体的对外交流空前活跃,新加坡平社京剧团曾赴泰州访问演出,举办“全国高校京剧票友演唱研讨会”“梅韵千秋”——纪念梅兰芳先生返乡六十周年、“CCTV · 空中剧院——江苏行《梅韵流芳》”等大型活动,制作十集《梅兰芳》纪录片。中国泰州梅兰芳艺术节自 2008 年起,已连续举办 11 届,在全国产生广泛影响。

【城市荣誉】 地级泰州市成立以来,泰州市先后被评为全国双拥模范市、全国科技进步先进市、国家卫生城市、国家环保模范城市、中国优秀旅游城市、中国宜居城市、国家园林城市、全国创业先进城市、国家历史文化名城、国家创新型试点城市、国家知识产权示范城市、全国文明城市、中国吉祥文化之乡、全国质量魅力城市、全国创新驱动示范市、金融支持产业转型升级改革创新试验区、长江经济带大健康产业集聚发展试点城市、国家生态市、国家水生态文明城市。　（史　志）

经济社会发展

【概况】 2019 年,泰州市实现地区生产总值 5133.36 亿元,比上年增长 6.4%。其中第一产业增加值 292.50 亿元,增长 2.3%;第二产业增加值 2525.98 亿元,增长 5.9%;第三产业增加值 2314.88 亿元,增长 7.6%。按常住人口计算,人均地区生产总值 110731 元,增长 6.6%。全员劳动生产率 186498 元,增长 7.2%。全年三次产业增加值比重调整为 5.7∶49.2∶45.1,服务业增加值占地区生产总值比重提高 1.4 个百分点。年末全市有私营企业 12.95 万户,全年新增 2.51 万户;年末有个体经营户 37.09 万户,全年新增 6.12 万户。

年末全市就业人员 275 万人,比上年减少 0.2%。分三次产业看,第一产业就业人员 54.3 万人,减少 2.5%;第二产业就业人员 112.6 万人,增长 0.6%;第三产业就业人员 108.1 万人,增长 0.2%。三次产业就业人员比重调整为 19.7∶40.9∶39.3,第二产业和第三产业就业人员比重分别提高 0.3 个百分点、0.2 个百分点。全年城镇新增就业 10.68 万人,增加 0.31 万人;年末城镇登记失业率 1.76%,下降 0.02 个百分点。

全年居民消费价格比上年上涨 3.1%。分类别看,食品烟酒类价格上涨 7.0%,衣着类上涨 2.3%,居住类上涨 1.5%,生活用品及服务类上涨 3.2%,教育文化和娱乐类上涨 2.1%,医疗保健类上涨 1.2%,其他用品和服务业类上涨 4.6%。食品中,粮食价格上涨 3.1%,鲜菜上涨 5.8%,畜肉上涨 24.2%,水产品上涨 1.5%,禽蛋上涨 4.5%,鲜果上涨 10.9%。工业价格指数涨跌互现。工业生产者出厂价格保持微弱上涨态势,全年上涨 0.2%;工业生产者购进价格指数持续走低,全年下降 2.5%。

【农林牧渔业】 2019 年,泰州市实现农林牧渔业总产值 481.48 亿元,按可比价计算,比上年增长 2.2%;实现农林牧渔业增加值 305.20 亿元,增长 2.4%。全年粮食播种面积 37.41 万公顷,减少 0.12 万公顷。粮食总产 280.55 万吨,减少 6.59 万吨。其中,夏粮总产 104.65 万吨,减少 2.29 万吨;秋粮总产 175.9 万吨,减少 4.3 万吨。粮食亩产 499.93 千克,增加 4 千克。全年生猪出栏 140.59 万头,减少 45.37%。全年水产品产量 36.95 万吨,减少 5.0%。

农业设施提档升级,全年完成高标准农田建设 1.67 万公顷,年末高标准农田比重 76.1%;全年新增设施农业面积 4460 公顷,年末设施农业面积 5.67 万公顷。年末有效灌溉面积 27.53 万公顷,比上年增加 873.33 公顷,增长 0.3%。年末全市农业机械总动力 286.91 万千瓦,增长 1%,农业综合机械化水平 85%。全年建成省级绿色防控示范区 14 个,化肥施用量减少 2.5%,农药使用量减少 6.5%。

【工业和建筑业】 2019 年,泰州市规模以上工业增加值比上年增长 6.4%,其中轻工业增长 6.0%、重工业增长 6.5%。分经济类型看,国有工业增长 9.7%、股份制工业增长 6.4%、外商和港澳台投资工业增长 2.6%。在规模以上工业中,民营工业增加值增长 6.7%、大中型工业增长 5.2%。支柱产业稳定支撑,全年船舶、医药、电气、化工等产业产值分别增长 18.3%、12.5%、7.9%和 4.8%。

先进制造业加快发展,全市高新技术产业产值增速快于规模以上工业产值增速 3.7 个百分点,高新技术产业产值占规模以上工业产值比重为 45.0%,比上年提高 1.5 个百分点。战略性新兴产业产值增速快于规模以上工业产值增速 12.9 个百分点,战略性新兴产业产值占规模以上工业产值比重为 28.6%,提高 6.6 个百分点。规模以上工业中,锂离子电池、光电子器件、太阳能电池等产品产量分别增长17.4%、12.2%、5.4%。

全年规模以上工业利润比上年增长4%,亏损企业亏损额减少0.4%。年末企业资产负债率51.0%,下降1.1个百分点。规模以上工业企业每百元营业收入中营业成本为79.5元,减少0.6元。

全年完成建筑业总产值3458.07亿元,比上年增长3.7%。年末全市具有资质等级的总承包和专业承包建筑企业754家,增加7家。其中具有特级、一级和二级资质企业318家,增加10家。年末建筑业从业人员114.94万人,减少1.7%。

【固定资产投资】 2019年,泰州市固定资产投资比上年增长6.0%,其中第一产业投资减少82.2%、第二产业投资增长6.2%、第三产业投资增长6.5%。在二产投资中,工业投资增长6.1%,其中医药制造业增长31.1%,汽车制造业增长15.2%,通信设备、计算机及其他电子设备制造业增长42.2%,仪器仪表制造业增长15.8%。在服务业投资中,信息传输、软件和信息技术服务业增长13.7%,科学研究和技术服务业增长60.1%,水利、环境和公共设施管理业增长53.5%,文化、体育和娱乐业增长60.8%。

全年民间投资比上年增长11.1%,民间投资占全部投资比重为85.9%。在工业投资中,高新技术产业投资增长24.1%,占工业投资比重为36.1%,提高4.8个百分点;工业技改投资增长6.3%。在服务业投资中,基础设施投资增长14.0%。

全年房地产开发投资352.58亿元,比上年减少0.3%,其中住宅投资284.96亿元,增长1.2%。商品房施工面积2597.89万平方米,增长1.4%。商品房新开工面积620.71万平方米,减少16.0%。商品房竣工面积544.45万平方米,增长44.1%。商品房销售面积659.59万平方米,减少6.4%。商品房待售面积238.95万平方米,减少15.7%。

【国内贸易和旅游】 2019年,泰州市实现社会消费品零售总额1348.94亿元,比上年增长5.2%。其中,城镇消费品零售额1236.99亿元,增长5.1%;乡村消费品零售额111.95亿元,增长5.9%。限额以上社会消费品零售额449.59亿元,减少0.2%,其中批发和零售业零售额419.52亿元、减少0.4%;住宿和餐饮业零售额30.08亿元、增长2.5%。全年接待国内旅游者3156.72万人次,比上年增长10.1%;接待入境过夜游客4.71万人次,增长3.1%。实现旅游总收入414.03亿元,增长10.2%;实现旅游外汇收入4802.15万美元,增长3.1%。

【开放型经济】 2019年,泰州市完成进出口总额144.66亿美元,比上年减少1.8%,其中出口95.32亿美元、与上年持平,进口49.34亿美元、减少5.1%。按贸易方式分,一般贸易出口56.61亿美元,增长1.4%;加工贸易出口36.86亿美元,减少5.0%;一般贸易进口33.17亿美元,减少3.6%;加工贸易进口11.38亿美元,减少1.9%。按企业性质分,外商投资企业出口50.47亿美元,增长6.6%;民营企业出口43.13亿美元,减少6.2%;外商投资企业进口31.74亿美元,减少13.7%;民营企业进口16.33亿美元,增长17.0%。按商品类别分,机电产品出口53.13亿美元,增长5.6%;农产品出口3.92亿美元,减少2.9%;机电产品进口8.43亿美元,减少6.6%;农产品进口10.02亿美元,减少17.1%。按出口地区分,对亚洲出口45.12亿美元,增长2.4%;对欧洲出口16.20亿美元,减少0.8%;对美国出口14.72亿美元,减少20.6%。全年完成服务贸易出口6.04亿美元,增长20.7%。

全年新批外商投资企业126家,比上年减少3个;完成新批协议注册外资33.27亿美元,增长13.1%;新批及净增资3000万美元以上项目56个,增加2个;实际到账注册外资14.86亿美元,减少1.4%。全年新签对外承包工程合同额3.2亿美元,减少41.8%;新签对外承包工程完成营业额6.71亿美元,减少10.8%。

【交通运输、邮政电信】 2019年,泰州市旅客运输量比上年减少1.3%,旅客周转量减少2.7%,货物运输量增长4.1%,货物周转量增长5.2%。全年港口货物吞吐量3.06亿吨,增长16.9%,其中外贸吞吐量2779.55万吨,增长26.6%。年末全市公路里程1.01万千米,其中高速公路里程320.64千米。年末民用汽车拥有量82.52万辆,净增5.69万辆;私人轿车拥有量51万辆,净增3.17万辆。

全年邮政行业业务总量37.85亿元,比上年增长27.7%,其中快递业务量1.21亿件,增长23.0%;邮政行业业务收入25.19亿元,增长26.5%,其中快递业务收入14.95亿元,增长34.1%。全年电信业务总量281.92亿元,增长7.2%;电信业务收入42.69亿元,增长3.4%。年末移动电话用户496.27万户,电话普及率107.1户/百人。

【财政、金融、保险和证券】 2019年,泰州市完成一般公共预算收入374.58亿元,比上年增长2.2%,其中税收收入287.48亿元,减少2.5%。税收收入占一般公共预算收入比重为76.7%,下降3.7个百分点。一般公共预算支出594.23亿元,增长11.6%,其中一般公共服务支出增长2.5%,科学技术支出增长27.7%,社会保障和就业支出增长45.3%,节能环保支出增长35.0%,交通运输支出增长41.9%。十三类民生支出增长16.4%,占一般公共预算支出的比重为77.2%,提高3.2个百分点。

年末金融机构人民币存款余额6879.13亿元,比上年增长12.4%,其中住户存款余额3263.96亿元,增长13.5%。年末金融机构人民币贷款余额5493.92亿元,增长14.8%。其中,短期贷款余额2179.46亿元,增长18.6%;中长期贷款余额3015.92亿元,增长11.3%。全年制造业新增贷款24.51亿元。

全年保费收入193.05亿元,比上年增长18.6%。其中,人身险150.34亿元,增长20.1%;财产险42.71亿元,增长13.7%。全年赔付金额45.79亿元,减少1.6%。其中,人身险赔付19.47亿元,减少10.6%;财产险赔付26.32亿元,增长6.3%。全年证券交

易额9811.17亿元,增长92.6%,其中股票交易额5261.12亿元,增长43.0%;基金交易额174.06亿元,减少37.4%。

【科学技术和教育】 2019年,泰州市全社会科学研究与试验发展(R&D)经费支出占地区生产总值比重为2.6%,比上年提高0.04个百分点。全年获国家科技发明奖1项;专利申请25021件,其中发明专利申请6279件;专利授权14872件,其中发明专利授权1003件;年末万人发明专利拥有量15.3件,增加1.8件。全年新认定高新技术企业428家,新增省级以上工程技术研究中心19家、企业技术中心27家,年末高新技术企业974家。

全年新创优质园3所,省优比例84.47%,居全省首位。三星级以上优质高中实现全覆盖,四星级高中占比提高到54.5%。年末全市有幼儿园337所,在校幼儿11.22万人,学前三年教育毛入学率在98%以上;高中34所,在校学生6.76万人,高中阶段教育毛入学率在99%以上;普通高等学校7所,在校学生7.73万人,高等教育毛入学率60.2%。年末全市拥有专任教师4.6万人,比上年增加1434人。

【文化、卫生和体育】 2019年,泰州市文化产业增加值占地区生产总值比重为3.86%。年末全市有文化馆7个、公共图书馆7个、博物馆19个、美术馆3个,公共图书馆总藏量382万册、电子图书藏量342.2万册;有线电视入户率90.0%,电视综合人口覆盖率99.1%。

年末全市有各类卫生机构2118家,其中医院87家、卫生院115家、卫生防疫防治机构10家、妇幼保健机构7家。各类卫生机构有床位29885张,其中医院、卫生院有床位28372张。有卫生技术人员31673人,其中执业医师、执业助理医师13309人,注册护士13263人。新型农村合作医疗人口覆盖率100%。

高港长江饮用水水源地　　(顾祥忠供图)

全年在国内外各级各类赛事中,由泰州市培养输送的优秀运动员共获金牌38枚、银牌18枚、铜牌20枚;在2019年度省赛中获金牌46枚、银牌39枚、铜牌38枚。泰州远大足球俱乐部获2019赛季中乙联赛第三名,升入中甲联赛,实现中冠、中乙、中甲“三连跳”。

【资源环境、节能降耗和安全生产】 2019年,泰州市空气质量综合指数为4.35,其中细颗粒物平均浓度42.5微克/立方米,减少7.4%,空气优良天数比率75.7%。全市县级以上集中式饮用水源水质达到或优于Ⅲ类比例均为100%。全市6个国考断面水质达到或优于Ⅲ类比例为100%;24个省考及以上断面水质达到或优于Ⅲ类比例为87.5%。全年规模以上工业累计综合能耗905.3万吨标准煤,减少2.6%;规模以上工业万元产值能耗0.1727吨标准煤,减少4.6%。全年单位地区生产总值能耗减少6.0%。全年各类安全生产事故325起,减少17.3%;死亡人数191人,减少16.6%,亿元地区生产总值生产安全事故死亡0.037人。

【人口、人民生活和社会保障】 2019年末,泰州市户籍总人口500.55万人,当年出生人口3.53万人,人口出生率7.02‰,比上年下降1.37个千分点;死亡人口4.34万人,人口死亡率8.64‰,上升0.2个千分点,人口自然增长率-1.62‰。年末全市常住人口463.61万人,增加0.04万人。年末常住人口城镇化率66.8%,提高0.8个百分点。全年全体居民人均可支配收入37773元,比上年增长9.0%。从构成看,工资性收入23354元,增长8.6%;经营净收入5745元,增长8.2%;财产净收入3553元,增长13.7%;转移净收入5122元,增长8.9%。按常住地分,城镇常住居民人均可支配收入47216元,增长8.7%;农村常住居民人均可支配收入23116元,增长8.9%。城乡居民收入比由上年的2.05:1缩小至2.04:1。

对照省定人均年收入6000元、市定人均年收入7000元的标准,全市建档立卡的低收入农户70857户、123452人全部脱贫。年集体经营性收入低于省定18万元的92个村全部脱贫“摘帽”。

实施全民参保计划,参加城乡居民养老保险、企业职工养老保险人数分别为100.97万人、94.69万人,城乡基本养老保险参保率98.0%。全市城乡低保标准统一提高到每人每月680元,比上年增加30元,全年有4.44万人得到最低生活保障救济。

(季　杰)

责任编辑　叶　彤

重要决策

【十大民生实事】 2019年1月29日，泰州市委、市政府印发《关于实施2019年市区改善民生实事的通知》（泰发〔2019〕2号），提出就业服务、养老服务、医疗救助、基础教育、交通出行、食品卫生、饮水用水、绿化、宜居生态环境、城市公共服务等10个方面具体措施。就业服务方面，组织公益性人力资源招聘200场，开展城乡劳动者就业创业培训2万人，新增就业3万人；为高校毕业生提供就业见习服务，开发见习岗位2000个。养老服务方面，为困难老年人和80周岁及以上老年人提供政府购买居家养老上门服务；为有需求的失能老人家庭成员免费提供养老护理技能培训；建成2个老年人日间照料中心、26个标准化社区居家养老服务中心。医疗救助方面，低收入家庭（人均收入低于低保标准2倍）中的白血病和尿毒症患者参照单人户纳入低保范围；为建档立卡低收入人口每年开展一次免费健康体检；困难群众城乡居民医保大病保险起付标准由10000元降为5000元；实施长期护理保险制度，对重度失能人员医疗护理费用进行一定的补偿。基础教育方面，新建、改扩建幼儿园3所、小学6所、初中1所。交通出行方面，开工建设江州路、东进路维修改造工程；改造升级5条城市主干道慢行系统；开工建设城东公交枢纽站，更新公交车辆200辆以上，新辟K6公交线路，优化36路、302路公交线路，对902路、K3公交线路进行加密，方便人民医院新院和中医院新院就医群众出行；新增汽车停车泊位2000个；投放共享单车5000辆。食品卫生方面，完成食品安全监督抽检6000批次；创建省餐饮质量安全示范街（区）1条、示范店（食堂）80家；组织"快速检"5000批次、"标准检"2000批次。饮水用水方面，完成市二水厂、三水厂自来水深度处理主体工程。绿化方面，新建一批游园；推进绿化提档升级，新（扩）建游园14个，建成道路绿带4条。宜居生态环境方面，新增污水管网40千米，完成小区雨污分流46处；完成4处黑臭水体整治；完成30个老旧小区微整治。城市公共服务方面，建成网上公安为民服务工程；新（改）建公厕23座，改建垃圾中转站2座；新增垃圾分类小区30个。

【农业农村优先发展】 2019年3月24日，市委、泰州市政府印发《关于推动农业农村优先发展 做好"三农"工作的实施意见》（泰发〔2019〕1号），提出围绕"巩固、增强、提升、畅通"，深化农业供给侧结构性改革，紧扣农业农村高质量发展，推进脱贫攻坚、人居环境整治、乡村建设、现代农业发展、产业融合与农民增收、农村改革、农村基层基础、乡村振兴"1123"示范镇村建设工程等8项重点工程，力争国家农业可持续发展试验示范区建设跻身全国第一方阵，确保到2020年完成农村改革发展目标任务。

【干部教育培训】 2019年5月11日，泰州市委印发《2018～2022年泰州市干部教育培训规划》（泰发〔2019〕4号），提出理论教育更加深入、党性教育更加扎实、专业化能力培训更加精准、知识培训更加有效、干部教育培训体系改革更加深化5个主要目标，为全力打造江苏高质量发展中部支点城市，培养造就忠诚干净担当的高素质专业化干部队伍。

【中部支点城市建设】 2019年8月3日，泰州市委、市政府印发《泰州建设江苏高质量发展中部支点城市总体方案》（泰发〔2019〕7号），提出到2020年，实现高水平全面小康，初步构建起"1+5+1"现代产业体系，成为长江经济带大健康产业集聚发展示范区、生态文明建设示范区、跨江融合发展示范区，形成特色发展、绿色发展、联动发展的强力支撑；到2025年，成为特色鲜明的现代产业高地、统筹并进的融合发展高地、和谐共生的生态文明高地、充满活力的改革开放高地、舒适宜居的民生幸福高地，打响"健康名城、祥泰之州"城市品牌。

【教育现代化】 2019年9月7日，泰州市委、市政府印发《泰州教育现代化2035》（泰发〔2019〕9号），提出到2022年，教育发展指标总体达成或者超过省定教育现代化建设阶段目标，初步建成体现时代要求、彰显区域特色、具有竞争实力的卓越教育体系，全市基本实现教育现代化，努力办好人民满意教育；到2035年，教育发展指标全面达成或者超过省定教育现代化建设目标，教育总体发展达到全省上游水平，各级各类教育协调发展，成为教育现代化强市、人才资源强市。

【新时代加强和改进人民政协工作】 2019年12月3日，泰州市委、市政府印发《关于新时代加强和改进人民政协工作的实施意见》（泰发〔2019〕13号），提出从准确把握新时代加强和改进人民政协工作的总体要求、充分发挥人民政协专门协商机构作用、把“加强思想政治引领 广泛凝聚共识”作为履职工作的中心环节、健全人民政协工作制度、强化政协委员责任担当、加强党对人民政协工作的领导6个方面，更好地发挥人民政协的重要作用，为实现新时代党的历史使命凝心聚力，在新的历史起点上奋力推进全市政协工作开创新局面。

重要会议

【市委五届六次全会】 2019年1月9日，中国共产党泰州市第五届委员会第六次全体会议在泰州召开。全会高举习近平新时代中国特色社会主义思想伟大旗帜，贯彻落实中央和省委各项决策部署，总结2018年工作，部署2019年任务，动员全市上下解放思想、改革创新，团结拼搏、锐意进取，冲刺高水平全面建成小康社会，全力打造江苏高质量发展中部支点城市，奋力书写新时代“五张新答卷”。市委书记韩立明代表市委常委会作题为《冲刺高水平全面建成小康社会 全力打造江苏高质量发展中部支点城市》的工作报告，市委副书记、市长史立军作小结讲话。市委常委会向全会报告2018年度抓党建工作的情况。会议审议通过全会《决议》。

【市委五届七次全会】 2019年6月9日，中国共产党泰州市第五届委员会第七次全体会议在泰州召开。全会以习近平新时代中国特色社会主义思想为指导，号召全市上下提高政治站位，增强大局意识，加快推进市区一体化发展，为提升中心城市能级、建设江苏高质量发展中部支点城市而努力奋斗。市委书记韩立明代表市委常委会讲话，市委副书记、市长史立军作《泰州市部分行政区划调整方案的说明》。全会审议通过《中国共产党泰州市委员会关于泰州市部分行政区划调整的决议》。

【市委五届八次全会】 2019年7月27日，中国共产党泰州市第五届委员会第八次全体会议在泰州召开。全会高举习近平新时代中国特色社会主义思想伟大旗帜，贯彻党的十九大和十九届二中、三中全会精神，落实中央经济工作会议和省委十三届六次全会精神，总结上半年工作，部署下半年任务，特别是决战决胜高水平全面建成小康社会各项目标任务，动员全市上下更加自觉守初心担使命，紧扣交好新时代“五张新答卷”，全力推进江苏高质量发展中部支点城市建设，以优异成绩迎接新中国成立70周年。市委常委会主持会议，市委书记韩立明代表市委常委会作题为《决胜高水平全面建成小康社会 高质量推进中部支点城市建设》的工作报告，市委副书记、市长史立军作小结讲话。市委副书记、统战部部长朱立凡就《泰州建设江苏高质量发展中部支点城市总体方案（讨论稿）》作说明。会议形成全会《决议》和关于《泰州建设江苏高质量发展中部支点城市总体方案》的决议。

【市委五届九次全会】 2019年12月27日，中国共产党泰州市第五届委员会第九次全体会议在泰州召开。全会高举习近平新时代中国特色社会主义思想伟大旗帜，贯彻党的十九大和十九届二中、三中、四中全会以及中央经济工作会议、省委十三届七次全会精神，总结2019年工作，研究部署当前和今后一个时期任务，对推进治理体系和治理能力现代化作出安排，动员全市各级党组织和广大党员干部践行初心使命，大兴实干之风，奋力谱写高质量发展新篇章，以过硬的发展成果造福于民。市委书记史立军代表市委常委会作题为《奋力谱写高质量发展新篇章以过硬的发展成果造福于民》的工作报告，市委副书记、代市长朱立凡作小结讲话。全会讨论市委常委会2019年度抓党建工作情况的报告，审议通过全会《决议》，递补胡正平等5人为五届市委委员。全会就《关于激励干部实干担当的六条措施》作相关说明。

【全市领导干部会议】 2019年3月18日，全市领导干部会议召开。会议学习贯彻十三届全国人大二次会议和全国政协十三届二次会议精神。全国人大代表、市委副书记、市长史立军主持会议并传达全国“两会”精神，通报市出席会议代表的履职情况。

10月29日，全市领导干部会议召开。会议宣布省委决定：韩立明不再担任泰州市委书记、常委、委员和市人大常委会主任职务。史立军任泰州市委书记，提名为泰州市人大常委会主任候选人，不再担任泰州市市长职务。朱立凡提名为泰州市市长候选人。省委常委、省委组织部部长郭文奇出席会议并讲话。省委组织部副部长、省委“两新”工委书记周为号宣读省委决定。

【市级机构改革动员部署会】 2019年1月12日，泰州市市级机构改革动员部署会召开。会议学习贯彻习近平新时代中国特色社会主义思想和党的十九大、十九届三中全会精神，全面落实中央、省关于深化党政机构改革的重要决策，传达省委、省政府关于泰州市机构改革的部署要求，推动市委五届六次全会精神落地见效，对做好市级机构改革工作进行动员部署。市委书记韩立明出席会议并讲话，市委副书记、市长史立军主持会议，市委常委、组织部部长曹卫东作《泰州市机构改革方案》说明。

【庆祝中国共产党成立98周年暨“两优一先”表彰大会】 2019年6月30日，泰州市庆祝中国共产党成立98周年暨“两优一先”表彰大会召开。会议号召全市各级党组织和广大党员干部坚持以习近平新时代中国特色社会主义思想为指导，不忘初心、牢记使命，锐意进取、埋头苦干，以优异的成绩向共和国70华诞献礼。市委书记韩立明出席并讲话。市委副书记、市长史立军主持会议。市委副书记、统战部部长朱立凡宣读表彰决定，授予孔君霞等10人“泰州市优秀共产党员”称号，授予冷红明等20人“泰州市优秀党务工作者”称号，授予江阴－靖江工业园区办事处四圩村党支部等30个基层党组织“泰州市先进基层党组织”称号。

【“不忘初心、牢记使命”主题教育动员会议】 2019年9月12日，泰州市“不忘初心、牢记使命”主题教育动员会议召开。会议要求充分认识开展主题教育的重大意义，提高政治站位，聚焦目标任务，突出务实导向，着眼有力有序，高质量推进主题教育各项重点措施，做到“五致力五确保”，以主题教育的优异成绩向新中国成立70周年献礼。市委书记、市委主题教育领导小组组长韩立明作动员讲话，省委第三巡回指导组组长秦景安出席会议并讲话，市委副书记、市长史立军主持会议。

（吕 明）

全面深化改革

【概况】 2019年，泰州市实施154个改革事项。推进金融改革试点，出台《进一步加强金融服务制造业的实施意见》，明确20条具体支持措施；硕世生物成为苏中首家科创板上市企业，新增5家境内外上市企业。开展大健康产业集聚发展试点，成功加入世界卫生组织健康城市联盟，泰州医药健康产业创新中心列入国家战略规划。深化“放管服”改革，创新建设“泰企云”平台。完成行政事业单位53家直属企业和28处经营性资产划转，组建泰州公用事业集团，市属国企资产总额和营业收入比2018年分别增长25%、40%。推行“亩产论英雄”工业用地效益提升综合机制，土地节约集约利用获省表彰，获奖单位数和用地指标奖励量居全省首位。在全国地级市率先制定《标准化条例》，品质城市评价指标体系获国家标准立项。推进政府投资项目招投标管理，净化规范公共资源交易市场。在全国率先建设“泰房安”惠民助企服务品牌，获省政府真抓实干成效明显表彰；停车便利化工程省级考核获第一，相关经验全省推广。全市1219个村完成集体经营性资产“股权到人、固化到户”改革试点，姜堰家庭农场服务联盟入选全国农业社会化服务典型案例，全省唯一。专项治理教育领域突出问题，改革医药卫生体制，市域社会治理现代化试点在全省率先开展，群众对法治建设满意度达88.9分，居全省第二位。持续培育梅兰芳、泰州学派、里下河文学流派等文化品牌，靖江、泰兴、兴化三地挂牌成立县级融媒体中心。树立绿色发展理念，创新开展“健康长江泰州行动”，在全国率先启动“长江大体检”，加快推进长江入河排污口排查整治全国试点，获生态环境部领导批示肯定。全面完成市、县（市、区）党政机构改革。深化“雁阵培育计划”，创新实施“新乡贤回流工程”。深化市、县（市、区）两级纪委监委派驻机构改革，制定落实20条措施为基层减负。

【“改革创新奖”评选】 2019年，泰州市级机关各部门（单位）统筹推进重点领域改革，探索体制创新、政策创新、举措创新、方式创新，形成一批改革创新工作经验。经单位申报、集中评估、定向评议、专家咨询、市委常委会会议差额票决，市委、市政府评选出在全国、全省有影响的“改革创新奖”项目49个，其中一等奖10个、二等奖15个、三等奖24个。

2019年泰州市“改革创新奖”获奖项目一览表

表5

项目名称	获奖单位	奖项
四化融合：乡镇基层治理体系治理能力现代化的泰州样本	市委编办	一等奖
健康名城建设获国家战略支持	市发改委	一等奖
“泰州制造 融合发展”助推民营企业勇闯军工领域	市工信局（配合部门：市政府办）	一等奖
深化创新河（湖）警长制	市公安局	一等奖
深化普惠金融改革 获批全国试点城市	市财政局	一等奖
实现三大突破 保障长城项目顺利落地	市自然资源和规划局	一等奖
健康长江泰州行动	市生态环境局	一等奖
创新推进前期工作 实现常泰过江通道全面突破	市交通运输局	一等奖
国资国企改革突破重大难点 呈现勃勃生机	市国资委	一等奖
创新开办《到问题现场去》栏目	泰州广电台（配合部门：市效能办、市委宣传部）	一等奖
统一战线“携手筑梦”，服务高质量发展	市委统战部	二等奖
党建服务有品牌 支部建设有特色	市委市级机关工委	二等奖
“五化”齐发力 “多元”共化解 泰州法院促进基层社会治理现代化力度大、效果好	市法院	二等奖
树共赢理念 建融合机制 提升生态治理检察贡献度	市检察院	二等奖

续表 5-1

项目名称	获奖单位	奖项
全面构建卓越教师培养体系	市教育局	二等奖
泰州市科技创新综合服务平台	市科技局	二等奖
“七彩夕阳-养老服务供给侧改革”创新项目	市民政局	二等奖
构建“四量并重”新体系　稳就业工作领跑全省	市人社局(配合部门:市财政局)	二等奖
泰州市“河长制”管理制度的创新实践	市水利局	二等奖
泰州市成功加入世界卫生组织健康城市联盟	市卫健委(配合部门:市发改委)	二等奖
打造农村聚餐阳光宴会厅,守护舌尖上的安全	市市场监管局	二等奖
“泰有理”信访法治化品牌	市信访局	二等奖
创建新办注销税收服务专区　打造高质量发展营商环境	国税局泰州市税务局	二等奖
优化“培训+竞赛+创新”体系　促进产业工人赋能成长	市总工会(配合部门:市人社局)	二等奖
“靶向治理,精准防控”关爱老人消防平安系列行动	市消防救援支队 (配合部门:市民政局、公安局)	二等奖
泰州创新“一企一策”服务台企高质量发展模式在全省推广	市委台办	三等奖
智慧司法,打造“12348 帮您想办法”公共法律服务品牌	市司法局	三等奖
“泰房安”组合拳送出助企惠民“大礼包”	市住建局	三等奖
公厕人性化改造	市城管局	三等奖
实现三大创新　引领消费扶贫	市农业农村局	三等奖
创建星级农贸市场　打造优质惠民工程	市商务局(配合部门:市市场监管局)	三等奖
创设“泰尊崇”　奏响大合唱　构建具有泰州特色的退役军人服务保障体系	市退役军人事务局	三等奖
安全生产“治未病”　风险防范“开处方”	市应急管理局	三等奖
泰州市自然资源资产审计数据综合分析系统	市审计局	三等奖
“项目化”推进泰柬深度合作,服务中央总体外交走在全省前列	市政府外办	三等奖
构建公共资源交易“四位一体”协同监督体系	市行政审批局	三等奖
构建泰州大健康产业统计体系	市统计局	三等奖
实施长期护理保险试点,让发展的阳光温暖每个人	市医保局	三等奖
推出企业融资服务“三部曲”新模式,服务实体经济呈现“四增长两下降”的好态势	市金管局 (配合部门:市人行、泰州银保监分局)	三等奖
泰州综合保税区委托加工业务	泰州海关	三等奖
金融支持制造业、小微民营高质量发展取得实效	市人行	三等奖
“团聚英才”泰州青年建功高质量发展三年行动	团市委	三等奖
妇女微家“在你身边”,服务更近一步	市妇联	三等奖
建设人民满意科技馆	市科协	三等奖
“记者带你看泰州”	泰州日报社	三等奖
住房公积金综合服务平台	市公积金中心	三等奖
重构能力　破解难题　加速上云融合	泰州电信公司	三等奖

续表 5-2

项目名称	获奖单位	奖项
建设配电物联，创造智慧城市	泰州供电公司	三等奖
基于大数据的网络端到端感知监控系统	泰州移动公司	三等奖

（吕　明　周晓明）

效能建设

【概况】 2019年，泰州市效能建设领导小组办公室（简称市效能办）围绕“一高两强三突出”目标要求，完善综合考核办法，创新督查体制机制，落实基层减负工作措施，实施“骏马奖”“蜗牛奖”“改革创新奖”双向激励，推动全市重点工作任务落实。

综合考核体系。市级部门考核方面，将省考指标作为加减分项目，共性指标实行进位加分、退位减分，个性指标和党建考核指标按照扣分情况实行加倍扣分。市（区）考核方面，将中共中央、国务院《关于推动高质量发展的意见》中明确的11项主要和核心指标及省对设区市、县（市、区）、城区高质量发展监测指标及设区市高质量年度考核指标，全部纳入考核体系。制定出台“1+5+1”现代产业体系、优化营商环境、向环境污染宣战等3项专项考核办法，并按季度开展考核。

督查体制机制。出台《关于加强和规范新形势下督促检查工作的实施意见》，梳理形成《2019年度督查检查工作计划》，健全“三单一表”（交办单、催办单、督办单、报备表）制度，构建“大督查”格局。

专项督促检查。开展省委、省政府关于习近平总书记重要指示批示贯彻落实情况、防范化解重大风险工作、贯彻落实“不搞大开发、共抓大保护”决策部署情况等各类督查5次。开展2轮全市重点工作任务全面督查，健全督查台账，实行对账销号。开展《泰州市高质量发展实施意见》及系列三年行动计划中期督查，形成督查报告13份。完成兴化长江引水工程、泰州医药高新区安置小区不动产登记情况等领导交办事项的督查督办。推进生态环境、重大项目、城建惠民等领域的专项督查，先后开展固废及污染地块、中央环保督察及“回头看”交办件问题整改等8轮督查，组织实施东部市场群整治、综合环境整治、河湖“三乱”整治等各类督查20多次，每月组织重大项目和重点经济指标核查。

“基层减负年”工作。从基层干部群众最不满意的地方改起，出台“基层减负20条措施”，明确13项整治措施、48条具体工作任务。开展清理规范村（社区）办公场所“牌子乱象”、清理规范面向基层创建示范活动、清理规范微信工作群及政务APP、清理规范“一票否决”和签订责任状事项4场专项行动。精简文件，改进会风，规范督查检查考核活动，市级机关部门发文、开会、督查检查次数降幅均在50%以上。基层减负工作群众满意率81%，各专项措施落实的满意度均在75%以上。

2019年度泰州市综合考核奖励名录

优秀市（区）奖

一等奖：泰兴市 高港区
二等奖：姜堰区 泰州医药高新区
三等奖：海陵区 靖江市 兴化市

优秀开发区奖

一等奖：泰兴经济开发区
泰州港经济开发区
二等奖：姜堰经济开发区
泰兴高新技术产业开发区
三等奖：兴化经济开发区
靖江经济技术开发区

优秀专业园区奖

一等奖：泰兴虹桥工业园区
泰州医药高新技术产业园区
二等奖：泰州港核心港区
泰州经济开发区
三等奖：戴南科技园区
姜堰高新技术产业开发区
滨江工业园区
靖江经济技术开发区城北园区

十佳标兵单位

市委编办
市法院
市发改委
市工信局
市公安局
市财政局
市人社局
市住建局
市交通运输局
市水利局

服务地方发展十佳标兵单位

市自然资源和规划局
市生态环境局
市税务局
市人行
市消防救援支队
泰州电信公司
泰州市邮政公司
泰州供电公司
泰州移动公司
泰州农商行

标兵单位

市委机关工委
市检察院
市民政局
市城管局
市审计局
市国资委
市市场监督管理局
市统计局
市机关事务管理局
泰州广电台

【“骏马奖”评选和“蜗牛奖”认定】 2019年，泰州市对承担重点工作任务多、推进高质量发展力度大、争先进位成效明显的部门（单位），予以认定“骏

马奖”。对落实工作效果差、不作为不负责,拖全市工作后腿的部门(单位),予以通报曝光。全年认定6个“蜗牛奖”事项,涉及6个部门(单位);认定“骏马奖”2批次,分别涉及10个、22个单位(个人)事项。

2019年泰州市第二批“骏马奖”名录

泰州市公安局交警支队
泰州市园林绿化管理局副局长罗玉燕
泰州市招商局十分局副局长孙学忠
泰州市市区公路工程建设指挥部办公室
泰州市南水北调卤汀河拓浚工程建设处
泰州市信访局重大信访办主任卜伟亚
泰州科技馆
泰州电信公司接入维护中心
高港区应急管理局工贸科科长胡德荣
姜堰区白米镇大安村蔬菜专业合作社总经理张宏珍

2019年泰州市第三批“骏马奖”名录

综合类事项(12个)

靖江市水利局
泰兴高新区人才科技广场
兴化市交通运输局
海陵区京泰路街道办事处
泰州市公安局姜堰分局“12·17”专案组
泰州市法院行政案件审判团队
泰州技师学院电气工程系
泰州市住建局住房保障与住房改革处
泰州市公安局扫黑办
泰州市自然资源和规划局自然资源开发利用处
泰州市国资委
国网泰州供电公司“业扩报装提效”团队

项目招引建设类(10个)

靖江市智能重装产业园区项目招引建设团队
泰兴虹桥工业园区管委会徐华
兴化市调味品产业集聚区项目招引建设团队
海陵区“中骏世界城”招商团队
长城汽车整车项目招引服务团队
姜堰区江苏亚电半导体设备项目招商服务组
国网泰州市姜堰区供电公司
泰州医药高新区发改委金融处
泰州医药高新区医药园区海外招商中心陈磊
泰州市工信局朱亚坤

(周晓明)

政策研究

【概况】 2019年,泰州市围绕事关全市经济社会发展的重大问题,组织实施22个全市性重点调研课题;围绕开展“不忘初心、牢记使命”主题教育,确定“十二个对表对标”种子课题,明确58个市级重点课题,梳理8类47条群众反映比较强烈的共性问题。牵头起草市委、市政府《关于恳请省委、省政府支持泰州建设江苏高质量发展中部支点城市的请示》《泰州建设江苏高质量发展中部支点城市总体方案》;根据市委重点课题安排和市委主要领导的批示要求,完成深度融入长三角区域一体化发展、药品带量采购、民营经济发展、优化营商环境、构建大调研工作机制、职业教育改革发展、培育制造业“隐形冠军”企业、双秀公司反映问题等调研报告;开展自主调研,完成推进改革工作思考、财经工作体制探索、乡镇工业集中区转型提升等调研报告;参与党建引领乡村振兴、强化政治引领力等专题调研,形成对策建议供领导参考。及时将有价值的调研成果吸收到市委决策部署中,转化为市委、市政府相关文件,成为相关部门的具体工作举措;印发《泰州内参》9期,刊发交流各地各部门调研成果。

【“建设江苏高质量发展中部支点城市”高层专家咨询会】 2019年12月16日,泰州市委、市政府联合省委《群众》杂志社举办“建设江苏高质量发展中部支点城市”高层专家咨询会。市委书记韩立明主持会议,市委副书记、市长史立军介绍泰州经济社会发展情况,《群众》杂志社总编辑周锋致辞。国家发改委城市和小城镇改革发展中心副主任、教授级高级规划师沈迟,中科院南京地理与湖泊研究所区域发展与规划研究中心主任、江苏苏科创新战略研究院院长陈雯,上海前滩新兴产业研究院院长何万篷,《群众》杂志社副总编辑、江苏创新型城市研究院首席专家李程骅,省政府参事、江苏长江经济带研究院院长、南通大学原党委书记成长春,江苏省慈善总会副会长、省政府参事盛克勤6位专家学者先后发言,从策应国家发展战略、明晰战略定位和发展方向、重塑经济地理新格局、加快空间重构、优化生产力布局、产业创新协同发展、构建综合交通体系、推动绿色发展、城乡统筹发展等方面,为泰州市谋划动能再造、推进高质量发展出谋划策。

2019年泰州市委重点调研课题一览表

表6

重点调研课题名称	责任部门(单位)
关于加快推进长三角“南北中轴”建设的调查报告	市政协办、市委研究室
关于高质量打好精准脱贫攻坚战的调查与思考	市委办、市农业农村局
关于深化“廉洁乡村”建设的实践与思考	市纪委监委、市农业农村局、市财政局、市民政局
关于打造泰州城市文化标识的实践与思考	市委宣传部、市社科联

续表 6

重点调研课题名称	责任部门(单位)
泰州融入长三角区域一体化的思考与研究	市政府办、市发改委、市工信局、市科技局、市商务局、市交通运输局
对标世界银行指标体系 进一步提升泰州营商环境的分析研究	市委办、市委研究室、市编办、市效能办、泰州调查队
关于市域社会治理实践问题的相关研究	市委政法委
关于进一步完善村干部激励保障机制的思考	市委组织部
关于在“二次创业”新征程中增创泰州中国医药城新优势的思考	泰州医药高新区
关于加快“健康名城”建设的调查报告	市人大办、市发改委、市卫健委、泰州医药高新区
关于加快推进医联体建设的路径研究	市政府办、市卫健委
关于长城汽车项目配套零部件产业发展的调查与思考	市政府办、高港区、市工信局
打造“泰有理”法治信访品牌的调查报告	市信访局、市公安局
创新打造高铁枢纽片区的调查与思考	市政府办、交通运输局、自然资源和规划局
深化金融改革创新 推动“1+5+1”现代产业体系建设研究	市金管局、市人行、泰州银保监局、市社科联
长江大保护背景下泰州沿江空间环境优化研究	市自然资源和规划局、市生态环境局
加快构建“亩均论英雄”综合评价体系 推动经济高质量发展研究	市工信局、市委研究室、市税务局
外商投资法出台后招商引资工作的对策研究	市商务局、市委研究室
关于加快培育泰州制造业“隐形冠军”企业的调查与思考	市委研究室、市工信局、市科技局
以改革创新思路防范化解政府债务风险研究	市财政局、泰州医药高新区
关于标本兼治 防范化解危化品重大安全风险的调查与思考	市应急管理局、市工信局、市发改委、市生态环境局、市交通运输局
关于深化改革 推进泰州职业教育高质量发展的调查与思考	市委研究室、市政府办、市教育局

（金卫华）

组　织

【概况】 2019年，泰州市落实新时代党的建设总要求，贯彻新时代党的组织路线，围绕政治引领力、基层组织力、干部担当力、人才创造力、组织部门公信力“五力”建设，推动组织工作高质量发展。至年末，全市有基层党组织15521个，其中基层党委580个、党总支1623个、党支部13318个；乡镇党委67个、街道党工委23个；村党组织1253个，涉农社区党组织204个，城市社区党组织212个。有党员29.1万人，约占全市人口数的5.81%。全市有县处级领导干部955人，其中市级机关744人、市（区）211人；平均年龄52.1岁，其中40岁以下19人；女干部114人；党外干部47人；大学以上学历912人，其中研究生学历308人。

【干部队伍建设】 2019年，泰州市围绕提升干部担当力，贯彻《党政领导干部选拔任用工作条例》，全面推行“五突出五强化”选人用人机制，推动换届后领导班子日常建设。集中近4个月时间，调研考察三市三区、泰州医药高新区和74家市级机关部门，形成领导班子、重点人头“两类报告”，反馈相关问题700多条。制定实施《2018～2022年泰州市干部教育培训规划》，举办中青年领导干部研讨班、县处级干部进修班等主体班次10多个，举办专家型中层干部训练营，累计培训干部近5000人次。选派第三批35名年轻干部赴乡镇（街道、园区）墩苗锻炼。用好用活“三项机制”，研究制定激励干部实干担当6条措施，推出党政领导“三个一”（推进一个重大项目建设、化解一个疑难信访积案、排除一个重大安全生产隐患）、保障重点开发园区高质量项目建设“三比一提升”（比质量规模、比推进效率、比产出效益、提升核心竞争力）行动、搭建“三重”（重大项目、重点工程、重要事项）一线工作专班、建立干部选用“三必听”（调配部门主要负责人必听分管市领导意见、调配班子成员必听班子主要负责人意见、调配专业性结构性人选必听相关职能部门意见）制度等举措。启动实施职务与职级并行，市管领导干部中先后有18人晋升职级，其中6人晋升二级巡视员。率先在全省出台个人有关事项即时报告制度，推行领导干部监督管理“一人一档”。抓好省委巡视反馈意见整改，实施选人用人质量提

升行动,落实 94 条具体措施,17 个问题一一整改到位。

【基层党组织建设】 2019 年,泰州市围绕提升基层组织力实施基层党建堡垒工程,选优配强村(社区)基层带头人队伍,深化"雁阵培育计划"。创新实施"新乡贤回流工程",选派 69 名临近或刚退休干部回村任职;举办"培训周",轮训 1.4 万名基层干部,推动 13 人进入乡镇班子、124 人享受事业待遇,刚性调整 9 名排名末位的村书记;相关做法被中组部《组工通讯》推介,央视 17 套开播首日聚焦报道。实施 103 个乡镇党委基层党建"书记项目",组织"十佳书记项目"陈述评比活动。举办"党建 + 扶贫"书记项目路演活动,分别给予获奖项目 100 万元、50 万元、30 万元现金奖励。出台基层党建抓乡促村实施办法,推行"月公开季评议年考核""提级管理"和干部评价使用重党建"三必"机制,压紧压实党建责任。推动 103 个镇街(园区)组建"两新"综合党委,23 个街道建立大工委,212 个城市社区建立大党委,11 个市级机关部门建立系统(行业)党委。结合扫黑除恶专项斗争,整顿转化 164 个软弱涣散党组织,排查清理 108 名不合格村干部,整顿流程及验收标准被省委组织部推介。加大基层保障力度,累计投入 1.85 亿元,新建、改扩建 492 个村(居)党群服务中心;深化大走访大落实新风行动,组织市县两级认领"组长项目"1808 个,撬动 1.93 亿元资金投向乡村振兴。

【人才工作】 2019 年,泰州市围绕提升人才创造力,落实"科技人才新政 80 条",建成五大主导产业技术服务网、专家成果库、企业需求库,开展科技人才对接"月月行",赴北京、上海、深圳、沈阳、武汉等地开展活动 86 场,累计签约科技人才项目 391 个,引进高层次人才 2516 人。举办生物医药"一赛两会",183 个项目、4000 多名高层次人才齐聚泰州、洽谈合作。探索建设"集成创新融合体",推动产业、科技、人才、资本有机融合。推进乡土人才"十百千万"培育工程、企业家"三百"培育工程、"千名蓝领精英培育工程""一行业领域一人才工程",提升人才质量。加大人才项目扶持力度,162 个项目获得生物医药"113 人才计划"资助,98 个项目入选市"双创计划",30 个项目入选省"双创计划"。开展"爱国·奋斗·奉献"精神教育,发放升级版"凤城英才卡"439 张,推出子女就学、就医陪诊、安居保障、金融贷款、税收优惠等 10 项人才服务举措,打造"泰爱才、最'州'到"服务品牌。

【公务员工作】 2019 年,泰州市围绕提升组织部门公信力,严把公务员考录网络报名、资格复审、面试、体检"四个关键环节",推行考录政策、程序、进展和结果"四公开"。2019 年,公务员编制考录职位计划 422 个,其中市级机关(含参公管理)32 个、市(区)机关(含参公管理)241 个、乡镇(街道)机关 149 个;实际录用 420 人。年内,兴化市农业农村局获第九届全国"人民满意的公务员集体"称号,3 人获第五届全省"人民满意的公务员"称号,泰州市城管局获第五届全省"人民满意的公务员集体"称号。

【"不忘初心、牢记使命"主题教育】 2019 年,泰州市围绕提升政治引领力,聚焦主题主线主责,突出问题导向、群众参与,开展"不忘初心、牢记使命"主题教育,推动 29 万多名党员大兴实干之风,致力高质量发展。率先推出"两先一改",组建"初心宣讲团",开展"新时代泰州实干作风"大讨论,组织"三学""三问""四重四亮"主题党日,举办领导干部读书班、组织生活馆现场教学、"万名党员进党校上党课"等活动。聚力解决问题,梳理形成 8 大类 47 个热点话题,以及 40 个"微改进"项目,并由市领导带头认领办理;加强专项整治,落实 1033 条具体措施,以解决问题成效检验主题教育实效。出台机关、村、社区、"两新"组织、学校、医院党支部书记"责任清单",创新推出"日学一刻"、调查研究"五题"工作法、开门办教育"五晒"机制等一批特色做法,中央电视台、《人民日报》、"学习强国"学习平台等媒体多次聚焦报道。

【乡镇党委基层党建"书记项目"】 2019 年,泰州市基层党建围绕"提升组织力、致力高质量",以乡镇党委基层党建"书记项目"为抓手,立项 103 个"书记项目",构建抓乡促村工作机制。各市(区)在对"书记项目"观摩评议的基础上,评选出 22 个"金质奖"书记项目,最终筛选出 13 个项目参与市级"十佳书记项目"述比。12 月 21 日,市委组织部举办乡镇党委基层党建"十佳书记项目"述比会,项目述比分为项目展示、评委提问、现场答辩 3 个环节。13 名书记通过 PPT 进行项目展示,重点介绍"书记项目"的立项动因、推进举措、创新特色、取得成效等。经评委提问,选手现场即兴答辩,评委从项目价值度、创新度、实效度和现场表达等方面进行评分,评选产生全市"十佳书记项目":靖江市靖城街道的"街路党建'三融三合'新模式"、靖江市马桥镇

2019 年 12 月 21 日,市委组织部举办全市乡镇党委基层党建"十佳书记项目"述比会 (顾祥忠供图)

的"'晒一赛'机制助推乡村振兴"、高港区大泗镇的"党员干部'三访'谱写发展新景象"、姜堰区顾高镇的"党建引领'众筹'"脱贫、姜堰区白米镇的"党建引领'村社合一'"、兴化市沙沟镇的"做好资源文章推动'坐地生财'"、高港区白马镇的"创新实施'三农'人才集聚计划"、泰兴市宣堡镇的"农村青年党员创业富民支部建设"、海陵区城中街道的"编织睦邻网络 打造'熟人社会'"、海陵区城南街道的"党建引领物业管理新模式"。

【乡镇党委"党建+扶贫"书记项目路演】 2019年,泰州市委、市政府贯彻中央和省委、省政府决策部署,把经济薄弱村发展纳入到乡村振兴战略中;各乡镇坚持产业项目引领,强化村级基层党组织建设,实施"党建+扶贫"书记项目,以党建工作引领扶贫工作,用扶贫成效检验党建成效;市委组织部、市政府扶贫办对全市申报的28个项目进行预演筛选,选出8个项目参加路演活动。项目路演分项目推介、书记答辩,以及投资观察团互动3个环节,8名乡镇党委书记通过PPT进行项目演示,介绍项目内容、运作机制、盈利模式,阐明投资合作需求等;相关职能部门负责人和创业导师7人组成的投资顾问团就项目的可行性、创新性、实效性等提出点评问询,乡镇党委书记进行现场解答。11月19日,全市乡镇党委"党建+扶贫"书记项目路演活动举行,8个乡镇党委书记现场推介项目,投资顾问团的专家评审现场评判打分,一、二、三等奖项目分获100万元、50万元、30万元奖金,全部用于各乡镇扶贫项目建设。靖江市季市镇的"中央厨房和农村产业融合发展项目"获一等奖,泰兴市新街镇的"永不分'梨',甜到老百姓心坎里(党建扶贫综合体项目)"、高港区胡庄镇的"'党委+支部联盟+合作社',激发'棚'勃生机项目"获二等奖,海陵区罡杨镇的"黑水虻生态养殖项目"、泰兴市元竹镇的"谱好党建融合曲,聚力脱贫促发展(兴杨村'党组织+电商'扶贫项目)"、兴化市合陈镇的"小康路上感'蟹'有你项目"获三等奖。 (张晨俊)

宣 传

【概况】 2019年,泰州市宣传思想文化战线将学习贯彻习近平新时代中国特色社会主义思想和党的十九大精神作为首要政治任务,全年组织实施25个专项行动。编印发放"口袋书"等5万多册,学好用好《习近平关于"不忘初心、牢记使命"重要论述选编》《习近平新时代中国特色社会主义思想学习纲要》等重要辅导读本,被中宣部学习出版社表彰为"理论读物宣传推广成绩显著单位"。举办学习新思想电视大赛,全市30多万人次参加网络答题选拔。开展党的十九届四中全会精神各类宣讲活动3600多场,获省优秀组织奖。创作播出微视频40多部、微音频100集,开设"学习新思想""新思想学习之星"等专栏。制定《全市县处级党委(党组)理论学习中心组考核细则》,市委中心组全年开展专题学习23次。构筑党员冬训四级联动培训体系,实现全市基层党员应训尽训。出台《讲座讲坛备案管理补充办法》。组织市(区)和高校开展结对共建,建成青年马克思主义者学院分院6家、青年学习社226家,举办"马克思主义·青年说"活动23场。搭建全市"学习强国"学习平台学习组织架构,开展"知识月月赛",全市适龄党员覆盖率100%、活跃率80%,全年用稿量1984篇,居全省前列。

全方位、系统化地宣传推介泰州,全年在《人民日报》及人民网发稿70多篇,央广用稿33条,中央电视台发片78条次,新华网发稿950条;在《新华日报》及"交汇点"客户端用稿400多篇,所辖各市(区)全部刊发头版头条要闻或头条稿件;在江苏卫视发片1000多条次,在《扬子晚报》发稿200多篇,在《现代快报》发稿近300篇。在《泰州日报》《泰州晚报》开设"新时代新作为新篇章""健康长江泰州行动""扫黑除恶进行时""项目建设巡礼""城建惠民在行动"等专栏,全媒体推出"大兴实干之风 致力高质量发展"专栏。创新开办《到问题现场去》电视栏目,中央电视台《朝闻天下》栏目、"学习强国"学习平台聚焦报道。靖江市、泰兴市、兴化市融媒体中心挂牌成立,超额完成全省首批建设任务。推出40集融媒体文化微视频《最忆是泰州》,庆祝人民海军成立70周年融媒体报道在全省评奖中获第一名。构建全媒体舆论引导新机制,清理整合政务APP和微信公众号,完善政务微信矩阵、微信排行榜等架构,"泰州发布""微泰州"等影响力居全省前列。召开新闻发布会30多场,回应社会关切,引导社会舆论。

打造梅派、泰州学派、里下河文学流派等特色城市文化标识;举办2019中国泰州梅兰芳艺术节,组织排演大型原创现代京剧《蓄须记》、昆剧《当年梅郎》;举办江南文脉·泰州学派分论坛暨泰州学派学术研讨会、第七届里下河文学流派研讨会。制定《泰州市古盐运河文化带建设总体规划》,筹组大运河(泰州)文化旅游发展基金,举办首届古盐运河文创节。举办胡瑗读书节,评选"最美城市书房",开展"农家书屋"主题阅读活动3000多场。建设城市"15分钟文化圈"和农村"十里文化圈",全面完成基层综合性文化服务中心建设任务。举办惠民演出1389场,受益群众40多万人次。推进农村电影试点改革,新建乡镇影院5家,放映农村公益电影近2万场。推进文艺精品创作,推出电影《单声》、电视剧《浴血十四年》、歌曲《大运河、父亲河、母亲河》、淮剧《板桥应试》等53部优秀作品。举办"文化创意与非遗产业化发展"培训班,建成泰州市文化文物单位文创产品开发成果展示厅,打造"泰慢""壹座城池""古华""城色"等文创品牌。与辽宁省本溪市委宣传部签订对口合作框架协议,建立形成文旅互通合作新机制,推进两地文化园区、企业、项目对接。

【庆祝新中国成立70周年系列活动】 2019年,泰州市梳理全市183个红色资源,对外发布推介红色教育线路14条。举办红色故事宣讲活动,全市巡回宣讲78场次,听众4万多人次。开展"红色经典电影展映月"活动。组织"追寻红色足迹 锤炼践行'四力'""海军诞生地 渡江英雄城"等大型新闻行

2019年10月1日，泰州市举行庆祝中华人民共和国成立70周年升国旗仪式　（顾祥忠供图）

动，推出各类报道200多篇。策划推出"祖国，你好！"快闪视频，3天浏览量突破1000万。举办"礼赞新中国 奋进新时代"——庆祝中华人民共和国成立70周年成就展，展示泰州市70年革命、建设、改革的辉煌成就，现场观众20多万人，50多万人次点击参观网上展馆。举办"我与国旗合个影 我为祖国送祝福"主题宣教活动，在全市设置100多个合影点，34.5万人次参与。布置173条"国旗一条街"，被列为全省宣传教育示范工作并推广。举行庆祝人民海军成立暨渡江战役胜利70周年、庆祝新中国成立70周年两场大型升国旗仪式，举办"我和我的祖国"为主题的文艺演出、征文以及书法、美术、摄影、"非遗"作品展等群众文化活动。

【核心价值观弘扬】 2019年，泰州市举办核心价值观主题活动4000多场次，93万人次参与。组织开展"我推荐、我评议身边好人"活动，召开5场"中国好人"发布会；推荐好人20多人，7人（组）入选"中国好人"。评选表彰第二届"新乡贤"及提名奖27人、乡风文明示范村（居）20个。组织开展"感动泰州"十大人物、"十行百星"等先进典型选树宣传活动。推荐2017～2018年度第七届全省、全国道德模范候选人，5人获省道德模范及提名奖称号，5人当选"江苏最美人物"，全年各级美德善行榜上榜8000多人。开展"泰有礼"全民主题实践活动，推进《泰州市文明行为条例》立法工作并举行正式实施启动仪式。宣传推广《泰州市民文明手册》，广泛开展集中劝导日文明劝导、"有序排队 文明礼让"主题实践活动。制定下发《关于集中治理诚信缺失突出问题 提升全社会诚信建设水平的工作方案》，组织开展诚信缺失突出问题专项整治，常态化发布诚信"红黑榜"。27户家庭获评为泰州市第二届文明家庭。挖掘春节、端午、中秋、重阳等传统节日文化内涵，组织开展文明过年、文化踩街、经典诵读、民俗展示、网上祭英烈、爱国歌曲传唱、邻里互助等"我们的节日"主题活动。全年开展道德讲堂总堂活动21期，实现总堂活动网上直播和互动交流，总观看量70万人次，点击回看率56%，线上网友参与互动答题约15万次。推进城市小品和公益广告提档升级，市级安排安装大型城市小品22个，开展户外设施设备公益广告107个，交通路口围栏公益广告328个，市直学校围墙、公交站（台）、停车场、围挡等小品及公益广告713幅。

【志愿服务】 2019年，泰州市推进志愿者注册登记和志愿服务活动招募工作，上线启动泰州市志愿服务"智慧云"平台，年末平台累计注册志愿者150多万人、志愿服务组织3568个，全年开展志愿服务活动32000多场。举行全市"学雷锋"志愿服务启动仪式，发布《2019年度全市100个重点志愿服务项目》，组织全市30个志愿服务组织现场开展各类专业化志愿服务活动，中央电视台《新闻联播》栏目对活动予以报道。全年举办12期志愿服务"大集市"活动，开展健康义诊、理发按摩、垃圾分类、法律咨询等志愿服务活动，累计受益群众近4000人次。

【乡风文明建设】 2019年，泰州市累计申报评选县级以上文明村镇995个，其中市级以上文明村镇186个、省级以上文明村镇97个、全国文明村镇17个。落实《泰州市推进乡风文明建设三年行动计划（2018～2020年）》，组织开展"大走访大落实新风行动"，建成百姓大舞台870个，完善升级美德善行榜1935个，基层综合性文化服务中心和乡风文明志愿服务站实现全覆盖。各级文明村镇健全完善"一约四会"（村规民约、村民议事会、道德评议会、禁毒禁赌会、红白理事会），倡导婚嫁新风，推进殡葬改革。组织开展乡风文明示范村（居）和新乡贤评选表彰工作，表彰"新乡贤"及提名奖27人，评选出乡风文明示范村（居）20个。

【未成年人思想道德建设】 2019年，泰州市深化未成年人文明礼仪养成教育，先后组织开展七岁入学仪式、十岁成长仪式、十四岁青春仪式、十八岁成人仪式、"仪表之礼"等6场全市性示范活动，推动各地各学校文明礼仪养成教育规范化、标准化。开展"你是我的英雄"网上讲故事征集展示活动，组织动员中小学生参观爱国主义教育基地和红色旅游经典景区，学习革命烈士、英雄模范的先进事迹，开展各种形式的讲故事活动，并采取短视频的形式在网上进行集中展示。组织开展未成年人寒暑期系列活动，分别以"缤纷的冬日""七彩的夏日"为主题，举办八礼四仪、文体艺术、关爱帮扶、心理健康及社会实践等系列活动，实施"暖冬行动"、梦想课堂、艺术冬令营、青仔公益暑托、"爱心小天使"、困境儿童关爱等重点项目112项。

【文明城市创建】 2019年，泰州市召开4次深化全国文明城市创建工作现场推进会，推进常态化督查测评，定期组织专项问题整改和"回头看"活动，全年印发《创建简报》53期、《长效管理测评通报》6期。印发《2019年泰州市深化全国文明城市创建长效管理测评体系》，召开26家重点责任部门工作会议，专项整治交通秩序、门前“三包”、农贸市场、小区环境等10类“顽症痼疾”。全域推进全国文明城市创建，靖江市、泰兴市、兴化市全面深化文明城市创建工作；将乡镇（街道）、农村（社区）纳入文明城市创建长效管理测评体系，实现文明创建工作全覆盖。

【新时代文明实践中心建设】 2019年，泰州市推进新时代文明实践中心、所、站三级试点建设，探索阵地建设、实践模式、队伍建设、活动载体，全市累计建成新时代文明实践中心（所、站）652家，其中实践中心2家、实践所65家、实践站585家。靖江市获评新时代文明实践中心建设国家级试点市，泰兴市、兴化市获评全省第二批省级试点市。全市10个文明实践志愿服务团开展活动6.5万场，参与群众80多万人次。

【第七届“感动泰州”十大人物评选】 2019年，泰州市开展第七届“感动泰州”十大人物评选活动。经全市各地各部门层层推荐、群众举荐、个人自荐和领导小组初审，共产生20名候选者。6月5日，活动结果揭晓，马如松、徐亚福、陈韵昊、滕加亮、居广奇、唐传贵、钱维胜、朱惠泉、王亚男、海陵“教师妈妈”团队获评第七届“感动泰州”十大人物。

【“我和我的祖国”系列主题教育实践活动】 2019年，泰州市围绕庆祝中华人民共和国成立70周年，组织开展“我和我的祖国”系列主题教育实践活动。活动分学习体验、主题文化、“开学第一课”教育、国防教育“三进”、作品征集展示等5个系列，在全市大、中、小学生中组织开展“沿着革命先辈的足迹前进”红色文化体验、“传承红色基因·激发青春力量”暑期夏令营、“我爱祖国，同唱国歌”、开学第一节班会课、“我和我的祖国”优秀作品展示等活动。

【“礼赞祖国逐梦未来”泰州市开学第一课示范活动】 2019年9月2日，市委宣传部、市文明办、市教育局、市关工委在泰州市实验小学举行“礼赞祖国 逐梦未来”泰州市开学第一课示范活动。活动分“致知篇·厚植爱国情”“笃行篇·砥砺报国志”2个部分，先后开展“我爱祖国，同唱国歌”、国旗下演讲《我心中的英雄》、星火传承仪式、老少同台诵祖国、主题音诗画《少年梦，中国梦》、发放开学礼包、宣誓合唱等活动。全市未成年人文明礼仪养成教育示范学校校长、实验小学四年级全体师生共同参加该次活动。

（颜培照）

2019年5月30日，泰州市新时代文明实践中心建设工作现场推进会召开

（市委宣传部供图）

统 战

【概况】 2019年，泰州市统一战线围绕服务市委中心工作，构建“聚智、聚力、聚才”平台载体，推进各领域统战工作。举办学习宣讲报告会、党派联合大讲堂、民主党派骨干成员培训班、年轻一代非公经济代表人士培训班等活动10多场次。举办党外人士学习会、“同心讲坛”、文艺会演、书画联展、“我为家乡献一策”等活动。组织开展重要事项民主协商、党派联合大讲堂、议政沙龙等活动，推进思想引领、参政议政、民主监督等工作。召开泰州发展恳谈会，深化“百企千商大调研大服务”。推进党外知识分子和新的社会阶层人士统战工作，成立泰州市欧美同学会（泰州市留学人员联谊会）。开展民族团结进步创建活动，促进各民族交往交流交融。推进宗教活动场所规范化管理，提高宗教工作法治化水平。赴中国香港举办“非遗”展示交流活动，加深泰港两地的文化交流。凝聚侨心侨智侨力，组织海外社团负责人到泰州考察调研、建言献策。推进理论创新和实践创新，获2019年度全省统战工作实践创新成果奖、理论政策研究创新成果奖。年内，完成原市政府外事侨务办公室侨务管理职责和相关人员的划转工作，市委统战部统一领导海外统战工作，统一管理侨务工作，统筹协调有关部门和社会团体涉侨工作，统一领导民族宗教工作。

【多党合作】 2019年，泰州市组织开展重要人事安排民主协商、重大决策征求意见、调研协商、经济社会发展情况通报等活动7场。开展“党派议政沙龙”等交流研讨活动，形成调研报告、提出意见和建议等150多件（条）。举办“党派联合大讲堂”5期。依托统一战线专家服务团，打造78人组成的跨党派“携手筑梦”服务团队。出台《〈民主党派代表人士队伍建设规划（2018～2027年）〉泰州实施办法》。

【党外代表人士队伍建设】 2019年，泰州市制定实施《2019～2023年泰州

统一战线教育培训规划》，举办全市第17期党外中青年干部培训班等各类党外代表人士培训班11期，培训800多人次。召开全市党外干部队伍建设暨实践锻炼基地建设工作推进会，推进党外干部实践锻炼基地建设，全市20名党外干部在13个基地开展实践锻炼。选派2名副处级干部赴陕西挂职锻炼。

【民族宗教工作】 2019年，泰州市开展全市乱建庙宇专项整治等活动，提升民族宗教工作法治化水平。健全高校民族宗教工作专项协调机制，开展“宗教政策法规知识进高校”系列活动。开展第七个“民族团结进步宣传周”“民族一家亲”等民族团结活动，推进民族团结进步创建“六进”活动。召开全市民族宗教局长会议，为兴化古观音阁等9个四星级、三星级宗教活动场所和靖江市靖城街道公园弄社区等5个全市首批民族团结进步创建示范单位授牌。

【港澳台统战工作】 2019年5月21日，泰州市举办“共襄江苏发展行”泰州发展恳谈会，众多省内外乡贤回泰州参观考察、建言献策。7月31日~8月3日，省海外联谊会和香港江苏社团总会主办、市海外联谊会和市文旅集团承办的“水城水乡 祥泰之州”泰州非物质文化遗产展在香港举行。全年邀请江苏社团总会、泰州旅港同乡会、中国香港江苏青年总会、中国香港“耆乐无穷”乐队等24批次、195人次到泰州参观访问，促进两地在大健康、金融、文化等领域加强交流合作。

【党外知识分子和新的社会阶层人士统战工作】 2019年，泰州市举办党外知识分子、新的社会阶层人士培训班，40多人参培。制定《“无党派人士”政治面貌规范使用的实施细则》。建立完善《市委统战部同党外知识分子、非公有制经济人士谈心交流制度》。召开全市新的社会阶层人士统战工作推进会，推动全市新的社会阶层人士统战工作实践创新基地提档升级，3个项目达到省五星级验收标准。组织市党外中青年知识分子联谊会、新的社会阶层人士联谊会、欧美同学会骨干成员，考察调研“健康长江泰州行动”和长江入河排污口排查整治全国试点。发挥欧美同学会人才集聚优势，征集建议意见223条，形成6万多字的《聚智汇编》。无党派人士调研撰写的《关于促进泰州医药高新区高质量发展的建议》《关于发展跨境电子商务的建议》等3篇建议入选市政协五届四次大会发言材料。

【非公有制经济领域统战工作】 2019年，泰州市深化“百企千商大调研大服务”活动，开展与非公经济人士结对交友、谈心交流活动，走访调研民营企业，帮助协调解决困难问题。成立泰州市新一代企业家联合会、中国香港泰州商会、广东泰州商会等14家商会。开展民营经济政策落地落实等专题的调查研究工作，共发放回收调查问卷7类1300多份，形成调研报告10多篇。开展非公经济人士“守法诚信经营、坚定发展信心”理想信念教育实践活动，举办年轻一代非公经济人士理想信念教育、民营企业“长三角一体化融合发展”等6场专题培训班，330多人次参加培训。举办新中国成立70年民营经济发展成就展。开展“40年40人”优秀民营企业家评选表彰活动。

【侨务】 2019年，泰州市组织侨胞及高层次人才100多人次到泰州考察交流。承办江苏省海外交流协会专委会年会，为全市重点产业和园区企业提供资金、智力和法律支持。组织开展“国情研修暨泰州行”活动，全球18个国家和地区的30多名海外社团负责人及专业人士赴泰州中国医药城进行考察交流，参观科学发展观展示馆、单声珍藏文物馆等。开展海外宣传，在《大洋时报》《美国侨报》《欧洲时报》《加中时报》等海外媒体刊登4期泰州专版，扩大泰州海外知名度。外派2名教师赴印尼万隆三一国民学校和万隆基督教荣星学校任教，传播中华文化。开展涉侨捐赠活动，澳大利亚华人陈志到泰州捐赠其父亲、抗日烈士陈中柱的遗物30多件。欧洲华侨教育基金会会长单黛娜女士到泰州出席第十一届泰州市单声教育奖学金颁奖大会，为获奖的30名中小学生颁奖，并代表其父亲、爱国侨领单声接受“最美海陵人”荣誉证书。

【泰州市首家乡镇统战人士同心圆梦联谊会成立】 2019年1月3日，泰州市首家乡镇统战人士同心圆梦联谊会在泰兴市新街镇成立。该联谊会为统战性、联谊性、非营利性的社团组织，首届会员46人，其中非公经济人士13人、新的社会阶层人士7人、民族宗教港澳台侨人士9人、党外知识分子9人、省市政协委员8人，涵盖非公经济、新的社会阶层、民族宗教和港澳台侨、党外知识分子以及政协联络等领域，具有较强的代表性。

【海外泰州同乡会】 2019年4月27日，安哥拉泰州商会暨同乡会成立，江州农业董事长朱晋林任首届会长，有

2019年7月24日，泰州市欧美同学会(泰州市留学人员联谊会)成立大会召开　（市委统战部供图）

会员单位68家，其中理事单位28家；12月18日，举行揭牌仪式，中国驻安哥拉使馆领事参赞杨刚、泰州市政协副主席陆晓生共同为安哥拉泰州商会暨同乡会揭牌，当地中资企业和华人华侨近200人出席活动。10月14日，柬埔寨泰兴同乡会成立，选举产生首届领导班子，裕华置业公司董事长张海龙任首届会长。

【省海协会专委会年会在泰州召开】2019年6月20～22日，省海外交流协会（简称省海协会）生物医药、健康医疗、法律专业人士委员会联合年会在泰州召开。省委统战部副部长、省侨办主任王华出席会议并致辞，3个专委会成员、投资基金代表、生物医药企业家代表100多人参加会议。6位专家学者和企业家分别从生物医药、大健康、大医疗、法律、投资基金等专业领域进行主旨演讲。在投融资沙龙上，参会代表围绕企业、投资、法律等方面开展联合互动，交流经验、分享成果、对接洽谈和宣传推介。（张克泉）

网络安全和信息化

【概况】2019年，泰州市围绕让党的创新理论“飞入寻常百姓家”要求，推出“庆祝新中国成立70周年”系列网络宣传报道，创新开展“奋斗时代E路同行”网络人士看泰州主题活动、“大美泰州·以梦为翼”航拍大赛、“礼赞新时代 耀动新泰州”快闪活动等主题活动，设置“壮丽70年 奋斗新时代”“我和我的祖国”“我与国旗合个影”等专栏、专题。推出各类原创新媒体作品1000多件，累计阅读率、点赞率上千万次。构建全媒体舆论引导格局，“一端三微”（“我的泰州”移动客户端，“泰州发布”“微泰州”“泰州微视听”3个微信公众号）主流新媒体平台覆盖人群近400万，“微泰州”综合排名居全省首位。1月，中共泰州市委网络安全和信息化委员会办公室（简称市委网信办）正式挂牌成立，负责全市网络意识形态管理工作，统筹协调网络安全和信息化工作。

【网络综合治理】2019年，泰州市按照“防线预置于事前、问题解决在线下”的要求，推进网络综合治理体系建设，全面提升综合治网能力，全年编发各类舆情简报600多期，交办各类舆情2000多条，回复处置率保持在99%以上，其中“人民网江苏频道”回复率居全省首位。提升互联网突发事件应急能力，建立健全联动处置机制，规范处理流程、开展实战演练，妥善应对处置突发事件。坚持新媒体管理工作例会制度，推进全市政务新媒体清理整合。组织开展“网信普法进网站”活动，增强网站网民依法办网、依法用网、文明上网的自觉性和主动性。

【网络文化】2019年，泰州市组织网络文化季系列活动，开展“阔步新时代 情暖泰州E起来”泰州首届全民健走公益行、“泰州网络十佳”系列评选、第十届泰州网民春晚等40多项网络文化活动。开展“礼赞新时代耀动新泰州”快闪活动，《歌唱祖国》在全省评奖中获网信系统唯一一等奖。成立市互联网行业党委。构建网上统一战线，开展“自媒体看两会”“一体同心”等特色活动。选树一批网上先进典型人物，姜堰女教师李慧、兴化“支教夫妻”入围“中国网事·感动2019”季度感动人物；高港区援藏教师钱维胜等4人入围“中国好网民·江苏榜样”年度网络感动人物；陈伟获评第二届江苏十佳网络公益达人。

【网络安全】2019年，泰州市建立网络安全考核指标体系，制定《党委（党组）网络安全工作责任制实施细则》，建立网络安全统筹协同、网络安全信息通报共享等机制。组织开展全市网络安全专项检查，在全省率先开展公共场所电子显示屏专项整治。开展网络安全攻防演练和分行业、系统网络安全技术检测，发现一批存在问题并作出相应整改。编制《网络安全事件应急预案》，组织开展网络安全应急演练，加强网络安全日常监测预警，全市网络安全事件发生率在全省保持较低水平。举办网络安全宣传周系列活动，组队参加全省网络安全技能竞赛，获二等奖1个、三等奖2个。泰州市网络安全管理工作经验被中央网信办刊文推介。（汤希龙）

机构编制管理

【概况】2019年，泰州市全面推进机构改革，组织实施权力清单“三级四同”（省市县三级权力名称、类型、依据、编码相统一）调整工作，在全省率先形成并公布6796项（不含垂直管理部门）市级部门权力事项清单。市本级、高港区、泰州医药高新区先行开展相对集中行政许可权改革试点，其他5个市（区）相继挂牌成立行政审批局，实现相对集中许可权改革市域全覆盖。完成47家党政机关的机构改革“回头看”调研，开展15家市级机关机构改革评估工作，梳理并解决机构运行中的难点、堵点、痛点问题，巩固机构改革成果。

【机构改革】2019年1月5日，省委、省政府批复《泰州市机构改革方案》。1月12日，召开全市机构改革动员部署会；市本级在12天内完成14家部门揭牌、31家单位人员转隶工作；各市（区）在本级机构改革动员部署会召开后7天内完成64家部门揭牌、153家单位人员转隶工作。2月15日，召开全市机构改革推进会，专题部署“三定”（定职能、定机构、定编制）等工作。改革后设置47个市级党政机构、10个群团机关和工商联机关、法院、检察院、部分直属事业单位，有63个部门（单位）重新进行“三定”工作。

【综合行政执法改革】2019年，泰州市统筹谋划市、县、乡三级综合执法改革，构建“一个领域、一个部门、一个区域、一支队伍管执法”新模式。明确环保、文化领域由设区市统一执法，并完成执法队伍组建，明确城市管理、农业农村、市场监管领域实行区一级执法。泰兴市作为县域综合行政执法体制改革试点，全面实施跨部门跨行业综合执法，将原先17支执法队伍整合为市场监管、文体旅游、城市管理、交通运输、农业等5个领域、5支综合执法队伍。技术性较强、专业要求较高、监管

责任重大或者执法任务较重，不适宜整合的安全生产、卫生健康、劳动监察等领域，保留一支专业执法队伍，实现部门内部综合行政执法。

【经济发达镇行政管理体制改革】2019年，泰州市推进靖江市新桥镇、泰兴市虹桥镇等经济发达乡镇行政管理体制改革，将行政审批权限和公共服务事项统一交由镇行政审批局行使，行政处罚事项统一交由镇综合执法局行使；融合基层党建、政法综治、人社、民政、城管等多领域需求，设置全要素网格，实现"人在网中走、小事不出网、大事不出格"；依托大数据、云平台搭建综合指挥中心，集成经济、环保、民政、公安等部门数据信息，实现审批、服务、执法、监管政务信息互联互享。2019年10月，新桥、虹桥两镇通过省第二批经济发达镇改革评估验收。

【机构编制监督检查】 2019年，泰州市按照"严控总量、盘活存量、优化结构、增减平衡"原则，拟制《市级机关部门(单位)空编使用计划申报有关操作口径》，核发全年空编使用计划，确保财政供养人员只减不增。巡察15家单位开展机构编制事项，审核市信访局等6个部门主要负责人机构编制责任。建成"12310"网上举报通道，实现机构编制违纪违规行为来访来信举报、电话举报、网上举报的无缝衔接。

（马飞达）

台湾事务

【概况】 2019年，泰州市调整充实市委对台工作2个议事协调机构，审议通过《工作规则及成员单位职责分工》等5个制度性文件。举办海峡两岸医药健康产业发展论坛，两岸健康照护及生技产业策略联盟试验示范区正式揭牌，泰州港核心港区获批苏台(泰州)大健康食品产业合作园，开展"2019泰台交流合作周"等重点招商推介活动。全年新批台资项目17个，协议台资2亿美元，实际到资1.56亿美元。组织赴台交流团组128批402人次，其中经贸赴台团组119批304人次(公职团组赴台22批146人次、非公职团组赴台97批158人次)；接待台湾地区到泰州考察团22批448人次。到泰州参访、旅游、探亲台胞7143人次。年内，国台办、省台办等采用泰州和涉台公开信息和新闻稿件459篇，《泰州台商台胞台属热议习总书记重要讲话》被全国政协采用，3篇政务信息被省委办公厅采用；《台商张博钧的泰州情缘》《梅乡京韵》等微视频在"学习强国"学习平台刊播，《基于泰州金融支持产业升级改革试点探索苏台金融合作路径研究》调研课题获评全省台办系统优秀调研课题。

【泰台经贸合作】 2019年，泰州市新批台资项目17个，协议台资2亿美元；实际到资1.56亿美元；总投资1000万美元以上项目6个；增资项目14个，协议增资额9361万美元，比上年增长15.41%。丽康乐幸生物科技项目、金富康生技等大健康合作项目注册落地，必康生技肾病康复管理中心项目签约。高港电商创业中心与台湾地区宜兰县农会开展农产品购销合作，泰州港核心港区获批建设苏台(泰州)大健康食品产业合作园。多次组团赴台湾地区开展"2019泰台交流合作周"等重点招商推介活动，举办医养健康产业、医疗电子产业、营养健康产业等专题恳谈会，达成产业和技术类合作意向25个。台湾地区智顺科技、春秋光学等台企以及中华肿瘤医学发展协会、花莲慈济医学创研中心到泰州开展交流，台北市北投健康管理医院、仙台药品工业等7家台企到泰州参加第十届中国(泰州)国际医药博览会。在泰台企联成化学、盛泰化学获评2019年度泰州工业"十佳百强"企业；联成化学经营效益和环保标准双提升的特色做法获中央电视台专题推介；广运农业生物科技(江苏)有限公司融入大陆的餐饮产业链，实现营业额连续5年翻番的案例在两岸企业家紫金山峰会上获肯定。

【泰台民间交流交往】 2019年，泰州市举办为期1个月的第三届"青春做伴·相约凤城"台湾地区大学生泰州实习特训营活动，泰台两地50多名大学生参加。泰州学院首次引进1名台湾地区高层次青年人才。泰兴市、海陵区与台湾地区中小学开展结对交流，组织"同上一堂课""同唱一首歌"等活动，其中泰兴市连续3年组织"琴系两岸·韵育未来"青少年系列交流活动；海陵区连续3年组织"手拉手·心连心"赴台研学活动，连续3年举办泰台书画交流活动。靖江市创设马洲"同文化"品牌，组织台湾地区青年走进靖江大学生家庭，开展美食、茶艺、盆景等地方特色文化体验活动。兴化市举办"海峡两岸诗人朗诵家共祝祖国万岁"活动。在台湾地区开展"梅乡风韵"文化艺术交流活动，组织京剧曲目表演、"微影我们"优秀作品展播、"翰墨丹青"书画作品展等活动；组织参加台湾地区高雄旅展和台北旅展，

2019年12月31日，市台企协会举办"泰台一家亲 共圆中国梦"尾牙联谊晚会　（市台企协会供图）

展示兴化船娘、板桥字画等地方特色文创产品。

【台企台商服务】 2019年，泰州市开展“对台服务提升年”活动，创新“一企一策”服务台商台企工作模式，收集汇总100多家重点台企信息，梳理问题50个，搭建台企信息数据库和台商诉求信息库，建立跟踪服务企业档案；年内，“泰州创新‘一企一策’服务台企高质量发展模式在全省推广”被省台办评为2019年度全省优秀创新项目，获泰州市改革创新项目三等奖；“一企一策”服务台商台企工作品牌被《人民日报》(海外版)专题推介，获省台办主要领导批示肯定。举办“金融服务台企行”“台商讲堂”“市场监管项目行——走进台企”“拓展台企产品市场销路商务对接”等活动。深化“两个依法”工作举措(依法维护台企台商合法权益、依法规范台企台商生产生活行为)，健全市司法局“台商法律服务团”、民革市委“博爱法律服务团”队伍，增聘台协顾问律师，为台企台商提供法律援助、法律咨询服务。建立涉台案件沟通联络工作机制，全年累计受理各类涉台投诉、求助、咨询事项40件。

【泰州市台企协会】 2019年，泰州市台湾同胞投资企业协会举办“泰台一家亲，共圆中国梦”尾牙联谊晚会，市台商权益保障协调委员会成员单位、各市(区)及涉台园区负责人与在泰台商、台眷630多人参加。连续8年开展评选年度“服务台商最优团体”“服务台商最优个人”活动。组织理监事会、会员联谊及考察交流活动，开展捐资助学、义务消防等公益活动。市台商义务消防队被评为泰州市“119消防奖”先进集体，4名台商义务消防员获“泰州市优秀消防志愿者”称号。

【两岸健康照护及生技产业策略联盟试验示范区揭牌】 2019年3月27日，两岸健康照护及生技产业策略联盟试验示范区揭牌仪式在泰州中国医药城举行。第十二届全国人大常委会副委员长、两岸企业家峰会副理事长张平，两岸企业家峰会副理事长邱正雄共同为示范区揭牌。海峡两岸医疗新创基金、两岸医药健康产业人才技术合作服务等项目现场签约。在2017年泰州“海峡两岸医药健康产业发展论坛”上，峰会生技小组两岸召集人共同发出“两岸健康照护及生技产业策略联盟”从泰州开始的倡议；2018年峰会年会上，该倡议获得确认，泰州东方医药城控股集团公司成为“策略联盟5+5”机制成员单位，泰州成为“策略联盟”示范区，宝锐生物等7家泰州企业(单位)成为峰会新一届会员；2019年2月26日，两岸企业家峰会批复同意在泰州设立两岸健康照护及生技产业策略联盟试验示范区。

【2019海峡两岸医药健康产业发展论坛】 2019年9月18日，2019海峡两岸医药健康产业发展论坛在泰州举行。论坛由国台办经济局、两岸企业家峰会生技小组支持，省台办、泰州市政府共同主办，台湾地区工业总会、中华肿瘤医学发展协会、保健营养食品工业同业公会、花莲慈济医学中心等单位协办，150多位两岸医药健康产业界精英参加论坛。4名专家围绕“精准医疗 健康未来”的论坛主题，聚焦两岸精准医疗、健康照护、健康管理和高端诊断设备、高精尖诊疗技术等领域，分别作“国家远程的精益医疗体系”“海峡两岸合作无创治癌防癌”等专题演讲。论坛还举行项目考察和对接活动。

【《关于鼓励和支持台湾青年到泰州就业创业的政策措施》出台】 2019年11月11日，泰州市政府办公室印发《关于鼓励和支持台湾青年来泰州就业创业的政策措施》(泰政办发〔2019〕70号)(简称《政策措施》)。《政策措施》全面体现“准入多元、同等优先”原则，从扶持创业项目、财税和科技及金融支持等6个方面制定15条具体举措，旨在加快推进泰州“台商投资集聚区”、海峡两岸(泰州)医药产业合作示范区建设，鼓励和支持台湾地区青年到泰州就业创业。(王余进　金　涛)

机关党的建设

【概况】 2019年，泰州市市级机关各级党组织以“围绕中心、建设队伍、服务群众”为三大核心任务，推进党务、业务、服务“三务融合”，提升机关党的建设水平。至年末，市委市级机关工委辖党组织68个，其中机关党委35个、党总支部11个、党支部22个；有中共党员8282人，其中女党员2584人，具有大专以上学历党员6555人，35岁以下党员1498人。年内新发展党员92人，预备党员转正109人。

思想建设。在市级机关组织开展学习习近平新时代中国特色社会主义思想系列活动，举办党的十九届四中全会精神宣讲报告会，开展习近平新时代中国特色社会主义思想市级机关

2019年12月26日，全市领导干部警示教育大会召开　(顾祥忠供图)

专场知识竞赛。向党员干部赠阅《习近平新时代中国特色社会主义思想学习纲要》等书籍15000多册。开展“世界读书日　图书进机关”活动。全面推广“学习强国”学习平台,举办“学习型机关报告厅”,举办各类专题报告会6场,1300多名党员干部参加学习。举办“我和我的祖国”市级机关庆祝新中国成立70周年系列活动。组织开展主题朗诵演讲比赛、书画摄影大赛、文艺节目展演等6大项13个子活动,70多个部门单位、2300多名党员干部参加。先后组织150多名机关干部参加“我与国旗合个影、我为祖国送祝福”活动,300多名机关干部观看“我和我的祖国”文艺演出,3000多名机关干部分别参观省、市庆祝新中国成立70周年成就展。

组织建设。贯彻落实《中国共产党党组工作条例》,11个市级机关部门(单位)撤销党委,改设党组,同步成立机关党组织。完成24个市级机关基层党组织换届改选。组织66个市级机关党组织书记抓基层党建工作述职评议考核。以“新部门、新队伍、新党务”为主题开展“机关书记讲党建”活动。开展4期“万名党员进党校上党课”示范党课活动。举办“泰州红课”精品党课大赛,分类别举办党员发展对象培训班、新党员党性教育培训班、机关党组织书记培训班和基层党支部书记培训班,集中培训600多人次。

作风建设和党风廉政建设。市级机关党组织运用“第一种形态”红脸出汗咬耳扯袖503人次,“第二种形态”党纪轻处分、组织调整29人次,“第三种形态”党纪重处分、重大职务调整3人次。组织党性教育活动27次,582名党员干部赴新四军黄桥战役纪念馆、杨根思烈士陵园等爱国主义教育基地接受教育。组织观看警示教育片29场,参观监狱、法庭等警示教育基地15批次。开展党纪条规知识测试31场,1270名党员干部参加测试。机关党组织书记上廉政党课56场,为1500多名党员干部解读政策、以案说法。举办纪检干部培训班,对55名机关纪委书记、纪检委员进行履职能力培训。在中秋节、国庆节期间,开展“党风廉政教育月”活动。“七一”期间,组织百名志愿者开展集中服务。常态化开展“周末党员义工服务”,全年开展志愿服务50多场,服务群众3000多人次。

【“党建服务有品牌 支部建设有特色”活动】 2019年,泰州市探索破解党建工作与业务工作“两张皮”问题的路径,创新开展“党建服务有品牌、支部建设有特色”活动,明确“五有”要求(有鲜明的品牌名称和标识、有创新的品牌理论和文化、有丰富的活动内容和载体、有完善的品牌体系和机制、有良好的社会影响和业绩),建设党建品牌和特色支部。该项工作在全国机关党建工作研讨会上作经验介绍,中央和国家机关工委《旗帜》杂志和网站、人民网、新华网、《人民日报》官网、“学习强国”学习平台等国家级媒体,《新华日报》、江苏卫视、交汇点新闻、中国江苏网等省级媒体作专题报道。　(王　超)

老干部工作

【概况】 2019年末,泰州市离退休干部66079人,其中离休干部970人、退休干部65109人。离休干部中,抗日战争时期参加革命的170人,解放战争时期参加革命的800人;享受厅局级(含副厅局级)待遇的14人、县处级(含副县处级)待遇的274人;平均年龄90.8岁。年内,全市离休干部去世157人。全市老干部工作部门加强离退休干部党组织建设,创新搭建“泰有为”平台,实施“银发生辉”工程,做好离退休干部服务工作。

【离退休干部党组织建设】 2019年,泰州市开展离退休干部党组织星级化创建活动,召开全市离退休干部党建经验交流会,命名授牌“五星级”离退休干部党组织10个。推进社区离退休干部党建工作,全市建立社区离退休干部党组织417个。实施“领头雁工程”,开展4轮离退休干部党支部书记培训班,培训骨干700多人次。建立完善学习教育载体平台,推进离退休干部党员组织生活馆建设。创新探索离退休干部“流动党校”,采取“送学上门”方式,为全市老干部党员举办党课100多场。举办“夕阳红大讲堂”44期,听众6000多人次。

2019年泰州市离退休干部党建工作“十大品牌”名录

“桑榆辉映党旗红”——靖江市教育局机关离退休干部第一党支部

“银发添彩”——靖江市西来镇老干部第一党支部

“晚晴生辉”——泰兴市五里墩社区老干部党支部

“晴暖民生”——泰兴市人社局老干部党支部

“知行党建”——兴化市交通运输局老干部党总支

“‘银丝带’幸福驿站”——海陵区通姜社区老干部党支部

“家园先锋”——高港区蔡滩社区老干部党支部

“银辉向党”——高港区胡庄镇老干部党支部

“夕阳照初心”——姜堰区公安局老干部党支部

“情暖夕阳红”——姜堰区南苑社区老干部党支部

【离退休干部待遇落实】 2019年,泰州市召开“三有一落实”推进会,制定《离休干部看病就医绿色通道服务规范》《离休干部家庭医生签约服务规范》,出台《签约医生考核办法》,对全市5家医院“绿色通道”、25名签约医生、130名离退休老干部进行“双随机双抽查”式督查;召开全市“三有一落实”工作经验交流会,评选表彰一批“三有一落实”工作绿色通道示范岗、离休干部家庭签约医生先进单位和个人、“三有一落实”工作先进单位等先进典型。发放市直企业离休干部高龄护工费,完成市直企业离休干部一次性生活补贴资金报告发放工作;下发《关于明确市直单位离退休干部公用经费标准的通知》,明确离休干部公用经费标准为每人每年3000元,退休干部公用经费标准为每人每年2000元,经费从各单位行政经费中列支。做好离退休干部来信来访工作,全年接待离休干部及家属来访23批、40人次,来信3封,解决各类问题20个。

【离退休干部作用发挥】 2019年，泰州市组建老干部、老党员服务队伍1936支，2万多人参与乡风文明宣传、美丽乡村建设、挖掘保护乡村文化。筹建泰州市关心下一代基金会，对1.5万多名困境儿童进行调查登记并开展救助活动。成立“创业导师团”“农业巡诊队”，组织农业系统老干部、老专家参与农村科普宣传、新型适用农业生产技术和职业技能培训，帮扶农村青年创业致富。发挥离退休干部“初心”宣讲团作用，200多名离退休干部参与“四进三讲”（进机关、进企业、进基层、进校园，讲红色故事、讲革命历史、讲光荣传统）活动，累计宣讲126场次、听众6900多人。组织800多名老政法干部参与社区矫正工作，900多名老同志常态化开展义务监督网吧。

（周沐阳）

机要保密

【机要工作】 2019年，泰州市委办公室传办文电1900多份，送阅量9000多人次，实现无事故、无差错、无错情。完成全市党政通信主渠道换装工作，提升通信的安全性和可靠性。 （吕　明）

【保密工作】 2019年，泰州市加强重点事项保密管理，对机构改革中的保密管理、涉密会议管理进行规范；强化机要通信渠道涉密文件流转签收交接的保密规范管理。加强涉密人员管理，规范有关涉密人员脱密期委托管理服务和跟踪工作；分批次对市级机关单位保密办主任进行保密业务培训。加强定密规范管理，完善国家秘密事项细目，做好全市定密工作基本情况分析统计。加强涉密网络管理，完成涉密网络测评审批工作；举办全市党政机关和军工企业涉密信息系统“三员”培训。加强保密宣传教育，编制《高校大学生保密常识手册》，开展保密宣传教育作品征集、“保密法治宣传周”等活动；开展机关工作人员保密应知应会常识教育，发放手册1160本。组织保密业务专题培训，500多人次参加。对20多家机关单位开展保密检查；做好中考、高考保密检查及机要通信监督检查。开展涉密资质资格审查认证，为申请军工保密资格的企业提供指导服务。做好保密服务保障，为市委、市政府重要会议、重要活动及相关部门涉密会议活动提供保密保障服务。组织集中销毁纸介质国家秘密载体。 （周剑飞）

党　史

【概况】 2019年，泰州市围绕党史编研工作，推进党史专题资料征编，梳理筛选92篇专题，编撰《实干之路——中国共产党泰州历史专题集（1996～2016）》。推进党史正本编写工作，形成《中国共产党泰州历史（1996～2016）》征求意见稿。出版《春华秋实40年——泰州改革开放实录》，收录泰州地区改革开放专题38篇。编辑《沈毅烈士纪念文集》，收录沈毅遗稿、年谱及各类纪念文章78篇。结合主题教育开展，编印《初心之光——泰州红色教育基地概览》。围绕记录发展印迹、讲好泰州故事、展示地域特色、弘扬地方文化，编制泰州在线红色地图；在《泰州日报》开辟“泰州英烈谱”专栏。拍摄电视专题片《海军诞生地——为什么是泰州》。举办泰州市庆祝新中国成立70周年成就展。

【渡江战役胜利70周年系列纪念活动】 2019年，泰州市举办东线第一帆——泰州市纪念渡江战役胜利70周年档案史料图片展，于4月16日在市政府大楼一楼主厅正式对外展出；该展以展现、弘扬、传承“东线第一帆”精神为主线，设“向前！向前！向前！”“一切为了胜利”“高扬时代风帆”3个板块，展出原始档案88件、报纸史料58份、照片57幅，系统展示泰州地区各级党组织和人民政权对支前工作的全面动员、周密部署、高效执行，真实记载人民群众在筹粮备草、筹备船只、修路架桥、架设电话、献计献策、驾船渡江、随军战勤等方面作出的支前贡献；130多家市级机关单位、近3000人参观展览。开展渡江战役泰州支前档案征集工作，征集有利用价值的档案692件；编制渡江战役支前档案开放目录。编印《一切为了胜利——渡江战役泰州支前文献汇编》《一切为了胜利——渡江战役泰州支前档案见证》。

【《初心之光——泰州红色教育基地概览》发行】 2019年9月27日，泰州市举办红色资源开发利用座谈会暨《初心之光——泰州红色教育基地概览》发行仪式。《初心之光——泰州红色教育基地概览》介绍泰州地区重要的革命遗迹、遗址和纪念场馆69处，链接62个延伸资料。全年向市级机关各部门、市（区）机关基层党组织、中小学校等单位发放《初心之光——泰州红色教育基地概览》2000多本。

（姚俊峰　王　菁）

党校教育

【概况】 2019年，泰州市委党校（行政学院）有内设处室12个，在职教职工73人。全年举办主体班次34期，委托培训班次164期；立项各类课题91项，发表市情研究成果52项。全年布置普通会议1276场、服务大型会议（培训）7场。

【培训教学】 2019年，泰州市委党校举办主体班次34期，培训轮训学员3288人次。其中，市级机关处级干部“菜单式”选学培训班暨“名家讲坛”10期，培训处级以上干部近2000人次；县处级干部进修班、中青年领导干部研讨班、乡镇党政正职进修班、年轻干部培训班、中青年女干部培训班和党外中青年干部培训班等各类班次24期。党的理论教育和党性教育课程在主体班次中的课时占比达80%以上。推动领导干部上讲台常态化，领导干部讲课总课时占主体班次总课时比例达到60%，市委书记、市长等12位市领导走上党校讲台。扩大对外办学覆盖面，全年举办委托培训班次164期、培训学员13038人次，与省内外党校合作办学32个班次。深化“万名党员进党校上党课”“优秀村党组织书记培训班”等培训品牌效应。承办全市领导干部

"守初心、担使命"专题培训班。成立全国首家退役军人党校——泰州市退役军人党校。

【主题宣讲】 2019年,泰州市委党校围绕学习宣传贯彻习近平新时代中国特色社会主义思想、党的十九大精神和十九届四中全会精神、"不忘初心、牢记使命"、新中国成立70周年等主题,为机关企事业单位、乡镇等宣讲78场次,到基层义务宣讲16场次。围绕中国人民解放军海军诞生70周年,开发微党课《白马庙·海军情》,先后被海军某部党委中心组、市委中心组等学习时采用,并在中央电视台《朝闻天下》栏目播报。

【科研咨询】 2019年,泰州市委党校围绕"以新思想引领泰州打造江苏高质量发展中部支点城市""庆祝中华人民共和国成立70周年""不忘初心、牢记使命"主题教育暨"学习英雄孙龙珍、坚守初心担使命"等主题,召开研讨会和主题征文活动3次。全年立项各类课题91项,其中市厅级以上课题21项、校级及部门课题70项;结项各类课题79项,其中省级课题1项、市厅级课题21项、校级及部门课题56项。发表科研成果122项,其中包括核心期刊论文4篇、省级以上刊物公开发表论文56篇。获得各类奖项39项,其中市厅级以上科研奖项13项。在全省党校系统第九届科研工作评比中获一等奖2项、优秀科研成果奖4项、优秀决策咨询奖3项。全年发表市情研究成果52项,其中省部级内参发表1篇,市厅级内参发表6篇,获市领导批示6篇。

2019年泰州市干部教育"名家讲坛"一览表

表7

举办时间	主讲人	讲座主题
3月16日	中国人民大学校长、博士生导师刘伟	贯彻新发展理念　构建现代化经济体系
4月20日	中国社科院国家文化安全与意识形态建设研究中心副主任兼秘书长朱继东研究员	新时代意识形态安全面临的挑战和应对
5月18日	国家信息中心信息化和产业发展部主任、中国智慧城市发展研究中心主任单志广研究员	数字经济的形势、任务与策略
6月23日	国务院发展研究中心资源与环境政策研究所副所长、研究员常纪文	以习近平生态文明思想为指导,培育绿色动能,实现高质量发展
7月20日	清华大学法学院教授、博士生导师余凌云	依法行政与法治政府建设
8月24日	中国人民解放军国防大学原战略研究所所长、少将孟祥青教授	中国安全环境与中美关系
9月21日	外交学院博士生导师江瑞平教授	国际经济形势与中美经贸冲突
10月19日	中央党校原校务委员会委员、副教育长韩庆祥教授	哲学思维方式与领导工作方法
11月23日	原国家行政学院社会和文化教研部李兴国教授	城市品牌形象与城市竞争力
12月14日	中国名人演说家协会副主席李真顺教授	领导干部的语言艺术

【海军指挥学院教育基地在市委党校成立】 2019年4月20日,中国人民解放军海军指挥学院教育基地在泰州市委党校成立。海军指挥学院副政治委员叱东学,市委副书记、统战部部长、党校校长朱立凡共同为教育基地揭牌。海军指挥学院向市委党校赠送一艘军舰模型,市委党校教师作"白马庙·海军情"专题介绍。 (全美娟)

责任编辑　叶　彤

泰州市人民代表大会

综　述

【概况】 2019年，泰州市人大常委会制定地方性法规2件，其中《泰州市文明行为条例》获省人大常委会全票批准，《泰州市标准化条例》是全国地级市首部标准化地方性法规。全年听取和审议专项工作报告22项，开展执法检查2次，举行专题询问2次，主任会议听取专项工作汇报11项，依法任免地方国家机关工作人员81人次。"五级人大代表带法回选区、助力打好'碧水保卫战'"的创新实践，得到全国人大常委会领导的肯定。人大预算审查监督等10多项特色工作、创新举措，获省人大常委会领导批示肯定。

【人大代表及组织机构】 2019年，泰州市第五届人民代表大会有代表433人。其中党员315人，占72.75%；民主党派人士17人，占3.93%；妇女128人，占29.56%。下设3个专门委员会，分别为法制委员会、财政经济委员会和社会建设委员会；其常设机构常务委员会由41人组成，有内设机构10个，分别为办公室（研究室）、人事代表联络工作委员会、监察和司法工作委员会、经济工作委员会、教育科技文化卫生（民族宗教侨务台湾外事）工作委员会、农村工作委员会、社会和环境资源与城乡建设工作委员会、法制工作委员会、预算工作委员会、信访室。

【人事任免】 2019年，泰州市人大常委会坚持党管干部原则，依法任免机构改革后政府工作部门主要负责人。组织14名拟任职人员任前法律知识考试+、46名任职人员向宪法宣誓，组织18名任命人员向常委会报告履职情况。市五届人大常委会第十九次会议决定任命张育林为市政府副市长；市五届人大常委会第二十一次会议决定接受韩立明辞去市五届人大常委会主任职务、史立军辞去市政府市长职务，决定任命朱立凡为市政府副市长、代理市长；市五届人大常委会第二十二次会议决定任命陈金观为市政府副市长，决定免去杜荣良的市政府副市长职务；市五届人大常委会第二十四次会议决定免去杨杰的市政府副市长职务，决定接受叶海波辞去市五届人大常委会秘书长职务。

【人大常委会自身建设】 2019年，泰州市人大常委会举办全市人大工作研讨会、常委会组成人员专题培训班等，系统学习习近平新时代中国特色社会主义思想，学习十九届四中全会精神。围绕推进改革发展，选定调研课题，《加快健康名城建设》等调查报告获全省人大优秀调研成果一等奖。围绕立法、监督、代表履职等60多项议题，开展130多次专题调研。

筹建市人大社会建设委员会，完成社会和环境资源与城乡建设工作委员会、监察和司法工作委员会更名。社会和环境资源与城乡建设工作委员会增加"参与市人大常委会环境资源、城乡建设与管理等方面的立法工作，组织或参与相关法规的调研、审查"的职能；监察和司法工作委员会增加"对口联系市监委"的职能。开展市人大工作理论研究会换届工作。筹建市人大老代表交流联谊会。加强宣传信息工作，10多篇反映人大特色工作和代表履职风采的稿件在《人民日报》《新华日报》刊发，首次获全国人大新闻奖、省人大好新闻组织奖。

加强对基层人大工作的指导服务，定期召开全市人大工作研讨交流会，坚持立法调研征求县乡人大意见，重点议题上下联动监督。靖江市人大拓展"双联"机制，将联系代表的对象扩大到政府组成人员和"一委两院"主要负责人。泰兴市人大探索建立街道人大民主议政会制度。兴化市人大聚焦环境保护，促进生态高地建设。海陵区人大创新监督机制，首次以人大代表票决的方式决定政府民生实事项目。高港区人大推进代表履职平台标准化建设。姜堰区人大组织代表参与社会网格化治理。泰州医药高新区人大工委建立"县级以上人大代表联席会议"制度，发挥代表对重大事项的监督推动作用。

地方立法

参见第105页

人大监督

【概况】 2019年，泰州市人大常委会有效行使监督权，全年常委会会议听取和审议专项工作报告22项，开展执法检查2次，举行专题询问2次，开展专项工作评议1次，组织代表视察16

次，主任会议听取专项工作汇报11项，作出决议决定18项。

经济领域监督。首次组织开展“优化营商环境、服务民营经济”专项工作评议，集中评议20家政府部门、金融机构。聚焦项目建设，集中视察工业重大项目竣工达产达效情况。跟踪督查安全生产突出问题整改情况。专题调研统计工作，要求统计数据真实、准确。

预决算审查监督。在全省率先开展《中华人民共和国预算法》执法检查及地方政府债务风险化解专项督查，委托第三方中介机构审查市级10个部门决算及6个重点专项奖金使用情况，实施预算联网监督系统提档升级，促进政府隐性债务降等降级。首次票决通过2019年度市级政府10个重大投资项目。审议国有资产管理情况综合报告、行政事业单位国有资产管理情况专项报告，提出要加强顶层设计，完善报告制度，促进国有资产保值增值、服务发展；跟踪审计查出问题的整改，督促对单销号。

污染防治监督。实施《中华人民共和国水污染防治法》和《泰州市水环境保护条例》执法检查，创新开展“五级人大代表带法回选区、助力打好‘碧水保卫战’”活动。专项审议2018年度环境状况和环境目标完成情况报告，作出《关于加强大气污染防治，依法推动打赢蓝天保卫战的决议》。

民生问题监督。视察体育设施建设情况，推进城市体育功能建设。视察养老服务情况，推动市政府及相关部门整合各类资源和各方力量，促进社区机构养老与居家养老机构建设，提升养老设施标准化与养老方式差异化服务水平，建设完善城市老年活动中心与农村社区老年人活动场所服务功能。视察《中华人民共和国中医药法》贯彻实施情况，推动具有泰州特色的中医药传承创新发展，督促推进中医药现代化、产业化发展，推动中医药工业和食品业有机结合，选拔培养中医药领军人才，推广普及经典、经方、经验。督查公共文化服务体系建设情况，推动城乡文化资源优化配置。

乡村振兴战略实施情况监督。聚焦农村脱贫攻坚，专题审议《江苏省农村扶贫开发条例》执法检查问题的整改和审议意见落实情况，督促相关部门提高政策兜底标准、增加扶贫专项资金。聚焦农村人居环境，围绕村庄环境整治、生活污水处理等突出问题专题询问，督促相关部门推进农村人居环境整治工作，补齐农村人居环境短板，巩固美丽乡村建设成果。聚焦农村集体资产管理、特色田园乡村建设、供销为农服务等工作，推动乡村振兴工作措施落实。

【营商环境专项评议】 2019年5～12月，泰州市人大常委会首次组织专项评议10个政府部门和10家金融机构“优化营商环境、服务民营经济”工作。专项评议市发改委、工信局、科技局、商务局、生态环境局、住建局、自然资源和规划局、行政审批局、市场监管局、税务局政策文件落实、指标评价、审批改革、优化服务、强化监管5个方面的工作，专项评议市工行、农行、中行、建行、交行、邮储行、泰州农商行、江苏银行、南京银行、兴业银行履职担当、工作效能、服务态度、队伍建设4个方面的工作，专项评议工作历时8个多月。市人大常委会主任会议成员带领6个评议小组分赴三市三区、泰州医药高新区和被评议部门（单位），召开调研会、个别座谈、实地视察、走访部门窗口。市社情民意调查中心作为第三方中介机构进行满意度调查，近2000名各级人大代表、企业负责人和群众参与问卷调查。市人大常委会会议召开政情通报会，并逐个评议、测评被评议部门（单位），列出问题清单，全面推进整改。

【首次票决通过市政府10个重大投资项目】 2019年1月24日，泰州市五届人大常委会第十五次会议通过《泰州市人大常委会关于政府重大投资项目监督办法（试行）》（简称《监督办法》）。该《监督办法》明确，市人大常委会对政府当年拟新建的重大投资项目包括基础设施类投资额10000万元以上、非基础设施类投资额5000万元以上的建设项目和政府最终出资额达到上述标准的政府和社会资本合作项目，以及投资额虽低于上述标准、但市人大常委会认为必要时可以进行监督的建设项目实施逐个票（表）决，超过市人大常委会组成人员半数赞成通过；没有取得市人大常委会组成人员半数以上同意的项目，暂缓实施。2月25日，市五届人大常委会召开第十六次会议，首次逐一票决通过春兰路绿带工程、东进路维修改造工程、市妇幼

2019年2月25日，市人大常委会首次票决通过市政府10个重大投资项目。图为重大投资项目——市区春兰路绿带工程　（泰州日报社供图）

保健院、市体育运动学校迁建项目、353省道泰州段改扩建工程、姜堰南绕城快速化改造工程、市生活垃圾焚烧发电二期扩建项目、市垃圾分类收集后端处理工程等10个2019年度市级政府重大投资项目,项目总投资72亿元,其中2019年计划投资19亿元;会议审议通过关于批准2019年市级政府投资项目计划的决议。

代表工作

【概况】 2019年,泰州市人大常委会突出代表工作创新,落实“双联”制度,丰富代表活动,加强监督管理,提高履职实效。全年安排代表729人次列席常委会会议以及参加立法调研、执法检查和调研视察等活动,开展“主任接待代表日”活动4次。组织人大代表首次向市人代会交流履职情况,创新建立泰州医药高新区“县级以上人大代表联席会议”制度。举办5次专题培训班,培训人大代表299人次,提高代表履职能力。

【代表履职平台建设】 2019年,泰州市开发代表履职APP信息服务平台,为代表履职行权提供信息化服务。推行高港区人大常委会“代表工作室”“代表工作日”制度,编制实施代表履职平台地方标准化体系,在全市推进代表履职平台硬件标准化、制度规范化、活动常态化、联络信息化。推进民生实事人大代表票决制,实现县乡全覆盖。建立常委会会议列席代表座谈会制度,搭建与代表联系的“绿色通道”。首次组织3名省人大代表、7名市人大代表向市人代会报告履职情况,其中1名省人大代表、2名市人大代表作口头报告和交流,其他代表作书面报告。

【代表建议办理】 2019年,泰州市五届人大三次会议期间收到代表建议229件,在“五级代表回选区访选民”活动中收集代表建议22件,全年研究处理建议251件。其中,233条建议交由政府系统办理,18条建议交由党群部门办理。所有建议均按期办结,代表对承办部门办理态度满意率100%,对承办部门办理结果满意率97.2%。建立建议办理“回头看”机制,经过“回头看”建议落实率比上年增长15.1%。首次在人代会上将建议办理落实情况印发给全体代表。

【“主任接待代表日”活动】 2019年3月8日,泰州市人大常委会“主任接待代表日”活动在姜堰区开展,代表围绕“教育综合改革”“实施科技创新驱动发展战略情况”等监督议题提出意见和建议。8月16日,“主任接待代表日”活动在靖江市开展,代表围绕“全面优化营商环境”“贯彻落实减税降费政策”“市(区)重大项目招引建设”等监督议题提出意见和建议。9月29日,“主任接待代表日”活动在海陵区开展,代表围绕“代表建议办理情况”“水污染防治和水生态治理”“特色田园乡村建设”等监督议题提出意见和建议。11月7日,“主任接待代表日”活动在泰兴市开展,代表围绕“优化城乡居家养老服务”“统筹治理小区停车难、物业收费难”等监督议题提出意见和建议。

【五级人大代表“带法回选区”】 2019年5月,泰州市人大常委会创新开展“五级人大代表‘带法回选区’、助力打好‘碧水保卫战’”活动,全市有6956名五级人大代表参加。通过开展明察暗访、听取选民意见、宣传法律法规、担任“河长制”监督员等,收集意见、建议和问题线索3168条,解决问题700多个,撰写调查报告105篇。6月27日,全国人大常委会领导在参加十三届全国人大常委会第十一次会议列席代表座谈会时,认为“泰州五级人大代表‘带法回选区’的做法很好”。

【常泰联动融合发展专题调研】 2019年9月5~6日,泰州市人大常委会和常州市人大常委会联合开展全国、省人大代表年中专题调研活动。部分省直徐州组、常州组、泰州组省人大代表和在常州、泰州的全国、省人大代表围绕“加快常泰跨江联动、融合发展”主题开展调研。省政协原副主席、党组副书记徐鸣参加活动。常州市委常委、常务副市长曹佳中,泰州市委常委、常务副市长杨杰分别汇报两市跨江融合发展情况。代表视察常州市的中国常州检验检测产业园、联影(常州)医疗科技有限公司、长江大保护转型升级示范区、常泰过江通道建设工程,泰州市的泰兴市长江生态湿地和绿色廊道、扬子江药业集团龙凤堂中药产业基地、泰州中国医药城。代表

全国人大代表、中国邮政集团泰兴市分公司城区分局局长何健忠(右一)走访群众 (市人大办供图)

建议常泰两地要在交通先行、产业互动、人才交流、民生互惠等方面加大力度，构建现代交通运输体系，推进产业链的深度融合，加强人才交流合作，促进两地旅游、医疗、教育等方面的融合互惠，全面实现常州泰州跨江联动、融合发展。该活动形式在全省尚属首次。

【创新建立“县级以上人大代表联席会议”制度】 2019年1月，泰州市人大常委会授权泰州医药高新区人大工委探索建立“县级以上人大代表联席会议”制度，组织辖区县级以上人大代表听取和讨论管委会、法院、检察院工作报告，发挥代表对重大事项的监督推动作用。该制度规定联席会议的职权、定位、方式，解决泰州医药高新区人大工委“有权做事”的问题，拓展代表履职平台，开创全省开发区人大工作的先河。该项工作在全省开发区人大工作属首创，得到全国人大调研组的积极评价，省人大常委会领导批示要求予以推广。

重要会议

【市五届人大三次会议】 2019年1月26～29日，泰州市第五届人民代表大会第三次会议召开。市委书记韩立明出席并讲话，市委副书记、市长史立军作政府工作报告，市人大常委会常务副主任王建作市人大常委会工作报告，市法院院长徐军作市法院工作报告，市检察院检察长李军作市检察院工作报告；会议通过市五届人大三次会议选举办法，选举韩立明为市人大常委会主任，通过《政府工作报告》《关于泰州市2018年国民经济和社会发展计划执行情况与2019年国民经济和社会发展计划草案的报告》《关于泰州市2018年预算预计执行情况和2019年预算草案的报告》《泰州市人大常委会工作报告》《泰州市中级人民法院工作报告》《泰州市人民检察院工作报告》6个报告的决议。

【市人大常委会会议】 2019年，泰州市五届人大常委会召开10次会议。

1月3日，市五届人大常委会第十四次会议召开。会议审议通过关于市五届人大代表补选及变动情况的报告，通过关于接受周继业辞去省人大代表职务的决定，补选省妇联主席、党组书记张彤为省第十三届人民代表大会代表。通过相关人事任免事项。

1月24日，市五届人大常委会第十五次会议召开。会议审议通过市五届人大代表变动情况的报告，通过市五届人大三次会议主席团和秘书长名单（草案），通过关于接受曲福田辞职请求的决定，听取市人大常委会2019年工作议题安排情况的说明，审议通过《市人大常委会关于政府重大投资项目监督办法（试行）》。通过相关人事任免事项。

2月25日，市五届人大常委会第十六次会议召开。会议听取并审议通过市监委专项工作情况报告、市政府关于2018年市级政府投资项目计划执行情况与2019年市级政府投资项目计划草案的报告，票决通过2019年市级政府重大投资项目，表决通过关于批准2019年市级政府投资项目计划的决议。

4月25～26日，市五届人大常委会第十七次会议召开。会议听取和审议有关报告和事项，表决通过《泰州市人民代表大会常务委员会关于加强大气污染防治 依法推动打赢蓝天保卫战的决议》《泰州市人民代表大会代表议案处理办法》《泰州市人民代表大会常务委员会代表资格审查委员会关于市五届人大代表补选及变动情况的报告》，对全市法律援助工作情况的报告、《泰州市市区烟花爆竹燃放管理条例》贯彻执行情况的报告、市政府关于市人大常委会对《江苏省农村扶贫开发条例》贯彻实施情况执法检查报告和审议意见办理情况的报告、2018年度环境状况和环境保护目标完成情况的报告进行满意度测评。听取关于规范性文件备案审查工作情况的报告、关于《泰州市文明行为条例（草案）》的说明、相关人事任免议案和部分被提请任命人员的拟任职发言。通过相关人事任免事项。

6月16～17日，市五届人大常委会第十八次会议召开。会议听取和审议有关报告和相关事项，测评市人大常委会任命人员履职情况报告，审议通过关于批准部分行政区划调整议案的决议、关于批准2018年市级决算的决议。通过相关人事任免事项。

8月12～13日，市五届人大常委会第十九次会议召开。会议听取和审议市政府关于在泰高校服务地方经济发展情况的报告、关于2019年上半年国民经济和社会发展计划执行情况的报告、关于2019年上半年市级政府投资项目计划执行情况的报告、关于2019年上半年预算执行情况的报告、关于2018年行政事业性国有资产管理情况的专项报告等，听取和审议市政府关于全市农村人居环境整

市人大代表、政协委员旁听、观摩审判执行工作　（市法院供图）

治情况的报告并进行专题询问。测评在泰高校服务地方经济发展情况报告、政府投资项目计划执行情况报告、国有资产管理情况报告、行政事业性国有资产管理情况报告。表决通过《泰州市文明行为条例》，通过人事任命事项。决定任命张育林为市人民政府副市长。

9月7日，市五届人大常委会第二十次会议召开。会议听取提请变更市人大常委会部分工作机构名称的议案的说明和人事任免议案的说明，听取部分被提请任命人员的拟任职发言。会议审议通过关于市人大常委会部分工作机构更名的决定。通过相关人事任免事项。

11月5～6日，市五届人大常委会第二十一次会议召开。会议决定任命朱立凡为泰州市人民政府副市长，决定朱立凡代理泰州市人民政府市长职务。决定接受韩立明辞去泰州市五届人大常委会主任职务，接受史立军辞去泰州市人民政府市长职务，接受韩涛辞去泰州市五届人大常委会委员职务。听取市人大常委会执法检查组关于《中华人民共和国预算法》执法检查及地方政府债务化解专项督查情况的报告等，票决通过市政府关于调整生活垃圾焚烧发电二期扩建项目投资额建议的报告，测评市政府关于审计查出问题整改情况、市人大常委会任命人员履职情况报告。表决通过《泰州市标准化条例》。专题询问扫黑除恶专项斗争开展情况，评议10家重点政府部门和10家重点金融单位进行"优化营商环境、服务民营经济"工作。

12月9日，市五届人大常委会第二十二次会议召开。会议决定泰州市第五届人民代表大会第四次会议于2020年1月8～11日在泰州召开。听取关于召开市五届人大四次会议的决定(草案)的说明，听取相关人事任免议案的说明和部分被提请任命人员的拟任职发言。通过《关于召开泰州市第五届人民代表大会第四次会议的决定》，通过相关人事任免事项，决定任命陈金观为泰州市人民政府副市长、泰州市公安局局长。

12月23～24日，市五届人大常委会第二十三次会议召开。会议听取市政府关于2019年市级预算调整和地方政府债务限额分配建议的报告，听取关于泰州市2019年国民经济和社会发展计划执行情况与2020年国民经济和社会发展计划草案的报告以及市人大财经委的初审报告，听取关于泰州市2019年预算预计执行情况和2020年预算草案的报告以及市人大财经委的初审报告，听取关于《泰州市人民代表大会常务委员会工作报告(讨论稿)》起草情况的说明，听取泰州市第五届人民代表大会第四次会议列席人员范围(草案)的说明，听取关于补选省人大代表议案的说明。通过《关于批准2019年市级预算调整方案和地方政府债务限额分配方案的决议》，通过市人大常委会工作报告稿，通过市五届人大四次会议列席人员范围。会议通过补选省人大代表事项。集中表彰《关于推进社区智慧养老 打造"健康名城"的建议》等25件年度优秀代表建议。

2019年泰州市五届人大常委会主任会议一览表

表8

会议名称	会议时间	会议内容
第28次主任会议	1月23日	讨论市五届人大常委会第十五次会议议程和日程等
第29次主任会议	2月18日	听取关于市人大议事园升级改造有关事项汇报，讨论关于2018年政府重大投资项目执行与2019年项目安排情况的调查报告和市五届人大常委会第十六次会议的议程和日程安排，研究和布置相关工作
第30次主任会议	3月4日	讨论市人大议事园升级改造有关事项及《泰州市水环境保护条例》《泰州市公共信用信息条例》立法后评估工作方案
第31次主任会议	3月18日	传达学习十三届全国人大二次会议精神，听取讨论有关报告和事项
第32次主任会议	4月12日	听取有关人事情况的通报
第33次主任会议	4月15日	就做好省人大常委会到泰州检查水污染防治法贯彻实施情况相关工作进行部署，讨论市五届人大常委会第十七次会议的议程和日程安排等
第34次主任会议	5月30日	听取市政府关于公共文化服务体系建设情况的汇报、市中级法院关于环境资源审判工作情况的汇报；副市长王学锋汇报相关工作情况
第35次主任会议	6月10日	传达学习市委五届七次全会精神，听取和讨论有关报告以及市五届人大常委会第十八次会议的议程和日程
第36次主任会议	7月23日	听取市政府及部分部门关于2018年财政专项资金执行情况的汇报、市政府关于实施科技创新驱动发展战略情况的汇报
第37次主任会议	8月8日	讨论市五届人大常委会第十九次会议的议程和日程安排，以及相关报告和事项
第38次主任会议	9月2日	讨论市人大代表政情通报会暨"五级代表回选区"成果交流会的有关事项、市五届人大常委会第二十次会议的议程和日程安排等

续表 8

会议名称	会议时间	会议内容
第 39 次主任会议	9 月 27 日	听取市政府关于全市特色田园乡村发展情况、市检察院关于检察建议落实情况的汇报；副市长陈明冠及市检察院相关负责人汇报有关工作情况；市人大常委会各委办室关于 9 月工作完成情况和 10 月工作安排的汇报，部署近期有关重点工作
第 40 次主任会议	10 月 22 日	传达学习全市“不忘初心、牢记使命”主题教育推进会和经济工作推进会的相关精神，讨论市五届人大常委会第二十一次会议的议程和日程安排及有关事项，并对当前重点工作进行部署
第 41 次主任会议	11 月 27 日	听取市政府关于《江苏省农村集体资产管理条例》贯彻实施情况的汇报、关于外事工作情况的汇报，听取市人大常委会法工委关于《泰州市水环境保护条例》《泰州市公共信用信息条例》立法后评估情况、关于 2020 年年度立法计划（草案）制定情况的汇报；副市长陈明冠汇报相关工作情况
第 42 次主任会议	12 月 16 日	讨论市五届人大常委会第二十三次会议议程和日程、市五届人大三次会议优秀代表建议等
第 43 次主任会议	12 月 20 日	讨论市五届人大常委会第二十三次会议的议程和日程、市五届人大四次会议列席人员范围（草案）、市人大常委会工作报告稿；听取市政府关于 2020 年基础设施项目建设计划草案有关情况的报告、关于 2020 年市区改善民生实事项目初步安排方案有关情况的汇报及市五届人大三次会议以来建议办理“回头看”情况报告，市发改委关于全市 2019 年经济社会发展计划执行情况与 2020 年计划安排草案的说明，市财政局关于 2019 年市级预算调整和地方政府债务限额分配建议的报告、关于泰州市 2019 年预算预计执行情况和 2020 年预算（草案）的报告，市人大常委会经工委和预算工委的相关初审意见；副市长张育林汇报相关工作情况

重要建议

【关于加强水资源保护打好污染防治攻坚战的建议】 建议人：丁卫平

建议内容：建议各级政府主动承担水污染防治责任，落实制度保障措施。加大《泰州市水环境保护条例》宣传执法力度，齐抓共管，加强水污染防治项目管理工作，确保项目科学有序按时按量完成。

办理成效：市政府高度重视水资源保护工作，促进水环境质量持续巩固，主要污染物排放总量继续下降，突出环境问题有效化解。制定实施《打好污染防治攻坚战目标责任书（泰州市）》《泰州市向环境污染宣战 2019 年实施方案》，推进水污染防治年度重点工程建设，定期通报全市地表水环境质量状况，各级“断面长”多次带队对重点断面进行现场督查，加大水环境治理力度。全年全市 24 个省考及以上断面水质达到或优于Ⅲ类比例 91.7%，连续 5 年保持全省领先。

【关于加快泰州过江通道建设的建议】 建议人：毛小平

建议内容：为突破长江通道瓶颈制约，建议新建泰州过江通道，市委、市政府要协调沿江各地，明确工作班子，同步开展前期工作，打造泰州至沪宁“一小时通勤圈”，放大泰州市“承南启北、连接东西”的枢纽优势。

办理成效：近年来，泰州市构建现代化综合交通运输体系，加快推进过江通道等重大交通基础设施建设。做好常泰长江大桥配套服务工作，确保工程顺利推进，泰州市交通运输局从相关部门、处室抽调精干人员组建大桥建设服务指挥部，专司其职，把工作关口前移，在施工一线开展大桥建设相关服务，提前完成 9 号水上服务区撤除等工作。泰兴市相关部门及沿线乡镇（园区）积极配合，协调解决相关问题。至 2019 年末，常泰长江大桥主体工程已进场施工，5#沉井顺利出坞。江阴第二过江通道稳评、环评、洪评、航评、水土保持等专题研究基本完成。江阴第三过江通道完成线位比较、桥隧方案比选、涉水专题等专题研究。

【关于推进基本公共服务均等化的建议】 建议人：余大海

建议内容：建议加快推进基本公共服务均等化，通过完善基本公共服务财政机制，创新基本公共服务供给模式，加强基本公共服务用地保障，建立基本公共服务人才队伍，提高供给能力。要通过加强宣传，提高选择能力；通过增加就业，提高购买能力。

办理成效：召开全市基本公共服务体系建设督查推进会，加快基本公共服务标准化建设进程。加强工作联动，研究基本公共服务监测指标体系，落实落细工作举措，提升基本公共服务体系建设水平。优化资源配置，从严从紧编制预算，将财政资金更多用于基本公共服务，引导社会资本进入基本公共服务领域。盘活存量土地资源，优先保障公共服务用地。实施更加积极的就业创业政策，加大人才引进和培育力度。结合新中国成立 70 周年成就展，通过传统媒体和新兴媒体，宣传泰州在基本公共服务体系各领域建设的务实举措及发展成果。组织开展“十四五”时期泰州市基本公共服务标准体系建设思路研究，谋划推进基本公共服务均等化、标准化实施方案。

【关于打造高质量发展的“建筑强市”的建议】 建议人：葛银余、郭余庆

建议内容：建议加快建筑产业转型升级步伐，保持“建筑强市”优势，实

现弯道超越。

办理成效:推动建筑产业转型升级,坚持绿色发展,创造品牌,制定标准。坚持系统谋划、综合施策,加大奖励力度,加强专业人才队伍建设。推进建筑产业现代化示范项目、示范基地、示范园区、示范城市建设。推进建筑产业现代化,加快装配式建筑生产基地建设。组织帮扶有实力的企业晋升高等级资质,扶持本地有实力的生产企业申报装配式技术工人实训基地。推介建筑业外埠市场,推动建筑业"走出去"。

【关于建立健全一体化分级诊疗体系的建议】 建议人:叶平

建议内容:建议整合现有资源,优化各级医疗卫生机构,培养一支高素质实用型人才梯队,科学实施双向转诊,真正合理分级诊疗;构建基层首诊、双向转诊、急慢分治、上下联动的分级诊疗新模式,真正形成小病进社区、大病进医院、康复回社区的就医新格局。

办理成效:开展"医联体建设路径研究",形成《关于加快推进医联体建设的路径研究报告》,完成《关于推进全市医联体建设的工作方案》;全市创建国家紧密型县域医共体建设试点县2个、省级紧密型医联体试点2个。制定《泰州市中医药健康服务适应技术推广全覆盖工作方案》,开展泰州市首届推拿技能和针灸技能大赛,举办全市中医药适宜技术培训班及中药辨识、中医健康旅游培训班。制定"泰康云"信息系统工作方案和技术方案,通过专家论证,启动项目建设,至2019年末,建成"泰康云"信息系统。

【关于合理规划和利用市区城市地下空间的建议】 建议人:孙跃

建议内容:建议开展地下空间信息普查,摸清资源家底。统筹地下空间规划建设,合理开发地下空间资源。将地下空间规划纳入"多规合一"体系。构建多部门网格化监管执法体系,规范地下空间开发行为。

办理成效:编制完成《泰州市城市地下空间开发利用规划(2011~2020)》《泰州市城市地下综合管廊专项规划》,开展《泰州市城市地下空间现状评价及发展需求研究》。启动编制《泰州市国土空间总体规划》,将地下空间和人防专项报告、地下空间开发利用专项规划列入工作计划。审批地下工程项目。在出具规划条件时增加对地下空间开发利用在功能、深度、设计等方面的要求。

泰州市五届人大三次会议优秀代表建议一览表

表9

建议名称	建议人
关于推进社区智慧养老打造"健康名城"的建议	泰州医药高新区代表团戈琦
关于加强水资源保护打好污染防治攻坚战的建议	靖江代表团丁卫平
关于建立健全一体化分级诊疗体系,整合盘活各级医疗卫生资源,高效打造"大健康泰州",造福泰州五百万人民的建议	高港代表团叶平
关于促进泰州中国医药城制药企业加大仿制药研制与生产的建议	泰州医药高新区代表团陈士宏
关于加大对里下河经济薄弱区扶持政策倾斜力度的建议	兴化代表团陈怀荣
关于进一步提升全市船舶产业竞争力的建议	姜堰代表团程鲲鹏
关于加快推进建筑产业现代化,打造高质量发展的"建筑强市"的建议	兴化代表团葛银余、高港代表团郭余庆
关于加快推进泰州农村商业银行上市的建议	高港代表团吉江平
关于创建江阴-靖江高质量跨江融合发展实验区的建议	靖江代表团羊进明
关于加快推进基本公共服务均等化的建议	兴化代表团余大海
关于提请泰州市人大常委会对《泰州市水环境保护条例》进行执法检查的建议	兴化代表团陈如国
关于支持中小企业积极应对中美贸易摩擦的建议	泰兴代表团谢翠斌
关于加快泰州过江通道建设的建议	靖江代表团毛小平
关于提高大病报销、救助额度的建议	兴化代表团刘艳
关于合理规划和利用市区城市地下空间的建议	高港代表团孙跃
关于"采取多种措施缓解交通拥堵"的建议	海陵代表团罗建群
关于对老年公益投入及一级伤残补助给予增加财政补助的建议	泰兴代表团姚卫芳
关于将传统文化与传统节日深度融合,打造具有泰州地域特色的一张靓丽文化名片的建议	泰兴代表团董青

续表9

建议名称	建议人
关于将人民医院南院改建为市妇幼保健院的建议	海陵代表团杨延慧
关于改善盲道建设和管理的建议	海陵代表团陈兰英
关于打造古盐运河文化“长廊”的建议	海陵代表团季茂华
关于对市区公立医院停车收费进行人性化管理的建议	泰州医药高新区代表团李志萍
关于扶持全市律师业发展的建议	靖江代表团范向阳
关于解决区镇生活垃圾积存问题的建议	姜堰代表团黄翠萍
关于加大医疗废物转运、处置力度的建议	兴化代表团陈国祥、姜堰代表团沈宇清

泰州市五届人大三次会议代表建议办理情况一览表(摘录)

表10

建议人	案　　由	主办单位	会办单位
丁卫平	关于重点扶持市中医院促进中医药事业发展的建议	市卫健委	泰州医药高新区,市发改委、财政局、医保局、交产集团
丁卫平	关于加强水资源保护打好污染防治攻坚战的建议	市生态环境局	市住建局、水利局
李志萍	关于对市区公立医院停车收费进行人性化管理的建议	市卫健委	市公安局
任志强	关于对姜高路交通安全隐患进行整改的建议	泰州医药高新区	市公安局
陈扣喜	关于加快推进里下河地区、黄桥老区脱贫攻坚重点突破的建议	市农业农村局	市委组织部,市住建局,泰兴市政府,兴化市政府,姜堰区政府
郭余庆	关于部分行政许可事项下放至区级层面的建议	市行政审批局	市委编办,市住建局、自然资源和规划局、市场监管局
葛银余	关于加快推进建筑产业现代化,再创“建筑强市”发展优势的建议	市住建局	—
戈　琦	关于推进社区智慧医疗养老打造“健康名城”的建议	市民政局	市卫健委
戈　琦	关于加强电池医疗等固废处置、保护生态环境的建议	市生态环境局	泰州医药高新区
陈怀荣	关于加大对里下河经济薄弱区扶持政策倾斜力度的建议	市农业农村局	兴化市政府,姜堰区政府,市交通运输局、住建局
黄少华	关于进一步建立健全全市生活垃圾处置机制的建议	市城管局	—
黄翠萍	关于解决区镇生活垃圾积存问题的建议	市城管局	市财政局
何海蓉	推进泰州医药高新区创新载体协同发展的建议	泰州医药高新区	市科技局
程鲲鹏	关于进一步提升全市船舶产业竞争力的建议	市工信局	市财政局、教育局、市场监管局、科技局、卫健委
孙　跃	关于扶持本地建筑企业发展的建议	市住建局	市人社局、泰州银保监局
季卫东	关于加快发展社工组织的建议	市民政局	—
范向阳	关于打造泰州长江岸线大江旅游风光带的建议	市文广旅局	泰兴市政府,靖江市政府,高港区政府
范向阳	关于建立生态文明法制宣讲团的建议	市生态环境局	市司法局
陈浩月	关于规范献血人群,全面保障用血安全的建议	市卫健委	—
沈宇清	规范有效处置医疗废物的建议	市生态环境局	市城管局、卫健委、城投集团

续表 10-1

建议人	案 由	主办单位	会办单位
陈国祥	关于公安机关提高处警速度,保障人民生命财产安全的建议	市公安局	—
陈国祥	加大医疗废物转运、处置力度的建议	市生态环境局	市城管局、卫健委、城投集团
陈 俊	关于加大对兴化农村道路建设支持力度的建议	兴化市政府	市交通运输局
陈学文	关于国家历史文化名城申报工作的建议	兴化市政府	市文广旅局
陈学文	关于水浒文化建设问题的建议	兴化市政府	市文广旅局
范向阳	关于灵活处理破产企业被拍卖车辆过户中涉及违章的问题建议	市公安局	—
范晓娟	关于改善农业投入方式,提高农民增收后劲的建议	市农业农村局	市财政局
顾松龙	关于对泰州粮食收购企业财政贴息的建议	市财政局	市发改委、泰州银保监局
魏 孺	关于改善市区停车难的建议	兴化市政府	—
顾玉祥	关于合理设定执法车辆使用年限的建议	市财政局	—
薛 敏	关于进一步做强做优市人民医院、市中医院的建议	市卫健委	—
刘 艳	关于加大对乡村河道清淤疏浚力度的建议	兴化市政府	—
刘 艳	关于提高大病报销、救助额度的建议	市医保局	—
刘元春	关于加大对兴化市申报国家历史文化名城支持力度的建议	兴化市政府	市文广旅局
罗建群	关于必须注重对群众反映强烈的教育领域突出问题的整治效果的建议	市教育局	—
钱正新	关于加强乡镇基层内部审计工作的建议	市审计局	—
时育龙	关于对兴化市戴南镇不锈钢产业发展的建议	兴化市政府	市工信局
时育龙	关于对泰州市级机关(单位)挂钩帮扶兴化乡镇村工作的建议	市农业农村局	—
苏久红	关于加快推进农旅融合、带动农民增收致富的建议	市文广旅局	市农业农村局
孙少爱	关于加大红色文化保护和传承力度的建议	兴化市政府	—
孙正坤	关于进一步完善区划调整及相关保障的建议	海陵区政府	—
孙正坤	关于增设人行横道的建议	市公安局	市自然资源和规划局、住建局、城管局
万丹萍	关于城市园林绿化垃圾处理的建议	市住建局	市城管局
夏爱东	关于支持兴化市戴南镇不锈钢产业转型升级的建议	兴化市政府	市工信局
余大海	加快发展战略性新兴产业	市发改委	市工信局、财政局、市场监管局、行政审批局
余大海	关于加快推进基本公共服务均等化的建议	市发改委	市财政局、教育局、民政局、人社局、自然资源和规划局、卫健委、医保局
张永辉	关于加大教育投入、实施弹性放学的建议	市教育局	市财政局
赵才前	关于进一步强化公安机关保障律师执业权利的建议	市公安局	—
赵桂银	关于对兴化市退圩还湖给予生态补偿的建议	市财政局	—

续表 10－2

建议人	案　　由	主办单位	会办单位
朱学美	关于泰州周边非法小酸洗污染环境问题须引起重视的建议	兴化市政府	市生态环境局
周桂华	关于加大兴化市水环境管护资金投入的建议	兴化市政府	—
朱建中	关于加强养老照护技能普及工作的建议	市民政局	市红十字会、卫健委
朱德本	关于发扬务实服务精神，摒弃官僚主义作风的建议	兴化市政府	—
周海凤	关于加快特色田园乡村建设助推乡村振兴战略实施的建议	市住建局	市农业农村局
周桂华	关于实施乡村振兴若干问题的建议	市农业农村局	市委组织部、市住建局
朱建中	关于将社区卫生服务站（村卫生室）纳入城镇职工医保定点单位	市医保局	市卫健委
金慧霞	关于加大社区工作者能力建设的建议	市民政局	市人社局
周洪亮	关于做好城市停车场建设与管理两结合的建议	市城管局	市公安局、交产集团
季　岚	关于加强对瓶装液化气管理的建议	市住建局	市人大办
季　岚	关于对城区破损的非机动车道加强维修的建议	海陵区政府、市住建局	—
纪　霞	应加强“转供电”单位电费收取规范的建议	市发改委	市市场监管局、供电公司
纪　霞	关于将物业缴费列入个人征信档案的建议	市住建局	市发改委、人行
段月琴	关于加大力度对工程运输车辆进行整治的建议	市城管局	市公安局、交通运输局、住建局
徐　毅	关于加强饮用水水源地保护的建议	市生态环境局	市住建局、交通运输局、水利局、海事局
李　向	关于对危险废液进行规范处置的建议	市生态环境局	泰州医药高新区、市卫健委
钱　峻	关于完善“12345”群众诉求解决和督办机制的建议	市行政审批局	—
刘庄根	关于建立综合性企业服务专家库的建议	市工信局	市人社局
郭余庆	关于加快建筑业转型升级、打造高质量发展的一流建筑强市的建议	市住建局	—
陈兰英	关于改善盲道建设和管理的建议	市城管局	市住建局、自然资源和规划局
陈兰英	关于进一步落实孕产妇分级管理，合理利用医疗资源的建议	市卫健委	—
陈兰英	关于减免医院设备强制检测费用、降低医院及患者负担的建议	市市场监管局	—
丁小萍	关于城乡居家养老可尝试日托模式的建议	市民政局	—
周永宏	关于政府建立粮食安全线	市发改委	—
周育俊	关于建立和完善农业生产风险防范机制的建议	市农业农村局	市发改委
周建纯	关于泰州市政府出台政策支持中药产业发展的建议	泰兴市政府	泰州医药高新区，市科技局、市场监管局、卫健委
王　馨	关于泰州市直无公立幼儿园的现状亟待改变的建议	市教育局	市自然资源和规划局
张　敏	关于解决精细分割猪副产品规范检疫问题的建议	泰兴市政府	—
曾瑞祥	关于解决泰兴市沿江水利工程管理单位有关问题的建议	泰兴市政府	市水利局

续表 10－3

建议人	案　　由	主办单位	会办单位
尹继东	关于扩大中考普通高中招生、扩大县中自主招生的建议	市教育局	—
姚卫芳	关于对老年公益投入及一级伤残补助给予增加财政补助的建议	市财政局	市民政局
尹继东	关于提升老年人的健康消费意识的建议	市市场监管局	—
谢翠斌	关于支持中小企业积极应对中美贸易摩擦的建议	市商务局	市工信局、泰州银保监局
夏立新	关于深化新时代泰州卓越教师队伍建设改革的建议	市教育局	市财政局、人社局
石建新	关于对泰州建筑业进行统筹、扶持的建议	市住建局	市交通运输局、市国资委
石建新	关于规范建筑市场的建议	市住建局	
刘玉其	关于进一步加大扶持本地民营企业发展力度的建议	市市场监管局	市委组织部，市住建局、地方金融监管局
刘玉其	关于加快实施马甸社区污水管网工程的建议	泰兴市政府	—
李　琴	关于加大政府投入、促进公立医院可持续发展的建议	泰兴市政府	—
李　琴	关于加大对黄桥革命老区基础设施建设投入的建议	泰兴市政府	—
曾　志	关于对泰州火车站户外站名标牌系统性维护与修缮的建议	市交通运输局	—
蔡　琰	关于乡村重要路口增加安全设施的建议	泰兴市政府	—
蔡　琰	关于促进电商创业培训发展的建议	市人社局	市市场监管局、农业农村局、科技局、商务局
丁小萍	关于加大扶持居家养老社会化运营力度的建议	市民政局	—
董　青	关于将传统文化与传统节日深度融合，打造具有泰州地域特色的一张靓丽文化名片的建议	市文广旅局	市市场监管局、商务局
董　青	关于利用“互联网＋”，推介、宣传泰兴银杏的建议	泰兴市政府	市文广旅局
董　青	关于加强中小学生及家长心理建设及疏导的建议	市教育局	泰州学院、市职业技术学院
董　青	关于打造、规划精品游，推动泰州旅游业再上新台阶的建议	市文广旅局	—
管冬梅	关于对新中医院加强公交服务的建议	市交产集团	—
管冬梅	关于对城市“牛皮癣”进行多元治理的建议	市城管局	—
郭余庆	关于全市加快推进垃圾处理布局，缓解城市垃圾处理压力的建议	市生态环境局	市工信局、市场监管局、城管局
何　惠	关于加快推进校外培训机构专项治理的建议	市教育局	—
吉桂凤	关于加大北部生态经济带建设力度的建议	市农业农村局	市发改委、自然资源和规划局
吉红霞	关于对新风行动实施项目予以以奖代补的建议	泰兴市政府	—
焦玉平	关于政府对银杏果实行保护性收购指导价格的建议	泰兴市政府	—
吕爱梅	关于海陵区城西街道金田路和吴陵路配备保洁人员的建议 关于将市区道路主体责任落实到位的建议	市城管局	—
任　云	关于泰州市尽快落实装配式建筑技术工人培训基地的建议	市住建局	市人社局
宋振山	关于完善残疾人无障碍免费停车位的建议	市交产集团	—

续表 10－4

建议人	案　　由	主办单位	会办单位
汪正九	关于及时拆除规划批前公示牌和批后公布牌的建议	市行政审批局	市自然资源和规划局
徐　俊	关于进一步做好主城区主次干道维修养护的建议	市住建局	市城投集团
曾　志	关于解决莲花六号区污水直排王家河鑫龙家园段造成水发黑发臭问题的建议	市住建局	海陵区政府、泰州医药高新区、市水利局
朱宁文	建立儿童和弱势群体意外伤害救助基金	市医保局	市财政局
陈士宏	关于促进泰州中国医药城制药企业加大仿制药研制与生产的建议	泰州医药高新区	—
高　艳	关于重视解决生活垃圾分类运营管理中的几个问题的建议	市城管局	—
管亚莉	关于文化惠民券进一步合理分配使用的建议	市文广旅局	市委宣传部
焦国庆	关于更大力度保障重大基础设施项目建设用地的建议	市自然资源和规划局	—
仁　进	关于将泰兴庆云寺打造为吉祥文化的建议	泰兴市政府	市文广旅局
王书金	关于防止海砂影响建筑工程质量的建议	市住建局	市市场监管局、交通运输局、海事局
王小飞	关于对水源保护区给予适当财政支持的建议	市财政局	—
夏洪元	关于盘活利用村居抛荒闲置资产的建议	市农业农村局	—
董　青	关于加快泰兴靖江省级试点融媒体中心建设步伐的建议	靖江市政府 泰兴市政府	—
程鲲鹏	关于深化全市“品质”和“智慧”泰州建设的建议	市市场监管局	市委网信办、市工信局
金慧霞	关于三类垃圾集中收运处理的问题与建议	市城管局	—
匡熊杰	关于创新秸秆处置方式的建议	市农业农村局	市生态环境局
马红祥	关于加强兴化饮用水水源地跨区域保护的建议	市生态环境局	市公安局、交通运输局、水利局
乔向民	关于加大水污染防治法和《水环境保护条例》宣传力度的建议	市司法局	市委宣传部
秦荣生	关于减少工业污染排放的建议	市工信局	市生态环境局
孙　跃	关于进一步加大水污染防治工作监管责任的建议	市城管局	市住建局、市场监管局、水利局、行政审批局
王小飞	关于协调处置泰兴种猪场污水排放和臭味问题的建议	泰兴市政府	市农业农村局
夏洪元	关于做好垃圾分类处置工作的建议	市城管局	市农业农村局
杨晓娟	关于生态湿地保护的建议	市自然资源和规划局	姜堰区政府

（邢明臣）

责任编辑　叶　彤

泰州市人民政府

重要会议

【市政府全体(扩大)会议】 2019年7月31日,泰州市政府召开第三次全体(扩大)会议暨全市政府系统廉政工作会议,市长史立军讲话。会议号召全市上下以习近平新时代中国特色社会主义思想为指导,落实中央重大决策和省、市委工作部署,围绕经济建设这个中心,立足"稳"的要求,理解"变"的内涵,重视"忧"的影响,突出主线、守住底线、把握好度,保持全市经济平稳健康发展。部署安排全市政府系统廉政工作。

【市政府常务会议】 2019年,泰州市政府召开14次常务会议。

1月10日,市长史立军主持召开市政府第23次常务会议,讨论《政府工作报告(讨论稿)》《市级党政机构改革办公用房调配方案》《2019年市区改善民生实事项目方案》《泰州市2019年基本建设和基础设施建设计划》《泰州市商业性户外广告有偿设置管理办法》。

1月10日,市长史立军主持召开市政府第24次常务会议,专题研究华润项目违约事项处置实施方案。

2月14日,市长史立军主持召开市政府第25次常务会议,研究《长城汽车整车制造项目合作协议》,讨论《提高泰州市义务教育教师待遇建议方案》。

3月20日,市长史立军主持召开市政府第26次常务会议,讨论《泰州市市区长期护理保险制度实施意见》《泰州市加强个人诚信体系建设的实施意见》《泰州市信用"红黑名单"管理办法》《2019年市政府规范性文件制定工作计划(草案)》《2019年市政府立法工作计划(草案)》,听取市人大代表建议和市政协提案专题交办、2018年全市有突出贡献的中青年专家选拔工作、2019年全市表彰计划编报工作、泰州市国家勋章和国家荣誉称号提名人选推荐工作情况的汇报。

3月25日,市长史立军主持召开市政府第27次常务会议,学习贯彻习近平总书记、李克强总理等中央领导对响水"3·21"爆炸事故的重要指示批示精神,按照省委常委会、省政府常务会议和市委常委会安排部署,研究布置全市安全生产工作。

4月4日,市长史立军主持召开市政府第28次常务会议,学习贯彻省长吴政隆对江苏中丹化工技术有限公司火灾事故的批示精神,研究部署全市安全生产工作。

4月17日,市长史立军主持召开市政府第29次常务会议,讨论《泰州市党政领导干部安全生产责任制实施办法》《2019年全市安全生产工作要点》《沿江"一张图"规划退出项目清单》《泰州市"健康名城"建设实施方案》《泰州市促进开放型经济高质量发展若干政策措施》,听取泰州市水污染防治工作情况的汇报、2019年泰州市劳动模范推荐评选情况的汇报、泰州市2018年度开放型经济工作考核表彰情况的汇报。

5月20日,市长史立军主持召开市政府第30次常务会议,专题听取全市公安机关扫黑除恶专项斗争的情况汇报,研究布置全市扫黑除恶工作。

6月4日,市长史立军主持召开市政府第31次常务会议,研究泰州市部分行政区划调整,听取《泰州市标准化条例(草案)》起草情况的汇报、《泰州市化工产业安全环保整治提升实施方案》起草情况的汇报、《关于完善残疾儿童康复救助制度的实施办法(草案)》起草情况的汇报、关于提请对连续3年被评为全市"十佳人民满意机关(十佳服务地方发展单位)"负责人记二等功奖励的情况汇报。

7月24日,市长史立军主持召开市政府第32次常务会议,讨论《加强乡镇政府服务能力建设的实施方案》《泰州市"城建惠民"两年行动计划》《关于进一步加强城市地下管线质量管理的意见》《泰州市市区城市基础设施配套费征收管理办法》《泰州市姜堰南绕城(盐靖高速至新229省道段)快速化改造工程PPP项目实施方案》《泰州建设江苏高质量发展中部支点城市总体方案》《关于进一步加强市政府投资项目招标投标管理工作的意见》及配套办法、《泰州市违建别墅问题清查整治专项行动实施方案》《中盛光电风险处置实施方案》。

9月5日,市长史立军主持召开市政府第33次常务会议,听取《泰州市国土空间总体规划编制工作方案》起草情况的汇报,传达《中共中央 国务院关于加强耕地保护和改进占补平衡的意见》《国务院办公厅关于印发省级政府耕地保护责任目标考核办法的通知》文件精神,听取《新时代泰州产业工人队伍建设改革重点任务实施方

案》起草情况的汇报，讨论《2019年泰州市政府重大行政决策事项目录》，听取《泰州市公证体制机制改革方案》起草情况的汇报、《关于深化农村集体“三资”监管创新工作 稳步推进集体产权制度改革的意见》起草情况的汇报、全市教育大会暨教育领域专项治理工作会议筹备情况和《关于深化教育体制机制改革的实施方案》《泰州教育现代化2035》《加快推进泰州教育现代化实施方案(2019～2022年)》起草情况以及“泰州教育特别贡献奖”人选情况的汇报。

11月11日，代市长朱立凡主持召开市政府第34次常务会议，讨论《泰州市人民政府关于扩大市区禁止燃放烟花爆竹区域的通告》《关于鼓励和支持台湾青年来泰州就业创业的政策措施》《泰州市安全生产巡查办法(试行)》《泰州市工程建设项目审批制度改革实施方案》《泰州市水土保持管理办法》《泰州市节约用水办法》《泰州市党政机关公务用车管理办法》《2019年度泰州市工业经济工作目标考核办法》，听取泰州举办马拉松赛事和修改《泰州市户外广告设施管理办法》《〈泰州市房屋安全管理条例〉实施细则》有关情况的汇报。

12月13日，代市长朱立凡主持召开市政府第35次常务会议，听取全市安全生产工作、《地方党政领导干部食品安全责任制规定》《深化改革 加强食品安全工作的意见》贯彻落实、全市食品安全工作、2019年泰州市市长质量奖评审、第五届泰州市青少年科技创新市长奖评审、2019年预算调整、调整完善市区财政管理体制的汇报，讨论《泰州市关于进一步加快第五代移动通信网络基础设施建设的意见》《泰州市市长质量奖评审管理办法》《关于建立全市消防救援队伍职业保障机制的意见》《泰州市不动产登记有关问题的处理意见》《泰州市重点开发园区高质量项目建设“三比一提升”行动方案》《泰州市管河道保护与利用规划》《泰州市基本医疗保险和生育保险市级统筹实施意见》《泰州市老年人优待办法》。

12月31日，代市长朱立凡主持召开市政府第36次常务会议，讨论《政府工作报告(讨论稿)》，学习传达省委常委、常务副省长樊金龙在国务院督导组督导事项交办会议上的讲话精神，讨论《泰州市2020年基础设施项目建设计划》《2020年市区改善民生实事项目方案》《泰州市市区城镇垃圾处理费征收管理办法》《泰州市贯彻落实省生态环境保护督察反馈意见整改方案》，听取2020年全市经济社会发展主要指标安排情况的汇报、全市生态环境建设先进集体和先进个人评选表彰情况的汇报、市本级2020年财政预算编制情况的汇报。

【市长办公会议】 2019年1月28日，市长史立军主持召开会议，研究拨付扬泰国际机场2018年度部分航线培育资金有关事项、2018年度工业经济和科技创新工作目标考核和表彰奖励有关事项。

4月1日，市长史立军主持召开会议，研究江苏美时医疗公司申请延长投资期有关事项、组建市转型升级产业投资基金有关事项、减免困难纳税人房产税有关事项、“健康长江泰州行动”大数据平台立项有关事项、泰州技师学院创建省重点技师学院有关事项、市区城乡居民基本养老保险基础养老金调增有关事项。

5月5日，市长史立军主持召开会议，研究城区存量土地挂牌上市和地块收储分配方案、政府投资项目集中建设有关事项、组建市转型升级产业投资基金有关事项、财政经费安排有关事项。

6月4日，市长史立军主持召开会议，研究市区天然气价格调整有关事项、财政收入征收考核有关事项、引江新村信访问题有关事项、国庆中秋大型灯展有关事项。

6月19日，市长史立军主持召开会议，听取梅兰化工安全评估情况汇报，研究部署梅兰化工关停、搬迁有关工作。

7月1日，市长史立军主持召开会议，研究提高城乡居民最低生活保障及特困人员供养标准有关事项、姜堰区财政体制有关事项、财政经费安排有关事项。

7月5日，市长史立军主持召开会议，研究兴化市长江引水工程项目建设有关事项、市级机关办公用房调整及维修改造有关事项、东润首府房地产开发项目违建问题处置有关事项。

8月1日，市长史立军主持召开会议，研究组建江苏省大运河(泰州)文化旅游发展基金(有限合伙)有关事项、生活垃圾焚烧发电二期扩建项目调增概算有关事项。

9月17日，市长史立军主持召开会议，听取省第三安全生产巡查组反馈问题整改落实情况汇报，研究市市场监管局相关经费事项、财政经费安排事项。

10月28日，市长史立军主持召开会议，研究《关于聚焦企业关切 进一步优化营商环境行动方案》、市资源循环利用基地(生态保障园)PPP项目信息变更、市生活垃圾焚烧发电二期扩建PPP项目实施方案、市垃圾分类收集后端处理工程PPP项目实施方案等事项，研究江阴第二过江通道工程建设资金有关事项、市区综合畅达工程PPP项目信息变更有关事项、泰州国家粮食储备库和苏中粮食购储中心划转有关事项、2018年度相关出资企业负责人经营业绩考核和薪酬兑现有关事项、调整2019年企业军转干部解困标准有关事项，研究财税收入组织工作、财政经费安排有关事项，听取关于采集市属单位2019年由政府安排工作退役士兵安置岗位的情况汇报。

11月28日，代市长朱立凡主持召开会议，研究《扬州泰州国际机场投资建设有限责任公司股权转让协议》《扬州市人民政府 泰州市人民政府与东部机场集团共同推动民航事业发展合作协议》。 (徐 震)

服务型政府建设

【概况】 2019年，泰州市在全国率先制定《标准化条例》，全面推行行政执法“三项制度”，开展重大行政决策事项合法性审查33项；落实向人大报告、向政协通报制度，开展建议提案办理“回头看”，完成233件人大代表建议、356件政协提案办理。以机构改革为契机推动部门职责融合、效能提升，完善领导干部接访下访机制，推行重大事项督查清单管理，“12345”政务服务热线获评全省唯一的“全国服务之星奖”。落实中央、省委巡视反馈问题整改要求，制定加强政府投资项目招投标管理意见及配套办法，出台基层减负20条，查处各类违法违规行为，保持正风反腐高压态势。

（徐　震　朱耀元）

【行政审批服务】　2019年，泰州市深化“放管服”改革，简化审批流程，创新服务方式，改善营商环境。全年市行政审批局（含市政务服务中心）受理各类审批服务事项129503件，其中审批事项87193件、服务事项42310件，办结129467件、办结率97.23%。全年市场准入类事项办结6776件、项目建设类事项办结951件。简化审批流程，在全省率先建成企业开办“全链通一站式”服务平台，企业登记注册全程电子化服务站覆盖全市801家银行网点，制定全市统一的《企业开办、注销专区标准化指引》，企业开办实现“标准办、同城办、多点办、网上办”。推进“证照分离”改革，实行“告知承诺制”，将印刷企业设立等10类资质类许可、38个业务项审批，由承诺办件改为当场办结。实施工程建设审批制度改革，组建建设项目审批专区，取消到位资金证明、建设工程抗震设计审查、无拖欠工程款承诺等，实施建设项目立项阶段“多评合一”、规划审查“多图联审”。现场施工符合要求且网上申请材料齐全的，实行施工许可当天办结。

【“放管服”改革】　2019年2月，泰州市按照新一轮机构改革要求，成立泰兴、兴化、靖江市以及姜堰区、海陵区行政审批局，实现相对集中许可权改革市域全覆盖。6月，成立市政府推进政府职能转变和“放管服”改革协调小组；同月，将市行政审批制度改革联席会议办公室从市委编办调整到市行政审批局。推进简政放权，将海陵辖区内建筑工程施工许可等5项行政权力事项交由海陵区行使。制定《市级涉企行政许可前置中介服务事项及中介服务收费目录清单》，将市级14个部门涉企行政许可前置中介服务事项及中介服务收费由74项减少到61项，减轻企业负担。修订出台《泰州市医疗器械经营许可操作规程》，将医疗器械企业经营场所及库房面积分别由不得少于80平方米、50平方米降低为不得少于20平方米、20平方米，医疗器械经营企业准入标准为全省最低。编制和推广省地方标准《行政许可容缺受理服务规范》，容缺受理服务覆盖全市域。

【“不见面”审批（服务）】　2019年，泰州市全面推行“网上办”，市行政审批局政务服务事项在线率100%、网上可办率97.1%；“不见面”审批（服务）事项网上可办率100%。推行“智慧办”，整合社保、公积金、高考、公交线路等32个高频查询服务应用，在PC端网站、APP端、微信端同步实现服务应用上线。推行“帮代办”，建成覆盖市、市（区）、园区（镇街、乡）三级联动代办服务队伍，实行投资建设项目“全程代办”，年末全市有专兼职帮办代办员300多人，全年累计提供代办服务2300多次，协调解决企业问题1400多个。

2019年11月20日，国务院推进政府职能转变和“放管服”改革协调小组一行在泰州市政务服务中心调研考察　（市行政审批局供图）

【政务服务平台“一体化”】　2019年，泰州市完善“江苏政务服务网泰州旗舰店”线上服务，推进政务服务事项实施清单及办事指南标准化建设，全年统筹发布46家部门6990项行政权力事项、1721项政务服务业务事项、5万多条办事指南要素。实施“一件事”改革，梳理形成“一件事”事项100个，其中首批“我要开饭店”“我要开药店”等50个事项已落地实施。推进线下政务服务平台建设，改造设立工程建设专区、公共服务专区、公安专区等功能性专区和政务服务自助区。市发改委、工信局等9个部门集中进驻市政务服务中心；市人社局、医保局、车管所等7个分中心派员入驻中心大厅，提供关联事项受理服务；整合与群众生活密切相关的水、电、气、电话、市民卡等公共服务事项入驻中心，基本实现政务服务“一站式”。

【公共资源交易】　2019年，泰州市公共资源交易中心累计完成各类交易项目2626项，实现交易金额304.74亿元。其中，建设工程项目862项、水利工程项目48项、政府采购项目183项、资产处置55宗、股权转让4宗、房屋出租85宗、排污权交易57宗、国土使用权出让30宗。在全省率先开通远程开标系统，建成运行产权E交易平台、政府采购交易执行系统和保证金管理系统。在全省率先应用电子保函和电子保险，获评“全国杰出公共资源交易机构”“全国十佳创新型机构”“全国公共资源交易流程示范单位”；在全省率先推行公共资源交易“四位一体”协同监

督(行政监督、社会监督、法律监督、纪检监察监督);在全国率先组建公共资源交易聘用法律顾问团。出台《关于进一步加强市政府投资项目招标投标管理工作的意见》《关于在工程建设领域实行"黑名单管理"的通知》等4个规范文件,基本建成以道德为基础、技术为支撑、制度为保障的诚信体系。

(朱耀元)

【政务督查】 2019年,泰州市推行政府系统一线联动督查,实施政府十大重点任务、招投标管理等20多项常务会议议定事项和制造业、建筑业高质量发展、城建惠民等会议落实情况督查核查;实施政府隐性债务化解、脱贫攻坚专项督查,探索开展"体检式"乡镇环保督查。专项查办督办海陵区税东街26号小区周边环境、东部市场群整治等50多件指示交办事项,全年编发《政务督查通报(专报)》42期。完成国务院第六次大督查发现问题、省委巡视反馈意见整改和省安全生产巡查、环保督察等交办任务。

【建议提案办理】 2019年,泰州市首次推行B类建议提案承诺事项台账管理制度,市政府办根据各承办单位承诺的时间节点,开展跟踪督办。全年承办省级人大代表建议、政协提案10件,市级人大代表建议233件、政协提案356件,市级建议提案办复率100%,满意率(含基本满意)99.4%。

【政府信息公开】 2019年,泰州市公开各类政策文件、通知公告等政府信息30065条,其中三大攻坚战、"放管服"改革、社会公益事业、财政资金、重大建设项目、公共监管等重点领域信息6812条。规范依申请公开办理流程和答复内容,全市办结政府信息公开申请1980件,比上年增长27.82%。其中,市级办结政府信息公开申请553件,增长7.80%;市(区)办结政府信息公开申请1427件,增长37.74%。全市发生政府信息公开行政复议案件44起,被纠正10起,分别减少74.06%、37.50%;发生政府信息公开行政诉讼案件49起,被纠正1起,分别减少25.80%、增加1起。开展全市政府系统政务新媒体清理整合工作,排查梳理政务新媒体584个,督促关停419个,关停面71.75%,保留规范运行的政务新媒体165个;定期开展政务新媒体监测检查,全市政务新媒体监测检查合格率在90%以上,居全省前列。

【政策宣传解读】 2019年,泰州市发挥"政策简明问答"品牌效应,发布《政策简明问答》97期,内容涉及春运、就业、教育、住房、消费、户政、救助等民生领域以及创新企业培育、企业投资、企业服务等营商领域。围绕全市重要决策部署、重大活动、重点工作,举办新闻发布会39场,组织在线访谈93次。依托市行政服务大厅、政务公开体验区、图书馆等公共场所,宣传解读新修订的《中华人民共和国政府信息公开条例》,引导社会公众参与。开展"公开照亮生活——《美好'政'发生》"政策读本进万家活动,赠阅政策读本1000多本,市公安、教育、民政、住建等部门开展现场咨询,为群众答疑解惑。

【市长信箱】 2019年,泰州市"市长信箱"收到群众来信5146件,其中有效信件4528件,按期办结办复率99.9%,反映的热点主要集中在科教文卫、城乡建设、市场监管、公共安全、民政社保等方面。推行每周一报、每月通报、每季"回头看"核查机制,跟踪督办、现场查办重点信件和反复投诉件。

(徐　震)

【"12345"政务服务热线】 2019年,泰州市本级"12345"政务服务热线接听接收群众来电来件267726个,比上年增长19.3%。其中,呼叫热线平台直接办结有效来电来件90432个、向承办单位转派有效来电来件工单137736个,办理及时率98.1%,综合满意率96.9%。推进热线资源共享,构建"一体化"热线体系。建成大数据政情民意分析系统,定期汇编《"12345"政务服务热线每日热点》,为市领导决策施政提供参考。构建全市"热线座席+服务窗口"联动机制,实现政务咨询服务"一号答",获第三届全国"12345"政务服务热线"服务之星奖"。

(朱耀元　丁　薇)

【"市长质量奖"评审】 2019年12月13日,泰州市经市政府第35次常务会议审定,决定授予扬子江药业集团江苏海慈生物药业有限公司、江苏艾兰得营养品有限公司、正太集团有限公司3家单位2019年度"泰州市市长质量奖",江苏科兴电器有限公司、江苏新宏大集团有限公司2家单位2019年度"泰州市市长质量奖提名奖"。

(徐　震)

外　事

【概况】 2019年,泰州市办理被授权单位邀请外国人来华214批326人次。举办APEC商务旅行卡申办工作推介活动2次,为全市民营企业申办APEC商务旅行卡104张。至年末,有600多位外籍人士常住泰州,工作领域涉及医药研发、工业制造、文化教育等。12月,市外办与市应急管理局、江苏牧院联合举办留学生消防涉外应急演练,20多个国家的近300名留学生参加演练。

【友城交流】 2019年,泰州市接待来访友好团组11批80人次,组织出访团组6批33人次。至年末,泰州市正式缔结的友好城市有12对,友好交流城市有29个。

友城缔结。4月,经全国友协批准,西班牙萨拉戈萨市成为泰州第12个正式的友好城市。新增友好交流城市5个,与韩国高敞郡、巴西伊瓜苏市、日本汤泽市、摩洛哥菲斯市、柬埔寨暹粒省签署友好交流意向书。与友好交流城市荷兰奥斯市加强联系,推动缔结友好城市并向全国友协上报。

友好城市互访。7月,泰州市代表团访问友城芬兰科特卡市,参加国际航海节,拜访科特卡市市长及议会;同月,泰州市代表团访问友城澳大利亚拉特罗布市,落实中国花园项目,勘测花园选址现场。9月,友城韩国忠清北道阴城郡郡守赵炳玉率代表团访问泰州,出席第十届中国(泰州)国际医药

2019年12月27日,在泰外国人新春联谊晚会在泰州国际金陵大酒店举行（市外办供图）

博览会并签署两地深化合作交流谅解备忘录;泰州中国医药城与阴城郡商工会议所签署国际医疗产业友好交流协议书。12月,泰州市代表团访问友城意大利帕维亚省,就经贸、航运、化工等领域开展交流合作。

友好交流城市互访。4月,泰州市代表团访问友好交流城市越南北江市。5月,韩国全罗北道高敞郡郡守刘基相率代表团访问泰州,双方签署友好交流意向书。6月,泰州市代表团赴俄罗斯、英国进行友好交流。7月,泰州市代表团赴巴西、阿根廷进行友好交流;同月,泰州市代表团访问友好交流城市英国北爱尔兰阿马、班布里奇和克雷加文市,就增强经贸、旅游、教育等领域合作达成共识。8月,泰州市代表团访问巴西伊瓜苏市,双方签署友好交流协议,正式成为友好交流城市;同月,在日本汤泽市政厅举行《中华人民共和国泰州市和日本国汤泽市关于开展友好交流活动的意向书》签订仪式,汤泽市成为泰州市首个日本友好交流城市。9月,摩洛哥菲斯市副市长奥马尔法西·菲里率代表团访问泰州并签订友好交流合作协议,成为泰州市在非洲的首个友好交流城市。10月,友好交流城市荷兰奥斯市市长乌拜莹·碧斯哥劳德曼率代表团访问泰州,双方签署《中华人民共和国江苏省泰州市与荷兰王国北布拉邦省奥斯市深化友好交流合作关系意向书》。11月,柬埔寨暹粒省副省长本布拉格率代表团访问泰州,签署整体合作框架协议,向泰州市援柬医疗队赠送锦旗;江苏苏中药业集团医药有限公司与暹粒省吴哥国际医院签订合作框架协议。

【对外交流合作】 2019年3月,西班牙萨拉戈萨市市长率代表团访问泰州,双方就加强在经济、文化、教育、旅游等领域的合作达成共识。8月,市长史立军率代表团赴挪威、冰岛、瑞典开展经贸交流活动,举办推介会,拜访当地高等院校和医疗机构,召开泰州-北欧(挪威)大健康产业合作交流会,泰州中国医药城与冰岛大学科学园签订合作协议。

2月,美国霍尼韦尔公司代表团、美国罗恩汽车集团代表团分别到泰州开展科技交流合作。3月,友城新西兰哈特市圣心中学到泰州开展教育领域的交流合作。4月,组织在泰州的8名国际友人参加“悦动江苏 结谊五洲——在江苏外国人定向越野大赛”;泰州市田家炳实验中学与新西兰哈特市怀努约马塔中学正式签订友好学校协议。6月,启动首届“泰州市友好使者”“泰州市少年大使”评选活动,经组织推荐、资格审查、征求意见、专家评审、公示等环节,授予20人“泰州市友好使者”称号,特聘18人为“泰州市友好使者”、6人为“泰州市少年大使”。7月,日本汤泽市声援故乡大使藤田丰久到泰州交流环保科技合作事宜。11月,日本石川县日中友好协会代表团到泰州开展乡镇治理领域的对话交流。12月,首次举办在泰州外国人新春联谊晚会;乌兹别克斯坦青年政治精英代表团到泰州开展医疗卫生事业和大健康产业发展的学习交流;马来西亚象棋文化交流团到泰州开展象棋交流。年内,澳大利亚拉特罗布市国际关系和投资官员Jie Liu,泰州赛马特教育咨询有限公司董事长、西班牙公立萨拉戈萨大学驻华代表Luis Rubio,市外事办涉外事务处主任科员刘俨和原兴化市外侨办主任舒桂兰4名国际友人和国际友城工作者获“江苏省国际友城友好合作纪念章”。

【使领馆交往】 2019年,泰州市推动海外领事保护联络站建设,全年设立越南、缅甸、挪威、安哥拉、俄罗斯5个海外领事保护联络处。4月,韩国驻上海总领事馆副总领事、哈萨克斯坦驻上海总领事馆参赞访问泰州,并参加中国泰州水城水乡国际旅游节开幕式;同月,新西兰驻上海总领事访问泰州,考察泰州中国医药城。7月,荷兰驻上海总领事访问泰州,市长史立军会见。9月,荷兰驻上海副总领事一行到泰州考察,副市长陈明冠会见;同月,印度驻上海总领事率代表团到泰州参加医博会,并共同举办中国(泰州)-印度大健康产业交流推介会、泰州-印度电影文化周等活动。10月,市外办拜访巴西、俄罗斯驻上海总领事馆。

港澳事务

【概况】 2019年,泰州市深化泰港、泰澳合作交流,服务经济社会发展。搭建泰港经贸合作平台,在香港会展中心举办2019中国泰州(香港)投资推介会暨大健康产业发展对接会,中联办、香港中华总商会、江苏旅港同乡联合会等驻港机构和旅港商协会近100名嘉宾出席。开展人文交流,组织全市9家文化科技类、文化旅游类、时尚

创意类、工艺作品类企业参加第四届澳门国际文化艺术品暨非物质文化遗产展览会。4月，全国政协常委、香港江苏社团总会会长唐英年一行到泰州考察，参观梅兰芳纪念馆、泰州中国医药城医药博览馆和园区企业，市长史立军会见唐英年一行。

【港澳青年工作】 2019年，泰州市在香港江苏荟举办江苏泰州旅港乡贤暨青年人才联谊会，泰州旅港同乡会、香港泰州留学生协会以及香港有关商会协会、工商界的代表参加。举办港澳青年人才座谈会。举办泰州澳门留学生联谊活动，澳门高校的8名泰州籍留学生参加。

【2019"凤还巢"港澳青年人才座谈会】 2019年8月20日，泰州市港澳办、人才办联合举办主题为"汇聚港澳才智共话城市发展"的2019"凤还巢"港澳青年人才座谈会，15名泰州籍在香港澳门留学生、青年代表和香港青年高层次人才参加。市委常委、常务副市长杨杰出席活动并讲话。香港泰州留学生协会会长、香港中文大学博士戴群等港澳青年人才代表作交流发言，为泰州高质量发展建言献策。

（杨正好　何益军）

2019年12月，泰州市启动实施市级机关事业单位"拆墙透绿"工程

（市住建局供图）

机关事务管理

【概况】 2019年，泰州市创成国家级公共机构节能示范单位4家、省级公共机构节能示范单位6家。围绕"绿色发展、节能先行"主题，组织"全国节能宣传周"各项活动。市机关管理局、工信局、水利局联合开展节能管理、用水情况检查，市机关管理局、城管局对垃圾分类工作进行督查指导。启动实施首批市级机关事业单位"拆墙透绿"工程，实现绿地共建共享。市机关管理局做好62家经费归口管理单位预决算编制、预算执行以及日常报支、工资发放等工作，为各经费归口管理单位的预决算信息公开提供准确资料。规范经费报销流程，推进财务核算管理，实现"财务账务零差错"工作目标。

【机关办公用房管理】 2019年，泰州市完成30多家部门（单位）办公用房整合调配，腾空办公用房建筑面积3.7万平方米。印发《关于做好2020年度市级党政机关办公用房维修改造项目申报工作的通知》，加强办公用房维修改造计划和预算管理。推进物业服务管理市场化、社会化，组织32家单位的物业采购项目，中标价比预算价减少1148.36万元。开发引进办公用房管理系统，初步形成全市"一张网"管理格局。

【机关国有资产管理】 2019年，泰州市加强资产配置审核管理，全年各单位申报通用资产配置计划4429万元，核批3008万元，核减1421万元。完成45家单位、3.5万平方米的公有房屋经营性出租监管工作，年租金442.88万元。推进局属企业改革，与城投集团、金控集团完成局属企业划转的平稳交接。

【公务用车管理】 2019年，泰州市制定出台《党政机关公务用车管理办法》，推行公务用车法治化、规范化管理，全年市公务用车服务中心集中保障平台为39个部门（单位）提供公务用车服务2300台次，未发生一起交通安全事故，未收到一起服务投诉。实施市级机关社会化车辆定点租赁规范管理，确定6家2019～2021年度供应商。实施市本级事业单位保留车辆"平台化、信息化、标识化"管理，保留的500辆车辆基础信息全部录入平台。完成市直行政事业单位公务用车新一轮为期两年的定点维修、保险、加油服务单位的公开招标工作。

（卢晓萍）

责任编辑　叶　彤

综　述

【概况】　2019年，泰州市政协把握团结和民主两大主题，围绕中心服务大局，推进"品质政协"建设，创新开展"知名人士看泰州""知名人士圆桌协商会"等活动，搭建"一平台三联系"协商议事平台。全年召开常委会会议5次、主席会议13次；市政协委员、各专委会、各参加单位提交提案429件，立案392件；向市委、市政府及有关部门报送建议案、专项建议和调研报告32篇；编发社情民意信息287期。

【政协委员及组织机构】　2019年，政协泰州市第五届委员会有21个界别、委员370人。其中，中国共产党26人、民革11人、民盟12人、民建12人、农工党12人、九三学社11人、无党派12人、共青团和青联9人、总工会9人、妇联9人、工商联24人、科协9人、侨联台联13人、文艺新闻界20人、科技界28人、经济界38人、农业农村界22人、教育体育界24人、医药卫生界20人、少数民族和宗教界20人、特邀人士38人。市政协机关设办公室和提案委员会、学习文史联络委员会、经济科技委员会、文教卫体委员会、社会法制委员会、城乡建设委员会、港澳台侨委员会7个专门委员会。

【政协自身建设】　2019年，泰州市政协落实"调查研究年"工作计划，全年完成调研协商报告29篇。加强制度建设，对政协全体会议规则、常务委员会工作规则、专门委员会工作规则等20项已有制度进行修订完善；研究制定提高调研质量的实施办法、提案审查工作细则、网络议政等新制度12项，并分别经市政协常委会会议、主席会议审定发布。加强委员队伍建设，编发《学习资料》7期，组织部分政协常委、优秀政协委员赴井冈山江西干部学院集中学习，组织全体委员参加专题学习报告会。加强委员联络工作，印发《关于政协委员参加2019年市政协调研协商活动的征询意见表》《"知名人士看泰州"活动委员意向选择表》。修订完善委员履职考核办法，对委员履职情况试行量化打分。评选50名"最美政协委员"。定期开展"走近委员"活动。

【庆祝人民政协成立70周年系列活动】　2019年9月16～23日，泰州市政协举办庆祝人民政协成立70周年书画作品展，有114件书画作品参展，其中书法作品72件、美术作品42件。10

2019年4月25日，市政协组织开展第二场"知名人士看泰州"活动　（市政协办供图）

月11日，召开庆祝人民政协成立70周年理论研讨会，三市三区政协、有关专委会、民主党派及有关界别的9名委员结合自身履职实践分别发言，23篇理论研究文章作书面交流。组织开展“最美政协委员”评选活动，从建市以来全市各级政协委员中评选出50人为“最美政协委员”。

建言献策

【决策咨询】 区域发展。2019年，泰州市政协围绕抢抓区域发展新机遇开展调研，形成《关于推进长三角南北向中部轴线建设的思考》，建议有关方面以特色化参与一体化，争取“淮兴泰高铁”成为“京沪高铁辅助通道”，在接轨沪宁同时，加强与杭州等地的联系，推动“泰常一体化”发展，力求在长三角中心区内形成一条南北向“中部轴线”。围绕深度接轨上海、提高泰州城市国际化水平、尽快启动迎接“高铁时代”准备工作、多措并举“稳预期”等形成专题调研报告，推动有关方面及早布局，构筑开放型发展新优势，应对可能出现的“虹吸效应”。分别赴泰州医药高新区、姜堰区开展主席走访活动，在大兴实干之风、坚持“产业为本 项目为王”理念、深化投融资体制改革、增强功能承载能力等方面提出意见、建议。组织委员民主评议市体育局及省运会筹备工作，建议以举办省运会为契机，推动中心城市功能建设。

经济发展。围绕“促进大数据与智能制造融合，推动制造业高质量发展”开展调研，经市政协五届十三次常委会会议协商，形成建议案。主席会议成员赴中国电信泰州分公司视察调研，围绕“加快泰州通信业发展”开展“委员议政日”活动，推动5G通信发展，合力打造智慧泰州。围绕“推进农产品品牌建设”开展“委员议政日”活动，促进农村一二三产业深度融合。年内，市政协有关常委会会议、主席会议围绕全市上半年经济发展情况、财政工作情况、2020年全市经济社会发展主要指标安排情况等开展协商。赴市税务局走访视察，建议落实减税降费政策，激发企业投资意愿。

百姓民生。聚焦推进精准脱贫攻坚，开展主席会议协商并形成协商报告，建议提高各层级的政治站位，强化脱贫攻坚的思想自觉和行动自觉；聚焦群众获得感，保证脱贫攻坚质量；健全脱贫长效机制，巩固脱贫攻坚成果；增强工作紧迫感，压实责任推进脱贫攻坚。围绕“办好人民满意的教育”开展专题调研并提交调研报告，建议有效增加教育资源供给、加强教师队伍建设、落实立德树人根本任务、促进教育均衡发展、营造良好教育环境。主席会议就市区改善民生实事落实情况开展协商，建议强化以人民为中心的发展思想，确保兑现办实事承诺。围绕加快发展“互联网+医疗健康”开展“委员议政日”活动，推动有关方面打破信息壁垒，为群众提供优质方便的医疗健康服务。主席会议围绕“推进古盐运河文化带建设”开展视察和协商，促进相关部门将其作为承载泰州历史文化，满足人民生活需求，彰显泰州特色定位的实事工程进行组织实施。形成市区房地产市场的专题调研报告。关注全市法院系统“基本解决执行难”工作，组织“委员议政日”活动，建议完善执行联动机制、破解执行工作“物难查”制约、加大拒执罪打击力度、营造解决执行难的优质环境、加强执行队伍建设。市政协常委会会议专题听取市纪委监委、市法院、市检察院、市公安局年度工作情况通报并开展协商，助推廉政泰州、平安法治泰州建设。

污染防治。围绕“加快构建污染防治长效机制，落实健康长江泰州行动”开展调研，经市政协五届十二次常委会会议协商，形成建议案。提出要加快构建污染防治长效机制，从根本上防止环境污染问题的反弹回潮。继续参与向环境污染宣战督察“百人团”工作，推动一批环境污染问题得到有效整改。参加省政协开展的“长三角区域污染防治协作机制落实情况”三级联动民主监督活动，推介泰州经验，提出意见、建议。

【提案工作】 2019年，泰州市政协委员提交提案429件，立案392件，其中经济科技方面95件、城乡建设方面134件、文教卫体方面87件、社会法制方面76件。至年末，所有提案全部办复，其中已解决或基本解决的248件，逐步解决或列入计划解决的123件。年内，市委、市政府主要领导首次直接领办重点提案，并将提案办理落实情况列入市党政部门绩效考核。市政协提案委创新提案办理方式，邀请8个政府部门的业务骨干参与政协全会期间的立案初审工作，提出交办建议；对五届一次会议以来6家承办提案量较大的部门办理工作开展民主评议，形成评议报告；对委员表示“基本满意”“不满意”的部分提案开展“第三方参与评估”，提出处理意见；开展提案办理“回头看”活动。

2019年泰州市政协重点提案一览表

表11

提案者	案　由
市工商联	推动全市军民融合企业健康发展
民建市委	关于加大力度培育全市高新技术企业的建议
农工党市委	关于进一步加强精准健康扶贫工作的建议
齐贵	关于加强企业非法集资管理的建议

续表 11－1

提案者	案　　由
丁永明	关于构建“亲”“清”新型政商关系的建议
徐同华	关于泰州加快融入大运河文化带建设的几点建议
市政协学文联委	关于加强泰州学派文化品牌建设的建议
夏道忠	关于筹建“梅兰芳与南社文化史料陈列馆”的建议
黄红华	老年大学“上学难”凸显精神养老供需矛盾
韩亚	关于推动中小企业科技创新促进高质量发展的建议
市政协经科委	关于持续优化经营环境、支持民营企业发展壮大的建议
市工商联	着力推动全市民营企业高质量发展的建议
丁亚明	深化“放改服”改革推进营商环境持续优化
农工党市委	关于打造药品进口口岸助力全市生物医药产业高质量发展
民革市委	关于做实泰州数字经济发展基础的建议
民建市委	关于建设泰州地理信息产业园的建议
陈勇刚	关于泰州加速建设5G网络的建议
民建市委	关于高质量建设东部智创新城的建议
民盟市委	关于优化城区基础教育资源布局的建议
市政协文教卫体委	加快发展“互联网＋医疗健康”助推健康泰州建设落地见效
致公党泰州总支	关于“实施智慧健康工程，提升基层医疗卫生服务质量”的提案
市妇联	加强妇幼健康服务体系建设充分保障母婴安全健康
周桂月	关于加强中小学生心理健康教育的建议
民盟市委	保留原有合理架构推动中医药综合改革
民盟市委	加强青少年法治教育防范意识形态风险刻不容缓
毛雨华	关于加强全市校园食品安全监管的建议
市总工会	关于加强新时代产业工人队伍建设助推泰州高质量发展的建议
舒小萍	关于进一步加强居民区消防安全管理的建议
市政协社会法制委	进一步加大残疾人康复工作的医保支持力度
农工党市委	关于加快推进全市医养结合工作进程的建议
农工党市委	关于加强全市志愿者服务工作的建议
殷红兰	关于建立健全稳定脱贫长效机制的建议
顾芳	关于进一步加强全市犬类管理工作的建议
史倩	关于加强老年人保健品市场监管的建议
民建市委	着力发展经济薄弱村集体经济筑牢乡村振兴基础
民建市委	关于推进全市垃圾分类和治理的建议
市政协城乡建设委	以生态园林城市创建为抓手加快推进园林绿化事业高质量发展
黄丽娟	关于进一步完善南官河绿带景观与功能的建议
申晓明	依托乡村振兴战略推进“城北生态经济带”发展

续表 11－2

提案者	案　　由
农工党市委	加快全市水生态文明体系建设的建议
傅升	关于加快推进优先发展公共交通的建议
农工党市委	关于申报国家级文化生态保护区的几点建议
王晓梅	关于引进台湾优势资源助推泰州中国医药城打造精准医疗小镇的建议
丁春华	关于进一步加强网络舆情监管的建议
团市委	推动青年社会组织参与社会治理创新
民革市委	关于贯彻落实惠台措施助推泰台融合发展的建议

【社情民意信息工作】 2019年，泰州市政协编发《社情民意信息》287期，被全国政协采用42期（含《每日社情》），被省政协采用26期，其中被省政府领导批示1期。年度信息工作积分在全国政协信息直报点中居第三位，在江苏省政协系统中居首位。

【知名人士圆桌协商会】 2019年，泰州市政协按照与党委政府同心同向，多讲实情、多建真言、多献良策的“两同三多”原则，分别围绕“民生热点问题”“古盐运河文化带建设”等主题，召开“知名人士圆桌协商会”。2月25日，市政协召开第七次知名人士圆桌协商会，9名市政协委员和社会知名人士围绕“民生热点问题”建言献策。4月26日，市政协召开第八次“知名人士圆桌协商会”，市委宣传部通报泰州市推进古盐运河文化带建设工作的相关情况，7名市政协委员和社会知名人士围绕“推进古盐运河文化带建设”建言献策。8月14日，市政协召开第九次知名人士圆桌协商会，9名社会知名人士围绕“科学编制市区国土空间规划”建言献策，并被聘为市政协专家咨询委员会成员。

【知名人士看泰州】 2019年，泰州市政协以“学新思想、看新成就、谈新感受、干新业绩”为主题，创新开展“知名人士看泰州”活动，搭建各界人士与党委政府及部门沟通联系的桥梁，达到建言资政与凝聚共识的目的。年内先后围绕交通建设、乡村振兴、产业转型、平安泰州、污染防治、城市功能建设等主题，开展6次知名人士看泰州活动，累计800多人次参加。该活动被评为“2019年全省政协工作创新案例”，《人民政协报》及省内主要媒体予以报道。

【有事好商量“一平台三联系”活动】 2019年，泰州市政协制定出台《关于推进政协基层协商工作的实施意见》，推进“委员活动之家”建设，建立健全政协委员基层联络机制。创新开展有事好商量“一平台三联系”活动，在“委员活动之家”基础上增设“有事好商量”协商议事室，打造协商议事平台；开展“三联系”活动，即住市直和泰州医药高新区的市政协委员以履职小组为单位，联系3个有界别代表性的企事业单位、1个城区乡镇（街道、园区）；住三市三区的市政协委员以市区为单位成立履职小组，联系相关重点乡镇（街道、园区）和村（社区）；全体市政协委员至少联系4名本界别或相近界别的代表人士，形成政协组织与基层紧密联系的工作机制。出台《有事好商量“一平台三联系”活动实施办法》，推动政协协商与基层协商有效衔接。

【委员议政日】 2019年6月6日，泰州市政协围绕“加快推进农产品品牌建设”开展“委员议政日”活动，就市级层面区域品牌打造、加大政策扶持、加大品牌宣传推介力度等方面开展讨论并提出意见、建议。9月5日，围绕“加快泰州通信业发展”开展“委员议政日”活动，就加强通信行业网络安全、推进“两化”深度融合、推动热点领域应用转化等方面开展讨论并提出意见建议。10月24日，围绕“解决执行难”

2019年11月25日，市政协举办全市政协委员学习报告会

（市政协办供图）

开展“委员议政日”活动，就完善执行联动机制、破解执行工作“物难查”制约、加大拒执罪打击力度、加强执行队伍建设等方面提出意见和建议。10月30日，围绕“互联网+医疗健康”开展“委员议政日”活动，就加快电子档案务实应用、“互联网+中医药服务”“互联网+护理服务”、推进医联体信息化建设等方面开展协商讨论并提出意见、建议。

【民主评议市体育局及省运会筹备工作】 2019年5月8日，泰州市政协召开动员大会，启动民主评议市体育局及省运会筹备工作。通过座谈走访、问卷调查、个别约谈、赴省体育局征求意见等形式，广泛听取各方面建议。针对市体育局及省运会筹备工作中在公共体育资源供给、全民健身工作、现代体育产业结构、体育场馆建设、城市基础设施及生态环境建设等方面存在的不足，就推动体育产业发展、加快体育场馆建设、提升城市功能和品质、加强参赛备战等提出意见和建议，形成《市政协民主评议市体育局及省运会筹备工作情况报告》。对相关整改建议的落实情况开展跟踪督查活动，巩固评议成果。

重要会议

【市政协五届三次会议】 2019年1月25~28日，政协泰州市第五届委员会第三次会议召开。市委书记韩立明出席并讲话，市政协主席卢佩民作常务委员会工作报告，市政协副主席蔡德熙向大会作提案工作报告、提案征集及初审情况报告。全体与会委员列席市五届人大三次会议，听取《政府工作报告》及其他报告。会议通过市政协五届三次会议《决议》，增选刘汉秋为五届市政协副主席。市政协主席卢佩民作闭幕讲话。

【市政协常委会会议】 2019年，泰州市政协召开5次常委会会议。

1月24日，市政协五届十次常委会会议召开，听取市政协五届三次会议筹备工作情况的报告，通过市政协五届三次会议日程、执行主席名单、秘书长和副秘书长名单、决议起草委员会名单。

3月21日，市政协五届十一次常委会会议召开，围绕习近平总书记近期有关政协工作的重要讲话和全国政协十三届四次常委会会议精神开展学习研讨，讨论修改有关制度文件，推进政协自身建设。会议邀请全国政协研究室原副主任、中国人民政协理论研究会常务理事原冬平围绕“学懂弄通做实习近平总书记关于加强和改进人民政协工作重要思想”作专题讲座。

6月27日，市政协五届十二次常委会会议召开，围绕加快构建污染防治长效机制，落实“健康长江泰州行动”听取市政府情况通报，开展协商并通过建议案。副市长王学锋到会通报相关情况。

9月29日，市政协五届十三次常委会会议召开，传达学习中央政协工作会议暨庆祝中国人民政治协商会议成立70周年大会精神；围绕“促进大数据与智能制造深度融合，推动制造业高质量发展”，听取有关专题讲座、政府情况通报，开展专题协商并通过建议案；听取市委、市政府关于市政协五届三次会议以来提案办理情况的通报。副市长张育林到会通报相关情况。

12月24日，市政协五届十四次常委会会议召开，传达市委政协工作会议精神，听取市纪委监委和市法院、市检察院、市公安局2019年工作情况通报，完成其他有关议程。副市长、市公安局局长陈金观，市法院院长徐军，市检察院检察长李军及市纪委监委负责人到会通报相关情况。

【市政协主席会议】 2019年，泰州市政协召开13次主席会议。1月27日，五届二十九次主席会议召开，听取市政协五届三次会议大会秘书处组织组有关选举事项讨论酝酿情况的汇报。1月28日，五届三十次主席会议召开，听取市政协五届三次会议有关选举计票情况的汇报。2月20日，五届三十一次主席会议召开，赴中国电信泰州分公司视察调研，并开展座谈协商。3月18日，五届三十二次主席会议召开，审议通过2018年度社情民意信息工作先进单位和先进个人名单，讨论通过市政协五届十一次常委会会议有关事项。4月24日，五届三十三次主席会议召开，围绕“深入推进精准脱贫攻坚”听取市政府情况通报，并开展专题协商；副市长陈明冠到会通报相关情况。5月31日，五届三十四次主席会议召开，并赴姜堰区开展走访视察。6月26日，五届三十五次主席会议召开，听取关于加快构建污染防治长效机制，落实“健康长江泰州行动”调研情况的汇报，听取民主评议市体育局及省运会筹备工作情况的汇报，讨论通过市政协五届十二次常委会会议有关事项。7月30日，五届三十六次主席会议召开，围绕做好全市民族宗教工作听取市政府情况通报，并开展专题协商；副市长陈明冠到会通报相关情况。8月30日，五届三十七次主席会议召开，围绕推进古盐运河文化带建设开展视察、协商；市委常委、宣传部部长常胜梅到会通报情况。9月27日，五届三十八次主席会议召开，听取关于“促进大数据与智能制造深度融合，推动制造业高质量发展”调研情况的汇报，讨论通过市政协五届十三次常委会会议有关事项。10月29日，五届三十九次主席会议召开，听取市政府关于市区改善民生实事进展情况通报，并开展座谈协商；市委常委、常务副市长杨杰到会通报相关情况。12月2日，五届四十次主席会议召开，赴泰州医药高新区开展走访活动，并进行座谈协商。12月20日，五届四十一次主席会议召开，听取关于全市2019年经济社会发展计划执行情况、2020年基础设施项目建设计划草案、2020年市区改善民生实事初步安排以及2019年财政工作情况的通报，并开展座谈协商；讨论通过市政协五届十四次常委会会议有关事项；市委常委、常务副市长杨杰及市发改委、市财政局主要负责人到会通报相关情况。

重点调研及建议

【关于加快构建污染防治长效机制，落实“健康长江泰州行动”的建议案】 2019年6月27日，泰州市政协召开五

届十二次常委会会议，围绕“加快构建污染防治长效机制，落实健康长江泰州行动”与市政府开展专题协商，并形成建议案。主要内容：围绕责任落实，构建高效畅通的协调联动机制，建议完善市、区权责的合理分担机制，.建立跨界环境问题的协调联动机制，探索企业主体责任落实的监督评价机制，强化河道的日常管护责任、沿河违建的常态化监管责任。围绕资金筹措，构建环保基础设施建设运营机制，建议加大建设力度，完善投入增长和统筹使用机制，科学确定环境基础设施建设模式，引入市场化、专业化的运营管理机制。围绕源头减量，构建生态优先的绿色发展机制，建议针对工业污染源建立产业目录动态调整机制，明确量化标准，加快推进重点园区循环化改造，针对生活污染源推进生活垃圾分类减量，针对农业污染源创建引领发展方式绿色转型。围绕力量下沉，构建科学合理的保障激励机制，建议完善常态化的能力提升和力量增长机制，完善激励与约束并举的企业环境行为评价机制，健全尽责免责、容错纠错机制。围绕共治共享，构建更为有效的全民参与机制，建议构建全民生态理念的培育引导机制，完善信息披露机制，畅通社会组织参与机制。

【关于促进大数据与智能制造融合，推动制造业高质量发展的建议案】 2019年9月29日，泰州市政协召开五届十三次常委会会议，围绕“促进大数据与智能制造融合，推动制造业高质量发展”与市政府开展协商，并形成建议案。建议市政府提高思想认识，增强利用大数据促进智能制造发展的主动性、自觉性。建议坚持分类指导，存量增量齐头并进，加快大数据与智能制造融合步伐。坚持并行推进、融合发展，通过示范引领激发企业意愿，加强智能制造技术攻关与应用推广，做大做强智能制造产业。建议培育生态体系，为大数据与智能制造融合发展提供服务支撑。发展智能制造服务业，加快工业互联网平台布局，推进“互联网 +”制造。建议优化发展环境，为大数据与智能制造融合发展提供要素保障，要加大政策支持力度，引进培养高技能人才，有效满足企业融资需求。

【关于推进长三角南北向“中部轴线”建设的几点思考】 建议市政府遵循互利共赢，深刻剖析中部轴线建设的现实意义，争取各方形成共识。放眼全局，对上宣传好打造“中部轴线”的重要意义；着眼共赢，争取沿线城市的积极参与；面对现实，凝聚全市上下的思想共识。建议市政府联合沿线城市启动相关合作，努力打好推进基础。推进国家级南北走向高铁大动脉在泰州设站，主动推进常泰一体化发展，重视接轨杭州，加强以企业为主体的创新协作，开展污染防治和生态文明建设领域的合作，推动数据资源的开放共享。建议市政府专注做强自身，提高泰州对优质资源的集聚能力，形成独特优势。发展特色产业，推进特色园区建设，推进建设特色街区建设，推进特色乡村建设。

【关于进一步稳定预期，促进实体经济高质量发展的调研报告】 加强预期管理方面，建议市政府优化政策供给，加大宣传解读力度，畅通互动和沟通渠道。引导实体经济扩大有效投资方面，建议采取政府拉动，通过增量带动，实施减税降费。化解要素制约方面，建议化解就业难和用工难，化解融资难题，化解技术创新难题，化解节约集约发展难题。改善营商环境方面，建议推进“放管服”改革，营造维护和尊重企业家精神的社会氛围，做优做美精致城市。

【关于办好人民满意的教育调研报告】 建议有效增加教育资源供给，加强教师队伍建设，落实立德树人根本任务，促进教育均衡发展，营造良好教育环境。

【关于做好迎接泰州高铁时代准备工作的调查与思考】 建议坚持高起点、高标准规划建设高铁枢纽片区、高铁综合客运枢纽、综合交通网络，打造引领城市功能品质提升的高铁枢纽片区。建议加快推进“健康名城”建设，借力高铁打造长三角南北中轴枢纽城市。发展大健康产业，塑造城市品牌；谋划南北联动，打造枢纽城市；完善功能，提升城市承载能级。建议加快旅游业转型升级，打造极具吸引力的“高铁游”目的地。做好顶层设计，加大组织推动力度；突出项目建设，开发高品质旅游产品；加强公共服务，打造旅游最佳体验环境。关于几项具体工作的建议：增强紧迫感，做好高铁项目协调保障工作；及早明确或组建高铁枢纽片区建设责任主体（运作团队），并尽量保证骨干成员队伍相对稳定；高铁建设要与生态人文旅游、特色乡村建设、文明城市创建等有机结合；争取盐泰锡常宜城际铁路尽快开工建设。

【关于泰州市区房地产市场发展情况的调研报告】 调研报告认为，泰州市区房地产开发投资规模创新高，土地购置费大幅增长，但市场信心稳中有变，未来不确定因素增多；商品住宅价格小幅上涨，住房供求关系趋于缓和；各板块发展总体健康有序，但各区之间发展存在明显差异。当前区域房地产市场发展呈现出的阶段性特征：从常住人口、城市规模等维度来看，房地产市场载体容量不大；从房地产税收维度来看，市财政收入对房地产业的依赖程度较低；从土地供应维度来看，近3年住宅类房地产用地实际供应量呈逐年上升趋势，土地单价呈逐年下降趋势；从商品房销售维度来看，尽管销量一路下滑，但库存已降至历史低位；从房地产市场运行周期维度来看，房地产业将步入深度调整期。建议准确把握影响未来房地产市场走势的重要因素，促进市区房地产市场平稳有序健康发展。提高政治站位，坚决落实“房住不炒”总要求；研判房地产需求侧有所降温新趋势，关注后续楼市走向；审慎应对房企融资渠道持续收紧新情况，做好风险防范。具体意见和建议：发展实体经济，吸纳城市人口；加强房地产市场监测；综合运用宏观调控手段；加大市场行为监管力度；引导房企转型升级；重视新城区功能配套。

2019 年泰州市政协调研视察活动情况一览表

表 12

时间	内容
2 月 21 日	市政协调研委员履职阵地建设
3 月 22 日	市政协视察校外培训机构
3 月 26～27 日	省政协就“加快发展农业现代化、休闲观光农业”，到泰州开展调研
4 月 3～4 日	省政协就“促进创业就业”“政协基层组织阵地建设”两项工作，到泰州开展调研
4 月 17～18 日	上海市欧美同学会黄埔分会到泰州考察交流
5 月 6 日	市政协调研水污染防治情况
5 月 10 日	市政协走访视察市税务局
5 月 23 日	市政协就“文旅融合，绿色发展”，赴镇江开展调研
5 月 27 日	市政协就“提高工会法律维权工作质量和水平”开展视察调研
5 月 29 日	上海市静安区政协到泰州调研
5 月 30 日	省政协到泰州调研企业贯彻执行劳动法律法规情况
6 月 12 日	市政协就“加快构建污染防治长效机制”进行调研
7 月 15～16 日	省政协就“贯彻落实十八大以来中央和省委关于政协工作决策部署，加强和改进新时代人民政协工作的基本情况”“发挥政协监督职能，对行政执法部门或专项工作开展民主评议情况”两项工作，到泰州开展调研
7 月 23 日	市政协视察海陵区扬尘污染防治工作
7 月 25 日	市政协视察妇女儿童权益维护工作
8 月 20 日	市政协视察“优化营商环境，助力青年创业”工作
10 月 17 日	市政协调研脱贫攻坚工作
10 月 21 日	市政协视察书香城市建设情况
10 月 30 日	省政协就“优化沿江产业布局，推动长江大保护”，到泰州开展调研
10 月 30 日	市政协视察农产品深加工产业发展情况
11 月 26 日	市政协视察法院“五化”工作

（管成伟）

责任编辑　叶　彤

纪检监察

综　述

【概况】 2019年，泰州市各级纪检监察机关全面履行党章赋予职责，深化纪检监察体制改革，完善纪检监督体系建设，推进权力运行等重点领域专项治理。年内，召开五届市纪委四次全会，深化派驻机构改革，履责记实平台在线纪实信息34万多条，开展形式主义、官僚主义集中整治，组织扫黑除恶专项行动、“健康长江泰州行动”巡察整改专项治理，推进巡视整改，深化政治巡察。

【五届市纪委四次全会】 2019年1月31日，五届泰州市纪委四次全会召开，出席会议的市纪委委员33人，列席会议200人，市纪委常委会主持会议。会议传达贯彻党的十九大和十九届二中、三中全会，中央纪委三次全会，省纪委四次全会和市委六次全会精神，审议通过市纪委书记、监委主任汤成快代表市纪委常委会所作的《坚守职责定位忠诚担当作为推进新时代泰州纪检监察工作高质量发展》的工作报告和全会《决议》。

【纪检监察队伍建设】 2019年，泰州市制定“打铁必须自身硬3.0版”专项行动方案，召开全市“打铁必须自身硬”专项行动动员部署会。市和市(区)纪委发挥挂钩联系机制作用，组织开展专项督查、专项检查活动。推进派驻机构改革、国企高校纪检监察机构改革，推动“纪法”衔接，促进业务融合。聚焦“对标找差、跨越赶超”主题，组织纪检监察干部确立学赶标杆，推进模范机关建设，全年查找存在问题216条，制定整改措施328条。创新党建载体和平台，“凤城打铁卫士”品牌入选市级机关十佳“党建服务有品牌、支部建设有特色”项目，打造“巡察机构青蓝工程”“护林之旅、守望初心”等9个品牌。在市“十行百星”先进典型推荐评选中增设“纪检监察之星”评选，首批评选产生10名“纪检监察之星”。

开展“能力建设提升年”活动，组织全员培训，举办心理测试技术、新闻舆情、查办案件业务等3个重点培训；组织全员参加中央纪委和省纪委系列培训，选送干部参加上级纪委各类业务培训，推进培训“全覆盖”。实施岗位练兵和跟班锻炼，组织3期“打铁人”论坛，6人入选省纪委讲师团库，91人次到执纪执法和巡察一线学习。实施年轻干部“成长+”计划，完善“1对1”导师帮带机制，16名年轻干部全程参与留置案件办理。

【特约监察员工作】 2019年，泰州市落实中央纪委国家监委和省纪委监委部署，探索开展特约监察员工作。6月4日，下发《泰州市监察委员会特约监察员工作办法》。6月6日，举办第一届特约监察员聘任会议暨市纪委监委开放日活动，聘请20人担任市监委特约监察员。制定《市监委特约监察员2019年度活动安排》，组织市监委特约监察员走进市纪委监委机关、参加纪检监察干部业务培训班、参与“亲语连

2019年5月29日，市纪委监委开展“中华诵·清风行”纪检朗读者主题党日活动　　(市纪委监委供图)

廉”廉政文化品牌和“学纪守廉”纪律教育品牌建设调研、参与信访接待，参加“三大攻坚战”纪律保障、“廉洁乡村”建设监督检查等活动。建立情况通报制度、学习培训制度、履职台账制度、特约监察员意见和建议办理制度。（朱亚男）

【“亲语连廉”廉政文化品牌】 2019年，泰州市开展“亲语连廉”公益广告征集评选、家书征集、家书品读等活动，弘扬廉洁家风文化。推进“亲语连廉”廉政文化示范项目创建，全市累计命名廉政文化示范点和廉政教育基地300多家，其中省级廉政文化建设示范点49家、省级廉政教育示范基地4家。创新开展“家规促廉”示范基地创建活动，泰兴市黄桥何氏宗祠、姜堰区溱潼院士旧居等8家单位被命名为“家规促廉”示范基地。推进“廉洁乡村”建设，在基层建设一批“亲语连廉”廉政游园和文化长廊。组织创作一批传播正能量、鞭挞消极腐败的廉政文艺节目，形成“亲语连廉”节目库；举办“亲语连廉”廉政文艺专场演出、廉政文化“进农村”“进社区”等活动。制作警示教育片《初心蒙尘之鉴》。制作并推出《家传流芳》《清风劲竹》《身正为范》《筚路蓝缕》《高山仰止》《古韵新声》6集《亲语连廉》家风专题片，先后在中央纪委国家监委网站、“学习强国”学习平台和江苏卫视等播出，并获江苏省第十一届精神文明建设“五个一工程”奖。（朱亚男　吉晓峰）

纪检监察体制改革

【概况】 2019年，泰州市深化纪检监察派驻机构改革，分类推进市属国企、高校和其他事业单位纪检监察体制改革，推进监察职能向基层延伸。3月，结合市一级机构改革，制定出台《市纪委监委派驻机构改革方案》，明确市纪委监委21个派驻纪检监察组对67家部门（单位）进行监督。11月，制定出台《深化市纪委监委派驻机构改革的实施意见》《市属国有企业、市属本科院校等事业单位纪检监察机构设置有关事项的意见》《推进市属国有企业和市属高校纪检监察体制改革的实施方案》，分类推进改革。在市城投集团、交通产业集团、金控集团、文旅集团4家市属国有企业和市属本科院校泰州学院设置监察专员办公室，与纪委合署办公。明确市纪委监委3个派驻纪检监察组实施泰州日报社（泰州报业传媒集团）、泰州广播电视台（泰州广播电视传媒集团）、泰州职业技术学院、江苏省泰州中学、泰州市人民医院5家市属事业单位监察覆盖。

2019年11月28日，泰州市举行“亲语连廉”2019廉洁文化周专场文艺演出
（市纪委监委供图）

【派出监察员办公室改革】 2019年，泰州市纪委监委推动监察员办公室规范化建设、实战化运行。按照“三室”（办公室、会议室、谈话室）标准统一设置工作场所，监察员办公室所在的监督检查室整体下沉乡镇（街道）办公，统筹使用联系地区纪检监察力量。构建片区协作监督机制和“巡察＋监察”联动机制，通过交叉检查、协同作战、联合办案等形式，破解熟人社会监督难问题。全年全市24个监察员办公室开展专项监督927次，督促巡察反馈意见整改501次，提出问责建议238次，谈话函询118件，运用第二种形态立案121件，政务处分27人，移送留置案件问题线索15件，提出监察建议28个。

【监督检查和审查调查工作制度改革】 2019年，泰州市纪委监委对接以审判为中心的刑事诉讼制度改革，制定、修订线索处置、审查调查、审理处置等方面制度18项，修订《纪检监察机关查处违纪违法案件衔接工作规范》《市监委、市检察院、市法院、市公安局关于规范职务违法犯罪案件衔接工作暂行办法》，畅通案件调查、审查起诉、刑事审判等渠道，提高监察工作法治化规范化水平。制订《强化监督措施完善审查调查工作机制的意见》《信访举报重点关注件办理结果反向审核暂行办法》《指定管辖案件查办工作规定》《涉案财物管理暂行规定》《案件质量全流程监控与反向审视办法》等制度规定，推进权力分解和内部制衡。制定《问题线索处置工作规定》《建立问题线索处置“五位一体”闭环管理工作体系的意见》，实施问题线索的闭环管理，规范线索管理和处置。

纪检监督体系建设

【概况】 2019年，泰州市纪委监委推动“两个责任”落实，完善履责纪实平台，健全问责制度体系，全面实施监督执纪“四种形态”。组织实施“三大攻坚战”纪律保障专项行动，开展“大棚房”、违建别墅、领导干部利用名贵特产类特殊资源谋私等问题专项整治，开展安全生产大排查、大整治，问责处

理22人,其中党纪政务处分11人。开展为民营经济营造更好发展环境提供坚强纪律保障行动,推动减税降费政策落地落实,核查重点问题线索13件,问责处理20人,给予党纪处分16人。开展人防领域突出问题专项治理,全面排查梳理市、县两级人防工程异地建设费减、免、缓情况,追缴100多个清理项目。

【"两个责任"落实】 2019年,泰州市制定《党风廉政建设责任分解方案》,将全市党风廉政建设责任细化分解为8类43项年度目标任务,分别明确责任单位,逐项制定项目推进计划书。市级机关部门(单位)和市(区)76家党组织及其党员领导干部制定主体责任个性任务2142条,32家纪检监察组织制定监督责任个性任务153条,各地各部门排查负面清单问题500条。召开市全面从严治党主体责任述职会,对各述职单位主体责任落实情况进行民主测评及评议,跟踪民主测评结果运用,督促对点评反馈问题的整改。

【履责纪实平台】 2019年,泰州市全面应用市、县、乡、村四级贯通的履责纪实平台,全市8094个主体责任用户、2165个监督责任用户实现线上纪实。依托省、市两级履责纪实平台,实施进程管控,督促各级党委纪委履责尽责。分类召开市委履责纪实工作推进会和市(区)委履责纪实工作培训会,剖析存在问题,开展实务培训,定期通报纪实情况,督促存在问题整改。全年在线纪实信息34万多条。

【问责工作】 2019年,泰州市制定《市纪委市监委机关办理问责事项工作流程(试行)》以及《涉及县处级党组织和市管干部问责事项分办意见会商办法》《县处级党组织和市管干部及重点督办问责事项初步问责建议会审办法》《问责对象不明确的问责事项处理程序》《使用组织处理措施办理问责事项程序》4项配套制度,形成"1+4"问责制度体系。制定问责工作质量评估实施办法,从问责工作总体情况和办件质量两个方面综合评估各市(区)问责工作。全面会商会审,督促指导各市(区)全面建立实施会商会审机制。新《中国共产党问责条例》实施以来,全市实施党内问责299件、302人、106个党组织,通报典型案例33批次、65起、46人、25个党组织。

【政治生态预警与分析研判工作机制】 2019年,泰州市落实省纪委《构建地区政治生态监测预警与分析研判机制试点工作方案》,推动政治生态评估工作全覆盖,作为各地干部廉政情况、加强干部监督的重要依据。建立政治生态评估指标体系,设定4项一级指标、10项二级指标、30项三级指标和40个预警点,督促相关责任部门报送各地年度考核结果、相关测评、督查结果等数据,作为评估重要依据。委托国家统计局泰州调查队对各地11项定性监测指标实施第三方调查。综合分析评估各市(区)政治生态情况,形成1个总报告和6份结果性反馈意见,提出建议48项、预警51项,督促各级党委履行主体责任、有针对性地加强政治生态建设。向各市(区)反馈监测评估结果,推动各市(区)整改重点突出问题,分析研处预警项。推动各地因地制宜设立指标体系,探索监测评估向村居延伸。海陵区出台《村(社区)政治生态监测评估评价及预警体系的实施办法》,设立一级和二级指标20个、正面和负面评价要素56个;靖江市指定村党组织"头雁效应"监测评价工作暂行办法,设立一级、二级、三级指标80个,并在三级指标中设立"各村自列"项目。

重点领域专项治理

【扫黑除恶监督执纪问责】 2019年,泰州市制定在扫黑除恶专项斗争中强化监督执纪问责2个《实施意见》,明确将扫黑除恶监督执纪问责作为近3年反腐败工作重点。制定《关于进一步完善纪检监察机关与政法机关扫黑除恶案件和线索快速移送处置机制的意见》,建立适时介入、逐案过筛、案件会商,以及问题线索快速移送双向反馈等机制,累计双向移送问题线索398件。推行"一案三查"机制,组织对全市所有涉黑和恶势力犯罪集团案件"回头看",做到查阅案件卷宗、提审犯罪嫌疑人、走访案件承办人"三到位"。推进重大、复杂"保护伞"问题提级办理、异地交办,预防人为干扰,减少办案阻力,从严从重处理性质恶劣、影响大的涉黑腐败和充当"保护伞"的违纪违法人员,全年全市查处涉黑涉恶腐败和黑恶势力"保护伞"210人,采取留置措施10人,给予党纪政务处分70人,移送司法机关7人。

【"微官微权微腐败"治理】 2019年,泰州市建立覆盖基层单位监督对象库,开展小微权力清单管理,全市查处群众身边腐败和作风问题、处理人数比上年分别减少30.3%、34.5%。提升农村基层党风廉政建设水平,"廉洁乡村"建设覆盖全市所有村(社区)。聚焦扶贫、教育、医疗、人防、农村集体"三资"监管、危房改造等6个领域,开展漠视侵害群众利益问题专项整治。实施"阳光扶贫"监管系统扩围升级,全程监管75个条线、21.1亿元涉农资金的申报、审批、拨付,从源头上防范违纪违法问题发生,扶贫领域信访举报和查处问题减少29.6%、51.1%。

【"四风"纠治】 2019年,泰州市运用财政、税务、公车监管等大数据平台摸排问题线索,督查督办问题线索,全年全市查处违反中央八项规定精神问题267个,处理460人,其中党纪政务处分398人;下发违反中央八项规定精神典型问题通报74批、158起。制定《完善纠治"四风"长效机制的实施意见》,建立部门联席会议制度,定期通报问题、分析情况、移交线索,及时督导"四风"查纠不力的单位。

【"三资"监管"新桥模式"】 2019年,泰州市出台《关于进一步深化农村集体"三资"监管创新 稳步推进农村集体产权制度改革的意见》《创新农村集体"三资"管理工作责任分解表》,召开全市深化农村集体"三资"监管创新工作推进会。全市推广"村级会计委托代理服务+会计师事务所监理"双轮驱动"新桥模式",工作成效

2019 年 11 月 18 日，市纪委监委开展“新时代纪检监察实干作风”大讨论活动　（市纪委监委供图）

得到时任省纪委书记蒋卓庆的肯定，《江苏纪检监察信息》专刊向全省推介。全年全市查处“三资”监管领域问题 119 起，新发生问题仅 3 起，查处问题数和信访举报数从 2017 年起实现“三连降”。

党的纪律建设

【概况】 2019 年，泰州市强化信访举报主渠道作用，建设纪检监察系统检举举报平台，全市纪检监察机关收到信访举报 3990 件次，全市运用监督执纪“四种形态”处理 7650 人次，其中运用第一、二、三、四种形态分别占 73.4%、21.9%、1.6%、3.1%。紧盯“关键少数”，聚焦群众关切，全市立案 2355 件、给予党纪政务处分 1982 人，其中县处级干部案件 28 件、乡科级干部案件 212 件。追回在逃人员 1 人。查处职务违法犯罪 373 人，其中涉嫌职务犯罪移送检察机关处理 73 人。

组织开展全市纪律处分执行情况专项治理。制定出台《市管党员干部处分执行操作规范》，细化处分决定执行的方式方法，明确党政组织的主体和监督责任及失职渎职情形，推动处分决定宣布归档及时、职务职级和工资待遇调整到位、年度考核等次确定和年终考核奖发放规范执行。依纪依法问责处理在处分决定执行工作中不作为、乱作为的人员，并将处分决定执行情况纳入全市案件质量检查考评范围，实现常态化监督管理。

【“履职尽责、形神兼备”派驻监督质量提升行动】 2019 年，泰州市制定《关于深化派驻机构“履职尽责 形神兼备”开展派驻监督质量提升行动的实施意见》，围绕“精细监督、精品办案、精准问责、精密防控”，开展驻守“清风、清廉、清责、清源”专项行动。定期监督检查被监督单位贯彻落实中央八项规定及其实施细则精神情况。聚焦重点领域、核心权力和关键岗位，分领域实施专项督察。全年组织召开综合或专项廉情分析对接会 138 次。开展工作督查、财务检查、信访调查，排查问题线索。建立健全问题线索处置情况月度报告及备案管理制度，完善派驻监督质量考核体系。全年处置问题线索 643 条，运用“第一种形态”处理 416 人次，立案 95 件，比上年增长 19%。市纪检监察部门会同被监督单位组织中层干部履行主体责任情况当面报告活动 69 次。常态化开展主体责任落实情况监督检查，形成问题清单 238 份，梳理相关问题 862 条。坚持“一案双查”，全年实施问责 24 起。督促和指导被监督单位及时修订《廉政风险防控手册》，开展风险防控监督检查。全年发出纪律检查或监察建议 82 份，推动落实整改措施 420 条。

【派驻机构“嵌入监督 365”品牌建设】 2019 年，泰州市制定《关于派驻机构实施“嵌入监督 365”的工作方案》，聚焦重点领域、核心权力和关键岗位 3 个方面，分季度实施党内政治生活、民生领域、营商环境、专项资金、执法司法、工程建设 6 个专项督察，健全“嵌入监督”5 项机制，打造“嵌入监督 365”工作品牌。开展专项督察，结合被监督单位主要职责和行业特点，采取个别谈话、查阅资料、现场察看等方式，组织实施专项督察，全年梳理权力事项 450 件，开展督察 188 次，排查相关问题 254 条，提出整改措施 233 条。开展工作督查，每季度末梳理分析专项督察情况，形成专项督察报告。组织开展派驻纪检监察组交叉互查活动，逐组检查工作落实情况，排查问题 50 条，提出整改建议 57 条。开展调研分析，组织派驻机构“嵌入式”开展监督专题调研活动，形成调研报告 20 份。结合举办“‘驻清守正’打铁人”论坛，交流研讨“嵌入式”监督专题调研成果。

党的作风建设

【概况】 2019 年，泰州市开展形式主义、官僚主义集中整治，采取实地走访、线上检查等方式专项督查各地各部门开展情况，集中查处空泛表态、应景造势、敷衍塞责、出工不出力等突出问题。全年查处形式主义官僚主义问题 282 起，处理 342 人，其中党纪政务处分 134 人。监督检查落实中央和省市“基层减负年”措施情况，督促各地各部门落实主体责任。全年全市下发纪律检查建议、监察建议 164 份，推动新建或修订制度 200 多个。按照“制度＋平台”的理念，监督重点领域关键环节，建成健康长江泰州行动大数据平台、“河长制”监管平台、国有资产监管平台等 6 个信息化监管平台。

【“学纪守廉”廉政教育活动】 2019 年，泰州市宣传和解读《中国共产党纪律处分条例》《中国共产党问责条例》

市纪委监委开展廉政教育活动　（市纪委监委供图）

等新出台和新修订的党规党纪，制定《党章党规党纪学习方案》，推动党章党规党纪学习教育常态化、制度化。实施4批68名拟任市管干部任前测试，测试结果记入干部廉政档案。组建党规党纪教育宣讲团，开展纪律教育宣讲30多场。分层分类开展警示教育和庭审教育，督促指导市教育局、交通运输局等6个部门开展精准警示教育，开展“5·10”“亲语连廉”廉政教育月活动。全年全市150多家单位、1.5万人次观看警示教育片《震慑常在》。组织开展“亲语连廉”党规党纪知识测试和“党规党纪周周学”活动，参与党员干部16万人次，其中全市1200多名县处级干部参与率100%。

巡察工作

【概况】 2019年，泰州市纪委监委围绕全面提高巡察工作质量，拓展巡察工作的广度和深度，推动巡察监督由有形覆盖向有效覆盖转变，全面提高巡察工作质量。落实省委巡视反馈意见整改措施，压紧压实整改责任。深化政治巡察，会同市审计局联合出台《关于进一步深化巡察机构与审计机关协作配合的实施意见》，构建“巡审结合”工作机制。

【巡视整改】 2019年，泰州市围绕省委巡视反馈的7个方面、15项、33个问题，制定138条整改措施。在全市范围内开展巡视整改专项行动，建立“双单督责”制度，向14名牵头市领导报送《巡视整改提醒单》，向68个整改责任部门发送《巡视整改交办单》，压实整改责任。探索构建巡视整改“三审三查”工作机制，先后7次组织联合会审，7次向省委巡视机构报送整改进展情况，均一次性通过审核，相关做法被中纪委《党风廉政建设》推介。

【政治巡察】 2019年，泰州市开展市委第六、第七轮巡察，穿插安排“健康长江泰州行动”跟踪巡察、“脱贫攻坚”“政府投资工程建设”专项机动式巡察，以及“对口式”“回访式”巡察。研究制定《构建巡察监督巡察整改“双流程、双闭环”深化“三不”工作格局的实施意见》，推动巡察与“三不”工作格局全方位、全过程融合发展，提升巡察质效。建立市委巡察组兼职副组长库、特聘巡察干部库、专业人才库。全年市县两级先后对130家单位进行巡察，发现问题2587个，移交问题线索1156条，立案91件，党纪政纪（务）处分73人，移送司法机关7人。

【村（社区）提级巡察】 2019年4月，泰州市组建市委对村（社区）提级巡察组，按照2%的比例选取17个村（社区）开展提级巡察，发现5个方面、15项共性问题、76项个性问题，经分析研判，形成综合情况报告，相关做法被省委《巡视巡察工作情况》推介。全年全市巡察805个村（社区），反馈问题6220个，完成整改5484个。

【村（社区）巡察分级分类整改】 2019年，泰州市按照省委巡视办要求，在全省试点推进建立对村（社区）巡察分级分类整改机制工作。4月，制发《对村（社区）巡察分级分类整改工作实施意见》《对村（社区）巡察分级分类整改工作导图》，省委巡视办向中央巡视办推介。6月，召开全市对村（社区）巡察分级分类整改工作推进会。10月，市纪委、市委巡察办组成调研组，督查调研全市推进情况，检验试点成效。全市巡察805个村（社区），反馈问题6220个，完成整改5484个。

（朱亚男）

责任编辑　叶　彤

中国国民党革命委员会泰州市委员会

【概况】 至2019年末，中国国民党革命委员会泰州市委员会（简称民革泰州市委）有党员372人，平均年龄48.7岁，其中本科以上学历302人、具有中级以上职称252人。民革市委有总支3个、支部22个。成立高港区总支、企业家联谊会、文艺工作者联谊会、中山公益服务中心，建成市政协民革界别政协委员"活动之家"。姜堰区综合支部被民革中央评为"民革示范支部"，姜堰区总支"中山博爱之家"被民革中央评为"优秀民革党员之家"；海陵区教育支部、海陵区政法支部、高港区支部被民革省委评为"民革示范支部"，泰州医药高新区支部、高港区支部的"中山博爱之家"被民革省委评为"优秀中山博爱之家"。

【参政议政】 2019年，民革泰州市委提交市政协集体提案6件、省政协委员提案1件、市政协委员提案42件、区人大代表建议案7件、区（市）政协委员提案48件，4件提案被评为市、区政协优秀提案。提交民革省委调研报告1件，转化为省民革集体提案，并被列为省政协重点督办提案。提交市政协大会发言3件。《关于加快发展我省"互联网+教育"的建议》作为省民革发言材料，在省政协常委会上交流。民革市委被民革省委评为参政议政工作先进集体。全年报送社情民意信息104条，其中，全国政协、民革中央各采用3条，省政协采用2条，省委统战部采用5条，民革省委采用32条，市政协采用33条；3条分别获民革中央优秀社情民意信息二等奖、三等奖。民革市委被民革省委评为反映社情民意信息工作先进集体。

2019年5月30日，民革泰州市委在城中街道开展"博爱·牵手"亲子沙龙活动 （民革市委供图）

【社会服务】 2019年，民革泰州市委开展"博爱"系列活动及各类公益活动数十场次，民革市委被民革省委评为社会服务工作先进集体。对口帮扶贵州省毕节市纳雍县猪场乡倮倮鸠村，开展"扶贫启智、爱心助学"公益活动，捐款捐物2万多元。举行"精准脱贫之路 你我携手同行"捐款仪式，募集爱心款60多万元。民革市委被民革省委评为定点扶贫工作有功单位。 （朱 芹）

中国民主同盟泰州市委员会

【概况】 2019年，中国民主同盟泰州市委员会（简称民盟泰州市委）发展新盟员55人，其中具有高级及以上职称人员11人、"80后"25人、"90后"9人，2人被民盟省委评为"2018～2019年度组织建设先进个人"。参与"丝路信使"赛事活动，获全国人大常委会副委员长、民盟中央主席丁仲礼批示。3月1日，民盟中央美术院泰州分院美术

2019年7月27日，民盟中央“一带一路”与民心相通论坛在泰州举行

（民盟市委供图）

馆揭牌。7月27日，民盟中央“一带一路”与民心相通论坛在泰州举行。

【参政议政】 2019年，民盟泰州市委在市政协五届三次全会上提交大会发言和集体提案8件、个人提案32件。集体提案《关于优化城区基础教育资源布局的建议》被列为副市长领办重点提案，集体提案《保留原有合理架构推动中医药综合改革》《加强青少年法治教育 防范意识形态风险刻不容缓》和个人提案《关于加强全市校园食品安全监管的建议》被列为市政协重点提案。在市政协五届二次大会上提交的《关于进一步完善全市创业就业培训的建议》等3件提案被市政协评为优秀提案。全年提交调研报告21件，转化形成各级政协提案8件，向民盟中央、民盟省委论坛、省政协常委会等提交调研报告11件，6件调研报告在民盟省委论坛上获一等奖、二等奖和优秀奖。全年提交社情民意信息近150条，编发上报90多条，19条建议信息分别被全国政协、民盟中央、省政协、省委统战部、省委办公厅等采用。1人被民盟省委评为“2018～2019年度参政议政先进个人”。

【社会服务】 2019年，民盟泰州市委开展盟员书画家送福进社区、盟员进社区文艺会演、“助力中考”教育公益讲座、“共植希望树 同谱大梦想”植树慰问留守儿童联谊活动、“自强脱贫 助残共享”惠残助残政策宣讲及文艺演出、关爱自闭症儿童公益行动、为残疾人书屋捐赠图书等系列活动。5人被民盟省委评为“2018～2019年度社会服务先进个人”。

（赵筛扣）

中国民主建国会泰州市委员会

【概况】 至2019年末，中国民主建国会泰州市委员会（简称民建泰州市委）有专门委员会8个、基层委员会1个、总支部2个、支部20个；有会员482人，平均年龄49岁，其中大学本科以上学历330人、中级以上职称220人。发展新会员27人，减员4人。泰兴市基层委员会，泰兴市基层委员会四支部、工商四支部建成“民建会员之家”，工商一支部、姜堰区总支部创成“首批全省特色基层组织”。会员企业江苏现代建筑设计有限公司建成市政协民建界别“委员活动之家”和“委员协商议事室”。

【参政议政】 2019年，民建泰州市委提交《关于加快常泰合作推动中轴崛起的建议》等省政协委员提案3件。《关于加大力度培育全市高新技术企业的建议》在市政协五届三次会议上作大会发言，《着力发展经济薄弱村集体经济 筑牢乡村振兴基础》《推进低效产业用地再开发提升亩均效益》作书面交流。向市政协五届三次会议提交集体提案8件、委员提案31件，其中市政协主席、副主席督办重点提案7件，副市长领办重点提案2件，市政协进行“回头看”视察的重点提案3件；《着力发展经济薄弱村集体经济 筑牢乡村振兴基础》《关于推进全市垃圾分类和治理的建议》《关于加强企业非法集资管理的建议》被评为优秀提案。参与民建省委“民营经济高质量发展”课题调研，提交子课题调研报告6件。参与民建上海市委《推动长三角一体化高质量发展》相关子课题调研，形成“长三角区域交通一体化”相关调研报告。围绕“人民政协成立和多党合作制度确立70周年”“70年来在中国共产党领导下民建发挥的历史作用和取得的宝贵经验”等主题，形成理论研究成果2篇，其中《新时代民主党派更好参与政协协商的思考》获评民建省委优秀作品奖。全年向民建省委、市政协、市委统战部报送社情民意信息130多条，其中全国政协单篇（转送）采用1条、全国政协采用6条、中央统战部采用1条、民建中央采用5条、省政协和省委统战部分别采用4条、民建省委采用33条、市政协采用20多条、省委领导批示1条、市委主要负责人批示1条，《建议法院“12368”诉讼服务热线增加执行信息查询告知功能》被评为省政协优秀社情民意信息，民建市委获全省民建社情民意工作二等奖。

【社会服务】 2019年，民建泰州市委协助民建省委实施高港区刁铺街道的“思源工程——生育关怀行动”连心家园项目，企业家会员参与发起成立泰州市思源公益服务中心。与泰州市海军小学签订助学结对服务协议，结对帮扶脱贫，民建中央授予泰兴市基层委员会“民建脱贫攻坚奖”先进集体称号，1名会员被授予“民建脱贫攻坚奖”先进个人称号。工商一支部“同心工作站”被民建省委评为社会服务工作品牌创新项目奖。民建市委举办“新时代企业核心竞争力打造”专题讲座、财税讲堂等活动，组织企业家会员参加“中国（甘肃）非公有制经济发展论坛”“中国风险投资论坛”“上海民建浦江论坛”“江苏经济高质

量发展高峰论坛”、第四期江苏省中小企业“智慧管理智能制造”总裁班、浙江民建“舟山·经济圆桌论坛”等活动。（香占章）

中国民主促进会江苏省委员会泰州市总支部委员会

【概况】 至2019年末，中国民主促进会江苏省委员会泰州市总支部委员会（简称民进泰州总支）有会员103人，其中，新发展会员4人，外地转入泰州1人；平均年龄46.1岁；本科以上学历97人、具有中级以上职称103人。4月12日，民进省委批复同意增设海陵区支部、高港区支部、泰州高校支部。6月13日，民进高港区支部成立；6月29日，民进泰州高校支部成立；12月25日，民进海陵区支部成立。高港区、海陵区分别在江苏天华索具有限公司、泰州市民兴实验中学挂牌建立“民进会员之家”。

【参政议政】 2019年，民进泰州总支向市政协提交的个人提案《全市中小学校校门口教育环境问题的防范与整治》被市教育局采纳，向海陵区政协提交的个人提案《关于严厉整治非机动车、行人乱穿马路的建议》被区公安局、城管局、教育局、文明城市创建办等部门采纳，向姜堰区人大提交的个人提案《关于区实小教育集团罗塘校区改扩建的建议》获采纳，向姜堰区政协提交的个人提案《修复曲江楼沿河景区东侧步道的建议》《关于健全完善垃圾分类系统工程的建议》被区教育局、区教师发展中心采纳。撰写《我为创建“泰州文化强市”献一策》《全区新高考背景下高中教学现状与应对策略的调研报告》等调研报告，报送《关注小微企业用工问题 做好服务工作》等社情民意。

【社会服务】 2019年，民进泰州总支邀请民进上海市委到泰州市与企业界会员交流产业发展思路。姜堰支部到张甸中学开展送教下乡活动，开设高考语文复习课。高港区支部到高港区大泗镇二陈村开展社会主义新农村乡村文明建设活动。（吴建华）

中国农工民主党泰州市委员会

【概况】 2019年，中国农工民主党泰州市委员会（简称农工党泰州市委）发展新党员50人，全市有农工党员576人。1名党员获“全国三八红旗手”“江苏留学回国先进个人”称号。落实“农工之家”建设，建成市委会、泰州医药高新区支部、高港总支、姜堰支部、市血站支部、市卫生监督所支部、市二附中支部等“农工之家”。市人民医院总支完成“农工之家”选址设计，推进海陵总支、泰州职业技术学院支部、市妇幼保健所支部“农工之家”建设。建成市政协农工党界别“‘政协委员之家’暨‘有事好商量’”协商议事室。

【参政议政】 2019年，农工党泰州市委向市政协五届三次全会提交集体提案8件、个人提案27件。其中，《实施精准健康扶贫，助力贫困群众健康奔小康》《加大药品进口口岸申报力度，助力全市医药产业高质量发展》作大会发言，《关于加强全市志愿者服务工作的建议》《加快全市水生态文明体系建设的建议》作书面交流；集体提案《关于进一步加强精准健康扶贫工作的建议》列为市委主要领导领办重点提案，《关于进一步加强全市犬类管理工作的建议》列为市长领办重点提案，6件提案列为市政协重点提案。开展“长期护理保险制度建设”“综合保税区现状分析”“大健康数字经济及医养融合”、“基层卫生事业发展”“人才建设”等专题调研以及“有事好商量‘一平台三联系’协商议事”前期调研活动。2篇立项调研报告被列为农工党省委、省政协集体提案。《关于发挥政协界别作用的思考和建议》被全国政协刊用。全年上报社情民意信息155条。其中，《完善“一带一路”沿线国家预警机制 助推“一带一路”建设走深走实》等6条信息被全国政协采用，《人类辅助生殖技术市场存在的问题与建议》等4条信息被农工党中央采用，《关注埃博拉疫情 加强非洲留学生传染病防控工作》被省委采用，《药品上市许可人制度呼唤国家级公益公共服务平台》等15条信息被省

2019年10月29日，农工党泰州市委举办第三期“健康大讲堂”。图为专家现场为群众释疑解惑（农工党市委供图）

政协采用,《PKU患儿特殊药品食品采供"梗阻"问题亟待解决》获省领导批示,《关于建设泰州"古运盐河文化博物馆群"的建议》获市委书记批示,11条信息被省委统战部采用,67条信息被农工党省委采用。

【社会服务】 2019年,农工党泰州市委开展贵州省毕节市大方县对口帮扶工作和云南省楚雄彝族自治州脱贫攻坚民主监督及帮扶工作。做好农工党中央定点帮扶蒋垛卫生院和市委会服务基层联系点罡杨卫生院的服务工作,帮扶资金11万元。承办第九期泰州市"党派联合大讲堂"暨第三期"健康大讲堂"活动,举办"农工党健康服务行"暨第四期"健康大讲堂"走进市长运汽车运输有限公司活动,为120多名大巴司机普及急救知识。市血站支部开展献血车进单位、进学校、进社区等活动5次,服务人数1000多人,发放宣传单1000多份,免费测量血压1000多人,免费测血型1000多人;高港总支开展"夏日送清凉 慰问暖人心"活动;市疾控中心支部围绕"世界无烟日"宣传主题,协办"泰州市首届戒烟大赛"及"世界无烟日"健康骑行活动。市中医院总支开展"安全用药 合理用药"、中药饮片真伪鉴定志愿活动10多次;市直机关支部开展"喜迎中华人民共和国成立70周年"联谊会活动和公益送教进拉萨活动;海陵综合支部开展"两癌与女性健康"专题讲座;姜堰支部开展义诊、科普等活动23次,受益群众1500多人。

【全国首个细分行业公共关系社会组织在泰州成立】 2019年8月2日,全国首个细分行业的公共关系社会组织——泰州市医疗行业公共关系学会成立。学会由中国医药峰会联合策划人吴红德,海军军医大学博士后、农工党泰州市委会中医药专业委员会副主任顾正兵,南京中医药大学翰林学院卫生经济管理学院公共事业管理与信息管理教研室副主任加瑞芳,葵花药业集团副总经理熊国平,农工党泰州市委会经济工作委员会委员戴静等共同发起成立,旨在构建科学规范的公共关系体系,增加医药企业与公众的沟通理解,为企业决策提供咨询和帮助。顾正兵当选为会长,苏中药业集团副总经理祝纪文为执行会长,赵大力为学会高级顾问,冯杰为学会荣誉会长。 (孟 军)

中国致公党泰州市总支部委员会

【概况】 2019年,中国致公党泰州市总支部委员会(简称致公党泰州总支)下辖市直一支部、市直二支部、海陵支部、高港支部、姜堰支部5个基层支部,有党员49人,其中本科以上学历46人,中级以上职称34人。12月20日,致公党泰州总支召开第二届总支代表大会,选举周小慧为致公党泰州市第二届总支部委员会主任委员,吴梓兴、尹晓洁为副主任委员。

【参政议政】 2019年,致公党泰州总支提交议案提案4件,开展调研工作,完成立项课题1项,形成调研报告1篇。课题《加快港航事业高质量发展,助力长三角区域交通一体化建设》在致公党省委举办的第三届"汇智论坛"中获二等奖。上报社情民意信息3篇,被采用1篇。

【社会服务】 2019年,致公党泰州总支参加致公党省委组织的赴贵州、四川开展的脱贫攻坚系列活动。做好"致公护蕾"社会服务品牌,为南沙小学捐赠图书200多册,关爱贫困学生的健康成长。做好海外联络"引凤工程",被致公党省委评为"引凤工程"(海外留学人员江苏行考察联谊活动)先进集体。 (吴梓兴)

九三学社泰州市委员会

【概况】 2019年,九三学社泰州市委员会(简称九三学社泰州市委)发展新社员37人,其中高级职称10人、博士研究生2人、硕士研究生10人。4月,成立九三学社泰兴支社;12月,开展泰州学院支社筹建工作。1人被九三学社中央表彰为组织工作先进个人,2人被九三学社省委表彰为组织工作先进个人。

【参政议政】 2019年,九三学社泰州市委提交市人大建议案8件、政协集体提案5件、政协个人提案27件。组织社员参加九三学社省委举办的调研课题招投标活动,《特色田园乡村农业产业发展调查研究》等6个课题被列为中标课题,其中,1个课题被九三学社中央列为提交全国政协大会的集体提案,2个课题被九三学社省委列为提交省政协全会的集体提案。《关于传承激活泰州红色基因的调查与思考》《泰州农村改革创新案例分析研究》获市领导批示,《工业互联网促进江苏区域经济高质量发展路径研究》《基于扬子江城市群建设背景下泰州农业"接轨上海、融入苏南"的几点思考》被第12届江苏九三论坛采用。全年上报社情民意信息52条,其中《谨防建国70周年盗版伪劣纪念品流入市场》《关于建立完善司法鉴定管理机制的建议》《关于<中华人民共和国公职人员政务处分法(草案)>的几点建议》被全国政协采用,《基层农民资金互助合作社发展亟待政策引导支持》获省领导批示,《关于在司法解释中注明所解释的条文完整内容的建议》等6条信息被九三学社中央采用,《兼任40多个职务并不奇怪,首长负责制下的程序正义产物》等4条信息被省政协采用,40条信息被九三学社省委采用。九三学社市委被九三学社省委表彰为参政议政工作先进集体,3人被九三学社省委表彰为参政议政工作先进个人。

【社会服务】 2019年,九三学社姜堰区委开展以"珍爱美丽地球、守护自然资源"为主题的地球科普宣传进校园活动。高港区支社组织社员赴浙江、江西等地围绕"促进旅游业发展"开展专题调研。林海支社参加"爱企业、献良策、做贡献"主题活动。 (翟敏华)

泰州市工商联

【概况】 至2019年末,泰州市各类商会会员14216家、商会组织205家,比

2019年4月29日，泰州市在苏中、苏北地区率先成立新一代企业家联合会
（市工商联供图）

2018年分别增加391家、9家。4月29日，在苏中、苏北地区率先成立新一代企业家联合会。召开市工商业联合会(总商会)第五届执行委员会第三次会议。组织参加全国“两会”精神民营企业家宣讲会。年内，市工商联在全国工商联媒体评比中获“构筑非公经济舆论阵地”年度先进单位。2人获省非公有制经济人士“优秀中国特色社会主义事业建设者”称号，2名工商联界别政协委员获评“泰州市最美政协委员”。

【商会工作】 2019年7月31日，泰州市首个境外异地商会——香港泰州商会揭牌仪式在香港举行。筹建新疆维吾尔自治区泰州商会，做好泰州市浙江商会等商会换届工作。至年末，全市有异地商会55家。泰兴市济川街道商会、高港许庄街道商会创成全国“四好”商会；靖江市青商会等14家商会创成省“四好”商会，高港许庄街道商会被命名为省“四好商会”示范点和商会党建示范点。靖江市青商会、上海姜堰商会2名商会会长获省级“优秀商会会长”称号。

【参政议政】 2019年，泰州市工商联在市政协五届四次大会上作《减税降费成效显著 政策措施有待完善》大会发言，全年向省、市人代会、政协大会提交调研报告2件、提案21件。集体提案《推动全市军民融合企业健康发展》《着力推动全市民营企业高质量发展的建议》被市政协评为“优秀提案”，《推动全市军民融合企业健康发展》被列为重点提案。报送社情民意6条，《莫让增值税降税“消化不良”》被全国工商联采用。《关于进一步优化营商环境的建议》被市委、市政府确定为2019年全市两项重点工作之一。全年走访民营企业近300家，发放调查问卷1100多份，召开座谈会9次，形成《春节后企业复工、用工情况报告》《泰州减税降费情况报告》等调研报告。

【社会服务】 2019年，泰州市工商联、市委组织部、统战部联合举办“长三角一体化发展”民营企业家专题研修班。开展民营企业“走进静安共建友好，接轨上海融合发展”活动，与上海市静安区工商联(总商会)结成友好商会。组织民营企业家参观上海第二届中国国际进口博览会。配合市金融办、知识产权局与中行泰州分行开展“知识产权融资一站通”活动，解决创新型小微企业贷款无抵押、无担保难题；组织中小微企业进行银企对接，近30家小微企业与银行达成贷款意向协议。举办“企业知识产权风险与防范”专题讲座，联合检察院设立非公有制检察工作站，与市司法局联合开展“法律三进”活动，建立泰州行政执法监督民营企业联系点。与市税务局联合建立“纳税人之家”服务平台，开展区域民营经济营商环境评估工作。泰州市委出台《关于构建“亲”“清”政商关系的若干规定》。引导民营企业家参与光彩事业、“百企帮百村”精准扶贫活动。开展与陕西咸阳扶贫协作和对口支援，5个项目达成投资协议；各类商会、会员企业筹集扶贫资金110万元，5家企业结对帮扶省级贫困村。（朱于才）

责任编辑 王 卉

泰州市总工会

【概况】 至2019年末，泰州市基层工会9552个、会员118.4万人。新创成全国"职工书屋"2个，累计41个；新创成省"职工书屋"4个，累计66个。7月23日，召开泰州市劳模工匠协会第三次会员代表大会暨主导产业"英才联盟"成立大会，将劳模协会更名为劳模工匠协会，选举产生劳模工匠协会新一届理事会及会长、副会长、秘书长，成立主导产业"英才联盟"。2019年，泰州市评选市劳动模范150人，2人获全国"五一劳动奖章"，2个集体获"全国工人先锋号"称号，5个集体获省"五一劳动奖状"，10人获省"五一劳动奖章"，24个集体获省"工人先锋号"称号。

【劳模服务】 2019年，泰州市健全劳模服务管理体系，基本实现劳模档案电子化管理，推行劳模"三金"（春节慰问金、特殊困难帮扶金、生活困难补助金）电子化发放。组织劳模参加健康检查和疗养休养，惠及劳模500多人次。完善包括劳模工匠在内的优秀技术工人培养、使用、激励和保障措施，全年创建劳模创新工作室9家，创建劳模党支部2个、党员先锋岗12个。开展劳模工匠人才"名师带徒、薪火相传"活动，培训职工1120人，提升技术等级660人，获专利78项，产生创新成果116项。开展"我与祖国共发展"劳模事迹主题宣讲活动20多场，20多万人次参加。5个案例入选省级职工思想政治工作优秀案例，评选市级"文明职工"81人、"文明班组"80个、"最美职工"10人。组建"劳模工匠讲堂红色讲师团"，在主导产业所属企业开展系列宣讲活动35场，在《泰州日报》开设"劳模"专版，拍摄优秀劳模工匠代表宣传片80部。

【劳动技能提升】 2019年，泰州市围绕全市重大基础设施建设、招商引资项目建设、民生工程建设及产业技改项目，将中体泰州体育公园、泰州迈博太科抗体药物产业化等重点工程劳动竞赛项目作为全市示范性竞赛项目。围绕全市主导产业、先进制造业、现代服务业和公共管理等行业，开展20个工种的一类职工职业技能竞赛和15个工种的二类职业技能竞赛项目。举办全省药物制剂、不动产登记职工职业技能竞赛等两项省级一类竞赛项目活动。开展职工"五小"（小发明、小改造、小革新、小设计、小建议）活动，评选全市职工十大科技创新成果、十大先进操作法、十大发明专利，其中，"配合一二次融合互感器项目""基于柔性轧制高精度双金属带材项目"两个项目获2019年省十大科技创新成果。

【职工帮扶】 2019年，泰州市各级工会筹集帮扶助困资金1600多万元，实施帮扶救助困难职工8200多人次，帮助全市312户特困职工解困脱困。利用"掌上工会""泰工惠"电商平台，对全市经济薄弱村以及新疆、西藏等对

遍布全市的志愿服务"爱心驿站"　（市总工会供图）

口支援地区的优质农副产品进行线下展示、线上销售。开展女职工权益保护行动,联合市人社部门组织专场招聘活动8场;3.7万多女职工接受免费健康筛查。开展“健康快乐与我同行”活动,组织300多名优秀职工参加健康疗养。至2019年末,建成“爱心驿站”154家,为快递员、交警、环卫工人等户外工作者提供服务。其中泰州农商行营业部爱心驿站、泰州农商行泰山支行爱心驿站被省安康杯竞赛组委会命名为2019年度五星级“安康·爱心驿站”。 (马钰蓉)

【机关工会工作】 2019年,泰州市创建合格职工之家,完成基层工会组织改选,做好困难职工调查。组织机关口省、市“五一劳动奖状”“五一劳动奖章”“工人先锋号”评选推荐工作。开展干部职工业余文体生活。9月,举办市级机关游泳比赛,37家单位、200多名机关干部参加;11月,举办市级机关第13届“政务通杯”乒乓球比赛,40支代表队、286名选手参赛。 (王 超)

【基层工会建设】 2019年,泰州市总工会推进建会入会专项行动,成立泰州市房地产中介行业联合工会和快递行业联合工会。召开“我是娘家人 真情伴你行”全市基层工会组织建设现场推进会,开展“百佳示范工会”创建和“品味家人家事”主题活动,落实市直非公企业兼职工会主席津补贴制度。推进“网上工会”建设,完善“泰州职工之家”“泰工惠”“泰享读”“泰有缘”等服务品牌,10多万人受益。

【产业工人队伍建设改革】 2019年9月12日,泰州市委全面深化改革委员会第四次会议审议通过《新时代泰州产业工人队伍建设改革重点任务实施方案》;10月9日,市委、市政府印发实施方案,提出实施政治强基、赋能成长、维权服务、合力保障四大行动。市产业工人队伍建设改革联席会议办公室制定下发《关于优化“培训+竞赛+创新”体系 促进产业工人赋能成长的十条激励措施》。出台《关于创新开展“能级工资”集体协商 健全产业工人分配激励机制的指导意见》等文件,推动产业工人队伍建设改革工作。选树命名江苏新时代造船有限公司职工培训中心等10家“示范性产业技能培训基地”。年内,市总工会促进产业工人赋能成长的创新做法被《工人日报》、中新网等多个国家级媒体报道。

(马钰蓉)

共青团泰州市委员会

【概况】 2019年,共青团泰州市委新发展团员11400人,团员总数16.22万人,基层团干部16318人,团员总数占14~28周岁青年总数的24.1%。全市有市(区)团委6个、开发区团工委1个、市直属机关企事业单位团组织38个;各市(区)下设基层团委330个、团工委118个、团总支270个、团支部6026个。2019年度获评全省共青团工作“10100”创新创优工程优秀项目一等奖1个、三等奖2个;6家集体获“全国青年文明号”称号,1个基层团组织获“全国五四红旗团委(团支部)”称号,21个基层团队组织获“江苏省五四红旗团委(团支部)”“江苏省优秀少先队集体”称号;建成江苏省青年学习社2个、江苏省青年书香号1个。出台《共青团基层组织建设规范提升年实施方案》,开展“四集中”(集中排查、集中组建、集中规范、集中保障)专项行动。新建非公团组织712家。开展团员身份认定工作,根据“智慧团建”系统录入数据。11月21日,召开泰州市学生联合会第二次代表大会,高婧当选为主席,蒋晓亮、袁诚、陈昊杰当选为驻会执行主席。12月13日,泰州市青年工作联席会议第一次全体会议召开,出台《“泰爱才·青春留泰”十条措施(试行)》《“凤还巢”泰州籍高校在校生社会实践活动方案》《“青缘汇”青年交友联谊项目实施方案》等文件。

【青少年思想引领】 2019年,泰州市举办“青春心向党 建功新时代”“国旗下的演讲”主题活动500多场,7万名青少年参加。团市委党团队一体化组织教育馆全年开展活动200多批次;市青年马克思主义者学院建成6家分院,举办“马克思主义·青年说”活动23场;建成市青年学习社200多家,省级展示线路2条、市级展示线路6条,开展各类学习交流、教育实践活动712场,60多万人次参与青年大学习线上学习。组建“青年讲师团”,举办“泰州青年思享汇”3期,平均每期在线观看13000多人次,参与互动400多人次。全市创作主题漫画、动画、视频、微电影等文化产品1000多件。举办首届“泰州青年五四奖章”评选活动,10名青年、5个集体获表彰,10人获评市“最美青年人物”;50名青少年获省级表彰,其中8人获评江苏“我们身边的好青年”,1人获评“江苏省最美青年人物”;6名青少年获国家级表彰,1人获评“全国向上向善好青年”,1人获评“第12届中国青年志愿者优秀个人

2019年4月3日,“泰州青年思享汇”启动仪式暨第一期活动在泰州职业技术学院举行 (团市委供图)

奖”,1 人入选“中国好网民 · 江苏榜样”,2 人获评全国“最美中学生”,1 人获评全国“最美中职生”。

【青年群体服务】 2019 年,泰州团市委建成市“青益加”青年服务中心,举办第四届青年公益项目创投大赛,近 100 个青年社会组织参与。举办青少年事务社工专场培训 2 场。推出“青缘汇”青年交友联谊活动品牌,举办相亲交友活动 120 多场。成立市新兴青年群体联盟,市青年志愿者协会、青年美术家协会、青年摄影家协会等 7 个青年社会组织成为首批团体会员。举办青年俱乐部春、秋两季公益培训班,开设摄影、朗诵、书法、应急救护、手工装饰、彩铅绘画、舞蹈、搏击、声乐、吉他、防身搏击等 10 多门课程。

【青年创新创业】 2019 年 6 月 27 日,泰州市举办第五届“蜂鸟杯”青年创客大赛,设置青年创新赛道、青年创业赛道和互联网专项赛道,199 个项目参赛。联合市人才办、发改委、工信局、科技局、财政局、商务局、金管局等部门实施新生代企业家培养“新动力”计划,举办新生代企业家“新动力”训练营 2 期,培训新生代企业家 80 人;成立“新动力”学习社,聘请 10 名企业家担任学习社导师;开展新生代企业家专题调研,走访调研 114 家企业,形成专题调研报告 1 篇。承办“创青春”江苏青年创新创业大赛,宣传推介泰州创新创业环境,2 个项目意向落户泰州,泰州 8 个项目分获一、二、三等奖。

【泰州市青年联合会】 2019 年,泰州市青年联合会参加江苏省青年联合会第十二届委员会全体会议,推荐 22 名市青联委员担任省青联委员。市青联各团体会员举办“五四”青年节主题活动,泰州市青年美术家协会举办“恰百年五四 享青春年华”会员作品展,泰州市青年摄影家协会举办“五四”摄影展。12 月 17 日,市青联召开三届三次常委(扩大)会议,选举翟文周任市青联主席,贺骏任市青联副主席。

【“团聚英才”泰州青年建功高质量发展三年行动】 2019 年,泰州市出台《“团聚英才”泰州青年建功高质量发展三年行动方案(2019～2021 年)》,对八类青年人才(青年马克思主义者、青年网络人才、新生代企业家、青年创新创业人才、青年高层次人才和青年学子、乡村振兴青年人才、青年高技能人才、青年社工人才)实施“燃青春 · 正能量”“新动力”“蜂鸟青创”“凤还巢”“匠人匠心”“青社”等八大计划。项目获全省共青团工作“10100”创新创优工程优秀项目一等奖、泰州市改革创新项目三等奖,并被《中国青年报》等多家省级以上媒体报道。

【“青仔领航”公益行动】 2019 年,泰州市青少年活动中心实施“青仔领航”公益行动,面向社会公开征集公益合伙人,开通青少年免费预约服务,开展“红领巾成长营”“青仔公益夏令营”等活动 70 多期,服务少年儿童近 2000 人次。“青仔公益暑托班”拓展到三市四区,开办暑托班 80 个,3400 多名儿童受益。“青仔乐体验”开展“寻找 1000 名传统文化使者”专题活动,组织陶艺、剪纸等文化艺术体验活动 50 多场,服务少年儿童 3000 多人次。

(吴海棠)

泰州市妇女联合会

【概况】 至 2019 年末,泰州市机关及直属事业单位妇委会 70 个、妇联 147 个;县(市、区)级妇女组织 6 个、乡镇(街道)妇女组织 88 个、村(社区)妇女组织 1652 个、新兴领域(新经济组织新社会组织、新媒体行业)妇女组织 2848 个。全年培训妇女 3087 人次,评出省级巾帼示范基地 8 个,创成全国“巾帼文明岗”7 个。建成市级“三八红旗手(集体)工作室”100 个。发放“春蕾助学金”154.6 万元,受益 1494 人。2 月 25～27 日,泰州市妇女第五次代表大会召开,黄海燕当选为主席。大会审议通过泰州市妇联第四届执行委员会工作报告的决议并表彰泰州市“三八红旗手(集体)”。

【妇女思想引领】 2019 年,泰州市妇联开展“十百千巾帼万场宣讲”活动 339 场次,受众 8.5 万人次。开展各类“栀子花讲堂”500 多场次。召开“争做最美半边天 巾帼建功新时代”主题活动,表彰“泰州市十大女杰”“泰州市十佳巾帼创业明星”“最美泰州人”——巾帼人物篇先进典型。印发《泰州市

2019 年 7 月 25～26 日,市妇联组织开展“传承红色文化 争做时代新人”公益夏令营活动　（市妇联供图）

"美丽庭院"三年创建评比活动方案》《泰州市"美丽庭院文明家"3365巾帼新风行动实施方案》("3365"指在3年内评选命名3000户"五好家庭"、组建300支巾帼志愿服务队,每年评选60个"五美示范庭院",建设5条美丽家园示范带),探索"美丽庭院+巾帼文明岗""美丽庭院+民宿""美丽庭院+农家乐"创建模式。年内,市妇联获省巾帼创业创新大赛优秀组织奖、省女性融媒体影响力奖、省妇联宣传舆论阵地建设先进单位称号。

【巾帼志愿服务】 2019年,泰州市妇联开展巾帼志愿服务712次,建成新时代文明实践服务岗300多个,服务群众4万多人次。开展"99"公益日活动,募集爱心款101.37万元,其中配捐32.9元。开展"冬日暖阳系列——让爱ZHU我家 欢乐过大年"活动,慰问孤贫儿童40人,发放慰问金4万元、慰问品价值2万元。开展"传承红色文化 争做时代新人"公益夏令营活动,组织60名困境儿童参观海纪馆、泰州市博物馆以及南京大屠杀纪念馆、江南贡院。开展"暖心@家 在你身边""七一"主题党日活动。组织申报2019年度省妇女儿童公益社工服务项目,获省立项14个,其中涉及妇女儿童实事内容的公益项目7个,获省扶持资金35万元。 (陈小磊)

【妇联"三大行动计划"】 2019年,泰州市妇联启动"三大行动计划"(女大学生创业创新启航行动、女企业家高质量发展领航计划、巾帼新农民乡村振兴护航计划)。举办"女大学生创业创新启航行动"培训讲座,150名女大学生参加培训,创业导师王巍授课。联合市社科联开展"女企业家生产经营状况及转型发展对策"课题研究。举办第七届巾帼创业创新大赛,表彰12个获奖项目和11个提名奖项目,推荐3个项目参加省妇联创业创新大赛决赛。举办泰州市"巾帼新农人助力乡村振兴护航行动"培训班,50人参加学习《农民创业与农村电商》《乡村振兴与民富产业发展》等内容。

【"好苏嫂"品牌】 2019年,泰州市推进家政服务发展,出台《妇联巾帼家庭服务业工作实施方案》,成立市巾帼家庭服务联盟,举办"好苏嫂"家政服务联盟信用平台泰州上线仪式,70多家家政服务企业入驻平台。开展巾帼家政服务专项培训,实施"好苏嫂"家庭服务品牌"十百千"推广计划,加强妇联"好苏嫂"职业资质和上岗资格培训工作,举办"好苏嫂"职业技能培训班,启动"千名'好苏嫂'培训计划",举办"好苏嫂"巾帼家政服务技能实操比赛,召开"比技能 强服务 争当'好苏嫂'"慰问表彰会。

【"最美"系列评选】 2019年3月7日~4月20日,泰州市妇联、教育局联合开展"妈妈的最美瞬间"作品征集评选活动,征集征文类作品2600多篇、摄影类作品700多幅、绘画类作品1300多幅,评选出征文类作品一等奖10篇、二等奖20篇、三等奖29篇,评选出摄影类作品一等奖2幅、二等奖4幅、三等奖8幅,评选出绘画类作品一等奖5幅、二等奖8幅、三等奖10幅,评选出优秀指导教师25人、优秀组织奖5个。7月31日,市妇联、泰州军分区联合开展"共筑强国强军梦 同心奋进新时代"2019年泰州市"最美军嫂"评选活动,评选"最美军嫂"赵小凤等10人,"最美军嫂提名"张洁等10人。12月14日,市妇联、市文明办组织参加第二届江苏省文明家庭评选活动,报送各类"最美家庭"112户,60户家庭获评泰州市"最美家庭",27户家庭获评泰州市"文明家庭"。年内,靖江市祁鸿家庭、泰兴市刘康圣家庭、高港区袁亚琴家庭获评2019年全国"最美家庭",靖江市刘国钧故居、姜堰区溱潼古镇"院士旧居"被省妇联命名为首批"新时代江苏家教家风实践基地"。 (陈小磊)

泰州市科学技术协会

【概况】 2019年,泰州市科协有市级学会(协会)37个,高校科协7个,企业科协672个,市(区)科协6个。新建机械工程、软装创意2家市级学会,淘汰2家学会。全市实现91个乡镇(街道)、1876个村(社区)、19个重点开发园区、7所高校科协组织全覆盖,34%的高新技术企业成立科协组织,兆胜空调、泰隆减速机和太平洋精锻3家企业科协被评为省级示范企业科协。举办青少年科技创新"市长奖"评选活动,评选出"市长奖"10个、"市长奖提名奖"6个、"科技辅导奖"10个、"科技创新教育摇篮奖"3个。兴化市、姜堰区科协被评为全省县级科协创新发展能力提升计划优秀单位。泰兴市"精英家乡行联谊交流活动"、兴化市"发

2019年11月18日,第四届江苏省科协青年会员创新创业大赛生命科学领域决赛在泰州中国医药城举办。图为颁奖仪式 (市科协供图)

挥‘四长’作用，提升服务能力”、高港区“突显党建引领，率先改革创新科技工作者服务管理机制”工作案例被评为全省县级科协“四服务一加强”单项工作创新案例。

【科技活动】 2019年，泰州市组织中国自动化学会、中国仪器仪表学会、省药学会等15家国家和省级学会的120多名智能制造、生物医药等领域的专家到泰州开展技术服务。开展中小微企业成长“科协助力行动”，组织市工程师学会和机械工程学会走访8个乡镇（园区）60家企业，开展科技政策宣传、成果转化、项目申报等服务，现场解决技术难题23个，征集科技服务需求47项。构建科技服务站、院士协同创新中心、海智基地三大平台，举办“全国学会泰州行”“院士专家企业行”、泰州市首届科技工作者创新成果展、全市首届科普宣传作品创作大赛等活动。开展“自然科学学术活动月”活动，以“创新驱动与高质量发展”为主题，举办重点学术活动60多项，参与会员超1万人次。举办省工业互联网区县行（泰州站）暨江苏科技论坛泰州分论坛、数据中心冷却技术及系统设计高峰论坛、首届IEEE国际电力数据科学大会、机械装备制造业高质量发展姜堰论坛和军民两用高新技术靖江论坛等活动。

【科普活动】 2019年，泰州市开展“科普宣传周”“全国科普日”系列活动，实施科普重点项目82个，发放科技资料1万多份，开展技术培训8场次，举办各类报告会24场次。实施基层科普行动计划，全年上争省级奖补资金96万元，奖励培育科普教育基地4个、社区科普馆4个、科普惠农工程16个。举办泰州市首届科普宣传作品创作大赛，征集音视频、平面设计、科普读物类作品532件，其中《蝴蝶日记》获第十届全国青少年科学影像节活动一等奖。

【智库建设】 2019年，泰州市科协承办“2019江苏乡村振兴高质量发展论坛”，联合省农学会引入省高端专家资源和科技研究成果，建设高港区大泗特色小镇。发挥科技工作者智力优势，征集科技工作者建议100多条，在医药研发、新能源发展等领域形成课题成果3项，完成全市制冷产业和姜堰区机械制造业发展调研报告2篇。推动旅比（比利时）华人专业人士协会在泰州新能源产业园设立首个国内办事处，现场签约落户云计算、激光设备2个项目。 （洪玉鹏）

泰州市归国华侨联合会

【概况】 至2019年末，泰州市各级侨联组织29个，其中市侨联1个，市（区）侨联6个，高校侨联1个，企业侨联2个，机关、行业系统侨联2个，各类开发区（园区）侨联5个，乡镇（街道）侨联6个，村（社区）侨联6个。12月15～17日，召开泰州市第五次归侨侨眷代表大会，选举蔡吉圣为泰州市侨联主席。年内，市侨联参加长三角华商大会，重点推介泰州中国医药城和泰州金融广场。推荐泰州中国医药城与江苏省侨商会在招商引资方面签订战略合作意向书。与肯尼亚江苏商会考察组交流项目合作、政策咨询、宣传推介等事宜。举办归侨侨眷专场宣讲会。开展归侨侨眷和海外侨胞需求性调查，组织访谈16次，调研走访海内外侨胞43人，形成侨胞需求性调查报告。

【侨联全委会】 2019年7月3日，泰州市侨联召开四届八次全委会，通过《靖江市、泰兴市、兴化市和海陵区、高港区、姜堰区、泰州医药高新区侨联主席、副主席、秘书长、委员候选人身份范围实施细则》。11月22日，召开四届九次全委会，卸免并增补部分市侨联四届委员会委员、常委。至年末，各市（区）侨联主席（或副主席）全部配备到位。

【服务侨界】 2019年，泰州市侨联指导成立安哥拉泰州同乡会。受侨胞王庚武委托，向泰州市图书馆赠送《五代时期北方中国的权力结构》《天下华人》《华人与中国》《更新中国》4部个人著作。参与江苏省华侨公益基金会·鼎顺控股集团“助学圆梦”活动，资助兴化市楚水实验学校品学兼优贫困学生。市侨商会资助泰兴市曲霞镇镇西村河道清污整治项目3万元。开展“追梦中华·侨这七十年”音频展播活动。7幅书画作品入选“翰墨颂盛世、丹青绘新篇”江苏省侨界庆祝新中国成立70周年暨江苏省侨联成立40周年书画展。 （朱大华）

泰州市文学艺术界联合会

【概况】 2019年，泰州市获国家级文

2019年3月28日，泰州文艺家沙龙在木缘草堂揭牌成立。图为书画家在沙龙举行创笔会 （市文联供图）

艺类奖项40多项、省级文艺类奖项70多项,1人成为江苏文艺界"明德模范"代表,1人获评第五届江苏省中青年德艺双馨文艺工作者。《泰州文艺评论丛书》出版发行,举办第七届全国"里下河文学流派"研讨会,成立市现代刻字艺术协会和市网络作家协会,完成市花鸟会研究会换届选举工作。召开泰州市文联五届三次全委会,表彰全市先进集体11家、先进个人20人、优秀文艺名人工作室4个、优秀文艺家20人。

【文艺创作】 2019年,泰州市孙志勇等8位书法家作品入展第12届全国书法篆刻展,黄平的漆画《一树花开》入选第13届全国美展。曲艺作品《远去的吆喝声》获省第五届民间文艺奖民间文艺表演奖第一名,2件作品获民间文艺大奖;焦响、张萌杰的小品《半天经理》获第八届江苏省文艺大奖曲艺奖。10人作品入选第23届江苏摄影艺术展,杨天民的作品获1金1铜。电影《香河》分别入围美国世界民族电影节长片主竞赛单元和俄罗斯外贝加尔湖国际电影节主竞赛单元,获东欧国际电影节最佳外语长片、最佳导演、最佳剪接3项提名。电影《建筑师》获第三届平遥国际电影展首映单元最受欢迎影片提名。费振钟的散文集《兴化八镇——记录:乡镇社会的解体与重建》、刘仁前的纪实文学《丹心如虹——谭寿林烈士传》、周新天的纪实文学《文心涅槃——谢文锦烈士传》获第11届省精神文明建设"五个一工程"奖。

【文艺人才培养】 2019年,泰州市实施文艺人才培养"双十计划",10名文艺名家结对培养10名成长中的青年文艺人才。庞余亮入选"江苏省紫金文化艺术英才",常秦等5人入选"江苏省紫金文化优青"。举办第七期泰州市文艺家读书班。在《泰州广播电视报》开辟专版,集中宣传展示泰州文艺名家;设立泰州文艺家沙龙,举办现场书画创作笔会和泰州文艺家沙龙首届书画作品展;在兴化市李中水上森林设立泰州文艺家采风创作基地。

【文艺惠民】 2019年,泰州市文联与省文联联合在泰兴市新桥镇设立江苏省文艺志愿者乡村服务基地和泰州市文艺志愿者乡村服务基地,并举办文艺笔会。开展"送法治送欢笑——文化进万家"活动。组织文艺家走进黄桥革命老区开展"情系乡梓,文艺惠民"活动。组织书法家参与全省"我们的中国梦文化进万家·福至运来"活动。组织开展走访慰问困难群众活动,提供帮扶慰问金、慰问品价值2万多元。

【文艺作品展示和评选】 2019年,泰州市文联在市美术馆举办庆祝新中国成立70周年"祖国颂"美术、书法、摄影和"非遗"作品展,展出作品200多件。举办"祖国颂"征文活动,评选出获奖作品22篇。举办"群文颂祖国"作品征集活动,16件群文作品获奖。与市文广旅局、市场监管局联合举办"品质泰州"全国书法精品展,收到来自全国投稿作品1500多件,评选出获奖和入展作品100件。

【"坐在云端深处"池莉诗文朗诵会】 2019年,泰州市打造中国泰州秋雪湖国际写作中心品牌,邀请作家、武汉市文联主席池莉采风创作。1月10日,市文联与泰州职业技术学院联合举办"坐在云端深处"池莉诗文朗诵会,朗诵池莉《缓缓通过生命之廊》《让梦穿越你的心》《爱是终身的事》等12部作品。

【稻河文学奖】 2019年,泰州市举办第四届稻河文学奖评选活动,设立小说、散文、诗歌、儿童文学、文学评论5类奖项,对名家作品及影响较大的作品设立特别奖,评选出获奖作品21篇。《稻河》杂志与宁夏中卫市《沙坡头》杂志互设专栏,推介两地优秀文学作品。

【泰州城市歌曲和logo作品宣传推广】 2019年,泰州市文联推介以《花开泰州》为首的5首有代表性的泰州城市歌曲,制作"泰州城市歌曲"MV视频及纪念盘,在泰州电视台、泰州广播电台、全市各旅游景点大屏及各类移动媒体、全市各重大活动中循环展播。在主城区主要道口护栏展示城市logo,宣传推广城市歌曲、城市logo作品。

泰州市作家协会

【概况】 2019年,泰州市作家协会围绕培育文学亮点、扶持青年作家、服务各类作家群体,做好各类服务活动。全市有文学内刊13家。里下河文学创作成为江苏特色文学名片。全年创作出版具有泰州地域风味的长篇小说等各类作品40多部,数十篇作品在国家核心期刊发表,其中具有代表性的作品有:刘仁前的短篇小说集《香河纪事》,庞余亮的长篇儿童小说《神童左右左》、童话集《躲过九十九次暗杀的蚂蚁小朵》、小说集《擒贼记》、散文集《半个父亲在疼》。

【作品创作】 2019年,庞余亮的散文《没有天使的夏日》获孙犁散文奖,小说《四位先生》获《广西文学》2019年度作品奖;黄跃华的短篇小说《呼吸机》获《小说选刊》杂志最受读者欢迎小说奖;范锡林的童话作品《分水剑》获《儿童文学》杂志金近奖;高友年的组诗《我的等已抵达荒野》获《十月》杂志诗歌奖;戴琰的中篇小说《十二点后的公主》获《今古传奇》杂志全国优秀作品奖;顾维萍的作品《在守望中飞翔》获第八届"长江杯"江苏文学评论奖二等奖。庞余亮在《红岩》《青年作家》《雨花》《野草》《广西文学》《星星》《草堂》等刊物上发表多篇小说、散文和诗歌。范锡林在《儿童文学》《少年文艺》《意林》《读友》等报刊上发表儿童文学作品10多篇,作品《竹节人》经教育部审定编入六年级语文课本。黄跃华在《安徽文学》《大家》《当代人》上发表短篇小说。王夔在《飞天》《太湖》上发表中短篇小说,长篇小说《钢管婴儿》(暂名)入选江苏省作协第14批"重点扶持文学创作与评论工程"。曹学林在《中华文学》《文谈》《散文选刊(原创版)》上发表小说散文。何雨生在《佛山文艺》《金山》上发表短篇小说。孙建国出版文艺评论集《蕙风如薰》并在《文艺报》发表散文、文艺

2019 年 5 月 23 日，泰州市第三代残疾人证（智能化）首发仪式在姜堰区举行。图为残疾人代表发言　（市残联供图）

评论数十篇。徐同华出版人物传记《梅兰芳》，李春出版儿童文学作品《鼹鼠奶奶的爱心小路》。全市网络作家全年创作网络文学作品 13 部、3000 多万字。网络作家闻琴的长篇小说《珥笔茶食人》《荷叶田田青照水》《江上往来鱼》，先后在磨铁文学网、红薯中文网等发布，出售长篇小说《相逢恨晚，余生皆你》《黛玉露华浓》音频版权。

【文学活动】　2019 年，泰州市作家协会开展各类文学活动 20 多次。举办毕飞宇工作室小说沙龙 3 期；邀请美国作家大卫·范恩为兴化首任驻城作家，举办专场文学活动。组织泰州知名作家 10 多人到靖江采访廉政先进典型，撰写出版廉政报告文学集《埭上清风》。组织作家到兴化陈堡镇唐庄采风，先后在千垛镇东旺村、昌荣镇双星村设立文学创作基地。举办王干文学讲座、韩青辰"幸福的寻觅"文学讲座等活动。举办"红粟文艺讲坛"5 期。成立泰州市网络作家协会，并联合南京市网络作家协会在南理大学泰州科技学院举办"江苏省网络作家高校巡讲第一站——泰州站"活动。举办沈光宇散文研讨活动，省散文学会会长姜琍敏、《扬子晚报》（繁星版）主编华明玥现场指导创作。

【文艺志愿服务】　2019 年，泰州市作家协会在各市（区）设立志愿者服务分队，有志愿者 63 人。开展进社区、进农村校园活动，在泰州城市书房向市民赠书 200 多册。靖江市作协组成文艺志愿者团队，在固定日举办文艺志愿服务日活动。承办省作协江苏儿童文学作家"大手拉小手"活动，10 名全省知名儿童文学作家走进靖江滨江学校、城北小学，举行启动仪式，赠送图书，开设文学讲座。　（周卫彬）

泰州市残疾人联合会

【概况】　2019 年，泰州市各级残联组织 7 个，各级残联工作人员 400 多人，乡镇（街道）、村（社区）选聘残疾人专职委员 100 多人。建立各类残疾人专门协会 6 个，助残社会组织 6 个。年内，全市建档立卡低收入残疾人全部实现脱贫，市残联获"2019 年全省脱贫攻坚组织创新奖"。泰州市获批第三代残疾人证（智能化）电子证照全国试点。市法院法官王小莉当选"全国自强模范"。

【残疾人文体活动】　2019 年，泰州市残联举办泰州市"阳光梦想——听党话跟党走致富奔小康"残疾人文艺会演、定西·泰州残疾人文化交流活动、残疾人文艺会演、肢残人演讲比赛、元宵书画笔会、七夕交友活动、残疾人笑脸自拍大赛、残疾人服务机构开放日、残疾人飞镖象棋比赛、盲人板铃球邀请赛、"国际聋人节"趣味文体活动盲人趣味运动会等多项活动。

【"残疾人之家"建设】　2019 年，泰州市残联、市财政局联合印发《泰州市"残疾人之家"建设与运行管理意见（试行）》，明确"残疾人之家""七有"建设标准，即有合法的法人登记注册、有独立的财务核算、有统一的名称和标识、有适宜的活动场所、有管理服务队伍、有健全的管理制度、有安全保障，服务内容包括日间照料、辅助性就业、康复服务、文体活动、学习培训、志愿者服务等。开展辅助器具进"残疾人之家"试点，健全基层"残疾人之家"服务功能。

【第三代残疾人证（智能化）电子证照全国试点】　2019 年 5 月 23 日，泰州市第三代残疾人证（智能化）首发仪式在姜堰区举行，中国残联副主席吕世明、省残联党组书记万力参加首发仪式。泰州市第三代残疾人证（智能化）在全国首创加载具有身份识别、业务管理、社会服务、金融应用等多项功能。8 月 12 日，中国残联正式批复泰州市为第三代残疾人证（智能化）电子证照全国试点。　（王　蓉）

泰州市红十字会

【概况】　2019 年，泰州市基层红十字会组织 656 个，团体会员单位 410 个，红十字会员 23.9 万人，红十字志愿者 1582 人，社区红十字服务站 242 家。全年全市红十字会组织发放救灾救助款物 1229.46 万元，2 万多人次受益；实施救护培训 10 万人次。召开泰州市红十字会三届三次常务理事会和三届四次理事会议。会议审议通过《泰州市红十字会 2018 年工作报告》《泰州市红十字会本级 2018 年社会捐赠款物收支情况报告》《泰州市红十字会第三届理事会关于增补理事的情况报告》。6 月，海陵区春晖社区红十字"博爱家园”被表彰为“中国红十字会博爱家园助力脱贫攻坚精品项目”。11月,靖江市红十字会完成换届工作,依法设立监事会。

【红十字生命健康】 2019年,泰州市红十字会培训初级救护员5549人,普及救护培训94532人,应急救护培训人数连续2年超10万人,培训人数为户籍人口的16.14%,提前1年完成“十三五”末培训人数占户籍人口比例15%的省定目标。完善应急救护师资管理,完成全市130多名师资注册、建库、证书换发、备案、审核等工作。完成中国红十字会总会生命安全健康教育项目,开展救护员培训37期,组织亲子讲座、应急演练、体验活动等16场次。全市造血干细胞捐献报名采集血样843人份,采集造血干细胞5例,采集泰州全市以及无锡、南通、盐城等周边地区造血干细胞10例。建设泰州市人民医院造血干细胞采集点。制定《泰州市红十字会造血干细胞捐献采集工作规范》。开展江苏省红十字会“生命之约”遗体器官捐献公益宣传项目,联合市卫健委举办全市人体器官捐献培训班。首次组织泰州市遗体器官捐献者缅怀纪念活动,网络直播在线人数5.8万人。全年遗体捐献4例、角膜捐献1例、器官捐献1例。全年无偿献血12920人次,献血量20640.35毫升。联合各社会公益团体开展无偿献血宣传200多场次,宣传受众6.62万人次。开展“世界献血者日”纪念宣传活动。

【红十字志愿服务】 2019年,泰州市红十字会开展星级红十字志愿者认定工作,表彰2017~2018年度泰州市优秀红十字志愿者25人、优秀志愿服务组织9个,4名志愿者被省红会表彰为江苏省2016~2018年度优秀红十字志愿者,2个志愿服务组织被省红会表彰为江苏省2016~2018年度优秀红十字志愿服务组织。全年养老照护志愿服务431户,普及养老照护知识3153人。组织高校参加省高校红十字会“博爱青春”暑期志愿服务活动,全市3所高校3个项目106名红十字志愿者参加,服务时长2680小时,2640人受益。

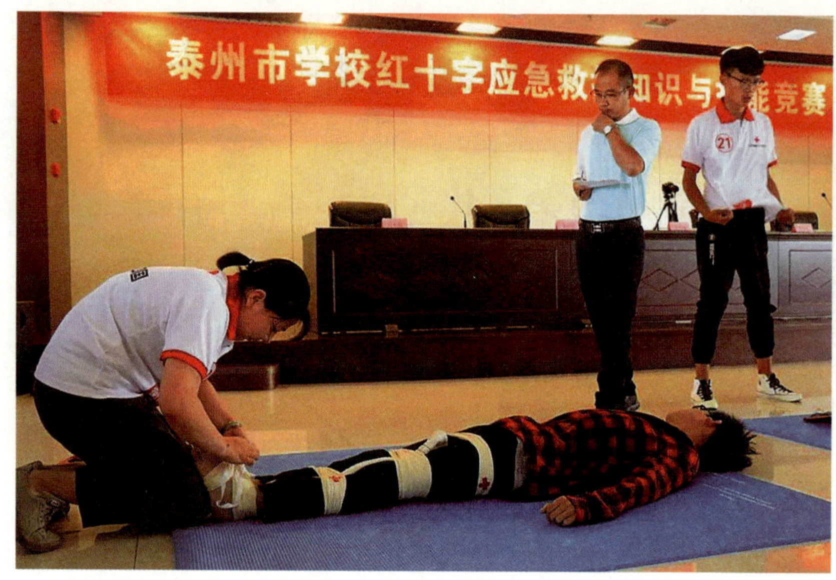

2019年9月22日,市红十字会和市教育局联合举办全市学校红十字应急救护知识与技能竞赛 (市红十字会供图)

【红十字青少年工作】 2019年,泰州市红十字会与市教育局联合召开全市学校红十字会工作推进会。制作《红十字伴我成长》《应急救护知识》《应急救护培训》影像教材发放到学校。在全市学校开展“红十字伴我成长”手抄报竞赛,举办首届学校红十字应急救护技能竞赛。开展红十字示范学校创建活动,江苏省兴化中等专业学校、泰州市姜堰区梁徐中心小学、泰兴市济川初级中学、泰州市口岸中心小学、泰州市大冯初级中学、靖江市城中小学6所学校被评为省级“红十字示范学校”,江苏省泰兴中学、泰兴市襟江小学教育集团襟江校区、兴化市景范学校、兴化市第二实验小学、兴化市安丰初级中学、兴化市戴南中心小学、泰州市大冯初级中学、泰州市城东中心小学、泰州市口岸实验学校、泰州市姜堰区梁徐中心小学、泰州市姜堰区大坨中心小学、泰州市姜堰区洪林行知实验小学12所学校被评为市级“红十字示范学校”。南师大泰州学院在第二届江苏省大学生防艾同伴教育主持人技能大赛北部区域决赛中获特等奖和优秀组织奖。 (封 旭)

泰州市关心下一代工作委员会

【概况】 2019年,泰州市关工委组织5410个,90%以上村民小组设有关工小组。登记在册“五老”(老干部、老战士、老专家、老教师、老模范)52420人。泰州市青少年综合实践基地被中国关工委表彰为“全国优秀儿童之家”。全市约三分之一的基层关工委、11%的“五老”分别达到市“五好关工委”(即党政重视班子建设好,“五老”作用发挥好,制度健全执行好,积极探索创新好,活动经常效果好)和“五好五老”(即忠诚敬业好,关爱实绩好,务实创新好,无私奉献好,群众信誉好)条件。年内,中国关心下一代工作委员会借鉴《泰州关工指南》编写全国关工委工具书,收录泰州市关心下一代工作理论研究成果《把握关工委永葆党委领导下群众性工作组织政治本色的基本要素》。省教育厅、省关工委发文推广泰兴市校外辅导站工作经验。

【校外教育辅导站建设】 至2019年末,泰州市各类校外教育辅导站点1428个,其中校站结合694个,有52420名“五老”、2829名在职教师、234名大学生“村官”等参加辅导站工作。泰兴市制定《在职教师志愿者参加校外教育辅导站工作实施意见》,“建立选聘在职优秀教师参加校外辅导长效机制”的做法被省教育厅、省关工委肯定和推广。兴化市将校外教育辅导站

建设纳入党建目标管理考评体系,“暑期校外教育”的做法获省关工委主管领导和市委书记批示。高港区通过商会筹资,新办、扩办企业辅导站8个。全年全市辅导站受教青少年比上年增加近20万人次。靖江市获全省校外教育特色项目特等奖。

【预防和减少青少年违法犯罪】 2019年,泰州市关工委开展青少年“零犯罪零受害”社区(村)建设活动,组织2277名“五老”成立帮教小组653个,帮教“失足”青少年685人,转化率97.4%。全市未成年人“零犯罪”社区(村)创建率高于全省平均水平2.5个百分点。高港区实施“法雨润苗”工程;海陵区建设“爱华”“红梅”心灵关爱工作室;泰兴市对未成年人矫正对象“四修复”(家庭社会功能修复、角色社会功能修复、矫正修复、损害修复)工作经验被省司法厅推广;兴化市创新社区矫正“五个一”做法(“五老”参与社区矫正人员结对帮教做到填好1张《青少年社区矫正人员结对帮教表》、签好1份《青少年社区矫正人员结对帮教协议书》、写好1份《青少年社区矫正人员结对帮教记载簿》、矫正人员每月提交1份书面汇报、帮教“五老”写好1份帮教工作书面汇报)。依托市公安局退休民警,建成派出所关爱工作站50个。

【青少年关爱服务】 2019年,泰州市关工委开展困境儿童调查登记工作,组织“五老”结对帮困,发动社会捐献1440万元,救助儿童9154人。与市农业农村局联合下发《关于加强全市农业系统关工委建设,深化新形势下“讲学达奔”活动的意见》,帮扶青年农民创业。全年创建青年农民示范基地150个,3名青年农民获评全国千名“双带”农村致富青年先进个人。

【关工委成员单位履职】 2019年,泰州市市场监管局推动全市2700多家建有党组织的规模民营企业基本建成关工委,在全省率先研究制定《泰州市民企关工委工作规则》《泰州市民企关工委“五有五好”创建示范企业考核标准》。135名市公安局机关退休干警加入“五老”志愿者队伍。市卫健委组织师徒结对、为社会困境青少年义诊服务等活动。市总工会打造社区“护蕾之家”“劳模精神进校园”“爱心连接我和你”活动品牌。

【泰兴市中小学生社会实践基地获评“全国优秀儿童之家”】 2019年,“泰兴市中小学生社会实践基地”被中国关心下一代工作委员会表彰为“全国优秀儿童之家”。该基地由泰兴市教育局、祁巷村委会、江苏金辰农业科技有限公司联合泰兴市关工委、黄桥镇关工委于2012年创办,至2019年末,基地编写《中小学生实践活动课程指南》,开发主题文化类、实践操作类、素质拓展类、创意设计类、趣味活动类、传承红色基因六大类20多个实践活动项目;按照幼儿园,小学高、中、低年级,初中、高中等不同年龄段的实践对象安排不同的课程,寒暑假期间为黄桥镇各校外辅导站提供免费服务。

【李爱华阳光初心调解工作室】 海陵区“李爱华阳光初心调解工作室”成立于2012年,由李爱华等5名人民调解员组成,以“调解纠纷、化解矛盾、沟通心意、减少困惑”为宗旨,化解各类婚姻家庭纠纷,摸索出“八步工作法”(一听、二记理线索,三劝、四解讲政策,五情、六帮重真诚,七理、八法促和谐)。至2019年末,“李爱华阳光初心调解工作室”累计化解各类纠纷600多件,纠纷化解成功率99.5%,其中调处的1起因房屋征收引起的家庭纠纷,被中央电视台《社会与法》栏目报道。

【红梅工作室】 海陵区司法局“红梅工作室”是专门为特殊人群提供心理辅导、法律咨询、就业指导、困难帮扶、矛盾化解等多项关爱服务的工作室。至2019年末,累计为1520名特殊人群提供专业心理学测试,建立心理档案;“一对一”心理辅导380人次,转化有人格缺陷者13人,形成指导性成果《海陵区社区矫正心理矫治案例汇编》4册。组织社区服刑人员及未成年子女参加“法治文化自助游”,指导帮助68名特殊人群实现就业、创业,已创业就业社区服刑人员总数占社区服刑人员总数的92%以上。筹资10多万元,帮困360多人次,解决8名特殊人群未成年子女入学问题。

【市博爱关心下一代基金会成立】 2019年9月16日,泰州市博爱关心下一代基金会成立大会暨首届理事会召开,会议审议通过《泰州市博爱关心下一代基金会章程(草案)》,选举孙建国为首届基金会理事长。至年末,基金会募资680万元。泰州市博爱关心下一代基金会由市交通集团旗下中泰建发集团发起成立,旨在动员社会各界为全市困难青少年群体提供救助,助力青少年健康成长。

(姚东社　卞冬梅)

责任编辑　王　卉

地方立法

【概况】 2019年,泰州市发挥人大及其常委会在立法工作的主导作用,推进科学立法、民主立法、依法立法。发挥地方立法协调领导小组和地方立法研究院、立法咨询专家委员会的作用,深入基层立法联系点调研,广泛征求县乡人大和人大代表、基层群众的意见,扩大公民参与立法工作。制定的《泰州市文明行为条例》获省人大常委会全票批准;制定全国地级市首部标准化地方性法规《泰州市标准化条例》,为地方标准化立法提供借鉴。启动立法后评估,通过人大主导和委托第三方评估相结合,首次对实施满两年的《泰州市水环境保护条例》《泰州市公共信用信息条例》制定及实施情况开展"回头看"。督查《泰州市电力保护条例》实施情况,实施《泰州市烟花爆竹燃放管理条例》。听取审议备案审查工作报告,全年备案审查规范性文件9件,首次根据公民建议审查《泰州市城市治理办法》。

【《泰州市文明行为条例》立法工作】 2019年,泰州市人大常委会将《泰州市文明行为条例》(简称条例)列入年度立法项目。8月13日,市五届人大常委会第十九次会议通过《条例》。9月27日,省十三届人大常委会第十一次会议全票批准,将于2020年1月1日起施行。该《条例》设6章57条,从健康生活、公共秩序、环境卫生、交通出行、社区文明等方面为市民日常行为确立一系列文明规范,重点治理群众反映强烈、突出的不文明行为;以立法形式鼓励公民参与见义勇为、无偿献血、慈善公益、志愿服务等活动,营造全社会共同参与、共同推进文明城市建设氛围;创设关于乱发广告、高空抛物、广场舞扰民、不文明饲养宠物等方面的罚则,督促公民自觉践行文明行为。

【《泰州市标准化条例》立法工作】 2019年,泰州市人大常委会将《泰州市标准化条例》(简称条例)列入年度立法项目。11月6日,市五届人大常委会第二十一次会议通过《条例》。2020年1月9日,省十三届人大常委会第十三次会议全票批准,将于2020年5月1日起施行。该《条例》是全国地级市制定的首部标准化方面的专门法规,分7章43条,鼓励企业、社会团体制定高于推荐性标准相关技术要求和具有国际先进水平的企业标准、团体标准;支持、引导企业将专利等科技创新成果转化为标准。推动标准国际化,各市(区)政府支持标准化对外合作与交流工作,建立合作交流机制,推动标准国际化创新型城市建设;鼓励企业、社会团体和教育、科研机构等参与制定国际标准、国外先进标准,并结合实际采用国际标准。《条例》明确,推进标准升级,取得良好经济社会效益的市地方标准、企业标准、团体标准,可以由标准化行政主管部门和有关行政主管部门推荐申请转化为省地方标准、行业标准或者国家标准;推进标准化试点示范项目升级,标准化行政主管部门和有关行政主管部门应组织开展标准化试点示范,推荐优秀的市级标准化试点示范项目上升为省级或者国家级标准化试点示范项目。

(徐 磊)

政法委工作

【概况】 2019年,泰州市全面推进法治泰州、平安泰州建设,群众安全感98.39%,居全省第五位;万人刑事案件、"八类案件"发案率全省最低,扫黑除恶专项斗争得到中央督导组肯定。在全省率先成立"推进市域社会治理现代化,建设更高水平平安泰州领导小组",加强综治平安建设考核,推动各项措施在基层落到实处。以建设市域社会治理现代化试点市、示范市为目标,塑造社会治理生态系统,提升市域社会治理关键能力和整体水平,市域社会治理相关做法被《法制日报》专题报道。制定《关于充分发挥政法机关职能作用,服务保障全市高质量发展的实施意见》《关于充分发挥政法机关职能作用,依法保障和促进民营企业健康发展》,落实依法保障和服务民营企业健康发展的10项新措施,打造营商专员制度、"一企一策"清单、"店小二"工作机制、出入境"安全提示岗"等创新服务品牌。健全完善法官、检察官员额动态管理制度,全面深化司法公开,警务、检务、审务公开实现常态化,完善网上办案、网上司法拍卖、司法听证、新闻发布等机制。开展积案化解、案件评查、执法检查、执法评议、司法救助等活动,化解一批信访积案和疑难复杂案件。全年评查案件

621 件，发现有错误或者瑕疵 46 个，组织执法司法评议 1 次，提供司法救助 79 件，救助当事人 104 人，救助金额 301 万元。市法院坚持以审判为中心，构建专业化审判团队，创新建立涉黑涉恶刑事案件“四敲”审判机制（让法槌敲得快、敲得准、敲得狠、敲得好）；出台《关于在全市法院开展“做强中部支点城市建设‘法治基石’做优‘五张新答卷’司法保障篇章”活动的实施意见》，化解民商纠纷。实施阳光法治，扩大“法佑凤城远离毒害”“幸福家园”“检润民企”等司法品牌影响力，提升司法公信力。（解恒俊）

【安全稳定维护】 2019 年，泰州市在全省率先成立防范化解重大风险工作领导小组，完善“党政同责、一岗双责、部门履责、企事业单位负责、失职追责”的责任体系和“上下联动、条抓块管、整体推进”的工作格局。将重大庆祝活动安保维稳工作纳入年度平安建设考评和党政综合考核，梳理 28 项重点风险隐患任务清单。市委政法委组织 7 个督查组，到各市（区）驻点督查。开展社会矛盾纠纷网格排查专项行动，全面排查整改存在问题和薄弱环节。健全风险防范化解机制。健全完善风险隐患排查和清单管理、情报信息联合研判会商、重点人头基础管理、维护高校政治安全和社会稳定、督导问效等制度机制。

【扫黑除恶专项斗争】 2019 年，泰州市委常委会、市政府常务会议召开扫黑除恶专项斗争领导小组全体（扩大）会议 12 次、专题会议 19 次，制定 4 批整改方案。中央督导组和公安部交办线索按规定时限办结。查处涉黑涉恶腐败人员 162 人，108 名不符合基层党组织任职条件人员全部清理到位。中央督导组交办的 29 件涉黑涉恶腐败和“保护伞”问题线索，立案 15 件、组织处理 5 件。开展扫黑除恶“政策大宣讲、入户大走访、线索大排查”专题访活动，落实有奖举报和严格保护举报人制度。全年摧毁涉黑组织 5 个、恶势力犯罪集团 17 个，破获涉恶案件 1107 起，抓获涉黑涉恶人员 3747 人，查封扣押涉黑涉恶资产 30 多亿元。打掉“套路贷”犯罪团伙 11 个，抓获团伙成员 35 人，破案 326 起，查扣涉案财物 3025 万元。破获“黄赌毒”刑事案件 74 起、治安案件 391 起。

【网格化社会治理】 2019 年，泰州市建立网格化综合行政执法中心，全市 7363 个网格统一 GIS 上图和网格编码，整合“一标三实”（标准地址，实有人口、实有房屋、实有单位）、出租房屋、特殊人群等基础数据，探索“网格＋警格”工作模式。年内，市财政追加 500 万元用于信息系统和网格 APP 优化升级，全市采集上报网格事项 275 万多条，事项办结率 98%。

扫黑除恶街头宣传　　（市公安局供图）

【综合治理中心建设】 2019 年，泰州市投入 300 多万元实施市公安局原“110”指挥中心改造，设立联动指挥大厅、研判中心等功能区，集成非法金融管理、网格化信息系统等多个应用平台，提升社会治理服务中心指挥实战功能。完善县乡两级综合治理中心建设，实现网格化联动指挥、综合治理视联网、公共安全视频监控、视频接访等多屏合一。

【专项治理行动】 2019 年，泰州市开展打击和处置非法集资十大专项行动，形成排查、研判、处置“三位一体”，市、市（区）、镇街“三级联动”的风险排查处置机制。全市线下投融资机构由 922 家减少为 51 家，15 家 P2P 网贷机构全面退出线上业务。全年新立非法集资案件 24 件，涉案金额 1.87 亿元。非法集资陈案由上年的 107 件减少为 42 件，化解率在 60% 以上。开展中小学幼儿园校园及周边安全工作专项督查，全市未发生涉校涉生类重大安全事故。开展铁路护路联防工作，投入 280 多万元，建成路地联勤联动综合指挥室。（解恒俊）

法治政府建设

【概况】 2019 年，泰州市围绕《法治政府建设实施纲要（2015～2020 年）》目标任务，推进行政管理体制改革，规范行政权力运行，健全社会治理体系。年内，依据《泰州市重大行政决策事项管理办法》落实 2019 年度重大行政决策事项征集和目录发布，其中重大行政决策事项征集 27 件、目录发布 24 件。市、市（区）、乡镇（街道）三级人民政府及市、市（区）两级政府部门法律顾问配备实现全覆盖。将重大公共政策制定、重大公共建设项目、经济社会发展规划以及涉及重大公共利益或者社会公众切身利益的重大事项等纳

2019年10月，泰州市举办依法治国宣讲会　（市政府办供图）

入重大行政决策范围，落实公众参与、专家论证、风险评估、合法性审查和集体讨论决策步骤。年内，发布《泰州市政府2019年立法工作计划》《泰州市政府2019年规范性文件制定工作计划》，完成《泰州市海陵区、姜堰区部分行政区划调整方案》《泰州市化工产业安全环保整治提升实施方案》《泰州市姜堰南绕城（盐靖高速至新229省道段）快速化改造工程PPP实施方案》《泰州教育现代化2035》《加快推进泰州教育现代化实施方案2019～2022》等重大行政决策合法性审查。

【行政执法监督】　2019年，泰州市全面推行行政执法“三项制度”，制定出台《推进行政执法公示、执法全过程记录、重大执法决定法制审核工作方案》，并将该项工作列入全市年度效能考核体系。在全市开展生态环境、食药品安全、安全生产等领域行政执法专项督察。开展2次市级部门行政处罚案卷、行政许可案卷和涉嫌犯罪移送案卷评查，各部门（单位）对照案卷评查标准对所有执法案卷进行全面自查自评，挑选本部门具有代表性的2件行政处罚案卷、2件行政许可案卷以及1件涉嫌刑事犯罪移送案卷，市司法局、检察院组成评查组集中评审行政执法案卷83件，其中行政处罚39件、行政许可42件、涉嫌刑事犯罪移送2件，评查结果书面反馈给各部门（单位）。开展市级部门行政执法人员公共法律知识培训4期，培训1200多人次；组织全市8200多人次参加行政执法人员公共法律知识培训考试。

【行政复议】　2019年，泰州市市本级受理行政复议申请156件。其中市本级政府作为复议机关的115件、市级机关部门作为复议机关的41件。按类别分，行政处罚类80件、行政强制类5件、行政征收类13件、行政许可类3件、行政确权类6件、信息公开类28件、举报投诉类11件、行政不作为类10件。　（张　桦）

公　安

【概况】　2019年，泰州市公安机关深化“创新推动、数据引领、能力提升”主题，推动智慧警务建设，提升防风险、保稳定、护安全、促发展能力。在全省率先成立公安机关防范应对社会风险工作领导小组，部署开展防控政治安全风险、暴恐风险、涉稳风险、公共安全风险“四项攻坚”，推进公共安全“道路交通、群租房、危险物品、寄递物流、水域、重点目标”6个专项整治行动，全年排查化解各类矛盾纠纷8000多起，重大事件24小时预警率100%，全市未发生暴恐风险事件、重大公共安全事件和大规模群体性事件。完成姜堰区公安分局转隶工作，探索推进泰州医药高新区、高港区公安工作一体化融合改革。出台《关于进一步加强新时代队伍建设的实施意见》，实施机关“瘦身”计划，111名机关警力充实到基层所队。常态化推进全警大练兵活动，全年组织开展领导干部能力素质培训活动5次、实战培训民警3589人次。坚持专业化练兵，推进“警务人才倍增”工程，加强数据应用、情报搜集等实战急需能力培训。培养数据应用能手320人，打造市局大数据情报中心等一批随岗培训基地。制定《民警依法接处警被投诉举报免责办法（试行）》，出台从优待警十项措施，成立凤城警察发展基金会，组织开展“泰州最美警察”“十佳民警”等评选表彰活动。

【违法犯罪打击】　2019年，泰州市立

民警入社区宣传安全防范知识　（市公安局供图）

刑事案件22590起，破案7539起，破案率33.4%；立侵财案件18332起，破案3837起，破案率20.9%；八类案件（故意杀人、故意伤害致人重伤或者死亡、强奸、抢劫、贩卖毒品、放火、爆炸、投毒罪）破案率99.7%，完成中央扫黑除恶专项督导交办任务，扫除涉黑组织5个、恶势力犯罪集团17个，查扣涉黑涉恶资产30多亿元，查扣金额占全省总数的近三分之一。全国扫黑办挂牌督办的"12·17"特大网络套路贷案入选全国公安机关打击套路贷犯罪十大精品案例。连续10年实现命案全破。

【社会治安综合治理】 参见第333页

【出租房屋和流动人口管理】 2019年，泰州市开展出租房屋和流动人口信息采集工作，全年登记流动人口450361人，注销流动人口434487人；登记出租房142538户，注销出租房128509户。清理治安盲点处所31123处，发送《消防隐患整改通知书》3216份；获取各类违法犯罪线索823条，破获刑事案件312起、治安案件469起。

【出入境管理】 2019年，泰州市出入境管理部门受理、审批出国（境）申请232424人次，比上年减少7.16%，其中出国93435人次、往来中国香港和中国澳门129280人次、往来中国台湾9709人次，分别减少1.94%、减少11.67%、增长11.50%。受理、审批中国台湾居民来往大陆通行证113人次，增长9.71%。受理、审批外国人签证、居（停）留证件2515人次，增长17.14%。临时入境境外人员32532人次，增长9.08%。

【智慧警务】 2019年，泰州市创新提出"以数据赋能攻坚行动为核心、全面推进警务大数据深度应用，以互联网公安局建设应用为龙头、全力提升互联网勤务能力"的智慧公安建设"双轮驱动"战略，在全省率先建设数据中台、组建数据战队，自主研发大数据应用平台、网安实战平台等智能化系统。海陵区公安分局"智慧眼"移动应用、泰兴市公安局道路交通事故预警研判系统项目分别获评全国公安机关科技强警一等奖、三等奖。围绕报警求助、政务服务、治安监管、执法办案、平安动员、形象塑造等6个方面，推进互联网公安局建设，视频报警报案、学法免分等13个互联网服务项目上线测试运行。 （严　杏）

检　察

【概况】 2019年，泰州市检察机关办理各类案件19743件，其中19个案件被最高检察院、省检察院评为典型案例，8项工作经验在全国、全省检察机关相关会议上交流；被中央媒体报道60多次，被省级媒体报道80多次。加强案件流程监控和质量评查，组织全市检察官结合职权制定岗位防范措施484条。深化检务公开，公布重大案件信息1253条、案件程序性信息8784条、法律文书3771份，邀请人民监督员参与听庭评议、公开听证等39次。与市扫黑办、监察委建立问题线索快速移送反馈机制，全年移送涉黑涉恶犯罪线索153件、"保护伞"线索89件，提出查封、扣押、冻结建议54条，提出财产刑量刑建议176份。起诉多发侵财犯罪1607人。坚决惩治"套路贷""校园贷"，批捕92人，起诉128人。加大对网络犯罪的打击力度，依法起诉85件315人。致力金融风险防范，批捕破坏金融管理秩序犯罪44人，起诉105人。深化"检润民企"工作，批捕破坏社会主义市场经济秩序类犯罪205人，起诉侵犯商标权等犯罪89人。开展破坏环境资源犯罪专项立案监督活动，督促移送犯罪线索5件，对涉嫌污染环境犯罪的34人提起公诉。督促整治违法排污企业7家，清理江边、河道垃圾1000多吨，清理固废15000多吨，通过公益诉讼获损害赔偿金2500多万元，协助政府获得生态环境修复费用1.68亿元。深化检察参与社会治理，全年受理职务犯罪案件70件77人，均依法采取强制措施；接受来信来访3247件，依法受理621件，在3个月规定期限内答复办理过程或结果609件，答复率98%。坚持宽严相济刑事政策，依法不捕511人，依法不起诉426人。立足司法办案救助，对因案致贫82名受害人发放救助金189.9万元。加大涉农扶贫领域违法犯罪打击力度，起诉21人。年内，市检察院公益诉讼办案团队被省检察院评为"十佳办案团队"，市检察院和7家基层院均获评"江苏省文明单位"；靖江、泰兴、兴化3个基层院获评"全国检察宣传先进单位"。

【刑事检察】 2019年，泰州市检察机关提前介入、引导侦查196次，纠正漏捕67人，纠正漏诉46人。监督立案31件，监督撤案38件。落实认罪认罚从宽制度，提升认罪认罚适用率与量刑

检察官实地取证　（市检察院供图）

建议法院采纳率。实施刑事审判活动监督，监督纠正违法 18 件，提出抗诉 13 件。实施刑事执行活动监督，提出变更强制措施建议 191 人，同步审查监督减刑、假释、暂予监外执行案件 45 件，监督收监执行 53 人。全年全市检察机关批捕涉黑涉恶案件 94 件 283 人，起诉 50 件 399 人；提前介入涉黑涉恶案件 68 件，提出侦查补证建议 900 多条；纠正漏捕 20 人，纠正漏诉 7 人，发出《纠正违法通知书》13 份，依法改变涉黑涉恶定性 26 件，追加认定 10 件。

【民事行政检察】 2019 年，泰州市检察机关发出检察建议 69 件。向法院和行政机关发出检察建议 35 件，推动司法公正和依法行政。深化行政非诉执行专项监督活动，向法院发出检察建议 14 件。坚持教育为主、惩罚为辅，对涉嫌轻微犯罪并有悔罪表现的未成年人，不捕 30 人，相对不起诉 76 人，附条件不起诉 40 人。签署校园法治共建协议，选派 69 名检察官担任法治副校长，开展校园法治教育 124 场，受众 5 万多人次。加强民事审判活动监督，提出抗诉 5 件，发出再审检察建议 36 件，发出司法人员违法行为监督检察建议 5 件。办理民事虚假诉讼案件 25 件，涉案金额 5700 多万元，移送虚假诉讼刑事犯罪线索 15 件。

【公益诉讼检察】 2019 年，泰州市检察机关开展“保护长江母亲河”专项监督，发出水污染领域督促履职检察建议 30 件，督促清理长江岸线违法建筑、码头 22 处。依法办理非法捕捞长江鳗鱼苗案，对 59 名捕捞者、贩卖者、收购者提起民事公益诉讼，法院判令其承担生态资源损害赔偿 858 万元。开展“保障千家万户舌尖上的安全”专项活动，提起公益诉讼 8 件，提出惩罚性赔偿金诉讼请求 983 万元。加大对国有土地使用权出让金收缴的监督力度，督促相关部门依法及时足额收缴土地出让金。开展公益诉讼“等”外领域探索，参与重点行业领域安全生产专项整治百日行动，围绕安全生产治理发出检察建议 26 件。 （韩书文）

法 院

【概况】 2019 年，泰州市法院受理案件 133418 件，办结 114550 件，比上年分别增长 13.36%、12.33%，其中市法院受理 8874 件，办结 7440 件，分别增长 21.36%、16.47%。注重审判管理，加强通报和督办，全市法院法定审限内结案率 97.14%，增长 5.3%；一审服判息诉率 90.29%，民事案件调撤率 51.37%。有员额法官 361 人，人均年结案数 310.88 件，增长 15.14%。推进院（庭）长实质化办案，全年办结案件 55134 件，占结案总数的 48.18%。开展超长期未结案件专项清理，落实质效评查、流程节点管理、案件瑕疵提醒等举措。强化审级监督，全年二审改判、发回重审案件 627 件。坚决依法纠正错误裁判，再审改判和发回重审案件 80 件。兴化法院西鲍法庭、泰兴法院虹桥法庭新办公区投入使用。全市法院有 36 个集体和 83 人受到省级以上表彰。市法院获评“全国维护妇女儿童权益先进集体”，在全省 13 个中级人民法院综合考评中，市法院取得的基础分居全省首位。

【刑事案件审判】 2019 年，泰州市法院审结各类刑事案件 3132 件，判处罪犯 4326 人。依法审结故意杀人、绑架、抢劫等严重暴力犯罪案件 160 件。打击毒品犯罪，依法审结涉毒犯罪案件 136 件。惩治危害食品药品安全犯罪，判处罪犯 134 人。打击欺行霸市、敲诈勒索等群众反映强烈的黑恶势力犯罪，审结案件 29 件，判处罪犯 223 人，没收、追缴财产 3000 多万元。惩治涉“套路贷”虚假诉讼违法犯罪，判处罪犯 104 人。定期发布疑似职业放贷人名录，审查新收民间借贷案件，强化甄别防范，规范执法办案。推进以审判为中心的刑事诉讼制度改革，落实被告人认罪认罚从宽制度，实现刑事案件被告人律师辩护全覆盖。

【民商事案件审判】 2019 年，泰州市法院审理就业、医疗、教育、社会保障等民事案件 28499 件，审理消费者权益保护案件 6289 件，引导消费者理性维权，规范经营者经营行为。保护公民、法人名誉、荣誉等人格权利，依法审理侵犯名誉权纠纷等案件 528 件。服务实体经济发展，审结合同、票据、证券、保险、公司等商事纠纷案件 18832 件，解决诉讼标的额 85.6 亿元。

【行政案件审判】 2019 年，泰州市法院受理行政诉讼案件 1450 件，审结 1301 件。判决行政机关败诉 61 件，占比 4.69%。开展行政争议实质性化解

2019 年，全市法院“24 小时自助法院”终端全部投入使用，为群众提供全天候诉讼服务 （市法院供图）

工作，协调撤诉99件，占比7.61%。审理涉“放管服”改革行政案件53件。完善司法与行政执法互动机制，督促行政机关负责人出庭应诉。参与地方立法和执法检查活动，定期组织庭审观摩，开展法律讲座48次，发出司法建议16条。

【知识产权案件审判】　2019年，泰州市法院打击侵犯知识产权和制售假冒伪劣产品犯罪，加大民事侵权制裁力度，全年全市法院审结案件283件，比上年上升11.86%，定罪量刑被告人64人，判处罚金666万元。发布2018年度泰州法院知识产权司法保护状况白皮书及十大典型案例，宣传商标侵权判断、商标维权等知识产权保护相关知识。

【执行工作】　2019年，泰州市法院执结案件38989件，执行到位金额49.89亿元，及时有效保障申请人的权利实现。开展“三规范两强化”专项整治，推进执行指挥中心实体化运行，防范消极执行和不规范执行。组织涉重大工程项目、涉民生等案件专项执行行动190次。成功执结全国首例省政府作为原告的生态环境损害赔偿案，到位资金5600多万元。

【诉讼服务】　2019年，泰州市法院完善诉讼服务体系，推行网上立案、跨域立案，全市法院“24小时自助法院”终端全部投入使用，“微法院”小程序正式上线。推行上门立案、主动查证、司法救助等司法服务，全年司法帮扶孤老妇孺等诉讼能力较弱的当事人385人次，上门服务296次，减缓免诉讼费用136万元，发放司法救助金382.6万元。实现“诉讼与非诉讼对接中心”“非诉讼服务分中心”全覆盖。开展“巡回审判网格化、司法服务进万家”专项活动，全年巡回审判3580次，举办法治讲座130次，旁听人数5.1万人次。推进“分调裁审”机制改革，实现案件繁简分流、轻重分离、快慢分道。全市基层法院通过速裁方式审结案件29036件，占民商事案件总数61.35%。

【司法服务】　2019年，泰州市法院向当事人推送审判流程短信79880条、执行信息33650条，向社会公开裁判文书49710份。通过“江苏法院庭审直播网”累计直播39350场，开展执行网络直播18场，观看网友637万人次。成立“泰有法”司法护航宣讲服务团，开展线上线下普法活动96次，参与人数2.9万人次。织密司法防控，开展支持金融改革专项行动。推进非法金融专项治理，建立司法审判与金融监管协作联动机制，全年审结非法吸收公众存款、集资诈骗等金融犯罪案件151件。探索金融纠纷案件“门诊式”审判+“令状式”文书改革，快速审结金融借贷案件1863件，诉讼标的额60.2亿元。维护企业合法权益，审结涉民营企业案件24978件，依法慎用查封、扣押、冻结等强制措施。走访民营企业248家，解决法律难题96个，涉及金额2.6亿元。审理涉外商事案件32件，解决诉讼标的额1.84亿元。加大未成年人保护力度，通过开展法治讲座、开设模拟法庭、组织志愿服务等，增强未成年人法治意识，全年审理婚姻、赡养、继承等案件7862件。维护农民工合法权益，集中发放农民工工资350万元。推进道路交通案件“网上数据一体化处理”，调解结案1007件，调解率93.67%。

【金融审判司法改革】　2019年，泰州市法院推进金融审判司法改革，制定《关于为泰州金融支持产业转型升级改革试验区建设提供优质司法保障的十八条意见》《关于在全市法院进一步强化司法防控“四张网”作用有力保障支持金融改革专项行动的实施意见》，全年审结各类金融案件4009件，执行到位金额12亿元，清理84%的非法集资陈案。以“金融债权清收网”妥善审理金融案件，建立金融案件受理绿色快速通道，发挥金融审判与破产审判庭专业审判优势，审理融资合同、破产重整、保险纠纷、金融担保等金融案件，建立政府破产基金，探索金融纠纷多元纠纷化解机制，被最高法院确定为“金融纠纷诉调对接示范法院”。以“金融风险防控网”治理民间借贷虚假诉讼，开展“套路贷”虚假诉讼专项治理工作，全面排查2017～2019年审结的4万多件民间借贷案件，通过审判监督程序再审裁定驳回起诉并移送公安案件1000多件。以“非法金融打击网”推动金融市场运行，制定《持续打好防范和处置非法集资等非法金融活动风险攻坚战专项行动方案(2018～2020年)实施方案》，采用对外发布悬赏公告、开展集中执行行动、实行执行案款“一人一案一账号”等方式，处置非法集资陈案90多件，占陈案存量的84%。以“金融协作交流网”助力金融风险防范，建立金融机构与金融司法互动服务平台，搭建法院、金融机构、金融监管机构的协作联动机制，编印《十大“套路贷”虚假诉讼案例》《金融审判白皮书》《人民法院民间借贷虚假诉讼司法审查参考》。　（郑　兴）

司法行政

【概况】　2019年，泰州市推进全面依法治市，遴选新一届法律顾问委员会，22名法律专业人才受聘为市政府法律顾问。深化法治营商环境专项督察，开展生态环境、安全生产、食品药品行政执法监督检查。至年末，全市有律师事务所105家、公证处7家、法律援助机构8家、基层法律服务所105家、司法鉴定机构8家、各级各类调解组织1970个。全年受理法律援助案件7074件，解答法律咨询5.6万人次。开展“百日维薪”法律援助专项行动，为5829名农民工讨薪8900多万元。开展“法律扶贫”攻坚战，梳理贫困户法律需求106件，为82个脱贫致富项目提供法律援助。建成市及市(区)非诉服务中心8个、乡镇非诉服务中心63个，通过非诉途径多元化解矛盾纠纷10万多件，群众满意率97%以上。年内，市司法局连续3年获全省系统综合绩效考评优秀。

【依法治市工作】　2019年，泰州市建立健全全面依法治市各项工作机制，市依法治市领导小组更名市委全面依法治市委员会，设立立法、执法、司法、普法4个协调小组。建立《中共泰州市委全面依法治市委员会工作规则》

《中共泰州市委全面依法治市委员会协调小组工作规则》等工作制度，制定印发《市级机关部门法治建设考核细则》《市（区）法治建设工作考评细则》。开展营商环境督察活动，以"营造法治化营商环境保护民营企业发展"为主题，组织7个督导组赴各市（区）进行专项督察，督促各地强化金融支持、深化行政审批制度改革、落实涉企扶持政策；各市（区）同步进行营商环境督察活动7次。2019年泰州市法治建设群众满意度为88.9分，居全省第二位。组织实施2019年度市级部门法治为民办实事项目11个，涉及环境保护、司法便民、交通安全、营商环境、品质城市、乡村振兴等多个社会民生热点、难点。

（张　桦）

【公共法律服务】　2019年，泰州市建设"12348帮您想办法"智慧司法品牌，开发应用法润民生微信群、"12348"法律专线集中话务模式及在线智能模块、法律服务诚信执业信息系统、非诉讼"微解纷"平台等数字化公共法律服务产品，完善咨询、互动、帮助、分流及处理的全流程法律服务链条。自主开发运行手机移动端法律服务机构和从业人员诚信执业信息系统，建成涵盖全市律师、公证、仲裁、司法鉴定、法律服务的224家法律服务机构、1714名从业人员的信息数据库，提供在线查询、检索和线下指引、服务功能。开展"百所帮千企"活动，组织全市100家律师事务所对接1000家民营企业，免费提供"法治体检"。

【社区矫正和安置帮教】　2019年末，泰州市管理社区服刑人员2525人，解除矫正2855人，重新犯罪率低于省定指标；提请收监38名社区服刑人员；接收刑满释放人员3745人，帮教率100%，当年回归刑释人员重新犯罪率低于省定指标。"托起明天的希望"工程帮扶600多名服刑、戒毒人员未成年子女。全年接收照管解除强制隔离戒毒人员423人；新建戒毒后续照管指导站，设立现场办公、接待报道、心理咨询、戒毒宣传、成果展示、远程会见、业务培训等功能室。

【法治宣传】　2019年，泰州市落实"谁执法谁普法"责任制，提升"七五"普法的实效性。将法治宣传教育纳入2019年党政综合绩效考核指标体系及政府年度目标考核指标，绩效结果直接与机关作风效能综合排名和绩效奖金挂钩。创新普法志愿服务新模式，将普法和志愿服务有机结合，制定《关于开展普法志愿服务"718行动"的实施意见》，在全市组建"绿色生活"普法骑行队、"扫黑除恶"普法宣传队等7支志愿者队伍。开展普法志愿服务"八进"（进新时代文明实践中心、进园区、进企业、进乡村、进学校、进家庭、进公共场所、进单位）活动300多场次，惠及群众10万多人。开展"绿色生活·法治同行"主题活动，宣讲宪法法律知识、法治文化，提供法律服务，累积开展活动150多场次，惠及群众5万多人。围绕"听爸爸妈妈讲法治故事"主题，面向全市40万中小学生开展法治征文比赛，分别评选一等奖15个、二等奖30个、三等奖60个，覆盖学生和家长近百万人。深化"以案释法"普法，在全市开展"以案释法基层行"活动，定期发布最新查处、判决的司法案例，宣传人民调解、公证、禁毒等方面的典型案例60多个。

（张　桦　解恒俊）

仲　裁

【概况】　2019年，泰州仲裁委员会新增补仲裁员21人，其中投融资领域4人、大健康领域4人、股权交易领域3人、建设工程领域10人，将仲裁员纳入市法律服务机构和从业人员诚信执业信息系统。全年受理案件330件，涉及金融、保险、建设、土地、交通、房地产、供电等领域，争议标的额6.3亿元，立案收费395万元，受案数、立案收费比上年分别增长27%、51%，结案率73%，撤诉和解率51%。参与公共法律服务，做好解答咨询、协调矛盾等工作，全年提供法律咨询500件，仲裁程序外化解矛盾纠纷22件、标的额300万元。

【仲裁宣传和制度建设】　2019年，泰州仲裁委员会与泰州市律师协会涉外海商仲裁委员会共同举办律师仲裁业务研讨会，参会人员50多人。参加台商协会法律服务座谈会，就仲裁制度对优化台企营商环境、完善台商法律服务机制开展政策法律服务宣传。编印发放新版仲裁宣传手册1000多份。微信公众号和门户网站实现互联互通，实现网上立案、仲裁员查询、仲裁费计算等。完善仲裁制度，制定《年度绩效考核办法》《秘书处岗位责任制度》。严把案件入口关和出口关，建立重大疑难案件讨论和专家评议制度，2019年度累计结案241件，其中调解结案40件，涉案标的额1.4亿元。

（张　桦）

信　访

【概况】　2019年，泰州市信访部门开展"三化解一规范""百日清零"专项行动，强化"泰有理"信访法治化品牌建设，打造"阳光信访、人文信访、法治信访、效率信访"四大品牌。全年办理人民来信及网上信访4243件，其中国家信访局、省信访局转交来信及网上信访2127件，市委书记信件935件，直接受理群众来信及网上信访545件，初信初访化解率95%；省纪委转交信件167件，中央扫黑除恶督导组转交信件451件，其他途径18件。复查复核341批796人次。全年群众市级上访2023批6541人次，比上年减少29.3%、28.5%。其中，集体信访172批2665人次，分别减少35.7%、54.3%。

【信访矛盾化解】　2019年，泰州市按照标本兼治、综合治理的要求，完善政策措施，强化公共服务职能，妥善协调各方利益关系，控制信访"增量"。针对土地征用、房屋拆迁、环境保护等信访问题比较突出的领域，创新利益协调机制，综合研究制定解决办法。采取综合施策，通过领导包案、分类处理，妥善化解疑难信访问题，减少信访"存量"。推行重点信访案件领导包案制度，实行"五包"（包掌握情况、包解决困难、包教育转化、包稳控管理、包依法处理）工作责任制。开展信访突出问题"三化解一规范""百日清零"专

项行动，梳理排查重点隐患 135 件，推进信访矛盾化解攻坚。

【积案化解】 2019 年，泰州市开展积案化解攻坚战，国家信访局交办积案 5 件，化解 5 件，化解率 100%；省信访局交办积案 3 件，化解 3 件，化解率 100%；自排积案 11 件，全部化解。推进常态化积案化解，全年排查化解积案 300 多件。

【“泰有理”品牌建设】 2019 年，泰州市信访局坚持以法治为标尺，打造“泰有理”信访法治化品牌。聚焦信访目标，实施“四化同步”战略。推进信访工作法治化建设，出台《关于进一步加强信访法治化建设的实施意见》，组建由 88 名人大代表、政协委员、行业专家、法律工作者参与“泰有理”信访法治化建设专家库；落实信访工作标准化要求，推进信访诉求办理标准化；实现社会稳定形势综合分析研判常态化，建立健全重大决策社会稳定风险评估制度、研判机制；运用“互联网 + 信访”智能化模式，推广应用网上信访、微信信访、手机信访以及“信访机器人”，建立信访网上投、事项网上办、结果网上评、问题网上督、形势网上判的信访综合管理服务机制。聚焦信访保障，构建“四位一体”格局。健全和完善市局领导班子成员联系市（区）制度，每个班子成员挂钩一个市（区），定期到市（区）督查指导；实施市局领导班子成员和处室负责人对市（区）共同担责；压实各市（区）信访工作责任，实施月度信访情况通报；加强市级机关部门信访工作，组织机关部门信访干部参加信访业务培训，强化对机关部门信访考核。聚焦信访基础，发挥“首接负责、首办必成、有权必维、有闹必究”“四力齐发”效应。聚焦信访机制，推进“四制创新”发展。推行权益保障卡制度，增强各级有权处理单位依法处理信访问题的责任意识；推行领导干部接访下访制度，市委、市政府领导累计接访下访 128 批 212 人次，各市（区）党政领导接访 1289 批 3826 人次；推进法定途径分类处理信访投诉请求工作，制定市级机关 35 个部门责任清单，细化和落实《信访条例》《依法分类处理信访诉求工作规则》关于分类处理的规定；将信访纳入社会信用管理体系，出台《泰州市信访人失信惩戒办法》，推动形成“一处失信、处处受限”失信惩罚体系。（张晓勇）

市信访局党员志愿服务队进行政策宣传　（市信访局供图）

责任编辑　耿　维

综述

【概况】 2019年,泰州市地区生产总值5133.36亿元,比上年增长6.4%。其中,第一产业增加值292.50亿元,增长2.3%;第二产业增加值2525.98亿元,增长5.9%;第三产业增加值2314.88亿元,增长7.6%。三次产业增加值比重为5.7∶49.2∶45.1,服务业增加值占地区生产总值比重提高1.4个百分点。一般公共预算收入374.58亿元,增长2.2%。固定资产投资增长6%。社会消费品零售总额1348.94亿元,增长5.2%。进出口总额144.66亿美元,减少1.8%,其中出口95.32亿美元,与上年持平;进口49.34亿美元,减少5.1%。新批协议注册外资33.27亿美元,增长13.1%;实际到账注册外资14.86亿美元,减少1.4%。

【发展规划管理】 2019年,泰州市跟踪"十三五"规划纲要明确的重点指标、重点任务和重点项目进展情况,确保规划目标任务按序时进度完成。启动"十四五"规划编制,制定《泰州市"十四五"规划编制工作方案和前期研究课题计划》,开展前期重点课题研究,至年末,30项重点课题研究基本完成,形成成果汇编。梳理重大政策、重大工程、重大改革举措,起草泰州市"十四五"规划基本思路。

【供给侧改革】 2019年,泰州市深化供给侧结构性改革。推进降本减负,实施降成本"十大专项行动",降低实体经济企业成本95亿元。创新城市土地开发模式,实施工业项目综合评价用地准入制度,探索建立"亩产论英雄"综合评价体系,泰州市获评省土地节约利用模范市,靖江市、泰兴市、姜堰区获评省土地节约利用模范市(区),全市获奖励用地指标180公顷,获奖单位数、指标奖励量居全省首位。推进产业转型升级,建立长江经济带生物医药产业创新联盟,建设长三角生物医药合作基地,"培育泰州医药健康产业创新中心"写入《长江三角洲区域一体化发展规划纲要》,泰州市成为世界卫生组织健康城市联盟国内第32个城市会员单位。推进国企改革,建设民生国企,建成全省首家国有企业国有资产监管信息化平台和市属国有企业债务风险化解应急资金池。推进金改试点,29项金融重点改革项目有序推进,资本项目收入兑换便利化、取消企业银行账户开户许可证核发、人民币跨境结算便利化"绿色通道"等试点经验全国推广,全省率先实现与证监部门、全国三大交易场所全面战略合作,全年新增境内外上市企业5家。产融综合服务中心注册上线企业1.7万家,解决企业融资需求4000多笔、融资金额近300亿元,泰州市入选财政支持深化民营和小微企业金融服务综合改革全国首批试点城市。

【重大项目建设】 *新签约项目*。2019年,泰州市新签约总投资亿元以上项目1414个,其中内资项目1290个、外资项目124个,总投资10亿元以上项目103个。全市新签约五大主导产业项目574个,占全部签约项目数40.59%,其中生物医药及高性能医疗器械项目121个、高端装备及高技术船舶项目237个、节能与新能源项目46个、新一代信息技术项目52个、化工及新材料项目97个。

新开工项目。2019年,泰州市认定亿元以上新开工项目436个,完成年度计划的108.5%,其中2亿元以下项目353个、占比81%,2亿~5亿元项目34个,5亿~10亿元项目17个,10亿元以上项目32个。从产业结构看,认定项目中,工业项目355个,占比81.4%,计划总投资827亿元,占比77.8%;服务业项目81个,占比18.6%,计划总投资236亿元,占比22.2%。从项目规模看,新开工项目计划总投资1063亿元,平均规模2.44亿元,其中工业项目平均规模2.3亿元、服务业项目平均规模2.9亿元。从项目来源看,新招引市外项目151个,占比34.6%;市内主体投资新建项目152个,占比34.9%;技术改造项目133个,占比30.5%。

新竣工项目。2019年,泰州市认定亿元以上新竣工项目344个,完成年度计划114.7%,其中2亿元以下项目273个、占比79.3%,2亿~5亿元项目33个,5亿~10亿元项目16个,10亿元以上项目22个。从项目规模看,新竣工项目计划总投资730亿元,实际完成投资697亿元,投资完成率95.5%。其中,工业项目266个,实际完成投资480亿元;服务业项目78个,实际完成投资217亿元。

在建项目。至2019年末,泰州市重点产业项目动态库累计入库2455个项目(2015年以来认定的亿元以上项

目累计竣工 1492 个)。在建项目 963 个,计划总投资 3065 亿元,年度计划投资 672 亿元,年内完成投资 583 亿元,完成年度计划 86.8%。在建项目中,年内新开工项目 436 个(其中 76 个项目竣工),年度计划投资 400 亿元,年内完成投资 367 亿元,完成年度计划 91.8%;结转在建项目 603 个,计划总投资 2066 亿元,年度计划投资 346 亿元,年内完成投资 290 亿元,完成年度计划 83.8%。 (夏圣凯 姚梦颖)

【省重大项目(泰州市部分)】 2019 年 3 月,省发改委公布全省 2019 年重大项目名单,20 多个项目涉及泰州。泰州中物院金属 3D 打印装备和泰兴中智异质结太阳电池生产设备 2 个项目入选省重大战略性新兴产业的高端装备项目,泰州迈博太科抗体药物、泰州赛孚士抗体药物、扬子江生物制药 3 个项目入选省重大生物技术和新医药项目。长城乘用车整车及关键部件项目入选省重大先进制造业的汽车项目。泰州中国物流华东分拨中心、京东电子商务中心 2 个项目入选省重大现代服务业的现代物流项目。兴化特味浓健康生态农业项目入选省重大现代农业项目。在省重大生态环保项目中,长江岸线整治修复工程、长江沿线地区绿化造林工程、全省黑臭河治理工程、长江沿线化工搬迁土地整治工程、沿江污水固废集中处置能力提升年度工程、长江经济带农业面源污染治理工程 6 个项目涉及泰州。在省重大民生工程的社会事业项目中,第二十届运动会比赛场馆项目入选,中医传承提升工程项目涉及泰州;在省重大民生保障项目中,棚户区改造体系工程、农村公路提档升级年度工程和泰州里下河地区长江引水工程 3 个项目涉及泰州。在省重大基础设施项目中,省内高速公路、常泰过江通道、长江过江通道连接线等,以及宽带江苏提升年度工程、无线江苏提升年度工程和电网扩容工程项目涉及泰州。盐泰锡常宜铁路项目入选省储备项目。

建设中的长城汽车泰州整车项目 (高鹏摄)

【固定资产投资】 2019 年,泰州市投资总额比上年增长 6%。其中,第一产业投资减少 82.2%,第二产业投资增长 6.2%,第三产业投资增长 6.5%。固定资产投资中,工业投资增长 6.1%,其中高新技术产业投资增长 24.1%、工业技术改造投资增长 6.3%、高耗能行业投资减少 12.6%,服务业投资增长 6.5%,其中房地产开发投资减少 0.3%。全年新开工项目数增长 24%,新开工项目完成投资增长 18.8%。

【财政金融】 2019 年,泰州市一般公共预算收入 374.58 亿元,比上年增长 2.2%;一般公共预算支出 594.23 亿元,增长 11.6%。至年末,金融机构人民币存款余额 6879.13 亿元,增长 12.4%;金融机构人民币贷款余额 5493.92 亿元,增长 14.8%。2 支企业债券通过国家发改委核准,总额 24 亿元,至年末,全市核准企业债券 41 支、总额 430.2 亿元,发行企业债券 37 支、总额 384 亿元,偿还企业债券本金 219.52 亿元,企业债券余额 164.48 亿元。

【资源环境】 2019 年,泰州市共上争生态文明建设中央预算内专项资金 2062 万元。推进第二批园区循环化改造,全市省级以上开发区全面实施园区循环化改造,泰兴经济开发区获批国家级第三方污染治理试点园区。加强能耗控制形势监测预警,下达各市(区)年度能源消费增量计划,制定各市(区)能耗增量目标完成情况晴雨表,完成 46 家重点用能企业能耗增量目标调查。编制形成《泰州市静脉产业园(核心区)概念性规划(初稿)》。开展全市 2018 ~ 2019 年度固定资产投资项目节能审查实施情况信息调查,完成节能审查制度实施情况报告。

【社会事业】 2019 年,泰州市城镇常住居民人均可支配收入 47216 元,农村常住居民人均可支配收入 23116 元,比上年分别增长 8.7%、8.9%。落实援企稳岗、创业服务等政策,全年城镇新增就业 10.68 万人,增加 0.31 万人;年末城镇登记失业率 1.76%。全市参加城乡居民养老保险、企业职工养老保险人数分别为 100.97 万人、94.69 万人,城乡基本养老保险参保率 98%。全市城乡低保标准统一提高到每人每月 680 元。全市建档立卡低收入农户 70857 户、123452 人全部脱贫,年集体经营性收入低于省定 18 万元的 92 个村全部脱贫。全年新创优质幼儿园 3 所,省优比例 84.47%,居全省首位。三星级以上优质高中实现全覆盖,四星级高中占比提高到 54.5%,新(改、扩)建幼儿园及中小学 50 所。市中医院新院二期工程和妇幼保健院开工建设,市人民医院医联体和泰兴、兴化医共体建设启动,儿童预防接种门诊全部建成达标,实现三级乙等综合医院全覆盖。开展文化惠民演出,举办新中国成立 70 周年、人民海军成立 70 周年庆祝活动,筹建大运河(泰州)文化旅游发展基金。全面启动省运会筹备，推进市体育公园等场馆建设，完成市体育中心田径场改造。泰州远大足球俱乐部升入中甲联赛。实施长期护理保险制度，政府购买居家养老服务惠及16.2万人。完成棚户区改造8162户、保障性住房建设5838套。开展普法志愿服务“718行动”，出台党政领导干部安全生产责任制实施办法，试行事故企业公开道歉、风险较大场所所长制等，建成安全生产大数据平台，推行危化品企业积分动态管理，开展24个重点行业领域安全生产专项整治，开展市域社会治理现代化试点，探索“网格+警格”“一中心三平台”基层综合治理服务模式，持续推进扫黑除恶专项斗争。（邵月娥）

财　政

【概况】　2019年，泰州市一般公共预算收入374.6亿元，其中税收收入287.5亿元、非税收入87.1亿元。一般公共预算收入比上年增长2.4%，总量居全省第八位，增幅居全省第七位、居苏中首位。一般公共预算收入加上年结转收入、上级补助及地方政府一般债务转贷收入等，收入总额811.62亿元。一般公共预算支出592.22亿元，比上年实绩增长11.2%，新增支出主要投向社会保障和就业、交通运输、节能环保、文化旅游体育等民生保障和基础设施改善领域。一般公共预算支出加上解上级支出、地方政府一般债务还本支出、补充预算稳定调节基金等，支出总额771.64亿元。收支相抵，预计结转下年支出39.98亿元，实现财政收支平衡。

2019年，泰州市落实新一轮减税降费政策，减轻企业税费和社会保险费负担90亿元。核拨市级科技专项资金1.5亿元兑现“科技创新人才新80条”政策。推进财政普惠金融政策以及产品、服务和管理创新，引导和撬动金融机构投放小微贷款110多亿元，支持市场主体4600多户次，泰州市入选“深化民营和小微企业金融服务综合改革”全国首批试点城市，“泰信保”获评全国“再担保类优秀产品”。创新财政支持经济发展投入方式，参股设立国家制造业转型升级基金，完善“1+10+N”产业基金体系，实体化运营子基金5支，基金总规模超过80亿元，基金落地投资项目2个、带动社会资本投资超过3亿元，基金引进落户重大项目4个、签约投资额6亿元。推广运用政府与社会资本合作模式，建立PPP（政府和社会资本合作）项目全生命周期法律顾问制度，新增采购落地项目3个，清理“僵尸项目”3个，全市在库PPP项目32个，投资总额466.9亿元。

【市级预算收支】　2019年，泰州市市级一般公共预算收入30.77亿元，比上年实绩增长15.7%，其中税收收入11.55亿元、非税收入19.22亿元。市级一般公共预算收入加上级补助收入、下级上解收入、上年结转收入、地方政府一般债务转贷收入、调入预算稳定调节基金等，收入总额208.29亿元。市级一般公共预算支出81.23亿元，实绩增长16.2%。市级一般公共预算支出加补助下级支出、上解上级支出、地方政府一般债务还本支出、补充预算稳定调节基金等，支出总额198.31亿元。收支相抵，预计结转下年支出9.98亿元，实现财政收支平衡。

全年泰州市市级政府性基金收入88.3亿元，比上年实绩增长4.4%。政府性基金收入加上级补助收入、上年结转收入、地方政府专项债务转贷收入等，收入总额134.82亿元。市本级政府性基金支出88.08亿元，实绩增长1.9%。政府性基金支出加补助下级支出、调出资金、地方政府专项债务转贷支出、地方政府专项债务还本支出等，支出总额113.34亿元。收支相抵，预计结转下年支出21.48亿元。

全年泰州市市级国有资本经营预算收入6088万元，上年结转收入474万元。市级国有资本经营预算支出2480万元，调出资金4082万元。

实施企业职工基本养老保险和失业保险市区统筹、养老保险单位缴费比例下调等政策。市级社会保险基金收入78.62亿元，增长47.4%。市级社会保险基金支出84.03亿元，增长80.6%。市级社会保险基金年末滚存结余42.61亿元。

2019年泰州市地方财政收支主要项目一览表

表13　　　　单位：万元

财政收入	不含江阴靖江园区		含江阴靖江园区		财政支出	实绩	比上年增长（%）
	实绩	比上年增长（%）	实绩	比上年增长（%）			
增值税	1434398	-0.2	1468507	-0.8	一般公共服务支出	662395	2.1
营业税	—	—	—	—	公共安全支出	359855	-1.7
企业所得税（40%部分）	356641	-9.8	388490	-8.9	教育支出	758623	1.3
个人所得税（40%部分）	103449	-30.3	103984	-30.4	社会保障和就业支出	932114	45.3
契税	208608	18.3	210492	18.5	医疗卫生与计划生育支出	489735	1.9
城市维护建设税	187274	-5.3	191951	-5.7	城乡社区支出	552548	10.2

续表 13

财政收入	不含江阴靖江园区		含江阴靖江园区		财政支出	实绩	比上年增长（%）
	实绩	比上年增长（%）	实绩	比上年增长（%）			
其他税收收入	501157	-0.4	511413	-0.0	农林水支出	535895	1.1
非税收入	865213	21.3	870976	21.3	资源勘探信息等支出	184172	-3.4
政府性基金收入	3629384	8.9	3629384	8.9	政府性基金支出	3648430	-0.8

【财政民生投入】 2019年，泰州市落实援企稳岗就业政策，加大创业担保贷款贴息力度，支持创业富民。完善生均拨款制度，实施普惠性政策资助，健全从学前教育到高等教育的经费保障机制。出台《泰州市区政府购买居家养老上门服务实施办法》，完善社会化养老服务体系。市区城乡居民基础养老金、城乡居民医保财政补助等社会保险待遇逐年提高，实现基本医疗、企业职工养老和失业保险市区统筹。支持公立医院药品零差价改革。加大公共文化服务体系建设投入，实施文化"惠民券"制度。

【打好"三大攻坚战"财政政策支持】 2019年，泰州市强化风险防范，加大财政投入力度，支持打好"三大攻坚战"。支持打好防范化解重大风险攻坚战，健全政府债务管理制度体系，建立政府性债务管理督导联系制度，建成运行政府债务综合监管平台并实现市、市（区）、镇街（园区）三级全覆盖；落实债务化解综合措施，全年全市新增政府债券资金71.6亿元；实施化债降等，年度化债完成计划任务的124.9%。支持打好精准脱贫攻坚战，安排市级专项补助资金2000万元，支持实施富民强村新一轮三年行动计划，推进市级重点扶贫项目建设；支持开展社保扶贫、健康扶贫、教育扶贫，安排健康扶贫补充保险市级补助资金1350万元。支持打好污染防治攻坚战，市级财政统筹安排生态环保资金4800万元，用于大气、水、固废等重点污染源防治和生态文明建设，全年上争中央和省级资金4.86亿元。

【财政管理体制改革】 2019年，泰州市健全财政预算编制、预算执行、绩效管理和财政监督"四位一体"财政管理体制。推进一般公共预算、政府性基金、社会保险基金和国有资本经营"四本预算"一体化编制，完善全口径预算管理体系。完善市区一体化发展财政管理体制，市区全面实施预算绩效管理。加大财政资金统筹盘活力度，加强国库资金调度运作，提高保值增值率。加强预算、执行、监督"三位一体"财政资金监管体制机制建设，实施健康扶贫补充保险资金等3类专项资金监督，完成10家市级部门"勤俭节约过紧日子"政策执行情况监督。上线运行政府采购交易执行系统和监管系统，融合政府采购和预算管理。落实国有资产管理情况报告制度，建设国有资产全生命周期管理体系。市财政局连续4年获评全省"法治财政标准化管理"先进单位。

【财政支持深化民营和小微企业金融服务综合改革全国试点】 2019年，泰州市入选国家2019年度财政支持深化民营和小微企业金融服务综合改革试点城市。试点由财政部、科技部、工信部、人民银行、银保监会联合发起，旨在发挥财政资金引导撬动作用，支持民营和小微企业高质量发展。试点城市由中央财政给予奖励，东、中、西部地区每个试点城市的奖励标准分别为3000万元、4000万元、5000万元，奖励资金用于民营或小微企业信贷风险补偿（代偿）和政府性融资担保机构资本补充。

【参股国家制造业转型升级基金】 2019年11月18日，泰州市参股的国家制造业转型升级基金股份有限公司登记成立。基金公司由财政部、国开金融有限责任公司等20家单位联合发起，注册资本1472亿元，股份总数1472亿股，每股面值1元。泰州市是发起人股东，市国有股权投资管理中心为出资主体，认购基金公司20亿股，认购金额20亿元，持股比例1.36%。

（高新华　丁云璐）

国有资产监督管理

【概况】 2019年，泰州市出台《市属国有企业股权投资项目管理办法》《市属国企融资监督管理办法》《市属国企担保监督管理办法（试行）》等制度，完善国资监管机制。组建市属企业重大投资评审专家库，财务审计、资产评估、法律事务等10类111名专家入库。建成全省首家国有资产监管信息化平台，实现数据采集实时化、业务处理自动化、信息利用共享化。完善考评机制，增加债务总额控制、资产增加率等考核指标，调整企业主要负责人经营业绩考核办法。建立市属国有企业债务风险化解应急资金池，与浙商银行探索建立"易企银"资金融通平台，防范资金链断裂风险。维护和提升企业资信评级，试点推广融资比选机制，开展展期降息，压降企业融资成本。推进国资国企改革，至年末，市国资委履行出资人职责企业资产总额3262.42亿元，比上年增长21.08%；营业收入155.51亿元，增长85%；利润总额23.53亿元，增长33.76%；资产负债率下降1.16个百分点。年内，国有企业参与主导市政公用事业，完成水务股权合作谈判。

【国有资产整合】 2019年，泰州市首次实现市属经营性资产集中统一监管，完成行政事业单位经营性资产划转,划转经营性资产28处,评估值6.26亿元。完成行政事业单位直属企业整体划转,划转企业55家,其中市住建局企业29家、交通局企业8家、粮食局企业11家、工信局企业2家、农业农村局企业2家、机关事务局企业2家、城管局企业1家。整合机构改革后调剂腾空的闲置机关办公用房,注入相应国企。

【国有企业发展】 2019年,泰州市城投集团组建公用事业投资集团,实施水务股权合作项目,实现"国企控股、董事委派、管网出资";中城建十三局公司实施股权合作项目,全年营业收入18.58亿元。交通集团整合资产资源,组建中泰建发集团、泰政服务公司和泰州客运集团,推进S353省道泰州段改扩建、海姜大道绿带工程等重点项目,实施大型停车场、鑫福里康居工程、能源商贸等市场化项目;金领公司参与省重点工程S353等大型工程项目12个,营业收入11.04亿元;华晨混凝土公司订单业务量比上年增长3倍,营业收入2.56亿元。文旅集团推进凤城河景区提升、泰来面粉厂工业遗址文化复兴、泰禾之声等项目,组建"泰慢之旅景区联盟",推动文旅产业融合,静安路街区获评"中国商旅文产业示范街区",凤城河景区及盐税博物馆获评"江苏最美运河地标"。金控集团实施体制重组,重新明确12家二级子公司;建成投运金融广场,发起设立国民联合健康保险公司,上线运行企业征信系统,实施鑫通担保、阳光担保、鑫源担保、创业投资一体化集中管理。华信公司推进精准医疗小镇、养生理疗基地等重点项目。鑫泰集团推进综合保税区物流仓储中心、中小企业创新创业园等重大项目。新滨江公司实施一汽(客车)新能源汽车整车生产、瑞璗高性能锂电池生产等重点投资项目。高教投公司推进泰州学院二期宿舍楼、忠南社区地块搬迁等项目。泰农集团下属红旗种业公司服务国家"一带一路"建设,全年出口菲律宾、巴基斯坦等境外市场杂交水稻种子近2000吨,种子出口量居全省首位。

【城市供水收归国企控股】 2019年,泰州市完成水务改制,城市供水收归国企控股。2月28日,市国资委与金州水务、金港水务有限公司股东方签署《关于筹建泰州市公用事业有限公司的框架协议》。4月18日,泰州市公用事业水务公司股权合作四方(市城投集团、江苏水务公司、中国东方水务公司、北京金州工程公司)签约仪式在市政府举行,市城投集团持股51.01%,成立泰州市公用事业水务公司。5月16日,泰州市公用事业水务有限公司揭牌成立。7月4日,市城投集团与三方股东共同签署泰州金州、金港水务公司合作合同、合资公司章程等多个协议。泰州金州水务有限公司、金港水务有限公司成为泰州城投集团旗下子公司,为国有控股企业。10月12日,完成工商变更,泰州金州水务有限公司、泰州金港水务有限公司名称变更为泰州市水务有限公司、泰州市第二水务有限公司。 (王睿威)

税　务

【概况】 2019年,泰州市组织各项收入759.97亿元,比上年减少0.08%。其中税收收入522.36亿元,减少3.68%。税收收入从区域情况看,市区税收收入262.58亿元,县区税收收入259.78亿元;从主体税种看,增值税286.89亿元,消费税15.95亿元,企业所得税91.46亿元,个人所得税25.86亿元。全市入库社保费收入218.96亿元,增长9.9%。推进减税降费,减税降费领导小组办公室实体化运作,编发任务清单10批,编列工作事项435条。落实个税改革,与支付宝合作开展个税汇缴宣传辅导。开展小微企业普惠性政策退税、增值税改革、降低社保费率等。全年全市减免税费134.88亿元,出口退税61.77亿元,市税务局减税降费工作被中央电视台《新闻联播》栏目报道。

2019年泰州市分地区分税种税收入库情况一览表

表14　　单位:万元

项目	总计	市区合计	市级	海陵区级	高港区级	医药高新区级	农业开发区级	姜堰区	县市合计	靖江市	泰兴市	兴化市
税收合计	5223579	2625770	334826	496955	614352	585525	24306	569806	2597809	817080	1207367	573362
1.增值税	2868859	1355296	117645	216478	415970	245674	17728	341801	1513562	478993	670171	364398
其中:中央级	1434429	677649	58822	108239	207985	122837	8864	170901	756781	239496	335086	182199
省级	-5197	-1720	—	-65	-177	-1145	—	-334	-3477	-767	-2616	-94
地方级	1439627	679368	58822	108304	208162	123982	8864	171234	760258	240264	337701	182293
2.消费税	159544	158609	69900	30991	3337	48947	—	5434	935	448	348	139
3.营业税	2398	1574	—	-15	498	1100	—	-9	825	165	420	240
其中:中央级	1199	786	—	-7	249	550	—	-5	413	83	210	120

续表 14

项目	总计	市区合计	市级	海陵区级	高港区级	医药高新区级	农业开发区级	姜堰区	县市合计	靖江市	泰兴市	兴化市
地方级	1199	787	—	-7	249	550	—	-4	412	82	210	120
4. 企业所得税	914607	462460	46806	104131	75345	143742	3551	88886	452147	128977	246672	76498
其中:中央级	549365	277524	28083	62479	45207	86293	2130	53332	271847	77386	148561	45900
省级	8601	8601	8600	1	—	—	—	—	—	—	—	—
地方级	356641	176335	10122	41652	30138	57449	1420	35554	180300	51591	98111	30598
5. 个人所得税	258627	133485	17050	31144	34498	21287	439	29068	125137	32217	67616	25304
其中:中央级	155176	80091	10230	18687	20699	12772	263	17441	75082	19330	40570	15182
地方级	103450	53393	6820	12458	13799	8514	176	11627	50055	12887	27046	10122
6. 资源税	7875	2414	—	1	—	—	—	2413	5461	—	243	5218
7. 城市维护建设税	190732	99777	12705	16165	27644	22821	1171	19273	90954	31886	38975	20093
8. 房产税	112740	62685	4807	14838	7764	23925	266	11085	50055	19792	18889	11374
9. 印花税	34496	17032	1508	3673	3528	4585	117	3621	17464	7118	6613	3733
10. 城镇土地使用税	88314	43219	1021	10079	8456	11904	544	11215	45096	16625	18479	9992
11. 土地增值税	150959	76794	3	18214	12378	29394	—	16806	74165	33022	32097	9046
12. 车船税	24746	13602	10927	243	22	4	—	2406	11145	4097	3792	3256
13. 车辆购置税	120247	63944	52368	—	—	—	—	11576	56303	20539	19962	15802
14. 耕地占用税	61628	31058	—	12034	14537	3397	67	1023	30569	8271	15991	6307
15. 契税	208607	95165	86	37210	7768	26897	414	22788	113443	31924	62368	19151
16. 环境保护税	19200	8651	1	1770	2609	1848	9	2413	10549	3005	4733	2811

【税收征管体系建设】 2019 年,泰州市出台落实省税务局完善税收征管体系的《工作指引》5 个,明确重点任务 72 项;推进新征管体系示范点建设,指导试点单位制定配套制度 7 类 25 项。完成金税三期税收管理系统并库、ITS 系统及个税专门系统上线、统一版电子税务局上线、增值税发票管理系统 2.0 版及公共服务平台上线等信息化工作。加强重点地区、重点行业虚开风险防控,加强土地增值税管理,完成清算审核项目 98 个;开展委托代征专项督察,建立长效管理机制;加强源头管控,排查发票管理、税收票证、资金账户管理、信息数据安全管理等方面风险。

【依法治税】 2019 年,泰州市统一税务行政处罚执行口径,规范税务行政处罚裁量权行使。推进"三项制度"(行政执法公示制度、执法全过程记录制度和重大执法决定法制审核制度)试点,深化"税收政策解读三方协商机制",探索"复议机关主动介入化解争议",化解涉税争议 4 起。开展日常普

2019 年 3 月 20 日,市税务局举行"纳税人开放日"活动

(市税务局供图)

法、主题普法、以案释法基层行等，市税务局获评全省“七五”普法中期先进集体。市税务局、公安局联合破获“4·16”虚开专案，涉案金额超过5亿元；项目化推进“9·3”专案、“8·29”专案、“9·30专案”办理，查补税款5000多万元；打造稽查“零积案”品牌，清理积案1098件，查补税款8280.75万元；检查涉黑涉恶案件5起、企业11户，查处税款158万元。

【纳税服务】 2019年，泰州市创新推出新办企业线上办税套餐，实现车购税网上申报。创新推进网格化服务，加快便民办税速度，相关工作被中央电视台《朝闻天下》栏目和《新华日报》专题报道。推进综保区一般纳税人试点，举办泰州市第二届“最美纳税人”评选活动。推进银税互动，与18家银行实现“征信互认”，全年为3423户纳税人办理税收信用贷款20.23亿元。

（李　洋）

审　计

【概况】 2019年，泰州市审计机关完成审计项目171个，其中审计155个、专项审计调查16个；查出主要问题金额693.33亿元，其中违规金额1.91亿元、损失浪费金额1281万元、管理不规范金额691.29亿元；审计发现非金额计量问题554个；损益（收支）不实金额3.57亿元；出具审计报告和专项审计调查报告213篇，被批示、采用12篇次。全年审计处理处罚金额238.72亿元，其中应上缴财政2.84亿元、应减少财政拨款或补贴5.64亿元、应归还原渠道资金57.68亿元、应缴纳其他资金3.04亿元、应调账处理金额169.52亿元；移送司法机关、纪检监察机关和有关部门处理事项33件，移送处理人员37人，移送处理金额14.33亿元。全年审计促进整改落实有关问题金额118.81亿元；审计促进拨付资金到位2.78亿元；审计后挽回（避免）损失1036万元；核减投资额14.57亿元；移送处理落实事项5件。全年审计提出建议1131条，被采纳1074条；推动被审计单位制定整改措施674项；促进被审计单位建立、健全规章制度75项；提交审计信息75篇，被批示、采用18篇，向社会公告审计结果41篇。《泰州市审计局搭建自然资源资产审计数据分析系统，全面提升审计监督效能》入选“江苏审计十大新闻”，3个审计项目被省审计厅评为“优秀审计项目”。

【重大政策落实及投资项目跟踪审计】 2019年，泰州市开展减税降费政策落实、清理拖欠民营企业中小企业账款审计，促进清理拖欠资金9.81亿元，减轻企业负担。跟踪审计全市12个省级重大项目推进情况，促进加快进度、规范管理。年内，泰州医药高新区审计局开展国有企业资产负债审计调查，促进区内8家集团公司及其下属公司加大国有资本、国有资产管理力度。

【打好“三大攻坚战”审计促进】 2019年，泰州市审计调查省级以上园区违规借款和出借资金整改情况，推动建立管理制度27项，归还借款111.62亿元，收回出借资金24.13亿元。审计调查扶贫项目95个，推动落实教育、医疗等扶贫政策。统筹推进资源环境审计，跟踪水资源管理责任落实、长江经济带生态环保等审计项目，开展党政主要领导干部自然资源资产审计及净土保卫战2018年行动计划执行情况审计调查，促进落实最严格的生态环境保护制度。

【财政审计】 2019年，泰州市加大财政同级审力度，促进统筹盘活存量资金14.92亿元。全面审计市级86个部门（单位）预决算等数据，重点审计5个部门（单位）预算执行情况。重点审计市属国有企业资产负债损益情况，促进国有资产保值增值、国有企业增强竞争力、国有资本提升运营质效。靖江市审计局同级审促进增加财政收入6000多万元，盘活财政存量资金超过1.5亿元。年内，泰州医药高新区、农业开发区预算执行情况纳入同级财政审计范围。

【民生审计】 2019年，泰州市开展乡村振兴相关政策落实和资金使用审计，抽查涉农、扶贫、农村“三资”等方面资金39.38亿元，推动出台完善政策制度48项。开展保障性安居工程跟踪审计，促进安排拨付资金2.2亿元，退还违规收费166.3万元。

【审计管理体制改革】 2019年，泰州市加大审计管理体制改革力度，各市（区）成立审计委员会。创新运用“两

2019年8月17日，市审计局在市人民广场开展普法活动

（市审计局供图）

统筹”工作机制，实施“异地交叉审”“1＋N”“嵌入审”等审计项目组织方式，全年15个审计项目实现“两统筹”。加强整改督查，25家被审计单位24个项目69个问题全部整改，实现增收节支和减少损失浪费1809万元；开展审计整改“回头看”专项行动，2016年～2018年审计发现问题整改率98%。加强信息化建设，转变审计模式，提高审计数据处理分析自动化水平，高港区审计局运用大数据模式对全区222家一级、二级预算单位预算执行情况实施全面审计。统筹监督力量，出台《关于进一步深化巡察机构与审计机关协作配合的实施意见》，建立巡审结合“六项制度”，姜堰区审计局创新建立巡察审计“一统五联”协同机制。

【审计基础建设】 2019年，泰州市实施“五个强审”落实年行动，严格质量管控，加强规范管理，开展网上审理，与审计现场无缝对接、实时监督，开展年度项目质量检查、日常执法指导咨询，强化审计项目质量控制。加强审计信息化建设，推进以数字化审计平台为核心的政务信息系统建设，构建大数据审计系统生态，实施大数据审计工作模式，大数据审计经验入选全国计算机审计培训教学范例，自然资源资产审计数据综合分析系统入选“智慧江苏审计信息化应用示范工程”，科技强审工作居全省设区市审计局2019年度综合考核首位。

（沈金勇）

统　计

【概况】 2019年，泰州市推进依法统计，加强法治基础和制度保障，强化执法监督检查和法治宣传教育，防范和惩治统计造假弄虚作假，创新统计监测体系，建设泰州特色统计调查体系，完成国家调查任务。加强统计基层基础建设，推进市（区）、乡镇（街道）、村（社区）、部门、开发园区、联网直报单位“六位一体”统计规范化建设。推进全面小康统计监测，制定《高水平全面建成小康社会统计监测实施方案》。构建大健康产业统计体系，填补大健康产业统计空白。开展生态环境建设百姓满意度调查、高水平全面建成小康社会满意度调查、泰州市营商环境社会公众满意度调查等。

【统计制度建设】 2019年，泰州市完善统计机制，推进依法治统。加强“四责协同”，建立健全领导干部违规干预统计工作记录制度和报告制度，形成从领导干部到工作人员的责任闭环。防范和惩治统计造假弄虚作假，规范统计行为，开展统计调查，实施统计法治建设“一把手”工程。开展统计造假专项治理，泰州调查队数据质量检查样本点（户）689个，各市（区）9月完成统计数据质量核查。规范统计方法，完善统计数据全程质量管理体系，实施专业统计数据审核和质量评估。加强统计执法检查，重点查处地方政府、各部门、各单位负责人和统计机构、统计人员违反统计法律法规规定的两类“三个不得”统计造假、弄虚作假案件。规范双随机执法检查，运用刚性执法、柔性执法、人性执法新模式，严格执法检查标准。泰州调查队对14家企业发出《统计行政执法结论书》，对2家企业发出《责令改正通知书》，对2家企业作出警告的行政处罚。

【统计监测服务】 2019年，泰州市加强统计监测，召开经济形势分析会，开展经济运行分析；召开GDP核算部门联席会议，提高数据质量。开展综合统计服务，发布《2018年统计公报》，编印2018年度《经济社会概览》；召开2019年季度经济运行情况新闻发布会和季度市（区）经济形势分析会，开展2019年季度系列统计分析，编印《2019年季度泰州经济运行报告》。

【统计调查服务】 2019年，泰州市在“统计微讯”“江苏调查”“中国泰州”“泰州发布”等微信公众号，及时发布消费价格、居民收入等各类民生数据。泰州调查队全年编印《泰州调查快报》357期、《泰州调查研究》125期、《泰州调查专报》8期。一批调查信息（报告）被采用，其中国办采用6篇次、国家局采用9篇次、省“两办”采用56篇次、江苏调查总队采用260篇次。修订完善《标准操作流程（sop）汇编》，融合sop管理与调查。加强双基建设，率先实施农村畜禽监测调查交叉互审模式。加强督促、维护、培训，提高住户电子记账质量。严格样本核实、入户调查、陪访督查，提高劳动力调查源头数据质量。运用网络筛查对比等方法，开展价格精准调查。围绕特色产业、新兴产业、制造业分行业“三类目标”，创新编制特色采购经理指数。

【统计宣传】 2019年，泰州市加强统计宣传，制作发布统计法治宣传教育动漫视频7个，在泰州电视台新闻栏目

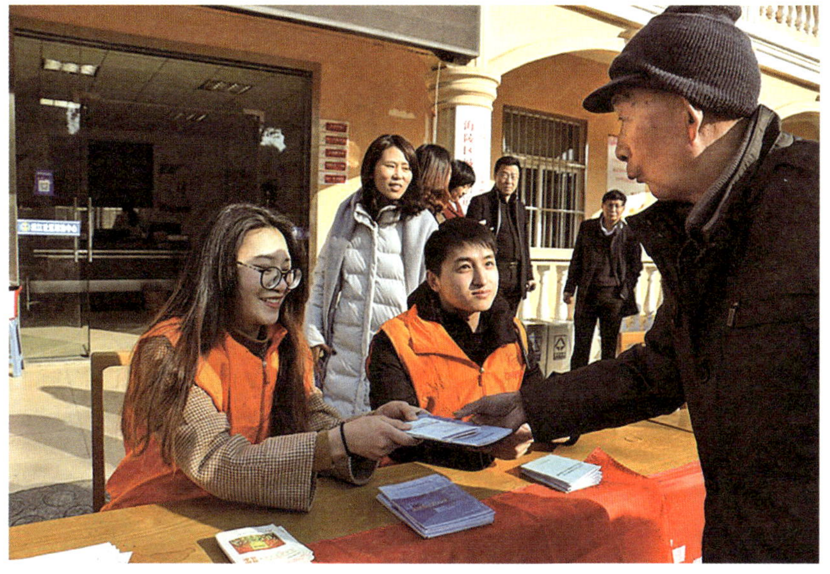

2019年12月6日，市统计局开展“送法进社区”活动　（市统计局供图）

开设“统计人统计事”专栏，在《泰州日报》开设“统计”专版，在《中国信息报》、“我的泰州”等微平台宣传报道，开展“四经普”登记日、9.20等广场宣传活动，在广场、社区、农村等地开展统计调查宣传，发放《统计法宣传手册》《改革开放四十年民生成就》等。开展防惩统计造假宣传，加强对领导干部、统计人员、调查对象统计法治宣传，在各级各类培训班、《泰州日报》、电视台等开展法治宣传，对统计机构、统计人员、新增联网直报企业统计人员开展法律法规知识培训。

【经济普查】 2019年，泰州市推进“第四次全国经济普查”登记，实施现场登记，重点指标、重点版块、重点产业“即登、即审、即传”，保障源头数据质量；全面核查底册，比对年报和“四上”企业数据，补充完善法人数据。加强部门协作，市、县、镇、村四级联动，开展入户“再核实、再比对、再填报、再审核、再上报”，重新上报遗漏单位992家。开展数据质量抽查，重点抽查涉及GDP核算的固定资产折旧、从业人员劳动报酬、利润、税收等主要经济指标。制定“四经普”资料开发应用计划，挖掘利用经济普查数据资料成果。

(季　杰　薛　燕)

市场监督管理

【概况】 2019年，泰州市挂牌组建市市场监管局，深化品质泰州建设，建设“品质工匠”服务品牌。制定全国市场监管系统首个《党建工作标准化手册》，新增江苏省质量奖2个，居全省首位；省级食品评价性抽检合格率99.83%，居全省首位；全市企业年报率94.09%，连续三年全省首位。全面推进市场监管领域公平竞争审查，开展原料药购销、公章刻制行业垄断情况调查，开展保健市场乱象百日行动专项检查，创新设立“住宅装修第三方资金监管平台”，推进“正版正货”承诺项目。在全国率先出台《网店经营行为规范》地方标准，开展网络市场监管专项行动。出台《关于推进民营经济高质量发展实施方案》，明确营商提优、质量提升、减负提效、产业提级4个方面措施19条。全年全市新增市场主体8.4万户，动产抵押登记助企融资93.5亿元，实现除危化品以外的发证工业产品“先证后核”。推进广告监测系统建设，强化农贸市场和药品零售企业安全信用体系建设，评选“十佳文明诚信农贸市场和经营户”“十佳诚信药店”。“护佑”“兴达”“寿牌”“黄桥烧饼”4个商标品牌入选“我最喜爱的江苏商标品牌”。“郑美琴维权工作室”规模扩大，至年末建成28家。开展市场监管项目行、民生行活动，举办“品质泰州”全国书法精品展、百姓大舞台，建成“品质文化园”，组织实验室开放日、质量文化进校园等活动，宣传特种设备、保健食品、用药安全常识。

修订《泰州市市长质量奖评审管理办法》，组织评选市长质量奖。开展质量提升行动，增强生物医药及高性能医疗器械、化工及新材料等两大主导产业服务精准度。建立省生物医药产业院士协同创新中心，举办中国医药行业质量发展论坛。全国亚克力(PMMA)材料标准化工作组落户泰兴。举办中国品牌日主题活动，在全国首创“泰州品质”认证评价试点，“兴化小龙虾”“兴化荷藕”成功申报地理标志商标。市政府与中国标准化研究院签订战略合作协议，在全国地级市中率先开展标准化地方立法，《品质城市评价指标体系》获国家标准立项，《泰州市标准化条例》获省人大常委会全票通过。实施企业标准领跑者制度，鼓励企业参与标准制定，支持软管波纹管、吊索具等重点领域组建标准联盟。加强特种设备安全监管，开展涉危化品企业特种设备安全大排查大整治。

开展专项价格监督检查，全年查处价格投诉举报150多起，罚没172万元。行政约谈收取金融服务费的汽车销售公司，督促其履行消费维权主体责任；检查6家燃煤发电企业2017～2018年环保电价执行情况，立案调查未达标的上网电价；完成房地产中介价格串通案处理。

2019年，泰州市被省政府表彰为“落实‘放管服’改革、推进质量工作真抓实干成效明显市”；济川药业集团有限公司、徐镜人(个人)获江苏省质量奖，江苏太平洋精锻科技股份有限公司获江苏省质量管理优秀奖，泰州供电获“2019‘质量之光’年度质量标杆”称号；市市场监管局被人社部、市场监管总局联合表彰为“全国市场监管系统先进集体”。

【市场准入】 2019年，泰州市新登记市场主体88334户，其中企业26824户、个体工商户61220户、农民专业合作社290户。至年末，全市登记市场主体524502户，其中企业144577户、个体工商户370860户、农民专业合作社9065户。全市应参加年报企业

2019年9月3日，泰州市“质量月”活动正式启动　(市市场监管局供图)

120875 户,113731 户按时申报并公示年度报告,企业年报率 94.09%,高于全省平均年报率近 5 个百分点,全市 2018 年度企业年报率 94.09%,连续 3 年居全省设区市首位。推进部门数据共享,市级 26 个许可监管部门向市场监管信息平台推送信息 12979 条,其中许可信息 1047 条、处罚信息 1097 条,各市(区)109 个部门向平台推送数据 13086 条。市市场监管局开展市属企业双随机综合检查,联合市公安局、地方金融监管局在非法金融活动专项治理中开展"双随机、一公开"定向抽查。

登记注册机制。线上线下全面取消冠"江苏省"企业名称预先核准。实施登记软件更新重新授权,重新授权登记人员 170 人。联网全国企业登记身份管理实名验证系统,实现线上线下身份信息管理全覆盖。建立网上登记系统经营范围字典库,将网上登记系统、全程电子化系统中企业手工录入填报经营范围模式,改为由申请人通过关键字搜索选择使用标准化的经营范围模式。落实化工企业实际控制人登记制度。推进市场主体简易注销,全面推进企业、个体工商户及农民专业合作社简易注销登记。

市场秩序监管与规范。在全省率先开展原料药购销变化情况调查,调查药品生产企业 55 家;开展公章刻制行业垄断行为调查,调查公章刻制经营市场主体 146 家。开展重点领域反不正当竞争执法,办结案件 2 起。开展"保健"市场乱象百日行动专项检查,行政指导、行政约谈 17 次,开展宣传活动 86 次,协作执法 16 次,立案 16 件,结案 11 件,罚没款 34.1 万元。

【质量管理】 2019 年,泰州市加强质量监督基础建设,国家空调设备质量监督检验中心靖江分中心成立,全省唯一国家级智能商用汽车监督检验中心(测试基地)落户泰兴市虹桥镇,省特防中心创建国家中心通过省局预验收。市质检院筹建省精细化工标准化技术委员会,市药检院参加国际能力验证,市计量院首次主导承担国家总局科技项目,市纤检院棉花公检量居全省第二位。打造"泰检易"公共服务平台,聚合市场监管要素,为企业提供"一站式"服务。

2019 年 9 月 25 日,国家空调设备质量监督检验中心靖江分中心成立

(市市场监管局供图)

特种设备安全排查整治。对沿江化工园区等重点区域以及危化品生产、仓储等重点单位开展安全排查整治,发现隐患 515 条,停用设备 123 台(套),下达监察指令书 62 份,查封、扣押设备 8 台,关停企业 1 家,立案查处 4 起。开展燃煤锅炉清理、气瓶安全、电站锅炉范围内管道材质核查等专项整治,加强高校科研机构特种设备安全管理。

产品质量安全监管。开展危险化学品、防爆电气、烟花爆竹、儿童和学生用品、安全帽等重点产品质量安全专项整治。征集消费者抽检意向,开展"随点随检"14 类 376 批次,检出质量隐患 47 批次。出台《加强埋地管材监管意见》等,市市场监管局、住建局联合开展埋地管材检查。 (丁 薇)

【价格监管】 2019 年,泰州市居民消费价格指数(CPI)比上年增长 3.1%,增幅提高 1.1 个百分点,与全省平均增幅持平,高于全国平均增幅 0.2 个百分点。其中,食品价格增长 9.8%,非食品价格增长 1.8%,服务项目价格增长 1.6%,工业消费品价格增长 1.8%。工业生产者出厂价格指数(PPI)增长 0.2%,购进价格指数(IPI)下降 2.5%。

价格改革。推进民用天然气价格改革,完善燃气定价机制,适时调整非民用天然气价格,保障天然气供应和价格稳定。推进非居民用水价格改革,建立健全主城区非居民用水超定额(计划)累进加价制度。推进污水处理费价格改革,开展污水处理成本监审。完善实施差别化价格政策,对环保信用等级"红色""黑色"企业实施差别水电气价,全年全市实施差别化电价企业 10 家,其中"红色"企业 5 家、"黑色"企业 5 家,征收差别化电费 123 万元;实施差别化污水处理费企业 133 家,征收差别化污水处理费 11.43 万元;实施差别化天然气价格企业 1 家,征收差别化天然气费 0.75 万元。减少中小企业用电成本,全年降低一般工商业电价 2 次,每度电下降 0.07 元,惠及全市近 30 万用户,降低电费 4.4 亿元。实施水气热大用户直接交易,全市参与水、气、热大用户价格直接交易企业 200 家(次),分别优惠水、气、热 2026.30 万立方米、2.02 亿立方米、593.76 万吨,减轻企业负担 1.29 亿元。超额完成冻猪肉储备任务,及时向市区投放,保障猪肉供应和价格稳定。

商品住房价格调控。完善商品住房价格备案机制,依据"成本 + 合理利润"确定新开发销售商品住房备案价格,明确分批次开发的商品住房备案政策,建立商品住房价格备案会商会审机制和应急会商机制。全年召开商品住房会商会审会议12次,评估开发项目91个。

价格监测报告。9月11日起,启动居民食品零售价格监测"一日一报"。加强价格监测预警巡查和质量管理,全年上报价格监测报表604份,上报价格78960个。开展"价比三家"民生价格信息发布,发布民生价格信息610期,监测发布价格48万多个,"菜篮子"市场大宗消费价格水平稳定。

价格争议调处机制。规范价格争议调处流程,累计建立规范化价格争议调解工作站7个。完善协助认定、联合调解、委托调解等联调机制,与人民调解、司法调解联合化解和防范重大价格矛盾。全年全市调解毁财纠纷、涉税纠纷、征收纠纷、评估纠纷、商贸纠纷等价格争议92起,调解成功率93.97%。

存量房交易计税价格核定。推进涉税模式一体化,全市非住宅房交易2203件,核定计税价格58.87亿元。完成涉纪财物价格认定47件,认定金额849万元。在全省率先试点应用价格认定综合业务平台,完成涉案财物价格认定1519件,涉案金额1.84亿元。

价格惠民。4~12月,连续9个月启动社会救助和保障标准与物价增长挂钩联动机制,发放价格临时补贴8000多万元。减少第二、三阶梯居民天然气支出,市区低保、特困家庭每月每户免费用气量由6立方米提高到8立方米,超出免费用气量部分按第一阶梯价格执行。扩大天然气、自来水阶梯价格一户多人口优惠范围并简化认定办法。全年全市平价商店销售农副产品750多万千克,销售总额5000多万元,节约市民支出约600万元。

2019年8月12日,泰州在全省率先开通市场监管"12315"热线

(市市场监管局供图)

价格公共服务。调整市区垃圾处理费征收标准,出台危险废物处置收费管理实施细则,修订物业服务收费管理实施细则。推进全市学前教育普惠发展,出台《普惠性民办幼儿园认定管理办法》。规范中介服务收费,发布《市级涉企行政许可前置中介服务事项及中介服务收费目录清单》,61个涉企行政许可前置中介服务事项。规范口岸环节收费,发布《泰州口岸进出口环节政府性基金和政府定价经营服务性收费目录清单》,开展口岸环节收费巡访。全年开展成本监审项目32个,监审总额12.48亿元,核定9.26亿元,累计核减不合理成本3.22亿元,核减率25.8%。其中,市区开展成本监审项目17个,监审总额5.47亿元,核定3.92亿元,核减率28.34%。

转供电价格检查。清理规范转供电主体加价行为,召开全市降低一般工商业电价政策提醒会,下发政策提醒函,在《泰州日报》、泰州电视台、"泰州发布""泰州微视听"等开展宣传。督查部分转供电主体,对拒不执行政策规定的企业进行立案调查,全年责令企业退款50多万元。

(丁 薇 邵月娥)

【"中国品牌日"主题活动】 2019年5月9日,品质泰州建设领导小组办公室、市市场监管局联合主办"泰州之光——讲品牌故事 汇品质力量"2019年"中国品牌日"主题活动。亚星锚链公司代表参会企业宣读《泰州企业品牌发展宣言》,扬子江药业集团、艾兰得公司、凤灵乐器公司、兴化大地蓝公司、正太集团、市烹协等6家单位分享品牌建设故事。

【全省率先开通市场监管"12315"热线】 2019年8月12日,原泰州市工商局"12315"、质监局"12365"、食药监局"12331"、物价局"12358"、知识产权局"12330"5条热线整合为市场监管"12315"热线,泰州市成为全省首个开通市场监管"12315"热线平台、全天24小时受理群众投诉举报的设区市。热线全年接受群众来电17581件,其中咨询12209件、投诉4620件、举报742件,为消费者挽回经济损失206.64万元。

(丁 薇)

责任编辑 张 华

综 述

【概况】 2019 年，泰州市委五届六次全会提出建设“健康名城”，编制印发《泰州市“健康名城”建设实施方案》，市委、市政府成立“健康名城”建设领导小组。制订《“1+5+1”现代产业体系考核办法》，将大健康产业发展列入各市(区)“三个文明”绩效考核体系。印发《2019 年大健康产业重点实施项目》，全年完成项目投资 90.1 亿元，完成年度目标的 100.6%。“培育泰州医药健康产业创新中心”列入中共中央、国务院印发的《长江三角洲区域一体化发展规划纲要》。研究编制《泰州医药健康产业创新中心实施方案》，推动泰州医药高新区完成抗体药、疫苗、化学药、中药、医疗器械等重点生物医药领域产业链图谱，编制完成《泰州中国医药城产业发展规划(2019～2029 年)》。9 月 24 日，世卫组织健康城市联盟秘书处同意吸收泰州为健康城市联盟正式会员。

【“培育泰州医药健康产业创新中心”列入国家战略规划】 2019 年 5 月，中共中央政治局会议审议通过《长江三角洲区域一体化发展规划纲要》。该规划纲要提出“培育泰州医药健康产业创新中心”。泰州医药健康产业获得多项国家级试点，泰州大健康产业集聚发展试点被列入国家《长江经济带发展规划纲要》，成为国家新型疫苗及特异性诊断试剂产业区域集聚发展试点；泰州医药高新区生物医药产业获批科技部第三批国家创新型产业集群试点，并获批建设苏中、苏北首家国家创新型特色园区。 (邵月娥)

【健康城市创建】 2019 年，泰州市基本公共卫生服务项目经费补助标准提高到人均 75 元。完善全市公共卫生服务体系，实施泰州市中医院新院区二期工程，新泰州市妇幼保健院完成立项、选址、开工，三级乙等综合医院实现市(区)全覆盖。开展“百场名医讲堂进乡镇、进社区”等健康促进活动，在靖江市、高港区开展 2019 年度居民健康素养监测工作。推进健康促进场所建设，至年末，全市累计建成省级健康促进示范县(区)1 个、省级健康镇 5 个、省级健康村 62 个、省级健康社区 29 个、省级健康单位 45 家、省级健康教育基地 2 个、省级健康促进学校 307 所、省级健康促进医院 20 家，建成健康食堂 48 个、健康餐厅 34 个、健康主题公园 11 个、健康一条街 8 条、健康小屋 106 个。制定“健康名城”行动计划，推进国际健康城市最佳实践奖创建行动，成功加入世界卫生组织健康城市联盟。开展健康科普讲座，普及健康知识，提高各类人群健康素养水平，全市共开展义诊咨询活动 113 场、讲座 13312 场，发放宣传资料 519 万份；在电视、广播、报纸开辟健康栏目 18 个，开设健康微信公众号 4 个、微博 2 个。

泰州市获批 2018 年度省级健康镇、村(社区)和单位名录

江苏省健康镇

兴化市张郭镇
泰兴市虹桥镇

江苏省健康村

姜堰区：罗塘街道幸福村、公园村、东桥村
兴化市：戴南镇北孙村
泰兴市：黄桥镇翁庄村
根思乡井垈村
广陵镇木行村
张桥镇西桥村
宣堡镇宣堡村、郭寨村、崇头庄村

江苏省健康社区

海陵区：城西街道森森社区
城东街道春兰社区、春晖社区
城南街道新胜社区
城北街道东街社区
京泰路街道北马社区
兴化市：昭阳街道文林社区
泰兴市：济川街道华泰社区

江苏省健康单位

泰州市第四人民医院
泰兴市委统战部
泰兴市水务局
泰兴市住建局
泰兴市人社局
泰兴市第二人民医院
兴化市人民医院
兴化市中医院
兴化市第二人民医院
兴化市卫生监督所
靖江市生祠卫生院
靖江市新桥城实验学校
海陵区泰东实验幼儿园

(葛 静)

【大健康产业推介】 2019年4月26日,泰州市政府在香港会展中心举办2019中国泰州(香港)投资推介会暨大健康产业发展对接会,就泰州市大健康产业发展的优势和泰州医药高新区东部精准医疗小镇项目进行推介,中联办经济部副部长金萍、香港中国企业协会副总裁薛晓岗等近100人参加。活动现场签约项目10个,涉及大健康产业、现代服务业等领域,总投资超过30亿元,其中外资及港澳台资项目7个。

2019年11月29日,以“聚焦大健康、融入长三角”为主题的2019泰州医药高新区产业推介会在上海举办。活动现场签约重点项目52个,总投资超过210亿元,单体项目平均规模4亿元,项目涵盖与大健康产业紧密相连的生物医药、医疗健康大数据、健康服务、电子信息、装备制造、新材料等多个领域。300多名海内外专家学者、行业协会负责人、企业家代表应邀参会。上海中医药大学党委副书记许铁峰、瑞慈集团董事长方宜新、阿拉宾度制药有限公司中国区副总裁许龙、江苏硕世生物科技股份有限公司总经理王国强代表嘉宾致辞。其间,举办4场专题对接会,泰州医药园区主办生物医药产业对接会,泰州经济开发区主办医疗电子及医疗装备产业对接会,泰州康健医疗区和泰州数据园区联合主办国际精准健康产业高峰论坛暨康健医疗区推介会,泰州滨江工业园区主办新材料产业专场对接会。

【光控大健康产业基金设立】 2019年12月6日,泰州医药高新区和中国光大控股有限公司举行签约仪式,共同发起设立总规模20亿元的泰州光控大健康产业基金。首期基金10亿元出资到位,由光大控股母基金团队负责管理。中国光大控股有限公司、光大银行泰州分行与华信药业签订合作协议,约定共同为泰州医药高新区提供综合性的金融服务及产业支持。泰州光控大健康产业基金将重点投资布局泰州市和泰州医药高新区的重点发展领域,包括生物医药、高性能医疗器械、高端装备制造、节能环保、新能源、新材料、新一代信息技术等行业。

(邵月娥 徐 震)

医药制造

【概况】 2019年,泰州市列入统计的生物医药及高性能医疗器械行业规模以上企业83家,实现规模以上工业总产值978.04亿元、利税138.91亿元,比上年分别增长12.3%、9.71%。新获批GMP证书7张、延续认证GMP证书25张,累计获批GMP证书75张。新增医疗器械生产企业20家,新增注册(备案)产品296个。年末在研和申报的一类新药达80个,41个一类新药取得临床批件。

泰州医药高新区生物医药及高性能医疗器械产业全年实现规模以上工业总产值66.3亿元、主营业务收入63.3亿元、利润总额8.5亿元,比上年分别增长7.8%、6%、81.5%。生物制药、化学药新型制剂、现代中药、高性能医疗器械等产业加快集聚,海和生物、华润瑞科、复旦张江二期等重大项目签约落户,迈博太科二期、赛孚士CDMO生产基地等重大项目开工建设,印度阿拉宾度药品制剂、禾柏生物医疗器械等项目有序推进,全年累计开工建设生物制药、特异性诊断试剂和高性能医疗器械等主导产业项目32个。产业化进程加速,新获批药品(含原料药)注册证10张、药品GMP证书7张、药品GSP证书11张,新获二类医疗器械注册证175张、三类医疗器械注册证25张、医疗器械生产许可证13张。

(邵月娥 李 芳)

【生物制药产业】 至2019年末,泰州中国医药城集聚生物制药企业21家,其中抗体药物企业8家、疫苗企业13家,成为全国园区疫苗企业集中程度最高、产业集聚效应最强的区域。其中,抗体药物重点企业有迈博太科、泰康生物、荃信生物、亿腾景昂、翰中生物等,获得抗体药物临床批件16个,在肿瘤、自身免疫系统、严重过敏性疾病等治疗领域形成多靶点创新抗体药物研发、临床转化和产业化体系;人用疫苗企业9家、动保疫苗企业4家,各类疫苗产品近50个,重点企业有金迪克生物、中慧生物、华润瑞科等。加快产品研发,迈博太科有3个产品进入临床III期试验;泰康生物有2个产品进入临床III期试验;江苏中慧元通获批药品生产许可证;金迪克生物四价流感疫苗投产,冻干人用狂犬病疫苗完成临床III期试验;瑞科生物取得宫颈癌疫苗临床批件3张,九价宫颈癌疫苗正加快推进临床。建设创新平台,百英生物实现重组抗体两周内发现;耀海生物和赛孚士分别建设微生物平台和哺乳动物细胞平台CDMO服务商业化生产线,单体发酵规模超过2000升,年产蛋白超过2000千克。泰州中国医药城疫苗工程中心(以下简称中

泰州医药高新区新貌 (医药高新区党政办供图)

心)为企业提供实验室研发、仪器共享、中试生产、原液灌装、检验检测、临床评价、医学检验、技术培训等全流程技术服务与支持,为全省唯一、全国规模最大的疫苗类成果转化平台;2017~2019年中心入驻企业累计获得临床批件5个,囊括全省疫苗研发注册申请成果;7月,中心获批为省级新型疫苗科技成果转化与产业化标准示范基地。

【化学药新型制剂产业】 至2019年末,泰州中国医药城集聚化学药企业50多家,有35家企业取得药品生产许可证,18家企业的44条生产线正式投产,获批GMP证书19张。有全球知名企业1家(阿斯利康药业)、中国医药工业百强企业1家(苏中药业)、国家高新技术企业3家。申报新品种271个,其中Ⅰ类创新药41个。阿斯利康药业累计投资超过3亿美元,"可定""倍他乐克""波依定""帮备"等产品相继投产,年产固体口服制剂60亿片。复旦张江药业研发的产品"海姆泊芬"是化学药品1.1类的创新药物,是全球首个治疗鲜红斑痣的药物。泰州中国医药城建有小分子药物研发公共服务综合性平台、分析测试技术服务平台、新型制剂研发公共服务平台、药物安全性评价中心等创新技术平台。其中,小分子药物研发公共服务综合性平台提供原创小分子药物设计、筛选、评价、研究开发、中试生产及工程化应用等服务;分析测试技术服务平台设有化学药物分析和生物技术药物分析两大类实验室,获得国家认可委CNAS实验室认可证书,包括药品、医疗器械、药用辅料三大类、28个检测项目通过CNAS认证;新型制剂研发公共服务平台设有固体制剂和冻干制剂车间,提供缓释及靶向制剂处方设计与性能评价、技术孵化、制剂工艺改进、药用辅料开发等药物制剂技术服务;药物安全性评价中心动物试验区取得SPF级别大鼠和小鼠、清洁级豚鼠、兔和猪的实验动物使用许可证,提供安评、药代、药效3个领域的服务。

【中药产业】 至2019年末,泰州中国医药城集聚中药生产企业6家,通过GMP认证品种12个,正式申报的中药注册和转移生产的中药品种11个,心血管、中药新剂型等领域实现中药品种的产业化,形成以临床价值为导向、以创新剂型为技术支撑的中药现代化研发生产体系。苏中药业的"生脉注射液""止喘灵注射液"等中药品投产上市;百草堂药业的"云芝糖肽"获国家发明专利,"云芝糖肽胶囊"被列为国家中药保护品种。中科院大连化物所泰州中国医药城生物医药创新研究院重点开展中药绿色制造与标准化、中药靶向活性筛选、中药靶向分子结构优化与新药发现等创新研究,泰州中国医药城中医药研究院对外提供药物临床前心脏安全性评价、心脏活性化合物的药效及其机理研究、非心肌细胞的离子通道记录及钙释放等技术性服务。

2019年1月20日,全球领先的制药企业——勃林格殷格翰在泰州中国医药城投资的动物疫苗生产基地首个疫苗产品上市

(医药高新区党政办供图)

【诊断试剂及高性能医疗器械产业】 至2019年末,泰州中国医药城集聚医疗器械企业386家,企业总数占全省的13%,其中诊断试剂企业数占全省的20%以上,成为全国重要的体外诊断产业集聚区和产品创新区。获生产许可证(含生产备案)的医疗器械企业127家,获医疗器械注册证(备案证)总数1455张。从管理类别看,附加值较高的二、三类产品占49.2%;从产品类型看,体外诊断试剂占58.1%。以硕世生物、先思达生物、泽成生物、江苏命码、莱尔、康为世纪等为代表的一批体外诊断试剂企业在传染病检测、癌症早期诊断等方面处于行业领先水平。硕世生物开发出传染病病原体检测、女性生殖道微生态检测、肿瘤筛查等产品,成为疾病预防控制领域及临床妇科检验领域产品的重要供应商。先思达生物建立全球首创产业化的体外血糖组学检测测序平台,研制的肝癌早期诊断产品"寡糖链检测试剂盒"获批"国家创新医疗器械"。江苏命码公司研制的全球首个用于胰腺癌早期诊断的血清微小核糖核酸检测试剂获批三类注册证。江苏邦士公司研发的等离子射频手术系统入选科技部、工信部、国家卫健委、国家药监局共同编制的《创新医疗器械产品目录》。江苏春帆公司研发的岩盐气溶胶治疗仪填补国内非药物治疗呼吸系统疾病的空白。成立东南大学泰州生物医药与医疗器械研究院,打造诊断试剂和高端医疗器械研发平台。引进国内唯一由临床医生团队创建的大动物实验中心,提供医疗器械大动物实验和医学研究大动物实验平台。江苏省器械检验所医药城分所为园区企业提供体外诊断试剂的检测服

务,并将仪器设备向园区企业开放共享。拥有华能、华越两大医疗器械销售平台,为医疗器械生产及经营企业提供专业的第三方储存、运输服务。

（李　芳）

【金砖国家生物技术与生物医学创新合作大会在泰州举办】 2019年11月1～2日,中国生物技术发展中心、泰州市政府主办,泰州中国医药城、国际技术转移协作网络(ITTN)承办的金砖国家生物技术与生物医学创新合作大会在泰州中国医药城举行,金砖国家以及英国、意大利、古巴、泰国等10多个国家和地区的100多名生物技术与生物医学领域的相关高校、研究机构、企业、产业创新机构代表出席。其间,举办抗微生物耐药研究、慢病管理与老龄化、远程医疗与大健康等专题研讨会,65名国际生物医药领域资深专家围绕推进金砖国家生物医药创新协作平台建设、开展联合研究和推动技术转移等内容进行研讨;金砖国家技术转移中心与泰州医药高新技术产业园区管委会就共建"金砖国家技术转移中心生物技术与医药创新协作平台"签署合作协议。

【泰州医药高新区创新药物潜力指数居全国生物医药园区第三位】 2019年10月17日,中国技术创业协会主办的第三届中国生物医药园区产业创新发展大会暨国家高新区生物医药产业集群协同创新工作会在济南举行。中国技术创业协会发布中国生物医药园区创新药物潜力指数,泰州医药高新区以964.7的创新药物潜力指数居全国生物医药园区第三位。

【药明康德新药研发生产项目落户泰州】 2019年9月11日,泰州市在南京与药明康德新药开发股份有限公司(简称药明康德)子公司合全药业股份有限公司(简称合金药业)签订新药研发中心及生产基地项目合作协议,副省长马秋林、市委书记韩立明、市长史立军出席签约仪式。根据协议,合全药业将在泰兴经济开发区投资建设全球新药研发中心及生产基地项目,主要实施抗癌症、抗艾滋病、抗抑郁症、抗类风湿关节炎等重大疾病的药物研发及生产。药明康德有医药界"华为"之称,其子公司合全药业是全球新药合作研究开发生产领域(CDMO)的"独角兽"企业,所涉新药物分子超过800个,其中临床III期试验阶段40个、获批上市16个。

（徐　震　李　芳）

在2019年10月17日召开的第三届中国生物医药园区产业创新发展大会上,泰州医药高新区以964.7的创新药物潜力指数居全国生物医药园区第三位　（医药高新区党政办供图）

精准医疗

【概况】 至2019年末,泰州市有医疗机构1981家,建成三级医院9所,其中三级甲等综合医院、三级甲等中医医院各1所,在苏中苏北地区率先实现县域三级综合医院全覆盖。全市新执业登记社会办医疗机构74家,累计注册资金1.17亿元。推进妇幼保健院等短缺专科医院建设。推进省、市级胸痛、卒中及创伤中心建设,组建全市胸痛救治联盟。加强与上海、南京等地知名医院开展合作,复旦大学附属华山医院马昕的足踝外科工作站落户泰州市人民医院。泰州市中医院举办省中医经典病房现场推进会;新院区二期工程项目列入国家中医药传承创新工程重点中医医院建设项目。推动优质医疗卫生服务资源向乡镇、社区延伸,全市累计组建家庭医生团队779个,家庭医生工作室224个,一般人群签约率42.56%,其中重点人群签约率74.41%。

【专科医疗】 2019年,泰州市制定《临床重点专科发展规划(2019～2025年)》,修订《市级临床重点专科评审与管理办法》《市级临床重点专科评审标准》,组织对20个泰州市临床重点专科和8个临床重点专科建设单位进行复评,提升综合医院重大疾病诊疗水平。全年新增省级临床重点专科4个,评定市级医学新技术引进一等奖6个,申报省级医学新技术引进奖19个。推进市、市(区)两级五大救治中心建设,泰州市人民医院获批国家高级卒中中心建设单位,并创成胸痛、卒中、创伤、高危孕产妇、新生儿危急重症省级区域救治中心;泰兴市人民医院建成胸痛、卒中、创伤危急重症市级区域救治中心;靖江市人民医院、兴化市人民医院、泰州市第二人民医院建成卒中、创伤危急重症市级区域救治中心。

【中医诊疗模式创新试点】 2019年,泰州市开展中医诊疗模式创新试点,在全省率先开展中医经典病房建设。出台《中医医疗机构经典病科建设标准》,推动全市二级及以上中医医院建设中医经典病房,研究应用经方与传统中医特色诊疗技术,建立常见病种中医综合治疗规范,加强中医药在疑

难危急重症病人的治疗作用。至年末,全市有4家三级中医医院、3家二级中医医院开设中医经典病房(含诊疗小组),设置中医经典床位265张,全年收治患者3260人次。市中医院建成中医经典内科、中医经典杂病科、中医经典妇科、中医经典儿科、中医经典重症科等8个中医经典专科和传统疗法中心,经典病房建设经验在全省推广。建设国医大师工作站4个,开发引进中医药新技术10多项。近100家村卫生室、社区卫生服务站建成"中医阁"。推进泰州市中医院国家中医医院传承创新重点项目和兴化市中医院、泰兴市中医院新院建设,全市建立基层名中医流动工作室50多个,所有的社区卫生服务中心、乡镇卫生院均建成基层中医馆。

【医联体建设】 2019年,泰州市全域推进医疗联合体(简称医联体)建设,至年末,全市已组建医联体13个,覆盖医疗机构182个,有22个社会办医疗机构加入医联体,医联体建设在市辖区内覆盖率100%。泰兴市、兴化市成为紧密型县域医共体国家试点。

(邵月娥 葛 静)

【中国科学院大学泰州创新医疗产业平台项目开工建设】 2019年7月28日,中国科学院大学与泰州医药高新区共同规划建设的中国科学院大学泰州创新医疗产业平台项目举行签约仪式。该平台项目致力于打造成为国际一流的生命健康评估、疾病早期干预、疾病精准诊治、医康养结合与慢病管控及科研转化、创新创业的平台和机构。12月30日,项目开工建设,总投资1亿元,拟在泰州综合保税区建设基因检测实验室,对基因组遗传信息进行分析,开展基于组学技术的肿瘤超早期检测、基因筛查、质谱检测等精准医学检验业务,预计2020年4月投入运营,将形成首期年检测5万人份、后期年检测200万人份的规模。

【跨境医疗合作交流中心成立】 2019年12月14日,中国(泰州)跨境医疗与健康旅游国际论坛在泰州医药高新区举办。全球跨境联盟(GCMA)在泰州成立跨境医疗合作交流中心,将引进国际医护人才培训、国际医学教育、国际医学学术交流、国际医疗远程会诊等服务,打造辐射全省的国际医疗医学中心。开幕式上,全球跨境联盟(GCMA)与新华保险签约合作,国家卫生健康委中卫国际旅行社发布"中国公民海外旅行医疗服务"项目。

(李 芳)

养生养老

【概况】 2019年末,泰州市60周岁及以上老年人口130.29万人,占户籍人口总数的26.03%,居全省第三位,全年全市医养融合领域实现医疗事故零发生、医疗纠纷零投诉。采取签订服务协议方式,引导养老机构、医疗机构建立"医养联盟"模式,扩大医养结合覆盖面。至年末,全市拥有医养结合专业机构26家,养老机构医疗卫生服务覆盖率80%。全年建成社区居家养老服务中心22个,创建中医养生保健服务机构建设单位12家。

(史海春 邵月娥)

【中医养生】 2019年,泰州市推进国家中医药综合改革试验项目建设,举办泰州市首届针灸、推拿两项技能大赛。《中医养生保健机构建设服务规范》入选2019年泰州市地方服务标准编制项目。10家单位入选2019年中医养生保健星级机构。编撰《泰州市中医药健康服务白皮书》。新增黄葵、元胡索、杜仲等中药种植基地5万亩,经济效益为普通农产品的5~6倍。年末全市有中医药养生保健机构5000多家,从业人员约8万人,中医药养老康复机构与科室305家。开通中医药健康特色旅游路线3条。

【医养结合】 2019年末,泰州市有医养结合专业机构26家,其中护理院12家,医养结合专业机构全部纳入医保定点。全市4家三级中医医疗机构全部建立老年病科,居家养老中医药服务覆盖全市60%的老年人群。建成中医药特色医养结合养老机构10家,其中具备200~500张床位的护理院、疗养院2家。明确二级及以上的中医医疗机构至少与一家100张以上床位的养老机构开展多种形式的合作。推动非建制镇卫生院向医养结合模式转型,采用托管、承办、与养老机构建立"医养联盟"等模式,从单一的疾病诊疗模式向医疗、护理、康复、健康教育、慢病托老、临终关怀"六位一体"的医养结合模式转变。推进医养结合安宁疗护工作,推荐靖江市、姜堰区以县(区)为单位申报第二批全省安宁疗护试点,确定靖江市为试点任务县。

(葛 静 邵月娥)

【医康养产业高峰论坛】 2019年10月30日,2019泰州中国医药城医康养产业高峰论坛暨康健医疗区推介会在北京举办,是泰州中国医药城首次以医康养产业为主题举办的大型区域招商活动,100多名海内外医学界权威专家学者、行业协会负责人、企业家代表出席。市委常委、泰州医药高新区党工委书记张小兵以"医康养福地,大健康名城"为主题,专题推介泰州中国医药城康健医疗区发展规划。原国家卫计委副主任、党组成员,现任中国卫生信息与健康医疗大数据学会会长金小桃致辞。北京协和医学院继续教育学院院长王海涛作国际化医疗服务发展趋势的报告,首都医科大学附属北京康复医院副院长公维军作构建分级分层康复养老体系的报告,健康界集团董秘刘焕东作发展社会办医的机遇与挑战的报告,泰州中国医药城企业家代表、江苏康为世纪生物科技有限公司董事长王春香作个体化精准医疗养护的前瞻性思考的报告。

(李 芳)

康养旅游

【概况】 2019年,泰州市推进国家中医药健康旅游示范区建设,推广"享泰州养生境 品水城慢生活"康养旅游品牌。举办泰州市第五届国医养生旅游季暨泰州市中医院第十一届膏方节,发布4条"名医带你游"旅游线路。《中医药健康旅游基地建设服务规范》入选2019年泰州市地方服务标准编制项目。开通中医药健康特色旅游线路3条，将特色医疗、历史文化、中药种植生态观光、养生体验、中药工业名企等融入到旅游产品中。加快推进市体育公园项目建设，打造泰兴银杏半程马拉松、溱湖绿洲体育休闲旅游基地、华侨城高尔夫运动休闲基地、兴化龙舟赛等一批集比赛、训练、体验、旅游于一体的体育产业基地。

（邵月娥）

【中医药养生游】 2019年10月12日，泰州市第五届国医养生旅游季暨中医院第十一届膏方节启动，该活动持续至2020年1月31日。其间，泰州市中医院开展义诊辨证开膏方、养生膏方名医大讲堂、中医药文化表演、养生旅游等多项特色体验活动，中国中医科学院西苑医院、中国中医科学院广安门医院、上海中医药大学附属龙华医院以及省内各大医院的数十名国内名中医为市民提供免费义诊、开方服务，发放散膏优惠券（200元）、成膏优惠券（100元），向全市先进科技工作者代表、劳模代表和“城市美容师”代表颁发膏方优惠券并赠送养生袋泡茶饮。市文广旅局、市中医院联合推出4条养生旅游季旅游线路，包括中医文化园、泰和堂国医馆、中药科技园等10多个景点，启动“名医带你游”中医药特色养生旅游体验活动，由市名中医担任健康导游。

（葛 静 杨俊杰）

【文化养生游】 2019年，泰州市围绕戏曲文化、民俗文化、“非遗”文化、红色文化等地域特色文化，举办系列文化旅游活动。中国泰州水城水乡国际旅游节开幕式前，表演泰州特色民俗文艺；旅游节期间，举办溱潼会船节、庆祝人民海军成立70周年系列活动、黄桥老区红色旅游主题活动、稻河民俗文化节、兴化金东门“非遗”展演、泰兴蒋堡“鼓儿书”民俗文化活动、高港广场文艺会演、海陵文创旅游商品展等活动。发布泰州文化旅游产品，公布游园赏花、寻味美食、红色水城、静谧乡村、人文游学、康养休闲等6个主题的精品旅游线路。兴化千垛菜花旅游节期间，举办二月兰花海节暨第三届“春江诗会”、唐堡“草荡十宝”美食文化周、施家桥“水浒”文化周、里下河民俗风情展示、民歌大会等传统文化主题活动。

（杨俊杰）

【体育健身游】 2019年，泰州市突出“体育+旅游”元素，挖掘富有地方特色的现代生态型体育旅游活动项目。溱湖风景区加快体育配套设施建设，打造环溱湖7.5千米的健身赛道，满足骑行、马拉松、铁人三项赛、健身步行等体育运动需求，全年到溱湖体验体育旅游的游客达220万人次。溱湖风景区开发建设有限公司被省体育局命名为“江苏省体育产业基地（2020～2022年度）”。中国泰州水城水乡国际旅游节期间，姜堰区、高港区分别承办世界女子围棋擂台赛、全国象棋青年大师赛等活动。兴化市在千垛菜花旅游节期间，承办第三届中国·兴化花海森林国际半程马拉松、第十一届全国国际象棋锦标赛，举办千垛动力三角翼低空飞行等体育旅游活动。

（丁玲玲）

2019年3月26日，中国·兴化千垛菜花旅游节开幕。图为开幕式文艺表演

（汤德宏供图）

健康食品

【概况】 2019年，泰州市食品加工业完成工业总产值440.86亿元，实现利润17.60亿元，比上年增长8.6%；亿元以上重点工业投资项目75个，总投资120.2亿元。泰州中国医药城重点打造特殊食品产业，加快重大项目落户，至年末，已集聚以雀巢健康、石药中诺、海王健康、碧生源、艾兰得等为代表的保健食品、特殊食品研发生产企业20多家，取得食品生产许可证17张（其中保健食品类5张），特殊食品注册证与备案证87张，取得委托加工生产许可品种40多个、在研在审品种30多个。兴化市重点打造健康食品产业，至年末，已集聚粮食加工、脱水蔬菜、食品（调味品）等健康食品生产企业140多家，其中规模以上企业92家，全年规模以上企业实现开票销售106.6亿元，增长7.5%；拥有22万亩香葱基地和40多家以香葱等为原料的加工企业，成为亚洲最大的香葱生产和脱水蔬菜加工基地；“兴化香葱”入选中国特色农产品优势区；兴化调味品产业集聚区首期12.6万平方米的标准厂房基本建成封顶，100多家调味品企业落户。

【苏台（泰州）大健康食品产业合作园获批设立】 2019年12月30日，省台办、省商务厅批复同意在泰州港核心港区设立苏台（泰州）大健康食品产业合作园。园区将利用创成苏台（泰州）

大健康食品产业合作园的契机，探索建立海峡两岸大健康食品产业合作新模式，推进以统实企业、统一超商、丸庄酱油等台资食品企业为龙头的大健康食品产业集聚发展，打造全省最具产业特色的台资食品产业合作园。

（王有为）

【泰州获批全国首张特医食品注册证】2019年6月11日，泰州中国医药城入驻企业雀巢健康科学（中国）有限公司研发的特殊医学用途全营养配方食品“佳膳佳立畅”获国家市场监管总局核发的产品注册证，成为国内首款获得配方注册的针对成人的全营养特医食品。该配方食品适用于10岁以上特定目标人群，最大年产能达2万吨。雀巢健康科学（中国）有限公司成立于2013年1月，注册资本3264万美元，由瑞士雀巢健康科学有限公司投资成立，是雀巢集团在亚太地区设立的第一个液态特医食品生产基地，是国内首家特医全营养配方食品液体制剂工厂。

（李　芳）

【第三届中国兴化健康食品暨调味品产业发展大会】2019年10月18日，兴化市举行第三届中国兴化健康食品暨调味品产业发展大会，香港中华厂商会食品制造业委员会主席陈剑锋、澳门迪安生物科技有限公司董事长马雄辉、华宝集团董事局总裁助理杨成、上海东锦食品集团有限公司董事长荣耀中，以及厦门象屿集团、李锦记、雨润、海天等食品企业代表300多人参加。中国食品工业协会常务副会长沈篪讲话，中国食品工业协会副秘书长张京玉发布全国食品产业经济运行情况。举行20个亿元项目集中开工仪式、20个亿元项目集中签约仪式。集中开工的20个亿元项目合同投资额86.3亿元，其中投资5亿元以上项目7个，食品项目19个、调味品项目11个。集中签约的20个亿元食品调味品项目合同投资额47.6亿元。其中，“世界500强企业”——厦门象屿集团有限公司计划投资10亿元，与兴化经济开发区新蕾麦芽公司合作建设年新增20万吨麦芽项目；华宝集团有限公司计划投资5亿元，打造鸡精生产基地项目。

2019年11月27日，雀巢健康科学产品创新中心落户泰州中国医药城。图为生产车间　（医药高新区党政办供图）

【中国健康食品产业创新基地】2019年，兴化经济开发区推进与中国食品工业协会合作共建“中国健康食品产业创新基地”。全年招引项目49个，总投资121.9亿元，其中食品类项目38个。新开工项目30个，包括华统特种食品、兴野食品二期、秋盛食品、圣润芦阳食品、全味食品、百味源食品等亿元项目。竣工项目20个，其中安井食品有限公司二期工程投资3亿多元，伽力森主食企业（江苏）有限公司片状奶油生产线投资1400多万元。

（兴化市政府办）

【雀巢健康科学泰州工厂】雀巢健康科学泰州工厂于2016年5月开工建设，2018年4月竣工，有雀巢健康科学和高德美两大业务，分别生产特殊医学用途产品和皮肤健康产品，是中国第一家获批的液体特医食品生产基地；一期项目总投资10亿元，占地面积8.33公顷，建有1条采用世界最先进液体无菌生产设备的液态产品工业化生产线，拥有10万级清洁作业车间。雀巢健康科学产品创新中心是雀巢健康科学旗下全球三大创新中心之一，设立在雀巢健康科学泰州工厂内；2019年6月，该中心获首张国产特殊医学用途全营养配方食品注册证书；11月27日，该中心在泰州中国医药城正式落成，将与雀巢健康科学旗下的美国、瑞士产品创新中心平行运营，共享全球先进核心研发技术，丰富雀巢特殊医学食品在中国的产品体系。

（李　芳）

互联网+医疗健康

【概况】2019年，泰州市全面推进健康医疗大数据中心建设，编制完成《泰州健康医疗大数据应用试点规划报告》。搭建创越医疗心血管疾病预防与康复智能管理平台，入驻医疗机构100多家，服务1万多人次，居家预防康复监护在线5300多人。升级“泰有福”养老服务平台，完成尊老金管理系统开发工作，并在海陵区试运行的基础上在市区范围内推广使用，1.39万名尊老金发放对象的数据已录入系统。开展“互联网+医疗健康”便民惠民活动，市、市（区）两级全民健康信息综合管理平台实现全覆盖，全员人口数据库覆盖全市所有常住人口，建成390万人口的电子健康档案；靖江市、泰兴市、姜堰区授权开放个人电子健康档案查询。年内，复旦大学泰州健康科学研究院新址入驻暨精准医学国家队列共享平台项目全面启动。

【网络医疗服务】2019年，泰州市确定姜堰区为“互联网+护理服务”试点地区,创新推动“互联网+医疗健康”新模式。基本完成“泰康云”“健康泰州”APP和“基卫云”卫生健康信息化系统建设任务。依托“泰康云”数据交换平台,推动全市域医疗信息资源共享,开展各级各类医疗机构网上会诊、网上影像诊断、网上病理诊断等业务,建立形成覆盖全市域的网上医疗服务网络。至年末,全市建成区域远程会诊中心8个,区域远程心电中心5个,区域远程影像中心6个,覆盖区域内122家乡镇卫生院、社区卫生服务中心,覆盖率88.4%,全市62%的二级及以上公立医院电子病历应用水平达到3级。靖江市人民医院推广门诊语音电子病历和导诊机器人,利用“腾讯觅影”技术上线食道癌早筛系统;泰州市中医院、泰兴市人民医院、靖江市人民医院实现病床智能交互触摸屏病区全覆盖;姜堰中医院推行“互联网+物流+中医药服务”模式,建立中药饮片集采煎送一体化信息系统,累计免费代煎配送处方3万多张。

(邵月娥　葛　静)

2019年4月16日,复旦大学泰州健康科学研究院项目在泰州中国医药城签约　(医药高新区党政办供图)

【中国(泰州)健康医疗大数据中心启动】 2019年9月18日,泰州中国医药城联合中国科学院大学、复旦大学、浪潮集团、万达信息集团共建的中国(泰州)健康医疗大数据中心正式启动。中国(泰州)健康医疗大数据中心将创建健康医疗大数据国家研究院,打造国家级科研及人才培训基地,推动健康医疗专业化;构建前沿技术应用服务平台、健康医疗大数据深化分析服务平台,实现健康医疗功能化;成立产业发展专家智库,建设“生物数据银行”,促进健康医疗科学化;制定数据中心平台技术构架和技术标准,共建泰州健康医疗大数据产业集团,推动健康医疗市场化。

【精准医学国家队列共享平台项目全面启动】 2019年4月16日,复旦大学、泰州市政府和泰州医药高新区三方签署合作文件,共同建设复旦大学泰州健康科学研究院,启动“精准医学国家队列共享平台”项目。9月17日,中国精准医学发展战略论坛在泰州召开,中科院院士、复旦大学副校长金力,中科院院士顾东风、赵国屏,中科院院士、中国科学院大学副校长徐涛等分别作主题演讲;举行复旦大学泰州健康科学研究院新址入驻暨精准医学国家队列共享平台项目启动仪式。研究院新址项目总建筑面积1.1万平方米,5年规划总投资2亿元。泰州市和复旦大学于2007年合作共建泰州健康科学研究院,重点针对危害全国人群的重大慢性疾病,在泰州中国医药城开展大型前瞻性人群队列暨“泰州队列”研究,已建成人类遗传资源平台和健康大数据平台,“泰州队列”被纳入国家“十三五”精准医学研究计划,成为中国百万人群队列计划的主要组成部分。(李　芳)

责任编辑　叶　彤

农业

综 述

【概况】 2019年，泰州市实现农业总产值481.48亿元，比上年增长2.2%；实现农业增加值305.2亿元，增长2.4%。粮食总产量280.55万吨，减少2.3%；实现种植业产值266.14亿元，增长3.11%。林业产值3.17亿元，增长25.83%。生猪饲养量158.31万头，减少59.59%；家禽饲养量4826.76万只，增长23.65%；实现畜牧业产值61.2亿元，增长13%。水产品总产量36.95万吨，减少5.05%；实现渔业产值125.76亿元，减少5.52%。

现代农业建设。推广粮食优质品种和绿色生产技术，创建绿色高质高效示范方103个，种植业绿色优质农产品比重达70%，优良食味稻米面积占比90%，居全省首位。“姜堰大米”通过农产品地理标志认证，“兴化香葱”入选第三批“中国特色农产品优势区”，“靖江香沙芋”入选中国农业品牌名录。推进温氏华统生猪产业链一体化、顶旺畜牧生猪规模化养殖等重大养殖项目落户建设，出台保能繁母猪、促补栏复养、扶重点项目等政策措施，推进畜牧工厂化养殖，生猪大中型规模养殖比重为80.57%，肉禽、蛋禽和奶牛规模比重分别为98%、95%和100%。新建全国“一村一品”示范村镇3个、市级18个；“一蟹两虾”特色水产品养殖面积占比达82.6%，河蟹平均亩单产超过100千克，特种水产产业规模居全省首位。全年新增国家级、省级、市级龙头企业数分别为1家、7家、19家，新培育农业产业化联合体12家，市级以上农业园区累计投入12亿元，实施建设项目143个。新增2家省级农村一二三产业融合发展先导区，建成省级以上农村一二三产业融合发展先导区5家，其中国家级2家。实施省级稻田综合种养示范县创建工作，推广“水稻＋N”稻田综合种养面积8226.67公顷。休闲观光农业纳入2019年市（区）乡村振兴工作管理绩效评估内容，全年新建国家级、省级、市级休闲农业精品村7个，新建省主题创意农园6个，培育市级休闲观光示范村10个。

农业发展基础。落实“藏粮于地、藏粮于技”战略，完成粮食生产功能区和重要农产品生产保护区划定工作。财政投资4.04亿元，新建高标准农田1.7万公顷，涉及37个乡镇（街道），占比达76.9%。推行“大专项＋任务清单”管理模式，全年实施省级以上秸秆机械化还田补助和农机购置补贴资金1.19亿元，其中秸秆机械化还田补助资金6409万元、农机购置补贴资金5534万元，新增各类财政补贴机械3417台；试验示范拖拉机自动驾驶、无人机精量施药、深松作业质量远程监控等智慧农机装备技术，农业综合机械化水平达86%。新建省级现代农业产业技术体系推广示范基地17个，培育农业科技示范户7460个，培训新型职业农民2.9万人；新建省级示范家庭农场49家、市级示范家庭农场117家，新增绿色家庭农场39家。建成泰州市农业物联网服务平台，新增市级物联网应用基地30个、市级智慧农业示范园区2个。全年农业保险保费收入2.93亿元，其中高效设施农业保险1.82亿元，占比62.11%；理赔资金2.07亿元，38.52万户农户受益。

创新创优典型。姜堰家庭农场服务联盟、泰兴洋宇特色循环种养模式得到国务院领导肯定，农业农村部在全国推广泰州市“三比三评”（比进度、

姜堰区小杨村家庭农场　（郑文才供图）

评优胜组织单位,比质量、评优质单项工程,比形象、评优秀示范区)推进高标准农田建设的做法,省纪委在全省推广泰州市创新“三资”管理运行模式管理机制的实践。兴化市农业农村局获第九届“全国人民满意的公务员集体”称号。泰兴市创成全国粮食生产全程机械化示范县,种养结合推进畜禽粪污资源化利用模式入选全国农业绿色发展十大典型范例。靖江市农村公共服务运行维护“1189”(村级公共服务运行维护标准11项,河道、道路、绿化、村庄、农村公共设施、小农桥、涵洞、灌排设施“八位一体”管护,九大运行保障机制)模式被农业农村部向全国推介。江苏骥洋食品有限公司被认定为国家农业产业化重点龙头企业。高港区获批国家农产品质量安全县。海陵区创成国家生态文明建设示范区。姜堰区获批2019年度全国“平安农机”示范县,“区域性服务联盟助力农业生产提质增效”入选全国农业社会化服务典型案例,现代农业产业园被认定为国家农业创新创业园区。兴化市戴窑镇建成全国农业产业强镇建设示范镇,兴化市沙沟镇、姜堰区白米镇大安村、高港区白马镇陈家村被农业农村部认定为全国“一村一品”示范村镇,泰兴市黄桥镇祁巷村获评全国美丽休闲乡村。

联合收割机跨区作业　　(靖江市政府办供图)

【标准农业】 2019年,泰州市制(修)定市级以上农业地方标准50项,建立完善15个建设期省级绿色优质农产品基地组织、技术等七大体系,实施“五统一”(统一管理、统一标准、统一制度、统一培训、统一 考核)生产管理。泰兴市黄桥镇等3个乡镇基地技术方案通过省级评审,泰兴市虹桥镇等12个乡镇基地技术方案通过市级评审。建立规模农业主体名录,2038家新型农业经营主体、25051个种植养殖户登记入册。推进全市农产品质量安全追溯体系建设,256家企业使用省级农产品追溯管理平台,493家农业主体入网注册,可溯源产品1255个,建立电子生产档案3397份,追溯产品累计批次7373个,累计打印追溯二维码标签16万多张。实施5个标准化试点项目、12个市级地方标准项目,评定区域特色农产品标准化生产“一品一策”优秀案例二等奖2个、三等奖3个。姜堰区成功申报全国绿色食品原料(水稻、花生)标准化生产基地,泰兴市全国绿色食品原料(小麦)标准化生产基地通过省级续报核查。姜堰区仅山粮食种植家庭农场等5家单位申报创建省级园艺作物标准园建设单位,集中示范应用工厂化育苗、防虫网、遮阳网、喷(滴)灌、水肥一体化等现代蔬菜生产技术。

【品牌农业】 2019年,泰州市“兴化香葱”入选第三批“中国特色农产品优势区”,“靖江香沙芋”入选中国农业品牌名录。兴化市沙沟镇淡水鱼养殖、姜堰区白米镇大安村绿芦笋种植、高港区白马镇陈家村水果栽培3个镇村入选全国第九批“一村一品”示范村镇,全市累计建成全国“一村一品”示范村镇14个。新增兴化市荻垛镇、泰兴市曲霞镇和姜堰区白米镇3个省级“味稻小镇”,累计建成8个省级“味稻小镇”,总量居全省首位。“江泰虹稻米”等15个品牌入选江苏农产品品牌目录,“姜堰大米”入围第四届“江苏好大米”十大品牌,“水乡老农”大米获评“江苏好大米”十大创优品牌,“水乡老农”有机酵素鲜米获评“江苏十佳稻田综合种养大米”,“中堡牌大米”获“江苏好大米”特等奖,3个品牌大米获“江苏好大米”金奖和银奖。泰州市蒲公英农业科技发展公司生产的甜瓜获2019年江苏“好西(甜)瓜”品鉴特等奖,靖江市龙鑫果蔬合作社、泰州市蒲公英农业科技发展公司、兴化市荣康甜瓜种植家庭农场、兴化市文华粮食种植家庭农场获“江苏西(甜)瓜好品牌”金奖,泰州市卢晋蔬菜种植专业合作社获评江苏西(甜)瓜“好基地”。“姜堰大米”获批农产品地理标志认定,全市累计有农产品地理标志8个。

【绿色农业】 2019年,泰州市新获证绿色食品82个。姜堰区、泰兴市创成全国绿色食品原料标准化生产基地(总面积5.5万公顷),姜堰区沈高镇绿色优质水稻基地等15个创建期省级绿色优质农产品基地通过省绿色优质农产品基地审定委员会验收(总面积2.24万公顷),18个乡镇获批创建省级绿色优质农产品基地,全市绿色优质农产品比重78.65%。制定《“健康长江泰州行动”农业农村污染治理专项行动实施方案》,启动畜禽养殖污染治理、水产健康养殖推进、化肥农药减量增效3个专项行动,在沿江2市1区的9个镇街(园区)设立肥料监测点48个、农药监测点44个,新建省级绿色防控示范区14个,全市化肥、农药施用量比上年分别削减2.52%和6.54%,超额完成“双减”目标。出台《泰州市畜禽标准化生态健康养殖普及行动实施方案(2019~2022年)》,8家养殖企业分别入选全省第一批、第二批兽用抗菌药使用减量化行动试点,新建畜禽养殖标准化示范场1家、省级畜牧生态健康养殖示范场5家,建成省级畜牧生态健康养殖示范场145家,生猪大中型规模养殖比重78%,畜禽生态健康养殖比重83.59%。印发《2019年市级农产品质量安全例行监测专项风险监

测方案》《2019年市级农产品质量安全监督抽查专项整治工作方案》，实施蔬菜、水果、畜禽产品市级例行监测102批次，蔬菜重金属、食用菌荧光增白剂、猪肝猪肉“瘦肉精”市级专项风险监测130批次，蔬菜、水果、畜禽产品、水产品市级飞行监督14次、专项监督105批次，各检查批次农产品合格率均100%。

【休闲农业】　2019年，泰兴市黄桥镇祁巷村建成中国美丽休闲乡村，新建省级休闲农业精品村7个、省主题创意农园6个，培育市级休闲观光示范村10个，获评全国休闲农业与乡村旅游四星级企业（园区）1家、三星级企业（园区）2家；入选省五星级乡村旅游区3家，入选省四星级乡村旅游区1家。“泰州农网”发布集“游、食、玩、休、养”的特色休闲农业精品线路8条，举办溱潼会船节、千垛菜花节等农事休闲节庆活动92个，姜堰湿地与田园休闲观光游精品线路被农业农村部在全国重点推介，美丽乡村纳凉休闲游、水乡康养体验游、香草文化体验游3条线路入选江苏省春夏乡村休闲旅游农业精品线路。至年底，全市有休闲农业经营主体476个，其中规模以上休闲农业经营主体101个，休闲农业吸纳从业人员4万多人，带动农户10.4万户。全年接待游客1372万人次，综合营业收入近52亿元，休闲农业、乡村旅游吸引度2371人次/平方千米。

【产业化农业】　2019年，泰州市新增国家级龙头企业1家、省级龙头7家、市级龙头企业19家，53家农业龙头企业（含递补）通过省级监测，97家农业龙头企业通过市级监测，新增农业产业化省级示范联合体9家。至年末，全市有国家级龙头企业4家、省级龙头企业62家、市级龙头企业165家、农业产业化省级示范联合体14家。年内，全市省级以上龙头企业实现销售362.5亿元，比上年增长5.89%，其中销售收入10亿元以上企业6家，10亿元以下、5亿元以上企业4家，5亿元以下、1亿元以上企业35家；实现净利润10.9亿元，增长7.39%；上缴税金5.25亿元，减少12.21%；带动农户140万户，

姜堰区河横村利用植保无人机进行稻田管护作业

（市农业农村局供图）

增长9.38%。推动农村一二三产业融合发展先导区建设，建成里下河健康食品产业集群（区）、通南弱筋面粉加工企业集群、沿江粮油加工物流企业集群、沿靖区休闲食品加工企业集群，高港现代农业产业园、靖江市马桥镇获评2019年省农村一二三产业融合发展先导区。

【外向型农业】　2019年，泰州市先后组织60家企业参加第21届江苏农业国际合作洽谈会、第17届中国国际农产品交易会及第17届江苏名特优农产品（上海）交易会。全年实际利用“三资”161亿元，实际使用外资及港澳台资3580万美元，新增规模项目198个、1.5亿元以上农业重大项目14个。9月，组织15家企业参加第21届江苏农业国际合作洽谈会，落实贸易合作项目4个，其中外贸项目3065.98万美元、内贸项目880万美元；落实外资及港澳台资项目9个，计划投资1.28亿美元。9月6日，中荷合作建设1000公顷智能温室在中国首个落地项目——中荷（泰州）现代农业产业园落户，项目总投资125亿元，荷兰铪科农业股份投资有限公司独立注册的泰州市铪科农业发展有限公司负责投资、建设与运营，一期先导区投资25亿元，规划占地面积153.33公顷，拟建设亚洲最大的智能温室种植产业集群。

【信息化农业】　2019年，泰州市将农业物联网应用基地、省级“一村一品一店”创建等“互联网+”乡村农业信息化建设纳入乡村振兴目标管理考核内容。建成全市农业物联网服务平台，新增市级农业物联网应用基地30家、市级智慧农业示范园区2家，规模设施农业物联网技术推广应用面积占比24.5%，全市农业信息化覆盖率65.6%。“农牧旺”综合为农服务平台等3个项目入选农业农村部信息中心2019年数字农业农村新技术新产品新模式推介优秀项目。建成并通过省级验收的益农信息社1410个，其中县级中心站5个、标准益农信息社1405个，依托益农信息社或平台电子商务累计成交5779万元。农村电子商务建设，推行“连锁经营+配送到户+网络服务+互联互通”的智慧城乡创新模式，获批省级“一村一品一店”示范村33个，全市农产品网上营销主体5266个、网店6917个；应用电子商务的涉农企业、合作社、种养大户、家庭农场190多家，在淘宝网、京东商城等电商平台开设农产品网店4500多家。

【农业职业技能培训】　2019年，泰州市举办农业行业职业技能鉴定12期，1382人获人社部颁发的职业技能鉴定证书。承办全国“农机3·15”消费者权益日主会场活动暨江苏“农机闹

春耕”系列活动启动仪式,组织数百名基层农机人员观摩自动驾驶拖拉机、高地隙植保机(含遥控、电动)、无人植保机等新型特色农机装备作业演示。组织农机(农业)系统工作人员、农业从业人员参加第十届江苏国际农业机械展览会,接受农机化新机具新技术教育。举办新型职业农民培育工程农机合作社带头人培训班、基层农机技术人员培训班,培训300多人次。各市(区)农机部门开展农机化新机具新技术、农机安全生产等各类培训班118场次,培训农机手8500人次。联合扬州大学农学院、动物科学与技术学院举办基层农技推广体系与骨干人才县级种植业与畜牧业培训班,227名基层种植业农技人员和畜牧兽医人员参加培训。举办全市种植业物联网应用技术培训班,110多名种植大户(家庭农场主)、农业农村部种植业物联网项目示范点负责人参加培训。

【2019中国农民丰收节泰州庆祝活动】 2019年9月22日,2019中国农民丰收节泰州“1+2+10+N”庆祝活动(兴化唐庄农民丰收节1个主场活动,溱湖丰收节、泰兴农民丰收节2个重点活动,海陵区麒麟湾农民丰收节、高港区农民丰收节、靖江市亲子稻香节等10个特色活动,若干个乡村、企业自行组织的庆祝活动)开幕。泰州主场——中国农民丰收节“全国70地庆丰收全媒体直播活动”及江苏省重点分场活动——江苏·泰州兴化古朴唐庄农民丰收节,在兴化市陈堡镇唐庄村举行,农业农村部、中国农业电影电视中心、省农业农村厅、泰州市、兴化市相关领导及500多名干部群众参加。泰州主场活动设“丰收大道”“丰收舞台”2个板块,其中“丰收大道”展示垛田芋头、脱水果蔬食品等兴化特色农产品及农民画作品和民间艺人路演板桥道情等戏曲,“丰收舞台”展演林湖秧歌、板凳龙、广场舞等地方“非遗”传承和特色文化。中央电视台农业农村频道主持人付玉龙、“全国丰收节使者”朱之文客串《香喷喷的大米饭》《藕遇龙虾有火花》《今年的蟹子肥透了》《龙香芋遇见甜蜜》等乡村节目,现场推介兴化农产品。活动还举行“全国十大丰收使者”“全国十大网络销售达人”颁奖仪式。中央电视台《今晚关注》《朝闻天下》栏目及各地主流媒体进行报道。

种植业

【概况】 2019年,泰州市农作物总播种面积51.85万公顷。粮食种植面积37.41万公顷,单产7498千克/公顷,总产量280.52万吨,比上年分别减少3.07%、增长0.81%、减少2.3%。蔬菜(含瓜果)面积9.83万公顷,单产35538千克/公顷,总产量349.41万吨,分别增长1.19%、减少0.17%、增长1.02%。建成绿色高质高效示范片103个,其中水稻示范片69个。小麦A级丰产方单产平均8835千克/公顷,单产最高9795千克/公顷。水稻单产平均9475.5千克/公顷,单产最高12924千克/公顷。种植优良食味稻米品种16.03万公顷,占水稻面积的90.4%,居全省首位。推广油菜优质高产品种1.88万公顷,油菜种植实现“双低化”。

【粮食种植】 2019年,泰州市夏粮种植面积17.79万公顷,总产104.65万吨,比上年分别减少0.45万公顷、2.29万吨,夏粮种植面积、总产为2009年以来最低。其中,小麦种植面积17.19万公顷,减少0.39万公顷;单产5906千克/公顷,增加28千克/公顷;总产101.51万吨,减少1.85万吨;小麦种植面积、总产为2009年以来最低。全市秋粮种植面积19.62万公顷,总产175.87万吨,分别减少0.73万公顷、4.3万吨。其中,水稻种植面积17.73万公顷,减少1.25万公顷;单产9476千克/公顷,增加222千克/公顷,比历史最高年份高111千克/公顷;总产167.98万吨,减少4.17万吨。小麦主推“宁麦13”“扬麦23”“扬麦25”“镇麦12”“扬麦22”5个红皮小麦品种,分别种植4.31万公顷、2.5万公顷、1.19万公顷、1.19万公顷、0.98万公顷;水稻主推“南粳9108”“南粳5055”2个味稻品种,分别种植11.69万公顷、3.36万公顷;油菜主推“沣油737”“浙杂903”“秦优10号”3个优良食味品种,分别种植0.92万公顷、0.32万公顷、0.24万公顷。

【蔬菜种植】 2019年,泰州市蔬菜瓜果种植面积9.83万公顷,总产量349.41万吨。其中,叶菜类2.39万公顷,总产量79.81万吨;白菜类9480公顷,总产量35.91万吨;根茎类9360公顷,总产量34.63万吨;瓜菜类9680公顷,总产量35.32万吨;菜用豆类7450公顷,总产量23.56万吨;茄果类13650公顷,总产量51.82万吨;葱蒜类12680公顷,总产量43.65万吨;水生菜类2470公顷,总产量4.33万吨;食用菌总产量2.40万吨;瓜果类4140公顷,总产量15.11万吨。

2019中国农民丰收节兴化唐庄主场活动　(市农业农村局供图)

【绿色高质高效种植示范】 2019年,泰州市创建绿色高质高效示范片103

个，其中水稻示范片69个（5000亩示范片14个）、小麦示范片33个、油菜示范片1个，稻、麦、油示范片平均单产比大面积分别增产12.7%、22.7%和13.6%。建成A级丰产方22个，其中水稻16个、小麦6个。其中水稻平均单产11791.5千克/公顷（最高田块单产12924千克/公顷），比上年实收每公顷增909千克，增长8.3%；小麦平均单产8835千克/公顷，单产超9000千克/公顷以上田块占50%，最高田块单产9795千克/公顷。全市稻田综合种养和“水稻+N”模式推广面积8230公顷，其中稻田综合种养面积3800公顷；“水稻+N”模式面积4550万公顷。兴化市创建国家级水稻绿色高质高效示范县，兴化、靖江两市创建省级稻田综合种养试点县。围绕规模化种植、标准化生产、商品化处理、品牌化销售、社会化服务、追溯系统构建等方面，推进蔬菜标准园建设，提升蔬菜产业水平。靖江芦笋产业注册“禧泽牌”“禧柏乐牌”2个芦笋品牌，每亩效益达1.25万元。姜堰桥头香菇产业园建成全省最大的香菇生产基地，年产量1.46万吨，“苏福”牌香菇获批省著名商标、省名特优农产品。

【2019中国小麦产业发展暨质量发布年会在泰州举行】　2019年12月10～12日，2019中国小麦产业发展暨质量发布年会、南方小麦产业高质量发展年会在靖江市举行，发布会由全国优质专用小麦产业联盟、中国农业技术推广协会、中国农科院作物科学研究所等单位主办，江苏省农技推广总站、江苏（布谷鸟）种植产业发展联盟等单位承办。会议围绕“绿色高质量、产业全链条”主题，构建小麦产前、产中、产后信息交流平台。与会鉴评专家对2019年优质专用小麦食品进行鉴评，发布2019年度中国小麦抽样检测结果、小麦质量现场鉴评结果（面包、蛋糕、面条）、《2019年度江苏小麦品质报告与产销对接实践》《2019年江苏优质稻米产业发展报告》，举办2019南方（靖江）小麦产业高质量发展年会，观摩靖江市小麦绿色高质高效创建及订单产业化示范基地，召开2019中国小麦产业发展大会绿色发展论坛。中国工程院院士程顺和、张洪程和国内外专家学者、农业农村部相关领导、11个小麦主产省的农业农村厅负责人以及全国优质专用小麦产业企业、种植面积5000亩以上大户等小麦全产业链各环节代表500多人参会。

（赵　荟）

畜牧业

【概况】　2019年，泰州市按照“保种猪稳基础、保规模稳供应、保安全提能力”要求，落实生猪产能恢复措施，全年生猪饲养量158.3万头，出栏140.59万头，比上年分别减少59.59%、45.37%；肉羊饲养量34.6万头，出栏23.44万头，分别减少1.09%、增长7.77%；家禽饲养量4826.76万羽，出栏2725.57万羽，分别增长23.65%、13.95%；牛饲养量1.98万头，出栏0.3万头，分别增长2.06%、减少3.23%。全年肉类总产量15.39万吨，奶类总产量7.75万吨，禽蛋总产量23.61万吨。推进畜禽规模养殖、推广生态健康养殖模式，全市建成畜禽规模养殖场2694家，其中生猪场951家、奶牛场18家、肉牛场9家、羊场149家、鸡场1450家、鸭场86家、鹅场31家，省级畜牧生态健康养殖示范场147家，农业农村部畜禽养殖标准化示范场18家。

【生态健康养殖】　2019年，泰州市制定《“健康长江泰州行动”相关区域畜禽养殖布局调整优化工作方案》，实施沿江0.5千米～2千米区域内的20家畜禽养殖场污染治理，沿江区域养殖总量从2018年的21.15万头猪当量下降到2.3万头猪当量。制定实施《畜禽标准化生态健康养殖普及行动三年行动方案（2019～2022年）》，新创建畜禽养殖标准化示范场1家、江苏省畜牧生态健康养殖示范场5家。全市生态健康养殖比重80.5%，生猪大中型规模养殖比重80.58%。

【第三届兽药行业发展暨畜产品安全高层论坛在泰州召开】　2019年5月7日，中国兽药协会主办的第三届兽药行业发展暨畜产品安全高层论坛在泰州召开，论坛主题为“健康养殖与食品安全”，中国工程院院士沈建忠、金宁一，农业农村部畜牧兽医局副局长陈光华，中国兽医药品监察所所长李明等专家学者分别作《当前畜牧业发展形势和兽药监管政策》《中国兽药行业现状及发展预测》《兽用生物制品质量管控现状、面临的问题与对策分析》《兽药注册评审新政解析与展望》《抗菌药物应用与食品安全》《共患病毒病与疫苗研制》《纳米药物与靶向制剂研究进展》《改革开放40年中国畜牧业发展的经验总结及未来形势判断》《产好药与兽药制剂的创新》专题报告。举办“科学使用兽用抗菌药百千万接力公益再行动”启动仪式，组织与会代表参观勃林格殷格翰动物保健（上海）有限公司泰州工厂。农业农村部畜牧兽医局、中国兽医药品监察所、中国农业科学院、全国畜牧总站、中国兽药协会、江苏省农业农村厅、全国相关科研院校、各省药政药检行业协会的专家、企业家等近400人参加论坛。

【全省首个立体养猪项目落户泰州】　2019年12月15日，全省第一个立体养猪项目——温氏华统生猪全产业链一体化项目在兴化市大营镇高港村开工建设。该项目由广东温氏食品集团股份有限公司和浙江华统股份有限公司共同投资建设，总投资2亿元，年出栏生猪15万头。猪场管理运用智能化养殖模块，建设规模化、工厂化、智能化、现代化的多层立体猪舍生态养殖场；粪污处理通过密闭管道收集泵送到污水处理装置进行处理，经干湿分离后，水肥采用UASB处理工艺做成无色无味的水肥用于农田灌溉，干粪通过塔式发酵罐密封发酵一周后加工为有机肥，实现绿色化、生态化。

渔　业

【概况】　2019年，泰州市水产养殖面积71930公顷（含稻田养殖），比上年减少1540公顷。水产品产量36.95万吨，其中捕捞产量2.5万吨、养殖产量

34.45万吨，分别减少5.05%、增长5.52%、减少5.73%。渔业产值125.76亿元，减少5.52%。调整水产养殖结构，转变渔业增长方式，推广综合规范种养、生态健康养殖，河蟹新品种主推“长江2号”“江海21”，青虾新品种主推“太湖2号”，河蟹产业规模居全省首位。

【养殖品种结构优化】 2019年，泰州市通过优化养殖品牌结构，提升河蟹主导产业建设水平，推广应用生态健康养殖模式，推动渔业转型升级。调整水产养殖品种结构，引导生产单位适应市场需求新变化，发展“一蟹两虾”（河蟹、小龙虾、青虾）为主导品种的优质高效水产品生产，压减鲢鱼、草鱼等低质低效市场滞销水产品生产规模，特种水产养殖面积占比82.6%，比上年提高2个百分点。推进河蟹主导产业建设，推广的“长江2号”“江海21”河蟹新品种养殖面积达2.4万公顷，占河蟹养殖总面积46%，河蟹产量8万吨，增长7.3%，河蟹产业规模继续居全省首位。推进水产生态健康养殖，组织推广种草养殖、稻（藕）渔综合种养、水质综合调控和病害绿色防控新技术，全市水产生态健康养殖面积占比80%以上。

【养殖环境综合治理】 2019年，泰州市组织制订养殖水域滩涂规划，完成禁养区内水产养殖面积2084公顷，其中兴化市673.33公顷、泰兴市1296.4公顷、高港区13.91公顷、姜堰区52.87公顷。制定实施《关于加快推进沿江地区水产养殖业绿色发展的指导意见》《“健康长江泰州行动”2019年水产健康养殖推进行动实施方案》，按照“一场一策”“一户一策”要求，落实生态健康养殖措施，沿长江岸线2千米范围内的水产养殖生产单位80%以上达到生态健康养殖基本要求。探索养殖尾水生态化综合治理模式，靖江市水产良种场、泰兴市春江特种水产养殖场建成多级净化养殖尾水处理试验示范基地，泰州市丰汇农业科技有限公司建成工厂化养殖尾水处理试验示范基地。兴化市震宇家庭农场、板桥故里水产养殖有限公司建成以EM菌调控水质为主的河蟹养殖尾水原位修复试验示范基地。

【渔政“亮剑2019”系列专项行动】 2019年，泰州市制定出台《泰州渔政“亮剑2019”系列专项执法行动实施方案》，召开全市长江禁渔工作座谈会、长江重点水域禁捕工作推进会，部署全市长江禁渔工作和长江常年禁捕动员工作。开展长江禁渔、增殖放流、安全生产月等宣传活动，发放各类宣传资料6700份，媒体和网络宣传渔业法律法规、报道渔政执法活动90多次。实施长江禁渔和刀鲚（长江刀鱼、凤尾鱼）禁捕专项行动，向全市490艘长江专业捕捞渔船、1255名渔民发放补贴资金70多万元；实施禁渔期间专项执法行动，查获26起长江禁渔行政处罚案件，移交公安进行司法追责7起。实施查处电鱼等非法捕捞专项行动，全年组织8次全市统一的渔业行政执法行动，各市（区）组织806次查处电鱼专项行动，3420人次参加查处电鱼活动，立案查处电鱼案96起，没收渔获物649.7千克，罚款13.9万元。查获长江快艇电鱼案7起，没收电鱼快艇4艘，向司法部门移送案件3起，4人受到刑事处分。实施水产品质量安全执法专项行动，全市组织执法人员147人次，通过日常监督检查和定期巡查检查各类苗种养殖单位36家，全市水产苗种生产杜绝使用销售孔雀石绿、硝基呋喃等禁用药。实施渔业增殖放流专项行动，先后在长江和内陆水域举行4次增殖放流活动，投入资金140万元，放流各类鱼苗3000万尾。实施渔业安全生产大检查、大排查、大整治专项行动，全市组织渔业安全生产检查91次，出动执法人员461人次，发放宣传资料2000多份，检查渔船920艘次。

农业机械化

【概况】 2019年，泰州市推广绿色环保农机装备技术和粮食生产全程机械化，实施设施农业装备“机器换人”试验示范，推动农机装备提质转型，主要农作物耕整地、机插秧、小麦机播、高效植保、机收、烘干、秸秆处理机械化水平分别为95%、85%、80%、70%、98%、70%、80%，农机化综合水平86%。建成60个市级粮食生产全程机械化示范乡镇。全年省级以上农机购置补贴资金5534.4万元，新增各类农机装备3417台，其中水稻高速插秧机、小麦复式条播机、高地隙喷杆喷雾植保机、植保无人机分别新增431台、292台、287台、150台。

【“两大工程”示范推广】 2019年，泰州市“两大工程”（设施农业机器换人工程、绿色环保农机装备与技术示范应用工程）实施区域涉及兴化市、海陵区、姜堰区，实施对象涉及行政主管部门、企业、推广单位、科研院所，实施内容涵盖设施渔业（水产）智能机械化、白萝卜生产全程机械化、叶菜类蔬菜收获机械化、智能化特经作物干燥装备、粮食烘干环保清洁能源装备等本地特色领域、优势产业。举办市级、承办省级高效静电植保、水稻侧深施肥等“两大工程”现场推进会10多场次。全市新增烘干机热风炉31台、喷杆喷雾机287台、无人植保飞机150台、撒肥机175台，全市新型绿色环保机械971台。实施设施农业“机器换人”项目试验示范，申报省现代农机装备与技术示范推广项目8个、泰州市科技支撑项目1个，省级立项项目4个、市级立项项目1个，省级项目实施示范数量居全省前列。

【粮食生产全程机械化】 2019年，泰州市新增新型水稻育秧播种机193台，基本实现水稻育秧、栽插的全程机械化，实施3亩以上集中育秧秧池“定人、定位、定面积”第三方核查机制，落实育秧面积1546.67公顷，其中集中育秧面积1473.33公顷，5亩以上育秧点1830个，机插秧面积超过13万公顷。新增小麦播种复式作业机械283台，全市总保有量达3231台，实施开沟、播种、施肥、镇压集成作业。夏秋秸秆机械化还田面积25.8万公顷，还田率70%以上。注册登记植保社会化服务组织（含从事植保服务的农机组织）479家，大型自走式喷杆喷雾机1502台、增加699台，植保无人机443台、增

长115%，病虫害专业化统防统治覆盖率65%。全市粮食烘干机总保有量3143台，烘干总吨位44433吨，产地机械化能力80%，80马力以上高性能收割机、大中型拖拉机保有量5436台，农业综合机械化水平达80%。建成市级粮食生产全程机械化示范乡镇60个。泰兴市、姜堰区通过省级基本建成粮食生产全程机械化县（市）验收，被农业农村部评为“率先基本实现主要农作物生产全程机械化示范县”。兴化市、靖江市在省竞争性立项中，分别以第一名、第四名的成绩入选省级2019年度示范县创建名单；海陵区、高港区通过市级粮食生产全程机械化县（市）创建验收。

【全国首批全过程无人耕作“TIAA－兴化大米”上市】 2019年1月19日，全国“首轮农业全过程无人作业2018年试验总结——‘无人大米’上市仪式”在北京召开，首批无人耕作“TIAA－兴化大米”正式上市。工信部、农业农村部、国家发改委、国家标准化委（国家市场监管总局）、国家自然科学基金委员会、陆军研究院、中国农业机械工业协会、黑龙江农垦建三江管理局等地方政府以及全体参试单位、中央和国际新闻媒体代表参加仪式。2018年6月，车载信息服务产业应用联盟（TIAA）和兴化市政府启动实施“TIAA－兴化大米”项目，江苏大学、中国一拖、华力创通、雷沃重机、中联重机、东风农机、兵器地面无人平台研发中心、同济大学、扬州大学、南京农业大学、交通大学等农机、农艺、农业、汽车、兵器、电子信息领域的104家企事业单位协同参与，项目经耕、种、管、收4个无人作业试验环节后，以亩产600千克、总产11160千克完成试验全部科目。俄罗斯、乌克兰、巴基斯坦、莫桑比克、南非、非洲联盟、国际电联等国家和地区、国际组织提出项目合作与工作需求。 （赵 蓉）

2019年9月17日，印度驻沪总领事瑞峰（右二）在红旗种业公司考察

（市农业开发区供图）

江苏省现代农业综合开发示范区

【概况】 2019年，江苏省现代农业综合开发示范区完成一般公共预算收入1.39亿元，比上年增长21.9%，其中税收收入1.31亿元，增长24.88%。全年吸引9家“专精特新”、科技型企业落户园区，项目平均投资金额0.76亿元，其中产业化项目6个，亿元以上项目3个。总投资1.1亿元的泰州好润生物科技公司饲料添加剂产业化项目、总投资2.6亿元的泰州现代园艺科技产业示范园项目开工建设，与江苏省高校科技发展中心合作共建的高校科技成果转化基地落户园区。江苏红旗种业股份有限公司开辟孟加拉、越南等新市场，全年实现种子出口3000多吨，销售收入2亿多元，连续6年获“江苏省文明单位”称号。

【园区企业转型升级】 2019年，江苏省现代农业综合开发示范区新增福基电气等高新技术企业3家。5月，与中国农业机械学会共同举办现代农机农艺专题论坛，在全国推广园区全程农机化生产经验。9月，与拉萨市曲水县才纳乡国家现代农业示范区签署合作共建协议，共同开发江苏市场和西藏市场。

【园区“农业＋旅游”融合新业态】 2019年，江苏省现代农业综合开发示范区发展“生态＋”“旅游＋”“文化＋”等农业新业态、新模式。举办春季“人间四月天·踏青秋雪湖”文化旅游节、夏季“桃宝家庭”秋雪湖采摘节、秋季“秋膏气爽”秋雪湖田园淘趣节、冬季秋雪湖第三届吉祥灯会以及秋雪湖迎国庆书画展、摄影展等文旅活动，全年吸引游客30多万人。中国吉祥文化之乡展示基地在园区揭牌，举办秋雪湖吉祥文化论坛，探索“农旅文体”综合发展模式；打造市民吉祥林、十里花海、千株圣菩提树馆、南舍游园以及渔业生态园、秋雪湖国际写作中心、泰州工艺美术品中心等独具吉祥元素的文化展示空间；举办吉祥灯会、吉祥花展、吉祥歌会、“一苇渡江独竹漂”等吉祥文化主题活动。发展休闲农业，尚品果蔬专业合作社与省淡水水产研究所进行战略合作，秋雪湖尚品果园垂钓创意农园入选省休闲农业精品村和主题创意农园名单。 （蔡 群）

责任编辑 叶 彤 耿 维

工 业

综 述

【概况】 2019年,泰州市规模以上工业增加值可比增长6.4%;现价产值增长2.23%;实现主营业务收入5440.5亿元、利润334.81亿元,比上年分别增长0.2%、4.0%;完成征收期工业一般纳税人开票销售6344.93亿元,增长5.79%;实现入库税收227.11亿元,减少5.73%;工业用电量212.36亿千瓦时,增长3.22%。泰兴市、靖江市、兴化市分居2019年全国工业百强县(市)第18位、第29位、第56位,高港区、姜堰区、海陵区分居2019年全国工业百强区第50位、第69位、第95位。

全市五大主导产业(生物医药和新型医疗器械产业、高端装备和高技术船舶产业、化工及新材料产业、节能与新能源产业、软件与信息服务业)完成现价产值3381.16亿元,增长4.6%;实现利润244.89亿元,增长6.69%。其中,生物医药及高性能医疗器械产业保持较快增长,产值、销售、利润分别增长12.3%、11.5%、16.5%。工业"十佳百强"企业完成产值2789.78亿元,增长3.29%;实现主营业务收入2870.19亿元、利润212.42亿元,分别增长3.29%、1.32%,其中扬子江海慈药业、太平洋精锻、亚星锚链、乐金电子等22家企业利润增幅超过50%。

开展"泰州制造·央地合作"系列活动,承办全国特种泵阀对接交流活动、工信部2019产业合作专题活动走进泰州等活动。组织实施"十佳百强千优企业"支持行动,对排名前10位、前100位的综合实力强、发展质态优的企业,支持做大做强;对1000家专业基础好、创新意识强、发展潜力大的中小企业,支持做特做精。围绕全市主导产业发展需求,组织开展企业家培训,以专精特新"小巨人"企业轮训、主导产业高质量发展、"十佳百强千优企业"培育提升为主题,分行业、分层次开展各类培训活动11个班13期,培训企业高层经营管理人员700人次。召开"十佳百强企业"企业家座谈会。探索"互联网+企业服务"新模式,"泰州市企业服务云"平台上线试运行。鼓励企业引入先进适用的管理理念、方法和模式,新认定市级管理创新先进企业33家。 (王有为)

2019年11月15日,工信部产业政策司、省工信厅、中国电子信息行业联合会和泰州市政府共同举办"2019年产业合作专题活动——走进泰州" (市工信局供图)

2019 年泰州市工业用电分类情况一览表

表 15　　单位：万千瓦时

指标名称	2019 年分类用电	全社会用电占比(%)	比上年增长(%)
工业	2123599	71.74	3.22
制造业	1931235	65.25	4.20
农副食品加工业	79054	2.67	7.41
食品制造业	19445	0.66	11.71
酒、饮料及精制茶制造业	4541	0.15	-0.39
烟草制品业	0	0.00	0
纺织业	61092	2.06	-2.83
纺织服装、服饰业	24362	0.82	-0.02
皮革、毛皮、羽毛及其制品和制鞋业	5706	0.19	26.94
木材加工和木、竹、藤、棕、草制品业	9705	0.33	13.20
家具制造业	6973	0.24	-6.87
造纸和纸制品业	8822	0.30	4.14
印刷和记录媒介复制业	3868	0.13	6.18
文教、工美、体育和娱乐用品制造业	6200	0.21	13.95
石油、煤炭及其他燃料加工业	44024	1.49	-8.71
化学原料和化学制品制造业	451087	15.24	21.84
医药制造业	44702	1.51	4.12
化学纤维制造业	6573	0.22	9.26
橡胶和塑料制品业	73993	2.50	18.55
非金属矿物制品业	58532	1.98	7.00
黑色金属冶炼和压延加工业	14444	0.49	-10.98
有色金属冶炼和压延加工业	59952	2.03	-11.72
金属制品业	499536	16.88	-4.90
通用设备制造业	184432	6.23	-0.18
专用设备制造业	48455	1.64	20.21
汽车制造业	7074	0.24	10.00
铁路、船舶、航空航天和其他运输设备制造业	87426	2.95	3.67
电气机械和器材制造业	58236	1.97	-6.64
计算机、通信和其他电子设备制造业	32861	1.11	5.00
仪器仪表制造业	2290	0.08	2.69
其他制造业	18301	0.62	10.71
废弃资源综合利用业	8723	0.29	-9.54
金属制品、机械和设备修理业	826	0.03	19.71

（邵月娥）

【工业投资】 2019 年，泰州市完成工业投资比上年增长 6.1%，增幅居全省第六位，高于全省平均增幅 2.2 个百分点。实施亿元以上重点工业投资项目 1003 个，完成投资 745.3 亿元。新开工亿元以上工业项目 355 个，其中 10

亿元以上工业项目22个,10亿元以下、5亿元以上工业项目34个;竣工亿元以上工业项目267个,其中10亿元以上工业项目11个,10亿元以下、5亿元以上工业项目23个。总投资31亿元的江苏隆基乐叶光伏科技有限公司5吉瓦光伏太阳能组件项目、总投资15亿元的泰州迈博太科生物技术有限公司抗体药物产业化项目、总投资10.2亿元的泰兴市圣达电气有限公司超精铜箔二期项目等重点工业项目开工建设;总投资50亿元的新浦烯烃(泰兴)有限公司110万吨/年轻烃综合利用项目、总投资10亿元的江苏华脉馨德光电科技有限公司光纤拉丝及光缆项目、总投资5亿元的理想万里晖真空装备(泰兴)有限公司PECVD高端装备项目、总投资5亿元的江苏新萌芽智能纺织有限公司智能纺织生产项目等重大工业项目竣工投产。长城汽车整车项目落户泰州,实现全市重特大项目招引的突破。

【"专精特新"培育工程】 2019年,泰州市实施"专精特新"培育工程,全年入库培育企业340家,新增国家制造业单项冠军示范企业1家(罡阳股份)、国家专精特新"小巨人"企业1家(江苏振华泵业股份有限公司)、省专精特新"小巨人"企业16家、市专精特新"小巨人"企业89家。全市67家省级以上专精特新"小巨人"企业实现主营业务收入241.05亿元、利润27.33亿元。

泰州市获评2019年度江苏省"专精特新"产品一览表

表16

生产企业	产品名称
亚太泵阀有限公司	高效节能型高电压低转速大功率潜水轴(贯)流泵
江苏泰润物流装备有限公司	特种集装箱
泰州市百冠泵阀科技有限公司	危化品罐式集装箱阀门、人孔及配件
江苏罡阳转向系统有限公司	循环球汽车动力转向器总成
泰州润杰物流安全装备科技有限公司	航空安全紧固器
江苏昆仑光源材料有限公司	基于微波辐照技术玻封半导体用新型杜美丝
江苏苏中药业集团股份有限公司	黄葵胶囊
江苏大同盟制药有限公司	低分子量肝素钙注射液
泰州润元户外用品股份有限公司	耐寒高效率多用途动力钻
江苏康泰环保股份有限公司	叠螺式污泥脱水机

泰州市获评2019年度江苏省"小巨人"企业名录

江苏泰隆减速机股份有限公司
江苏盛日机械设备制造有限公司
泰兴市东圣生物科技有限公司
江苏能建机电实业集团有限公司
鲲鱼健康药业江苏有限公司
江苏诺禹生物科技有限公司

【项目上争】 2019年,泰州市建立拟申报补助资金项目储备项目库,全年获批国家、省重大项目7个,获国家和省补助资金15177万元。其中,江苏隆基乐叶光伏科技有限公司光伏高效单晶PERC光伏组件生产线工业机器人应用项目获批"国家增强制造业核心竞争力专项"中央预算内投资补助3075万元;泰兴梅兰化工有限公司含氟新材料技术改造项目二期工程获批"2019年技术改造专项(第二批)"中央预算内投资补助4502万元;泰兴圣达4.5μm高性能超超薄动力锂电池铜箔研发及产业化等5个项目获批省战略性新兴产业专项资金7600万元。新时代造船、扬子鑫福造船等企业申报国家首台(套)保险补偿项目,全年累计10个船型获国家首台(套)保险补偿,补贴金额1.26亿元;全市获批省首台(套)重大装备及关键零部件12个,大中电机国家智能制造新模式应用项目完成竣工验收并再次获后续资金3000万元。晨光数控成功入围产业链协同创新(补短板)项目,获批资金1400多万元。全年获2019年度新能源汽车推广应用省级财政补助资金975.2万元;获2019年度省级环境保护引导资金1.06亿元。

【"十佳百强企业"发展】 2019年,泰州市110家工业"十佳百强企业"完成产值2789.78亿元,比上年增长3.29%,57家企业实现正增长,占比51.8%;新时代造船、扬子江集团海慈药业、常隆农化等27家企业产值增幅在15%以上。实现销售收入2821.07亿元,增长0.52%,江苏亚星锚链股份有限公司、中来光电科技有限公司、苏中药业集团等18家企业销售收入增幅在15%以上。实现利润212.42亿元,增长1.32%,扬子江药业集团、新浦化学(泰兴)有限公司、太平洋精锻科技股份有限公司等39家企业利润增幅在15%以上。110家"十佳百强企业"中有79家属于泰州市重点打造的五大主导产业企业,79家企业全年完成产值2327.73亿元,实现销售2345.84亿元、利润177.79亿元,分别增长4.44%、

1.9%、1.99%，其中6家为生物医药及高性能医疗器械产业，表现出较好的支撑性和成长性，产值、销售、利润占“十佳百强企业”的比重分别为31.95%、31.55%、41.24%，分别增长11.58%、10.52%、15.63%。（王有为）

2019年泰州市工业“50强企业”用电情况一览表

表17　　单位:万千瓦时

序号	企业名称	行业	用电量占比（%）	用电量	用电量比上年增长（%）
一	市区（不含姜堰区）		27.03	219771	-5.90
1	江苏智航新能源有限公司	计算机、通信和其他电子设备制造业	0.15	1207	-31.26
2	泰州乐叶光伏科技有限公司	金属制品业	2.57	20902	-1.50
3	春兰（集团）公司	电气机械和器材制造业	0.15	1193	-58.13
4	江苏梅兰化工集团有限公司	化学原料和化学制品制造业	8.54	69389	-7.10
5	泰州石油石化有限责任公司	石油、煤炭及其他燃料加工业	0.27	2196	-5.78
6	泰州乐金电子冷机有限公司	通用设备制造业	0.94	7613	11.07
7	江苏海阳化纤有限公司	纺织业	1.87	15167	-6.19
8	江苏罡阳股份有限公司	通用设备制造业	0.59	4788	-2.68
9	林海股份有限公司	专用设备制造业	0.03	204	-14.03
10	泰州浩普投资有限公司	造纸和纸制品业	0.18	1484	3.90
11	扬子江药业集团有限公司	医药制造业	1.41	11439	-5.48
12	泰州口岸船舶工业公司	铁路、船舶、航空航天和其他运输设备制造业	0.34	2739	-9.94
13	泰州三福船舶工程有限公司	铁路、船舶、航空航天和其他运输设备制造业	0.21	1699	3.37
14	益海（泰州）粮油工业有限公司	农副食品加工业	1.55	12561	9.55
15	江苏汇福蛋白科技有限公司	农副食品加工业	0.56	4544	-22.43
16	国电泰州发电有限公司	电力、热力生产和供应业	—	—	—
17	中海油气（泰州）石化有限公司	石油、煤炭及其他燃料加工业	4.05	32942	-7.84
18	阿斯利康药业（中国）有限公司	医药制造业	0.17	1372	-14.04
19	可胜科技（泰州）有限公司	金属制品业	—	—	—
20	江苏海阳锦纶新材料有限公司	橡胶制品业	1.22	9904	44.54
二	靖江市		13.54	110082	8.51
1	江苏新时代造船有限公司	铁路、船舶、航空航天和其他运输设备制造业	2.77	22519	30.50
2	江苏新扬子造船有限公司	铁路、船舶、航空航天和其他运输设备制造业	1.92	15647	-10.57
3	江苏亚星锚链股份有限公司	铁路、船舶、航空航天和其他运输设备制造业	0.56	4518	9.07
4	江山制药	燃气生产和供应业	1.12	9098	16.77
5	江苏大中电机股份有限公司	电气机械和器材制造业	0.40	3244	40.39
6	江苏三江电器集团有限公司	电气机械和器材制造业	0.09	702	-8.28
7	靖江市新程汽车零部件有限公司	通用设备制造业	0.03	238	-21.84
8	华达汽车科技股份有限公司	汽车制造业	0.13	1084	-3.67
9	江苏长强钢铁有限公司	金属制品业	6.52	53032	5.53

续表 17

序号	企业名称	行业	用电量占比（%）	用电量	用电量比上年增长（%）
三	泰兴市		37.09	301562	18.21
1	济川药业集团公司	医药制造业	0.98	7960	1.52
2	江苏扬子鑫福造船有限公司	铁路、船舶、航空航天和其他运输设备制造业	0.86	7013	-6.35
3	新浦化学（泰兴）有限公司	化学原料和化学制品制造业	26.78	217668	28.79
4	泰兴市昇科化工有限公司	化学原料和化学制品制造业	2.34	19054	-16.61
5	泰州联成化学工业有限公司	化学原料和化学制品制造业	1.73	14078	13.32
6	爱森（中国）絮凝剂有限公司	化学原料和化学制品制造业	2.49	20221	12.30
7	泰兴金江化学工业有限公司	化学原料和化学制品制造业	0.14	1142	-49.82
8	阿贝尔化学（泰兴）有限公司	化学原料和化学制品制造业	0.51	4170	-3.69
9	江苏中丹集团股份有限公司	化学原料和化学制品制造业	0.45	3650	-24.21
10	江苏泰隆减速机股份公司	通用设备制造业	0.44	3537	1.38
11	格林美钴业股份有限公司	有色金属冶炼和压延加工业	0.38	3067	19.24
四	姜堰区		5.33	43364	12.42
1	江苏苏中药业股份有限公司	医药制造业	0.16	1334	-2.12
2	双登股份有限公司	电气机械和器材制造业	1.14	9251	-2.92
3	泰州中来光电科技有限公司	专用设备制造业	1.89	15332	97.73
4	江苏太平洋精密锻造有限公司	金属制品业	0.34	2772	-13.32
5	泰州市华丽塑料有限公司	塑料制品业	1.36	11086	-13.02
6	江苏飞船股份有限公司	通用设备制造业	0.44	3588	-9.96
五	兴化市		17.00	138173	-0.35
1	江苏兴达钢帘线股份有限公司	金属制品业	13.31	108218	1.05
2	江苏申源特钢有限公司	通用设备制造业	2.42	19650	-10.45
3	双乐化工颜料有限公司	化学原料和化学制品制造业	0.61	4989	-5.05
4	泰州安井食品有限公司	农副食品加工业	0.65	5316	21.66
合计			100.00	812951	5.95

（邵月娥）

【中小企业发展】 2019年，泰州市加大中小企业创新创业扶持力度，落实《中华人民共和国中小企业促进法》，全年中小企业新增规模以上工业企业429家。被列入市级中小企业专项资金扶持项目36个，扶持金额1327.5万元。推进"专精特新"企业发展，江苏振华泵业股份有限公司被工信部认定为第一批专精特新"小巨人"企业，江苏罡阳股份有限公司被工信部认定为制造业单项冠军示范企业，16家企业被省工信厅认定为专精特新"小巨人"企业，89家企业被认定为市级专精特新"小巨人"企业。泰兴减速机质检中心、姜堰光明会计事务所被省工信厅认定为四星级中小企业公共服务示范平台，海陵领跑者咨询公司、靖江空调检测平台被认定为三星级中小企业公共服务示范平台，江苏禾祁知识产权服务有限公司等4家单位被认定为二星级中小企业公共服务示范平台，靖江市泵阀行业商会等6家单位被认定为一星级中小企业公共服务示范平台；被认定为市级中小企业公共服务示范平台8家。以"智能制造、卓越管理与创新经营"为主题，组织2期培训班，中小企业高层管理人员96人参加培训。排查中小企业拖欠账款21.76亿元，偿还欠款20.82亿元，偿还率95.68%。 （王有为）

【制造业高质量发展大会】 2019年2月11日，泰州市制造业高质量发展大

会召开。会议动员全市上下对标对表制造业高质量发展要求，坚定信心，保持定力，迎难而上，全力打造江苏高质量发展中部支点城市；总结2018年制造业发展情况，研究部署2019年工作目标和重点任务。表彰2018年度全市工业经济和科技创新工作先进单位和个人，颁发市长质量奖和市长质量奖提名奖。市委书记韩立明出席会议并讲话，市委副书记、市长史立军作工作部署，市委常委、常务副市长杨杰主持会议。各市(区)政府、泰州医药高新区管委会主要负责人递交2019年度工业经济、节能工作目标责任书。

（吕　明）

【“泰州制造·央地合作”系列活动】 2019年8月28～30日，泰州市政府组织全市100多家企业赴北京开展“泰州制造·央地合作”系列活动，推介泰州制造业优势，推进央地交流合作。其间，召开“泰州制造·央地合作”主题恳谈会，举办高端装备产业发展、高技术船舶和航天航空产业发展、科技创新发展3场央地合作对接专题会，多个国家部委、省相关部门以及8家军工集团及所属28家单位负责人出席系列活动，达成合作意向10多项。市长史立军带队拜访对接中海油集团、中船重工集团、三峡集团、中航发北京航空材料研究院等央企和科研院所。

【全国特种泵阀对接交流活动在泰州举行】 2019年11月13日，工信部等单位主办，泰州市政府、中国通用机械工业协会等单位联合承办的全国特种泵阀领域专题对接交流活动在泰州举行，多家央企和全国各地泵阀企业代表100多人参加。工信部总经济师王新哲、市委书记史立军致辞，代市长朱立凡介绍泰州市制造业情况。央企代表介绍泵阀的市场需求、行业情况和发展趋势等，省内外泵阀企业集中展示国内最先进的产品、技术和解决方案，供需双方展开对接交流，泰州市21家企业与18家军工单位达成合作意向28个。2019年，全市有泵阀及配套企业500多家，形成从壳体、叶轮、阀体、阀芯等部件到泵阀整体的产品体系，各类规格品种上千个，主要泵阀企业有振华泵业、亚太泵阀、海狮泵业等。

（史　志）

产业转型升级

【概况】 2019年，泰州市推进企业创新能力建设，组织申报省级以上企业技术中心，开展市级企业技术中心认定工作，新认定国家级企业技术中心分中心1家、省级企业技术中心27家、市企业技术中心59家。组织实施2019年重点技术创新项目，引导企业增加创新投入，围绕五大主导产业关键技术、共性技术进行研发攻关，91个项目被列入省重点技术创新导向计划，其中关键核心技术突破项目18个、质量攻关项目6个、标准领航项目2个、新产品研发项目65个。组织企业申报2019年国家技术创新示范企业，培育工业品牌，实施质量品牌建设工程；鼓励企业开发新技术新产品，22个产品被列入2019年省重点推广应用新技术新产品目录，87个新技术新产品通过省级鉴定；江苏太平洋精锻科技股份有限公司被认定为国家技术创新示范企业，雀巢健康科学(中国)有限公司获国内首张特殊医学用途全营养配方食品注册证书，江苏金迪克生物技术有限公司研发的一类新药取得批准文号。组织扬子江药业集团、锁龙消防科技股份有限公司等企业参加省卓越绩效模式和精益管理相关培训；举办省“品牌之旅”活动泰州专场，扬子江药业集团、江苏兴达钢帘线股份有限公司、双登集团3家省“自主工业品牌”五十强企业、质量标杆企业交流品牌质量管理经验。

【产业创新发展】 2019年，泰州市生物医药产业在研和申报的一类新药有80个，41个一类新药取得临床批件。泰州医药高新区获全国生物医药园区创新药物潜力指数第三名；迈博太科、亿腾药业、迈度药业等企业跻身“2018中国药品研发实力百强”；扬子江药业集团首个化学1类新药“注射用磷酸左奥硝唑酯二钠”申请上市；苏中药业集团完成国家1.1类新药“苏特替尼”的Ⅰ期临床实验研究；中慧元通生物科技有限公司研发的四价亚单位流感疫苗填补国际空白；复旦张江核心产品“海姆泊芬”成为全球首个针对鲜红斑痣的药物；雀巢健康科学(中国)有限公司“佳立畅特殊医学用途配方食品”成为国内首款全营养液态配方食品；江苏金迪克生物技术有限公司研发的“四价流感病毒裂解疫苗”一类新药取

2019年，中慧元通生物科技有限公司研发的四价流感病毒亚单位疫苗填补国际空白，获世卫组织推荐　（医药高新区党政办供图）

得批准文号，并通过生产企业GMP认证，实施量产；勃林格殷格翰泰州工厂首个猪疫苗产品“蓝福莱”正式上市供应市场。双登集团入选省“企业研发机构高质量提升计划”培育库第一层次；江苏飞跃机泵集团有限公司的“极端高温工况高可靠性熔盐泵关键技术研究及产业化”项目进入2019年省科学技术奖二等奖公示流程；江苏隆基乐叶光伏科技有限公司获评2018年“江苏省百强创新型企业”。

中科院大连化学物理研究所生物医药创新研究院、ICGEB（国际遗传工程与生物技术中心）－中国区域研究中心、复旦大学泰州健康科学研究院、中国科学院大学创新医药产业平台等重大创新平台载体加快建设。江苏振华泵业股份有限公司等24家企业被认定为2019年省级工业企业技术中心。中海油气（泰州）石化有限公司等19家企业获批2019年省级工程技术研究中心。江苏隆基乐叶光伏科技有限公司等13家企业进入省工程研究中心公示流程。新建节能与新能源市级工程技术研究中心11个、市级企业重点实验室1个。

【产业转型发展】 2019年，泰州市生物医药及高性能医药产业呈现以扬子江药业集团为龙头，济川药业集团、阿斯利康药业（中国）有限公司等为代表，赛诺菲、武田制药等跨国企业与海王集团、石药集团等国内知名企业竞相落户，硕世生物、瑞莱生物等高成长性医疗器械“小巨人”企业共存的发展格局。年末全市有获得生产许可的药品生产企业61家，拥有批准文号产品810个，累计获批GMP证书75张；有医疗器械生产企业340家，拥有医疗器械注册（备案）产品2210个。高端装备及高技术船舶产业向高端迈进，姜堰船舶舾装件有限公司主导制定船舶与海上技术引航员软梯的国际标准，江苏振华泵业股份有限公司获批国家级专精特新“小巨人”企业。化工及新材料产业继续实施提档升级，优化产业结构，全年完成60多家化工企业的整治提升，关停化工企业10多家。

【技术改造投资】 2019年，泰州市完成工业技术改造投资比上年增长6.3%，比工业投资增幅高0.2个百分点。高技术制造业投资占工业投资比重23.37%，提高5.49个百分点。五大主导产业实施亿元以上项目711个，投入565.1亿元，占全市亿元以上项目投入的75.2%。推进企业智能化改造升级，322个项目列入市企业智能化改造升级项目计划，总投资156.3亿元，当年完成投资90.1亿元。

扬子江药业集团江苏龙凤堂中药有限公司、泰州迈博太科生物技术有限公司获省重大技改专项资金支持；江苏京腾昊桦科技有限公司获中央财政预算资金支持；江苏罡阳转向系统有限公司等38家企业获省技术改造综合奖补专项资金支持；泰州海华机械制造有限公司等企业的47个项目获市级财政专项资金支持。推进企业智能车间（工厂）建设，江苏大中电机股份有限公司超高效节能电机总装车间等10家企业的生产车间被认定为2019年“江苏省示范智能车间”；丰益生物科技（江苏）有限公司VE食品添加剂一体化智能生产车间等26家企业的生产车间被认定为2019年“泰州市示范智能车间”，江苏新萌芽智能纺织有限公司被认定为2019年“泰州市智能工厂培育单位”。

2019年泰州市获批省级示范智能车间一览表

表18

项目主体	项目名称
江苏大中电机股份有限公司	超高效节能电机总装车间
长虹三杰新能源有限公司	高容量锂离子电池制造车间
雀巢健康科学（中国）有限公司	医学营养品制造车间
济川药业集团有限公司	蒲地蓝消炎口服液制造车间
环球传动泰州有限公司	大规格特种链条制造车间
阿斯利康药业（中国）有限公司	口服固体制剂制造车间
伽力森主食企业（江苏）有限公司	黄油生产车间
江苏新萌芽智能纺织有限公司	智能织袜车间
泰州统实企业有限公司	饮料冷充填车间
江苏艾兰得营养品有限公司	营养保健品片剂制造车间

【工业设计】 2019年，江苏兆胜空调有限公司、江苏华骋科技有限公司被认定为省工业设计中心。至年末，泰州市有省级工业设计中心8家。林海集团T－BOSS系列全地形车被评为2018年度“江苏省工业设计产品金奖”，为全市首次获该项金奖。领致热能新电器（江苏）股份有限公司的家用智能水果酿酒机、樱田农机制造有限公司的水田埋茬耕整机被列入省优秀工业设计产品培育库。东华测试公司拓展增值服务领域，建有研发中心、制

造中心、服务中心、软件中心等机构，为客户提供产品、应用、服务“一站式”解决方案。华强照明公司采用合同能源管理模式，从传统LED灯具设计、生产、安装企业转型成为总集成、总承包服务型制造企业。艾兰得公司推动企业从单一制造商向集成服务商转型，为客户提供产品创意、剂型组合、配方开发、外观设计、商标申请、生产制造、物流分销、促销推广、售后服务等全供应链服务，成为全球营养健康解决方案的核心供应商之一。 （王有为）

【降本减负】 2019年，泰州市制定降本减负工作方案，将2016年以来仍在执行的助企惠企政策汇编成《泰州市惠企政策解读清单》，开展降低实体经济企业成本“十大专项行动”，全年降低实体经济企业成本95亿元。全市制造业等行业有2.27万家企业享受增值税优惠政策，3.15万户小型微利企业享受所得税优惠，免征9.5万户小规模纳税人增值税。用人单位养老保险缴费比例从19%降至16%，实施稳岗补贴、阶段性降低失业保险缴费比例和工伤保险浮动费率政策，企业用工保险综合缴费比例由29.6%降至26.6%，累计降低企业用工成本12.2亿元。一般工商业及其他用电电价由上年的0.7214元/度降至0.6465元/度，降低企业用电成本4.4亿元。实施高新技术企业所得税优惠、研发费用加计扣除、科技成果转化补助等政策，降低企业创新成本10亿多元。

（丁 薇 王有为）

主导产业

【概况】 2019年，泰州市生物医药及高性能医疗器械、高端装备制造及高技术船舶、节能与新能源、新一代信息技术、化工及新材料五大主导产业实现现价产值3381.16亿元、主营业务收入3403.51亿元、利润244.89亿元，比上年分别增长4.60%、3.07%和6.69%。五大主导产业产值、销售收入、利润分别占全市规模以上工业总量的62.41%、62.56%和73.14%。其中，生物医药及高性能医疗器械、高端装备制造及高技术船舶、化工及新材料等三大产业产值和销售收入均突破600亿元，三大产业实现销售收入2841.35亿元，占全市规模以上工业企业销售收入的52.23%。

骨干企业发展。五大产业的866家企业中，销售收入突破5亿元以上的企业90家，占比10.39%；实现销售收入2671.24亿元，占全市规模以上工业销售收入49.10%。扬子江药业集团销售收入近800亿元，中海油气（泰州）石化有限公司销售收入近200亿元，江苏新时代造船有限公司销售收入超过90亿元，江苏隆基乐叶光伏科技有限公司、新浦化学（泰兴）有限公司销售收入均超过70亿元，泰州市乐金电子冷机有限公司、江苏兴达钢帘线股份有限公司销售收入均接近70亿元，新扬子造船、济川药业等企业销售收入均超过50亿元。

项目建设。五大主导产业累计实施亿元以上项目711个，占全市亿元以上项目数70.89%；投入565.14亿元，占全市亿元以上项目投入75.2%。2019年完成计划投资86.72%，累计完成投资1117.26亿元，占总投资58.47%。年内，总投资80亿元的长城汽车整车项目开工建设；泰州迈博太科生物技术有限公司二期抗体药物、江苏赛孚士生物技术有限公司抗体药物CDMO生产基地项目、泰兴市申联环保科技有限公司资源再生综合利用项目、江苏隆基乐叶光伏科技有限公司5吉瓦组件项目、华润集团电力清洁能源项目、江苏瑞科投资发展有限公司超高速AGV机器人侧向搬运式智能停车设备项目、江苏卓越机器人科技有限公司石油机器人项目、巨腾电子科技（泰州）有限公司扩产项目等一批总投资10亿元以上的项目正在实施；雀巢泰州生产基地、江苏中慧元通生物科技有限公司流感疫苗等生产项目竣工建成，双登集团分布式电站用储能系统及智能化运行关键技术研发与产业化项目和太平洋齿轮传动有限公司精锻齿轮（轴）成品制造和差速器总成建设项目通过竣工验收。

【生物医药和新型医疗器械产业】 2019年，泰州市列入统计的生物医药及高性能医疗器械行业规模以上企业83家，完成总产值978.04亿元，比上年增长12.3%；销售874.12亿元，增长11.5%；实现利税138.91亿元，增长9.71%，其中利润92.28亿元，增长16.5%；完成出口交货值10.74亿元，增长20.2%。全年实施亿元以上重点工业投资项目76个，总投资206.73亿元，形成生物制药、疫苗、高端医疗器械与诊断试剂、化学药新型制剂、现代中药和保健食品等六大产业集群，有盐酸左氧氟沙星胶囊、地佐辛注射液、蓝芩口服液、蒲地蓝消炎口服液、黄葵胶囊、济诺等近20个重点产品，化学药

扬子江药业集团龙凤堂中药有限公司 （顾祥忠供图）

品制剂竞争力居全国首位。9月18～20日，第十届中国(泰州)国际医博会期间，举办专题峰会论坛活动23个，其中综合性论坛活动9个、生物制药类论坛活动2个、医疗器械类论坛活动3个、化药类论坛活动2个、中药类论坛活动1个、特医食品类论坛活动1个、精准医学与康健医疗类论坛活动5个。

【高端装备和高技术船舶产业】 2019年，泰州市高端装备和高技术船舶产业完成主营业务收入704.3亿元、利润71.3亿元，比上年分别增长3.16%、16.33%，高于全市规模以上企业平均增幅2.9和12.3个百分点。全年造船完工量120艘1004.4万载重吨，增长12.65%，分别占全球、全国、全省造船完工量10.15%、27.37%和55.75%。全年新接造船订单81艘712.09万载重吨，分别占全球、全国、全省造船订单10.88%、24.49%和58.17%。年末持有造船订单247艘1930.85万载重吨，分别占年末全球、全国、全省造船订单10.28%、23.66%和50.13%。太平洋精锻获江苏省质量管理优秀奖，江苏民生重工、金泰堡机械等一批企业获批省级质量信用企业。江苏振华泵业股份有限公司等8家企业创建省级企业技术中心，唐泽交通等4家企业获批省级工程(技术)中心。口岸船舶、泰隆减速机、鸿发新材料等3家企业主导或参与相关国家标准的制定；口岸船舶公司的船舶企业研发技术资源集成共享平台获国家制造业"双创"平台试点示范项目支持。

【节能与新能源产业】 2019年，泰州市节能与新能源产业有规模以上企业160多家，全年实现利润28亿元，比上年增长101.57%。节能环保产业形成节能技术装备、环保技术装备、资源循环利用技术装备、环境友好产品、节能环保服务五大领域产业体系，大功率高压电机、超高效防爆电机、蓄热式工业炉、LED照明等产品处于国内领先水平。新能源产业形成太阳能光伏、动力与储能电池、智能电网、新能源汽车配套、核电配套五大板块，产品涵盖光伏组件与系统集成、高低压成套电气设备、车用动力镍氢电池及电源系统总成、超级电容器、电动汽车用锂离子电池、多晶硅太阳能电池、新型电池材料等。双登集团成为亚洲地区通信电源、储能电池最大生产商，在锂电池后备电源领域拥有30%的国内市场份额；南瑞泰事达、大中电机、民生特种设备、新程汽配、微特利电机成为细分行业龙头企业。全市新增节能与新能源科技型中小企业入库企业52家。"高效超低光衰高可靠性双波叠片组件研发及产业化""高压、超高压和特高压气体绝缘金属封闭输电线路(GIL)成套组件的研发及产业化"等8个节能与新能源领域项目获市重大科技成果转化项目立项扶持，获资助资金1920万元。泰州市节能环保新能源网建成开通，已上线包括国内外1000多项最新科研成果在内的科技成果库、100多条企业需求在内的企业技术需求库，并上线98家高校院所、220名节能与新能源领域专家的资料。江苏大学泰州新能源研究院1500平方米办公场地投入使用，到账资金2000万元，在研项目7项。

【软件与信息服务业】 参见165页

【化工及新材料产业】 2019年，泰州市化工和新材料产业有规模以上企业349家，全年实现工业总产值1160.75亿元，比上年减少2.44%；实现利润60.98亿元，增长6.40%；实现利税96.32亿元，减少6.98%。工业总产值超10亿元企业21家，实现工业总产值750.55亿元，占全行业规模64.66%；实现利润43.49亿元，增长9.16%，占全行业规模71.32%。从单体企业看，中海油气(泰州)石化有限公司实现工业总产值200.47亿元、利润8.02亿元，分别增长0.87%、减少4.98%；新浦化学(泰兴)有限公司实现工业总产值74.66亿元、利润12.92亿元，分别减少11.16%、增长31.70%；江苏兴达钢帘线股份有限公司实现工业总产值69.28亿元、利润4.10亿元，减少7.28%、增长30.16%。

【长城汽车泰州项目】 2019年2月20日，长城控股集团与泰州市政府签署长城汽车泰州项目合作协议，长城汽车在国内第八个整车项目落户泰州。副省长马秋林，市委书记韩立明、市长史立军，长城汽车股份有限公司董事长魏建军等出席签约仪式。该项目由长城汽车股份有限公司投资，在高港区建设汽车整车、内外饰及底盘制造项目，总投资80亿元，占地面积78.2公顷。规划实施以汽车整车制造为核心、关键零部件为配套及汽车金融、汽车保险、共享出行等业务，构建完整的汽车产业链体系。11月11日，长城汽

2019年11月11日，投资80亿元的长城汽车泰州整车项目开工建设。图为项目效果图 (顾祥忠供图)

车泰州整车项目正式开工建设，项目整体由泰州整车生产基地与泰州汽车科技产业园两部分组成，其中长城汽车泰州整车生产基地投产后主要生产具有核心竞争力的哈弗品牌新平台产品及新能源汽车。

传统产业

【粮油食品加工业】 2019年，泰州市列入统计的食品加工业企业174家，其中农副食品加工业，食品制造业，酒、饮料和精制茶制造业企业分别为132家、32家、10家。全年全行业完成工业总产值440.86亿元，比上年减少1.3%；销售472.81亿元，减少5.4%；利税23.47亿元，增长1.2%，其中利润17.60亿元，增长8.6%。全年食品加工业亿元以上重点工业投资项目有75个，总投资120.2亿元。靖江市三阳食品有限公司“可其精制猪肉脯”、泰州苏鹏蛋业生物科技有限公司“绿尔康鸡蛋”、兴化市四季香米业有限公司“野里河大米”、江苏兴野食品有限公司“乐可乐脱水香葱”、江苏祥兴米业有限公司“祥兴大米”5个产品获“长江三角洲地区名优食品”称号；泰州统实企业有限公司、泰州市梅兰春酒厂有限公司通过食品加工业诚信体系认定。

【纺织服装业】 2019年，泰州市列入统计的纺织企业193家，其中纺织业、纺织服装服饰业、皮革毛皮羽毛及其制品和制鞋业、化学纤维制造业企业分别为110家、66家、8家、9家。全年全行业完成工业总产值172.96亿元，比上年减少18.6%；销售173.87亿元，减少18.6%；利税7.98亿元，减少27.6%，其中利润3.58亿元，减少29.4%。

【工艺美术】 2019年，泰州市组织参加国家和省工艺美术协会（学会）举办的各类展览和评奖活动10多次，获金奖14个、银奖20个、铜奖28个。举办主题为“蕙草流芳、香溢凤城”泰州市第四届蕙兰展览会，举办泰州市第五届盆景精品展，展出扬派盆景、山水盆景等各类盆景。举办“艺彩风流”中国工艺美术大师顾永骏师徒作品展，展出精美玉器。启动第二届工艺美术大师、名人推荐、遴选工作。泰州市工艺美术协会创成非公AAAAA级社会组织。

【传统产业重点企业】 *五得利集团兴化面粉有限公司*。公司成立于2008年4月，产品以兴化及周边地区红小麦为原料，生产高、中筋小麦粉。2019年，公司实现开票销售24.8亿元，入库税金666.3万元。年内，投资10亿元实施三期扩建工程，建设5条面粉生产线，年加工小麦130万吨；建成投产后，公司产能将达年产量230万吨，实现年开票销售超过55亿元，居全省面粉行业龙头地位。

益海（泰州）粮油工业有限公司。公司成立于2006年，主要从事大豆、水稻等农产品的生产加工、仓储及销售，是中国食用油市场畅销品牌“金龙鱼”系列食用油及大米的主要生产基地之一。2019年，公司实现营销收入99.5亿元，上缴利税1.23亿元。至年末，公司拥有日处理大豆6000吨的榨油车间、日处理毛油1000吨的精炼车间、日罐装1250吨的小包装车间、日生产2600吨的大米车间等，配套建有内河及长江岸线码头，形成集生产加工、贸易、中转于一体的粮油集散中心。

江苏泰达控股集团有限公司。公司成立于2011年，旗下有独立纺织企业7家，年产各类纯棉精梳、普梳、全棉化纤混纺纱线、紧密纺纱线30000吨，为中国棉纺行业“综合竞争力20强企业”“出口10强企业”。公司是集纺织、房地产、进出口贸易、股权投资等多个行业于一体的私营综合企业集团，2019年实现纳税销售21.58亿元，入库税金1360万元。 （王有为）

企业创新发展

【扬子江药业集团连续第五年居中国医药工业企业百强榜首位】 2019年8月25日，中国医药工业信息中心主办的2019年（第36届）全国医药工业信息年会开幕，大会发布2018年度中国医药工业百强企业榜单，扬子江药业集团连续第五年居中国医药工业企业百强榜首位。2019年，集团实现产值774.72亿元，比上年增长13.1%；销售776.54亿元，增长12.2%；利润61.56亿元，增长20%。全年有120个品种入选新版国家医保目录；通过一致性评价品种20个，其中12个为全国首家过评；“苏黄止咳胶囊”入选临床价值中成药品牌榜。集团获中国品牌价值评价医药健康板块品牌强度、品牌价值双第一，在全国医药行业QC成果评比中以103项一等奖获一等奖总数第一名。

【济川药业集团获“江苏省质量奖”】 2019年12月6日，省政府发布“2018年江苏省质量奖”获奖名单，济川药业集团有限公司入选。该公司创建于1994年，是集中西医药、中药药妆、生产制造、商贸流通于一体的国家级高新技术企业集团、全国制药工业百强企业，下辖天济药业、济源医药、济仁饮片、蒲地蓝药妆、银杏产业研究院、口腔健康研究院、海源物业等子公司。2019年，集团实现产值57.64亿元、销售55亿元、利润18.3亿元，形成五大领域产品梯队，其中儿科领域品种11个，消化领域品种10个，口腔领域、呼吸领域品种各8个，妇科领域品种3个。年内，公司销售额超亿元的产品有7个，其中“蒲地蓝消炎口服液”销售额近30亿元，“同贝小儿豉翘清热颗粒”销售额近20亿元；集团获评“新中国成立70周年医药产业标杆企业”“国家技术创新示范企业”“全国模范劳动关系和谐企业”。

【中海油气（泰州）石化有限公司完成合并重组】 2019年9月30日，中海油气（泰州）石化有限公司完成工商变更，完成与泰州东联化工有限公司、中海沥青（泰州）有限责任公司两家单位的合并重组。该公司注册资本35亿元，总资产150亿元，主要产品有国V柴油、润滑油基础油、甲乙酮、MTBE、溶剂油料、苯、甲苯、混合二甲苯、重芳烃、石油焦等，年产量419万吨。公司原油加工能力600万吨/年，拥有26套工艺装置、储运公用工程系统及2座油品码头。2019年，公司实现产值

200.47 亿元、销售收入 172.5 亿元、利润 8.02 亿元。

【新浦烯烃 110 万吨/年轻烃综合利用项目开车投料成功】 2019 年 8 月 19 日,新浦烯烃 110 万吨/年轻烃综合利用项目乙烯装置一次开车投料成功,产出纯度为 99.98% 的聚合级乙烯产品。该工程为新加坡新浦化学私营有限公司全资子公司——新浦化学(泰兴)有限公司独资项目,总投资 50 亿元,历时 3 年完成建设,乙烯装置是中国首套由乙烷、丙烷裂解制备乙烯的装置,乙烯获得率 80.5%,远超传统工艺中以石脑油制备乙烯 35% 获得率。建成后可年产 65 万吨乙烯、12 万吨丙烯、1.45 万吨氢气、4.5 万吨 C4、3 万吨甲烷、4.5 万吨裂解汽油等,使泰兴经济开发园区内的企业摆脱对进口乙烯原料的依赖,并向下游延伸至聚氯乙烯、聚苯乙烯等产品。2019 年,新浦化学(泰兴)有限公司实现工业开票(含新浦烯烃)86.59 亿元,工商税收 5.62 亿元。

【新源电工参研项目获国家科技进步奖】 2019 年 1 月 8 日,2018 年度国家科学技术奖励大会在北京举行,泰州新源电工器材有限公司作为第二承担单位参与研发的“超、特高压变压器/电抗器出线装置关键技术及工程应用”项目获国家科技进步奖二等奖。泰州新源电工器材有限公司依托国家科技支撑计划、火炬计划,与中国电力科学研究院及国内知名变压器集团开展产学研联合技术攻关,成功研制出具有自主知识产权的超、特高压出线装置。该项目成果已在 7 回特高压工程、国内外 42 回超高压工程、330kV 高铁工程中得到应用,其中部分产品出口至美国、加拿大等国并应用于多个海外输变电工程,为中国实施电力建设和装备“走出去”战略提供技术支撑和保障。

【东华测试完成世界第一混凝土高塔桥验收测试】 2019 年,江苏东华测试技术股份有限公司研制的软件系统平台完成世界第一混凝土高塔桥——贵州平塘特大桥的大规模桥梁静载试验、动载试验和全桥模态试验,大桥于 12 月 30 日正式投入使用。东华测试(300354)是泰州首家上市的软件公司,集科研开发、生产销售、技术咨询服务于一体,提供动态、静态应变测试分析系统、振动和冲击测试分析系统及机械设备管理,软件产品广泛应用于国防科技、桥梁工程、港口机械、海洋平台及航空航天等多领域。2019 年公司实现主营业务收入 1.64 亿元,其中软件业务收入 0.72 亿元。

2019 年 7 月 2 日,新时代造船有限公司建造的载重 32.5 万吨矿砂船成功试航 (市政府办供图)

【卓然智能重装产业园首次集成发货】 2019 年 1 月 10 日,卓然(靖江)设备制造有限公司模块化制造、卓然智能重装产业园重件码头集成的全国最大负荷的余热锅炉装备装船发货。该余热锅炉是全国负荷最大的立式烟道式水管锅炉,采用模块化制造,底部模块进行码头集成,总吨位 1800 吨,长宽高均为 21 米,为浙石化 4000 万吨/年炼化一体化项目提供重油催化装置余热锅炉。卓然智能重装产业园位于靖江经济技术开发区,由靖江港口集团与中石化炼化公司、卓然设备制造有限公司等合作建设,主要开展大型石化集成装备(全产业链)的生产制造,总投资 10 亿元,规划面积 43.33 公顷,于 2018 年 3 月正式开园。2019 年,园区实现开票销售 11 亿元,在手订单 50 亿元。

【新时代造船 32.5 万吨矿砂船下水】 2019 年 7 月 2 日,靖江市造船史上的最大矿砂船——32.5 万吨的 SEA GUAIBA 号矿砂船在新时代造船有限公司 2 号船坞下水。该超大型矿砂船执行的是 2018 年年初与韩国船东泛洋海运敲定的 6 艘 32.5 万吨超大型矿砂船订单之一,是首制船,船总长 340 米,垂线间长 333.1 米,船宽 62 米,船深 29.5 米,结构吃水 21.4 米,载重 32.5 万吨,入 KR 船级社。该船下水后将进入码头舾装阶段及系泊试验准备,同时为第二艘船的制造腾出地方。2012 年,新时代造船曾下水 32 万吨超大型油轮,成为当时国内民营造船企业自行设计建造的最大吨位油轮。 (史 志)

责任编辑 叶 彤

建筑业

综 述

【概况】 2019 年，泰州市建筑企业完成建筑业总产值 3985.18 亿元，比上年增长 8.46%，占全省建筑业总产值的 10.78%，居全省第四位；完成工程结算收入 2867.2 亿元，增长 8.2%；建筑业入泰州本地库税收首次突破 50 亿元，达 55.03 亿元，增长 11.94%。各市（区）建筑业产值指标完成情况：海陵区 391.05 亿元，增长 10.1%；高港区 655.03 亿元，增长 9%；姜堰区 802.07 亿元，增长 5.5%；泰州医药高新区 74.76 亿元，增长 1.2%；靖江市 717.65 亿元，增长 9.9%；泰兴市 812.7 亿元，增长 9.2%；兴化市 531.92 亿元，增长 9.2%。各市（区）建筑业入泰州本地库税收完成情况：海陵区 5.67 亿元，增长 7.7%；高港区 9.12 亿元，增长 4.88%；姜堰区 7.59 亿元，增长 7.69%；泰州医药高新区 5.06 亿元，增长 3.32%；靖江市 7.93 亿元，减少 5.31%；泰兴市 14.85 亿元，增长 37.34%；兴化市 4.81 亿元，增长 18.21%。全市建筑用地规划条件中明确的装配式建设项目面积达 248.53 万平方米，完成全年计划的 135.07%。开辟新的外埠市场，加强建筑市场和施工现场管理，保障施工安全。泰州市被省住建厅列为江苏省建筑产业化示范城市。

推进建设工程审批制度改革，简化审批流程，降低审批门槛。制定《泰州市推进建筑信息模型技术应用的指导意见》。征集市级建筑信息模型（BIM）技术应用试点项目 16 个。加大市级财政奖补资金投入，鼓励全市建筑企业晋升资质、创新创优、发展建筑产业现代化，全年市级财政奖补建筑企业资金 463.9 万元。

【建筑产业现代化】 2019 年，泰州市加快培育现代产业集团，促进建筑企业转型升级，推进住宅全装修，设立 1500 万元专项基金支持建筑产业现代化发展。获评江苏省建筑产业现代化示范城市，建设期自 2020 年起至 2022 年，实施范围包括海陵区、高港区、姜堰区、泰州医药高新区。至年末，全市有建筑产业现代化示范园区 1 家（虹桥绿色智能装配式建筑产业园）、建筑产业化生产基地 13 家、既有与在建装配式建筑项目 15 个，拥有正太集团、中兴建设、锦宸集团、中建钢构等大型龙头装配式设计、生产和施工企业。

【绿色建筑】 2019 年，泰州市推进绿色建筑发展，提升二星级以上绿色建筑比例，落实绿色照明、太阳能光热光伏、市政综合管廊、透水路面、雨水回收利用、光导管、立体绿化等绿色建筑实用技术，创建示范项目。泰兴绿色建筑示范市建设通过省级验收。周山河初中示范项目整合 BIM 设计、海绵城市、自然照明、立体绿化等多种先进绿色技术，创成三星级绿色校园，获高质量发展省级引导资金 235 万元。泰州开元香颂花园二期住宅项目采用绿色生态技术改善住区声环境、光环境、热环境等整体生态环境，利用雨水回用技术，设置地下雨水机房，实现项目范围

2019 年 10 月 17～18 日，中国泰州第一届 BIM 工程技术峰会举行

（市住建局供图）

内的雨水回用于道路浇洒和植被浇灌，获批绿色建筑二星级运营标识。开展主题为“绿色发展、节能先行”的大型宣传活动，利用官方微信公众号，发布建筑节能和绿色建筑资讯。（殷恒杰）

【中国泰州第一届BIM工程技术峰会】 2019年10月17～18日，以“数字建筑智引未来”为主题的中国泰州第一届BIM工程技术峰会举行。峰会由泰州市BIM工程技术研究中心主办，来自全国建筑业的专家学者、建筑企业负责人和技术骨干近400人参加。住建部建筑市场监管司副司长廖玉平、省住建厅副巡视员章小刚、副市长徐克俭等致辞。中国建筑学会BIM技术学术委员会副主任、中国图学学会BIM专业委员会副主任王广斌，广联达科技股份有限公司总裁袁正刚，中国建筑股份有限公司技术中心负责人李云贵，省建筑设计研究院建筑产业化与智能建造设计院院长卞光华，市BIM工程技术研究中心主任董晓进，分别就“BIM技术集成互操作性研究与实践”“数字建筑助力建筑行业转型升级”“普及BIM技术应用助力绿色化高质量发展”“BIM技术工程实践分享”“以产教融合为抓手，培养数字建筑人才”等主题发表演讲。与会专家就推动地区BIM技术发展展开讨论。

【泰州市建筑业高质量发展大会】 2019年2月19日，泰州市召开建筑业高质量发展大会。市长史立军、省住建厅党组书记顾小平出席会议并讲话，副市长徐克俭主持会议。会议观看建筑业发展专题片，通报2018年全市建筑业发展情况，部署安排2019年目标任务，表彰2018年度建筑业优秀企业家、十强企业、明星企业、专业十佳企业、先进企业和优秀企业经理等，各市（区）负责人递交2019年建筑业工作目标责任书。

【泰兴市通过省级绿色建筑示范城市验收】 2019年9月11日，省住建厅组织专家在泰兴市召开省级绿色建筑示范城市验收评估会。经专家评审，泰兴市通过省级绿色建筑示范城市验收。泰兴市于2014年启动省级绿色建筑示范市创建工作，制定出台《关于推进绿色建筑发展实施意见》《加强绿色建筑全过程监管的实施意见》等文件，构建绿色建筑发展的相关管理机制，推动绿色建筑规模化发展。至2019年末，累计新开工绿色建筑示范项目64个，总建筑面积808.87万平方米，其中一星级绿色建筑4个、建筑面积37.03万平方米，二星级绿色建筑59个、建筑面积771.84万平方米，三星级绿色建筑1个，建筑面积1.17万平方米；获取标识项目48个，总建筑面积642.48万平方米，建成示范项目29个，总面积328.32万平方米；可再生能源建筑应用比例98.39%。（史 志）

建筑市场

【概况】 2019年，泰州市建筑企业完成外埠市场产值2660.6亿元，比上年增长6.5%，产值占全市总量66.8%。省外市场完成产值2039.6亿元，增长11.08%，产值占全市总量51.2%。境外市场完成营业额23.9亿元。推进建筑产业现代化，培育装配式建筑示范基地7个、装配式建筑示范项目5个、建筑产业现代化省级示范园区1个。上海电气在泰兴虹桥工业园区投资建设泰州研砼基地，江海集团与杭萧钢构达成钢结构装配式合作发展协议。

【国内市场】 2019年，泰州市建筑企业建设项目遍布全国除中国台湾以外的省、市、自治区，产值20亿元以上的市场有28个。中南地区建筑市场完成建筑业总产值577.4亿元，比上年增长24.8%，其中湖南省建筑市场建筑业总产值增幅77%。华北、华东、西南地区建筑市场发展平稳，增幅7%以上，其中江西省建筑市场完成建筑业总产值39亿元，增长225.25%，是华东地区建筑市场增幅最高的省份。泰兴市、姜堰区完成埠外建筑业总产值1341.5亿元，占全市埠外产值总量50.4%。全市特级、一级建筑企业省外市场完成产值1638.1亿元，占全市省外市场产值80.3%。在辽宁省沈阳市召开泰州市建筑业外埠市场推介会，开拓国内市场。

【国外市场】 2019年，泰州市建筑企业拥有柬埔寨、安哥拉、肯尼亚、科威特、纳米比亚、博茨瓦纳等18个国外市场，出国施工人数3285人。大都建设、大江建设、博尔建设、中建钢构、河海科技、永泰建设等一级资质建筑企业市场份额均有所提升。举办“一带一路”东南亚国家建筑领域推介会，开拓国外市场。

【建筑市场管理】 2019年，泰州市建立全市建筑企业信用档案，实施跟踪服务管理。实行无纸化不见面审核，

2019年9月19～20日，泰州市建筑业外埠市场推介活动在沈阳举行
（市住建局供图）

换发《信用手册》2880份。规范建筑市场和施工现场联动管理,全覆盖监管在建工程项目。运用综合信用评价结果,全市国有资产投资的市政、房建总承包项目"三合一"评标占比超过90%。采用"互联网+劳务管理"模式,规范农民工实名制管理,全市982个项目办理实名制管理手续,468家建筑企业接入泰州市建筑工人信息管理服务平台,涉及用工总人数累计达18.67万人。

建筑施工

【概况】 2019年,泰州市有列统建筑企业1444家,其中总承包资质826家、专业承包资质618家。全市列统8家特级资质建筑企业完成建筑业总产值1091亿元,占全市总量27.4%;一级资质建筑企业129家,完成建筑业总产值1387.2亿元,占全市总量34.8%;二级资质建筑企业479家,完成建筑业总产值952.5亿元,占全市总量23.9%;三级资质及不分等级建筑企业828家,完成建筑业总产值554.8亿元,占全市总量13.9%。年末建筑业从业人员114.94万人。中兴建设有限公司获评中国建筑业500强企业第66位,正太集团有限公司等6家企业获评2018年度全省建筑业百强企业。中兴建设有限公司、江苏金领建设发展有限公司获"鲁班奖",泰兴一建建设集团有限公司、正太集团有限公司、江苏金领建设发展有限公司获"国家优质工程奖"。正太集团有限公司获2019年度"泰州市市长质量奖"。

【施工能力】 2019年,泰州市建筑企业承建房屋施工面积3.38亿平方米,比上年减少5.96%;新开工房屋建筑面积1.34亿平方米,减少2.19%。一级资质以上建筑企业施工面积2.52亿平方米,增长10.53%,占全部施工面积74.56%;二级资质建筑企业施工面积5706万平方米,减少11.77%;三级及以下资质建筑企业施工面积2827万平方米,增长8.11%。施工面积超100万平方米的建筑企业有55家,总施工面积2.59亿平方米,占全部施工面积76.63%。正太集团有限公司、中兴建设有限公司、泰兴一建建设集团有限公司3家建筑企业施工面积超1000万平方米,总施工面积9900万平方米,占全市总施工面积29.29%。

2019年度泰州市建筑业"综合实力30强"企业名录

中兴建设有限公司
正太集团有限公司
泰兴一建建设集团有限公司
中城建第十三工程局有限公司
正威科技集团有限公司
江苏广宇建设集团有限公司
锦宸集团有限公司
江苏华昊建设集团有限公司
博尔建设集团有限公司
江苏泰建建设集团有限公司
江苏金禾建设工程有限公司
江苏大江建设工程有限公司
江苏永泰建造工程有限公司
江苏星月星建筑安装工程有限公司
江苏苏兴建设工程有限公司
江苏华腾建设有限公司
江苏金鼎建设集团有限公司
江苏三泰建设工程有限公司
江苏中程建筑有限公司
江苏越江建设工程有限公司
江苏新兴建设工程有限公司
江苏华泰建设工程有限公司
江苏正飞建设有限公司
溱潼建设集团有限公司
江苏大隆鑫建设集团有限公司
江苏中昱建设工程有限公司
金龙建设有限公司
江苏明灿建设工程有限公司
江苏大都建设工程有限公司
江苏正裕建筑安装工程有限公司

2019年度泰州市建筑业"专业十强"企业名录

江苏金领建设发展有限公司
江苏民生建设有限公司
江苏金堰交通工程有限公司
泰兴市机电设备安装有限公司
江苏瑞兴建设有限公司
双建建设股份有限公司
江苏凤城建设工程有限公司
江苏广源幕墙装饰工程有限公司
江苏福宇园林建设有限公司
江苏海田建设工程有限公司

【资质晋升】 2019年,泰州市召开多轮全市建筑企业升特推进会、政策辅导会,提出"235"升特路线图,实施"一企一策",在企业融资授信、信用分奖励、工程招投标、评先评优等方面给予支持,推进建筑企业资质升特,加快转型升级步伐。全市新增一级资质36项,其中总承包资质12项、专业资质24项;新增二级资质15项,其中总承包资质3项、专业资质12项。至年末,

2019年,正太集团有限公司获2019年度"泰州市市长质量奖"。图为公司承建、获第16届中国土木工程"詹天佑奖"的中国文昌航天发射场工程
(市市场监管局供图)

全市有特级资质建筑企业8家,一级资质建筑企业129家,其中总承包资质建筑企业80家、专业承包资质建筑企业49家,二级资质建筑企业479家。

【建筑节能】 2019年,泰州市新建建筑项目均按《江苏省居住建筑热环境和节能设计标准》《公共建筑节能设计标准》《江苏省绿色建筑设计标准》设计和建造。全年新增节能建筑面积907.57万平方米,其中二星级绿色建筑面积435.64万平方米,完成既有建筑节能改造21.15万平方米;新增可再生能源建筑面积409.88万平方米,浅层地能建筑面积7.53万平方米。跟踪89个项目建筑节能,纠正违反墙改节能政策行为24起;对60个建设工程项目实施建筑节能专项备案;对155家内外保温、浮筑楼板保温隔声、外遮阳和门窗企业实施备案管理。维护机关办公建筑和大型公共建筑能耗监管系统运营,接受监测公共建筑能耗信息的实时上传;分析研究建筑能耗数据,累计完成50个公共建筑能耗数据上传。民用建筑节能统计制度纳入常态化管理,各市(区)均明确建筑节能与绿色建筑统计数据责任部门和责任人;全面完成2018年度国家民用建筑能耗信息统计任务。推进墙体材料革新,全市新型墙体材料年产量达42亿标砖,获省新型墙体材料产品认定企业12家,其中新增新型墙体材料企业2家;城区在建项目全部使用新型墙体材料。 (殷恒杰)

【泰州研砼基地投产运营】 2019年6月22日,上海电气集团在泰兴虹桥工业园区投资建设的泰州研砼基地举行投产运营启动仪式,装配式建筑技术融合与应用研讨会、上海电气集团与加拿大木业协会相关合作签约同时举行。住建部科技与产业化发展中心规划发展处处长刘美霞、省建筑产业现代化创新联盟会长纪迅、上海电气集团副总裁顾治强等300多名嘉宾出席启动仪式。泰州研砼基地是绿色装配式建筑项目,是泰兴市引进的投资超10亿元的重大工业项目。该项目使用上海电气研砼"智能建造产业系统解决方案"将新一代信息技术与建筑业通过数字化、网络化、智能化深度融合,打造国内领先的绿色智能建造工业化创新基地。项目达产达效后,可形成年产各类绿色建筑构件15万立方米的生产能力。

【15家建筑企业入围省"双百强"榜单】 2019年3月27日,2018年度江苏省建筑业"双百强"企业评价排名正式发布,泰州市15家建筑企业上榜。其中,正太集团有限公司、中兴建设有限公司、泰兴一建建设集团有限公司、江苏广宇建设集团有限公司、江苏华昊建设集团有限公司、锦宸集团有限公司、正威科技集团有限公司、博尔建设集团有限公司、江苏华泰建设工程有限公司获评省"竞争力百强企业";江苏大江建设工程有限公司、江苏金禾建设工程有限公司、江苏永泰建造工程有限公司、江苏省国裕建设集团有限公司、源丰建设有限公司、江苏苏兴建设工程有限公司获评省"最具成长性百强企业"。

【广宇建设获"中国钢结构金奖"】 2019年4月28日,中国建筑金属结构协会建筑钢结构分会公布第13届中国钢结构金奖工程名单,中建钢构公司、江苏广宇建设集团作为联合体承建的靖江市文化中心项目钢结构工程入选,该奖项是中国建筑钢结构行业工程质量的最高荣誉奖。靖江市文化中心项目上部钢结构用量3.3万吨,其中桁架层有2.2万吨,钢桁架最大跨度101.3米,最大悬挑18.5米,是国内跨度最大的钢楼面结构。 (史 志)

工程建设管理

【概况】 2019年,泰州市国家注册监理工程师注册(含初始、延续和变更)699人次。全年标前审查(含公开招投标和直接发包)295次,项目监理机构人员变更审查47次。监理合同网上登记项目52个。组织2次监理监督检查,累计抽查全市建筑工程项目16个,通报建筑监理企业4家。

*建设工程增扩项审查验收。*组织专家组实地检查验收申请增项、扩项的工程质量检测机构,全年完成初审25项,其中增扩项3项、信息变更7项、资质延续15项。监督检查23家工程质量检测机构,检查涉及单位人员、设备、场所、检测行为和市场行为等。培育装配式建筑检测机构,7家检测机构获批成为江苏省级装配式建筑检测试点机构;确定7家市级装配式建筑检测试点机构。

*工程质量监督管理。*全年市建设工程质监站新监建筑工程136项、面积368.01万平方米,其中住宅建筑40项、面积226.82万平方米,公共建筑71项、面积141.18万平方米。新监市政工程25项、造价8.9亿元,竣工建筑工程85项、面积210.33万平方米,竣工市政项目6项,造价1.15亿元。实施主体结构监督抽测221次,市政工程抽测35次;抽查工程检测机构及预拌混凝土企业12次。监督抽检社会关注的地下管线、排气道及止回阀、预拌混凝土等建筑材料质量,防范建筑材料质量风险。每月监督抽检地下管线,累计抽查管材近40组;每季度监督抽检市区预拌混凝土出厂质量,累计抽查混凝土批次近30组;监督抽检4个项目的烟道止回阀。

【审图管理】 2019年,泰州市通过"大数据O2O审图云平台"实施多图联审,实现任务分配智能化和专家审图菜单化;市重点工程、招商引资项目实行容缺受理、提前预审;实行消防审查会审制度,增加消防安全、建筑节能、装配式建筑等审查,审查时间提速减少到7个工作日。全年"大数据O2O审图云平台"完成施工图设计审查1172项,完成建筑面积超过1800万平方米的房屋建筑和造价超过200亿元的市政工程项目设计审查业务,审查并纠正违反强制性条文450条、强制性标准11723条。双一类审图资质通过复审,取得市政工程给水排水增项审查资质,扩大施工图审查范围。开发消防会审系统,规模以上项目以及复杂工程实施专业专家审查、消防会审,出具施工图审查、抗震、海绵城市、消防安全、气象防雷设计等专项审查意见。建立施工图审查市区联动新模式,开辟高港区和市经济开发区项目"绿色通道",前移审图服务窗口,签署建设工程施工图设计审查服务

合作备忘录，实行设计预审，提供跟踪服务。

【招投标工作】 2019年，泰州市增加本地建筑企业的信用分值，鼓励本地企业参与市政府投资项目，扶持本地信用分值排名靠前或具有特级资质的建筑企业。全年全市各类工程建设招投标402个标段，中标总额117.12亿元，工程总承包项目中标总额56亿元。其中，泰州本地企业中标236个标段，中标额87.2亿元，工程总承包项目中标额50.6亿元，分别占58.7%、74.5%、90%。

【工程造价管理】 2019年，泰州市审查招标文件166项，纠正81处与2013版清单规范不符的条款。办理施工合同备案230项，纠正修改合同条款124条。办理竣工结算备案120项，核查建设单位工程款支付情况120项，预防恶意拖欠工程款、拖欠农民工工资行为。完成暂定乙级申报企业5家、资质变更企业9家、咨询企业资质延续3家、咨询企业资质升级4家，全年市区咨询企业完成咨询标的额182.19亿元，其中送审价总额181.75亿元，核减总额71.22亿元，核减率39.18%。办理造价师初始注册156人、变更注册196人、延续注册78人，注销181人，遗失补办12人。开展全过程咨询企业试点工作，全年报送全过程咨询试点项目15个、全过程咨询试点企业4家。

【竣工验收备案管理】 2019年，泰州市办理建设工程竣工验收备案手续52份，建筑面积110.5万平方米，工程总造价18.2亿元。完善建设工程项目全程代办制度，全程代办52个项目的竣工验收备案。受理85个建设工程项目的消防验收申请，验收合格并发放《建设工程消防验收意见书》33份；受理128个建设工程项目的消防备案申请，审查合格并发放《建设工程消防验收备案凭证》85份。

建筑安全

【概况】 2019年，泰州市各级建筑安监系统办理新开工报监建设工程项目405项，建筑面积1212.3万平方米；在建受监工程项目650项，建筑面积2811.8万平方米，其中市安监站直接监管工程项目76项，建筑面积343.2万平方米，监管体量与上年持平。全年全市受监范围内发生安全生产责任事故3起，未发生较大以上建筑生产安全事故。全年出动安全检查1156人次，累计监督受监工程307个，签发《安全隐患整改通知书》286份，其中《停工整改通知书》41份，建议行政处罚7家施工企业。以“安全生产月”为契机，组织“施工现场事故应急救援演练”“安全咨询日”“绿色智慧工地观摩”“安全生产公益讲座”等活动。开展建筑施工安全质量标准化工作，强化安全质量标准化意识。组织实施文明工地、平安工地创建活动，开展安全质量标准化观摩活动。推广建筑工人实名制信息化管理系统，通过“实名”+“联网”，提升建筑安全用工管理水平。

【建筑安全生产责任落实】 2019年，泰州市召开全市建筑安全生产工作会议，各市（区）签署建筑施工安全生产责任书，督查、指导企业落实安全生产主体责任纳入对企业日常监管的重要内容和“双随机”抽查的必查项目。加大安全生产执法检查力度，重大项目、关键节点实施全方位监督检查。安全验收实行“一票否决制”，工地接续两次被停工整改的，评定为不合格并取消评优评先资格。

【建筑领域专项整治】 2019年2月，泰州市开展以春节复工和农民工教育培训为重点的建筑领域专项整治检查，检查市区在建受监工程51项，签发《隐患整改通知书》18份、《停工整改通知书》2份；在全市范围内开展春节复工建筑工程安全检查情况层级督查活动，采取“双随机、一公开”检查方式，抽查各市（区）在建受监工程14项，发现问题及时整改。6月，开展全市建筑领域深基坑、高支模专项整治行动，检查市直管安全受监建筑工地内8个超过一定规模的深基坑、高大模板支撑工程项目，各市（区）抽查工程项目11个，其中涉及深基坑9个、高支模2个，通报批评3个项目的参建单位。7月，通过购买“第三方服务”的形式，专项检查市区在建受监项目起重机械，检查市直管项目47个，涉及各类建筑起重设备205台，其中塔式起重机112台、施工升降机69台、吊篮24台，发现一般安全隐患649条，重大安全隐患311条，下发《停工整改通知书》6份，责令立即拆除极度危险的建筑起重设备2台。9月，开展全市建筑施工脚手架专项整治，检查在建工程项目32个，其中涉及落地式脚手架15个、悬挑式脚手架21个、附着式升降脚手架4个，查处一般隐患79条、重大隐患10条，下发《停工整改通知书》2份，1家脚手架分包企业被清出市场。11月，组织开展全市建筑工地消防专项整治，检查市直管项目在建工程项目30个，查处一般隐患102条，重大隐患2条，下发《停工整改通知书》2份。

【建筑施工安全隐患排查整治】 2019年3月，泰州市开展全市建筑施工安全生产大检查，市安监站检查市直管工程55项，发现各类安全隐患285条，签发《检查整改单》25份、《停工（局部）整改通知单》9份；针对检查排查出的安全风险和事故隐患，逐一制表列出清单、建立台账、制定管控措施和整改方案，全面落实责任到人。7～10月，开展建筑施工安全生产违法违规行为严打整治专项行动，全市建筑安监系统开展执法检查行动17次，排查安全隐患1500多处，查出重大隐患210多处，约谈项目经理30多人，立案移交违规行为7件。

【施工现场扬尘治理】 2019年，泰州市采取跟踪督查、联合执法、“飞行检查”等方式，督查施工现场扬尘防治工作。发挥施工工地扬尘环境保护税的杠杆作用，全年征收税金3168万元，倒逼企业加大扬尘治理投入力度。组织开展施工围挡专项整治，重要区域、重要节点、重大项目建筑工地围挡提档升级基本完成；采取施工现场设置雾炮、围挡安装喷淋系统、冲洗进出车辆、裸土覆盖等措施，降低扬尘污染。

2019年度泰州市获国家级优质工程奖情况一览表

表19

工程名称	施工单位	获奖类型
泰州中国医药城商务中心	南通四建集团有限公司	鲁班奖
IT容灾、研发及后援中心	中兴建设有限公司	鲁班奖(参建)
泰州长江公路大桥	江苏金领建设发展有限公司	鲁班奖(参建)
东风路南段(永定路－宁通高速)快速化改造工程	江苏金领建设发展有限公司	国家优质工程奖
中国石油－沙特阿美合资云南1300万吨/年炼油项目	江苏天晟建设有限公司	国家优质工程奖
大嘉汇·东盟国际商贸港－大嘉汇·财富中心(46#楼)	泰兴一建建设集团有限公司	国家优质工程奖
泰州市中医院整体搬迁工程	正太集团有限公司	国家优质工程奖
华联城市全景花园总承包工程	泰兴一建建设集团有限公司	国家优质工程奖
华侨城五期(D地块3期高层120#－122#楼及地下室1)	泰兴一建建设集团有限公司	国家优质工程奖
荣超城市春天花园	江苏正裕建筑安装工程有限公司	国家优质工程奖(参建)
山东阳煤恒通化工股份有限公司厂房	江苏天晟建设有限公司	国家优质工程奖(参建)
华侨城五期(D地块3期高层120#－122#楼及地下室1)	泰兴一建装饰有限公司	国家优质工程奖(参建)
大嘉汇·东盟国际商贸港－大嘉汇·财富中心(46#楼)	泰兴一建装饰有限公司	国家优质工程奖(参建)
大嘉汇·东盟国际商贸港－大嘉汇·财富中心(46#楼)	中兴建设有限公司	国家优质工程奖(参建)
江苏连云港嘉会城项目商业综合楼裙楼幕墙工程	双建建设股份有限公司	中国建筑工程装饰奖(建筑幕墙)
仪征综合体育馆幕墙工程	江苏广源幕墙装饰工程有限公司	中国建筑工程装饰奖(建筑幕墙)
镇江市人民检察院办公用房和专业技术用房幕墙工程	江苏瑞兴建设有限公司	中国建筑工程装饰奖(建筑幕墙)
泰州市金融服务区幕墙二标段	江苏广源幕墙装饰工程有限公司	中国建筑工程装饰奖(建筑幕墙)
泰州市中心血站和泰州市急救中心幕墙工程	江苏瑞兴建设有限公司	中国建筑工程装饰奖(建筑幕墙)
睢宁县恒隆广场一期商场室内装修工程	江苏广源幕墙装饰工程有限公司	中国建筑工程装饰奖(公共建筑装饰类)
汉金金融中心主体钢结构工程(制作)	中建钢构江苏有限公司	中国钢结构金奖

2019年度泰州市获省级优质工程奖情况一览表

表20

工程名称	施工单位	获奖类型
枫丹天城(33－49#楼)	泰兴一建建设集团有限公司	天津市建设工程“海河杯”奖
盈翠名苑项目一期33#楼	泰兴一建建设集团有限公司	天津市建设工程“海河杯”奖
盈翠名苑项目一期34#楼	泰兴一建建设集团有限公司	天津市建设工程“海河杯”奖
南宁华润佳成五象中心一区二十四城(一期)B标段(6#、7#、9#、10#及地下室幼儿园)	中兴建设有限公司	广西建设工程“真武阁杯”奖

续表 20

工程名称	施工单位	获奖类型
爱琴海 ABCD 栋住宅楼及地下室	泰兴一建建设集团有限公司	海南省建设工程“绿岛杯”奖
广源光伏幕墙一体化及单元式幕墙项目甘共楼幕墙工程	江苏广源幕墙装饰工程有限公司	江苏省优质工程奖“扬子杯”
泰州市拘留所、收容所、强制戒毒所	江苏泰建建设集团有限公司	江苏省优质工程奖“扬子杯”
南通高等师范学校新校区景观工程	江苏星美环境建设有限公司	江苏省优质工程奖“扬子杯”
泰州市高港高新区中转场项目(分拨车间)	江苏金云建设工程有限公司	江苏省优质工程奖“扬子杯”
中洲华府	江苏大江建设工程有限公司	江苏省优质工程奖“扬子杯”
东风路南段(永定路 - 宁通高速)快速化改造工程	江苏金领建设发展有限公司	江苏省优质工程奖“扬子杯”
数据产业园综合楼(三期)	江苏扬建集团有限公司	江苏省优质工程奖“扬子杯”
徐州市云龙区文体活动中心	锦宸集团有限公司	江苏省优质工程奖“扬子杯”
高鑫源亿元企业孵化园二期	宇宸江苏建筑工程有限公司	江苏省优质工程奖“扬子杯”
姜堰区引长江水深度处理工程	正太集团有限公司	江苏省优质工程奖“扬子杯”
泰州市土地交易中心业务楼	正太集团有限公司	江苏省优质工程奖“扬子杯”
2015 年度泰州市城区空地转绿地工程——迎春游园景观绿地工程	泰州市绿源园林绿化有限公司	江苏省优质工程奖“扬子杯”
泰州市烟草公司姜堰分公司办公楼及附房石材幕墙工程	江苏省海田建设工程有限公司	江苏省优质工程奖“扬子杯”
中共泰州市委党校迁建工程	江苏邗建集团有限公司	江苏省优质工程奖“扬子杯”
靖江市“7 - 31”工程	江苏越江建设工程有限公司	江苏省优质工程奖“扬子杯”
泰州市双河小学	江苏省建安建设工程有限公司	江苏省优质工程奖“扬子杯”
工人文化宫地块改造工程	江苏广宇建设工程有限公司	江苏省优质工程奖“扬子杯”
泰兴市文昌西路(江平路至襟江路)一、三标段	江苏民生建设有限公司鹏图建设有限公司	江苏省优质工程奖“扬子杯”
靖江玉兰花园项目高层南区大面景观工程	靖江市绿化工程有限公司	江苏省优质工程奖“扬子杯”
泰兴市人力资源市场和公共就业服务中心业务用房建设项目智能化工程	江苏三棱智慧物联发展股份有限	江苏省优质工程奖“扬子杯”
济川药业集团 3#液体楼净化安装工程	江苏扬子净化工程有限公司	江苏省优质工程奖“扬子杯”
中海油气(泰州)石化有限公司燃料油加氢装置、制氢装置工程	中国化学工程第十四建设有限公司	江苏省优质工程奖“扬子杯”
泰兴市中医院(新区医院)门诊楼和病房楼暖通工程	南通通博设备安装工程有限公司	江苏省优质工程奖“扬子杯”
泰州中国医药城(泰州)会展交易中心二期	中国江苏国际经济技术合作集团有限公司	江苏省优质工程奖“扬子杯”

(殷恒杰)

责任编辑　叶　彤

商贸服务业

综述

【概况】 2019年,泰州市服务业实现增加值2314.88亿元,比上年增长7.6%,增幅提高0.6个百分点,增幅分别高于全市地区生产总值增幅、第二产业增幅1.2个百分点和1.7个百分点,居全省第三位,前移8位。服务业增加值占全市地区生产总值的比重达45.1%,提升1.4个百分点,高于工业占比6.7个百分点,低于第二产业占比4.1个百分点;服务业对经济增长贡献率52.1%,分别高于第二产业、工业6.5个百分点和13.0个百分点。服务业投资增长6.5%,高于全省平均水平0.2个百分点。实现社会消费品零售总额1348.94亿元,增长5.2%,其中限额以上社会消费品零售总额449.59亿元,减少0.2%。

【服务业满意度指数】 2019年,省市场监管局发布《2019江苏服务业公众满意度测评分析报告》,泰州市服务业公众满意度指数为77.94,比上年提升6.21%,居全省第四位,高于全省平均水平1.37。该次测评分析涉及居民和家庭、基础教育、教育中介、医药服务、社会公共服务等18大领域55个行业,重点测评养老服务、医疗服务、教育中介、城市公共交通服务等10个行业。分行业来看,泰州市居民和家庭、旅游服务、售后服务、水电气服务及餐饮住宿服务等行业公众满意度指数居全省前三位,其中居民和家庭、旅游服务公众满意度指数居全省首位。

(季　杰)

【商务领域"放管服"改革】 2019年,泰州市推进商务领域"不见面审批(服务)"改革,按照"三级四同"(省、市、县三级权力名称、类型、依据、编码相统一)要求,"不见面审批服务"事项覆盖商务领域所有法定权力事项,"不见面审批服务"扩大到除法定行政权力事项外的所有服务。出台《关于进一步做好不见面审批(服务)工作的意见》《市商务局不见面审批(服务)标准化规范》。复制推广自贸试验区改革试点经验,推动实施复制推广18项任务清单,其中涉及投资管理、贸易便利化以及事中事后监管措施等8项任务年内复制落地。

(夏圣凯)

商贸流通

·市场运行和管理·

【市场运行】 2019年,泰州市实现社会消费品零售总额1348.94亿元,比上年增长5.2%。按经营单位所在地分,城镇消费品零售额1236.99亿元,增长5.1%;乡村消费品零售额111.95亿元,增长5.9%。从限额以上单位看,限额以上企业实现社会消费品零售额449.59亿元,减少0.2%,其中限额以上单位批发和零售业零售额419.52亿元,减少0.4%;限额以上单位住宿和餐饮业零售额30.08亿元,增长2.5%。从消费形态看,批发和零售业实现社会消费品零售额1139.36亿元,

市区万达商业圈　　（顾祥忠供图）

增长3.6%；住宿和餐饮业实现社会消费品零售额209.58亿元，增长14.7%。网络零售额20.19亿元，增长86.7%。

（季　杰）

【市场发展态势】　2019年，泰州市结合城镇化新进程，引导新城区商业中心进行国际化主题定位，建设符合世界潮流、具有辐射力和影响力的时尚型商业街区。推进中小零售企业向城市商圈集聚、商品批发市场向物流园区集聚、休闲娱乐企业向商业特色街集聚，生活服务企业向市民社区集聚。建成重点流通企业、重要生产生活必需品市场、重要生产资料市场、酒类流通领域、市场应急管理等监测系统，全年监测样本企业193家，基本覆盖全市生产生活各方面。全市消费市场呈现多样化发展态势。限额以上零售额中，基本生活类商品消费减少，粮油食品、饮料、服装鞋帽针纺织品和日用品消费比上年分别减少0.2%、2.5%、1.7%和2.8%。发展享受型消费出现分化，中西药品、建筑及装潢材料、书报杂志消费分别增长71.4%、31.0%和15.1%，通讯器材、家用电器及音像器材、石油及制品、汽车等消费分别减少8.0%、7.4%、6.4%、4.9%。

【商贸流通企业】　2019年，泰州市限额以上商贸流通企业中，销售额1亿元以上的批发零售企业236家，比上年增加46家，其中零售企业80家，减少8家。销售额1亿元以上的商品交易市场24家，与上年持平，年商品成交额360.07亿元。营业额1000万元以上的餐饮企业72家，增加6家。全年列入商务部监测系统的82家重点商贸流通企业实现销售总额276亿元，增长4.3%。

【农贸市场】　2019年，泰州市首次实施农贸市场星级认定，认定星级农贸市场64家，其中海陵区鹏欣农贸市场等24家被认定为三星级，高港区大泗绿源农贸市场等18家被认定为二星级，姜堰区许陆农贸市场等22家被认定为一星级。完成市区农贸市场提档升级建设项目65个，总投资额2.13亿元，其中新建农贸市场8个，改造农贸市场57个；按星级化标准分，三星级市场25个、二星级市场18个、一星级市场22个；按市（区）分，海陵区15个、高港区12个、姜堰区30个、泰州医药高新区8个。建立健全市场蔬菜质量安全检测制度，推进农贸市场质量追溯体系、快速检测体系建设，保障市民“菜篮子”安全。

【“老字号”企业】　2019年，泰州市推进“老字号”培育和建设工作，鼓励企业申报各类“老字号”，指导获得“老字号”称号的企业维护品牌、经营品牌、创新品牌，增强市场竞争力和市场美誉度。年内，泰州市东方糕点有限公司的“王玉斋”、兴化市难得酒厂的“难得”、江苏金波酒业有限公司的“同记坊”、泰兴市人民饭店的“古仁和楼”、泰兴市善予食品有限公司的“金善予”5个品牌通过第二批“江苏老字号”认定。全市累计有“老字号”企业22家，其中“中华老字号”企业1家、“江苏老字号”企业7家、“泰州老字号”企业14家。推动“老字号”产品走出泰州，组织“老字号”企业参加中国国际食品餐饮博览会（湖南长沙）、上海时尚生活展、江苏餐饮食品博览会以及中国泰州医药博览会等展会。

·批发零售　住宿餐饮·

【批发零售业】　2019年，泰州市批发零售业实现社会消费品零售额1139.36亿元，其中批发业实现社会消费品零售额209.58亿元，零售业实现社会消费品零售额929.25亿元。批发零售业实现销售额4475.60亿元、增长8.4%，其中批发业实现销售额3364.10亿元、增长9.0%，零售业实现销售额1111.50亿元、增长6.6%。全市限额以上批发零售业经营状况总体良好，有限额以上批发零售业法人企业1303家，营业面积213.9万平方米，从业人员5.5万人。

【住宿餐饮业】　2019年，泰州市住宿餐饮业实现营业额159.97亿元，比上年增长9.8%，其中住宿业实现营业额20.47亿元，增长8.1%；餐饮业实现营业额139.50亿元，增长10.1%。各市（区）住宿餐饮业实现营业额分别为：海陵区31.50亿元，增长9.0%；姜堰区19.05亿元，增长10.9%；高港区10.46亿元，增长14.9%；靖江市23.22亿元，增长8.0%；泰兴市38.18亿元，增长11.3%；兴化市27.68亿元，增长7.9%。全市限额以上住宿餐饮业经营状况总体良好，有限额以上住宿业法人企业50家，营业面积17.16万平方米，从业人员3217人；有限额以上餐饮业法人企业134家，营业面积41.7万平方米，从业人员7251人。年内，靖江市获中国饭店协会批复，成为全国唯一的“中国四季美食名城”，并入围“中国地标美食城市”名录。靖江国际大

2019年4月26日，首届中国（泰州）早茶峰会举行　（市文旅集团供图）

酒店获批成为全国饭店行业首个绿色能源管理培训基地。

【名店名师名菜】 2019年,泰州市住宿餐饮业有45家企业、46人获省级及以上荣誉称号。靖江市百盛容湖酒店获"国家五钻级酒家"称号,泰州会宾楼鼓楼店、上厢房餐饮(江苏)有限公司东河酒店获"国家四钻级酒家"称号,泰州雅庐酒店、百味仓名流店、姜堰金黄河大酒店获"江苏餐饮名店"称号。在首届大运河文化旅游博览会上,梅兰宴被评为"大运河美食名宴",泰州烫干丝、溱湖虾球烩鱼饼被评为"大运河地标美食"。在第九届中国·江苏国际餐饮博览会上,脆长鱼、大煮干丝、五味干丝、沙沟大鱼圆、中庄醉蟹、季市老汁鸡、红烧河豚、清炖蟹黄狮子头、溱湖八鲜、姜曲海猪肉烧慈姑被评为"中国地标美食江苏(泰州市)十大菜品",蟹黄包、蟹黄汤包、鱼汤面、黄桥烧饼、王烧饼、双麻酥饼、菜烧麦、姜堰酥饼、秧草包、虾仁蒸饺被评为"中国地标美食江苏(泰州市)十大面食小吃"。

【餐饮品牌】 2019年,泰州市注重宣传和挖掘泰州饮食文化品牌,出版发行《兴化乡土菜》,编订完成《泰州梅兰宴制作技艺》《兴化沙沟大鱼圆制作技艺》《兴化板桥宴制作技艺》3个地方标准。组织早茶生产企业赴香港参加"非遗"展示,推出"泰州早茶品味周"活动。举办第十二届泰享吃人文早茶集市和首届中国(泰州)早茶峰会,14家早茶餐饮企业、40道早茶名点参与,评选"泰州十大特色早茶点""泰州十大早茶名铺""泰州十大早茶名厨""江苏名厨""江苏名点"多个奖项。举办泰州干丝"非遗"传承人阎继山收徒活动。年内,市烹饪餐饮行业协会经省民政厅专家组评审认定,再次获"中国社会组织评估等级5A级"称号。

(张　恒　李红卫)

【地方美食】 *靖江蟹黄汤包*。"中华四大名点"之一,至今已有近二百年的历史。靖江汤包因皮薄、馅汁特多,有着制作绝、吃法绝的独特个性。馅心精选金秋时节大河蟹、新鲜猪肉皮、正宗老母草鸡特制而成,皮薄,汤清不腻,稠而不油。品尝汤包十二字要领:轻轻提、快快移、先开窗、后吮汤。

泰州干丝。分为煮干丝和烫干丝。煮干丝在清乾隆时期名"九丝汤",即干丝加火腿丝、笋丝、口蘑丝、木耳丝、银鱼丝、紫菜丝、蛋皮丝、鸡丝,高档的还要加海参丝或燕窝丝。烫干丝,是用洁白大干劈成细丝,用开水烫泡装盘,然后用芽姜切成细丝,覆于盘顶,干丝洁白,姜丝金黄,另加一小撮虾米,浇上黄豆酱油和纯香小磨麻油,一经拌和,黄白相间,一碟食毕,齿颊留香。

鱼汤面。泰州民间常有"吃碗鱼汤面,赛过老寿星"之说。泰州鱼汤面的特点是汤浓、味鲜、面香。鱼汤面最为关键的是制作鱼汤,取鳝鱼骨用荤油反复烹炒后,加进大块猪肉,同锅猛火煮烧,小火煨煮。经过熬制后,鱼汤醇厚,色白如乳,肥而不腻,鲜而不腥。面条下熟后,以冷水"过桥",碗中放好底料,再舀两勺雪白如脂的鱼汤。其味厚实地道,鲜美无比。

长江三鲜。"长江三鲜",即刀鱼、鲥鱼和河豚。吃刀鱼,最好的季节是清明节前后;因为颜色皎洁如白银,形状像一把出鞘的尖刀,故称刀鱼;一桌刀鱼宴,20多道菜用刀鱼制作,满桌佳肴至鲜至嫩。鲥鱼称为"鱼中之王",一方面是它的味道鲜美,营养价值高,另一方面则是随着养殖环境的变化,鲥鱼产量越来越少;鲥鱼与众不同之处在于洗和烧不去鱼鳞,鲥鱼味道最美最有营养的地方正在皮和鳞的交界之处。河豚之美在于其独特、浓郁、诱人的香气,一尝河豚,百菜无味,故河豚要作为最后一道菜端上来。

溱湖八鲜宴。姜堰溱湖水域宽阔,水质清淳,以其水产品簖蟹、甲鱼、银鱼、青虾、水禽、螺贝、四喜(有"大四喜"和"小四喜"之分。"大四喜"为青(鱼)、白(鱼)、鲤(鱼)、鳜(鱼),"小四喜"为昂(刺)、鳑(鲏)、罗(汉)、鲹(鱼))、水蔬为原料,以溱潼民间传统工艺制作的溱湖八鲜宴倍受游客推崇。经过搜集萃炼,溱湖八鲜宴已形成包括200多种菜肴在内的菜系。

梅兰宴。梅兰宴将戏曲与烹饪文化相结合,共有21道菜、9道面点和小吃,其中有18道菜以梅兰芳的18个代表剧目为背景,吸收其日常饮食习惯,兼收巡演时期所品泰州名馔,该宴清丽多姿、典雅华贵。

【地方特产】 *双鱼猪肉脯*。靖江"双鱼牌"猪肉脯始创于1936年,选料精细,采用传统工艺,配以多种天然香料,经过10多道工序加工而成。产品色泽鲜艳、味道鲜美、食用方便、回味无穷,曾2次荣获国家金质奖,远销日本、俄罗斯、东南亚及港澳地区,为馈赠佳品。

嵌桃麻糕。泰州传统名特产品。

梅兰宴(冷拼)　　(顾祥忠供图)

清朝时，海陵的“二麻”（麻糕、麻油）已负有盛名。嵌桃麻糕采用芝麻粉、绵白糖、胡桃肉、炒米粉等制成，色泽呈黄色，桃仁适中，为蝴蝶状，糕片厚薄均匀，糕粉细腻，结构紧密，无杂质，芝麻香味纯正，入口脆酥易化，营养丰富。

黄桥烧饼。早在明代，黄桥作为江淮一带重要的粮食集散地，黄桥烧饼就充当起挑夫们的快餐。抗战时期，黄桥烧饼成为支前的食粮，为赢得黄桥决战的胜利立下不可磨灭的贡献。“黄桥烧饼黄又黄，黄黄的烧饼慰劳忙……”这首著名的《黄桥烧饼歌》，从此随新四军的脚步传遍大江南北。黄桥烧饼是江苏省名点之一，曾入选开国大典国宴，毛泽东称赞“黄桥烧饼好出名的”。现在全国县级以上城市几乎都开设黄桥烧饼店。

中庄醉蟹。兴化传统名产，历史悠久，因最早制作此蟹而又做得最好的为兴化中堡庄一带，故人称“中庄醉蟹”。色如鲜蟹，放在盘中，栩栩如生。其肉质细嫩，酒香浓郁，香中带甜，味道鲜美。当地民间制作醉蟹的方法很多，但基本工艺大同小异。一般专业化生产多采取封缸浸泡法，要经选料、浸养、干放、去绒毛、灌料、封缸、装坛、封口等工序。

河横绿壳鸡蛋。姜堰区河横村特产。在天然绿色饲养条件下，绿壳蛋鸡产的鸡蛋蛋壳为绿色，蛋质具有高硒、高锌、高碘、高卵磷脂、低胆固醇的特点。（徐　震）

·粮食流通·

【粮食流通产业】　2019年，泰州市实际运营的列统粮油加工企业有116家，其中大米加工企业85家、小麦粉加工企业10家、油脂企业9家、饲料企业6家、食品企业6家，实现工业总产值348.5亿元、销售收入383.4亿元。全市成品粮油年产量407.03万吨，其中大米年产192万吨、小麦粉121.93万吨、食用植物油93.05万吨，大米、面粉、油脂三大产业支撑效果明显。南方小麦交易市场、兴化粮食交易市场保持良好发展态势。高港粮食综合物流基地获批省级粮食综合物流园，江苏谷泰粮机科技公司多项产品获国家专利和国家高新技术产品认定。品牌效应彰显，兴化市、靖江市入选国家优质粮食工程“中国好粮油”行动示范县，江苏光明天成米业有限公司“苏冠软香米”获“好吃苏米”金奖。

【粮食购销】　2019年，泰州市国有粮食购销企业收购夏粮99.5万吨，其中托市收购小麦20.1万吨；收购秋粮55.3万吨，其中托市收购粳稻21.3万吨。全年国有粮食购销企业实现粮食购销总量573.3万吨。加强粮食收购市场监管，保护种粮农民合法权益。夏、秋粮收购期间，采用“四不两直”的方式，监督检查全市39家小麦、25家稻谷最低收购价委托收储库点，涉及托市粮41.3万吨，未发现存在违反国家粮食收购政策、“卖粮难”或“打白条”等现象。

【粮食质量监测】　2019年，泰州市建成全市粮食质量检测体系，兴化市、泰兴市、靖江市及姜堰区于2018年完成粮油质量监测体系建设，4家建设主体投入资金1080万元，获补助资金920万元；2019年，高港区完成粮食安全监测体系项目建设，获得补助资金200万元；市本级承担的项目建设获得中央、省财政建设资金450万元。加强全市粮食质量安全监测，形成全市小麦质量报告和粳稻质量报告；开展对储存环节的储存品质监测、收购现场收购质量监测、储备粮质量监测，首次实现粮食质量监测由原来的生长收获环节，延伸为生长、收获、收购和仓储环节，全年监测样品303份。完成2019年库存粮食大检查311份样品的检测任务，检测数据4847项。完成主城区粮食企业库存粮食储存品质检测，涉及国储库、天利农产品物流中心、苏陈粮库等企业，检测样品140份。

【粮食流通执法】　2019年，泰州市督查夏秋两季粮食收购市场，重点检查国有企业、最低收购价委托收购库点收购政策执行情况，向售粮农民宣传粮食收购政策，与最低收购价委托收购库点签订《规范收购承诺书》。全年出动检查人员90多人次，检查60多家次，发现违规现象10多起，现场整改10多起，向属地主管部门发出责令整改通知书1份，要求被整改单位全额退回违规拖欠的农民售粮款1.3万元。开展地方储备粮管理和流通统计执行情况检查，对全市7家地方储备粮承储单位、10个承储库点开展储备粮存储、轮换专项检查，抽查货位24个。专项监督检查兴化市合陈国家粮食储备库等5家企业、42个批次的政策性粮食出库情况。

【为农服务】　2019年，泰州市签订粮食订单7万公顷，超过粮食规模种植面积的30%。推进“优质粮食工程”项目建设，提升粮食生产、储备和流通能力，全年新建为民服务中心1个，新增烤干能力200吨/日。推广粮食产后代清理、代干燥、代储存、代加工、代销售服务，为农民专业合作社、种粮大户等提供专业化社会化服务，增强农民市场议价能力。

【“世界粮食日和全国粮食安全宣传周”活动】　2019年10月16日，泰州市发改委、农业农村局、教育局、科技局、妇联在姜堰区凤凰文化广场联合举办“泰州市2019年世界粮食日和全国粮食安全宣传周”活动启动仪式，全市种粮大户、涉粮企业及爱粮节粮代表300多人参加。志愿者代表宣读“爱粮节粮”倡议书，号召市民做“爱粮节粮”的倡导者、践行者和宣传者；举行“扛稳粮食安全重任建设粮食产业强国”授旗仪式；姜堰粮食购销总公司与区域内种粮大户进行产销衔接签约；市区粮油企业集中展示展销30多种地方优质粮油产品。活动设置宣传展台、宣传展板，发放宣传资料、知识读本，开展现场咨询，向市民宣传粮食政策法规、科学储粮、爱粮节粮、粮油健康消费等知识。（邵月娥）

【靖江建设百亿级粮食产业集群】　2019年，靖江市港口粮食吞吐量2500万吨，其中小麦吞吐量600万吨，粮食产业集群年产值近50亿元，成为全国第三大粮食集散地、全国最大的优质小麦集散地和华东地区最重要的粮食物流集散地。集群拥有36.2万吨的现代储粮仓容，满足储粮和中转集散、交易的仓储需求。靖江粮食产业园被国家确定为粮食六大通道中50个粮食物流节点之一,先后获"中国十佳粮食物流产业园""江苏省粮食物流产业园"等称号。江苏华穗粮食有限公司是全省最大的综合性粮食物流企业,年贸易额达45亿元,网上交易额达23亿元。南方小麦交易市场获"中国十佳粮油创新典范企业"称号。推进"中国好粮油"行动示范县项目,加快形成"互联网+粮食+金融+物流"的区域性现代粮食市场服务体系。江苏华穗粮油溯源大数据平台正式上线,建立从田间管理到储存、加工、销售的全链条追溯和监管系统。靖江粮食物流产业园延伸粮食产业链、提升价值链、打造供应链,引进国内外优秀粮油加工、米面食品制造、饲料加工等企业入驻,形成年产值超百亿元的粮食产业集群。

【南方小麦交易市场获评"中国十佳粮油创新典范企业"】 2019年12月7日,粮油市场报社主办的"2019中国粮油财富论坛"在北京举行。其间,为2019年度中国百佳粮油企业及中国粮油领军企业、中国粮油领军品牌颁奖。南方小麦交易市场总经理张春良获第九届中国粮油榜"中国十佳粮油影响力人物",南方小麦交易市场有限公司获"中国十佳粮油创新典范企业"特别奖。南方小麦交易市场由总部位于靖江市的江苏华穗粮食有限公司投资建设,注册资本5000万元。2012年4月23日,市场开业运营,以小麦交易为特色,覆盖稻谷、玉米等粮食品种,发展各类交易会员近5000家,会员类型包括农业合作社、粮库、粮食贸易商、面粉加工企业、大米加工企业及饲料加工企业等,交易覆盖江苏、安徽、山东、河南、浙江、上海、广东、福建、海南等省份,2019年实现市场成交额20多亿元。 （史 志）

【高港综合物流园获批省级粮食物流产业园】 2019年11月11日,泰州高港综合物流园被认定为2019年省级粮食物流产业园。至年末,高港综合物流园粮食产业基地依托泰州港核心港区建设,形成集大豆、大米、食用植物油、饲料等粮油加工及粮食物流于一体的粮食产业集群,入驻益海(泰州)粮油有限公司、汇福粮油江苏泰州公司、泰州正大饲料有限公司、泰州永安港务有限公司、泰州国际集装箱码头有限公司等一批大型粮油加工、粮食物流企业,年加工大豆600万吨、食用植物油230万吨、大米20万吨、饲料蛋白300万吨、膨化玉米100万吨、大豆浓缩蛋白50万吨。拥有千吨级粮食专用码头泊位11座,7万吨级泊位3座,5万吨级泊位集装箱泊位2座;建成各类粮食仓库库容20.9万吨,油罐容量31万吨。 （邵月娥）

南方小麦交易市场 （市政府办供图）

【兴化粮食交易市场】 兴化粮食交易市场是全省最大的粮食加工集聚区、全国最大的粮食交易市场之一。市场占地面积50多万平方米,年粮食加工能力500万吨,集粮食仓储加工、物流配送、信息服务等功能于一体。2019年,完成粮食交易量486.68万吨,实现交易额80.16亿元。年末有稻米加工企业54家,其中6家企业获评省级农业产业化重点龙头企业,12家企业获评市级重点龙头企业。 （史 志）

·供销合作·

【供销社为农服务】 2019年,泰州市供销合作社系统实现销售总额451.15亿元,其中消费品零售额86.21亿元、连锁销售额65.76亿元、农副产品收购额139.01亿元、农副产品市场交易额157.46亿元,实现利润1.88亿元,比上年分别增长6.91%、6.36%、6.73%、6.27%、10.98%。全市新建"三体两强"(自主经营实体、农民社员主体、合作经济组织联合体,综合实力强、为农服务能力强)基层社8家,累计29家;新建"六有"(有证照、有场所、有标识、有人员、有收入、有为农服务项目)基层社10家,累计57家;新建农民综合服务社5家,累计13家。完成消除"空白社"任务;建成村级供销社6家。至年末,全市累计建成农村综合服务社1087家,基本实现行政村全覆盖,累计领办、参办农民专业合作社439家、联合社61家。泰兴市社采取"镇社共建""社村共建""社社共建"等方式,全年建成新型基层社5家,全市新型基层社覆盖率60%。搭建农产品进城便捷通道,海陵区社在10个社区设立"供销助农便民平价农副产品进社区"直销点,姜堰区社建成消费扶贫超市直营店。市总社"优化联合社治理机制 健全'三会'制度"、靖江市社"开展农业社会化服务 助力乡村振兴"、兴化市社"发展电子商务 打造网上供销社"3项综合改革经验成果由省总社发文在全系统复制推广。

【联合社"三会"制度专项试点】 2019年7月,泰州市联合社"三会"(社员代表大会、理事会、监事会)制度专项试

点工作通过省总社和全国总社评估验收，成为全省首家实现市、县两级供销社健全“三会”制度全覆盖的设区市。省总社评估验收意见认为泰州试点工作“圆满完成专项试点任务，达到预期目标”；全国总社验收结果批复认为泰州“三会”专项试点“为全国供销合作社系统完善民主管理机制、落实监事会社务监督职能、密切与农民利益联结提供有益借鉴”。泰州市供销合作总社获批“三会”建设国家级专项试点以来，累计完成61家乡镇基层社“三会”制度建设，供销合作社治理机制逐步完善。

【农业社会化服务体系】 至2019年末，泰州市供销合作社系统“庄稼医院”832个，全年建成15家现代农业综合服务中心，提供土地托管、植保等服务面积5.53万公顷。靖江市社累计建成现代农业综合服务市级中心1个、镇级中心8个、村级站41个，工程建成率80%。兴化市社流转土地248.67公顷，打造兴化大米全产业链产销示范基地。高港区白马供销社黄河现代农业综合服务中心与周边3个镇（街道）签订3333.33公顷秸秆回收协议，全年回收利用秸秆2万多吨。

【乡村绿色生态服务体系】 2019年，泰州市推广药肥零差率统一配供模式，推行农业绿色生产方式，全年全市供销社系统配供农药服务面积3.33万公顷，配供农药3300吨，测土配方肥1万吨，农药减量使用150吨，农药包装废弃物回收300万只（件）。靖江市社成立供销现代农业综合服务公司，在全市设立8个药肥零差率配供分中心及60个配供点，建成完整的配供体系。泰兴市社建成市级回收中心1个、乡镇（街道）农膜回收站16个，建成农药废弃包装物回收点35个。

【兴化市社获全国“金扁担改革贡献奖”】 2019年12月11日，中华合作时报社、中华全国供销合作总社信息中心、中华全国供销合作总社声像中心联合举办供销合作社改革发展论坛暨“金扁担”“红背篓”供销合作社精神表彰会，兴化市社获“金扁担改革贡献奖”，沙沟供销合作社副主任李维川获“红背篓精神传承奖”。年内，兴化市社以省级供销社服务乡村振兴示范区先行县建设为契机，打造农业社会化、乡村绿色生态、农村电子商务、农产品农资日用品购销、供销金融保险、基层组织“六大服务体系”。累计组建区域性、综合型乡镇农民合作社联合社24家，覆盖兴化市86%的乡镇，开展生产、流通、信用“三位一体”综合服务；建成“三体两强”（自主经营实体、农民社员主体、合作经济组织联合体和综合实力强、为农服务能力强）示范基层社5家，建设标准化农村综合服务社648家，实现兴化市行政村全覆盖；领办参办农民专业合作社（联合社）268家，带动农户50万人；每年土地托管、“菜单式”农业社会化服务30万亩次以上，空中喷防服务作业10万亩次以上。连续5年被中华全国供销合作总社命名为“全国百强县级社”。

（钱　进　徐吾融）

·专营专卖·

【食盐专营】 2019年，泰州市盐业有限公司实现营业收入1.02亿元，其中非盐销售收入3919.7万元。全年销售盐产品53834吨，其中销售食盐40268吨（小包装食盐16569吨）。

盐政协管。开展食盐市场检查，全年检查企业341家、农贸市场781家、零售商店15999家、食品加工企业及作坊530家、饭店食堂1393家，访问居民1338户。协调市场监管部门开展春节期间食盐质量安全专项整治行动、“五一”“端午”期间保障餐饮行业用盐安全专项执法行动、中高考期间食盐安全监管专项检查、“中秋”“国庆”期间食盐专项检查、食盐市场流通环节专项整治行动、餐饮行业食盐安全专项整治、学校食堂食盐安全专项检查等10多次专项行动，查处食盐违法案件90起，涉案盐产品163.56吨，没收盐产品117.55吨，罚款146.3万元，其中结案58起。泰兴市盐业有限公司配合市场监管部门查处的湖北长舟盐化案件，成为全市乃至全省的典型案例；兴化市盐业有限公司配合当地公检法部门查处湖北久大案件已正式宣判。创新食盐监管机制，市工信局、市场监管局、盐业公司建立三方协调会制度。争取协管人员地方财政补贴费用和其他政策资金120万元。

渠道建设。推进食盐直配终端，实行访销与配送分离；市场营销部与靖江市盐业有限公司基本实现直配直送、直达终端。强化KA、BC商超维护，实行全员维护考核，提升“淮盐”占比。与苏果小业态系统达成全省首个区域性排他合作协议。加强与美菜、店达等电商平台合作，启用“W5”仓储管理系统。

品牌宣传。围绕集团公司“百千万亿”专项行动，开展“四进”活动，在商超、社区、乡镇、集市等场所开展宣传活动758次，出动宣传人员5816人次；组织开展“进千村、入万户”活动，走访乡镇、居委会320个，居民3689户；组织开展“三店创建”活动，累计创建样板店、示范店和标准店700家。

（赵丽梅）

【烟草专卖】 2019年，泰州市烟草系统实现卷烟销量17.05万箱，比上年增长0.34%；单箱结构4.03万元/箱，增长4.93%；实现税利19.36亿元，增长5.62%。年末全市有持证卷烟零售户25789户，其中正常经营户24875户。全市烟草系统有员工721人。

专卖执法。成立卷烟打假打私工作领导小组，确立“联席会议机制、联合协作机制、案件移送机制、联合督办机制、信息通报机制、奖惩激励机制”等6项工作机制，维护全市卷烟市场秩序，净化卷烟市场环境。市烟草专卖局与泰州海关签订联合打假打私合作备忘录，与公检法司签订行政执法工作纪要，建立完善“政府领导、部门联合、多方参与、密切协作”的打假打私体系。全年全市烟草系统查获涉烟违法案件966起，其中5万元以上案件111起，比上年增长54.17%；查获违法卷烟1388.83万支，其中假烟353.4万支，增长47.11%；破获符合国标网络案件1起。

行政许可服务。推进“放管服”改革，制定发布《泰州市烟草制品零售点合理布局管理规定》，推进“网上办证、一窗受理、证照联办、数据共享”等便民举措。全年全市新办许可证4943份、延续7724份、注销2354份,审批时间由8天缩短至5天。（俞海峰）

·成品油管理·

【成品油市场】 2019年,泰州市销售成品油85.72吨,其中汽油53.06吨、柴油32.66吨。新建加油站5座,年末成品油零售经营企业337家,其中靖江市56家、泰兴市74家、兴化市89家、姜堰区56家、海陵区25家、高港区23家、泰州医药高新区14家。高速加油站10家。

【中石化泰州石油分公司】 2019年,公司实现成品油销售66.03万吨,其中汽油40.85万吨、柴油25.17万吨,实现销售收入49.41亿元、利润1.32亿元。至年末,公司在营业加油站139座,其中泰州城区(不含姜堰区)35座、靖江市25座、姜堰区20座、泰兴市31座、兴化市28座。

【中石油泰州销售分公司】 2019年,公司实现油品销售14.03万吨,比上年增加0.9万吨。其中纯枪销量8.17万吨,增加0.7万吨;直批销量5.86万吨,增加0.2万吨。单站纯枪日销量5.4吨,增加0.5吨;人均纯枪日销量237吨,增加26吨。实现非油销售收入3025万元,有销售收入300万元门店1座、销售收入200万元门店1座、销售收入100万元门店13座、销售收入50万元门店16座。全年实现利润757.95万元。

【中海油泰州销售分公司】 2019年,公司在扬泰及周边地区实际控制加油站(点)32座,比上年增加4座,其中投运25座。实现成品油销售5.66万吨、销售收入2.9亿元(非油业务420万元)、利润784万元,上缴税费809万元。年内,在淮安市取得加油站租赁项目4座并陆续投运。4月,利用自建滨江油库取得商务部核发的成品油批发资格,使公司同时具备成品油批发、零售资格。（李红卫）

物流业

【概况】 2019年,泰州市结合城镇化建设,发展物流专业市场,培育物流综合基地,形成煤炭、木材、粮食、水产品、化工等特色物流基地。至年末,全市有省重点物流基地(园区)和企业23家,规模以上物流企业300多家。推进物流园区建设,江苏三江现代物流园区、泰州高港综合物流园获评2019年度“全国优秀物流园区”,靖江粮食物流园获批省级示范物流园区,泰兴市苏中沿江化工物流园区获评第四批省级生产性服务业集聚示范区,江苏(戴南)不锈钢综合物流园区规划建设省级评审获专家组通过。推动物流企业发展,组织推荐8家物流企业申报2019年省重点物流企业,其中泰州统一超商有限公司、扬子江药业集团江苏扬子江医药经营有限公司成功获批。开展物流项目服务,组织江苏省扬子江现代粮食物流有限公司等6家企业申报江苏省2020年粮食安全保障调控和应急设施国家物流枢纽储备项目,组织江苏天利粮食物流中心三期工程等4个项目申报2020年中央预算内投资。泰州市物流协会于8月9日正式成立。（夏圣凯　季　杰）

【交通物流业】 2019年,泰州市公路货运量3202万吨,比上年增长5.3%,其中市区1680万吨、兴化市492万吨、靖江市361万吨、泰兴市669万吨。全年公路货运周转量82.33亿吨千米,增长5%。水路货运量19443万吨,增长3.9%,其中市区13392万吨、兴化市5893万吨、泰兴市158万吨。全年水路货运周转量89.54亿吨千米,增长5.2%。全市港口货物吞吐量3.06亿吨,增长16.9%。组织开展柴油货车污染治理攻坚战,淘汰国三及以下排放标准营运中型、重型柴油货车922辆。发展农村物流,推进根思运输服务站、劳武农村物流站等项目建设,泰兴市申报创建省第二批农村物流示范县(市、区)。开展危险化学品道路运输安全综合治理、超载超限源头治超、“平安物流”创建等活动。

【快递业】 至2019年末,泰州市有快递企业66家,分支机构151个,从业人员5409人。全年完成快递服务业务量12099.57万件,比上年增长23.01%;快递业务收入14.95亿元,增长34.06%。其中,同城快递业务量1733.23万件,增长5.72%;异地快递业务量10330.99万件,增长27.38%;国际及中国香港、澳门、台湾地区快递业务量35.35万件,减少59.08%。同城、异地、国际及中国香港、澳门、台湾地区快递业务量分别占全部快递业务量14.32%、85.38%和0.29%;业务收入分别占全部快递收入8.19%、66.29%和3.58%。快递与包裹服务品牌集中度指数CR890.1,下降2.43。

推动快递业绿色发展,印发《泰州市协同推进快递业绿色包装工作实施方案》,全市快递企业电子面单平均使用率99.05%、电商件平均不二次包装率97.17%、循环中转袋平均使用率86.58%,设置城区网点快件包装废弃物回收箱267个,设置率50%以上,瘦身胶带的使用比例98%,全市快递业在用新能源车辆425辆。以顺丰运输为代表的快递服务业实现从简单的收派服务到提供仓储管理、库存优化、航空专线等综合物流服务,从服务网络零售到服务医药产业、3C电子行业、现代农业、水产养殖业等地方特色产业。快递服务功能向平台型转变,通过链接线上+线下平台、上游+下游渠道,提供网上商业、消费金融等更多增值服务。（孙师梅　李　洋）

【高港综合物流园蝉联“全国优秀物流园区”】 2019年8月9日,高港综合物流园被评为全国“优秀物流园区”,连续两年获该项荣誉。年内,高港综合物流园在项目建设、园区运营、产业升级方面均取得突破。东君物流、益海码头、集装箱码头二期堆场等一批投资过亿元的重点项目竣工投产,古马干河码头群、美璟青创智谷、物流园公共服务中心等项目落户。筹建“无车无船”信息化承运平台,推动“互联网+多式联运”发展。与盐田港、瑞茂

泰州城北物流园区　　（《泰州通讯》供图）

通等国内行业知名国企或上市企业合作，盐田港项目完成前期信息采集工作；与瑞茂通合资10亿元组建的江苏港瑞供应链管理有限公司实现年开票额近70亿元，利税超5000万元。

（史　志）

【普洛斯物流园项目落户姜堰区】 2019年5月9日，泰州市姜堰区与普洛斯（中国）、新长铁路有限责任公司签约，三方合作打造总投资40亿元的普洛斯泰州（姜堰）物流园项目；姜堰火车站站房升级改造项目同步签约。普洛斯泰州（姜堰）物流园区项目位于姜堰区姜沈路以西，溱湖大道以东，宁启铁路北侧，官野河以南，是入驻姜堰区最大的"多式联运"枢纽和要素集聚平台，将引进与普洛斯密切合作的国内外知名企业，在姜堰打造包括电子商务拨付中心、现代物流产业园（多式联运中心）、快速消费品分拨中心、供应链金融服务中心、跨境生鲜商品集散中心（市场）等在内的综合现代供应链管理服务园区。

【江苏（戴南）不锈钢综合物流园发展规划通过省级评审】 2019年10月30日，江苏（戴南）不锈钢综合物流园区发展规划通过省发改委组织的专家组评审。园区规划总面积174.8公顷，建成区面积92.8公顷，重点发展不锈钢物流、交易、电子商务、金融服务等，致力于打造面向长三角、辐射全国的不锈钢供应链分拨基地和物流交易结算中心。园区于2008年5月获批成为省现代服务业集聚区，区内戴南不锈钢现代物流园项目入选2015年省重大项目；2017年，园区获批为"全国十佳创新平台"，成为全省首批"无车承运人"试点单位。至2019年末，建成3.24万平方米的加工交易中心、2.16万平方米的成品仓库、2.4万平方米的车辆服务设施、1.1万平方米的配套服务设施，入驻企业110家。全年规模以上物流企业实现营业收入1.64亿元，比上年增长15.6%；在全国建有物流节点1000多个，开辟物流专线150条，物流吞吐量160万吨。　（兴化市政府办）

【泰州市城北物流园】 2019年，泰州市城北物流园实现规模以上工业产值5.06亿元，高新技术产业产值占规模以上工业比重为42.78%；协议使用外资1800万美元，实际使用外资800万美元。年内，园区完成自建区5栋厂房土建竣工验收和项目入驻，实现土地资源"二次开发"，解决土地资源瓶颈问题。完成兴丰西路、奶牛场、运河社区等道路维修、绿化工作，实施17条乡、村级河道整治工程，清理渔网鱼簖、板罾19处，清除河道垃圾1000多吨，拆除违章建筑12处；修整河道两侧绿化护坡10000多平方米。

（海陵区政府办）

中介服务业

【律师服务】 2019年，泰州市有律师事务所105家，律师1220人，其中执业律师902人、公职律师296人、公司律师11人、法援律师11人。全市每万人拥有律师数达到2.65人，提前1年完成全面建成小康社会指标要求。全年全市律师办理诉讼案件34015件、非诉案件5961件。有7家律师事务所、40名律师获省级表彰，21家律师事务所、124名律师获市级表彰，律师工作在全省司法行政系统考核中居第三位。

开展"百所帮千企"活动，全市律师事务所通过企业走访、座谈调研、结对帮扶等形式对企业进行法律体检，组织1050名法律服务人员走访服务企业3264家，向企业发放联系卡、服务函6150份，帮助企业防范和化解法律风险3620件，针对企业开展特色业务2125件。发展涉外法律服务业，在境外建成法律服务中心5个、法律服务工作站24个。加快破产管理人队伍建设，成立市破产管理人协会，出台协会章程、协会会费缴纳及使用管理办法等制度性文件。

出台《关于进一步加强泰州市律师行业党的建设工作意见》《全市律师行业党支部积分制管理实施方案》等文件，全面加强律师行业党的建设。作为苏中地区唯一城市，承担全省律师专业水平评价试点工作，承办全省律师专业水平评价试点工作部署推进会，成立评审委员会和8个专业评审组，组织律师198人次参加并完成评审工作任务。推进扫黑除恶专项斗争工作，举办6期律师办理黑恶势力犯罪案件集中培训班，召开12场扫黑除恶个案讨论会，通过律师网校、刑事业务交流会等形式开展专题培训，参训律师1600多人次。全年全市律师事务所报备各类涉嫌黑恶势力犯罪案件575件，向市扫黑办移送涉黑涉恶案件线索10条，其中涉及"套路贷"案件线索6条。

【公证服务】 2019年，泰州市有执业公证员31人，全市7家公证处全年办理公证业务28394件，办理件数比上年增长6.18%。推进公证体制机制改革，出台改革方案，确定创新公证机构编制备案管理、完善公证机构绩效分配等8项改革重点工作。出台《泰州市公证服务民营经济高质量发展实施意见》，为服务民营企业转型升级、财产安全、创新创造、金融类融资贷款、境外融资、跨境贸易、权益保护等提供公证服务。全面实施公证"最多跑一次"，实施单位由2家公证处扩大到全市所有7家公证处，公证事项范围由15项扩展到在线公证受理平台所列66类公证事项，鼓励引导当事人通过网络平台申请办理公证事项，全年在线公证受理平台办理公证事项1300件。全面落实证明材料清单制度，将42类228个公证事项的证明材料清单编制成册，在各类服务平台公布。开展"公证助残、暖心为民""不忘初心庆国庆 公证为民敬老行"等活动，开通老弱病残等特殊群体服务"绿色通道"，推进遗嘱、小额遗产继承公证便民服务，全年办理遗嘱公证330份，增长110%。泰州市祥泰公证处、泰州市海成公证处先后获涉外公证业务办理资格，实现全市涉外公证业务全覆盖。开展扫黑除恶专项斗争，在全市开展"防风险 守底线"公证质量专项检查，检查卷宗628份。召开泰州市公证协会第四次会员大会、四届理事会一次会议，选举新一届协会理事和新的领导班子。

【司法鉴定】 2019年，泰州市有司法鉴定机构8家，其中法医临床类6家、痕迹微量类（房屋建筑工程）1家、环境损害类（环境污染物理化性质）1家，有司法鉴定人60人。全年办理司法鉴定案件3259件，其中法医临床类3138件、法医物证和法医毒物类120件、其他1件。举办全市司法鉴定人及助理和机构内审员鉴定业务培训班，60多人参加培训；组织全市法医临床类司法鉴定所负责人开展法医临床司法鉴定卷宗一季度集中评查活动，全市6家法医临床类司法鉴定所的30份连号卷宗接受评查，提升鉴定机构和人员的业务能力。开展司法鉴定行业扫黑除恶专项斗争，召开扫黑除恶专项斗争司法鉴定行业专会，组织开展警示教育活动。 （张　桦）

【会计服务】 2019年，泰州市参加信息采集会计人员31204人，新增会计初级资格职称2301人、中级资格职称614人、副高资格职称31人。至年末，全市具有会计初级资格职称14182人、中级资格职称6272人、副高资格职称449人、正高资格职称3人。全市有会计师事务所24家，行业从业人员570多人；新增执业注册会计师8人，累计注册会计师207人。

全国会计专业技术中、高级资格考试（泰州考区）。9月7～8日在5个考点开考，中级资格报考人数4704人、报考科目11910人次。其中，报考财务管理3721人次、经济法4125人次、中级会计实务4064人次，实际参加考试5609人次，到考率47.09%。高级资格报考人数112人，实际参加考试67人，到考率59.82%。

注册会计师全国统一考试（泰州考区）专业阶段考试。10月19～20日在南京理工大学泰州科技学院、南京师范大学泰州学院、江苏经纬会计师事务所培训中心、江苏中兴会计师事务所培训中心4个考点、25个考场开考，全市有3528人报名参加6个科目、9480科次考试，报考人数、科次比上年分别增长18.5%、19.1%，再创历史新高。 （高新华　丁云璐）

【广告服务】 2019年，泰州市有各类广告经营企业2067家，广告从业人员6687人，全年实现广告经营收入11.4亿元，比上年增长2.7%。中国广告协会认定泰州市世纪畅想文化传播有限公司为国家级设计制作类三级广告企业；泰州广告产业园获评"江苏地区广告业创新创业示范基地"，鑫鸿文创园运营管理有限公司申报的"广告创新示范基地项目"获江苏省广告业发展专项资金扶持30万元。打造公益广告平台，发动、征集195件公益广告作品参加省"紫金奖·公益传播设计大赛"；组织开展2019年泰州市优秀公益广告作品评选活动，公开征集优秀作品157件，评出金奖2件、银奖4件、铜奖6件、优秀奖41件。

广告监测监管。建立健全广告监测体系，完善广告监测基础数据库，新增企业网址和电商网站13383个。强化监测数据分析研判，全年市市场监管局监测市属媒体广告362731条次，发现涉嫌违法广告线索398条次，全部依法处理；初步上线移动APP终端监测系统，将"太灵通""泰无聊""我的泰州""黄桥在线"等9家监测对象纳入重点监管范围。加强广告业监管，全年全市查处违法广告案件170件，罚没款284.8万元，案件数量比上年增长54%；上报典型案例18件，其中1件被国家市场监管总局选中公布，3件被省市场监管局选中公布，选中数量居苏中苏北片首位。

虚假违法广告查处。打击非法金融广告，开展涉嫌非法集资广告资讯信息排查清理以及非法金融广告线索监测排查工作，全市检查广告经营者、发布者1709家，检查广告3029个，监测金融广告资讯信息22307条次，立案查处8件，罚没款36.17万元，移送案件线索3条。加大互联网广告整治力度，深化对药品、食品、保健食品、房地产、金融投资理财等民生领域广告监管，全年监测互联网广告50670条次，查处互联网广告案件110件，罚没款221.7万元，公布一批互联网违法广告典型案例。治理保健食品广告，开展"食安护老"行动中的保健食品广告专项整治，对全市7家保健食品生产企业的94种保健食品进行针对性监测479条次，发现涉嫌虚假违法广告线索23条，全部处理整改到位。 （丁　薇）

【融资担保】 2019年，泰州市有融资担保公司20家，其中法人机构16家、省分支机构3家、再担保公司1家。至年末，全市16家融资担保公司法人机构注册资本30.88亿元，净资产33.27亿元，在保户数1548户，在保余额59.36亿元，担保放大倍数1.78。 （朱　虹）

责任编辑　叶　彤

信息服务业

综　述

【概况】　2019 年,泰州市信息技术产业实现产值 237.24 亿元,比上年增长 3.25%;销售 240.78 亿元,增长 0.45%。全年投资亿元以上项目 45 个,投资额 29.8 亿元。推进信息化、工业化"两化"融合发展,开展管理体系贯标试点示范创建工作。发展和应用大数据产业和数字经济,推进智慧泰州建设。拥有新一代信息技术产业规模以上企业 62 家,集聚纬创、北京易华录、浪潮集团等投资的一批骨干企业,产业领域涉及软件与服务、下一代广播电视网设备等。全年完成电信业务总量 312.91 亿元、电信主营业务收入 42.85 亿元,比上年分别增长 56.43%、3.83%。年末移动电话用户 496.27 万户,电话普及率 107.1 户/百人;年末互联网用户总数 547.01 万户,其中移动互联网用户 341.15 万户。完成邮政行业业务收入(不包括邮政储蓄银行直接营业收入)25.19 亿元,增长 26.47%,其中快递业务收入 14.95 亿元,增长 34.1%。　(王有为　季　杰)

【软件和信息服务业】　2019 年,泰州市软件和信息服务业完成主营业务收入 60.94 亿元,比上年增长 16.51%。全市通过软件企业年度评估合格的企业有 41 家,新增软件产品 113 个、软件企业 10 家。江苏艾兰得营养品有限公司、江苏东华测试技术股份有限公司被评选为 2019 年度"腾云驾数"转型升级计划优秀企业,艾兰得公司的"Aland－SNDS 智能研发系统的开发与应用"项目被评为融合创新发展案例。市工信局组织全市 20 个团队、14 家企业参加第五届"i 创杯"互联网创新创业大赛,开展巡回路演泰州站参赛项目的赛前培训和"极速三小时"路演活动;组织 19 家重点企业和 2 个省级园区组团参展第十五届中国(南京)国际软件产品和信息服务交易博览会。

【"两化"融合】　2019 年,泰州市开展省级"两化"融合(工业和信息化融合)管理体系贯标试点示范创建工作,普及国家"两化"融合管理体系新标准,举办 4 期省科技企业家工业互联网培训班,全年新通过"两化"融合贯标企业 56 家,43 家企业创建 2019 年省"两化"融合贯标重点培育企业,800 家规模以上企业参与"两化"融合自评估、自诊断、自对标工作。振华泵业、赢胜节能两家企业获工信部 2019 年制造业与互联网融合发展试点示范项目——国家"两化"融合管理体系贯标示范;口岸船舶公司的船舶企业研发设计资源集成共享平台首次入围工信部 2019 年制造业"双创"平台试点示范项目。艾兰得、东华测试 2 家公司被省工信厅评选为 2019 年度"腾云驾数"转型升级计划优秀企业,艾兰得公司"Aland－SNDS 智能研发系统的开发与应用"项目被评为融合创新发展案例。新创建星级上云企业 129 家,其中五星级上云企业 6 家、四星级上云企业 33 家。开展车间智能化改造,推进智能车间建设,新增 10 家省级示范智能车间,累计达 35 家,居全省第六位。

2019 年 5 月 31 日,第五届"i 创杯"互联网创新创业大赛"极速三小时"巡回路演泰州站活动在南理工泰州科技学院举行　(市工信局供图)

【新一代信息技术产业“三库”建设】 2019年，泰州市工信局联合省电子学会，汇集新一代信息技术专家100人、成果341个、企业需求64个，搭建新一代信息技术产业专家库、成果库、需求库。举办“三库”发布和对接活动，发布《新一代信息技术产业专家库、成果库摘编》，涵盖通信、物联网、高性能集成电路、人工智能、智能制造等方面。举办6期新一代信息技术产业科技新长征活动，赴安徽工业大学、西安工业大学、武汉理工大学、工信部电子五所等院所开展合作交流，搭建产学研合作交流平台。

【无线电管理】 2019年，泰州市开展无线电日常监测检测，完成常规频段占用度监测工作，全年累计固定监测7563小时。实施航空导航、铁路调度、供电附控等重点频率保护性监测6431小时。预指配监测兴化农商行等单位新设台频率10组。助力企业安全生产，向益海(泰州)粮油工业有限公司、靖江特殊钢有限公司等企业无线电通信组网提供频率保障。解决通讯运营商5G基站对广电卫星地球站干扰问题，探索建立5G干扰协调管控和协调联络机制。查处靖江市碧桂园小区等非法“黑广播”案件7起，排除重点频段无线电干扰5起。完成“春运”“两会”“中国兴化千垛菜花旅游节”“国庆70周年”等重要时期的无线电通信保障工作。全程参与研究生入学、省公务员录用笔试面试、英语四六级、建造师、执业医师、司法以及高考、成人高考等重要考试期间防利用无线电设备作弊保障工作。 (王有为)

智慧泰州建设

【概况】 2019年，泰州市基本构建“一中心、二平台、七应用”(智慧泰州大数据中心，物联感知平台、智慧泰州运营管理服务平台，在政务、经济、民生、生态、治理、监管、信息安全7个方面的应用)智慧泰州建设框架，推进“基础网络一域贯通、数据资源一库统筹、城市运行一图呈现、民生服务一屏智享、社会治理一键支撑、产业经济一站融合、生态环境一网监测、信息安全一体管控”的新型智慧城市建设。推进基于IPv6的下一代互联网规模部署，三大基础电信企业完成IPv6改造，骨干网络全面支持IPv6，市电子政务网站群完成IPv6规模部署。启动泰州市5G空间布局规划修编工作，在部分企事业单位、旅游景点建立5G通信基站，在大型活动中首次实现5G直播。在全省率先建成“健康长江泰州行动”大数据平台。推进“互联网+政务服务”平台建设，上线运行“泰企云”服务管理平台，启动建设智慧泰州移动门户。在全省率先建成“阳光招生平台”。举办数据共享开放应用创新大赛。印发《泰州“12345”政务服务热线平台整合升级实施方案》，构建集中管理、统一受理、规范高效、便民利企的政务服务“总客服”；全年江苏政务服务网泰州旗舰店政务服务事项在线率100%，网上可办率97.1%，“不见面审批”事项网上可办率100%。

(汤希龙 徐 震)

【电子政务】 2019年，泰州市推进20多个部门信息系统基于“电子政务项目管理”“移动办公”“大数据交换共享”“泰企云”等市级基础支撑平台应用，节约财政资金8000多万元。在全省首创政务云、影像云、视频云“多云合一”，同时引入电信、移动、浪潮3家云服务商提供建设和服务。提升电子政务建设水平和使用效益，累计有84个部门、298个应用系统入驻政务云运行。整合25个部门、145个服务事项，推动政务数据资源共享开放，推进智慧泰州移动门户建设，形成“一个APP畅享城市服务”的政府服务新模式。建成全省首家“阳光招生平台”，实行招生报名户籍、房产等信息网上比对验核，实现义务教育招生“不见面审批”，累计访问量100万次，报名学生12000人次。泰州获评2019年中国政府信息化管理创新奖，数林开放指数居全省首位。建设市级政务协同办公系统，实现网上公文处理、公文交换。推广使用“政务钉钉”移动办公平台，为市级机关31个部门(单位)提供公文流转、流程审批、电子通讯录等功能。

【政府门户网站】 2019年，泰州市推进全市政府网站建设与管理，关停、改版网站21家，形成7个市(区)政府门户网站、31家部门网站的统一站群。取消各级各类政务系统(平台)的二级域名，基本实现一个部门一个域名对外。做好全市政府网站监测工作，全年整改附件无法下载、链接不可用、栏目未更新等问题2532个，答复处理“我为政府网站找错”网民留言投诉32条，建立统一的互动留言平台。全年政府门户网站发布各类信息9528条，制作政务专题16个，进行图文直播7次，组织在线调查23次，征集意见65个，举办新闻发布会18次。泰州市政府门户网站在2019年度中国政府网站绩效评估中排名全国地级市第九位。

【“泰企云”服务管理平台】 2019年，泰州市委、市政府建设企业在线办事平台——“泰企云”服务管理平台，以“互联网+政务服务”为支撑，解决财政涉企奖补资金管理碎片化、资金分配使用点多面广、信息不对称等问题，方便企业在线申报涉企奖补项目，实现涉企数据自动呈现、涉企服务智能推送、涉企事项智能审批。该平台于6月上线试运行，11月19日正式上线运行，至年末，平台汇集全市15个部门、31个涉企奖补项目、171个事项清单，归集1718家企业、2700个历史奖补项目；市工信局、交通运输局、商务局、市场监管局、应急管理局、文广旅局、供销社7家单位率先投入使用。平台获评2019年数字政府服务能力优秀案例、2019数字政府数据应用领先奖。

(徐 震)

【智慧城管】 2019年，泰州市实施数字城管平台24小时全天候服务，全年有效立案258457件、结案257767件，结案率99.37%。开展平台运行互访活动21次，落实与市污染防治综合监管平台、“市民通”、新时代文明实践智慧云平台的共建共享，其中市污染防治综合监管平台收受并办结案件116起。完善信息系统应急预案，制定和落实云迁移实施方案，完成信息系统整体割接移至“天翼云”。落实“快速处置机制”要求，推行疑难案件现场处

置和自行处置。调整优化“事部件”审核责任及程序，全年审核处置案件162138件。发挥数字平台优势，先后对石材市场、东部市场群、南部市场群、城市主干道、小区占道经营、脏乱河面、小餐饮大排档等重要区域和重点领域实施专项信息采集和立案受理。推进智慧城管项目建设，完成项目建设方案4轮编制和完善，并于11月通过市政府办组织的专家初审。（王　飞）

【智慧交通】 2019年，泰州市深化道路交通信息资源、大数据研判分析、交通信息服务、智能交通集成管控、视频联网服务等九大平台建设和应用。实施济川路“交管科技示范一条街”建设，推动雷视测序、枪球追踪等20多项新产品、新技术的测试应用。建设中等城市道路交通智能联网联控技术集成系统，初步形成基于AI视频检测的多元交通运行状态动态实时感知体系。实现主城区118个信号路口的实时优化、68个信号路口的单点自适应、6条主干道的绿波协调控制，高峰时段排队长度平均下降53.2%，热点片区等灯次数下降57.1%。（严　杏）

【全省率先开通电子社保卡】 2019年4月，泰州市在全省率先开通电子社保卡，并通过江苏智慧人社App、泰州人社App、支付宝、建设银行App和云闪付App等16个渠道签发。参保人员申领电子社保卡后，在泰州市人民医院（新院和南院）、泰州市中医院、靖江市人民医院、姜堰人民医院和姜堰中医院，持智能手机可实现门诊医疗费用移动支付。同时，申领电子社保卡后，参保人还可在手机上查询个人养老、医疗、工伤、失业等各项保险的缴费情况；通过“实人、实名”的刷脸认证，可实现“泰州人社”APP刷脸登录，体验66项人社服务。至年末，全市累计签发电子社保卡突破48万张，签发量居全省首位。（陈海泉）

【5G产业合作专题活动走进泰州】 2019年11月15日，工信部产业政策司、省工信厅、中国电子信息行业联合会和泰州市政府共同组织的、以“5G，城市发展新机遇”为主题的2019产业合作专题活动在泰州举办，该项活动是工信部首次在东部发达地区举办，旨在汇聚国内5G产业创新资源和发展要素，搭建5G产业合作交流平台。工信部产业政策司司长许科敏、市委书记史立军致辞，代市长朱立凡作城市推介。华为、东华软件、海康威视、京东云计算、浪潮集团、中兴通讯、紫光集团、航天云网、用友网络等近30家国内知名企业代表参会。史立军与华为技术有限公司解决方案与技术服务部总裁张军城就深化5G产业合作，探索应用服务新模式，推动工业互联网平台建设等达成共识；中国电子信息行业联合会发布《中国5G产业发展白皮书》；中国工程院院士张明高、中国信息通信研究院无线电研究中心副所长潘峰就5G给城市经济带来的机遇、5G产业发展规划思路等作报告。泰州医药高新区、泰兴经济开发区以及参会企业进行园区推介、项目推介和洽谈对接。

【泰州市数据共享开放应用创新大赛】 2019年5月10日，泰州市政府主办，市政府办（市大数据管理局）承办的数据共享开放应用创新大赛正式启动，阿里巴巴、腾讯、华为、浪潮、数梦工场、海康威视等一批国内知名互联网企业以及泰州部分软件技术企业、各创业园区孵化器、高校代表出席启动仪式。大赛主题为“智慧泰州 数创未来”，历时近3个月，全国各地的138支团队报名参赛，征集近百件作品，涵盖政务服务、城市交通、生态环保等领域。大赛评选出社会组和政务组获奖作品24件，其中市大数据管理中心选送的“泰企云”服务管理平台获政务组创意类一等奖，广东德生科技股份有限公司选送的《生存认证大数据》获社会组创意类一等奖。（史　志）

电子商务

【概况】 2019年，泰州市实现电子商务交易额992.8亿元，比上年增长21.3%。实现网络零售额217.76亿元，增长46.6%，其中实物行业网络零售额151.17亿元、非实物行业网络零售额66.59亿元，分别占全网零售额的69.42%、30.58%。农村电子商务呈现加快发展势头，实现农村电子商务网络零售额143.39亿元，农产品网络零售额19.5亿元，分别增长36.1%、35.4%。年末全市在线主流平台活跃店铺数量达4.9万家，带动从业人员约6.8万人。推进电子商务示范创建工作，全年获批省级电商示范项目29个，其中省级农村电子商务示范村5个，省级电子商务示范企业14个、省级电子商务示范基地8个、省级电子商务与快递物流协同发展示范基地2个。年末

2019年11月19日，泰州市数据共享开放应用创新大赛颁奖活动暨“泰企云”服务管理平台发布仪式举行　（市政府办供图）

全市有电商园区11个、农产品销售平台20个、涉农专业电商公司100多个。

【电商发展扶持】 2019年，泰州市出台电子商务发展扶持政策，市财政安排400万元专项资金，鼓励创建电子商务示范平台，推动电子商务与传统产业融合发展，强化农村电子商务体系、社区电子商务体系、电子商务支付体系等方面给予专项支持。全年符合申报条件的97个项目获专项补贴191.4万元，其中内贸项目获专项补贴114.8万元，外贸项目获专项补贴76.6万元。

【电商园区集聚发展】 2019年，泰州市有8个电商产业园获批2019~2020年度省级电子商务示范基地、14家电商企业获评2019~2020年度省级电子商务示范企业，2个电商产业园被评为电子商务与快递物流协同发展示范基地；年末全市有电商园区11个。泰兴市4个电子商务集聚区入驻各类电商企业160多家，实现网上销售2.5亿元，完成税收入库近2000万元，带动就业1000多人。靖江市初步建成集电商服务中心、电商总部基地、电商仓储物流中心和电商办公区于一体的城南、城北两大电子商务园区，打造“传统工业企业的电商孵化器”“农产品电商的运营基地”“中国空调特色小镇”。高港区引进品牌梦工场股份有限公司合作共建电商创业中心，成为集高港名特优商品展示中心、电商服务中心、大学生电商创业中心、农村电商创业中心于一体的综合性创业创新园区，获评省级乡镇特色电商产业园(街)区。泰州数据产业园区是泰州市发展软件、信息服务、电子商务等产业的专业集聚区，是国家认定的“最具发展潜力园区”，园区落户各类电商企业30多家，累计实现电子商务销售收入50亿元，税收2亿元，实现电子商务就业人数2000多人。 (夏圣凯 洪祖洁)

泰州市获评2019~2020年度省级电商示范项目名录

省级农村电子商务示范村

泰州医药高新区寺巷街道大王社区
高港区胡庄镇胡庄社区
兴化市安丰镇九丰村
姜堰区溱潼镇读书址村
泰兴市张桥镇吴榨村

省级电子商务示范基地

江苏省兴化电子商务产业园
泰州数据产业园区
靖江电商创业园
泰州市智谷软件园
江苏歌德电商生态园
泰州市高港区高新技术创业服务中心
泰州市智光人才科技广场管理有限公司
江苏云拍档咨询管理有限公司

省级电子商务示范企业

泰州慧钢网电子商务有限公司
江苏中科电子商务有限公司
泰州大自然德森堡木业有限公司
江苏环科网络信息技术有限公司
泰州市青之峰网络科技有限公司
泰州我农电子商务有限公司
靖江市悠味食品有限公司
兴化市德昌商贸有限公司
泰州智德电子商务有限公司
江苏双鱼食品有限公司
江苏泰盈科技有限公司
南方小麦交易市场有限公司
京东大药房泰州连锁有限公司
江苏毅成生态农业开发有限公司

省级电子商务与快递物流协同发展示范基地

江苏省兴化电子商务产业园
泰兴市城区工业园区

【农村电商】 2019年，泰州市实现农村电商交易额96亿元，比上年增长18.5%。全市农产品网上营销主体数量5266个，网店数量6917个，全年网上营销销售额65亿元，自建平台销售额36亿元，第三方平台销售额29亿元。推进农村电商运营服务中心建设、电商龙头企业培育和电商平台搭建，各市(区)全部建成县域电商运营服务中心。泰兴市电商服务中心入驻企业总数达到100家，实现营收总额1.5亿元，新增就业岗位147个，带动就业452人，获评“江苏省电子商务示范基地”。全国最大的大闸蟹电子交易平台——“中国蟹库网”登陆江苏股权交易中心，平台入驻商家7000多户，全年实现交易额28亿元。市供销合作总社和海陵区供销合作社打造“智慧供销平台”“衔农公社”，在海陵区10个社区设立“供销助农便民平价农副产品进社区”直销点，建成10家“衔农公社”实体店暨社区团购电商服务站。推进农村电商服务网(站)点信息化改造，开展网上代购代销、代收代缴、电子支付、票务代理、农业科技和信息咨询等综合服务，全年信息化改造农村经营网点和新建镇村电商服务站260家，累计超过1000家。江苏供销通电子商务公司完成信息化改造镇村日用品农家店60家，实现服务流量240多万元，通过智慧支付模式直接返利群众20万元。 (王 荣)

【电商培训】 2019年，泰州市组织开展电子商务各类培训，培育壮大电商创业群体。泰兴市举办电商知识普及和技能培训活动，全年培训6000多人次。高港区开展各类电商培训推广活动23批次，累计培训1141人次。姜堰区为全区所有行政村“两委”成员、农业龙头企业、专业合作社、种养大户等新型经营主体开展针对性的电商业务培训活动，累计培训2000多人次；针对农村青年、返乡大学生创业就业，组织开展“互联网+”复合培训，《人民日报》、人民网等多家媒体予以报道。 (洪祖洁)

【益农信息社建设】 2019年，泰州市建成益农信息社1410个，其中县级中心站5个、标准益农信息社1405个，各级财政投入资金958.4万元，所建益农信息社全部通过省级验收。全市举办村级信息员培训班32期，累计培训5300多人次；通过“12316”咨询累计人数11.083万人、发送“12316”短信766万条，依托信息社或平台的电子商务累计成交5779万元。 (赵 蓉)

网络服务

【概况】 至2019年末，泰州市互联网普及率59.5%，网民总数276万人，比上年增长0.73%。互联网用户总数

547.01 万户，其中固定互联网宽带用户 205.86 万户，净增 18.93 万户，固定互联网宽带普及率 133.27 户/百户；移动互联网用户 341.15 万户，普及率 73.62 户/百人。有增值电信企业 83 家，备案网站数 1.7 万个。有互联网接入服务企业 5 家，持有内容分发网络业务（CDN）许可证的企业 1 家，持有云业务许可证的企业 1 家。

（郭以文）

【互联网＋先进制造业】 2019 年，泰州市实施企业上云三年行动计划，全年创建星级上云企业 129 家，其中益海粮油、苏中天线、赢胜节能、济川药业、锦汇化工等 6 家企业获批 2019 年省首批工业互联网发展示范企业（五星级上云企业），明星减震器、巨腾电子等 33 家企业获批四星级上云企业，兆胜空调、汤臣压力克等 90 家企业获批三星级上云企业。口岸船舶、扬子江药业 2 家企业获批培育类省重点工业互联网平台。推动工业互联标杆工厂建设，培育打造一批具有国内领先水平的数字化、网络化、智能化的工业互联网标杆工厂，11 家企业项目获批 2019 年度省级工业互联网标杆工厂项目，获批项目数居全省第二位；济川药业获批 2018 年省工业互联网发展示范企业（标杆工厂类）。

泰州市获批 2019 年度省级工业互联网标杆工厂项目一览表

表 21

市（区）	项目主体	项目名称
市区	益海（泰州）粮油工业有限公司	基于集团私有云的食用油生产现场优化项目
市区	中海油气（泰州）石化有限公司	基于工业互联网的石化炼油制造系统优化项目
市区	双登集团股份有限公司	双登集团信息系统集成与互联网提升项目
市区	江苏长泰药业有限公司	江苏长泰药业工业互联网标杆工厂项目
市区	江苏凯威药用包装有限公司	药用硬片智能制造工业互联网标杆工厂
泰兴市	双乐颜料泰兴市有限公司	颜料生产线全流程管控工业互联网项目
泰兴市	赢胜节能集团有限公司	保温材料商业全流程智能管控系统
泰兴市	江苏泰隆减速机股份有限公司	基于精益的减速器研产销协同管理平台项目
靖江市	江苏恒力制动器制造有限公司	汽车制动器高效生产管控工业互联网平台
靖江市	江苏欧普特条码标签有限公司	个性设计与数字生产融合创新新模式
靖江市	江苏恒义汽配制造有限公司	基于私有云的汽配生产经营优化项目

（王有为）

【互联网＋农业】 2019 年，泰州市实施数字乡村战略，推进电子商务与农村一二三产业深度融合，构建以“一村”发展“一品”、以“一品”做响“一店”、以“一店”致富“一片”的“农业＋互联网”新格局，推进规模化、标准化、专业化、产业化的特色示范村建设。靖江市东兴镇海镇村等 33 个村入选 2018 年度省“一村一品一店”示范村名单，新培植“一村一品一店”30 个，至年末，累计培植“一村一品一店” 150 个。推进农业物联网新技术新产品的示范应用，评选认定一批市级农业物联网应用示范基地、示范园区，建成泰州市农业物联网服务平台，新增市级农业物联网应用基地 30 家、市级智慧农业示范园区 2 家。全市规模设施农业物联网技术推广应用面积占比达 24.5%。

泰州市获批 2018 年度全省“一村一品一店”示范村名录（33 个）

靖江市东兴镇海镇村
靖江市马桥镇徐周村
靖江市马桥镇迎祥村
靖江市生祠镇利珠村
靖江市新桥镇德胜村
靖江市新桥镇孝化村
泰兴市滨江镇双彭村
泰兴市古溪镇尹垛村
泰兴市虹桥镇桃园村
泰兴市济川街道王垈村
泰兴市新街镇野肖村
泰兴市宣堡镇崇头庄村
泰兴市姚王镇东林村
泰兴市元竹镇成庄村
兴化市昌荣镇盐北村
兴化市戴窑镇东三村
兴化市荻垛镇周石村
兴化市竹泓镇竹二村
海陵区罡杨镇纯垛村
高港区白马镇陈家村
高港区胡庄镇胡庄社区
姜堰区白米镇大安村
姜堰区蒋垛镇许桥村
姜堰区娄庄镇袁联村
姜堰区桥头镇桥头村
姜堰区溱潼镇读书址村
姜堰区溱潼镇龙港村
姜堰区溱潼镇溱东村
姜堰区溱潼镇洲南村
姜堰区沈高镇冯庄村
姜堰区沈高镇河横村
姜堰区张甸镇严唐村

姜堰区张甸镇张前村

（赵　蓉）

【农产品网上营销】 2019年，泰州市农副产品形成以淘宝、京东、“供销e家”“地平线”等第三方平台地方馆为骨架、“中国蟹库网”“供销通”等自建平台为支撑的销售网络，年末全市农产品网上营销主体5266个，网站6917个。兴化大米品牌运营中心实行“品牌定位+生产基地+网上推广”战略，建立百全冷链物流公司开展冷链配送业务，在京东、天猫开设旗舰店、自营店。4月25日，兴化市举办“互联网+农产品”产业大会，660个系列农产品参展，8家企业签订战略合作协议，130多家企业达成产销对接业务，协议总额8亿多元。泰兴市培育“祁实”小杂粮、“优杰”银杏砧板、“俏鲜莎”葡萄等农产品电商商标15个，建成电商特色村7个，面粉、鸡蛋、畜禽等单品电商销售额超过1亿元。（王　荣　赵　蓉）

【网剑行动】 2019年，泰州市组织开展网络市场监管专项行动（网剑行动），惩治电子商务经营者违反主体准入规定、网上销售假冒伪劣产品和不安全食品及假药劣药、不正当竞争、虚假违法广告、侵犯消费者权益及个人信息保护、网络传销等6个领域的违法行为。通过委托专业机构监测、约谈指导、联合检查、实地督查等方式，全年全市市场监管部门线上检查网站、网店6057个次，实地检查网站、网店经营者1385个次，督促网络交易平台删除违法商品信息98条，责令整改网站211个次，责令网店停止平台服务4个次，查处网络违法案件68件，罚没款126.7万元，向公安部门移送涉嫌黄赌毒内容的网站72个。

【出台全国首部网店经营行为地方标准】 2019年12月10日，泰州市市场监管局发布《网店经营行为规范》（简称《规范》）泰州地方标准，为全国首部网店经营行为地方标准。《规范》由靖江市市场监管局起草制定，2018年2月成立起草小组，2019年10月通过市标准审查会审查，2019年12月12日开始实施。《规范》参考《中华人民共和国电子商务法》《网络交易管理办法》等法律法规22部，包含范围、术语和定义、经营主体、经营客体、经营行为等6个部分，列出网店经营主体准入条件，销售商品应遵守的规定，商标、广告、合同规范使用要求，保障消费者权益内容等，适用于自然人、法人和非法人组织开办的各类网店，包括利用微信等社交软件从事经营活动的微商。

（丁　薇）

【中国泰州首届互联网大会】 2019年5月16日，泰州市互联网协会和泰州数据产业园区主办的2019中国泰州首届互联网大会召开，500多家企业参会。大会以“云联万物 智享未来”为主题，探讨互联网产业最新运营模式，推动互联网企业与传统制造业融合发展，促进互联网在泰州经济社会各领域的广泛应用。大数据、云计算、移动互联网、AI技术、人工智能、工业互联网等多个领域的业界专家交流行业领域的技术成果，探讨未来互联网的发展方向。

【互联网创新创业大赛巡回路演（泰州站）】 2019年5月31日，省工信厅指导，市工信局主办，市新一代信息技术产业及信息服务业产业联盟、创客公社承办的第五届“i创杯”互联网创新创业大赛巡回路演（泰州站）开幕，23个项目负责人进行路演，项目涉及家居建材、智慧养老、校园在线后勤、工业互联网、智慧食堂、旅游社交平台、互联网服装定制等领域。“网络安全可视化”项目获直通第五届“i创杯”决赛的“Pass卡”，“爱眼先知－新医疗下基于人工智能的视力健康管理”“阳光食堂智慧监管平台”“减速机快修、快购”3个项目获直接晋级第五届“i创杯”复赛的资格，3个项目获得8张投资邀请函。

（史　志）

通信服务

【概况】 2019年，泰州市完成电信业务总量281.92亿元，比上年增长7.2%。实现电信业务收入42.69亿元，增长3.4%。实现移动通信收入27.80亿元，占主营业务收入64.88%；固定通信网收入15.05亿元，占主营业务收入35.12%。年末电话用户总数558.22万户，占全省总量4.9%。其中，固定电话用户数减少12.13万户，年末用户总数67.77万户，占全省总量5.56%；移动电话用户净增19.55万户，年末用户总数496.27万户。全年3G移动电话用户减少20.78万户，年末用户总数8.09万户；年末4G移动电话用户总数382.29万户。按照泰州市463.40万常住人口计算，年末移动电话普及率107.1户/百人。（郭以文）

【中国电信泰州分公司】 2019年，中国电信泰州分公司（简称泰州电信公司）实现主营业务收入15.39亿元，年末天翼移动客户122.6万户、固定电话客户60.8万户、宽带客户88.4万户、电信电视（iTV）客户65.1万户。

2019年5月16日，中国泰州首届互联网大会召开　（顾俊供图）

2019 年 12 月 30 日，泰州移动合作伙伴大会在天德湖宾馆召开

（泰州移动公司供图）

推进“千企上云”行动计划，获 2019 年中国电信黑马大赛二等奖。建成“云上泰州”运营体验中心，展示泰州信息化成就。完成高考 5 个指挥中心、18 个考点、790 个考场的网络支撑和技术保障工作。做好携号转网服务支撑，规范装维服务。年内，公司获评全国“12345”热线“服务之星”奖、全国通信行业节能管理创新先进单位、《人民邮电》ICT 云计算年度创新奖等称号，4 个区（县）分公司获“江苏省文明单位”称号，接入维护中心被评为泰州市第二批“骏马奖”。

（张　璐）

【中国移动泰州分公司】　2019 年，中国移动泰州分公司（简称泰州移动公司）实现通信服务收入 23.66 亿元，手机通信用户 311 万户，新增开通行业专线 3182 条，网络建设投入 4 亿多元。率先开通泰州首个 5G 商用基站，建成 5G 基站 400 个。建设双千兆网络，实现全市城区、村镇宽带全覆盖，覆盖家庭 188 万户；实现有线千兆接入，光网覆盖带宽提高 10 倍。推进企业上云 994 家，其中三星级上云企业 23 家。拓宽服务渠道，创新服务模式，实现办理业务足不出户、电子渠道以指代步、异地交费随时随地、投诉建议及时响应。做好提速降费、携号转网等服务，宽带网速提升 30%，手机上网资费下降 40%，专线资费下降 30%。加大网络改号、垃圾短信、骚扰电话集中管控力度，全年月均拦截骚扰电话 56.8 万次、垃圾短彩信 3 万条，核实封堵不良网站 30 多个，监测处置恶意软件 1500 种。

（沈小娟）

【中国联通泰州分公司】　2019 年，中国联通泰州分公司（简称泰州联通公司）实现主营收入 3.8 亿元，比上年增长 5.6%；实现通信服务收入 3.6 亿元，增长 6.2%。开展 GL900 专项工程建设和网络优化，完成泰州 GL900 新建及 L1800 的搬迁项目，累计开通 L900 基站 1197 个、替换 L1800 基站 2134 个。完成兴化菜花节、溱潼会船节、医药博览会等重要大型活动的现场通信保障工作，出动保障车辆 192 车次、应急通信车 10 多车次。累计接待各类客户咨询与投诉 4.9 万次，化解各类投（申）诉 1.8 万件，累计投诉率 229 件/万户，投诉管控指标排名全省第一。

（程　俊）

邮政服务

【概况】　2019 年，泰州市邮政行业完成业务总量 37.85 亿元，比上年增长 27.74%；业务收入 25.19 亿元，增长 26.47%。年末邮政普遍服务网点 174 家，完成邮政服务业务收入 13.87 亿元；快递企业 66 家，完成快递服务业务收入 14.95 亿元。全年受理消费者申诉 1416 件，挽回消费者损失 24 万元。泰州邮政公司与泰州联通公司签订战略合作协议，开展通信服务、寄递物流、金融业务、大数据及物联网等合作。12 月 10 日，成立泰州市快递行业工会；12 月 20 日，成立泰州市快递行业党委。8 月 16 日，市委机构编制委

2019 年 6 月 19 日，泰州邮政公司和泰州联通公司举行战略合作协议签约仪式　（泰州邮政公司供图）

员会批复成立市邮政业安全发展中心，负责全市邮政行业安全管理工作。

【邮政普遍服务】 至2019年末，泰州市有邮政普遍服务网点174家，从业人员2100人。全年完成邮政服务业务总量13.87亿元，比上年增长48.05%；邮政寄递服务业务量12892.17万件，增长6.27%；邮政寄递服务业务收入1.82亿元，增长34.58%。邮政普遍服务和特殊服务保持平稳，寄递时限达到国家标准。全行业未发生安全生产事故。

2019年泰州市邮政行业发展情况一览表

表22

指标名称	单位	2019年	比上年增长(%)
一、邮政行业业务收入	亿元	25.19	26.47
1.邮政寄递服务	亿元	1.82	34.58
2.快递业务	亿元	14.95	34.06
二、邮政行业业务总量	亿元	37.85	27.74
1.邮政寄递服务	万件	12892.17	6.27
其中：函件	万件	385.54	2.83
包裹	万件	5.04	-4.73
订销报纸累计数	万份	9048.52	-7.57
订销杂志累计数	万份	386.58	5.40
汇兑	万笔	7.29	-13.63
2.快递业务	万件	12099.57	23.01
其中：同城	万件	1733.23	5.72
异地	万件	10330.99	27.38
国际/港澳台	万件	35.35	-59.08

【寄递业安全监管】 2019年，泰州市邮政管理局、市公安局创新建立寄递业安全监管“234”工作机制（即确立硬件符合标准、软件符合要求2个重点，形成信息联通、执法联动、矛盾联处3项机制，组织企业自查、日常检查、随机抽查、联合检查4类检查），对企业的7种违规行为实施处罚，全年检查快递市场283次，处罚52家，处罚金额20.6万元。开展邮政普遍服务标准检查6次，检查网点40多处、建制村30多个。立案查处兴化邮政企业虚假实名案件。市邮政企业、快递行业协会出台《邮政企业“扫黄打非”工作举报奖励办法的通知（试行）》《快递行业协会“扫黄打非”工作举报奖励办法》，建立邮政行业“扫黄打非”奖励机制。

（孙师梅）

【中国邮政集团公司泰州市分公司】 2019年，中国邮政集团公司泰州市分公司辖泰兴、兴化、姜堰、靖江4个市（区）公司，有邮政营业网点174个，在职职工2600人，主要经营函件、包裹、报刊、代理金融、代理信息、分销配送等业务，全年实现业务收入10.5亿元，比上年增长9.41%，利润8328万元，全员劳动生产率44.53万元/人。推出电动车号牌寄递业务，累计受理邮寄号牌2.68万件，办理简易险1420单。微信邮付收单业务接入连锁超市收银系统。参与第三届丝路信使国际自行车赛，定制开发赛事邮资封、邮资戳、纪念邮折等系列文创产品，打造“丝路信使”主题邮局。姜堰区分公司联合姜堰区城管局等单位设置的“邮爱驿站”实现邮政网点全覆盖；泰兴市分公司与泰兴市纪委监委联手建设“监督邮路”，发现问题线索26个，实施8名乡村干部诫勉或提醒谈话。年内，泰兴市江平路邮政支局局长何健忠受邀列席全国人大常委会第七次会议；江宁、柏玉梅获第二届“江苏邮政工匠”称号。

（崔　英）

责任编辑　叶　彤

金融业

综述

【概况】 2019年末，泰州市金融机构本外币各项存款余额6966.15亿元，同比增长12.3%，提高6.6个百分点，高出全省平均增幅3.4个百分点，增幅居全省第三位。年末本外币各项贷款余额5531.73亿元，同比增长14.8%，提高0.7个百分点。全年本外币各项存款增加761.8亿元，多增424.9亿元；本外币各项贷款增加703.8亿元，多增111.6亿元。全年实现保费收入193.05亿元，比上年增长18.6%。保险赔付金额45.79亿元，减少1.6%。全年证券交易额9811.17亿元，增长92.6%。 （陆长东　季　杰）

【银行保险监督管理】 2019年，泰州市加强银行业保险业监管，推动行业规范稳健运行。泰州银保监分局对10家银行机构、3家保险机构开展现场检查，发现问题206条，涉及321户、487笔、金额266.6亿元。对9家银行机构、2家保险机构、9人实施行政处罚，合计罚款561.1万元，禁止1人终身从事银行业工作。整治交叉金融和“影子银行”风险，年末全市银行业SPV（特殊目的的载体或机构）投资比年初下降46.54%。实现员工行为管理“天网行动”跨行筛查全覆盖，核实125人，纪律处分121人，经济处罚209万元。打好防范化解重大金融风险攻坚战，排查并整改非信贷资产分类不准确问题864笔、金额9945.1万元。创新设立风险“大排查”预警平台，实现风险指标值90%前置预警。全市寿险公司排查3.8万件保单满期给付与退保风险，1.17万件保单制定退保风险应对预案。全市银行业累计处置不良贷款62.94亿元，比上年增加5.97亿元。推动法人银行规范运营，长江商业银行完成不规范股权处置；组织农村合作金融机构开展股权和公司治理专项整治，增配、更换独立董事、外部监事19人。成立11个专项风险监测小组，建立EAST实验室、模型库，运用EAST开展“天网行动”、车险理赔“黄牛”“僵尸”中介治理等活动。设立泰州市银行业保险业信访投诉接待调处中心，全年处理信访投诉1381件，办理满意率95%以上。组织17家网点开展首批金融知识宣传服务区创建，泰州银保监分局被评为全省“金融知识进万家”活动先进单位。 （刘逸虹）

【非法金融活动专项治理】 2019年8月，泰州市按照全省非法金融活动专项治理统一部署，坚持标本兼治、源头治理，至10月20日，打掉“套路贷”犯罪团伙41个，其中黑社会性质组织2个，恶势力集团11个，涉恶团伙28个，抓获实施“套路贷”犯罪嫌疑人524人，移送起诉240人。建立由市委政法委牵头组织、市纪委监委监督、相关职能部门参与的系统治理组织，市有关部门和各市（区）成立专项治理工作专班，实现机构、人员、经费、场地、机制“五个到位”。开展小额贷款公司业务真实性检查和监管评级，典当行年审，融资租赁、商业保理行业专项风险排查等工作，停业整顿或关停经营风险大或涉嫌违规的地方金融从业机构。专项整治含有“借款零门槛”“快速放贷”“无抵押”等字样的非法金融广告，监测、检查非法金融广告线索1322条次，清理涉嫌非法集资广告资讯信息188条，查处4起涉嫌虚假宣传的互联网金融广告案件。将开展防范非法集资和“套路贷”法治宣传活动与“法律六进”活动结合，组织村（社区）司法行政服务站驻站律师在全市开展“套路贷”专题讲座。探索将非法金融专项治理纳入基层网格化服务管理体系，全年接到举报和排摸出各类涉及套路贷、高利贷、非法集资等违法犯罪线索341条。市法院与市公安局建立疑似套路贷线索双向移交机制，确认“套路贷”虚假诉讼案件8件，进入再审的“套路贷”虚假诉讼案件15件。市检察院加强与市法院在“套路贷”案件审判中沟通会商，审查起诉8件47人，提起公诉7件60人，向市金融监管部门发出检察建议1份。市扫黑办牵头，市公安局联合市金管局、市场监管局、税务局等部门，依托非法金融活动治理检测平台，实施动态监控，注销、取缔、变更不符合经营条件企业77家，下发《风险提示函》1200多份，全市涉债、涉贷类警情同比下降近30%。出台《关于进一步加强虚假诉讼查处工作的意见》，查处“套路贷”等涉黑涉恶虚假诉讼。 （扫黑办）

【企业债券】 2019年，泰州市通过国家发改委核准企业债券2支、总规模24亿元，其中华信药业投资有限公司企业债券16亿元、靖江市滨江新城投资开发有限公司社会领域专项债券8亿元。至年末，全市累计核准企业债券41支、430.2亿元，累计发行企业债券37支、384亿元，累计偿还债券本金219.52亿元，企业债券余额164.48亿元。未发生企业债券还本付息违约事件。

【全市首单社会领域专项债券发行】 2019年6月10日，泰州市发行首单社会领域专项债券——“19靖江专项债”。该专项债券发行人为靖江市滨江新城投资开发有限公司，规模8亿元，期限7+3年，筹集5.4亿元用于靖江市滨江新城文创园建设项目，2.6亿元用于补充营运资金。该专项债券票面利率5.2%，利率创全市企业债券市场近3年来新低。 （邵月娥）

【市政府与邮储银行江苏省分行签订战略合作协议】 2019年7月29日，泰州市政府与中国邮政储蓄银行江苏省分行签署战略合作协议。根据合作协议，中国邮政储蓄银行江苏省分行将在2019～2023年对泰州市重点建设项目、重点产业以及民生金融领域等提供综合融资不少于500亿元，其中重点项目建设、“三农”、民营企业、中小企业融资不少于300亿元。市长史立军，中国邮政储蓄银行江苏省分行行长刘国华出席签约仪式并致辞。

（徐　震）

【市政府与江苏证监局签署合作备忘录】 2019年5月14日，泰州市政府与江苏证监局签订《促进资本市场健康发展的合作备忘录》，市长史立军、江苏证监局局长李明致辞，市委常委、常务副市长杨杰主持。根据备忘录内容，双方将在工作会商、信息共享、多层次资本市场服务、风险防范和处置、市场主体规范运作等方面展开合作，泰州市将依托江苏证监局的力量，联合三大交易场所以及知名投资机构，共建“泰州资本市场学院”，常态化开展资本综合业务培训，培育熟悉资本市场业务的专业干部队伍。签约仪式后，举行2019江苏资本市场培育发展首场（泰州）活动，中国证监会、上交所、深交所和全国股转公司的专家作资本市场专题培训。

【虞某云“套路贷”犯罪案件侦破】 2019年9月3日，公安部在河南郑州召开全国公安机关打击“套路贷”犯罪工作推进会，对全面推进打击“套路贷”违法犯罪活动进行再动员再部署，并公布公安机关打击“套路贷”犯罪的10起典型案例。江苏泰州虞某云“套路贷”犯罪团伙案件被列为典型案件之一，实施犯罪人数破泰州市历史上同类型案件的纪录。自2017年6月至2018年12月，虞某云“套路贷”犯罪团伙对900多万人次实施“套路贷”犯罪活动，涉案金额数亿元。 （严　杏）

金融改革创新试验区建设

【概况】 2019年，泰州市推进金融改革创新试验区各项年度重点任务，构建产业转型升级的“全链条、全周期、全方位”融资服务、融资培育和风险防控机制。

全链条企业融资服务模式。2019年，全市金融服务实体经济呈现“四增长、两下降”的态势，即各项贷款余额、制造业贷款余额、制造业贷款有贷户数、普惠型小微企业贷款余额同比增长，小微企业加权平均贷款利率、银行不良率同比下降。围绕企业融资全过程，完善产融中心服务功能，初步构建贷前尽职调查、贷中信用增进、贷后风险处置的全链条融资服务体系。加强企业征信服务，完成征信系统开发和评级模型设计，实现与产融平台的联动对接，获得1.1万户企业征信数据的采集授权，初步实现征信报告、信用评级和增值服务功能。支持企业增信，“泰信保”业务实现全流程在产融平台运行，年末累计放款252户、11.91亿元；市级1亿元转贷资金与科贷公司实现一体化发展，全年为中小企业转贷66笔、5.24亿元。处置信贷风险，市资产管理公司与泰州农商行签订联合清收协议。

全生命周期金融支持产业转型模式。创业投资方面，大健康股权投融撮合平台共促成医药企业与金融资本合作11笔、11.65亿元；与光大控股集团共建首期规模为10亿元的光控大健康产业基金，用于支持初创期及成长期生物医药企业发展。组建设立市级产业投资母基金，参投外地优质基金5支，总规模50亿元。企业上市挂牌方面，市政府与江苏证监局签订《促进资本市场健康发展的合作备忘录》，在全省率先实现从监管部门到交易场所的全面战略合作；深交所泰州医药高新区路演中心揭牌，进入实体化运行阶段，全年开展“创投泰州”路演活动3场，举办企业上市推进活动10多场，5家企业实现境内外上市，其中硕世生

泰州市产融综合服务平台　　（市金管局供）

物成为苏中首家科创板上市企业。股债融合方面，探索“股权＋债权”融资模式，举办第三届中小企业“投贷联动20强”评比活动，累计为企业提供授信近14亿元，有9笔投贷联动业务成功落地。

金融风险防范机制。推进非法集资金融风险监测预警平台开发运用，防范和处置非法集资风险，至2019年末，全市线下投融资机构减少至93家，比年初减少68.7%；15家P2P网贷机构全部完成线上清退。加强产能富余行业的风险监测，建立分类帮扶处置机制，支持并购重组，推动“僵尸企业”市场出清；采取组建债权人委员会、实施联合授信等措施，化解重点民营企业资金链断裂风险。发挥金融及破产案件审判庭作用，建立涉金融类案件审理“13520”标准，累计执结案件3443件。推进“1＋1＋2＋3”金融消费纠纷调解机制，调解成功率88%。

【产融综合服务平台】 至2019年末，泰州市产融综合服务平台累计注册上线企业17138家，企业在线发布融资需求4734笔，解决融资需求4121笔，入驻金融机构授信及放款金额277.03亿元。年末平台上线金融机构51家，其中银行机构33家、保险机构6家、担保机构6家、基金管理公司4家、融资租赁公司1家、银联商务1家，发布金融产品249个，累计通过平台为企业授信292.62亿元。市产融综合服务中心累计入驻金融机构24家，20个服务窗口累计办理综合业务13459笔。 （倪　鑫）

【涉外金融改革】 2019年，泰州市深化全国首个资本项目收入兑换便利化试点，试点备案企业29家，累计发生试点业务16.65亿元，业务金额比上年增长172.5%。推进人民币跨境结算“绿色通道”试点，31家试点企业办理相关业务137.75亿元。推进进口报关核验“白名单”制度试点，首批10家试点企业开展试点业务10.68亿美元。推进跨境金融区块链服务平台试点，全市录入275笔融资信息、金额6326.21万美元，服务企业26家。率先构建银行展业信息共享机制，实现企业基本信息、外汇经营情况等综合数据的全方位对接，堵截3家企业在不同银行办理大额、异常预付的可疑业务。 （刘逸虹）

【金改智囊建设】 2019年，泰州市依托中国人民银行参事室，成立金融改革专家咨询委员会，从金融改革创新、金融人才培养、金改成效评估等方面提供决策支持和政策建议。加强对金融改革创新进展和金融要素投入产出的监测评估，与泰州学院签订产融指数研究战略协议，确定“泰州学院＋人大普惠金融研究院”合作模式，编制产业金融发展指数。 （倪　鑫）

银行业

【概况】 2019年，泰州市有银行业金融机构36家，其中政策性银行1家、国有商业银行5家、股份制商业银行9家、邮储银行1家、城市商业银行4家、农村商业银行11家、村镇银行5家。有分行15家，支行以下机构4家，机构网点数806个。全市银行业从业人员13265人。

信贷投放。年末金融机构人民币贷款余额5493.92亿元，同比增长14.8%。其中，短期贷款余额2179.46亿元，增长18.6%；中长期贷款余额3015.92亿元，增长11.3%。消费贷款1264.58亿元，增长15.8%；经营贷款472.36亿元，增长10.3%。全年人民币各项贷款增加701.8亿元，比上年多增91.6亿元，新增总量达历史最高水平。信贷投放季度间呈现出一定的不平衡性，一至四季度信贷投放占比大致为5∶2∶2∶1，其中一季度新增贷款367.2亿元，对全年贷款的贡献度达52%。年末金融机构票据融资余额297.8亿元，同比增长26.8%，全年票据融资增加63亿元，少增18.7亿元。

存款业务。年末金融机构人民币存款余额6879.13亿元，同比增长12.4%，提高5.7个百分点，高出全省平均增幅3个百分点，增幅居全省第五位。其中，住户存款余额3263.96亿元，增长13.5%；非金融企业存款2434.53亿元，增长13.8%；广义政府存款1094.37亿元，增长7.6%；非银行业金融机构存款82.21亿元，增长0.3%；境外存款4.05亿元。全年金融机构人民币存款增加757.8亿元，比上年多增370.8亿元。

外汇业务。年末外汇各项存款余额12.47亿美元，同比增长3.1％，大幅提高43.7个百分点。年末全市外汇各项贷款余额5.42亿美元，同比增长3.95％。全年金融机构外汇存款增加0.37亿美元，比上年多增8.65亿美元，其中境外存款增加0.34亿美元，多增0.33亿美元。从全年变化情况看，前三季度外汇存款延续上年负增长态势，四季度由负增长转为正增长。

2019年末泰州市银行机构人民币各项存贷款情况一览表

表23　　单位：亿元

机构＼指标	各项存款				各项贷款			
	余额	比年初		余额同比（%）	余额	比年初		余额同比（%）
		2019年	2018年			2019年	2018年	
合计	6879.13	757.84	387.08	12.4	5493.92	701.84	610.21	14.8
农发行	39.41	－3.77	－3.63	－8.7	208.27	12.75	22.39	6.5

续表 23

指标 机构	各项存款				各项贷款			
	余额	比年初		余额同比(%)	余额	比年初		余额同比(%)
		2019 年	2018 年			2019 年	2018 年	
工商银行	481.61	49.49	21.17	12.0	346.05	37.47	30.69	15.2
农业银行	778.56	70.58	44.32	10.0	425.72	42.47	33.57	11.1
中国银行	365.74	40.50	-30.94	12.5	343.96	44.96	24.18	15.0
建设银行	601.49	31.59	27.35	5.5	538.01	39.73	32.16	8.0
交通银行	227.24	12.98	9.39	6.1	213.03	-6.06	4.60	-2.8
中信银行	225.42	50.95	8.97	29.2	207.48	21.42	46.22	11.5
招商银行	86.02	17.57	5.05	25.7	48.63	-4.53	10.88	-8.5
浦发银行	147.47	13.66	-17.80	10.2	165.43	22.92	19.34	16.1
兴业银行	246.58	45.98	19.98	22.9	235.57	43.44	45.32	22.6
华夏银行	89.56	20.53	8.37	29.7	81.01	21.02	-0.18	35.1
民生银行	212.40	24.86	25.66	13.3	170.07	49.41	48.50	41.0
浙商银行	110.08	21.41	18.33	24.1	92.64	33.36	22.55	56.3
平安银行	31.80	10.51	3.25	49.4	32.58	5.67	-4.03	21.1
光大银行	106.63	34.21	21.07	47.2	78.73	59.10	9.42	301.1
南京银行	391.52	70.91	45.32	22.1	254.81	41.82	25.68	19.6
江苏银行	408.01	30.67	33.75	8.1	433.27	65.30	52.08	17.8
苏州银行	32.01	6.11	-0.07	23.6	52.70	7.92	-0.71	17.7
长江银行	187.29	17.80	17.76	10.5	171.70	13.87	27.56	8.8
邮储银行	491.14	57.67	12.35	13.3	227.73	35.82	43.05	18.7
靖江农商行	230.19	19.85	17.84	9.4	165.66	18.14	16.98	12.3
姜堰农商行	312.86	29.94	26.89	10.6	218.41	20.14	18.16	10.2
泰州农商行	268.14	5.31	8.81	2.0	210.89	16.04	22.59	8.2
兴化农商行	382.15	26.64	22.89	7.5	256.68	20.75	14.43	8.8
泰兴农商行	265.03	9.82	20.83	3.9	190.24	17.58	19.42	10.2
苏州农商行	30.62	5.88	3.14	23.8	38.41	7.22	12.95	23.1
无锡农商行	7.71	2.11	1.03	37.7	12.44	1.06	0.48	9.3
江阴农商行	3.29	-1.51	-0.87	-31.5	5.31	0.66	0.49	14.1
江南农商行	21.90	6.86	6.46	45.6	22.87	6.53	3.83	40.0
海安农商行	4.15	0.83	0.34	25.1	5.12	0.25	1.15	5.2
常熟农商行	13.82	7.23	-0.39	109.6	18.10	7.15	6.64	65.3
村镇银行	17.18	-0.72	-2.26	-4.1	22.43	-1.54	-0.14	-6.4

（陆长东）

【实体经济服务】 2019年，泰州市执行稳健货币政策，全年落实4次降准的优惠政策，释放资金49.27亿元，争取再贷款再贴现限额34亿元，累计办理72.17亿元，惠及各类小微、涉农企业数同比翻番。强化LPR推广应用和利率定价行为引导，至11月末，全市金融机构LPR运用占比87.61%。明确10家协定存款突破定价上限的金融机构整改要求。年末全市各项贷款余额5531.73亿元，同比增长14.8%。开展“民营和小微企业质量提升年”活动，实施“金融服务万户行”“金融惠企降成本”“金融支持中小民企计划”3项行动计划，全市银行业金融机构累计走访小微企业6455家，其中无贷户3282家，为2046户企业解决融资难题。出台《加强金融服务制造业高质量发展的实施意见》，建立月度通报、约谈制度。全年制造业新增贷款24.51亿元，年末制造业贷款余额757.2亿元，比年初增加26.8亿元，同比多增19.4亿元。实施“小微e贷”“小微e贴”金融产品试点，首批4家银行线上业务成功试点。推进普惠金融发展，开展2018年度市区农村承包土地经营权抵押贷款贴息，拨付贴息资金62.99万元，至11月末，农村土地承包经营权抵押贷款余额8.38亿元，累计发放21.5亿元。深化“双创”金融工作，取消10万元以下小额担保贷款的反担保要求，优化“富民贷”政策。靖江农商行发行全省首单“双创金融债”，3亿元募集资金全部用于发放创新创业企业贷款。年末全市法人机构1000万元以下小微企业贷款比年初增长14.01%，贷款户数比年初增加6266户。

【基础金融服务】 2019年，泰州市深化支付环境建设，推进取消银行账户许可改革，探索构建“2+3+1”账户管理体系；在全省首批试点开展银行卡助农取款服务点和农村金融综合服务站规范化升级，建成100家普惠金融服务点，配备智能POS终端、村村通融合平台等多功能助农终端，支持云闪付等移动支付服务。推进IT基础设施建设和运维管理，清理金融城域网线路72条；迁移金融城域网DMZ区应用系统，推进泰州数据中心建设。在泰兴市黄桥老区核心区开展全国现金服务示范区创建工作，在示范区的7家银行、29个网点全面推行“一块屏、一块牌、一个架”（智能宣传一体机、小面额人民币预约和兑换以及不宜流通人民币兑换铭牌标识、现金宣传资料架）的标准化建设，建立现金服务线上平台和小面额人民币主办行、主办网点的“双主办”制度，开通“同城易兑”现金服务平台，布放硬币自助设备6台，累计发生硬币收付1907笔、金额17万元；创建工作于11月通过人行总行验收。推进社会信用体系建设，泰州企业征信公司完成系统开发和评级模型设计，采集60多个政府部门和公共事业单位的1500多万条涉企政务信息和生产经营数据，开发上线征信报告、评分评级、风险监测预警等7大类产品。以兴化农商行为主体，实施“阳光征信惠农”工程，至11月末，“阳光征信e贷”授信农户4.53万人，授信金额33.87亿元，累计信用贷款14.41亿元，贷款余额6.19亿元。

（陆长东　刘逸虹）

【不良资产处置】 2019年，泰州市开展风险防控“大排查、大处置、大提升”专项行动，推动辖内银行业金融机构综合运用清收、核销、重组、洁净转让等手段，加快处置存量不良资产；创新不良资产处置方式，通过债转股、不良证券化等方式推进处置。全年累计处置不良贷款62.94亿元，比2018年增加5.97亿元。其中，清收不良贷款22.19亿元，增加4.64亿元；核销不良贷款40.03亿元，增加0.6亿元。建立大额授信风险监测分析工作制度，强化银行业金融机构监测和大额授信风险处置，至年末，全市亿元以上不良贷款7户，亿元以上不良贷款余额12.29亿元、不良率0.35%，低于全部不良贷款率0.8个百分点。

（刘逸虹）

【绿色金融】 2019年，泰州市实施银行业绿色金融发展支持生态文明建设行动计划，全年下发《绿色信贷通报》2期。至年末，市、市（区）两级参加环保信用评级的企业5322家，在银行业金融机构有贷款余额的企业3094家，贷款余额510.82亿元，比年初增加47.68亿元，增幅10.3%。其中，全市环保信用优秀和良好的“绿色企业”“蓝色企业”贷款余额506.24亿元，比年初增加54.26亿元，增幅12%；环保信用一般的“黄色企业”贷款余额2.59亿元，比年初减少6.23亿元，降幅70.63%；环保信用评价较差和极差的“红色企业”“黑色企业”贷款余额1.99亿元，比年初减少0.35亿元。全市“五色”企业合计不良贷款13.27亿元，不良贷款率2.6%。对6户涉及环境保护违法违规且尚未完成整改的企业采取督促整改、压缩退出等措施，涉及贷款余额2316.69万元，比年初增加160.47万元，其中督促整改3户企业，涉及贷款1345万元；压缩退出2户企业，涉及贷款924.69万元；采取其他措施1户，涉及贷款47万元。年末全市银行业节能环保项目及服务贷款244.09亿元，比年初增加25.98亿元。其中，垃圾处理及污染防治项目，自然保护、生态修复及灾害防控项目，农村及城市水项目贷款余额居前三位，分别为68.95亿元、59.16亿元、23.25亿元；自然保护、生态修复及灾害防控项目，建筑节能及绿色建筑项目，绿色林业开发项目贷款余额比年初增加居前三位，分别比年初增加18.86亿元、7.61亿元、4.18亿元。

【外汇风险防范】 2019年，泰州市在全省率先实施银行全流程监测机制，累计建立监测指标41项，发现银行异常线索136条，涉及违规金额0.66亿美元。试行贸易信贷纳入银行展业审核，辖内企业累计登记贸易信贷报告2.68万笔。开展“银行卡境外交易合规管理年”专项活动，落实银行卡境外信息报送、暂停名单读取和黑名单管控等环节的规章制度，全年发生未及时禁止境外提现业务1笔，金额0.59万元。推进总局督办的“8·03”“8·01”“1·15”地下钱庄案件交易对手非法买卖外汇查处工作，对2家银行开展外汇业务专项检查，完成借用他人购汇额度购汇并汇往境外消费逃汇等案件的查处工作，全年累计查处外汇违规案件60件，收缴罚没款1613.2万元，占全省罚没款总额40%,居全省首位。

(陆长东　刘逸虹)

【中国农业发展银行泰州市分行】2019年末,全行各项贷款余额208亿元,企事业单位存款时点余额53亿元,国际业务结算量5512万美元,累计投放各项贷款70亿元。服务粮棉油收购,全年贷款累放额37亿元、累收额36亿元,累放、累收数量居全省系统首位,其中市场化收购贷款11亿元,比上年增长22%;收购数量22亿千克,占全市收购总量80%。服务长江大保护,省分行与市政府签署战略合作协议;投放贷款4亿元,支持30万吨的兴化戴南酸洗污泥处置;投放省内首笔、泰州金融机构首笔PPP项目贷款3.9亿元,用于饮用长江水治理,惠及当地26万人。服务乡村振兴,投放改善人居项目4.5亿元,支持农村路桥建设160千米、新建给排水管网新建83千米、新增复垦农田287.13公顷。服务脱贫攻坚和民营小微企业,投放扶贫贷款2900万元,新带动10户建档立卡贫困户年均增收8000元;通过"公司+贫困户"帮扶扶贫新模式,投放精准扶贫贷款1.9亿元;投放贷款3100万元,扶持9家民营小微企业发展。　(徐　婷)

【中国工商银行股份有限公司泰州分行】　2019年,全行实现拨备前利润12.16亿元、净利润8.52亿元、中间业务收入5.45亿元,比上年分别增长11.01%、18.87%、14.17%;中间业务收入计划完成率105.87%,居全省首位。年末全行人民币全部存款时点余额486.80亿元,比年初增加50.89亿元;人民币各项贷款余额346.05亿元,比年初增加37.47亿元。年末全行一般法人流动资金贷款余额75.76亿元、项目贷款余额150.1亿元、个人住房贷款余额97.09亿元,比年初分别增加37.93亿元、12亿元、7.64亿元;制造业贷款余额、银监口径和人行口径普惠贷款余额比年初分别增加7.48亿元、6.4亿元和5.58亿元。年末全行贷款中A+级(含)以上贷款占比91.64%,比年初提升1.47个百分点;全行不良贷余额3.06亿元、不良率0.91%,分别下降18580万元、0.72个百分点;拨备覆盖率189.75%,提升56.61个百分点。全年新开对公账户7964户,新增重大资本金客户301户,新注册重大资本金客户落户率37.33%;新增个人客户96160户,新增代发工资户235户,分别增长5.91%、14.87%。推动经营转型,全年新增三方绑卡23.68万户,实现中间业务收入1913万元;"e分期"投放5.5亿元,实现中间业务收入5871万元;保险中间业务收入1740.5万元、外汇中间业务收入5379万元,分别增长28.34%和15.85%。　(田　俊)

【中国农业银行股份有限公司泰州分行】　2019年,全行实现拨备前利润17.4亿元、拨备后利润18.2亿元、中间业务收入5.9亿元。年末全行本外币各项存款余额791.8亿元,比年初增加68.2亿元;本外币各项贷款余额432.4亿元,增加44.3亿元;存量对公客户3.4万户、个人客户327万户。服务实体经济,年末实体经济贷款余额423.35亿元,增加44.36亿元;普惠金融贷款余额35.17亿元,增加11.38亿元。年末人民币对公存款余额249.65亿元,增加24.93亿元;人民币个人存款余额527.9亿元,增加44.7亿元。服务"三农",年末农户贷款余额13.53亿元,增加5.28亿元;新增农业产业化龙头企业贷款3.3亿元,投放旅游类贷款1.27万元。推进网点智能化、轻型化建设,全年投放智能机具122台,实现智能化网点改造全覆盖。创新互联网金融服务,推进"智慧医院""智慧校园""智慧市场"等项目建设,全年新增消费类场景129户、智慧类场景25户。加快发展线上融资业务,推广"税e贷""抵押e贷""助业快e贷""惠农便捷贷"等新产品。发展新兴业务,累计分销利率债34.7亿元,发放首笔并购贷款,承销超短期融资券3亿元。

(吉海珊)

【中国银行股份有限公司泰州分行】2019年,全行实现营业净收入13.4亿元、拨备前利润9.07亿元、净利润7.05亿元,比上年分别增长16.59%、21.24%、18.76%。年末全行本外币各项存款余额423亿元,增幅15.8%;本外币各项贷款余额358亿元,增幅16.6%。各类不良资产余额1.92亿元,不良率0.54%。年末公司存款时点余额202亿元,新增33.6亿元;公司业务板块实现营业收入8.13亿元、增长28%,中间业务收入2.54亿元,增长40.22%;年末对公基础客户18165户,新增4481户。新增代发薪客户29608户、建工客户8088户、市民卡客户24424户、拥军卡客户590户、全民健身卡客户1863户、商贸客户2643户,完成ETC注册户数37533户。年末制造业贷款余额比年初新增6.89亿元,民营企业贷款余额比年初新增10.36亿元。　(宋　云)

【中国建设银行股份有限公司泰州分行】　2019年,全行实现拨备前利润14.4亿元、中间业务收入5.6亿元。年末全行一般性存款余额608亿元,各项贷款余额541亿元。全行不良贷款额4.26亿元,不良贷款率0.79%,不良额、不良率实现"双降"。牵头组建泰州体育公园银团,营销长城汽车泰州整车、陕西延长泰兴丙烯等一批重大项目,制造业贷款余额近60亿元,比年初净增长超过10亿元,获市"金融服务制造业高质量发展先进集体"称号。推进政府隐形债务转贷、置换工作。个人商户市场覆盖度比年初提升1.58%,对公商户市场覆盖度提升2.42%。代发工资客户增发资金量22.15亿元,累计代发资金量123亿元。新增手机银行活跃客户9万户,全量手机银行活跃客户50多万户。普惠金融贷款余额52.2亿元,比年初新增21.36亿元,被省金融工委授予"金融先锋号"称号。全省系统内二级分行首家上线公租房贯标系统。金科平台客户当年新增金融总量60.9亿元。建设服务网点"劳动者港湾"71个,并上线市总工会"服务驿站",成为全省首家与地方总工会线上联合推广案例。ETC存量用户17.42万户,净增7.14万张。推进金融服务下乡,"裕农通"实现总量全覆盖、乡村全覆盖。全年不良处置现金回收2.13亿元,经济资本压降1.98亿元。试行小微快贷合同面签与公证相结合模式。退出化工行业贷款1.02亿元。　(刘　艺)

【交通银行泰州分行】 2019年末，全行本外币各项贷款时点余额213.31亿元，比年初减少8.33亿元，增量居全辖第10位；人民币各项存款日均余额218.67亿元，增加16.78亿元；人民币各项存款时点余额227.13亿元，增加13.05亿元。助力民营实体企业发展，年末民营企业贷款余额52.87亿元、新增4.88亿元，贷款户数538户、新增186户；涉农贷款余额49.76亿元、新增0.8亿元。全年普惠金融发放线上创新产品328笔，发放金额0.94亿元，净增0.27亿元；办理在线贴现3187笔，发放金额30.67亿元，净增10.5亿元；办理商票保贴58笔，发放金额1.43亿元，净增1.01亿元。小微企业实质性贷款业务余额8.4亿元，净增1.88亿元。绿色信贷余额19.48亿元，新增5.14亿元，其中绿色农业开发项目新增0.05亿元，绿色林业开发项目新增0.07亿元，资源循环利用项目新增0.65亿元，建筑节能及绿色建筑新增3.61亿元，绿色交通运输项目新增3.6亿元。注重服务水平提升，12个网点中有4家“中国银行业文明规范服务五星级营业网点”，在全省系统消费者权益保护服务考核中排名第二位。 （朱　晶）

【中国邮政储蓄银行股份有限公司泰州市分行】 2019年末，全行本外币各项存款余额491.13亿元，比年初增长13.30亿元；本外币各项贷款余额227.34亿元，增长19.04亿元；不良贷款率0.51%，下降0.12个百分点。资产总额531.97亿元，比上年增长12.87%。出台《关于支持泰州市建设金融支持产业转型升级改革创新试验区的若干意见》。江苏省分行与泰州市政府签订第二轮战略合作协议。出台《关于做好2019年服务乡村振兴工作的落实意见》，全年“富农贷”备案1.86亿元、余额1.46亿元，“农业保险贷”放款992万元、余额1146万元，“农户置业贷”放款3519万元、余额6801万元。出台《关于2019年金融支持脱贫攻坚的实施意见》，年末扶贫贷款余额2387万元、新增902.3万元，其中单位精准扶贫贷款余额600万元；年末涉农贷款余额78.32亿元、新增10.87亿元，其中普惠型农户及贫困户经营性贷款新增2.19亿元、贷款余额20.07亿元。出台《小微企业金融服务能力提升实施方案》《普惠型小微贷款发展推进方案》等，年末小微企业贷款余额63.28亿元、新增17.07亿元，其中普惠型小微企业贷款新增4.08亿元。支持民营经济发展，实现首笔民营上市公司及全省系统内首笔民营化工企业公司信贷投放；年末民营企业贷款余额63.07亿元，新增19.07亿元。参与泰州市“创业富民工程”建设，各市（区）支行全面开办创业小额贷款，全年发放创业小额贷款8960万元，比上年增长335%。推广“无还本续贷”业务，全年办理“无还本续贷”24笔、金额1.64亿元。优化网点布局及营业环境，装修改造4个网点，新增6个自营网点对公业务办理资质。加快线上业务发展，年末小额极速贷余额2.2亿元，新增2亿元；“E捷贷”余额占小额贷款余额比例80%，“网贷通”线上支用覆盖率94.6%。不良贷款余额和不良率实现“双降”。 （王海霞）

【江苏长江商业银行】 2019年末，全行资产总额302.21亿元，比年初增加27.54亿元；各项存款余额240.62亿元，新增29.37亿元；各项贷款余额230.24亿元，新增23.82亿元。建立小微企业贷款利率浮动授权机制，年末全行单户授信1000万元以下小微企业贷款余额95.06亿元，新增10.86亿元，高于各项贷款同比增速1.35个百分点。普惠金融有贷款余额的户数16734户，新增2465户。拓展“三农”业务，年末涉农贷款余额51.48亿元，新增6.69亿元，其中普惠型涉农贷款余额30亿元，新增3.7亿元，高于各项贷款增速2.53个百分点。推进金融信息科技项目建设，全年建成柜面业务无纸化、微信小程序线上小微贷、新手机银行一期二期、手机号码支付、新呼叫中心等项目16个，完成各类系统、产品的优化改造83项。依托手机银行、网上银行、微信银行、网贷系统等载体，打通存款、贷款、票据贴现等业务线上线下服务通道。提升服务功能，推出宝贝卡、智能POS、长江Q码付、商户易缴费平台等特色产品和服务，推动离行式自助银行服务功能建设。 （苏长轩）

【江苏泰州农村商业银行股份有限公司】 2019年末，全行各项存款余额268.22亿元，净增5.38亿元，增幅2.05%；各项贷款余额210.89亿元，净增16.04亿元，增幅8.32%。全年实现利润总额4.50亿元。创新惠农、惠民、惠及中小企业发展转型的服务产品和服务手段，推广“科贷通”“泰信保”“富民贷”等信贷产品。优化信贷资源配置，服务地方重点产业、重点项目、重点企业，以及园区和镇街建设，扶持实体经济发展。涉农及小微企业贷款余额持续增长，增速远高于各项贷款平均增速。获评为“2019年度泰州市综合考核服务地方发展十佳标兵单位”，为全市唯一获该荣誉的商业银行机构。 （华　飞）

保险业

【概况】 2019年，泰州市保险业实现保费193.05亿元，比上年增长18.65%。其中，财产险保费收入42.71亿元，增长13.34%；人身险保费收入150.34亿元，增长20.13%。全年累计赔款支出及期满给付45.79亿元，减少1.6%。其中，财产险赔款支出26.32亿元，增长6.3%；人身险赔付19.47亿元，减少10.6%。全年人身险退保金45.32亿元。至年末，全市有保险主体64家。按业务性质划分，财产险主体27家，其中外资机构1家；人身险主体37家，其中外资机构6家，增加1家。已备案的保险专业中介机构102家，兼业代理机构近500家。保险销售从业人员3.3万人。

【保险服务】 2019年，泰州市保险业为全市提供近3万亿元的风险保障，支付赔款26.32亿元，办理赔案44.41万件。为扬子江药业、新世纪造船、新浦化工、兴达钢帘线等一批重点企业项目提供保险服务。挖掘保险增信作用，发展小微企业信用保险和贷款保证保险。发展中长期出口信用保险、海外投资保险等业务，为企业提供海外资产的风险保障和融资推动等配套服务。在化工、造船、环境污染、危险品运输、医疗卫生、公共娱乐场所等高危行业推广责任保险和团体意外伤害保险。推广重大装备首台套保险业务,支持企业应用国产重大装备提升技术改造水平。农业保险覆盖种植、养殖业主要品种以及30多种高效农业品种,全年农业保险赔付1.36亿元,受益农户5.25万户次。

拓展保险服务领域,全年全市人身险公司理赔及给付保险金19.46亿元。开展商业养老保险、医疗健康保险、企业补充养老保险、城镇职工大额医疗补充保险等服务,参与城镇职工和城乡居民大病保险、自然灾害保险、居民家庭财产保险项目。开设面向残疾人、孤儿、困境儿童、农村"五保户"、低保户等弱势群体的"慈善保险"特殊险种。为学生、公安民警、建筑施工人员、出行乘客等风险群体提供意外和医疗保障。推广老年人综合保险、失独家庭保险、计生孤女意外伤害保险、计生特困家庭对象住院护理保险等。参与道路交通事故社会救助基金管理,全年全市道路救助基金垫付救助805件,垫付救助金额2693万元。

【保险业消费者权益保护】 2019年,泰州市保险行业协会接到各类信访投诉247件,比上年增长160%。其中,"12378"省银保监局投诉热线转办21件,占比8.5%;"89892378"泰州银保监分局投诉热线转办101件,占比40.9%;"12345"市政务服务热线转办109件,占比44.1%;上门投诉14件,占比5.7%;信件投诉2件,占比0.8%。

(于会武)

【中国人寿保险股份有限公司泰州市分公司】 2019年,公司实现保费收入44.7亿元,比上年增长5.99%;保费市场份额29.75%,首年期交市场份额35.9%。至年末,累计为全市145万名客户提供各种人身保险服务,累计给付各类保险金6.6亿元。发展大病保险和医疗经办业务,累计承办泰州市区、海陵区、高港区、姜堰区、泰兴市大病保险以及经办项目19个,项目市场份额63%。在全省首创承办社保工伤预防调查经办服务,推动工伤预防经办项目在泰州市辖以及全省的推广和复制,获全国创新管理奖。与市民政局合作,在全市60岁以上的老年人中推广实施以意外伤害综合保险为内容的"安康关爱行动",承保老年人97万人,参保覆盖率75.6%,累计赔付1.6万人次,支付保险赔款1708.19万元。与市卫健委、计生协合作,开展"关爱计生家庭 共建健康泰州——生育关怀行动",全年承保计生家庭21.1万人,赔付金额348万元。与市民政局、慈善总会合作,开展"牵手·困境儿童"福彩慈善保险项目,为全市6万名18周岁以下困境儿童免费提供意外伤害、疾病住院、重大疾病保障。推进健康扶贫保险项目,累计为全市18.7万人次提供保险保障,累计保障额度98.6亿元。

(吴国富)

【中国人民财产保险股份有限公司泰州市分公司】 2019年,公司实现保费收入18.93亿元,比上年增长14.09%;保费市场份额44.34%,增加0.29个百分点;缴税1.45亿元。支持地方经济建设,全年承担风险责任8020亿元,处理各类赔案264291件,支付赔款12.22亿元。实现农险经营模式改革平稳过渡,分别中标2020~2022年政策性农险项目、市区长期护理保险服务项目。与市交警支队、县级交警大队全面签订警保联动合作协议,与市辖各级法院全面签订"执行+保险"战略合作协议。在全国首推公安民警执法安全责任保险。在全省人保系统首签疫苗质量安全责任保险单。电梯安全综合保险保费规模居全省人保系统首位。承办健康扶贫保险,为全市5.3万名建档立卡低收入人口提供累计25亿元的医疗保障。推进客户服务评价管理体系建设,保险服务评价达2A级。深化警保联动,建成交管服务站4家、劝导站11家。在省公司反洗钱与合规考核评级和市人行反洗钱评级中均获评A级。

(窦宝俊)

证券期货业

【概况】 2019年,泰州市新增上市(挂牌)企业5家,其中境内外上市企业4家、"新三板"挂牌1家,累计首发融资金额超过20亿元。至年末,全市有挂牌上市企业54家,其中境内外上市企业16家、"新三板"挂牌企业38家,累计从资本市场直接融资223.51亿元。年内上市报审企业受理成功率100%,迈博药业、亚盛医药成为港交所新政后首批受理并上市企业,硕世生物成为苏中首家科创板受理并上市企业。全市有驻泰证券分公司3家,证券营业部33家,期货营业部2家,全年证券交易额9811.17亿元,比上年增长92.6%,其中股票交易额5261.12亿元,增长43.0%;基金交易额174.06亿元,减少37.4%。

【企业挂牌上市】 2019年,泰州市有5家企业成功上市,上市融资总额21亿元。1月4日,苏轩堂药业在美国纳斯达克上市,证券代码"SXTC",筹集资金1020万美元。5月31日,迈博药业在港交所上市,证券代码"02181",募集资金11.45亿港元,实现泰州医药高新区上市公司"零"的突破。10月28日,亚盛医药在港交所上市,证券代码"06855",募集资金4.2亿港元,为港股"原创小分子新药第一股"。11月22日,锦鸡股份在深交所创业板挂牌上市,证券代码"300798",募集资金2.31亿元。12月5日,硕世生物在上交所科创板挂牌上市,证券代码"688399",募集资金6.86亿元,为苏中地区首家登陆科创板的企业。

【百企上市(挂牌)行动】 2019年,泰州市推动实施百企上市(挂牌)行动计划,全年举办上市推进活动10多场,率先在全省联合上交所开展科创板上市后备企业培训,举办承办江苏证监局2019全省资本市场培育与发展首场(泰州)活动、省地方金融监管局2019全省赴港上市推进会、第三届中小企业"投贷联动20强"评选、"大健康大未来"医博会投融资对接、深交所企业改制上市研讨班等活动。与江苏证监局签订《促进资本市场健康发展的合作备忘录》,分别与上交所、深交所、全国股转系统等三大交易场所以及江苏证监局、省金融局建立紧密合作关系,在全省率先实现与"两局三所"的全面合

作。与深交所共建泰州路演中心，成为全国首个以“深交所”冠名的地市路演平台，先后举办3场以“创投泰州”为主题的路演活动。全年有100多家企业、50多家投资机构和20多家中介服务机构在泰州医药高新区股权投融资撮合平台注册并完成撮合工作。建立完善企业挂牌上市后备资源库，对资源库实行动态管理，每年根据综合考察情况淘汰一批、吸收一批，年末上市(挂牌)后备企业20家。 (倪 鑫)

【深交所泰州专场路演】 2019年4月16日，泰州医药高新区管委会、泰州市地方金融监管局、深圳证券信息有限公司联合举办深交所－泰州医药高新区路演中心首期路演活动。江苏长泰药业有限公司、江苏盈科生物制药有限公司和江苏默乐生物科技股份有限公司进行融资项目路演。

7月12日，市地方金融监管局、深圳证券信息有限公司联合举办深交所泰州路演中心靖江专场活动。靖江经济技术开发区、靖江城北工业园进行融资项目宣传推介，江苏五晟科技股份有限公司、江苏辰午节能科技股份有限公司、江苏华冶科技股份有限公司进行融资项目路演，相关专家对项目进行点评。靖江路演的开发园区和企业负责人，各市(区)地方金融监管局、泰州医药高新区发改委负责人，以及应邀观摩的相关省级以上开发园区(市级专业园区)负责人，部分优质、有意向上市企业负责人，市产融综合服务中心入驻银行机构代表等出席活动。

9月18日，泰州医药高新区管委会、市地方金融监管局、深圳证券信息有限公司联合举办创投泰州暨深交所－泰州医药高新区路演中心医博会专场活动。国投招商、高特佳、华泰紫金、深创投等境内外40多家知名投资机构，中国资本市场50人论坛相关负责人，全市50多家有股权融资需求或有上市(挂牌)意愿的企业负责人参加。全国人大原常委、原财经委副主任、九三学社中央原副主席贺铿作主题演讲，浙江我武生物科技股份有限公司董事长秘书颜华交流企业上市经验，上交所企业上市服务中心区域主任张冯彬解读科创板最新政策，国投招商投资管理有限公司高级投资总监易华交流投资理念。江苏耀海生物制药有限公司和江苏西典药用辅料有限公司2家企业进行融资项目路演。长泰药业、默乐生物与高特佳、深创投等达成合作意向。 (倪 鑫 李 芳)

2019年12月5日，硕世生物成为苏中地区首家科创板上市企业

(市金管局供图)

【全国首个以“深交所”冠名的地方路演平台落户泰州】 2019年4月16日，泰州医药高新区管委会、泰州市地方金融监管局、深圳证券信息有限公司联合主办的深圳证券交易所－泰州医药高新区路演中心揭牌仪式暨第一期路演活动举行。市委常委、泰州医药高新区党工委书记张小兵，深圳证券交易所首席风控官张兆义出席并共同为深圳证券交易所－泰州医药高新区路演中心揭牌，全国首个以“深交所”冠名的地方路演中心进入实体化运行阶段。深圳证券交易所、泰州市地方金融监管局、泰州医药高新区相关单位负责人，20多家投资机构和区内60多家企业相关负责人参加活动。活动期间，举行第一期路演活动。

【硕世生物成为苏中地区首家科创板上市企业】 2019年4月22日，上交所公布科创板第19批受理名单，江苏硕世生物科技股份有限公司(简称硕世生物)成为苏中第一家获得科创板受理企业。11月7日，硕世生物科创板首次公开发行股票获证监会同意。12月5日，硕世生物在上交所科创板上市，成为泰州首家、苏中地区首家科创板上市企业，募集资金6.86亿元，全部用于硕世生物泰州总部产业园项目，项目达产后，可实现年度700万人份核酸诊断试剂、3000万人份干化学诊断试剂的生产能力。 (徐 震 李 芳)

责任编辑 叶 彤

综 述

【概况】 2019年，泰州市接待国内旅客3156.72万人次，比上年增长10.1%。接待过夜入境游客4.71万人次，增长3.1%，其中外国人3.19万人次、中国香港同胞1590人次、中国澳门同胞63人次、中国台湾同胞1.35万人次。全年实现旅游总收入414.03亿元，增长10.2%；实现旅游外汇收入4802.15万美元，增长3.1%。至年末，全市国家A级以上旅游景区45家，其中AAAAA景区1家、AAAA景区10家、AAA级景区19家、AA级景区15家。四星级以上乡村旅游区22个，其中3个旅游区创成省五星级乡村旅游区。建成7个文商旅特色街区，4个风情小镇列入省级旅游风情小镇创建名录。建立一批涵盖城、镇、村级的旅游投融资平台。

【旅游饭店和旅行社】 2019年，泰州市有列统旅游星级饭店16家，其中五星级旅游饭店1家、四星级饭店6家、三星级饭店8家、二星级饭店1家。按市（区）分，海陵区5家、姜堰区1家、靖江市3家、泰兴市3家、兴化市4家。全市旅游星级饭店房间数2769间，床位数4391张，全年旅游星级饭店客房出租率51%，平均房价每间283.06元/天，比上年增长15.80%。全市有旅行社131家，各类旅行社分社和营业部266家。

（杨俊杰 季 杰）

2019年泰州市国家A级以上旅游景区一览表

表24

景区名称	等级	地址
姜堰溱湖旅游景区	AAAAA	姜堰区溱湖大道1号
凤城河风景区	AAAA	泰州市海陵区东南园10号
姜堰溱潼古镇	AAAA	姜堰区溱潼镇人民路10号
姜堰古罗塘旅游文化景区	AAAA	姜堰区北大街
兴化市李中水上森林景区	AAAA	兴化市李中镇舜川路东首
天德湖景区	AAAA	泰州市海军东路1号
兴化市郑板桥·范仲淹纪念馆	AAAA	兴化市昭阳镇牌楼北路2号
秋雪湖生态景区	AAAA	泰州市秋雪湖大道58号
高港口岸雕花楼景区	AAAA	高港区金港南路五一桥南侧庆元街76号
泰州稻河景区	AAAA	泰州市东进西路（中百一店对面）
泰兴市新四军黄桥战役纪念馆	AAAA	泰兴市黄桥镇米巷10号
高港引江河风景区	AAA	高港区杨湾引江河泰州高港枢纽
泰山公园	AAA	泰州市海陵区五一路90号

续表 24

景区名称	等级	地址
光孝律寺	AAA	泰州市海陵区公园路 20 号
中国人民解放军海军诞生地纪念馆	AAA	高港区白马镇
泰兴市红枫园景区(原泰兴市中华红枫园)	AAA	泰兴市 G40 沪陕高速 205 县道出口
姜堰溱湖湿地农业生态园	AAA	姜堰区溱潼镇(溱湖国家湿地公园西侧 100 米)
靖江市牧城景区	AAA	靖江市工农路 1 号
泰兴市国家古银杏公园	AAA	泰兴市宣堡镇张河村
兴化市沙沟古镇	AAA	兴化市沙沟镇
泰州麒麟湾景区	AAA	泰州市区北郊麒麟湾
泰兴黄桥小南湖风景区	AAA	泰兴市黄桥镇祁巷村
兴化施耐庵文化园	AAA	兴化市新垛镇
兴化市乌巾荡湿地公园	AAA	兴化市英武北路
泰兴市庆云禅寺	AAA	泰兴市鼓楼西路
高港区白马文化旅游区	AAA	泰州市高港区白马镇
兴化市金东门老街景区	AAA	兴化市得胜湖路
泰州市本草养生景区(原高港区江苏中药科技园)	AAA	高港区大泗镇泗白路 8 号
泰兴市马甸水利枢纽风景区	AAA	泰兴市滨江镇马甸村双桥路
兴化市万亩荷塘景区	AAA	兴化市千垛镇刘沟村
泰兴市独支纪念馆	AA	泰兴市横垛镇醒农路 26 号
泰兴市人民公园	AA	泰兴市国庆东路 6 号
靖江市生祠镇岳王庙・刘国钧故居	AA	靖江市思岳路南首
姜堰河横村	AA	姜堰区沈高镇河横村河横大道 1 号
靖江市人民公园	AA	靖江市人民北路 56 号
姜堰人民公园	AA	姜堰区古田路 1 号
兴化市板桥竹石园	AA	兴化市英武大桥西南车路河沿岸
兴化市森林公园	AA	兴化市长安路北首
泰州市烈士陵园	AA	泰州市海陵区迎春西路 115 号
兴化市郑板桥林园	AA	兴化市大垛镇管阮村
兴化市张郭晨秀园	AA	兴化市张郭镇
姜堰古千佛寺	AA	姜堰区顾高镇千佛村
姜堰娄庄烟墨公园	AA	姜堰区娄庄镇娄庄村
姜堰法华寺	AA	姜堰区淤溪镇马庄
泰州市中医药文化展示馆(原泰州市中医院泰和堂国医馆)	AA	泰州市海陵区涵西街 17 号

(杨俊杰)

2019年泰州市旅游星级饭店一览表

表25

饭店名称	星级	地址	客房数	床位数	联系电话
泰州宾馆	5星	泰州市迎宾路88号	238	403	80828888
泰州市美丽华大酒店	4星	泰州市凤凰东路66号	126	203	86396666
江苏嘉鎏国际大酒店	4星	泰州市鼓楼南路336号	165	235	86399999
江苏靖江国际大酒店	4星	靖江市人民南路179号	208	380	84806888
靖江市扬子江酒店管理有限公司	4星	靖江市中洲西路28号	152	207	84808000
兴化天宝花园大酒店	4星	兴化市兴化大道99号	203	311	83159888
泰兴银光大酒店有限公司	4星	泰兴市国庆东路91号	93	141	87999000
江苏原野大酒店	3星	泰州市南通路30号	252	486	82101888
泰州会宾楼宾馆	3星	泰州市济川东路101号	101	156	86807888
兴化市森南大酒店有限公司	3星	兴化市英武南路188号	88	157	83298888
靖江南园樱花宾馆	3星	靖江市人民南路40号	130	200	84832011
兴化市凤凰大酒店	3星	兴化市丰收路181号	56	94	83158666
泰兴市桥缘宾馆	3星	泰兴市黄桥镇永丰桥南侧	84	168	87121088
泰兴市君悦大酒店有限公司	3星	泰兴市大庆东路66号	32	57	87653277
兴化市裕华花园酒店	3星	兴化市昭阳路482号	70	108	83180888
姜堰区新康假日酒店有限公司	2星	姜堰区沈高镇宁盐路88号	31	62	88650000

（杨俊杰　季　杰）

【假日旅游】 2019年春节黄金周期间，泰州市凤城河风景区等7家主要景区接待游客28.05万人次，比上年增长12.8%，实现门票收入266.28万元，增长8.6%。全市各景区（点）分别举办祈福迎春、民俗表演、花灯盛会、文化展出等文旅活动。

2019年清明小长假期间，溱湖旅游景区等6家主要景区（点）接待游客32.85万人次，比上年增长16.5%；实现门票收入1318.09万元，增长17.3%。兴化市推出东罗村“美食烩”、唐庄村“十堡”美食节、刘泽村休闲渔乐节等旅游活动，泰兴市祁巷村小南湖风景区新增游船、彩色风车长廊、温泉木屋等特色项目，姜堰区河横村利用成片盛开的紫云英，推出生态旅游项目。红色文化游成为新风尚，新四军黄桥战役纪念馆累计接待游客近万人，海军诞生地纪念馆累计接待旅客约8000人。

2019年国庆黄金周期间，全市景区（点）接待游客359.32万人次，同比增长9.3%。凤城河风景区、溱湖旅游景区、兴化千垛景区等14个列入统计的主要景区（点）接待游客54.59万人次，实现门票收入937.31万元。稻河古街区推出“我和祖国最美合影照”和红歌联唱活动，海军诞生地纪念馆推出红色电影展播、“我与军舰合影”、红

2019年中国兴化千垛菜花旅游节期间，游客在景区乘船游览

（汤德宏供图）

色故事展播、“永不褪色的海军蓝”展览、“我与祖国,海军同生日”等系列活动,凤城河景区在望海楼、桃园举办“壮丽70年”国庆灯会,溱湖旅游景区推出特色民俗风情表演、美食列车、汉服巡游秀、鸬鹚捕鱼表演等活动,泰州市博物馆举办“那年、那河、那些事——古运盐河文化图片展”,兴化李中水上森林景区举办首届秋韵诗歌美食文化旅游节。

【水城蟹乡美食旅游季】 2019年9~11月,“寻味泰州”水城蟹乡美食旅游季举行。其间,举办兴化品蟹赏菊旅游季、溱湖八鲜美食节、靖江汤包节等25项秋季旅游活动,50多家国家级媒体、沪苏两地省级媒体、自媒体进行报道。美食旅游季开幕后的国庆黄金周,全市接待游客359.32万人次,比上年增长9.3%,其中14个列入统计的主要景区(点)接待游客54.59万人次;活动被列为上海旅游节长三角文旅交流重点活动。

9月17日,泰州市文广旅局和靖江市政府在上海东方明珠联合举办2019“寻味泰州”美食旅游季开幕式暨靖江美食(上海)交流推广周活动,上海市文旅局以及浦东新区、黄浦区文旅部门相关负责人,长三角线上线下旅行商、上海市主流媒体以及知名美食作家、美食达人、驻沪外国友人出席。活动展示泰州地方美食,讲述泰州美食文化,发布《靖江二十四节气美食菜单》,播放《靖江汤包歌》《风韵靖江》等美食节目,并向上海知名作家、美食达人、外国友人现场颁发美食达人证书。

【第二届新时代江苏旅游发展论坛在泰州举办】 2019年10月15日,第二届新时代江苏旅游发展论坛在兴化市开幕,国内旅游专家学者、行业领军者以及国外驻华旅游机构代表、中外媒体记者等300多人出席,论坛以“美丽乡村建设与乡村旅游创新发展”为主题,为期3天。副省长费高云,中国旅游协会副会长兼秘书长张润钢,省旅游协会会长张卫国,市长史立军出席开幕式并致辞。“全球四大花海”(兴化千垛菜花花海、法国普罗旺斯薰衣草花海、荷兰郁金香花海、日本东京都樱花花海)经济合作倡议正式启动;省旅游协会为获评“江苏旅游创新发展示范区”的兴化市、南京市江宁区授牌;为新成立的省旅游协会乡村旅游与休闲度假分会、研学旅行分会进行揭牌。与会嘉宾实地考察兴化“1号水路”、千垛美路、千垛景区、李中水上森林景区。

秋雪湖生态景区　（顾祥忠供图）

【靖江市获批全国唯一“中国四季美食名城”】 2019年11月16~17日,中国饭店协会、靖江市政府主办的2019中国汤包美食文化节在靖江举办,全国各地的300多名餐饮行业代表现场展开技艺切磋和美食文化交流。该美食文化节以“汤包飘香、四季美食、味道中国”为主题,举办2019中国汤包美食产业高峰论坛、中国靖江四季美食专家研讨会、2019中国青年餐饮企业家长三角峰会、中国十大包子展示演示、靖江名店名点汤包美食展示、两项中国美食烹饪锦标赛等活动。其间,靖江市获批全国唯一一家“中国四季美食名城”。

靖江市是“中国河豚美食之乡”“中国江鲜菜之乡”“中国汤包之乡”,红烧河豚、蟹黄汤包、靖江肉脯等美食曾在中央电视台《欢乐中国行》《舌尖上的中国》《味道》《生财有道》《消费主张》等栏目出现。靖江市美食按季节分,春季有红烧河豚、奶汤鮰鱼、油门春笋、爆炒螺蛳、蟛蜞肉馄饨、清蒸鲈鲍;夏季有盐水河虾、冷蒸饼、刀鲚茨菰、清蒸鲥鱼、夏水汤、蚬子锅塌汤;秋季有板栗烧鳝段、荷叶粉蒸肉、红烧潮丁、清蒸毛芋头、清蒸螃蟹、蟹黄汤包;冬季有鱼羊双鲜、蟹黄饼馊、红焖羊肉、红烧鳗鱼、咸肉蒸冬笋、河蚌老鹅。（杨俊杰）

【泰州市文旅集团】 2019年,泰州市文化旅游发展集团有限公司(简称文旅集团)实现合并报表营业收入6.6亿元、合并报表利润2120万元,上缴国有资本收益323.85万元。年末,集团资产总额334.4亿元,比上年末增长9.05%;资产负债率61.4%,降低0.92%。完成资产资源划转,市粮食局等行政事业单位资产、实体、人员划转有序,与集团实现并轨经营。开展资产清查(清产核资)、存量资产补齐权证工作。控减融资成本至5.55%,降低0.4个百分点。（赖秀娟）

旅游业态

【全域旅游】 2019年,泰州市推进全域旅游创建工作,兴化市创成首批省级全域旅游示范区,靖江市获批“中国四季美食名城”,新四军黄桥战役纪念馆创成国家AAAA级旅游景区,兴化市万亩荷塘景区创成国家AAA级旅游景区,凤城河风景区获“全域旅游自驾游目的地”“全域旅游优质人气100景”称号。至年末,全市省级旅游度假区1个、省级自驾游基地6个。游客在泰州旅游从一日游向二日游、三日游发展,平均停留2.08天。

【乡村旅游】 2019年，泰州市推进旅游风情小镇建设，打造乡村旅游品牌。兴化市千垛镇东罗村获评首批江苏省乡村旅游重点村，海陵区田园牧歌、姜堰区溱湖绿洲、泰兴市小南湖生态园乡村旅游区入选省五星级乡村旅游区，兴化市碧水东罗乡村旅游区入选省四星级乡村旅游区。3家企业(园区)获评2018年全国休闲农业与乡村旅游星级企业(园区)，其中溱湖绿洲旅游投资有限公司获评四星级企业(园区)，泰州香野里农业发展有限公司、泰兴市郭家寨农业生态园获评为三星级企业(园区)。至年末，全市全国乡村旅游重点村1家(泰兴市黄桥镇祁巷村)、江苏省乡村旅游重点村1家(兴化市千垛镇东罗村)；二星级及以上乡村旅游区62家，其中五星级乡村旅游区3家、四星级乡村旅游区19家。推进旅游风情小镇创建工作，4个风情小镇被列入省级旅游风情小镇创建名录，创建数量居全省第二位。其中，姜堰溱潼会船风情小镇获江苏省旅游风情小镇考核优秀等级，兴化沙沟渔文化小镇、泰兴宣堡银杏养生小镇、靖江埭上人家风情小镇进入创建第二阶段。

2019年泰州市星级乡村旅游区一览表

表26

乡村旅游点名称	星级	地址
田园牧歌	五星	海陵区苏红路68号
小南湖生态园	五星	泰兴市黄桥镇祁巷村
溱湖绿洲	五星	姜堰区桥头镇小杨村19组
秋雪湖农业生态观光园	四星	泰州市秋雪湖大道58号
千岛菜花景区	四星	兴化市千垛镇东旺村
李中水上森林	四星	兴化市千垛镇舜川路东首
泓膏生态园	四星	兴化市城南郊老龙河畔
桃花岛生态园	四星	兴化市临城高效农业示范区
碧水东罗	四星	兴化市千垛镇东罗村
森萱农庄	四星	泰兴市虹桥镇贡殿村
印达生态园	四星	泰兴市曲霞镇印达村
郭家寨生态园	四星	泰兴市宣堡镇郭寨村
泰鑫绿园生态旅游庄园	四星	泰兴市河失镇元仙村334省道南
西来农业科技植物园	四星	靖江市西来镇花苑路1号
埭上人家	四星	靖江市生祠镇七里村
海鸿生态园	四星	靖江市生祠镇金星村
麒麟湾生态园	四星	海陵区北郊麒麟湾
鑫马生态园	四星	高港区白马镇海军纪念馆西侧
上膳源	四星	高港区胡庄镇汪群社区高港现代农业产业园区
河横村	四星	姜堰区沈高镇河横村河横大道1号
毛家农庄	四星	泰州医药高新区凤凰街道新328国道路南侧
锦秀山庄	四星	靖江市新民北路1号
千岛果园	三星	兴化市千垛镇东罗村
楚香阁山庄	三星	兴化市兴泰公路东侧(陆横村)
万亩荷塘	三星	兴化市千垛镇刘沟村
千萃源休闲度假农庄	三星	兴化市南沙村

续表 26

乡村旅游点名称	星级	地址
梓里农庄	三星	兴化市大邹镇渭水村兴盐路
想当年渔村	三星	兴化市南阳村
普丰农业生态园	三星	泰兴市广陵镇顾周村
三泰生态农庄	三星	泰兴市滨江镇卢碾村
桑木农业生态园	三星	泰兴市姚王镇桑木村
西桥生态园	三星	泰兴市张桥镇西桥村
桃园九寨人家	三星	泰兴市滨江镇卢碾村
三阳湿地生态园	三星	泰兴市济川街道三阳村
贡殿生态园	三星	泰兴市虹桥镇贡殿村
鑫沙生态农庄	三星	泰兴市黄桥镇南沙吴庄村
沙河湾	三星	泰兴市姚王镇千垈村方阡
三香果业	三星	泰兴市虹桥镇桃园村
旭日丰生态园	三星	泰兴市 336 省道张桥镇吴榨村南端
银杏村	三星	泰兴市宣堡镇银杏村
孙家老宅	三星	靖江市徐州村
逸耘生态园	三星	靖江市新桥镇沿江路 1 号
丽园	三星	靖江市生祠镇七里村
石羊农庄	三星	海陵区站前路 16 号
魔菇部落	三星	海陵区魏徐村泰渔路 88 路
香草湾	三星	海陵区麒麟湾阳光大道 180 号
杏都葡萄园	三星	高港区胡庄镇薛垛村
天德园农庄	三星	高港区永安洲镇兴隆社区 1 号
御膳源	三星	高港区胡庄镇胡庄社区孔庄一组
西来原	三星	高港区大泗镇霍堡村
溱湖湿地农业生态园	三星	姜堰区溱潼镇洲城村
海沦生态观光园	三星	姜堰区大沦镇大沦村
湖南村	三星	姜堰区溱潼镇湖南村
丰源生态园	三星	姜堰区梁徐镇黄村
西陈庄村	三星	姜堰区兴泰镇西陈庄村
兴化董北现代农业示范园	二星	兴化市戴南镇孙堡村
颐鹤林生态园	二星	兴化市陈堡镇曹黄村
惠园生态园	二星	靖江市东兴镇惠丰村
丰源农庄	二星	海陵区站前路 18 号
龙特农业园	二星	海陵区扬州路
御庐园生态果园	二星	高港区永安洲镇永胜村
白马庙森林	二星	高港区白马镇岱白村(泰镇高速西侧)

【工业旅游】 2019年，泰州市省级工业旅游区9个。蜂奥工业旅游区、泰兴市凤栖湖工业旅游区、安爵理德咖啡观光工厂入选2018年度江苏省工业旅游示范区。蜂奥工业旅游区6月建成，为全市首个集蜜蜂文化展示、蜜蜂文化体验旅游、蜜蜂产品工业生产过程展示于一体的工业旅游区，景区内主要有蜜蜂文化展示中心（蜂奥探索馆）、“一带一路”国际蜂业展示中心、蜂胶资源综合利用产业化基地。泰兴市凤栖湖工业旅游区位于泰兴城市东部边缘，规划面积3.2平方千米，核心区面积1.1平方千米，景区拓展“工业＋旅游”新形态，成为集科普工业游、党建文化游、生态休闲游三位一体的旅游景区。安爵理德咖啡观光工厂的安爵理德咖啡博览馆位于江苏泰州高港科技创业园，是国内首家以咖啡历史文物及生产工艺为主题的咖啡博览馆，馆内陈列展示从18世纪末至今不同时期咖啡器具文化的演变、咖啡收成的季节世界分布图以及咖啡生产工艺流程展示图。

【文化旅游】 2019年，泰州市调整文旅供给结构，丰富文旅产品体系，建设“景区＋乡村”“景区＋红色”两条文旅主线，分别成立泰慢之旅景区联盟、全市特色田园乡村发展促进会。年内，市文旅集团挖掘区域红色资源27处，推出“泰州红”主题产品9条、“夜之华”系列产品7个，建设“红色讲堂”9处，推出文、体、艺产品4类30多个。引进“当当”“钱锦”等优质业态，建设静安路街区。拓展景区团散客市场，全年接待游客近400万人次，完成主营业务收入1.25亿元。建设文化旅游企业品牌，凤城河景区、江苏盐税博物馆获评“江苏最美运河地标”，入围亚洲微电影艺术节组委会长三角创作中心首批拍摄基地。市文旅集团获评省大运河文化旅游博览会“十佳文旅新锐企业”，静安路街区获评“中国商旅文产业发展示范街区”、2019年“江苏省放心消费创建示范街区”，江苏盐税博物馆获评大运河（江苏段）法治文化品牌项目，文旅紫薇府项目获江苏省建筑施工标准化星级工地一星评级。推进文旅重点工程建设，建设“海天一色”工程，完成海军诞生地纪念馆修缮出新工程。中航集团航空航天引擎项目落户泰州。推进文旅惠民工程，凤城河景区提升工程总体规划获市政府批准，推进凤城河内环游步道、环河商业休闲配套布点提升、水泥均化库工业遗址、西南城河风光带建设、环河桥梁文化提升、古盐运河文化广场等项目建设。完成泰来面粉厂工业遗址文化复兴项目规划方案上报工作。

（杨俊杰）

【祁巷村一年两获“国字号”荣誉】 2019年7月、11月，泰兴市黄桥镇祁巷村先后被文化和旅游部、农业农村部评为第一批全国乡村旅游重点村、2019年中国美丽休闲乡村。祁巷村于2017年8月入选江苏省首批特色田园乡村试点村，按照“田园水乡、梦幻祁巷”的发展思路，在保持原村庄传统肌理的基础上，规划“一核、四轴”建设格局，即以乡村文化为核心主题，建设自然生态景观带轴、历史人文文化带轴、健康长寿带轴和休闲娱乐带轴，先后投资近3亿元建成农耕实践体验园、人文景观、安全教育实训基地、研学实践教育基地、农家乐餐饮、民宿等项目，累计接待游客150多万人，年旅游和农产品收入2000多万元，带动当地200多人就业。

环凤城河跑步线路入选2019全省最美跑步线路　（市文广旅局供图）

【静安路街区获评“中国商旅文产业发展示范街区”】 2019年5月23日，在第五届中国商旅文产业年会暨乡村振兴经验交流会上，泰州市静安路街区（以下简称街区）获评“中国商旅文产业发展示范街区”。街区东西全长约4千米，南北全长约1千米，主要分为老街、三水湾和柳园3个项目，占地面积22万平方米，商业经营面积7万平方米，入驻商户150多家，年均客流量突破1000万人次。街区先后获“江苏省旅游购物诚信街区”“江苏省价格诚信区域”“江苏省创业孵化示范基地”“江苏省放心消费示范街”等称号。

（杨俊杰　徐　震）

核心旅游集聚区

·姜堰溱湖旅游景区·

【溱湖国家湿地公园】 溱湖国家湿地公园是江苏省首家、全国第二家国家级湿地公园。公园以“水、湿地、生态”为主题，区内湖泊、河流等占景区总面积的37%。经过开发和利用，初步形成以“溱湖”为主体的水环境景区，以“湿地科普馆”为核心的湿地知识教育培训区，以“麋鹿故乡园”、“湿地体验园”为品牌的湿地生态区，以中国姜堰·溱潼会船节为代表的湿地文化展示区等精品景区。公园内河网交织，蒲草丰茂，空气清新，白天帆影翩翩，夜晚渔火点点，富有里下河地区独特的

自然和民俗风貌。天然湿地生态系统包容有众多水生生物、湿地生物和陆生生物,类型多样,资源优越,多种国家级保护动物以此为主要的栖息地,其中包括麋鹿、丹顶鹤、扬子鳄等国家一级保护动物。公园每年举办“溱潼会船节”“湿地生态旅游节”“溱湖八鲜美食节”等活动。

【溱潼古镇】 溱潼古镇是国家AAAA级景区、中国历史文化名镇、第一批中国特色小镇,位于姜堰市东北隅,地处泰州、盐城、南通三市交界处,自古就有“犬吠三县闻”之说。镇区四面环水,家家枕河而居。古镇建筑独具特色,民居以精巧见长,深巷幽居、麻石铺街、老井当院;小巷九曲十八弯,狭窄处仅可通人,家家相连,户户相通。古镇有唐代古槐、宋代万朵古山茶、明代黄杨等古树名木,与6万平方米的古建筑群及12处文物保护单位相映成趣。镇区的溱潼古镇旅游区是国家AA级风景区,位于里下河地区的小岛上。古镇保存完好,主要景观有东观归渔、院士旧居、花影清皋、中国茶花王、民俗风情馆、禅院古槐、水云楼、契约馆、水上商谈处等。

【泰州华侨城】 泰州华侨城是华侨城集团区外大型发展项目之一,总投资25亿元,占地面积200多公顷,坐落于溱湖国家湿地公园西侧。依托优美的湿地景观与珍稀的温泉资源,整体规划以水为灵魂,重构原始的湿地生态肌理和水系脉状分布,集温泉度假、商务会议、酒店商业、休闲运动、佛学文化及人文居住于一体,打造云海温泉、温泉酒店、云海湿地体育公园、古寿圣寺景区、水岸商业街、纯水岸住宅六大精品项目,形成“蓝脉绿网、水城小镇”的特色风景。

【溱湖八景】 清朝乾隆年间,苏州府教授溱潼孙家庄进士孙乔年,分别以8处自然景物为题材,题七绝八首,景以诗传。其八景分别是:东观归渔、南楼读书,西湖返照、北村莲社、花影清皋、禅房修竹、石桥明月、绿院垂槐。

东观归渔。东观是一座道士庙,里面菩萨甚多,毗邻而居。因该庙坐落溱潼镇东头,所以称东观。沿东观围墙外二米处,便是东大湖。每当夕阳西下,渔舟唱晚,便有诗云:苍茫暮色夕阳斜,三两渔舟泊水涯,白发引觞儿绕膝,醺醺红面映流霞。

南楼读书。古寿圣寺,俗名河南寺,南寺,在镇南,与湖南村、湖北口、湖西庄隔湖相望。寺内有三间两层大楼名水云楼,建于明代。因明代吏部侍郎储巏少年时曾来寺中的水云楼读书,故“南寺书楼”又称“南楼读书”。南寺现为溱潼粮食仓库,水云楼不复存在。

西湖返照。明代溱潼西北角(即盐仓库),当时为纤夫的“茶岸”。因“茶岸”地处西大湖,每当夕阳西下,晚霞便映在湖面上,故名“西湖返照”。

北村莲社。北村即溱潼医院西边广场主席台处。溱潼北村有一大家,姓朱,过去在北村建屋几楹,以为别墅,门前有两口栽满荷花的池塘,每逢盛夏荷花盛开的时候,便有一些诗人集社吟诗,故称为“北村莲社”。

石桥明月。溱潼镇中原有横贯东西的一条夹河,夹河上有一座中石桥。“石桥明月”是指在中石桥上,每值秋高气爽,水波不兴,星河明月,万籁俱寂,大有杭州平湖秋月之胜,故称“板桥秋月”。

花影清皋。“花影清皋”即“花影清潭”,即指蒋家潭。原名蒋家窑,当年这里住有一大户姓蒋,所以窑、潭俱姓蒋。蒋家潭水面较宽,潭深,且有一泉眼。潭边辟有花园,泉清花美,令人赏心悦目。蒋家潭居水边高地,故又称“花影清皋”。

禅房修竹。清朝年间,溱潼镇北村禅院西侧内,曾有个竹园,且有几座和尚的骨殖塔,故名“禅房修竹”。

绿院垂槐。绿院即西院,是座和尚庙。相传,几百年前,有一和尚在这里栽了两棵槐树,一棵正栽,一棵倒栽。庙内拥有十一架梁的大殿,中供千手观音,并砌有“听槐轩”。绿树院由此得名。其中倒栽的一棵,于抗战时期被伪军摧毁,仅存的一棵为此景的唯一证物。

·凤城河风景区·

【望海楼】 望海楼是凤城河风景区核心景观,始建于宋代,无数文人骚客为其留下珍贵墨宝。经重建,更领江淮雄风,国学大师文怀沙老人称其为“江淮第一楼”。楼西文会堂,史载初为北宋滕子京所建,陈列北宋时在泰为官,后升迁宰相的晏殊、范仲淹、富弼、韩琦、吕夷简五相史料,堂前植“五相树”,立中国雕塑院院长吴为山所作范仲淹青铜塑像。景区有千年之久的州城遗址、宋城古涵等景点,尽显古泰州“州建南唐,文昌北宋,名城名宦交相重”的风韵。

桃园春色 (顾祥忠供图)

【桃园】 桃园地处泰州市南城河外侧东岸,是纪念清代戏曲家孔尚任在泰州写作《桃花扇》的主题公园。桃园取孔尚任寄寓泰州陈庵完稿《桃花扇》之景,与泰州梅园戏剧、柳园评话相联,三园一线,称为"戏曲文化三家村"。桃园核心景点为复建明清风格的陈庵,庵堂前后三进,局部两层架构,以文字、图片、古明清家具再现孔尚任出仕泰州治水期间寓居陈庵创作《桃花扇》的场景。景区有观赏桃3600多株、116个品种,花期从3月中旬持续到4月下旬,每年桃花盛开期间举办桃花节。景区南端水榭码头,停靠河中游览船只。水榭北上至桃花岛,"隐龙""十胜"二桥将岛岸相连。陈庵西侧为石舫,舫上置古戏台,供戏曲展示或票友活动。陈庵北侧为清风阁,史载为北宋初期泰州知州曾致尧所建。凤凰墩下、清风阁边,即为藕花洲。凤凰墩上,建有来凤楼。

【梅兰芳纪念馆】 梅兰芳纪念馆位于泰州市主城区凤凰墩上,三面环水,绿树成荫。景区内有梅兰芳坐像广场、梅兰芳史料陈列区、京剧知识长廊、仿古戏台、梅兰芳纪念亭及梅园区、滨河水榭等景点。以梅兰芳汉白玉塑像为中心建成阶梯式广场,史料陈列区运用现代声、光、电、影等多媒体手段进行资料展示,京剧知识长廊展示有京剧表演艺术方面的文字和图片。纪念馆西侧东城河畔建有滨河水榭,与望海楼、桃园、东河游园、滨河广场等景区组成凤城河景观链。

【乔园】 乔园地处泰州市区核心地段,是明代万历年间修建的私家园林,后为两淮盐运使乔松年所有,遂称"乔园",有400多年历史,是苏北地区现存最早的古典园林。乔园分为核心景区、次景区、衬景区以及宅院式功能区。核心景区保留原园整体风貌,有山响草堂、因巢亭、绠汲堂、松吹阁等厅堂楼阁。次景区在园内西部,和核心景区以院落间隔,有来青阁、皆绿山房、蕉雨轩、午韵轩、石林别径、二分竹屋等景点。

·千垛景区·

【千岛菜花风景区】 千岛菜花风景区座落在兴化市千垛镇,总面积近万亩,菜花观光核心区4600亩,距兴化城约10千米,是江苏省四星级乡村旅游点。景区以江苏里下河地区的垛田景观享誉全球,有"千垛油菜花"地之称。每年清明时节,千垛菜花景区四面环水的"垛田"上长满了金黄色的油菜花。2011年经过网络评选,兴化花海入选中国最具影响力油菜花海第一名,与普罗旺斯熏衣草园、荷兰郁金香花海、京都樱花并称,跻身"全球四大花海"之列。

【李中水上森林景区】 李中水上森林景区是国家AAAA级旅游景区,位于兴化城西北17千米处,是全省最大的人工湿地生态林。景区占地面积103.33公顷,采用林垛沟鱼的立体模式,森林主要以池杉为主,是野生动物的天堂,林中鸟最多时有6万多只。黄昏时分,百鸟归巢,遮天蔽日,景象蔚为壮观。园区内有林中水巷、板桥栈道、难得糊涂林、步云桥、垂钓区、娱乐区等一批具有现代水乡风光特色的景点。

【万亩荷塘景区】 万亩荷塘景区是国家AAA级旅游景区,位于兴化市千垛镇刘沟村,是以"荷文化"为主题打造的生态旅游度假景区。核心区域面积1100多亩,种植有藕莲、子莲和花莲、王莲四大类20个品种36个品系,加之盆栽荷花,有近百个品种,分为观赏、食用两大类,其中包括"漂亮女孩""友谊牡丹莲""剑舞莲"等珍贵睡莲品种。景区为四季景区,每年7月上旬至8月上旬是盛花期,花期可以延续到9月上旬。 (史 志)

旅游营销

【概况】 2019年,泰州市举办、参加各类旅游推介、展览活动20多场次。组织全市重点旅游景区、酒店、文旅企业赴重庆市、湖北省宜昌市举办以"水城慢生活"为主题的文化旅游推介活动,活动图片视频直播点击量40万次,并签署重庆-泰州两地旅游企业长期合作战略协议。与南通、连云港、盐城联合开展江苏旅游新干线推广活动,先后赴南京、青岛、伊犁开展系列推介会,拓展旅游市场,深化旅游合作。与济南大众假期旅游社联合在山东德州、河北邢台、河北唐山巡回举行泰州旅游产品推介会,提升春季旅游产品影响力。

2019年,万亩荷塘景区获评为国家AAA级景区 (顾祥忠供图)

【旅游节庆推介】 2019年，泰州市在上海举办第11届中国泰州水城水乡国际旅游节暨2019姜堰溱潼会船节旅游推介会，全国近50家媒体记者以及30家上海旅行机构的负责人参加。兴化市先后在青岛、徐州、上海等地举办千垛菜花旅游节推介会，举办中国兴化品蟹赏菊旅游季新闻发布会暨文旅产业投资环境说明会。泰兴市举办“全域旅游看泰兴”长三角推介会。姜堰区举办“1+3”系列旅游节庆推介活动。

【旅游会展活动】 2019年，泰州市拓展国内旅游市场，先后组织各市（区）、各重点旅游企业参加中国国际旅交会、北京亚洲文旅展、长三角文旅集市、广州旅游博览会、宁波国际旅游展、南京旅游休闲度假展、苏州旅游博览会、北方（石家庄）旅交会。组织全市30多家旅游景区、文创企业参加首届大运河文化旅游博览会，举办泰州旅游专场推介会；省委书记娄勤俭、文旅部部长雒树刚先后到泰州展馆视察；市文广旅局获“优秀组织奖”“优秀展示奖”，稻河古街区等4家单位获“优秀参展企业奖”，兴化千垛镇获“大运河城市文旅消费十佳示范名镇”称号。组织各旅游景区参加水韵江苏（南昌、宜春、重庆、成都）路演活动。参加港澳台地区旅游展会，召开专场旅游推介会。参加“水韵江苏 相约澳门”江苏文化嘉年华，推介宣传黄桥古镇、宣堡古银杏森林公园等特色旅游产品，展示泰州干丝、黄桥烧饼、蟹黄汤包等地方美食。

【旅游宣传】 2019年，泰州市利用媒体平台，组织开展各类旅游宣传营销活动。中国泰州水城水乡国际旅游节（简称旅游节）前，中央电视台《大美中国·探春》栏目一天3次报道靖江风光，《朝闻天下》栏目报道宣堡桃花美食节，《新闻直播间》栏目一天两次连线直播兴化千垛菜花风景。旅游节期间，新华社、中央电视台、中国新闻社、《中国旅游报》、江苏卫视等近70家媒体报道旅游节，“ZAKER”平台选取南京、合肥、泰安、广州、哈尔滨、长沙6个城市频道同步直播，泰州电信公司提供泰州首次5G通信直播；国家级、省级媒体累计报道旅游节活动近200次，其中中央电视台《新闻联播》《朝闻天下》《中国新闻》《国际财经报道》栏目4次聚焦报道；新华社先后两次报道，总阅读量接近40万；《中国旅游报》在头版进行重点推介，《人民日报》先后两次头版报道溱潼会船节。邀请长三角线上线下旅行商，国家级、沪苏两地主流媒体、行业媒体以及知名美食作家参与报道宣传“寻味泰州”水城蟹乡美食旅游季活动。联合途牛、同程等线上销售平台，邀请网络达人到泰州采风体验，通过网络直播、网红在线、编写旅游攻略、省内自驾游体验等，提升泰州旅游产品在线上线下影响力。

旅游资源开发

【概况】 2019年，泰州市推进凤城河、溱湖、千垛三大核心旅游集聚区重大旅游项目建设，全年投资建设文化旅游项目175个，计划总投资216.8亿元，实际完成212.4亿元。175个项目中，完成或超额完成年度计划的166个，约占项目总数95%，投资项目主要集中于公共服务设施、住宿餐饮、景区、旅游小城镇与古街区、乡村旅游等项目。溱潼特色小镇、靖江文化中心、泰兴长江生态文化街区及沿江生态廊道3个项目入选2019年省级重点旅游项目。姜堰区溱潼会船等4个风情小镇项目开工建设，兴化市知音花海等项目竣工；实施凤城河景区提升工程等旅游项目建设。

【旅游产品开发】 2019年，泰州市依托田园水乡和生态湿地、历史文化和红色记忆、健康美食和养生胜地等特色文化旅游资源，开发出游园赏花、人文研学、寻味美食、乡约泰州、红色水城、养心休闲等6个主题旅游线路，制作泰州文化旅游精品视频。与中国旅游集团、广之旅国际旅行社等合作开发粤港专列、青岛专列、华南品质团等旅游产品。制作新版旅游宣传品，修编完善《泰州玩点不一样》《六境六养》《泰州早茶》《美食地图》《泰好吃》等旅游宣传资料。溱湖国家湿地公园、姜堰区桥头镇小杨村被农业农村部列入农业和乡村旅游夏季精品旅游线路。中国人民解放军海军诞生地纪念馆、新四军黄桥战役纪念馆、溱湖风景区、姜堰区溱潼古镇入选江苏省“红色经典传薪火古城运河展新姿”推荐路线，兴化“赏花品蟹乡村文化自驾游”获评为长三角自驾游文旅融合类项目推荐路线，靖江市行知旅游文化发展有限公司的“我是家乡代言人”研学游项目入选江苏省旅游经典案例。

（杨俊杰）

【靖江滨江休闲水街建成投用】 滨江休闲水街（以下简称水街）是靖江滨江新城商圈的重要组成部分，位于马洲公园南侧，城东大道西侧、望江路北侧、小桥港东侧，占地面积2.72万平方米，建筑面积2.23万平方米，概算总投资3.1亿元。临水而建的水街将水元素引入空间设计中，13栋独立的“景观小品式”组合建筑结构形式多变，水街室外的景观绿化和夜景照明都根据建筑的起伏结构而形成错落有致的多层次造型。2017年5月，水街开工建设，2017年底主体封顶，2019年完成水街室外景观绿化、标识标牌等专项工程，7月建成投用。在水街建设的同时，同步开展项目招商，引进知名餐饮连锁品牌。至2019年末，百盛酒店、澳门星记猪骨、飞河地西餐厅、米粒堡、EP生活馆等已签约入驻。

【泰兴长江生态文化街区获批省级重点旅游项目】 泰兴长江生态文化街区（以下简称街区）主要包括长江美食主题公园、虹润湿地公园、沿江生态廊道，项目计划总投资18亿元，占地面积31.87公顷，生态廊道长12千米，项目包括开挖人工水系，栽种草坪、树木，新建长江文化展览馆和文体中心，进行相关商业开发，建设小型桥梁、景观灯、休闲座椅等设施。拟建成集江鲜美食商业街区开发、长江文化展示、生态环境打造、市民休闲娱乐于一体，演绎水空间、水景观、水故事、水元素、水价值,品江鲜美食、赏江畔美景的旅游景区。至2019年末,街区道路管网、景观绿化、水系驳岸等基础设施建设已基本完成,沿江生态廊道项目与北京东方园林公司成功签约,文体馆建设和景区商业开发全面启动,沿江生态廊道完成主体工程。2019年3月,街区被列为2019年省级重点旅游项目。

【溱潼会船风情小镇建设】 姜堰区溱潼镇是全国首批特色小镇,是江苏省首批13家旅游风情小镇创建单位之一,2019年累计接待游客233万人次。溱潼会船风情小镇北至泰东河,东至姜溱河,南至新沈马公路,西至湖镇大道,规划面积3.9平方千米(不含水面),核心区规划面积1.1平方千米,是以内河船文化为特色,以里下河传统水乡生活为线索,融船生活、船休闲、船体验、船养生于一体的会船小镇。2019年,溱潼镇推进实施古镇两年提升行动计划,推进溱潼会船风情小镇创建工作,完成溱潼会船风情小镇客厅、溱湖景苑、胜江南文化商业街等项目。探索建立以溱湖为核心的交通枢纽,组织实施兴溱路、环湖路二期建设,姜溱公路、会船大道、新沈马路(溱潼段)建设进入扫尾阶段。启动古镇污水管网建设,对府前路及临街建筑实施升级改造,镇区干道鹊仙路、鹿鸣路、新城大道东延、北延工程相继竣工通车。

(史　志)

旅游管理

【概况】 2019年,泰州市新设立旅游商品无理由退换中心40个,年末全市旅游商品无理由退换商店160家。全年市文广旅局处理、调解各类旅游投诉、纠纷100多起,为游客争取赔偿或挽回损失30多万元,法定期限结案率100%。推进全国旅游监管服务平台应用和旅行社管理智慧化,全面推广使用旅行社电子合同、电子行程单。开展行业品牌和服务争创活动,选派3名选手参加2019年全国导游技能服务比赛。开展“旅游厕所、旅游停车场、旅游标识牌、旅游风景道”四大专项行动,新建和改建旅游厕所90座、旅游风景道49千米、旅游停车场1.2万平方米、旅游标识牌32块。旅游景区道路引导标识规划和设置纳入城市道路建设,全域旅游指引标识体系逐步形成,立体、生态旅游停车场等新型设施相继出现。

【智慧旅游建设】 2019年,泰州市完善智慧旅游系统和智慧中心建设,智慧旅游指挥中心搬迁至市文化广电和旅游局。完成智慧旅游中心数据光缆招标和智慧旅游系统云平台向电子政务云的迁移工作,与省智慧旅游中心实现景区统计、旅游安全等数据对接。完成智慧旅游二期工程——泰州智慧旅游大数据平台的方案设计和前期工作,完善平台的智慧管理、智慧服务和智慧营销的功能,为行业管理部门开展监管、应急处置、应急救援提供帮助。

【旅游执法】 2019年,泰州市加大旅游市场执法检查和行政处罚力度,组织开展庆祝改革开放40周年文化旅游市场综合执法专项保障行动、整治“保健”市场乱象百日行动等专项行动,专项执法检查游客、市民反映比较集中的问题,强化旅游景点擅自举办营业性演出活动的监管。全年检查旅行社及分支机构166家,作出行政处罚26起,罚款6.8万元。

【旅游人才培养】 2019年,泰州市文广旅局举办全市景区与乡村旅游点管理人员培训班,各市(区)文体广旅局、AAA级及以上景区、四星级及以上乡村旅游点负责人等80多人参加培训,邀请旅游行业资深专家、高级管理人才围绕文旅融合视域下的全域旅游、旅游景区核心竞争力与吸引力打造、乡村振兴的文化与旅游融合创新以及全域旅游创建等进行授课。开展红色景区优秀讲解词评选,组织红色景区讲解员参加业务培训。加强导游管理,年末全市注册导游1128人,其中中级导游24人、初级导游1104人,英语语种导游28人、日语语种导游2人;组织2019年全市导游资格考试,464人报名,47人通过考试;完成全市导游电子导游证更换。

(杨俊杰)

责任编辑　叶　彤

综　述

【概况】　2019年，泰州市完成房地产开发投资352.58亿元，比上年减少0.3%。商品房施工面积2597.89万平方米、竣工面积544.45万平方米，分别增长1.4%、44.1%。完善商品住房价格备案决策机制，调控房地产市场商品住房价格，全市商品住房成交均价同比上涨6.85%，增幅控制在合理区间。加强房地产市场监测，建立房地产市场季度形势分析会议制度，每季度召开多部门工作会议，协同分析当期房地产市场情况；每日报送楼盘成交情况，每月报送房地产市场成交情况和成交均价趋势图，年内全市未出现“金三银四”“金九银十”的现象。健全房地产经纪机构信用管理办法，开展房地产开发企业市场行为检查和住房租赁中介机构乱象整治行动，维护房地产市场秩序。

【全国公租房信息系统贯标联网试点】2019年，住建部委托中国建设银行研发全国公租房信息系统，选择20个城市开展先行试点，泰州市被确定为全国公租房信息系统建设江苏省试点城市。至6月，全市2.2万套公租房房源信息、8890套政府投资建设公租房承租家庭信息全部实现联网共享，率先完成贯标联网试点任务，并在江苏省全国公租房信息系统培训会议上作经验交流。

【全省首创物业纠纷调解中心】　2019年2月，泰州市海陵区法院先后与海陵区住建局共同出台《关于联合化解物业纠纷的实施意见》《物业纠纷行政调解工作守则》等制度规范，创新构建居（村）委会、镇街（园区）、住建部门+司法审判的物业矛盾调处“3+1”机制。至6月底，形成调解协议并履行的案件有100多件，进入诉讼程序的物业纠纷案件45件，比上年减少84.32%。6月25日，全省首家物业纠纷调解中心——海陵区物业纠纷调解中心正式挂牌成立，海陵区住建局派驻两名专职调解员负责全区物业纠纷行政调解工作，同时在全区选聘146名社区调解员，及时调处所在社区的物业纠纷；基层调解员调解不成的复杂纠纷，转入调解中心由专职调解员和法院共同调解，仍调解不成的转入诉讼程序。

【“泰房安”服务】　2019年，泰州市扩大“泰房安”服务品牌影响力，组织专家服务团排查全市房屋安全隐患，帮助贫困群众排查、整治房屋隐患，累计参与完成国有土地危房治理1596栋，农村危房改造3600多户，惠及15000多户居民。开展“泰房安”惠民助企专项行动10次，为农业开发区内8家环保涉改企业、滨江工业园区等提供技术服务，解决企业涉及房屋安全难题。全年市区办理房屋安全鉴定101项，鉴定房屋124幢，鉴定面积25.8万平方米，发现严重安全隐患房屋14幢，未发生一起房屋安全鉴定质量投诉。

房地产开发

【概况】　2019年，泰州市完成房地产开发投资352.58亿元，比上年减少0.3%。按构成分，建筑工程投资205.43亿元、安装工程投资30.69亿元、设备工器具购置7.86亿元、其他费用108.6亿元。按工程用途分，住宅投资284.96亿元、办公楼投资4.02亿元、商业营业用房投资37.16亿元、其他投资26.44亿元。

全年住宅投资284.96亿元，比上年增长1.2%，其中市区完成住宅投资160.09亿元，增长6.5%。商品房施工面积2597.89万平方米，增长1.4%，其中新开工面积620.71万平方米，减少16.0%；商品房竣工面积544.45万平方米，增长44.1%。商品房销售面积659.59万平方米，减少6.4%；商品房待售面积238.95万平方米，减少15.7%。开展房地产开发企业资质申报工作，全年办理51家二级资质延续，19家核准、新办或升级二级资质。江苏美好置地有限公司、泰州茂业置业有限公司延续一级资质。实施“限贷”政策，对个人购房贷款合规性进行审查。　　（殷恒杰　季　杰）

【房地产投资】　2019年，泰州市区商品房开发投资累计完成107.5亿元，比上年增长0.7%，其中商品住宅开发投资85.94亿元，减少1.3%。市区商品房施工面积819.55万平方米、新开工面积208.69万平方米、竣工面积55.71万平方米，分别增长2.5%、减少14.0%、减少47.9%，其中商品住宅施工面积681.38万平方米、新开工面积188.32万平方米、竣工面积52.87万平方米，分别增长5.5%、减少2.3%、减少40.1%。

【土地市场】 2019年,泰州市区挂牌出让经营性土地30宗,总面积141.11万平方米,成交总金额121.39亿元,比上年分别增长76.5%、26.7%、20.8%。其中,涉宅地块17宗,总面积108.62万平方米,成交总金额101.15亿元,分别增长112.5%、48%、30%。土地市场住宅用地楼面价首次突破8000元/平方米。

2019年泰州城区宅地开发地块土地出让情况一览表

表27

区域	地块名称	出让面积(平方米)	成交价(万元)	中标单位
经济开发区	泰州经济开发区天虹路东侧、鲍中路南侧	57289	47000	芜湖宇润实业有限公司
	泰州经济开发区天虹路东侧、永定快速路北侧	43697	38100	泰州市申和房地产开发有限公司
泰州医药高新区	泰州医药高新区仲野路南侧、海陵路西侧	65751	53100	泰州华盛投资开发有限公司
	泰州医药高新区会展路东侧、仲野路南侧	19412	14700	大华泰州投资发展有限公司
	泰州医药高新区永定路南侧、春兰南路西侧	90609	112100	泰州市鑫运置业有限公司
	泰州医药高新区春兰南路西侧、兴塘路北侧	86432	84300	—
	泰州医药高新区海陵南路西侧、海军大道南侧	53700	75300	港彧(上海)置业有限公司
	泰州医药高新区海陵南路西侧、规划海军南路南侧	73585	90400	盐城盈壹房地产开发有限公司
海陵区	海陵区站前路南侧、京泰路西侧	81967	104100	泰州市首开房地产开发有限公司
	海陵区海阳路北侧、京泰路西侧	31009	39000	泰州市首开房地产开发有限公司
	海陵区运河路南侧、兴泰路东侧	28976	36400	泰州市恒基房地产开发有限公司
	海陵区森园路南侧、京泰路西侧	64355	48500	泰州市鑫通置业有限公司
	海陵区九龙镇振兴路南侧、龙园南路两侧	40366	14400	泰州广城房地产开发有限公司
	海陵区兴泰公路东侧、林湖郡小区北侧	169195	65400	盐城碧桂园房地产开发有限公司
	海陵区鼓楼路西侧、徐家桥路南侧	12976	25900	江苏中泰建发集团有限公司
	海陵区迎春东路北侧、泰和路东侧	84089	88900	新晖建筑园艺有限公司
	海陵区济川东路北侧、春晖路东侧	52800	73900	泰州市乾晖房地产开发有限公司

【房地产开发贷款】 2019年,泰州市房地产开发贷款增速逐月下降,由年初的87%下降至年末的15%,年末全市房地产开发贷款余额316.3亿元,比年初增加41.4亿元,同比少增86.5亿元。房产开发贷款增速由年初110%降至年末19.7%,年末全市房产开发贷款余额301.7亿元,比年初增加49.6亿元,同比少增82.6亿元。地产开发贷款连续10个月处于负增长态势,年末全市地产开发贷款余额14.57亿元,比年初下降36.2%,同比多降20.2个百分点;地产开发贷款净下降8.2亿元,同比多降3.9亿元。个人住房贷款增速逐月放缓,由年初的25.8%降至年末的14.8%,年末全市个人住房贷款余额1068.6亿元,比年初增加137.5亿元,同比少增50.2亿元。 (陆长东)

房地产市场

【概况】 2019年,泰州市批准商品房预售4.54万套、预售面积560.92万平方米,比上年分别减少21.37%、25.19%,完成商品房销售备案4.99万套、销售面积632.98万平方米,分别减少7.71%、5.91%;成交均价9216元/平方米,增长5.89%。完善商品住房价格备案决策机制,全市网签备案存量房成交25695套、总面积312.31万平方米,分别减少3.62%、5.04%;成交金额201.99亿元,增长7.48%。城区商业房地产项目中,腾龙御园、绿地世纪城、凤城府分别实现销售金额1.25亿元、1.17亿元、1.13亿元。

【商品房供应】 2019年,泰州市区商品住宅供应量与上年相比呈现负增长,全年累计批准预售面积267.73万平方米,比上年减少20.27%,其中商品住宅累计批准预售面积256.59万平方米,减少12.05%。城区(海陵区、泰州医药高新区)、高港区、姜堰区商品住宅批准预售面积分别为133.77万平方米、38.76万平方米、84.02万平方米,分别减少11.62%、25.06%、5.20%。年末,城区、高港区商品住宅累计可售房源同比分别增长18.98%、7.75%,姜堰区同比减

少7.03%，其中城区增幅扩大、高港区缩窄、姜堰区负增长。

【商品房销售】 2019年，泰州市区商品房登记销售面积292.52万平方米，比上年减少12.37%，其中商品住宅登记销售面积257.65万平方米，减少13.14%。全年累计住宅交易量减少13.14%，降幅收窄。从市区各区域看，城区、高港区、姜堰区商品房登记销售面积分别为138.45万平方米、42.26万平方米、111.81万平方米，分别减少18.23%、减少22.13%、增长1.45%；商品住宅登记销售面积124.45万平方米、35.92万平方米、97.28万平方米，分别减少18.98%、减少27.93%、增长4.4%。

【商品住宅供销结构】 2019年，泰州市区商品住宅批准预售面积小于实际登记销售面积，供销比1.00。90平方米以下供销比0.82，90～144平方米供销比1.00，144平方米以上供销比1.00。市区商品住宅批准预售面积中，90平方米以下批准预售面积4.89万平方米，占比1.90%；90～144平方米批准预售面积186.41万平方米，占72.65%；144平方米以上批准预售面积为65.30万平方米，占25.45%。市区商品住宅实际登记销售面积中，90平方米以下实际登记销售面积为5.93万平方米，占2.30%；90～144平方米实际登记销售面积为186.65万平方米，占比为72.43%；144平方米以上实际登记销售面积为65.06万平方米，占比为25.27%。

【商品房和商品住宅成交价格】 2019年，泰州市区商品房和商品住宅平均成交价格分别为9705元/平方米、9827元/平方米，比上年分别上涨8.79%和11.19%，成交均价基本稳定。城区、高港区、姜堰区商品房平均成交价格分别为11822元、6534元、8283元，分别上涨13.52%、0.49%、5.97%；商品住宅平均成交价格分别为11993元、6403元、8320元，分别上涨15.15%、1.60%、9.53%。

2019年泰州城区商品房销售金额前10名项目一览表

表28

序号	商品房项目	销售金额（亿元）
1	观澜天境花园	14.51
2	恒大华府	14.34
3	璀璨泓苑	13.76
4	桃源里	11.44
5	美好易居城	10.84
6	上东花园	9.39
7	金通桃花源	9.29
8	湖悦天境花园	8.99
9	新城·荣樾	7.17
10	泰州明发国际广场	5.86

【房地产去库存】 2019年，泰州市区商品房和商品住宅库存走势波动不大，整体趋向缓和。年末累计可售面积分别为205.63万平方米、132.41万平方米，同比分别增长4.30%、14.57%。年初月末累计可售面积达到顶峰，随后开始下滑，一直延续到9月。10月供应市场大缩量，库存量明显走低。11月供应量大幅攀高，年末库存持续上涨两个月。商品住宅去化周期从2018年年末的6.8个月拉长至2019年年末的9.9个月，处于合理健康区间。市区城南区域年末住宅可售面积31.45万平方米，去化周期5.3个月；城西区域年末住宅可售面积6.03万平方米，去化周期9.5个月；城东区域年末住宅可售面积18.46万平方米，去化周期9.1个月；城中区域年末住宅可售面积17.82万平方米，去化周期15.3个月；城北区域年末住宅可售面积9.8万平方米，去化周期15个月。高港区年末住宅可售面积48.79万平方米，去化周期16.3个月。

2019年泰州城区商品房销售面积前10名项目一览表

表29

序号	商品房项目	销售面积（万平方米）
1	恒大华府	13.91
2	桃源里	12.58
3	观澜天境花园	11.09
4	美好易居城	10.00
5	泰州明发国际广场	9.29
6	璀璨泓苑	8.54
7	湖悦天境花园	6.98
8	珑悦花园（中建）	6.45
9	上东花园	6.39
10	金通桃花源	5.86

2019年泰州市区各区域不同户型结构商品住宅供销情况一览表

表30

区域	户型	批准预售		实际登记销售		供销比
		面积（万平方米）	份额（%）	面积（万平方米）	份额（%）	
泰州城区	90平方米以下	1.44	1.07	2.04	1.64	0.71
	90～144平方米	90.30	67.50	87.17	70.10	1.04
	144平方米以上	42.04	31.43	35.14	28.26	1.20

续表 30

区域	户型	批准预售		实际登记销售		供销比
		面积（万平方米）	份额（%）	面积（万平方米）	份额（%）	
高港区	90 平方米以下	1.29	3.32	1.76	4.90	0.73
	90～144 平方米	27.14	70.01	24.98	69.63	1.09
	144 平方米以上	10.34	26.68	9.14	25.47	1.13
姜堰区	90 平方米以下	2.16	2.57	2.13	2.19	1.02
	90～144 平方米	68.98	82.06	74.36	76.44	0.93
	144 平方米以上	12.92	15.37	20.78	21.36	0.62

【二手房市场】 2019 年，泰州市区二手房交易面积 185.91 万平方米，成交套数 14629 套，累计分别环比增长 7.74% 和 8.42%。从市区各区域看，城区、高港区、姜堰区二手房交易面积分别为 108.78 万平方米、21.36 万平方米、55.77 万平方米，累计分别环比增长 7.27%、7.12%、8.93%；二手房成交套数分别为 8809 套、1003 套、4817 套，累计分别环比增长 8.49%、9.74%、8.03%。

房地产管理

【概况】 2019 年，泰州市组织开展全市房地产开发企业市场行为监督检查，全年商品住房成交价增幅控制在合理区间。办理住宅区配套公共建筑计划备案 11 次，完成住宅区配套公共建筑备案 35 次。完善存量房交易系统建设，市邮政储蓄银行、农业银行、中国银行、建设银行、南京银行、兴业银行 6 家银行二手房贷款业务占据市场份额的 86%，年内完成存量房备案系统与 6 家银行业务系统的直联工作，实现买卖双方银行卡号验证、房款入账信息实时查询、抵押信息自动审核等。出台《房地产经纪机构信用管理办法》，强化对房地产中介机构、估价机构的管理。

【房地产开发企业市场行为管理】 2019 年，泰州市开展全市房地产开发企业市场行为监督检查，重点检查商品房销售过程中是否明码标价，是否存在捆绑销售、捂盘惜售、炒卖房号、操纵市场等违法违规行为，检查房地产开发项目 35 个，其中市区 27 个，泰兴、靖江、兴化及姜堰区各 2 个，约谈企业负责人 10 多次，下达整改通知书 12 份。

【中介机构管理】 2019 年，泰州市出台《房地产经纪机构信用管理办法》，完善房地产中介机构信用管理，明确房地产经纪机构信用等级核定及运用。10～12 月，开展住房租赁中介机构乱象专项整治行动，重点整治违规经营、违规出租住房、违规分割出租、发布虚假租赁信息、违规提供经纪服务以及"黑中介"等违法违规行为。成立市区房地产中介行业联合工会，首批 30 家房地产中介机构、100 多名从业人员加入。制定出台房地产中介行业《诚信服务承诺书》。加强房地产中介机构备案管理，新增备案房地产中介机构 55 家，至年末，市区（不含姜堰区）备案房地产中介机构累计 122 家、门店 220 家，从业人员 1300 多人。全年组织培训及继续教育 900 多人，所有房地产中介机构从业人员全部实行挂牌上岗。

【估价机构管理】 2019 年，泰州市加强房地产估价机构管理，培育估价机构做大做强，市区有 5 家三级房地产评估机构晋升为二级，有 4 家二级房地产评估机构和 2 家一级分支机构续期获得通过。加强对房地产估价机构的考核，开展全市具有执业资格的 48

2019 年 9 月 17 日，泰州市选举成立房地产中介行业联合工会

（市总工会供图）

家房地产估价机构不定期检查3次,全面抽查其出具的估价报告,集体约谈估价机构法人代表和注册房地产估价师,向不合格的估价机构下达整改通知书。

【物业管理】 2019年,泰州市投资2.5亿元,完成51个老旧小区的整治改造。创成省级宜居示范居住区7个,实施南苑新村、江山小区2个小区改造建设,实施泰州碧桂园、周山汇水花园、金通玉兰园等5个小区品质提升建设。年末,全市公共维修资金余额33.37亿元。办理家装申报登记7452户,覆盖市区物业服务企业62家、物业管理小区86个。开展《物业管理条例》立法调研,全面摸排老旧小区及物业管理服务情况,引导居民参与小区管理服务,提升物业管理水平。

【白蚁防治】 2019年,泰州市组织全市白蚁防治机构以"聚焦民生、科学防蚁"为主题开展为期1个月的白蚁防治"宣传服务月"活动,开展白蚁防治新政策、新法规"进校园、进社区、进农村、进企业"等宣传服务活动,利用微信、电视等方式及时推送防治信息,增强市民白蚁防治意识和应急灭蚁能力。"泰房安"服务团累计为全市3000多户住户完成白蚁灭治,为近1600家企业进行白蚁预防,有效防止白蚁蚁害发生。4月18~19日,江苏省房地产业协会白蚁防治专业委员会第一届第四次常务委员会议和2019年度会员代表大会在泰州召开,会员单位代表等近190人参加。

2019年4月、5月,泰州市白蚁防治机构组织开展以"聚焦民生、科学防蚁"为主题的白蚁防治"宣传服务月"活动 (市住建局供图)

房屋征收

【概况】 2019年,泰州市启动房屋征收(搬迁)项目44个,征收(搬迁)面积136.75万平方米,涉及被征收(搬迁)总户数5501户,至年末,全市实际完成征收(搬迁)房屋面积88.68万平方米、3765户,完成率分别达64.8%、68.4%。扩大"阳光征收"信息系统的使用范围,市区新启动的房屋征收项目全面实行实时网签。市政府制定印发《全市房屋搬迁征收拆除专项整治工作方案》,组成3个督查组,督查各市(区)房屋搬迁征收拆除专项整治工作开展情况。加强征收(拆迁)工地施工扬尘污染治理,全面推进"绿色施工"。妥善处理房屋征收(拆迁)信访矛盾,市房屋征收办公室累计接收房屋征收(拆迁)来信26件,接待群众来访和电话咨询356人次,参与办理信访复查、信访复核案件5件。办理评估报告鉴定申请17份,出具《技术鉴定意见书》17份,其中1份作出维持评估报告意见,16份撤销评估报告。

【房屋征收行业管理】 2019年,泰州市完善房屋征收与补偿工作流程、房屋征收现场的设置、征收现场的信息公开、其他"阳光征收"举措、房屋征收搬迁拆卸工地的管理、建立征收现场党支部等6个规范化制度,推进房屋征收现场规范化管理。推动征收评估机构规范征收评估行为,完成市区14家房屋征收服务中心年检初审工作,实施2018年度泰州市区房屋征收评估机构名录中的32家单位年度考核。

【房屋征收评估技术服务】 2019年,泰州市房屋征收办公室出具《房屋征收评估技术鉴定意见书》17份,其中1份作出维持评估报告意见,16份撤销评估报告。开展征收评估技术指导,组织评估专家为靖江市西沿河小商品市场项目中靖江市马洲评估公司出具的评估报告提供技术指导;接受泰兴市法院的委托,对德道天诚评估公司作出的评估报告进行技术评审。

(殷恒杰)

责任编辑 叶 彤

综　述

【概况】　2019 年,泰州市完成进出口总额 144.66 亿美元,比上年减少 1.8%,居全省第六位。其中,出口额 95.32 亿美元,增长 0.01%;进口额 49.3 亿美元,减少 5.1%。全市有进出口实绩企业 2174 家,增加 249 家;进出口前 30 强企业合计进出口总额 89.6 亿美元,减少 4.1%,占全市进出口总额 61.9%。一般贸易累计进出口总额 89.8 亿美元,占全市进出口总额 62%,占比增长 5.8%。大类商品出口额微增、进口额略微下降,机电产品累计出口总额 51 亿美元,占全市出口总额 53.5%;化工、粮油和木材合计进口总额 29.7 亿美元,占全市进口总额 60.2%。

全年实际使用外资及港澳台资 14.86 亿美元,减少 1.4%,居全省第七位。制造业实际使用外资及港澳台资 8.74 亿美元,增长 45.5%;在"一带一路"沿线国家投资项目 15 个。战略性新兴产业实际使用外资及港澳台资 10.7 亿美元,增长 98%。全年签约外资及港澳台资项目 124 个,新增总投资 1 亿美元以上外资及港澳台资项目 15 个。泰兴市实际使用外资及港澳台资总量和进出口总额均居全市第一位,兴化市实际使用外资及港澳台资增幅居全市第一位,靖江市、高港区进出口增幅分居全市第一位、第二位。

出台《泰州市促进开放型经济高质量发展的若干政策措施》,推进使用外资及港澳台资提质增效。扩大境外客商投资领域,加快发展供应链管理、新材料技术推广服务、污水处理服务等生产性服务业以及医疗保健养老等生活型服务业使用外资及港澳台资,新兴产业使用外资及港澳台资比重提升,全年新增总投资 1 亿美元以上项目 15 个。推动境外经济合作项目高质量发展,全年协议投资额 1.47 亿美元,增长 28.5%,境外投资 500 万美元以上项目 10 个。举办第十一届水城水乡国际旅游节项目集中签约大会、中国香港投资推介会暨大健康产业发展对接会、上海投资促进周等系列活动。

(夏圣凯　陈　效)

【口岸发展】　2019 年,泰州市长江一类水运口岸 2 个,正式开放的码头 33 个、泊位 59 个,临时开放的码头 3 个,泊位 3 个。泰州中航船舶重工有限公司舾装码头 1#泊位获批临时启用;泰州国际集装箱码头有限公司一期工程、泰州港泰兴港区联成液体化工扩建码头(阿尔贝尔液体化工码头)获批两次临时启用延期。对全市港口码头进行梳理,落实口岸管理责任,推进收费公示,规范收费行为。泰州水运口岸进出口整体通关时间分别为 60.61 小时、5.82 小时,比上年分别压缩 54.31% 和 64.68%;靖江水运口岸进出口整体通关时间分别为 45.11 小时、2.16 小时,分别压缩 83%、56.1%。

(李　玥　吉　婧)

【园区发展】　2019 年,泰州市国家级和省级开发区(不含筹建开发区)实现地区生产总值 2877.5 亿元,占全市地区生产总值 56%。全市开发园区实现工业产品销售收入 6555.3 亿元,

港口码头作业　　(市发改委供图)

规模以上工业增加值1549.3亿元;地方公共预算收入225.3亿元,比上年增长3.9%;实际到账外资及港澳台资13.9亿美元,占全市总量93.3%;进出口总额119.7亿美元,占全市总量82.7%;出口74亿美元,占全市总量77.6%。

园区招商引资。全年新批外商及港澳台商投资企业147家,新批内资企业6610家,新批内资企业注册资本657.86亿元。958个项目落户园区,占全市签约项目67.8%,其中内资项目852个、外资及港澳台资项目106个。靖江经济技术开发区招引签约凯飞航空结构件、道道全粮油、中南高科智造谷、江苏国信燃机热电联产等超10亿元龙头型、基地型项目,吉凯恩飞机风挡、和赛尔高精密微机等外资项目落户。保税物流中心(B型)基本建成。泰兴经济开发区实施亿元以上重大产业项目102个,总投资706.8亿元。其中新签约项目31个、新开工项目18个、结转在建项目33个;在批项目35个。泰州港经济开发区新招引亿元以上项目40个,总投资超300亿元,其中5亿元、3000万美元以上项目18个;新开工亿元以上项目19个,总投资141亿元,其中10亿元以上项目4个;新竣工亿元以上项目16个,总投资37亿元,其中10亿元以上项目1个。

园区特色产业发展。引导各开发园区围绕各自特点,建设特色产业基地、特色产业群。泰兴经济开发区重点发展以精细化工为支撑、以新材料和健康美丽(医药日化)为主导的"1+2"特色产业,建设世界级精细化工及新材料产业基地,连续7年进入全国化工园区前十强。泰州港经济开发区投资80亿元的长城汽车整车项目开工建设,汽车及零部件产业园获评第二批江苏省特色创新(产业)示范园区。兴化经济开发区围绕健康食品特色产业,建设"中国唯一、世界第一"国际调味品产业集聚区,引进食品企业300多家,形成调味品、米面制品、火锅料食品、脱水蔬菜、巧克力制品、食用油、乳制品、黄油和方便食品、肉制品等九大健康食品产业链。姜堰经济开发区发展新能源、机械制造两大主导产业,双登集团的免维护铅酸电池排名全国同行业前十,中来光电的单晶双面高效太阳能电池项目的应用技术为国内首创,太平洋精锻科技是中国精锻齿轮行业品牌企业。(陈　玟)

港口建设与发展

【概况】 2019年,泰州市全面启动《泰州港总体规划(修订)》《泰州港港口岸线整合利用规划(2019~2025年)》编制工作。开展《泰州内河港总体规划(修订)》《泰州市港口国土空间控制规划》相关编制工作,完成招标签订市级合同。全年完成港口建设投资6.7亿元,建成1个万吨级以上泊位,新增通过能力65万吨。至年末,泰州港有生产性泊位175个、万吨级以上泊位64个,形成通过能力1.52亿吨。兴化城南一期码头工程、泰兴七圩公用码头工程水工结构正常施工,滨江通用码头实施附属设施安装,虹桥码头工程进入试运行阶段。泰州港拥有长江自然岸线97.8千米,规划港口岸线72.45千米,由高港、泰兴、靖江3个港区构成,分杨湾、高港、永安、过船、七圩、夹港、八圩、新港8个作业区。泰州内河港分为市区港区、兴化港区、姜堰港区、泰兴港区、靖江港区5个港区,在主要等级航道上规划港口岸线总规模85.28千米,其中深水岸线39.74千米。

【港口运行管理】 2019年,泰州市组织开展危险货物运输重点领域安全检查、危化品百日安全大检查、港口行业安全生产违法违规行为严打整治专项行动、危化品企业隐患排查专项行动、安全生产月等活动。推进安全生产标准化建设工作,具备考评条件的24家危化品港口企业均取得安全生产标准化证书,其中4家企业通过标准化一级达标考评。开展危险货物储罐技术普查和检测工作,全市309只储罐检测率100%,涉及危化品的均安装紧急切断阀、高低液位报警装置、高液位联锁装置。开展海砂专项整治活动,全年通报9单疑似载运海砂的船舶,督促港口企业在装卸作业前全部完成检测。开展港口码头超限超载专项整治工作,做好港区内货运车辆运输治理、违法超限超载整治工作。投资1170万元,建设泰州港全程可视化信息系统。推进长江生态环境问题整改,沿江6家非法码头均完成整改;召开沿江非法码头销号验收工作会,在全省率先完成销号。拆除内河干线航道非法码头32个,实施完成规范提升航道码头29个。开展长江干流岸线利用项目清理整治工作,泰州国际集装箱码头有限公司三期堆场完成拆除复绿并通过省级销号验收,新荣船厂浮船坞按照部、省要求完成搬迁。组织开展锚地收费清理整顿工作,监督企业规范泰州港海轮锚地收费行为,推进螃蜞、天星洲海轮锚地建设的前期工作。

2019年7月,省住建厅、省市场监督管理局等单位组成的联合督查组对泰州市治理违规海砂工作开展联合督查　（市住建局供图）

【沿江港口建设】 2019年，泰州市建设江海联运煤炭物流中转基地，启动江苏省煤炭物流基地二期工程项目，8月获交通运输部岸线批复。完成永安作业区三期工程（陆域）竣工验收，实施长博多用途码头、三江通用码头设计变更。落实《交通运输部关于开展沿海港口未批先建专项整治活动的通知》《江苏省港口未批先建行为专项整治行动方案》要求，开展亚星锚链未批先建项目施工图设计审查及竣工验收、国家能源集团泰州发电有限公司内港池码头工程设计审查。（李 玥）

【泰州港靖江港区】 2019年，泰州港靖江港区有长江自然岸线52.3千米，开放岸线47.78千米，其中规划岸线40.1千米，利用岸线29.97千米，沿江建有泊位183个，其中万吨级以上泊位66个。全年完成港口固定资产投资6343万元，港口货物吞吐量1.81亿吨，比上年增长26.4%。主要货类吞吐量分别为煤炭及制品6427万吨、矿建材料4703.7万吨、金属矿石3448.6万吨、粮食1281万吨、木材1035.8万吨。对外开放码头15个，万吨级以上泊位32个，其中盈利港务、龙威粮油港务有限公司分别获批木材进境示范口岸、粮食进境指定口岸。口岸形成船舶修造、粮食、木材、能源、金属、矿石六大产业，全年口岸累计进出国际船舶1134艘次，进出境人员24030人次，分别增长7.9%、30%。年内，江苏省煤炭物流基地靖江二期工程完成岸线申报并获交通运输部岸线批复；扬子江港务内港池东侧岸线项目完成补办申报。中铁建罗家桥港内港池码头项目完成桩基、上部结构和面层施工，国信电厂重件码头装卸系统工程技术改造项目、新民拆船码头建设项目通过竣工验收。三峰靖江港务物流有限责任公司、靖江双江港务有限公司分别完成低压岸电、码头油气回收设施建设。排查15家沿江港口企业排污口和固体废物、水污染防治工作，改造过驳区浮吊生活污水处理设施；备案管理船舶污染物接收单位11家，落实港口船舶污染物接收转运处置“五联单”制度，明确船舶、接收单位、转运单位、处置单位主体责任和行业管理部门的监管责任。开展安全环保演练、禁止海砂过驳宣传教育，安装粉尘在线检测设备24个，督促4家企业停止经营并清运砂石料，拆除相关砂石生产经营设备。推进长江干流岸线利用整治，拆除苏中高鑫隆物资中转站、黄浦港务有限公司、江北物资站3家取缔类码头并完成销号验收，取缔超范围非法经营砂石码头8家，规范提升整改江苏省亚星锚链重件码头、靖江港通船舶服务有限公司2家码头。

（靖江市政府办）

【泰州港高港港区】 2019年，泰州港高港港区长江泊位14个，其中万吨级泊位10座。集装箱、石油制品专用码头各1个，堆场面积64万平方米，其中集装箱堆场面积14万平方米，各类仓库面积1.2万平方米。有各类装卸机械300多台（套），最大起吊能力40吨，具备集装箱、件杂、散货、液体各形态货物的装卸能力，接卸钢铁、铁矿、煤炭、粮食等主要大宗境外贸易货种近20个，与40多个国家的港口有运输往来。全年港口货物吞吐量4433万吨，比上年增长8%，创历史新高；装卸自然吨1847万吨，增长2%。泰州港务集团有限公司实现营业收入2.32亿元，本部装卸主业实现营业收入9975万元，增长22%。优化货源结构，采用“散改集”（将原来散装的货物装入集装箱进行运输）等运输新方式，永安作业区完成粮食进口量310万吨，完成煤炭、铁矿石装卸自然吨1080万吨，增长23%；杨湾作业区调整大宗散货单价，营业收入增长36%。推进码头建设，永安作业区一期、二期工程改造前期工作完成区行政服务中心项目备案，项目投资3.73亿元；1号泊位增加粮油专用卸船设备和输送系统，通用泊位改造为专业粮油装卸泊位；2号泊位增加粮食、食用油装卸系统；拆除原1号泊位的下游1号引桥和原岸侧1000吨级散货出口泊位，泊位内侧增设1个1.5万吨级散粮泊位；沿岸边重建二线码头，增设1个3000吨级散粮泊位。强化港口安全与设备管理，修改原安全操作规程18处，新增操作规程30项；不定期检查港口设备，设备完好率97%；所有在用特种设备全部通过特种设备检验机构检测，检验合格率100%。永安作业区首台环保料斗改造完成并投入使用，杨湾作业区首台封闭式皮带输送机投入使用。（季 玲）

【泰州港泰兴港区】 2019年，泰州港泰兴港区完成港口货物吞吐量3744.5万吨，比上年减少5%。新建成码头3个，新开工项目1个。在建项目7个，其中新浦三木液体化工码头项目完成改造工程，新浦5万吨级LPG船舶试运行靠泊；滨江通用码头项目完成门机设备安装和附属设施建设；宏锦物

泰州港高港港区 （市发改委供图）

流公用码头正式运营;虹桥码头二期工程完成验收;大洋栖装码头项目完成施工;七圩作业区公用码头项目完成水工平台施工;民生港务散货码头项目开工建设。强化港口安全管理,全年组织开展各类检查30多次,发现并整改隐患607处。委托第三方机构开展危化品安全风险评估,制定落实风险防控措施。开展沿江码头环境整治,督促责任项目补办完善相关手续,取缔非法占用岸线项目。拆除七圩童真福吊机码头5台非法吊机、古马干河闸外9台非法吊机;拆除幸福门粮油临时码头和天星洲整治临时码头。全面开展沿江港口粉尘和水污染治理工作,通用散货码头新增岸电设施4套,实现港区所有散货码头岸电设施全覆盖。港口作业机械尾气抽检结果全部符合要求。泰兴港区港口经营人配备的港口作业机械均满足国Ⅱ以上排放标准。（田留军）

口岸管理

·海关·

【概况】 2019年,泰州市海关进出口贸易额996.7亿元,比上年增长2.9%;进出口额、增幅分居全省第六位、第五位。其中,出口额656.4亿元,增长4.6%;进口额340.3亿元,减少0.3%。全年征收税款44.2亿元,审结报关单48367票,出入境货物检验检疫21934批、金额47.3亿美元,监管进出境运输工具2461艘次、集装箱10.5万标箱、进出口货物1300万吨、货值68亿美元。出入境人员查验45517人次,健康体检6100多人次。泰州海关行政执法展示厅被全国普法办公室命名为第二批全国法治宣传教育基地。

【口岸通关改革】 2019年,泰州海关推进增值税改革,节省企业进口环节增值税2.8亿元。推广企业"提前申报"模式改革,提前申报量占比55.39%。推广"两步申报"改革,减少企业等待时间,降低货物滞港费用。推广汇总征税、关税保证保险等担保方式,实现货物先放行后征税,降低企业融资成本,汇总征税方式通关货物累计税款占比46.0%。推广国际贸易"单一窗口"应用,避免企业通关环节重复录入数据。推广出口原产地证书自助打印,企业累计自助打印产地证6170份,占泰州海关同期签证量38%。全面应用H986集装箱查验设备,机检比例78.8%。

【海关稽查缉私】 2019年,泰州海关办结稽查作业26起,有效率68.7%;办结保税核查作业18起,办理非涉税核查38起,核查及时率100%;实施主动披露作业10起,办结6起,补税312.2万元;向缉私部门移交案件线索4起,涉案货值49598万元。实施"国门利剑2019"专项行动,全年侦办冻品、白糖等走私案件3起,扣押涉案船舶3艘、涉案货物2417.2吨,案值1260多万元,涉税650多万元。

【出入境检验检疫】 2019年,泰州海关加强口岸卫生检疫核心能力建设常态化管理,严防严控非洲猪瘟等疫情疫病,全年截获检疫有害生物26种、2486种次,全国首次截获多型玻利维亚象,泰州口岸首次截获可可毛色二孢病菌。检出进口不合格机电设备等进口商品129批、货值15117.4万美元,为企业挽回损失1500万美元。（吉　婧）

·海事·

【概况】 2019年,泰州海事局辖区新增码头2个、其中万吨级以上4个,2400多艘次受限船舶安全进出泰州港,11.5万载重吨的"楼兰凤凰"轮刷新泰州港重载到港最大船舶纪录。全年辖区进出港船舶33.9万艘次、船舶载货量2.75亿吨,比上年分别增长39%和11%;国际航行船舶货运量2713万吨,增长18.2%。年内,泰州海事局服务－12.5米深水航道二期工程维护性疏浚、七圩公用码头、梅兰码头改造等40个重点水工工程施工作业,保障常泰长江大桥5号、6号墩沉井安全浮运和顺利定位,推动新荣船厂"江山坞""河山坞"顺利搬迁、新浦110万吨轻烃综合利用项目落地投产、世界最大5万总吨位的LPG(液化石油气)船常态化靠泊泰州港。推出前置事项"并联办理"、船舶登记"绿色通道"、电子申报"远程服务"等10多项创新服务举措。开展政务受理无人值守站建设,推出八小时外"延时服务"和非工作日"预约服务"。办理31件船舶抵押权登记,帮助企业船舶抵押融资2.1亿元。服务新造船舶下水(出坞)、试航等作业,保障扬子鑫福造船有限公司40万吨矿砂船、新时代造船有限公司32.5万吨矿砂船等105艘新造船舶的安全作业。

2019年5月19日,新荣船厂"江山号"浮船坞顺利搬迁　（市海事处供图）

【水上安全保障】 2019年，泰州海事局组织开展汛期百日安全、内河船舶涉海运输治理等各类专项活动。开展水上综合执法、联合执法70多次，集中整治超载运输、非法采砂、“三无船”非法营运、内河船舶涉海运输等突出违法行为。建立运行隐患排查治理和风险分级管控双重预防机制、风险动态数据库和四色风险图，发放14份隐患整改通知书。防抗台风、寒潮等32次极端天气，完善事故预防预控体系。

【水上搜救】 2019年，泰州市举办“健康长江2019”水上搜救综合演习，首次使用无人救生船等新装备开展人员救助。举办泰州市首次水上搜寻救助综合保障技能竞赛。组织企业开展污染物泄漏、水上消防救生等应急演练40多次。泰州海事局、市急救中心签订战略合作协议，打通长江泰州段的水上空中救援通道。泰州海事局全年组织开展水上搜救行动66次，救助遇险船舶93艘次、遇险人员512人次，水上人命救助成功率99.81%。市总工会、人社局、交通运输局和泰州海事局联合举办泰州市水上搜寻救助综合保障技能竞赛，全市交通、海事、港航企业等30多家单位的选手参赛，获得前三名的选手分别被授予“泰州市五一劳动奖章”“泰州市五一创新能手”“泰州市技术能手”称号。

（桂海滨）

·边防检查·

【概况】 2019年1月1日，原中华人民共和国泰州边防检查站正式挂牌“中华人民共和国泰州出入境边防检查站”（简称泰州边检站）。建设口岸诚信管理体系，推行人员通关机器验放，通过音视频对讲模块，实现与服务对象“点对点”指挥、面对面交流。开通网上服务直通车，完善船员换班预申报制度，建立船员签证绿色通道机制。设立航修人员登轮专用通道，落实“远程申请”机制。创新点对点“服务定制”模式，推行“一站式”服务、无障碍办理和跟踪式管控。走访口岸企业，核查长期登轮作业人员资质。

【智慧边检】 2019年，泰州市研制智慧港区综合管理APP，边检工作接入泰州港全景可视化系统，实现全时通关、全域巡控、全程监管、全员核查。打造“互联网+”服务平台，推行“不见面审批”，构建“扫码提交材料、在线审核发证、生成二维码进出”的边检行政许可办理模式，实现边检“网上办事办证”全覆盖。

【口岸安全管理】 2019年，泰州市建设港区门卫外围、限定区域主体、船舶梯口核心3道防线，口岸限定区域管理纳入地方法规。构建“1+6+12”（泰州边检站、6家口岸查验单位、口岸管辖范围内12家企事业单位）警务协作模式。创新案件评查、执法巡查、案件复核、勤务检查“四位一体”执法执勤管理机制，研制口岸精准管控系统，完善“边检主管、码头协管、船舶自管”三方共管机制。

（刘小伟）

对外及对港澳台经济贸易

·对外及对港澳台货物贸易·

【概况】 2019年，泰州市有进出口实绩的民营企业1512家，完成进出口总额43.1亿美元，比上年增长12.1%，占全市进出口总额29.8%；外资企业完成进出口总额81.9亿美元，减少3.1%，占全市进出口总额56.6%；外贸公司完成进出口额19.7亿美元，减少19.2%，占全市进出口总额13.6%。全年对港澳台进出口总额5.36亿美元，占全市进出口总额3.7%，比上年减少27.9%。其中，出口额3.04亿美元，减少50.8%，占全市出口总额3.2%；进口额2.31亿美元，增长76.9%，占全市进口总额4.7%。对东盟组织进出口总额27.56亿美元，其中出口额22.81亿美元、进口额4.75亿美元。对欧盟组织进出口总额19.35亿美元，其中出口额14.27亿美元、进口额5.08亿美元。

【对外货物贸易】 2019年，泰州市大类商品出口均保持增长，机电、化工等大类商品为全市出口主力。机电产品在船舶、机械设备出口拉动下，累计出口总额51亿美元，比上年增长4.4%，占全市出口总额53.5%，其中船舶出口额21.8亿美元，增长1%，占机电产品出口总额42.7%。生物医药、高附加值机电产品和装备制造产品出口保持增势。高新技术产品出口额5.4亿美元，增长18.5%，占全市出口总额5.7%。化工产品出口额15.4亿美元，减少7.7%。化工、粮油和木材合计进口总额29.7亿美元，减少9.7%，占全市进口总额60.2%。矿产品进口额3亿美元，增长266.1%。

2019年，泰州市以船舶、药品为代表的加工贸易企业完成进出口额47.6亿美元，比上年减少4.8%，占全市进出口总额32.9%。一般贸易进出口额89.8亿美元，减少0.5%，占全市货物贸易进出口总额62%。一般贸易进出口额前三位的企业分别是益海粮油、新浦化学、爱森絮凝剂，合计进出口总额11.8亿美元；进出口产品中，家具、冰箱进出口额分别为3.8亿美元、1.1亿美元，分别增长14.2%、46.4%。

【对外出口市场】 2019年，泰州市对东盟、美国和欧盟等传统出口市场分别出口22.8亿美元、14.7亿美元和12.2亿美元，比上年分别增长20.5%、减少20.6%和增长10.7%。对新加坡、拉丁美洲、非洲等新兴市场分别出口12.9亿美元、6.5亿美元、6.2亿美元，分别增长28.1%、24.6%、244.5%；对新加坡出口额超过欧盟，成为第三大出口市场。对“一带一路”沿线国家出口总额44亿美元，增长16.4%，占全市出口总额46.2%，主要产品为船舶、有机化学品、纺织品等，其中对印度、越南、泰国出口快速增长，合计出口总额8.8亿美元，占对“一带一路”国家出口总额20%。

【对港货物贸易】 2019年，泰州市对中国香港贸易总额2.02亿美元，其中销出2亿美元、购进226万美元。销出产品中，船舶、机电设备、光学仪器、食品4大类商品合计占对中国香港销出总额的77.7%，分别销出8919万美元、3693万美元、1595万美元、1344万

美元,分别占对中国香港销出总额44.6%、18.5%、8%、6.7%。销出额居前三位的企业分别为扬虹船舶、中外运物流、智光贸易,分别销出8919万美元、1763万美元、1647万美元,比上年分别减少74.4%、增长171.3%、增长46.5%;3家企业合计销出1.2亿美元,占销出总额的61.5%。购进企业中,江苏兰格特自动化设备有限公司购进149万美元的电气设备,占购进额的65.8%。

【对澳货物贸易】 2019年,泰州市对中国澳门贸易总额31.4万美元,全部为销出。其中,爱森絮凝剂有限公司销出塑料制品16万美元,兴化市板桥故里水产品养殖有限公司销出活蟹7.3万美元。

【对台货物贸易】 2019年,泰州市对中国台湾贸易总额3.33亿美元,其中销出额1.04亿美元、购进2.29亿美元。销出产品中,化工、钢铁制品、纺织制品、塑料制品4大类商品合计占对中国台湾销出总额的70.2%,分别销出3640万美元、1419万美元、1155万美元、1086万美元,分别占对中国台湾销出总额的35%、13.7%、11.1%、10.4%。购进产品中,锁、物镜、化工3大类商品合计占对中国台湾购进总额的56.9%,分别购进4988万美元、4223万美元、3814万美元,分别占对中国台湾购进总额的21.8%、18.4%、16.7%。销出额居前三位的企业分别为新浦烯烃、新浦化学、海阳锦纶,分别销出937万美元、741万美元、509万美元,占全市对中国台湾销出总额的21%。购进额前三位的企业分别为森荣电子、战益电子、鸾翔贸易,分别购进4868万美元、2412万美元、2238万美元,合计占全市对中国台湾购进总额的41.6%。

2019年泰州市完成进出口总额排名前30强企业情况一览表

表31　　单位:万美元

序号	企业名称	2019年			2018年		
		进出口总额	出口额	进口额	进出口总额	出口额	进口额
1	江苏新时代造船有限公司	153844	135024	18820	101820	90582	11238
2	泰州乐金电子冷机有限公司	102097	87027	15070	97731	83347	14384
3	江苏扬虹船舶进出口有限公司	75978	65753	10225	115627	106360	9268
4	益海(泰州)粮油工业有限公司	59309	3454	55854	85297	5256	80041
5	阿斯利康药业(中国)有限公司	47527	11150	36376	49459	8307	41152
6	新浦化学(泰兴)有限公司	44306	11433	32873	60000	13648	46352
7	爱森(中国)絮凝剂有限公司	36165	26533	9631	34775	21921	12854
8	江苏万林现代物流股份有限公司	35008	—	35008	44766	—	44766
9	泰州市华丽塑料有限公司	31806	31758	49	39181	39097	85
10	江苏兴达钢帘线股份有限公司	28803	28512	291	29976	29589	386
11	江苏海企化工仓储股份有限公司	27663	8428	19236	6977	—	6977
12	泰兴市昇科化工有限公司	27486	6015	21471	31039	6845	24195
13	新浦烯烃(泰兴)有限公司	26360	937	25423	6104	—	6104
14	泰兴市振华油脂有限公司	19164	—	19164	17411	—	17411
15	泰州联成化学工业有限公司	17365	3001	14365	10314	3833	6481
16	泰兴金江化学工业有限公司	16827	14363	2464	19974	15966	4007
17	格林美(江苏)钴业股份有限公司	14177	3842	10335	48300	24310	23990
18	江苏海阳化纤有限公司	12008	8303	3706	14336	10066	4269
19	江苏江山制药有限公司	11371	11362	8	7291	7290	1
20	泰州远大投资集团有限公司	11154	11154	—	7691	7681	10
21	欧洋富瑞江苏木业有限公司	11069	15	11054	6237	—	6237
22	江苏艾兰得营养品有限公司	11002	10672	330	9782	9593	189

续表 31

序号	企业名称	2019 年			2018 年		
		进出口总额	出口额	进口额	进出口总额	出口额	进口额
23	江苏汇福蛋白科技有限公司	10568	—	10568	2406	—	2406
24	江苏泰丰化工有限公司	10467	10467	—	9638	9638	—
25	泰州三福船舶工程有限公司	10202	8880	1322	8050	6619	1431
26	靖江市亚泰新能源科技有限公司	9857	9674	183	1765	1684	81
27	江苏华菱锡钢特钢有限公司	9528	9310	218	11434	11379	54
28	泰州联成塑胶工业有限公司	9022	10	9012	5485	57	5428
29	江苏远航船舶国际贸易有限公司	8715	8038	677	6446	5959	486
30	双登集团股份有限公司	7334	7326	8	7360	7343	16

2019 年泰州市按商品类章分进出口情况一览表

表 32

单位:万美元

项目	进出口总额	出口额	进口额
进出口贸易总值	1446582	953159	493423
第一类　活动物;动物产品	2897	1839	1058
第二类　植物产品	91479	1885	89594
第三类　动,植物油,脂,蜡及其分解产品	9263	4478	4785
第四类　食品,饮料,酒及醋;烟草及制品	31131	30992	139
第五类　矿产品	29981	351	29630
第六类　化学工业及其相关工业的产品	344827	156112	188715
第七类　塑料及其制品;橡胶及其制品	86090	73930	12160
第八类　生皮,皮革,毛皮及其制品	4051	3876	175
第九类　木及木制品;其他编结材料制品	47586	1200	46386
第十类　纸浆;纸,纸板及其制品	4765	2311	2454
十一类　纺织原料及纺织制品	73752	64469	9284
十二类　鞋帽伞杖鞭;羽毛制品;人造花	6576	6418	158
十三类　石料及其制品;陶瓷玻璃及制品	6829	5576	1253
十四类　珍珠,宝石,贵金属;仿首饰;硬币	56	0	56
十五类　贱金属及其制品	121276	89270	32006
十六类　机器,电子产品,电气设备及零件	270010	206066	63944
十七类　车辆,航空器,船舶及运输设备	241117	240839	278
十八类　光学,检测,医疗设备;钟表,乐器	23480	12766	10715
十九类　武器,弹药及其零件,附件	310	310	0
二十类　杂项制品	51057	50452	605
二十一类　艺术品,收藏品及古物	0	0	0

续表 32

项目	进出口总额	出口额	进口额
二十二类　特殊交易品及未分类商品	5	21	28
机电产品(包括本目录已具体列名的产品)	41454	531288	84330
农产品(包括本目录已具体列名的产品)	15816	39239	100153

2019 年泰州市按产销国别分进出口情况一览表

表 33　　单位:万美元

项目	进出口总额	出口额	进口额
进出口贸易总值	1446582	953159	493423
亚洲	677670	451217	226454
新加坡	145843	129392	16450
韩国	137666	56635	81032
日本	90531	48228	42303
印度尼西亚	42380	25046	17334
印度	39498	34973	4525
越南	32259	27929	4330
泰国	27875	24856	3019
沙特阿拉伯	17839	5890	11949
马来西亚	15250	11044	4206
阿联酋	11354	8338	3017
菲律宾	9300	7246	2053
孟加拉国	8041	8013	27
巴基斯坦	6924	6602	321
非洲	83457	62046	21411
利比里亚	41989	41775	214
刚果(金)	10795	104	10691
赤道几内亚	6065	829	5236
南非	4549	4403	146
加蓬	4414	419	3994
埃及	2800	2800	0
尼日利亚	2283	2282	0
刚果(布)	1183	97	1086
阿尔及利亚	1017	1017	0
肯尼亚	897	897	0
坦桑尼亚	858	858	0
欧洲	228924	161956	66968
德国	35997	25624	10373
荷兰	28235	23181	5054

续表 33

项目	进出口总额	出口额	进口额
法国	23786	21017	2769
英国	18629	10728	7901
俄罗斯联邦	17685	12577	5108
意大利	14412	10873	3538
比利时	13449	8313	5136
西班牙	11472	10117	1355
挪威	11213	2044	9169
芬兰	11125	1932	9193
波兰	10833	10327	506
瑞典	5366	2485	2881
希腊	3279	3047	232
丹麦	2567	2027	540
瑞士	2315	956	1359
捷克	2305	2243	62
斯洛伐克	2274	2270	4
乌克兰	2053	1782	271
拉丁美洲	166700	65355	101346
巴西	88633	13376	75257
波多黎各	18227	347	17880
巴拿马	18041	18041	1
墨西哥	12378	12311	67
阿根廷	9489	3786	5703
智利	5674	4966	708
哥伦比亚	4081	4071	11
秘鲁	3369	3363	6
乌拉圭	1857	245	1613
厄瓜多尔	1305	1305	0
北美洲	205207	161839	43368
加拿大	27748	14671	13076
美国	177453	147161	30292
大洋洲	84621	50747	33874
澳大利亚	28159	20130	8029
新西兰	8839	2104	6735
巴布亚新几内亚	15597	2834	12763
马绍尔群岛	25361	25361	0

2019 年泰州市按贸易方式分进出口情况一览表

表 34　　　　单位:万美元

项目	进出口总额	出口额	进口额
进出口贸易总值	1446582	953159	493423
一般贸易	897818	566080	331738
国家间、国际组织无偿援助和赠送的物资	77	77	0
加工贸易	482411	368638	113773
来料加工装配贸易	26629	13628	13002
进料加工贸易	455781	355010	100772
外商投资企业作为投资进口的设备、物品	261	0	261
保税仓库进出境货物	57543	12613	44930
保税区进出境仓储或转口货物	8060	5648	2413
出口加工区进口设备物品	7	0	7
其他	404	103	301

2019 年泰州市各市(区)进出口情况一览表

表 35　　　　单位:万美元

市(区)	进出口总额	出口额	进口额
合计	1446582	953159	493423
靖江市	344713	255124	89589
泰兴市	433564	248241	185322
兴化市	75191	72937	2253
海陵区	175377	147172	28205
高港区	158233	53734	104499
泰州医药高新区	126501	64815	61686
姜堰区	133003	111135	21868

·对外及对港澳台服务贸易·

【对外服务贸易】　2019 年,泰州市实现对外服务贸易额 12.4 亿美元。其中,服务贸易出口总额 4.48 亿美元,比上年增长 7.85%;服务进口总额 7.92 亿美元,减少 8.64%。全市服务外包执行额 7.3 亿美元,增长 58.14%。服务外包离岸执行额 4.34 亿美元,增长 40.94%。

【对港澳台服务贸易】　2019 年,泰州市实现对港澳台服务贸易额 15.18 亿美元。其中,服务贸易销出额 6.03 亿美元,比上年增长 20.73%;服务贸易购进额 9.14 亿美元,减少 2.43%。全市服务外包执行额 7.12 亿美元,增长 54.37%。服务外包离岸执行额 4.33 亿美元,增长 40.68%。　(李维垣)

·利用外资及港澳台资·

【概况】　2019 年,泰州市协议使用外资及港澳台资 33.27 亿美元,比上年增长 13.1%;实际使用外资及港澳台资 14.86 亿美元,减少 1.4%。中国香港是全市外资及港澳台资最主要来源地,全市实际到账外资及港澳台资中,中国香港、法国、英属维尔京群岛居前三位,分别为 7.71 亿美元、2.06 亿美元和 1.14 亿美元,分别占全市总量的 54.03%、14.41%和 7.99%。全市外商及港澳台商投资企业实现进出口额 82.21 亿美元,减少 2.0%,占全市进出口总额的 56.8%。其中,进口额 31.74 亿美元,减少 13.7%,占全市进口总额的 64.3%;出口额 50.47 亿美元,增长 6.6%,占全市出口总额的 52.9%。缴纳涉外及涉港澳台税收 58.8 亿元,增长 6.6%。

【投资项目】　2019 年,泰州市新批 126 家外商及港澳台商投资企业中,总投资 1000 万美元以上项目 79 个,占新批项目总数的62.7%。全市新批及净增资3000万美元以上项目56个。至年末,18家世界500强企业在泰州投资的企业有31家,其中泰州医药高新区11家、海陵区2家、高港区6家、姜堰区1家、靖江市2家、泰兴市9家。

【投资产业结构】 2019年,泰州市制造业实际使用外资及港澳台资8.74亿美元,比上年增长45.49%,占全市总量61.22%,增加20个百分点。其中,化学原料及化学制品制造业实际使用外资及港澳台资2.72亿美元,增长79.02%;医药制造业实际使用外资及港澳台资1.19亿美元,减少40.24%;金属制品业实际使用外资及港澳台资1.03亿美元,增长2626.12%。服务业实际使用外资及港澳台资5.52亿美元,减少35.46%,占全市总量37.15%。其中,分销服务业实际使用外资及港澳台资8656万美元;法律服务业实际使用外资及港澳台资7746万美元;房地产业实际使用外资及港澳台资6090万美元;建筑与相关工程服务业实际使用外资及港澳台资5562万美元。

·对外及对港澳台经济技术合作·

【对外投资和合作】 2019年,泰州市新批境外投资企业36家,协议投资额1.47亿美元,投资超500万美元项目10个,其中超1000万美元项目5个。江苏鼎顺控股集团有限公司投资3350万美元在苏里南设立中苏能源公司,是年内全市最大的境外投资项目。全年全市完成对外承包工程项目营业额6.7亿美元,居全省第三位。承包工程项目集中在印度尼西亚、博茨瓦纳、新加坡、柬埔寨等国家。江苏河海科技工程集团、正太集团有限公司、江苏新时代造船有限公司完成外经营业额占全市总量60%。

【对港澳台投资和合作】 2019年,泰州市在中国香港投资5个项目,协议投资额978万美元。中城建第十三工程有限公司投资785万美元设立的中国城建十三局香港有限公司是年内泰州市在中国香港投资额最大的项目。在中国台湾投资批发和零售业项目1个,协议投资额5万美元。 (韩 晨)

·贸易促进·

【出证认证服务】 2019年,泰州市办理各项签证业务19095件,其中一般原产地证13700份、优惠原产地证3132份、国际商事证明书1621份、领事馆认证613份,出具ATA单证册29份,自主打印企业221家。全年新注册会员单位102家,年末会员单位累计1418家。年内,原产地证书自助打印区正式启用,实现办证企业"即来即办、一次办结"。申报的靖江签证点获批。简化商业发票认证流程,全年办理商事认证业务1553份,增长14.7%,其中办理发票认证业务954份。组织签证人员参加"自贸协定原产培地业务培训会""商事认证资格培训",并通过东盟产地证和中智产地证的签发培训考核。举办"FTA惠苏企"(泰州)专题培训班,全市250多名企业代表参加培训。

【境外经贸合作】 2019年,泰州市组织企业参加境外展会,促进企业洽谈合作。5月,组织参加2019年朝鲜平壤春季国际商品展览会,9家企业参展,设置展位12个。9月,组织参加2019年越南－西贡国际建筑装饰材料博览会,5家企业参展。11月,组织参加2019年中国－马来西亚(吉隆坡)国际商品展,20家企业参展。

举办、参与各项重大经贸洽谈活动。5月,组织市区采购商及相关专业人士45人赴淮安观摩第二届中国(淮安)国际食品博览会,参加"食尚消费"采购订货会和"食尚优品"信息发布会暨品牌推介会。6月,举办泰中(泰州)投资机遇研讨会,全市60多家企业参会,向企业介绍泰国贸易投资环境、泰国4.0战略和东部经济走廊国际合作项目。9月,组织企业参加第四届中国－阿拉伯国家博览会。10月,组织正太集团、双登集团等企业参加2019江苏－南部非洲投资与发展高层论坛。12月,组织雪梅制冷、龙冉股份、罡阳股份、优聚贸易等企业参加第十一届中国(江苏)企业跨国投资研讨会。

(陈 敖)

开发园区

·国家级园区·

【泰州医药高新技术产业园】 2019年,泰州医药高新技术产业园实现医药产业营业收入182.2亿元,比上年增长9.6%;新增规模以上工业企业10家,实现规模以上工业总产值53.2亿元,增长5%;完成工业企业一般纳税人开票销售79.7亿元,增长15%;完成一般公共预算收入11.38亿元,其中税收收入8.53亿元。全年完成固定资产投资118.5亿元,其中工业投资88.2亿元,分别增长9.4%、27.9%;实际使用外资1.6亿美元,进出口总额5.9亿美元;净增高新技术企业15家,高新技术企业总数达51家;3家企业上市,迈博太科、亚盛医药先后在港交所上市,硕世生物成为苏中首家科创板上市企业。至年末,园区累计落户国内外知名医药企业1000多家,其中世界知名跨国医药企业13家;2100多项"国际一流、国内领先"的医药创新成果落地申报;4000多名海内外高层次人才加盟,其中国家级高端专家58人。年内,园区居2019中国生物医药产业园区综合竞争力第11位。

项目建设。亿元以上新签约、新开工、新竣工项目数分别为73个、20个、16个。投资1.5亿欧元的海博莱动物疫苗、1亿欧元的阿联酋SA集团保健食品、10亿元的江苏瑞科生物、10亿元的复旦张江二期、10亿元的新绿色中药配方颗粒、首期6亿元的海和生物创新药物等重大项目签约落户;新签约落户的亿元项目中,三类医疗器械和新药产业化项目占比达80%。投资15亿元的迈博太科二期抗体药物产业化、15.29亿元的赛孚士抗体药物CDMO生产基地等重大项目开工建设。投资4亿元的中慧元通疫苗生产、7.2亿元的体育文创中心等重大项目竣工。

产业化进程。全年新获药品注册证9张、药品生产许可证1张、药品

GMP 证书 5 张、药品 GSP 证书 5 张；新获二类医疗器械注册证 184 张、三类医疗器械注册证 16 张、二类和三类医疗器械生产许可证 14 张；新获食品生产许可证 3 张、保健食品注册证与备案证 54 张；新获化妆品生产许可证 3 张、化妆品备案证 61 张；新获国内首家特殊医学用途全营养配方食品注册证 1 张；新获兽药批准文号批件 1 张。至年末，园区在研和申报的一类新药 80 个，取得临床批件的一类新药 42 个；取得生产许可证的药品生产企业 35 家，获得药物临床试验批件 175 张、药品生产批件 123 张；投产医疗器械生产企业 127 家，获得医疗器械注册证及备案证 1455 张。

产学研建设。年内，国际遗传工程和生物技术中心（ICGEB）全球首家区域研究中心签约落户，东南大学生物医药与医疗器械研究院新场地投入使用，复旦健康科学研究院三方共建项目启动，中国科学院大学泰州创新医药产业平台项目签约，中国（泰州）医疗健康大数据中心成立。举办金砖国家生物技术与生物医学创新合作大会。

人才建设。全年新引进硕士以上学位高层次人才 369 人，其中海外留学人才 71 人、国家级人才 11 人、省级人才 18 人，引进省级以上创新团队 2 个。至年末，累计拥有国家最高科学技术奖获得者 1 人、“两院”院士 8 人、国家级高端专家 58 人、国家杰出青年基金获得者 7 人、省“双创人才”124 人。

功能配套。全面启动康健医疗区建设，围绕精准医疗、特色医疗和健康管理，布局专科医院、医技中心、康复中心、健康商业综合体等大健康业态，构建专业化、特色化的医疗健康产业体系。标准厂房区六期、高端医疗器械集聚区三期基本建成。泰州第一外国语学校投入使用，推进泰州医药高新区实验小学建设，体育文创中心基本建成。容纳万人居住的人才公寓建成并投入使用，大型商业综合体建成开业。

【泰州综合保税区】 2019 年，泰州综合保税区实现工业产值 26.88 亿元，进出保税区货值 13.42 亿美元。实际进出口总额 2.56 亿美元，比上年增长 61.01%，其中进口额 0.77 亿美元，减少 14.89%；出口额 1.76 亿美元，增长 166.67%。区内物流企业实现主营业务收入 3332 万元。亿元以上签约项目 15 个，其中外资项目 7 个、内资项目 8 个。新注册企业 14 家，其中内资企业 9 家、外资企业 5 家，内资注册资本总额 1.9 亿元、外资注册资本总额 4000 万美元。亿元以上开工项目 4 个、亿元以上竣工项目 2 个。23 万平方米的标准厂房一期、二期投入使用；建成 3 万平方米的保税展示交易中心大楼，阿里巴巴本地化服务中心入驻运营；6 万平方米的保税仓库二期建成投入使用，启动恒温恒湿库装修设计工作。年内，园区获批增值税一般纳税人资格试点，成为国务院将一般纳税人资格从审批制改为备案制后的全国首家获批单位。启动园区企业申请一般纳税人资格工作，走通跨境电商网购保税进口业务。品库贸易公司走通全省非试点地区的首票业务。

（李　芳）

【靖江经济技术开发区】 2019 年，靖江经济技术开发区实现工业总产值 733.15 亿元，比上年增长 21.9%；一般公共预算收入（不含乡镇）17.02 亿元，增长 10.5%；进出口总额 29.9 亿美元，增长 27.5%；新增规模以上企业 47 家。固定资产投资 180.47 亿元，增长 7.1%。举办上海航空航天产业专题招商会、城南苏州投资峰会、城北暖通空调等专题招商会。全年新签约亿元以上项目 84 个、新开工项目 70 个、新竣工亿元以上项目 72 个。新增高新技术企业 36 家，实施高质量产学研合作项目 46 个，与南京林业大学合作筹建木材研究院，木材研究鉴定中心、木材工程技术研究中心、智能家居创新中心实质性运行，推进钢管研究院、国家级孵化器建设。保税物流中心（B 型）基本建成，大健康产业园一期营养保健品智能制造板块实现试生产运营，智能重装产业园一期万吨级重件码头、重件组装场、集成制造车间建成。靖江港口集团有限公司嫁接道道全粮油、深圳国际等战略投资者，盘活重粮红蜻蜓地块、兴旺物流地块等闲置资产。

江苏南洋船舶有限公司与中船重

泰州综合保税区全景　　（医药高新区党政办供图）

靖江经济技术开发区一角　（靖江市政府办供图）

工702研究所开展高端游艇研发与制造，首艘游艇式高速客船下水。江苏万林木业股份有限公司、靖江国林木业有限公司、江苏慧创家居产业园等构建完成集定制加工、展示交易、文化体验、检验鉴定、物流配送于一体的专业化木材交易体系。19家石化装备设计、制造、销售等产业链协同企业入驻智能重装产业园，实现开票销售18亿元；精密制造产业园靖江市亚泰物流装备有限公司的罐式集装箱、江苏祥福顺金属科技有限公司的家用电器零配件、江苏新浩祥科技有限公司的精密铸造件等8个项目建成投产。靖江特殊钢有限公司整体收购江苏众达炭材有限公司，靖江苏通港务有限公司低效岸线整改通过市级验收。

（靖江市政府办）

·省级园区·

【江苏省泰州经济开发区】 2019年，江苏省泰州经济开发区实现规模以上工业总产值211亿元，比上年增长7.2%；完成税收收入7.87亿元；固定资产投资82亿元，其中工业投资51亿元；协议使用外资1.84亿美元，实际使用外资6168万美元；进出口总额5.1亿美元。全年新签约亿元以上项目64个、新开工亿元以上项目23个、新竣工亿元以上项目14个。总投资1.5亿美元的巨腾三期项目等智能终端产品、高效节能蒸汽热源机、进口半导体设备再制造等项目落户。创新创业园三期、四期项目竣工交付使用，污水处理厂三期项目投入运行。泰州国际汽车城全年实现销售额74.38亿元，3家4S店获评“江苏省汽车销售服务四十强”，中成二手车交易市场获评“江苏省二手车交易市场三十强”。智汇谷众创空间获批国家级众创空间，全年集聚创新创业项目165个，累计实现开票额3亿多元，获专利33项。

（李　芳）

【江苏省泰兴经济开发区】 2019年，江苏省泰兴经济开发区实现工业开票销售778.4亿元，工商税收32.86亿元，实际使用外资2亿美元，港口货物吞吐量4000多万吨，连续7年跻身全国化工园区前十强。实施亿元以上重大产业项目102个，总投资706.8亿元。其中，新开工项目18个，结转在建项目33个，在批项目35个，新签约项目31个。中日精细化工及新材料产业合作园获授牌，创成中国产学研合作创新示范基地、中国智慧化工园区试点示范单位，入选中国绿色化工园区创建单位。推进精细化工产业区、国际合作区新材料产业园和健康美丽产业园（医药、日化）、循环经济产业园开发建设，规划建设济川健康科技小镇（产业发展功能配套区）和北片区新浦产业园。推进精细化工研究院、人才公寓、产业创新中心、润江社区活动中心、滨江养老院扩建等公用工程建设，尾水净化生态湿地一期、马甸生活污水处理等工程竣工投运。通园路建成通车，滨江路、鸿庆路、院士路等道路加快建设。

（泰兴市政府办）

【江苏省兴化经济开发区】 2019年，江苏省兴化经济开发区完成工业入库税金8.27亿元，其中101家规模以上工业企业实现销售收入107.28亿元、完成税收2.66亿元。有区内企业854家，形成以顶康食品、安井食品、五得利面粉等为龙头的九大健康食品产业链，有28家企业销售收入超亿元。全年招引项目50个，计划总投资125.3亿元，其中食品类项目40个。协议使用外资1.25亿美元。举办以“大国美味·思变未来”为主题的第三届中国·兴化健康食品暨调味品产业发展大会，现场签约项目20个，总投资47.6亿元；第十一届中国烘焙年会在园区召开。推进中国兴化国际调味品产业集聚区建设，引进调味品企业100多家，首期12.6万平方米的标准厂房基本建成租。完成中和路、文林路、创汇路、南山路、凝心路贯通等道路工程建设；吾悦广场商业综合体封顶；通扬线航道整治工程项目全面建成交付使用。

（兴化市政府办）

【江苏省泰州海陵工业园】 2019年，江苏省泰州海陵工业园实现征收期工业企业一般纳税人开票销售243.92亿元，比上年增长2.63%；完成税收收入8.97亿元，一般公共财政预算收入5.39亿元；拨付企业技术改造和发展扶持资金7731万元；工业固定资产投资29.95亿元，增长13.46%；服务业产业投资17.6亿元；实际使用外资7800万美元。全年新开工亿元以上项目15个，其中10亿元以上项目1个、服务业项目5个；新竣工亿元以上项目14个。新增规模企业5家。新增工业机器人30个、市级以上示范智能车间1家、市级以上企业技术中心3家、省级工程研究中心1家、江苏股权交易中心挂牌企业2家、科技“小巨人”企业和“专精特新企业”3家，通过两化融合管理体系贯标评定企业4家。

园区高新技术产业产值占工业总产值比重80%；规模以上企业研发费用占全部主营收入比重4.17%；有效发明专利拥有量405件。新建市级以上科技创业载体2个，申报2家省众创空间、1家省级孵化器。新认定市级以上企业研发机构6家。全年落户高层

次人才产业化项目12个，新增国家级人才创业落户项目5个，新增省“双创计划”1个。与北京智汇邦集团等专业公司签订人才项目招引合作战略协议，共建企业需求库和人才项目库，引进5名国家级人才在园区注册公司创业落户，30多名专家与企业达成创新项目合作协议。温泰大道建成通车，横六路（泰康路－泰盛路）完成一层水稳施工，迎春路以北区域开展雨污分流排查。9月，园区被省知识产权局认定为“江苏省知识产权示范园区”；11月，园区被省市场监督管理局授予“江苏地区广告业创新创业示范基地”称号。（海陵区政府办）

【江苏泰州港经济开发区】 2019年，江苏泰州港经济开发区下辖高新园区、核心港区、临港园区，全年实现地区生产总值578.90亿元；工业总产值1386.66亿元，其中规模以上工业总产值963.94亿元；财政收入73.95亿元，税收收入57.45亿元。累计高新技术企业80家，实现高新技术企业工业产值900.93亿元。新批外商和港澳台商投资企业15家，实际使用外资和港澳台资2.1亿美元。2018年度综合考评在全省开发区（含国家级）中居第27位，在82个省级开发区中居第五位。高新园区实现地区生产总值92亿元，增长8.6%；一般公共预算收入5.4亿元，增长2.9%；征收期工业一般纳税人开票销售110.4亿元，增长7.1%。核心港区实现地区生产总值124亿元、工业总产值245.57亿元，分别增长7.07%、5.15%；一般公共预算收入2.91亿元；全年签约1亿元以上项目65个，新开工项目19个，竣工项目18个；协议使用外资和港澳台资2.73亿美元，实际到账1.01亿美元。临港园区实现地区生产总值152.52亿元，增长10.86%；一般公共预算收入2.59亿元；工业企业一般纳税人开票销售119亿元，增长16.5%；实际使用外资和港澳台资8196.34万美元。（高港区政府办）

【江苏省姜堰经济开发区】 2019年，江苏省姜堰经济开发区实现地区生产总值270.6亿元，比上年增长8.5%；工业开票销售收入376亿元，增长13.5%；固定资产投资增长17%；服务业税收18.9亿元，增长6.8%；一般公共预算收入18.1亿元，增长0.3%。全社会研发投入占地区生产总值比重5.13%，高新技术产业产值占规模工业产值比重58.36%，新申报高新技术企业24家。全年新签亿元以上项目46个，其中10亿元以上项目4个。到账外资1.56亿美元。新开工亿元以上项目22个，竣工项目9个，实施1000万元以上技改项目31个，其中亿元以上项目12个。年内，园区获批国家级知识产权试点园区，中来光电创成国家级绿色供应链管理示范企业，太平洋精锻科技创成国家技术创新示范企业，双登集团、中裕软管获批省工程技术研究中心，神王集团、远东电机、宇辉住宅创成省研究生工作站，振华泵业获评首批专精特新“小巨人”企业。（姜堰区政府办）

·特色园区·

【江阴－靖江工业园区】 2019年，江阴－靖江工业园区实施产业强区主导战略和创新驱动核心战略，打造跨江融合先行区、特色产业集聚区、长江大保护样板区和高质量发展引领区。全年完成地区生产总值98.4亿元，比上年增长6.7%；规模工业总产值177亿元，增长3.6%。签约项目12个，总投资56.7亿元。至年末，园区形成船舶、冶金新材料、机械装备、重钢结构、汽车零部件和港口物流六大产业集群，在建项目10个，总投资83.16亿元；拟建项目17个，总投资83.52亿元。（徐　震）

【海陵现代农业产业园区】 2019年，海陵现代农业产业园区项目“中荷（泰州）农业产业园”奠基。投入3000万元实施园区路桥、河道、绿化、燃气接入等基础设施提升工程，开展河道、绿化等环境综合治理，实施麒麟河、北星河等河道长效管护，推进麒麟路“四好农路”建设。完成12家低端种植项目的退租解约。签约高效设施农业、休闲观光项目3个，分别与中海文旅文化产业发展有限公司签约“我的农庄”项目，与常州房车制造有限公司签约旅游开发项目，与柜族（苏州）建筑科技有限公司签约旅游综合体项目。

【泰州市文化创意园】 参见第290页

【江苏（泰州）新能源产业园区】 2019年，江苏（泰州）新能源产业园区有工业企业324家，其中规模以上工业企业55家，全年完成公共财政预算3.1亿元，全社会固定资产投资36.6亿元，一般纳税人开票销售51.9亿元，进出口总额9400万元，实际使用外资4807万美元。完成亿元以上新开工项目18个，其中总投资31亿元的隆基乐叶5吉瓦光伏太阳能组件、总投资12亿元的同泰智能装备产业园等大型项目落户园区并开工建设。完成亿元以上新竣工项目13个。新能源及其配套企业17家，其中规模以上企业5家，实现开票销售22.6亿元。新材料企业9家，其中规模以上企业1家，实现开票销售

江苏（泰州）新能源产业园区　（时永供图）

3.3亿元。智能制造业企业15家，其中规模以上企业4家，实现开票销售15.3亿元。新增市级以上专精特新“小巨人”企业5家；净增国家高新技术企业6家。使用人才发展专项资金1042万元，引进国家级人才8个、省“双创计划”人才2个。

（海陵区政府办）

【泰州数据产业园区】 2019年，泰州数据产业园区实现开票销售54.4亿元，税收收入6947.8万元，规模以上营利性服务业收入3亿元，软件与信息产业收入12.2亿元，限额以上批发业销售额19.2亿元。新签约亿元以上项目19个，其中外资项目2个。与国家卫健委信息中心共同研究健康医疗大数据产业链，制定产业链图谱。建成园区四期主体工程以及复旦大学泰州健康科学研究院工程，三期项目被评为“国家优质工程奖”。园区获批省级电子商务示范基地，新获批省级电子商务示范企业2家；新通过国家高新技术企业认定2家，入库省级高新技术企业5家。获批省“双创人才”1人、省“双创博士”1人，市“双创团队”1个、市“双创人才”13人；引进各类高层次人才45人，集聚高校毕业生200多人。

【泰州滨江工业园区】 2019年，泰州滨江工业园区实现规模工业总产值279.26亿元，规模工业增加值67.61亿元，征收期一般纳税人开票销售249.58亿元，固定资产投资55.46亿元，进出口总额8694.62万美元，协议使用外资8343.24万美元，实际使用外资1053万美元。公共财政预算收入6.9亿元，其中税收收入5.18亿元。园区连续第二年跻身中国化工园区30强，并通过中国石油和化工工业联合会评审，获批“中国智慧化工园区试点示范单位”。新签约亿元以上项目30个，其中内资项目24个、外资项目6个，总投资81亿元；投资10亿元以上内资项目和1亿美元以上外资项目3个；高端石化及新材料项目23个，总投资66亿元。化工及新材料产业实现产值273.78亿元，比上年增长3.84%，占规模工业总产值的98.04%。新开工亿元以上项目9个，其中10亿元以上项目1个；新竣工亿元以上项目8个，其中10亿元以上项目2个。中海油、东联化工完成合并重组；中海特种油项目试生产，中海油润滑油调合、中江装配、润祁科技竣工投产。高新技术产业实现产值47.05亿元，增长124.73%，占规模工业总产值16.85%；签约高新技术项目25个，占比83.3%；开工、竣工项目中，90%以上为高新技术产业类项目。新获批2家省级工程技术研究中心、2家市级工程技术研究中心、1家市级院士工作站、1家市级重点实验室。申报高新技术企业6家，新申请发明专利132件，新增授权发明专利36件。（李 芳）

·南北共建园区·

【锡山经济技术开发区－兴化工业园】 2019年，锡山经济技术开发区－兴化工业园围绕打造“中国健康食品产业创新基地”，突出招引食品项目。全年实现工业产品销售收入124.7亿元，比上年增长16.66%；完成一般公共预算收入1.01亿元，增长10.32%；实现规模以上工业增加值28.09亿元，增长12.33%。

【江阴高新技术产业开发区－黄桥工业园】 2019年，江阴高新技术产业开发区－黄桥工业园重点发展精密制造、节能空冷、汽车零部件等现代装备制造业和新型建筑墙体材料、纳米材料、隐形材料、光电材料等新材料产业。全年实现工业产品销售收入35.68亿元，规模以上工业增加值8.94亿元，完成工业企业固定资产投资20.54亿元，一般公共预算收入0.86亿元。

【昆山高新技术产业开发区－姜堰工业园】 2019年，昆山高新技术产业开发区－姜堰工业园承接昆山高新区产业转移项目及孵化高新技术企业，发展新能源、新材料、先进装备制造产业。全年实现工业开票销售35.85亿元，比上年增长61.3%；公共财政预算收入2585.98万元，增长175%；实际到账外资4770.8万美元，增长377%。

（陈 效）

区域发展

【参与“一带一路”建设】 2019年，泰州市新批投资“一带一路”沿线国家（地区）项目11个，是上年的3.7倍。举办江苏民盟“一带一路”专家行暨交汇点建设五周年座谈会、民盟中央“一带一路”与民心相通论坛，完成泰州市“十四五”期间“一带一路”建设基本思路研究报告。组织4批经贸代表团赴东南亚开展“走出去”服务活动，组织市级媒体采风团赴越南、柬埔寨采访。在越南北江市设立“泰州之窗”，宣传泰州文化。组织开展首届“泰州市友

泰州市高港区滨江生态保护带　（高港区政府办供图）

好使者”评选活动。举办梅兰芳艺术节等大型文旅活动、“丝路信使”国际自行车挑战系列赛等特色品牌赛事，推进与“一带一路”沿线国家（地区）的交流合作。

【长江经济带发展保护】 2019年，泰州市推进长江经济带生态环境突出问题整改，完成6个国家警示片披露专项问题、18个举一反三排查发现问题和1个省警示片披露问题的整改，并通过省级销号验收。推进国家长江委长江干流岸线利用项目涉及泰州市清理整治工作，7个国家要求拆除取缔的项目全部整治完成，56个整改规范项目完成防洪影响论证审查。实施长江生态修复，推进“一带、二岛、三节点”（长江泰州段滨江风光带，靖江马洲岛、泰兴天星洲两个生态岛，高港春江湿地公园、泰兴沿江生态廊道、靖江牧城公园3个节点）沿江生态走廊建设。围绕城乡水环境治理，推动与三峡集团合作，推进落实“资本+”模式。围绕城乡生活垃圾和固废处置，推动与中节能集团合作，共同编制《泰州市静脉产业园核心区概念性规划》，开展生活垃圾处理、固废危废处理、大气治理、生态修复、资源循环利用等节能环保领域合作。推动项目融资，与中国农业发展银行共同梳理泰州市长江大保护项目清单，入库项目36个，总投资360亿元，融资需求200亿元，并与农发行江苏分行签订战略协议。组织危化品企业搬迁及生态修复、污水和垃圾处理、城乡供水一体化等领域项目，与国开行江苏分行对接，项目总投资165亿元；落实1亿元应急贷款用于泰兴滨江污泥处置。

【长三角区域一体化发展】 2019年，泰州市编印《泰州建设江苏高质量发展中部支点城市总体方案》，开展《“十四五”时期加快融入长三角一体化》课题研究。组织开展“服务大上海，融入长三角”系列活动，召开泰州城市推介会、改革交流会、美食发布会等。参加上海旅游节，开发运营上海－泰州－南京往返豪华游轮产品。与上海金桥开发区、同济大学、杨浦区政府合作共建上海金桥·黄桥产业园、国家级绿色发展和循环经济创新泰兴中心。联合扬州、南通、盐城三市签订流域横向生态保护合作及跨界水环境区域补偿协议，建立水环境区域补偿机制。泰州市在全省率先实现与上海之间异地就医门诊直接结算。泰州医药高新区与复旦大学共建泰州健康科学研究院。推进江阴高新技术产业开发区－黄桥工业园、锡山经济技术开发区－兴化工业园、昆山高新技术产业开发区－姜堰工业园3个南北共建园区发展。泰兴黄桥经济开发区与上海金桥开发区合作共建“上海金桥·黄桥产业园”，共同建设高科技产业化基地；泰兴高新技术产业开发区与同济大学、杨浦区政府合作共建“国家级绿色发展和循环经济创新泰兴中心”。开展江阴第二、江阴第三过江通道工程可行性研究，推进北沿江高铁、盐泰锡常宜铁路前期工作，常泰城际铁路被纳入《江苏省沿江城市群城际轨道交通网规划（2018～2035年）》。全市形成以沪陕高速、启扬高速和盐靖高速、泰镇高速为骨架的“两横两纵”高速路网，以泰州港、扬泰机场、火车站、汽车客运总站为核心的“一港一场两站”运输枢纽，以江阴大桥和泰州大桥为支撑的“跨江融合”交通格局。

【对口支援与合作】 2019年，泰州市实施援藏项目7个，总投资1.47亿元。实施援疆项目30个，总投资1.99亿元。落实财政援助湖北省秭归县资金128万元，组织开展消费扶贫活动。落实苏陕扶贫协作资金5880万元，筛选确定协作项目35个；投入额外财政资金1144.8万元，组织社会帮扶资金物资418万元，采购、销售咸阳当地特色农产品1604万元，带动当地贫困人口1084人；选派87名专业技术人才赴咸阳市支持贫困县社会事业发展，接收123名咸阳专业技术人才到泰州学习深造，吸收27名咸阳籍贫困学生到泰州就读。制定《泰州市与本溪市对口合作2019年工作方案》，确定高层领导会商、产业园区建设、重点产业合作、干部培训交流、新闻媒体互宣、民间沟通交流等14项重点工作；泰州市7个市（区）分别与本溪市7个县（区）建立“一对一”结对机制；组织10多家泰州企业赴本溪进行交流、对接，中体国源公司在桓仁县征地4公顷，总投资3.6亿元；泰州宏大特种钢机械公司参与本钢设计院混改，收购并运营本钢设计院的相关业务；《泰州日报》开设“今日本溪”专栏，《本溪日报》增设泰（州）本（溪）合作专版报道。 （邵月娥）

责任编辑 张 华 耿 维

交通

·交通综述·

【概况】 2019年,泰州市围绕"面向长三角、接轨沪宁杭"的区域性交通枢纽城市定位,推进高速铁路、高速公路、国省干线、港口和机场建设,建设"公铁水空"综合交通运输体系,全年完成交通固定资产投资115.1亿元,比上年增长7.76%。年末全市公路里程1.01万千米,其中高速公路里程320.64千米。年末民用汽车拥有量82.52万辆,净增5.69万辆;私人轿车拥有量51万辆,净增3.17万辆。

推进2条高铁、3条过江通道、6条高速公路等重大项目前期工作。其中,完成北沿江高铁可研审查,推进盐泰锡常宜铁路工程可行性研究及勘察设计;完成江阴第二过江通道全部工可前置性审批,开展江阴第三过江通道、张皋(靖)过江通道工可研究;阜兴泰高速二期(兴化至建湖段)、沪陕高速广陵至平潮段、宁盐高速、兴东高速、盐靖高速扩容工程、常泰长江大桥北接线工程等一批高速公路前期工作达到序时进度要求。

全面启动常泰长江大桥主桥水上施工。开工建设全市首个交通重大工程PPP项目——姜堰南绕城快速路项目,站前路快速化工程实现高架通车,东环高架北延和快速化工程基本贯通。实施9个国省干线项目,其中355省道泰兴段建成通车。通扬线三级航道整治工程完成年度投资任务。实施6个沿江港口项目,推进兴化港区城南作业区码头一期工程建设。完成集疏散、连接线和扶贫公路建设投资8.3亿元,占年度交通固定资产投资7.24%。

推进综合立体交通网规划(2021~2050年)、交通基础设施国土空间控制规划、"十四五"综合交通运输体系规划、中长期航空发展规划、泰州港总体规划(修订)、港口岸线整合利用规划(2019~2025)、市域快速路网规划等编修工作。开展常泰过江通道铁路接线方案、泰州市域(郊)铁路、泰州港铁路专用线、淮兴泰高速铁路等专项研究。(李玥 季杰)

【绿色交通】 2019年,泰州市鼓励运输企业购置和使用新能源客车,淘汰能耗高、技术状况差、营运成本高的车辆,全年更新中高级以上客车117辆,其中新增电动客车100辆。市区新购新能源公交车253辆,报废柴油公交车38辆、天然气公交车13辆。全面实施中国第三阶段汽车排放标准(国三)及国三以下排放标准营运中型、重型柴油货车淘汰工作,全年淘汰922辆。全面实施汽车检测与维护(I/M)制度,39家I站、28家M站实现与省汽车尾气治理平台联网。强化施工工地扬尘管控,检查站前路快速化工程、东环高架北延工程等10个项目、21个标段,下发检查通报12份。6家沿江大型煤炭矿石码头堆场建设防风抑尘设施或实现封闭储存。完成2项堆场整治提升项目建设、2套原油成品油码头油气回收建设、3套低压岸电设施建设任务。全市沿江港口码头完成船舶垃圾分类回收设施建设,实现沿江船舶污染物"零排放、全接收"。开展船舶防污检查6923艘次,处罚船舶267艘次;在航船舶封舱检查11171艘次,封舱处罚15艘次,船舶封舱情况良好;危险品船舶报港检查1766艘次。

【运力结构调整】 2019年,泰州市制定《推进运输结构调整实施方案》,实施货运铁路扩能行动、水路运输升级行动、多式联运提速行动、公路货运治理行动、城市绿色配送行动、信息资源整合行动。完善铁路货运体系,提升铁路运输能力,开展铁路货运情况摸底调研,组织泰州港铁路支线规划研究,实施冷链物流集装箱运输专用线建设;推动铁路货运场站设施升级改造,总投资40亿元的普洛斯物流园项目落户姜堰区;引导鼓励年货运量150万吨以上的重点企业、物流园区选择铁路运输方式。优化港航规划布局,推进沿江和内河港口总体规划修编,提升港口大宗货物"公转铁""公转水"比例,打造江苏省煤炭物流靖江基地、核心港区粮油食品产业园、中国进口木材产业基地等一批临港产业、物流特色园区。深化公路货运车辆超限超载治理,优化公路超限检测站点布局,推进多部门联合治超。鼓励"互联网+货运物流"新业态、新模式发展,挖掘辖区内无车承运项目,新增中国物流泰州有限公司、江苏快来运信息科技有限责任公司等企业从事无车承运业务。发展企业联盟、品牌连锁等集约高效的运输组织模式,推进泰州钓鱼岛物流中心建设,整合30多家专线企业共同参与。依托"四好农村路"建

设,完善农村三级物流网络节点体系,新建(改造)一批县级农村物流集散地。

·交通固定资产投资建设·

【高速公路及通道建设】 2019年,泰州市基本形成以横向沪陕高速、启扬高速,纵向盐靖高速、泰镇高速和兴泰高速为骨架的“两横两纵”高速路网。全年完成高速公路及通道建设投资5亿元,占年度交通固定资产投资4.34%。年末全市高速公路总里程320.64千米。泰镇高速泰州至高港段工程通过竣工验收。常泰过江通道于1月9日开工建设,11月22日主体工程全面开工。阜兴泰高速公路兴化至泰州段工程以全省最高分通过竣工验收。

【普通国省干线公路建设】 2019年,泰州市完成普通国省干线公路建设投资22亿元,占年度交通固定资产投资的18.91%。年末全市普通国省道1077千米。推进229省道兴化段改扩建工程、兴化市合陈至临城公路工程(351省道、231省道)(昌荣至临城段)、504省道泰兴段改扩建工程建设。353省道泰州段改扩建工程、232省道泰兴段改扩建工程、356省道高港段拓宽改造工程于2月12日集中开工建设,总长84.32千米,总投资47.54亿元。全长26.7千米、总投资15亿元的355省道泰兴段改扩建工程于1月18日建成通车。全年组织实施普通国省道安防工程397千米。 (李 玥)

【城市快速路建设】 参见第233页

【农村道路建设】 2019年,泰州市完成农村公路投资19.5亿元,占年度交通固定资产投资16.92%,年末全市农村公路9009千米。全年全市实施农村公路提档升级822千米,改造桥梁762座,实施农村公路安防工程1450千米,建设体量超过前3年总和。至年末,全市农村公路总里程9009千米,桥梁6131座,等级公路比例达100%,三类以上桥梁比率96.8%。全市建制村双车道四级路通达率100%,提前1年实现镇村公交开通率100%的目标。年内,泰州市通过“四好农村路”省级示范市验收,靖江市、兴化市、海陵区、姜堰区通过省级“四好农村路”示范县验收。

2019年1月9~10日,泰镇高速通过竣工验收 (市交通运输局供图)

【航闸建设】 2019年,泰州市完成航道建设投资5.3亿元,占年度交通固定资产投资4.61%。通扬线航道整治工程完成投资1.8亿元,为年度计划的120%,其中航道工程8748.1万元、桥梁工程9250.1万元,建设护岸7.9千米,疏浚土方55.2万立方米;姜堰段航道工程年内完工,具备交工条件。推进生态旅游航道建设,兴化“1号水路”建成开通,通扬线生态旅游航道“十里花海”景观工程开工建设。投资1933万元实施3项船闸养护工程,其中周山河船闸检修工程、口岸船闸大修改造工程完成并通过验收,兴化生态旅游航道护岸工程按计划完成年度目标。

【港口建设】 2019年,泰州市完成港口建设投资6.7亿元,占年度交通固定资产投资5.82%。建成1个万吨级以上泊位,新增通过能力65万吨。推进兴化港区城南作业区码头一期工程、泰兴港区七圩公用码头工程建设,滨江通用码头建设进入附属设施安装阶段,虹桥码头工程建设进入试运行阶段。推进沿江港口岸电项目建设,建成岸电设施3套,完成三峰靖江港务物流有限责任公司岸电工程、泰州集装箱码头有限公司二期岸电工程建设。沿江港口累计建成低压岸电57套(不包含舾装码头),岸电系统基本建成。

【客货运站场建设】 2019年,泰州市完成汽车客货运站场建设投资4.3亿元,占年度交通固定资产投资3.77%。新购公交车辆202辆,年末公交车辆累计达2086辆,建成公交站台104座。总建筑面积4.81万平方米的泰州汽车客运西站于1月18日投入试运营,设计日均旅客发送量1.13万人次,开通开往上海、浙江、山东和省内多个城市的38条线路。占地面积5.7公顷、总投资6500万元的泰兴市黄桥汽车客运站于4月29日投入运营,设计日均旅客发送量8000人次。姜堰区娄庄汽车客运站于3月投入运营。江苏万林木材物流配送中心完成竣工验收,投入运营。

【铁路建设】 2019年,泰州市推进高铁建设前期工作。9月,国家铁路集团在南京组织召开北沿江高铁可行性研究报告审查会,泰州市境内推荐沿姜高公路经由黄桥北的线路贯通方案,设置泰州南、黄桥两个高铁站,北沿江高铁与规划盐泰锡常宜铁路在泰州南站共站分场。10月28日,盐泰锡常宜铁路过江通道工程涉水专题研究中间成果咨询研讨会在泰州召开。完成盐泰锡常宜铁路过江通道线位比较、桥隧方案比选等多个专题研究。全面开工常泰城际铁路过江通道主体工程,开展常泰通道铁路过江接线方案规划研究。9月底,市政府、中国铁路经济规划研究院在北京联合召开泰州市铁路网规划研究(2018～2040)评审会。年内,市交通运输局组织开展淮兴泰高铁、泰州港铁路支线规划等多项铁路规划研究;专题研究泰州火车站开行始发终到动车组进京达沪方案。

【航空建设】 2019年,泰州市完成航空建设投资3.5亿元,占年度交通固定资产投资3.04%。全年泰州市累计拨付扬州泰州国际机场航线培育资金1.36亿元。经民航总局同意,扬泰国际机场总体规划中的近、远期规划建设内容纳入二期扩建项目;二期改扩建工程于12月30日全面启动。东部机场集团拟收购扬州泰州国际机场51%股权,涉及泰州市股份10.2%。年内,市交通运输局在全市境内开展中长期航空发展规划和机场项目国土空间规划编制工作,规划新建通用机场项目中的兴化通用机场已完成机场规划选址,省发改委、交通运输厅于6月18日联合召开兴化通用机场选址专家咨询会。 (李玥)

·重大交通建设项目·

【泰州市首条公铁两用过江通道——常泰过江通道】 2019年1月9日,加快推进江苏过江通道暨常泰过江通道开工动员会在泰兴市举行,省委副书记、省长吴政隆出席动员会并宣布开工建设。10月26日,主桥水上施工正式启动。11月22日,项目主体工程全面开工。

常泰过江通道是泰州市首条公铁两用过江通道,是继江阴长江大桥、泰州长江公路大桥之后的第三条过江通道,也是长江干流第一座集高速公路、普通公路、铁路"三位一体"的跨江大桥。位于泰州长江大桥和江阴长江大桥之间,起自泰兴境内宁通高速泰兴东互通与广陵枢纽之间,向南跨越长江,经常州新北区,止于与江宜高速交叉处安家互通,长约37千米,建设工期5年,估算总投资144.56亿元。该项目采用城际铁路、高速公路、一级公路3种交通方式合并过江方案,上层桥面布置双向六车道高速公路,设计速度100千米/小时;下层桥面上游侧布置两线泰常城际铁路,设计速度200千米/小时;下游侧布置四车道一级公路,设计速度80千米/小时,公铁合建段长约5.3千米,一级公路接线长约4.78千米。

【兴化"1号水路"建成开通】 兴化"1号水路"(建口线乌巾荡至菜花景区旅游航道)是省"交通+旅游"重要建设项目,南起兴化乌巾荡景区,沿下官河北上至平旺湖,再往西经黄邳河、李中河至水上森林景区,全长16千米,项目总投资1.73亿元。2018年11月开工建设,2019年4月10日建成开通,累计建成3个码头(乌巾荡1号码头、平旺湖2号码头和李中水上森林景区3号码头)、13座水乡风车以及沿线8座跨河桥梁的装饰,2艘50座、4艘10座的旅游客船投入运营,初步形成集观光旅游、文化科普、体育休闲等于一体的生态旅游航道。

姜堰南绕城快速化改造工程立体效果图 (顾祥忠供图)

【泰州市首个交通重大工程PPP项目——姜堰南绕城快速化改造工程开工建设】 2019年12月30日,姜堰南绕城快速化改造工程全面开工。该工程是市区快速路网规划的重要组成部分,也是泰州市交通历史上第一条采取PPP模式建设的重大交通基础设施工程。工程顺延328国道海姜段快速路,起于盐靖高速公路,向东以高架形式贯通姜堰城区,止于229省道,全长6.65千米,计划总投资27.56亿元,设置4对上下匝道和1处单环涡轮全互通式立交,建设工期3年。配套建设占地面积10公顷、总建筑面积8.9万平方米的交通综合体项目。主路采用双向六车道一级公路标准兼城市快速路标准,设计速度为每小时80千米;辅道采用双向六车道城市主干路标准,设计速度为每小时50千米。

【兴泰高速公路通过竣工验收】 兴泰高速起自兴化市区南侧临城镇附近,止于泰高高速公路淤溪枢纽,全长35.66千米,全线按双向四车道高速公路标准建设,设计速度120千米/小时。该条高速设置3处互通收费站,分别是兴化南、兴化周庄和姜堰俞垛。2019年12月27日,兴泰高速公路通过省交通厅组织的竣工验收,从兴化市驾车到泰州主城区由1个小时缩短至20分钟。

【泰州市首条随路建设的地下综合管廊项目——京泰路南延地下管廊工程】 京泰路南延地下管廊工程是全市首条随路建设的地下综合管廊。京泰路南延工程北起海姜大道,南至凤凰路,全长5.39千米、宽60米。其中,管廊工程全长5.37千米,随京泰路南延工程同步建设,管廊形式为单箱单舱,敷设于道路中分带下,采用叠合板、预制管节工艺,节点处采用现浇工艺,矩形断面宽4.1米、高3.85米。管廊工程于2018年3月开标,中标价5亿元,工期450天。2018年6月进场

施工。至2019年末,管廊工程主体结构完工。（史 志）

·交通运输生产·

【公路运输】 至2019年末,泰州市公路总里程10086千米,公路密度1.74千米/平方千米,其中普通国省道1077千米、农村公路9009千米。全年全市完成公路客运量5907万人次,比上年减少3.2%;公路客运周转量406456万人千米,减少2.7%。完成公路货运量3202万吨,增长5.3%;公路货运周转量82.33亿吨千米,增长5.0%。

【水路运输】 至2019年末,泰州市境内航道总里程2550.23千米。其中,三级航道规划里程215.53千米,实际里程139.68千米;四级航道规划里程77.45千米,实际里程14.18千米;五级航道规划里程195.35千米,实际里程25.00千米;六级航道规划里程299.88千米,实际里程225.43千米;其他为七级航道和等外级航道,实际里程2145.94千米。全年完成水路货运量1.94亿吨,比上年增长3.9%;水路货运周转量895.42亿吨千米,增长5.2%。管辖两座交通船闸,分别为周山河船闸、口岸船闸。其中,周山河船闸全年累计开放18108闸次,通过各类船舶78400艘,过闸船舶总通过量3036万吨,其中货物通过量1766万吨,优良闸次率100%,征收过闸费1515万元;口岸船闸全年累计开放18000闸次,通过各类船舶86000多艘,总通过量3350万吨,其中货物通过量2000万吨,优良闸次率100%,征收过闸费1190万元。

泰州港国际集装箱码头　（市交通运输局供图）

【港口装卸】 2019年,泰州市全社会港口货物吞吐量首次超过3亿吨,达3.06亿吨,比上年增长16.9%,其中外贸吞吐量2780万吨,增长26.6%。集装箱年吞吐量35.08万标箱。泰州港拥有长江自然岸线97.8千米,由高港、泰兴、靖江3个港区构成,有杨湾、高港、永安、过船、七圩、夹港、八圩、新港8个作业区。至年末,泰州港有生产性泊位175个,其中万吨级以上泊位64个,形成通过能力1.52亿吨,全年实现吞吐量2.82亿吨,增长15.2%,吞吐量居全省第四位。泰州内河港实现年吞吐量2395万吨。

2019年泰州港分货类吞吐量一览表

表36

货物分类		单位	吞吐量
集装箱吞吐量		万标准箱	35.08
货物吞吐量总计		万吨	28243.22
其中主要货种	煤炭及制品	万吨	8823.81
	石油天然气及制品	万吨	959.11
	金属矿石	万吨	4403.33
	粮食	万吨	2242.48
	矿建材料	万吨	7536.69
	木材	万吨	1035.78

【铁路运输】 2019年,泰州市境内由宁启铁路与新长铁路构成的“一横一纵”铁路网总长度100.4千米,其中宁启铁路42.4千米、新长铁路58千米。全年泰州火车站发送旅客209.147万人次,货运吞吐量19.14万吨。

【航空运输】 2019年,扬州泰州国际机场完成旅客吞吐量298万人次,比上年增长25%,增幅在东部机场集团成员机场中居第三位；完成货邮吞吐量1.23万吨，增长12%；航班平均客座率86%，航班平均放行率77.6%，放行率增幅居省内机场首位。至年末，机场与国内外12家航空公司建立合作关系，累计开通国内外通航点54个，运营航线38条，其中国际和地区航线8条。8月3日，扬州泰州国际机场单日旅客吞吐量首次破万，达10032人次。

【春节运输】 2019年1月21日~3月1日春运期间，泰州市安全运输旅客216.36万人次，比上年减少12.8%。其中，公路运送旅客192.06万人次，减少13.5%；铁路运送旅客24.3万人次，减少7%，基本实现无旅客滞留、无安全事故。全市投入正班运力1023辆、2997个班次；市运管部门出动执法人员1200人次、稽查车400多台次，检查车辆100多台，纠正违规经营行为45起，保障春运市场平稳有序。

2019年春节七天假期期间，全市公路铁路发送旅客量32.85万人次，其中公路发送旅客量29.01万人次、铁路发送旅客量3.84万人次，比上年略有下降。扬州泰州国际机场实现旅客吞吐量4.95万人次，航班起降382架次，货邮吞吐量42.6吨，分别增长6.1%、3.8%、70.3%。

【互联网+客运】 2019年，泰州市深化“互联网+客运”应用，优化“运游结合、定制客运”服务模式，开通运游结合班线14条，定制客运班线15条。推动传统巡游车与网约车服务融合发展，推进巡游出租车运价改革，实行政府指导价，完善巡游出租车运价形成机制。协调应用“叫了个车”互联网平台，扩大服务区域和使用人群。规范网约车发展，督促滴滴公司制定合规经营计划，许可“万顺叫车”“欧拉”“斑马快跑”“就到出行”4家网约车服务平台公司，修订《网络预约出租汽车经营服务管理实施细则》。加强网约车驾驶员规范化管理，全年取得从业资格证的网约车司机1181人，考试通过率82%。

·交通行业管理·

【公路管理】 2019年，泰州市开展交通干线沿线环境综合整治“五项行动”，全市普通国省道、航道、港口、码头等存在问题销号5331个。整治普通国省道“马路市场”、违法广告、非法搭接道口等问题，改善路域环境。市政府将超限超载治理工作纳入各市（区）及职能部门年度管理目标。推进路警联合治超，交警驻站率100%。普通国省道超限率1.41%，同比降低1.15个百分点，低于2.5%的省控目标。完成国省道公路车辆通行费征收5254.4万元；免费放行“绿色通道”车辆13.72万辆，减免通行费137.16万元。市交通运输局全年办理公路行政许可81件。

2019年1月，泰州汽车客运南站迎来春运“返乡潮”

（市交通运输局供图）

【公路安全保障】 2019年，泰州市实施普通国省道安全生命防护工程397千米，涉及344国道、229省道、232省道、351省道、352省道、506省道6条线路，累计投入资金2530万元，封闭中分带开口110处，改造交叉口16处，增设中分带波形梁防撞护栏32千米。投入1.19亿元实施农村公路安全生命防护工程1451千米。投入1000万元完成普通国省道标志标线更新改造工程年度建设任务。全面完成省安委会挂牌督办的231省道姜堰华港段、229省道泰兴元竹段、229省道靖江孤山段3处事故多发路段隐患整治，累计投入资金250万元，封闭中分带和侧分带开口23处，改造交叉口3处，增设中分带波形梁防撞护栏1.9千米。

【公路养护】 2019年，泰州市投资1.06亿元实施干线公路养护大中修工程6项、40.14千米。建成506省道新通扬运河特大桥、231省道猪腊沟大桥2套桥梁健康监测系统。344国道朱沥沟大桥和兴缸大桥、345国道高港大桥、328国道海陵大桥、229省道渔婆桥等桥梁维修改造超序时进度。马庄工区改造工程开工建设；推进养护工区标准化建设和养护机械设备配置，普通国省道一级公路机械化清扫率100%。普通国省道MQI值（公路路况综合评定指数）为92、PCI（路况指数）优良率93%。投资7.8亿元，实施县道养护大中修工程127千米，全市县道技术状况MQI值89.41、优良率89.85%，乡村道优良率85.86%。

【客运市场管理】 2019年，泰州市深化道路客运车辆主动安全智能防控系统应用，安装车辆918辆，安装率100%，监控平台实现24小时值守。落实“三不进站、六不出站”等各项安全管理制度，全面做好实名制售检票工作，全市三级以上汽车客运站全部接入省联网售票系统，三级汽车客运站均配备手持式安检仪2把。开展旅游包车专项整治，排查旅游包车客运企

业、车辆、人员资质，督促规范使用线路标志牌。制定《道路旅客运输安全严管严控工作方案》，重点整治道路旅客运输车辆非法运营、站外带客、不按核定线路行驶、车辆超员超载等违法违规行为。

【汽车维修市场管理】 2019年，泰州市推进汽车维修电子档案建设，全市在册226家一类、二类汽车维修企业全部完成与电子档案平台对接工作，上传维修记录近200万条，有效数据上传率90%。印发《强化在用车排放检验和维修治理专项行动实施方案》，全面建立实施检测与维护（I/M）制度，至年末，全市39家I站和28家M站均实现与省汽车尾气检测和治理平台联网，实现检测治理信息实时上传，全市M站治理不合格车辆1200多辆次。组织实施道路运输达标车辆核查工作，对新进入运输市场的1392辆中型、重型柴油货车开展达标核查，出具达标核查报告，配发道路运输证。全市汽车综合性能检测机构全部实现"三站合一"，具备"三检合一"检测能力，完成综检机构与部省平台联网对接工作，实现普货车辆省内网上年审和异地审验。

【内河航政管理】 2019年，泰州市组织航道通航条件影响评价审查，办理行政许可5件，航道通航条件影响评价审核17件。推进全市干线航道沿线环境综合整治，全面完成垃圾清理和碍航设施清理任务，基本完成违章建筑拆除工作。委托第三方实施干线航道沿线环境无人机航拍，在垃圾清理、绿化美化等方面形成问题清单372项，全部完成整改。干线航道沿线环境综合整治工作通过省级验收。

【内河水上交通安全管理】 2019年，泰州市开展全市水路运输企业安全生产大检查，督促91家航运公司，特别是2家危化品运输公司落实安全生产主体责任。妥善处置"9·29""兴丰机688"卤汀河撞船事故，1人获救、1人死亡，构成一般等级水上交通安全事故。加强水上交通安全监管工作，开展船舶载运危险货物安全整治"百日行动"以及船舶超限超载、渡船质量检验等专项行动。推进"绿色船舶"建设，在5个重点水源保护地设置船舶禁停区；开展长江通江口门水域环境整治，驱离住家船和废品船40多艘，清理水泥沉船6艘。全年泰州市地方海事局接警72起，组织搜救行动72次，救助船舶62艘次，救助遇险人员7人，挽回直接经济损失167万元。

【船舶检验和船员管理】 2019年，泰州市地方海事局完成船舶建造检验541艘、26.1万总吨，船舶营运检验8184艘、438万总吨，船用产品检验8380台（套），图纸审批211套，船检业务量继续保持全省行业领先。完成5艘5000吨级危化品船舶的建造检验，创造全省地方检验危化品船舶的最大吨位纪录。新建船员考试标准化电子考场2个，累计达78个；完成船员培训质量管理体系改版，船舶船员管理工作通过交通运输部海事局年度复审。全年办理各类船舶登记3460艘次，组织各类船员考试2867人次，发放船员服务簿及证书3467本。推进"壹号趸船"港政执法码头相关手续办理工作，《防洪能力评估报告》于4月通过专家评审，《环境影响评估报告》于11月通过专家评审。 （李　玥）

水　利

·水利综述·

【概况】 2019年，泰州市完成水利建设投资11.19亿元。其中，省级水利重点工程累计到位资金6.22亿元，实施下官河、蚌蜒河整治以及老328国道沿线控制建筑物除险加固等工程项目；农村水利建设计划完成投资4.97亿元，实施农村河道疏浚、中小河流重点县等工程项目。出台《泰州市节约用水办法》，泰州市通过全国水生态文明城市试点验收，兴化市、泰兴市、姜堰区通过国家级县域节水型社会达标建设验收。建成"大引、大排、大调度"的城市防洪及水生态环境改善体系，编制《市区水环境提升工程三年行动方案》。加强水土流失预防和治理，出台《泰州市水土保持管理办法》（泰政规〔2019〕4号）。全面完成河湖和水利工程管理范围划定工作，并通过省级现场验收核查。启动全市"十四五"水利发展规划编制，编制完成《国土空间总体规划水利设施专项报告》。编制《管河道保护与利用规划（草案）》，于12月13日经市政府常务会议审议并原则通过。审核《高铁枢纽片区重大项目合作开发工作规划》，提出与水利规划相衔接的意见和建议。开展涉水建设项目规划符合性审查，办理相关复函14份。

【引江河二期工程获"大禹工程奖"】 2019年，泰州引江河二期工程获评2017～2018年度"中国水利工程优质奖"，该奖项又称"大禹工程奖"，每两年表彰一次，是水利工程行业优质工程的最高奖项。泰州引江河是江苏省苏北东部地区引江供水的两大引水口门之一，全长23.85千米，现状河道航道等级为Ⅲ级，规划引江总规模为600立方米/秒，一期工程于1995年11月开工，1999年9月完工；二期工程于2012年12月开工建设，2016年12月通过竣工验收；在一、二期工程基础上，新建高港枢纽二线船闸，工程总投资6.96亿元。

·水利工程建设和管理·

【省重点水利工程】 2019年，泰州市列入省重点水利工程计划投资项目4项，总投资2.74亿元，其中里下河洼地治理工程1.7亿元。至年末，泰州医药高新区长江干流江苏段崩岸应急治理工程、泰兴市古马干河（马甸枢纽－西姜黄河）治理工程通过参建单位完工验收，兴化蚌蜒河（渭水河－西塘港段）整治工程征迁工作基本完成，里下河平原洼地治理工程完成招投标并进场施工。

【城乡水利工程】 2019年，泰州市完成周山河整治四期工程、2019年度水生态河道治理王庄河整治工程建设。推进农村河道综合治理，疏浚整治县乡村三级河道1095条、525千米，疏浚河道土方1050万立方米，生态护岸86

千米。完善小型农田水利设施,新建、改造灌溉站90座、排涝站54座、涵闸20座,修建各类防渗渠道42千米。实施靖江、泰兴中小河流重点市(区)项目,累计完成投资1.2亿元。新增、改善农田灌溉面积866.67公顷,新增旱涝保收田66公顷。

【河道工程管理】 2019年,泰州市强化凤凰河国家水利风景区的管理养护,实施"双水绕城"景观提升等项目建设;3月,凤凰河获评省级生态样板河湖。参与大运河文化带水环境整治活动,清除老通扬河沿线各类垃圾杂物200多吨,补植绿化近2万平方米。清除城区河段垃圾杂物近1000吨,完成刘西河永定路南段河道综合整治。

【河湖确权划界】 2019年,泰州市按照《江苏省河湖和水利工程管理范围划定工作验收办法》要求,全面完成82条河道、22个湖泊湖荡、71座闸站的管理范围划定工作,测绘界线4084.65千米,制作安装管理界桩26329根、告示牌2945个。年内,河湖确权通过市级技术预验收和市(区)级正式验收,并通过省级现场验收核查。

【里下河退圩(渔)还湖】 2019年,泰州市完成《里下河腹部地区(泰州市姜堰区)湖泊湖荡退圩还湖专项规划》的编制上报,并通过省水利厅组织的专家审查。兴化市洋汉荡、耿家荡、东潭等退圩还湖实施方案获省水利厅批复。实施兴化市得胜湖、平旺湖、洋汉荡、陈堡草荡、蜈蚣湖等湖泊湖荡退圩还湖工程,至年末,完成平旺湖一期工程,基本完成陈堡草荡工程,蜈蚣湖一期工程进度过半,基本完成得胜湖工程、洋汉荡一期工程的湖区搬迁工作。

【长江岸线保护与开发利用项目专项整治】 2019年,泰州市列入长江干流岸线利用整治清单的项目有63个。其中,7个拆除取缔项目率先通过省级销号验收;5个位于生态敏感区的项目全面完成整改;40个可能存在重大防洪影响的项目完成拆除;其余11个整改规范项目,有6个项目完成拆除取缔,5个项目通过防洪影响论证审查。

·水法制建设·

【水行政执法】 2019年,泰州市开展市管河道、长江岸线及里下河湖泊执法巡查2575次,出动执法船艇728艘次,立案查处涉水违法案件72起。开展河湖"三乱"(乱占、乱建、乱排)专项整治,市级排查的499个问题全部完成整改并通过验收,省级通报的58个问题有38个完成整改并通过验收,9个项目申请挂起;泰州市河湖"三乱"整治通过省高质量发展考核。开展河湖"清四乱"(乱占、乱采、乱堆、乱建)专项行动,排查"清四乱"问题1318个,全部完成整改并通过验收。全面推行重大水事违法案件挂牌督办工作机制,组织开展长江联合执法巡查330次,查处非法采砂(运砂)船53件,没收和摧毁采砂机具28台(套)。完成"智守长江"水行政执法信息化平台建设,实时监控长江河道,跟踪记录执法过程,网上审批水事案件,动态监管采砂船舶,远程指挥执法活动。

整治后的通扬线姜堰段航道　　（市水利局供图）

【水行政审批"网上办"】 2019年,泰州市深化水行政审批制度改革,动态调整市及各市(区)水利部门的行政权力事项,完善三级"四同"权力清单,全面推行水行政审批服务事项"网上办"。市水利局行政许可、行政征收、行政奖励、行政裁决、行政确认、行政其他权力6类29个行政权力事项中,有28个实现"网上办"。

【涉水行政许可】 2019年,泰州市对行政权力事项实施动态调整,重新编制水利部门行政许可、行政处罚、行政强制、行政征收、行政确认、行政其他权力等行政权力事项175个,印发《行政权力事项目录清单》。组织专家逐一论证全市长江沿线未经批准的已建项目(非限期拆除的项目)的整改方案,提出54个项目的限期整改意见。实施湖泊违法建设项目销号管理,满足许可条件的项目按规定补办行政许可手续。组织开展生产建设项目水土保持方案的技术评审,评审费用均纳入各级财政预算。推行市开发区水土保持方案和洪水影响评价区域评估工作,降低制度性交易成本。年内,市水利局办理涉水行政许可事项66件,其中生产建设项目水土保持方案审批8件。

【农业水价综合改革】 2019年,泰州市全面明确工程产权,落实管护主体,安装计量设施3700台(套),基本实现灌溉泵站全覆盖。用水合作组织管理的有效灌溉面积21.2万公顷,占计划改革面积的83%。水权制度基本建立,水价核定全部完成。在里下河地区流动打水机船灌溉区,推广以单一

位于高港区刁铺街道的水文化公园　　（市水利局供图）

灌溉站的供水范围为改革单元、统筹资金用于维修养护、节水奖励和精准补贴的模式，全年完成灌溉面积9.3万公顷，超出年定计划0.9万公顷；累计完成灌溉面积15.27万公顷，占应改总面积的64%。

【水利普法宣传】　2019年，泰州市水利局开展"以案释法基层行"专场宣传3次。在《泰州日报》开辟"世界水日"专版进行水利普法宣传，制作4条水法宣传微视频在泰州电视台播放。"中国水周"期间，开展水法律法规专题宣传、水利普法广场宣传，制作普法展牌20多块；委托市邮政公司将水资源管理和节约用水制度简介随《泰州晚报》递送给各征订户。举办主题为"人人关心水资源个个保护水环境"的法治大讲堂总堂活动。

（陈建勋　李　想）

·引江河建设和管理·

【引江河工程管理】　2019年，泰州市推进引江河工程精细化管理，加强工程巡视检查和维修养护，修订泵站、水闸、船闸、抗排所、拉马河闸等《管理细则》。11月2日，江苏省泰州引江河管理处以水闸工程958.4分、泵站工程965分的成绩通过水利部国家级水利工程管理单位复核验收；获全国水利安全生产标准化成果展评活动二等奖，通过水利安全生产标准化一级单位延期申请。泰州引江河二期工程获2017～2018年度"中国水利工程优质奖"。

【防汛防旱】　2019年，江苏省泰州引江河管理处落实防汛防旱责任制，全年执行省防指调度指令35次，高港枢纽向苏北及里下河地区大流量引水315天，累计引长江水60.3亿立方米；高港泵站冬春枯水期7次向通南地区开机送水2.79亿立方米。组织省防汛机动抢险三队参与全省防汛抢险实战演练，提高应急处置能力。

【河湖管理】　2019年，江苏省泰州引江河管理处健全河湖管理组织架构，发挥里下河腹部地区湖泊湖荡管理与保护联席会议作用，推进里下河湖区管理与保护，查处涉湖违建项目。推进退圩还湖工作，实施退圩还湖规划监管，境内湖泊退圩还湖专项规划全部通过省级技术审查，退圩还湖施工面积超过里下河湖区总保护面积的四分之一。推行里下河湖区、通榆河、泰州引江河网格化管理，出台网格化巡查、案件分类处置、考核、奖惩等相关制度，实现里下河湖区146个网格巡查全覆盖，通榆河、泰州引江河网格员巡查1141次、巡查里程6226千米。

【河湖执法】　2019年，泰州市开展引江河、通榆河及里下河湖区河湖"三乱"整治验收销号工作，完成泰州市、南通市、盐城市、连云港市、扬州市167个"三乱"点现场核查验收。加强工程管理范围内的"两违"整治，立案查处2起。划界确权工程通过省水利厅竣工验收。完成泰州引江河原交叉管理区域移交工作。开展引江河河道整治行动5次，清除高港枢纽水域非法停泊杂船20条。

【高港船闸通航服务】　2019年，泰州市推广使用高港船闸电子收费信息系统和微信公众平台，简化船民办事流程。推进船舶诚信管理，查处违章船舶220艘次，处理船舶严重失信行为30艘次，全年船闸通航有序。应对因京杭运河缺水和临近船闸大修导致的通航高峰，全年开闸3.57万闸次，放行船舶16.3万艘次，过闸船舶吨位累计达1.58亿吨，比上年增长10.2%。年内，"高港船闸智慧管理系统研究与应用"项目成果获2018年度江苏省水利科技进步奖三等奖。

（王昕炜）

能　源

·能源综述·

【概况】　2019年，泰州市电厂装机容量673.70万千瓦，占全省装机总容量的5.07%，其中公用电厂624.89万千瓦、自备电厂（含分布式装机容量）48.81万千瓦。全市累计发电量311.95亿千瓦时，比上年降低1.18%。全市分布式光伏装机容量24.74万千瓦，增长43.56%，累计发电量23184万千瓦时，增长48.04%。至年末，全市有500千伏变电站2座、220千伏变电站34座、110千伏变电站119座、35千伏变电站21座。全年全社会用电量296亿千瓦时，比上年增长3.45%；完成售电量268.86亿千瓦时，增长3.47%。统调最高用电负荷492.07万千瓦。年末用电营业户数266.36万户。编制《泰州智慧能源建设战略研究》，推动城市和能源协同发展。推进智能电网建设，形成“一体系、一园区、一平台”（智能运检体系、全物联智慧示范园区、能源服务线上平台）典型实践方案。发展绿色能源，隆基乐叶泰州年产5吉瓦单晶组件项目落户海陵区，靖江国际大酒店成为国内饭店业首个绿色能源管培基地。

【首届国际电力数据科学大会在泰州召开】 2019年11月22～24日，首届国际电力数据科学大会在泰州召开。大会由电气与电子工程师协会IEEE主办，省计算机学会、省人工智能学会等单位协办，国家能源集团泰州发电有限公司、中国电力工程顾问集团华东电力设计院有限公司等联合承办，国内外电力系统和数据科学领域的专家学者、企业家等100多人参会。该次会议是全球唯一一个为电力系统和数据科学领域的专家学者搭建的学术交流平台，旨在推动新兴交叉学科电力数据科学领域的发展，促进从事电力系统与数据科学研发各大高校、研究机构与企业的合作。大会主席、国家能源集团泰州发电有限公司总经理陈旭伟致开幕辞并作大会特邀报告。中国能源建设集团华东电力装备有限公司总经理唐涛，清华大学、复旦大学、哈尔滨工业大学等高校学者作学术报告。大会还邀请在业界有影响力的企业在软件基因、电力数据应用论坛进行学术交流。

·电力设施建设·

【电力开工项目】 2019年，泰州市电力基础设施项目计划新开工规模为110千伏及以上输电线路长度165.39千米，其中220千伏线路42.1千米、110千伏线路123.29千米；计划新开工项目主变容量60.6万千伏安，其中220千伏变电容量18万千伏安、110千伏变电容量42.6万千伏安。全年新开工220千伏项目1个、110千伏项目12个；新开工220千伏项目变电容量18万千伏安、线路长度42.1千米，新开工110千伏项目变电容量42.60万千伏安，线路长度122.49千米。

【电力投产项目】 2019年，泰州市电力基础设施项目计划投产规模为110千伏及以上输电线路长度225.25千米，其中220千伏线路132.80千米、110千伏输电线路长度92.45千米；计划投产项目主变容量93.20万千伏安，其中220千伏变电容量18万千伏安、110千伏变电容量75.2万千伏安。全年投产输变电工程18项，投运输电线路长度238.31千米、变电容量95.2万千伏安，主网设备连续3年未出现超重载。投产220千伏输电线路长度132.8千米、110千伏输电线路长度92.45千米；投产220千伏变电容量18万千伏安、110千伏变电容量75.2万千伏安。新建改造10千伏输电线路长度1885千米，配变1183台。全市户均变电容量达5.24千伏安。

【电力业扩报装】 2019年，国网泰州供电公司受理业扩报装申请10.88万户，比上年增长23.37%；申请增长容量370.56万千伏安，减少5.86%。其中，受理10千伏及以上客户2285户，增长容量209.73万千伏安，占总增长容量的56.6%。大工业申请788户，申请增长容量111.93万千伏安，减少11.88%。全年业扩报装完成10.50万户，增长26.48%；业扩增长容量306.53万千伏安，增长7.75%。其中，10千伏及以上客户数1975户，增长容量158.09万千伏安，占总增长容量的51.57%。大工业完成报装662户，累计增长容量89.48万千伏安，减少15.7%。 （邵月娥）

·电网发展·

【电网规划与建设】 2019年，泰州市编制《泰州智慧能源建设战略研究》，开展电网远景发展规划研究，确定1500万千瓦饱和负荷下泰州电网结构和布点需求，研究成果通过评审并纳入发展规划。提前完成东二过江通道及2021年电网基建项目包各项支撑性文件。投产输变电工程18项，投运线路238.31千米、变电容量95.2万千伏安，主网设备连续3年未出现超重载。修编市（区）供电公司单元制规划，完成338个配网网架项目储备，单元制规划及经研体系建设获国网公司认可。

【智能电网】 2019年，泰州市推进无人机智能巡检、物联化配电网等9项工程建设，形成“一体系、一园区、一平台”典型实践方案。在泰州医药高

兴化水上光伏 （顾祥忠供图）

新区建成全物联变电站、全物联配电台区、全物联线路，实现设备全息感知、数据即时共享。编制《输电线路无人机差异化巡检技术规范》等4项技术标准，全部入选国网公司技术标准库。成立全国首家无人机智能运检技术实验室，无人机精细巡检实现110千伏及以上电网全覆盖，通道巡检效率提升5倍以上，应用图像识别算法、杆塔及通道异物等缺陷识别率提升至85%。推进城区骨干网传输带宽升级，完成无线专网一期工程建设。

【电网服务】 2019年，泰州市在全省率先实现"无证办电"，身份证明、项目批文等办电资料全部线上共享。出台行政审批豁免政策，在全省率先实现县（市、区）电力外线行政审批豁免全覆盖，实现300米内业扩报装工程行政免审批，提前完成报装接电"特快电力"时间压降目标，高、低压接电时长分别压降至25个和3个工作日。开展能源电商"新零售"试点，完成2个"新零售"示范厅改造建设，交付全省"e车购"平台销售的首台电动汽车，成立全省首家电动汽车服务领域范围内社会化合资公司。深化"金泰阳"社区供电服务，挂钩服务市区5个街道60个社区。沈高供电所被国网公司评为"五星级乡镇供电所"。

（徐　捷）

【用电趋势】 2019年，泰州全社会用电量296亿千瓦时，比上年增长3.45%。供电量276.58亿千瓦时，增长3.09%，比全省平均增速高0.71个百分点。分产（行）业用电，第一产业用电量3亿千瓦时、第二产业用电量215.71亿千瓦时、第三产业用电量37.32亿千瓦时，分别增长3.22%、3.26%、8.18%；第一产业用电量占比1.02%、同比持平，第二产业用电量占比72.87%、降低0.13个百分点，第三产业用电量占比12.61%、增长0.55个百分点。全市三大先进制造业集群用电量总量59.17亿千瓦时，增长17.02%，拉动全社会电量增长3.01个百分点。全市十大制造业中有6个行业电量比上年有所增长。其中，金属制品业累计用电量最高，达49.95亿千瓦时，减少4.9%；化学原料和化学制品制造业累计用电量增速最高，累计用电量45.11亿千瓦时，增长21.84%，拉动工业电量提高3.94%。全年城乡居民生活用电量39.96亿千瓦时，其中城镇居民用电量16.14亿千瓦时、乡村居民用电量23.82亿千瓦时，分别增长0.32%、1.46%、减少0.44%。

【重点企业用电】 2019年，泰州市"50强"企业中19家企业用电量比上年有所增长，用电增速最大的为泰州中来光电科技有限公司，增速97.73%。

市区重点企业中，梅兰化工累计用电量69389万千瓦时，比上年减少7.1%；中海油气累计用电量32942万千瓦时，减少7.84%；乐叶光伏累计用电量20902万千瓦时，减少1.5%；海阳化纤累计用电量9904万千瓦时，减少6.19%。

靖江市重点企业中，长强钢铁增容后的自备机组基本满发，累计用电量53032千瓦时，比上年增长5.53%；新扬子造船累计用电量15647万千瓦时，减少10.57%；新时代造船累计用电量22519万千瓦时，增长30.5%；亚星锚链累计用电量4518万千瓦时，增长9.07%。

泰兴市化工产业累计用电量37.29亿千瓦时，比上年增长30.29%，拉动泰兴市工业用电量提高16.65个百分点。其中新浦化学累计用电量217668万千瓦时，增长28.79%；昇科化学累计用电量19054万千瓦时，减少16.61%；爱森（中国）絮凝剂累计用电量20221万千瓦时，增长12.3%。

姜堰区重点企业中，双登集团累计用电量9251万千瓦时，比上年减少2.92%；华丽塑料累计用电量11086万千瓦时，减少13.02%；太平洋齿轮累计用电量2772万千瓦时，减少10.15%；中来光电累计用电量15332万千瓦时，增长97.73%。

兴化市金属制品业累计用电量24.07亿千瓦时，比上年减少7.72%。其中，兴达钢帘线累计用电量108218万千瓦时，增长1.05%；申源特钢累计用电量19650万千瓦时，减少10.45%。其他行业中，双乐化工累计用电量4989万千瓦时，减少5.05%；安井食品累计用电量5316万千瓦时，增长21.66%。

2019年泰州市全社会用电分类情况一览表

表37　　　　单位：万千瓦时

指标名称	2019年	同比（%）	占比（%）
全社会用电总计	2959956	3.45	100.00
A. 全行业用电合计	2560320	3.95	86.50
第一产业	30044	3.22	1.02
第二产业	2157053	3.26	72.87
第三产业	373223	8.18	12.61
B. 城乡居民生活用电合计	399636	0.32	13.50

续表 37

指标名称	2019 年	同比(%)	占比(%)
城镇居民	161424	1.46	5.45
乡村居民	238212	-0.44	8.05
一、农、林、牧、渔业	51041	4.71	1.72
二、工业	2123599	3.22	71.74
三、建筑业	34280	6.39	1.16
四、交通运输、仓储和邮政业	24039	4.90	0.81
五、信息传输、软件和信息技术服务业	21952	-0.39	0.74
六、批发和零售业	78566	9.46	2.65
七、住宿和餐饮业	27918	11.20	0.94
八、金融业	6691	14.51	0.23
九、房地产业	42610	11.20	1.44
十、租赁和商务服务业	19264	25.23	0.65
十一、公共服务及管理组织	130360	5.72	4.40

·电厂发电·

【国家能源集团泰州发电有限公司】 国家能源集团泰州发电有限公司位于高港区永安洲镇，主要经营范围为火力发电。2019 年，公司实现营业收入 63.54 亿元，利润总额 7.89 亿元，完成经济增加值 3.33 亿元。全年发电量 200 亿千瓦时，入厂标煤单价 641.05 元/吨(不含税)，供电煤耗 274.23 克/千瓦时，发电厂用电率 1.65%；年供热量 201.2 万吨，固弃物总销售量 93.03 万吨。全年未发生人身设备和环境污染事故，实现连续安全生产 4239 天。二氧化硫、氮氧化物、烟尘平均排放指标分别为 14.85 毫克/立方米、37.72 毫克/立方米、2.27 毫克/立方米，达到环保要求，获评国家能源集团安全环保一级单位。获专利授权 4 项；《降低 1000 兆瓦二次再热塔式炉吹灰器故障率》获中国水利电力质量管理协会 QC 成果三等奖，实现公司 QC 国家级奖项“零”的突破；在省电力行业协会 QC 成果发布中获一等奖 2 个、二等奖 2 个和三等奖 3 个，2 个 QC 小组被评为省优秀质量管理小组。

【大唐姜堰燃机热电有限责任公司】 大唐姜堰燃机热电有限责任公司位于姜堰区经济开发区，占地面积 9.53 公顷，主要经营范围为电力、蒸汽生产及销售，是国内首家智慧电力企业。2019 年，公司年发电量 17 亿千瓦时、年供热量 335 万吉焦；年末在册在岗员工 98 人。大唐泰州 2×200 兆瓦燃气-蒸汽联合循环热电联产机组自正式投入生产运营以来已安全运行 900 多天，主要设备缺陷为零，各项经济技术指标全部达到优良级，其中二氧化硫、氮氧化物、烟尘的瞬时排放量分别为 0.06 毫克/立方米、11.93 毫克/立方米、0.02 毫克/立方米，达到环保要求。

·绿色能源·

【新能源发电】 2019 年，泰州市分布式光伏装机容量 24.74 万千瓦，比上年增长 43.56%；全年累计发电量 2.32 亿千瓦时，增长 48.04%。全年清洁能源发电 8.76 亿千瓦时，增长 20.1%；完成电能替代 10.9 亿千瓦时，增长 9%。年内，泰州隆基乐叶光伏科技有限公司承建的“江苏省高性能单晶太阳能及组件工程研究中心”获批省级工程研究中心。

【综合能源服务】 2019 年，泰州市围绕高效用能，联合相关产业联盟、高等院校，合作研发“智慧能源”，推进综合能源服务变革。国网泰州供电公司累计完成综合能源服务项目 23 个，实现综合能源服务营业合同金额 1.57 亿元。8 月 30 日，国网泰州供电公司承建的泰州学院用热工程正式投运；该项目以电、校合作方式，对新建的 3 栋学生宿舍公寓楼开展“太阳能热水器+新增空气源热泵和蓄热式电锅炉”链式节能方案试点，年节约热水费 40 多万元，成为全省首个高校综合能源示范项目。

【电能替代】 2019 年，泰州市拓展电能替代市场，在全省率先开展国有大

中型粮库空气源热泵粮食电烘干推广工作。建成农村泛在电力物联网智能平台，完成粮食电烘干模块的开发和应用，相关经验做法被中央电视台等主流媒体报道。兴化市溱潼镇建成全电气化商业餐饮示范街区。国网泰州供电公司推动全市园区开展“源网荷储”协调互补供应规划，拓展电能替代业务，建设能源服务样板工程，全年完成电能替代电量12亿千瓦时，折合节约标准煤14.76万吨，减少二氧化碳排放94万吨。（邵月娥）

【垃圾焚烧发电】 2019年12月31日，泰州市生活垃圾焚烧发电二期扩建项目、垃圾分类收集后端处理工程项目在泰州资源循环利用基地开工建设，两个项目均采用PPP模式，由市城投集团代表政府出资与社会资本合作。生活垃圾发电二期扩建项目规划建设占地面积12公顷，总投资7.04亿元，项目建成后形成850吨/日生活垃圾处理、18兆瓦发电装机容量。垃圾分类收集后端处理项目规划建设占地面积20.27公顷，包括建筑装潢垃圾资源化综合利用、大件垃圾、可回收物分拣（预处理）中心、家庭源有害垃圾暂存等4个子项目，总投资7.24亿元，项目建成后实现年处理建筑装潢垃圾150万吨、大件垃圾1.5万吨、可回收物5.5万吨。（王　飞）

【隆基乐叶光伏项目】 泰州隆基乐叶光伏科技有限公司注册资本6亿元，主要从事高效单晶电池、组件的生产与研发，是一家致力于光伏发电技术研发与服务的高新技术企业。2015年，公司投资40亿元，建成年产2吉瓦高效单晶电池（实际产能2.5吉瓦）和2吉瓦单晶组件（实际产能4吉瓦）生产基地项目，并在泰州建立电池研发中心和产品研发中心，单晶PERC电池转换效率24.06%，组件产品功率连续11次破世界纪录。2019年6月14日，海陵区政府与隆基股份举行隆基乐叶泰州年产5吉瓦单晶组件项目签约仪式，项目投资32亿元，将成为隆基股份投入产能最大的生产基地，组件产能15吉瓦，年产值超过200亿元。

【中来光电光伏项目】 泰州中来光电科技有限公司是苏州中来光伏新材股份有限公司在姜堰经济开发区设立的全资子公司，总投资20亿元，N型双面高效电池项目一期2016年10月投产，占地面积5.9公顷，建成6条电池生产线、1条研发线和1条组件线，成为全球首家量产N型单晶双面电池的企业。2018年，中来光电启动二期高效光伏制造项目，总投资10多亿元，分电池及组件2个生产车间，项目占地面积6.67公顷，建筑面积4.8万平方米，当年建成投产，其中电池车间建有3条智能化生产线，产能600兆瓦；组件车间建有两条智能化生产线，产能500兆瓦。2019年6月，泰州中来光电与上海电气签约“320兆瓦光伏太阳能电站项目”，该项目为迪拜提供绿色、清洁能源，是全球最大装机容量的太阳能光热、光伏综合工程，是中国“一带一路”重点项目。（史　志）

【国内饭店业首个绿色能源管培基地】 2019年11月15日，中国饭店行业协会授予靖江国际大酒店“绿色能源管理培训基地”称号，成为全国饭店行业首个绿色能源管理培训基地。靖江国际大酒店开展全面用能诊断，通过安装空气源热泵、用电锅炉替代天然气锅炉提供生活热水、为中央空调加装电蓄冷装置、利用夜间低谷电蓄能等，降低综合用能成本。该项目采用合同能源管理模式，3年左右收回投资。

【国网“e车购”平台江苏首台电动汽车在泰州交付新车】 2019年4月30日，国网“e车购”平台江苏首台电动汽车订单在国网泰州供电公司市区营业厅实现新车交付。年内，国网泰州供电公司全面开展国网能源电商“新零售”试点示范工作，依托营业厅资源，开展“e车购”电动汽车租售业务、“电e连”家庭电气化、乡村电气化业务、“惠农帮”精准扶贫业务的品牌推广和产品销售。（史　志）

通　信

【概况】 2019年，泰州市推进通信基础设施建设，全市电信行业完成固定资产投资7.83亿元，年末接入网光缆线路累计长度14.40万千米，其中长途光缆线路长度2278.85千米。基础电信运营企业固定互联网宽带接入端口增加8.71万个，累计371.67万个；移动电话基站增加1.15万个，累计2.52万个。全市互联网普及率59.5%，网民规模276万人，占全省的5.56%；接入网站数1.6万个，占全省

2019年6月6日，泰州中来光电科技有限公司与上海电气签约建设全球最大装机容量的太阳能光热、光伏综合工程。图为中来光电N型单晶双面太阳能电池生产车间　（顾祥忠供图）

的3.81%;访问量排名前50位的网站1个。有互联网接入服务企业5家,持有内容分发网络业务(CDN)许可证的企业1家,持有云业务许可证的企业1家。全面启动5G网络建设。泰州移动公司采用双频段组网,推进场景化5G网络建设;建成全市首个5G商用基站(兴化千垛菜花景区);至年末,累计建成5G基站400个。泰州电信公司开通全市首条“5G一条街”(凤凰路);联合泰州联通公司共建共享5G基站,实现“电信建设、联通共享”;率先实现5G NSA组网下载波聚合测试,5G下载峰值速率2.6Gbps;至年末,累计开通5G基站123个。

2019年5月17日,泰州电信公司召开智能宽带发布会

(泰州电信公司供图)

【5G网络基站建设】 2019年,泰州移动公司启动场景化5G网络建设,完成万达广场、千岛菜花景区等热点区域5G建设,全年新建5G网络基站400个。4月2日,在兴化千垛菜花景区建成全市第一个5G商用基站。11月6日,完成南理工泰州科技学院5G网络室外覆盖。12月1日,完成政企事业单位(市政府大楼)场景5G深度覆盖,累计安装5G设备385台,布放光缆6.2千米,熔纤2120芯,跳纤1620芯,现场测试最高下载速率1.1Gbps。12月4日,完成居民区场景首个移动5G覆盖(莲花六号区)。12月5日,完成工业园区场景首个移动5G覆盖(城东工业园)。12月25日,完成商业圈场景首个移动5G覆盖(温泰市场)。泰州电信公司全年新开通5G网络基站123个,建成5G网络示范街区10多条,向公众开放首批电信5G业务体验营业厅14个。率先实现5G NSA组网下载波聚合测试,5G下载峰值速率2.6Gbps。2月16日,在智慧家庭开放实验室建成全市首个5G试验站。在千垛菜花节、溱湖会船节、“丝路信使”国际自行车赛、建国70周年泰州成就展、泰兴国际马拉松赛等重大活动中开通5G网络,其中在兴化菜花节、溱潼会船节期间首次实现大型活动5G天翼云商务直播,观看人数62.7万人次。10月31日,电信5G商用正式开启。12月10日,开通全市首条“5G一条街”。联合联通公司共建共享5G基站,实现“电信建设、联通共享”。

【通信行业生态链建设】 2019年,泰州移动公司举办移动合作伙伴大会,与30多家合作伙伴签订战略协议;承建泰州政务综合云平台、泰兴智慧城市、公安三四级网、路边停车场等城市核心基础信息化项目。泰州电信公司启动5G智能制造、智慧警务等应用,与多家企业达成5G合作,建设全市首个5G产业融合示范应用区,推动智力运动、电子竞技和文创行业等新兴产业转型升级;邀请华为公司到泰州举办5G通信技术展;“智慧家,电信造”生态品牌正式上线,推出全屋WiFi、智能音箱、智能摄像头、智慧直饮水等智能产品。

【泰州首条“5G一条街”开通】 2019年12月3日,泰州电信公司启动市区凤凰路5G基站建设,经过3轮以上的网络调优、拉网测试和调整,新增基站扇区9个。12月10日,泰州市首条“5G一条街”(凤凰路)正式开通,从凤凰路凤凰大桥到东风路路口的3000多米5G信号覆盖区内,可免费体验5G极速网络,当日单点峰值速率1.4Gbps。

(郭以文　张　璐　沈小娟)

责任编辑　叶　彤

城乡建设和管理

综 述

【概况】 2019年,泰州市建立“政府引导、企业主体、市场化运作”的开发模式,推进城市建设。泰州金融广场建成开放,华润万象城24万平方米双子塔工程通过超限高层抗震专项审查。市体育公园“一场三馆”建设进展顺利,体育场主体工程基本完成。海军诞生地旧址及纪念馆修缮全面竣工。推进城市快速路网建设,完善市内交通与市际交通的有序衔接,组织实施4条城市快速路建设,永定路快速化西延建成通车,东环高架北延等快速路加快建设。春晖路北延、运河路东延等“断头路”建成通车。全长5.5千米的京泰路管廊建设完成,可容纳地下管线13种。推进国家生态园林城市创建,基本实现“300米见绿、500米见园”。实施海绵改造、雨污分流、污水截流、水体治理等工程,完成污水管网建设57.7千米、小区雨污分流46个,市区河道基本实现“零黑臭”。推进公园绿地项目建设,“十分钟公园”服务圈达91.79%。

全面实施乡村振兴战略。创成全国“一村一品”示范村镇3家、省级绿色防控示范区14个。新增省级特色田园乡村3个,祁巷村入选中国美丽休闲乡村,513个村庄建成县级以上“美丽乡村”。组织创建申报“水美乡村”,累计创成省“水美乡镇”22个、省“水美乡村”141个。聚力打赢农村脱贫攻坚战,全市建档立卡低收入人口和经济薄弱村全部达到省、市脱贫标准。深化农村改革创新,新增农村承包土地“三权分置”改革示范乡镇10个。加强新型农业经营主体培育,新培育省级示范家庭农场49家。推进农村人居环境整治,启动“1123”示范镇村创建,推进农村生活垃圾治理、生活污水治理和“厕所革命”;通过国务院农村人居环境整治暗访检查。推动农村庭院绿化美化、村庄亮化,所有村庄达到“整洁村”标准。全面落实义务教育、基本医疗和住房安全等“两不愁三保障”政策。兴化长江引水工程正式开工。建成农村公路822千米,完成桥梁改造762座、农村公路安全生命防护工程1450千米,实现行政村双车道四级路全覆盖。 (殷恒杰 李 想)

【周山河新城】 2019年,周山河街区管委会依据《泰州市第四轮城市总体规划战略研究》《体育公园及省泰中周边中心城市设计》,完善规划编制,加快基础配套,服务开发建设,妥善处理安置矛盾。参与北沿江高铁、盐泰锡常宜城际铁路规划方案的研究,推进体育公园周边土地的整理征收和配套建设。全年审核发放项目贷款15亿元,化解政府债务2.37亿元,5个项目完成竣工决算。市政设施建设方面,淮河路(海陵路－泰高路段)、蒋庄路、东周港路、海军南路雨污水项目建设按序时推进;串塘河路、塘野南路完成水稳摊铺,引凤路(大纵湖路－海军南路段)、海河路(东风南路－鼓楼南路段)完成沥青摊铺,盛唐路(太湖路－洪泽湖路段)、洪泽湖路(东风路－盛唐路段)完成清表并进场施工;市中心血站东侧支路建成通车。教育项目建设方面,周山河初中项目是泰州市区唯一报省级建筑节能引导资金项目、装配式建筑设计标识三星项目,获评省级建筑产业现代化示范项目奖;周山河小学、周山河初中项目主体工程、绿化工程年内全部完成,获评省建筑施工标准化工地。征地拆迁安置方

在建中的体育公园 (顾祥忠供图)

面,推进凤凰三居苑、锦绣双河城2个安置区的续建工作;完成东谢欣园不动产证办理初始登记和东谢安置区的回迁安置工作,东谢棚户区地块挂牌上市;办结凤凰曦城不动产证606套,发放历年村组拆迁安置补偿款560多万元;实施空闲土地抢占性绿化措施。招商引资方面,完成新签约亿元以上项目11个,计划总投资11.2亿元;完成亿元以上新开工项目1个,完成协议使用外资80万美元;体育公园西侧地块挂牌上市,成交价16.57亿元。

(李　芳)

【"城建惠民"两年行动计划】 2019年3月8日,泰州市召开"城建惠民"推进工作会议,部署开展石材市场整治、破损道路修复、重要节点提升等专项行动。5月,市政府召开"三违"整治动员会,开展市区违法建设、违法棚亭、违法广告的拆除工作。市委、市政府主要领导专题调研黑臭水体整治、雨污分流改造、石材市场整治、道路破损等涉及民生的城建项目进展情况。8月27日,市政府举行新闻发布会,推出"城建惠民"两年行动计划,组织实施6个专项行动、27项重点任务。6个专项行动分别是:环境卫生治脏行动、市容市貌治乱行动、道路通行治堵行动、生态环境治污行动、城市功能提升行动和市民文明素质提升行动。27项重点任务分别是:提升道路保洁质量、河道管护全面覆盖、加速推进垃圾分类、公厕人性化改造、改造50个老旧小区;重点区域"三违"整治以及流动摊点、破旧立面、建筑工地、通信杆线、废旧回收专项整治;调整公交线路11条、新增纯电动公交车100台、开工建设城东公交枢纽站,加快停车场建设、推动停车共享,建成海陵路济川路、鼓楼路东进路过街天桥2座,海陵路东进路地下通道1处,推进城市智能交通管理系统建设;污水管网、石材加工市场、小餐饮大排档、洗车行业专项整治;园林绿化、照明亮化、农贸市场、体育健身设施、无障碍设施提档升级;全民素质再提升、文明交通再提升、志愿服务再提升等。

【体育公园项目】 体育公园项目位于周山河街区天德湖公园以南地块,规划占地面积46.93公顷,预计总投资18.8亿元,采取PPP模式推进建设,能够满足承办省内综合性赛事和国内单项赛事对体育场馆的要求。规划建设的"一场三馆"主体工程基本完成,可容纳3万人的大型体育场总建筑面积5.7万平方米,包含1条400米标准环形跑道、1个标准足球场和多个田径赛场地、功能用房及体育产业用房,年内体育场索承网格和环形桁架完成吊装,幕墙单位进场安装预埋件,水电安装随工程进度推进。总建筑面积3万平方米的体育馆砼结构完成55%,总建筑面积2.5万平方米的现代化游泳跳水馆砼结构完成70%,总建筑面积1.9万平方米的全民健身馆主体工程基本完成,其他综合产业空间、体育运动公园等配套设施项目按序推进。

(殷恒杰)

市区共享单车采用"固定桩+电子围栏"的形式,车辆停放有序可控

(市城管局供图)

城乡规划

【概况】 2019年,泰州市启动国土空间规划编制工作,印发《泰州市国土空间总体规划编制工作方案》。率先在全省开展全域长江经济带国土空间用途管制和纠错机制探索研究,编制《泰州市沿江地区生态保护和空间规划利用专项规划》《泰州市沿江"一张图"规划》。开展控制性详细规划调整工作,在全省率先推进规划用地"多审合一、多证合一"改革。强化规划服务,服务全市重大建设项目近300个。

【规划专题研究和专项报告】 2019年,泰州市按照《国土空间总体规划编制工作方案(2020～2035年)》,推进专题研究、专项报告和市区规划大纲编制工作。至2019年末,完成城市总体规划和土地利用总体规划实施评估报告、资源环境承载能力和国土空间开发适应性评价、城市中长期发展战略及空间要素支撑研究、"长三角一体化"视角下的区域协同发展研究等12个重大专题研究。围绕城市发展重点片区开展规划研究,启动高铁枢纽片区规划研究项目,形成规划中期成果。完成社会经济、生态环境、农业农村、综合交通、产业发展等21个专项报告初步成果。各市(区)形成规划大纲初步成果。

【专项规划和控制性详规编制】 2019年,泰州市推进各类专项规划、片区控制性详细规划编制工作。海绵城市专项规划、城市照明专项规划、城西街区控规(修编)、春兰街区控制性详细规划(修编)、刁铺街区控制性详细规划(修编)等获市政府批准实施。在周山河新城控制性详细规划的基础上,专题启动周山河新城体育公园、省泰中周边片区城市设计工作并通过专家论证。编制完成《城区中小学及幼儿园布局和建设计划(2018～2020)》《市区

社区设置和社区综合服务设施建设专项规划(2018～2035年)》等专项规划。

【镇村规划】 2019年,泰州市按照“集聚提升类、特色保护类、城乡融合类、搬迁撤并类和其他一般村庄”的分类标准,优化完善全市镇村布局规划。结合农村人居环境整治和“1123”示范镇村建设,加快推进村庄规划,全年各市(区)完成各类村庄规划编制224个,开展4种类型村庄规划编制试点工作。

【规划管理】 2019年,泰州市开展控制性详细规划调整20多次,为泰州市第五人民医院、梧桐湾等一批基础设施、民生工程、重大产业项目提供规划服务。实施规划用地改革,在全省率先起草《泰州市规划用地“多审合一、多证合一”改革实施方案(征求意见稿)》,对项目建设从征收、用地预审、选址、用地批准到规划许可全流程进行梳理整合。全市立项用地规划许可办理总时限缩短为12个工作日,工程建设许可阶段办理总时限缩短为10个工作日。严格对照上市条件、规划方案、建设工程规划许可证的内容进行规划核实,实现全程网上流转办理,全年规划核实项目65个,总建筑面积336.21万平方米,其中住宅面积218.42万平方米、商业(办公)面积17.46万平方米、地下面积78.60万平方米,核实地上机动车停车位6621个、地下机动车停车位16682个、道路5172.6米。复核工业项目107个,总建筑面积12.97万平方米。完善规划管理相关制度体系,对《泰州市城市地下管线安全生产专项整治实施方案》等20多份法规、规范性文件提出修改意见。修订《泰州市建筑物配建停车设施设置标准与准则(2019)》《建设项目建筑面积计算办法》《泰州市区日照影响分析管理规定》等技术文件。

【项目规划服务】 2019年,泰州市实施重大项目建设规划服务近300个,出具各类规划红线83份、规划条件38份。审查批准市妇幼保健院规划建筑方案、华润万象城双子塔规划建筑方案调整等各类房地产开发项目规划建筑设计方案79个。服务市体育公园、金融广场、迎春公园等重大项目,出具预审查意见13份、审查意见75份,组织4次规划建筑方案专家咨询会。办理长城汽车等工业项目规划建筑方案14个,办理工业项目建设用地规划许可证21份、建设工程规划许可证55份。办理泰州机电高等技术学院燃气引入管工程等各类市政管线方案36个。办理各类规划批前公示128个、工业项目批后公布7个。

【规划空间保障】 2019年,泰州市为重大基础设施项目提供规划空间保障,常泰过江通道、沪陕高速公路平潮至广陵段扩建、盐宁高速扩容(宁靖盐)、北沿江高铁、盐泰锡常宜城际等项目被列入省以上重大基础设施项目建设用地空间保障清单。统筹全市用地计划使用,开展规划实施评估,上争流量空间指标3000公顷。拓展建设用地空间,全年报批各类建设用地项目100个,总面积1860公顷;上争重大项目(点供计划)7个,新增建设用地148.33公顷,赛孚士抗体药物、长城汽车等重大产业项目顺利落户泰州。在全省首创提出的长城汽车泰州项目用地保障“两规不一致”处理方案获省政府批准。

【工程建设项目审批制度改革】 2019年,泰州市在全省率先起草《泰州市规划用地“多审合一、多证合一”改革实施方案》,全市立项用地规划许可办理总时限缩短为12个工作日,工程建设许可阶段办理总时限缩短为10个工作日。市区建设工程项目自10月1日起实施“多测合一”,测绘费用减少30%以上,服务时限缩短50%以上。

【国土空间总体规划编制工作启动】 2019年9月5日,泰州市政府第33次常务会议通过《泰州市国土空间总体规划编制工作方案(2020～2035年)》;9月18日,市政府办公室印发实施。成立全市国土空间规划编制工作领导小组,实行市委书记、市长双组长制,搭建国土空间总体规划编制的组织架构。10月16日,召开全市国土空间总体规划编制工作启动部署会议,率先在全省开展国土空间总体规划编制工作。按照“多规合一”的思路,严守“三区三线”,完成国家级生态红线校核和相关专项规划编制工作。 (李 映)

【海绵城市规划】 2019年,泰州市制定《海绵城市建设实施方案(2019～2020)》《海绵城市专项规划》《海绵城市项目设计编制和审查管理工作要点(试行)》等行业导则。该系列规划(方案)围绕建设形成“河畅岸绿、人水和谐、生态宜居、凤城融翠”的海绵泰州,明确海绵城市建设总体目标、相关设施的布局、规模和建设要求,提出到2020年,城市建成区20%以上的面积达到海绵城市建设目标要求,70%以上的雨水得到有效控制,面源污染得到有效削减,热岛效应得到缓解;城市河网基本环通、水系生态基本恢复,基本消除黑臭水体,建成较为完善的城市排水防涝工程体系,基本消除中心城区易积水区,尾水再生利用与雨水资源利用成为城市供水系统的重要组成部分;到2030年,构建与泰州社会经济发展相适应的海绵城市体系,实现自然积存、自然渗透、自然净化的城市发展方式,城市建成区80%以上的面积达到海绵城市建设目标要求。年内,组织2次海绵城市建设专题培训,完成8个海绵专项方案设计审查。建设单位在施工图审查前,市海绵办提前介入,依据《规划》提供海绵专项方案设计技术指标,形成项目建设海绵专项方案和专项施工图设计。

【大运河文化带规划建设】 2019年,泰州市开展《古盐运河文化带建设总体规划》编制工作,结合《泰州市大运河文化带建设三年行动计划(2018～2020年)》,提出古盐运河文化带建设的总体规划思路、规划定位、目标战略及项目库与相关实施保障配套机制建议。12月12日,市自然资源和规划局召开《泰州市古盐运河文化带建设总体规划》专家论证会,东南大学5位专家,市委宣传部、市发改委、兴化市政府、海陵区政府等20家单位部门参加;会议通过专家论证。

(李 映 殷恒杰)

城市建设

·市政建设·

【污水处理和管网建设】 2019年末，泰州市有列入住建部污水管理系统的污水处理厂14座，累计建成配套污水管网1962.7千米，全市出水水质均达到《城镇污水处理厂污染物排放标准》一级A水质标准。完成市区污水管网建设46.03千米，超额完成40.58千米的全年任务，其中海陵区3.6千米、高港区17.03千米、姜堰区13.4千米、泰州医药高新区12千米。青年北路、金田路、天韵路北延污水管网及九里沟污水接管进场施工，丰裕路、蒲田路、迎春路、公园路污水管网全覆盖工程进场施工。市直和高港区基本完成年度污水管网检测任务，其中泰州市第一城南污水处理厂覆盖范围内累计检测管网25.81千米，发现缺陷1290处，修复100处。完善市污水处理设施监管系统，与市政务云平台对接，完成市本级上年度地下管线信息系统(GIS)的数据更新；及时更新和入库地下管线数据，建立共建共享机制。市政府出台《关于进一步加强城市地下管线质量管理的意见》，创立“联审联验”“只检一次，不合格全部退场”“推行地下管线二维码标识制度”3项严格管控措施，实现材料进场、施工管理、竣工验收全过程管理；组织开展全市域管线质量抽查，现场检查在建项目27个，抽检管线材料44批次，涵盖城乡污水、交通、电力、燃气等工程。

【市政道路桥梁】 2019年，泰州市制定《居住小区及单位出入口道路技术导则》，完成《道路慢行系统改造项目方案设计》的论证，修编《城市桥梁重大事故应急预案》。开展桥梁护栏升级和隐患桥梁排查，全年完成马尢方桥、东风桥、工农桥等11座D级(无E级)桥梁整治，市直投入资金500多万元，维修桥梁病害30多处。实施铁塔广场南侧道路改造工程、市法院联合信访中心北侧道路等整修工程。市区完成9条道路的破旧立面专项整治，其中海陵区4条、姜堰区2条、高港区1条、泰州医药高新区2条。

【城市照明管理】 2019年末，泰州市城区管理范围内有照明9.58万盏、景观照明3.53万盏，功能照明线路2008千米，功能照明功率0.8437万千瓦、景观照明功率0.0411万千瓦。全年维修功能照明4905盏、景观照明85盏，亮灯率98%、设施完好率96%。加强城市照明行业管理，组织编制《泰州市城市照明管理办法》，推动城市照明行业管理规范化、制度化。

【老旧小区和棚户区改造】 2019年，泰州市整治改造老旧小区51个，惠及23090户，改造面积248.39万平方米，总投资2.5亿元。市区完成20个老旧小区改造，其中海陵区10个、高港区2个、泰州医药高新区3个、姜堰区5个。全年新开工棚户区改造17002套(户)、基本建成11630套(户)，分别占年度目标任务的104.95%、252.83%。其中，市区新开工棚户区改造13080套(户)、基本建成9186套(户)，分别占年度目标任务100.62%、262.46%。

【老楼加梯】 2019年，泰州市出台《既有住宅楼增设电梯管理办法》，创新老楼加梯“泰州模式”，探索老楼“租赁式”“免费式”“公交式”加装电梯途径，推进“围墙内帮办、围墙外包办”。全市累计加装电梯109台，其中投入使用24台，施工27台，办理相关手续58台。海陵区在全市率先出台《既有住宅加建电梯政府补助实施办法》，明确已建成投入使用、具有合法权属证明、未列入房屋征收计划、未配设电梯、具备增设电梯结构条件和空间条件的住宅房屋，加装电梯补助上限为4万元，从财政专项资金中列支，超出部分住户自行承担。 (殷恒杰)

【供电】 2019年，泰州市全社会用电量296亿千瓦时，比上年增长3.45%，增速比全省平均值高1.23个百分点；售电量268.86亿千瓦时，增长3.47%，增速比全省平均值高1.13个百分点。售电量增速比全社会用电量增速高0.02个百分点。城乡居民生活用电量39.96亿千瓦时，增长0.32%，其中城镇居民用电量16.14亿千瓦时，增长1.46%；农村居民用电量23.82亿千瓦时，减少0.44%。全社会用电最高负荷492.07万千瓦，增长7.53%。分地区看，泰兴、靖江、姜堰全社会用电量分别为78.51亿千瓦时、44.91亿千瓦时、34.44亿千瓦时，分别增长14.07%、3.07%、1.90%；市区、兴化市

加装电梯后的沁莲花园住宅楼 (市住建局供图)

全社会用电量分别为71.56亿千瓦时、66.57亿千瓦时，分别减少1.23%、1.35%。年末泰州供电公司电力营业户数266.36万户，增长2.74%，其中居民客户227.96万户，增长2.27%；用电容量3663.16万千伏安，增长6.9%。全年城市供电可靠率99.97%，电压合格率100%；农村供电可靠率99.92%，农村电压合格率99.98%。全年全市未发生大面积停电事件。（徐 捷）

【供水】 2019年，泰州市区供水形成“四点、三片”的供水格局。“四点”为泰州市第二水厂、泰州市第三水厂、口岸水厂、姜堰第二水厂，形成“四点”互联互备的对置供水格局；“三片”为海陵片、高港片、姜堰片3个供水片区。海陵片供水范围主要包括海陵区及泰州医药高新区西部片区，以及周边九龙镇、罡杨镇、苏陈镇、江苏省现代农业综合开发示范区，该片区主要由泰州市第二水厂及泰州市第三水厂通过城东增压泵站联合供水。高港片供水范围主要包括高港区、泰州医药高新区东部片区以及周边白马镇、野徐镇、永安洲镇以及核心港区，该片区主要由口岸水厂及泰州市第三水厂联合供水，其中永安洲镇及核心港区离高港主城区较远，主要通过泰州市第三水厂向永安洲镇供水。姜堰片供水范围包括姜堰区主城区及周边乡镇。姜堰区相对独立，主要由姜堰第二水厂供水。

市区自来水水质综合合格率100%，有自来水用户29万多户，泰州市水务有限公司、泰州市第二水务有限公司向市区及沿途乡镇日供应清水33万立方米。泰州市水务有限公司是城区唯一一家经营自来水业务的公司，日供水能力18万立方米，有2座净水厂、1座源水厂，涉及供水服务、工程安装、水表生产、物资供应、客户服务等业务，其中一水厂、二水厂为净水厂，三水厂为一、二水厂输送源水，一水厂日供水能力3万立方米、二水厂日供水能力15万立方米、三水厂日取浑水能力40万立方米。泰州市第二水务有限公司位于高港区，有45万立方米/日浑水取水泵站1座、15万立方米/日净水厂1座，向市区及沿途乡镇日输送清水15万立方米，向姜堰区日供浑水15万立方米。

强化永正饮用水水源地保护，完善拦油索和隔栅设施，实施水源监测数据联动共享。推进自来水深度处理改造工程，泰州市第二、第三水厂15万立方米/日自来水深度处理工程主体封顶。启动实施泰州市第三水厂三号取水头部85万立方米/日建设工程，服务兴化长江引水工程建设，缓解城镇用水供需矛盾。开展供水安全保障考核，督查供水行业反恐怖防范达标建设，提升城镇供水安全保障能力。

（王睿威 殷恒杰）

【供气】 至2019年末，泰州市三市三区及泰州医药高新区实现天然气使用全覆盖，年天然气供应量7.62亿立方米。泰州市区5家管道气公司累计供应天然气4.22亿立方米。液化石油气基本采用瓶装供应方式，供应对象主要是居民和部分商业用户。全年全市（县城）液化石油气供气总量2.46万立方米。全市（县城）城市用气人口174.67万人，其中天然气（县城）用气人口144.80万人，液化石油气（县城）用气人口29.87万人。泰州市区（县城）天然气用气人口77.69万人，液化石油气（县城）用气人口19.78万人。全市城市（县城）燃气普及率100%，其中天然气普及率74.5%，液化气普及率25.5%。全市有管道燃气企业13家，其中国有或国有控股企业2家、民营企业3家、中外合资及外商独资企业8家。全市有12家管道燃气企业与政府或建设主管部门签订特许经营协议。

（殷恒杰）

【居民用天然气销售价格调整】 2019年，泰州市调整市区居民用天然气销售价格。6月14日，市发改委召开居民用天然气销售价格新闻通气会，从6月20日起，市区居民用天然气每立方米销售价格第一阶梯（年用气量300立方米及以内）由2.42元调整为2.68元，第二阶梯（年用气量300立方米至600立方米）由2.66元调整为2.95元，第三阶梯（年用气量600立方米以上）由3.39元调整为3.75元。

（邵月娥）

【三方合资组建泰州城投天然气管网有限公司】 6月24日，泰州城投区域天然气管网项目签约仪式举行，泰州市城投集团与香港中华煤气、泰州港华燃气三方合资组建泰州城投天然气管网有限公司，泰州城投占股51%，香港中华燃气占股45%，泰州港华燃气占股4%。新组建的公司负责统一建设高压管网连接中俄东线、江苏省沿海管道，统一将新增气源分输至泰州各市（区）和热电企业，并购区域内小型燃气公司，开展下游城市燃气业务。

2019年泰州市区各类用户天然气用气量一览表

表38

用户类型	用气量（万立方米/年）	占总量比例（%）
居民用户	6046.59	14.32
燃气汽车	2392.96	5.67
其他	33784.66	80.01
合计	42224.21	100.00

2019 年泰州市城市(县城)燃气普及情况一览表

表 39

市(区)	燃气普及率(%)	天然气普及率(%)	液化石油气普及率(%)
泰州市	100	82.90	17.10
泰州市区	100	79.71	20.29
兴化市	100	82.98	17.02
靖江市	100	79.95	20.05
泰兴市	100	96.41	3.59

2019 年泰州市分市(区)民用天然气价格表

表 40

市(区)		价格(元/立方米)	用气量(立方米/年)
泰州市区	海陵区	2.68	≤300
		2.95	>300 且≤600
		3.75	>600
	泰州医药高新区	2.68	≤300
		2.95	>300 且≤600
		3.75	>600
	高港区	2.68	≤300
		2.95	>300 且≤600
		3.75	>600
	姜堰区	2.68	≤300
		2.95	>300 且≤600
		3.75	>600
兴化市		2.83	≤300
		3.4	>300 且≤600
		4.25	>600
靖江市		2.46	≤300
		2.95	>300 且≤600
		3.69	>600
泰兴市		2.68	≤300
		2.95	>300 且≤600
		3.75	>600

2019年泰州市管道燃气企业特许经营情况一览表

表41

企业名称	企业性质	特许经营年限	市(区)
泰州港华燃气有限公司	中外合资	2013年9月1日至2043年8月31日	泰州市区
泰州永安港华燃气有限公司	中外合资	2013年9月1日至2043年8月31日	
泰州科思燃气有限公司	中外合作	2013年1月1日至2042年12月31日	
泰州中石油昆仑燃气有限公司	国有控股	2013年8月23日至2043年8月22日	
泰州华润燃气有限公司	国有	2006年9月26日至2036年9月25日	
泰州中油燃气有限责任公司	中外合资	2006年8月1日至2036年7月31日	兴化市
兴化新奥燃气有限公司	外商独资	2002年2月22日至2032年2月21日	
昆仑燃气(兴化)有限公司	民营	2014年9月17日至2044年9月16日	
兴化东方燃气有限公司	外商独资	2016年3月30日至2046年3月29日	
靖江天力燃气有限公司	民营	2005年1月8日至2035年1月7日	靖江市
泰兴新奥燃气有限公司	中外合资	2007年2月4日至2032年2月3日	泰兴市
泰兴新奥燃气发展有限公司	中外合资	2011年3月23日至2036年3月22日	
泰兴市虹桥天然气有限公司	民营	—	

(殷恒杰)

·城市交通出行·

【城市道路和交通营运】 2019年末,泰州市区实有道路长度1390.7千米,同比增加68.96千米。全市城市道路面积4791.38万平方米。其中,市区道路面积2960.84万平方米,增加164.58万平方米;人均拥有道路面积30.38平方米,增加1.48平方米。市区城市路灯14.7万盏,增加0.48万盏。年末全市实有公共汽(电)车营运车辆2086辆,其中市区1284辆,全年公共汽(电)车客运总量1.87亿人次,其中市区1.4亿人次,比上年增加1400万人次。年末全市营运出租车1818辆,其中市区813辆,减少220辆。年末民用汽车拥有量82.52万辆,净增5.69万辆;私人轿车拥有量51万辆,净增3.17万辆。 (季　杰)

【城市快速路建设】 2019年,泰州市推进中心城市快速交通体系建设,全年完成城市快速路投资40.7亿元,占年度交通固定资产投资35.34%。至年末,城市快速路网累计建设里程超过70千米。启动实施东环高架北延、站前路、永定路西延(海陵路至长江大道)、姜堰南绕城4条快速路建设。其中,站前路快速化建设工程年内完成上下部结构建设,桥面沥青和辅道路基建设基本完成;东环高架北延快速化改造工程完成辅道路基建设,主线高架桥现浇箱梁即将完成;姜堰南绕城快速化改造工程于12月30日开工建设,计划总投资27.56亿元,工期3年;永定路西延快速化改造工程项目建成通车,贯穿泰州东西的永定路实现全线快速贯通。

【公交发展】 2019年末,泰州市有公交企业8家,从业人员3146人,公交线路195条,公交车辆2086辆、折合2325标台,运营线路总长度4107千米,市区公共交通出行分担率19.4%,万人公交车拥有量15.10标台。编制《泰州城区公交线网优化方案》,扩大公交线网对新建小区、工业园区的覆盖,全年新购新能源公交车和清洁能源车400辆,新辟、优化公交线路22条,建成公交站台104座。推进城乡公共服务均等化,建设一批村镇公交首末站,移建一批公交站台到村镇,采取新辟、延伸、改道等多种模式提高公交服务对村镇的覆盖。至年末,累计开通公交线路85条,建成新型公交站台406座。占地面积2.7万平方米的城东公交枢纽站开工建设。九龙公交首末站(原泰西九龙收费站)改造并投入使用。建成城市公共交通移动支付平台,实施刷卡优惠和换乘免费,提供市民卡、支付宝、云闪付等多种支付方式。建设公交智能化运营调度管理系统,通过"掌上公交"、智能站台、电子站牌等方式提供公交出行信息实时查询服务。

(李　玥)

【城市慢行步道建设】 2019年,泰州市围绕绿色出行无障碍,推进"步行+自行车行"慢行绿道网络建设。新建慢行步道4条,其中泰州医药高新区1条、高港区2条、姜堰区1条,市城投集团负责实施的4条慢行步道与城市道路"白改黑"同步实施。凤城河景区内环游步道工程项目建议书获市发改委批准。推进盲道等无障碍设施提档升级,完成6条道路改造。

【停车便利化】 2019年，泰州市实施停车便利化工程，通过新建停车场、空地改建停车场、合理施划停车位、开放单位停车场（位）等途径，增加停车泊位有效供给。市区建成投用南园、三水湾等大型停车场，新增停车泊位18144个。扩大停车收费，加大联合执法力度，累计查处违停29497起，拖离机动车辆8931辆、非机动车3002辆。停车便利化工程实施情况考核排名全省首位；省住建厅在泰州召开“停车便利化工程”工作推进会，推介泰州市经验做法。组织编制《泰州市停车场管理办法》。

【共享单车投放】 2019年8月，泰州市区互联网租赁自行车（共享单车）项目投入试运营，12月通过由市发改委、公安局等单位组成的行业专家组竣工验收。全年投放共享单车5000辆，建成共享单车借还点569处。出台《共享单车管理办法》，推出“固定桩＋电子围栏”“高门槛＋公开招标”“大数据＋平台调度”“严考核＋惩戒机制”“免押金＋个人信用”5条措施，实现共享单车投放规范有序，受到交通运输部综合规划司的肯定。

2019年9月18日上午，泰州市开展“9·18”防空警报试鸣活动

（市住建局供图）

·人防建设·

【人防工程建设和管理】 2019年，泰州市推进重点人防工程建设，开放人防工程面积30多万平方米，竣工工程标识标注率100%。全年主城区发放人防工程平时证33个，人防工程完好率90%。推进人防工程维护工作，完成5个小区人防工程维修并投入使用。新建人防工程安全巡查和设备设施手机APP终端，提高人防工程巡查率。安全巡查市区人防工程，巡检人防工程设备设施，对发现问题实施整改。开展人防领域腐败问题专项治理，全面梳理排查违规减、免、缓人防易地建设费项目，全部追缴到位。查处全市人防工程违规项目4个。坚持“有案办案，无案巡查”，实施常态化巡查。加强建章立制，清理与上级政策不符文件3个，制定出台《工程建设项目审批制度改革实施方案》等5项制度。

【人防服务和宣传】 2019年，泰州市开展社区人防工作，结合“3·1”国际民防日、“5·12”防灾减灾日、“9·18”警报试鸣日，组织社区开展各类人防知识宣传教育活动500多次。组织开展应急包使用培训，发放家庭人防应急包1万个。以初中二年级、小学五年级学生为重点，开展学校人防知识教育。组织全市第四期中小学人防教育师资培训，启动中小学人防知识教材征订工作。在市区祥龙社区和海陵学校各建成1个人防科普体验馆，举办“防空防灾”体验系列活动。

【智慧人防】 2019年，泰州市开展省、市、区（县）三级人防视频会议系统联调联测和各类会务保障工作近100场次。推动人防信息化建设融入政府电子政务和应急平台建设，探索“互联网＋人防”新途径，综合运用物联网、大数据、地理信息、建筑信息模型、移动互联等信息技术，建成以人防数据为支撑，融合各业务系统、与省办业务系统互联的人防综合信息平台，年内通过项目验收并投入试运行。

【人防指挥体系建设】 2019年，泰州市结合人防综合信息平台建设，完成基本指挥所综合信息管理系统和设备设施的运行维护、标准化改造。修订完成泰州市防空袭方案。参加系列演练，组织开展相关科目训练。组织全市人防机动指挥所开展跨区域应急支援、联合训练等实战化训练，交流通信保障经验。推进重要经济目标防护工作，核查和确认目标分类分级。推进防空警报建设，编制完成五年防空警报建设规划。完成“9·18”全省防空警报统一试鸣任务，警报鸣响率100%。结合警报试鸣，组织凤凰小学师生开展疏散演练及红十字会抢救示范活动。

【全国首个住宅小区人防工程智能监管系统建成】 2019年，泰州市住建局与交通银行泰州分行合作，实施启动全国首个住宅小区人防工程智能管理系统建设。至年末，系统完成建设并投入试运行，14个小区安装监控和报警系统，主城区人防工程纳入智能化安全巡查和设备设施巡检范围，27个住宅小区人防工程使用管理单位（物业公司）在银行开设资金专户。

（殷恒杰）

·市容管理·

【市容环境整治】 2019年，泰州市开展市容环境整治集中攻坚行动，市区244个违规石材市场经营户全部关停，拆除中嘉石材市场集中点；拆除永

定路南侧69处违章铁皮棚，拆除面积17000多平方米；搬离百饰得装饰城北门财神像，治理金凤凰大酒店西侧“脏乱差”问题。针对东部市场群、南部市场群、扬州路等基础条件薄弱、城市形象匹配度较低的区域，开展“三违”(违法建设、违法广告、违法棚亭)整治行动，拆除各类违建13.07万平方米。开展违法广告拆除行动，拆除各类户外广告设施和店招标牌1278处，面积3.5万平方米。开展市场群治理行动，拆除各类棚亭210座。组织小餐饮大排档专项整治，建立基础台账，摸排小餐饮大排档3930家，发现无证、无备案、证件过期416家，梳理重点问题21项。开展洗车行业专项整治前期情况摸排，制定《洗车行业污水隔油沉淀池建设标准》。围绕“治环境、保安全、整秩序”，开展渣土运输秩序专项整治行动，市区范围内不密闭运输、带泥行驶、抛撒滴漏等行为得到遏制。

【城市垃圾分类和处理】 2019年，泰州市区新增垃圾分类小区291个、垃圾分类单位297家，投放垃圾分类设施200个，新增垃圾分类运输车辆834辆，市区垃圾分类设施覆盖率90.14%。至年末，全市累计完成垃圾分类小区805个、垃圾分类单位1358家，垃圾投放分类设施14602个。市区机械化清扫率92.1%。推动餐厨废弃物处置项目稳定运转，累计签约餐饮单位1350家，日均收集处置餐厨废弃物130吨。构建垃圾分类收运体系，制定下发《关于加快构建垃圾分类处理体系 推动高质量发展的实施意见》，召开垃圾分类小区验收评价标准交流会、全市农村生活垃圾分类工作现场推进会。开展垃圾分类“三进”(进社区、进广场、进学校)宣传活动30次，发放宣传手册1.6万多份。推进垃圾分类的闭环处理，建成日处理生活垃圾1000吨的生活垃圾焚烧发电项目一期工程，日处理300吨炉渣和50吨固化飞灰填埋的焚烧发电配套设施，以及日处理400多吨有机垃圾的餐厨废弃物处理设施。建成有害垃圾暂存点7座、可回收物分拣中心7座、大件垃圾分解中心4座。生活垃圾焚烧发电二期扩建项目和垃圾分类收集后端处理工程项目年内开工建设。

【城市环境卫生管理】 2019年，泰州市区新建、改建公厕10座，完成海陵区九龙镇和城东垃圾中转站改扩建项目，更换果壳箱300只，投放、更换240升分类垃圾桶3800只，维修垃圾屋及不锈钢垃圾箱75座。承担主城区39条河段、69.4千米的水面漂浮垃圾的打捞保洁工作，日均打捞水面垃圾30多吨。出台《市容环境卫生责任区管理办法》，全面落实市容环境卫生责任区制度。

【城市亮化提档升级】 2019年，泰州市对城市主要街道、窗口地段、重点部位实施亮化改造。推进凤城河景区环河灯光亮化工程(西城河段)，完成海陵区9个亮化提档升级项目、高港区永宁路改造项目照明亮化工程、泰州医药高新区核心区90幢建筑楼宇亮化提升工程、税东街(海陵路至人民路)照明改造工程以及部分黑灯区、老旧小区路灯改造。 (王 飞)

【城市污水处理】 2019年，泰州市推进城市污水处理提质增效，创成江苏省城镇污水处理提质增效示范城市，获批2200万元专项资金；委托第三方专业机构，为全市污水处理提质增效工作提供技术服务，组织编制《污水处理提质增效三年行动方案》。完成污水管网建设57.7千米，超过年度计划42%。完成46个居住小区的雨污分流改造。实施城区黑臭水体整治，完成省考4条黑臭水体整治，对已完成整治的28条黑臭水体定期开展水质监测，基本实现市区范围内河道“零黑臭”。推进公厕人性化改造，投入资金220万元完成对城区163座直管公厕的改造。 (殷恒杰)

【扬尘治理】 2019年，泰州市全面检查市直管项目建筑工地扬尘管控工作，检查项目51项，下发扬尘整改通知书15份，实施处罚12件；推进重要区域、重要节点、重大项目建筑工地围挡的提档升级，城区主干道17项大型建筑工地围挡验收合格率在98%以上；组织建筑工地扬尘环保税征收考核4次，征收税金3168万元，倒逼企业强化扬尘治理。实施扬尘污染卫星遥感监测，发现并整改市区扬尘源341个。

【渣土管理】 2019年，泰州市加强渣土车源头管理，实行渣土处置企业资质管理，确定市区渣土处置企业化管理的道路运输许可、安全管理、机械设备、场地、车辆登记、保险和管理制度等11个刚性要素，规范市区18家工程渣土运输处置企业运营资质，统一发放《泰州市建筑垃圾(工程渣土)处置资质证书》。推进渣土运输车辆提档升级，市区国三排放标准以下的渣土车强制淘汰，更新为全密闭轨道式自动伸缩帆布装置车辆，国四排放标准以上的渣土车实施全密闭智能改装，更新和改型车辆均安装泰州市智慧渣土平台硬件，纳入平台监管。加强渣土处置工地出入口管控，新开工地出入口实现“草包、钢板+水池”作业模式向“高压冲洗+沉淀”作业的转变。实行市区渣土车“白班+晚班”错时工作制，全年开展执法检查903次，其中检查工地608起，检查渣土车525起，实施处罚58起。全年渣土处置许可案件41起，减半、减免项目8个。开展联合执法，查处市区工程运输车辆不密闭运输、抛撒滴漏、带泥行驶、超载超速、不按规定时间和线路运输、擅自处置建筑垃圾等违法违规行为，整治期间执法巡查813起、3183人次、978车次，顶格处罚案件19件，移交交警部门处理案件4起。 (王 飞)

【废旧回收整治】 2019年，泰州市开展市区废旧回收专项整治检查21次，整改废旧回收站点61家。海陵区排查废旧回收站点64家，完成整改23家。高港区排查废旧回收站点54家，10家乱搭乱建的废旧站点完成整改。泰州医药高新区排查废旧回收站点37家，完成整改32家，其中整改无照、超范围经营21家、乱搭乱建10家。推进高港区合格再生资源回收分拣中心建设。 (夏圣凯)

乡村建设

·镇村建设·

【"1123"示范镇村建设】 2019年，泰州市出台《乡村振兴"1123"示范镇村建设工程绩效评估办法》，启动实施100个乡镇集镇区、100个示范引领村、200个特色发展村、300个集聚提升村的示范镇村创建。全市乡镇集镇围绕"八整治两提升"，开展生活垃圾、辖区河道、乱堆乱放、占道经营、户外广告、各类杆线、建设工地、交通秩序治理，推进生活污水治理、易腐垃圾处理站建设、乡镇创业富民服务中心建设，提升基础设施建设和公共服务水平。开展农村人居环境整治等工作，至年末，初步建成47个示范引领村、93个特色发展村、251个集聚提升村。

【特色田园乡村建设】 2019年，泰州市探索可复制的特色田园乡村建设示范样本，构建省市梯次推进、联动塑造的特色田园乡村建设格局，试点数量、上争资金、受益户数均居全省前列。至年末，全市实施特色田园乡村省级试点14个、市级试点5个、特色田园创建村17个，实现市(区)全覆盖。年内，兴化市千垛镇东罗村、兴化市陈堡镇唐庄村、泰兴市黄桥镇祁巷村3个村被命名为江苏省第一批特色田园乡村。高港区许庄街道蔡庄村蔡庄，姜堰区淤溪镇周庄村周庄，兴化市千垛镇徐圩村圩岸，泰兴市曲霞镇印达村印达，靖江市新桥镇德胜村王家湾、弯刀圩、新义圩、义新圩、倪家圩5个村入选第三批江苏省特色田园乡村试点，上争省奖补资金3070万元，市财政安排奖补资金9385万元。启动17个特色田园乡村创建工作，组建市特色田园乡村发展促进会，建立试点村与创建村跨区共建机制。编制《特色田园乡村建设评价指标体系》地方标准。举办"特色田园梦·乡约在泰州"万人行、"看田园变化·促乡村振兴"体验活动、"留住乡愁·田园泰州"美术大赛等活动。

兴化市"千垛美路"环线——徐马荒连接线　　(市交通运输局供图)

【特色小镇建设】 2019年，经省特色小镇培育创建工作联席会议批准，泰兴凤栖小镇、医药双创小镇、黄桥琴韵小镇、海陵智慧动力小镇等4个省级创建特色小镇全部通过考核，享受省级相关扶持政策。其中泰兴凤栖小镇被评为优秀小镇，医药双创小镇、黄桥琴韵小镇、海陵智慧动力小镇被评为合格小镇。至年末，全市有全国特色小镇3个，分别为姜堰区溱潼镇、兴化市戴南镇、泰兴市黄桥镇；省级特色小镇4个。　(赵　蓉　殷恒杰)

【"1+6"农路品牌集群】 2019年，泰州市创新开展"一区一特色、一县一品牌、一镇一环线、一线一风景"最美农路建设，全市89个乡镇均建成不少于10千米的小循环线，每个市(区)建成不少于50千米的大循环线。建成"1+6"农路品牌集群，"泰美农路"品牌在全国交通运输行业优质文化品牌首届评选中获评"政务事业类十佳文化品牌"，成为全国唯一获得该荣誉的地级市品牌。靖江市"靖善靖美、马洲农路"、泰兴市"径美泰兴"、兴化市"千垛美路"、海陵区"凤城漫道、康享海陵"、姜堰区"三水乐途"、高港区"一路高歌"等三市三区"四好农村路"均通过省级评估并发布创建成果，其中兴化市"千垛美路"环线获交通运输部"我家门口那条路""最具人气的路"网络评选第二名。　(李　玥)

【祁巷村入选中国美丽休闲乡村】 2019年11月13日，农业农村部对2019年中国美丽休闲乡村入选名单进行公示，泰兴市黄桥镇祁巷村入选。祁巷村围绕建设"田园水乡、梦幻祁巷"，在特色田园乡村项目上累计投入1.1亿元，实施6大类、29项工程。2017年8月，祁巷村入选江苏省首批特色田园乡村试点村；2019年11月，获批江苏省首批特色田园乡村。

(殷恒杰)

【4个镇村入选全国乡村治理示范名单】 2019年12月31日，中央农办、农业农村部、中央宣传部、民政部、司法部五部委发布全国乡村治理示范乡镇、示范村名单。靖江市新桥镇入选全国乡村治理示范镇，姜堰区兴泰镇西陈庄村、兴化市昌荣镇安仁村、泰兴市滨江镇仁寿村入选全国乡村治理示范村。　(赵　蓉)

【泰州首届特色田园乡村万人行活动】 2019年4月27日，泰州市委、市政府主办，市田园办、住建局、泰州广电传媒集团(台)和市文旅集团承办的2019泰州市首届特色田园乡村万人行"特色田园梦 乡约在泰州"活动在市人民

2019年4月27日，泰州市首届特色田园乡村万人行"特色田园梦 乡约在泰州"活动在市人民广场启动　　（市住建局供图）

广场正式启动。活动集中推荐发布特色田园乡村，举行"泰州市特色田园乡村发展促进会"揭牌仪式，发布并启动"乡村振兴泰州行"全媒体行动，举行特色田园乡村试点专题片展播和民俗文艺表演。市优秀党员、劳动模范、"三八"红旗手、优秀志愿者、"好人"系列、优秀共青团员、优秀民营企业家代表、市内外媒体代表、旅游行业代表等组成的首批万人观摩团，分3路实地观摩兴化市千垛镇东罗村，姜堰区沈高镇河横村、桥头镇小杨村，泰兴市黄桥镇祁巷村，靖江市马桥镇徐周村等19个特色田园乡村。（殷恒杰）

·农村工作·

【农村土地"三权分置"改革】 2019年，泰州市推进农村承包土地"三权分置"改革，新增"三权分置"改革示范乡镇10个。泰兴市曲霞镇、滨江镇开展土地经营权入股发展农业产业化试点。开展农村承包土地确权登记颁证"回头看"，排查梳理问题5179个，解决3308个。推进"两权"抵押贷款试点工作，在全省率先建立地级市层级的贴息制度，兴化市、姜堰区421家规模经营主体获贴息92.16万元。全市累计发放承包土地经营权抵押贷款21.5亿元。

【农村集体产权制度改革】 2019年，泰州市出台《关于深化农村集体"三资"监管创新工作稳步推进集体产权制度改革的意见》。开展人员界定、股权设置等工作，全年全市有1396个村完成成员身份界定，界定人数364.8万人，界定户数116.4万户；1219个村完成股份量化，量化村集体经营性资产42.8万元。开展镇、村、组三级农村集体资产清产核资工作，清查核实全市1606个村（居）各类集体资产存量、结构、分布和经营情况，核清村级集体总资产178.34亿元，核增50.62亿元；核清集体土地总面积46.6万公顷，清理合同32450份。1219个村完成"股权到人、固化到户"改革任务，占全市总村数84.6%。

【农村集体产权交易】 2019年，泰州市基本建成市、市（区）、乡镇、村四级农村集体产权交易市场体系，建成市级农村集体产权交易监管平台1个、市（区）级农村产权交易市场7个、乡镇级农村产权交易服务站90个、村级农村产权交易服务点1606个。至年末，全市农村集体产权交易项目总数46963个，成交标段总数50875个，成交率96.8%；成交总金额63.1亿元，溢价金额3.27亿元，溢价率5.2%。试点"小型零散项目集中打包竞价"经验，规范小型零散工程项目交易行为。

【农村不动产权籍调查】 至2019年末，泰州市完成51个乡镇、554372宗农村不动产权籍调查，调查宅基地面积111.97平方千米，完成率55%，超过年初省定50%的工作目标。其中，泰州医药高新区完成辖区范围内4个乡镇的不动产权籍调查工作，完成率80%。（赵　蓉）

【新乡贤回流工程】 2019年，泰州市探索乡村治理新路径，创新实施"新乡贤回流工程"，选派69名临近或刚退休干部回村任职，任期3年。根据乡村振兴需要，将经济薄弱村和特色田园乡村作为优先选派方向；选派干部中，31人回原籍村任职，38人到邻村任职，7人任村党支部书记，62人任村"第一书记"。（张承俊）

【新型职业农民培训】 2019年，泰州市投入财政资金1328.9万元，其中省级以上财政资金522万元、地方配套资金387.9万元，举办新型职业农民培训班207期，培训农民29089人。举办农业行业职业技能鉴定12期，1382人通过鉴定并获人社部颁发的职业技能鉴定证书。实施涉农中专学历办学，开设"农村经济管理""淡水养殖""现代农艺"等专业，2019年度招收485人、毕业874人，在校生1466人。开展农业农村人才定向培养，委托江苏农牧科技职业学院招收泰州籍高考生28人作为定向培养对象，年末定向培养在校生53人。加强新型职业农民培训教学资源建设，累计制作教学课件（PPT）、编写培训教材和录制教学视频等100多个，其中10个教学课件、3部培训教材、8个教学视频获省农业农村厅表彰。

【村级财务管理】 2019年，泰州市创新村级财务管理"双轮驱动"模式，全市93个乡镇（街道、园区）全部成立村级会计委托代理服务中心，其中86个乡镇（街道、园区）实行第三方"村级会计委托代理服务+会计师事务所监理"模式；7个乡镇（街道、园区）实行第三方事务所全代理模式，9家会计师事务所的99名会计师参与村级财务监理。加强村级财务审计监督，至年末，全市累计开展农村集体经济审计工作的村数1625个，其中开展日常财务收支审计的村数1460个、村干部任期和离任经济责任审计的村数181个；审计金额94.11亿元，其中违纪金额

55.88万元，处分24人。全面推行村级资金非现金结算，全市1606个村(居)开设银行基本存款及“村务卡”账户，实行“一村一卡一账户”，推动监督环节由事后向事前、事中前移。

(赵 蓉)

【新型农业经营主体培育】 至2019年末，泰州市农业部门认定的家庭农场6970家，其中种植业5312家、畜牧业354家、渔业809家、种养结合273家、其他222家。累计创建各级示范家庭农场748家、示范农民合作社953家，年内新增省级示范家庭农场49家、市级示范家庭农场117家。年末全市有农民专业合作社6600家，其中被农业主管部门认定的示范社637家，农民专业合作社成员93.06万个，其中普通农户89.2万个、家庭农场成员3.58万个、企业成员695个、其他团体成员2036个。年内，姜堰区家庭农场服务联盟跻身首批全国农业社会化服务典型案例，为全省唯一入选案例。兴化市中堡镇夏庄水果种植家庭农场、高港区引江社区为农服务综合体分别入选全省家庭农场、农业社会化服务典型案例。11月，全省家庭农场合作社和农业社会化服务提质发展工作现场会、全省惠农项目现场推进会先后在泰州召开。

(赵 蓉 季 杰)

【“一村一品”建设】 2019年，兴化市沙沟镇(淡水鱼)、姜堰区白米镇大安村(绿芦笋)、高港区白马镇陈家村(水果)入选全国第九批“一村一品”示范村镇名单。至年末，全市累计培植全国“一村一品”示范村镇14个，其中全国“一村一品”示范村9个、全国“一村一品”示范镇5个。推进电子商务与农村一二三产业深度融合，打造“一村一品一店”示范村，培育农村新产业、新业态和新模式，全市有33个村入选2018年度全省“一村一品一店”示范村名单，其中靖江市6个、泰兴市8个、兴化市4个、海陵区1个、高港区2个、姜堰区12个。 (赵 蓉 钱 进)

【首届“泰田园”优质农副产品推介会】 2019年12月30日，首届“泰田园”优质农副产品推介会在靖江市新桥镇德胜村举行，全市36个特色田园乡村的约500种特色农副产品参加推介。该届推介会设特色田园乡村展区、企业展区、扶贫单位展区3个展区。江苏先农电子商务有限公司和江苏苏果优选商城两家经销商代表分别与市特色田园乡村发展促进会签署战略合作框架协议；36个特色田园乡村共同发布《泰州特色田园乡村合作共建宣言》。

(殷恒杰)

·扶贫开发·

【脱贫帮扶】 2019年，泰州市落实“一户一策”“一村一策”脱贫帮扶措施，至年末，全市建档立卡低收入农户63249户、108296人全部达到市定人均年收入7000元的脱贫标准，所有经济薄弱村(行政村合并后为622个)全部达到省定18万元经营性收入和市定35万元可支配收入的脱贫标准。制定《产业扶贫重点任务和职责清单》《经济薄弱村脱贫攻坚行动方案》。市级财政安排年度脱贫攻坚专项补助资金2000万元，用于支持经济薄弱村特别是黄桥老区和里下河经济薄弱村发展村级增收项目，各市(区)设立配套资金。构建农村居民防贫预警处置工作机制，建立“333”常态化脱贫攻坚督查机制，即市县乡3级主要负责人参与，分3个片区，每3个月至少督查一次，对工作推进不力、任务进展滞后的市(区)和乡镇相关负责人进行约谈提醒。实施机关党员干部结对帮扶，全市有700多个机关部门、3.9万党员干部参与，其中132家市级机关部门(单位)挂钩帮扶86个经济薄弱村。通过“阳光扶贫”手机APP和阳光扶贫系统，实现全市低收入农户挂钩帮扶过程监管无遗漏、全覆盖。创新开展“党建+扶贫”乡镇党委书记项目路演活动，每个经济薄弱村至少谋划1个产业扶贫项目；举办全市扶贫项目路演活动，评选一等奖1个、二等奖2个、三等奖3个，获奖项目获市财政290万元的奖励资金。

【解决“两不愁三保障”突出问题】 2019年，泰州市将解决“两不愁三保障”问题作为脱贫核心指标，落实各项政策及“一户一策”举措。“两不愁”方面，建档立卡低收入农户吃、穿和安全用水、用电等得到全面保障。基本医疗有保障方面，构建政策互联、制度互补，政策性保险与商业性保险相结合的医疗保障体系，低收入农户参加城乡基本医疗保险和健康扶贫补充保险由财政全额承担保费，建档立卡低收入人口政策范围内住院费用个人自付比例降低到10%以内；政策范围外个人自付比例降低到8%以内。住房安全有保障方面，加强危房改造过程监督，落实质量管控职责，全年改造完成低收入农户危房3560户，所有低收入农户住房安全等到保障。义务教育有保障方面，资助政策实现所有学段、公办与民办学校、家庭经济困难学生“三个全覆盖”；市直各学段特困学生的资助标准在原有基础上上调50%，取消对家庭经济困难学生进行张榜公示环节；全市4496个建档立卡户适龄子女，除28人因病因残无法上学外，其余全部在校读书。

【消费扶贫】 2019年，泰州市落实消费扶贫工作措施，提出四大类共10项具体措施，引导和促进社会各界通过消费来自经济薄弱村和低收入农户的产品和服务，帮助经济薄弱村和低收入农户增收脱贫。拓宽消费扶贫方式，实现消费模式、销售渠道和利益联结三大创新，全国首创的“邮乐食堂”消费扶贫模式被中央电视台、《新华日报》等媒体专题报道。建立全市特色农产品名录库，扶持培育一批以经济薄弱村为载体的农产品生产基地(含加工基地)；制定符合消费扶贫需求的农产品地方标准。

(赵 蓉)

【“快递+”精准扶贫】 2019年，泰州市邮管局推进邮政行业转型升级对接精准扶贫，培育“一市一品”扶贫项目，促进“工业品下乡，农产品进城”双向流通。实施“快递+农特产品”建设，全年兴化市“快递+调味品”“快递+大闸蟹”分别完成595万件、130万件，泰兴市“快递+土鸡蛋”“快递+小提琴”分别完成土鸡蛋日均520件、小提

琴日均1100件,靖江市"快递+猪肉铺"完成126万件。

【全国首创"邮乐食堂"消费扶贫模式】 从2018年11月起,泰州市24个政府部门、企事业单位与泰州邮政分公司合作,利用邮政的配送能力,优选全市经济薄弱村、贫困户生产的优质农产品,建立起一条从田间地头直通单位食堂的"绿色通道",在全国首创"邮乐食堂"消费扶贫新模式。2019年,全市有2000多户低收入农户、50多个经济薄弱村通过"邮乐食堂"实现增收。市邮管局与"邮乐食堂"经营单位或直接与经济薄弱村建立长期定向采购合作机制,打造"邮乐食堂"精准扶贫品牌;中央电视台《晚间新闻》栏目、《新华日报》等媒体予以报道,省政府办发文推广"邮乐食堂"项目试点经验。 (孙师梅)

·乡村环境建设·

【农村"厕所革命"】 2019年,泰州市推进农村"厕所革命",消除露天粪坑,实施农村户用厕所无害化建设改造,同步实施粪污治理。全年新建农村户厕无害化改造2.8万座,农村无害化卫生户厕普及率95.24%。推动行政村村部、规模较大规划发展村庄、有乡村旅游发展需求的村庄建设公共厕所,全年新、改、扩建农村公共厕所706座,超额完成省下达建设任务;建成乡村旅游厕所13座,完成省下达建设任务。

【农村危房改造】 2019年,泰州市完成农村危房改造3847户,其中列入省农村危房改造计划2374户、市(区)自行改造1473户,涉及省、市建档立卡贫困户3560户,上争省补助资金2941万元,实现低收入农户"住房安全有保障"目标。将"泰房安"惠民服务品牌向农村危房改造领域延伸,累计参与完成农村危房改造3600多户。

【农村生活垃圾处理】 2019年,泰州市健全"户投放、组保洁、村收集、镇转运、市(区)处理"的农村生活垃圾收运处理体系,全市农村生活垃圾集中收运处理率100%,生活垃圾无害化处理率100%。新增生活垃圾分类试点乡镇22个,460个行政村开展垃圾分类试点,配套建设农村有机易腐垃圾就地处理设施20座。

【农村生活污水治理】 2019年,泰州市优选上市公司、大型国企,推进镇村生活污水治理工程PPP(政府与社会资本合作模式)建设,全年上争省补资金3亿元,吸引社会资本40亿元。靖江市与山东中车联合体、泰兴市与博天环境联合体、海陵区与中设环境联合体、高港区与中车环境联合体分别组建PPP项目公司。按照统一规划布局、统一实施建设、统一组织运营、统一政府监管的"四统一"要求,全市新增建设污水处理设施的行政村129个,生活污水处理设施累计覆盖615个行政村,占比达48%。

【农业面源污染治理】 2019年,泰州市推进农业面源污染治理,全年化肥施用总量15.06万吨(折纯),比2015年减少8.99%;化学农药商品用量4445吨,比2018年下降5.39%。编制《全市养殖水域滩涂规划》,清退禁养区内水产养殖面积2033公顷,完成池塘标准化改造1320公顷,建成水产生态健康养殖试验示范基地3个,全市优质水产品养殖面积占比达82.6%。全市累计建成镇村级废旧农膜和农药包装废弃物回收网点108个,实现乡镇和涉农街道全覆盖,全年回收废旧农膜1500多吨,回收农药包装物1100万个,回收率分别达70%和79.9%。启动耕地土壤污染治理与修复试点工作,在全省率先完成耕地土壤环境质量类别划分,优先保护类耕地(绿区)占比达99.95%。开展"健康长江"农业面源污染治理专项行动,清退长江岸线2千米禁养区内养殖场25家。

【秸秆综合利用】 2019年,泰州市推进秸秆综合利用,提升机械化还田质量,加强秸秆能源化、肥料化、饲料化、基料化、原料化等综合利用能力建设,全年秸秆综合利用率94.7%。秸秆禁烧工作群众满意度居全省第三位。"双禁"期间未发生因焚烧或乱抛秸秆引起的重大环境污染事故。

(赵 蓉 殷恒杰)

责任编辑 叶 彤

综 述

【概况】 2019年，泰州市以“蓝天、碧水、净土”为目标，推进治气、治水、治土三大保卫战，开展饮用水水源地治理、长江清废等八大专项行动，实施重点领域污染治理，推动解决重点生态环境问题。推进“专家治厂、科学治污”，引进环保专业人才657人，管家团队72个。开展服务企业精准执法行动，实施“散乱污”企业专项整治。推进生态环境改革创新，全面开展生态文明建设示范创建，创成全国水生态文明示范市。推进全国生态环境遥感监测试点，开展排查排口、调查长江生态环境调查、遥感监测大气环境。创新开展推进“健康长江泰州行动”，建设“健康长江泰州行动”大数据平台，建立“长江体检表”，年度污染防治攻坚战综合考核全省排名第三。全市首次实现全年无重污染天，改善情况全省排名第一；国考、省考及以上断面水质优Ⅲ比例连续5年保持全省前三；饮用水水源地水质全面达标全省唯一。生态环境执法监管工作进入全国337个设区市第一方阵，受到生态环境部通报表扬。三大全国性改革试点有两项落地泰州，全国长江入河排污口排查整治试点工作得到生态环境部肯定，“健康长江泰州行动”入选2019年度江苏省十佳生态环境保护改革创新案例，全省首创水环境智慧监管新模式，全国19个省(区、市)到泰州调研交流生态环境保护工作。9月2日，市政府召开土地资产管理委员会第七次会议，将原城乡规划委员会和原土地资产管理委员会合并，在全省率先成立市自然资源和规划管理委员会。

【“蓝天碧水净土”保卫战】 2019年，泰州市围绕环境质量改善，开展治气、治水、治土系列行动。全市细颗粒物年均浓度44微克/立方米，比上年下降6.4%；空气质量优良天数比例75.3%，改善情况全省第一，成为全省细颗粒物降幅、空气质量优良天数比例、降尘量“三达标”的设区市，首次实现全年无重污染天。制定2019年度碧水保卫战年度计划，投资6.5亿元，实施产业结构调整、工业污染防治、城乡污染治理、船舶港口污染防治、水生态保护、能力建设等7大类33项重点工程，完成43项碧水工程，每月通报国省考断面水质状况，编制完善马甸闸西等5个断面水质提升方案，全市国考断面水质优Ⅲ比例100%，省考及以上断面水质优Ⅲ比例91.7%，连续五年全省领先；饮用水水源地水质100%达标，全省唯一。采集1298个地块基础信息，信息采集阶段质控一次通过率90.6%。排查问题点位252处，完成整改和销号233处，占92.5%。危险固体废弃物年焚烧处置能力8.8万吨，年填埋处置能力4万吨。

【督察整改“回头看”】 2019年，泰州市先后实施8轮全覆盖督察，踏勘污染现场970多处，排查206条河道，走访各类涉污企业200多家。先后与22位市领导和10个部门主要负责人个别谈话、走访14个市级部门问询工作。提交市级层面资料19批次，涉及487项内容，市(区)层面资料28批次，涉及243项内容。办理省级环保督察信访29批次495件，立案处罚96家、处罚金额717.48万元；责令立即整改127家，限期整改128家，停产整改80家，关停取缔62家，查封扣押11家；问责基层干部2人、约谈相关单位人员2人。中央环保督察及“回头看”先后公示11批次销号件，反馈问题12件完成市级销号8件；交办信访426件，完成市级销号396件；其中，重点信访148件，完成市级销号137件，销号工作列全省前列。

【“263”专项行动】 2019年3月20日，泰州市向环境污染宣战指挥部工作会议召开，印发《泰州市向环境污染宣战2019年实施方案》《泰州市2019年打好污染防治攻坚战重点工作任务》。创办“污染防治在攻坚·‘263’在行动”专栏，全年曝光各类环境问题76期。启动污染防治综合监管平台体系建设并高效运行，与“12345”“12369”“数字城管”“‘263’热线举报”四大平台数据实现系统对接和实时推送，汇入平台各类污染问题线索19825条，其中涉及水污染线索2779条、大气污染7819条，噪声污染6305条，固体废弃物及土壤污染558条，实现平台数据的有效整合、实时共享和预警推送。全年办结线索18514条，办结率93.79%。全市煤炭消费总量减少102.36万吨，完成省下达任务的104.2%；完成关闭退出企业18家，限期整改30家，整治提升41家；清水通道水环境治理24项工程全部完工；新

建垃圾分类小区291个、垃圾分类单位297个，新增公共区域分类设施200个，完成试点乡镇建设19个，兴化市生活垃圾焚烧发电厂建成投运；完成10条黑臭河道整治，建设污水管网80.9千米，治理规模化畜禽养殖场1203家。全市完成72个重点行业挥发性有机化合物治理工程、2个汽车维修企业挥发性有机化合物治理项目、34个餐饮油烟挥发性有机化合物治理项目。

（张　俊）

【节能减排】　2019年，泰州市落实差别化市场机制，推动过剩产能和落后产能加速退出，全年淘汰落后（低端、低效）产能15项。其中，省级退出低端低效产能项目任务5项，涉及印染1100万米、纺织2万锭、电镀4.05万吨、制革150万张等低端低效产能；市级退出低端低效产能项目任务10项，涉及企业均拆除相关生产设备。实施化工产业安全环保整治提升专项行动，全市关闭退出化工企业16家、限期整改化工企业26家、整治提升化工企业33家。石药集团中诺药业（泰州）有限公司、五行科技股份有限公司、中来光电科技有限公司进入工信部第四批绿色制造名单。推行节能监察“五个一”（一次性告知、一份资料清单、一个工作群、一次现场监察、一本监察台账）机制，开展16家企业能源审计、28家企业节能监测，专项监察120家企业（单位）节能工作，督促企业淘汰落后用能设备1000多台（套）。全年规模以上工业单位增加值能耗比上年减少8.42%，实施节能改造项目118个。

（王有为）

【生态环境保护课题研究】　2019年，泰州市启动“十四五”生态环境保护规划前瞻性研究工作，形成“十四五”生态环境保护思路与举措课题研究工作。承担生态环境部《水质　苦味酸的测定　气相色谱法》《水质　内吸磷的测定　气相色谱法》《水质　多氯联苯的测定　气相色谱法》《水质　杀菌剂苯菌灵和多菌灵的测定　高效液相色谱法》《水质　丙烯酰胺的测定　固相萃取－液相色谱法》《土壤沉淀物　有机磷农药的测定　气相色谱法》、省环境监测中心《灰霾气溶胶微生物监测技术及评价研究》《细颗粒物、臭氧及其前体物监测体系、质控质保体系研究及示范应用》、市科技局《泰州市不同功能区大气颗粒物中多环芳烃特征分析》等8个课题研究。

【泰州市向环境污染宣战督察“百人团”】　2019年3月起，泰州市环保督察“百人团”成员，以小组为单位分赴全市各地实施全覆盖督察。泰州市向环境污染宣战督察“百人团”成立于2018年7月20日，组织各方面代表人士以“百人团”形式开展环保督察，169名成员获督查证，成员由党代表、人大代表、市民代表、政协委员“三代表一委员”以及环保专业人士、督察专业人士等组成。督察“百人团”设7个工作组，以“块”为单位进行，分别对应泰州三市三区和泰州医药高新区开展工作。督察内容包括中央环保督察“回头看”交办事项的落实情况，市领导有关环保问题的批示交办件，以及固废与污染地块、区域水环境等9项环境专项治理行动的落实情况。每个组每月活动1次，时间1～2天，参加人员按“一次一组建、一次一授权”原则从各组成员中抽取产生。督察行动实施明察与暗访相结合，以暗访为主。暗访时不定时间、不打招呼、不要陪同、不听汇报，直接深入现场开展暗访督察，实地查看看“后院”“角落”，不看“门面”“窗口”。督察小组对中央环保督察及“回头看”426件交办信访件实施2轮全覆盖督察，逐一核查226个固废点位及污染地块，全面检查入河排污口51项任务，抽查区域水环境污染、畜禽养殖污染专项治理行动中的996个项目。督察“百人团”踏勘现场点位1300多处，收集各类佐证资料860多份，上传平台督察照片4000多张，走访各类涉污企业800多家。累计形成小组督察报告70多份，综合督察报告10多份。排查固废问题点位241处，完成整改180处；危废产生企业库存量同比削减4.83万吨，削减率57.4%；累计减少化工生产企业281家，长江干流岸线1千米范围内化工企业从42家减少至24家。

（张　俊）

环境质量

【概况】　2019年，泰州市生态环境状况指数67.57，为“良”等级，比上年下降0.6%，属无明显变化。各市（区）的生态环境状况指数分布范围在59.99～69.85之间，生态环境状况均为“良”。主要污染物二氧化硫、氮氧化物和挥发性有机物排放总量较2015年分别削减24.59%、21.10%、55.66%，超额完成省21%、18%和20%的减排目标，其中，挥发性有机物提前一年完成“十三五”减排任务，各市（区）均完成大气、水减排均年度目标。

【水环境质量】　2019年，泰州市县级以上集中式饮用水水源地取水总量29182.7万吨，达标率100%。全市24个地表水省考及以上断面水质达到或优于Ⅲ类的比例91.7%，与上年持平，超过省考核目标8.4个百分点；达到水质目标考核要求的断面23个，达标率95.8%，比上年上升4.1个百分点。其余32个市考断面达标率90.6%。6个国考断面达到或优于地表水Ⅲ类标准的比例为100%，达标率100%，上升16.7个百分点。全市8个区域补偿考核断面达标率100%，上升25个百分点。

【空气环境质量】　2019年，泰州市国考空气自动监测点位优良天数为275天，优良率75.3%；细颗粒物平均浓度为44微克/立方米，比上年下降6.4%；降尘量为3.8吨/平方千米·30天，实现细颗粒物浓度、空气质量优良天数比率、降尘量三项指标“三达标”。各市（区）环境空气质量优良率在74.2%～84.1%之间，其中兴化市84.1%、泰兴市77.8%、靖江市77.1%、姜堰区76.4%、高港区75.6%、泰州医药高新区75.6%、海陵区74.2%。与上年比，兴化市上升15.0个百分点、泰兴市下降1.0个百分点、靖江市上升3.7个百分点、姜堰区上升0.9个百分点、高港区上升3.4个百分点、泰州医药高新区上升1.3个百分点、海陵区下降1.6个百分点。

【声环境质量】 2019年，泰州市城市区域环境噪声平均等效声级54.0分贝，处于“较好”等级。各市（区）平均等效声级处于50.5～56.6分贝之间，除泰兴市、高港区的区域环境噪声处于“一般”等级外，其余各市（区）区域环境噪声均处于“较好”等级。高港区区域环境噪声由“较好”转为“一般”，其余各市（区）保持不变。全市道路交通噪声平均等效声级为65.0分贝，处于“好”等级，各市（区）道路交通噪声平均等效声级处于62.7～68.6分贝之间，高港区处于“较好”等级，其余各市（区）处于“好”等级。各市（区）道路交通噪声等级保持不变。全市功能区噪声监测点位38个，其中一类功能区10个，二类功能区9个，三类功能区8个，四类功能区11个。昼间达标率98.7%，比上年下降0.7个百分点；夜间达标率96.7%，下降0.7个百分点。

环境污染防治

【概况】 2019年，泰州市围绕大气质量改善、水体质量提升、土壤质量修复，开展蓝天、碧水、净土三大保卫战。“健康长江泰州行动”入选2019年度江苏省十佳生态环境保护改革创新案例，海陵区获评生态环境部第三批“国家生态文明建设示范区”，兴化市建成“第二批省级生态文明建设示范市”，47个镇、21个村创建成省级生态文明建设示范镇村。划分省级生态保护红线8类44个，面积1069.54平方千米。年内，安排环保专项资金2.83亿元，其中上争中央水污染防治专项资金1.21亿元，居全省第四位。

【大气污染防治】 2019年，泰州市明确全年打好污染防治攻坚战重点工作任务，明确2019年改善空气环境质量目标，组织实施178项大气治理重点工程。创新开展拉网式大气强化监督，整合市、市（区）两级执法力量，开展市区涉气企业拉网式强化督查。重污染天气应对期间，组成16个督查组对市区289家管控企业、135个施工工地开展滚动式督查全覆盖。在全省率先与生态环境部卫星中心合作，实施市区扬尘源筛查。推进空气质量管控科技合作项目、第三方合作单位派驻专家驻场指导，常态开展挥发性有机化合物走航监测、大气污染物7参数走航监测，实施市区污染物来源分析管控。组织87家挥发性有机物重点监管企业编制综合整治方案，在全省率先出台《泰州市2019年夏季臭氧污染管控行动方案》，修订《泰州市重污染天气应急预案》《泰州市重污染天气应急减排清单》，落实30家企业强制减排、98家企业应急减排，完成全市挥发性有机化合物源解析工作。制定《泰州市2019～2020年秋冬季大气污染防治聚焦攻坚行动工作方案》，落实《长三角地区2019～2020年秋冬季大气污染综合治理攻坚行动方案》，修订《重污染天气应急减排清单》，落实1066家企业不同预警级别下的应急减排措施。制定出台《泰州市柴油货车污染治理攻坚战实施方案》，建成10套固定式和1套移动式遥感监测点，启动加油站油气回收在线监测平台建设，开展全省重型柴油车排放远程在线监控试点，实施展新生产、销售机动车环保达标监管，登记注册9658辆非道路移动机械。路检路查车辆2636辆（次），列入年度检测重点监管名录的超标车辆102辆（次）。

【水污染防治】 2019年，泰州市投入环保资金4.5亿元，实施43项水污染防治重点工程建设，完成淮河流域水污染防治工程15项、长江流域水污染治理工程22项，统筹推进工业、农业、船舶等领域污染治理；出台《泰州市长江保护修复攻坚战行动计划实施方案》，明确九大类27项重点任务，委托省泰州环境监测中心对全市64个规模以上入河排污口开展监督性监测，全市化学需氧量、氨氮、总磷、总氮排放量比上年分别削减12.5%、12.1%、9.9%、8.7%。制定出台《2019年度主要水污染物总量减排计划》，定期督查减排进度，推动减少水污染物排放总量，全市6个国考断面水质化学需氧量、氨氮年均浓度比上年分别下降17.3%、37.3%，24个省考以上断面水质化学需氧量、氨氮年均浓度比上年分别下降8.5%、33.3%。以工业集聚区为重点，开展3个国家级、7个省级工业园区污水处理设施整治专项行动，排查国家级园区问题5个、省级园区问题15个，年度整改任务全部完成。新增80座农村污水处理设施，达到省定全市40%的行政村建有污水处理设施的考核要求。

【土壤污染防治】 2019年，泰州市按照国家、省和市“土十条”要求，调查重点行业企业用地土壤污染状况地块1298个，采样分析183家地块，信息采集阶段质控一次通过率90.6%。建立28个疑似污染地块名单和5块污染地块名录，督促各地对已收回、拟收储及变更为居住、公共用地的地块开展调查评估。开展试点示范修复，实施14家企业土壤环境调查，泰兴市黄桥镇南沙地区耕地土壤污染项目治理修复通过专家验收。排查涉镉等金属重点行业企业118家，排查兴化市戴南镇不锈钢涉及中频炉企业300多家，江苏兴达钢帘线股份有限公司及兴化戴南不锈钢涉及中频炉企业均纳入重点涉重企业、重点区域整治清单。列入全市土壤环境重点监管的企业83家（其中省级23家、市级15家、县级45家），全部签订土壤污染防治责任书并向社会公开。年内，组织15场省级质控专家会，邀请专家77人次，抽查地块345块，外审质控比例32.0%，整体合格率90.6%。

【固体废弃物管理】 2019年，泰州市新增危险废物集中处置能力6.5万吨/年，其中焚烧处置能力4.5万吨/年、填埋处置能力2万吨/年。至年末，全市有41家危险废物经营单位，其中填埋处置企业2家，年填埋处置能力4万吨；焚烧处置企业4家，年焚烧处置能力7.3万吨；废酸、酸洗污泥等综合利用处置能力90万吨/年，另有195万只/年废包装容器清洗能力、16万只/年废铅酸电池收集能力。年内，开展为期1年的固体废物排查整治专项行动，核查各类取土场（坑）、复垦地块和其他地块3915处，存在问题的24个复垦地块和14个其他类型地块逐一登记造册，形成问题清单。集中组织开展3个化工园区（集中区）、200家重点行业

危险废物产生单位、40 家危险废物经营单位危险废物专项治理，发现存在环境问题企业 86 家，涉及问题 160 项，完成整改 126 项。排查固体废物环境隐患问题点位 252 处，核实销号 233 处，占 92.5%。全面推进危险废物减存量控风险和重金属污染物总量减排工作，淘汰落后产能项目 1 个，实施治理设施提标改造项目 2 个，全年全市危险废物产生企业贮存量约 1.5 万吨，比上年削减 1 万多吨，完成省厅"贮存量削减到 2.8 万吨以下"的年度任务。

【核与辐射安全管理】 2019 年，泰州市依法审核审批辐射工作单位辐射安全许可证和放射源购置工作，为 92 家单位发放辐射安全许可证，为 6 家单位、16 枚放射源办理放射源转移备案。依法履行核技术利用项目及电磁辐射项目环境影响评价审批工作，完成 49 个核技术利用建设项目环评预审和审批。制定《全市核与辐射安全风险隐患排查整治工作方案》，实施放射源全过程安全监管，开展部管 2 家涉源单位、省管 4 家涉源单位、市管 38 家涉源单位和 189 家射线装置单位拉网式、全覆盖检查，立案查处问题企业 2 家，闲置的 43 枚放射源全部送省废物库收贮。规范辐射环境监管，全年完成 12 个点位的 γ 辐射瞬时吸收剂量率、1 个国控点 γ 辐射累积剂量率的监测、5 个电磁辐射点位的监测、1 个土壤点的采样、1 个饮用水水源地的采集、1 个居住区气溶胶采样和数据报送工作。

环境执法

【概况】 2019 年，泰州市开展"清废 2019""散乱污"整治等专项整治活动，实施双随机执法检查 2709 次，制定实施《服务企业精准执法"五三"行动计划（2019～2020 年）》，推进综治联创，司法联动现场执法。全市立案查处环境违法行为 1019 件，处罚金额 1.1 亿元，居全省第三位；按照《中华人民共和国环境保护法》及配套办法查处违法案件 655 件，居全省第二位，其中查封扣押案件 536 件、限产停产案件 64 件、移送行政拘留案件 31 件、环境污染犯罪案件 23 件，全市案件。泰州市在全省生态环境执法作业比武中获第一名，2 名执法人员获生态环境部执法局通报表扬。

【生态环境执法监管】 2019 年，泰州市制定《2019 年度泰州市环境执法局环境执法工作计划》，完善"双随机一公开"制度，推进"两库一平台"建设，统筹生态环境执法监管，全市实施双随机检查 2709 次。推进移动执法系统建设，完成全市所有移动执法装备升级换代，市本级（市执法局、海陵区、高港区、泰州医药高新区）新增装备 17 套，靖江市新增装备 13 套，泰兴市新增装备 16 套，兴化市新增装备 16 套，姜堰区新增装备 12 套。新增移动执法记录仪 55 台，平板、便携式打印机 28 套，电脑 17 台，无人机 14 台，全市实现现场执法工作全部采用移动执法装备，省级部署、三级使用。开展饮用水水源地整治后督察，对泰州一水厂、泰州二水厂进行执法检查。先后抽调 105 人参加生态环境部京津冀帮扶督查、长江排口清查、垃圾填埋场交叉检查、危险废物专项检查等多项工作。

【专项执法行动】 2019 年，泰州市分季度开展系列专项执法行动。开展"清废 2019"行动，完成生态环境部交办两批 74 个问题点位现场核查，立查立改问题点位 14 个，整改到位点位 10 个。开展"散乱污"企业及集群综合整治行动，470 家"散乱污"企业中有 268 家实施关停取缔，19 家实施整合搬迁，183 家实施升级改造。开展酸洗加工企业专项执法行动，检查酸洗加工企业 126 家，淘汰酸洗工序或自行关闭 40 家企业，整改到位 32 家，实施整改 48 家，实施关停无审批手续的非法酸洗企业 6 家，立案处罚企业 3 家。开展工业炉窑综合整治行动，检查工业炉窑企业 216 家，发现问题企业 35 家，完成综合治理 34 家，其中淘汰工业炉窑数量 8 个，进行燃料清洁低碳化替代的工业炉窑数量 11 个，完成深度治理的工业炉窑数量 15 个。开展废铅酸蓄电池行业整治行动，生态环境部门联合公安部门制定全市废铅蓄电池专项整治工作方案，排查废铅酸蓄电池企业 2084 家，其中生产企业 1 家，持有收集证企业 5 家，4S 店、汽车和电动车维修点以及汽配销售服务企业 2078 家。开展饮用水水源地整治督察专项行动，组织兴化横泾河等 3 个县级以上饮用水水源地整治工作后督察，移交问题线索 2 个。

【《服务企业精准执法"五三"行动计划》出台】 2019 年 3 月 15 日，泰州市委生态环保办公室出台《关于服务企业精准执法"五三"行动计划（2019～2020）》，提出推行"三大举措"，实施"专家治厂、科学治污"，提升企业环境管理科学化和污染治理专业化水平；鼓励环保信用评价等级"绿色"企业申报环保信任企业，给予环保信任企业守法信任并予以保护；开展"环保干部与企业结对帮扶"，市生态环境局及各直属局（分局）班子成员牵头组成工作组，分别联系服务 2～3 家企业（项目）。突出"三项执法重点"，办理中央环保督察"回头看"和省级环保督查交办问题查处与整改，"件件有着落，事事有效果"；排查建立"散乱污"工业企业（场所）综合整治清单，组织集中整治行动；实施区域突出环境问题整改，组织专项执法行动。开展"三大精准行动"，实施司法联动，精准打击环境违法犯罪行为；推动"点穴"执法，精准解决突出环境问题；借助"智慧环保"，精准监管重点排污单位。规范"三项执法行为"，全面落实"双随机、一公开"要求，有序有据执法检查；执行《行政处罚自由裁量基准》《行政处罚自由裁量权适用规定》要求，有力有度依法惩处；履行《江苏省环境执法人员现场执法行为规范》要求，有规有矩执纪守法。突出"三项能力建设"，开展专题培训，提升执法业务能力；规范使用平台，提高执法工作效能；强化作风建设，打造环境执法铁军。

环境监测

【概况】 2019 年，泰州市开展生态环境监测事权上收、环境空气挥发性有机物监测、固定污染源挥发性有机化合物源解析、环境空气颗粒物组分测试、"江河碧空"蓝天保卫监测、泰州长江入河排污口排查整治试点监测、重点行业企业用地土壤污染状况监控点环境质量、"南水北调"水环境质量、区域补偿、重金属污染综合防治重点区域环境质量、黑臭水体监测、农村环境质量、生物生态质量等专项监测工作,全面监测区域内空气、水、噪声、土壤、生物生态等环境要素,全年出具各类监测数据37万个,其中手工监测数据10万个,各类监测报告、报表1000多份。完成生态环境部委托的二噁英类监测任务、生态遥感监测国家试点工作、驰援响水应急监测工作。参加中国环境监测总站、省环境监测中心、生态环境部标准样品研究所等单位组织的能力验证、测量审核活动12次,均获"满意"结果。

【大气遥感监测】 2019年,泰州市依托生态环境部卫星中心泰州遥感应用基地将市区重点区域划定成1千米×1千米的网格,监测各类大气污染物浓度,找出热点网格,实施大气污染源精细化、立体化管控,全年监测到市区扬尘源341个,泰州市电视台《污染防治在攻坚·"263"在行动》专栏连续7期曝光相关问题。推进空气质量管控科技合作项目,第三方合作单位派驻6名专家驻场指导,开展挥发性有机化合物走航监测、大气污染物七参数走航监测,分析市区污染物来源并实施管控。建立秸秆禁烧铁塔高空视频监控系统,利用铁塔资源,安装40个40米高的高空高清摄像头,实施24小时值守,发现秸秆焚烧等大气污染情况及时通知属地乡镇整改并上传整治图片。

【长江入河排污口专项监测】 2019年,泰州市围绕"查、测、溯、治"四项任务,排查出沿江各类入河排污口1249个,其中靖江市724个,泰兴市371个,高港区121个,泰州医药高新区27个。按工业企业、污水集中处理设施等七类排口以及通江河道八大类型,分类制订监测方案;创新设立排口"身份证",实现"一口一码、扫码查询"。沿江4个市(区)协同开展排口监测工作,采集407个排污口和62条入江河流490个样品,其中污水处理集中设施排口8个、工业企业类排口36个、城市雨洪排口66个、生活类排口9个、农业农村排口282个、码头排口2个、其他类型排口4个。

【环境监测能力建设】 2019年,泰州市建成辐射环境自动监测站并通过生态环境部验收。建成市级实验室管理系统(LIMS系统),监测业务工作全部通过LIMS系统流转。先后投入800万元,实施颗粒物组分监测能力省级标准化建设,提升挥发性有机化合物监测能。新购置α、β表面沾污仪、多功能选频仪等仪器设备,核与辐射应急装备基本配置到位。升级全市污染源在线监控平台,46家重点排污单位联网;建成重污染天气应急限产用电监控平台,100家试点企业安装联网。泰兴经济开发区、泰州滨江工业园区、高永化工集中区实施预警平台升级改造项目,增加大气、水监测点位;更新补充完善应急物资,建设污染源切断、污染物控制、污染物收集、污染物降解、安全防护、环境监测等各类环境应急救援物资装备近80种,完善环境应急物资库建设。组织乡镇(街道)空气质量监测网络建设,落实新建空气自动站的乡镇(街道)为69个。开展市区监测网络建设,25个新建站点通过选址论证。推动生态环境监测系统建设,新建12个重要断面水质自动站。

【全省首创水环境智慧监管新模式】 2019年10月11~12日,海陵区在全省首创的水环境智慧监管新模式入展由江苏省政府、生态环境部主办,省生态环境厅、生态环境部科技与财务司承办的"2019国际生态环境新技术大会"6项(套)精品科技成果。该新模式通过建立"一网、一台、一径、一队"(水陆空接力感知网、智慧治理工作平台、环境综合治理联动机制、建立污染防治联合行动队),将水环境监控系统与公安水陆空接力感知网相结合,实现水质自动监控及水环境智慧化管理由国控断面向镇街园区断面延伸,第一时间发现水质异常、追溯污染源、采取应急措施、切断污染源头。年内,海陵区通过新模式立案查处环境违法案件303件、处罚1202.8万元,新法运用案件200件,其中,查封企业190家、限制生产1家、行政移送8家、刑事移送1家。 (张 俊)

生态文明建设

【概况】 2019年,泰州市实施市、市(区)、镇、村生态文明创建示范工作四级联动,海陵区被生态环境部命名为

河道水质自动化监测系统 (市水利局供图)

第三批"国家生态文明建设示范区"，兴化市被命名为"第二批省级生态文明建设示范市"；组织32个乡镇（街道）申报创建省级生态文明建设示范镇，21个村（社区）申报创建省级生态文明建设示范村。设立绿色发展指标体系，对下辖三市三区（不含泰州医药高新区）开展绿色发展评估，结合评价结果提出相关建议。推进节水型社会建设，出台实施《泰州市节约用水办法》，国家节水型城市创建通过省级验收。（张　俊　李　想）

【绿色发展机制】　2019年，泰州市探索建立绿色发展机制，提升绿色发展水平，创新推进企业环保信用评价、省级差别化电价、差别化水气价、环境污染责任保险四项机制。推进环保信用体系建设，完善生态环境"守信激励、失信惩戒"机制，市生态环境部门实施5151家企业环保信用评价，评定绿色企业15家、蓝色企业5056家、黄色企业32家、红色企业18家、黑色企业21家。获评"绿色"等级的企业实施鼓励性政策，定为"红色"和"黑色"等级的企业实施联合惩戒。落实省级差别化电价政策，环保信用评价结果为较重失信（红色等级）和严重失信（黑色等级）的企业，差别化用电价格在现行电价标准基础上，每千瓦时分别加价0.05元和0.10元。创新开展差别化水气价政策，出台《关于完善根据环保信用评价结果实行差别化价格政策》，实施严于省级标准的差别化污水处理费标准，定为"红色"等级的企业，差别化污水处理费在现行标准基础上加收0.8元/立方米，定为"黑色"等级的企业或连续两年（含）以上被评为"红色"等级的企业，在现行标准基础上加收1.2元/立方米。在全省首创实施差别化天然气价格政策，定为"红色"等级的企业，天然气价格在现行价格标准基础上加收0.3元/立方米，定为"黑色"等级的企业或连续两次（含）以上被评为"红色"等级的企业，在现行标准基础上加收0.5元/立方米。开展环境污染责任保险工作，组织第二轮环境污染责任保险经纪公司遴选，实施第三轮环境污染责任保险共保体招投标，重新确立5家共保体责任单位，服务企业投保环境污染责任保险，全市121家企业投保环责险，保费230万元，保额2.33亿元。

【生态保护红线管理】　2019年，泰州市完善生态红线区域保护措施，建成生态红线地理信息系统，实时定位、红线边界查询、距离和面积测定。划定各市（区）生态保护红线、环境质量底线、资源利用上线，落实340个管控单元，针对不同环境管控单元，从空间布局约束、污染物排放管控、环境风险防控、资源利用效率等方面制定差异化的环境准入要求。在全省生态保护红线监督考核工作中，泰州市得分104.25，居全省第三位。创新开展生态保护红线区域动态巡查工作，组织全市生态红线范围内企业行为排查，统计核实企业详细信息，掌握红线范围内开发建设情况。实施"绿盾2019"自然保护地监督检查专项行动，检查各级各类自然保护区、风景名胜区、森林公园、湿地公园等自然保护地及其能影响保护地环境的周边区域，制定国家遥感监测发现的8876个泰州市疑似问题清单，落实整改措施，明确整改时间。（张　俊）

【节水型社会建设】　2019年，泰州市出台实施《泰州市节约用水办法》（泰政规〔2019〕3号），印发《2019年全市水资源管理及节约用水工作要点》，实行最严格水资源管理制度。兴化市、泰兴市、姜堰区通过省水利厅组织的国家级县域节水型社会达标建设验收。全市建成省级节水型企业13家、社区10个、单位18个、学校7所，泰州市国家节水型城市创建工作通过省级验收，泰兴市水利科普馆和兴化市节水教育馆被授予"江苏省节水教育基地"称号。推进农田高效节水工程建设，农田灌溉水有效利用系数从2018年的0.621提高到0.627。将年用水量50万吨以上的用水户纳入用水管理重点监管名录，完善用水单位用水制度。全年全市用水量23.6亿立方米，可比价万元国内生产总值用水量为48.9立方米，比上一轮规划2015年度的71立方米减少31.1%。市本级征收水资源费1843.59万元，全市征收水资源费4292.39万元（不含泰兴市）。

【创成全国水生态文明示范市】　2019年5月23日，水利部印发《第二批通过全国水生态文明建设试点验收城市名单的通知》，泰州市按照"一脉、一城、一湖、三带"的总体布局，10项重点示范工程、103项建设任务全部完成，22项考核指标全面达标，全面完成试点

2019年12月24日，泰州市创建国家节水型城市通过省级验收

（市住建局供图）

城市的各项建设任务，创成全国水生态文明示范市。泰州市于2017年启动全国水生态文明示范区创建工作，出台《泰州市水环境保护条例》《泰州市水资源管理办法》《泰州市最严格水资源管理制度实施方案》《泰州市生态文明建设考核评价与责任追究办法》《泰州市长江永安洲永正水源地达标建设实施方案》《泰州市生态红线区域保护监督管理考核暂行办法》等制度，编制《泰州市水资源保护规划》《泰州市地下水压采方案》等。实施凤城河西南城河、凤凰河、南官河、老通扬运河等景观提升工程。建设环河慢行系统、环河水上游览线路；全面实施"河路结合"的亲水工程，增设滨水栈道、园林小品和亲水平台。实施市区59条河道的整治和活水畅流工程，先后开展凤凰河、老通扬运河、周山河等骨干河道治理。分期实施水生态治理工程，累计疏浚稻河、南城河、草河等50多条中小河流。全面实施"河长制"，建立健全河道管护巡查制度和考核制度。实施保水控水工程，新建引江河城区调水泵站和明珠水利枢纽两个生态调水工程，提高城区防洪排涝、水源调节和生态改善能力。

（徐 震 李 想）

自然资源保护和利用

【概况】 2019年，泰州市开展长江沿线国土空间生态修复工程项目建设，以泰兴、靖江两市长江干流北岸10千米范围内、生态问题严重的8家废弃露天矿山为重点，采取地质灾害治理、植被绿化、恢复生态等手段，实施环境治理、土地复垦、退厂还湿和生态湿地建设以及河道岸线生态修复。项目投资总额4.15亿元，其中争取省级补助资金1.70亿元。推进省级重点生态公益林保护管理，规范林木采伐和使用林地审核审批。规范建设项目使用林地审核管理，完成全市林地"一张图"基础数据调整工作。组织开展严厉打击非法侵占林地等破坏森林资源违法行为专项行动，发现并立案处理各类涉林案件4起，其中滥伐林木3起、违法使用林地1起；损失林木11.94立方米，损失林地0.07公顷。推进沿江地区、里下河地区湿地修复，通过清淤疏浚、退渔还湖（湿）、岸线整治、水环境治理、恢复植被等生态修复方式，实施退化湿地修复229公顷，全市湿地保有量10.33万公顷。推进兴化里下河国家湿地公园PPP项目建设。实施春江省级湿地公园质量提升工程。全年新建湿地保护小区4个，其中靖江市2个、兴化市1个、高港区1个，新增湿地保护面积1598公顷，年末全市湿地保护总面积2.93万公顷，湿地保护率52.2%。

全年全市土地供应总量2431.1公顷，其中新增用地1181.2公顷，占供地总量的48.58%；存量用地1249.9公顷，占供地总量的51.41%。全年组织招标、拍卖、挂牌、协议出让土地554宗，面积1446.8公顷，总成交价315.65亿元，比上年分别减少23.37%、减少11.34%、增长23.33%。其中，市区（不含姜堰区）组织招标、拍卖、挂牌、协议出让土地55宗，面积244.5公顷，总成交价114.1亿元，分别减少38.2%、49.59%、0.89%；姜堰区组织招标、拍卖、挂牌、协议出让土地73宗，面积229.3公顷，总成交价18.56亿元，分别减少29.13%、减少43.08%、增长24.37%；兴化市组织招标、拍卖、挂牌、协议出让土地141宗，面积214.4公顷，总成交价24.26亿元，分别减少0.71%、增长20.71%、增长6.97%；泰兴市组织招标、拍卖、挂牌、协议出让土地220宗，面积507.3公顷，总成交价93.81亿元，分别减少28.34%、增长2.63%、增长28.23%；靖江市组织招标、拍卖、挂牌、协议出让土地66宗，面积350.1公顷，总成交价60.39亿元，分别减少20.48%、增长42.55%、增长128.59%。加大建设用地批后监管力度，运用手持设备实地勘查、"慧眼守土"监控、无人飞机巡查等手段实施动态监测，提高批后监管的智能化、便捷化水平。

全面推进"亩产论英雄"工业用地效益提升综合机制，实施"专家综合评估、项目分类管理、土地分级配置"的工业用地综合评估机制，实现项目土地高效利用。探索土地供应新模式，推行工业用地长期租赁、先租后让、租让结合和弹性出让等供应方式，新增工业用地出让年限可不超过30年。市区土地竞买保证金由20%降至15%，工业用地出让金可在一年内分期缴清。全面实行项目用地履约保证金制度，至年末，市区收取履约保证金6.34亿元，涉及项目152宗、800.53公顷，退返金额5194.4万元。组织开展工业企业用地年度调查，年末全市有工业企业14538家，工业用地面积2.11万公顷，地均税收103.2万元/公顷。完成低效、闲置用地再开发192宗，再开发面积612.38公顷。

全年泰州市不动产登记窗口颁发证书75101本，其中不动产权证书51344本、不动产权证明23757份；市区颁发证书30781本，其中不动产权证书23808本、不动产权证明6973份。深化"泰顺畅"不动产登记服务品牌内涵，推进"互联网+不动产登记"和关联业务联动办理，实现交易、登记、纳税业务"一网通办"。全面启用集身份证读取、指纹识别、人脸验证、签字确认、服务评价等功能于一体的"人证识别评价"设备，推行不动产登记"刷脸办理"和"实时评价"，评价满意率在99%以上。启动登记、交易、税务"一体化"平台建设，10月8日全面上线不动产登记新平台。

【水土保持】 2019年11月21日，市政府出台《水土保持管理办法》，建立健全全市水土保持工作的考核、培训、监督、监测等工作机制。实施长江岸线生态修复，推进长江干流岸线利用项目整改。开展里下河圩堤整治工作，推进"美丽水工程"建设。全年全市完成治理水土流失面积100平方千米，累计建成省级"水美乡镇"22个、"水美乡村"141个。完成国家、省两级1089处卫星遥感扰动图斑的水土保持合规性现场核查，启动235处违规项目查处程序。全年各级水行政主管部门审批泰州市生产建设项目水土保持方案27项，其中位于省级水土流失重点预防区的项目4个，位于省级水土流失易发区的项目2个，位于市级水土流失重点预防区的项目15个，涉及水土流失防治责任范围871.26公顷，水土保持总投资1.3亿元。实

施水源地和地下水保护，推进水源地达标建设，5 个集中式饮用水水源地完成达标建设任务。建立饮用水水源地长效管护机制，建设永安洲永正水源地上游二级保护区水质预警站。推进深井封填工作，全年封井 37 眼。年内，泰州市获长江沿线国土空间生态修复工程省级补助资金 1.7 亿元。

（李　想　陈建勋　李　映）

【耕地保护】 2019 年，泰州市实施土地综合整治和农村建设用地复垦整理，全年通过实施土地整治新增耕地 2673.33 公顷。开展储备补充耕地核查工作，核查全市 1016 个项目的 5356 个地块补充耕地面积、水田规模、耕地质量的真实性、准确性以及补充耕地的利用现状、工程维护和地力培肥等后期管护情况，按规定整改不合格项目。开展耕地保护补偿激励工作，泰兴市广陵镇、靖江市东兴镇、兴化市大邹镇、海陵区罡杨镇、高港区大泗镇 5 个乡镇获省级激励资金 1000 万元；高港区永安洲镇、姜堰区顾高镇等 5 个乡镇及海陵区罡杨镇杨庄社区、高港区胡庄镇陈隆村等 28 个村获市级激励资金 184 万元。

【野生动物保护】 2019 年，泰州市规范野生动物驯养繁殖、经营利用审核审批，开展野生动物驯养繁殖和经营利用场所清理整顿工作，全年查处违反野生动物保护法规案件 12 起，审核办理省重点和国家“三有”保护野生动物驯养繁殖事项 14 起，完成持有《江苏省重点保护和国家保护的“三有”陆生野生动物驯养繁殖许可证》的 48 家场所年检工作。全市未发生陆生野生动物疫情。

【高标准农田项目立项】 2019 年，泰州市立项建设高标准农田项目 37 个，建设规模 1.49 万公顷，项目财政总投资 40449 万元。其中建设财政补助类高标准农田建设项目 20 个，建设规模 6833 公顷，项目财政总投资 18887 万元；建设中央预算类高标准农田建设项目 16 个，建设规模 7967 公顷，项目财政总投资 21162 万元；建设市级高标准农田零散地块治理项目 1 个，建设规模 66.67 公顷，项目财政投资 400 万元。

（赵　蓉）

【取用水监督管理】 2019 年，泰州市核查登记全市 409 个取水项目、2923 个取水工程（设施），完成省级、市级 131 个取水项目、517 个取水工程的现场抽查检查；完善取水工程（设施）档案资料，形成“一口一档”。严格取水许可审批和延续取水换证工作，落实禁批限批制度，全年新发、变更和延续取水许可证 113 个，核定取水许可量 11.42 亿吨，其中农业取水项目全部完成审批发证工作，发放农业取水许可证 77 个，核定农业取水量 10.94 亿吨。全市征收水资源费 4292.39 万元（不含泰兴市），其中市本级征收水资源费 1843.59 万元。

（李　想）

【矿产资源开发】 2019 年末，泰州市有矿产开发企业 7 家，全年实现矿产资源工业总产值 6995.35 万元。全年石油产量 45 万吨；二氧化碳气开采量 2.63 亿立方米，产量 52.8 万吨，主要用于食品保护焊接和化工等领域；开发利用地热资源 3.21 万吨，累计成功钻探地热井 9 口，其中已投入开发使用 5 口，分别是溱湖地热 1 井、2 井（泰州华侨城云海温泉），碧桂园地热井（泰州碧桂园凤凰温泉酒店），天德湖地热井（泰州天德湖宾馆有限公司），兴热 2 井（兴化市博源旅游投资发展有限公司）。

（李　映）

【森林资源培育】 2019 年，泰州市将林业发展与“三化”（珍贵化、彩色化、效益化）结合，培育森林资源，实施绿色通道、江河湖渠防护林、村庄绿化、高标准农田林网等重点工程，全年新增成片造林面积 2435.6 公顷、四旁植树 290 多万株，完成森林抚育面积 5182 公顷。全市森林覆盖率 17.40%、林木覆盖率 24.76%。查处破坏森林资源违法行为，开展“绿卫 2019”森林执法专项行动，发现拆除非法侵占林地违建别墅 2 个，全年查处林政案件 16 起。完成 2018 年森林督查“回头看”问题整改和 2019 年森林督查暨森林资源管理“一张图”年度更新等工作，组织开展自然保护地督查“绿盾 2019”专项行动，部署全市自然保护地勘界立标工作。

（李　映　季　杰）

【全国首个地级市地质大数据平台建成上线】 2019 年 7 月，泰州市自然资源和规划局编制的城市地质大数据共享平台（一期）建设方案通过专家论证，地质大数据共享平台建设工作正式启动；12 月，全国首个地级市地质大数据共享服务平台在泰州建成上线，中央电视台《晚间新闻》栏目予以报道。该平台构建“1 + 1 + 3”（建立“1 套标准”、建设“1 个中心”、搭建“3 个平台”）地质大数据平台框架体系，针对自然资源管理部门、政府各部门和社会公众 3 类不同服务对象的不同需求，分类提供地质信息服务，实现地质资料的信息共享、资源共享、成果共享及服务系统集成，开创地质资料现代化管理和高效应用模式。平台上线后，已累计发布 4644 个监测点位、852 个工程钻孔、1350 档目录检索、23 条科普信息和 1：50000 第四纪地质图、1：100000 基岩地质图、1：50000 综合工程地质图等多个地质产品，大幅缩减项目建设周期和前期投入成本，压缩审批时间 1 个月以上。该平台还将与群众生产生活密切相关的富硒土壤、矿泉水、地下空间等优质地质资源，生态地质、工程地质、地灾防治等各类地质信息，整理开发成地质服务产品并发布。

【泰州市获评“江苏省国土资源节约集约利用模范市”】 2019 年 6 月 24 日，泰州市获 2018 年度“江苏省国土资源节约集约利用模范市”称号，获得用地指标奖励 1000 亩；靖江市、泰兴市和姜堰区获 2018 年度“江苏省国土资源节约集约利用模范县（市、区）”称号，各获得用地指标奖励 500 亩。全市累计获得用地指标奖励 2500 亩，居全省首位。

【在全省率先建立标定地价体系】 2019 年 9 月 20 日，泰州市区标定地价体系成果通过专家审查验收，提前完成自然资源部建立公示地价体系的要求，在全省率先建立标定地价体系。

该体系涵盖商服用地、住宅用地、工业用地、公共管理与公共服务用地的城镇基准地价、农用地和集体建设用地基准地价及城镇标定地价,是政府出让土地使用权时确定出让金额的依据,是清产核资中核定单位所占用地土地资产和股份制企业土地作价入股的标准,是核定土地增值税和管理地产市场的具体标准,是划拨土地使用权转让、出租、抵押时确定补缴出让金的标准。 (李 映)

园林绿化

【概况】 2019年,泰州市推进国家生态园林城市建设,获评“江苏省生态园林城市”,高港区获评“全国绿化模范单位”。推进长江岸线造林、江湖河渠生态防护林、绿色通道等林业重点工程建设。完成长江岸线造林复绿194.27公顷。开展江广高速、355省道和兴化“一号水路”等绿色通道建设,新增造林200多公顷。推进江河湖渠生态防护林工程建设,推广“三化”树种造林,推进骨干河道两侧绿化提档升级和“三化”示范河道、圩堤建设。至年末,全市林地面积124749公顷,其中市区林地面积41184公顷、靖江市15801公顷、泰兴市29067公顷、兴化市38697公顷。全年新增造林面积2165公顷,林木覆盖率24.76%。

【城市绿化】 2019年,泰州市实施公园绿地项目建设,构建道路景观绿化和林荫系统,全年兴建公园绿地33处,新(扩)建游园26个,建成道路绿带4条,市区绿地率38.95%、绿化覆盖率42.22%、“十分钟公园”服务圈达91.79%,基本实现“300米见绿、500米见园”。实施沿城市中轴线的首批6家单位“拆墙透绿”工作。天德湖公园、高港水景街区分别获批省生物多样性示范项目、省园林绿化示范项目。年内,全省园林绿化高质量发展暨泰州市园林绿化行业培训会议在泰州召开。 (殷恒杰)

【村庄绿化】 2019年,泰州市因村制宜推行园林型、林果型、苗圃型、生态型村庄绿化模式,全市新建国家森林乡村23个,新建省级绿美乡村43个,其中“三化”(珍贵化、彩色化、效益化)示范村22个。推进农田林网工程,突出骨干道路、重点项目和家庭农场等重点区域,加快建立以珍贵防护树种为主、网格控制面积200亩以下的平原农田林网体系,全年新建、完善农田林网面积9400公顷。推进长江岸线绿化造林工作,完成长江岸线造林面积194.27公顷。

(李 想 赵 蓉)

【园林绿化管理】 2019年,泰州市出台《关于规范泰州市区园林绿化工程施工图设计审查的通知》《泰州市园林绿化工程质量监督管理办法(试行)》两项制度,加强对园林绿化工程事前、事中、事后的把关、指导和监督,全年审查园林绿化方案16个,其中政府投资项目11个、开发项目5个。推进园林绿化信用体系管理维护,举办2轮信用评价辅导培训。启动并开展园林绿化施工企业信用管理工作,公布3期园林绿化企业信用分;8月1日起,施工企业信用分列入园林绿化工程招投标系统。推进“绿色图章”工作,建立城市绿化审查和验收机制,全年完成园林绿化规划、方案和施工图审查46项,其中政府投资项目39项,其他住宅、商业项目7项。

靖江市十圩港景观带 (靖江市政府办供图)

【创成省生态园林城市】 2019年1月5日,经省政府批准,省政府办公厅发文正式命名泰州市为第二批“江苏省生态园林城市”。2018年3月,泰州市向省政府提出创建省生态园林城市的申请;5月,通过省级预检和初步验收;12月下旬,通过省住建厅组织的现场评价并进入公示阶段,比原计划提前一年完成创建目标任务,实现“当年提出创建、当年创建成功”。

【高港区获评“全国绿化模范单位”】 2019年9月19日,高港区被全国绿化委员会授予“全国绿化模范单位”称号。高港区组织动员全社会力量参与国土绿化事业,实施“绿满高港”行动,完成春江生态湿地“一路三节点”、环港公园等5个生态修复工程;累计绿化道路里程近100千米、造林400多公顷,宜林网农田林网化率95%;先后建成各类社区公园、街旁小游园、绿化广场等公共绿地30多个,创建4家省级园林式单位、6个省级园林式居住区;建成49个省级绿化示范村,占全部涉农村居的50%以上。至年末,全区林木覆盖率30.98%,城区绿化覆盖率43.66%、绿地率41.65%,人均公园绿地面积14.5平方米。 (殷恒杰)

【长江江苏段两岸造林绿化工作会议在泰州召开】 2019年3月12日,省政府在泰兴市召开长江江苏段两岸造林绿化工作会议,省绿化委员会成员

单位负责人，各市、县（市、区）政府分管负责人、自然资源（林业）局负责人，省林业局领导班子成员参加会议。会议落实长江经济带“共抓大保护、不搞大开发”战略要求，研究部署长江江苏段造林绿化和全省国土绿化工作。副省长费高云出席会议并讲话。盐城市、泰兴市以及住建厅、水利厅、铁路办、省林业局作交流发言。与会代表参观泰兴市长江沿岸造林绿化、绿美乡村建设和古树名木保护现场。

（季　杰　李　映）

“河小二”在海陵工业园区内巡查河道　　（顾俊供图）

“河长制”工作

【概况】　2019 年，泰州市召开全市“河长制”工作推进会、全市“河长制”责任落实专项整治大会，印发《压实“河长”“湖长”责任　开展河湖专项整治工作方案》，在全市开展水岸清洁、拆违清障、调水活水、排污口整治、黑臭水体治理、河湖生态修复等河湖专项整治十大行动。在全省首创河（湖）警长制，707 名河（湖）警长上岗到位。市河长办公室下发《关于细化明确全市各级河（湖）长工作内容的通知》，印制四级“河长”“口袋书”1.1 万多册；各市（区）培训 6000 多名“河长”。全年市级“河长”巡河 80 多人次，市（区）级“河（湖）长”巡河 700 多人次。村级“河长”刘新春、民间“河长”姚炜平分获 2019 年度省首届“最美基层河长”“最美河长”称号。

【河湖治理】　2019 年，泰州市坚持“一河一策”，把重点河湖年度“河长制”目标任务细化分解成月度工作清单，健全月度通报制。10 月 24 日，国家下达泰州的 7 个长江干流岸线利用清理整治项目全部拆除取缔完毕，在全省率先申请省级验收销号。出台《生态样板河湖建设评定管理办法》，将评定结果作为市级专项经费补助依据，纳入市（区）综合考核内容。投资 7.5 亿元，建设市（区）、乡镇、村生态样板河道 195 条、673 千米，实施古马干河整治、如泰运河接通等骨干河道工程，完成 44 条乡级河道、458 条村级河道的生态治理。投资 7 亿元，启动实施 5 个湖泊湖荡的退圩还湖工程。组织审核各地河湖“两违”（违法圈圩、违法建设）任务清单，形成涉及全市 65 条骨干河道、23 个湖泊的 2117 项整治任务的责任清单，完成整治任务 2072 项，完成率 98%，居全省首位，在全省率先基本实现“两年任务一年完成”的目标。泰州河湖“两违”整治工作经验获省河长办公室肯定，在全省河湖“两违三乱”整治现场推进会上作典型交流发言。

【“河长制”工作督查问责】　2019 年，泰州市组建 6 个督查组常态化督查各市（区）“河长制”工作。印发《督查通报》，曝光“两违三乱”整治进展缓慢、河湖问题突出的近 80 名“河长”，全年处置群众来电投诉问题 31 件，下发各类督办单 20 份、交办单 20 份，解决涉河环境问题 635 项。全市向环境污染宣战督察“百人团”督查发现的 195 处问题全部限期整改到位。依据《市“河长制”工作督查问责办法》，在全省率先启动实施“河长制”工作问责机制，各级纪委监委问责处理 20 名相关责任人。

【有事找“河长”】　2019 年，泰州市在《泰州日报》、泰州电视台创新推出《“河长”在行动》专题栏目，全年推出电视新闻、专题报道 204 期（篇）。健全“河长”公示牌长效管理机制，实现“河长”信息变化后一周内更新到位，全市各级河长办公室按照分级管理的要求，设置更新“河长”公示牌 5168 块，“有事找‘河长’”成为社会共识。省河长办公室作出“泰州市‘河长制’公示牌可免检”的评价。

（陈建勋　李　想）

责任编辑　叶　彤　耿　维

综　述

【概况】 2019年，泰州市在全省率先出台新一轮促进就业政策，全年城镇新增就业10.68万人、创业9.5万人、转移农村劳动力1.08万人。城镇登记失业率继续低位运行，330家监测企业用工形势保持平稳。全年新增高层次人才2516人、专业技术人才30271人，新增各类专家50人，其中享受政府特殊津贴专家3人、省突出贡献专家8人。支持企业大规模开展职业技能培训，全市每万名劳动力中有高技能人才980人。全市规模以上企业劳动合同签订率100%，劳动人事争议案件结案率100%，"12333"人力资源社会保障客服电话呼入总量首次突破60万人次，达71万人次。核准备案398家事业单位岗位设置（变更）方案，重新核定中小学校专业技术岗位总数3.7万个，组织开展各类事业单位公开招聘50场次，累计推荐上报表彰奖励先进集体26家、先进工作者59人。

【《职业技能提升行动实施方案》出台】 2019年12月4日，泰州市出台《职业技能提升行动实施方案（2019～2021年）》。该《实施方案》是全市推行终身职业培训制度、实施劳动者职业技能提升行动的指导性文件，分为4个部分，共19条。明确今后三年的具体目标任务：到2021年，培训35万人次以上，全市技能劳动者占就业人员总量的比例在28%以上，高技能人才占技能劳动者总量的比例在32%以上。该轮大规模职业技能培训主要针对三类群体，分别是：企业职工；农村转移就业劳动者特别是新生代农民工、城乡未继续升学的初高中毕业生等青年、下岗失业人员、退役军人、就业困难人员（含残疾人）、建档立卡低收入农户和城乡低保对象中的劳动力、有创业意愿和培训需求的劳动者、职业农民和农村实用人才带头人等就业重点群体；高危行业领域从业人员和各类特种作业人员。 （陈海泉）

【第三届中国博士后泰州医药高新区创新创业峰会】 2019年11月21～22日，第三届中国博士后泰州医药高新区创新创业峰会在泰州医药高新区举行。该届峰会由全国博士后管理委员会办公室、中国博士后科学基金会、省人社厅、泰州医药高新区共同主办，清华大学、复旦大学、中国中医科学院、中国药科大学、南京中医药大学、南京工业大学等博士后合作导师、博士后管理工作者、博士后研究人员以及高新技术企业代表近200人参加峰会。峰会通过开展全国医药类博士后学术成果产业化论坛和项目对接活动，在高校、企业、政府和博士后之间搭建创新创业的合作平台。在11月21日举行的峰会开幕式上，国家级人才计划专家、南京医科大学特聘教授郑维义就打造支持中国创新药研发的生态环境发表主旨演讲；复旦大学、南京工业大学等院校的博士后代表，围绕生物医药产业分享最新学术研究成果；52名博士后与硕世生物、康为世纪生物等17家泰州医药高新区企业就生物医药、医（药）用新材料、大健康产业配套智能制造等科学领域进行交流。 （李　芳）

【主导产业"英才联盟"成立】 2019年7月23日，泰州市成立主导产业"英才联盟"。首批"英才联盟"由市主导产业企业的劳模、工匠、创新导师和在一线岗位从事生产、技术、研发等工作的52名专业骨干技术人员自愿组成。联盟按生物医药及高性能医疗器械、高端装备制造及高技术船舶、节能与新能源、新一代信息技术、化工及新材料5个主导产业划分为5个小组，每组设组长1名。联盟成员会议每年召开1次，联盟和各联盟小组每年开展学术论坛、对口交流或技术沙龙等活动不少于2次。联盟实行集体领导和分工负责相结合，重大问题由全体成员讨论决定。各成员通过调研收集产业企业发展现状，重点工作推进和服务发展需求情况，为联盟确定研究课题、研究解决问题、卡站各项活动提供决策依据。11月27日，举办首场以"技创未来，领先发展"为主题的泰州主导产业"英才联盟"技术沙龙，30多名劳模工匠、工会干部参加交流。 （马钰蓉）

就业创业

【概况】 2019年，泰州市就业水平基本稳定。年末全市就业人员275万人，比上年减少0.2%，就业人口比重达59.32%。分三次产业看，第一产业就业人员54.3万人，减少2.5%；第二产业112.6万人，增长0.6%；第三产业108.1万人，增长0.2%。三次产业就

业人员比重调整为19.7∶40.9∶39.3,第二产业和第三产业就业人员比重分别提高0.3个百分点、0.2个百分点。市政府印发《关于做好当前和今后一段时期就业创业工作的实施意见》,在全省率先出台新一轮促进就业政策;发布高校毕业生就业服务十大举措。举办创业富民系列赛事,创新富民创业贷款政策,发放富民创业贴息贷款1.58亿元。泰州市就业创业水平、发展指数分别居全省第一位、第二位,就业工作获省政府通报表扬,《人民日报》专题报道泰州市返乡创业就业工作经验。

【城镇就业】 2019年,泰州市新增城镇就业人员10.68万人,比上年增加0.31万人,其中城镇失业人员再就业6.68万人。年末城镇登记失业率1.76%,下降0.02个百分点,创历史新低。稳定城镇就业岗位,稳岗补贴发放涉及职工27.8万人。建立新增就业岗位开发机制,升级企业用工信息监测平台,组织就业技能培训5万多人。

【农村劳动力转移】 2019年,泰州市全面落实促进农民创业就业"30条"、促进新生代农民创业就业"20条",实行城乡就业同等政策、同等待遇、同等服务,全年新增转移农村劳动力1.08万人,累计转移164.41万人,转移比重78.3%。在全市范围内组织开展"春风行动"农村劳动力转移就业系列活动,举办招聘活动130多场,面向社会提供就业岗位10.4万个,支持和鼓励民营企业发展,吸纳劳动者到民营企业就业。 (陈海泉)

2019年泰州市分市(区)就业情况一览表

表42

市(区)	就业人口(万人)				就业人口比重(%)	产业结构(%)		
	合计	第一产业	第二产业	第三产业		第一产业	第二产业	第三产业
全市	275.0	54.3	112.6	108.1	59.32	19.7	40.9	39.3
市区	97.8	12.1	40.4	45.3	59.64	12.4	41.3	46.3
海陵区	31.5	1.1	11.4	18.9	60.61	3.6	36.3	60.1
高港区	14.8	1.8	6.9	6.1	58.13	12.2	46.6	41.2
姜堰区	40.8	9.0	16.6	15.3	58.91	22.0	40.6	37.4
泰州医药高新区	10.7	0.2	5.5	5.0	61.85	1.9	51.4	46.7
兴化市	73.2	21.7	25.3	26.2	58.99	29.6	34.6	35.8
靖江市	40.6	6.0	20.7	13.9	59.30	14.8	51.0	34.2
泰兴市	63.4	14.5	26.2	22.7	59.21	22.9	41.3	35.8

(季 杰)

【困难人员就业】 2019年,泰州市统筹十大就业困难人员多渠道就业,开展就业扶贫专项行动,推进"一对一"精细化、精准化援助计划,全年全市城乡就业困难人员就业、再就业5343人。实施公益性岗位托底安置行动,加大公益性岗位开发购买力度,全年开发1359个公益性岗位用于优先安置就业困难人员。城镇零就业家庭、农村零转移就业家庭实现全面动态清零。

【高校毕业生就业】 2019年,泰州市实施大学生就业促进和创业引领计划,组织开展泰州籍离校未就业高校毕业生实名制调查登记和全程服务,2019届泰州籍离校高校毕业生总体就业率99.06%,年末高校毕业生就业见习基地155家。在春节返乡高峰期,围绕市"1+5+1"现代产业体系,举办5场大型专场招聘会,累计743家(次)用人单位参会,达成初步就业意向6000多人。策划"泰爱才"赴外校园引才线路。举办夏季大型高校毕业生供需洽谈会,达成初步意向957人。开展高校毕业生"留凤"系列招聘活动。邀请中国科学院大学、北京中医药大学、西安交通大学、中科院植物研究所等10所"双一流"高校和重点科研院所到泰州开展实地考察交流活动,就产学研合作、人才培养、"泰爱才"校园引才等问题进行座谈交流,达成合作意向。完成2019年度30名"三支一扶"人员的招募工作;开展2018年度"三支一扶"计划服务期满考核合格人员招聘基层事业单位工作人员工作。开展"最美泰州人"(大学毕业生篇)先进典型评选工作,评选表彰10名优秀大学毕业生。

【就业帮扶】 2019年1月3日,泰州市创新出台积极就业政策,在全省首家出台新一轮促进就业政策,印发《关于做好当前和今后一段时期就业创业工作的实施意见》,推出降费率、稳岗返还、扩大就业见习补贴范围、支持困难对象多元化就业等21条新政,打造政策创新"升级版"。加大就业政策落实力度,全年全市落实各类就业专项资金2.7亿元,比上年增长192.6%。开展援企稳岗"护航行动",在裁员率计算、困难企业认定、申请补贴方式、审核时限规定等方面形成“泰州模式”，全年发放稳岗补贴7963万元，惠及2600多家企业、27.8万名职工。下发《职业技能提升行动实施方案(2019~2021年)》，支持企业大规模开展职业技能培训，全面建立全体劳动者终身培训体系。举办公益性人力资源招聘会429场，累计提供就业岗位21.25万个。开展以“四送”(送政策、送补贴、送培训、送用工)为主要内容的“就业服务惠企行”活动，深入园区举办惠企政策宣讲培训班，集中开展广场咨询活动，印制发放惠企政策“口袋书”1万份，寄发政策宣讲信7500封、推送手机短信5000条，日常走访企业1000多家。在各类政策集中扶持下，全市稳定就业岗位69.19万个。将就业核心指标列入市区为民办实事首项，在全市年度综合考核中增加就业比重，形成考核驱动、上下联动格局。升级企业用工信息监测平台，举办“春风送岗”招聘活动，提供就业岗位10.4万个。动态监测全市涉外企业和400家重点行业企业用工情况，制定失业风险防控应急预案，稳住就业存量。

【创业富民】 2019年，泰州市落实“创业富民30条”，推进初始创业补贴、创业带动就业补贴等政策的落地。创新富民创业贴息贷款政策，个人贷款额度从30万元提高到100万元，全年为678名创业者发放富民创业贴息贷款1.58亿元，带动就业2712人。至年末，富民创业贴息贷款累计发放26.21亿元，帮助实现创业5.57万人，带动就业16.37万人。赴清华大学举办“创业育苗”精英培训班，联合建设全国首个创就业大学线上学习平台。争创省级创业型社区(村)686个、街道(乡镇)42个、园区4个。举办全市第六届创业富民大赛，评选表彰“十佳创业明星”，开展“返乡创业振兴乡村”系列主题宣传引导活动，组建全省首家创业富民志愿团。全市开展创业培训4.03万人，新增创业9.49万人。

【创业服务载体建设】 2019年，泰州市推进创业孵化载体建设，全年新增省级创业示范基地3家、市级创业示范基地5家，累计建成省、市级创业示范基地96家。完善市级创业项目库，新增省、市级优秀项目90个，累计认定省、市级优秀创业项目290个。发挥“千人创业导师团”作用，提升泰州蜂巢创客空间联盟服务能力，搭建创业沙龙、创业大讲堂等创业社交平台，建立网络创业互动平台、网上创客空间。

【“泰爱才”校园引才】 2019年，泰州市组织开展“泰爱才”校园引才活动，全年策划“泰爱才”赴外校园引才线路23条，其中特色线路6条。组织383家(次)重点企业分赴北京、东北三省、湖南、湖北、安徽、山西、陕西等16个省的72所高校举办校园招聘活动72场，提供各类需求岗位2402个(次)，需求人数14418人(次)，现场收取高校毕业生简历9936份，其中博士生28人、硕士生1388人、本科生8520人。

【高校毕业生“留凤”系列活动】 2019年11月27日，泰州市高校毕业生就业指导大讲堂暨高校毕业生“留凤”系列活动启动仪式举行，驻泰高校的近500名高校应届毕业生参加。市人社局现场发布服务高校毕业生就业创业的10项举措，包括购房补贴、租房补贴、创业补贴等7项补贴措施以及免费就业指导等3项免费服务。南京航空航天大学就业指导专家对泰州市高校毕业生进行就业指导，基层就业创业先进典型进行现场宣讲。举办高校毕业生专场招聘会，近60家用人单位为高校毕业生提供400多个就业岗位。各市(区)在驻泰7所高校分别开展专场活动，宣传就业服务政策、开展就业指导讲堂、落实精准校园招聘。 (陈海泉)

【“春风行动”农村劳动力转移就业系列活动】 2019年2月12日，2019年“春风行动”市区农村劳动力转移就业专场洽谈会在泰州市人力资源市场举行，154家单位、2万多个就业岗位供城乡各类求职者选择；当日进场求职人员1.24万人次，超过4000名求职者与招聘企业初步达成就业意向。3月，市人社部门在全市范围内举办“2019年民营企业招聘月”暨“春风行动”农村劳动力转移就业系列活动，通过市人力资源市场、各市(区)人力资源市场和重点园区(乡镇)举办招聘活动130多场，提供就业岗位10.4万个，其中96%的岗位由民营企业提供。岗位需求主要集中在泰州市“1+5+1”现代产业体系中的信息技术、节能与新能源、装备制造以及商贸服务业，分别占岗位总需求的16.4%、10.6%、20.1%和26.7%。 (徐 震)

2019年11月22日，中国泰州第五届人力资源合作交流大会召开

(市政府办供图)

【泰州市创就业大学线上学习平台】 2019年，泰州市人社局、清华大学联合打造全国首个创就业人才培养改革升级示范平台——泰州市创就业大学线上学习平台，平台累计引入110门清华大学慕课资源、名家大师经典讲堂，有创就业通识课、导师课、实践课、能力课和人文素养课等。6月13～15日，泰州市创就业大学线上学习平台作为全省4个参展项目之一，参加在武汉举行的第二届全国创业就业服务展示交流活动，获评为展示交流优秀项目。（陈海泉）

【泰州市第七届巾帼创业创新大赛】 2019年9月11日，泰州市妇联、市人社局、市税务局联合举办泰州市第七届“新时代创业 高质量发展”巾帼创业创新大赛决赛。23个项目进入评委组评审，其中12个项目进入决赛。《工业油雾粉尘清洁系统的研究及应用》《壳知味食品》《智能热敷——中药养生热敷先行者》3个项目分别获创业类、初创类和创意类一等奖。《海鸿塑胶科技》《创立量子农业新理念 打造优质农产品王国》《香律荷尔蒙》3个项目分别获创业类、初创类和创意类二等奖。《高效绿色数字化印刷用免冲洗CTP版材》《消防员防护装备研发》《社区儿童成人创意水彩绘画文化项目》《嘉焙食品》《“兴家长”儿童学习能力开发工作室》《爱馨居家医疗护理》6个项目分别获创业类、初创类和创意类三等奖。其他11个项目获提名奖，靖江市妇联、泰州职业技术学院等10个单位获优秀组织奖。（陈小磊）

和谐劳动关系

【概况】 2019年，泰州市劳动关系协调机构开展人力资源助理等系列服务行动，为用人单位提供订制个性化用工指导服务，推动劳动合同应签尽签，提升劳动合同签订和履行质量。市劳动仲裁和劳动监察机构强化侵权案件审查，劳动人事争议案件结案率100%。开展和谐劳动关系企业评选活动，江苏省泰兴经济开发区获评2019年度省级和谐劳动关系综合试验区，江苏省泰兴市虹桥工业园区获评2019年度省级和谐劳动关系示范园区；济川药业集团有限公司获“全国模范劳动关系和谐企业”称号。命名表彰“泰州市十佳和谐企业”、90家“泰州市和谐劳动关系企业”、3家“泰州市和谐劳动关系园区”。至年末，全市有国家级和谐劳动关系企业2家，省级和谐劳动关系企业54家、园区4家，数量居全省前列。

市总工会举办工会法律服务“大篷车”暨2019年“尊法守法 · 携手筑梦”系列法制宣传服务活动10场次，服务职工9万多人次。建成乡镇（街道）、园区工会法律服务工作站（点）99家，在重点行业（产业）设立工会法律援助点16家。开展集体协商质效提升行动，高港区口岸船舶率先探索“能级工资”集体协商。组织“助力企业高质量发展”民主管理主题活动，开展优秀提案展示、深化专题厂务公开、组织民主协商恳谈会等活动，构建企业与职工利益共同体。（陈海泉 马钰蓉）

【劳动争议纠纷协调】 2019年，泰州市各类调解和仲裁机构接处劳动人事争议11829件，全市仲裁机构立案受理劳动人事争议案件3723件，结案率100%，涉及劳动者4141人。全年审结劳动人事争议案件3512件，按期结案率99.7%；仲裁信息系统按期运行率100%。以裁决方式结案1201件，为劳动人事争议当事人挽回经济损失1.1亿元。全面运行市调解管理信息系统，建立全市调解组织和调解员信息库，实现对全市调解组织和案件的信息化管理，线上运行调解案件近600件。发挥基层调解组织在争议处理中的作用，全市各级劳动争议调解组织先行处理争议8106件，占全年劳动人事争议案件总数68%，调解成功率84%，居全省第二位。加大柔性调处工作力度，全市仲裁机构以调解和撤诉方式结案2298件，占结案总数的66%。提升当事人维权效率，仲裁机构一裁终局案件831件，一裁终局率70%，居全省首位。打造“阳光仲裁”服务品牌，邀请社会各界人士参加旁听庭审和观摩仲裁院，全年全市仲裁机构开放庭审24庭次，400多人次参与观摩。

【职工权益保护】 2019年，泰州市将582个在建工程项目全部纳入农民工实名制管理，实名制用工总人数16.9万人，累计考勤人数29721人、工资发放人数51772人、工资发放人次152339人次、工资发放金额67041万元。农民工实名制管理、工资专用账户、银行代发工资等重点保障制度覆盖处于全省前列。全市立案查处工资类违法案件289件，追发劳动者工资等待遇涉及4795人，追发劳动者工资等待遇涉及金额1749万元，比上年分别减少71%、65%、61%。

【劳动合同管理】 2019年，泰州市对全市521家有代表性的企业2018年度人工成本及在岗职工工资收入情况进行抽样调查，印发《关于发布泰州市2018年度部分行业从业人员工资报酬和人工成本的通知》。3月和9月，先后开展全市企业春季、秋季集体协商要约、应约行动，以非公企业和劳动密集型企业为重点对象，企业和职工双方围绕工资增量分配、利润分享、劳动定额、计件报酬和员工持股等重点内容开展协商，推动企业提高技术工作、一线职工的收入水平。加强对企业实行劳动合同制度的指导、服务和监督，提高劳动合同签订率和履行质量，全市规模以上企业劳动合同签订率100%，超出年初计划2个百分点。

【治欠保支】 2019年，泰州市落实农民工治欠保支联席会议组织协调机制，建立欠薪大要案督办制度，建立在建工程项目清单月报制度、治欠保支制度执行情况双月报制度。组织实施督查检查考核，全年有27家建筑单位和16家生产制造企业因欠薪被约谈，13家建筑单位被行业主管部门扣除信用分，3家企业或个人被列入欠薪“黑名单”，8人因涉嫌拒不支付劳动报酬罪被移送公安部门，全市立案处理欠薪案件、涉及人数、金额比上年均大幅下降。

【劳动保障监察】 2019年，泰州市开展人力资源市场清理整顿专项行动，规范人力资源市场秩序，市劳动监察支队被人社部和国家市场监管局联合表彰为“全国清理整顿人力资源市场秩序专项执法行动取得突出成绩单位”。开展2019年夏季高温劳动保护专项检查，抽查80家用人单位。以化工产品生产、保管、运输单位为主要检查对象，开展重点行业领域参加工伤保险情况检查。开展残疾人就业专项检查、禁止使用童工专项执法检查，维护残疾人、未成年人合法权益。查处各类违法用工行为，全年全市劳动监察机构办理投诉举报案件1345件，其中案前调处902件、立案查处443件。

【高港区试点国家特殊工时管理改革】 2019年，高港区在全省率先开展特殊工时管理制度改革探索，42家获得特殊工时许可的企业实施特殊工时管理改革。发布《部分行业特殊工时制度岗位清单目录》，对能够申报特殊工时的行业及岗位进行标准界定。全面落实“不见面审批”，出台《特殊工时工作制行政许可管理办法（试行）》，指导企业实施无纸化网上快捷申报。推出《特殊工时审批指导服务手册》，为企业申报提供操作指导。高港区于2018年10月经人社部批准正式实施国家特殊工时管理改革试点工作。

【“根治欠薪”夏季专项行动】 2019年7月，泰州市在全市范围内开展为期40多天的“根治欠薪”夏季专项行动，对各类在建工程项目和已竣工但仍存在欠薪的工程项目，尤其是政府投资工程项目实施“三查两清零”（查欠薪隐患苗头、查历史欠薪案件存量、查政府投资工程项目和国企项目农民工工资支付情况，国企项目欠薪案件清零、政府投资工程项目欠薪案件清零）。全市检查各类在建工程项目458个，其中政府投资工程项目108个，通过协调妥善化解欠薪矛盾20件，帮助农民工讨回劳动报酬326.95万元。对存在欠薪行为的工程项目施工主体予以行政处理，并在建筑市场监管与信用信息一体化平台中扣除相应信用分。

（陈海泉）

人才队伍建设

【概况】 2019年，泰州市新增高层次人才2516人，其中新增留学回国人员283人。新开发青年（含高校毕业生）就业见习岗位4936个。新增高技能人才9700多人，全市每万名劳动力中有高技能人才1007人，居全省第四位。新增专业技术人才34993人。至年末，全市有高层次人才5.05万人，入选省“双创人才”219人、“双创团队”14个、“双创博士”155人。

【人才政策】 2019年，泰州市完善人才政策体系，制定出台《泰州市鼓励社会力量引进高层次人才奖补办法》《泰州市高层次人才学术活动资助办法》《泰州市“凤城英才卡”服务细则》《泰州市市区高校毕业生住房租赁补贴实施办法》等配套文件，投入市本级人才发展专项资金1亿元。全年发放“凤城英才卡”622张，发放“人才购房券”412张，涉及金额1839万元；兑付237张，涉及金额1136万元。

2019年12月10日，全省根治农民工欠薪工作推进会在泰州召开

（市住建局供图）

【人才活动】 2019年3月28日，泰州中国医药城2018年度第七、八批“113医药人才特别计划”颁证活动举行，51名领军型、高层次人才和197名紧缺型人才接受颁证；第九批“113医药人才特别计划”申报同时启动。7月3日，第五届“百名硕博暑期实践泰州行”活动正式启动，该活动是市人才办、市人社局共同建设的“泰爱才”系列活动的重点工程，30多所高校的152名硕士研究生、博士研究生与全市55家重点企事业单位开展人才智力交流，解决企业技术难题23个。9月16日，第六届中国（泰州）国际医药高层次人才创新创业大赛举行，该活动由市委、市政府主办，183名海内外高层次人才报名参加，131个项目通过审核进入初赛，30个项目进入决赛，决出一、二、三等奖和优胜奖；9月17日，举行颁奖仪式暨生物医药“50峰会”，12个项目现场签约落户泰州，举行泰州中国医药城留学回国人员创新创业园获批江苏省留学回国人员创新创业示范基地揭牌仪式。9月18～19日，第七届中国（泰州）国际医药人才智力交流大会举行，大会由市委、市政府主办，雀巢、阿斯利康、石药集团、硕世生物等184家企业报名参会，人才需求总数2422个，其中紧缺型人才需求322个、一线人才需求2100个。11月3日，“新时代科技新长征”·凤还巢——泰州学子（北京）联谊会成立仪式在北京举行，活动得到泰州市驻京办、北京泰州商会、北京泰州青年商会的支持，吸引140多名来自清华、北大等北京地区高校的泰州籍学子参会；会上就泰州市选聘党政青年人才作专题推介，并发放《致2020届高校毕业生的一封信》。11月22日，中国泰州第五届人力资源合作交流大会举行，大会由市政府主办，主题为“携手合作稳就业 惠企服务促发展”，全国13个省市的22个劳务合作基地、32家院校、97家人力资源服务机构和全市150多家重点用工企业的代表对接洽谈，现场签订人力资源合作

协议1308份；大会通报表扬以职业院校为重点的服务用工单位，评选出“最优服务用工单位”“最佳促进就业企业”“最美外来务工人员”。

【项目引才】 2019年，泰州市有30个项目入选省“双创计划”，其中省“双创人才”22个、省“双创团队”1个、省“双创博士”7个。14个高层次人才（团队）获省“六大人才高峰”项目资助。获批省博士后项目6个、留学人员项目5个。江苏英科贝塔医药科技有限公司的马耀博士获国家留学人员回国创业启动支持计划重点项目50万元资金支持，实现泰州在该项目上的突破。

2019年泰州市获江苏省“双创计划”项目名录

双创人才（创业类）

武大伟　江苏艾邦机器人技术有限公司
赵志军　江苏诺兴生物科技有限公司
刘忠华　江苏北斗天汇物联网科技有限公司
陈　迈　泰州美凤力医疗科技有限公司
万　荣　江苏汇智生物科技有限公司

双创人才（企业创新类）

唐　昊　江苏乐科节能科技股份有限公司
林忠平　江苏扬子净化工程有限公司
刘振宇　江苏亚盛金属制品有限公司
赵永生　泰州三羊重型机械有限公司
朱晓鹤　扬子江药业集团有限公司
邹贻泉　扬子江药业集团有限公司
刘　超　泰州市旺灵绝缘材料厂
陈　嘉　泰州中来光电科技有限公司
陈　娟　泰州市华丽塑料有限公司
齐宝金　江苏永盛传热科技有限公司
闫喜军　华威特（江苏）生物制药有限公司
张春莉　江苏丞宇米特医疗科技有限公司
金　巍　江苏硕世生物科技股份有限公司
杨　昕　江苏先思达生物科技有限公司
刘　勇　江苏康为世纪生物科技有限公司
刘淑君　泰州健为医学检验实验有限公司
丁满生　江苏泰康生物医药有限公司

双创团队（科技创新类）

梁鑫淼　泰州医药城国科化物生物医药科技有限公司

双创博士（创业类）

张　玮　泰州巨亚智能科技合伙企业

双创博士（企业创新类）

吴伟梁　泰州中来光电科技有限公司
郭秀洁　泰州医药城国科化物生物医药科技有限公司
彭小玲　江苏硕世生物科技股份有限公司

双创博士（县级医院创新类）

董晓华　靖江市人民医院
龙　聪　靖江市人民医院
贺　璟　泰州市第二人民医院

【人才载体建设】 2019年，泰州市推进博士后工作站（实践基地）建设，江苏兴达钢帘线股份有限公司获批江苏省博士后示范工作站，皓月汽车安全系统技术股份有限公司、江苏南极机械有限责任公司获批江苏省博士后创新实践基地。搭建留学回国人员创新创业平台，泰州中国医药城建成全市首家省级留学回国人员创新创业示范基地，是全省首家生物医药类省级留创示范基地。

【高层次人才引进】 2019年，泰州市新增高层次人才2516人，新增各类专家50人，其中政府特殊津贴专家3人、省突出贡献专家8人、市突出贡献专家39人。国家特聘专家王春香博士申报入选“江苏省留学回国先进个人”。5名突出贡献专家申报并入选“知识分子群塑群像”活动“身边的榜样”。

（陈海泉　张承俊）

【高技能人才队伍建设】 2019年，泰州市新增高技能人才0.97万人，企业职工岗位技能提升培训15.12万人次，技能人才总数达27.68万人，全市每万名劳动力中有高技能人才1007人。评选出“泰州市技能大师工作室”10家、“泰州市企业首席技师”20人、“乡土人才传承示范基地”2家、“乡土人才大师工作室”27家，154名职业技能竞赛优秀选手获评“泰州市技术能手”称号。出台职业技能提升行动三年实施方案，从失业保险基金结余中安排3.27亿元，用于职业技能提升行动，推进职业技能提升各项政策落实。启动“技能e学堂”建设，探索“互联网+”技能培训模式，完成公共课程编制，覆盖泰州市区劳动者。建立泰州市技能人才数据库。开展职业技能评价改革，在全省率先试点企业新型学徒制，发出全省首批职业技能等级证书。建设“技能泰州”百行千企竞赛品牌，开展百行千企职业技能竞赛活动，举办市级二类以上职业技能竞赛活动148场次，覆盖82个职业（工种），4万多名劳动者参与，154人获“泰州市技术能手”称号。组建“泰享服”技能大师共享服务团，推进千名高端技能人才全社会“共享共用”。继续实施“千名蓝领精英培育工程”，累计培训蓝领精英4633人，选拔32名蓝领精英赴德国、美国、英国深造。

2019年度“泰州市技能大师工作室”名录

杨　军　江苏扬子鑫福造船有限公司高级技师
周瑞祥　泰州机电高等职业技术学校高级技师
刘　玺　泰州供电公司输电运检一班技师
闵　建　泰州技师学院机械系主任、技师
孙小雨　江苏罡阳股份有限公司主任、技师
王振宇　江苏省靖江中等专业学校教务处主任、技师
胡正林　江苏省恒力制动器制造有限公司创新办公室主任、技师
邵正堂　江苏兴达钢帘线股份有限公司兴达智能制造公司设备总装车间主任、技师
张征明　中船澄西新荣船舶有限公司高级技师

沈　崧　泰州口岸船舶有限公司车间副主任、技师

2019 年度“泰州市企业首席技师”名录

张季军　泰州供电公司电能表修校班组长、技师
张建军　江苏长强钢铁有限公司炼铁厂电工、技师
李　杰　中船澄西新荣船舶有限公司船舶钳工、高级技师
黄国强　江苏恒力制动器制造有限公司维修电工、技师
杨　旭　济川药业集团有限公司人力资源管理师、高级技师
肖红祥　泰兴市现代压力容器制造有限公司焊工、技师
姚桂荣　江苏瑞程环保科技有限公司电工、技师
陈锡祥　江苏扬子鑫福造船有限公司焊工、技师
朱春鸿　泰兴市富强人力资源开发有限责任公司电工、技师
赵海生　江苏华骋科技有限公司维修电工、技师
蒋荣莹　江苏兴达钢帘线股份有限公司机修钳工、技师
曹恒祥　江苏兴达钢帘线股份有限公司机修钳工、技师
马国荣　中石化华东油气分公司油服中心焊工、技师
陶桂荣　中石化华东油气分公司油服中心柴油机工、高级技师
梁　嵩　江苏海阳化纤有限公司维修电工、技师
马　进　江苏海阳化纤有限公司钳工、技师
周红兵　江苏振华泵业制造有限公司装配钳工、技师
丁晓斌　江苏天禹农业机械有限公司维修电工、技师
常秋萍　泰州口岸船舶有限公司车工、高级技师
刘建峰　泰州市科宇机电安装有限公司电工、技师

2019 年度泰州市获评“江苏省技能大师工作室”名录

朱连兵　泰州口岸船舶有限公司

2019 年度泰州市获评“江苏省首席技师”名录

张炳华　江苏枫茂农业科技有限公司
王　锐　国网泰州供电公司
陆余圣　江苏昆仑光源材料有限公司
钱　峰　江苏南极机械有限责任公司
刘德龙　江苏兴达钢帘线股份有限公司
许　进　江苏海狮泵业制造有限公司
王晓明　泰州市厨师行业协会
赵孝梅　中海油气(泰州)石化有限公司

【专业人才培养】　2019 年,泰州市新增专业技术人才 34993 人,组织专业技术人员培训 16.52 万人次。推进企业职称自主评审工作,试点企业建立符合企业特点和人才成长规律的个性化评价标准,江苏扬子江船业集团有限公司、扬子江药业集团等 4 家行业龙头企业完成首次职称自主评审工作,77 名专业技术人员获得机械、生物医药化工类中级职称。制定泰州市专业技术类职业资格与职称对应机制,明确 34 个职业资格与职称的对应关系,减少重复评价。推进高技能人才与工程技术人才“双贯通”工作,100 多名高技能人才通过“双贯通”途径取得中、初级职称。举办“质量提升促进企业高质量发展”“专家治厂科学治污”“智能制造新模式应用”培训班 3 期,培训企业中高级管理和专业技术人才 150 人。
（陈海泉）

【事业单位管理】　2019 年,泰州市完成市医保局、市卫健委等部门所属 25 家事业单位岗位设置(变更)方案,涉及岗位 305 个。备案各类聘用合同 1754 人次,办理辞聘解聘、退休、开除等事项 145 人次,完成泰州市公共资源交易中心等单位 12 名八级职员、泰州机电高职校等单位 1496 人次竞聘备案手续的办理。推进事业单位专业技术三级岗位聘用人选的审核认定,16 人经确认具备聘用三级岗位资格。强化对市区公开招聘工作监督和指导,规范流程标准,核准备案市(区)各类事业单位公开招聘方案 28 份,招聘岗位 690 个,计划招聘人数 1586 人,办理聘用手续 1392 人。在 2018 年预发调资的基础上,于 2019 年 3 月启动机关事业单位工作人员基本工资标准调整工作,调整机关事业单位工作人员 12000 人次。
（张承俊）

人力资源服务

【概况】　至 2019 年末,泰州市有人力资源服务机构 177 家,其中公共人力资源服务机构 105 家、社会经营性人力资源服务机构 72 家。全面完成人力资源市场整合任务,3 家县级以上人力资源市场获得五星级称号。全市人力资源市场新增就业岗位 26.18 万个,比上年增长 4.05%;人力资源市场求人倍率 1.08,岗位供给充足。全年举办各类招聘会 561 场,进场企业 2.72 万家,服务各类劳动者 24.31 万人。推进人社基层平台标准化建设,建成人社基层平台 1940 个,标准化乡镇(街道)人社平台建成率 100%,标准化社区(村)人社平台建成率 97.76%。

【人力资源服务体系】　2019 年,泰州市开展“千企用工大调查”活动,定制政策措施,完善市场化用工机制。依托金保工程系统,市、市(区)、乡镇(街道)、村(社区)四级人社服务平台全面贯通,实现“服务向下延伸、信息向上集中”,全面建成“15 分钟公共就业服务圈”。启用泰州就业微信、手机 APP 泰州易职通、网上办事大厅,综合运用远程招聘视频系统、无纸化求职招聘系统、城市广场户外大屏等信息服务手段,实现人力资源服务网络无缝隙覆盖。

【人才服务】　2019 年,泰州市发布“泰州市高校毕业生就业服务十大举措”,评选表彰“最美大学毕业生”10 人。开展“职称服务进企业”活动,累计为 600 多名企业专业技术人员提供服务。开展“人才政策宣传月”服务活动,进企业、高校、园区、基层宣讲人才政策。推进“互联网 +”人才公共服务,实现市、市(区)人事档案网上联动查询和职称申报服务一体化,3000 多名毕业生实现网上报到,7850 名专业技术人员在平台完成职称的初定、评审和补证。

【职业技能鉴定和等级认定】　2019 年,泰州市有 33445 人次参加职业技能

2019 年 4 月 3 日，市人才服务中心在常州大学怀德学院举行“人才政策宣传月”活动　（怀德学院供图）

鉴定，25978 人次取得不同等级的职业资格证书，其中高级工以上 8467 人。推进职业技能等级认定工作，率先在济川药业集团开展职业技能等级认定，705 人取得全省首批职业技能等级证书，获证人员每月工资上涨 200 元。编印《职业技能等级认定操作手册 2.0 版》，被省职业技能鉴定中心作为范本在全省推广。推进鉴定工作标准化规范化，形成“196”工作法，即把 1 个批次日常鉴定划分为 19 个业务流程，把保障日常鉴定正常开展的管理工作归纳分类为 6 项业务支持模块。举办全市职业技能鉴定质量控制培训班。

【劳动能力鉴定】 2019 年，泰州市改进原有劳动能力鉴定中因病非因工丧失劳动能力鉴定一年只申报鉴定一次的模式，在原有特殊病种（癌症、白血病、尿毒症）每季度安排申报鉴定一次的基础上，对所有病种的因病非因工丧失劳动能力鉴定实现一个季度申报鉴定一次，基本实现劳动能力鉴定工作的常态化。全年申报鉴定 950 人次。

【人事考试】 2019 年，泰州市组织各类人事考试 33 场，涉及考生 80919 人、180783 科次，考生人数、科次比上年分别增长 68%、65%。其中，公开招考类考试 45264 人、专业技术资格类考试 35655 人，公务员笔试、造价工程师、二级建造师、消防工程师、执业药师考试人数分别增长 120%、76%、75%、58%、35%。新购 200 台最新型号无线信号屏蔽仪、200 台金属探测仪，视频监控做到全覆盖、无死角。开展告知承诺制试点工作，涉及 9 项考试、10375 名考生。建成人事考试“不见面服务”平台，实现“办理信息查询（变更）不见面、各类证书（发票）领取不见面、考试成绩复查不见面”。全年不见面服务平台注册 6215 人，邮寄证书 658 本，邮寄发票 471 次、4100 张；接受申请成绩复查 153 人、申请证书信息更正 18 人、申请证书信息查询 11 人。市人事考试管理办公室被省人社厅推荐为 2017～2019 年度全国人社系统优质服务窗口候选单位。

【人事代理】 2019 年，泰州市推进“互联网 +”公共服务，加快档案接收、部分证明出具、户籍迁入核准等服务事项网上核准系统建设，完成系统需求撰写工作。加强档案管理区域统筹，畅通资源共享通道，推进实现流动人员档案转接市（区）内通办。至 2019 年末，市人才流动服务中心有代理单位 468 家，全年接收档案 2528 份，转出档案 1673 份，户口迁出 50 人，开具档案证明 272 份，接收材料 12314 份，其中归档 4055 份、业务留存 8259 份。

（陈海泉）

【对外劳务合作】 2019 年，泰州市新签对外承包劳务合同额 33231 万美元，其中市区 20767 万美元、兴化市 380 万美元、靖江市 7442 万美元、泰兴市 4642 万美元。全年对外承包劳务实际完成营业额 90588 万美元，其中市区 44036 万美元、兴化市 4405 万美元、靖江市 10612 万美元、泰兴市 31535 万美元。对外劳务合作新签劳务人员合同工资总额 1204 万美元，新派出国劳务人员 1225 人次。出国劳务人员从以劳动密集型的缝纫工、建筑工为主，向技术工、特种工转型。劳务人员实际收入总额 2.34 亿美元。

（季　杰　韩　晨）

责任编辑　叶　彤

综述

【概况】 2019年末，泰州市有各级各类学校690所，其中幼儿园337所、小学147所、初中148所、普通高中34所、中等职业学校12所（不含技工学校）、高等学校7所、特殊教育学校5所。有在校生615963人，其中幼儿园112150人、小学232566人、初中110367人、特殊教育学校1377人、普通高中67614人、中等职业学校26096人、全日制高等学校65793人。有专任教师45476人，其中幼儿园6947人、小学14261人、初中12041人、特殊教育学校157人、普通高中6923人、中等职业学校1830人、高等学校3317人。2018年度泰州市教育现代化监测得分87.60分，居全省第七位。

推动学前教育优质发展。学前教育全额编制教师占33.86%，居全省第五位；累计创成省优质园272所，占84.47%，居全省首位。开展义务教育学校标准化建设，推动义务教育全域优质均衡发展，全市有367所义务教育学校达到省定建设标准，占97.61%，居全省第四位；扩大优质教育资源供给发展路径，推进名校集团化办学全覆盖和城乡学校结对全覆盖。启动省高品质示范高中建设，三星级以上优质高中占100%，居全省首位；实施课程改革，制订全市校本化课程标准和区别化实施方案，全市55%的普通高中拥有省级课程基地26个，超全省平均水平。完善现代职业教育体系，职业学校与企业开展实质性合作，至年末，新增校企合作项目14个，创成省现代化实训基地5个、省现代化专业群7个。

全年投入教育信息化建设资金1.1亿元，完成市教育城域网一期项目改造、泰州智慧教育云平台、市直学校2677台平板配备项目等，创成市“智慧校园”99所。

2019年泰州市教育事业基本情况一览表

表43　　单位：人

学校类别	学校数（所）	学生数			教职工数	
		毕业生	招生	在校生	计	其中：专任教师
普通高等学校	7	16830	19970	65793	4209	3317
普通中学	182	58981	62323	177981	24515	18964
高中	34	20799	24816	67614	7897	6923
初中	148	38182	37507	110367	16618	12041
小学	147	37573	40758	232566	11204	14261
特殊教育	5	187	191	1377	170	157
幼儿园	337	39949	35773	112150	12210	6947
中等职业学校	12	8471	8981	26096	2120	1830
调整后中职	1	985	693	2069	215	198
中等技术学校	7	6882	6330	17749	1585	1397
职业高中	4	604	1958	6278	320	235

【教育科研】　2019 年，泰州市筹建义务教育学业质量监测中心，组建新一届高中学科智囊团，解决学校学科力量不足问题。召开全市培养学习习惯、优化学习方法现场会，提升教学质量。开展“送研到校”活动，每月组织帮扶教科研力量薄弱的学校。创建省中小学课程建设项目 7 个、省基础教育前瞻性教学改革实验项目 3 个、省中小学生品格提升工程项目 4 个。

【师资队伍建设】　2019 年，泰州市推进卓越教师、校长培养工程，提升中小学教师专业素养。新晋正高级教师 14 人，年末全市有省人民教育家培养对象 11 人、在职特级教师 112 人、正高级教师 79 人。7 名教师分别被教育部授予全国模范教师、优秀教师、优秀教育工作者称号，陈锦华获评全国十大“最美教师”，钱维胜获评“中国好人”，杨鹤云获评全国模范教师。实施乡村教师“领雁工程”，开展市、市（区）两级乡村骨干教师培育活动和乡村定向师范生培养工作，建成市、市（区）两级培育站 16 个，录取乡村定向师范生 235 人，比上年增加 27 人。

【教育国际化】　2019 年，泰州市推进国际理解教育，开展第三批国际理解教育品牌建设活动，认定市级国际理解教育特色品牌项目 11 个，省姜堰第二中学“国际理解视野下的 VCE 课程开发与实践”、省靖江高级中学“中德交流”、泰州市凤凰小学“指向国际理解的项目式学习实践研究”3 个项目入选省教育厅首届基础教育对外合作交流重点项目，其中省姜堰第二中学项目被评为“优秀”等级。实施友好学校计划，开展中小学友好交流活动，全市有 26 所中小学参与对外合作与交流，其中 5 所中小学与国外学校结成友好合作学校。至年末，全市累计有 52 所学校参与对外合作与交流，占 16.3%，超过省定教育现代化监测 15% 的指标要求。在全省率先出台《关于进一步做好外籍教师管理工作的通知》。

【教育综合改革】　2019 年，泰州市开展新高考方案解读及全市普通高中学生综合素质评价电子化管理平台应用培训，指导高中学校调整教学思路、改进教学方式，加强核心素养培养，适应新高考要求。深化“行政班 + 走班”教学管理模式改革，研究探索走班模式、国家课程校本化、拓展性课程与活动型课程的走班实践创新。首次实施义务教育网上阳光招生报名，制定公办幼儿园备案制教师管理实施办法，规范全市公办幼儿园备案制教师管理。

【素质教育】　2019 年，泰州市开展“精品思政课”评选活动，全市 1700 多名思政课教师参加，评选出市级“精品思政课”30 节，其中优秀作品 10 件。开展少年传承中华传统美德系列活动、“‘非遗’文化进校园”等活动，被《中国德育》向全国推广。开展高三学生身体素质抽测。组织全市体育中考，主城区体育中考首次实行电子化测试。开展近视防控工作，泰州市成为全国首批、全省唯一儿童青少年近视防控改革试验区。开展健康促进学校创建工作，创成健康促进学校金牌校 9 所、银牌校 19 所、铜牌校 15 所。开展全国校园足球、篮球特色学校创建工作，20 所中小学、8 所幼儿园创成全国足球特色学校，4 所学校创成全国校园篮球特色学校。省泰州中学附中获 2019“省长杯”校园足球总决赛初中女足组苏南片冠军，兴化楚水实验学校篮球队获 2019 年第二届全国青年运动会 U18 男子组第四名。

【民办教育】　2019 年，泰州市有各级各类民办学校（教育机构）127 所（不含民办培训机构、技工学校），比上年增加 4 所；在校学生 10.61 万人，增加 3974 人；有专任教师 6379 人，增加 493 人。其中，独立学院 4 所，招生 9524 人，在校生 3.58 万人，毕业生 8659 人，专任教师 1803 人；民办中等职业教育学校 5 所，招生 2715 人，在校生 7528 人，毕业生 2527 人，专任教师 299 人；民办普通中小学 16 所，招生 1.01 万人，在校生 3.21 万人，毕业生 1.06 万人，专任教师 2122 人；民办幼儿园 102 所，在园幼儿 3.07 万人，专任教师 2155 人。

【依法治教】　2019 年，泰州市组建泰州市家校共同发展委员会总会，设民主管理、家庭教育、家校协作、宣传推广、综合协调 5 个专业委员会，出台《泰州市家校共同发展委员会章程》，全年举办各级“家校共同发展论坛”近 400 场。开展第三批“泰州市法治校园”创建活动，新创“泰州市法治校园”60 所。组织青少年“法治教育宣传月”“新学期法治第一课”、模拟法庭大赛、“学宪法讲宪法”演讲比赛和知识竞赛等系列法治教育活动。优化“互联网 + 监管”和“三级四同”（省市县三级权力名称、类型、依据、编码相统一）权力清单，所有行政权力事项均可实现在线申报、受理；主动公开各类政府信息 953 条。

中小学阳光食堂信息监管服务平台

（市教育局供图）

【校园安全】 2019年，泰州市推进学校安全风险隐患专项整治，全年排查各类安全隐患2876条，整治2860条，整治完成率99.4%。推进全市教育系统扫黑除恶专项斗争，梳理涉黑涉恶线索10条。开展“安全教育日”、国家安全、防灾减灾、防溺水、“平安暑假”“开学安全第一课”等专题教育活动。建设省中小学“阳光食堂”信息监管服务平台，全市582所有学生校内用餐的学校“阳光食堂”平台全部进入实质性运行，《人民日报》等多家主流媒体报道泰州市校园食品安全管理工作经验，市教育局参加全国中小学后勤餐饮安全管理培训会作经验介绍。

【特殊群体帮扶】 2019年，泰州市出台《关于进一步做好中小学生课后服务工作的实施意见》。全市所有中小学均实施课后服务，参与教师1.1万人，惠及学生11.5万人。开展家庭经济困难学生资助工作，全市发放各级各类助学资金1.11亿元，累计资助各类学生13.62万人次。推进“关爱留守学生，争做教师妈妈”活动，评选表彰市十佳“教师妈妈”和优秀“教师妈妈”。

【教育督导】 2019年，泰州市推进中小学校责任督学挂牌督导创新县(市、区)创建工作，开展兴化市、泰州医药高新区创建工作市级复核。选聘第七届市督学和首届市政府教育督导委员会专家组成员，遴选产生兼职督学100人、专家组成员106人。2018年度泰州市教育现代化建设监测综合得分87.60分，居全省第七位。

【语言文字工作】 2019年，泰州市实施中华经典诵读工程，举办中小学教师诗词讲解大赛，9人参加省赛，1人获特等奖，8人获二等奖；开展全市中华经典诵读比赛，1000多人报名参加，遴选21个节目参加省赛，19个节目获奖。开展“推普脱贫攻坚行动”，完成县域普通话普及情况调查工作，提前完成省定县域普通话普及情况验收任务。开展普通话水平测试，全年培训、测试各类人员9038人，实现“零举报”“零差错”。开展学校语言文字达标验收工作，90%以上的学校完成达标建设任务。

【泰州市教育大会暨教育领域专项治理工作会议】 2019年9月9日，泰州市教育大会暨教育领域专项治理工作会议召开。市委书记韩立明出席会议并讲话，市委副书记、市长史立军作工作报告，省教育厅巡视员朱卫国参加会议。会议表彰一批教育系统先进集体和个人。会议印发《加快推进泰州教育现代化实施方案(2019～2022年)》《泰州教育现代化2035》《关于深化教育体制机制改革的实施方案》《关于深化教育领域群众反映强烈突出问题专项治理工作方案》，明确教育现代化战略布局、目标任务和实施路径。市教育局、财政局以及靖江市、兴化市、海陵区作交流发言。

【8人1校获全国教育系统最高荣誉】 2019年9月10日，庆祝2019年教师节暨全国教育系统先进集体和先进个人表彰大会在北京召开，泰州市九龙实验学校副校长顾广林受邀参加。泰州市苏陈实验小学获“全国教育系统先进集体”称号，省泰州中学杨鹤云、泰州市大泗学校钱维胜获“全国模范教师”称号，省姜堰第二中学党委书记、校长游忠获“全国优秀教育工作者”称号，省泰兴中学戴宏华、兴化市安丰中心小学冷玉斌、省兴化中学王忠文、靖江市实验学校郑云获“全国优秀教师”称号。

卓越教育体系

【概况】 2019年，泰州市围绕教师发展、学生成长、质量提升等教育核心要素，推进卓越校长、卓越教师、卓越学生、卓越课程等建设，构建“泰州卓越教育体系”，为全省教育改革与发展提供“泰州方案”。召开全市教育大会暨教育领域专项治理工作会议，出台《加快构建泰州卓越教育体系实施方案》等，将各市(区)和各学校推进卓越教育情况列入年度教育考核重要内容，全面推进教育现代化建设。构建泰州卓越教育体系4个支系统(教师能力提升培训体系、课程资源拓展建设体系、学校依法办学治理体系、学生全面发展培育体系)。召开构建卓越教育体系项目建设启动大会，评选首批构建泰州卓越教育体系培植项目37个。构建卓越教育体系的经验做法被“学习强国”学习平台、《人民教育》专题推介。

【卓越教师(校长)培养工程】 2019年，泰州市自主开发“泰州师说”第六期网络培训视频课程，教师参培率100%。整合高校专家和中小学优秀教师资源，实施第四期中小学卓越教师培养工程，组织集中研修5次，培养

全国模范教师顾广林(右一)课堂教学　(市教育局供图)

教师58人。实施特级教师后备人才高级研修项目,举办中小学校长卓越领导力高级研修班。启动“泰州教育生活云”教师研修项目,建立全员参与、专家引领、团队合作的教师学习共同体。

【“泰微课”平台】　至2019年末,“泰微课”累计注册用户90多万人,年学生访问量近2100万次,学生分布在江苏、广东、浙江、黑龙江和陕西咸阳、贵州遵义、新疆昭苏等地,成为全国最大的中小学微视频资源库和在线自主学习平台。优化“泰微课”平台建设和应用,增加视频点播、评论功能,更新微视频19447条,配套微测试题54236条;新编5个学科的《江苏泰微课网络课程》,新增导学案371例。平台有微视频14万多条、配套微测试题38万多条、导学案7000多例。发布“泰微课”Web、PC、Android、iOS客户端更新程序,启动“泰微课3.0”建设,建成“泰金课”专题220个,与省“名师空中课堂”平台实现共建共享。与青海省、广东省等签署“泰微课”合作协议。评选“泰微课”应用典型案例,召开全市“泰微课”应用推进会。

2019年泰州市卓越教育体系培植项目一览表

表44

市(区)	项目名称	申报单位(部门)
市直	泰州学校安全教育	泰州市教育学会
	基于胡瑗思想的“明达少年”品格培塑	江苏省泰州中学附属初级中学
	“百年泓园”文化育人的场域构建	泰州市第二中学
	综合实践活动课程校本化建构与实施	泰州市凤凰初级中学
	“五个认同”视域下内高班民族团结教育实践	江苏省口岸中学
	“明德乐用”计划——文科体验优化工程	江苏省泰州中学
	体教融合催生体育优秀人才	泰州市第三高级中学
	“幸福球”卓越课程建设	泰州实验学校
	校企一体化育人,构建卓越人才培育新模式	泰州机电高等职业技术学校
	义务教育和幼儿教育学生素养测试评估	泰州市教育学会
	基于STEM的科技创新教育	泰州市凤凰小学
	泰州市卓越校长培训	泰州市教育局师资处
靖江市	以素养为本的高中化学竞赛培训模式研究	江苏省靖江高级中学
	市级数学学科竞赛发展创新项目	江苏省靖江高级中学
	小、初、高中一体化培养学生计算思维能力的实践研究	江苏省靖江高级中学
	翰墨润心　以文化人	靖江市城中小学
泰兴市	基地综合实践活动课程设计与实践	泰兴市教师发展中心
	依托社区资源构建和乐课程	泰兴市育红幼儿园
	学校安全教育“三维”模式	泰兴市校园安全事务服务中心
	中小学生心理三级保健体系建设	泰兴市教育局
	立足拔尖学生超越成长的高中生物竞赛课程建设和实施	江苏省泰兴中学
	洋思智慧课堂	泰兴市洋思初中
兴化市	学科主导类综合实践活动区域性课程体系构建	兴化市教育局教研室
	垛田农民画课程基地建设	兴化市垛田中心小学
	润童心:承继中华优秀传统文化的园本课程体系构建	兴化市四牌楼幼儿园
	院校共建实训基地哺育科创后备英才	江苏省兴化中学

续表44

市(区)	项目名称	申报单位(部门)
海陵区	弘扬传承中国传统吟诵	泰州市实验小学
	美好教育理念下情景式课程建设	泰州市大浦中心小学
	义务教育阶段优秀学生人工智能(编程素养)能力提升	泰州市二附中
高港区	少年海军铿锵行	泰州市海军小学
姜堰区	地域文化在小学版画课堂教学中的传承	姜堰区溱潼实验小学
	欢乐剧汇	姜堰区蒋垛中心小学
	乐学乐教向美而行——走向卓越的教师发展共同体建设	姜堰区东桥小学教育集团
泰州医药高新区	中医药文化进校园	泰州市康和实验小学
高校	泰州市智能制造技术中心	南京理工大学泰州科技学院
	泰州市大数据应用创新中心	南京理工大学泰州科技学院
	泰州金融改革政产学研协同创新研究	泰州学院

2019年“泰微课”应用典型案例(学校类)一览表

表45

市(区)	学校	案例名称	奖项
市直	泰州市第三高级中学	e秀三中　智赢未来——市三中推进“泰微课”建设和应用情况回眸	一等奖
靖江市	靖江市实验学校	泰微花开集团校　整体推进促均衡	一等奖
泰州医药高新区	泰州市寺巷中心小学	“泰微课”,校本教研的一道风景线	一等奖
市直	泰州市第二中学	基于“泰微课”资源应用的三步导学课堂教学模式	二等奖
靖江市	靖江市孤山镇中心小学	学案导学　微课相随——基于“泰微课”的小学英语导学实践应用案例	二等奖
高港区	泰州市田河小学	推进“泰微课”与教学深度融合,打造智慧校园	二等奖
市直	泰州市凤凰初级中学	走进“泰微课”的“圈子”　系好教与学的“扣子”	二等奖
姜堰区	江苏省姜堰第二中学	借“未来教室”平台　扬“泰微课”教学之帆	二等奖
市直	江苏省泰州中学附属初级中学	微亦有为——省泰中附中“泰微课”资源应用	二等奖
高新区	泰州市塘湾实验学校	“泰微课”,且思且行	三等奖
泰兴市	泰兴市新市小学	“泰微课+导学单”引导学生自主学习模式初探	三等奖
高港区	泰州市永安洲实验小学	以“翻转课堂”研究为载体,推进“泰微课”试点工作	三等奖
高港区	泰州市大泗学校	“泰微课”应用提升教育教学成效	三等奖
海陵区	泰州市海光中心小学	让“泰微课”之花在教学中精彩绽放	三等奖
泰兴市	泰兴市黄桥小学教育集团	强化技术培训,创新制作流程,科学合理运用	三等奖
海陵区	泰州市扬桥中心小学	“泰微课”在小学英语教学中的实践	三等奖
泰兴市	泰兴济川初中教育集团	依托“泰微课”　变革初中课堂教学结构,建设智慧校园	三等奖
市直	江苏省口岸中学	“泰微课”在高中课堂中的使用与展望	三等奖

2019年"泰微课"应用典型案例一等奖一览表(教师类)

表46

市(区)	学校	学段	学科	执教	课例名称	奖项
高港区	泰州市田河小学	小学	语文	莫志娟	习作《校园真美丽》	一等奖
海陵区	泰州市城东中心小学	小学	语文	陈　萍	四年级《麻雀》第二课时	一等奖
海陵区	泰州市实验小学	小学	语文	张品卉	二年级《狐假虎威》第一课时	一等奖
泰兴市	泰兴市南新小学	小学	语文	叶　娜	搭船的鸟	一等奖
兴化市	泰州市实验小学	小学	语文	甘彩琴	三年级《古诗三首》之《望洞庭》	一等奖
泰州医药高新区	泰州市康和实验小学	小学	数学	刘丽娟	分数除法整理与练习	一等奖
泰州医药高新区	泰州医药高新区第一实验小学	小学	数学	杨苗苗	五年级　第六单元　圆的认识	一等奖
靖江市	靖江市孤山镇中心小学	小学	数学	范林娟	三年级《间隔排列》	一等奖
兴化市	兴化市周庄中心小学	小学	数学	季　慧	用列举的策略解决问题	一等奖
泰兴市	泰兴市河失小学	小学	英语	钱培珊	四年级 Unit 8 Dolls(storytime)	一等奖
海陵区	泰州市实验小学	小学	英语	朱映月	5B Unit 4 复习课	一等奖
海陵区	泰州市实验小学	小学	英语	刘　云	一年级 Project1 A play	一等奖
海陵区	泰州市扬桥中心小学	小学	英语	周秋萍	Unit 4 I can play basketball	一等奖
高港区	泰州市高港实验小学	小学	英语	杨义娟	Unit 5 Helping our parents	一等奖
泰州医药高新区	泰州市康和实验小学	小学	英语	袁干红	五年级 Unit 7 Chinese Festivals(Grammar & Fun time)	一等奖
靖江市	靖江市实验学校	小学	英语	范锦萍	三年级 Unit 2 In the library(Story time)	一等奖
靖江市	靖江市莲沁小学	小学	英语	周　锐	五年级 Unit 5 Helping our parents(story time)	一等奖
海陵区	泰州市苏陈实验小学	小学	信息技术	王沪林	三年级《画方形和圆形》	一等奖
海陵区	泰州市城东中心小学	小学	音乐	陈　菲	快乐的小合唱	一等奖
泰州医药高新区	泰州市塘湾实验学校	小学	美术	张　帆	四年级《海洋怪兽》	一等奖
海陵区	泰州市海军中学	初中	语文	韩　涓	中考考点之环境描写	一等奖
高港区	泰州市口岸实验学校	初中	数学	王崎嵘	勾股定理的逆定理	一等奖
海陵区	泰州市海军中学	初中	数学	周　燕	平面直角坐标系	一等奖
海陵区	泰州市智堡实验学校	初中	英语	李振娟	Unit 5 Wild animals	一等奖
泰兴市	泰兴市实验初级中学	初中	物理	王　静	光的反射	一等奖
海陵区	泰州市海军中学	初中	道德与法治	陈建梅	关爱他人	一等奖
泰兴市	泰兴市洋思中学	初中	化学	戴　晶	几种重要的盐	一等奖
海陵区	泰州市智堡实验学校	初中	历史	周爱芳	伟大的开端	一等奖
靖江市	靖江市西来镇土桥实验学校	初中	信息技术	焦文静	图层蒙版妙用	一等奖
市直	江苏省口岸中学	高中	语文	胡江潼	燕歌行	一等奖
市直	泰州市田家炳实验中学	高中	英语	孙　琴	模块2第二单元 wish you were here	一等奖
市直	泰州市第二中学	高中	政治	胡同玉	第五课　文化创新	一等奖
泰兴市	江苏省泰兴中学	高中	历史	张　涛	两极世界的形成	一等奖
泰兴市	泰兴市第四高级中学	高中	计算机	吴秀峰	IP 地址	一等奖

基础教育

【概况】 2019年,泰州市有幼儿园337所,比上年增加21所;招收幼儿3.58万人,减少40人;在园幼儿11.21万人,减少195人;毕业幼儿3.99万人,减少1348人;专任教师6947人,增加151人。有小学147所,减少1所;小学招生4.08万人,减少1017人;在校生23.26万人,增加3648人;毕业生3.76万人,增加2576人;专任教师1.43万人,增加394人。有初中148所,减少2所;初中招生3.75万人,增加2497人;在校生11.04万人,减少680人;毕业生3.82万人,增加3750人;专任教师1.2万人,增加129人。小学、初中在校生中女生比例达43.66%。有普通高中34所,减少1所;普通高中招生2.48万人,增加2515人;在校生6.76万人,增加3870人;毕业生2.08万人,增加284人;专任教师6923人,增加66人。

完成《泰州市城区中小学幼儿园布局和建设规划(2018~2020年)》修编工作。启动泰州市凤凰小学南校区新建工程和泰州实验学校北校区、泰州实验中学改扩建工程的前期工作。加强城镇小区配套幼儿园治理,新(改扩)建中小学、幼儿园50所,新增优质学位近3万个。

2019年泰州市分市(区)中小学学校一览表

表47 单位:所

市(区)	合计	小学	普通中学					
			小计	初级中学	九年一贯制	完全中学	高级中学	十二年一贯制
总计	329	147	182	91	57	3	28	3
市辖区	110	49	61	32	14	3	11	1
市直	11	2	9	2	0	1	6	0
海陵区	19	8	11	5	6	0	0	0
高港区	19	9	10	7	3	0	0	0
姜堰区	53	25	28	16	5	2	5	0
泰州医药高新区	8	5	3	2	0	0	0	1
兴化市	85	33	52	16	28	0	6	2
靖江市	47	22	25	12	9	0	4	0
泰兴市	87	43	44	31	6	0	7	0

2019年泰州市省级中小学课程建设项目一览表

表48

申报学校	项目名称
泰州市姜堰区白米中心小学	童“画”世界——小学特色文化基地建设
泰州市海军小学	“海军文化”特色课程建设
泰兴市襟江小学教育集团济川校区	“东润书屋”特色文化建设工程
泰兴市黄桥初中教育集团新城校区	传统文化视阈下体验式初中语文质量提升工程
泰州市孔桥初级中学	初中数学“体验式”课程建设
靖江市实验学校天水分校(初中学科发展示范中心项目)	基于阅读素养提升的初中英语课程建设
江苏省姜堰中学	土壤实践活动课程基地

2019年泰州市省级基础教育前瞻性教学改革实验项目一览表

表49

申报单位	项目名称
姜堰区实验小学教育集团	儿童学习指导的组织重构与路径选择
泰州市第二中学	培育财经素养——创新高中生成长方式的校本探索
靖江市第一实验幼儿园	指向深度学习游戏样态的创新与实践

2019年泰州市省级中小学生品格提升工程项目一览表

表50

建设学校	项目名称
泰州实验学校	"小海豚"德育剧场建设
江苏省姜堰第二中学	"乐学文化"注入生命发展的力量
泰州市实验小学	"教师妈妈"爱心驿站
江苏省姜堰中学	生态体验式德育——德育效能提升的有效途径

【学前教育】 2019年，泰州市出台《学前教育发展引导资金使用管理办法》《普惠性民办幼儿园认定和管理办法》，落实促进学前教育优质普惠发展重点任务。举办泰州市学前教育研学中心成立大会暨幼儿园园长论坛，承办"第二届全国幼儿园教育发展大会暨扬子江城市群幼教现场交流活动"。推进省优质园创建，新创省优质园3个，省优比例84.47%，高出全省平均水平18.97个百分点，居全省首位。在公办幼儿园和普惠性民办幼儿园就读的幼儿占83.4%。开展课程游戏化建设，申报省级幼儿园课程游戏化项目2个。

【义务教育】 2019年，泰州市探索义务教育多元集团化办学。至年末，全市组建教育集团73个，其中紧密实体型23个、联盟共享型40个、教研一体型10个。开展全市2018年度义务教育学校标准化建设监测工作，全市有367所义务教育学校基本达到省定建设标准，占97.61%。推进义务教育优质均衡发展创建工作，靖江市和姜堰区申请国家评估认定，泰兴市、海陵区和高港区申请省级评估认定。

【高中教育】 2019年，泰州市启动省高品质示范高中建设，省泰州中学被确定为省高品质示范高中首批建设立项学校，省靖江中学、姜堰中学、姜堰二中获评省高品质示范高中首批建设培育学校，全市立项学校和培育学校数量占全省总数12.5%。泰州市第三高级中学、靖江市刘国钧中学、泰兴市第四高级中学3所高中晋升为省四星级高中，全市有四星级高中18所，占54.5%；三星级以上优质高中实现全覆盖。空军高中生飞行学员录取人数居全省首位，海军、空军飞行学员录取总数居全省第二位。

【高考】 2019年，泰州市有24882名考生参加2019年全国普通高等学校招生统一考试，其中应届生22556人、往届生2326人，报考人数比上年增加891人。报考文科4577人、理科17588人、体艺2507人(包含兼报)。最终，文科最高分418分，为全省第二名；理科最高分435分，为全省第三名；文理科成绩排名省前100名的考生数居全省前列。本科一批次达线率34.15%，比上年提高5个百分点，高出省均12.73%；本科达线率76.34%，高出省均16.54%。

完成2020年全国普通高等学校招生考试网上报名，全市24889人报名，其中应届生21690人、往届生3199人，报名人数与2019年持平。考生选科分布情况：物理、化学3814人，物理、生物10816人，物理、地理3358人，历史、政治3884人，体育、艺术1679人。

【姜堰中学获评"清华大学优质生源中学"】 2019年12月22日，"清华大学优质生源中学"授牌仪式在姜堰中学举行，清华大学江苏省招生组教授沈瑜为学校授牌匾。2019年，姜堰中学高考裸分进清华大学人数占全省的十分之一，成为清华大学在江苏省重要的优质生源基地。

【第二届扬子江城市群幼教现场交流活动在泰州举行】 2019年4月12日，第二届全国幼儿园教育发展大会暨扬子江城市群幼教现场交流活动在泰州市城东中心小学附属幼儿园经东分园举行，常州、扬州、泰州等地的学前教育专家和教师200多人参加。活动举办包括园长讲座和教师案例分享，讲述以"羽毛"为主题开展的班本课程、班本课程，观摩幼儿园环境、混龄游戏、区域活动。

高等教育

【概况】 2019年，泰州市普通高校7所，与上年持平。其中公办本科院校1所、独立学院4所、高职院校2所。普通高等教育招生2万人，比上年增加1032人，其中普通本科招生1.19

2019年4月12日，第二届全国幼儿园教育发展大会暨扬子江城市群幼教现场交流活动在泰州举行　（市教育局供图）

万人、减少218人，普通专科招生8102人、增加1250人。全日制普通高校在校生6.58万人，增加2380人，其中普通本科在校生4.45万人、增加1585人，普通专科在校生2.13万人、增加795人。有普通高校专任教师3317人，增加38人。成立泰州市高等教育改革发展领导小组，统筹管理在泰州的高校。全市普通高校新增招生专业4个，暂停招生专业9个；新增省高校一流本科专业12个、国家高职院校骨干专业6个。江苏农牧科技职业学院入选中国特色高水平高职学校建设单位，泰州职业技术学院入选全国首批"1+X"证书制度试点院校。实施泰州高等教育服务地方经济社会发展"135"工程，推进产学研融合。

【成人高等教育】　2019年，泰州市成人高等教育招生12239人，比上年增加116人；成人高等教育在校生3.6万人。做好全国成人高校招生考试工作，设市直、兴化、靖江、泰兴、姜堰5个考区、10个考点、421个标准化考场，16214名（不含退役士兵）考生报名参加考试，增加1909人。　（孙迎迎）

【高教园区】　2019年，泰州高等教育园区完成4.8万平方米的泰州学院二期宿舍楼工程；完成南理工泰州科技学院内王庄河整治工程，为忠南社区198户搬迁户发放搬迁补偿款2.1亿元。济川东路北侧5.28公顷土地挂牌上市。丰富校园文化，举办餐饮职工趣味运动会、2019泰州高教校园美食节。搭建创业平台，园区入驻孵化项目53个、企业70家，总注册资金3亿元，带动2000多名大学毕业生就业。

（李　芳）

【泰州学院】　2019年，学院有院部12个、本科专业29个，全日制在校学生8783人。教职工730人，其中教师550人。建有省级重点建设学科3个、高校品牌专业建设工程项目1个、省一流专业3个，有省级重点实验室1个、省级实验教学与实践教育中心1个、省级人文科学重点研究基地1个。

人才培养。立项国家级大学生创新训练计划项目10项、省级项目40项，获省大学生职业规划大赛一、二等奖3项，省"互联网+"大学生创新创业大赛三等奖1项。2018级"海澜班"开班。引进在线开放课程89门，入选省在线开放课程建设项目12个，线上运行省级在线开放立项课程4门；立项省高校重点教材建设项目1个；获批省级教改课题项目4个，结项省级教改课题项目4个。学院学生获省师范生教学基本功大赛一等奖1个、二等奖1个、三等奖9个；在各级各类学科竞赛活动中，获国家级奖项134人次、省部级奖项321个，获省部级专业竞赛一等奖21个；获全国大学生英语竞赛一等奖8人、全国旅游院校服务技能大赛一等奖1人、省高校高数竞赛一等奖3人；获"挑战杯"省选拔赛二、三等奖4个，"创青春"江苏青年创新创业大赛二等奖1个；"三点半课堂"志愿服务被评为"2018年度江苏省优秀青年志愿服务项目"。

师资队伍。学院新引进博士12人、硕士56人；新增副高职称以上22人、在职攻读博士学位7人。申报省"青蓝工程"优秀教学团队1个，入选省"青蓝工程"学术带头人1人、"青蓝工程"优秀中青年骨干教师3人、"六大人才高峰"带头人1人，入选市"有突出贡献中青年专家"1人、"311"高层次人才7人、高校教学名师2人、高校优秀青年教师1人。获国家级教学竞赛二等奖1人、三等奖3人，省级教学竞赛一、二等奖12人，省红色故事宣讲大赛"金牌讲解员"1人；入选市"十行百星"3人，获市"五一劳动奖章"1人，获省、市"工人先锋号"各1个。

学科建设。修订《本科专业培养方案》29个，申报省一流本科专业3个，遴选校级一流本科专业建设点10个，省级品牌专业一期工程项目汉语言文学专业结项。视觉传达设计、物流管理、计算机科学与技术、应用化学4个本科专业通过学士学位授权专业评审。遴选校级一流课程项目等99个，结项校级精品资源共享课程4项、双语示范课程3项。

科学研究。立项国家级项目4个、省部级项目5个、省高校哲学社会科学项目22个、省高校自然科学基金面上项目11个、市级项目9个。结项国家自然科学、社会科学基金项目3个、省级项目23个、市级项目12个。在核心期刊发表论文100多篇，权威期刊及各大检索收录论文50多篇，出版学术专著7部。新增授权发明专利5项，授权实用新型专利19项，登记软件著作权17项。

国际合作。接待国（境）外等来访团组8个，签署多个合作备忘录。赴俄罗斯、白俄罗斯开展教育交流1次，达成初步合作意向。招收印度尼西亚留学生8人，学生出国交流23人；1名教师在韩国全州大学攻读博士。与加拿大北方应用理工学院合作举办专科层次学前教育专业项目，23人全部毕业。

（魏小星　贾荣圣）

【南京理工大学泰州科技学院】 2019年，学院有二级学院7个、基础科学部1个，本科专业28个，在校生1万多人。建有校内实验中心8个、“政校行企”合作共建国家、省、市级重点实验室11个；纸型藏书86多万册，电子图书171多万种，电子期刊3万多种。学院获批江苏省科普教育基地、延安革命传统教育基地、“铁军”精神学习基地。根据中国高等教育学会发布的2019年度“全国高校机器人竞赛创新指数”，学院进入全国高校机器人竞赛指数（本科）TOP10%～30%，排名居全国独立学院第一位、全省高校第七位。

人才培养。学院大学生创新团队在国家级、省级各类学科竞赛和科技创新赛事中获奖项212个，其中国家级奖项69个。大学生创业团队在泰州市大学生创新创业大赛、创业富民大赛等赛事中获一等奖1个、二等奖2个、三等奖2个。大学生创业园获泰州市众创空间绩效评价“优秀”等级。

师资队伍。全年选派322人次外出学习培训。18人晋升高级职称，5人攻读博士学位或出国进修。推进“访问工程师”制度，“双师双能”（教师、工程师等资格兼具，教学能力、实践能力兼备的教师）教师比例74.11%。8人分别入选省、市人才工程。21人次在国家级、省级、市级各类评比表彰中获奖。在第五届全国高校工程应用技术教师大赛中，学院教师获个人奖4个、团队奖2个，其中一等奖2个。学院教师获泰州市高校青年教师优质公共课教学竞赛4个组别的第一名。姜枫劳模创新工作室入选第二批省教科系统示范性劳模和工匠人才创新工作室。

学科建设。计算机科学与技术、环境工程、会计学、土木工程4个专业入选江苏省一流本科专业；电子信息工程专业通过2018年度独立学院专业综合评估，成为学院第四个江苏省独立学院星级专业。《Java程序设计》课程被省教育厅推荐为2019年度线上线下混合式国家级一流本科课程；6门课程入选江苏省在线开放课程。新编教材《智能工厂设备通信技术》获批江苏省高校重点教材建设立项。4项课题获批江苏省高等教育教改研究项目立项，其中2项为省重点课题；1项课题获批教育部高校自动化类专业教学指导委员会教改项目立项，是全省唯一获批立项的独立学院；2个项目获批2019年度泰州市构建卓越教育体系培植项目。学院入选教育部首批“1＋X”证书试点院校、教育部“智慧教学试点项目”单位。

科学研究。完善面向应用的科研管理、评价体系，建立健全支持教师开展应用技术研究及技术服务的激励机制，至年末，与企业共建研发机构9个。主编的2项国家标准制修订项目获生态环境部生态环境监测司认可并启动实施。主办中国·泰州首届BIM工程技术峰会、2019年“第一期社会化环境检测机构从业人员基本实操技能培训班”。主持开展全国社会化环境检测机构从业人员实操技能培训的考核命题工作，与中国环境保护产业协会等共同主办中国首届二噁英类污染物分析测试及减排技术发展高端论坛。

（唐雯竹）

【南京师范大学泰州学院】 2019年，学院有二级学院12个、本科专业48个，在校生10635人。学院获评“中国民办高等教育优秀院校”“全国先进独立学院”。在全省率先推行“4＋1”跟岗见习实践教学模式，被《中国教育报》报道。

人才培养。制定《修订本科人才培养方案的指导意见（2020版）》，修订完善各专业课程教学大纲。计算机科学与技术专业、通信工程专业分别申报的嵌入式人才培养项目获批。学院学生获全国第六届体育舞蹈公开赛成人组拉丁舞多个奖项，获全国数学建模竞赛江苏省一等奖1个、三等奖2个，获第十届“蓝桥杯”全国软件和信息技术专业人才大赛江苏赛区一等奖1个、二等奖2个、三等奖6个、全国总决赛三等奖1个，获全国大学生英语竞赛决赛江苏赛区B、C两个类别一等奖，获第二届“外教社杯”江苏省大学生跨文化能力大赛英语组一等奖，获泰州市红色故事宣讲大赛“志愿组金牌讲解员”“志愿组优秀讲解员”称号。3名学生在江苏省第14届大学生职业规划大赛中获三等奖，学生创业项目“飞越大学”获第五届中国“互联网＋”大学生创新创业大赛江苏省三等奖。

师资队伍。学院有博士45人（含在读），申报高级职称36人，其中教授2人、副教授28人，引进高层次人才1人，新聘教师17人。2名教师入选江苏省“青蓝工程”青年骨干教师培养对象，3名教师达到江苏省第五期“333工程”中期培养要求，3名教师分获第十届“外教社杯”全国高校外语教学大赛外语综合组和英语专业组二等奖、大学外语听说组三等奖，2名教师分获江苏省高校第六届数学基础课青年教

南京师范大学泰州学院庆祝中华人民共和国成立70周年——“我为祖国送祝福”主题教育活动　（南京师范大学泰州学院供图）

师授课竞赛一等奖、三等奖;2名教师分获江苏省师范院校教师智慧教学大赛暨首届长三角师范院校教师智慧教学大赛江苏赛区理工组和体育组二等奖。3部作品分获江苏省高校微课教学比赛二等奖1个、三等奖2个。

学科建设。通信工程专业、行政管理专业被评为“江苏省独立学院星级专业”。小学教育专业、生物技术专业被确定为江苏省一流本科专业。学院被认定为首批江苏省语言文字推广基地。

科学研究。获批省部级项目1个、市厅级项目35个,其中教育部人文社会科学基金一般项目1个,省社科联应用精品工程项目7个,教育厅高校自然科学研究面上项目1个,省高校哲学社会科学基金项目10个、专项项目8个,省统计重点课题1个,市科技局软科学社发项目7个,市法学会课题1个。学院自聘教师共发表科研论文187篇,其中SCI、SSCI、EI检索17篇,核心论文34篇;出版各类教材(专著)10部;获各类艺术实践成果57项;申请专利22项(其中发明专利10项、实用新型12项)。合作共建的市立法研究院与市人大开展地方立法合作,设立“人大代表培训基地”并举办“法律监督”专题培训班;泰州书院文化研究中心市级重点课题《泰州安定书院的现代价值彰显研究》结项成果被市委五届六次全会及《泰州建设江苏高质量发展中部支点城市总体方案》采纳引用。

(李　照)

【南京中医药大学翰林学院】 2019年,学院有本科专业和方向20个,全日制本科生5159人。

人才培养。实施应用型人才培养改革工程,制定《实践教学基地建设与管理办法》,推进实践教学体系建设,开展中医学专业三基实训。新增中医全科专业床边教学点3家、康复治疗学床边教学点2家、护理专业实习基地1家,签订药学教学基地5家。实施“信仰公开课”计划、“青马工程”计划、大学生学风建设“星火工程”项目,1人入围“2018江苏省大学生年度人物”。2件作品参加“挑战杯”江苏省选拔赛决赛,分获二等奖、三等奖,1件作品获省第五届“互联网+”大学生创业大赛中三等奖。获批省级大学生创新创业项目17个。

师资队伍。制定《“青蓝工程”培养对象项目经费管理办法(试行)》,1人入选省高校“青蓝工程”,2人入选省级以上专业委员会委员。晋升副教授1人,31人获高校教师资格证。提升学院专职教师学历结构,8人攻读高一级学位(含留职停薪2人)。选派5名专职教师人参加“双师型”进修和培训。组织参加教育部专业教学指导委员会相关课程全国中青年骨干教师培训班、一流本科教育专家报告会、中国高教博览会、全国高校网络培训中心网络培训等63人次。

学科建设。首次组织二级学院编制专业学习指南(导读)。获康复治疗学新专业学士学位授予资格。护理学专业通过省教育评估院专业综合评估检查。制定《一流本科课程管理办法(征求意见稿)》。发表教改类论文3篇。

科学研究。《从干预肿瘤异常代谢角度探讨参芪扶正重塑免疫微环境的分子机制》立项为国家级课题。新立项厅局级课题24个,其中省高校哲学社会科学一般项目10个、专题项目3个、自然科学项目3个、省中医管理局项目2个、省“十三五”规划课题3个、省教改研究课题1个、市软科学项目2个。完成厅局级课题结题10个、院级课题结题21个。在各级刊物上发表论文54篇,其中SCI论文2篇。获省中医药科学技术奖二等奖1个。申报专利1项。

(朱美桥)

【江苏农牧科技职业学院】 2019年,学院设10个二级学院。有教职员工1015人,在校学生14600人。年内,入选国家“双高计划”B类建设单位、被教育部《高等职业教育创新发展行动计划(2015~2018年)》认定为优质专科高等职业院校。年内,学院成立乡村振兴应用技术研究院,与中西部教育欠发达地区政府部门开展教育精准扶贫试点合作项目5个;开展企业技术培训1.5万人次,产生经济效益300万元。全年到校培训1万多人,职业技能鉴定3000多人。《农民中高等职业教育衔接案例》入选“2019年全国农民教育培训十大典型案例”,获省农民培训教学资源一等奖4个、全国优秀农民培训教材1部,畜牧科技园被评为全国示范农民田间学校。

人才培养。创新创业训练计划获省级立项65项,入选教育部高职院校创新创业教育特色典型案例1个,获全球数字经济创新创业竞赛金质奖1个。学院学生获省“互联网+”大学生创新创业大赛二等奖2个、三等奖4个,获“挑战杯”江苏省大赛二等奖1个、三等奖3个。分别与金陵科技学院、泰州学院2所本科院校联合共建“专本3+2分段培养”和“专本4+0联合培养”项目,与10所中职学校共建“中高职3+3分段培养”项目,完成2个省级品牌专业的验收工作。

师资队伍。学院获国家级教师教学创新团队1个,晋升二级教授3人,入选省“青蓝工程”培养对象6人,获省教学能力大赛一等奖1个、二等奖2个,获省微课教学比赛一等奖3个、二等奖4个。立项部级调研项目1个、省级“重中之重”课题1个、一般课题5个,发表高等教育类核心论文1篇。获省高等教育科学研究成果二等奖2个。

学科建设。重点建设畜牧兽医和食品药品监督管理2个“双高计划”确定的专业群。通过教育部第二批现代学徒制试点验收,6个专业、4个基地、1个协同创新中心被教育部认定,获批教育部第二批“1+X”证书制度试点院校,获国家级专业教学资源库项目1个、国家级专业教学资源库升级改造项目2个、省级资源库项目1个。入选国家级在线开放课程4门、省级在线开放课程13门、省级重点教材4部。建成省成人高等教育重点专业2个、省成人高等教育精品资源共享课程5门。

科学研究。申报各级各类项目103个,其中获批国家自然基金项目1个。签订横向技术交易合同79个。发表SCI论文21篇、核心期刊论文202篇;发明专利授权10件。获省科技进步三等奖1个,繁育中药材新品种10多种。获国家发改委“十三五”产教融合发展工程规划项目中央财政5000万元经费支持。完成省高等职业教育产教深度融合实训平台建设项目2个,新

增省级产教融合集成平台1个。国家水禽基因库保种能力提升工程建设项目、国家种粮大省补助资金项目、江苏省产业化引导资金项目等建成并通过验收。

国际合作。全年赴国(境)外交流研修教师70人、学生57人。组织召开国际农牧业高等职业教育联盟一届二次理事会会议,制订国际农牧业技能竞赛标准1个,开设全英文课程10门。招收国际学生72人,国际学生HSK三级通过率86%,获"江苏外国人定向越野大赛"团体赛季军,第二届"外教社"杯江苏省大学生跨文化能力大赛二等奖1项。 (奚　旺)

【泰州职业技术学院】 2019年,学院设九院一部,2019年设置专业44个。有教职工659人,其中专任教师403人(高级教师199人,其中正高级教师23人,硕士及以上学位279人),专任教师中"双师型"素质教师占87%。有全日制在校生9634人。有国家级重点专业2个、省级特色专业5个、省级重点建设专业群3个、省级骨干专业3个。有国家级实训基地2个、省级实训基地3个、省级产教深度融合实训平台2个、省级智能制药产教融合集成平台1个、校内实践实训基地131个,与企事业单位共建校外实践实训基地405家、校企双主体学院5个。有省、市级工程技术研究中心10个。承办2019年全国食品药品类职业院校药物制剂技术专业技能大赛和第一届江苏省药物制剂工职工技能竞赛。年内,学院生命科学馆、中药文化馆、工业机器人智能制造展示馆获批泰州市科普教育基地;与市退役军人事务局合作成立泰州市双拥学院。

人才培养。申报省级大学生实践创新训练计划项目25个。大学生创业园被评为市级示范基地,入驻学院大学科技园项目3个,入驻泰州市蜂鸟空间站项目3个。获"挑战杯"江苏省大学生课外学术科技作品竞赛二等奖1个、三等奖2个,获江苏省"互联网+"大学生创新创业大赛二等奖1个、三等奖1个,获全国"发明杯"大学生创新创业大赛一等奖2个、二等奖1个、三等奖3个。1人获江苏省第十四届职业规划大赛专科组特等奖。在职业院校技能大赛中,获全国二等奖1个、三等奖2个,获省一等奖2个、二等奖6个、三等奖7个。

学科建设。学院成为全国首批"1+X"证书制度试点院校,获"1+X"证书试点项目立项3个,首次承办"1+X"证书等级认证考试2项。2个专业被列入教育部创新发展行动计划项目,3个专业完成省高水平骨干专业建设任务。获批"3+3"中高职衔接项目13个、"3+2"专本合作项目2个。获批江苏省智能制药产教融合集成平台建设立项。获省微课比赛一等奖2个、二等奖3个、三等奖4个。出版著作、教材67部。4项教改课题获省教育厅规划课题立项,1部省重点教材通过验收审订,新增省重点建设教材2部。

科技研究。学院获全国教育科学"十三五"规划重点课题1个,泰州市"十四五"规划前期研究课题立项2个。在核心期刊发表论文57篇,被SCI、EI收录22篇。获专利授权43项,其中授权发明专利11项。固体制剂协同创新中心获教育部创新发展行动计划项目认定。获江苏省自然科学基金立项1个。

师资队伍。引进高层次人才14人,其中博士1人。聘请省"双创人才"2人,特聘行业知名专家担任学院教授2人,选送2名博士到企业任职。获批产业教授2人,总数9人。选派11人到国内高校、企业担任访问学者和访问工程师,选派70多人参加各类国培省培项目。3人获评省级人才工程项目培养对象,其中1人入选省高校"青蓝工程"中青年学术带头人;4人获评市级人才工程项目培养对象。新晋高级职称9人,推荐评审其他专业技术高级职称人员3人。

国际合作。11名南非职业技术大学留学生结业。学院AHA全球授权心血管急救培训中心完成230人次培训并获BLS证书。承办"2019泰州印度电影周"。与日本国际医疗护理人才支援机构合作,11名学生赴日本学习、就业。英国、南非、荷兰等国家多个代表团到学院洽谈交流项目并签订合作意向书。 (张明森　张　晨)

【常州大学怀德学院】 2019年,学院设七系二部,24个招生专业,涵盖工、文、经、管、艺等五大学科门类,其中市场营销、国际经济与贸易、电子信息工程3个专业获评"2019年江苏高校一流本科专业建设点"。有教职工530人,全日制本科在校生9496人。

人才培养。学院学生获第七届全国高校BIM算量认证大赛特等奖、第四届全国大学生人力资源管理知识技能竞赛第五大区赛一等奖,获全国3D大赛12周年精英联赛国赛区一等奖1个、江苏省赛区特等奖3个,获全国总决赛江苏省赛区特等奖3个、一等奖6个,获第七届江苏省大学生工程管理创新、创业与实践竞赛技能赛一等奖、二等奖,获第五届江苏省"互联网+"大学生创新创业大赛省赛二等奖,获"挑战杯"江苏省选拔赛二等奖2个、"学创杯"2019全国大学生创业综合模拟大赛江苏省省赛二等奖1个。

师资队伍。学院有专任教师458人,正高级教师占10.3%,副高级教师占31.7%。1人入选2019省"青蓝工程"优秀青年骨干教师。 (解　凌)

职业教育

【概况】 2019年,泰州市有高等职业学院2所,分别是江苏农牧科技职业学院和泰州职业技术学院;中等职业学校16所,其中普通中专、职业高中12所,技工学校(院)4所。有全日制在校生10.45万人,其中高等职业学校学生1.23万人、中等职业学校学生9.22万人。有专任教师2795人,其中高等职业学校专任教师1056人、中等职业学校专任教师1739人。贯彻执行《国家职业教育改革实施方案》,推进职业学校现代化建设,省靖江中专、省兴化中专、省泰兴中专3所学校成为省领航学校建设单位(建设期3年),省靖江中专、省泰兴中专2所学校创成省现代化示范校,创成省现代化实训基地5个、现代化专业群7个。

【职教人才培养】 2019年,泰州市推进产教融合,推行现代学徒制度,新增校企合作项目14个。推行中职与高职

“3+3”、中职与本科“3+4”分段培养模式，4个“3+4”项目、36个“3+3”项目获批省现代职业教育体系建设项目。“3+4”本科转段升学率95%以上，对口单招录取率在90%以上。在全省率先成立职业学校思政教育联盟，开展多样性德育模式。

【职业技能提升】 2019年，泰州市职校学生毕业考试合格率中级工占90%以上，高级工占75%以上。在2019年江苏省职业院校教学大赛中，获一等奖1项、二等奖7项、三等奖9项。在2019年江苏省职业学校技能大赛中，泰州市获4金、7银、28铜，其中工程测量项目为泰州市在该项目上获得的首块金牌。在省级创新创业大赛决赛中，泰州机电高等职业技术学校获特等奖1个(全省唯一)、一等奖2个、二等奖5个，获奖总成绩居全省职业学校首位。

【泰州机电高等职业技术学校获第23届全国发明展览会11项大奖】 2019年11月13～15日，全国第23届全国发明展览会·“一带一路”暨金砖国家技能发展与技术创新大赛在广东省佛山市举行。泰州机电高等职业技术学校10个项目参展，经过制作展板、现场展示、封闭答辩等环节，最终获得5金、3银、1铜及2项“中国宝武青少年发明奖”共11个奖项。该大赛有全国各参赛学校的1900多个项目参加评奖，泰州机电高等职业技术学校的成绩居各参赛学校之首。

特殊教育

【概况】 2019年，泰州市有特殊教育学校5所，与上年持平；培智班办学点10个。学校在校学生500人，其中学前教育150人、小学200人、初中100人、高中50人。有随班就读小学3所，在校学生300人(含小学附设班)；随班就读初中2所，在校学生200人；有200名义务教育阶段学生接受送教上门服务。残疾儿童少年义务教育基本实现全覆盖。有特殊教育专任教师157人，其中中级、高级职称教师50人，本科及以上学历教师150人。按《疑似失学儿童核查结果分类统计标准》甄别信息，实施残疾儿童、残疾少年控辍保学工作，为全市258名因残失学儿童制定帮扶措施和送教上门方案，保障适龄残疾儿童受教育权利；《精准控辍，织密织牢义务教育保学网》典型经验获省教育厅认可并推送教育部。组织全市2019年特殊教育发展工程项目申报和答辩工作，创成省特殊教育发展工程项目3个。

【融合教育】 2019年泰州市教育局与台湾地区青少年交流协会签署《泰台融合教育合作项目备忘录》，推进两地融合教育交流合作。组织全市首批普通学校特教专职教师上岗培训，开展全市融合教育基础理论培训活动，提升融合教育教师专业化水平。联合开展全市幼儿园和小学融合教育资源中心建设现场评估工作，基本实现全市所有乡镇(街道)学前和小学融合教育资源中心全覆盖。

社会教育

【概况】 2019年，泰州市开展全市9所民办高中阶段学校2018年度依法办学、办学条件、学校管理、办学效益情况评估。实施全市18所民办非学历教育机构2018年度年检，集中办理换证、变更工作。开展校外培训机构专项治理，规范培训机构办学行为，摸排校外培训机构2948家，其中涉及中小学学科类培训的校外机构1084家，取缔不合格培训机构888家。制定《校外培训机构长效管理实施意见(试行)》，规范校外培训机构审批登记和日常监管。

【社区教育】 2019年，泰州市推进社区教育发展，组织各市(区)申报省级社区教育示范区、标准化社区教育中心、教育服务“三农”高水平示范基地。全市有标准化社区教育中心81个，其中省标准化社区教育中心比例100%的“省级社区教育示范区”4个。开展以“推动全民终身学习，加快建设学习城市”为主题的全民终身学习活动周活动，推进书香型与学习型社区建设。泰兴市“三童”成长乐园被国家全民终身学习活动周工作小组、中国成人教育协会评为2019年国家级终身学习品牌项目。 (孙迎迎)

责任编辑 王 卉

综　述

【概况】　2019年，泰州市科技系统围绕产业科技创新，培育创新型企业，深化产学研合作，加快集聚创新资源要素。全年全市实现高新技术产业产值2440.53亿元，新认定高新技术企业427家，全市有效期内高新技术企业974家，每万家企业法人中高新技术企业数136.49家。研究与试验发展(R&D)经费投入强度为2.6%。专利授权量14872件，万人发明专利拥有量15.92件。科技进步贡献率64.3%。

【科技奖励】　2019年，泰州市市级科技项目落实各类奖补和项目资金1.3亿元，带动科技创新经费投入超10亿元。上争项目和授牌累计2870个，获批资金1.2亿元，其中获批高新技术产业开发区奖励资金1430万元、企业研发费用省级财政奖励3161万元。获省级重点研发计划(现代农业)专项资金项目7个，获批资金600万元，居全省第三位。举办政策解读会、"企业家沙龙"，开展"平台园区行"、企业实地走访等活动，宣传科技政策，参加企业近1000家。　(林晓芬)

【科技人才】　2019年，泰州市实施高层次创新创业人才引进计划、科技企业家培育工程和选派"科技副总"工作，引导科技人才等创新要素向企业集聚，为企业创新发展提供智力支持。全年入选省科技副总项目21个、省"双创人才"计划科技创新团队1个、企业创新类博士3人。认定科技企业家355人。市科协实施"人才托举工程"，向省科协推荐各类优秀人才15人次，获批省青年科技人才托举工程资助培养对象2人。承办第四届省科协青年会员创新创业大赛生命科学领域决赛。举办泰州市首届科技工作者创新成果展，展示科技创新成果142件。评选表彰"最美泰州人"——科技工作者先进典型10人。举办以"美丽人生、科技报国"为主题的2019"全国科技工作者日"主场活动。　(林晓芬　洪玉鹏)

【"新时代科技新长征"活动】　2019年，泰州市围绕"1+5+1"现代产业体系，开展"新时代科技新长征"活动。组织"企业科技行""泰爱才"校园行、科技与人才推介会等活动，明确市和市(区)联动、市(区)和园区为主、部门协同推进的工作机制，推动技术成果、创新成果落地。至年末，组织赴北京、上海、深圳、沈阳、武汉等地开展活动86场，680多家企业对接30多个高校科研院所、100多个重点实验室和人才(团队)，建立长期合作关系，全市签订科技合作协议391项，吸引集聚1200多名高层次人才。

科技创新

【概况】　2019年，泰州市启动科技创新"十四五"规划前期重大课题研究，形成泰州市科技创新"十四五"规划的前期重大课题研究报告。执行诚信承诺制度，所有申报项目单位均签署信用承诺书。执行信用审查制度，审查涉及财政资金奖补的企业信用，查询企业863家。取消23家严重失信记录企业的参评资格。搭建科技创新综合服务平台，为企业、专家、高校、科研机构和科技服务机构等创新主体提供政策配送与项目申报、技术评估与交易、创新能力培育与提升、创新资源展示与匹配等"一站式"服务，举办企业培训会47场，服务企业5625家次，按季度定期发布全市科技创新动态统计监测情况。　(林晓芬)

【重大研发载体】　2019年，泰州市推进"一产业一高端研发平台"建设，推动研发方向明确、研发团队健全、研发优势突出、成果转化能力强的研发载体建设。至年末，全市在建重大研发载体13个，其中大健康产业3个、生物医药及高性能医疗器械产业1个、高端装备制造及高技术船舶产业4个、节能与新能源产业1个、化工及新材料产业4个。重大研发载体研究方向基本覆盖全市主导产业体系，16个创新团队300多名科研人员入驻，转化科技成果20多项。推进21家在运营的省列统新型研发机构建设。联合省产业技术研究院，聘请8名建设管理专家、技术专家，实施在建重大研发载体"综合评价与建设发展咨询"专家会诊。全年全市财政投入6300多万元运营经费用于重大研发载体建设，其中中科院大化所泰州生物医药创新研究院、哈工大机器人泰州智能制造研究院、中科院自动化所泰州智能制造研究院3家重大研发载体按期推进。江苏制冷产业院士协同创新中心落户海陵区，生物医药产业院士协同创新中心落户泰

2019年11月1~2日，金砖国家生物技术与生物医学创新合作大会在泰州召开　（市科技局供图）

州医药高新区；中科院北京成果转化中心常州分中心与高港临港经济园共建全省首家县级海智双创产业园，姜堰机械制造协同创新联合体项目获中国科协立项资助50万元。

（林晓芬　洪玉鹏）

【科技孵化器】　2019年，泰州市推进科技孵化器绩效评价工作，8家国家级孵化器全部通过国家级绩效评价，其中市高新技术创业服务中心、姜堰区高新技术创业中心被评为“优秀”。31家省级孵化器全部通过省级绩效评价，获省科技型创业企业孵育计划扶持资金509万元，比上年增长45%，居全省第五位。其中泰兴市科技创业服务中心、姜堰区高新技术创业中心、泰州医药高新区医药创业服务中心、兴化市科技创业中心4家省级孵化器被评为“优秀”等级，泰兴黄桥现代装备科技企业孵化器等9家省级孵化器被评为“良好”等级。全年全市科技企业孵化器建设财政投入资金2107.15万元。推进省级科技企业孵化器免税工作，重新核定23家省级科技企业孵化器，22家通过核查。实施市科技型中小企业孵育计划项目35个。获批1家省级科技企业孵化器（泰兴人才科技广场科技企业孵化器）；青柠众创空间等6家省级众创空间、1家国家级众创空间（泰晶e空间）进入实地核查阶段。至年末，全市有国家级孵化器8家、省级孵化器23家，国家级众创空间2家、省级众创空间30家。泰州医药高新区电力装备众创社区、高港汽车零部件众创社区获批第三批省众创社区备案试点。中崇信诺生物科技获2019年第八届中国创新创业大赛生物医药产业成长组总决赛优秀企业奖，“水木清能”团队获第七届“创业江苏”科技创业大赛“新能源及节能环保”行业赛团队组第一名。

2019年泰州市国家级、省级孵化器一览表

表51

孵化器名称	运营单位	级别	市(区)
泰兴科技创业服务中心	泰兴市科隆科技创业园有限公司	国家级	泰兴市
姜堰区高新技术创业中心	泰州市姜堰区高新技术创业中心	国家级	姜堰区
泰州市高新技术创业服务中心	泰州华诚高新技术投资发展有限公司	国家级	医药高新区
泰州市海陵区高新技术创业服务中心	泰州市华海高新技术创业有限公司	国家级	海陵区
靖江市华信科技创业园有限公司	靖江市华信科技创业园有限公司	国家级	靖江市
江苏华创医药研发平台管理有限公司	江苏华创医药研发平台管理有限公司	国家级	医药高新区
兴化市科技创业中心	兴化市科技创业中心	国家级	兴化市
泰州市高港区高新技术创业服务中心	泰州市鼎顺创业投资有限公司	国家级	高港区
泰兴黄桥现代装备科技企业孵化器	泰兴市黄桥投资发展有限公司	省级	泰兴市
兴化市竹泓木船文化科技创业园	兴化市竹泓木船文化产业有限公司	省级	兴化市
江苏骏龙光电科技股份有限公司	江苏骏龙光电科技股份有限公司	省级	靖江市
泰州市智谷软件园科技孵化器	泰州市智谷软件园有限公司	省级	姜堰区

续表 51

孵化器名称	运营单位	级别	市(区)
江苏戴南科技创业园	江苏戴南新材料科技有限公司	省级	兴化市
泰州市华航科技企业孵化器	泰州市华强照明器材有限公司	省级	高港区
达模科技企业孵化器	达模科技泰州有限公司	省级	姜堰区
江苏张郭科技园	兴化市张郭镇朝阳投资有限公司	省级	兴化市
泰兴市新竹科技企业孵化器	泰兴市新源农产品加工投资发展有限公司	省级	泰兴市
泰兴市虹桥科技企业孵化器	泰兴市双越投资有限公司	省级	泰兴市
靖江电商创业中心	创智同赢电子商务靖江有限公司	省级	靖江市
泰州经济开发区科技创业中心	泰州鑫泰集团有限公司	省级	医药高新区
兴化开发区电子商务产业科技企业孵化器	兴化市经济发展有限公司	省级	兴化市
泰州市新能源科技创业园	泰州市海鑫高新技术投资发展有限公司	省级	海陵区
江苏兴化精密锻铸造科技创新创业园	兴化市精密铸锻造产业研究院有限公司	省级	兴化市
兴化市安丰科技创业园	兴化市安丰小城市投资发展有限公司	省级	兴化市
泰州市泰州港核心港区科技企业孵化器	江苏永兴港口开发有限公司	省级	高港区
晟芯科技企业孵化器	江苏晟芯微电子有限公司	省级	姜堰区
泰兴经济开发区精细化工产业科技企业孵化器	泰兴市成兴国有资产经营投资有限公司	省级	泰兴市
泰州医药园区医疗器械创业服务中心	泰州华诚医学投资集团有限公司	省级	医药高新区
泰州医药园区生物制品研发创业服务中心	江苏华泰疫苗工程技术研究有限公司	省级	医药高新区
泰州国科创业服务中心	泰州众创空间企业孵化器有限公司	省级	医药高新区
泰兴人才科技广场科技企业孵化器	泰兴市智光人才科技广场管理有限公司	省级	泰兴市

2019 年泰州市省级及以上众创空间一览表

表 52

众创空间名称	运营主体	级别	市(区)
壹能时空	壹能企划咨询江苏有限公司	国家级	泰兴市
智汇谷众创空间	泰州众创空间企业孵化器有限公司	国家级	医药高新区
泰晶 e 空间	泰州市鼎顺创业投资有限公司	省级	高港区
泰州医药高新区医药众创空间	江苏华创医药研发平台管理有限公司	省级	医药高新区
梦想花园	泰州梦想花园信息科技有限公司	省级	医药高新区
启萌沃土	兴化市企盟计算机软件有限公司	省级	兴化市
歌德创梦空间	江苏歌德电子商务有限公司	省级	海陵区
无界创业咖	江苏无界电子商务有限公司	省级	姜堰区
华航智慧光电创新工场	泰州市华强照明器材有限公司	省级	高港区

续表52

众创空间名称	运营主体	级别	市(区)
润泰蜂鸟众创空间	江苏润泰企业孵化器有限公司	省级	高港区
戴南书院蜂鸟驿站创客中心	兴化市青创文化传播有限公司	省级	兴化市
虹桥创客中心	泰兴市双越投资有限公司	省级	泰兴市
黄桥高端装备智造众创空间	泰兴市黄桥投资发展有限公司	省级	泰兴市
楚慧谷	兴化市经济发展有限公司	省级	兴化市
智谷创业空间	泰州市智谷软件园有限公司	省级	姜堰区
高创·众创空间	泰州高教创业服务有限公司	省级	医药高新区
楼友会泰兴慧创空间	泰兴颐高互联网科技有限公司	省级	泰兴市
靖江市青商.青创中心	靖江市青商众创空间有限公司	省级	靖江市
骏龙优客社	江苏骏龙光电科技股份有限公司	省级	靖江市
靖江创客工场	靖江联纵创客服务有限公司	省级	靖江市
智汇众创空间	达膜科技泰州有限公司	省级	姜堰区
华威创新谷众创空间	泰兴市华威云创电子商务有限公司	省级	泰兴市
泰州凤城创客空间	泰州市中兴科技咨询有限公司	省级	医药高新区
农特创客中心	泰州市溱湖农特优选电子商务有限公司	省级	姜堰区
沃客众创空间	泰州艾博网络科技有限公司	省级	医药高新区
楼友会·梦创中心	泰州楼友会梦卡商务服务有限公司	省级	医药高新区
青柠众创空间	泰州青柠众创空间有限公司	省级	海陵区
三水创客汇	泰州华昱创业服务有限公司	省级	姜堰区
禾侬众创空间	禾侬创业园(泰兴)有限公司	省级	泰兴市
襟江合众创空间	江苏泰州精细化工产业研究院有限公司	省级	泰兴市
泰兴凤栖众创空间	泰兴市智光人才科技广场管理有限公司	省级	泰兴市
“新苗汇”创新创业站	江苏华泰疫苗工程技术研究有限公司	省级	医药高新区

泰州市2019年度省科技型创业企业孵育计划资金分配一览表

表53　　单位:万元

科技企业孵化器	拨付金额
泰州市高新技术创业服务中心	30
泰州市海陵区高新技术创业服务中心	25
泰州市新能源科技创业园	25
泰州市高港区高新技术创业服务中心	30
泰州市华航科技企业孵化器	30

续表 53

科技企业孵化器	拨付金额
泰州市姜堰区高新技术创业中心	63
达模科技企业孵化器	30
泰州医药高新区医药创业服务中心	63
泰州医药园区生物制品研发创业服务中心	30
靖江市华信科技创业园有限公司	30
泰兴市科技创业服务中心	60
泰兴黄桥现代装备科技企业孵化器	30
兴化市科技创业中心	63

【科技园区】 2019 年，泰州医药高新区围绕创建国家创新型特色园区，推进园区集成创新融合体建设。中科院大连化物所（泰州）生物医药创新研究院在研课题 8 项。建设复旦大学泰州健康科学研究院，新建中国科学院大学泰州大健康产业研究院。推进生物医药创新型产业集群试点工作，培育集聚一批高成长性的科技型企业，申报国家高新技术企业 74 家，比上年增长 48%，55 家企业列入省高新技术企业培育库，38 家企业通过市高新技术企业备案。联合省生产力促进中心设立“科技成果转化风险补偿资金”，为科技型中小企业发展提供金融支撑。

（林晓芬）

2019 年 5 月 24 日，市科技局邀请华中科技大学、同济大学、南京航空航天大学 18 名专家教授到泰州进行技术巡诊活动　（市科技局供图）

【第五届“蜂鸟杯”青年创客大赛】 2019 年 6 月 27 日，泰州团市委、市人才办、市科技局、市人社局、市市场监管局、市人行联合举办的第五届“蜂鸟杯”青年创客大赛启动。大赛设置青年创新赛道、青年创业赛道和互联网专项赛道，征集到优质项目 199 个，涉及智能制造、生物医药、“互联网 +”、农村电商等多个领域。经过 5 个月的选拔，期间先后举办 2 场初赛、2 场复赛和 7 场特训营，最终，18 个项目入围决赛。11 月 29 日决赛举行，决赛分创新赛道和创业赛道，赛制采用“6 + 3”模式（6 分钟 PPT 展示演讲 + 3 分钟专家提问点评），最终评出一等奖 2 个、二等奖 4 个、三等奖 5 个，其中“高容量圆柱 21700 开发”项目、“工业废盐的资源化利用”项目分获青年创新赛道、青年创业赛道一等奖，“绿色印刷材料制造”项目、“生命之书物联网平台”项目和“中高端建筑五金的跨界电商”项目、“易切削不锈钢冷加工型材”项目分获青年创新赛道、创业赛道二等奖。

（史　志）

科技合作及成果转化

【概况】 2019 年，泰州市开展科技交流活动 163 场，组织 1000 多家企业与全国知名高校院所合作，达成科技合作项目 496 项。新建校企联盟 168 家，集聚高层次人才 2000 多人，形成“以企业为主体、园区为主阵地，市区联动，部门协同，齐抓共管”的产学研合作推进工作格局。围绕服务主导产业，开展“技术专家巡诊团”活动，邀请同济大学、华中科技大学、南京航空航天大学等高校院所相关专家，开展项目咨询、技术难题破解、无形资产评估及科技人才引进等个性化服务，上门服务企业 100 多家，提出建议、意见 200 多条，解决技术难题 50 多项，促进产学研深度融合。

【“一网两库”建设】 2019 年，泰州市建设产业发展“一网两库”（产业技术服务网、专家成果库和企业需求库）。

5 月,“泰州节能环保新能源网”上线运营,首批企业注册用户 158 家,提交企业需求 100 多条;上线高校院所 98 家、专家 200 多人、科研成果 1000 多项。完善“泰科易”平台和中科院、国防科工等技术转移中心服务功能,搭建高校院所成果向泰州转移转化的快速通道。至年末,“泰科易”平台入驻技术专家 6387 人、科研院所 268 家,发布科技成果 103296 条、专利信息 38015 项,发展企业科技人才专员 3363 人。

【项目和资金上争】 2019 年,泰州市获批省级及以上科技项目 2870 项,上争资金 12468 万元,其中国家自然科学基金项目 5 个,获批资金 111 万元;省科技创新团队项目 1 个,获批资金 300 万元;省重点研发计划项目 12 个,获批资金 1450 万元;省创业孵育计划项目 13 个,获批资金 509 万元;省科技创新能力建设计划项目 21 个,获批资金 628 万元。江苏盈科生物制药有限公司基于药品一致性评价的丙泊酚脂肪乳的研发及产业化项目、泰州迈博太科药业有限公司重组抗 EGFR 单克隆抗体的研发和产业化项目获批省重大成果转化项目,分别获批资金 300 万元。

【8 项目获省科学技术奖】 2019 年,泰州市 8 个项目获 2019 年度江苏省科学技术奖。其中,飞跃机泵集团的“极端高温工况高可靠性熔盐泵关键技术研究及产业化”、海鹏特种车辆公司的“模块化大型精密高速运输装备创新设计及应用”、蜂奥生物公司的“食品生物制造声光强化关键技术与装备创制及其应用”、亚太泵阀公司的“大功率高扬程矿山排水抢险泵关键技术研究及产业化”4 个项目获二等奖;双羊机械工程公司的“轮胎返回复合胎胶资源高效循环利用关键技术及成套设备”、国家能源集团泰州发电有限公司的“高参数大容量二次再热机组运行控制关键技术”、红膏大闸蟹公司的“池塘绿色高效养殖技术研发与应用”、中来光电公司的“太阳能电池用金属化导电浆料的研发及产业化”4 个项目获三等奖。

2019 年泰州市获批国家自然科学基金立项项目一览表

表 54　　单位:万元

项目名称	承担单位	拨付金额
Nucleostemin 通过调控 PRC1 复合物促进肝癌干细胞性和端粒稳定性的机制研究	泰州市人民医院	20
可压缩微极流体模型的数学问题研究	泰州学院	23
图网络斯坦纳彩虹连通度的算法及随机性研究	泰州学院	24
基于“微透析 - 多维动态谱效 - 代谢组学”的气血双补方治疗慢性心力衰竭炮制增效机理研究	泰州市中医院	20
五倍子活性成分抗金黄色葡萄球菌的作用靶点及分子机理研究	江苏农牧科技职业学院	24

2019 年泰州市获批省重点研发计划立项项目一览表

表 55　　单位:万元

项目名称	承担单位	拨付金额
产业前瞻与关键核心技术		
治疗慢阻肺的 1 类新药研发	江苏长泰药业有限公司	50
面向智能感知技术的 VCSEL 芯片的研发	华芯半导体科技有限公司	120
纤化生物基 PA - 56 聚合和纤维的制备关键技术研发	江苏海阳化纤有限公司	180
社会发展		
新型疫苗科技成果转化与产业化标准示范	江苏华泰疫苗工程技术研究有限公司	300
I 类靶向抗肿瘤新药 FGFR 抑制剂 EOC317 的研究开发	泰州亿腾景昂药业有限公司	200
现代农业		
中式烹饪蟹类调理食品流通货架期寿命控制技术研究	泰州市爬强头蟹电子商务有限公司	50
支链脂肪酸 β - 谷甾醇酯关键技术研究及产品开发	江苏科琎生物制品有限公司	50
麦麸基冷冻面团调质剂生产关键技术与产品开发	江苏宇宸面粉有限公司	50
苏云金杆菌水分散粒剂助剂的研发与应用	江苏凯元科技有限公司	50

续表 55

项目名称	承担单位	拨付金额
香葱绿色节能脱水加工关键技术集成创新与示范	江苏兴野食品有限公司	300
西兰花芽苗叶黄素富集关键技术研究与产品开发	兴化市东奥食品有限公司	50
蔬菜真空低温干燥保形保色脱水关键技术及装备研发	兴化市嘉禾食品有限公司	50

高新技术发展和产业化

【概况】 2019年，泰州市实现高新技术产业产值2440.53亿元，占规模以上工业总产值45.04%，比上年提升0.8个百分点。年内，新认定高新技术企业427家，列入省高新技术企业培育库企业362家；长泰药业有限公司获评省高新区“潜在独角兽企业”，为苏中、苏北地区入围的两家企业之一；江苏硕世生物科技股份有限公司成为苏中首家科创板上市企业。

【高新技术企业培育】 2019年，泰州市召开高新技术企业培育工作推进会，全年完成3批高新技术企业申报，累计申报企业644家，比上年增长33.06%；新认定高新技术企业通过率66.5%。年内净增高新技术企业194家。362家企业被列入省高新技术企业培育库，增长91.5%；获批省高新技术企业培育资金3912万元，增长347%，创历史新高；240家在库企业培育为国家高新技术企业。210家企业通过市高新技术企业备案，856家企业通过国家科技型中小企业入库评价。6家企业入选“2018年江苏省百强创新企业”，6家企业获批“省高新区瞪羚企业”。

【高新项目研发】 2019年，泰州市实施高新项目研发计划，申报省重点研发计划（产业前瞻与共性关键技术）项目，获批立项3个。组织开展市级产业关键技术研发项目、科技型中小企业孵育计划项目申报工作，立项市科技支撑产业关键技术研发项目22个、科技型中小企业孵育计划项目35个。

【企业研发机构】 2019年，泰州市实施《推进企业研发机构建设工作三年（2018～2020年）行动计划》，引导企业有效整合人才、项目、成果、资本等要素，重点鼓励入选省“企业研发机构高质量提升计划”的13家机构开展应用基础研究和前瞻性研究，承担国家、省级重大科技攻关项目。全年新建省级工程技术研究中心19家、市级工程技术研究中心54家、市级企业重点实验室6家、市级院士工作站4家。11家省级工程技术研究中心在省绩效考评中获“优秀”等次，10家省级工程技术研究中心通过验收。扬子江药业集团、双登集团等13家企业入选第一批“江苏省企业研发机构高质量提升计划”培育库。济川药业集团“江苏省儿科中药与特色制剂重点实验室”获批省级企业重点实验室；双登集团承担建设的“江苏省电化学储能技术重点实验室”、亚星锚链集团承担建设的“江苏省系泊链设计与应用技术重点实验室”通过省级评估验收。

科技服务

【概况】 2019年，泰州市完成科技服务业总收入254亿元。推进全市科技服务业集聚发展，筹建泰州科技大市场，主要包括“泰科易”网上技术交易平台、科技专利运营服务平台、中科院泰州成果应用转化中心、高校技术转移转化服务平台，以及招引的市场化运营科技服务机构等，引导科技服务市场有序发展。

【科技金融】 2019年，泰州市制定《科技金融进孵化器工作指南》，开展“科技金融进孵化器行动”专项活动，引导金融机构加强对孵化器内科技企业的支持，举办专题活动11场，邀请33家金融创投机构、孵化器内500家企业参加业务宣讲培训、融资和路演，达成意向融资8000万元。“苏科贷”工作实现市（区）全覆盖，全年发放“苏科贷”70笔，贷款额3亿元，比上年增长30%；至年末，累计发放贷款284笔，发放贷款总额11亿元。

【科技惠农】 2019年，泰州市争取省重点研发计划（现代农业）项目7个，获批资金600万元，获批资金额居全省第三位。备案省级“星创天地”6家，备案数居全省首位，在全省率先实现国家级、省级“星创天地”市（区）全覆盖。14家企业获批省农业科技型企业，获批数居全省第二位。新建江苏农村科技服务超市分店5家、便利店9家，累计建有江苏农村科技服务超市56家，建设数居全省第二位；评选泰州市2019年度优秀江苏农村科技服务超市10家，涉及设施蔬菜、特种水产、主要农作物等产业。新增省级农业产业技术创新战略联盟1家，累计7家，领域涉及优质小麦、石斛、脱水果蔬、道地药材等。全年奖补省级农业科技型企业、农业产业技术创新战略联盟、国家级省级农业科技园区、“星创天地”等主体400万元。

【高新技术企业申报服务】 2019年，泰州市举办高新技术企业申报业务培训班，发布高新技术企业申报中介服务机构“红黑榜”，实行市（区）高新技术企业培育挂钩联系制度，推进高新企业培育申报工作。建立专家预评审制度，首次启动国家高新技术企业预评审工作，对近200家企业申报材料进行预评审，提出完善或修改意见680条。全年高新技术企业申报通过率66.5%，高出全省平均通过率4.5个百分点。

【检验检测平台】 至2019年末，泰州市建有各类省、市级检验检测类科技公共服务平台12家，为全市中小企业提供检测或仪器租赁服务超2万家次,其中5家科技公共服务平台参加市绩效考评,获评“优秀”等次。医药园区建设的医药科技公共服务平台为园区100多家企业提供公共检测服务。全市有18家企业获省、市大型科学仪器设备共享使用费用补贴79万元。

【泰州市科技创新综合服务平台】 2019年,泰州市技术交易市场登记合同交易额35.78亿元,比上年增长22.7%。全年泰州市科技创新综合服务平台(“泰科易”平台)在线交易389项,合同金额4.06亿元,实际履约1.64亿元,成交项目带动投资12.5亿元。兑现企业科技人才专员、高校科技专员、平台运营商奖励金额431.59万元。其中,企业科技人才专员申报奖励290个,申报奖励金额116.6万元;高校院所科技专员申报奖励90个,申报奖励金额36.4万元;平台运营商奖励277.9万元。全年经市技术交易平台认定备案项目12个,发放补助资金27.2万元。(林晓芬)

行业科技

【农业科技】 2019年,泰州市争取省级以上农业科技项目财政资金843.9万元,培育农业科技示范户7460户,选聘600多名农技人员,开展进村入户指导,累计推广和试验示范农业新品种、新技术、新模式近100项(个)。全市农业科技进步贡献率69%。新增省级现代农业科技综合示范基地1个,累计5个;新增省级现代农业科技产业技术体系推广示范基地4个,累计17个。1项成果获全国农牧渔业丰收奖成果奖三等奖,3人获全国农牧渔业丰收奖(农技推广贡献类)。(赵 蓉)

【工业科技】 2019年,泰州市新认定国家级企业技术中心分中心1家、省级企业技术中心27家、市企业技术中心59家。江苏太平洋精锻科技股份有限公司被认定为国家技术创新示范企业。组织实施2019年重点技术创新项目,91个项目被列入省重点技术创新导向计划,其中关键核心技术突破项目18个、质量攻关项目6个、标准领航项目2个、新产品研发项目65个。全年全市有22个产品列入2019年省重点推广应用新技术新产品目录,87个新技术新产品通过省级鉴定。

(王有为)

【建筑科技】 2019年,泰州市出台推进BIM(建筑信息模型)技术应用系列举措。3月29日,出台《推进建筑信息模型技术应用的实施意见》,意见明确:在投资额1亿元以上或者单体建筑面积2万平方米以上的政府投资、国有资金投资以及PPP方式等社会资本参与建设的新建工程项目设计和施工阶段推行BIM应用技术,并将BIM技术服务费用在3年内作为不可竞争费用计入工程总投资和工程造价。7月31日,启动“2019年泰州市建筑信息模型(BIM)技术应用试点项目”征集工作,16个项目成为试点项目。10月17~18日,举办“数字建筑·智引未来”中国·泰州第一届BIM工程技术峰会。12月28日,举办“国泰新点杯”泰州市第二届BIM技术应用大赛,泰兴高新区曾涛路南侧地块商业综合体项目(润泰大厦商业综合体)获一等奖,江苏金领建设发展有限公司新大楼装修工程(BIM装饰工程Model+)、京泰路南延(海姜大道-凤凰路)管廊工程(一标段)2件作品获二等奖,苏州博众机器人研发与生产中心工程施工阶段BIM应用等4件作品获三等奖。(殷恒杰)

知识产权保护

【概况】 2019年,泰州市完成专利申请25021件、专利授权14872件、PCT专利申请127件,万人发明专利拥有量15.92件;新申请商标注册16667件,新注册商标12108件;新增驰名商标2件,分别为骥洋(休闲食品)、华昊(保温材料)。在全国率先推进专利标准融合工作。4家企业入选省企业知识产权战略推进计划项目,2家企业(民生重工、济川药业)入选中国专利奖,1家企业(海慈药业)入选省专利奖。至年末,全市累计创成强县工程试点县(区)5家、国家知识产权试点园区4家、省级知识产权示范园区4家,9家省级园区全部通过省级知识产权试点园区验收。推动园区知识产权创造、运用、保护和管理工作,举办讲座、企业家沙龙等知识产权相关研讨活动,全年走访园区12家,为500多家企业提供知识产权运用和保护相关政策宣讲和服务。

【知识产权运用与保护】 2019年,泰州市开展联合执法,组织实施“正版正货”承诺推进计划项目,全年查处知识产权类案件126起,涉案货值119.56万元,罚没款总额217.37万元,出具专利侵权判定咨询意见书60件。优化知识产权维权服务,为第13届华东五金机电建材采购节、第十届中国(泰州)国际医药博览会等大型活动提供知识产权法律普及、咨询及维权服务。

【在全国率先推进专利标准融合发展】 2019年8月17日,泰州市举行专利标准融合发展启动仪式暨培训会,在全国率先推进专利标准融合发展工作;全市市场监管系统及180多家企业代表参加会议。泰州市专利标准融合发展工作分三步实施:第一步,推动专利融入企业标准,开展专利标准创新型企业认定,同时企业在实施具有自主知识产权标准的基础上进行“二次创新”或适应性创新,形成高价值专利;第二步,结合全市三大先进制造业现状,将一批知识产权密集且标准化基础较好的产业集群确定为产业集群试点,引导集群内专利权人达成专利许可协议,形成专利池,鼓励集群将专利池内的全部或部分专利转化为团体或者联盟标准;第三步,推动优势企业将具有自主知识产权和比较优势的产品技术标准上升为国家、行业标准,有条件的上升为国际标准。至年末,全市拥有标准创新型企业56家,其中专利标准创新型示范企业12家,299个专利转化为标准。

(丁 薇)

责任编辑 王 卉

综　述

【概况】　2019 年，泰州文化艺术发展围绕“注重传承创新，彰显城市文化魅力”的宗旨，推动文化艺术、文化产业、文化体制改革等工作突破和创新。

城市文化品牌。出台文化标识实施方案，建设具有高识别度的城市文化标识，举办中国泰州梅艺节、全国里下河文学流派研讨会、泰州学派学术研讨会等重大文化活动，培育梅兰芳、泰州学派、里下河文学流派三大特色文化品牌。

公共服务体系。完成基层综合性文化服务中心建设任务，基本建成市、区、镇（街）、村（居）四级公共文化服务网络，乡镇（街道）图书馆总分馆实现全覆盖。实施“文化惠民券”工程，开展“百姓大舞台”“文化百场”等惠民演出 1389 场。开展“我和我的祖国”文艺演出、“倡导移风易俗、弘扬时代新风”群众文艺巡演巡展等群众文化活动。

文艺精品创作。引导文艺创作，组织实施艺术精品创作工程，开展新创文艺节目调演、美术馆创作人员汇报展等各类文化艺术精品创作和展示活动。扶持精品舞台剧创作，创作投排大型京剧《梅兰芳·蓄须记》，推出锡剧《望岳情》、话剧《传家宝》等一批新创剧目。《虞世南书论》《高原新时代》等 4 件书画作品入选国家级展览。新创歌曲《大运河 父亲河 母亲河》《乡村大舞台》《我们总是这样亲》等作品。推荐《杨根思》等 5 部剧本创意大纲申报国家、省舞台艺术精品创作扶持工程、艺术基金等资助扶持项目。选送作品参评第四届江苏省文华奖评选，组织淮剧《板桥应试》参加第二届紫金京昆文化艺术节会演。

文化遗产保护。蒋庄遗址、兴化垛田入选第八批全国重点文物保护单位名单，单毓华故居、岳武穆祠等 16 处入选第八批省级文物保护单位。编制完成周氏住宅等 7 处省级文物保护单位保护规划，启动崇儒祠等 3 处省级文物保护规划编制工作。增强非物质文化遗产（简称“非遗”）传承活力，组织开展文化和自然遗产日主题活动、第五届泰州（扬派）盆景精品展等活动，推荐“许氏正骨疗法”等 5 个项目申报国家级“非遗”代表性项目。

（杨俊杰　颜培照）

【历史文化名城保护】　2019 年，泰州市结合“文化遗产日”“国际博物馆日”等主题活动，开展文化遗产保护法律法规和《泰州历史文化名城名镇保护条例》宣传。组织实施大运河文化带区域文化遗产调查，开展大运河文化带保护规划编制、历史文化街区整治、“城市双修”等工作，推进兴化市申报国家级历史文化名城。开展第八批全国重点文物保护单位和省级文物保护单位的推荐申报，2 处获批第八批全国重点文物保护单位，16 处入选第八批省级文物保护单位，新增省级保护文物单位数居全省第二位。

【古盐运河文化带建设】　2019 年，泰州市启动《古盐运河文化带建设总体规划》编制，形成《泰州市古盐运河文化带建设总体规划（初步方案）》并经

大型原创历史锡剧《望岳情》展演　　（靖江市政府办供图）

过3轮论证。规划设计泰来面粉厂工业遗址文化复兴建设项目。启动大运河文化带泰州区域内省级文物保护单位保护规划编制，组织开展沿线历史文化遗迹“两线”划定和市级、县级文保单位“四有”工作，推进泰州大运河文化旅游发展基金设立工作，完成《古盐运河文脉》初稿，举办首届泰州古盐运河文创节。（杨俊杰）

【民间文艺】 2019年，泰州市多项民间文艺作品获奖，其中姜堰区民间曲艺节目《远去的吆喝声》获优秀民间艺术表演奖第一名，黄靖《解读靖江宝卷》获优秀民间文艺学术著作奖，赵军安微雕作品《竹刻金刚经》获优秀民间工艺美术作品奖。泰州市“微画”品牌创始人钱新明受文化和旅游部文旅司指定，创作《中国百戏图册》；在《张家港日报》《昆山日报》开设“老钱戏画”专栏；在《讽刺与幽默》杂志开设“老钱微市井”专栏，刊载70多期。泰兴民间文艺家协会出版《泰兴民间文化丛书》，泰兴民间文艺研究会出版《泰兴鼓儿书》《泰兴方言词源》《泰兴谚语集》。黄稳成出版民间文学作品集《风情与传奇》。柳庭宝创作出版《溱湖儿女》《溱湖女英雄》等多部地方民间文学作品。张东海出版靖江市第三本民间艺人个人口述整理本《粉妆楼》。王洪祥面塑作品获2019“金凤凰创意产品设计大赛奖”、2019中国漆器艺术精品展“漆花杯”工艺美术精品大赛金奖。姜堰雕版印刷传承人宋保旺完成《茶经》《慈容五十三现》等佛像、版画、典籍刊刻。袁永亮根雕作品《祖国如意吉祥》获江苏工艺美术博览会第十届“艺博杯”大赛铜奖。李玉书漫画作品《吉祥猪娃 和美中国》获第二届全国漫画大赛入选奖，农民画《女娃的传说》获2019“百花杯”中国工艺美术精品奖优秀奖。（周卫彬）

【“五个一工程”奖】 2019年，泰州市组织开展省、市精神文明建设“五个一工程”奖评审工作，上报作品53部，邀请12名省专家联合评审。电视纪录片《亲语连廉》、广播剧《马语启示录》、图书《兴化八镇——记录：乡镇社会的解体与重建》获省“五个一工程”奖，16部作品获市“五个一工程”奖入选作品奖。（杨俊杰　颜培照）

【梅派文化】 2019年，泰州市举办2019中国泰州梅兰芳艺术节，推出昆剧《梅兰芳·当年梅郎》泰州首演、《琴芳梅兰》琴歌艺术跨界演唱会等7个系列的主题活动，原创京剧《梅兰芳·蓄须记》并在梅兰芳艺术节开幕式首演，入选江苏省精品剧目工程。承办举办“梅兰芳华”少儿京剧大赛总决赛，全国逾千名小戏迷参与。开展纪念梅兰芳首次访日100周年美术展日本巡展活动，在东京召开梅兰芳专题学术研讨会。中国电视艺术家协会电视戏曲委员会、市委宣传部、团市委、梨园梦（上海）文化传播有限公司联合拍摄制作的微影大赛创投作品《梨园追梦人》正式杀青。市梅兰芳研究会召开纪念梅兰芳诞辰125周年暨京剧走向世界100周年研讨会；组织票友参加市文旅集团、国家文化和旅游部梅兰芳纪念馆主办的“梅香飘四海，京剧铸辉煌——纪念京剧走出国门100周年”京剧演唱会；举办“河之韵”大运河沿岸城市京剧票友演唱会，大运河沿岸城市京剧票友、京剧梅派名票40人参加，举办演唱会3场；编辑《梅兰芳弟子忆恩师》；修订“梅兰宴”地方制作标准，精选12道与京剧梅派经典代表剧目意境相符的菜品标准。

【泰州学派文化】 2019年，泰州市举办江南文脉论坛唯一分论坛活动——泰州学派分论坛暨泰州学派学术研讨会。建设学术交流网及学术研究数据库，泰州市与南京大学合作共建的泰州学派研究中心揭牌成立，聘任3名专家为研究中心顾问、16名专家为研究员；开通“泰州学派网”展示泰州学派研究成果。拍摄推出泰州学派相关纪录片。

【里下河文学流派】 2019年，泰州市举办第七届全国里下河文学流派研讨会，主办单位增加到8家，新增鲁迅文学院、中国当代文学研究会以及省内3所高校。发布《里下河文学高地建设泰州宣言》和里下河文学流派经典散文入选名单（1980～2018）。在《文艺报》推出《里下河文学流派关键词》等系列研究文章。完成《里下河当代文学史论》专著撰写，在《青春·中国作家研究》杂志推出《里下河文学流派代表作家散文研究专辑》。编辑出版《里下河文学》（2019年刊），出版《里下河文学流派作家·星书系》《里下河生态文学写作计划》两套丛书。拍摄《里下河文学流派作家笔下的家乡》系列文学微视频。邀请里下河文学流派代表

2019年10月28日，“河之韵”——大运河沿岸城市京剧票友演唱会在泰州市人民公园广场举行　（杨进勇供图）

作家毕飞宇、朱辉、王干、费振钟到泰州举办系列文学活动，举办“毕飞宇谈小说”“乡镇生活与《七层宝塔》”“汪曾祺与里下河文学”“里下河历史及文学”等专题讲座以及《夜晚的盛装舞步》新书分享会、《王干文集》分享会等。里下河文学流派品牌打造工作被写进市委五届九次全会报告。

（周卫彬）

【庆祝人民海军成立70周年系列文艺活动】 2019年，泰州市举办人民海军成立70周年系列文艺活动，为海军诞生地、水兵母亲城献礼。4月29日，海军政治工作部在泰州大剧院举行“旗帜领航新时代”庆祝中国人民解放军海军成立70周年文艺晚会。4月20日，再现红色渡江路、礼赞“水兵母亲城”——纪念人民海军成立70周年海军专题老报展在泰州市博物馆举行。4月22日，泰州市海军中学举行第五届“蓝色梦想 青春飞扬”文化艺术节，并为2018届“海军班”授牌。旅游节期间，推出“旗帜领航新时代”庆祝中国人民解放军海军成立70周年文艺晚会、“让历史瞬间永恒、让红色血脉永续”油画作品展等系列文艺活动。

【2019年度中国小说排行榜在泰州揭晓】 2019年12月29日，中国小说学会主办、兴化市委宣传部承办的中国小说学会2019年度小说排行榜在泰州兴化揭晓，中国小说学会连续7年在“中国小说之乡”兴化举行年度中国小说排行榜评议会。该届小说排行榜有35部作品上榜，其中长篇小说5部、中篇小说10部、短篇小说10部、网络小说10部。阿来《云中记》居长篇小说榜首，王蒙《生死恋》、叶兆言《吴菲和吴芳姨妈》、二目《魔力工业时代》分别居中篇小说、短篇小说、网络小说榜首。该届小说排行榜扩展评选的小说体系，在原有的长、中、短篇小说排行榜的基础上，首次设立网络小说排行榜。从该届起，中国小说学会设立87人的评委会专家库，并实行评委轮换制，每年组建的评委会成员中专家轮换调整不低于10%，2019年有11名评委首次参加排行榜活动。

（杨俊杰　颜培照）

文学艺术

·文学创作·

【小说散文】 参见第100页“作品创作”

【诗歌】 2019年，泰州市诗人协会会员作品《途中》《确定到不确定演变的柏拉图统计》《毒性》在《诗刊》发表，《楚辞》系列在《诗潮》发表，组诗《隐语》在新加坡《千红文学报》发表，《我怀念的草原》入选《中国当代诗歌档案2019典藏卷》《把你比作一个夏天》在《中华文学》发表，《徽州》（组章）在《鸭绿江》发表，《过往延伸的路》在《扬子晚报》发表，《像一堆悲伤落在草丛》在《十月》发表，《秋天的样子（外一首）》在《诗选刊》发表，《湛蓝》在《扬子晚报》发表，散文诗《镰刀（外三章）》入选《中国诗人档案2018年卷》，诗歌《三月，呢喃你沁我心脾的名字》入选《中国最美爱情诗选》，童诗《妈妈的爱》《知了，知了》《夏天躲在哪》在《少年科普报》等报刊发表。微小说《捐款》在《中国乡村》杂志发表。

赵成武《爱的翅膀》（组诗）获“中华文学”2019年度全国诗歌大奖赛三等奖。袁军组诗《周庄，包裹着我江南的乡愁》获第二届“周庄杯”记住乡愁·爱我中华全球华语诗歌大赛优秀奖、诗歌《我以一首诗的乡愁写下镇坪》获《中华文学》征文大赛优秀奖。苏德祥诗作《秋色赋》在《中国乡村》杂志举办的第二届乡村十月征文赛中获三等奖，倪道辉诗歌《映像张家界》《寒山寺》获第三届张家界旅游短诗赛优秀奖，散文《西安影像》获井冈山杯“中国最美游记”第三届文学大赛三等奖。

【诗词楹联】 2019年，泰州市诗词协会多名会员在陕西省法门寺征联征诗词活动中获奖，其中储质卿一副楹联获二等奖，程越华词《浪淘沙·法门寺真身宝塔重光有感》获优秀奖。王凤祥获全国楹联大赛二等奖4次、三等奖2次、优秀奖12次。选送楹联参加“2018对联中国”评比活动，杜丽霞获最佳奖，缪旭东、窦争光、王庆农、赵天林获佳作奖。参加省楹联研究会“江苏十佳春联”评比活动，19副入选。程越华为南京玄武门撰写的春联获“城门挂春联 江苏开门红”活动三等奖。

·书法　美术　摄影·

【书法】 2019年，泰州市书法家协会国展入展作品8件，举办各类活动18项。8月，泰州市书法家协会会同中国书法家协会篆书委员会，高港区委、区政府，省书法家协会承办“斯地为高，飞墨汇港”高港区庆祝中华人民共和国成立70周年中国当代篆书名家精品展，展出中书协篆书委员会18名委员72幅书法精品。9月，举办地级泰州市建市以来首次书法全国展。开设书法大讲堂，省书法家协会副主席李啸作《国展创作谈》专题讲座，逐一点评拟参加全国第12届书法篆刻展的150多幅投稿作品，近200名会员参加。

【美术】 2019年，泰州市美术家协会1人成为中国美协会员、6人成为省美协会员；举办“木缘之春”——泰州文艺家沙龙首届书画作品展。黄平漆画《一树花开》入选全国美术作品展，袁俊华《田野图记江村表情》、张任荣《碧波千里》、郑剑君《新林在望》、曹滨《群英会》、邹国美《广陵忆》、孙广华《隐隐牧歌山下》、梅德君《曼妙乔园雪》、蒋民油画作品《早春》、刘争鸣国画《白玉玲珑》作品入选“共和国礼赞”——江苏省庆祝新中国成立70周年主题美术作品展。

【摄影】 2019年，泰州市摄影家协会5人成为中国摄影家协会会员，1人成为省摄影家协会会员。泰兴市摄影家协会与常（州）泰（州）过江通道项目签订5年合作协议，组织会员定期到施工工地采风创作。杨天民、时永、杨进勇、陆平、余宁台等9人的12幅作品入选第23届江苏省摄影艺术展览，其中杨天民的《喜上眉梢》获艺术类典藏作品奖，《中国造车人》（组照）获记录类收藏作品奖。

【"品质泰州"全国书法精品展】 2019年9月3日,市书法协会、市场监管局联合举办"品质泰州"全国书法精品展。该书法展是地级泰州市建市以来首次书法全国展,收到投稿作品1558件,其中江苏437件、广东123件、山东103件、河北101件,评出获奖作品10件、获奖提名作品10件、入展作品80件。

【江苏当代名家书法邀请展泰州巡展】 2019年11月27日,省委宣传部、省文化和旅游厅、省文联、省书法协会主办"新歌墨韵颂中华"——庆祝新中国成立70周年江苏当代名家书法邀请展泰州巡展。展览以"五四运动"以来新文学诗歌的经典之作和中国共产党老一辈无产阶级革命家的新诗作品以及经典歌词、优秀散文作品为书写内容,巡展作品120件,其中包括8位入展第12届全国书法篆刻展的泰州作者新创作品。

·戏曲 音乐 舞蹈·

【戏剧】 2019年,泰州市戏剧家协会承办《祖国颂——红色经典》戏曲名家名段演唱会。组织作品参加泰州市2019年新创文艺节目调演,姜堰区小品《回家》获优秀节目奖,小品《家乡的端阳》、小扬剧《烛影摇红》获优秀创作奖;高港区戏歌表演唱《清风正气中国梦》获节目奖,《潮起东方》获展演奖。兴化市淮剧团编排现代戏——淮剧《船娘》并公演。姜堰区戏剧家协会全年创作小品、小戏、曲艺作品20多件,在《词刊》《梅柳文艺》《姜堰文艺》等文艺刊物发表作品10件,10多件原创作品被搬上舞台并在城乡各地演出。泰兴市戏剧家协会排练音诗画《信仰照我去战斗》参加《我们的节日——端午》专题演出,原创话剧剧本《暖春》并公演,剧本《最美》《像你这样的人》在《梅柳文艺》杂志发表。泰兴歌剧团在新时代文明实践活动专场巡回演出《不忘初心 牢记使命》。高港区音乐舞蹈戏剧家协会创作情景说唱《良辰吉日倡新风》、京歌伴舞《潮起东方》等。小锡剧《钞票上面一个字》获第五届中国宜兴梁祝戏剧节优秀剧目二等奖;陈波折子戏《悲蝉》获个人"红梅金花"称号。

【曲艺】 2019年,泰州市曲艺家协会推荐3名会员加入中国曲艺家协会,成立海陵区戏剧曲艺家协会,开展"曲颂祖国"曲艺专场演出。焦响、张茵杰曲艺小品《半天经理》在央视三套《我爱满堂彩》栏目播放,《半天经理》获江苏省文艺大奖·曲艺奖文学奖第一名,实现泰州曲艺小品走进中央电视台和获江苏省文艺大奖"零"的突破。民俗表演唱《远去的吆喝声》获市文联"曲颂祖国"曲艺奖一等奖。

【音乐】 2019年,泰州市音乐家协会开展第二届音乐奖征集评比活动,成立市音协合唱联盟、市音协钢琴学会、市音协葫芦丝巴乌学会等组织,全年100多件会员创作的词曲作品在中国音协《词刊》《歌曲》上发表。组织音乐作品参加泰州市2019年新创文艺节目调演,《乡村大舞台》《吉船下水》等6件音乐作品获优秀节目奖,《戏娃》等4件作品获节目奖。《那一天我举起右手》在江苏省政协庆祝人民政协成立70周年歌曲征集活动中被评为优秀作品,并被推荐报送至全国政协办公厅。《舞龙灯》《筑梦新时代》《恋恋泰州》等在央视三套和中宣部学习平台展播。张海作词合唱歌曲《唤醒》入选紫金合唱节演唱歌曲,《春风追梦来》获紫金合唱节合唱歌曲征集作品奖。

【舞蹈】 2019年,泰州市舞蹈家协会组织姜堰广场舞队参加省舞协"舞苏韵芳华 颂祖国华章"江苏民俗民间广场舞大赛,获表演奖。为泰州福利院排练音诗画《爱之韵》、歌舞《恋恋水乡》参加民政公益文艺演出。举办舞蹈编导讲座,近200名会员和舞蹈爱好者参加。举办4场少儿舞蹈展演。

【陈派淮剧】 2019年,泰州市淮剧团陈派经典剧目《板桥应试》在紫金文化艺术节、庆祝新中国成立70周年优秀剧目上展演。其中郑板桥的扮演者陈派弟子李加虎获优秀表演奖。8月9日,江苏省艺术基金项目——陈派澄腔淮剧高级人才表演人才培训班在盐城师范学院开班,陈德林、黄素萍为全省6个专业剧团的20位学员(演员)授课。9月20日,陈德林被江苏省文学艺术联合会评为"明德模范"。11月3日,陈德林、黄素萍、陈建宏参加中央电视台戏曲频道《角儿来了》"淮剧世家"录制。

·影视 文创·

【电影】 2019年4月30日,泰州市电影家协会拍摄创作基地挂牌成立。丁文剑应邀到澳门科技大学做《我的影

2019年11月3日,国家级"非遗"保护项目传承人陈德林在中央电视台《角儿来了》节目录制中现场表演淮剧 (市文广旅局供图)

子在奔跑》电影放映和专题学术交流活动。电影《香河》于2019年农历大年初一(2月5日)在泰州电视台一套首发;5月31日,获第八届俄罗斯外贝加尔国际电影节最佳女主角奖。电影《建筑师》入围平遥国际电影展首映单元。创作60集电视连续剧《康熙》剧本定稿,38集电视连续剧《郑板桥》剧本完成初稿,电影《看病》剧本定稿,喜剧电影《歌神恋人》电影剧本完成备案、立项。海关廉政微电影《蜕变》获南京关区一等奖,并被选送中国海关总署,获全国二等奖。公安保密工作宣传片《守密者》在全国保密系统开展的"保密伴我行,护航新时代"保密宣传教育作品征集评选活动中,获全国三等奖,是江苏省公安题材影视类作品中唯一获奖的作品。院线电影《百万谜团》投拍。电影剧本《水乡僧抗队》获首届华语国际编剧节优秀剧本奖。电影剧本《笙韵苗乡》获首届中国影视新力量创意营创意奖。

【电视】 2019年,泰州市创作推出40集系列微视频《最忆是泰州》,每集3~5分钟。推出微视频《人民海军向海图强70年》《海军诞生地,为什么是泰州》《种子》、微电影《唐传贵的故事》和快闪《从泰州启航》。微电影《那些花儿》获亚洲微电影节作品奖,独立电影《老罗》获美国休斯敦国际电影节金奖。系列文化纪录片《亲语连廉》获江苏省精神文明建设"五个一工程"奖。

【文化创意】 2019年,泰州市文化创意协会组织12件文创作品参加"中国人民海军成立70周年"邮资机宣传戳设计稿征集活动,其中会员钱进、吉彬、吴俊杰共同创作的《白马建军》获金奖并被录用。组织参加深圳GDC设计奖2019征集作品大赛、上海2019第九届国际亚洲海报设计双年展、2019中国设计年鉴大赛,会员王伟获2金2银。 (周卫彬)

公共文化

【概况】 2019年,泰州市推进公共文化服务标准化、均等化、社会化和数字化,完善四级公共文化设施网络。完成公共文化机构法人治理结构改革试点。推进乡镇综合文化站专项治理,提升基层综合文化站服务效能。实施"文化惠民券"工程,向市民提供惠民演出、公益培训、传统文化传习等服务。全年完成惠民演出1389场,惠及群众40多万人次。

【公共文化服务网络】 2019年,泰州市健全市、区、镇(街)、村(居)四级公共文化服务网络,全面完成基层综合性文化服务中心建设任务,全市"三馆一站"覆盖率为162.5%,建成基层综合性文化服务中心1595家,人均拥有公共文化设施面积0.30平方米。提升场馆公共文化服务职能,推进公共图书馆、县级文化馆总分馆制建设,乡镇(街道)图书馆总分馆实现全覆盖。完成年度公共文化机构法人治理结构改革试点任务,探索建立以理事会为主要形式的市文化馆法人治理结构。

【群众文化】 2019年,泰州市组织开展"百姓大舞台""文化百场""送戏下乡"等惠民文艺演出和群众文化活动。开展"我们的中国梦——文化进万家"活动。组织庆祝新中国成立70周年系列文艺活动,举办献礼名家经典朗诵交响音乐会、"我和我的祖国"文艺演出、"新歌墨韵颂中华"江苏当代名家书法邀请展泰州巡展以及美术书法展、摄影展、"非遗"作品展、主题作品征集展示等文化活动。举办"倡导移风易俗、弘扬时代新风"群众文艺巡演巡展、"丝路行·苏伊情"伊犁州歌舞剧院江苏(泰州)巡回公益演出,以及海陵区"我们的节日"系列演出、靖江市"东线第一帆"纪念渡江战役胜利70周年文艺演出、泰州医药高新区群众文化艺术节展演等活动。姜堰区创成"2018~2020年度中国民间文化艺术之乡"品牌,市文化馆老年合唱团获第15届中国合唱节金奖、第20届中国老年合唱节银奖,群星民乐团获江苏省优秀民乐团队展演金奖。

【书香泰州】 2019年,泰州市围绕"书香礼赞新中国,阅读追梦新时代"主题,举办"胡瑗读书节",靖江市举办"马洲读书节",泰兴市举办"朱东润读书节",海陵区举办首届"红粟读书节",高港区举办"柴墟读书节",姜堰区举办"王栋读书节"。开展新书推荐、文学讲座等活动100场。组织开展首批"最美城市书房"评选,泰州书房、万象书院、泰慢城市书房等10家书房获命名表彰;组织开展第二批泰州"最美城市书房"申报评选工作,推荐"芸香书房""西仓社区成蹊书房"等6家书房为第二批泰州"最美城市书房"。推进城市阅读体系建设,建成以市级图书馆为中心馆、县级图书馆为总馆、乡镇街道综合文化站为分馆、村居文

获评"全国书香家庭"称号的周竹青家庭　　(市文广旅局供图)

化服务中心为服务点的总分馆阅读体系。全市以公共图书馆为主导建成城市书房18家,通过社会力量建设实体书店、咖啡吧等城市书房12家,其中24小时城市书房6家。完善图书借还、阅览、数字资源下载等功能,各类阅读空间实现自助管理。

【"文化惠民券"工程】 2019年,泰州市组织实施"文化惠民券"工程,完善运行机制,注重属地管理和演出质量。调整"文化惠民券"演出模式,开展"精品剧目下基层"活动,支持乡镇(街道)购买专业文艺院团的惠民演出。全年完成点单演出1389场,累计使用文化惠民券953.3万元,惠及群众约40万人次。

【农家书屋】 2019年,泰州市制定《关于农家书屋深化改革创新提升服务效能的实施方案》,农家书屋实现市(区)全覆盖。为全市125个农家书屋更新电脑,全市11个五星级示范农家书屋配置一体化大屏阅读机,基本完成农家书屋与县级图书馆"通借通还"的统一编目等基础性工作。市文广旅局与江苏交广网合作举办"一点村色"农家书屋阅读示范推广活动,全市开展农家书屋主题阅读活动2954场次。

【胡瑗读书节】 2019年4月22日,泰州市举行"胡瑗读书节"启动仪式暨经典红色名篇朗诵会,泰州新华书店、蓝亭书城等企业向市民赠送价值10万元的惠民购书券和价值8万元的图书;举办"最美阅读瞬间"摄影作品展、"泰州最美书房"系列阅读活动。其间,全市开展文学讲座、图书展销、读书征文等阅读活动100多项。 (杨俊杰)

文化设施

【概况】 至2019年末,泰州市有公共图书馆7个,其中市级馆1个、市(区)级馆6个,图书总藏量382万册(件),电子图书342.2万册(件),全年公共图书馆流通总人次288万,有效借书证数22.45万个,书刊文献年外借315万册次。举办泰州市图书馆"凤城讲坛"、姜堰区图书馆"三水讲坛"、靖江市图书馆"绘本讲读"、兴化市图书馆"一点村色"等品牌文化活动,培养市民良好的阅读习惯。年末全市有备案博物馆19个,美术馆3个。文化馆7个,其中市级馆1个、市(区)级馆6个,均为国家一级馆。乡镇综合文化站90个。

【泰州市图书馆】 至2019年末,泰州市图书馆拥有馆藏图书76万多册,其中古籍5.9万册、善本3000多册、新版地方文献约2500册。建成图书馆分馆38家,其中24小时自助分馆3家,累计拥有持证读者6.8万人,年总流通人次73万、外借图书48.2万册次、网站访问量近5万人次,微信公众号订阅用户近2万人。全年举办各类读者活动130场次,2.3万人次参加。举办讲座12场次、文化展览10场次,"读藏书品名城"系列活动被中国图书馆学会评为"第二届公共图书馆创新创意推广活动"二等奖。 (杨俊杰)

【泰州市科技馆】 泰州市科技馆总建筑面积18000平方米,展厅面积9300平方米。2018年7月正式对社会公众免费开放。2019年,举办演出116场,观众1.5万人次。至2019年末,接待观众58万人次,举办科学表演、科学实验等展教活动532场次;"马丁博士的科学实验室"成为泰州科技馆科学教育活动品牌。馆内有展品230件,其中互动展品比例超过85%。设有常设展厅、临时展厅、科学剧场、特效影院、报告厅、青少年创客空间、科技工作者之家、维修车间、观众餐厅、图书馆等功能区。一层为儿童科学乐园,设置欢乐亲子园、奇趣自然、戏水天地、快乐城市、地震体验、自救互救6个展区;二层为科技馆主入口,设置序厅、临时展厅、数学天地、力与运动、声光奥秘、电磁探秘展区;三层设置球幕影院、动感影院、4D影院、科学秀舞台、生命与健康和抗震技术展区;四层为报告厅和青少年创客空间,设置机器人、航模、3D打印、迷你加工、比特实验室、科技工作者之家等。 (洪玉鹏)

【泰州市文化馆】 2019年,泰州市文化馆开展"倡导移风易俗,弘扬时代先锋"泰州市群众文艺创作展览展演活动20场次,举办"为祖国放歌"泰州市庆祝新中国成立70周年歌唱大赛,承办2019年紫金文化艺术节泰州场演出、第三届"吉祥泰州"摄影大赛和第四届泰州市"未来之星"青少年美术、书法、摄影展等活动。举办2019年度老年大学培训班,培训学员1500人次,开设暑期未成年人免费培训班,培训学院近300人次。策划成立泰州市公益性老年人培训联盟,市文化馆获第四届泰州市"敬老文明号"称号。

【泰州美术馆(书画院)】 2019年,泰州美术馆举办"我们都是追梦人——泰州美术馆书画作品进省展""让历史瞬间永恒、让红色血脉永续"庆祝人民海军成立70周年油画作品展、"品质泰州——全国书法精品展""大桥记忆——南京长江大桥主题艺术作品及资料巡展"等展览活动。组织书画作品创作,5件作品入选国家级展览,12件作品入选省级展览。孙志勇书法作品《虞世南书论》入展全国第十二届书法篆刻展、作品《古人论书数则》入展第六届全国画院美术作品展;郑剑君作品《高原新时代》入选第六届全国画院美术作品展;葛建余作品《择木而栖》获中国工艺美术文化创意奖银奖;曾立国作品《寒园清虚》入选江苏文华奖;赵飞作品《禅林中隐》、梅德君作品《漠北赞歌》、张丹作品《人在旅途》、解海辉作品《林间》、黄鑫书法作品等参加江苏省庆祝新中国成立70周年主题美术作品展。

【泰州市博物馆】 2019年,泰州市博物馆策划推出"衣锦江南"——江苏泰州明代家族墓出土文物展、"再现红色渡江路 礼赞水兵母亲城"——纪念人民海军成立70周年海军专题老报展、"英雄赞歌"——泰州革命英雄人物故事展等展览活动,开展春节"王者竞技"主题古代运动会、"传统的未来"国际博物馆日活动、"明服工坊"系列活动、"又见同侪并马归"红色文化研学活动等社教活动,"英雄赞歌"——泰州革命英雄人物故事展入围国家文物局2019年"弘扬优秀传统文化、培育社

会主义核心价值观”主题展览项目，“明服工坊”系列活动入选江苏省博物馆品牌教育项目库。 （杨俊杰）

【中国评书评话博物馆】 中国评书评话博物馆位于国家AAAA级凤城河景区的柳敬亭公园内，是国内唯一的评书评话博物馆、泰州首个国字号博物馆。2011年，市政府与中国曲艺家协会签订共建协议，由中国工程院院士、上海世博会中国馆总设计师何镜堂率团队规划设计。2016年4月18日正式开馆。博物馆建筑面积2200多平方米，占地面积1100多平方米，分地上2层半、地下1层，主体建筑采用后现代建筑风格，并注入泰式民居的元素，与之相配的景点有柳敬亭旧居、打鱼湾、柳堤、柳亭、饮香书场等。

【中国科举院试博物馆】 中国科举院试博物馆设在海陵区府前路上的泰州学政试院旧址，由书法家欧阳中石题写馆名。学政试院是全国重点文物保护单位，为全省唯一保存较为完整的试院。2005年，学政试院经大规模修缮改建后命名为“中国科举院试博物馆”。2008年7月30日，中国科举院试博物馆开馆。博物馆占地面积5200平方米，设科举文化、科举简史、学政院试、科举教育、泰州名人、科举奇闻六大基本陈列，通过实物与画面、场景相结合的方式介绍中国科举院试制度、科举程序、科举沿革、科举考试录取率和社会意义等。

【中国建筑风水文化博物馆】 中国建筑风水文化博物馆是国内首家以建筑风水文化为主题的博物馆，位于国家AAAA级凤城河景区三水湾街区中段北侧，2010年12月28日揭牌、开馆。博物馆建筑面积约2000平方米，采用传统园林和明清特色的泰式民居建筑手法营造，设有序厅、风水文化常识厅、五行体验厅、办公风水厅、名人古籍厅、家居风水厅、魔巷体验区、幻影成像秀厅、江南四大民居风水厅等展厅，通过器物、典籍、图片、影像、沙盘、多媒体等，科学阐释和展示传统建筑风水文化。 （史 志）

2019年4月29日，海军政治工作部在泰州大剧院举行“旗帜领航新时代”庆祝中国人民解放军海军成立70周年文艺晚会 （市文广旅局供图）

【中国人民解放军海军诞生地纪念馆】 中国人民解放军海军诞生地纪念馆（简称海纪馆）位于泰州市白马镇，分中国人民解放军第三野战军渡江战役指挥部旧址和海军诞生地新馆两部分，占地面积23000平方米。1989年2月17日，中央军委颁发命令确定1949年4月23日为中国人民解放军海军诞生日，江苏泰州白马庙为中国人民解放军海军诞生地。1982年海纪馆被公布为江苏省文物保护单位；1996年和1997年相继被公布为江苏省全民国防教育基地和爱国主义教育基地；2006年被公布为全国重点文物保护单位。1999年4月29日，海纪馆新馆落成开馆。2019年，海纪馆组织开展庆祝人民海军诞生70周年系列活动，全年接待游客75万人次，讲解3000多场次，被评为首批江苏省党史教育基地、江苏省综合交通运输学会航海科普教育基地。 （杨俊杰）

文化遗产保护

【概况】 至2019年末，泰州市累计发现不可移动文物近800处，其中全国重点文物保护单位9处、省文物保护单位42处。有各类登记备案博物馆19家，征集收藏文物近4万件，其中国家一级文物19件（套）。“非遗”代表性项目248个，其中国家级项目7项；“非遗”项目传承人228人，其中国家级传承人5人；各类“非遗”展示馆（厅）和传习所（传承基地）13个。

【物质文化遗产保护】 2019年，兴化市蒋庄遗址和兴化垛田入选第八批全国重点文物保护单位。至年末，全市有国家级文物保护单位9处，分别为：泰州城隍庙、姜堰天目山遗址、人民海军诞生地、泰州日涉园、学政试院、兴化上池斋药店、泰兴黄桥战斗旧址、蒋庄遗址、兴化垛田。有16处文化遗存入选江苏省第八批文物保护单位，入选数量居全省第二位。其中兴化市5处、泰兴市3处、靖江市1处、海陵区4处、高港区2处、姜堰区1处；古遗址1处、古建筑11处、近现代重要史迹及代表性建筑3处、扩展项目1处。兴化市蒋庄遗址入选古遗址类省级文保单位，海陵区岳武穆祠、四巷陈氏宅、涵西街戈氏宅，高港区解放街戚氏宅、李信昌过载行，姜堰区王氏宗祠，兴化市郑板桥故居、东岳庙大殿、万盛桥，靖江市印庄巡检司衙署旧址，泰兴市文庙入选古建筑类省级文保单位；海陵区单毓华故居、兴化市赵海仙洋楼、泰兴市朱东润旧居，入选近现代重要史迹及代表性建筑类省级文物保护单位；泰兴市襟江书院及石刻入选扩展项目。至年末，全市有省级文物保护单位42处。

实施人民海军诞生地旧址保护维修、稻河古街区头宅陈宅维修、笔颖楼周边环境整治、梅兰芳纪念亭纠偏、南山寺彩绘保护工程，开展泰来面粉厂、宫氏住宅、泰兴黄桥战斗旧址、兴化万兴大典等文物维修保护。组织常泰过江通道北接线延伸项目、江阴第二过江通道工程北接线、张皋过江通道、沪陕高速等重大项目工程选址范围用地文物考古调查勘探。高港区获批2019年度省级文物安全综合管理实验区。

泰州市国家级、省级、市级“非遗”项目传承人一览表

（至2019年末）

表56

国家级

项目类别	项目名称	保护单位	传承人	出生时间	公布时间	公布批次	备注
传统技艺	传统木船制造技艺	兴化市竹泓木船文化产业有限公司	周永干	1964年	2009年5月26日	第三批	
传统戏剧	泰州淮剧	泰州市淮剧团	陈德林	1945年	2012年9月3日	第四批	
民间文学	靖江宝卷	靖江市文化馆	张东海	1946年	2018年5月8日	第五批	
传统音乐	茅山号子	兴化市茅山镇社会事务服务中心	陆爱琴	1972年	2018年5月8日	第五批	
传统技艺	扬派盆景技艺	泰州盆景研发中心	曹季德	1958年	2018年5月8日	第五批	

省级

项目类别	项目名称	保护单位	传承人	出生时间	公布时间	公布批次	备注
民间文学	靖江宝卷	靖江市文化馆	王国良	1932年	2008年11月27日	第二批	已故
传统舞蹈	姜堰滚莲湘	泰州市姜堰区文化馆	李道功	1952年	2014年2月27日	第四批	
传统戏剧	淮剧	泰州市淮剧团	黄素萍	1945年	2014年2月27日	第四批	
	杖头木偶戏	泰兴市文化馆	徐金凤	1948年	2014年2月27日	第四批	
传统美术	扬派盆景技艺	泰州盆景研发中心	尤六扣	1957年	2010年9月3日	第三批	已故
	泰兴麻将雕刻	泰兴市张桥镇文化馆	刘　军	1970年	2014年2月27日	第四批	
传统技艺	靖江蟹黄汤包制作技艺	靖江市烹饪餐饮行业协会	陶晋良	1956年	2014年2月27日	第四批	
	兴化水车制作技艺	兴化市长龙古农具制造有限公司	徐长龙	1964年	2014年2月27日	第四批	
传统医药	许氏正骨疗法	泰州市中医院	王　凯	1965年	2014年2月27日	第四批	

市级

项目类别	项目名称	保护单位	传承人	出生时间	公布时间	公布批次	备注
民间文学	储巏的故事	储氏文化研究分会泰州支会	储有勋	1945年	2016年6月8日	第四批	
	吉高的传说	兴化市文化馆、泰兴市文化馆 泰州市姜堰区文化馆	张从义	1941年	2016年6月8日	第四批	
	兴化韩乐吾的故事	兴化市戴窑镇社会事务服务中心	陈钟石	1942年	2016年6月8日	第四批	
	郑板桥的故事	兴化市图书馆	张培元	1963年	2011年6月8日	第二批	
	靖江宝卷	靖江市文化馆	刘正坤	1963年	2014年2月18日	第三批	
			马国林	1977年	2014年2月18日	第三批	
传统戏剧	淮剧	泰州市淮剧团	韦锡峰	1957年	2009年6月12日	第一批	
			李加虎	1974年	2009年6月12日	第一批	
			谭步权	1973年	2014年2月18日	第三批	
		兴化市淮剧团	汤红英	1966年	2014年2月18日	第三批	
			陈　波	1964年	2014年2月18日	第三批	

续表 56－1

市级							
项目类别	项目名称	保护单位	传承人	出生时间	公布时间	公布批次	备注
传统技艺	溱潼砖瓦制作技艺	姜堰区溱潼镇文化站	孙鞋根	1962 年	2009 年 6 月 12 日	第一批	
			刘宝庆	1965 年	2009 年 6 月 12 日	第一批	
	靖江蟹黄汤包制作技艺	靖江市烹饪协会	叶　建	1978 年	2009 年 6 月 12 日	第一批	
			缪祥宏	1968 年	2014 年 2 月 18 日	第三批	
	靖江肉脯制作技艺	靖江“双鱼”食品有限公司	褚洁明	1962 年	2009 年 6 月 12 日	第一批	
	泰州嵌桃麻糕制作技艺	泰州东方糕点有限公司	戚根森	1957 年	2011 年 6 月 8 日	第二批	
	泰州干丝制作技艺	海陵区非遗保护中心	张锦秀	1947 年	2011 年 6 月 8 日	第二批	
			刘明喜	1949 年	2014 年 2 月 18 日	第三批	
			周银喜	1954 年	2014 年 2 月 18 日	第三批	
			阎继山	1953 年	2014 年 2 月 18 日	第三批	
	黄桥烧饼制作技艺	泰兴市黄桥镇	张天勇	1973 年	2011 年 6 月 8 日	第二批	
			李　建	1957 年	2011 年 6 月 8 日	第二批	
	宣堡小馄饨制作技艺	泰兴市宣堡镇	马振亚	1953 年	2011 年 6 月 8 日	第二批	
	泰州小磨麻油制作技艺	泰州寿星植物油有限公司	丁秋根	1957 年	2011 年 6 月 8 日	第二批	
	兴化匾额制作技艺	兴化市图书馆	袁桂宏	1961 年	2011 年 6 月 8 日	第二批	
	传统绳带编制技艺	泰州市利达绳业有限公司	孙学仁	1949 年	2014 年 2 月 18 日	第三批	
	金波酒酿造技艺	江苏金波酒业有限公司	贾　彤	1954 年	2014 年 2 月 18 日	第三批	
	泰州白酒酿造技艺	泰州市梅兰春酒厂有限公司	赵　巍	1979 年	2014 年 2 月 18 日	第三批	
	桥头纸牌制作技艺	姜堰区桥头镇杨院村	王希曾	1957 年	2014 年 2 月 18 日	第三批	
	姜堰薄脆制作技艺	泰州市明智园食品有限公司	严奇平	1973 年	2014 年 2 月 18 日	第三批	
	溱潼“鱼饼”、“虾球”制作技艺	姜堰区溱潼段记虾球鱼饼店	段瑞龙	1951 年	2014 年 2 月 18 日	第三批	
	梁徐董记牛肉制作技艺	姜堰区梁徐镇董记牛肉铺	董元林	1969 年	2014 年 2 月 18 日	第三批	
	兴化湖彩蛋制作技艺	兴化市金松蛋品厂	陈跃华	1958 年	2014 年 2 月 18 日	第三批	
	兴化传统家具制作技艺	兴化市明兴红木家具厂	李照明	1963 年	2014 年 2 月 18 日	第三批	
	兴化米甜酒制作技艺	兴化市难得酒厂	邹贻争	1964 年	2014 年 2 月 18 日	第三批	
	曲霞汤包制作技艺	泰兴市曲霞殷记大酒店	殷和明	1971 年	2014 年 2 月 18 日	第三批	
	季市老汁鸡	靖江市季市镇文化站	陈琴华	1947 年	2016 年 6 月 8 日	第四批	
			李建平	1957 年	2016 年 6 月 8 日	第四批	
	泰州丝光薄荷糖制作技艺	泰州东方食品有限公司	袁国庆	1964 年	2016 年 6 月 8 日	第四批	
	高港宫灯制作技艺	泰州市华艺宫灯厂	芮春生	1962 年	2016 年 6 月 8 日	第四批	已故
	高港江鲜烹饪技艺	泰州市高港区新谷香酒店	袁国湘	1967 年	2016 年 6 月 8 日	第四批	
	兴化铜器制作技艺	兴化市文化馆	蒋德宽	1946 年	2016 年 6 月 8 日	第四批	
传统舞蹈	泰兴花鼓	泰兴市文化馆	朱　峰	1977 年	2009 年 6 月 12 日	第一批	
			朱　凤	1979 年	2009 年 6 月 12 日	第一批	
			李震霞	1977 年	2014 年 2 月 18 日	第三批	
	高跷龙舞	兴化市垛田镇文化站	张祥根	1961 年	2011 年 6 月 8 日	第二批	
	姜堰滚莲湘	泰州市姜堰区文化馆	张进军	1971 年	2016 年 6 月 8 日	第四批	

续表 56－2

市级							
项目类别	项目名称	保护单位	传承人	出生时间	公布时间	公布批次	备注
传统音乐	板桥道情	兴化市文化馆	徐枫树	1940 年	2011 年 6 月 8 日	第二批	
			吕冠杰	1934 年	2011 年 6 月 8 日	第二批	
	六书(乐书)音乐	兴化市陈堡镇	闵正国	1934 年	2011 年 6 月 8 日	第二批	
	茅山号子	兴化市茅山镇社会事务服务中心	张卫华	1977 年	2014 年 2 月 18 日	第三批	
	兴化民歌	兴化市周庄镇社会事务服务中心	周粉兰	1942 年	2016 年 6 月 8 日	第四批	
传统美术	扬派盆景技艺	泰州市园林管理局	罗玉燕	1966 年	2014 年 2 月 18 日	第三批	
		泰州盆景研发中心	宋年红	1963 年	2016 年 6 月 8 日	第四批	
	泰州木雕	江苏世泽艺术品有限公司	帅春燕	1957 年	2011 年 6 月 8 日	第二批	
		江苏世泽艺术品有限公司	帅文峰	1981 年	2016 年 6 月 8 日	第四批	
	口岸虎头鞋	高港区口岸街道	邓小华	1957 年	2011 年 6 月 8 日	第二批	
	面塑(姜堰面塑)	姜堰区文化馆	王洪祥	1969 年	2011 年 6 月 8 日	第二批	
	高港根雕	高港南方家具城	袁永亮	1973 年	2014 年 2 月 18 日	第三批	
	靖江竹编	靖江外贸工艺品有限公司	张建清	1951 年	2014 年 2 月 18 日	第三批	
			张建国	1956 年	2014 年 2 月 18 日	第三批	
	孙氏纸扎	海陵区忠南村孙氏纸扎铺	孙素林	1967 年	2014 年 2 月 18 日	第三批	
	兴化糖塑	兴化市大垛镇天河村	虞国桂	1952 年	2014 年 2 月 18 日	第三批	
	兴化面塑	兴化市沈坨镇沈南村	黄宝富	1964 年	2014 年 2 月 18 日	第三批	
	泰兴河失砖雕	泰兴河失镇刘官村	刘明宏	1966 年	2014 年 2 月 18 日	第三批	
	泰兴银杏木雕	泰兴市济川街道陆克正木雕坊	陆克正	1953 年	2014 年 2 月 18 日	第三批	
	白米糖塑	姜堰区白米镇文化站	谢荣安	1952 年	2014 年 2 月 18 日	第三批	
	孤山泥狗子	靖江市孤山镇文化站	钱伯平	1966 年	2016 年 6 月 8 日	第四批	
传统医药	雅妙河戴氏中医喉科疗法	高港中医院	戴永星	1963 年	2011 年 6 月 8 日	第二批	
	姜堰陈氏针灸疗法	姜堰区中医院	陈　宁	1959 年	2011 年 6 月 8 日	第二批	
	史氏幼科疗法	兴化市戴窑镇卫生院	史来恩	1945 年	2014 年 2 月 18 日	第三批	
	许氏正骨疗法	姜堰中医院	许　勇	1939 年	2014 年 2 月 18 日	第三批	
		泰州市中医院	许　靖	1935 年	2016 年 6 月 8 日	第四批	
		泰州市中医院	宋　震	1954 年	2016 年 6 月 8 日	第四批	
	邱氏烫伤膏制作	兴化市茅山镇卫生院	邱海辰	1977 年	2016 年 6 月 8 日	第四批	
曲艺	兴化锣鼓书	兴化市昭阳镇	程永贵	1949 年	2011 年 6 月 8 日	第二批	
	泰兴说唱	泰兴市文化馆	傅文章	1944 年	2014 年 2 月 18 日	第三批	
传统体育游艺与杂技	斗金叶子	泰兴市非遗保护中心	傅文章	1944 年	2011 年 6 月 8 日	第二批	
	姜堰摞石锁	姜堰区石锁协会	姜宝洪	1948 年	2014 年 2 月 18 日	第三批	
	海陵摞石锁	泰州市海陵区石锁协会	王秉荣	1949 年	2016 年 6 月 8 日	第四批	

【非物质文化遗产保护】 至 2019 年末，泰州市“非遗”代表性项目 248 个，其中国家级项目 7 项、省级项目 33 项、市级项目 74 个、县（区）级项目 134 个。“非遗”代表性传承人 228 人，其中国家级代表性传承人 5 人、省级代表性传承人 9 人（健在 7 人）、市级代表性传承人 81 人（健在 80 人）、县（区）级代表性传承人 133 人（健在 132 人）。全年建成市级“非遗”生产性传承保护基地 10 个、省级“非遗”生产性保护示范基地 2 个、省级“非遗”传承示范基地 1 个、省级文化生态保护实验区 1 个。举办“文化和自然遗产日”宣传展示主场活动暨“非遗”进校园启动仪式，开展“非遗”名录图片展、“非遗”项目展示、“非遗”进课堂、文化遗产保护知识宣传等活动，“非遗”代表性传承

人现场展示"非遗"代表性项目。举办第五届泰州(扬派)盆景精品展,扬派盆景、山水盆景等各类盆景150多盆参展。完成第五批省级"非遗"代表性传承人推荐上报,推荐"许氏正骨疗法""靖江蟹黄汤包制作技艺"等5个项目申报国家级"非遗"代表性项目。

【文物保护单位管理】　2019年,泰州市上争国家、省文物保护专项资金872万元。编制完成周氏住宅等7处省级文物保护单位保护规划,启动崇儒祠等3处省级文物保护规划编制工作,完成海军诞生地旧址、泰州城隍庙、学政试院等全国重点文物保护单位安防技术方案编制和省级文物保护单位税东街明清住宅"三防"方案编制。开展新晋省级文物保护单位"四有"(有保护范围、有保护标志、有记录档案、有保管机构)工作,完成市级文物保护单位及馆藏三级以上文物数据信息采集。加大文物安全巡查力度,常态化开展文物安全检查,建立文物安全联合检查监督机制。（杨俊杰）

【蒋庄遗址】　全国重点文物保护单位——蒋庄遗址位于兴化张郭镇蒋庄村东约500米的泰东河西岸,属新石器时代良渚文化类型,距今5000年历史。已经探明的遗址核心区域规模2万多平方米,呈中部高、四周渐低的台形,良渚文化堆积平均厚度2米左右,遗迹现象丰富。2011年10月～2015年12月,因泰东河水利拓宽工程需要,南京博物院考古研究所对其进行抢救性考古发掘及后续的主动性发掘,发掘面积3500平方米,揭露良渚文化聚落1处,清理良渚文化时期墓葬280多座、房址8座、灰坑100多座以及水井、灰沟等遗迹,出土玉、石、陶、骨器等不同材质遗物近1200件。蒋庄遗址是长江以北地区首次发现的大型良渚文化聚落,突破以往学术界认为良渚文化分布范围北不过长江的传统观点,填补长江以北地区良渚文化考古发现的空白。2016年1月12日,兴化蒋庄遗址入选中国社会科学院主办的中国年度六大考古新发现;2016年5月16日,兴化蒋庄遗址入选2015年度全国十大考古新发现;2019年3月,江苏省政府核定公布为江苏省文物保护单位;2019年10月,国务院核定公布为全国重点文物保护单位。

【兴化垛田】　全国重点文物保护单位——兴化垛田地处里下河腹地,地势低洼,湖荡连绵,先民为垦殖和抵御洪涝灾害在湖荡沼泽间积土成丘,垒土为"垛",发展出一种独特的土地利用方式。垛田地区在新石器就有人类活动,"垛田"形式在唐代开始大面积出现。垛田因湖荡沼泽而生,形态各异,大小不等,四周环水,各不相连,人称"千岛之乡"。2011年12月,垛田地貌被江苏省政府确定为第七批省级文保单位;2013年成为中国重要农业文化遗产;2014年4月,联合国粮农组织正式评定"兴化垛田"为全球重要农业文化遗产;2019年10月,国务院核定公布为全国重点文物保护单位。（史　志）

兴化垛田风光　（胡兆明供图）

文化产业

【概况】　2019年,泰州市文化产业产值占地区生产总值3.86%。至年末,全市有文化企业9621家,其中规模以上法人单位317家。有国家文化出口重点企业5家、省级以上文化产业示范园区2个、省级以上文化产业示范基地5个。加大文化产业资金扶持力度,"溱湖文化产业示范基地提升项目"等5个项目获省级文化产业发展专项资金扶持520万元;组织2019年度泰州市市区文化产业发展专项资金申报,"泰州报业融媒体平台"等18个项目获扶持资金1400万元。加强文化产业交流与展示,组织企业参加第八届苏州文化创意设计产业交易博览会、第15届中国(深圳)国际文化产业博览交易会、首届大运河文化博览会、南京文化与科技融合成果展览交易会、第九届中国(无锡)国际文化艺术产业博览交易会等。

【文化创意产业】　2019年,泰州市推进文化文物单位文化创意产品开发试点工作,全年各试点单位举办文化创意展览17场、特色社教活动70多场,新开发文创产品200多种,打造"城色传媒""泰禾之声""壹座城池""古华"等泰州记忆文创系列、梅兰芳华戏剧系列、古华文博文创系列、柴墟文创系列产品。泰州市美术馆葛建余入选江苏省首批紫金文化创意人才。（杨俊杰）

【电影产业】　2019年,泰州市电影产业票房收入2.17亿元,比上年增长10.4%。推进农村影院试点改革,新增城市影院2个,新建乡镇影院5个,全年放映农村公益电影1.8万多场,发放电影惠民兑换券19776张,争取各类

补助资金1531万元。组织开展“我和我的祖国”——红色经典电影展映活动，推荐经典红色电影在100个乡镇放映。（颜培照）

【泰州市文化创意园】 2019年，泰州市文化创意园完成1平方千米核心区、7千米园区道路、15万平方米景观绿化工程建设。实施标准厂房改造项目，建成6万平方米的文创产业孵化区。建成5.5万平方米的研发办公楼，甲骨文泰州创新人才创新中心、智慧公社、亿蜂国际化产业创新示范基地等项目入驻。发展跨境电商，京东泰州电商产业园、歌德电商生态园、跨境电商（泰州）孵化基地等项目落户。构建现代商务新城总部经济板块，引进运营总部、结算总部、研发总部，慧钢网、东升新能源、润泰国际旅游等项目落户。（海陵区政府办）

文化市场管理

【概况】 2019年，泰州市开展文化市场规范化建设和文化市场综合执法改革，整合文化、文物、新闻、出版、广播电视、电影、旅游市场行政执法职责，开展网吧、娱乐场所、演出市场、校园周边文化环境专项治理和“扫黄打非”等执法活动，全年检查文化市场经营单位3215家次，收缴违法出版物5000多本，立案查处案件242件。推进平安文化市场建设，市文化部门、检察部门联合开展未成年人保护执法工作，开展演出市场专项检查、暑期文化市场专项检查、校园周边环境集中整治、文化市场交叉执法检查等专项行动。

【广播电视管理】 2019年，泰州市完善应急广播体系，完成市县两级应急广播体系建设工作。开展境外电视传播秩序专项整治、净化声频荧屏专项整治、联合整治“保健”市场乱象（广告整治）百日行动、打击治理“黑广播”等工作。

【扫黄打非】 2019年，泰州市开展“秋风”“护苗”“固边”等五大专项行动，出动执法人员2000多人次，检查各类文化市场经营单位1000多家次，收缴非法出版物5000多本。查处印刷复制发行单位制售非法出版物。查处“扫黄打非”行政案件37起，向省“扫黄打非”办公室报送重大案件8起，其中3起被全国“扫黄打非”办公室列为挂牌督办案件。督办3起网上侵权盗版行政案件，实现零的突破，形成工作经验参加全省“剑网”行动总结会交流。全市“扫黄打非”基层站点建设覆盖率95%，基层“扫黄打非”工作形成管理全覆盖。（杨俊杰）

【版权保护】 2019年，泰州市开展支持正版绿书签、版权知识宣传展、版权作品集中展等活动。组织泰州馆垛田农民画、3D打印等展示项目参加江苏省版权贸易博览会。组织版权作品登记培训，健全全市版权工作站网络，全市新增版权工作站3家，版权作品登记数量超过1万件。调整全市软件正版化工作领导小组。推进市属国有企业使用正版软件工作纳入效能考核共性目标意识形态工作。承办江苏省推进使用正版软件工作培训活动。

【出版发行】 2019年，泰州市加强印刷复制发行企业暨连续性内部资料出版物监管，对印刷企业存在的突出问题进行全面排查并督促整改到位，对内部资料性出版物存在的问题进行梳理整改。泰州日报社、靖江欧潽特企业获省新闻出版类专项补助资金225万元，靖江欧潽特企业获批江苏省印刷示范企业。实施《泰州日报》《泰州晚报》常态化审读，编辑《泰州报刊审读与管理》12期。开展非法出版物的鉴定，鉴定非法出版物116种，形成书面鉴定报告19份。（颜培照）

档　案

【概况】 2019年，泰州市国家档案馆11个，其中综合档案馆6个，专门档案馆5个。机关企事业单位规范化档案室591个，其中，五星级44个、四星级47个。专（兼）职档案员1500多人。江苏省中小学档案教育社会实践基地3个，泰州市中小学档案教育社会实践基地4个，爱国主义教育基地6个。

综合档案馆。至年末，全市6个国家综合档案馆中有5个为国家级综合档案馆（国家一级馆3个、二级馆1个、三级馆1个），全市综合档案馆建筑面积3.88万平方米，档案库房面积1.11万平方米。馆藏档案涉及全宗1246个，纸质档案161.8万卷、160.8万件，照片2.65万张，录音录像带709盘，实物1627件，排架总长度2.38万米，馆藏各类资料13万册。

专门档案馆（城建档案馆）。全市专门档案馆馆库面积6122平方米，其中“省示范城建档案馆”2个。城建档案排架长度4896米，馆藏档案42.39万卷，完成建设工程档案新入库2.68万卷，上传电子档案4.1TB、声像档案照片3.42万张、视频6164分钟。签订《建设工程档案报送责任书》132份，出具《江苏省建设工程档案预验收合格证》260份、《建设工程档案接收证明书》163份。全年接待查档2538人次，提供案卷查阅7990卷。全市创建村镇建设档案室58个，覆盖率79.5%，其中靖江市、泰兴市、海陵区和姜堰区实现村镇建设档案室全覆盖。在全省率先启动《乡村记忆——泰州市镇村历史遗存档案》编研，为保护历史文化遗存做好档案服务工作。（王　伟）

【泰州市档案馆】 2019年，泰州市档案馆馆藏文书档案390个全宗，15.45万卷、16.75万件，总排架长度3426米；馆藏照片档案8320张、录音录像影片档案140盘、实物档案333件、图书报刊资料3.36万册，接收政府公开现行文件19798件。馆藏档案分新中国成立前的历史档案、革命历史档案、新中国成立后的县级泰州市档案和泰州市市级档案四大部分，馆内设有泰州历史文化展厅、泰州档案史料陈列展厅、泰州老行当图片展厅、泰州名人馆、中国共产党在泰州图片展厅5个展厅，是江苏省中小学生档案教育社会实践基地、泰州市爱国主义教育基地。全年接收9家涉改单位档案合计4430卷、17221件，接收海陵区寄存档案（土地确权）10870件；新增家谱170册、照片201张、图书4124册、内部资料427册、报纸74册、期刊32册。全年面向

2019年12月20日，泰州市数字档案馆项目正式启动。图为档案数字化扫描工作现场 （市史志办供图）

社会接待查档2221人次，复印档案证明材料5006页，提供利用现行文件201人次。鉴定到期档案2976卷，其中开放2082卷，控制894卷，开放率70%。全年新增档案数字化扫描84.6万页，馆藏增量档案数字化率100%，整体数字化率94.5%。 （周 俊）

【数字档案馆启动建设】 2019年7月，泰州市数字档案馆项目通过专家组论证；9月，泰州市电子政务工作领导小组批准项目并划拨专项经费1140万元；11月，启动项目招标。泰州市数字档案馆项目数字档案馆配套设施建设项目、应用系统建设项目、数字化成果检查及修改项目、数字档案馆监理项目4个子项目，招标总金额836.4万元。项目2019年12月20日启动实施，2021年底全部实施完成。

【档案规范化和信息化】 2019年，泰州市组织开展档案年检工作和星级测评工作。28家单位通过档案工作规范测评，其中，省五星级6家、四星级4家。推进档案信息化建设，10家机关事业单位通过数字档案室AA级以上评估，其中，AAAAA级数字档案室8家。全年完成馆藏档案数字化476.1万页，至年末，全市各综合档案馆馆藏档案累计数字化7519.6万页，馆藏档案数字化率94.5%。 （范晓青）

【档案资源开发和利用】 2019年，泰州市档案馆面向社会征集进馆泰州地区家谱、族谱9部80册，重印老家谱2套12册，申购家谱、族谱22套69册，征集到反映地方历史和风土人情的图书16本。在海陵区城东街道宫涵社区，高港区白马镇白马社区、口岸街道引江村，姜堰区沈高镇河横村、梁徐镇坡岭村，靖江市新桥镇四墩子村，泰兴市姚王镇桑木村、宣堡镇郭寨村、济川街道三阳村和曲霞镇印达村10个村，启动"百村万户"口述史采集试点工作。全年泰州市各综合档案馆提供档案查询服务2.17万人次，调阅档案10.77万卷，提供复制8.57万页，出具各类证明1.2万份，提供现行文件查询463人次，831件次，利用资料244人次、512册次，群众满意度在95%以上。 （周 俊 杨 曙）

【市级机关机构改革单位档案处置】 2019年，泰州市制订市级机关机构改革档案处置工作预案，市委、市政府印发《关于做好市级机关机构改革档案处置工作的通知》。开展档案处置工作业务培训，52家市级机关涉改单位参加。开展市法制办、规划局、粮食局、旅游局等15家涉改单位档案处置工作专项执法检查，下发限期整改通知。全年接收进馆9家涉改单位档案4430卷、17221件。 （王 伟）

社会科学

【概况】 2019年，省社科院泰州分院开展高质量发展中部支点城市研究，形成《泰州建设江苏高质量发展中部支点城市总体方案》获省委领导的肯定，转化为市委五届八次全会文件。开展特色田园乡村建设、楼宇经济发展、全市经济运行情况、古盐运河"申保、申遗"等专题调研，提出系列决策建议。面向社会发布市级招标课题选题65项，其中"泰州智慧养老服务体系建设研究""泰州民宿产业发展研究""大数据时代泰州政务数据开放和应用研究""推进泰州城市精细化管理的调查与思考""泰州农村改革创新案例分析研究""军民融合提升区域创新升级能力研究"等课题研究成果获市委、市政府主要领导肯定。

【社科普及】 2019年，泰州市联合各高校社科联、社科类学会和社科普及示范基地，开展各类社科普及活动项目100多项。组织社科普及宣传周活动，举办专题演讲、主题征文、知识竞赛、人文知识讲座、书画摄影展等多种形式的社科普及活动。开展省级社科普及示范基地申报、复评工作，其中12家社科普及基地被评为2020~2023年江苏省社科普及示范基地，2家研发基地被评为江苏省研发基地，2家示范基地被评为省级社科普及示范优秀基地。撰写《古盐运河文脉》书稿，编印《大众社会科学》6期，出版《泰州发展研究报告(2019)》。

【学会管理和学术活动】 2019年，泰州市开展对社科类学会集中年检，完成9家学会换届工作和2家学会注销工作。组织召开学会秘书长会议，举办学会秘书长培训班。开展2019年度"学会工作创新奖"评选，落实学会讲座讲坛备案制度。

【学术研讨会】 2019年9月25日，省社科联、市决咨委主办，泰州市社科联承办主题为“全面推进跨江融合，着力打造江苏高质量发展中部支点城市”的学术研讨会在泰州举行。市发改委介绍泰州跨江融合发展相关情况，省政府研究室副主任臧建东，省政府参事、南京师范大学教授蒋伏心，南京大学教授黄贤金等5位专家分别围绕“以新发展理念引领”“创新要素聚合枢纽”“资源环境可持续承载”“打造江苏高质量融合发展标杆”等建言献策。

【南京大学泰州学派研究中心成立】 2019年10月31日，泰州市与南京大学合作共建“南京大学泰州学派研究中心”正式揭牌，聘任张岂之、陈来、杨国荣为研究中心顾问，聘任16位专家学者为研究中心研究员。同时，市社科联、省社科院泰州分院与中国知网共建的“泰州学派网”开通，共享泰州学派研究资料，推介传播泰州学派。

（张荣良）

地方志

【概况】 2019年，泰州市推进名镇名村志编修，撰写《江苏省重大建设工程图志》泰州部分，市、市（区）两级7部地方综合年鉴以及《泰州统计年鉴（2019）》等专业年鉴公开出版。开展地情研究，45篇文章被省级学会论文集以及期刊、报纸收录、发表。开展地情宣传，编发地情文化微信，开展主题宣讲，建设村（社区）记忆馆。开展《援藏援疆地方志》修编，审读、修改西藏自治区拉萨市曲水县、新疆维吾尔自治区伊犁哈萨克自治州昭苏县志书，收集、编写泰州市援藏援疆建设资料。

【志书编修】 2019年，泰州市完成名镇名村志初稿编修63部、名镇名村志初审45部、名镇名村志复审14部。完成《江苏省重大建设工程图志》泰州项目撰稿工作，撰写泰州长江公路大桥、京沪高速公路泰州分段、国电泰州电厂等16个条目。完成《曲水县志（2001～2010）》稿两轮审读；修改《昭苏县志（2001～2010）》稿7篇，编写《泰州市援藏援疆建设志》资料长编。

【地方综合年鉴编纂】 2019年，泰州市、市（区）两级所有地方综合年鉴保持逐年出版。乡镇年鉴《大泗年鉴》启动编纂，全省首部乡镇年鉴——《永安洲年鉴》继续保持逐年编纂。《泰州年鉴（2018）》《高港年鉴（2018）》《兴化年鉴（2018）》获评2019年全省综合年鉴质量评定二等年鉴。

【地情研究与宣传】 2019年，泰州市10篇方志理论、地方史研究文章入选省方志学会论文集，其中长三角专题论文3篇、年鉴专业论文7篇；期刊报纸发表地情文章23篇，各类学术会议交流论文12篇，获评省级学会优秀论文6篇。编发地情文化微信41期，“学习强国”学习平台采用地情文章17篇。开展“爱党爱国爱家乡”主题宣讲，建成海陵区宫涵社区记忆馆。

（徐　强　王　卉）

大众传媒

【概况】 2019年，泰州市开展“追寻红色足迹 锤炼践行‘四力’”庆祝新中国成立70周年大型融媒体新闻行动和“海军诞生地 渡江英雄城·那些人那些地方”寻访行动，推出各类报道200多篇。《庆祝人民海军成立70周年》融媒体报道在全省广电系统评奖中获第一名。制作推出40集融媒体文化微视频《最忆是泰州》和《祖国，你好！》快闪泰州篇，快闪视频三天浏览量突破1000万次。开展全国和省市“两会”、市委全会、项目观摩会、全市教育大会等重要会议的宣传报道，开设“直通‘两会’”“学习贯彻市委五届九次全会精神”等专栏。围绕大兴实干之风、项目建设、城建惠民、生态环保、扫黑除恶、扶贫攻坚、省运会筹备等主题，推出《大兴实干之风 致力高质量发展》《城建惠民在行动》《项目建设巡礼》《健康长江泰州行动》《扫黑除恶进行时》《来自攻坚一线的报道》等专栏和系列重点报道。围绕“不忘初心 牢记使命”主题教育，刊发系列短评近50篇，推出“到问题现场去”主题教育专题节目13期。围绕人民满意的高质量发展主题，推出2019年民生实事盘点和综述。

（颜培照）

【广播电视】 2019年，泰州广播电视传媒集团（台）广播平均每日播音54.16小时，全年自制节目17266小时；电视平均每周播出382.31小时，全年自制节目8679小时。全年央广用稿44条，用稿量进入全国地市台“十强”行列；中央电视台用片83条；省总台用片超过1000条；“学习强国”学习平台用稿394条。专题片《亲语连廉》获江苏省第11届精神文明建设“五个一工程”奖。《父母是孩子的第一任老师》获全省广播电视公益广告广播类优秀作品一等奖，入选国家广电总局专项扶持项目。《竹泓港》入选省广电局“百人纪录片”重点扶持项目，获评第25届中国纪录片学术盛典“短片好作品”。创新开设建设性舆论监督节目《到问题现场去》，全年播出105期，获全市改革创新成果一等奖。

泰州广播电视传媒集团（台）围绕“不忘初心、牢记使命”主题教育、大兴实干之风、项目建设、城建惠民、乡村振兴等重点工作，以及全国和省市“两会”、市委全会、旅游节、医博会等重要会议、重大活动，推出系列报道40多组。《泰州新闻》开设“壮丽70年 奋斗新时代”专栏，推出《高质量发展市区行》《高质量发展沿江行》《我为泰州高质量发展代言》等系列报道，策划“走进行业小巨人”“乡村振兴看泰州”“健康长江泰州行动”“追寻红色足迹 锤炼践行‘四力’”等大型新闻行动。《泰州夜班车——小范帮你忙》栏目推出《见证70年》《劳动风采录》《民歌里的泰州》《跟着主播看乡村》《圆梦微心愿》等系列节目。推出“新风行动”特别节目《访亲团来了》第二季。大型“双创”励志节目《创赢新时代》获省级现代服务业发展专项资金扶持。《那些花儿》获第七届亚洲微电影艺术节优秀作品奖。在第三届全国税收公益广告扶持项目评审中，《“税”月无声》等3件作品获奖，获国家广电总局资金奖励。全年上线直播《“12345”政风行风热线》72场。打造信息“联网发布、点对

点发布和网络化管理"的传媒新平台——公共信息联播网，累计在政府机关、医院、写字楼、酒店、商场、超市等场所布设终端300个，实现泰州各市(区)全覆盖。　　（吉晓峰　朱李云）

【报纸】　2019年，泰州市报业传媒集团有《泰州日报》《泰州晚报》、泰州新闻网以及"泰州发布""微泰州"微信公众号等媒体。年内，推进系列重大主题宣传报道，策划推出"海军诞生地渡江英雄城·那些人 那些地方""壮丽70年奋斗新时代"等专栏报道。做好市委、市政府中心工作宣传报道，围绕旅游节、医博会、梅艺节、扫黑除恶、城建惠民、项目建设、营商环境等重大活动、重要工作，策划推出系列专题、专栏。加强对外宣传，与北京三十度空间传媒广告有限公司合作，组织泰州医药高新区"媒体开放日"活动，在《人民日报》、新华社、央视网和《新华日报》、江苏卫视等20多家中央及省市媒体刊发相关报道300多篇次。年内，集团3个重大主题报道分别获全市重大主题宣传优秀项目一、二、三等奖；15件作品获全省报纸优秀作品奖，其中一等奖3件、二等奖7件、三等奖5件。

《泰州日报》。2019年，《泰州日报》每日对开8版(双休日为4版)，每周48版。在中国传媒经营价值百强榜评选活动中，《泰州日报》入选2018～2019年度全国城市日报20强。策划的《乡村振兴路径探索，特色田园乡村建设》首次获省系列报道一等奖。组织新中国成立70周年重大主题宣传。推出《壮丽70年·奋斗新时代》栏目。开展《海军诞生地渡江英雄城·那些人 那些地方》大型全媒体寻访行动宣传报道。组织开展"我和我的祖国"征文、"我与国旗合个影 我为祖国送祝福""我和新中国同龄"图片征集等主题活动，推出《追寻红色足迹 锤炼践行'四力'庆祝新中国成立70周年大型融媒体新闻行动》《泰州英烈谱》《来自攻坚一线的报道》栏目。开展"不忘初心 牢记使命"主题教育宣传报道。开设《不忘初心　牢记使命·"两先一改"》专栏，报道各地区各部门各单位整改落实的成效。开展《总书记这句话最让我受教育》《周恩来精神最让我受感召》等征文活动。推出"城建惠民在行动·记者现场传真"系列报道，围绕"城建惠民"两年行动计划6大行动、27项具体任务以及相关实施方案，每一项任务明确一名记者牵头，全程参与，全程追踪报道。

《泰州晚报》。2019年，《泰州晚报》每日四开16版(双休日为8版)，每周96版。年内，《泰州晚报》副刊新增版面《坡子街》，每周6期，版面定位为"关注当下，谢绝虚构"；推出"坡子街笔会"微信公众号。开设《壮丽70年 奋斗新时代》《渡江战役 那些人那些地方》专栏。组织开展"带你看泰州"大型全媒体新闻行动近20期。开展"城建惠民看变化"主题新闻互动活动6期，先后推出《积分兑礼物 刷脸取厕纸 品茶测体重市民体验"厕所革命"带来的变化》《设施更完善 运动更便利"城建惠民"带来健康生活新期待》等主题新闻。　　（王长中　范进存）

【新媒体】　2019年，泰州市聚合112家官微建设全市政务微信矩阵，构建台、网、报、端、微等融为一体的舆论宣传格局。年末"一端三微"("我的泰州"移动客户端，"泰州发布""泰州微视听""微泰州"3个微信公众号、)主流新媒体粉丝总量近400万人。

"一端三微"。"我的泰州"APP平台集新闻资讯、智慧城市、生活服务于一体。2019年，累计接入28个智慧政务和便民服务功能，第三次进入全国"最强地级市广电APP"排行榜十强行列，获评"2019年度最强融媒政务品牌"，年末用户178万。"泰州发布"公众号实现"视频+文字"直播，全年80%的头条为政务新闻，年末粉丝数量达50万人；"泰州发布"公众号居全省设区市政务微信排行榜前列。"泰州微视听"一日三发，累计阅读数1906万次，传播力超过99.67%的公众号运营者，进入江苏新闻媒体公众号前十强。"微泰州"公众号年末粉丝数量80万人；在省委网信办发布的2019年前三季度江苏省重点新闻媒体微信排行榜中，"微泰州"公众号排名第一，全年阅读量"10万+"的文章有100多篇。

泰州新闻网。年内，泰州新闻网策划推出《奋斗时代E路同行》《我和我的祖国征文》《我与国旗合个影 我为祖国送祝福》等专栏。推出《网络媒体记者新春走基层》《人民海军诞生70周年》《"泰尊崇 家国荣光"寻找泰州籍优秀军人》等网络专题报道。全年发稿1300多篇，全国选用2篇。在手机端和PC端同时推出"学习强国"学习平台月月赛知识竞赛，全市30多万人参与。（史　志　姜景旸　陈丽君）

【媒体融合发展】　2019年，泰州市推进媒体融合发展。泰州日报社建设实体化"中央厨房"，组建指挥中心、采访中心、编辑中心"三大中心"，适应全媒体新闻宣传要求。推进县级融媒体中心建设，靖江市、泰兴市融媒体中心作为全省第一批建设的地区于2019年7月完成挂牌，兴化市融媒体中心于10月挂牌，姜堰区融媒体中心建设方案于12月报省备案。全市提前完成全省融媒体中心首批建设任务。

报业媒体融合。年内，泰州市报业传媒集团推进建设现代传播体系，创办"泰州日报官微"公众号，设立《数字报》《特别策划》《图说泰州》3个板块，每天向网民推送当天报纸中刊发的重要新闻。至年末，集团形成"泰州发布""微泰州"为龙头，"泰州日报官微""泰州晚报""泰州360""味泰州wtz""泰报好房""泰报微拍"为支撑微信矩阵，覆盖政务新闻、民生新闻、餐饮资讯、房屋资讯和书画拍卖等多领域。启动并建成实体化"中央厨房"，组建"三个中心"(指挥中心、采访中心、编辑中心)，实现新闻信息内容的"一次性采集、多媒体呈现、多渠道发布"。推进短视频和微信直播等新技术应用，改过去的"文字+图片"升级为"文字+图片+视频+直播"。"泰州发布"制作推送的H5作品《2019年全国两会已然启幕，泰州7位代表激情赴京议国是——共赴春天的盛会》，报道重要活动。

广电媒体融合。年内，泰州广播电视传媒集团(台)建成"我的泰州"APP、"泰州微视听"微信公众号、凤城泰州网、公共信息联播网等一系列新媒体平台。"我的泰州"APP接入28个智慧政务和便民服务功能，用户178

纪念人民海军成立70周年"快闪"活动　　（市文旅集团供图）

万，全年开展手机直播超300场，其中自主策划超百场。第三次进入全国"最强地级市广电APP"排行榜十强，获评"2019年度最强融媒政务品牌"。《主播悦读》被评为全省网络视听新媒体"十佳"栏目。"泰州微视听"微信公众号"粉丝"量超36万，实现"一日三发"。公共信息联播网布设终端300个，实现泰州各市（区）全覆盖。推出40集文化微视频《最忆是泰州》。"庆祝人民海军成立70周年"融媒体报道获评江苏广电"媒体融合创新"优秀单项案例，《从泰州启航》《丝路信使》获中国电视艺术家协会最佳作品奖。

（吉晓峰　王长中）

【全媒体宣传人民海军成立70周年】2019年，泰州市聚焦人民海军成立70周年主题，在广播、电视、新媒体推出2个系列、6个专栏、300多条报道。《泰州新闻》栏目推出《海军诞生地 渡江英雄城》专栏和3集系列报道《人民海军从这里启航》。"我的泰州"APP开设《海军诞生地渡江英雄城·那些人，那些地方》《人民海军从这里启航》等专栏。创作3集微纪录片《海军诞生地为什么是泰州》。开展系列创意活动，举办"从泰州启航"快闪活动，制作成融媒体产品，在"学习强国"学习平台、新华社"现场云"直播、《人民日报》"人民号"平台、中央广电总台、《新华日报》、"我的泰州"APP、"泰州微视听"公众号等中央、省级以及地方媒体平台推出。创作生产"我的海军照"互动产品；制作《我是泰州舰》MV，点击量近百万；策划"人民海军成立70周年"专项试题，首次通过专项答题方式向全国网友推介泰州。"纪念人民海军成立70周年"融媒体报道获评江苏省广电"媒体融合创新"优秀单项案例和泰州市重大主题宣传优秀项目一等奖，《从泰州启航》《丝路信使》获中国电视艺术家协会最佳作品奖。

【舆论监督节目《到问题现场去》】2019年，泰州电视台新闻综合频道开设以"发现问题、分析问题、整改问题"为理念的舆论监督节目《到问题现场去》，1月3日开播，全年播出105期，其中问题曝光56期、问题反馈36期、领导督查13期，曝光问题均基本解决。中央电视台、江苏卫视、《新华日报》、"学习强国"学习平台报道。

【融媒体微视频《最忆是泰州》】2019年，泰州广播电视传媒集团（台）策划推出大型融媒体微视频《最忆是泰州》，分《红色·追忆》《匠心·传承》《村落·乡愁》《秘境·风物》4个部分，每部分10集。该视频运用画面、音乐、解说、同期声、字幕、动画、虚拟植入等元素，每集3~5分钟，于2019年8月12日起，在"我的泰州"APP首播，并在"央视频""澎湃"等全国性新媒体平台播出。　（吉晓峰　朱李云）

2019年，泰州广播电视台策划推出40集文化微视频《最忆是泰州》
（泰州广电传媒集团（台）供图）

责任编辑　王　卉

综　述

【概况】　2019年，泰州市健全完善医疗服务、公共卫生服务和综合监管“三大体系”，制定医联体建设工作方案、临床重点专科发展规划、基层机构设置修订规划，完成公立医院章程制定、标准化儿童预防接种门诊建设、市县医疗机构管理权限调整。加入世界卫生组织健康城市联盟，推进国家中医药综合改革试验项目，启动“泰康云”信息化平台建设，组织“蓝盾卫健”专项整治。推进全生命周期的健康服务，实施“名医讲堂”百场活动，建成市域“三大救治中心”，规范管理重大传染病和严重精神障碍患者，落实妇女、儿童、老年人、低收入人口和计生特殊家庭健康服务政策。强化卫生健康监督执法，《泰州市某游泳馆开放期间水质不符合国家卫生标准案》获全国卫生行政执法优秀典型案例，《公共场所单位卫生诚信经营承诺书》获评首届全国信用承诺书示范性案例市场类全国信用承诺书示范样本。

至2019年末，全市有医疗卫生机构2118家。其中，三级医院9家（三级甲等医院2家）、二级医院18家、公共卫生机构30家、疾病预防控制中心7所、卫生监督所6所、妇幼保健机构7所。有乡村医生2192人、注册护士13263人、药师1776人、技师1401人、其他卫技人员1924人。年末全市医疗卫生机构总床位29885张，平均每千人床位数6.45张。全年门诊病人人均医疗费用205.6元，比上年增加20.6元，增长11.14%，其中药费91.3元，占44.41%，增加1.06个百分点。住院病人人均医疗费用9332元，增加304元，增长3.37%，其中药费3140.6元、占33.65%，药费增加51.3元，占比减少0.57个百分点。

【卫生人才】　2019年，泰州市招录住院医师250人，其中紧缺专业人才64人，农村订单定向医学生免费培养共录取本科一批次36人、专科批次102人，省助理全科医师培训基地实现市域全覆盖，泰州市人民医院、泰兴市人民医院被确认为省血液净化技术培训基地。完成泰州市第五期“311高层次人才培养工程”培养对象增选工作，增选第一层次培养对象2人、第二层次培养对象8人、第三层次培养对象16人。完成第九届国家突出贡献中青年专家初选工作，上报推荐1人。全年引进卫生高层次人才16人，其中博士11人。组织申报省“333工程”培养对象科研项目资助，4人获资助金额23万元。组织参加全省基层医疗卫生机构公开招聘医学人才专场招聘会，招聘279人，年末基层编制使用率90.87%。开展“泰州市百名医德楷模”评选活动，举办医德楷模先进事迹巡回报告会9场。

【医疗卫生信息化】　2019年，泰州市推进医疗卫生信息化建设，全员人口数据库覆盖全市所有常住人口，建成390万人口的电子健康档案，靖江市、泰兴市、姜堰区授权开放个人电子健康档案查询，初步建成全市健康大数据中心。建成区域远程会诊中心8个，区域远程心电中心5个，区域远程影像中心6个，覆盖区域内122家乡镇卫生院、社区卫生服务中心，覆盖率88.4%。全市62%的二级及以上公立医院电子病历应用水平达到3级，启动“泰康云”和“基卫云”信息化系统建设。靖江市人民医院推广门诊语音电子病历和导诊机器人，利用“腾讯觅影”技术上线食道癌早筛系统；泰州市中医院、泰兴市人民医院、靖江市人民医院实现病床智能交互触摸屏病区全覆盖。全市三级医院和部分二级医院与银行合作建设“银医通自助终端”，提供自助挂号、缴费和报告查询、打印服务等项目。泰州市人民医院、泰州市中医院、靖江市人民医院、泰州市第二人民医院、姜堰区中医院实现电子社保卡线上支付、住院病人诊间结算。试点建设“虚拟中药房”，集中管理基层医疗中草药，姜堰区接受中草药处方25635张，发药金额620万元；兴化市接受中草药处方3698张，发药金额110万元；靖江市成立“审方中心”，免费提供在线药学服务，药师网上审核院外处方2561张、接受用药咨询260人次。

【加入世界卫生健康组织健康城市联盟】　2019年9月24日，世界卫生组织健康城市联盟秘书处通知泰州市成为健康城市联盟正式会员，为国内第32个城市会员单位。加入健康城市联盟有助于泰州理解和执行世界卫生组织关于健康城市建设的理念及要求，汲取先进国家、地区的成功经验，推进“健康名城”建设工作。

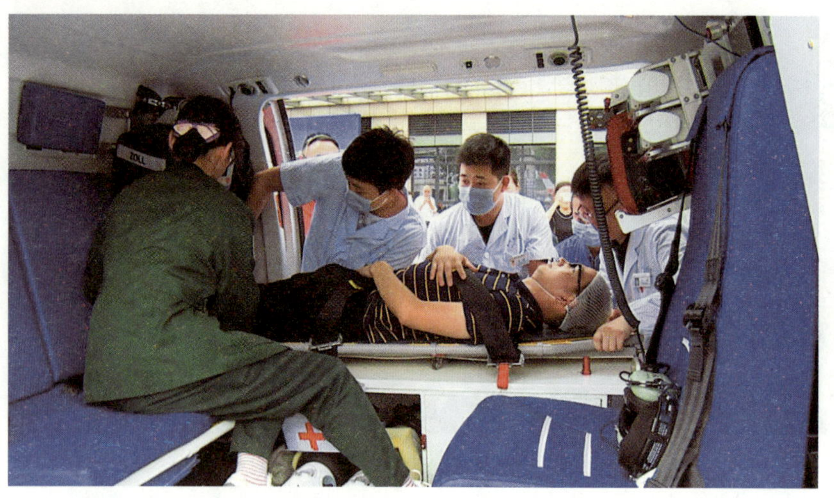

2019 年 5 月 27 日,泰州市首家航空医疗救援基地揭牌成立。图为航空急救演练现场　（市卫健委供图）

【泰州市首家航空医疗救援基地建成】 2019 年 5 月 27 日,泰州市直升机航空医疗救援基地揭牌仪式举行。该基地由泰州市人民医院、泰州市急救中心和金汇通航航空救援服务联合组建,成为全市首家建立航空医疗救援基地的医疗机构。基地医院设在泰州市人民医院,首批定点医院包括泰州市中医院、泰州市第二人民医院、靖江市人民医院、泰兴市人民医院、兴化市人民医院等 12 家医院,为病患提供院前救援、院间转运为主要项目的空中急救服务,救援速度比地面救援提高 3 ~ 5 倍。服务内容同时包括移植器官和急救物品快速转运以及特定人群的航空医疗救援服务。

基本公共卫生服务

【概况】 2019 年,泰州市完善重点公共卫生医疗机构建设。国家中医药传承创新工程重点中医医院——泰州市中医院新院区二期工程、新泰州市妇幼保健院(泰州市人民医院妇幼分院)开工建设。泰兴市中医院、兴化市中医院建设项目进入内部装饰阶段,姜堰中医院新区分院建设项目通过立项审批。靖江市人民医院、兴化市人民医院、泰州市第二人民医院 3 家综合医院被评为三级乙等综合医院,实现三级乙等综合医院市域全覆盖。提升综合医院重大疾病诊疗水平,制定全市临床重点专科发展规划,创建成省级临床重点专科 4 个,评定市级医学新技术引进一等奖 6 项,申报省级医学新技术引进奖 19 项。加强急危重症救治能力建设,泰州市人民医院创成省级胸痛、卒中、创伤救治中心,泰兴市人民医院、靖江市人民医院、兴化市人民医院、泰州市第二人民医院建成卒中、创伤危急重症市级区域救治中心。开展中医诊疗模式创新试点工作,制定《中医医疗机构经典病科建设标准》。提升基层机构医疗服务能力,姜堰区获“2019 年度江苏省基层卫生十强县”称号。

【门诊医疗】 2019 年,泰州市医疗卫生机构总诊疗人次 2598.71 万人次,比上年增加 31.07 万人次。其中,医院诊疗人次 1069.66 万人次、基层医疗卫生机构诊疗人次 1447.04 万人次、专业公共卫生机构诊疗人次 81.94 万人次,分别增加 98.1 万人次、减少 62.6 万人次、减少 3.89 万人次。公立医院诊疗人次 990.55 万人次,民营医院诊疗人次 79.10 万人次。全年乡镇卫生院和社区卫生服务中心(站)诊疗人次 807.78 万人次,占诊疗总量 31.08%。

【住院医疗】 2019 年,泰州市医疗卫生机构入院人数 88.7 万人,比上年增加 8.22 万人。其中,医院入院人数 67.16 万人、基层医疗卫生机构入院人数 20.05 万人、专业公共卫生机构入院人数 1.45 万人,分别增加 7.09 万人、增加 1.35 万人、减少 0.07 万人。公立医院入院人数 60.65 万人,民营医院入院人数 6.51 万人。全年全市医疗机构病床使用率 80.69%,增加 0.61 个百分点,其中医院病床使用率 86.45%、增加 0.5 个百分点,乡镇卫生院病床使用率 67.36 %、增加 1.11 个百分点,社区卫生服务中心病床使用率 46.77%、减少 5.71 个百分点。全年医院出院者平均住院日 9.5 日,减少 0.4 日;乡镇卫生院平均住院日 7.7 日,减少 0.2 日;社区卫生服务中心平均住院日 9.0 日,增加 0.4 日。

【急救医疗】 2019 年,泰州市成立市直升机航空医疗救援指挥中心,开展空中救援演练活动,完成突发事件、重要会议和大型活动医疗救援及保障 47 次。市急救中心受理电话呼入 79475 次,实际出车 21299 次,救治病人 15838 次。2 分钟平均出车率 90%,空车率 14.5%,比上年下降 9.26%。增加智慧指挥分级调度模块、建立院前院内一体化平台、安装车载监控系统、佩戴救护现场执法记录仪。开展全市院前急救技能大赛活动;参加省第二届卫生应急院前急救技能大赛,调度组获市和县级个人一等奖,护士组获市和县级个人三等奖。参加“水上紧急医疗救助战略合作救援演练”“泰州市文化类场所地震应急演练”等应急管理演练 6 次。与泰州海事局签订水上紧急医疗救助战略合作协议;制定水上应急演练方案,开展水上紧急医疗救助应急演练活动。

【基层医疗】 2019 年,泰州市基本公共卫生服务项目经费补助标准每年人均 75 元。出台《泰州市家庭医生签约服务包(2019 年版)》。4 家基层医疗卫生机构被列入省家庭医生服务模式创新建设单位。建成 2 个省级星级家庭医生工作室。姜堰区获“2019 年度江苏省基层卫生十强县(市、区)”称号。创成省级社区医院 2 家、省首批农村区域性医疗卫生中心重点建设单位 4 家。创成省级特色科室 7 个、市级特色科室 18 个。获评省示范乡镇卫生院 7 家、省示范村卫生室 49 家。泰兴市曲霞镇卫生院、泰兴市珊瑚镇卫生院、姜堰区张甸镇中心卫生院、姜堰区溱

潼镇中心卫生院"优质服务基层行"服务能力达到推荐标准,获国家卫健委通报表扬。实施卫生人才强基工程,制定印发《泰州市卫生人才强基工程实施方案(2019～2023年)》。新建基层标准化中医馆31家,建成基层名中医流动工作站50个,兴化市通过全国基层中医药先进单位复核。

【护理服务】 2019年,泰州市出台《泰州市专科护士培训基地管理办法》。开展"5·12"国际护士节系列活动,表彰15个"巾帼文明岗"、36名"巾帼建功标兵"以及护理岗位技能竞赛获奖者。确定姜堰区为泰州市"互联网+护理服务"试点地区,推广远程护理服务。

【无偿献血及采供血】 2019年,泰州市无偿献血42838人次,比上年增长5.7%;采集全血67195.5个单位,增长10%。血小板采集3872人次,增长8.3%;供应6611治疗量,增长6.8%。

【"互联网+院前医疗急救"省级试点】 2019年10月11日,泰州市"互联网+院前医疗急救"被列为省级试点。12月19日,市卫健委、公安局联合制定《泰州市"互联网+院前医疗急救"试点工作实施方案》(以下简称"方案"),在市急救中心、泰州市人民医院、市中医院开展试点,初步建立适合泰州实际的"互联网+院前医疗急救模式"。方案分为三步实施:至2019年底,市急救中心在急救车上安装车载式智能交通导航系统、车载智能监控系统,实时监测车辆运行状态和车内患者情况。建设院前急救预告知系统,推进"120"呼救手机用户位置精准定位,缩短急救反应时间;至2020年5月底,建设市级院前急救综合信息管理平台,探索移动支付和为患者家属提供各医疗机构急诊科抢救资源实时查询功能。市急救中心、市人民医院、市中医院对接"泰康云"平台,实现院前急救数据与居民电子健康档案、医疗机构急诊信息系统互联互通;至2020年9月底,推进市与各市院前急救信息互联互通,全市急救业务运行的统一管理。健全完善市急救中心与公安"110"社会联动机制,畅通"绿色通道",保障救护车优先通行。 (葛 静)

【泰州市人民医院】 2019年,泰州市人民医院普外科、神经外科、急诊医学科3个科室创建成为省重点,心血管内科、消化内科、传染科、重症医学科、医学影像科通过复核。4月30日,成立泰州市胸痛中心联盟及胸痛救治联盟,发布泰州市胸痛急救地图和泰州市胸痛中心基层单位胸痛诊室"六个统一"标准;5月31日,国家心血管病中心高血压专病医联体泰州市分中心成立;11月18日获批"中国房颤中心示范基地"。年内启用电子病历质控系统。全院507个临床路径病种符合路径进入标准入组,完成率73.07%。年内开通银医自助服务系统,推出"院内智能导航"服务。PDA软件全院上线。

全年招录博士研究生10人,招聘各类人才152人,其中研究生学历45人、本科生(非护理专业)35人、护理72人。获国家自然科学基金项目1项、省自然科学基金项目1项、中国博士后科学基金项目1项、省"333工程"项目2项、省"六个一工程"项目2项、省"六大人才高峰"项目1项、省医院协会医院管理创新研究课题3项、省干部保健课题1项。获江苏医学科技奖1项、省医学新技术引进二等奖5项、市医学新技术引进奖18项、市妇幼健康新技术引进奖8项。在各类杂志上发表论文612篇,其中SCI 76篇、中华系列13篇、中文核心及统计源68篇。已授权发明专利1项,实用新型专利11项。

全年审核上报《传染病报告卡》3562例,报告率、及时率、一致率均达100%。其中,法定传染病报告居前三位的分别是手足口病605例、肺结核375例、流行性感冒282例。上报慢性病病例信息26936例。开展泰州市首次戒烟大赛,并申报国家级戒烟门诊。

【泰州市中医院】 2019年,泰州市中医院门诊服务人次、出院病人服务人次、手术量比上年分别增长11.5%、20.6%、23.8%,药占比下降4.6个百分点,平均住院日同比略有下降。年内,建设中医经典病房,东院区二期工程开工。承办国家级、省级中医经典建设与管理指南专家咨询会、座谈会。举办第五届国医养生旅游季和第十一届膏方节、首届"冬病夏治——伏针天灸节"暨第二届中医药学术流派"杏林论剑"论坛活动。推进专科内涵建设,建设创伤、卒中、胸痛三大中心,建立院前急救平台网络,开展急救培训。提升MDT多学科门诊功能,新开设肾病MDT门诊、泌尿系结石MDT门诊等,新成立急诊烧伤创疡科和肝病科。年内,泰州市中医院成为江苏中医急诊专科医联体副主席单位,骨科被确立为"十三五江苏省中医药重点学科建设单位",在全国中医医院2019年度最佳专科排名活动中获全国最佳临床型专科。与上海瑞金医院建立战略合作关系,成立瑞金医院乳腺专家工作室。内分泌科成为国家区域中医内分泌诊疗中心专科联盟成员及临床研究基地;肛肠科成为国家区域(华东)中医肛肠诊疗中心专科联盟成员单位;临床基因扩增实验室通过审核验收。

全年新引进实用型人才10人、博士研究生6人,举办办市针灸技能大赛、市推拿大赛。推进高层次人才培养及师承工作,增选泰州市第五期"311高层次人才"第一层次1人、第二层次1人、第三层次4人。1人入选全国中医临床特色技术传承骨干人才培训项目;2人通过第四批全国中医(西学中)优秀人才研修项目。 (马飞达)

医疗卫生管理

【概况】 2019年,泰州市建立健全现代医院管理制度,全市二级及以上公立医院全部完成章程制定,并建立公立医院现代医院管理制度执行情况汇报制度。推进泰州市人民医院、泰州市中医院和靖江市人民医院现代医院管理制度省级试点工作。制定《关于推进全市医联体建设的工作方案》,加快推进医联体建设,规划2个城市医疗集团,完善8个县域医共体组织架构,推进泰州市人民医院"院府合作"医联体、泰兴市县域医共体试点工作。泰兴市率先出台医共体建设实施方案,实体化运作医共体管理委员会，组建3个医共体理事会，试行医共体内部管理机制和运行机制。成立泰州市胸痛中心联盟及胸痛救治联盟。落实分级诊疗各项政策措施，县域内就诊率91.51%，二级、三级医院下转患者比上年增长83.08%。

【医政管理】 2019年，泰州市调整完善医疗机构审批工作，明确市及市（区）医疗机构审批权限，全市新执业登记社会办医疗机构72家。落实非公立医疗机构和公立医疗机构在继续医学教育、科研课题申报、重点专科评审、医院评价等方面同等待遇。举办全市等级医院评审工作培训会，建立市级医院评审员专家库，对3家二级医院进行复评，确认3家医院等级。组织二级及以上医院开展电子病历系统应用水平和医院智慧服务分级评价，7家医院电子病历系统应用水平达到4级，1家达到5级。落实改善医疗服务行动计划重点任务和“为民服务解难题”15项服务举措。完成对靖江市人民医院、兴化市人民医院和泰州市第三人民医院的大型医院巡查工作。全市二级医院出院患者平均综合满意度92.54%，比上年提高0.63个百分点；全市三级医院出院患者平均综合满意度95.75%，居全省第四。

【药政管理】 2019年，泰州市全面执行《国家基本药物目录（2018年版）》，医疗机构调整药品采购目录，标注医院信息系统中的基本药物，提示医疗机构优先采购、医生优先使用。增加政府财政投入，市级财政投入约2000万元用于基层医疗卫生机构基本药物政策的实施，基层医疗机构和村卫生室基本药物制度实施覆盖率100%，执行政府办医疗卫生机构基本药品零差价销售，严控患者用药负担。完善短缺药品保供工作，建立短缺药品供应保障部门会商联动机制，加强短缺药品监测，定期分析研判短缺药品监测情况，落实《医疗机构短缺药品分类分级与替代使用技术指南》，开展儿童临床用药制剂院内调剂，上报医疗机构调剂需求3600支（盒），缓解临床儿童用药需求。将推进医疗机构上下用药衔接纳入医共体建设组成部分，实现医共体内医疗机构用药目录品种、剂型、规格一致。

【医疗废物管理】 2019年，泰州市开展医疗机构感染防控排查整治及血透专项督查工作，检查30家医疗机构的重点部门及18家血透室。验收全市3家医院改建、重建的消毒供应中心。推动泰兴市固废处置公司建设，化解医疗废物管理风险。

【临床路径管理】 2019年，泰州市将临床路径管理列入公立医院绩效评价指标。扩大按病种付费范围，单病种定额结算标准215种。全市28家公立医院开展临床路径管理，165个科室、1857个病种实施临床路径。13家医疗机构开展日间手术，总例数6466例。

卫生健康监督

【概况】 2019年，泰州市市本级受理有关公共场所卫生、饮用水卫生、医疗卫生等方面的投诉举报和来信来访76件，及时查处率100%。抽检公共场所卫生抽检545家、生活饮用水卫生7家、职业卫生1家、放射卫生41家、学校卫生65家、医疗卫生86家、消毒产品10家、传染病防治92家、计划生育91家，全市国家信息报告系统按时完结率100%。开展医疗服务质量专项整治、查处非法行医及非法医疗美容专项、个体诊所违法开展计划生育专项整治、学校卫监系列专项行动、医疗机构放射防护专项、“蓝盾卫健”系列专项行动6项专项检查工作。推进行政许可标准化建设，开展“四减一增”（减环节、减材料、减时限、减跑动、增服务）品牌服务，110份材料通过邮寄送至卫健委办事窗口，164份证照通过邮寄送达办事企业群众，实现“不见面审批”。完成两轮江苏省政务服务网上权力事项认领、维护工作，承诺时限平均在法定办结时限基础上压缩60%。

【饮用水及环境监测】 2019年，泰州市监测饮用水水样933份，合格率100%。其中，监测城市饮用水水样373份，监测农村饮用水560份。全年监测旅店、公共浴室、美容店75家，合格37家，合格率49.3%。制定《泰州市空气污染对人群健康影响监测与防护工作方案（2019版）》，采集空气污染物样品220份，成分分析样品154份。

【食品安全监测】 2019年，泰州市完成523例食源性疑似病例的粪便标本采集，全年目标任务完成率116.2%，处置食源性疾病事件3起。完成食品中微生物及其致病因子监测191份、化学污染物及有害因素监测包括常规及专项监测174份、食品安全风险监测266家。

【“蓝盾卫健”专项整治】 2019年4月，泰州市组织实施“蓝盾卫健”系列专项整治，查处公立医疗机构“出租承包科室”“过度诊疗行为”“转诊病人收取费用”等违纪违法行为，核查处置医疗机构1839家，限期整改120家，1人调离岗位，党纪处分31人，立案查处34起，移送公安机关1起。

妇幼健康服务

【概况】 2019年，泰州市有妇幼保健机构7家。产儿科床位2479张，其中产科床位1596张、儿科床位883张。健全妇幼健康服务机构，泰兴市妇幼保健院建设项目实现封顶，靖江市妇幼保健院开工建设，姜堰区妇幼保健院建设项目完成立项工作，兴化市妇幼保健院项目规划立项，高港区、海陵区成立妇幼中心，全市50万涉农人口地区妇幼保健院的规划建设率100%。命名确认6家市级妇幼健康规范化门诊，其中靖江市新桥城医院、兴化市海南卫生院2家被命名为省级基层医疗卫生机构妇幼健康规范化门诊示范单位。建制镇规范化门诊建成率75%。

【妇幼保健服务】 2019年，泰州市孕产妇早孕建册率86.05%、孕产妇住院分娩率100%、农村高危孕产妇住院分娩率100%、孕产妇死亡率6.66/10万，孕产妇产前检查率和产后访视率分别98.95%、95.22%。全市7岁以下儿童

2019 年泰州市工业用电分类情况一览表

表 15　　　　单位:万千瓦时

指标名称	2019 年分类用电	全社会用电占比(%)	比上年增长(%)
工业	2123599	71.74	3.22
制造业	1931235	65.25	4.20
农副食品加工业	79054	2.67	7.41
食品制造业	19445	0.66	11.71
酒、饮料及精制茶制造业	4541	0.15	-0.39
烟草制品业	0	0.00	0
纺织业	61092	2.06	-2.83
纺织服装、服饰业	24362	0.82	-0.02
皮革、毛皮、羽毛及其制品和制鞋业	5706	0.19	26.94
木材加工和木、竹、藤、棕、草制品业	9705	0.33	13.20
家具制造业	6973	0.24	-6.87
造纸和纸制品业	8822	0.30	4.14
印刷和记录媒介复制业	3868	0.13	6.18
文教、工美、体育和娱乐用品制造业	6200	0.21	13.95
石油、煤炭及其他燃料加工业	44024	1.49	-8.71
化学原料和化学制品制造业	451087	15.24	21.84
医药制造业	44702	1.51	4.12
化学纤维制造业	6573	0.22	9.26
橡胶和塑料制品业	73993	2.50	18.55
非金属矿物制品业	58532	1.98	7.00
黑色金属冶炼和压延加工业	14444	0.49	-10.98
有色金属冶炼和压延加工业	59952	2.03	-11.72
金属制品业	499536	16.88	-4.90
通用设备制造业	184432	6.23	-0.18
专用设备制造业	48455	1.64	20.21
汽车制造业	7074	0.24	10.00
铁路、船舶、航空航天和其他运输设备制造业	87426	2.95	3.67
电气机械和器材制造业	58236	1.97	-6.64
计算机、通信和其他电子设备制造业	32861	1.11	5.00
仪器仪表制造业	2290	0.08	2.69
其他制造业	18301	0.62	10.71
废弃资源综合利用业	8723	0.29	-9.54
金属制品、机械和设备修理业	826	0.03	19.71

(邵月娥)

【工业投资】 2019 年,泰州市完成工业投资比上年增长 6.1%,增幅居全省第六位,高于全省平均增幅 2.2 个百分点。实施亿元以上重点工业投资项目 1003 个,完成投资 745.3 亿元。新开工亿元以上工业项目 355 个,其中 10

亿元以上工业项目22个,10亿元以下、5亿元以上工业项目34个;竣工亿元以上工业项目267个,其中10亿元以上工业项目11个,10亿元以下、5亿元以上工业项目23个。总投资31亿元的江苏隆基乐叶光伏科技有限公司5吉瓦光伏太阳能组件项目、总投资15亿元的泰州迈博太科生物技术有限公司抗体药物产业化项目、总投资10.2亿元的泰兴市圣达电气有限公司超精铜箔二期项目等重点工业项目开工建设;总投资50亿元的新浦烯烃(泰兴)有限公司110万吨/年轻烃综合利用项目、总投资10亿元的江苏华脉馨德光电科技有限公司光纤拉丝及光缆项目、总投资5亿元的理想万里晖真空装备(泰兴)有限公司PECVD高端装备项目、总投资5亿元的江苏新萌芽智能纺织有限公司智能纺织生产项目等重大工业项目竣工投产。长城汽车整车项目落户泰州,实现全市重特大项目招引的突破。

【"专精特新"培育工程】 2019年,泰州市实施"专精特新"培育工程,全年入库培育企业340家,新增国家制造业单项冠军示范企业1家(罡阳股份)、国家专精特新"小巨人"企业1家(江苏振华泵业股份有限公司)、省专精特新"小巨人"企业16家、市专精特新"小巨人"企业89家。全市67家省级以上专精特新"小巨人"企业实现主营业务收入241.05亿元、利润27.33亿元。

泰州市获评2019年度江苏省"专精特新"产品一览表

表16

生产企业	产品名称
亚太泵阀有限公司	高效节能型高电压低转速大功率潜水轴(贯)流泵
江苏泰润物流装备有限公司	特种集装箱
泰州市百冠泵阀科技有限公司	危化品罐式集装箱阀门、人孔及配件
江苏罡阳转向系统有限公司	循环球汽车动力转向器总成
泰州润杰物流安全装备科技有限公司	航空安全紧固器
江苏昆仑光源材料有限公司	基于微波辐照技术玻封半导体用新型杜美丝
江苏苏中药业集团股份有限公司	黄葵胶囊
江苏大同盟制药有限公司	低分子量肝素钙注射液
泰州润元户外用品股份有限公司	耐寒高效率多用途动力钻
江苏康泰环保股份有限公司	叠螺式污泥脱水机

泰州市获评2019年度江苏省"小巨人"企业名录

江苏泰隆减速机股份有限公司
江苏盛日机械设备制造有限公司
泰兴市东圣生物科技有限公司
江苏能建机电实业集团有限公司
鲲鱼健康药业江苏有限公司
江苏诺鬲生物科技有限公司

【项目上争】 2019年,泰州市建立拟申报补助资金项目储备项目库,全年获批国家、省重大项目7个,获国家和省补助资金15177万元。其中,江苏隆基乐叶光伏科技有限公司光伏高效单晶PERC光伏组件生产线工业机器人应用项目获批"国家增强制造业核心竞争力专项"中央预算内投资补助3075万元;泰兴梅兰化工有限公司含氟新材料技术改造项目二期工程获批"2019年技术改造专项(第二批)"中央预算内投资补助4502万元;泰兴圣达4.5μm高性能超超薄动力锂电池铜箔研发及产业化等5个项目获批省战略性新兴产业专项资金7600万元。新时代造船、扬子鑫福造船等企业申报国家首台(套)保险补偿项目,全年累计10个船型获国家首台(套)保险补偿,补贴金额1.26亿元;全市获批省首台(套)重大装备及关键零部件12个,大中电机国家智能制造新模式应用项目完成竣工验收并再次获后续资金3000万元。晨光数控成功入围产业链协同创新(补短板)项目,获批资金1400多万元。全年获2019年度新能源汽车推广应用省级财政补助资金975.2万元;获2019年度省级环境保护引导资金1.06亿元。

【"十佳百强企业"发展】 2019年,泰州市110家工业"十佳百强企业"完成产值2789.78亿元,比上年增长3.29%,57家企业实现正增长,占比51.8%;新时代造船、扬子江集团海慈药业、常隆农化等27家企业产值增幅在15%以上。实现销售收入2821.07亿元,增长0.52%,江苏亚星锚链股份有限公司、中来光电科技有限公司、苏中药业集团等18家企业销售收入增幅在15%以上。实现利润212.42亿元,增长1.32%,扬子江药业集团、新浦化学(泰兴)有限公司、太平洋精锻科技股份有限公司等39家企业利润增幅在15%以上。110家"十佳百强企业"中有79家属于泰州市重点打造的五大主导产业企业,79家企业全年完成产值2327.73亿元,实现销售2345.84亿元、利润177.79亿元,分别增长4.44%、

1.9%、1.99%，其中6家为生物医药及高性能医疗器械产业，表现出较好的支撑性和成长性，产值、销售、利润占“十佳百强企业”的比重分别为31.95%、31.55%、41.24%，分别增长11.58%、10.52%、15.63%。（王有为）

2019年泰州市工业“50强企业”用电情况一览表

表17　　单位：万千瓦时

序号	企业名称	行业	用电量占比（%）	用电量	用电量比上年增长（%）
一	**市区（不含姜堰区）**		27.03	219771	-5.90
1	江苏智航新能源有限公司	计算机、通信和其他电子设备制造业	0.15	1207	-31.26
2	泰州乐叶光伏科技有限公司	金属制品业	2.57	20902	-1.50
3	春兰（集团）公司	电气机械和器材制造业	0.15	1193	-58.13
4	江苏梅兰化工集团有限公司	化学原料和化学制品制造业	8.54	69389	-7.10
5	泰州石油石化有限责任公司	石油、煤炭及其他燃料加工业	0.27	2196	-5.78
6	泰州乐金电子冷机有限公司	通用设备制造业	0.94	7613	11.07
7	江苏海阳化纤有限公司	纺织业	1.87	15167	-6.19
8	江苏罡阳股份有限公司	通用设备制造业	0.59	4788	-2.68
9	林海股份有限公司	专用设备制造业	0.03	204	-14.03
10	泰州浩普投资有限公司	造纸和纸制品业	0.18	1484	3.90
11	扬子江药业集团有限公司	医药制造业	1.41	11439	-5.48
12	泰州口岸船舶工业公司	铁路、船舶、航空航天和其他运输设备制造业	0.34	2739	-9.94
13	泰州三福船舶工程有限公司	铁路、船舶、航空航天和其他运输设备制造业	0.21	1699	3.37
14	益海（泰州）粮油工业有限公司	农副食品加工业	1.55	12561	9.55
15	江苏汇福蛋白科技有限公司	农副食品加工业	0.56	4544	-22.43
16	国电泰州发电有限公司	电力、热力生产和供应业	—	—	—
17	中海油气（泰州）石化有限公司	石油、煤炭及其他燃料加工业	4.05	32942	-7.84
18	阿斯利康药业（中国）有限公司	医药制造业	0.17	1372	-14.04
19	可胜科技（泰州）有限公司	金属制品业	—	—	—
20	江苏海阳锦纶新材料有限公司	橡胶制品业	1.22	9904	44.54
二	**靖江市**		13.54	110082	8.51
1	江苏新时代造船有限公司	铁路、船舶、航空航天和其他运输设备制造业	2.77	22519	30.50
2	江苏新扬子造船有限公司	铁路、船舶、航空航天和其他运输设备制造业	1.92	15647	-10.57
3	江苏亚星锚链股份有限公司	铁路、船舶、航空航天和其他运输设备制造业	0.56	4518	9.07
4	江山制药	燃气生产和供应业	1.12	9098	16.77
5	江苏大中电机股份有限公司	电气机械和器材制造业	0.40	3244	40.39
6	江苏三江电器集团有限公司	电气机械和器材制造业	0.09	702	-8.28
7	靖江市新程汽车零部件有限公司	通用设备制造业	0.03	238	-21.84
8	华达汽车科技股份有限公司	汽车制造业	0.13	1084	-3.67
9	江苏长强钢铁有限公司	金属制品业	6.52	53032	5.53

续表17

序号	企业名称	行业	用电量占比（%）	用电量	用电量比上年增长（%）
三	泰兴市		37.09	301562	18.21
1	济川药业集团公司	医药制造业	0.98	7960	1.52
2	江苏扬子鑫福造船有限公司	铁路、船舶、航空航天和其他运输设备制造业	0.86	7013	-6.35
3	新浦化学（泰兴）有限公司	化学原料和化学制品制造业	26.78	217668	28.79
4	泰兴市昇科化工有限公司	化学原料和化学制品制造业	2.34	19054	-16.61
5	泰州联成化学工业有限公司	化学原料和化学制品制造业	1.73	14078	13.32
6	爱森（中国）絮凝剂有限公司	化学原料和化学制品制造业	2.49	20221	12.30
7	泰兴金江化学工业有限公司	化学原料和化学制品制造业	0.14	1142	-49.82
8	阿贝尔化学（泰兴）有限公司	化学原料和化学制品制造业	0.51	4170	-3.69
9	江苏中丹集团股份有限公司	化学原料和化学制品制造业	0.45	3650	-24.21
10	江苏泰隆减速机股份公司	通用设备制造业	0.44	3537	1.38
11	格林美钴业股份有限公司	有色金属冶炼和压延加工业	0.38	3067	19.24
四	姜堰区		5.33	43364	12.42
1	江苏苏中药业股份有限公司	医药制造业	0.16	1334	-2.12
2	双登股份有限公司	电气机械和器材制造业	1.14	9251	-2.92
3	泰州中来光电科技有限公司	专用设备制造业	1.89	15332	97.73
4	江苏太平洋精密锻造有限公司	金属制品业	0.34	2772	-13.32
5	泰州市华丽塑料有限公司	塑料制品业	1.36	11086	-13.02
6	江苏飞船股份有限公司	通用设备制造业	0.44	3588	-9.96
五	兴化市		17.00	138173	-0.35
1	江苏兴达钢帘线股份有限公司	金属制品业	13.31	108218	1.05
2	江苏申源特钢有限公司	通用设备制造业	2.42	19650	-10.45
3	双乐化工颜料有限公司	化学原料和化学制品制造业	0.61	4989	-5.05
4	泰州安井食品有限公司	农副食品加工业	0.65	5316	21.66
合计			100.00	812951	5.95

（邵月娥）

【中小企业发展】 2019年，泰州市加大中小企业创新创业扶持力度，落实《中华人民共和国中小企业促进法》，全年中小企业新增规模以上工业企业429家。被列入市级中小企业专项资金扶持项目36个，扶持金额1327.5万元。推进“专精特新”企业发展，江苏振华泵业股份有限公司被工信部认定为第一批专精特新“小巨人”企业，江苏罡阳股份有限公司被工信部认定为制造业单项冠军示范企业，16家企业被省工信厅认定为专精特新“小巨人”企业，89家企业被认定为市级专精特新“小巨人”企业。泰兴减速机质检中心、姜堰光明会计事务所被省工信厅认定为四星级中小企业公共服务示范平台，海陵领跑者咨询公司、靖江空调检测平台被认定为三星级中小企业公共服务示范平台，江苏禾祁知识产权服务有限公司等4家单位被认定为二星级中小企业公共服务示范平台，靖江市泵阀行业商会等6家单位被认定为一星级中小企业公共服务示范平台；被认定为市级中小企业公共服务示范平台8家。以“智能制造、卓越管理与创新经营”为主题，组织2期培训班，中小企业高层管理人员96人参加培训。排查中小企业拖欠账款21.76亿元，偿还欠款20.82亿元，偿还率95.68%。 （王有为）

【制造业高质量发展大会】 2019年2月11日，泰州市制造业高质量发展大

会召开。会议动员全市上下对标对表制造业高质量发展要求，坚定信心，保持定力，迎难而上，全力打造江苏高质量发展中部支点城市；总结2018年制造业发展情况，研究部署2019年工作目标和重点任务。表彰2018年度全市工业经济和科技创新工作先进单位和个人，颁发市长质量奖和市长质量奖提名奖。市委书记韩立明出席会议并讲话，市委副书记、市长史立军作工作部署，市委常委、常务副市长杨杰主持会议。各市（区）政府、泰州医药高新区管委会主要负责人递交2019年度工业经济、节能工作目标责任书。

（吕　明）

【"泰州制造·央地合作"系列活动】　2019年8月28～30日，泰州市政府组织全市100多家企业赴北京开展"泰州制造·央地合作"系列活动，推介泰州制造业优势，推进央地交流合作。其间，召开"泰州制造·央地合作"主题恳谈会，举办高端装备产业发展、高技术船舶和航天航空产业发展、科技创新发展3场央地合作对接专题会，多个国家部委、省相关部门以及8家军工集团及所属28家单位负责人出席系列活动，达成合作意向10多项。市长史立军带队拜访对接中海油集团、中船重工集团、三峡集团、中航发北京航空材料研究院等央企和科研院所。

【全国特种泵阀对接交流活动在泰州举行】　2019年11月13日，工信部等单位主办，泰州市政府、中国通用机械工业协会等单位联合承办的全国特种泵阀领域专题对接交流活动在泰州举行，多家央企和全国各地泵阀企业代表100多人参加。工信部总经济师王新哲、市委书记史立军致辞，代市长朱立凡介绍泰州市制造业情况。央企代表介绍泵阀的市场需求、行业情况和发展趋势等，省内外泵阀企业集中展示国内最先进的产品、技术和解决方案，供需双方展开对接交流，泰州市21家企业与18家军工单位达成合作意向28个。2019年，全市有泵阀及配套企业500多家，形成从壳体、叶轮、阀体、阀芯等部件到泵阀整体的产品体系，各类规格品种上千个，主要泵阀企业有振华泵业、亚太泵阀、海狮泵业等。

（史　志）

产业转型升级

【概况】　2019年，泰州市推进企业创新能力建设，组织申报省级以上企业技术中心，开展市级企业技术中心认定工作，新认定国家级企业技术中心分中心1家、省级企业技术中心27家、市企业技术中心59家。组织实施2019年重点技术创新项目，引导企业增加创新投入，围绕五大主导产业关键技术、共性技术进行研发攻关，91个项目被列入省重点技术创新导向计划，其中关键核心技术突破项目18个、质量攻关项目6个、标准领航项目2个、新产品研发项目65个。组织企业申报2019年国家技术创新示范企业，培育工业品牌，实施质量品牌建设工程；鼓励企业开发新技术新产品，22个产品被列入2019年省重点推广应用新技术新产品目录，87个新技术新产品通过省级鉴定；江苏太平洋精锻科技股份有限公司被认定为国家技术创新示范企业，雀巢健康科学（中国）有限公司获国内首张特殊医学用途全营养配方食品注册证书，江苏金迪克生物技术有限公司研发的一类新药取得批准文号。组织扬子江药业集团、锁龙消防科技股份有限公司等企业参加省卓越绩效模式和精益管理相关培训；举办省"品牌之旅"活动泰州专场，扬子江药业集团、江苏兴达钢帘线股份有限公司、双登集团3家省"自主工业品牌"五十强企业、质量标杆企业交流品牌质量管理经验。

【产业创新发展】　2019年，泰州市生物医药产业在研和申报的一类新药有80个，41个一类新药取得临床批件。泰州医药高新区获全国生物医药园区创新药物潜力指数第三名；迈博太科、亿腾药业、迈度药业等企业跻身"2018中国药品研发实力百强"；扬子江药业集团首个化学1类新药"注射用磷酸左奥硝唑酯二钠"申请上市；苏中药业集团完成国家1.1类新药"苏特替尼"的Ⅰ期临床实验研究；中慧元通生物科技有限公司研发的四价亚单位流感疫苗填补国际空白；复旦张江核心产品"海姆泊芬"成为全球首个针对鲜红斑痣的药物；雀巢健康科学（中国）有限公司"佳立畅特殊医学用途配方食品"成为国内首款全营养液态配方食品；江苏金迪克生物技术有限公司研发的"四价流感病毒裂解疫苗"一类新药取

2019年，中慧元通生物科技有限公司研发的四价流感病毒亚单位疫苗填补国际空白，获世卫组织推荐　（医药高新区党政办供图）

得批准文号，并通过生产企业GMP认证，实施量产；勃林格殷格翰泰州工厂首个猪疫苗产品“蓝福莱”正式上市供应市场。双登集团入选省“企业研发机构高质量提升计划”培育库第一层次；江苏飞跃机泵集团有限公司的“极端高温工况高可靠性熔盐泵关键技术研究及产业化”项目进入2019年省科学技术奖二等奖公示流程；江苏隆基乐叶光伏科技有限公司获评2018年“江苏省百强创新型企业”。

中科院大连化学物理研究所生物医药创新研究院、ICGEB（国际遗传工程与生物技术中心）－中国区域研究中心、复旦大学泰州健康科学研究院、中国科学院大学创新医药产业平台等重大创新平台载体加快建设。江苏振华泵业股份有限公司等24家企业被认定为2019年省级工业企业技术中心。中海油气（泰州）石化有限公司等19家企业获批2019年省级工程技术研究中心。江苏隆基乐叶光伏科技有限公司等13家企业进入省工程研究中心公示流程。新建节能与新能源市级工程技术研究中心11个、市级企业重点实验室1个。

【产业转型发展】 2019年，泰州市生物医药及高性能医药产业呈现以扬子江药业集团为龙头，济川药业集团、阿斯利康药业（中国）有限公司等为代表，赛诺菲、武田制药等跨国企业与海王集团、石药集团等国内知名企业竞相落户，硕世生物、瑞莱生物等高成长性医疗器械“小巨人”企业共存的发展格局。年末全市有获得生产许可的药品生产企业61家，拥有批准文号产品810个，累计获批GMP证书75张；有医疗器械生产企业340家，拥有医疗器械注册（备案）产品2210个。高端装备及高技术船舶产业向高端迈进，姜堰船舶舾装件有限公司主导制定船舶与海上技术引航员软梯的国际标准，江苏振华泵业股份有限公司获批国家级专精特新“小巨人”企业。化工及新材料产业继续实施提档升级，优化产业结构，全年完成60多家化工企业的整治提升，关停化工企业10多家。

【技术改造投资】 2019年，泰州市完成工业技术改造投资比上年增长6.3%，比工业投资增幅高0.2个百分点。高技术制造业投资占工业投资比重23.37%，提高5.49个百分点。五大主导产业实施亿元以上项目711个，投入565.1亿元，占全市亿元以上项目投入的75.2%。推进企业智能化改造升级，322个项目列入市企业智能化改造升级项目计划，总投资156.3亿元，当年完成投资90.1亿元。

扬子江药业集团江苏龙凤堂中药有限公司、泰州迈博太科生物技术有限公司获省重大技改专项资金支持；江苏京腾昊桦科技有限公司获中央财政预算资金支持；江苏罡阳转向系统有限公司等38家企业获省技术改造综合奖补专项资金支持；泰州海华机械制造有限公司等企业的47个项目获市级财政专项资金支持。推进企业智能车间（工厂）建设，江苏大中电机股份有限公司超高效节能电机总装车间等10家企业的生产车间被认定为2019年“江苏省示范智能车间”；丰益生物科技（江苏）有限公司VE食品添加剂一体化智能生产车间等26家企业的生产车间被认定为2019年“泰州市示范智能车间”，江苏新萌芽智能纺织有限公司被认定为2019年“泰州市智能工厂培育单位”。

2019年泰州市获批省级示范智能车间一览表

表18

项目主体	项目名称
江苏大中电机股份有限公司	超高效节能电机总装车间
长虹三杰新能源有限公司	高容量锂离子电池制造车间
雀巢健康科学（中国）有限公司	医学营养品制造车间
济川药业集团有限公司	蒲地蓝消炎口服液制造车间
环球传动泰州有限公司	大规格特种链条制造车间
阿斯利康药业（中国）有限公司	口服固体制剂制造车间
伽力森主食企业（江苏）有限公司	黄油生产车间
江苏新萌芽智能纺织有限公司	智能织袜车间
泰州统实企业有限公司	饮料冷充填车间
江苏艾兰得营养品有限公司	营养保健品片剂制造车间

【工业设计】 2019年，江苏兆胜空调有限公司、江苏华骋科技有限公司被认定为省工业设计中心。至年末，泰州市有省级工业设计中心8家。林海集团T－BOSS系列全地形车被评为2018年度“江苏省工业设计产品金奖”，为全市首次获该项金奖。领致热能新电器（江苏）股份有限公司的家用智能水果酿酒机、樱田农机制造有限公司的水田埋茬耕整机被列入省优秀工业设计产品培育库。东华测试公司拓展增值服务领域，建有研发中心、制

造中心、服务中心、软件中心等机构，为客户提供产品、应用、服务“一站式”解决方案。华强照明公司采用合同能源管理模式，从传统LED灯具设计、生产、安装企业转型成为总集成、总承包服务型制造企业。艾兰得公司推动企业从单一制造商向集成服务商转型，为客户提供产品创意、剂型组合、配方开发、外观设计、商标申请、生产制造、物流分销、促销推广、售后服务等全供应链服务，成为全球营养健康解决方案的核心供应商之一。　（王有为）

【降本减负】 2019年，泰州市制定降本减负工作方案，将2016年以来仍在执行的助企惠企政策汇编成《泰州市惠企政策解读清单》，开展降低实体经济企业成本“十大专项行动”，全年降低实体经济企业成本95亿元。全市制造业等行业有2.27万家企业享受增值税优惠政策，3.15万户小型微利企业享受所得税优惠，免征9.5万户小规模纳税人增值税。用人单位养老保险缴费比例从19%降至16%，实施稳岗补贴、阶段性降低失业保险缴费比例和工伤保险浮动费率政策，企业用工保险综合缴费比例由29.6%降至26.6%，累计降低企业用工成本12.2亿元。一般工商业及其他用电电价由上年的0.7214元/度降至0.6465元/度，降低企业用电成本4.4亿元。实施高新技术企业所得税优惠、研发费用加计扣除、科技成果转化补助等政策，降低企业创新成本10亿多元。

（丁　薇　王有为）

主导产业

【概况】 2019年，泰州市生物医药及高性能医疗器械、高端装备制造及高技术船舶、节能与新能源、新一代信息技术、化工及新材料五大主导产业实现现价产值3381.16亿元、主营业务收入3403.51亿元、利润244.89亿元，比上年分别增长4.60%、3.07%和6.69%。五大主导产业产值、销售收入、利润分别占全市规模以上工业总量的62.41%、62.56%和73.14%。其中，生物医药及高性能医疗器械、高端装备制造及高技术船舶、化工及新材料等三大产业产值和销售收入均突破600亿元，三大产业实现销售收入2841.35亿元，占全市规模以上工业企业销售收入的52.23%。

骨干企业发展。五大产业的866家企业中，销售收入突破5亿元以上的企业90家，占比10.39%；实现销售收入2671.24亿元，占全市规模以上工业销售收入49.10%。扬子江药业集团销售收入近800亿元，中海油气（泰州）石化有限公司销售收入近200亿元，江苏新时代造船有限公司销售收入超过90亿元，江苏隆基乐叶光伏科技有限公司、新浦化学（泰兴）有限公司销售收入均超过70亿元，泰州市乐金电子冷机有限公司、江苏兴达钢帘线股份有限公司销售收入均接近70亿元，新扬子造船、济川药业等企业销售收入均超过50亿元。

项目建设。五大主导产业累计实施亿元以上项目711个，占全市亿元以上项目数70.89%；投入565.14亿元，占全市亿元以上项目投入75.2%。2019年完成计划投资86.72%，累计完成投资1117.26亿元，占总投资58.47%。年内，总投资80亿元的长城汽车整车项目开工建设；泰州迈博太科生物技术有限公司二期抗体药物、江苏赛孚士生物技术有限公司抗体药物CDMO生产基地项目、泰兴市申联环保科技有限公司资源再生综合利用项目、江苏隆基乐叶光伏科技有限公司5吉瓦组件项目、华润集团电力清洁能源项目、江苏瑞科投资发展有限公司超高速AGV机器人侧向搬运式智能停车设备项目、江苏卓越机器人科技有限公司石油机器人项目、巨腾电子科技（泰州）有限公司扩产项目等一批总投资10亿元以上的项目正在实施；雀巢泰州生产基地、江苏中慧元通生物科技有限公司流感疫苗等生产项目竣工建成，双登集团分布式电站用储能系统及智能化运行关键技术研发与产业化项目和太平洋齿轮传动有限公司精锻齿轮（轴）成品制造和差速器总成建设项目通过竣工验收。

【生物医药和新型医疗器械产业】 2019年，泰州市列入统计的生物医药及高性能医疗器械行业规模以上企业83家，完成总产值978.04亿元，比上年增长12.3%；销售874.12亿元，增长11.5%；实现利税138.91亿元，增长9.71%，其中利润92.28亿元，增长16.5%；完成出口交货值10.74亿元，增长20.2%。全年实施亿元以上重点工业投资项目76个，总投资206.73亿元，形成生物制药、疫苗、高端医疗器械与诊断试剂、化学药新型制剂、现代中药和保健食品等六大产业集群，有盐酸左氧氟沙星胶囊、地佐辛注射液、蓝芩口服液、蒲地蓝消炎口服液、黄葵胶囊、济诺等近20个重点产品，化学药

扬子江药业集团龙凤堂中药有限公司　（顾祥忠供图）

品制剂竞争力居全国首位。9月18～20日，第十届中国（泰州）国际医博会期间，举办专题峰会论坛活动23个，其中综合性论坛活动9个、生物制药类论坛活动2个、医疗器械类论坛活动3个、化药类论坛活动2个、中药类论坛活动1个、特医食品类论坛活动1个、精准医学与康健医疗类论坛活动5个。

【高端装备和高技术船舶产业】 2019年，泰州市高端装备和高技术船舶产业完成主营业务收入704.3亿元、利润71.3亿元，比上年分别增长3.16%、16.33%，高于全市规模以上企业平均增幅2.9和12.3个百分点。全年造船完工量120艘1004.4万载重吨，增长12.65%，分别占全球、全国、全省造船完工量10.15%、27.37%和55.75%。全年新接造船订单81艘712.09万载重吨，分别占全球、全国、全省造船订单10.88%、24.49%和58.17%。年末持有造船订单247艘1930.85万载重吨，分别占年末全球、全国、全省造船订单10.28%、23.66%和50.13%。太平洋精锻获江苏省质量管理优秀奖，江苏民生重工、金泰堡机械等一批企业获批省级质量信用企业。江苏振华泵业股份有限公司等8家企业创建省级企业技术中心，唐泽交通等4家企业获批省级工程（技术）中心。口岸船舶、泰隆减速机、鸿发新材料等3家企业主导或参与相关国家标准的制定；口岸船舶公司的船舶企业研发技术资源集成共享平台获国家制造业“双创”平台试点示范项目支持。

【节能与新能源产业】 2019年，泰州市节能与新能源产业有规模以上企业160多家，全年实现利润28亿元，比上年增长101.57%。节能环保产业形成节能技术装备、环保技术装备、资源循环利用技术装备、环境友好产品、节能环保服务五大领域产业体系，大功率高压电机、超高效防爆电机、蓄热式工业炉、LED照明等产品处于国内领先水平。新能源产业形成太阳能光伏、动力与储能电池、智能电网、新能源汽车配套、核电配套五大板块，产品涵盖光伏组件与系统集成、高低压成套电气设备、车用动力镍氢电池及电源系统总成、超级电容器、电动汽车用锂离子电池、多晶硅太阳能电池、新型电池材料等。双登集团成为亚洲地区通信电源、储能电池最大生产商，在锂电池后备电源领域拥有30%的国内市场份额；南瑞泰事达、大中电机、民生特种设备、新程汽配、微特利电机成为细分行业龙头企业。全市新增节能与新能源科技型中小企业入库企业52家。“高效超低光衰高可靠性双波叠片组件研发及产业化”“高压、超高压和特高压气体绝缘金属封闭输电线路（GIL）成套组件的研发及产业化”等8个节能与新能源领域项目获市重大科技成果转化项目立项扶持，获资助资金1920万元。泰州市节能环保新能源网建成开通，已上线包括国内外1000多项最新科研成果在内的科技成果库、100多条企业需求在内的企业技术需求库，并上线98家高校院所、220名节能与新能源领域专家的资料。江苏大学泰州新能源研究院1500平方米办公场地投入使用，到账资金2000万元，在研项目7项。

【软件与信息服务业】 参见165页

【化工及新材料产业】 2019年，泰州市化工和新材料产业有规模以上企业349家，全年实现工业总产值1160.75亿元，比上年减少2.44%；实现利润60.98亿元，增长6.40%；实现利税96.32亿元，减少6.98%。工业总产值超10亿元企业21家，实现工业总产值750.55亿元，占全行业规模64.66%；实现利润43.49亿元，增长9.16%，占全行业规模71.32%。从单体企业看，中海油气（泰州）石化有限公司实现工业总产值200.47亿元、利润8.02亿元，分别增长0.87%、减少4.98%；新浦化学（泰兴）有限公司实现工业总产值74.66亿元、利润12.92亿元，分别减少11.16%、增长31.70%；江苏兴达钢帘线股份有限公司实现工业总产值69.28亿元、利润4.10亿元，减少7.28%、增长30.16%。

【长城汽车泰州项目】 2019年2月20日，长城控股集团与泰州市政府签署长城汽车泰州项目合作协议，长城汽车在国内第八个整车项目落户泰州。副省长马秋林，市委书记韩立明、市长史立军，长城汽车股份有限公司董事长魏建军等出席签约仪式。该项目由长城汽车股份有限公司投资，在高港区建设汽车整车、内外饰及底盘制造项目，总投资80亿元，占地面积78.2公顷。规划实施以汽车整车制造为核心、关键零部件为配套及汽车金融、汽车保险、共享出行等业务，构建完整的汽车产业链体系。11月11日，长城汽

2019年11月11日，投资80亿元的长城汽车泰州整车项目开工建设。图为项目效果图 （顾祥忠供图）

车泰州整车项目正式开工建设，项目整体由泰州整车生产基地与泰州汽车科技产业园两部分组成，其中长城汽车泰州整车生产基地投产后主要生产具有核心竞争力的哈弗品牌新平台产品及新能源汽车。

传统产业

【粮油食品加工业】　2019年，泰州市列入统计的食品加工业企业174家，其中农副食品加工业，食品制造业，酒、饮料和精制茶制造业企业分别为132家、32家、10家。全年全行业完成工业总产值440.86亿元，比上年减少1.3%；销售472.81亿元，减少5.4%；利税23.47亿元，增长1.2%，其中利润17.60亿元，增长8.6%。全年食品加工业亿元以上重点工业投资项目有75个，总投资120.2亿元。靖江市三阳食品有限公司"可其精制猪肉脯"、泰州苏鹏蛋业生物科技有限公司"绿尔康鸡蛋"、兴化市四季香米业有限公司"野里河大米"、江苏兴野食品有限公司"乐可乐脱水香葱"、江苏祥兴米业有限公司"祥兴大米"5个产品获"长江三角洲地区名优食品"称号；泰州统实企业有限公司、泰州市梅兰春酒厂有限公司通过食品加工业诚信体系认定。

【纺织服装业】　2019年，泰州市列入统计的纺织企业193家，其中纺织业、纺织服装服饰业、皮革毛皮羽毛及其制品和制鞋业、化学纤维制造业企业分别为110家、66家、8家、9家。全年全行业完成工业总产值172.96亿元，比上年减少18.6%；销售173.87亿元，减少18.6%；利税7.98亿元，减少27.6%，其中利润3.58亿元，减少29.4%。

【工艺美术】　2019年，泰州市组织参加国家和省工艺美术协会（学会）举办的各类展览和评奖活动10多次，获金奖14个、银奖20个、铜奖28个。举办主题为"蕙草流芳、香溢凤城"泰州市第四届蕙兰展览会，举办泰州市第五届盆景精品展，展出扬派盆景、山水盆景等各类盆景。举办"艺彩风流"中国工艺美术大师顾永骏师徒作品展，展出精美玉器。启动第二届工艺美术大师、名人推荐、遴选工作。泰州市工艺美术协会创成非公AAAAA级社会组织。

【传统产业重点企业】　五得利集团兴化面粉有限公司。公司成立于2008年4月，产品以兴化及周边地区红小麦为原料，生产高、中筋小麦粉。2019年，公司实现开票销售24.8亿元，入库税金666.3万元。年内，投资10亿元实施三期扩建工程，建设5条面粉生产线，年加工小麦130万吨；建成投产后，公司产能将达年产量230万吨，实现年开票销售超过55亿元，居全省面粉行业龙头地位。

益海（泰州）粮油工业有限公司。公司成立于2006年，主要从事大豆、水稻等农产品的生产加工、仓储及销售，是中国食用油市场畅销品牌"金龙鱼"系列食用油及大米的主要生产基地之一。2019年，公司实现营销收入99.5亿元，上缴利税1.23亿元。至年末，公司拥有日处理大豆6000吨的榨油车间、日处理毛油1000吨的精炼车间、日罐装1250吨的小包装车间、日生产2600吨的大米车间等，配套建有内河及长江岸线码头，形成集生产加工、贸易、中转于一体的粮油集散中心。

江苏泰达控股集团有限公司。公司成立于2011年，旗下有独立纺织企业7家，年产各类纯棉精梳、普梳、全棉化纤混纺纱线、紧密纺纱线30000吨，为中国棉纺行业"综合竞争力20强企业""出口10强企业"。公司是集纺织、房地产、进出口贸易、股权投资等多个行业于一体的私营综合企业集团，2019年实现纳税销售21.58亿元，入库税金1360万元。　（王有为）

企业创新发展

【扬子江药业集团连续第五年居中国医药工业企业百强榜首位】　2019年8月25日，中国医药工业信息中心主办的2019年（第36届）全国医药工业信息年会开幕，大会发布2018年度中国医药工业百强企业榜单，扬子江药业集团连续第五年居中国医药工业企业百强榜首位。2019年，集团实现产值774.72亿元，比上年增长13.1%；销售776.54亿元，增长12.2%；利润61.56亿元，增长20%。全年有120个品种入选新版国家医保目录；通过一致性评价品种20个，其中12个为全国首家过评；"苏黄止咳胶囊"入选临床价值中成药品牌榜。集团获中国品牌价值评价医药健康板块品牌强度、品牌价值双第一，在全国医药行业QC成果评比中以103项一等奖获一等奖总数第一名。

【济川药业集团获"江苏省质量奖"】　2019年12月6日，省政府发布"2018年江苏省质量奖"获奖名单，济川药业集团有限公司入选。该公司创建于1994年，是集中西医药、中药药妆、生产制造、商贸流通于一体的国家级高新技术企业集团、全国制药工业百强企业，下辖天济药业、济源医药、济仁饮片、蒲地蓝药妆、银杏产业研究院、口腔健康研究院、海源物业等子公司。2019年，集团实现产值57.64亿元、销售55亿元、利润18.3亿元，形成五大领域产品梯队，其中儿科领域品种11个，消化领域品种10个，口腔领域、呼吸领域品种各8个，妇科领域品种3个。年内，公司销售额超亿元的产品有7个，其中"蒲地蓝消炎口服液"销售额近30亿元，"同贝小儿豉翘清热颗粒"销售额近20亿元；集团获评"新中国成立70周年医药产业标杆企业""国家技术创新示范企业""全国模范劳动关系和谐企业"。

【中海油气（泰州）石化有限公司完成合并重组】　2019年9月30日，中海油气（泰州）石化有限公司完成工商变更，完成与泰州东联化工有限公司、中海沥青（泰州）有限责任公司两家单位的合并重组。该公司注册资本35亿元，总资产150亿元，主要产品有国Ⅴ柴油、润滑油基础油、甲乙酮、MTBE、溶剂油料、苯、甲苯、混合二甲苯、重芳烃、石油焦等，年产量419万吨。公司原油加工能力600万吨/年，拥有26套工艺装置、储运公用工程系统及2座油品码头。2019年，公司实现产值

200.47亿元、销售收入172.5亿元、利润8.02亿元。

【新浦烯烃110万吨/年轻烃综合利用项目开车投料成功】 2019年8月19日，新浦烯烃110万吨/年轻烃综合利用项目乙烯装置一次开车投料成功，产出纯度为99.98%的聚合级乙烯产品。该工程为新加坡新浦化学私营有限公司全资子公司——新浦化学（泰兴）有限公司独资项目，总投资50亿元，历时3年完成建设，乙烯装置是中国首套由乙烷、丙烷裂解制备乙烯的装置，乙烯获得率80.5%，远超传统工艺中以石脑油制备乙烯35%获得率。建成后可年产65万吨乙烯、12万吨丙烯、1.45万吨氢气、4.5万吨C4、3万吨甲烷、4.5万吨裂解汽油等，使泰兴经济开发园区内的企业摆脱对进口乙烯原料的依赖，并向下游延伸至聚氯乙烯、聚苯乙烯等产品。2019年，新浦化学（泰兴）有限公司实现工业开票（含新浦烯烃）86.59亿元，工商税收5.62亿元。

【新源电工参研项目获国家科技进步奖】 2019年1月8日，2018年度国家科学技术奖励大会在北京举行，泰州新源电工器材有限公司作为第二承担单位参与研发的“超、特高压变压器/电抗器出线装置关键技术及工程应用”项目获国家科技进步奖二等奖。泰州新源电工器材有限公司依托国家科技支撑计划、火炬计划，与中国电力科学研究院及国内知名变压器集团开展产学研联合技术攻关，成功研制出具有自主知识产权的超、特高压出线装置。该项目成果已在7回特高压工程、国内外42回超高压工程、330kV高铁工程中得到应用，其中部分产品出口至美国、加拿大等国并应用于多个海外输变电工程，为中国实施电力建设和装备“走出去”战略提供技术支撑和保障。

【东华测试完成世界第一混凝土高塔桥验收测试】 2019年，江苏东华测试技术股份有限公司研制的软件系统平台完成世界第一混凝土高塔桥——贵州平塘特大桥的大规模桥梁静载试验、动载试验和全桥模态试验，大桥于12月30日正式投入使用。东华测试（300354）是泰州首家上市的软件公司，集科研开发、生产销售、技术咨询服务于一体，提供动态、静态应变测试分析系统、振动和冲击测试分析系统及机械设备管理，软件产品广泛应用于国防科技、桥梁工程、港口机械、海洋平台及航空航天等多领域。2019年公司实现主营业务收入1.64亿元，其中软件业务收入0.72亿元。

2019年7月2日，新时代造船有限公司建造的载重32.5万吨矿砂船成功试航　（市政府办供图）

【卓然智能重装产业园首次集成发货】 2019年1月10日，卓然（靖江）设备制造有限公司模块化制造、卓然智能重装产业园重件码头集成的全国最大负荷的余热锅炉装备装船发货。该余热锅炉是全国负荷最大的立式烟道式水管锅炉，采用模块化制造，底部模块进行码头集成，总吨位1800吨，长宽高均为21米，为浙石化4000万吨/年炼化一体化项目提供重油催化装置余热锅炉。卓然智能重装产业园位于靖江经济技术开发区，由靖江港口集团与中石化炼化公司、卓然设备制造有限公司等合作建设，主要开展大型石化集成装备（全产业链）的生产制造，总投资10亿元，规划面积43.33公顷，于2018年3月正式开园。2019年，园区实现开票销售11亿元，在手订单50亿元。

【新时代造船32.5万吨矿砂船下水】 2019年7月2日，靖江市造船史上的最大矿砂船——32.5万吨的SEA GUAIBA号矿砂船在新时代造船有限公司2号船坞下水。该超大型矿砂船执行的是2018年年初与韩国船东泛洋海运敲定的6艘32.5万吨超大型矿砂船订单之一，是首制船，船总长340米，垂线间长333.1米，船宽62米，船深29.5米，结构吃水21.4米，载重32.5万吨，入KR船级社。该船下水后将进入码头舾装阶段及系泊试验准备，同时为第二艘船的制造腾出地方。2012年，新时代造船曾下水32万吨超大型油轮，成为当时国内民营造船企业自行设计建造的最大吨位油轮。　（史　志）

责任编辑　叶　彤

综　述

【概况】　2019年，泰州市建筑企业完成建筑业总产值3985.18亿元，比上年增长8.46%，占全省建筑业总产值的10.78%，居全省第四位；完成工程结算收入2867.2亿元，增长8.2%；建筑业入泰州本地库税收首次突破50亿元，达55.03亿元，增长11.94%。各市（区）建筑业产值指标完成情况：海陵区391.05亿元，增长10.1%；高港区655.03亿元，增长9%；姜堰区802.07亿元，增长5.5%；泰州医药高新区74.76亿元，增长1.2%；靖江市717.65亿元，增长9.9%；泰兴市812.7亿元，增长9.2%；兴化市531.92亿元，增长9.2%。各市（区）建筑业入泰州本地库税收完成情况：海陵区5.67亿元，增长7.7%；高港区9.12亿元，增长4.88%；姜堰区7.59亿元，增长7.69%；泰州医药高新区5.06亿元，增长3.32%；靖江市7.93亿元，减少5.31%；泰兴市14.85亿元，增长37.34%；兴化市4.81亿元，增长18.21%。全市建筑用地规划条件中明确的装配式建设项目面积达248.53万平方米，完成全年计划的135.07%。开辟新的外埠市场，加强建筑市场和施工现场管理，保障施工安全。泰州市被省住建厅列为江苏省建筑产业化示范城市。

推进建设工程审批制度改革，简化审批流程，降低审批门槛。制定《泰州市推进建筑信息模型技术应用的指导意见》。征集市级建筑信息模型（BIM）技术应用试点项目16个。加大市级财政奖补资金投入，鼓励全市建筑企业晋升资质、创新创优、发展建筑产业现代化，全年市级财政奖补建筑企业资金463.9万元。

【建筑产业现代化】　2019年，泰州市加快培育现代产业集团，促进建筑企业转型升级，推进住宅全装修，设立1500万元专项基金支持建筑产业现代化发展。获评江苏省建筑产业现代化示范城市，建设期自2020年起至2022年，实施范围包括海陵区、高港区、姜堰区、泰州医药高新区。至年末，全市有建筑产业现代化示范园区1家（虹桥绿色智能装配式建筑产业园）、建筑产业化生产基地13家、既有与在建装配式建筑项目15个，拥有正太集团、中兴建设、锦宸集团、中建钢构等大型龙头装配式设计、生产和施工企业。

【绿色建筑】　2019年，泰州市推进绿色建筑发展，提升二星级以上绿色建筑比例，落实绿色照明、太阳能光热光伏、市政综合管廊、透水路面、雨水回收利用、光导管、立体绿化等绿色建筑实用技术，创建示范项目。泰兴绿色建筑示范市建设通过省级验收。周山河初中示范项目整合BIM设计、海绵城市、自然照明、立体绿化等多种先进绿色技术，创成三星级绿色校园，获高质量发展省级引导资金235万元。泰州开元香颂花园二期住宅项目采用绿色生态技术改善住区声环境、光环境、热环境等整体生态环境，利用雨水回用技术，设置地下雨水机房，实现项目范围

2019年10月17～18日，中国泰州第一届BIM工程技术峰会举行
（市住建局供图）

内的雨水回用于道路浇洒和植被浇灌，获批绿色建筑二星级运营标识。开展主题为"绿色发展、节能先行"的大型宣传活动，利用官方微信公众号，发布建筑节能和绿色建筑资讯。（殷恒杰）

【中国泰州第一届BIM工程技术峰会】2019年10月17～18日，以"数字建筑智引未来"为主题的中国泰州第一届BIM工程技术峰会举行。峰会由泰州市BIM工程技术研究中心主办，来自全国建筑业的专家学者、建筑企业负责人和技术骨干近400人参加。住建部建筑市场监管司副司长廖玉平、省住建厅副巡视员章小刚、副市长徐克俭等致辞。中国建筑学会BIM技术学术委员会副主任、中国图学学会BIM专业委员会副主任王广斌，广联达科技股份有限公司总裁袁正刚，中国建筑股份有限公司技术中心负责人李云贵，省建筑设计研究院建筑产业化与智能建造设计院院长卞光华，市BIM工程技术研究中心主任董晓进，分别就"BIM技术集成互操作性研究与实践""数字建筑助力建筑行业转型升级""普及BIM技术应用助力绿色化高质量发展""BIM技术工程实践分享""以产教融合为抓手，培养数字建筑人才"等主题发表演讲。与会专家就推动地区BIM技术发展展开讨论。

【泰州市建筑业高质量发展大会】2019年2月19日，泰州市召开建筑业高质量发展大会。市长史立军、省住建厅党组书记顾小平出席会议并讲话，副市长徐克俭主持会议。会议观看建筑业发展专题片，通报2018年全市建筑业发展情况，部署安排2019年目标任务，表彰2018年度建筑业优秀企业家、十强企业、明星企业、专业十佳企业、先进企业和优秀企业经理等，各市（区）负责人递交2019年建筑业工作目标责任书。

【泰兴市通过省级绿色建筑示范城市验收】2019年9月11日，省住建厅组织专家在泰兴市召开省级绿色建筑示范城市验收评估会。经专家评审，泰兴市通过省级绿色建筑示范城市验收。泰兴市于2014年启动省级绿色建筑示范市创建工作，制定出台《关于推进绿色建筑发展实施意见》《加强绿色建筑全过程监管的实施意见》等文件，构建绿色建筑发展的相关管理机制，推动绿色建筑规模化发展。至2019年末，累计新开工绿色建筑示范项目64个，总建筑面积808.87万平方米，其中一星级绿色建筑4个、建筑面积37.03万平方米，二星级绿色建筑59个、建筑面积771.84万平方米，三星级绿色建筑1个，建筑面积1.17万平方米；获取标识项目48个，总建筑面积642.48万平方米，建成示范项目29个，总面积328.32万平方米；可再生能源建筑应用比例98.39%。（史　志）

建筑市场

【概况】2019年，泰州市建筑企业完成外埠市场产值2660.6亿元，比上年增长6.5%，产值占全市总量66.8%。省外市场完成产值2039.6亿元，增长11.08%，产值占全市总量51.2%。境外市场完成营业额23.9亿元。推进建筑产业现代化，培育装配式建筑示范基地7个、装配式建筑示范项目5个、建筑产业现代化省级示范园区1个。上海电气在泰兴虹桥工业园区投资建设泰州研砼基地，江海集团与杭萧钢构达成钢结构装配式合作发展协议。

【国内市场】2019年，泰州市建筑企业建设项目遍布全国除中国台湾以外的省、市、自治区，产值20亿元以上的市场有28个。中南地区建筑市场完成建筑业总产值577.4亿元，比上年增长24.8%，其中湖南省建筑市场建筑业总产值增幅77%。华北、华东、西南地区建筑市场发展平稳，增幅7%以上，其中江西省建筑市场完成建筑业总产值39亿元，增长225.25%，是华东地区建筑市场增幅最高的省份。泰兴市、姜堰区完成埠外建筑业总产值1341.5亿元，占全市埠外产值总量50.4%。全市特级、一级建筑企业省外市场完成产值1638.1亿元，占全市省外市场产值80.3%。在辽宁省沈阳市召开泰州市建筑业外埠市场推介会，开拓国内市场。

【国外市场】2019年，泰州市建筑企业拥有柬埔寨、安哥拉、肯尼亚、科威特、纳米比亚、博茨瓦纳等18个国外市场，出国施工人数3285人。大都建设、大江建设、博尔建设、中建钢构、河海科技、永泰建设等一级资质建筑企业市场份额均有所提升。举办"一带一路"东南亚国家建筑领域推介会，开拓国外市场。

【建筑市场管理】2019年，泰州市建立全市建筑企业信用档案，实施跟踪服务管理。实行无纸化不见面审核，

2019年9月19～20日，泰州市建筑业外埠市场推介活动在沈阳举行（市住建局供图）

换发《信用手册》2880份。规范建筑市场和施工现场联动管理,全覆盖监管在建工程项目。运用综合信用评价结果,全市国有资产投资的市政、房建总承包项目"三合一"评标占比超过90%。采用"互联网+劳务管理"模式,规范农民工实名制管理,全市982个项目办理实名制管理手续,468家建筑企业接入泰州市建筑工人信息管理服务平台,涉及用工总人数累计达18.67万人。

建筑施工

【概况】 2019年,泰州市有列统建筑企业1444家,其中总承包资质826家、专业承包资质618家。全市列统8家特级资质建筑企业完成建筑业总产值1091亿元,占全市总量27.4%;一级资质建筑企业129家,完成建筑业总产值1387.2亿元,占全市总量34.8%;二级资质建筑企业479家,完成建筑业总产值952.5亿元,占全市总量23.9%;三级资质及不分等级建筑企业828家,完成建筑业总产值554.8亿元,占全市总量13.9%。年末建筑业从业人员114.94万人。中兴建设有限公司获评中国建筑业500强企业第66位,正太集团有限公司等6家企业获评2018年度全省建筑业百强企业。中兴建设有限公司、江苏金领建设发展有限公司获"鲁班奖",泰兴一建建设集团有限公司、正太集团有限公司、江苏金领建设发展有限公司获"国家优质工程奖"。正太集团有限公司获2019年度"泰州市市长质量奖"。

【施工能力】 2019年,泰州市建筑企业承建房屋施工面积3.38亿平方米,比上年减少5.96%;新开工房屋建筑面积1.34亿平方米,减少2.19%。一级资质以上建筑企业施工面积2.52亿平方米,增长10.53%,占全部施工面积74.56%;二级资质建筑企业施工面积5706万平方米,减少11.77%;三级及以下资质建筑企业施工面积2827万平方米,增长8.11%。施工面积超100万平方米的建筑企业有55家,总施工面积2.59亿平方米,占全部施工面积76.63%。正太集团有限公司、中兴建设有限公司、泰兴一建建设集团有限公司3家建筑企业施工面积超1000万平方米,总施工面积9900万平方米,占全市总施工面积29.29%。

2019年度泰州市建筑业"综合实力30强"企业名录

中兴建设有限公司
正太集团有限公司
泰兴一建建设集团有限公司
中城建第十三工程局有限公司
正威科技集团有限公司
江苏广宇建设集团有限公司
锦宸集团有限公司
江苏华昊建设集团有限公司
博尔建设集团有限公司
江苏泰建建设集团有限公司
江苏金禾建设工程有限公司
江苏大江建设工程有限公司
江苏永泰建造工程有限公司
江苏星月星建筑安装工程有限公司
江苏苏兴建设工程有限公司
江苏华腾建设有限公司
江苏金鼎建设集团有限公司
江苏三泰建设工程有限公司
江苏中程建筑有限公司
江苏越江建设工程有限公司
江苏新兴建设工程有限公司
江苏华泰建设工程有限公司
江苏正飞建设有限公司
溱潼建设集团有限公司
江苏大隆鑫建设集团有限公司
江苏中昱建设工程有限公司
金龙建设有限公司
江苏明灿建设工程有限公司
江苏大都建设工程有限公司
江苏正裕建筑安装工程有限公司

2019年,正太集团有限公司获2019年度"泰州市市长质量奖"。图为公司承建、获第16届中国土木工程"詹天佑奖"的中国文昌航天发射场工程
(市市场监管局供图)

2019年度泰州市建筑业"专业十强"企业名录

江苏金领建设发展有限公司
江苏民生建设有限公司
江苏金堰交通工程有限公司
泰兴市机电设备安装有限公司
江苏瑞兴建设有限公司
双建建设股份有限公司
江苏凤城建设工程有限公司
江苏广源幕墙装饰工程有限公司
江苏福宇园林建设有限公司
江苏海田建设工程有限公司

【资质晋升】 2019年,泰州市召开多轮全市建筑企业升特推进会、政策辅导会,提出"235"升特路线图,实施"一企一策",在企业融资授信、信用分奖励、工程招投标、评先评优等方面给予支持,推进建筑企业资质升特,加快转型升级步伐。全市新增一级资质36项,其中总承包资质12项、专业资质24项;新增二级资质15项,其中总承包资质3项、专业资质12项。至年末,

全市有特级资质建筑企业8家,一级资质建筑企业129家,其中总承包资质建筑企业80家、专业承包资质建筑企业49家,二级资质建筑企业479家。

【建筑节能】 2019年,泰州市新建建筑项目均按《江苏省居住建筑热环境和节能设计标准》《公共建筑节能设计标准》《江苏省绿色建筑设计标准》设计和建造。全年新增节能建筑面积907.57万平方米,其中二星级绿色建筑面积435.64万平方米,完成既有建筑节能改造21.15万平方米;新增可再生能源建筑面积409.88万平方米,浅层地能建筑面积7.53万平方米。跟踪89个项目建筑节能,纠正违反墙改节能政策行为24起;对60个建设工程项目实施建筑节能专项备案;对155家内外保温、浮筑楼板保温隔声、外遮阳和门窗企业实施备案管理。维护机关办公建筑和大型公共建筑能耗监管系统运营,接受监测公共建筑能耗信息的实时上传;分析研究建筑能耗数据,累计完成50个公共建筑能耗数据上传。民用建筑节能统计制度纳入常态化管理,各市(区)均明确建筑节能与绿色建筑统计数据责任部门和责任人;全面完成2018年度国家民用建筑能耗信息统计任务。推进墙体材料革新,全市新型墙体材料年产量达42亿标砖,获省新型墙体材料产品认定企业12家,其中新增新型墙体材料企业2家;城区在建项目全部使用新型墙体材料。 (殷恒杰)

【泰州研砼基地投产运营】 2019年6月22日,上海电气集团在泰兴虹桥工业园区投资建设的泰州研砼基地举行投产运营启动仪式,装配式建筑技术融合与应用研讨会、上海电气集团与加拿大木业协会相关合作签约同时举行。住建部科技与产业化发展中心规划发展处处长刘美霞、省建筑产业现代化创新联盟会长纪迅、上海电气集团副总裁顾治强等300多名嘉宾出席启动仪式。泰州研砼基地是绿色装配式建筑项目,是泰兴市引进的投资超10亿元的重大工业项目。该项目使用上海电气研砼"智能建造产业系统解决方案"将新一代信息技术与建筑业通过数字化、网络化、智能化深度融合,打造国内领先的绿色智能建造工业化创新基地。项目达产达效后,可形成年产各类绿色建筑构件15万立方米的生产能力。

【15家建筑企业入围省"双百强"榜单】 2019年3月27日,2018年度江苏省建筑业"双百强"企业评价排名正式发布,泰州市15家建筑企业上榜。其中,正太集团有限公司、中兴建设有限公司、泰兴一建建设集团有限公司、江苏广宇建设集团有限公司、江苏华昊建设集团有限公司、锦宸集团有限公司、正威科技集团有限公司、博尔建设集团有限公司、江苏华泰建设工程有限公司获评省"竞争力百强企业";江苏大江建设工程有限公司、江苏金禾建设工程有限公司、江苏永泰建造工程有限公司、江苏省国裕建设集团有限公司、源丰建设有限公司、江苏苏兴建设工程有限公司获评省"最具成长性百强企业"。

【广宇建设获"中国钢结构金奖"】 2019年4月28日,中国建筑金属结构协会建筑钢结构分会公布第13届中国钢结构金奖工程名单,中建钢构公司、江苏广宇建设集团作为联合体承建的靖江市文化中心项目钢结构工程入选,该奖项是中国建筑钢结构行业工程质量的最高荣誉奖。靖江市文化中心项目上部钢结构用量3.3万吨,其中桁架层有2.2万吨,钢桁架最大跨度101.3米,最大悬挑18.5米,是国内跨度最大的钢楼面结构。 (史 志)

工程建设管理

【概况】 2019年,泰州市国家注册监理工程师注册(含初始、延续和变更)699人次。全年标前审查(含公开招投标和直接发包)295次,项目监理机构人员变更审查47次。监理合同网上登记项目52个。组织2次监理监督检查,累计抽查全市建筑工程项目16个,通报建筑监理企业4家。

建设工程增扩项审查验收。组织专家组实地检查验收申请增项、扩项的工程质量检测机构,全年完成初审25项,其中增扩项3项、信息变更7项、资质延续15项。监督检查23家工程质量检测机构,检查涉及单位人员、设备、场所、检测行为和市场行为等。培育装配式建筑检测机构,7家检测机构获批成为江苏省级装配式建筑检测试点机构;确定7家市级装配式建筑检测试点机构。

工程质量监督管理。全年市建设工程质监站新监建筑工程136项、面积368.01万平方米,其中住宅建筑40项、面积226.82万平方米,公共建筑71项、面积141.18万平方米。新监市政工程25项、造价8.9亿元,竣工建筑工程85项、面积210.33万平方米,竣工市政项目6项,造价1.15亿元。实施主体结构监督抽测221次,市政工程抽测35次;抽查工程检测机构及预拌混凝土企业12次。监督抽检社会关注的地下管线、排气道及止回阀、预拌混凝土等建筑材料质量,防范建筑材料质量风险。每月监督抽检地下管线,累计抽查管材近40组;每季度监督抽检市区预拌混凝土出厂质量,累计抽查混凝土批次近30组;监督抽检4个项目的烟道止回阀。

【审图管理】 2019年,泰州市通过"大数据O2O审图云平台"实施多图联审,实现任务分配智能化和专家审图菜单化;市重点工程、招商引资项目实行容缺受理、提前预审;实行消防审查会审制度,增加消防安全、建筑节能、装配式建筑等审查,审查时间提速减少到7个工作日。全年"大数据O2O审图云平台"完成施工图设计审查1172项,完成建筑面积超过1800万平方米的房屋建筑和造价超过200亿元的市政工程项目设计审查业务,审查并纠正违反强制性条文450条、强制性标准11723条。双一类审图资质通过复审,取得市政工程给水排水增项审查资质,扩大施工图审查范围。开发消防会审系统,规模以上项目以及复杂工程实施专业专家审查、消防会审,出具施工图审查、抗震、海绵城市、消防安全、气象防雷设计等专项审查意见。建立施工图审查市区联动新模式,开辟高港区和市经济开发区项目"绿色通道",前移审图服务窗口,签署建设工程施工图设计审查服务

合作备忘录,实行设计预审,提供跟踪服务。

【招投标工作】 2019年,泰州市增加本地建筑企业的信用分值,鼓励本地企业参与市政府投资项目,扶持本地信用分值排名靠前或具有特级资质的建筑企业。全年全市各类工程建设招投标402个标段,中标总额117.12亿元,工程总承包项目中标总额56亿元。其中,泰州本地企业中标236个标段,中标额87.2亿元,工程总承包项目中标额50.6亿元,分别占58.7%、74.5%、90%。

【工程造价管理】 2019年,泰州市审查招标文件166项,纠正81处与2013版清单规范不符的条款。办理施工合同备案230项,纠正修改合同条款124条。办理竣工结算备案120项,核查建设单位工程款支付情况120项,预防恶意拖欠工程款、拖欠农民工工资行为。完成暂定乙级申报企业5家、资质变更企业9家、咨询企业资质延续3家、咨询企业资质升级4家,全年市区咨询企业完成咨询标的额182.19亿元,其中送审价总额181.75亿元,核减总额71.22亿元,核减率39.18%。办理造价师初始注册156人、变更注册196人、延续注册78人,注销181人,遗失补办12人。开展全过程咨询企业试点工作,全年报送全过程咨询试点项目15个、全过程咨询试点企业4家。

【竣工验收备案管理】 2019年,泰州市办理建设工程竣工验收备案手续52份,建筑面积110.5万平方米,工程总造价18.2亿元。完善建设工程项目全程代办制度,全程代办52个项目的竣工验收备案。受理85个建设工程项目的消防验收申请,验收合格并发放《建设工程消防验收意见书》33份;受理128个建设工程项目的消防备案申请,审查合格并发放《建设工程消防验收备案凭证》85份。

建筑安全

【概况】 2019年,泰州市各级建筑安监系统办理新开工报监建设工程项目405项,建筑面积1212.3万平方米;在建受监工程项目650项,建筑面积2811.8万平方米,其中市安监站直接监管工程项目76项,建筑面积343.2万平方米,监管体量与上年持平。全年全市受监范围内发生安全生产责任事故3起,未发生较大以上建筑生产安全事故。全年出动安全检查1156人次,累计监督受监工程307个,签发《安全隐患整改通知书》286份,其中《停工整改通知书》41份,建议行政处罚7家施工企业。以"安全生产月"为契机,组织"施工现场事故应急救援演练""安全咨询日""绿色智慧工地观摩""安全生产公益讲座"等活动。开展建筑施工安全质量标准化工作,强化安全质量标准化意识。组织实施文明工地、平安工地创建活动,开展安全质量标准化观摩活动。推广建筑工人实名制信息化管理系统,通过"实名"+"联网",提升建筑安全用工管理水平。

【建筑安全生产责任落实】 2019年,泰州市召开全市建筑安全生产工作会议,各市(区)签署建筑施工安全生产责任书,督查、指导企业落实安全生产主体责任纳入对企业日常监管的重要内容和"双随机"抽查的必查项目。加大安全生产执法检查力度,重大项目、关键节点实施全方位监督检查。安全验收实行"一票否决制",工地接续两次被停工整改的,评定为不合格并取消评优评先资格。

【建筑领域专项整治】 2019年2月,泰州市开展以春节复工和农民工教育培训为重点的建筑领域专项整治检查,检查市区在建受监工程51项,签发《隐患整改通知书》18份、《停工整改通知书》2份;在全市范围内开展春节复工建筑工程安全检查情况层级督查活动,采取"双随机、一公开"检查方式,抽查各市(区)在建受监工程14项,发现问题及时整改。6月,开展全市建筑领域深基坑、高支模专项整治行动,检查市直管安全受监建筑工地内8个超过一定规模的深基坑、高大模板支撑工程项目,各市(区)抽查工程项目11个,其中涉及深基坑9个、高支模2个,通报批评3个项目的参建单位。7月,通过购买"第三方服务"的形式,专项检查市区在建受监项目起重机械,检查市直管项目47个,涉及各类建筑起重设备205台,其中塔式起重机112台、施工升降机69台、吊篮24台,发现一般安全隐患649条,重大安全隐患311条,下发《停工整改通知书》6份,责令立即拆除极度危险的建筑起重设备2台。9月,开展全市建筑施工脚手架专项整治,检查在建工程项目32个,其中涉及落地式脚手架15个、悬挑式脚手架21个、附着式升降脚手架4个,查处一般隐患79条、重大隐患10条,下发《停工整改通知书》2份,1家脚手架分包企业被清出市场。11月,组织开展全市建筑工地消防专项整治,检查市直管项目在建工程项目30个,查处一般隐患102条,重大隐患2条,下发《停工整改通知书》2份。

【建筑施工安全隐患排查整治】 2019年3月,泰州市开展全市建筑施工安全生产大检查,市安监站检查市直管工程55项,发现各类安全隐患285条,签发《检查整改单》25份、《停工(局部)整改通知单》9份;针对检查排查出的安全风险和事故隐患,逐一制表列出清单、建立台账、制定管控措施和整改方案,全面落实责任到人。7~10月,开展建筑施工安全生产违法违规行为严打整治专项行动,全市建筑安监系统开展执法检查行动17次,排查安全隐患1500多处,查出重大隐患210多处,约谈项目经理30多人,立案移交违规行为7件。

【施工现场扬尘治理】 2019年,泰州市采取跟踪督查、联合执法、"飞行检查"等方式,督查施工现场扬尘防治工作。发挥施工工地扬尘环境保护税的杠杆作用,全年征收税金3168万元,倒逼企业加大扬尘治理投入力度。组织开展施工围挡专项整治,重要区域、重要节点、重大项目建筑工地围挡提档升级基本完成;采取施工现场设置雾炮、围挡安装喷淋系统、冲洗进出车辆、裸土覆盖等措施,降低扬尘污染。

2019年度泰州市获国家级优质工程奖情况一览表

表19

工程名称	施工单位	获奖类型
泰州中国医药城商务中心	南通四建集团有限公司	鲁班奖
IT容灾、研发及后援中心	中兴建设有限公司	鲁班奖(参建)
泰州长江公路大桥	江苏金领建设发展有限公司	鲁班奖(参建)
东风路南段(永定路-宁通高速)快速化改造工程	江苏金领建设发展有限公司	国家优质工程奖
中国石油-沙特阿美合资云南1300万吨/年炼油项目	江苏天晟建设有限公司	国家优质工程奖
大嘉汇·东盟国际商贸港-大嘉汇·财富中心(46#楼)	泰兴一建建设集团有限公司	国家优质工程奖
泰州市中医院整体搬迁工程	正太集团有限公司	国家优质工程奖
华联城市全景花园总承包工程	泰兴一建建设集团有限公司	国家优质工程奖
华侨城五期(D地块3期高层120#-122#楼及地下室1)	泰兴一建建设集团有限公司	国家优质工程奖
荣超城市春天花园	江苏正裕建筑安装工程有限公司	国家优质工程奖(参建)
山东阳煤恒通化工股份有限公司厂房	江苏天晟建设有限公司	国家优质工程奖(参建)
华侨城五期(D地块3期高层120#-122#楼及地下室1)	泰兴一建装饰有限公司	国家优质工程奖(参建)
大嘉汇·东盟国际商贸港-大嘉汇·财富中心(46#楼)	泰兴一建装饰有限公司	国家优质工程奖(参建)
大嘉汇·东盟国际商贸港-大嘉汇·财富中心(46#楼)	中兴建设有限公司	国家优质工程奖(参建)
江苏连云港嘉会城项目商业综合楼裙楼幕墙工程	双建建设股份有限公司	中国建筑工程装饰奖(建筑幕墙)
仪征综合体育馆幕墙工程	江苏广源幕墙装饰工程有限公司	中国建筑工程装饰奖(建筑幕墙)
镇江市人民检察院办公用房和专业技术用房幕墙工程	江苏瑞兴建设有限公司	中国建筑工程装饰奖(建筑幕墙)
泰州市金融服务区幕墙二标段	江苏广源幕墙装饰工程有限公司	中国建筑工程装饰奖(建筑幕墙)
泰州市中心血站和泰州市急救中心幕墙工程	江苏瑞兴建设有限公司	中国建筑工程装饰奖(建筑幕墙)
睢宁县恒隆广场一期商场室内装修工程	江苏广源幕墙装饰工程有限公司	中国建筑工程装饰奖(公共建筑装饰类)
汉金金融中心主体钢结构工程(制作)	中建钢构江苏有限公司	中国钢结构金奖

2019年度泰州市获省级优质工程奖情况一览表

表20

工程名称	施工单位	获奖类型
枫丹天城(33-49#楼)	泰兴一建建设集团有限公司	天津市建设工程“海河杯”奖
盈翠名苑项目一期33#楼	泰兴一建建设集团有限公司	天津市建设工程“海河杯”奖
盈翠名苑项目一期34#楼	泰兴一建建设集团有限公司	天津市建设工程“海河杯”奖
南宁华润佳成五象中心一区二十四城(一期)B标段(6#、7#、9#、10#及地下室幼儿园)	中兴建设有限公司	广西建设工程“真武阁杯”奖

【公租房配租及后续管理】 2019年，泰州市区筹集公租房房源158套，其中泰和园小区23套、泰美园小区135套，为131户市区中低收入无房家庭和19名外来务工人员家庭解决住房困难。实施家庭成员中患有重大疾病的中低收入家庭政策倾斜，全年为27户困难在保家庭核减租金6.3万元。加强公租房后续管理，全年收缴租金125.8万元，收缴率超过96%；通过住房保障诚信管理体系，收回公租房13套，追缴租金4.7万元。开展泰州市第四人民医院、乐金电子有限公司等企事业单位承租的公租房安全生产检查。受理公租房维修20起，维修率100%。规范政策性住房上市，核查经济适用房上市60笔，收缴规范款40.5万元；受理"共有产权、租售并举"购买50户，回笼资金440万元。

【住房公积金政策】 2019年，泰州市制定出台《关于调整住房公积金贷款政策的意见》，下调住房公积金贷款最高额度，单职工由30万元调整为25万元，双职工由50万元调整为40万元。优先支持、保障在泰州市缴存职工的住房贷款资金需求和住房权益，暂停异地个人住房贷款业务。明确泰州市"凤城英才卡"持卡人员住房公积金使用政策，持卡人员及其配偶、子女可不受国籍、户籍限制在泰州缴存住房公积金，提取及贷款政策均适当放宽。建立住房公积金服务民生绿色通道，明确高层次人才申请住房公积金提取和贷款、患有超出大病认定范围的重病且造成生活困难的职工申请提取住房公积金等可申请服务民生绿色通道的7种具体情形。

【住房公积金缴存】 2019年，泰州市住房公积金新开户单位1094家，实缴单位6625家，净增单位596家；新开户职工46918人，实缴职工38.54万人，净增职工1.73万人；缴存额59.39亿元，比上年增长13.10%。至年末，缴存总额403.04亿元，增长17.29%；缴存余额159.29亿元，增长11.13%。缴存单位中，国家机关和事业单位占35.91%，国有企业占8.51%，城镇集体企业占3.67%，外商投资企业占4.75%，城镇私营企业及其他城镇企业占39.94%，民办非企业单位和社会团体占5.42%，其他占1.80%。缴存职工中，国家机关和事业单位占32.09%，国有企业占11.34%，城镇集体企业占4.82%，外商投资企业占8.20%，城镇私营企业及其他城镇企业占38.65%，民办非企业单位和社会团体占2.68%，其他占2.22%。

【住房公积金提取】 2019年，泰州市住房公积金提取额43.44亿元，占全年缴存额73.14%，比上年提高0.75个百分点。至年末，提取总额243.75亿元，增长21.69%。住房消费提取金额占提取总额82.03%，其中购买、建造、翻建、大修自住住房占30.88%，偿还购房贷款本息占50.27%，租赁住房占0.65%，其他占0.23%。非住房消费提取金额占提取总额17.97%，其中离休和退休提取占11.91%、完全丧失劳动能力并与单位终止劳动关系及死亡或宣告死亡提取占0.3%、出境定居提取占0.01%、其他占5.75%。

【住房公积金贷款】 2019年，泰州市发放个人住房贷款1.33万笔、38.03亿元；发放"公转商"贴息贷款916笔、2.79亿元。回收个人住房贷款22.55亿元。全年支持职工购建房168.80万平方米。通过申请住房公积金个人住房贷款，节约职工购房利率支出5.51亿元。至年末，全市累计发放个人住房贷款13.21万笔、309.31亿元，贷款余额155.90亿元，比上年分别增长10.36%、12.86%、8.85%。个人住房贷款余额占缴存余额的97.87%，下降2.05个百分点。职工贷款笔数中，购房建筑面积90平方米(含)以下占9.87%，90~144平方米(含)占73.11%，144平方米以上占17.02%。购买新房占72.52%(其中购买保障性住房占0.11%)，购买存量商品房占27.47%，建造、翻建、大修自住住房占0.01%。职工贷款笔数中，单缴存职工申请贷款占19.30%，双缴存职工申请贷款占78.37%，三人及以上缴存职工共同申请贷款占2.33%。

【住房公积金收益及支出】 2019年，泰州市完成住房公积金业务收入5.1亿元，比上年增长10.36%，其中存款利息2132.39万元、委托贷款利息48703.1万元、其他140.95万元。完成住房公积金业务支出29652.30万元，增长14.96%，其中支付职工住房公积金利息23042.45万元、归集手续费567.83万元、委托贷款手续费450.87万元、其他5591.15万元。完成住房公积金增值收益2.13亿元，减少8.32%，增值收益率1.41%、下降0.3个百分点。住房公积金增值收益分配方面，提取贷款风险准备金14983.12万元，提取管理费用4041.02万元，提取城市廉租住房(公共租赁住房)建设补充资金2300万元。 (张 敏)

【房改工作】 2019年，泰州市区审批新老职工(含离退休)12820人，审批金额2614万元。其中老职工人数4959人，审批金额1143万元；新职工人数5365人，审批金额1143.03万元；离退休人员2496人，审批金额328万元。老职工一次性住房补贴人数481人，补贴面积34485.76平方米，补贴金额1410万元。出售公有住房18套，面积755.16平方米，出售金额24.5471万元。 (殷恒杰)

社会事务管理

·基层政权建设和社区治理·

【基层政权建设】 2019年，泰州市制定《关于加强乡镇政府服务能力建设的实施方案》，将靖江市新桥镇、泰兴市黄桥镇、兴化市戴南镇作为全省试点单位，深化"放管服"改革，推进乡镇政府服务能力建设。组织开展基层政权领域扫黑除恶专项斗争，发现基层村干部涉黑涉恶线索6起，清理不符合任职条件的村(居)委会成员95人，各市(区)依法依规补选村(居)委会成员351人。靖江市新桥镇、姜堰区兴泰镇西陈庄村、兴化市昌荣镇安仁村、泰兴市滨江镇仁寿村分别被评为全国乡村治理示范镇和示范村。姜堰区村务监督委员会"三责一体"联督机制获2017~2018年度江苏基层社会治理创新成果奖。

【社区治理创新】 2019年，泰州市创新城乡社区治理，新建、改造、升级一批社区综合服务中心。完成社区综合服务设施达标建设项目126个，累计奖补资金3194万元，城乡社区综合服务设施达标率分别为85.3%和81.6%。兴化市将城乡社区综合服务设施达标建设列为书记（市长）项目，提出“三年达标计划两年干”的目标。评选10个星级社区服务品牌、“十佳”社区服务品牌以及首批12名“社区工作名师”，在全市推广12套优秀社区工作法。开展城乡和谐社区建设，全市城乡和谐社区建设达标率分别为97%、93%。举办全科社工培训班及“互助户治”论坛，150多名街道负责人和社区工作者参加培训。海陵区“互助户治”社区治理通过第一批全省现代社区治理创新实验区结项验收，姜堰区被确认为第二批全省现代社区治理创新实验区。

【泰有爱“小巷大爱”特色品牌】 2019年，泰州市打造泰有爱“小巷大爱”特色品牌。投入3194万元对126个城乡社区达标建设进行专项补助。投入230万元实施60多个“微治理”项目，全市所有行政村全部完成新一轮村规民约修订工作，集中评选出16个乡村善治示范点和村民“自治+”优秀案例，组织上报52个优秀村规民约。首次组织“星级社区服务品牌”“社区工作名师”等评比活动，评选产生星级社区服务品牌10个、社区工作名师12人。新建睦邻点（站）200多个、睦邻平台66个，实现“策由民议、事由民办、效由民评”的居民自治新模式。

“泰有爱”星级社区服务品牌名录

我爱我家——海陵区城南街道宝带社区

“中天人一家亲”志愿服务——姜堰区罗塘街道中天社区

“滴滴”服务站——泰州医药高新区野徐镇仲联社区

晚霞情——海陵区城西街道海光社区

“爱心门铃”居家养老服务——海陵区城西街道安居社区

鲁班“80365”——海陵区城东街道迎春社区

十分钟便民服务圈——海陵区城中街道中山社区

情暖华泰“5880”便民服务平台——泰兴市济川街道华泰社区

弘德志愿服务驿站——泰兴市虹桥镇同德村

新邻驿家——海陵区京泰路街道润泰社区

（杨　波）

【社工队伍建设】 2019年，泰州市举办全国社工师考前培训5场，新增持证社工716人。至年末，全市有持证社工3021人，每万人拥有持证社工6人。1人入选省第五批社会工作领军人才。组织参加2018年度省优秀社会工作案例及项目征集评比活动，泰州市公益先锋社会工作服务社《隐形的翅膀——社会工作介入城市残疾儿童融合教育的个案研究》获二等奖，靖江市骥江社会工作事务所《脆弱的心终坚强：考试VS死》获三等奖。

（戴晓玉）

社区工作人员向群众宣讲“扫黑除恶”政策　（市民政局供图）

·婚姻　收养　殡葬·

【婚姻登记管理】 2019年，泰州市强化婚姻登记机构管理，推进“有爱有家”婚姻家庭辅导工作。全年办理结婚登记35583对，其中内地居民结婚登记35515对，办理离婚登记11633对，婚姻登记合格率100%。初婚平均年龄38.2岁，其中男方38.1岁、女方36.8岁。离婚平均年龄37.5岁，其中男方38.4岁，女方36.7岁。

【收养工作】 2019年，泰州市民政部门落实《民政部收养能力评估工作指引》《江苏省收养能力评估指标体系》，做好收养登记及收养能力评估工作。全年办理国外送养1例，办理国内收养82例；开展收养家庭评估82次。

【殡葬管理】 2019年，泰州市推进殡葬管理、殡葬服务和殡葬改革，保障群众“逝有所安”的民生需求。全年火化遗体36791具，遗体火化率100%，其中市区火化遗体12595具，靖江市火化遗体4956具，泰兴市火化遗体9261具，兴化市火化遗体9979具。有殡仪馆9家，经营性公墓9个，公益性公墓856个。清明节期间，全市殡葬服务单位接待祭扫群众52万人次。组织全市第18次江葬活动，219名逝者骨灰撒入长江。清理超规格公墓590个，取缔违规销售殡葬用品点10个。全市惠民殡葬投入3962万元，惠及36580人。

（陈　红）

·区划　地名·

【行政区划调整】 2019年11月21日，泰州市接收扬州市江都区浦头镇引江新村东野、永兴两个小组（区域面积0.61平方千米，233户、917人），整体划归海陵区寺巷街道大王居委会，

编为大王居委会的第10、第11居民小组。行政区划变更后，海陵区行政区域面积305.61平方千米，人口54.87万人；寺巷街道行政区域面积32.09平方千米，人口4.37万人；大王居委会区域面积2.11平方千米，人口3017人，下设11个居民小组。

2019年10月8日，姜堰区华港镇（区域面积69.7平方千米，辖17个村、1个居民小组、3.9万人）整建制划归海陵区管辖。行政区划变更后，海陵区行政区域面积374.7平方千米，人口58.68万人，辖10个街道、4个镇；姜堰区行政区域面积858.3平方千米，人口74.35万人，辖13个镇、2个街道。

实施姜堰区部分行政区划变更工作。2019年10月8日，撤销三水街道、桥头镇，设立新的三水街道；以原三水街道、桥头镇所辖行政区域为三水街道行政区域；街道办事处驻南石村委会境内，办公地址为科技路199号（原三水街道办事处办公地址）。10月8日，设立天目山街道；以罗塘街道的河西、光明、康华、振兴、河东、锦都、锦园、天目、通前9个居委会，前堡、公园、工联、城中、朱云、城东、通扬、城北8个村委会，沈高镇的后堡、官庄、万众、单塘、天民5个村委会区域为天目山街道行政区域；街道办事处驻振兴居委会境内，办公地址为振兴北路5号（原区规划分局办公地址）。10月8日，撤销兴泰镇、溱潼镇，设立新的溱潼镇；以原溱潼镇、兴泰镇所辖行政区域为溱潼镇行政区域；镇政府驻渔花池居委会境内，办公地址为俞溱路148号（原溱潼镇政府办公地址）。10月8日，将梁徐镇的新九、林野、王石、前舍4个村委会划归罗塘街道管理。10月8日，撤销梁徐镇，设立梁徐街道。以原梁徐镇的张埭、双墩、梁徐、周埭、江村、坡岭、邢家、岭家、三林、东官、二塘、官野、前时、钱港、葛联、桥林、黄村17个村委会区域为梁徐街道行政区域；街道办事处驻梁徐村委会境内，办公地址为府前路28号（原梁徐镇政府办公地址）。行政区划变更后，姜堰区人民政府驻三水街道，办公地址为上海路1号；罗塘街道区域面积38.69平方千米，人口13.8万人，管理16个村委会、24个居委会；梁徐街道区域面积56.81平方千米，人口4.19万人，管理17个村委会；三水街道区域面积81.48平方千米，人口7.33万人，管理25个村委会、5个居委会；天目山街道区域面积32.06平方千米，人口10.08万人，管理13个村委会和9个居委会；溱潼镇区域面积75.52平方千米，人口5.85万人，辖18个村委会和4个居委会；沈高镇区域面积42.37平方千米，人口2.26万人，辖10个村委会。

【地名管理】 2019年，泰州市开展不规范地名清理整治工作，整治违规使用“大、洋、怪、重”不规范地名。督促整改不规范地名17例。开展泰州市红色地名调查。修改完善《泰州市区历史文化地名标识方案》。组织开展文化地名标识及文字解读试点工程。7月12日，将海陵区明珠街道扬子港河北侧、泰州市公安局交通警察支队南侧，西至长江大道、东至鲍徐供销社宿舍楼，长1800米，宽10米双向二车道东西向道路命名为“鲍徐路”。11月7日，将姜堰区白米镇江苏康普印刷科技有限公司的北侧、江苏恒高电气有限公司南侧，东起东部干线，西止曙光大道，长2000米，宽18米东西向道路命名为“恒康路”。11月7日，将姜堰区白米镇金博通科技园北侧，东起蒲津大道，西止曙光大道，长4000米、宽12米的东西向道路命名为“金通路”。 （刘少峰）

·社会组织·

【社会组织登记管理】 至2019年末，泰州市登记成立社会组织总数7741个，新增社会组织635个，每万人拥有社会组织数15.2个。新增社区社会组织1068个，比上年增长14%。推进社会组织孵化平台建设，投入50万元扶持市（区）级社会组织孵化基地1个、乡镇级社会组织孵化基地2个，年末全市各类社会组织培育服务平台35个，累计孵化社会组织435个。加强社会组织监管，对37个社会组织给予撤销登记的行政处罚。与市公安局开展联合执法，约谈泰州市造船行业协会、泰州精英商会2个非法社会组织。

【社会团体登记】 2019年，泰州市有经各级民政部门注册登记的全市地方性社团总数4156个。其中，市直370个、县级社团3786个；行业性社团320个、社会服务类1735个、学术性社团209个、农村专业经济协会190个、文化类197个、体育类280个、科技研究类64个、教育类31个、卫生类37个、其他性社团1093个。年内审核批准社团433个，依法注销社团107个。

【民办非企业单位登记】 2019年，泰州市有经各级民政部门注册登记的全市民办非企业单位3563个。其中，市直199个、县级3364个；教育类387个、卫生类77个、文化类240个、科技研究类20个、体育类190个、工商服务类34个、社会服务类1943个、生态环境类35个、法律服务单位27个、农业及农村发展类280个、职业及从业类74个、其他类256个。年内审核批准民办非企业单位326个，依法注销89个。

【基金会登记】 2019年，泰州市有经各级民政部门注册登记的全市地方性基金会总数22个。其中，市直9个、县级13个。年内审核批准基金会3个。

【社会组织培育发展】 2019年，泰州市出台《社会组织承接政府职能转移和购买服务资质认定办法（试行）》，推进和规范社会组织承接政府职能转移。开展社区公益项目招投活动，104个社会组织申报“四型”（平安型、服务型、生态型、文化型）特色社区公益服务项目，投入200多万元重点扶持60个特色社区公益服务项目，为社区居民开展走访关爱、培训讲座、文艺演出、文体培训等公益活动100多场。举办第五届“泰有爱”泰州公益日活动，公益日当天广场服务累计参加群众近万人；社会组织走进100多个社区开展志愿服务，服务社区群众4万多人。开展社会组织“送年礼·结亲情”活动，为困难家庭筹集爱心资金40多万元、购置年礼1250份。引导市级社会组织参加咸阳-泰州扶贫协作，与咸阳市签订“爱心超市”“恒济助学”“养老护理员提升培训”“敬老院亮化工程建设”等13个扶贫项目,捐赠扶贫资金200万元。

（戴祝英）

·信用泰州建设·

【信用监管】 2019年,《泰州市公共信用信息条例》通过立法后评估。市政府出台信用“红黑名单”、工程建设“黑名单”管理、招标投标从业单位信用信息管理等7个制度。全年发布12期诚信“红黑榜”,其中守信法人1662个、守信自然人409个、失信法人264个、失信自然人1010个。加强行业信用监管,实施信用分级分类监管。开展失信专项治理,移除错误纳入拖欠民营企业中小企业账款名单1家,清除涉金融黑名单4个。核实国家下发泰州市的2582个失信黑名单主体,正常经营的主体有1129个。

【信用服务和应用】 2019年,泰州市在30多个领域应用信用承诺,并在“信用泰州网”进行公示。召开6期信用修复培训班,为400多家企业免费提供信用政策和信用修复辅导,修复553条失信信息。全年培育贯标企业97家、市级示范17家、省级示范1家。信用修复企业信用承诺率100%。在财政资金应用、评先评优等管理中进行信用审查和查询,出具审查报告1035份、查询报告909份、第三方信用报告524份。推进“信易贷”,至年末,147家平台登记,5664家企业注册,对接516亿元,其中信用贷款超过10%。

【公共信用信息系统】 2019年,泰州市完成市公共信用信息系统提升项目招标工作。市公共信用基础数据库涵盖全市41万家企业(含个体工商户)、500万个人基础信息,累计归集4600万条信用数据。实现“双公示”全覆盖,至年末,归集双公示数据600多万条。

（邵月娥）

·妇女儿童 老龄事务·

【妇女儿童事务】 2019年,泰州市推进妇女儿童关爱服务,全年申报全国“两癌”救助专项资金13万元,救助贫困患病妇女20人,每人获救助款1万元。实施省脱贫攻坚建档立卡户女性“两癌”救助项目,3名建档立卡患病女性获2.6万元救助。申报省2019年度妇女儿童公益社工服务项目,获批妇女儿童实事类立项公益项目7个,扶持资金35万元。开展“花开向阳·逐梦未来”“六一”主题活动,展示“蒲公英音乐课堂”成果。加强妇女儿童权益维护,开展泰州市“三八”妇女维权周广场咨询服务和法律宣讲活动,组织市、区妇女维权法律服务团和8家“平安家庭”成员单位参与现场咨询服务,发放各类宣传资料1000多份,接受妇女群众咨询110人次;市法院少年家事审判庭法官现场进行“家事有温度”法律宣讲。

（陈小磊）

【老龄事务】 2019年末,泰州市60周岁及以上老年人口130.29万人,占户籍人口总数26.03%。修订完善《老年人优待办法》,公开发布《2018年泰州市老年人口信息和老龄事业发展状况报告》白皮书,组织56.03万名老年人参加健康体检,统筹投保65周岁以上老年人意外伤害保险,投保人数97.46万人,覆盖全市75%以上的老年群体。市老年活动中心、姜堰中天护理院等7家单位获评省“敬老文明号”。

（史海春）

·民族宗教事务·

【民族团结进步创建】 2019年,泰州市有52个少数民族2.81万人,其中常住人口1.01万人、流动人口1.8万人。有市级民族社团1个。举办以“民族一家亲奋进新时代”为主题的第七个“民族团结进步宣传周”活动,开展“手拉手·爱我中华”少数民族青少年夏令营等系列活动。承办第三届“丝路信使”国际自行车赛开幕式。市民族团结促进会在新疆昭苏等地开展“1001个幸福微心愿圆梦”等公益活动。姜堰区张甸镇政府获“全国民族团结进步模范集体”称号,江苏恒地文体发展有限公司董事长蒋凯获“全国民族团结进步模范个人”称号。

【宗教活动场所管理】 2019年,泰州市有依法设立的宗教活动场所238处,其中佛教123处、道教19处、伊斯兰教1处、天主教2处、基督教93处。开展乱建庙宇整治工作,全年整治乱建佛教道教活动场所350个。修订《泰州市星级宗教活动场所认定考核评分细则》,新认定姜堰区净业寺、大纶基督教堂为三星级宗教活动场所;批准设立靖江市西来寺等“培育和践行社会主义核心价值观示范宗教活动场所”11个。组织开展宗教领域安全隐患大排查大整治“百日行动”、消防安全“百日攻坚”等活动,消除安全隐患370多个。

【民族宗教团体建设】 2019年,泰州市有宗教团体22个,其中市级宗教团体6个、县级宗教团体16个。出台《市级民族宗教团体财政补助经费管理办法(暂行)》,规范团体经费使用。9月11日,高港区道教协会成立。市级各宗教团体举办佛教活动场所突发事件应急救援知识培训班、道教宫观负责人培训班、基督教教职人员培训班等活动。

【民族宗教文体活动】 2019年,泰州市组建泰州市独竹漂运动队,代表江苏省参加第11届全国少数民族传统体育运动会独竹漂项目比赛,市民宗局被省民宗委、体育局表彰为“先进组赛单位”。举办泰州市第四届民族风味拉面技能比赛,甘肃籍回族选手铁麻二获一等奖。启动《江苏佛教通史·泰州分卷》和《泰州佛教寺志》编纂工作。市宗教文化研究中心形成《盐运河古海陵段佛教文化的挖掘、保护及利用研究》《泰州宗教建筑文化的特色彰显及若干思考》等宗教文化研究成果11个;光孝寺、上方寺分别承办江苏省佛协缘源书画院研修班各1期。举办“不忘初心·爱国爱教”道教文艺会演、首届“基督教中国化”神学研讨会暨文艺会演、“壮丽七十年 奋斗新时代”百僧祈福法会、泰州优秀宗教传统文化与文化名城建设论坛等活动。

【民族宗教政策法规宣传】 2019年,泰州市组织开展“宗教政策法规学习月”“民族宗教政策法规进高校”、《宗教事务条例》知识测试和网上答题等活动,全年在高校、社区、宗教活动场所等开展法治宣讲26次。举办宗教工作培训班17期,2600多人次参加培

训。5月13日，泰州市“民族宗教政策法规进高校”首场专题讲座在江苏农牧科技职业学院举办。9月29日，召开全市高校民族宗教工作座谈会，在泰州的7所高校分管负责人参会。12月7日，泰州市大学生民族宗教政策法规知识竞赛在泰州学院举行决赛，江苏农牧科技职业学院代表队获一等奖。

（胡克文）

·消费者权益保护·

【消费维权】 2019年，泰州市各级消费者权益保护维权机构8个、消费者投诉站207个、企业监督站114个，在册维权志愿者12人，消费教育教师团成员4人、法律工作者志愿团志愿者6人。全市消费者权益保护维权系统办结消费者投诉8099件，为消费者挽回经济损失404.3万元。接待来电、来访咨询36375人次。运用人民调解程序调解消费纠纷3122件，为消费者挽回经济损失151.2万元，运用诉调对接程序调解消费纠纷1267件，为消费者挽回经济损失63.2万元；企业背部监督站自行和解消费纠纷159468件。开展以“品质泰州 放心消费”为主题的“3·15”系列活动，表彰“2018年度放心消费创建活动示范单位”和“先进单位”，发布“十大消费维权案例”。

【维权领域拓展】 2019年，泰州市变消费者投诉登记分流为投诉处理指导。走访全市各级消保维权机构，整理汇总各部门原有消费投诉处理规范。通过人员座谈、企业走访、收集资料等形式，了解基层消费维权岗位运行状况。扩大“郑美琴维权工作室”规模，全市有“郑美琴维权工作室”28家，工作室结合调解实例宣传相关法律法规，解答企业遇到的新问题，并向企业征集改进工作的意见和建议。

2019年3月15日，泰州市开展“品质泰州，放心消费”主题宣传活动

（市市场监管局供图）

【“民生行”活动】 2019年，泰州市组织开展“市场监管民生行”活动，围绕百姓衣、食、住、行、用等方面，开展消费知识科普和消费答疑，先后组织检验检测实验室开放日、家装安全进社区、消费品安全“三进”等专题活动，开展特种设备安全、保健食品安全、用药安全等质量安全知识宣讲，至年末，全市开展“民生行”活动10多项。

【放心消费创建】 2019年，泰州市启动“住宅装修第三方资金监管平台”。推动解决装修公司和消费者之间“先装修”“先付款”之间的矛盾，杜绝部分装修公司套取消费者装修资金“跑路”行为。组织参加江苏省第二届放心消费创建百件惠民实事征集评选活动，全市9个项目被评为江苏省第二届放心消费创建百件惠民实事。

（丁　薇）

责任编辑　王　卉

公共安全

自然灾害

【气象灾害】 2019年,泰州市主要气象灾害有连阴雨、暴雪、强对流、台风、高温、干旱、雾和霾、寒潮等。

连阴雨。前冬(2018年12月至2019年2月)全市降水量219.0毫米(兴化)至272.4毫米(泰兴),较常年同期偏多1倍左右,为异常偏多范畴,居历史同期第二高值(仅次于1997年);降水日数37天(泰州)至48天(靖江),较常年同期偏多近1倍,其中泰兴和靖江为历史同期最多值,其他为历史同期次多值(仅次于1968年)。前冬全市出现5段连阴雨过程,分别为2018年12月1~11日、2018年12月19~23日、2018年12月30日至2019年1月15日、2019年1月28日~2月3日、2019年2月6~22日。其中,2018年12月30日至2019年1月15日及2019年2月6~22日持续时间最长,阴雨日数均达到17天。

暴雪。受强冷空气影响,2月8~9日全市出现暴雪天气。该次暴雪天气过程从8日凌晨开始,白天降雪暂歇,傍晚起出现降雪天气,各地过程最大积雪深度分别为:泰州6厘米、兴化6厘米、姜堰8厘米、泰兴9厘米、靖江10厘米。

强对流。受江淮气旋影响,4月7~9日,全市出现明显降水降温过程并伴有雷雨大风等强对流天气;9日中午至10日,全市普遍出现7~9级西北风,最大风速22.9米/秒,于9日11时53分出现在泰兴河失镇。受东北冷涡南落影响,7月6日,全市自北向南出现一次罕见强对流天气过程,该次强对流天气持续时间长、影响范围广、风雨强度大,其中高港口岸、许庄出现小冰雹,13个自动站出现8级大风,2个自动站出现9级大风,1个自动站出现10级大风,极大风速最高达26.1米/秒,于7月6日19时07分出现在泰兴张桥镇;最大雨强42.1毫米/小时,出现在7月6日18~19时的高港永安洲镇和7月6日20~21时的泰兴姚王镇。

梅雨。2019年泰州市梅雨期为6月18日~7月21日,入梅正常,出梅偏晚,梅期34天,较常年偏长。各地梅雨量分别为:泰州107.1毫米、高港146.4毫米、姜堰110.5毫米、靖江226.3毫米、泰兴159.9毫米、兴化77.2毫米。与常年平均梅雨量(230.6毫米~245.4毫米)相比,靖江接近常年,兴化偏少近7成,其他各地普遍偏少4~6成。2019年梅雨量是自2017年起第三年连续偏少。梅雨期内有4次全市范围降雨过程,分别为:6月28日、7月6日,全市普降中雨;7月12日、7月17日,全市范围内小到中雨,局部暴雨。

高温。2019年泰州各地高温日数12天(靖江)至16天(泰兴)。出梅后受副热带高压影响,7月下旬至8月上旬全市出现大范围持续性高温天气,极端最高气温38.7℃,于7月29日出现在泰兴。

台风。全年有1个台风直接影响泰州,为8月9~11日的9号台风"利奇马",全市普降暴雨,局部大暴雨,有19个乡镇降雨量超过100毫米。

干旱。2019年,全市出现春夏秋连旱。3月1日~11月20日,全市降水量454.0毫米(泰州)~716.7毫米(靖江),兴化和泰州为历史同期第二少值(仅多于1978年),中北部较常年同期偏少4~5成,南部地区较常年同期偏少2~3成,全市大部分地区出现中旱或以上等级气象干旱。

雾、霾。2019年,各地雾日数分别为:泰州61天、兴化58天、姜堰20天、泰兴22天、靖江17天;各地霾日数分别为:泰州61天、兴化60天、姜堰66天、泰兴70天、靖江80天。主要雾、霾天气过程出现在1月13~15日、2月3~6日、2月22~26日、10月19~22日、10月24~25日和11月22~24日。

寒潮。2019年11月和12月受强冷空气影响,全市出现多次寒潮过程。11月17~18日,全市48小时最低气温降幅11℃(泰兴)~16.4℃(兴化),其中兴化19日早晨出现11月最低气温-1.8℃,17日夜里有21个自动站极大风速达8级,最大风速23.4米/秒(达9级),于17日23时25分出现在泰州大桥。11月24~25日,全市48小时最低气温降幅8.9℃(泰兴)~11℃(靖江),24日傍晚有7个自动站极大风速达8级,最大风速20米/秒,于24日17时29分出现在泰州大桥。12月25~27日,在北方冷空气补充南下影响下,全市48小时最低气温降幅7.3℃(姜堰)~10.6℃(兴化),27日最低气温降至1.1℃(姜堰)~-2.4℃(兴化)。12月29~31日,受较强冷空气持续影响,全市48小时最低气温降幅7.7℃(兴化)~10.6℃(靖江),31日最低气温降至-2.8℃(姜堰、泰兴、

靖江)~-4.5℃(兴化),30日傍晚至夜间风力较大,有3个自动站极大风速达7级,最大风速14.7米/秒,于30日22时51分出现在兴化大邹镇。

【洪涝灾害】 2019年,泰州市汛期出现7场暴雨、大暴雨过程,大部分为局部暴雨或大暴雨,全市面平均降水量448.3毫米,比常年同期(684.7毫米)偏小34.5%,里下河地区面平均降水量363.6毫米,通南地区面平均降水量495.4毫米;汛期单站日降水量,里下河地区最大为沙沟站89.8毫米(8月10日),通南地区最大为口岸闸站83.0毫米(8月10日)。主城区86平方千米实行独立水系调度,汛期泰州(通)最高水位2.84米(5月15日、9月30日),最低水位2.12米(8月10日),水情平稳,未出现超3.80米警戒水位。

汛期全市内河水情平稳,没有超警戒水位,里下河兴化站最高水位1.74米(7月30日),通南地区黄桥站最高水位2.83米(6月6日)。7月下旬因沿淮和淮北、里下河北部抗旱形势紧张,沿江省管高港枢纽、江都枢纽全力大引江,新通扬运河城区段泰州(下)有4天超2.00米警戒水位。

受长江流量大和农历天文大潮共同影响,7月19日(农历六月十七)、8月4日(农历七月初四),全市沿江各地分别创下年内最高潮,分别为:口岸闸下4.80米、马甸闸下4.65米、过船港闸下4.55米、夏仕港闸下4.23米。

【台风灾害】 2019年8月9~11日,受9号台风"利奇马"影响,泰州市普降暴雨,局部大暴雨。9日20时至11日20时,各地过程累积降水量为:泰州59.6毫米、高港95.8毫米、姜堰70.8毫米、靖江91.8毫米、泰兴102.9毫米、兴化68.2毫米,有19个自动站降雨量在100毫米以上,最大降雨量187.1毫米,出现在泰兴元竹镇。93个自动站极大风速在7级及以上,其中18个自动站极大风速达到8级,2个自动站极大风速达到9级,最大风速21.6米/秒,出现在兴化沈坨镇。

(刘华玮 汤 敏)

【地质灾害】 2019年,泰州市未发生突发性地质灾害,无人员伤亡。渐变性地质灾害危险性小,类型主要为地面沉降。年沉降量大于10毫米的沉降区域主要分布在兴化市区及戴南镇部分地区,其中戴南镇沉降区沉降速率最大,最大沉降速率超过15毫米/年,地面沉降速率超过10毫米/年的区域面积超过2平方千米。海陵区九龙镇基岩标监测结果显示,市区地面沉降趋缓。

【林业生物灾害】 2019年,泰州市林业有害生物发生面积1113.33公顷,其中虫害发生面积1073.33公顷、病害发生面积40公顷,发生主要集中在杨树食叶害虫和银杏超小卷叶蛾,占总发生面积91.7%。按行政区域划分,全年发生面积集中在泰兴市和姜堰区,占总发生面积88.4%。杨树溃疡病发生面积40公顷,整体危害程度较轻;杨树食叶害虫以杨扇周蛾为主,发生面积706.67公顷,比上年减少17.8%,整体危害程度较轻;银杏超小卷叶蛾发生面积313.33公顷,发生面积上升61.5%,整体危害程度较轻;美国白蛾发生面积52.13公顷,减少48%,整体危害程度较轻。

(李 映)

高港枢纽 (缪宜江供图)

防灾减灾

·气象防灾减灾·

【气象防灾减灾机制】 2019年,泰州市推进基层气象防灾减灾"六个一"(一本账、一张图、一张网、一把尺、一队伍、一平台)标准化建设,将气象灾害防御体系建设列为全市推动农业农村优先发展工作的重要内容,纳入对市(区)乡村振兴工作目标管理绩效考核。突发事件预警信息发布平台本地化开发项目通过市政府组织的验收,22家市级部门通过电子政务外网接入平台,34家县级单位完成接入。市、市(区)两级均印发《预警发布中心建设及管理办法》。气象防灾减灾体系列入减灾示范社区创建,7个社区申报国家级减灾示范社区。组织开展基层气象防灾减灾体系建设配置标准落实情况调查,推进乡镇(街道)、行政村(社区)气象预警信息接收传播"四有"(有职责、有设施、有制度、有名库)标准建设,全市"四有"标准覆盖率95%。

【气象探测和预报】 2019年,泰州市完善全市气象探测网,建成103套自动气象观测站,实现乡镇全覆盖。完成5个国家气象观测站点标准化建设,优化气象探测设施,提升气象探测能力。应用气象预报新技术,开展系列精细化智能网格预报,全市24小时晴雨、温度预报准确率分别为89%、90%。

【气象服务】 2019年,泰州市气象局发送市级决策气象服务短信65次,发布重要天气报告、天气专报100多期,发布重大气象灾害预警67次,为抵御台风“利奇马”等气象灾害提供保证。发布天气预报1200多次，市民通过天气预报平台了解15天天气趋势；通过微博、微信、手机短信、气象信息员“钉钉”平台等，及时向公众发布气象预报预警信息和科普知识，拓展气象信息的传播覆盖面，其中“泰州气象”全年发布微博4432条、微信2450条。制定印发《生态文明建设气象保障方案(2019～2020)》，明确五大体系、14项任务。开展减排效果气象评估，向市政府报送霾发生情况专题评估报告。开展重要时间节点大气稳定度空气污染扩散条件预报，发布空气质量预报。强化重污染天气人工影响保障准备，完成人工影响作业点的重新选址，全市首次开展人工影响天气试验。开展气候对城市影响专题研究，完成城北生态经济带生态旅游气象评价报告。编制全市气象气候专项报告，发布春耕春播、夏收夏种农气旬报和月报，以为农服务平台为载体发布农业保险信息，制作发布春运气象服务专报42期。制作24小时内温度、风、湿度等要素的3小时精细化预报和未来5天天气趋势等供电气象服务材料172期。

【防雷安全监管】 2019年，泰州市召开全市气象部门安全生产暨防雷安全监管工作研讨会、雷电防护装置检测单位管理工作会议。全面梳理油库、气库、弹药库、化学品仓库和烟花爆竹、石化等易燃易爆建设工程和场所415家，更新录入防雷安全监管平台基础数据库。按照“互联网+监管”平台建设要求，编制监管事项实施清单。推行“双随机、一公开”监管机制，抽取9家雷电防护装置检测单位进行重点检查，做到统一检查图表、统一检查尺度、统一记录归档。开展全市防雷安全监管专项行动，实施防雷监督检查408家，发现安全隐患171条，全部完成整改。 (刘华玮 汤 敏)

·防汛防旱防台·

【防汛检查和除险消险】 2019年2月19日，泰州市防汛防旱指挥部(简称市防指)发文要求各地各部门加强安全度汛风险防控和隐患治理，开展汛前检查工作，落实防汛抢险救灾的各项措施。3月中旬到4月上旬，市防指对各市(区)汛前检查工作进行现场抽查。4月28日，召开全市防办主任会议，部署防汛准备工作。5月6日，通报防汛减灾薄弱环节和风险隐患并提出除险消险要求。10月31日，市防指发文要求各地各部门组织开展水利工程汛后检查，全面摸清水利工程险工患段、薄弱环节和工程水毁情况，组织实施水毁修复和除险加固。12月，对各地水利工程进行汛后现场检查。

落实防汛防旱工作行政首长负责制，根据机构改革、人事变动和工作情况，及时调整2019年度防汛防旱指挥部组成单位和人员，重新明确各成员单位防汛防旱工作职责。6月10日，召开全市防汛防旱工作会议，部署全市防汛防旱工作，并在市政府网站公布全市防汛防旱责任人、城市防洪责任人、防台风行政责任人名单，接受社会公开监督。

开展度汛隐患除险消险工作，全市整修堤防86.45千米，加固改造圩口闸498座、排涝站154个、涵洞13座，实施长江抛石护岸23.67万立方米。靖江市投资1.86亿元，实施上九圩港泵站及配套河道工程。泰兴市投资6亿元，实施沿江生态廊道项目，新建新段港闸。兴化市投入2000万元，加固改造300座圩口闸和40座排涝站。海陵区形成九龙镇防洪体系完善建议方案。高港区泵站改扩建工程投入试运行，完成南官河闸外港堤提升工程的挡浪墙浇筑，对故土社区通扬路以北片水系、杨湾港区围墙外堤脚排水沟实施清淤。姜堰区完成224座手动圩口闸的电启闭改造。加强部门联动防汛，市住建部门组织维护城市排涝设施，完成原党校、实验小学、凤凰花苑等56处积水点改造；市农业农村部门深入田间地头，做好灾前巡查，排查整治隐患，落实防汛抢险各项应急措施；市供电部门设置防汛关键岗位150人，开展防汛隐患排查，排查发现隐患110条，全部完成整改。

完善《防汛防旱应急预案》《防御台风预案》《长江溃口性险情防汛抢险应急预案》《水旱灾害防御水利工程调度方案》等应急预案。强化防汛物资储备，完成市、市(区)两级防汛物资储备任务，储备“三袋”(麻袋、草袋、编织袋)160万只、木材550立方米、块石5万吨、土工布5.8万平方米。9月，市本级补充储备应急排水泵10台。

【防汛防台】 2019年8月9日12时，泰州市防指启动全市防台风Ⅳ级应急

2019年6月19日，市防汛防旱指挥部办公室组织开展城区应急排涝演练 (市水利局供图)

响应;8月10日22时,提升应急响应至Ⅱ级。汛期沿江四大闸(口岸、马甸、过船、夏仕港)自流引江8.51亿立方米,比上年少引水1.11亿立方米;排水1.03亿立方米,与上年相差不大。汛期沿江省管工程向里下河地区自流引江,高港枢纽引水32.44亿立方米,比上年多引水18.60亿立方米;江都枢纽(东闸)引水30.85亿方,比上年多引水17.25亿立方米;汛期2座枢纽均未发生抽排里下河地区涝水调度。

【防旱】 2019年春、夏、秋连旱,泰州市编制《水旱灾害防御水利工程调度方案(试行)》,及时调整调水方案,合理调度水源。常态化运行城区调水泵站,全年开机165天,向主城区生态补水1.21亿立方米。利用沿江各通江口门抢潮引水,增加内河水源补给,全年通过口岸闸、马甸闸、过船闸、夏仕港闸等向通南地区引水10.7亿立方米。通过动力抽引江水,向通南地区生态补水,马甸枢纽全年开机41天,引水2.13亿立方米;高港枢纽全年开机53天,引水2.79亿立方米。通过高港枢纽节制闸、江都枢纽向里下河地区自流引水111.4亿立方米,缓解里下河地区枯水期的水源矛盾。

(陈建勋 李 想)

·防震减灾·

【地震台站建设】 2019年,泰州市地震监测站加强市地震台网中心的运行管理,完成每日、每周、每月各项地震监测数据的上报工作,完成全市地震台网监控区域内M1.5以上地震速报工作。强化地震信息网络运行环境的维护与日常管理,全年应急处置仪器设备、通信网络故障2次。提升地震监测能力,完成市地震台网中心台基噪声分析软件、新版地震信息发布平台、地震行业内网VPN等系统的安装和调试。强化基础建设,完成对市地震台网中心机房Jopens数据流服务器、Jopens数据库服务器等硬件设备的采购和更新工作。

【抗震管理】 2019年,泰州市抗震办公室推进超限高层抗震审查,完成华润双子塔超限高层抗震专项审查。全年完成抗震设计审查1079项,审查并纠正违反强制性条文96条、强制性标准2054条。开展"泰房安"校舍安全风险排查活动,排查12所市直学校的120幢单体建筑抗震安全隐患,排查面积55万平方米。成功申报江苏省防震减灾科普教育基地,创建国家级防震减灾科普教育基地。开展全市应急避难场所检查,抽查10个避难场所,其中中心避难场所5个、固定避难场所5个;委托南京工业大学、泰州市建筑设计院针对全市避难场所现状进行调研分析,设计改造方案。

【防震减灾科普宣传】 2019年,江苏省"全国防灾减灾日"宣传活动在泰州举行,其间开展地震防灾科教馆参观体验、抗震防灾实地模拟演练、地震防灾主题舞台剧排演等活动,发放科普资料2000多份,提供现场咨询数百人次。市住建局在"我的泰州"APP上开展"抗震防灾知识有奖在线竞答",答题人数超万人。组织省泰中附中参加"第二届全国防震减灾知识大赛预赛暨江苏省防震减灾知识大赛"。创成2家省级防震减灾科普教育基地。在《泰州日报》设置"抗震防灾科普"专栏,发表抗震防灾科普知识文章9篇。编写抗震防灾科普剧《马小虎历险地震国》,在凤凰小学、实验学校等学校进行展演,并获省第六届科普剧会演创作表演奖青年组优秀奖。

【江苏省抗震防灾科教馆在泰州揭牌】 2019年5月10日,江苏省抗震防灾科教馆在泰州建成运营,省住建厅副厅长刘大威、副市长王学锋共同为科教馆揭牌。该馆位于天德湖公园泰州科技馆内,总建筑面积约2000平方米,为全省首家建成运营的以抗震防灾为主题的科教馆。围绕抗震模拟体验、地震避险训练、逃生演练等内容,综合利用实物模型、立体展示、仿真布景、模拟游戏等高新技术手段,让市民体验真实的地震情况,掌握救助逃生方式。江苏省委新闻网、新华报业网等媒体予以报道。

(殷恒杰)

·地质灾害防治·

【地质环境监测网络】 2019年,泰州市完善地下水地质环境监测网络,至年末,全市有地下水监测点66个,其中水位监测点61个,包括国家级14个、省级4个、市县级43个;地下水水质监测点7个,其中国考点位1个、省考点位6个;水质水位共测监测点2个。每月开展地下水动态监测,按季度发布《水情通报》4期。实施2019年度地质环境(地下水、地面沉降)和土壤地球化学动态监测与评价工作。对全市高

2019年5月10日,江苏省抗震防灾科教馆在泰州揭牌。图为馆内实训课堂

(市科协供图)

分辨率干涉雷达实施监测，快速获取地面沉降分布与发展情况。

【突发性地质灾害防治】 2019年，泰州市编印《2019年度地质灾害防治方案》，发放《地质灾害防灾避险明白卡》，安装制作地质灾害隐患点标识牌。严格执行汛期24小时应急值守和险情速报制度，做好汛期巡查和应急演练、处置等工作。靖江市开展孤山地灾隐患点治理工作，孤山特大型滑坡、崩塌地质灾害治理项目二期工程通过市级验收。围绕地质灾害防治主题组织开展防灾减灾宣传周系列活动。建立突发性地质灾害应急部门联动工作机制，开展全市开发区地质灾害危险性区域评估工作，区域评估的成果由该开发区区域内实施项目建设的单位和个人免费共享。

·林业灾害防控·

【林业有害生物灾害防治】 2019年，泰州市林业有害生物发生面积1113.33公顷，比上年减少5.6%，发生率1.78‰。美国白蛾发生情况得到有效遏制，全市有害生物防治率100%、无成灾发生。全年全市林业有害生物无公害防治率85%，产地检疫率、调运检疫率均为100%。

【森林防火】 2019年，泰州市组织开展春节、元宵节、"两会"、清明节、夏季高温、国庆节和秋冬季等重大节庆和森林防火关键期的森林防火督查。全年开展重点森林防火单位安全检查3次，组织60多人参加全市森林防火业务培训和应急演练，采购添置一批森林防火专业物资装备，初步建成市森林防火物资装备库。全年全市未发生森林火灾。 （李　映）

·动物疾病防控·

【动物疫病集中防疫】 2019年，泰州市印发《主要动物疫病免疫实施方案和技术方案》，调整动物疫病强制免疫"先打后补"相关政策和标准。全面实施重大动物疫病强制免疫"先打后补"，在全省率先完成试点目标任务。举办动物疫病免疫技术培训，开展免疫抗体"双随机"抽检，完成免疫抗体集中监测。全年累计使用各类疫苗14322.72万毫升（头、羽份），其中强制免疫疫苗3594.91万毫升（头、羽份），累计免疫畜禽11456.06万头（羽）次；各类重大动物疫病的应免密度均为100%，群体免疫抗体水平90%，超过国家和省标准。9月20日至10月底，实施秋季重大动物疫病集中防疫行动，畜禽应免密度100%，牲畜耳标配戴率100%。

【兽医实验室管理】 2019年，泰兴市、兴化市、高港区取得省级兽医实验室非洲猪瘟检测资质授权。规范全市兽医实验室管理，组织开展兽医实验室安全专项检查，围绕病原学实验室建设和运行、生物安全管理责任制和规章制度落实、生物安全防护措施落实、试剂耗材采购管理、实验活动开展、废弃物无害化处理、应急预案制定、菌（毒）种和样品保存管理、技术人员培训、实验记录和资料档案管理、实验数据分析统计上报等内容，通过自查、督查、现场抽查、交流座谈等方式，发现并整改各地兽医实验室存在的问题。制定下达各地送样监测流调任务，完成省级定点监测采样送样任务和国家定点监测的市级检测任务。组织各地实验室参加省级检测能力比对活动，市本级实验室比对结果全部正确。

【非洲猪瘟防控】 2019年，泰州市专项督导年出栏1万头以上规模猪场生物安全措施落实情况；召开全市生猪规模养殖场非洲猪瘟防控专题会议，落实市、市（区）、乡镇三级督导机制。启动生猪定点屠宰标准化示范企业创建活动，兴化市合塔供销合作社迅达食品加工冷冻厂和江苏百汇农业发展有限公司通过专家组验收。开展为期1个月的全面消毒和灭鼠灭蚊虫专项行动，实施养殖、运输、屠宰加工、无害化处理等环节的消毒和灭鼠灭蚊虫。组织非洲猪瘟防控秋季大消毒工作，在全市组织开展"大清洗大消毒"突击周行动。制定《生猪规模养殖场非洲猪瘟防控技术指南》，举办全市动物疫情应急管理培训班。

【非洲猪瘟监测】 2019年，泰州市加强屠宰环节监测，在全市开展生猪屠宰环节非洲猪瘟自检和官方兽医派驻制度"百日行动"，全市9家生猪屠宰企业购置荧光PCR检测设备，建立非洲猪瘟检测实验室，全年监测生猪混合血液样品974份。组织生猪屠宰企业参加省级非洲猪瘟检测能力比对并全部通过考核。实施企业日常检测留样，建立市、市（区）两级定期复核抽检机制。组织泰兴市、兴化市、高港区、靖江市、姜堰区参加兽医实验室非洲猪瘟检测能力比对试验，取得省级检测资质授权。市本级及时调整监测计划，扩大检测范围和频次，对养殖环节进行1次普查监测，实施屠宰、市场、无害化处理环节月监测制度。

【动物产品质量安全】 2019年，泰州市推进动物产品质量安全监管，实施病死动物无害化处理监管，推进无害化收集体系建设，规范养殖环节病死动物无害化处理工作。推行"农牧旺"智慧服务管理平台，实施保处联动，实现养殖环节病死动物申报、送交、收集、运输、处理及理赔的全过程实时信息化监管。5月起，在全市开展为期7个月的"动物检疫管理规范化"和"动物及动物产品调运监管规范化"专项行动，集中查处违规检疫出证、运输未经检疫的动物和动物产品等违法违规行为。开展"瘦肉精"监测数据上传能力建设试点，完成"瘦肉精"快速检测仪的招投标及发放工作；开展牛羊家禽屠宰监督管理，江苏鼎汇、丽佳农牧、靖江哈冠、姜堰立春4企业认定为"江苏省畜禽集中屠宰企业"。全年猪"瘦肉精"监测检测结果全部为阴性。推进兽药质量追溯管理，构建覆盖兽药生产、经营和使用的全链条质量追溯管理体系。推进兽用抗菌药使用减量化试点工作，江苏洋宇生态农业有限公司的试点经验作为范本在全国推广。

【动物疫病净化】 2019年，泰州市制定动物疫病净化指导意见、净化工作指南、净化评估程序和要求以及净化评估标准，组建市级评估专家库。推进"两场"（动物疫病净化创建场、动物疫病净化示范场）净化创建与示范，对

2017 年已经通过市级评估的净化场开展“回头看”，对 2018 年已经实施的净化场和 2019 年有净化意向的场，帮助制定净化技术方案，指导做好免疫、监测评估和病原学阳性动物淘汰工作，完善引种、隔离、消毒等生物安全措施。组织全市 3 家规模场申报省级净化评估，有 2 家通过省级评估验收。

【泰州市重大动物疫病免疫抗体飞检合格率全超国标】 2019 年 6 月 20～21 日，泰州市动物疫病预防控制中心在各市（区）随机抽取 1 个乡（镇、街道）及所属 2 个自然村的猪、牛、羊、鸡、水禽（鸭、鹅）规模养殖场点，现场采集 93 个畜禽养殖场（户）血样 465 份进行重大动物疫病免疫抗体的盲样检测，检测样品 940 份次，检测合格率均超过国家、省规定的 70% 标准。其中，检测高致病性禽流感（H7N9 H7－Re2 株）270 份，合格 269 份，合格率 99%；口蹄疫（O 型、A 型）235 份，合格 231 份，合格率 98%；猪瘟 75 份，合格 72 份，合格率 96%；高致病性猪蓝耳病 75 份，合格 74 份，合格率 99%；小反刍兽疫 80 份，合格率 100%；鸡新城疫 205 份，合格 201 份，合格率 98%。

（葛　静）

【全国大学生动物防疫职业技能大赛决赛在泰州举行】 2019 年 11 月 22～24 日，全国农业职业教育教学指导委员会指导、中国现代畜牧业职教集团主办的 2019 年全国大学生动物防疫职业技能大赛决赛在江苏农牧科技职业学院举行，全国 37 所高职院校的 53 支代表队参赛。决赛中，选手参加理论知识的闭卷考试，分组进行鸡翅静脉采血、心脏采血、鸡体解剖与采样的技能考核，决出特等奖 2 个、一等奖 5 个、二等奖 10 个、三等奖 30 个。其中，程理根、咸继洁、佟广科 3 名学生组成的江苏农牧科技职业学院代表队获特等奖。（赵　蓉）

环境安全

【概况】 2019 年，泰州市开展《突发环境事件应急预案（修订）》修编和评审。加强省级工业园区及化工园区预案的备案管理，完成全市 381 家涉危涉重环境风险企业预案备案和录入平台工作。全市 354 家重点环境风险企业环境基础信息入库率 100%。发布《泰州市 2018 年环境状况公报》，完成重点行业企业用地调查市级风险筛查结果纠偏专家论证工作。

2019 年 11 月 7～8 日，江苏省首届突发环境事件应急响应技能竞赛暨里下河地区省级示范性应急演练在兴化市举办　　（市生态环境局供图）

【环境安全隐患排查整治】 2019 年，泰州市出台《化工企业环境安全隐患暨排污口排查整治专项行动方案》，对 3 家化工园区、198 家化工企业及排污口开展化工企业环境安全隐患暨排污口排查整治专项行动、安全生产大排查大整治行动，排查出 177 家园区、企业存在环境安全隐患问题，至年末，有 169 家园区、企业完成安全隐患问题整改。

【环境安全应急响应】 2019 年，泰州市推进里下河“重点流域跨界突发环境事件风险防范与应急响应体系建设”项目建设，在兴化市建成江苏省环境应急物资库里下河储备基地以及应急救援队伍，建立里下河重点城市之间的联动合作机制，承办 2019 年里下河地区省级示范性应急演练。完善区域突发环境事件应急联动协调机制，与扬州市、兴化市与宝应县和高邮市共同签订里下河重点城市之间的联动合作相关文件。加强生态环境、应急、公安、消防、海事等部门（单位）应急联动，妥善处置“1·31”兴化市自来水厂取水口水质异味事件、“4·3”江苏中丹技术化工有限公司火灾事故等 5 起突发事件。（张　俊）

农业安全

【概况】 2019 年，泰州市健全农业安全生产责任体系，落实部门监管职责和企业主体责任，组织农业安全生产宣传发动和技能培训，开展农业企业安全生产隐患排查和专项整治，从源头、生产环节、市场等方面推进农业安全生产工作。年末，全市有在用的各类拖拉机 9400 台（其中变型拖拉机 186 台）、收割机 7591 台、插秧机 4400 台、粮食烘干机 3400 台、自走式植保机 3500 台。有农（兽）药生产企业 20 家，其中农药生产企业 2 家。建有大中小型沼气工程 573 座，秸秆收集加工利用企业 48 家。有生猪屠宰企业 8 家、饲料生产企业 47 家、病死畜禽无害化处理企业 1 家。全市列入排查休闲农业类景区安全生产监管范围的主要休闲农业类景区有 63 家。

【农产品质量监管】 2019 年，泰州市推进农产品质量安全创建工作，高港区、泰兴市分别创成国家级、省级农产品质量安全县,靖江市获批省级农产品质量安全县创建试点单位,姜堰区通过国家农产品质量安全县年度现场复核。健全完善监管长效机制,建立规模农业主体名录,2038家新型农业经营主体、25051个种植养殖户登记入册,其中建立电子信用档案1515件。制定印发《农产品质量安全突发事件应急预案》。推进农药生产使用、瘦肉精、农资打假等7项农产品质量安全专项整治,组织开展主题教育农产品质量安全专项整治行动,立案查处行政执法案件13个,移送司法案件3个。全市统一使用省农产品质量追溯平台,493家农业主体入网注册,可溯源产品1255个,建立电子生产档案3397份,追溯产品批次累计7373个,打印追溯二维码标签累计16万多张。全年全市未发生等级以上农产品质量安全事件。

【农产品质量安全监测】 2019年,泰州市完成市级农产品定量检测1065批次,合格率99.62%;蔬菜速测23.25万批次,合格率99.99%。市农林畜水产品质量检测中心、泰兴市农产品质量检验检测综合站通过农产品质检机构考核省级复评审。参加全省农产品质量检测技能大比武,获团体二等奖(总分第二名)。市农林畜水产品质量检测中心全年完成省级农产品质量安全例行监测任务2065批次,任务量为历年之最。

【农作物种子质量安全】 2019年,泰州市检查农作物种子企业和经营门店900多家次、种子生产基地60多家次,抽取水稻、玉米、大豆、小麦、油菜、蔬菜等农作物种子样品300多份,常规指标检测合格率99.5%。对在泰州市繁种的38个水稻和小麦品种、5600多公顷种子田进行踏田质量检查,淘汰近70公顷质量不达标田块。在全市建立6个水稻、小麦品种安全测试点,全年对240个次水稻、小麦新品种的播栽期、抗(耐)病、抗倒、抗寒能力等进行安全测试。对省农业农村厅安排的10个常规粳稻品种、40个种子样品真实性及纯度进行田间种植,经省厅组织专家踏田现场鉴定,未发现不合格种子样品。 (赵 荟)

【粮食安全】 2019年,泰州市围绕增强粮食综合生产能力、保持粮食播种面积和产量基本稳定、加强粮食储备安全管理和应急保障、搞活粮食市场流通,落实粮食安全责任制,建立健全保障粮食安全的长效机制,泰州市粮食安全责任制年度考核工作居全省第三位。开展政策性粮食库存大清查,组成6个市级普查组,按照“有仓必到、有粮必查、有账必核、查必彻底、全程留痕”要求,检查126家粮企、1615个仓间、188.9万吨粮食,检查中发现的182个问题全部完成整改。 (邵月娥)

【农资安全】 2019年,泰州市开展春季农资打假专项执法行动、夏季“百日行动”、农资打假秋冬季执法行动和“放心农资”下乡进村宣传活动,全年全市累计出动执法人员1.13万人次,检查农资经营网点4515家,清理整顿农资经营门店23家,依法查处无证经营门店3家。加强农资质量抽检力度,全年全市抽样438批次,其中农药258批次、肥料116批次、兽药42批次、饲料22批次,依法查处18个违规产品,全年立案查处违法案件55件,3个案件移送公安机关。

【畜禽屠宰安全生产】 2019年,泰州市印发《畜牧兽医工作指导意见》,建立健全安全生产责任体系。按照“属地管理”“谁主管、谁负责”的原则,消除屠宰环节的安全隐患。专题召开全市畜牧业安全生产工作会议暨畜禽屠宰管理工作会议,与各生猪屠宰企业签订《生猪定点屠宰企业安全责任状》。举办全市畜牧业质量安全监管和生产安全管控培训班,培训畜禽屠宰、饲料兽药、生鲜乳和“瘦肉精”质量安全和生产安全监管等业务知识,部署“安全生产专题行”活动。市县两级监管人员定期不定期对生猪定点屠宰企业开展检查,现场检查冷库液氨管理、车间燎毛设备、电麻装置、无害化处理车间等危险系数较高的设施设备,抽查相关生产记录和设备保养维护记录。

【农机安全】 2019年,泰州市全面落实农机安全生产责任制,与各市(区)农机主管部门、农机安全监理机构签订《农机安全生产目标责任状》。开展粮食烘干机保险工作,全市有10115台各类机具参加政策性农机保险,其中粮食烘干机投保1879台,总保费513.96万元,其中各级财政补贴285.39万元。开展农机报废更新工作,全年报废更新联合收割机177台,报废更新补贴228.7万元。加强农机安全监理执法,处理执法处罚55件,其中80%为未检验农业机械。加大对变型拖拉机驾驶证的管理力度,将相关注销工作安排由以前的每半年一次改成每月一次,累计注销变型拖拉机720台。推进上道路行驶拖拉机路面动态管理和安全警示教育,7~11月,在全市集中开展变型拖拉机(含外籍变型拖拉机和小型拖拉机)道路交通安全专项整治活动,重点查处无牌无证、假牌假证、套牌等违法违规行为,开展联合执法56次,检查变型拖拉机556台次,查处各类违法行为147起。推进粮食烘干机安全管理,组织夏秋两季农机安全生产专项检查,全市检查农机合作社91个,对照全省安全生产明察暗访发现问题隐患交办清单,督促各农机合作社实施整改;制作《批式循环谷物干燥机安全操作制度》;提高烘干机的保险参保率,全市有50%的烘干机参加农机综合保险。开展“平安农机”建设活动,姜堰区“平安农机”示范县创建通过省级考核验收,并被推荐为国家级“平安农机”示范县。

【农业企业安全生产隐患排查】 2019年3~6月,泰州市开展农业行业安全生产专项整治“百日行动”,围绕农药生产经营管理、农业可再生资源利用、农产品质量安全、渔业渔政管理、农机管理及畜牧业安全生产等方面,开展安全隐患排查治理工作。7~10月,组织开展全市农业农村行业安全生产违法违规行为严打整治专项行动,检查企业378家,排查各类隐患167条,整治167条。

【长江渔船退捕转产上岸】 2019年末,泰州市有渔船4678艘,其中捕捞渔船4611艘(含海洋渔船6艘)、养殖渔船59艘。根据农业农村部和省关于长江干流全面禁渔工作要求,年底前完

成全部长江渔船退捕转产上岸工作，长江干流618艘捕捞渔船全部退出，收回的退捕渔船及辅助船只全部拆解完毕，收回渔具全部封存、销毁，捕捞证件全部注销。 （赵 蓉）

食品药品安全

【概况】 2019年，泰州市食品安全评价性抽样合格率居全省首位，食品安全工作纳入地方党委政府年度目标考核体系，纳入市委、市政府工作要点和市区为民办实事项目。推进省级食品安全示范城市创建活动，兴化市、海陵区和泰州医药高新区争创省级食品安全示范城市。开展疫苗监管、执业药师“挂证”行为整治、中药饮片和医疗机构药械使用质量督查等专项检查。创新实施食品生产环节食品安全失信违法“吹哨人”制度。开展药械化不良反应/事件监测，上报药品不良反应报告5920份，每百万人口报告数1287份。

【食品监管】 2019年，泰州市开展食品安全示范创建活动，泰州医药高新区创成省级食品安全示范城市；新增市级食品安全示范乡镇18家，累计达47家；新增省级餐饮安全示范街2条和示范店150家，累计创成示范街5条、示范店384家；17家单位被评为“泰州市放心肉菜示范市场”“泰州市放心肉菜示范超市”。推进食品安全全过程监管，对全市1041家食品生产企业实施动态风险分级管理，风险分级管理划分率100%。推动食品安全电子追溯体系建设，乳制品、白酒、添加剂、蜂产品产业入网率100%，肉制品和食用植物油产业入网率分别为70%和80%。实施小作坊提档升级行动，新增小作坊登记100家、累计登记965家，取缔32家，市区建设豆制品集中加工区1个，新建规模化豆制品生产企业1家。加强食品流通环节的“双随机一公开”抽查，严格食用农产品市场准入管理，餐饮行业量化分级管理率98%；推进“明厨亮灶+互联网”监管模式，落实线上线下餐食同标同质要求，全市校园“阳光食堂”信息化监管服务平台覆盖率100%，学校食堂明厨亮灶覆盖率97.5%。组织食品监督抽检23619批次，千人抽检率5.1，快速检测食用农产品74886批次，不合格产品处置率100%。江苏省食品安全评价性抽检合格率99.83%，居全省首位。

【食品安全抽检】 2019年，泰州市开展31大类、23619批次食品安全抽检，其中监督抽检18157批次、风险监测3079批次、评价性抽检2383批次，检出不合格食品212批次，抽检合格率99.10%。抽检的31大类食品中，数量最大的是食用农产品，共8961批次，占总数的37.9%；肉制品、糕点、调味品、餐饮食品、粮食加工品、食用农产品等与人民群众生活息息相关的食品抽检均超过1000批次。乳制品、饮料、罐头、速冻食品、糖果制品、蛋制品、水产制品、特殊膳食食品、食品添加剂、食盐等10大类食品抽检合格率100%。除去稽查执法针对性抽检的保健品外，食品抽检不合格率最高的依次是：酒类、蔬菜制品、淀粉及淀粉制品、食糖、炒货食品及坚果制品、蜂产品、餐饮食品、冷冻饮品、方便食品等9大类，其中酒类不合格率最高，达3.53%。不合格食品主要涉及6类超标，分别是食用农产品中农药残留量超标，蔬菜制品、淀粉及淀粉制品中的二氧化硫残留量超标，糕点、蔬菜脆片、食用植物油中酸价、过氧化值超标，餐饮食品中微生物超标，酒类产品中甜蜜素、糖精钠等甜味剂超标，油炸面制品和淀粉制品中铝残留量超标。年内，省市场监管局在全省抽检食品8000批次，其中在泰州市抽检食品570批次，合格率99.78%，居全省地级市首位。

【药品监管】 2019年，泰州市开展疫苗专项检查，重点检查人员资质、冷链运输与贮藏、有效期管理、异常处置、信息化管理系统的使用，检查疫苗配送企业1家、接种机构7家、疫苗接种单位155家。全市新开办药品零售连锁企业41家、药品零售企业99家。组织“十佳诚信药店”评选活动，提升零售药店行业服务水平。出台《自动售药机销售药品管理规定（试行）》，明确自动售药机的设置条件、登记制度，管理要求等方面的具体要求。开展为期6个月的药品零售企业执业药师“挂证”行为整治行动，向社会公布辖区内《药品零售企业及其注册执业药师清单》。

2019年度泰州市“十佳诚信药店”名录

泰州市九州医药连锁有限公司东大街大药房

泰州市张氏医药连锁有限公司靖江永和店

国药控股国大药房扬州大德生连锁有限公司靖江上海城药店

泰州市德新元医药连锁有限公司姜堰中医院新特药房

泰州市国泰大药房连锁有限公司济川东路店

江苏仁济医药连锁有限公司泰州南院分店

泰州市海陵区芝林药业连锁有限公司翡翠城店

苏州雷允上国药连锁总店有限公司泰兴金御药店

北京同仁堂泰州药店有限责任公司兴化店

兴化市楚水大药房连锁有限公司英武南路店

【医疗器械监管】 2019年，泰州市深化医疗器械经营企业分类分级监管，开展无菌、植入和体外诊断试剂等重点品种的监督检查。印发《泰州市医疗器械经营许可操作规程的通知》，明确医疗器械经营许可证核发、变更、延续、补发及注销许可工作事宜，并制定具体的操作规程，降低医疗器械经营企业的准入门槛。在全市一级、二级、三级医疗机构组织开展药品医疗器械使用质量安全示范单位创建工作，遴选建立泰州市药品医疗器械使用质量实践培训基地。开展一类医疗器械产品备案工作，新增一类医疗器械产品备案334例，取消一类医疗器械产品备案35例，变更一类医疗器械产品备案156例，一类医疗器械产品不予备案364例，完成一类医疗生产备案72例，完成医疗器械出口销售证明38例，完成医疗器械网络销售备案108例。

【化妆品监管】 2019年，泰州市新增化妆品生产许可证4张，注销化妆品生产许可证1张；有化妆品生产企业15家，生产非特殊用途化妆品备案产品970个，产品单元主要为一般液态单元、膏霜乳液单元、气雾剂及有机溶剂单元、牙膏类等。38家化妆品经营企业新增委托生产非特殊用途化妆品备案品种415个，注销备案品种34个。开展化妆品“线上净网线下清源”专项行动，整治化妆品市场，查处假冒伪劣、非法添加和虚假宣传等违法违规活动。全年检查化妆品生产经营企业、美容美发使用单位2335家，发放告知书2364份，责令整改59家次，约谈网络经营第三方平台3家，查处涉及虚假夸大宣传等违法违规案件8起，抽检各类化妆品62批次，合格率98.39%，发布消费警示2期。开展化妆品不良反应监测，全年上报化妆品不良反应报告301份，比上年报告数增加14份，百万人口平均报告数为65.43份，高于全省平均水平。（葛　静）

【“一打三护”联合行动】 2019年9～11月，泰州市实施“一打三护”整治食品安全问题联合行动。查处食品生产经营违法违规行为，办结食品违法案件190件，公安机关侦办危害食品安全刑事案件27件，抓获犯罪嫌疑人103人，涉案累计金额2000多万元。开展“食安护老”行动，检查保健食品经营企业546家次，抽样检测72批次宣称保健功能的食品，发现存在非法添加33批次；行政约谈221家，发现违法广告11条，立案查处1件。开展“食安护蕾”行动，全市学校食堂明厨亮灶覆盖率在96%以上，“阳光食堂”信息化监管服务平台100%覆盖；检查校园周边食品经营单位989户次，约谈29户、责令整改63户、警告20户。开展“食安护农”行动，检查蔬菜生产基地283家次、蛋禽养殖场906家次、水产养殖场213家次、猪肉经营户325家次；快检食用农产品22368批次，查办案件20件，其中移送司法机关4件。全市食品安全监管成效显著，省级食品评价性抽检合格率99.83%，居全省地级市首位。国家联合整治行动组专门编发两期简报介绍泰州整治食品安全问题工作成效和经验。（丁　薇）

【打击食品药品和环境犯罪“昆仑”行动】 2019年7月，泰州市按照公安部打击食品药品和环境犯罪“昆仑”行动部署要求，坚持“打源头、端窝点、摧网络、断链条、追流向”，查处危害食品药品和环境安全犯罪，涉案范围覆盖食品、药品、化妆品、酒类、服装等领域，侦破各类食品药品环境犯罪刑事案件130多起，抓获犯罪嫌疑人540人，捣毁犯罪窝点30多个，累计涉案金额3000多万元。开展食品安全问题专项整治、查处污染环境“利剑斩污”等专项行动，成功侦办花某等人生产销售有毒有害食品案、“7·8”生产销售有毒有害食品案。侦办通过网络、电商平台销售假冒调味品、减肥药、性保健品等类型的案件，成功破获李某等人生产销售伪劣产品案、“8·29”假冒注册商标案、“9·6”生产、销售伪劣产品案等假冒调味品案件8起，抓获犯罪嫌疑人20多人，查扣假冒“味好美”“太太乐”“希杰”“京萃I+G”等品牌的成品和原材料100多吨，案值超过100万元。（严　杏）

【全国首例特大生产销售假冒太岁（肉灵芝）案】 2019年7月，靖江市公安局接到群众举报，称淘宝网某店铺销售太岁（肉灵芝），宣称包治百病，单个产品售价高达69800元，怀疑受骗。经泰州市市场监管局产品质量检验院检测，其主要成分为聚乙烯醇，初步判断该产品是假冒产品。泰州市市场监管局与公安机关成立联合专案组，开展案件侦查。8月～9月，联合专案组赴浙江、黑龙江、新疆3地分别抓获从事制售假冒太岁的犯罪嫌疑人8人，捣毁制假窝点6处，查扣假太岁（肉灵芝）成品、半成品130多只，生产原材料聚乙烯醇80千克，涉案金额1500多万元。该案的查办在全国尚属首例。（丁　薇　严　杏）

公共卫生安全

【概况】 2019年，泰州市出台《疫苗预防接种突发事件应急预案》等卫生应急预案9个，完善调整市突发公共卫生事件应急指挥部成员单位。成立泰州市直升机航空医疗救援指挥中心，全年完成突发事件、重要会议和大型活动医疗救援及保障47次。市“120”急救中心接处来电79475次，救治病人15838人次；泰州“互联网+院前医疗急救”被列为省级试点。泰州市人民医院、泰兴市人民医院创成省平安示范医院，泰州市姜堰中医院创成省平安医院。组织实验室生物安全等应急演练6次。

【突发公共卫生事件】 2019年，泰州市报告28起突发公共卫生事件（一般级别）和36起突发公共卫生事件（未分级）。按地区分，靖江市12起、泰兴市21起、兴化市17起、海陵区8起、高港区3起、姜堰区3起。按传染病病种分，水痘37起、流感20起、其他感染性腹泻病5起、流行性腮腺炎1起、人感染猪链球菌1起。乙类传染病报告登革热18例、百日咳8例、猩红热871例、伤寒+副伤寒1例、麻疹3例、布鲁氏菌病1例。

【公共卫生应急处置】 2019年，泰州市推进传染病监测预警和风险评估，应对流感、禽流感、中东呼吸综合征等急性呼吸道传染病疫情，处置登革热、诺如病毒、布病等突发传染病疫情32起。推行结核病分级诊疗和综合防治服务模式，处置学校散发疫情29起，肺结核病人报告及转诊率、阳患者密切接触者筛查率均为100%。调查处置“7·18”疑似职业中毒事件、靖江卓能船舶“8·1”事件。开展安全生产大检查，排查医疗卫生领域安全隐患658个，完成整改648项，开展医疗机构感染防控排查整治及血透专项督查，全市未发生医疗废物流失事件和院感事件。（葛　静）

信息安全

参见第54页“网络安全和信息化”

安全生产

【概况】 2019年，泰州市在全省率先制定《企业安全生产双重预防机制建

设通则》地方标准,开展双重预防机制建设攻坚行动,1万多家企业辨识各类安全生产风险点12.6万个。检查68家涉及高危工艺重点企业和重大危险源的危化品企业,委托甲级资质中介机构对梅兰化工等危化品企业实施"体检"。市应急管理局与北方工业大学新兴风险研究院合作起草《关于推进城市安全发展的实施办法》。开展公共安全风险辨识评估,形成报告15份。调整化工产业结构,严格行业准入,依法关闭安全条件差、整改无望的小企业、"僵尸"企业累计281家,梅兰化工、泰州石化、中海沥青3家企业逐步搬离主城区,完成危险化学品一级、二级重大危险源前端监测预警信息数据接入市安全生产大数据信息平台重大危险源监测模块。

【安全生产形势】 2019年,泰州市安全生产形势总体保持平稳,全年发生列统(工商贸、建筑、交通、农业机械)生产安全事故282起,死亡191人,事故起数、死亡人数比上年分别减少17.30%、16.59%。发生其他类型事故86起,死亡4人。其中,工商贸企业生产事故报告21起,死亡21人,分别减少22.20%、41.67%;建筑事故报告31起,死亡33人,分别上升63.16%、73.68%;生产经营性道路交通事故229起,死亡136人,分别减少22.37%、21.84%;农业机械事故1起,死亡1人,分别增加1起、1人;内河水上交通事故3起,死亡4人;生产经营性火灾事故83起,未造成人员伤亡,分别减少47.10%、100%;较大及以上事故1起,死亡0人,分别减少1起、7人。

【安全生产责任落实】 2019年,泰州市全面落实"党政同责、一岗双责",将安全生产工作职责落实到各有关部门"三定"规定中;修订《泰州市级部门及驻泰有关单位安全生产工作职责》,完善安全生产权力和责任清单。推行全员安全生产责任制,试行安全生产重大事项事前报告制度,实施安全生产状况每日承诺公告制度,强化安全生产守信联合激励、失信行为联合惩戒,创新实施事故企业法人代表(或实际控制人)公开道歉、主要负责人履职审计等举措。

【安全生产监管执法】 2019年3月,泰州市开展重点行业领域安全生产专项整治百日行动,整治范围覆盖全市所有地区、所有行业领域、所有生产经营单位和人员密集场所,检查企事业单位及各类场所25094家次,排查隐患53159项,按期整改到位50949项,其中排查整改重大隐患407项,约谈企业513家,曝光企业33家,停产整顿企业179家。7月,组织开展为期4个月的安全生产违法违规行为"严打整治"专项行动。在全市应急管理系统开展"重拳严打保安全 雷霆亮剑护民生"专项执法,全市安全生产行政执法事前立案数、罚款金额5万元以上重大处罚案件数等关键指标保持全省前列,移交司法机关处理11人。 (傅 强)

【安全生产专项整治】 2019年,泰州市、市(区)两级制定印发危化、工贸等行业专项整治方案186个,组织4111个检查组深入企业检查,发现问题38041项,整改23154项,整改率60.87%。

危化品行业安全生产专项整治。检查4家危化品生产企业,发现问题和隐患264项。检查5家涉及硝化反应工艺的企业,排查隐患24条。开展易燃易爆有毒有害原料废料贮存场所专项排查整治工作,实施危险化学品重大危险源"源长制",推进梅兰化工、中海沥青、海陵西北工业园停车场等重大隐患整改督办工作。在全国率先制定"危化品企业违法违规行为积分动态管理办法",累计对322家次危险化学品生产经营单位的340项违法违规行为进行记分,责令28家记分累计达到12分的企业停产整顿,对13家记分累计达到6~12分的企业进行集中约谈、挂牌督办。

工贸行业安全生产专项整治。组织开展工贸企业双重预防机制建设攻坚行动,涉及全市重点及其他规模以上工贸企业2589家,辨识安全风险27605处,排查发现重大事故隐患283项,全部整改闭环。集中开展工贸企业"安全宣传教育培训月"活动,举办企业主要负责人安全履职能力培训班,其中金属冶炼专题培训班2期、使用(储存)危化品专题培训班1期,培训350多人;粉尘涉爆企业安全培训班1期、有限空间作业知识培训班3期,培训290多人。

交通安全生产大检查大整治。集中开展以"防风险、除隐患、保安全"为主题的安全生产大检查大整治,严厉查处超限超载行为。其间,在原有5个超限检测点的基础上,增设靖江市渔婆北路丰盛停车场和海陵区罡阳镇年进停车场超限检测点,出动路政、运政、交警9000多人次,公布重点货物源头企业23个,检查企业85家次,约谈企业51家次,查处超限超载车辆1035辆。对国省干线公路基础设施、在建工程、桥梁隧道、农村公路桥梁限载标志与设施情况进行集中排查,累计排查国省干线公路基础设施里程712千米、公路桥梁539座、隧道2座,排查农村公路在役桥梁5745座。

(傅 强 李 玥)

【基层安监机构建设】 2019年,泰州市推进市(区)和乡镇(街道、园区)解决基层安全监管机构设置、人员编制等问题,年末全市有安全监管执法人员335人、专职安全员507人,基层安全监管机构基本达到独立设置要求。在全市1754个村(社区)建立1975个安全网格,选配网格员2087人。靖江市印发《关于进一步落实安全生产监管职责强化机构编制保障的通知》,在14个负有安全监管职责的部门独立设置"安全监督管理科"、在37个其他部门增挂"安全管理科"牌子。

(傅 强)

消防救援

【概况】 2019年,泰州市发生火灾1133起,死亡16人,受伤2人,比上年分别减少15.32%、20%、88.89%;直接财产损失2325.9万元,上升12.6%。全年"119"火警服务电话接处警5369起,比上年减少6.9%,其中火灾1133起、抢险救援590起、社会救助1686起、虚假警168起、垃圾草坪起火1698

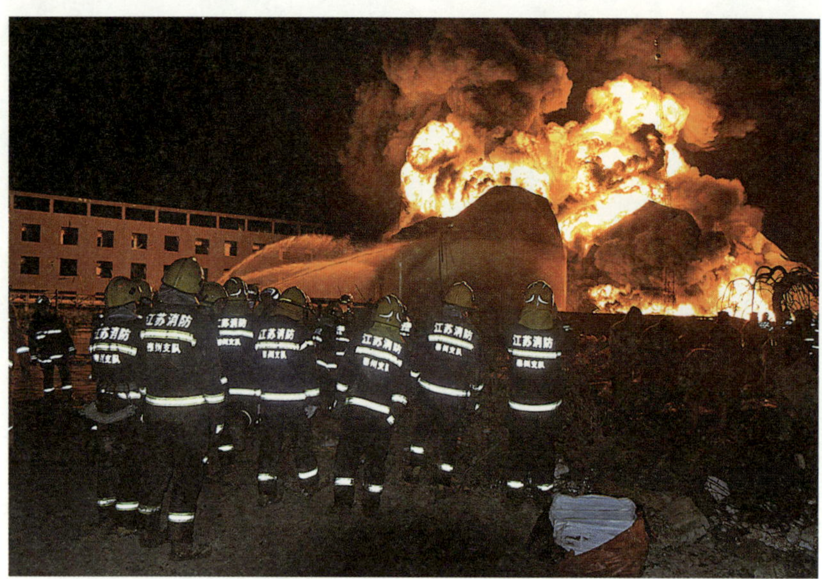

2019 年 3 月 21 日，泰州市消防救援支队星夜驰援“3·21”响水爆炸事故现场
（市消防救援支队供图）

起、其他出动 94 起，分别占总数的 21.1%、11%、31.4%、3.1%，31.6%，1.8%；出动车辆 7827 辆次，出动警力 37286 人次。年内，市消防救援支队完成“1·7”巨腾电子、“5·22”东联化工事故处置和“3·21”响水爆炸事故增援等重大任务。

【接处警】 分类接警。2019 年，泰州市国家综合性消防救援队伍出警 3619 次，占总量 67.4%；地方专职消防队出警 1750 次、占总量 32.6%。从接处警总量看，泰兴市、海陵区、兴化市接警量居全市前三位，分别为 1211 起、985 起、951 起，分别占全市总量 22.6%、18.3%、17.7%。

抢险救援。各类抢险救援处置中，自杀、设备故障和生产事故等营救 331 起，交通事故处置 225 起，危化品事故处置 25 起，自然灾害及突发事件 5 起，其他抢险救援 4 起。累计搜救及疏散被困人员 437 人，抢救财产价值 115 万元。

社会救助。各级消防救援队伍执行各类社会救助 1686 起，其中开门 130 起、取马蜂窝 1184 起、冲马路 32 起、关水龙头 5 起、高空取物 34 起、抓动物 153 起、其他救助 148 起。

【消防救援能力建设】 2019 年，泰州市消防救援支队消防业务经费 1.67 亿元，比上年增长 17%。推动消防基层基础建设，消防站新投入使用 3 处、开工建设 2 处、启动建设手续 2 处、升级改造 7 处；投入 3500 多万元，购置消防车 12 辆、执勤器材装备 3200 多件（套）。建立车辆装备贮备维修中心，与 14 家社会单位签订联勤保障协议，支队被总队评为“后勤工作先进单位”。推行“每周两训”“每月一考”“季度对抗”模式，加强实战化练兵，3 人代表总队参加全国比武竞赛，支队被总队评为“执勤训练工作先进单位”。建立综合性救援联动机制，组建高层、地震、水域等 7 支专业队。

2019 年泰州市火灾防控执法情况一览表

表 61

市（区）	检查单位（家）	发现隐患（处）	督改隐患（处）	责令“三停”（家）	临时查封（家）	拘留（人）
海陵区	1713	2771	2769	6	55	7
泰州医药高新区	1950	3381	3316	17	56	7
高港区	1623	2724	2685	14	47	4
靖江市	2281	4388	4356	16	63	5
泰兴市	2389	5581	5487	16	34	5
姜堰区	2145	3047	2997	29	34	1
兴化市	1512	3091	3035	19	46	5
合计	13613	24983	24645	117	335	34

【社会消防】 2019 年，泰州市印发《关于调整确定一级消防安全重点单位的通知》，调整一级消防安全重点单位和水上大队二级消防安全重点单位，确定市区 104 家单位为一级消防安全重点单位，9 家单位为水上大队列管单

消防安全"法制宣传进校园"活动　（市应急管理局供图）

位;新增一级消防安全重点单位11家,火灾高危单位10家。落实消防安全责任制,开展高层建筑、大型商业综合体等10个火灾隐患排查整治专项行动,全年整改销案重大火灾隐患单位22家,督改隐患2.5万处,处罚款1000多万元。温泰市场重大火灾隐患实现整改销案。（马冰冰）

道路交通安全

【概况】 2019年末,泰州市机动车保有量96.6万辆,比上年增长5.18%,其中私人汽车73.8万辆;驾驶人189.6万人,增长2.30%。全年全市发生一般程序交通事故982起,死亡327人,分别下降1.7%、1.8%,交通事故损失额308万元。全市危险驾驶案件及时立案率、及时采取强制措施率、按期结案率增幅均超过12%,交通肇事案件破案率88.65%;严重交通违法行为公示率100%;犯法犯罪类警情、刑事案件和行政案件在互联网上公示率均为100%。

【平安交通】 2019年,泰州市推进"平安交通"建设三年行动计划,组织开展"防风险、保安全、迎大庆"安全隐患大排查、节假日安全大检查以及日常安全督查。加强国庆期间安全监管,重点检查危货运输企业,逐一对企业、车辆、驾驶员进行上门核查,确保"人、车、企"合一。对高频超限违法运输企业进行约谈,约谈"两客一危"企业10家。制定《道路旅客运输安全严管严控工作方案》,重点整治道路旅客运输车辆非法运营、站外带客、不按核定线路行驶、车辆超员、超载等违法违规行为。制定《货车超限超载源头治理行动实施方案》,重点把控货物集散地,压实物流园区、货源单位、重点物流企业主体责任,规范装载行为。推进货车年检、综检和环检"三检合一",全市22家综检机构具备"三检合一"能力;推进综检站与省综检平台联网对接,全市综检站全部实现联网,具备全省异地检测和检测结果上传能力,至年末,网上年审货车60辆。

推进交通基础设施安保、重点领域安防建设,累计完成农村公路安全生命防护工程1451千米、农村公路危桥改造762座、国省道桥梁维修改造2座。配备公交车驾驶区域隔离设施,安装公交车辆防护设施1394台,安装驾驶安全防护车辆的占67%,完成省厅下达的不低于60%的加装工作任务。开展国省干线公路沿线环境综合整治,完成国省干线安全生命防护工程93处平交道口封闭工程和3处省安委办挂牌督办事故路段整改工作。深化主动安全智能防控系统的应用推广,基本实现"两客一危"车辆全部安装,并推广应用至城市公交车辆和重型载货汽车领域。

推进"三亮一防"工程建设(农村地区电动自行车"亮尾"、事故多发路段"亮灯"、危险路段夜间"亮化"和沿河路段设置防护栏),全年累计开展专项排查21次,发现问题37处,全部完成整改;农村地区国省道新增交通标志牌173块、护栏540片,出新交通标线2.5万平方米,优化调整人行横道线8条。常态监管客运车辆、危化品运输车、校车、工程运输车,严格限制重点车辆通行范围,全市单位、个体车辆列管率均为100%,驾驶人关联率99.81%。依托高速公路交通安全管理联勤联动机制,在春节、清明节、"五一"、国庆节4个7座以下小型普通客车高速免费通行期间,采取高地联勤联动、远程诱导分流、黄牌货车限时错峰出行、允许借用应急车道等多种主动交通管控技术,提升交通流量峰值时段的平均车辆,全年启动特级管制212次,累计管制时长707小时,次数、时长比上年分别增加50次、减少68小时,市域高速公路未发生有重大影响交通事故,未发生长时间大范围滞留。

【文明交通】 2019年,泰州市推进城市道路路口改造、交通微循环等建设,完成38条道路、172个路口的交通标线覆新,完成37条道路、3.7万米隔离护栏优化升级改造,交通信号灯、标志标线问题整改率95%。成立50多名队员组成的泰州交警雄鹰铁骑队,依托东进、联华、南站等7个警务工作服务站,培养全能交警、全科医生,建设"1公里接警区、24小时不掉线"的应急处突、巡逻防控、警情处置、窗口服务、宣传防范综合体。开展道路交通安全检查,全年查处非法营运类电动三轮车、四轮车2115起。加强交通秩序管理,城区日均抓拍不礼让和行人闯红灯交通违法行为300多起,同步在路口曝光台、"双微"平台(公安微警务、微应用)、报纸、电视上公开曝光。（李　玥　严　杏）

【路网出行服务】 2019年,泰州市采集上报路网信息169条,通过微博、微信、短信、可变情报板、电台、报纸等发布路网出行信息18156条。普通国省道高速出入口、重点景区、易积水路段、易结冰重大桥梁等关键区域实现

泰州市打响2019年第一场除雪保畅"突击战"　　（市交通运输局）

运行监测全覆盖，全市干线公路重要节点运行实时监测覆盖率在90%以上，特大型桥梁、长大隧道实时监测覆盖率100%。全市普通国省道有视频监测点141个、交调设备34套，全部实现视频上云，可在"江苏路网"微信公众号实时查看。建成靖江、兴化2个路网分中心，"1+5"的市县两级路网指挥、调度体系全面建成。

【超限超载专项整治】　2019年，泰州市制定《关于进一步加强全市公路超限超载运输治理工作的意见》，深化"政府牵头、部门联合、属地管理、社会参与"的治超工作长效机制。按照"统一管理、分工负责、互相配合"的原则，落实路警联合执法，全年开展路警流动联合执法1940次，出动执法人员26130人次，联合查处超限超载车辆2668辆次，卸驳载54504吨；超限率1.41%，比上年降低1.15个百分点，低于2.5%的省控目标。强化"百吨王"车辆超限超载治理，立案查处"百吨王"车辆139辆次，全市检测到的"百吨王"车辆从4月的315辆次减少至12月的14辆次。实施超限超载源头管控，全年检查重点货运源头巡查单位数482次，累计整改43个涉及超限超载的问题隐患。

【机动车驾驶人管理】　2019年，泰州市有驾校58家，全年报班学员12.06万人；有教练员3497人、教练车2534辆，其中B2以上大车151辆，C照小型教练车2383辆；驾照考试科目一、科目二、科目三、科目四合格率分别达85%、68%、45%、90%。推进驾培改革，至5月31日，全市所有教练车均安装车载摄像头；7月1日起，全市驾照考试科目一、科目四培训全部采取线上线下相结合的方式；7月8日，实现机动车驾驶人培训（简称驾培）监管服务平台与公安部门考试预约"12123"系统的对接。推进学时监管、规范经营、诚信考核等改革，设立驾培行业网上信访举报邮箱，执行教练员"黑名单"制度，完善投诉受理和督办机制。深化"放管服"改革，将驾培业务管理权限下放至县级运管部门，实行"属地管理、分级负责"。更新从业资格考试系统，组织开展客货运输、巡游出租车、网约车、危险品货运驾驶员从业资格考试，全年有6907人参加考试，合格率96%。开展为期两年的全市营运驾驶员安全文明驾驶教育培训专项行动，至年末，全市参加安全文明驾驶教育培训的企业63家，累计培训2.8万人次。　（李　玥）

【交管"放管服"改革】　2019年，市公安局交警支队按照人口密度和机动车、驾驶人分布状况，以支队车管所为中心，在主城区的东西南北等方位，建立城东车管服务站、塘湾车管服务站、汽车城车管服务站和高港车管服务中心等4个服务站，车管服务站业务占市区业务量的48%。开展"车管+"合作，深化与税务、邮政、保险、银行、医院和4S店的业务合作，构建"警税互通、警邮共建""警保联动""警银合作""警医共享""警店一体"等融合协作机制；将业务分流到全市174个业务网点，群众在方圆5千米范围内即可搜索到车管业务代办网点。推行车管服务"网上办"，建设"指尖上"的车管所，通过"交管12123""公安微警务""政务一张网""互联网公安局"平台，实现随时随地在线咨询问题、办理业务、网上审验教育和满分学习。推行预约服务、流动服务、通道服务、一窗服务、自助服务，配置"雷锋岗"流动服务车，每月到大型企业、社区、乡镇开展交管服务和宣传教育；为大型运输单位开展预约集中服务；为不方便前往办事地点的群众提供上门服务。

【"互联网+警邮共建"便民服务】　2019年，泰州市公安局在车管所本部投资60多万元，建设由"交管网办中心+邮政服务中心"和12个业务办理窗口组成的"互联网+警邮共建"便民服务大厅，为全市各邮政网点受理的驾驶证业务、机动车业务、交通违法处理、牌证寄递等4类33项交管业务办理提供后台支撑。推进警邮合作网点建设，在全市162个邮政自营实体网点和2752多个行政村、社区"邮乐购"加盟店中，选出24个城乡接合部的网点进行统筹建设，解决农村地区办理交管业务不便的实际。　（严　杏）

【首批警银警保合作服务网点开通】　2019年1月18日，泰州市首批"警银机动车登记服务站""警保交管便民服务中心"正式开通启动。市交警部门在3家银行网点成立"机动车登记服务站"、在5家保险公司成立"交管便民服务中心"。在建行泰州分行鼓楼北路支行、平安银行泰州分行、工行泰州分行设立首批3家"警银机动车登记服务站"，市民在各银行机构内直接办理机动车抵押登记和解除抵押等相关车管业务；在人寿财险泰州市中心支公司、太平洋财险泰州支公司、平安财险泰

州中心支公司、天安财险泰州中心支公司和人民财险泰州分公司设立首批5家警保交管便民服务中心，市民在各保险公司办理机动车6年免检业务以及交通违法自助处理、事故理赔等交管业务。 （徐 震）

社会治安综合治理

【概况】 2019年，泰州市加强社会治安防控体系，推进升级版"技防城"建设，推动环市域、环县、环城镇"三道防控包围圈"升级改造。开展矛盾纠纷大排查大整治专项行动，排查化解矛盾纠纷8000多起。在全省率先推进全市域网格化社会治理，深化"警格+网格"双网融合，全市统一划分7363个网格，实现GIS地图可视管理。创新建立河(湖)警长四级组织架构，探索建立"网格+警格+水格"三网融合治水模式。组织实施"昆仑行动""雷霆行动""清风2019"等社会治安专项整治和防控行动。开展网格化街面巡防，推进"巡处一体化"模式。公众安全感指数98.95%，创历年新高；社会治安综合治理绩效考核连续八年居全省前列。

【社会治安防控体系建设】 2019年，泰州市推进升级版"技防城"建设，全市完成308处环市域、430处环县域、16075处环城镇"三道防控包围圈"建设任务。建成路面监控点位3.5万个，新建人脸识别点位1700套，建成智慧安防小区205个。新组建区域处突机动队、PTU机动巡逻队等5支专业巡防处突队伍，形成"治安+交通"工作模式。理顺警务工作服务站与辖区派出所关系，推进"三级巡防"体系和"巡处一体化"模式，巡特警负责辖区主次干道及沿街店铺各类警情的快速处置以及0时至6时全部警情的处置，处置各类警情16313起。深化"平安义工"社会动员工程，推进"平安义工"信息系统建设，开展线上注册登记、在线群众咨询答复等网上服务工作，全市义工队伍总人数35类、2.3万人。

【社会治安整治】 2019年，泰州市开展金融风险排查和分级预警、专项整治工作，全年非法集资案件立案26起，集资人数1422人，涉案金额2.08亿元，比上年分别下降62.3%、91.3%、91.5%。开展查处食品药品和环境犯罪"昆仑"行动，查处各类侵权伪劣案件，侦办全国首例生产销售假"太岁"案、全省首例以刑事手段查处假冒伪劣成品油案。开展"利剑斩污""飓风"等专项行动，全市污染环境类刑事案件立案18起，抓获犯罪嫌疑人78人。开展打击整治跨境网络赌博"断链"行动、集中打击整治"黄赌"违法犯罪"雷霆1号行动"系列专项行动，查处"黄娼赌"刑事案件244起、治安案件1284起，抓获刑事作案成员493人。

2019年2月，市公安局组建摩托化快速反应力量——"雄鹰铁骑队"

（市公安局供图）

【社会治安防控】 2019年，泰州市开展"清风2019"等专项行动，检查娱乐服务、中小旅馆等行业场所3.1万家次，查处违规经营单位622家，排查寄递企业93家、寄递网点1301家，查处违规经营案件57起。推进"民生五项"安防达标升级工程，银行、学校安防达标升级率均达100%。检查涉危单位480多家，整改安全隐患173处，处罚易制爆单位10家。关闭禁放区域内烟花爆竹零售网点119家，查处非法储存、运输、燃放烟花爆竹案件185起，收缴非法烟花爆竹5000多件。年内市区未发生因燃放烟花爆竹而引发的火灾事故。开展网格化街面巡防，提升街面治安管控能力，新建警务工作服务站12座，抓获违法犯罪嫌疑人3150人，全市"两抢"警情、盗窃警情比前3年均值分别下降30.5%、下降30%、上升8.7%。

【社区警务网格化治理】 2019年，泰州市构建"共建、共治、共享"的社会治理大格局，实现社会力量多元共治，升级优化群防群治网。推动全市网格化信息与公安大数据融合对接，形成"1+1+N"(社区民警+网格长+网格员)的社区警务网格化治理体系，全市7363个社区网格、1773个社区(村)、805个警务责任区完成对接。立足"一格一长多员"，配齐网格力量，村(社区)"两委"班子成员担任网格长，网格员实行专兼结合，年末网格长、网格员22933人。全面落实社区民警兼任"两委"副书记(副主任)制度，社区警务工作平台与全市网格化信息系统对接连通，2000多万条"一标三实"(标准地址，实有人口、实有房屋、实有单位)数据实现关联共享。探索"一网五统一"(社会治理一张网，统一网格规划、统一资源整合、统一人员配备、统一信息采集、统一服务标准)的"全要素"网格化社会治理模式，全面重塑基层社会治理生态系统。

【水生态社会治理】 2019年，泰州市公安局在全省设区市公安机关率先全面推行"网格+警格+水格"三格合一

“河(湖)警长制”,建设警政、警民合力治水的警务共同体,探索水生态社会治理新模式。“河(湖)警长制”工作做法先后被《人民公安报》《法制日报》、“学习强国”学习平台等推介。把河湖当做特殊的社区,按行政区域设置107个水域网格,社区网格员、警务网格员同步担任水域网格员,创新建立“河(湖)警长”四级组织架构。建立河湖信息电子库,采集全市涉水基础数据3.03万条。在全国率先建成河湖治理网络化信息系统,绘制覆盖全市河湖污染物源点、全量信息汇聚展示、动态分色标注的水生态环境电子预警地图,建立“人+车+艇+无人机+电子”的一体化巡河方式。 (严 杏)

应急管理

【概况】 2019年,泰州市完善应急管理体系,推进全市总体应急预案修编工作。修订《自然灾害救助应急预案》,完善应急响应启动条件,优化应对程序和措施。强化突发事应急处置,全年成功应对各类事故67起。提升应急救援能力,开展安全生产应急救援能力建设专项检查,涵盖6类29项内容。建设综合减灾示范社区,对全市9家综合减灾示范社区实施市级检查验收,并通过省减灾委的创建检查验收。推进基层应急建设,完善灾害信息员队伍,举办全市灾害信息员培训班,96个乡镇(街道、园区)116人参加培训,实现全市灾害信息员培训全覆盖。开展安全生产、应急管理、防火救火、防灾减灾救灾等公益性宣传教育,在全省率先实施《事故企业媒体公开道歉制度》,制定全省首个《双重预防机制建设通则》,并在新华网、人民网、《中国应急管理报》、江苏省电视台等媒体刊发。“5·12”全国防灾减灾日和“10·13”国际减灾日期间,在人民广场、智堡社区开展以“加强韧性能力建设,提高灾害防治水平”等为主题的防灾减灾宣传教育、知识讲座等活动。在泰州电视台开设《聚焦安全》栏目,全年播出74期。1月23日,新组建的泰州市应急管理局正式挂牌成立,为市政府工作部门。

突发事件应急力量调增演练 (市公安局供图)

【应急预案和演练】 2019年,泰州市印发《关于进一步加强突发事件应急预案管理的通知》,督促相关部门对涉及到机构改革职能调整和2016年前修订的安全生产和自然灾害类专项预案组织修编,推进全市总体应急预案修编。举办公共场所防灾减灾应急救援地震专项演练、“健康长江2019”泰州市水上搜救综合演练。组织全市中小学校开展地震应急演练,600多所学校、53万名学生参与演练。

【应急平台】 2019年,泰州市印发《关于做好泰州市突发事件预警信息发布系统对接工作的通知》,市委宣传部等23个部门预警信息工作与市突发事件预警信息发布平台实现对接。建成涵盖全市各级政府、重要部门、重点企业等相关负责人共4800多人的安全生产领域突发事件预警信息发布网络。整合应急管理、公安、消防、卫生、气象等部门资源,初步建立与“110”“119”“120”等平台及气象台的信息共享机制,构建突发性地质灾害应急联动工作机制。

【应急处置和救援】 2019年,泰州市出台值班值守工作制度和值班人员工作规范,提高事故灾害信息报告处置的时效和质量,全年成功应对各类事故67起。编制《安全生产应急救援能力建设检查表》,开展危化品、金属冶炼、造拆船等重点企业专项检查,检查应急组织体系、应急预案、应急演练、队伍装备、应急培训、应急处置等相关工作。开展灾情年报、冬春救助等工作,汇总所需救助数据,制定市级救灾应急物资需求计划。续约“佑护万家”自然灾害保险,对近5年来市区“佑护万家”自然灾害保险项目的运营及理赔情况进行评估。开展全市防汛物资储备和管理情况检查,提高防汛应急能力。

【应急队伍建设】 2019年,泰州市有重点行业企业专职安全生产应急救援队8支,集中在化工园区和化工企业;社会应急力量以蓝天救援队和红十字会为主,总人数约200人。完善灾害信息员队伍,举办全市灾害信息员培训班,96个乡镇(街道、园区)的116名业务骨干参加培训,实现全市灾害信息员培训全覆盖。举办全市林业系统森林防火业务培训和森林防火装备操作演练,各市(区)林业部门、重点乡镇和森林经营单位50多人参加。 (傅 强)

责任编辑 叶 彤

泰州军分区

【思想政治建设】 2019年,泰州军分区组织学习领会习近平新时代中国特色社会主义思想和习近平强军思想,贯彻军委主席负责制,开展"不忘初心、牢记使命""传承红色基因、担当强军重任"两项主题教育活动,组织参观泰州历史博物馆、规划展示馆、杨根思烈士陵园、中共江浙区委泰兴独立支部旧址等。

【练兵战备】 2019年初,泰州军分区召开开训动员大会,研究出台党委1号文件,坚持每季度党委议战议训,持续纠治和平积弊。开展作战准备筹划和作战问题研究,修订非战争军事行动方案,军地联合组织战场和防汛勘察,两级同步开展日常战备专项整顿,通过"周查、月讲评、半年通报",落实作战值班制度。

【部队后勤保障】 2019年,泰州市7次召开常委会研究年度预算及重大开支事项,加强预算管控,严格部财区管。落实人员工资津贴、保险、住房保障等官兵生活待遇政策,协调359医院到泰州为官兵及离退休干部体检,投入40万元用于营区亮化及沿河木栈道改造。

【基层武装部规范建设】 2019年,泰州军分区贯彻军委基层建设会议精神,按照全市基层武装部规范化建设现场会确立的"三步走"目标,指导各单位推进基层武装机构规范化建设,完成全市基层武装部规范化建设达标验收,达标率100%。

【征兵工作】 2019年,泰州市完成新兵征集任务,全市征兵"五率"(报名率、上站率、合格率、择优率、退兵率)量化考评成绩居全省第五位。8月4日,市征兵督查组到海陵区体检医院检查征兵体检工作。 (刁 乐)

【军事训练】 2019年,泰州军分区坚持实战实训、按纲施训、依法治训,注重个体训练,突出指挥训练,开展群众性练兵比武,组织两级首长机关业务强化训练、民兵应急连比武考核、民兵"四会"(会讲、会做、会教、会做思想政治工作)教练员集训比武,首次组织市应急营班以上骨干集训,组织国动委经济动员演练。 (韩 阳)

【双拥共建】 2019年,泰州军分区军地联合开展国防教育进校园、红色故事宣讲、国防知识竞赛等活动,在全市范围内评选表彰20名"最美军嫂",开展"泰尊崇·家国荣光"寻找泰州籍最美军人活动,集中宣传15名泰州籍现役军人。开展扶贫帮困和捐资助学,军分区、人武部两级出资近160万元帮扶里下河地区、黄桥革命老区等经济贫困(薄弱)村,累计帮助16个村的987人脱贫。

【泰州军分区第五次代表大会】 2019年5月27~28日,中国共产党泰州军分区第五次代表大会召开。会议讨论通过军分区第四届党的委员会工作报告和纪律检查委员会工作报告,选举第五届党委委员和新一届纪委委员,并选举党委常委、书记、副书记。 (陆 阳)

江苏陆军预备役某团

【思想政治建设】 2019年,江苏陆军预备役某团常态开展"习主席著作引领我成长"读书活动,先后投入4000多元购买各类理论学习书籍发放至官兵。开展"传承红色基因、担当强军重任""不忘初心、牢记使命"两项主题教育活动。

【战备训练】 2019年,江苏陆军预备役某团落实战备制度和上级战备值班规定,规范作战值班制度和秩序,建立健全主副班制度,做好重大节日和敏感时段战备值班,定期组织开展现役综合应急分队战备演练。落实每周训练时间,坚持"学军事理论、练指挥技能、强军事体能",采取专家辅导、研讨交流、强化训练、跟学跟训等方法,提高军事训练效果。围绕遂行应急任务需要,以防汛防台、抗洪抢险、抗震救灾、应急维稳等突发类事件为重点,组织应急训练,培养储备应急骨干,修订完善应急行动方案,配齐装备物资器材。

【部队安全管理】 2019年,江苏陆军预备役某团开展"四个秩序""条令整训月""三本警示录"等学习活动,落实"一日生活"制度,推进部队正规化管理。开展"车辆交通安全""违规饮酒、涉足不健康场所、赌博等问题""手机'翻墙'软件"等专项清查活动。

(裴炜昱 李 康)

武警泰州支队

【思想政治建设】 2019年，武警泰州支队开展一系列思想政治教育。邀请新四军老战士史保东到部队为官兵讲抗日故事，弘扬红色革命精神。开展"不忘初心，牢记使命"主题教育活动，组织官兵参观杨根思烈士陵园，学习革命事迹。开展第二届"十佳军嫂"表彰活动。慰问百岁老红军吴九成、新四军老战士徐方晶。

【执勤战备】 2019年，盐城市"3·21"特大爆炸事故发生后，武警泰州支队官兵连续9天参与增援处置行动，完成增援任务。10月，武警泰州支队特战部队参加南京片区极限训练，获片区第一。表彰获武警部队2018年度"极限训练勇士"称号的特战队员，鼓励官兵提升实战化军事技能。

【双拥共建】 2019年，武警泰州支队采取结对助学等形式资助贫困学生，全年累计资助贫困学生20人，发放慰问金、慰问品等20万元。结对帮扶泰兴古溪镇谢荡村，累计投入10多万元。走访慰问驻地孤寡老人，发放慰问金、慰问品等1.5万元。 （徐 杰）

江苏省军区综合训练队

【思想政治建设】 2019年，江苏省军区综合训练队注重党的创新理论武装，学习贯彻党的十九大报告和习近平系列重要讲话精神，推进军委负责制、"向王继才同志学习""不忘初心、牢记使命"等各项主题教育活动，落实教育常态化制度化，开展形势政策、优良传统教育，做好经常性思想工作落实，增强官兵政治意识、大局意识和命令意识。

【集训办队和演习保障】 2019年，江苏省军区综合训练队做好集训办队工作，完成省军区管理干部集训、第二批文职人员面试及补录、新兵连组训及省军区年度演习保障等任务，保障人次近5000人。

【双拥共建】 2019年，江苏省军区综合训练队参加市委、市政府以及市双拥办举办的各项双拥活动。参加市政府举办的海军建军节升旗仪式、"光荣之家"启动仪式等活动。为地方党校、泰州中国医药城等机关、企事业单位开展军训3批160多人次。在"3·5"学雷锋日开展爱国宣传教育和爱护国防设施宣传教育。 （蔡 晖）

退役军人事务

【概况】 2019年，泰州市退役军人事务局完成组建转隶任务，双拥工作领导小组和拥军支前工作领导小组均实行党政主要领导双组长负责制，按"五有"目标建成市县乡村退役军人服务中心（站）。成立泰州市退役军人党校、市双拥学院。开发和统建全市退役军人服务保障体系建设信息系统，开通市县乡村退役军人服务中心（站）视联网，被部、省厅肯定。成立市拥军志愿者联合会。年内，1人被评为"全国模范退役军人"；泰州口岸船舶有限公司、江苏智航新能源有限公司获评全省首批"优秀退役军人之家"，江苏民生重工有限公司、江苏风雷武器装备制造有限公司获评全省首届"退役军人就业创业示范基地"，市烈士纪念馆成为2019年度首批全省党史教育基地，市干休所获评"全省军休工作先进单位"。

【退役军人安置】 2019年，泰州市完成2018年秋冬两季城乡退役士兵、符合政府安排工作条件退役士兵、部队移交地方安置的退休干部及士官的接收安置工作。接收安置军队转业干部，探索开展军转干部进高校专项培训，选送军转干部到南师大泰州学院参加为期1年的"融入式"带薪脱产培训，军转干部满意度100%。

【退役军人就业创业】 2019年，泰州市举办退役军人招聘会11次，组织退役军人参加技能培训、学历教育、适应性培训，2家企业通过省就业创业示范基地检查验收，2家企业获评省"优秀退役军人之家"，退役士兵村官培养工程做法被部、省专刊推广。

【优抚安置】 2019年，泰州市完善重点优抚对象抚恤补助标准动态调整机制，提高各类优抚对象抚恤补助标准，统一发放标准、发放时间和发放形式。全年数据核查完成率212.93%，身份证录入率100%。组织实施退役军人和其他优抚对象信息采集工作，全市共录入系统信息数据17万份。重点针对在乡复员军人、"三属"等对象开展为期12天和为期6天的短期疗养活动。结对帮扶贫困重点优抚对象3659户。发放"庆祝中华人民共和国成立70周年"纪念章854枚。

【"泰尊崇"主题活动】 2019年，泰州市组织"泰尊崇"主题活动，开展"泰尊崇·家国荣光"寻找泰州籍优秀现役军人、"泰尊崇·情系海防""泰尊崇·书记上党课""泰尊崇·丹青绘军魂"等系列活动。"泰尊崇"品牌项目获2019年度市改革创新奖、市级机关党建工作优秀创新创优奖。

【全国首家退役军人党校挂牌成立】 2019年9月17日，全国首家退役军人党校——泰州市退役军人党校在市委党校挂牌成立，市委副书记、市委党校校长、市委退役军人事务工作领导小组副组长朱立凡为党校揭牌并讲话。同时，首期退役士兵村官培训班开班，33名退役士兵村官参加为期3天的培训，省退役军人事务厅、南京市委党校、泰州市委党校、江苏农牧科技职业学院的4位专家作专题讲座。 （全美娟）

【泰州双拥学院揭牌成立】 2019年9月17日，泰州市双拥学院在泰州技术职业学院成立。该学院是全市退役军人、现役军人以及军地双方共同学习交流的平台，提供拥军褒扬、军民共建、国防教育、思想政治、优抚安置、就业创业、权益保护等各方面培训，旨在发挥学院就业创业示范基地的优势作用，提高退役军人就业创业能力，调动军地双方、社会各界的积极性，推动退役军人事务工作高质量发展。 （管 波）

责任编辑 张 华

靖江市

【概况】 靖江市总面积655.58平方千米,年末户籍人口65.53万人。有长江岸线52.3千米,其中深水岸线35千米,全线获批为国家一类开放口岸。辖1个国家级经济技术开发区(靖江经济技术开发区)、1个省级开发区(江阴-靖江工业园区)、8个镇、1个街道和3个办事处,188个行政村、81个社区居民委员会。2019年,靖江市实现地区生产总值979.57亿元,比上年增长7.2%;全年新签约亿元以上项目155个,新开工亿元以上项目61个;固定资产投资385.18亿元,增长11.5%;一般公共预算收入66.61亿元,增长1.4%;城乡居民人均可支配收入分别为50725元、25317元,分别增长8.4%、9.0%。进出口总额34.47亿美元,其中出口25.51亿美元,分别增长21.8%和26.9%。

【农业】 2019年,靖江市建成农创基地6个,建设标准化厂房12.66万平方米,招引入驻项目9个,基地实现运营收益745万元;实施扶贫基金项目62个,实现收益177.2万元。全市4259户低收入农户和58个经济薄弱村全部实现脱贫。创建"中国好粮油"行动示范县,实施年度项目11个,总投资1360万元;建成溯源大数据平台,新增省级绿色优质稻麦基地面积8000公顷,承办2019中国(靖江)小麦产业发展大会,"香沙芋"入选《中国农产品区域公用品牌目录》。马桥镇创成省级一二三产业融合发展先导区。投入资金2.76亿元,建设10个市级农业园区;新招引建设规模涉农项目21个,实际利用"三资"20.68亿元。建成弯腰沟红色文化旅游基地一期工程,推进4个省级、市级特色田园乡村和85个美丽宜居乡村建设。在全市推广新桥镇试点实施农村集体"三资"管理"双轮驱动"模式。推进农村集体产权制度改革,应用确权登记颁证成果,引导土地经营权"进场交易、规范操作",全年交易1113笔,交易金额3.92亿元。健全"1860"现代农业社会化服务体系。

【工业】 2019年,靖江市实现工业开票销售收入1312.03亿元,比上年增长13.9%。开票销售超亿元的工业企业128家,增加20家。全年实现规模以上工业总产值919.72亿元,规模以上主营业务收入930.62亿元、利税105.9亿元、利润80.25亿元,分别增长8.0%、5.8%、10.7%、13.8%。五大新兴产业完成产值140.9亿元、销售收入139.36亿元,分别增长16.0%、11.2%。

【建筑业】 2019年,靖江市完成建筑业总产值717.65亿元、工程结算收入533.56亿元、利润总额31.23亿元,比上年分别增长8.94%、1.77%、4.83%。完成施工面积4065万平方米,减少26.58%,其中承建规模工程1285个、3756万平方米,吸纳建筑劳务27.64万人。全市有建筑业企业224家,其中特级企业2家、一级企业26家、二级企业78家。二级以上企业实现总产值618.15亿元,占总产值86%。完成境外产值2.12亿美元。

【财政金融】 2019年,靖江市完成财政总收入163.66亿元;完成一般公共预算收入(含江阴-靖江工业园区)66.62亿元,比上年增长1.38%。全年一般公共预算支出86.25亿元,增长6.3%。年末全市金融机构本外币存款余额1211.78亿元,增幅15.18%;本外币贷款余额989.48亿元,增幅12.51%。全年实现保费收入24.50亿元,增长9.13%。其中,财产险保费收入6.90亿元,增长9.39%;人身险保费收入17.60亿元,增长9.03%。全市保险密度3579元/人,保险深度2.50%。全年实现金融业增加值61.9亿元,增长18.74%。

【国内贸易】 2019年,靖江市完成社会消费品零售总额219.09亿元,比上年增长7.4%。批发业销售额760.18亿元,增长15.6%;零售业销售额201.95亿元,增长9.7%;住宿业营业额6.6亿元,增长5.7%;餐饮业营业额59.38亿元,增长8.4%。全年新增限上批发零售、住宿餐饮企业41家。举办2019中国汤包美食文化节,创成"中国四季美食名城"。东兴镇万盛村被评为江苏省农村电子商务示范村,城南电商创业中心被评为江苏省首批众创空间,悠味食品、环科网络、南方小麦、江苏双鱼被评为江苏省电子商务示范企业。全市在市场监管局登记注册的企业网站2626个、网店2238家、微信公众号241个。

【开放型经济】 2019年,靖江市新批外商投资企业6家,增资项目4个,协议注册外资金额1.27亿美元,比上年增长194.63%。实际使用外资1.16亿美元,增长28.11%。全市累计进出口总额34.47亿美元,增长21.75%,其中进口额8.96亿美元,增长9.2%;出口额25.51亿美元,增长26.9%。一般贸易进出口额15.52亿美元,占全市进出口总额45%。主要出口产品是船舶、机电、维生素及其衍生营养品、钢材,四类产品出口额18.25亿美元,占全市出口总额71.5%,其中船舶出口额13.50亿美元,占全市出口总额52.9%。实现外经营业额1.06亿美元,新批境外投资项目2个,新签外经合同金额7442万美元。

【城乡建设】 2019年,靖江市围绕"优空间、护资源、促集约",建立国土空间规划体系。按照"多规合一"的原则,统一实施国土空间规划管理。推进数字靖江项目后续建设工作,完成中国地理信息产业优秀工程申报,"数字靖江"项目获2019中国地理信息产业优秀工程金奖。提升人民路、安宁路等7条城区道路,调整优化5条公交线路,改造背街小巷12条,投用智能停车场4个,增加停车泊位1.5万个。休闲水街、容湖书房、音乐花海广场、"东线第一帆"公园开放投用,全年新增城市绿地面积22公顷,城市建成区绿化率39%。建设农村道路40千米,改造桥梁10座,创成"四好农村路"省级示范县。累计建成美丽宜居乡村85个,新桥镇获评全国乡村治理示范镇。

【生态环境】 2019年,靖江市完成中央、省、泰州环保督察反馈以及突出环境问题整改165件、销号48件。开展"健康长江靖江行动"、区域水环境、生活污水等专项治理行动,实施水污染防治重点工程11项,完成沿江排口监测、溯源725个,集中式饮用水水源地水质达标率100 %,省控以上地表水断面水质达到相应功能区标准,达到或优于Ⅲ类水质比例83.3%。实施大气重点治理工程51项,空气质量优良率77.1%。建立耕地土壤环境质量分类清单,在全省率先开展工业企业采样试点。转移工业危险废物2.42万吨,完成"清废行动"1490个环境隐患固废点位整改任务。在全省率先创建"绿色保姆"线上线下服务企业平台,开辟重点项目的"驻点环评"三色快车道。

【自然资源和规划管理】 2019年,靖江市开展长江经济带国土空间用途管制负面准入清单和纠错机制工作研究,形成《靖江市长江经济带国土空间用途管制和纠错机制研究》成果。2019年上报并获批准12个征地批次,新增建设用地290.8公顷。全年工业用地挂牌44宗,面积283.93公顷,出让成交价9.2亿元;获2018年度"江苏省国土资源节约集约模范市"称号。开展土地收购储备工作,签约4宗,收储面积16.6公顷,收储金额6.3亿元。出让经营性用地29宗,面积96.33公顷,出让金总额57.5亿元。开展违建别墅清理和违法用地三年整治行动等工作,立案查处违法用地10宗,面积3.39公顷;非立案查处违法用地2宗,面积0.25公顷,全部消除违法状态。获评2018年度"江苏省土地执法模范市"。新造林208.6公顷,长江岸线新造林22公顷。完成省靖江中学迁建、渡江实验小学、中医院改建等民生实事工程的方案审查。完成孤山镇通太村、西来镇义兴村、靖城街道办事处友仁村、生祠镇七一村4个试点村村庄规划工作。

【教育】 2019年,靖江市有各类学校公办教职工6915人,其中专任教师5472人。公办教职工中,幼儿园273人、小学(含特殊教育学校)1890人、初级中学1865人、普通高中1040人、职业学校404人。专任教师中,正高级职称11人、副高级职称1173人、中级职称2599人、初级职称1832人。小学、初中、普通高中、职业高中教师学历达标率100%。新增3名正高级教师、128名泰州市三级骨干教师,1人享受国务院政府特殊津贴,1人入选省乡村优秀青年教师培养奖励计划。1所学校获评省首批高品质示范高中建设培育学校,1所学校新晋级四星级普通高中,1所学校创成省现代化示范性职业学校。建成16家融合资源教室,实现学前教育段和小学段的区域全覆盖;新增全国青少年校园篮球特色校1所、全国足球特色幼儿园2所,新增省现代化实训基地和省现代化专业群各1个、省优质园3所、泰州市课程游戏化基地3个;建成消防安全先进学校2所、交通安全先进学校5所、食品安全先进学校5所,5所学校获评"泰州市安全教育先进学校",8所学校获评"江苏省文明校园(单位)"。

【科学技术】 2019年,靖江市(不含江阴-靖江工业园区)高新技术产业产值占规模以上工业总产值比重45.85%;认定国家高新技术企业83家、省高新技术企业培育库入库企业48家、省民营科技企业4家,评价入库科技型中小企业155家。新增泰州市市级及以上工程技术研究中心9家、省级研究生工作站6家,3家企业获省企业研发机构绩效评价"优秀"等次,6家企业研发机构获泰州市企业研发机构绩效评价"优秀"等次,3家企业研发机构入围省"企业研发机构高质量提升计划"培育库第二层次。举办"新时代科技新长征"等产学研活动26场,引进高新技术项目88个,共建产学研联合体19家。获批省重点研发计划1个、省产学研项目1个,获省科技进步二等奖1项、江苏友谊奖1项,引进并获批江苏省"科技副总"7人。制定《靖江市科技创新服务平台2019~2021三年行动计划》,修订《靖江市科技型中小企业信贷风险补偿资金池("苏科贷")实施细则》。

【文化旅游】 2019年,靖江市人均拥有公共文化设施面积0.43平方米,村(社区)综合性文化服务中心建成率100%。全年"送戏下乡"425场。靖江市文化中心主体建筑封顶,建成显华书院、容湖书房、马洲美术馆、新港书馆、新桥镇综合文化站等并对外开放。市图书馆获第五届"领读者·阅读空间奖(图书馆)"提名奖,显华书院被中国阅读学研究会命名为"华夏书香地标"。创排的大型原创历史锡剧《望岳情》获泰州"五个一工程"奖,国画《多彩江南》入选省美术书法优秀作品展,国画《梨园追梦》获第二届"江海门户通天下"全国作品展优秀奖,小品《相思树》等3个节目获泰州市2019新创

文艺节目调演优秀节目奖，市文化馆志愿者舞蹈队获“同唱祖国好 幸福舞起来”——2019“舞动江苏”广场舞大赛泰州决赛第二名。公布“靖江民间歌舞”“靖江木作技艺”等7项靖江市级“非遗”代表性项目，举办“母语胎衣”靖江宝卷巡回讲唱活动30场。建成全市首个旅游集散中心——江阴大桥服务区集散中心。新建旅游停车场1.49万平方米，新建A级旅游厕所16座，新建旅游风景道8.6千米，新增民宿床位57张。年末拥有国家AA级及以上景区3个，有星级饭店3家、星级饭店客房(床位)580间(床)。接待境外游客5700人次，接待国内游客383.79万人次。举办“2019寻味泰州·水城蟹乡”美食节暨靖江美食(上海)交流推广周活动。成立靖江市旅游纠纷人民调解委员会，首个旅游类APP——“乐游靖江”上线运行。西来镇“埭上人家”旅游特色风情小镇通过江苏省文化和旅游厅考核验收。

【卫生】 2019年，靖江市建立跨区域专科联盟10个。推进分级诊疗制度建设，县级公立医院向基层医疗机构下转病人261人次，比上年增加41人次；市域外转诊患者1701人次，患者市域内就诊率97.1%。靖江爱心护理院大觉分院投入使用，季市中心卫生院迁建工程完成建设，妇幼保健中心迁建工程启动建设。9个家庭医生工作室建成并投入使用。发放计划生育奖特扶资金3661.55万元。推广精准医疗救助模式，4564户困难家庭获救助救治。新桥镇成为首家通过省级健康镇验收的单位。开展安全生产大检查，排查医疗卫生领域安全隐患612个，完成整改351项。

【体育】 2019年，靖江市公共体育设施总面积112.7万平方米，人均拥有公共体育设施面积1.65平方米。有非学校类市属公共体育场2个、体育馆1个、游泳馆1个。承办江苏省首届智力运动会五子棋比赛、江苏省青少年游泳冠军赛、江苏省青少年跆拳道冠军赛、江苏省创编广场舞比赛等省级及以上群众体育赛事，举办2019“牧马长江·泰州太美”马自骑210千米公益骑行大会、2019江苏省“长江经济带”全民健身大联动靖江分会场健身展示活动、“牧城之夜”荧光跑、庆祝新中国成立70周年“骑游马洲·祝福祖国”自行车骑行活动、拉丁舞城市邀请赛、市乒乓球联赛、市羽毛球联赛等赛事活动。靖江籍运动员在第二届全国青年运动会上获10金、6银、4铜，在省级赛事上获9金。体育彩票年销售额1.62亿元。

【社会保障】 2019年，靖江市养老、失业、工伤保险参保人数分别为191165人、153805人、191530人，被征地农民参加基本生活保障105647人，城乡居民养老保险参保40619人。举办各类招聘会135场次，提供岗位2万多个，进场求职1.6万人次，实现新增就业1.82万人，城镇登记失业率1.78%。2月26日，市医疗保障局挂牌成立。靖江市基本医疗保险参保人数61.27万人，其中城镇职工基本医疗保险参保人数33.2万人、城乡居民医保参保人数28.07万人，基本医疗保险参保率98.42%。年内，阶段性降低医疗保险费率0.5%。全年检查191家定点医疗机构、241家定点零售药店，检查覆盖率100%；终止协议取消定点1家，暂停医保服务协议1家，追回医保基金24.36万元，追究违约责任27.4万元。推进医保付费方式改革，实施以总额控制为主，按病种付费为辅的复合式付费方式，扩大单病种数，单病种数达183种。城乡居民基本医疗保险实行泰州市级统筹。推进异地就医直接结算，开通与上海市定点医院普通门诊刷卡。落实医保特药政策，特药种类扩大到35种。在全市25家定点医院开展医保扶贫，与医院签订精准扶贫医疗服务协议。

2019年靖江市经济社会发展主要指标一览表

表62

项目	单位	数量	比上年增长(%)
地区生产总值	亿元	979.57	7.2
一般公共预算收入	亿元	66.61	1.4
规模以上工业总产值	亿元	919.72	8.0
社会消费品零售总额	亿元	219.09	7.4
固定资产投资	亿元	385.18	11.5
出口总额	万美元	255149	26.9
城镇居民人均可支配收入	元	50725	8.4
农村居民人均可支配收入	元	25317	9.0
金融机构本外币存款余额	亿元	1211.78	15.2
金融机构本外币贷款余额	亿元	989.48	12.5

(靖江市政府办)

泰兴市

【概况】 泰兴市总面积1169.65平方千米，辖1个街道、14个镇、1个乡、351个村(社区)，有3个省级经济开发区、3个市级工业园区。年末户籍总人口116.91万人，常住人口107.08万人，城镇人口67.94万人。2019年，泰兴市实现地区生产总值1083.90亿元，比上年增长6.8%(按可比价格计算)。其中，第一产业增加值65.41亿元，增长2.2%；第二产业增加值556.20亿元，增长5.9%；第三产业增加值462.29亿元，增长8.6%。人均地区生产总值101157元，增加7922元。三次产业增加值比例由上年的6.1∶52.7∶41.2调整为6.0∶51.3∶42.7。服务业发展增速高于工业增加值2.5个百分点，占地区生产总值比重比上年提高1.3个百分点。年末常住人口城镇化率63.45%，提高1.5个百分点。进入全国县域经济基本竞争力百强县(市)行列，排名第28位。

【农业】 2019年，泰兴市实现农业总产值103.33亿元，比上年增长1.2%。粮食总产量62.72万吨，减少0.7%，其中夏粮24.25万吨、秋粮38.47万吨。全市粮食种植面积84240公顷，粮食单产496.36千克，增加5.13千克。上市生猪43.25万头，减少60.6%；家禽933.12万羽，减少1.7%；山羊12.11万只，减少51.6%；禽蛋50397万吨，减少7.2%；水产品2.06万吨，减少15.5%。全市林木覆盖率25.69%。全市新增高效设施农业面积640公顷，新增高标准农田3200公顷。有规模养殖场(户)1656家，其中万头猪场11家、万羽禽场111家、千只羊场21家、50头以上奶牛场5家，生猪、蛋禽、肉禽、奶牛、山羊的规模养殖比重分别为92.7%、99.2%、100%、100%和68.6%；生猪大型、中型规模养殖比重80.3%，提高0.9个百分点。定量检测农产品检测合格率99.4%。有农机总动力62.98万千瓦，全市各式大中型联合收割机保有量1898台，插秧机保有量4268台(其中高速乘坐式插秧机1038台)，75马力以上大型、中型拖拉机配套秸秆还田机械保有量2132台(套)，粮食烘干机716台。

【工业】 2019年，泰兴市规模以上工业增加值可比增长7.0%。规模以上工业总产值比上年增长0.2%，其中轻工业增长0.3%、重工业增长0.2%。规模以上工业企业实现主营业务收入与上年基本持平，利润总额增长1.2%。新增规模以上工业企业70家。工商税收超1000万元工业企业62家，其中超亿元6家。机电、化工、医药三大支柱产业实现规模以上产值增长2%。泰兴经济开发区创成国家级智慧化工园区、中国产学研合作创新示范基地，连续7年保持"全国化工园区10强"称号。黄桥经济开发区、泰兴高新区创成省循环化改造示范园区，虹桥工业园区创成省建筑产业现代化示范园区，农产品加工园区入选国家农村产业融合发展示范园创建单位，城区工业园区创成省级电子商务与快递物流协调发展示范基地。

【建筑业】 2019年，泰兴市建筑业完成总产值812.6亿元，比上年增长9.2%；完成税收13.99亿元，增长26.3%。获国家优质工程奖1项，新增总承包一级资质企业3家。有施工总承包一级资质以上企业21家，有一级建造师782人、二级建造师2640人。

【财政金融】 2019年，泰兴市完成一般公共预算收入80.59亿元，比上年增长8.2%。其中，税收收入完成66.26亿元，增长5.7%，占一般公共预算收入比重为82.2%。一般公共预算支出106.42亿元，增长10.5%。财政用于民生支出占一般预算支出比重在80%以上。一般公共预算支出中，住房保障支出7.73亿元，增长8.1%；卫生健康支出9.46亿元，增长5.0%；社会保障和就业支出18.36亿元，增长68.4%。有金融机构23家。年末金融机构人民币各项存款余额1183.74亿元，增长8.5%。其中，住户存款余额580.17亿元，增长11.8%。年末金融机构人民币各项贷款余额964.65亿元，增长14.7%。从贷款期限看，全市短期类贷款余额385.08亿元，增长22.1%；中长期贷款余额551.12亿元，增长10.1%。

【国内贸易】 2019年，泰兴市限额以上批发和零售业中，体育、娱乐用品类零售额0.82亿元，比上年增长579.1%；建筑及装潢材料类零售额2.51亿元，增长38.2%；文化办公用品类零售额1.46亿元，增长51.3%；家具类零售额0.98亿元，增长162.3%。基本生活消费基本平稳，粮油、食品类零售额14.40亿元，增长2.3%；服装、鞋帽、针纺织品类零售额4.83亿元，减少0.8%。限额以上批发和零售业中，体育、娱乐用品类零售额0.82亿元，增长579.1%；建筑及装潢材料类零售额2.51亿元，增长38.2%；文化办公用品类零售额1.46亿元，增长51.3%；家具类零售额0.98亿元，增长162.3%。基本生活消费基本平稳，粮油、食品类零售额14.40亿元，增长2.3%；服装、鞋帽、针纺织品类零售额4.83亿元，减少0.8%。

【开放型经济】 2019年，泰兴市完成进出口总额43.36亿美元，比上年减少16.7%。其中，进口总额18.54亿美元，减少10.5%；出口总额24.82亿美元，减少20.8%。实际到账注册外资3.75亿美元，增长1.7%；新批协议注册外资11.49亿美元，增长8.0%。全年批准外资项目44个，其中新批外资项目28个、外资增资项目16个，总投资超3000万美元的外资项目16个。

【城乡建设】 2019年，泰兴市城建新提升三年行动计划收官。实施大庆路、长征路、根思路改造工程，7个主次干道改造和5个道路渠化工程完成施工。新增绿化面积109万平方米。新增停车位1510个。开展农村人居环境整治，90%以上村居基本达到"整洁村"标准，新建美丽宜居示范村42个。1980条农村河道实现畅流活水。完成市道改建20千米、大中修62千米，农村公路提档升级180千米，实施生命安全防护工程150千米，"径美泰兴"农村公路品牌创建获全省第一。开展"项目质效大提升"活动，签约亿元以上项目230个，其中10亿元以上33个。新开工亿元以上

项目106个,其中10亿元以上项目8个;新竣工亿元以上项目86个,其中10亿元以上项目8个。

【自然资源和生态环境】 2019年,泰兴市启动向环境污染宣战行动,推进大气污染防治,城市空气质量优良率78.4%。开展区域水环境治理,省级以上考核断面水质达标率和优Ⅲ比例均为100%。开展"健康长江泰州行动",实施长江入河排污口排查整治。加强长江保护修复,清理整治岸线占用项目37个。长江生态湿地和绿色廊道主体竣工,推进拓展区建设。

【教育】 2019年,泰兴市有普通中等专业学校1所,在校学生4061人,毕业生1062人;普通中学44所,在校学生41671人,毕业生14358人;小学44所,在校学生48777人,毕业生8104人;幼儿园66所,在园幼儿数23644人。学前三年幼儿入园率100%,初中毕业生升学率100%,小学和初中入学率、巩固率均为100%。第四高级中学创成省四星级高中。泰兴中学被清华大学授予"2019年生源中学"。中专校创成省现代化示范性职业教育学校。

【科学技术】 2019年,泰兴市新认定国家级高新技术企业74家,国家级高新技术企业总数达174家。实现高新技术产业产值比上年增长1.6%,占规模以上工业总产值比重46.35%。专利申请3739件,其中发明专利申请661件;专利授权2452件,其中发明专利297件。有效发明专利1407件,万人有效发明专利13.12件。

【文化旅游】 至2019年末,泰兴市有文化馆(站)17个、图书馆1个、博物馆7个、剧场影剧院1个,图书总藏量34.8万册。全市有线电视入户率100%,广播电视覆盖率100%。国家级文化产业示范基地1个、省级文化产业示范基地1个。建成村(社区)综合文化服务中心317家,实现行政村居全覆盖。接待游客459万人次,比上年增长13.5%;实现旅游收入45.68亿元,增长15.2%。祁巷村获评2019中国美丽休闲乡村、江苏省特色田园乡村;泰兴市马甸水利枢纽风景区获评国家AAA级旅游景区;新四军黄桥战役纪念馆入选江苏省庆祝新中国成立70周年学习体验线路。

【卫生】 2019年,泰兴市人民医院新区医院二期工程建设投用。实施7所乡镇卫生院提升工程,创成省级示范卫生院1家。年末拥有各类卫生机构471个,其中医院14个、卫生院31个;各类卫生机构床位数5599张;各类卫生技术人员6717人,比上年净增341人,其中执业(助理)医师2969人、注册护士2772人、卫生防疫人员154人。

【体育】 2019年,泰兴市承办全国健身秧歌(鼓)比赛、省首届智力运动会国际跳棋比赛、省青少年柔道锦标赛等赛事。举办2019泰兴国际半程马拉松赛。全年新增健身网点100个、篮球场20个、室外乒乓球场20个、羽毛球场2个。全市人均体育场地面积2.85平方米。

【社会保障】 2019年,泰兴市新增创业19291人,带动就业26287人;新增城镇就业24002人,城镇登记失业率1.8%。城乡居民医疗和养老保险参保基本实现全覆盖。企业职工养老、医疗、工伤、失业参保人数分别为19.32万人、26.34万人、15.74万人、13.87万人。城乡居民养老保险参保25.04万人,被征地农民纳入社会保障8.58万人;基本社会保险覆盖率在98%以上,建设工程项目工伤保险参保率在95%以上。城乡居民基础养老金逐年增长。

2019年泰兴市经济社会发展主要指标一览表

表63

项目	单位	数量	比上年增长(%)
地区生产总值	亿元	1083.90	6.8
第一产业增加值	亿元	65.41	2.2
第二产业增加值	亿元	556.20	5.9
第三产业增加值	亿元	462.29	8.6
一般公共预算收入	亿元	80.59	8.2
出口总额	亿美元	24.82	-20.8
人均地区生产总值	元	101157	7.1
城镇居民人均可支配收入	元	46915	8.8
农村居民人均可支配收入	元	23221	9.2
金融机构本外币存款余额	亿元	1183.74	8.5
金融机构本外币贷款余额	亿元	964.65	14.7

(泰兴市政府办)

兴化市

【概况】 兴化市总面积2393.35平方千米,年末户籍人口154.26万人,辖24个镇、1个乡、3个街道,有463个村、63个社区。2019年,兴化市实现地区生产总值871.82亿元,比上年增长4.6%;一般公共预算收入39.76亿元,增长0.9%。入选中国县级市全面小康指数百强市、中国县域经济百强市、中国工业百强市、中国创新百强市。

【农业】 2019年,兴化市新增规模高效设施农业基地28个、高效设施农业面积2000公顷,新增特色农产品示范基地28个,沙沟镇入选第九批全国“一村一品”示范镇。新增家庭农场规模经营3333.33公顷,新增农业产业化联合体6家、省农业产业技术创新战略联盟1家,家庭农场经营比重49%,新增泰州市级示范家庭农场18家、绿色农场14家。投入20亿元建设高标准农田3.33万公顷,新建圩口闸20座,维修圩口闸100座,电启闭改造圩口闸300座,新建排涝站8座,维修排涝站40座,完成61个联圩、450千米圩堤达标建设任务。新增粮食生产全程机械化示范乡镇4个。连续3年获批中国好粮油行动示范县,创成兴化香葱中国特色农产品优势区。招引农业项目55个,投资总额30亿元。推广测土配方施肥14.79万公顷次,秸秆还田8.67万公顷。建设美丽牧场15个、生态牧场200个。东罗、唐庄创成全省首批特色田园乡村。

【工业】 2019年,兴化市完成规模以上工业增加值96.4亿元,规模以上工业产值505.2亿元,规模以上工业利润18.7亿元。工业开票销售727.6亿元,入库税金23.4亿元。新增规模以上工业企业92家。规模以上工业中,三大主导产业完成产值394.9亿元,占规模以上工业总产值的78.2%。其中,不锈钢产业完成产值216.9亿元,健康食品产业完成产值118.2亿元,装备制造产业完成产值59.8亿元。兴达钢帘线等48家成长型企业累计完成开票销售268.2亿元,入库税金8.1亿元。

【建筑业】 2019年,兴化市完成建筑业总产值532亿元,入库税收4.81亿元,出省施工产值91.41亿元,比上年分别增长9.2%、18.2%、10%。创建5个省级和11个市级标准化工地。检查在建工程530项次,建筑面积1919.8万平方米。创建2个省级工法、9个市级优质工程。新增一级注册建造师120人、中高级专业技术人员125人、初级专业技术人员49人。富安公司、苏兴公司获“2019年度江苏省建筑业安全生产先进单位”称号,大邹镇特高压换流站工程获评“鲁班奖”。

【服务业】 2019年,兴化市实现第三产业增加值397.15亿元,比上年增长6.3%。社会消费品零售总额210亿元,增长3.3%。第三产业增加值占地区生产总值比重49.4%,提升0.7个百分点。戴南不锈钢现代物流园区获批江苏省示范物流园区,加快开发区港口物流园建设。吾悦广场、万达广场、长九五星级酒店等商贸综合体开工建设。兴化电商产业园被评为江苏省电子商务示范基地。

【财政金融】 2019年,兴化市完成一般公共预算收入39.76亿元,比上年增长0.9%。其中,税收收入31.40亿元,税收占比79.0%;非税收入8.36亿元。一般公共预算支出111.23亿元,增长5.4%,其中教育、文化、社会保障、医疗卫生、环境保护、农业、交通和保障性住房等民生及社会事业支出85.01亿元,占一般公共预算支出的76.4%。年末银行机构本外币各项存款余额979.23亿元,增长12.20%;年末银行机构本外币各项贷款余额642.59亿元,增长14.73%。涉农贷款余额476.56亿元,增长9.42%。推广“阳光征信e贷”等信贷产品,累计授信39069户、27.55亿元,用信6637户、13.29亿元。

【开放型经济】 2019年,兴化市举办千垛菜花旅游节投资环境说明会、郑板桥艺术节投资环境说明会、不锈钢产业(广东)投资环境说明会等活动。新签约亿元以上项目149个,新开工亿元以上项目52个,竣工亿元以上项目41个。实际使用外资1.62亿美元,比上年增长45.8%;完成进出口总额7.4亿美元,外经营业额4400万美元,获批国家脱水蔬菜外贸转型升级基地。

【生态环境】 2019年,兴化市区域环境整体质量总体稳定,城镇集中式饮用水水源水质达标率100%,城市环境空气质量优良天数比例84.1%,市区声环境质量达到《兴化市区域环境噪声标准适用区域划分》规定的标准。生态环境状况指数69.85,居泰州首位、全省前列。推进“263”专项行动和乡镇环保体检工作,关停取缔“散乱污”企业76家,6家保留化工企业完成年度升级改造任务。获批省级生态文明建设示范市,新增省级生态文明建设示范乡镇5个、示范村4个。绿地率39.84%,绿化覆盖率42.86%,新增绿化面积44.26公顷,人均公园绿地面积14.03平方米。建成紫荆河公园和兴姜河滨河步道。

【教育】 2019年,兴化市规范民办学校办学行为,推进校园安全和周边环境综合治理。创新教育督导体系,实现专职督学与责任督学“双轮驱动”。本科第一一批次达线1076人,增幅48%;中考优秀段增幅74%。开工建设青少年活动中心,推进开发区学校项目建设,完成校园“改薄”项目42个。开展城镇小区配套幼儿园专项治理,启动11所配套幼儿园项目建设。

【科学技术】 2019年,兴化市获批国家高新技术企业73家、省高新技术培育企业73家、国家科技型中小企业127家。新建校企联盟24家,达成产学研合作项目81个。兴达公司、申源集团入选省“企业研发机构高质量提升计划”培育库。新增发明专利授权130件,万人发明专利拥有量7件。

【文化旅游】 2019年,兴化市获批国保单位2处、省保单位5处,新增数量

居全省首位。苏中公学旧址入选江苏省红色遗产提升工程。全年接待游客897万人次,比上年增长15%;实现旅游总收入85亿元,增长21%。举办2019中国·兴化千垛菜花旅游节、万亩荷塘荷花节、品蟹赏菊旅游季、水上森林红杉节等四季旅游节庆活动。承办2019新时代江苏旅游发展论坛,倡导建立"全球四大花海"联盟。开通兴化"1号水路",打造"千垛美路",实施停车、指引、公厕、WIFI等旅游公共服务四大行动。获评省级全域旅游示范区,东罗村被评为江苏省乡村旅游重点村,万亩荷塘景区创成国家AAA级景区,智慧旅游服务中心获评省智慧旅游示范项目。

【卫生】 2019年,兴化市完成2.5万座农村改厕任务。人民医院成为三级综合乙等医院,提档升级村卫生室258个,建成标准化儿童预防接种门诊42个。开展农村妇女"两癌"筛查,推进出生缺陷综合防治免费服务项目。开通健康扶贫"一站式"结算,建档立卡低收入人口实现"先诊疗、后付费"。城乡居民医保药品目录新增特效药28种、抗癌药17种,新增慢性病病种4个、特殊病管理病种4个。

【社会保障】 2019年,兴化市企业职工养老、失业、工伤保险分别新增18500人、15000人、14500人。全年累计减少企业负担养老保险费7978.06万元、失业保险费3945.64万元。推进机关事业单位养老保险制度改革。受理劳动人事争议案651件,按期运行率100%。开展根治欠薪专项行动,组织"双随机"执法检查,帮助383名农民工和职工解决拖欠工资329.57万元。

2019年兴化市经济社会发展主要指标一览表

表64

项目	单位	数量	比上年增长(%)
地区生产总值	亿元	871.82	4.6
一般公共预算收入	亿元	39.76	0.9
规模以上工业总产值	亿元	505.2	-9.0
社会消费品零售总额	亿元	210.40	3.3
实际使用外资	亿美元	1.62	45.8
金融机构本外币存款余额	亿元	979.23	12.20
金融机构本外币贷款余额	亿元	642.59	14.73

(兴化市政府办)

海陵区

【概况】 海陵区为泰州市主城区,总面积307.12平方千米,辖4个镇、6个街道、4个园区(海陵工业园区、泰州市新能源产业园、城北物流园、现代农业产业园)。2019年末,海陵区常住人口51.97万人。全年实现地区生产总值595.66亿元,按可比价格计算,比上年增长6.0%。其中,第一产业增加值9.11亿元、第二产业增加值254.17亿元、第三产业增加值332.38亿元,分别增长2.0%、4.9%和7.0%。按常住人口计算,全区人均地区生产总值114682元,增长5.9%。

【农业】 2019年,海陵区新增农业结构调整示范点、精准农业展示点各1个,新增市级智能农业物联网应用基地1个,新增省级智能农业示范单位1家,新建规模以上农业项目14个。上争国家、省、市级财政各类支农惠农项目资金6432.61万元,农业实际利用"三资"12.46亿元。实现农产品出口5500万美元,比上年增长100%。20家农业龙头企业实现销售总额41.72亿元,增长6.5%;完成利税总额1.91亿元,增长6.4%。泰州市华荣麦芽有限公司成为省级农业龙头企业,泰州市嘉和中央厨房配餐有限公司、江苏苏轩堂药业有限公司成为市级农业龙头企业。4家农业企业登陆江苏股权交易中心"农业版",实现"零"的突破。修订出台《实施乡村振兴战略 促进农民创新创业增收的意见》,发放区级奖补资金407.84万元。新增农产品商标26个、泰州市知名商标3个,新增泰州市A级诚信企业2家、"红名单"企业1家,绿色优质农产品占59.76%,市级以上农产品抽检合格率100%。夏、秋季秸秆"双禁"考核居全市首位,秸秆综合利用率在98%以上,京泰路街道、罡杨镇创成泰州市创业富民中心规范化建设先进乡镇,九龙镇创成"三权分置"改革示范镇。新增家庭农场面积205.46公顷,绿色家庭农场3家,土地流转率81.2%。全面完成低收入农户和经济薄弱村的脱贫任务。完成乡村振兴"1123"示范创建,新建、改建、扩建农村公厕25座,无害化卫生户厕普及率96.6%。完成31个村(社区)生活垃圾分类设施投放,建成农村易腐垃圾处置中心4个,城乡生活垃圾处置率100%。

【工业】 2019年,海陵区工业增加值可比增幅3%;征收期工业一般纳税人开票销售606.2亿元,比上年增长4.4%;工业用电量21.38亿千瓦时;工业入库税收15.74亿元;新增规模以上工业企业25家;实施亿元以上新开工项目33个,其中10亿元以上新开工项目2个、亿元以上竣工项目30个。全区251家规模以上工业企业中有193家实现盈利,58家亏损企业亏损额降低30.5%,企业运行成本降低7亿多元。罡阳股份被评为“国家制造业单项冠军示范企业”,罡阳转向的循环球汽车动力转向器总成被认定为省级“专精特新”产品;腾发建筑、宏祥动力、劲松股份、康乾机械4家企业被认定为市级科技“小巨人企业”;兰翔彩钢、海恒建材、利德宝包装、进鑫机械4家企业被认定为市级“专精特新”产品企业。全区2000多家中小微工业企业实现征收期一般纳税人开票销售388.6亿元,减少5.1%,占全区工业企业征收期一般纳税人开票销售总额的68%。其中,规模以上中小企业247家,实现征收期一般纳税人开票销售288.8亿元,减少9.5%;征收期一般纳税人开票销售超20亿元中小企业1家,超10亿元中小企业3家,超5亿元中小企业4家,超1亿元中小企业69家。

【建筑业】 2019年,海陵区完成建筑业总产值391.05亿元、建筑业增加值101.62亿元、工程结算收入279.56亿元,比上年分别增长10.1%、8.7%和9.04%。完成地方入库税收5.6726亿元,增长7.7%;在建工程施工面积3329万平方米,增长10.89%,其中新开工面积1364万平方米,从业人员21.95万人。完成省内施工产值253亿元,增长9.45%,其中完成泰州市内施工产值206.08亿元,增长4.65%;完成出省施工产值138.19亿元,增长11.32%,出省施工人数4.8万人。全区特一级企业出省施工产值102.95亿元,占全区出省施工产值的74.49%。中城建十三局粉末冶金球形钛粉生产线5月开机投产。泰州振发、泰州江海晋升施工总承包一级资质。全年新受监项目22个,建筑面积115万平方米。组织春节复工检查、建筑市场行为检查、起重机械安全专项整治、城市环境综合整治等10多项专项检查。组织召开“平安工地”现场推进会和“标化工地”现场观摩会。承建规模工程35项,创省级优质工程5项、泰州市优质工程“梅兰杯”13项、省级标准化示范工地5项、市级标准化示范工地6项。获省级QC奖3项,获发明专利11项、实用新型专利9项,获省级新技术应用示范工程3项。

【服务业】 2019年,海陵区实现服务业增加值332.38亿元,占地区生产总值比重55.8%,比上年提升1.2个百分点,居全市首位;服务业累计入库税收28.1亿元,税收贡献率45%,实现投资88亿元,从业人员13万人。组织赴上海、苏州、沈阳等地开展服务业小分队招商,举办上海服务业招商恳谈暨合作项目发布会。宝龙世家、居然之家、中骏世界城等项目落户,中嘉商贸大厦、爱康国宾体检、5D智造云平台等19个亿元项目开工建设,中城建总部大楼、妇女儿童医院改造、美好健康养老等13个项目竣工运营,瑞幸咖啡、罗森便利等知名品牌落户。全年兑现区级服务业引导资金897万元,上争市级以上引导资金273万元,创成“两业融合”试点单位2家。新增服务业行业协会2家。新增规模以上服务业企业26家,净增限额以上住宿餐饮、批发零售企业34家。新增税收超1000万企业1家、500万元企业2家。

【财政】 2019年,海陵区完成一般公共预算收入34.01亿元,税收收入占一般公共预算收入的比重80.4%。实现政府性基金预算收入13.71亿元。实现国有资本经营预算收入1026万元。

【开放型经济】 2019年,海陵区实际使用外资1.8亿美元,新签约亿元以上内资项目和1000万美元以上外资项目186个,其中10亿元以上内资项目及1亿美元以上外资项目11个。举办2019年度全区招商引资实务培训班暨招商引资誓师大会。组织深圳精准招商对接会、北京产业招商项目精准对接会,在国内外重点区域选聘“招商大使”4人,赴中国香港、中国台湾、泰国、柬埔寨开展经贸交流洽谈,总投资6500万美元的图文新材料项目、总投资31亿元的隆基乐叶5吉瓦组件项目落户开工。参与毅达资本和市政府成立的泰州市转型升级基金,聘用毅达资本作为基金风险评估人。出台《海陵区招商项目评审办法》。全年实现进出口总额17.35亿美元,比上年增长1.76%,其中30家重点企业实现进出口总额15.8亿美元。实现外经营业额2亿美元,新批境外投资企业项目7个。

【城乡建设】 2019年,海陵区实施忠南社区、金通牡丹园北侧等14个征收(搬迁)项目,涉及1318户,面积36万平方米;完成棚户区改造1111户(不含非住宅)。制定《运河社区人居幸福工程老旧房屋治理(搬迁)三年行动实施方案》,启动运河社区解危、搬迁工作,制定《运河社区老旧房屋搬迁解危方案》《运河社区自愿搬迁补偿安置方案》;制作《海陵区房屋征收“窗口受理”工作流程》纪录片。景光路(迎春路-任景路)竣工通车,运辉路、智堡路基本完工。实施4条道路大中修工程、迎检路线绿化景观提升工程和安保工程。完成天韵景园、斜桥二期等安置区2752户回迁工作;斜桥一期续建工程推进竣工验收及办理相关手续等工作;办理新建森园路北侧安置区和智堡学校南侧安置区前期手续。实施老旧小区雨污分流改造项目21个,建设青年北路、江洲南路等污水管网工程5.58千米。建成随宜园、储罐园、沈毅青年广场等13处城市公园和绿化游园。完成九里沟、森园河、王庄河、五里河南段、西马庄河、元河等9条河道整治,基本消除建成区黑臭水体。排定污水治理、道路改造、绿化亮化、环境整治等建设项目27个,累计投入资金1102.8万元;推进村庄生活污水治理工程PPP项目,累计投入资金6000万元,完成16个试点村工程建设,完成42个自然村施

工图设计。万字会文保项目竣工。将人均住房建筑面积18平方米以下,人均月收入1850元以下的城市低收入家庭纳入租赁补贴保障范围;将人均月收入3700元以下的中等收入无房家庭纳入公租房保障范围,实现公共租赁住房保障全覆盖。全年发放租赁补贴8.5万元,分配公租房131套;上争中央和省保障性安居工程专项补助资金1635.24万元。其中,棚户区改造专项补助资金1629.29万元、低收入住房困难家庭租赁补贴专项补助资金5.95万元。发放老职工购房补贴141万元;出售公有住房37套。

【教育】 2019年,海陵区城东小学春晖校区启动项目立项准备工作,海陵幼儿园项目封顶,朱庄幼儿园改造项目基本完工。认定爱的摇篮、秋雪湖、金色阳光、翰林童话4所民办普惠幼儿园。制订《海陵区校外培训机构红黄牌制度》,被《江苏教育报》专题报道。至年末,全区有初中6所、九年一贯制学校7所、小学9所,在校初中生11429人,在校小学生27483人。有专任教师3619人,其中初中教师1122人、小学教师1477人、幼儿园教师1020人。泰州市九龙实验学校副校长顾广林作为泰州市唯一代表,应邀参加全国第35个教师节庆祝大会;苏陈实验小学获评"全国教育系统先进集体",沈毅中学获评"全国课堂教学改革创新示范校"。在省、市教学基本功、优质课及技能大赛中,获市一等奖以上49个,其中省一等奖6个、省二等奖9个、市特等奖8个、市一等奖10个。海陵区学生代表队获第19届江苏省机器人大赛初中组一等奖冠军、小学组二等奖。

【科技】 2019年,海陵区全社会研究与试验发展经费支出占地区生产总值比重2.45%,高新技术产业产值占规模以上工业总产值比重48.21%。高新技术企业保有量突破100家,其中隆基乐叶、云涌电子入选泰州市首批科技"瞪羚企业"。新建市级以上企业研发机构10家,其中罡阳股份入围"省企业研发机构高质量提升计划",林海集团获批建设省工程技术研究中心,乐叶光伏获批市重点实验室。启动实施"科技红娘"助力企业创新发展工程,签订科技合作项目45个。全年新承担省、市级各类科技计划项目224个,获专项科技资金4000多万元,其中江苏海阳化纤有限公司获2019年省重点研发计划(产业前瞻与关键核心技术)立项,是泰州市唯一立项重点项目。立项区级科技计划项目36个,安排资金354万元。水木清能团队获省创新创业大赛三等奖。泰州油恒生态农业星创天地备案省级星创天地,青柠众创空间获批省级众创空间。新引进国家级顶尖人才21人,获批省"双创计划"1项、市"双创计划"18项,47个高层次人才创新创业项目落户。

【文化旅游】 2019年,海陵区开展"悦动海陵·喜迎新春"系列演出活动200多场,举办"红粟"读书节、"祖国颂·海陵潮""传承龙珍初心 勇担复兴使命"主题宣教等大型文艺演出活动。开设公益性免费培训班31个,全年开展文化惠民演出379场。创成20家村(社区)综合性文化服务中心。开展公共图书馆大数据服务平台建设,在海陵图书馆设立泰州籍作家专架。筹建区档案馆,建设区"非遗"展示馆、吴同甲纪念馆,吴让之纪念馆正式开馆,完成中山塔修缮工程,建立乡村"非遗"数据库。举办"悦动海陵"麒麟花海旅游节、2019年"中国旅游日"泰州分会场活动暨海陵区第四届薰衣草文化节等。组织旅游企业参加亚洲文化旅游节、第33届香港国际旅游展等旅游推介展会活动。

【卫生】 2019年,海陵区有各类医疗卫生机构159所,其中政府办二级甲等综合医院1所、预防保健机构1所、妇幼保健计划生育机构1所、乡镇卫生院(社区卫生服务中心)10所、村卫生室(社区卫生服务站)62所;社会资本办二级专科医院1所,一级专科医院1所,一级综合医院4所,一级中医医院1所,护理院2所,门诊部20所,诊所52所,护理站1所,医务室2所。编制床位数1434张,实际开放床位数1566张;卫生技术人员1368人。组建区疾病预防控制中心,新建润泰等社区卫生服务站3个,九龙卫生院病房楼投入使用,建成标准化儿童预防接种门诊10家,城西社区卫生服务中心被评为省级社区医院,京泰路社区卫生服务中心创建成市级社区医院,创成省慢性病综合防控建设达标区。泰州市第四人民医院被确定为第三批省综合医院示范中医科建设单位;罡杨镇夏庄村卫生室、城西街道唐楼社区卫生室、苏陈镇东石羊社区卫生室等创建成省级示范村卫生室。

【体育】 2019年,海陵区开展足球联赛、海陵-长武两地自行车手联谊赛、《国家体育锻炼标准》达标赛等全民健身节系列活动,举办国家杯棋牌职业大师赛。组织参加"舞动江苏"广场舞大赛,获泰州市第一名和省最佳风采奖。完成全国体育场地调查工作,国民体质监测3652人次,培训各级社会体育指导员226人,推进健身器材的五级化管理。

【社会保障】 2019年,海陵区新增就业14430人,新增创业9557人,创业培训1093人,扶持创业2416人,城乡劳动者就业技能培训3371人。城镇登记失业率控制在1.75%的低位。出台《泰州市海陵区公益性岗位管理办法》,举办"最美大学毕业生"评选和"创富泰州"第六届创业大赛海陵分赛活动;组织参加省、市优秀创业项目评选,10个项目获评市优秀创业项目,4个项目获评省大学生优秀创业项目。新培育认定区级创业孵化基地5家。新增专业技术人员2360人。引进高层次人才291人,其中海外人才67人。新增企业职工养老保险参保7277人、失业保险参保3513人,城乡居民养老保险续缴率96.2%。

2019 年海陵区经济社会发展主要指标一览表

表 65

项目	单位	数量	比上年增长(%)
地区生产总值	亿元	595.66	6.0
第一产业增加值	亿元	9.11	2.0
第二产业增加值	亿元	254.17	4.9
第三产业增加值	亿元	332.38	7.0
一般公共预算收入	亿元	34.01	—
农产品出口	万美元	5500	100
实际使用外资	亿美元	1.8	—
实现进出口总额	亿美元	17.35	1.76
人均地区生产总值	元	114682	5.9
完成建筑业总产值	亿元	391.05	10.1

(海陵区政府办)

高港区

【概况】 高港区总面积286.84平方千米,辖4个镇、3个街道,91个村(社区)。2019年,高港区实现地区生产总值611.3亿元,比上年增长7.5%。其中,第一产业增加值13.78亿元,增长2.1%;第二产业增加值325.93亿元,增长7.4%;第三产业增加值271.59亿元,增长7.9%。三次产业占比为2.3∶53.3∶44.4。年末常住人口25.46万人,常住人口城镇化率69.86%,提高1.84个百分点。人均地区生产总值24.03万元,比全省、全市平均水平分别高11.67万元和12.96万元,比苏南平均水平高7.23万元。年内,高港区获评国家知识产权强县工程示范区、国家农产品质量安全区、全国绿化模范区、省生态园林城市、全省“开办企业”“建设项目施工许可”评价先进地区。

【农业】 2019年,高港区实现农林牧渔业总产值21.48亿元,比上年增长2.7%,其中农业、林业、牧业、渔业和农林牧渔服务业产值分别完成15.05亿元、0.13亿元、3.39亿元、1.87亿元和1.04亿元。实现农林牧渔增加值14.31亿元,增长2.2%。粮食播种面积1.31万公顷,减少5.6%。粮食产量9.09万吨,减少4.2%。油料作物面积1466.67公顷,增长2.8%;油料作物产量0.49万吨,增长5.5%。蔬菜播种面积4706.67公顷,增长1.1%;产值4.34亿元,增长5.6%。

【工业】 2019年,高港区规模以上工业产值比上年增长9.6%,其中民营工业产值增长11.6%。从轻、重工业看,轻工业产值增长11.2%,重工业产值增长5.2%。从经济类型看,集体企业产值减少9.7%,股份制企业产值增长10.5%,外资及港澳台资企业产值减少3.8%。从产值排名前五的行业看,医药制造业增长13.9%,农副食品加工业增长1.5%,铁路、船舶、航空航天和其他运输制造业增长17.9%,电力、热力生产和供应业减少7.6%,化学原料和化学制品制造业增长4.5%。全年装备制造业实现产值213.4亿元,增长10.6%,超出规模以上工业产值增速1个百分点;装备制造业产值占全区比重16.3%,累计拉动规模以上工业产值增长1.7个百分点,对规模以上工业产值增长的贡献率17.4%。全年规模以上工业企业利润增长19%,高于全市平均水平15个百分点;年度营业收入利润率6.1%;每百元营业成本63.2元,下降1.1元。

【建筑业】 2019年,高港区完成建筑业总产值566.74亿元,比上年增长3%;竣工产值536.89亿元,增长22.6%,竣工率94.7%。建筑业企业房屋建筑施工面积3576.69万平方米,增长5.7%,其中新开工面积1505.25万平方米,减少14.1%;竣工面积1755.77万平方米,增长20.7%,其中住宅竣工面积1620.46万平方米,增长27.9%。

【服务业】 2019年,高港区实现服务业增加值271.59亿元,比上年增长7.9%,占地区生产总值44.4%。完成服务业税收收入13.4亿元,服务业固定资产投资增长7.5%,服务业产业投资增长13.4%。规模以上盈利服务业营业收入增长27.7%,商品房销售面积增长0.2%。新增规模以上服务业企业入库32个。推进重点项目建设,列入省、市服务业重点考核项目6个,累计完成投资15.2亿元,其中泰州港国际集装箱码头二期堆场、中科院自动化研究所泰州智能制造研究院、百世快递等项目建设均超过序时进度。完成新开工1亿元以上服务业项目14个,总投资53.07亿元;1亿元以上新竣工项目20个,总投资61亿元。

【财政金融】 2019年,高港区完成一般公共预算收入42.1亿元,比上年增

长2.8%,其中税收收入33.43亿元,增长1.1%。政府性基金收入7.85亿元,上划中央四税(国内增值税、国内消费税、企业所得税、个人所得税)27.72亿元。一般公共预算支出47.7亿元,增长19.8%。其中,社会保障和就业支出5.03亿元,一般公共服务支出4.65亿元,公共安全支出1.03亿元,节能环保支出0.68亿元,科学技术支出2.28亿元,教育支出6.76亿元。全区年末金融机构本外币各项存款余额516.77亿元,增长14.3%;年末金融机构本外币各项贷款余额310.61亿元,增长8.8%。全区银行业存贷比60.1%。

【开放型经济】 2019年,高港区进出口总额15.78亿美元,比上年增长9.1%。其中,出口总额5.34亿美元,增长18.5%;进口总额10.44亿美元,增长4.9%。一般贸易出口额2.15亿美元,增长1.5%;加工贸易出口额2.33亿美元,减少5.1%。农产品出口额0.43亿美元,减少31.2%;机电产品出口额2.23亿美元,减少5%;化工产品出口额2亿美元,增长125.2%;高新技术产品出口额0.07亿美元,增长111.1%。对东盟、欧盟、拉丁美洲、北美洲和大洋洲出口额分别为1.26亿美元、2.12亿美元、0.21亿美元、0.45亿美元和0.1亿美元。完成外经营业额0.57亿美元,新批外资及港澳台资项目6个,实际到账外资及港澳台资2.1亿美元。

【城乡建设】 2019年,高港区实施重点城建项目55个,总投资139亿元。完成棚户区、"城中村""园中村"动迁面积15万平方米,改造老旧小区、后街背巷4个,新建公厕5座,新增停车泊位410个,铺设城乡污水管网近100千米。改造农村无害化卫生户厕1500座,建成农桥9座,实施城乡活水工程20.44千米,完成年度规划发展村庄的生活污水治理任务39个,建成"四好农村路"30千米。许庄街道蔡庄村、乔杨社区和胡庄镇宗林村获评全国"千村万寨展新颜"村庄。新增绿化面积50万平方米、造林面积100.53公顷,获评全国绿化模范区。

【生态环境】 2019年,高港区开展国家级生态"绿盾2019"专项行动和省级及以上生态红线动态巡查工作。刁铺街道、许庄街道省级生态文明示范镇,口岸街道引江社区、大泗镇前进村示范村创建工作均通过省生态环境厅组织的考核验收,省级生态文明示范镇实现全覆盖。开展全区餐饮油烟污染专项整治工作,46家餐饮单位列入整治范围。开展城区扬尘污染专项整治工作,做好重污染天气预警信息发布。细颗粒物年均浓度为43微克/立方米、空气质量优良天数比率75.6%,分别优于44微克/立方米、70.3%年度考核目标。完成6个水污染减排重点项目,完成"健康长江泰州行动"8个专项行动,整改五届市委巡察"健康长江泰州行动"工作反馈问题,54个整改措施全部落实。对8个加油站、31个油罐限期改造。全区省考、市考断面水质达标率和优Ⅲ比例均为100%。

【教育】 2019年,高港区有各类学校41所,其中普通中等专业学校1所、高中2所、初中9所、九年一贯制学校1所、小学11所、幼儿园17所(新增尚德智幼儿园)。在校学生31447人,其中高中生4281人、普通中等专业学校学生1957人、初中生5612人、小学生12258人、在园幼儿7339人。教师2504人,其中普通中等专业学校教师233人、高中教师405人、初中教师665人、小学教师753人、幼儿园教师448人。有省特级教师5人、省特级教师后备人才9人、市级骨干教师189人。

【科学技术】 2019年,高港区成立"科技服务团",开展科技服务"春耕行动",分小组、分片区走访调研企业208家,征集各类需求349条。出台《"雏鹰"企业、"瞪羚"企业、准"独角兽"企业培育实施计划》,建立企业培育库。获批省级民营科技企业4家、省高企培育入库企业33家,81家企业进入省科技型中小企业评价库,新增市级高新技术企业17家。全区高新技术产业产值占比56.84%。加大对科技型企业的融资支持力度,16家企业获批"苏科贷"科技贷款6900万元,累计科技贷款余额3.1亿元。

【文化旅游】 2019年,高港区举办文体活动50多场,参与群众近4万人次。举办"苏演院线"演出12场,"文化港城行"大江艺术团基层巡演7场,"大江放歌"广场文艺演出8场。全年点单演出180场,发放惠民券160万元。新增公共文化设施面积1.32万平方米,累计完成公共文化设施面积11.9万平方米,人均拥有公共文化设施面积0.48平方米。新开工或续建重点旅游项目28个,其中景区类项目6个、小城镇与古街区类项目1个、乡村类项目2个、医疗健康与养生养老类项目1个、住宿餐饮类项目2个、公共服务设施类项目12个、其他类项目4个。推进白马镇陈家村整村建成乡村旅游区,全年接待游客40多万人次。4家民宿产品入驻携程、美团等线上销售平台,新增民宿床位数138张。新增5家旅游商品无理由退换购物店,游客满意度综合指数82.86分。

【卫生】 2019年,高港区有各类卫生机构81个,新型农村合作医疗覆盖面100%。其中医院4个、卫生院(社区卫生服务中心)9个、疾病预防控制中心1个、妇幼卫生保健机构1个。各类卫生机构设置床位数1195张,其中医院758张、卫生院(社区卫生服务中心)437张。卫生技术人员1260人,其中执业医师、执业助理医师573人,注册护士534人。医院卫生技术人员758人,卫生院(社区卫生服务中心)卫生技术人员440人,疾病预防控制中心卫生技术人员9人,妇幼卫生保健机构卫生技术人员16人。

【体育】 2019年,高港区新建口岸水岸景城、许庄乔杨、胡庄周马、大泗前进等10个健身场所。新增公共体育设施面积6.91万平方米,人均公共体育设施面积1.03平方米。举办"高港杯"第六届全国象棋青年大师赛和江苏省第一届智力运动会象棋比赛。

【社会保障】 2019年,高港区全体居民人均可支配收入38863元,比上年增长9%,其中城镇、农村居民人均可支配收入分别为47990元和24100元,分别增长8.7%和9.1%。从收入情况看,工资性收入、经营性收入、财产性收入和转移性收入比由上年的61.5∶17∶9.7∶11.8调整为60.6∶17.5∶10∶11.9。从消费支出情况看,食品烟酒支出占比29.3%,下降1个百分点;教育文化娱乐、医疗保健支出分别提高364元/人和146元/人,占比分别提升0.7个和0.1个百分点。全区每万名劳动力中高技能人才数为1523人。发放富民创业贷款4600万元,支持成功自主创业3257人。引进各类高层次人才312人,集聚高校毕业生2397人,新增专业技术人员3100人,发放"购房券"953万元。全区养老保险参保人数11.42万人,工伤保险参保人数4.85万人。企业退休人员养老金人均2007元/月。城乡居民基本养老保险基础养老金标准提高至每人每月158元。标准化镇(街道)、村(社区)基层人社平台建成率100%。全年处理各类劳动人事争议案件2027件,结案率100%,调解成功率80%。年末全区就业人数14.8万人,其中第一产业1.8万人、第二产业6.9万人、第三产业6.1万人。新增就业15310人,新增创业9693人,期末城镇登记失业率1.7%。

2019年高港区经济社会发展主要指标一览表

表66

项目	单位	数量	比上年增长(%)
地区生产总值	亿元	611.3	7.5
第一产业增加值	亿元	13.78	2.1
第二产业增加值	亿元	325.93	7.4
第三产业增加值	亿元	271.59	7.9
一般公共预算收入	亿元	42.1	2.8
装备制造业实现产值	亿元	213.4	10.6
出口总额	亿美元	5.34	18.5
进出口总额	亿美元	15.78	9.1
人均地区生产总值	万元	24.03	—
城镇居民人均可支配收入	元	47990	8.7
农村居民人均可支配收入	元	24100	9.1
金融机构本外币存款余额	亿元	516.77	14.3
金融机构本外币贷款余额	亿元	310.61	8.8

(高港区政府办)

姜堰区

【概况】 姜堰区总面积857.76平方千米,辖10个街道、4个镇,年末户籍人口73.58万人。2019年,姜堰区实现地区生产总值669.72亿元,比上年增长6.6%。其中,第一产业增加值49.21亿元,增长2.2%;第二产业增加值316.87亿元,增长5.9%;第三产业增加值303.64亿元,增长8.2%。按常住人口计算,人均地区生产总值96752元。三次产业结构为7.3∶47.3∶45.4。连续两年获中小城市科学发展指数综合实力、投资潜力、新型城镇化质量、绿色发展、科技创新5个全国"百强区"称号。

【农业】 2019年,姜堰区实现农林牧渔业总产值76.92亿元,比上年增长1.2%。全年粮食播种面积6.67万公顷、减少0.44%,粮食产量49.23万吨、减少0.87%,粮食单产492千克/亩、减少0.4%。全区成片造林面积365.1公顷,森林覆盖率26.95%。生猪饲养量24.56万头,减少63.3%,其中生猪出栏21.46万头,减少54.6%。家禽饲养量1426.8万只,增长47.1%,其中家禽出栏916.45万只,增长32.2%。主要畜产品中,肉类总产量3.19万吨,减少13.3%;禽蛋总产量6.75万吨,增长180.1%。水产品产量4.48万吨。新建高标准农田2966.67公顷,新增设施园艺面积599.4公顷。建成面积3.47万公顷的全国绿色食品原料标准化生产基地,种植业绿色优质农产品面积占比保持100%。现代农业产业园获评国家农村创新创业园区。"姜堰大米"获国家农产品地理标志登记证书,白米镇大安村创成全国"一村一品"示范村,家庭农场服务联盟入选首批全国农业社会化服务典型案例,创成全国"平安农机"示范县。

【工业】 2019年,姜堰区472家规模以上工业企业完成产值比上年增长0.6%。其中,轻工业产值减少

10.9%,重工业产值增长6.1%;国有工业增长6.6%,集体工业减少44.2%,股份合作工业增长13.9%,股份制工业增长0.5%,外商及港澳台商投资工业增长3.7%。从主要行业看,纺织业产值减少10.8%,医药制造业产值增长34.2%,金属制品业产值减少1.8%,通用设备制造业产值增长1.6%,电气机械和器材制造业产值增长24.7%。规模以上工业中,16家支柱工业企业、30家重点工业企业、35家成长型工业企业产值分别增长3.3%、2%、8.4%。规模以上工业企业实现主营业务收入减少1.2%,实现利润增长25.3%。高新技术产业产值增长8%。

【建筑业】 2019年,姜堰区新增一级资质企业9家、二级资质企业3家,年末具有资质等级的总承包和专业承包建筑企业224家,其中特级、一级和二级资质企业182家。全年建筑业企业完成施工总产值802亿元,比上年增长5.5%。正威科技集团有限公司被评为江苏建筑业百强企业(综合实力类)、江苏省建筑业竞争力百强企业;锦宸集团有限公司被评为江苏省建筑业竞争力百强企业。

【财政金融】 2019年,姜堰区完成一般公共预算收入38.54亿元,比上年增长2%。一般公共预算支出90.68亿元,增长26.6%。一般公共预算支出中,教育支出13.33亿元,增长15.1%;科技支出2.66亿元,增长27.6%;社会保障和就业支出21.52亿元,增长104.5%;节能环保支出1.09亿元,增长71.9%;卫生健康支出7.67亿元,增长13.5%;住房保障支出5.37亿元,减少6.2%。年末金融机构本外币存款余额934.52亿元,比年初增加144.75亿元,其中年末人民币存款余额928.14亿元,比年初增加145.55亿元;年末金融机构本外币贷款余额724.03亿元,比年初增加89.81亿元,其中年末人民币贷款余额722.37亿元,比年初增加90.42亿元。在年末人民币贷款中,住户贷款199.96亿元,比年初增加22.69亿元;非金融企业及机关团体贷款522.40亿元,比年初增加67.72亿元。

【国内贸易】 2019年,姜堰区社会消费品零售总额188.28亿元,比上年增长4.3%。按行业分,批发和零售业零售额167.68亿元,增长3.5%;住宿和餐饮业零售额20.6亿元,增长11.5%。按销售单位所在地分,城镇消费品零售额179.92亿元,增长4.4%;乡村消费品零售额8.36亿元,增长2.7%。按规模分,限额以上单位消费品零售额49.62亿元,减少3.4%;限额以下单位消费品零售额138.66亿元,增长7.4%。在限额以上批发零售业商品零售额中,粮油、食品类零售额减少1.1%,烟酒类零售额减少7.5%,服装、鞋帽、针纺织品类零售额减少3.3%,化妆品类零售额增长10.3%,金银珠宝类零售额增长4.1%,日用品类零售额减少8.1%,家用电器和音像器材类零售额减少1.4%,中西药品类零售额增长10.7%,建筑及装潢材料类零售额减少7.9%,汽车类零售额增长5.1%。

【开放型经济】 2019年,姜堰区实现外贸进出口总额133013万美元,比上年减少5.1%,其中出口总额111167万美元,减少10.6%。按贸易方式分,一般贸易进出口123379万美元,减少6.7%;加工贸易进出口1711万美元,减少74.4%。按企业性质分,外商及港澳台商投资企业进出口36673万美元,增长12.3%;民营企业进出口88030万美元,减少13%。机电产品进出口50099万美元,增长28.6%。全区新批协议注册外资及港澳台资37539万美元,增长5.6%;实际到账注册外资及港澳台资16013万美元,减少0.7%。

【生态环境】 2019年,姜堰区空气优良率76.5%,细颗粒物浓度40.3微克/立方米,省考以上断面优III比例75%。中央环保督察交办问题整改销号率96.3%,省级交办问题整改完成率59%。关闭、整治化工企业14家,完成开发区原化工园区企业拆除拆卸。整治黑臭水体、河道6条;畜禽规模养殖场整治达标298家,畜禽粪便综合利用率98%。完成“蓝天保卫战”“碧水保卫战”重点工程45项。

【教育】 2019年,姜堰中学被清华大学授予“优质生源中学”称号,姜堰中学、姜堰二中入选江苏省首批12所高品质示范高中建设培育学校,白米小学建成省小学特色文化基地。高考高分段人数居全省县中前列,中考有4名学生进入泰州市前十名。新增省级规划教研课题11项、市级规划教研课题36项。全区有中小学、幼儿园104所,其中小学29所、初级中学15所、九年一贯制学校6所、完全中学2所、普通高中5所、职业学校2所、特殊教育学校1所、幼儿园44所。有学生86388人,其中普通中小学生65764人(小学生33270人、初中生20069人、高中生12425人)、职业学校学生4922人、幼儿园幼儿15543人、特殊教育学校学生159人。2019年全区学龄儿童入学率98%,初中毕业生升学率98%,高中阶段教育毛入学率98%。

【科学技术】 2019年,姜堰区专利申请量、授权量分别为4598件、2761件,其中发明专利申请量1217件,发明专利授权量163件;PCT专利申请量28件。万人发明专利拥有量14.21件,比上年增加2.11件。全区申报高新技术企业105家,获批74家,通过率70.5%,有效高新技术企业数157家,创历史新高;新增科技型中小企业108家、市高新技术企业38家、省高企培育库入库企业58家。哈工大泰州智能制造研究院、上海大学新材料研究院等研发载体运行良好,李德仁院士工作站挂牌成立,签订产学研合作项目62个、新建校企联盟34家。太平洋精锻获评国家技术创新示范企业,振华泵业获评国家“专精特新”小巨人企业,双登集团、太平洋精锻入选“江苏省创新型企业100强”。全社会研究与试验发展支出占地区生产总值比重2.51%。

【文化旅游】 2019年,姜堰区举办溱潼会船节暖场民俗表演、开幕仪式、水上表演等活动,举办第十五届群众文化艺术节、“王栋读书节”。建成“姜堰公共文化云”数字文化服务平台,举办各类公益讲座、展览、演出、培训989场次,开展惠民演出536场次。年末全区有文化馆1个、博物馆1个、档案馆1个、公共图书馆1个，艺术表演团体36个，公共图书馆总藏量75.5万册。全年接待游客760万人次，实现旅游直接收入19.5亿元。溱湖旅游度假区入选中国最佳生态康养休闲旅游目的地，溱湖绿洲获批江苏省五星乡村旅游区。

【卫生】 2019年，姜堰区有各类卫生机构304家，其中医院、卫生院32家；实有床位4510张，其中医院、卫生院4231张。有卫生技术人员4458人，其中执业医师、执业助理医师1928人，注册护士1856人。有乡镇卫生院20个，床位1132张，卫生技术人员1029个，乡村医生和卫生员457人。新型农村合作医疗实现全覆盖。

【体育】 2019年，姜堰区承办省首届智力运动会、全国象棋业余棋王赛、“黄龙士”世界女子围棋赛、全国象棋女子名人赛等体育赛事。举办区第七届运动会，开展全民健身系列活动53场次，增加乡镇全民健身路径20套。获第二届全国青年运动会女子U13、U14十一人制足球比赛冠军，省青少年足球锦标赛（女子14岁组）第二名、（男子13岁组）第二名；在2019年江苏省青少年田径锦标赛暨县组田径比赛中，获2银3铜。

【社会保障】 2019年，姜堰区新增就业1.3万人，年末城镇登记失业率1.75%。新增企业养老保险参保缴费1万人，完成目标任务的160%；社保扩面征缴连续5年超额完成，累计发放各类救助金1.7亿元。建成居家养老服务中心10个、老年人助浴点17个。接收慈善捐赠331万元，比上年增长5.4%。全区享受农村最低生活保障对象5803人，其中农村5607人、城镇196人。全年最低生活保障金额3078万元，其中农村2956万元、城镇122万元。

2019年姜堰区经济社会发展主要指标一览表

表67

项目	单位	数量	比上年增长（%）
地区生产总值	亿元	669.72	6.6
第一产业增加值	亿元	49.21	2.2
第二产业增加值	亿元	316.87	5.9
第三产业增加值	亿元	303.64	8.2
一般公共预算收入	亿元	38.54	2.0
社会消费品零售总额	亿元	188.28	4.3
进出口总额	万美元	133013	-5.1
出口总额	万美元	111167	-10.6
城镇居民人均可支配收入	元	47521	8.9
农村居民人均可支配收入	元	22785	9.0
金融机构本外币存款余额	亿元	934.52	—
金融机构本外币贷款余额	亿元	724.03	—

（姜堰区政府办）

泰州医药高新技术产业开发区

【概况】 泰州医药高新技术产业开发区（简称泰州医药高新区）下辖泰州医药高新技术产业园区、泰州经济开发区、泰州综合保税区、泰州高等教育园区、泰州市周山河街区、泰州数据产业园区和泰州滨江工业园区7个功能性园区，以及野徐镇和寺巷、明珠、凤凰、沿江4个街道。全区行政区划面积116.03平方千米，下辖社区60个，总人口26.17万人，常住人口17.30万人。2019年，泰州医药高新区实现地区生产总值321.39亿元，可比增长6.2%；完成一般公共财政预算收入40.81亿元，税收收入31.01亿元。规模以上工业总产值、规模以上工业增加值比上年分别增长4.1%、7.9%，工业一般纳税人开票销售629.8亿元，增长2.4%；新增规模以上工业企业28家，净增限额以上批发零售、住宿餐饮企业43家，新增规模以上服务业企业24家。实现固定资产投资333.6亿元，增长6.9%，其中产业投资270.2

亿元,增长11%。协议使用外资及港澳台资5.1亿美元,实际使用外资及港澳台资2.83亿美元。实现进出口总额12.87亿美元,其中出口总额6.70亿美元,增长23.59%。国家级高新区、全国生物医药类园区综合排名分别居全国第75位和第11位。

【农业】 2019年,泰州医药高新区发放农机购置补贴、耕地力保护补贴265.29万元;"一事一议"财政奖补惠及11个涉农社区,筹集资金423.88万元。全面实现脱贫工作任务,所有社区年经营性收入均超35万元,无经济薄弱村,建档立卡户脱贫率100%。全区51个涉农社区全部组建股份合作社,15家实现分红;完成12家农民资金互助合作社转籍注册工作。开展春季、秋季重大动物疫病防控专项行动,抽样检查3家动物疫苗生产企业、产品97个批次,完成"瘦肉精"抽样监测任务10多批次,兽药残留抽样送检2批次,各项监督检查10多次;开展打击私屠滥宰专项整治行动,出动执法人员22人次。完成泰州医药高新区农贸市场活禽区域整治工作,落实活禽经营"1110"制度。

【招商引资】 2019年,泰州医药高新区组织上海、北京、台湾等招商推介会,举办2次项目集中签约活动,签约落户复旦张江药品生产、瑞科生物、中海油催化裂解联合装置、海和生物创新药物等项目。全年新签约1亿元以上内资项目和1000万美元以上外资及港澳台资项目236个,完成年度目标任务196.7%,其中5亿元以上内资项目和3000万美元以上外资及港澳台资项目29个,10亿元以上内资项目和1亿美元以上外资及港澳台资项目12个。

【项目建设】 2019年,投资1.6亿美元的巨腾三期项目、投资15亿元的中江装配式建筑生产基地项目竣工。全年完成亿元以上新开工项目66个,完成年度目标任务120%,计划总投资124亿元。其中,5亿元~10亿元的项目3个,计划总投资16亿元;10亿元以上项目4个,计划总投资50.3亿元。完成亿元以上新竣工项目48个,完成年度目标任务120%,实际完成投资92亿元。其中,5亿元~10亿元项目3个,实际完成投资18.1亿元;10亿元以上项目3个,实际完成投资35亿元。

【城乡建设】 2019年,泰州医药高新区完成体育文创中心项目建设。泰州中国医药城商务中心(万怡酒店)获"鲁班奖",职业技术学院新校区1标、数据园3期、会展中心2期项目获国家优质工程奖。新增绿地148.13万平方米,对工业区1期~4期标准厂房、研发区98幢建筑实施亮化提升。完成药城大道东延、解家舍路、会展6号支路(仲野路－药城大道)等13个新增道路项目建设,累计9.24千米。新增污水管网12.58千米。完成健康大道(东风路－泰高路)、药城大道(泰州大道－口泰路)、海陵路(药城大道－三新路)、祥泰路(姜高大道－健康大道)4条道路改造,累计6.2万平方米。完成道路局部(零星)修复7140平方米。草皮革河、双庆河、五圩河、朝阳河4条河道通过生态环境部、住建部专项督查。实施明珠花园、西湖翠苑、西花园3个小区雨污分流改造,天禧玫瑰园、幸福小区等10个小区"微整治"。整治农村人居环境,新增照明路灯220盏,实际投入资金50.28万元;完成建档立卡户农村危房改造。

【拆迁安置】 2019年,泰州医药高新区实施野徐小学周边及集镇改造项目、翻身河南侧和春兰路东侧绿化项目、兴化长江引水工程房屋搬迁项目,搬迁537户,总面积18.98万平方米。出台《泰州医药高新区管委会关于进一步明确泰州医药高新区集体土地上房屋搬迁补偿有关政策的通知》《泰州医药高新区房屋征收搬迁评估机构选用与管理办法》,废止《泰州医药高新区棚户区改造项目住宅房屋补偿安置办法(暂行)》。配合市高铁建设指挥部对北沿江高铁规划线路沿线房屋分布、数量等基本情况进行调查摸底。

【教育】 2019年,泰州医药高新区有公办小学6所、公办初中2所、十二年一贯制学校(民办)1所,在编在岗专任教师571人(其中初中教师162人、小学教师409人),在校学生9030人(其中初中生1176人、小学生7854人);有幼儿园22所(其中公办园7所、民办园15所),在园专任教师492人(其中公办教师67人),在园幼儿7641人。制定实施《泰州医药高新区义务教育优质均衡发展三年行动计划(2018~2020年)》;申创"全国中小学校责任督学挂牌督导创新区"通过省级验收。实现"阳光食堂"全覆盖,校园安全保持"零事故"。鲍徐中心小学、塘湾实验学校完成标准化监测达标任务;联合镇(街道)对疑似辍学、失学的77名适龄儿童做好劝返工作。1名教师被评为泰州市"十佳教师妈妈"。组建泰州医药高新区乡村中小学英语骨干教师培育站;新增正高级教师1人、泰州市三级骨干教师25人。

【科学技术】 2019年,泰州医药高新区全社会研究与试验发展经费支出6.09亿元,占地区生产总值比重2.32%;高新技术产业产值占规模以上工业总产值比重40.2%;落实研发费用加计扣除等各项税收优惠政策,全年优惠总额5.19亿元,比上年增长117%;上争市级及以上科技专项资金6341.8万元;兑现区级科技专项资金2699.94万元,增长53%;下发研究开发专项奖励资金1273.74万元,惠及157家科技型企业;实施产学研合作项目48个,新增校企联盟11家,"科易网"成交合作项目57个,成交金额1.1亿元。全年新入库科技企业培育库企业133家,新认定民营科技型企业15家,新认定市级高新技术企业38家,新入库省高新技术企业培育库企业55家,认定国家高新技术企业46家(含15家重新认定),国家高新技术企业总数98家。启动复旦健康研究院三方共建项目,国科大泰州创新医药产业平台项目签约;中国(泰州)健康医疗大数据中心成立;泰州中国医药城药物安全性评价中心对外开展项目服务,江苏省生物医药产业院士协同创新中心挂牌成立;泰州经济开发区获批"电力装备众创社区"(省级众创社区);获批省级众创空间1家;获批省级工程技术研究中心9家。申请专利2996件(其中发明专利920件),增长21.8%;

专利授权1295件(其中发明专利授权85件),增长6.6%;万人发明专利拥有量28.94件;PCT申请15件。20家企业通过省知识产权管理标准化贯标备案,8家企业完成省知识产权局贯标验收,2家企业获批市级企业知识产权战略推进计划项目。

【人才工作】 2019年,泰州医药高新区制定"产业人才新政"及其实施细则,兑付112.45万元。全年新增高层次人才540人,专业技术人才1220人,市突出贡献专家4人。2名高层次人才(团队)获省"六大人才高峰"项目资助,2个项目入选中国留学人员回国创业启动支持计划,江苏英科贝塔医药科技有限公司马耀博士获国家留学人员回国创业启动支持计划重点项目,实现泰州市在该项目上"零"的突破。发放"凤城英才卡"92张,发放"人才购房券"146张、金额752万元,兑付58张、金额263万元。

【卫生】 2019年,泰州医药高新区实施健康扶贫工程,推出医院个性化减免优惠政策,累计减免288人,减免金额45907.44元;分类救治重点疾病,全区大病救治78人次,免费治疗白内障患者7人;中西医结合医院新建成教授工作室(站)2个,成立脊柱内镜BEIS技术培训中心;高质量发展指标预防接种标准化门诊建成率100%,野徐、寺巷卫生院创建成示范预防接种门诊。以政府购买服务的方式,委托心理咨询机构为失独家庭提供"雨后阳光"心理援助项目;寺巷街道医药城社区获评全省"连心家园"优秀项目点。全年招录各级各类卫生人才90人,其中高层次卫生人才9人;签订本科层次人才培养计划4人。全区实现基本公共卫生信息系统居民电子健康档案互联和数据共享。跨镇(街)人员迁移257人,镇(街道)内人员迁移2021人,重新进行家庭医生签约2021人。发放执业登记许可证11家,发放公共场所卫生许可62个,注销医疗机构5家,校验医疗机构55家,医师、护士注册及变更78人。规范医疗技术备案管理,通过医药园区病原微生物生物安全备案10家。新增居民电子健康档案6740份,激活1861份,流动人口建档3162份;印发健康相关知识宣传折页12种、近30万册,组织教育咨询活动44次,举办知识讲座216场,其中寺巷街道祥和花园卫生健康文化园入选市示范基地名单。高血压患者和糖尿病患者规范管理率在88%以上。加强严重精神障碍患者管控和救治救助,规范管理率98.4%,规律服药率87.45%。孕产妇死亡率为0,婴儿死亡率1.54‰;孕妇保健管理率98.61%,0~6岁儿童健康管理率100%。完成在园儿童视力筛查,建立健康档案3794份,发现视力异常儿童198人。完成查螺面积90万平方米和灭螺面积7万平方米的任务。

【社会保障】 2019年,泰州医药高新区推进失地保障,新老办法累计参保10.23万人,参保总人数、新增参保人数、基金增值率均居全市首位。建立失地保障待遇调整常态化机制,连续第八年上调养老年龄段待遇。上调辖区原乡镇企业未参保退休人员退休生活费5个百分点。做好社保减税降费政策落实工作,累计降低成本1.47亿元,惠及4462家企业。开展为贫困人员"送养老""送医保"工作,为贫困人员"送养老"485人、"送医疗"1414人。

【社区建设】 2019年,泰州医药高新区完成扬州市浦头镇引江新村东野、永兴2个村民小组的区划调整和凤凰、鲍徐2个街道6个社区的区划调整工作。建成镇级社会组织孵化中心1个,社区级2个。出台《泰州医药高新区城市社区工作者队伍职业化管理的实施办法(试行)》,全区持证社工万人拥有率6.7%。组织社区人才增能培训2000人次。"三沿六区"散坟整治完成率98.8%;开展全民免费殡葬结算,为881人减免费用111.85万元。婚姻服务中心全年业务登记量1904对,其中结婚1204对、离婚380对、补发结婚证307对、补发离婚证12对。

【民政】 2019年,泰州医药高新区低保标准由人均650元/月提高到680元/月,低保标准实行城乡一体化,累计发放城乡低保资金340.62万元,惠及403名低保对象。全年医疗救助参保人员1368人,医疗救助资金300万元;全区临时救助65人,救助资金12.68万元,发放慈善救助资金105万元。建成标准化社区居家养老服务中心5家;为全区70周岁以上的三类老人提供居家养老服务1091人次,满意度在90%以上;为5493名80周岁以上老人发放高龄补贴840.17万元。发放残疾人"两项补贴"1211.39万元,其中向1726名困难残疾人发放生活补贴1047.32万元,向1019名重度残疾人发放护理补贴164.06万元,覆盖率100%。建成5家"残疾人之家",新建成3家社区"残疾人之家";残疾人服务状况需求信息数据动态更新工作基本完成,入户率98.0%,帮助130多名贫困残疾人申请甘露行动"爱心卡"。全区有优抚工作对象1130人,其中重点优抚对象249人,发放荣誉金80多万元;为所有优抚对象集中体检,发放各类抚恤和生活补助600多万元。

(医药高新区党政办)

责任编辑 王 卉

新当选、新任命市领导

韩立明 女，汉族，1964年9月生，江苏常州人，1986年4月加入中国共产党，1984年8月参加工作，省委党校研究生学历。1981年9月，镇江师范专科学校中文系学习；1984年8月，镇江师范专科学校德育教研室教师（其间：1984年9月～1986年12月，镇江船舶学院思想政治教育专业在职大学学习）；1989年7月，共青团常州市委宣传部干事、市青联办公室副主任；1991年12月，常州市委办公室秘书；1992年12月，常州市委办公室综合科副科长；1994年5月，共青团常州市委副书记（其间：1995年8月，高级政工师；1995年9月～1999年5月，兼任市青联副主席）；1999年5月，常州市广播电视局党委副书记、纪委书记（其间：1997年9月～1999年7月，东南大学科技经济与行政管理专业研究生课程进修班学习）；2002年4月，常州市钟楼区委副书记、纪委书记、政法委书记；2002年10月，常州市武进区委副书记（其间：2001年9月～2002年12月，省委党校政治经济学专业在职研究生学习）；2004年2月，常州市武进区委副书记，区政府常务副区长、党组副书记；2005年12月，溧阳市委副书记，市政府代市长、市长、党组书记；2009年1月，溧阳市委书记、市人大常委会主任（其间：2010年5月～2010年7月，省第12期高级管理人才经济研究班赴法国培训）；2011年5月，南通市委常委、组织部部长；2012年6月，南通市委常委，市政府常务副市长、党组副书记；2016年1月，南通市委副书记，市政府市长、党组书记；2018年4月，泰州市委书记；2018年6月，泰州市委书记、市人大常委会党组书记；2019年1月，泰州市委书记，市人大常委会主任、党组书记。

史立军 男，汉族，1963年10月生，黑龙江肇东人，1990年5月加入中国共产党，1984年7月参加工作，在职研究生学历，工学博士学位。1980年9月，辽宁财经学院物资经济系物资管理专业学习；1984年7月，国家物资总局燃料局科员；1988年11月，中国燃料总公司进出口部副科、正科、副经理；1993年4月，中国燃料总公司进出口部经理；1995年11月，中国燃料总公司副总经理（副局级）；2000年5月，国内贸易局设备成套管理局副局长（其间：2000年9月～2001年12月，清华大学经济管理学院技术经济及管理专业在职研究生学习，获管理学硕士学位；2001年12月，高级经济师）；2002年1月，中国机电设备招标中心（中国机电设备成套服务中心）副主任（其间：2004年9月～2012年6月，北京航空航天大学经济管理学院系统工程专业在职研究生学习，获工学博士学位）；2013年4月，无锡市政府副市长、党组成员（挂职），中国机电设备招标中心（中国机电设备成套服务中心）副主任；2014年7月，无锡市政府副市长、党组成员（挂职），中国机电设备招标中心（中国机电设备成套服务中心）党委书记；2014年12月，泰州市委副书记；2015年4月，泰州市委副书记、党校校长；2015年6月，泰州市委副书记、组织部部长、党校校长（其间：2015年9月，明确正市级）；2016年1月，泰州市委副书记，市政府代市长、市长、党组书记；2019年10月，泰州市委书记、市人大常委会党组书记。

朱立凡 男，汉族，1971年12月生，江苏昆山人，1999年12月加入中国共产党，1993年8月参加工作，省委党校研究生学历，经济学学士学位。1989年9月，中国人民大学统计专业学习；1993年8月，昆山市会计师事务所注册会计师；1994年11月，昆山市财政局综合科干部；1997年9月，昆山市财政稽查大队副大队长；1998年12月，昆山市城北财政所副所长、所长；1999年12月，昆山市财政局会计事务管理科科长；2001年1月，昆山市财政局局长助理、会计科科长；2001年3月，共青团昆山市委副书记、市青联副主席（其间：1999年9月～2001年6月，南京大学商学院企业管理研究生课程班学习）；2001年7月，昆山市石浦镇党委副书记、副镇长；2002年12月，昆山市张浦镇党委副书记、镇长；2006年3月，昆山市锦溪镇党委书记（其间：2003年9月～2006年12月，省委党校政治经济学专业在职研究生学习）；2007年11月，常熟市副市长；2009年4月，常熟市委常委（其间：2008年11月～2011年3月，兼任常熟东南经济开发区党工委副书记、管委会副主任）；2011年3月，常熟市委常委、常熟东南经济开发区党工委副书记、管委会主任；2012年2月，苏州市商务局局长、党组书记（其间：2012年2月～2013年2月，兼任市贸促会会长）；2013年8月，张家港市委副书记、代市长、市长;2014 年 7 月,张家港市委副书记、市长,张家港保税区管委会主任;2016 年 6 月,张家港市委书记、张家港保税区党工委书记;2018 年 9 月,泰州市委副书记;2018 年 10 月,泰州市委副书记、党校校长;2018 年 11 月,泰州市委副书记、统战部部长、党校校长;2019 年 11 月,泰州市委副书记,市政府代市长、党组书记。

张 迅 男,汉族,1978 年 1 月生,江苏扬州人,1998 年 5 月加入中国共产党,2001 年 8 月参加工作,研究生学历,管理学硕士学位。1994 年 9 月,清华大学会计系会计学专业学习;1998 年 9 月,南京大学国际商学院会计学专业硕士研究生;2001 年 8 月,华泰证券有限责任公司职员;2002 年 2 月,华泰证券有限责任公司技术主办;2003 年 4 月,华泰证券有限责任公司高级经理;2003 年 12 月,华泰证券有限责任公司计划财务部财务经理;2005 年 12 月,华泰证券有限责任(股份有限)公司计划财务部副总经理;2009 年 4 月,华泰证券股份有限公司草场门大街证券营业部总经理;2010 年 3 月,华泰证券股份有限公司融资融券部总经理(2010 年 10 月,高级会计师);2015 年 4 月,华泰证券股份有限公司资金运营部总经理;2015 年 6 月,江苏交通控股有限公司总会计师、党委委员;2019 年 3 月,江苏交通控股有限公司总经理、党委副书记、董事;2019 年 11 月,泰州市委副书记、统战部部长(正市级)。

张育林 男,汉族,1963 年 4 月生,江苏兴化人,1990 年 2 月加入中国共产党,1982 年 1 月参加工作,中央党校大学学历。1979 年 9 月,南京农业机械化学校农业机械化专业学习;1982 年 1 月,兴化县农机供销公司工作人员;1984 年 4 月,兴化县农机管理服务公司副股长、团总支书记;1988 年 2 月,共青团兴化县(市)委青农部副部长;1988 年 5 月,兴化市委办公室秘书(其间:1989 年 9 月～1992 年 7 月,省委党校函授学院行政管理大专班学习);1993 年 8 月,兴化市委办公室综合科科长;1995 年 8 月,兴化市委研究室副主任;1995 年 12 月,兴化市钓鱼乡党委副书记;1996 年 1 月,兴化市钓鱼乡党委副书记、乡长;1996 年 12 月,兴化市钓鱼乡党委书记(其间:1997 年 8 月～1999 年 12 月,中央党校函授学院经济管理专业本科班学习);2000 年 3 月,兴化市戴窑镇党委书记;2001 年 2 月,兴化市副市长,兴化经济开发区党工委书记、管委会主任;2005 年 1 月,兴化市委常委、宣传部部长;2008 年 4 月,兴化市委常委、宣传部部长、政法委书记;2008 年 12 月,兴化市委常委、政法委书记;2011 年 6 月,兴化市委副书记;2012 年 3 月,泰兴市委副书记、代市长、市长;2016 年 6 月,泰兴市委书记;2019 年 8 月,泰州市政府副市长、党组成员。

陈金观 男,汉族,1965 年 5 月生,江苏苏州人,1985 年 5 月加入中国共产党,1987 年 7 月参加工作,大学学历,法学学士学位。1983 年 9 月,中国刑警学院刑侦专业学习;1987 年 7 月,南京市公安局钓鱼台派出所民警;1988 年 7 月,省公安厅刑侦处一科工作人员;1988 年 12 月,省公安厅刑侦处科员;1995 年 8 月,省公安厅刑侦处一科副科长;1998 年 10 月,省公安厅刑侦处主任科员;2001 年 4 月,省公安厅刑事侦查局暴力犯罪侦查科科长;2004 年 4 月,省公安厅刑事侦查局副局长、刑事警察总队副总队长;2011 年 5 月,省公安厅刑事警察总队副总队长、刑事侦查局副局长、有组织犯罪侦查总队副总队长;2011 年 8 月,省公安厅经济犯罪侦查总队政委;2015 年 9 月,省公安厅经济犯罪侦查总队总队长;2016 年 6 月,镇江市副市长,市公安局局长、党委书记;2019 年 11 月,市政府副市长、党组成员,市公安局党委书记、局长、督察长,市委政法委副书记。

刘汉秋 女,汉族,1964 年 9 月生,江苏泰州人,1982 年 7 月参加工作,中央党校大学学历。1980 年 9 月,无锡财经学校统计专业学习;1982 年 7 月,县级泰州市统计局办事员、财贸统计科副科长、财贸统计科科长、综合科科长(其间:1989 年 6 月,南京大学经济管理专业自考大专毕业;1994 年 8 月～1996 年 12 月,中央党校函授学院涉外经济专业本科班学习);1997 年 2 月,泰州市经委科员;1997 年 5 月,泰州市经委财务统计科副科长;2002 年 8 月,泰州市经贸委财务统计审计处处长;2005 年 4 月,泰州市体育局副局长;2006 年 12 月,泰州市审计局副局长(其间:2010 年 8 月～2010 年 11 月,泰州市第 5 期中青年领导干部研讨班学习);2015 年 4 月,泰州市审计局局长;2017 年 1 月,泰州市政协副秘书长、市工商联主席、市审计局局长;2017 年 2 月,泰州市政协副秘书长、市工商联主席;2019 年 1 月,泰州市政协副主席、工商联主席。 (市委组织部)

“全国五一劳动奖章”获得者

王元国 郑丽萍

王元国 男,汉族,1985 年 8 月生,中共党员,2011 年进入泰州亿腾景昂药业有限公司从事原料药试制及工艺优化工作。工作期间多次获得公司优秀员工、最具责任心员工称号,2013 年获“江苏省五一劳动奖章”,2016 年获“新泰州建设功臣荣誉奖章”。王元国同志平时注重业务技术学习,不断提高自身的综合素质和技术水平,推动车间现场管理规范化,提高生产效率。每次车间新产品上线,他都是亲临一线,连续作战,一丝不苟,任劳任怨,直到任务完成。他积极参与新品开发和技术创新活动,凭着对原料药生产多年经验和强烈的责任感,积极投身公司 1 类新药上线试制任务,取得显著成效,1 个产品正在申请专利。作为基础管理及技术人员,他非常注重团队力量建设,以实际行动“传道、授业、解惑”,长期坚持搞技能学习及比武活动,在他的带领下,车间员工的技术水平及理论基础,团队的创新力和凝聚力都有很大的提高。

郑丽萍 女,汉族,1975 年 12 月生,中共党员,本科学历,现任泰州市实验小学副校长,高级教师,分管全校教学教研工作。先后被评为江苏省优秀教育工作者、江苏省五一巾帼标兵、江苏省特级教师后备人才等称号。郑丽萍从教二十五年,一直从事小学数学教学工作,师德高尚,敬业奉献,勤恳踏实,开拓进取。作为学校数学学

科的领衔人，管理工作认真负责，方法得当。学校数学教研组先后评为江苏省“优秀教研先进工作组”、泰州市“先进教研组”以及海陵区“优秀教研组”。组织带领全校师生积极参加小数报杯“小小数学家”竞赛活动，分别荣获优秀指导老师奖以及优秀组织奖。近五年开设公开课和讲座达二十余次，2017和2014两次参加泰州市特级（骨干）教师送教下乡活动，2018年7月参加江苏省“赴青送教”活动，同年担任泰州市小学数学农村骨干教师培育站导师，并做专题讲座《基于深度学习的深度教学实践与思考》。指导的青年教师张晓琪、吴培、刘晶等分别荣获泰州市“学科带头人”“教学能手”“教坛新秀”等光荣称号，经指导的优质课四次均荣获泰州市一等奖的好成绩。

（市总工会）

中国好人

赵晓勇　张卫东　汤恒跃
吴　玲　陈　伟　汪　根
乔增富

赵晓勇　男，汉族，1979年12月生，江苏青少年发展基金会先锋公益基金秘书长、“水滴公益”赤子之心环境文化交流中心副主任、先锋公益副会长、泰州市青联副主席、新华日报社泰州市记者站主任记者。2007年，赵晓勇加入赤子之心环保社团，参与组建环保教育网络联盟、成立三毛绿色爱心基金、捐建保护母亲河林地等环保宣传实践志愿服务近百次。2011年，他加入先锋单车俱乐部，坚持边骑行边做公益。2015年先锋单车俱乐部转型为以“宣传低碳环保、凝聚正能量传承美德”为活动宗旨的先锋公益协会，他担任副会长，先后策划组织“环保+公益”活动近百场，参与人数近万人次。

张卫东　男，汉族，1961年5月生，泰州市姜堰区渔业社人，溱潼供电所电工。张卫东40多年如一日，坚持义务修电，麻风病人们一直以为张卫东就是病区的专职电工。溱湖麻风病医院院长唐本东说，41年来，院区换了一届又一届的院长，唯有张卫东坚守41年，始终如一义务为院区修电。历届院长接力为张卫东记录服务的次数和人数，累计2000多人次，麻风病人从当初的600多人到现在的45人，每位病人都接受过张卫东的服务。

汤恒跃　男，汉族，1981年10月生，兴化市戴南高级中学教师；**吴玲**　女，汉族，1982年1月生，兴化市戴泽初级中学教师。2014年，汤恒跃赴藏支教，期间克服高原反应，全身心投入教学，所教的班级数学单科成绩每次都在年级名列前茅。支教期满后，他舍不得离开藏区孩子，动员妻子吴玲一起支教。2015年，吴玲将两个年幼的孩子留在家中，随丈夫入藏支教，全身心投入教学工作，极大提升当地孩子的英语水平。

陈　伟　男，汉族，1970年7月生，泰州丰汇长江水产有限公司总经理。陈伟从小在长江边长大，一家人靠在长江捕鱼维生，长江养育他们，他在儿时便默默许下誓言：等到自己有能力，一定要回报“母亲”的养育，为长江做点事。成立公司后，他致力于养殖水产品，替代捕捞野生水产。自2012年开始，他每年自购鱼苗放流长江，8年间已投入20多万元，还呼吁更多的水产养殖户参加放流活动。

汪　根　男，汉族，1953年10月生，海陵区城中街道书院社区居民。2006年7月，汪根的儿子在家中突发心肌梗塞猝然离世，得知消息后，社区居委会工作人员经常上门慰问，帮助汪根和老伴儿走出心理阴影。2014年，退休后的汪根和老伴商量后决定，每年捐出1个月的工资帮助社区困难群众，还化名“单爱欣”向慈善总会捐款。

乔增富　男，汉族，1958年9月生，中共党员，泰州医药高新区野徐镇仲联社区党总支书记。1999年，乔增富在上任伊始便向全村百姓承诺：彻底改变仲联村贫穷落后面貌。为此他夜以继日、不辞劳苦，在身患尿毒症进行换肾手术后，依然全身心投入村庄建设，把集体债务多、农民税费欠缴多、村里矛盾多的“贫困村”发展成为村集体收入近300万元的“富裕村”。

第七届江苏省道德模范及提名奖获得者

诚实守信模范：唐传贵
敬业奉献模范：居广奇
孝老爱亲模范：朱惠泉
提名奖：徐亚福　滕加亮

唐传贵　男，汉族，1962年9月生，中共党员，泰州市环境卫生管理处副主任。1992年，唐传贵由部队转业到环卫处工作。当时，环卫处清掏班因为工作脏臭没人想去，他主动请缨加入清掏班，并立志做时传祥一样的环卫工人。26年来，他放弃转岗机会，始终坚守在清掏一线，清理化粪池、臭水沟、下水道，把脏累苦痛留给自己，把清爽美丽留给他人。

居广奇　男，汉族，1966年3月生，中共党员，靖江市看守所副所长。1999年从部队转业参加公安工作。2003年5月，37岁的他被确诊为肺癌，病情稳定后，居广奇主动向上级提出调岗，去看守所做一名管教民警。为胜任本职，他自费报名参加培训考试，成为“国家三级心理咨询师”。2015年，在公安部监管局“一级看守所”创建验收时，居广奇负责的监室获得12个项目满分。同时，探索运用“三送三化”工作法，通过真诚感召与细微关心，7年深挖线索539条，协助破案132起，发挥监所打击违法犯罪“第二战场”的作用。2017年5月，被公安部授予“全国特级优秀人民警察”称号。

朱惠泉　男，汉族，1957年11月生，中共党员，泰州市姜堰区大纶镇计生站原干事。朱惠泉在亲生父母双双亡故后，不辞辛苦，花费一年时间，找到亡父前妻，并登门认亲。之后，又将老人接到家中同住，像亲生儿子一样侍奉老人，20多年如一日。他的善行孝举得到邻里乡亲的一致称赞，成为当地孝老爱亲的道德楷模。

徐亚福　男，中国国籍，1940年4月生，中共党员，泰兴市济川街道居民。出生于越南，幼年失去双亲，10岁时被在越南行医的泰兴籍夫妇收养并带回泰兴生活，1989年申请加入中国国籍。60多年来,他始终不忘中国亲人的养育之恩,工作爱岗敬业,坚持10年义务帮助厂里清理生产垃圾,并将垃圾中的废铜废铁拣回来二次利用,为厂里节约资源。他31年节衣缩食,不间断爱心捐赠帮助他人渡难关。获江苏省劳动模范称号,荣登"中国好人榜"。

滕加亮 男,汉族,1993年10月生,兴化市公安局周庄派出所兼职消防辅警。2015年3月,时年23岁的滕加亮成为周庄派出所的一名兼职消防辅警。工作以来,他参与各种灭火救援50多次。2018年2月8日,该市周庄镇一家禽养殖场发生火灾,滕加亮冲进火场,怀中的煤气罐喷出一米多高的火舌,尽管戴着面罩,整个脸被烤得生疼,但他全然不顾,抱起燃烧的煤气罐冲出火场,避免火灾事故的蔓延与扩大。事后,中央电视台《新闻直播间》、国务院官方微博"紫光阁"、江苏广播电视台、《扬子晚报》《现代快报》《江苏警方》等中央、省、市各级媒体密集报道。10秒钟的生死考验,10秒钟的灭火战斗,10秒钟的震撼视频,"抱火哥"滕加亮迅速成为网红英雄,赢得数万网民点赞,而这已经是他第三次从火灾现场抱出煤气罐。

江苏最美人物

江苏最美基层干部	乔向民
江苏最美志愿者	鞠　鑫
江苏最美青年	李亚伟
江苏最美退役军人	张　强
江苏最美教师	钱维胜

乔向民 男,汉族,1970年7月生,中共党员,现任泰州市高港区许庄街道人大工委主任、乔杨社区党总支书记、居委会主任。2003年,他临危受命,担任乔杨社区党总支书记。上任后,筹划做大绳网带产业"蛋糕",社区集体经济实力显著增强。乔杨社区先后荣获"全国第四批美丽宜居示范村庄""国家级生态村""江苏省美丽乡村"等殊荣。乔向民先后荣获"全国先进工作者""全国农村青年创业致富带头人""中国好人""江苏最美基层干部"等荣誉称号。2019年1月30日,省电视台录制《江苏最美人物》,现场授予乔向民江苏"最美基层干部"荣誉称号。

鞠　鑫 男,汉族,1983年6月生,中共党员,现任靖江赤子之心环境文化交流中心主任。自2000年起,连续19年组织并参加各类环保主题公益志愿服务活动400余场,提供志愿服务超2万小时。先后协助创办四川、天津、辽宁、徐州、南京、常州等地21家环保社团,组建环保网络联盟。创办泰州首份环保专刊《赤子之心》150余期,公众阅读量超60万人次。发放环保刊物、手册数量超28万份,协办华东地区首家环保互动类场馆——清爽靖江环保体验馆,每年有超过13000人接受生态文明教育,带动2万个青少年家庭投身环保行动,引导泰州地区生态文明风尚。先后获评"全国最美生态环保志愿者""全国优秀共青团员""全国母亲河奖十佳个人""中国青年丰田环保行动十佳个人""江苏最美志愿者""江苏好人""江苏省师德先进个人""江苏省十大杰出志愿者""江苏省优秀环境守护者""江苏省优秀共青团员""江苏省首届母亲河奖""江苏省创建绿色学校先进工作者""江苏省优秀环保志愿者""江苏省共青团工作先进工作者"等荣誉称号。

李亚伟 男,汉族,1983年11月生,中共党员,硕士研究生,高级农艺师,现任泰州市姜堰区农业农村局总农艺师。他埋头苦干,十多年来蹲守稻麦试验基地,试种推广新品种546个、新技术81项、新物化产品35个,进行专题试验83项,累计为农民增收1.2亿元。他脚踏实地,坚持24小时内赶到现场解决农民种植中出现的困难,在全区建起20多个村级农业技术服务站,利用科技知识帮助农户预防诊治病虫害。先后获得全国农牧渔丰收奖农业技术推广合作奖、江苏省农业丰收奖一等奖、国家粮食丰产科技工程江苏项目突出贡献科技人员、江苏省优秀农技指导员、江苏省中青年学术技术带头人、江苏最美青年等荣誉称号。2019年5月9日,省电视台录制《江苏最美人物》,现场授予李亚伟江苏"最美青年"荣誉称号。

张　强 男,汉族,1968年2月生,中共党员,现任国网泰兴市供电公司六级职员(负责抢修工作)。1990年从武警部队退役后,一直从事供电抢修工作。30年来,他扎根基层,用行动和汗水确保群众用电安全,泰兴城广为流传的"只要张强到现场,不怕供电有故障"是对他的最高褒奖。张强先后荣获全国"五一"劳动奖章、江苏省"五一劳动奖章",被评为江苏"最美退伍军人"、全国电力行业优秀班组长、国网公司优秀共产党员,江苏省电力公司优质服务先进个人、江苏省电力公司先进工作者、江苏省电力公司知识型员工等荣誉称号。2019年8月,省委宣传部将张强作为省级重大典型,组织人民网、《新华日报》、省电视台、《扬子晚报》等省级主流媒体,对张强事迹进行深度采访报道。8月15日,省电视台录制《江苏最美人物》,现场授予张强江苏"最美退役军人"荣誉称号。

钱维胜 男,汉族,1976年8月生,中共党员,现任泰州市大泗学校副校长。2014年8月,他作为江苏省第一批援藏教师,远赴拉萨江苏实验中学支教。2015年第一轮援藏结束时,当地家长和孩子联名写信深情挽留。最终,他克己奉公选择继续援藏,这一留就是连续三轮。援藏5年,他克服种种困难,扎根西藏,为江苏"教育援藏"品牌增光添彩,学生们都亲切称呼其"阿爸"。钱维胜先后荣获"中国好人"、"全国模范教师"、"江苏省优秀共产党员"、"江苏最美教师"等荣誉称号。2019年9月26日,省电视台录制《江苏最美人物》,现场授予钱维胜江苏"最美教师"荣誉称号。

江苏好人

陈　伟	杨宛根	朱筱乐
张桂军	汤恒跃	吴　玲
何　芬	高　华	汪　根
乔增富	顾　斌	朱丽华
张善珍	陆　恒	周国庆
周　勇	纪晓春	谢　旸
许红亮		

杨宛根 男，汉族，1955年10月生，泰州市大冯中心小学退休教师。从1994年开始，杨宛根利用每个周六上午、暑假一个月、寒假一周的时间，在家中为村子里的留守儿童和困难学生义务辅导数学功课，25年从无间断。作为学校教师骨干，他用独特方式激发学生的数学兴趣，在潜移默化中提升学生的数学成绩，他和他的“周六课堂”受到村民们广泛赞誉。

朱筱乐 男，汉族，1967年4月生，中共党员，泰兴市公安局行政许可科二级高级警长。从2014年起，朱筱乐在工作之余积极投身公益事业，组建“老乐在线”爱心群，集结爱心人士460余人，帮助身边群众寻亲寻物；成立“小草关爱”公益团体，帮扶残疾人等困难群体；与西藏警方合作，一对一资助当地贫困学生，并开展“大手暖小手”“捐赠冬衣文具”等活动。

张桂军 男，汉族，1975年10月生，中共党员，泰州市姜堰区人民法院法警大队政委。从2008年转业到司法警察岗位上以来，张桂军勇担责任、狠抓业务，带领干警提押、看管人犯600余人次，协助在审判执行中的查封、扣押、拘留等工作800余起。2017年，他被派任兴泰镇三里泽村第一书记，带领全村干群立足实际、发展经济，村集体经济从负债300万元到经营性收入47万元。

何 芬 女，汉族，1976年11月生，中共党员，泰州市高港区人民法院少年及家事审判庭庭长。从1998年参加工作以来，何芬长期坚守在基层法院审判一线，总结出“热心接待群众、耐心倾听诉求、细心审判案件、诚心解决问题、真心排忧解难”为核心内容的群众工作法，牵头成立“何芬法官工作室”，为群众提供诉讼指引、普法宣传、法律咨询等服务，获全国法院“十大亮点人物”等荣誉。

高 华 女，汉族，1965年1月生，泰州市海陵区城中街道方洲社区居民。1996年，高华8岁的女儿被确诊为白血病，单位组织职工募捐，帮助高华渡过难关。10年后，女儿白血病复发，媒体发动社会募捐11万余元，再次给女儿生的希望。高华感念于社会的帮助，2007年作为一名出租车司机加入“爱心车队”，并在2010年开始担任队长，带领车队成员开展各类爱心活动。

顾 斌 男，汉族，1988年5月生，江苏银行泰州分行员工。2012年，顾斌在参与一场公益活动时报名成为造血干细胞捐献志愿者。2018年10月，在得知自己的造血干细胞与一名7岁患病男童匹配成功后，他异常高兴。2019年6月，顾斌开始准备捐献造血干细胞，在打上动员剂后，为了让干细胞尽快“释放”出来，他克服关节酸痛，每天坚持慢跑4小时，终于成功完成捐献。

朱丽华 女，1950年7月生，泰州医药高新区明珠街道丹凤社区居民。2000年，朱丽华退休后投身公益活动，先后加入“雏鹰助学”爱心团队、“王亚男”爱心团队、公益健康交流中心等志愿服务组织，倾力帮扶困难群体。她曾连续8年为一位拾荒老人送饭，接送患有小脑共济失调的残疾青年做康复理疗，还将自家车库作为旧衣物回收点，收集棉衣寄给山区贫困家庭。

张善珍 女，汉族，1939年2月生，江阴－靖江工业园区办事处江峰村村民。从1977年结婚后，张善珍悉心照顾丈夫前妻留下的4个未成年子女，帮助他们走出丧母之痛，抚养他们长大成人。1992年，丈夫因病去世，她毅然扛起家庭重担，照顾80多岁双目失明的婆婆，为她穿衣、喂饭、擦身、按摩，推她出去散步。张善珍还不时探望丈夫前妻的父母，为他们忙农活、买新衣。

陆 恒 男，汉族，1993年4月生，兴化市昭阳街道迎丰社区居民。陆恒在迎丰社区经营着一家彩票店，有位老彩民经常委托他代买彩票。2019年8月，陆恒垫资帮该彩民购买一张彩票，这张彩票中了708万元大奖。面对巨额奖金，陆恒没有丝毫犹豫，第一时间将这个好消息告知彩民，并通知其取走彩票。

许红亮 男，汉族，1982年6月生，海陵区苏陈镇前窦村人。2019年11月初的某日夜晚11点多，在泰州凤城河三水湾夜钓的许红亮见一名女子落水，不顾天气严寒，脱下外套就跳进冰冷的河水中将人救上岸。上岸后，运用在村里讲座所学的简易急救知识，为女子进行急救护理，将自己夜钓所穿的棉袄给落水者披上，并拨打了“110”，很快，“110”“120”都赶到现场，落水女子被大家抬上救护车，送至附近医院救治。由于许红亮的及时相救，落水女子已无大碍。

周国庆 男，汉族，1974年5月出生；**周勇** 男，汉族，1972年1月出生；**纪晓春** 男，汉族，1982年2月出生；**谢旸** 男，汉族，1995年11月出生；4人均为兴化市公安局巡特警大队巡防队员。2019年10月21日夜间，天气寒凉，一位父亲衣衫不整，穿着凉拖便急匆匆跑到街面上。“幼儿才22个月，发高烧，这会好像快没呼吸了。”他向路人求助。兴化市公安局巡特警大队巡防队员周国庆、周勇、纪晓春、谢旸，正好驾驶警车巡逻经过，发现群众聚集便停下来。当他们得知情况后，赶紧接父子两上车，拉响警笛，踩足油门直奔医院。医生抢救时，孩子的体温已经高达40度，高热惊厥。还好，因为送医及时，孩子转危为安！事迹得到人民网、中国警察网、平安江苏官方微博及抖音号、交汇点新闻、现代快报等多家主流媒体报道，网络总点击量超过6000万，广大网友为之点赞，被网友称为“最美巡防队员”。

陈伟、汤恒跃、吴玲、汪根、乔增富
事迹参见第355页“中国好人”

2017～2018年度（第七届）“感动泰州”十大人物

马如松　徐亚福　陈韵昊
滕加亮　居广奇　唐传贵
钱维胜　朱惠泉　王亚男
海陵“教师妈妈”团队

马如松 男，汉族，1941年8月生，泰州市姜堰区大纶初级中学退休教师。2001年退休后，马如松怀着对教育事业的热情和对学生们的关爱，在家中开设免费辅导班，利用周末和寒暑假时间为孩子们义务补习数学。17年来，他先后义务辅导数千名学子，得到学生和家长的爱戴。

陈韵昊 男，汉族，1993年1月生，靖江籍在澳留学生。2018年3月28日，陈韵昊在澳洲居住的出租屋遭遇火灾，他和男房东及房东10岁的女儿分别从2楼各自房间的窗户跳至前院。手臂与手腕受伤的陈韵昊，迅速起身后带小女孩逃出房屋，后又折返火中将昏迷的房东救出。

王亚男 男，汉族，1950年8月生，海陵区城中街道退休工人，原本该在家享清福的年纪，她却一趟又一趟，翻山越岭走进甘肃会宁，走村访寨，收集第一手资料，助学帮困。近年来，王亚男和她的团队共捐款56万元，捐赠衣物折合人民币10万元，结成助学对子150对。

海陵"教师妈妈"团队 2008年，泰州市泰东实验学校36名女教师自发组建"教师妈妈"团队，至今团队已发展到222人。团队成员利用课余时间和节假日，从学习、生活、身心和人际交往等方面，为孤贫、留守等各类困境学生提供物质和精神帮助，每学期定期开展"圆梦微心愿""最美粽香情""牵手向自然"等九大特色活动，10年来帮助学生近千人。

徐亚福、滕加亮、居广奇、唐传贵、朱惠泉事迹参见"第七届江苏省道德模范及提名奖获得者"第355页。钱维胜事迹参见"江苏最美人物"第356页

（史 志）

2019年度泰州市劳动模范名录

姓名	单位及职务
张丽萍（女）	靖江市市容环境卫生管理处街道保洁员
张征明	中船澄西新荣船舶有限公司机电车间工段长
陈国华	江苏光芒新能源股份有限公司搪瓷车间主任
周进奇	靖江市华汇供水有限公司管网维护部抢修组长
范洪亮	华达汽车科技股份有限公司生技员
徐 华	卓然（靖江）设备制造有限公司技术部长
钱 伟	江苏航天动力机电有限公司技术部长
刘海金	江苏新时代造船有限公司总经理
朱章其	江苏骥洋食品有限公司董事长
丁纯林	江苏国信靖江发电有限公司副总经理
陈丽萍（女）	靖江市斜桥镇博爱老年关爱之家护理员
顾金飞	靖江市生祠镇红光中心村党委书记、新丰村党总支书记
韩庆雯（女）	靖江市碧莱蔬菜专业合作社主任
冷智银	江苏旭顺东明云智能科技有限公司董事长兼总经理
范钦岐	靖江市瑞风空调通风设备厂车工
王俊红（女）	靖江市纪委监委第五纪检监察室副主任
毛 筠（女）	国家税务总局靖江市税务局科员

劳动最光荣 （严建华供图）

孔　楠　靖江市广播电视台电视新闻中心副主任
陆林峰　靖江市委编办副主任、主任科员
顾文华(女)　靖江市靖城街道办事处双港路社区党委书记
谢宏华　靖江市公安局刑警大队副大队长
殷凯杰　泰兴经济开发区党工委副书记
何习民　国家税务总局泰兴市税务局办税服务大厅负责人
李　椿　江苏省泰兴中学教师
马玉华(女)　泰兴市疾病预防控制中心副主任、副书记
蒋　凌　泰兴市公安局济川派出所副所长
汤月生　泰兴汤臣压克力有限公司董事长
张国良　泰兴市宣堡镇郭寨村党委书记
何　惠(女)　泰兴市鹏源养殖专业户
叶秀美(女)　泰兴市元竹镇大元居委会党总支副书记兼妇联主席
华　岩　江苏省科兴电器有限公司仓储主管
汤少卿　国网泰兴市供电公司总经理
王　勇　江苏友诚数控科技有限公司董事长兼总经理
严宏泉　济川药业集团有限公司副总经理
李红兵　泰兴一建建设集团有限公司董事、副总经理兼上海分公司经理
张　俊　江苏华兴特钢铸造有限公司子公司技术副总经理
叶　霞(女)　中兵航联科技股份有限公司综合管理部部长兼工会主席
张爱霞(女)　亚太泵阀有限公司技术部长
李小成　江苏省国裕建设集团有限公司安全科长
朱春鸿　泰兴市富强人力资源开发有限责任公司职工
常亚峰　中国电信泰兴分公司动力维护支撑工程师
肖红祥　泰兴市现代压力容器制造有限公司职工
王　庆　江苏星火特钢有限公司研究中心副主任
吉云霞(女)　江苏兴化农村商业银行运营管理部总经理
朱龙平　江苏兴海特钢有限公司质检组长
吴良才　中国移动通信集团江苏公司兴化分公司副经理
杨　展　兴化东华齿轮有限公司总经办主任
郑小萍(女)　中国建设银行兴化支行客户经理
徐国发　兴化市贤人米业有限公司车间主任
赵观军　江苏京生管业有限公司董事长
戴日全　江苏新宏大集团有限公司总经理
陶进祥　江苏兴达钢帘线股份有限公司常务副总经理
丁宏山　江苏昊鹏机械有限公司总经理
王志祥　兴化市中堡镇南湖特种水产品加工厂职工
张良华　江苏顶能食品有限公司生技部长
肖　云　兴化市云平种植家庭农场农场主
李文华　兴化市泓林果蔬专业合作社社长
禹志祥　兴化市安丰镇招商办主任、安丰镇安东村党支部书记
丁银扣　兴化市审计局经贸科科长
方振华　兴化市人社局劳动监察大队副大队长
苏胜忠　兴化市人民法院民事审判第三庭副庭长
童文波　国家税务总局兴化市税务局第一分局办税厅主任
翟培元　兴化市文体广电和旅游局主任科员
周正琪　泰州海田电气制造有限公司技术科长
唐小军　江苏罡阳股份有限公司技术部长
张国顺　泰州市梅兰春酒厂有限公司技术科长
王长文　泰州常发农业装备有限公司钣金车间主任
黄夜明　泰州油恒油气工程服务有限公司焊工班班长
石克兵　江苏爱索新材料科技有限公司总经理
孙祥梅(女)　泰州文峰大世界有限公司总经理助理
姜希霞　海陵区城南街道莲花社区党委书记
阮圣勇　江苏微特利电机股份有限公司班组长
王裕华　海陵区城东街道鲍坝社区党总支书记
韩　强　海陵区苏陈镇野山沟家庭农场农场主
陈　荣　泰州市海陵区教育局副局长
刘海日　泰州市第四人民医院影像科兼介入血管科主任
吴万娟(女)　华润雪花啤酒(泰州)有限公司酿造工艺员
张建章　江苏泰氟隆科技有限公司载带车间主任
刘　飞　江苏凯威药用包装有限公司设备科科长
陈　斌　泰州市银杏织锦有限公司染色工程师
王正宇　泰州口岸船舶有限公司董事、党委书记、副总经理
栾兴俊　江苏三泰建设工程有限公司副总经理兼工会主席
史建伟　高港区胡庄镇史庄村党支部书记
王步忠　江苏西来原生态农业有限公司总经理
陈宝进　泰州市高港区水利局党组书记、局长
朱美芳(女)　泰州市高港区财政局监督科科长
钱维胜　泰州市大泗学校、拉萨江苏实验中学(援藏)教师
童红扣　正太集团有限公司项目部木工班长

张　翔　　泰州电信姜堰区分公司网络中心无线班班长
王　辉　　江苏振华泵业制造有限公司技术工程师
吉用波　　江苏神王集团钢缆有限公司部门经理
李荫现　　江苏飞船股份有限公司技术主管
张学军　　江苏远东电机制造有限公司车间主任
朱德喜　　中信银行姜堰支行职工
唐海涛　　江苏苏中药业集团股份有限公司副总经理
姚维俊　　国网泰州市姜堰区供电公司总经理、党委副书记
马玉坤　　江苏里华机械股份有限公司总经理
王爱军　　江苏诚天机械有限公司焊接班长
张宏珍(女)　姜堰区白米镇大安村蔬菜种植专业合作社社长
童进龙　　泰州市金农植保专业合作社社长
施　阳　　泰州市元林种植专业合作社社长
高金凤(女)　泰州市姜堰区实验小学教育集团总校长
何案彬　　泰州市姜堰区公安局网络安全保卫大队副大队长
乔华平(女)　姜堰区兴泰镇党委组织委员、工会主席
张银贵　　姜堰区农业农村局植保站站长
蔡　安　　泰州市印染机械有限公司焊接班班长
金晓中　　江苏金迪克生物技术有限公司细胞毒种岗主管
陈　宇　　泰州复旦张江药业有限公司生产部员工
陶　静　　泰州迈博太科药业有限公司总经理
王河清　　江苏硕世生物科技股份有限公司研发工程师
武桂兰(女)　泰州日顺电器发展有限公司总经理
宗文祥　　泰州医药高新区寺巷街道康和社区党支部书记
严海锦　　江苏科成有色金属新材料有限公司粉体工程中心副主任
许如凤(女)　泰州医药高新区明珠街道人力资源社会保障所所长
徐佑国　　泰州市康和实验中学副校长、野徐镇社区教育学校副校长
孙　宇　　泰州劲松股份有限公司产品工程部经理
姚吉明(女)　泰州石油化工有限责任公司石蜡车间操作班长
路　锋　　中海油气(泰州)石化有限公司生产指挥中心经理
蔡　伟　　扬子江药业集团有限公司药物研究院常务副院长
陈旭伟　　国家能源集团泰州发电有限公司总经理、党委副书记
朱联海　　江苏江豪律师事务所主任
谢　荣(女)　泰州日报社市(区)新闻部副主任
唐经瀚　　泰州广播电视台电视艺术中心副主任
张越善　　泰州市党史方志办公室地方志编纂指导处主任科员
李　斌　　泰州市第三高级中学党委书记、校长
顾　彬　　泰州市人民医院急诊科主任
李小圣　　泰州市体育运动学校教练
赵旭庭　　江苏农牧科技职业学院动物科技学院院长
顾金才　　泰州市中级人民法院审委会委员、行政审判庭庭长
王树芳(女)　泰州市人民检察院行政装备处处长
生志峰　　泰州市公安局经济犯罪侦查支队金融大队大队长
沈桂兰(女)　泰州市福利中心协理员
马俊华　　泰州市委研究室处长
圣玉丰　　泰州市纪委办公室副主任
刘月凤　　泰州工信局办公室主任科员
吴应强　　泰州市消防支队司令部作战指挥中心通信员
栾爱群(女)　泰州市信访局人教处处长
赵子忠　　泰州市农业农村局人秘处处长
朱振明　　泰州市金盾保安服务有限公司总经理
孙建荣　　江苏红旗种业股份有限公司生产部部长
吴荣纪(女)　中国邮政集团公司泰州市分公司口岸支局投递员
何永宣　　泰州市长运汽车运输有限公司驾驶员
罗　玫(女)　中国移动集团江苏公司泰州分公司投诉管理
刘　玺　　泰州供电公司输电运检一班班长
袁　军　　江苏泰州农村商业银行股份有限公司党委书记、董事长
李秀云(女)　建行泰州新区支行营业室主任
于　浩　　江苏银行泰州分行业务发展三部主管
季红云(女)　人寿保险公司泰州分公司健康保险部经理
刘海斌　　大唐泰州热电有限责任公司设备管理部主任
左祥生　　泰州市高港生态环境局党组书记、局长

(市总工会)

责任编辑　王　卉

组织机构及负责人

·中国共产党泰州市委员会·

书　记:韩立明(女,至2019-09)
史立军(2019-10任)
副书记:史立军(至2019-10)
朱立凡
张　迅(2019-11任)
常　委:史立军
朱立凡
张　迅(2019-11任)
汤成快
常胜梅(女)
杨　杰
张余松
孔德平
曹卫东
张志洋
张小兵
秘书长:张余松
副秘书长:刘文来
陈正泉(至2019-01)
陈松林(正处级,至2019-01)
姜文湘
张玉萍(女)
朱　莹(至2019-01)
董维华(2019-08任)
王　钟
徐小明(2019-01任)
包　亚(2019-01任)

市委工作机构、直属单位

市委办公室(将改革办职责划出至市委研究室,调整市委保密办、机要局改为市委办挂牌单位,市委办公室挂市委机要局、市国家保密局、市国家密码管理局、市档案局牌子,撤销接待办)
主　任:刘文来
副主任:高红亮
全冬明(至2019-12)
冀建军(2019-01任)
保密办
主　任:朱　峰(至2019-01)
保密局
局　长:刘文来(2019-01任)
副局长:朱　峰(2019-01任)
机要局
局　长:徐小明(至2019-01)
刘文来(2019-01任)
接待办
主　任:张玉萍(女,至2019-01)
一级调研员:陈松林(2019-09任,至2019-10)
二级巡视员:陈松林(2019-10任)
二级调研员:张玉萍(女)
朱　莹(至2019-01)
四级调研员:王　涛(女,2019-05任)
陈国华(至2019-01)
孟鸿彬(2019-01任)
市委组织部("非公有制企业和社会组织工作委员会""党的建设工作领导小组办公室"与其合署,挂公务员局牌子,市考核工作委员会办公室设在市委组织部)
部　长:曹卫东
副部长:查学斌(女)
于顺华
赵荣华
鞠林红(2019-08任)
部务委员:卢　洁(女)
党建办公室
主　任:查学斌(女,至2019-08)
赵荣华(2019-08任)
考核办
主　任:曹卫东(2019-01任)
副主任:冯海镛(2019-08任)
市委宣传部(市文化广电新闻出版局(市版权局)的新闻出版、电影管理等职责划入市委宣传部,对外加挂市新闻出版局(市版权局)牌子,不再保留市委对外宣传办公室牌子,相关职责由市委宣传部承担,挂"精神文明建设指导委员会办公室""市人民政府新闻办公室"牌子)
部　长:常胜梅(女)
副部长:任国平
殷　俊(2019-08任)
孟国平
王　飞
文明办
主　任:殷　俊(2019-08任)
副主任:刘文杰
新闻办
副主任:卢春燕(女,2019-01任)
调研员:黄林华(至2019-04)
二级调研员:金如旺(2019-07任)
四级调研员:徐春洪
顾戛良(女)
讲师团
副团长:凌　健(2019-01任)

市委统一战线工作部(对外加挂政府侨务办公室牌子)
部　长:朱立凡(至2019-10)
　　　　张　迅(2019-11任)
副部长:戴庆柳
　　　　陆国富(正处级)
　　　　孙　琦
　　　　王　强(2019-01任)
　　　　孙正龙
侨务办
副主任:王　强(2019-01任)
四级调研员:刘山林
　　　　　　项卫东
市委政法委员会(机构改革,不再设立"社会管理综合治理委员会办公室")
书　记:孔德平
副书记:陈明冠
　　　　杜荣良(至2019-12)
　　　　陈金观(2019-12任)
　　　　李　向
　　　　张永生(至2019-01)
　　　　何银海(2019-01任)
　　　　杭春宏(2019-01任)
　　　　周德建(2019-01任)
　　　　邓宏林(2019-01任)
政治部
主　任:朱广洲
综治委办
主　任:张永生(至2019-01)
副主任:杭春宏(至2019-01)
　　　　周德建(至2019-01)
　　　　邓宏林(至2019-01)
四级调研员:朱荣华
　　　　　　刘　沛(2019-01任)
市委农村工作办公室(不再保留)
主　任:朱应才(至2019-01)
副主任:曲　波(至2019-01)
　　　　智俊忠(至2019-01)
　　　　陈嵘嵘(至2019-01)
　　　　王晓秋(至2019-01)
调研员:姚灿华(至2019-01)
副调研员:曹宏祥(至2019-01)
市委研究室(机构改革,新成立部门)
主　任:倪郭明(2019-01任)
副主任:杨恒龙(2019-01任)
　　　　王　桂(2019-01任)
市委网络安全和信息化领导小组办公室(2019年1月新成立部门,划入经信委的网络信息安全统筹协调职责,对外挂市互联网信息办公室牌子)
主　任:孟国平(2019-01任)
副主任:朱明华(2019-01任)
　　　　尹　俊(2019-08任)
市互联网信息办
主　任:孟国平(2019-01任)
四级调研员:陈国华(2019-01任)
市委机构编制委员会办公室(归口组织部管理,挂事业单位登记管理局牌子)
主　任:陶　玲(女,2019-01任)
副主任:刘　磊(2019-01任)
　　　　孙　兰(女,2019-01任)
　　　　梁晓斌(2019-01任)
市事业单位登记管理局
局　长:陶　玲(女,2019-01任)
副局长:王友茂(2019-11任)
四级调研员:严文忠
市委台湾工作办公室(挂"市人民政府台湾事务办公室"牌子)
主　任:王晓梅(女)
副主任:史庆胜
　　　　王　浩
　　　　余良霁(女)
　　　　韩瑞铭
台事办
主　任:王晓梅(女)
二级调研员:刘文荣(至2019-08)
四级调研员:朱　耀(2019-05任)
市委市级机关工作委员会
书　记:程荣稳
副书记:夏红鑫(至2019-01)
　　　　丁国和
　　　　周　勇
纪工委书记:汤益民
二级调研员:夏红鑫(2019-01任)
四级调研员:周　汉
　　　　　　曹吉华
市委巡察工作办公室
主　任:王中庆(女)
副主任:王圣彪
　　　　陈林峰
市委第一巡察组
组　长:钱宏琦
副组长:成玉贯
　　　　朱　望
市委第二巡察组
组　长:蒋仲伟
副组长:薛如耀
　　　　蒋善坤
市委第三巡察组
组　长:陆啸峰
副组长:瞿玉金
　　　　陈文学
　　　　陈礼鸿
二级调研员:陈礼鸿
市委第四巡察组
组　长:刘青萍
副组长:吴正涛
　　　　戈　炜(女)
市委第五巡察组
组　长:冯广振(2019-01任)
副组长:尹友平
　　　　翟宏毅
市委第六巡察组
组　长:于　庆
副组长:裴家泰
　　　　周雅俊
　　　　李春海(至2019-11)
市委老干部局("市委离退休干部工作委员会"与其合署,归口组织部管理)
局　长:于顺华
工委书记:于顺华
副局长:毛振宏(至2019-01)
　　　　陈宇清(女)
　　　　戴古发
二级调研员:毛振宏(2019-01任)
市党史方志办公室(机构改革,将原党史方志档案办公室的行政职能划入市委办公室,挂"档案馆"牌子)
主　任:张士林(2019-01任)
副主任:叶建国(2019-01任)
　　　　戴志勇(2019-01任)
　　　　吴学华(2019-01任)
　　　　朱　庆(2019-08任)
档案馆
馆　长:张士林(2019-01任)
副馆长:朱　庆(2019-08任)
二级调研员:陈　维(2019-01任)
市委党校(挂"行政学院""社会主义学院"牌子)
校　长:朱立凡(至2019-10)
　　　　曹卫东(2019-12任)
副校长:王　龙(正处级)
　　　　张国祥
　　　　沈炳华
　　　　景云祥
行政学院
院　长:杨　杰(至2019-12)
副院长:王　龙(正处级)
社会主义学院
副院长:王　龙(正处级)
三级调研员:刘瑞强(2019-12任)
四级调研员:刘瑞强(至2019-12)

周春前
史 锋(2019－05 任)

泰州报业传媒集团(泰州日报社)
党委书记、董事长、社长:曹茂良
总编辑:杨 勇
副社长:苏元华
祝伟民
刘保华(女)
副总编辑:张建兰(女)
翟 明
纪委书记:周根成
四级调研员:金如旺(至 2019－07)

▲泰州晚报社
总编辑:翟 明

泰州广播电视传媒集团(泰州广播电视台)
党委书记、董事长、台长:万永良
总编辑:杨富年
党委副书记:杨富年
纪委书记:张建国
副台长:李 晋
朱建珊
孙小平
副总编辑:冯晨光

·泰州市人大常委会·

主 任:韩立明(女,2019－01 任,至 2019－11)
党组书记:韩立明(女,至 2019－10)
史立军(2019－10 任)
常务副主任:王 建
副主任:周绍泉
孙耀灿
邹祥凤(女)
臧大存
党组副书记:王 建
杨 杰(2019－12 任)
秘书长:叶海波
副秘书长:王宏玖
杨延慧(女)
陈扣喜(2019－01 任,保留正处级)
陈学东(2019－08 任,保留正处级)
张金华(2019－08 任)
二级巡视员:叶海波(2019－10 任)
一级调研员:叶海波(2019－09 任,至 2019－10)

市人大常委会办公室、各工作委员会

市人大常委会办公室
主 任:王宏玖
副主任:朱承敏
张金华(至 2019－08)
王 嵘
黄海民(2019－08 任)
二级调研员:陈春红(女)

市人大常委会人事代表联络工作委员会
主 任:孙 平
副主任:钱龙华

市人大常委会监察和司法工作委员会(原内务司法工作委员会,2019－09 更名)
主 任:黄书华(2019－09 任)
副主任:窦文喜(2019－09 任)
吴 杰(2019－09 任)
一级调研员:黄书华(2019－09 任)

市人大常委会经济工作委员会
主 任:戈 琦
副主任:魏国俭(至 2019－01)
吴文斌(2019－09 任)

市人大常委会教科文卫工作委员会(民族宗教侨务台湾外事工作委员会)
主 任:薛 敏
副主任:臧桂龙
陈怀荣
调研员:曹学赋(至 2019－02)
二级调研员:陈怀荣

市人大常委会农村工作委员会
主 任:黄宗岳(至 2019－05)
副主任:陆仁峥
赵金洪
二级调研员:李 跃(至 2019－11)

市人大常委会社会和环境资源与城乡建设工作委员会(原环境资源城乡建设工作委员会,2019－09 更名)
主 任:葛银余
副主任:孙苏平
卞新峰

市人大常委会法制工作委员会
主 任:钱 刚
调研员:顾跃进(至 2019－04)

市人大常委会预算工作委员会
主 任:丁卫平
副主任:吉江平(女)

市人大常委会信访室
主 任:吴文斌(至 2019－01)
戴秀芳(女,2019－01 任)

·泰州市人民政府·

市 长:史立军(至 2019－10)
副市长、代市长:朱立凡(2019－11 任)
副市长:杨 杰(至 2019－12)
王学锋(女)
陈明冠
杜荣良(至 2019－12)
陈金观(2019－12 任)
徐克俭
张育林(2019－08 任)
秘书长:沈明刚
副秘书长:沈惠彪
徐保国(正处级)
周天云
戚才俊(挂职)
刘文荣(2019－09 任,至 2019－12)
刘剑波
吉志铭(至 2019－08)
李 军(挂职,至 2019－08)
刘江明(2019－01 任)
全冬明(2019－12 任)

市政府工作部门、派出机构、直属单位

市政府办公室(对外加挂市大数据管理局、市政府研究室牌子,划出应急管理职责至应急管理局,划出口岸管理职责至商务局)
主 任:沈惠彪
副主任:李 恺
刘江明(至 2019－01)
吴艳华(女)
陶 旭
解中东(2019－01 任)
陶德喜(2019－01 任)
应急办
主 任:陶德喜(至 2019－01)
督查室
主 任:解中东(至 2019－01)
政府研究室
主 任:沈惠彪(2019－01 任)
大数据管理局
局 长:沈惠彪(2019－01 任)
二级调研员:周天云
刘文荣(2019－08 任,至 2019－12)
四级调研员:徐友宏
刘丰圣(2019－05 任)

市政府驻北京办事处
主　任:耿晓利
副主任:吕天玉
▲市政府驻上海办事处(主要负责人空缺)
▲市政府驻南京办事处(主要负责人空缺)
市发展和改革委员会(对外加挂市粮食和物资储备局牌子)
主　任:祝　光
副主任:王洪兴
　　张国祥(至2019-01)
　　高永康
　　史凯忠
　　夏朝云
　　朱应才(2019-01任,保留正处级)
　　卞赋章(2019-01任)
　　邵剑峰(2019-12任)
粮食和物资储备局
局　长:祝　光(2019-01任)
副局长:陈文炉(2019-01任)
　　李　勇(2019-01任)
军民融合发展办公室
主　任:陈海俊(2019-01任)
二级调研员:何新国
　　王金明(至2019-06)
　　吴　斌(至2019-08)
　　朱建华(2019-12任)
　　邵剑峰(2019-12任)
四级调研员:戴道友(2019-01任)
　　朱红喜(2019-12任)
　　周玲洁(女,2019-12任)
　　王金明(2019-01任,至2019-06)
重大项目办公室(2019-12撤销,不再保留)
主　任:朱建华(至2019-12)
副主任:周玲洁(女,至2019-12)
▲经济协作办公室(2019-12撤销,不再保留)
副处级干部:朱红喜(至2019-12)
推动长江经济带发展服务中心(机构改革,2019-12成立)
主　任:邵剑峰(2019-12任)
副主任:周玲洁(女,2019-12任)
　　朱红喜(2019-12任)
市工业和信息化局(机构改革,2019-01新成立)
局　长:刘秋平(女,2019-01任)
副局长:王亚明(正处级,2019-01任)
　　朱嘉浩(2019-01任)
　　朱亚坤(2019-01任)
　　黄卫民(2019-01任)
　　师　虎(挂职,2019-06任)
二级调研员:蔡勇根(2019-12任)
四级调研员:蔡勇根(2019-01任,至2019-12)
　　林　扬(至2019-07)
　　陈玉明(2019-12任)
　　刘月凤(2019-05任)
▲无线电管理办公室(机构改革,2019-12撤销,不再保留)
主　任:陈玉明(至2019-12)
市教育局("市委教育工作委员会"与其合署,"市人民政府教育督导室"设在市教育局)
局　长:奚爱国
副局长:万　琳(女)
　　封留才(至2019-08)
　　王俊鹏
　　吉志铭(2019-01任)
　　董　健(2019-09任)
工委书记:吉志铭(2019-01任)
副书记:管文华(至2019-01)
　　董　健(2019-08任)
主任督学:万　琳(女)
口岸中学校长:丁　骏
机电高职校校长:翁光明
二级调研员:万　琳(女)
　　管文华(2019-01任)
四级调研员:朱三峰
　　芮新海(至2019-02)
　　赵国全
市科学技术局
局　长:丁志强
副局长:王本富
　　董元华(挂职)
　　丁　骅
　　童　宁(女)
　　黄卫平
四级调研员:季开桢
　　张荣进
　　尤时日
▲知识产权局(不再保留,作为市场监管局的挂牌单位)
局　长:黄雨祥(至2019-01)
副处级干部:姚久松(至2019-01)
市公安局
局　长:杜荣良(至2019-12)
　　陈金观(2019-12任)
党委书记:杜荣良(至2019-12)
　　陈金观(2019-12任)
督察长:杜荣良(至2019-12)
　　陈金观(2019-12任)
副局长:徐生炉(2019-01任)
　　张卫东
　　张　涛
　　徐　军
　　赵旭晴
　　王　平(至2019-09)
　　周如勇(2019-09任)
党委副书记:徐生炉
二级调研员:张卫东
　　徐　军
　　张　涛(2019-06任)
　　赵旭晴(2019-06任)
　　王　平(至2019-08)
政治部
主　任:吴国华
四级调研员:王伟中(至2019-05)
指挥中心
主　任:周国章
政　委:史石竹(至2019-05)
　　夏井龙(2019-05任)
治安支队
支队长:唐宝骝(至2019-06)
政　委:徐立勤
副处级干部:万　俊(至2019-05)
巡特警支队
支队长:曹红兵
政　委:许建平(至2019-05)
副处级干部:张松华
　　王筛良
　　张义平(至2019-05)
交警支队
政　委:钱后湖
副处级干部:缪　颖(至2019-03)
刑警支队
支队长:金小军
经侦支队
支队长:朱　晋
政　委:顾晓星
水警支队
支队长:夏伯华(至2019-05)
政　委:姚泽宝(至2019-05)
　　单明朗(2019-05任)
副支队长:薛晓君
　　崔进叶(2019-05任)
　　孙宏顺(2019-05任)

技侦支队
支队长：尤晓兰（女，2019－01任）
市民政局
局　长：李志高
党组书记：李志高（2019－08任）
副书记：朱　莹（2019－01任）
副局长：孙　雷
　　张亚坤（至2019－01）
　　郑永寿
　　曹戎健
　　朱　莹（2019－01任）
二级调研员：朱　莹（2019－06任）
四级调研员：张阿晓
　　陈庭文
　　李中林（2019－05任）
市司法局（市委全面依法治市委员会办公室设在司法局）
局　长：孔德峰
副局长：张　晶（女）
　　林　政
　　赵　峰
　　赵金洪（挂职，至2019－05）
　　杨　歆（2019－01任）
　　施志斌（2019－01任）
　　丁正林（2019－01任）
　　沙文高（2019－01任）
　　丁曙忠（挂职，2019－07任）
四级调研员：丁晴远
　　陆虎臣（2019－01任）
市财政局
局　长：张长平
副局长：谢成建
　　尤玉华（女）
　　周小慧（女，至2019－04）
　　王金云
　　袁亚光（挂职，至2019－08）
　　李宏森（2019－01任）
总会计师：李宏森（至2019－01）
二级调研员：蒋爱民
三级调研员：许兵民（至2019－11）
四级调研员：田　宏
　　许兵民（至2019－11）
　　朱长贵（2019－11任）
▲国库集中收付中心
主　任：屈耕乾
市人力资源和社会保障局
局　长：王明根
党委书记：王明根
副局长：陆　玲（女）
　　韩金虎（至2019－01）
　　严俊武
　　钱筱湄（女）
　　金茂荣
　　乔和平（2019－01任）
党委副书记：乔和平（至2019－01）
二级巡视员：王明根（2019－10任）
一级调研员：王明根（2019－09任，至2019－10）
二级调研员：马新亮（至2019－01）
　　陆　玲（女，2019－01任）
四级调研员：夏志明
▲公务员局（机构改革，不再保留单设的市公务员局，相关职责划入市委组织部）
局　长：王明根
▲人才服务中心
主　任：陈文根
▲劳动就业管理中心
主　任：黄东平
四级调研员：沈满涛
▲社会保险管理中心
主　任：徐兖兵
四级调研员：李建平
▲城镇职工医疗保险管理中心（机构改革，不再保留，相关职能划入市医疗保障局）
主　任：周春林（至2019－01）
市国土资源局（机构改革，不再保留）
局　长：李兴国（至2019－01）
党委书记：李兴国（至2019－01）
副局长：何文忠（至2019－01）
　　潘金华（至2019－01）
　　刘银发（至2019－01）
　　陆　俊（至2019－01）
纪委书记：庞佑林（至2019－01）
土地开发储备中心
主　任：周海滨（至2019－01）
副处级干部：朱　兵（至2019－01）
　　钱艺兵（至2019－01）
副调研员：黄仲梅（女，至2019－01）
　　范建国（至2019－01）
市自然资源和规划局（机构改革，新成立单位，对外保留市林业局牌子）
局　长：李兴国（2019－01任）
副局长：何文忠（2019－01任）
　　潘金华（2019－01任）
　　刘银发（2019－01任）
　　陆　俊（2019－01任）
　　徐　兵（2019－01任）
　　吴　皓（2019－01任）
　　丁晓鹏（2019－01任）
　　庞佑林（2019－01任）
纪委书记：庞佑林（2019－01任）
总规划师：朱根山（2019－01任）
土地开发储备中心
主　任：周海滨（2019－01任）
三级调研员：范建国（2019－12任）
四级调研员：刘　缨（女，2019－01任）
　　朱　兵（2019－01任）
　　钱艺兵（至2019－01）
　　黄仲梅（女，至2019－01）
市住房和城乡建设局（不再保留市房产管理局、市园林绿化局、市市政公用事业管理局、市房屋征收办公室，人防办、地震局、园林局为住建局挂牌单位）
局　长：高卫东
党委副书记：孙建兴（至2019－01）
副局长：孙建兴（2019－01任）
　　孙建华（女）
　　周国翠（女）
　　焦斐虎
　　翟　健（2019－01任）
　　李晓沫（挂职，2019－07任）
人防办
主　任：高卫东（2019－01任）
副主任：马生荣（2019－01任）
　　刘俊雄（正处级，2019－01任）
　　王一平（2019－01任）
地震局
局　长：高卫东（2019－01任）
副局长：陈靖云（2019－01任）
　　刘秀泰（2019－01任）
园林局
局　长：高卫东（2019－12任）
副局长：王文官（2019－12任）
市住房事业发展中心
主　任：杨　坤（2019－12任）
总工程师：于　路（2019－12任）
二级调研员：周国翠（女，2019－01任）
　　封伯平（2019－12任）
四级调研员：杨宝龙（2019－01任）
　　张照平（2019－01任）
　　陈　平（2019－01任）
▲房产管理局（机构改革，不再保留）
局　长：封伯平（至2019－12）
▲园林绿化管理局（机构改革，不再保留）
局　长：王文官（至2019－12）
▲市政公用事业管理局（机构改革，不再保留）
局　长：于　路（至2019－12）

▲科学发展观展示馆
主　任:翟　健(至 2019 - 01)
▲建筑工程管理局(机构改革,不再保留)
局　长:高卫东(至 2019 - 01)
党委书记:高卫东(至 2019 - 01)
副处级干部:张照平(至 2019 - 01)
　　　　陈　平(至 2019 - 01)
市规划局(机构改革,不再保留)
局　长:徐　兵(至 2019 - 01)
副局长:吴　皓(至 2019 - 01)
　　　丁晓鹏(至 2019 - 01)
总规划师:朱根山(至 2019 - 01)
副调研员:刘　缨(女,至 2019 - 01)
市城市管理局(挂城市管理行政执法局牌子,不再保留承担行政职能的事业单位市数字化城市管理办公室)
局　长:董维华(至 2019 - 09)
　　　孙桂银(2019 - 09 任)
副局长:夏建洲
　　　孙荣贵
　　　夏隽莹
　　　高　斌(2019 - 01 任)
城市管理行政执法局
局　长:董维华(至 2019 - 09)
　　　孙桂银(2019 - 09 任)
二级调研员:张珠连(2019 - 09 任)
四级调研员:张珠连(至 2019 - 09)
　　　　赵继年
　　　　赵大燕
　　　　黄顺宏(2019 - 05 任)
数字化城市管理中心(2019 - 07 数字化城市管理办公室更名为数字化城市管理中心)
副主任:纪广田
　　　王茂坤
▲城市管理行政执法支队
支队长:董同成
政　委:张　春
市交通运输局(对外挂"市地方铁路建设办公室"、港口管理局牌子,撤销公路管理处、航道管理处、地方海事局、运输管理处,组建公路事业发展中心、港航事业发展中心、公共交通服务中心和交通运输综合行政执法支队)
局　长:李龙根
副局长:马庆生
　　　张新民
　　　孔　元(2019 - 01 任)
　　　周进华(2019 - 09 任)
总工程师:刘　婷(女)
地方铁路办公室
主　任:李龙根(2019 - 01 任)
副主任:丁永巍(2019 - 09 任)
二级调研员:马庆生
　　　　刘亚明(2019 - 07 任)
四级调研员:刘亚明(至 2019 - 07)
　　　　曹其平
　　　　刘成峰
　　　　许建军
▲公路管理处(机构改革,不再保留)
处　长:周进华(至 2019 - 12)
路政支队支队长:周进华(至 2019 - 12)
▲航道管理处(机构改革,不再保留)
处　长:孔　元(至 2019 - 12)
副处级干部:陆华庆(至 2019 - 12)
▲地方海事局(机构改革,不再保留)
局　长:范友方(至 2019 - 12)
副处级干部:张华清(至 2019 - 12)
副调研员:钟　翔(至 2019 - 12)
▲运输管理处(机构改革,不再保留)
四级调研员:申元昌(至 2019 - 12)
副处级干部:陈亚平(至 2019 - 12)
▲公路事业发展中心(机构改革,2019 - 12 新成立)
主　任:周进华(2019 - 12 任)
▲公共交通服务中心(机构改革,2019 - 12 新成立)
主　任:窦顺东(2019 - 12 任)
▲港航事业发展中心(机构改革,2019 - 12 新成立)
主　任:朱怀荣(2019 - 12 任)
▲交通运输综合行政执法支队(机构改革,2019 - 12 新成立)
主　任:李　康(2019 - 12 任)
三级调研员:范友方(2019 - 12 任)
四级调研员:陆华庆(2019 - 12 任)
　　　　张华清(2019 - 12 任)
　　　　钟　翔(2019 - 12 任)
　　　　申元昌(2019 - 12 任)
　　　　陈亚平(2019 - 12 任)
市水利局
局　长:胡正平
副局长:蔡　浩
　　　高　晔
　　　包　亚(至 2019 - 01)
　　　高　宏(2019 - 01 任)
总工程师:钱卫清
二级调研员:龚荣山
四级调研员:田　波
　　　　朱晓春
▲水利工程建设处
主　任:祁海松
四级调研员:张　荣
市农业委员会(机构改革,不再保留)
主　任:毛正球(至 2019 - 01)
党委书记:毛正球(至 2019 - 01)
副主任:彭德旺(至 2019 - 01)
　　　缪玉江(至 2019 - 01 -)
　　　范　琦(至 2019 - 01)
　　　王桂宝(至 2019 - 01)
首席兽医官:夏新山(至 2019 - 01)
调研员:邱　江(至 2019 - 01)
副调研员:陶进春(至 2019 - 01)
　　　　王桂宝(至 2019 - 01)
　　　　吴生岭(至 2019 - 01)
市农业农村局(市农业农村局对外加挂市政府扶贫办公室牌子,市委农村工作领导小组办公室设在市农业农村局)
局　长:毛正球(2019 - 01 任)
副局长:胡志鸿(2019 - 01 任)
　　　智俊忠(2019 - 01 任)
　　　彭德旺(2019 - 01 任)
　　　缪玉江(2019 - 01 任)
　　　范　琦(2019 - 01 任)
　　　王桂宝(2019 - 01 任)
扶贫办
主　任:毛正球(2019 - 01 任)
副主任:陈嵘嵘(2019 - 01 任)
市委农工办
副主任:王晓秋(2019 - 01 任)
总畜牧兽医师:夏新山(2019 - 01 任)
二级调研员:姚灿华(2019 - 01 任)
　　　　邱　江(2019 - 01 任)
　　　　曲　波(2019 - 01 任)
　　　　陶进春(2019 - 12 任)
四级调研员:陶进春(2019 - 01 任,至 2019 - 12)
　　　　吴生岭(2019 - 01 任)
　　　　曹宏祥(2019 - 01 任)
市商务局(对外保留市口岸办公室牌子)
局　长:黄红旗(2019 - 01 任)
副局长:蔡迎春(至 2019 - 01)
　　　韩　潮
　　　姜志新
　　　邱　艳(女,挂职,至 2019 - 06)
口岸办
主　任:黄红旗(2019 - 01 任)
二级调研员:蔡迎春(2019 - 01 任)
四级调研员:杨　俊

▲国际贸易促进委员会泰州市支会(挂中国国际商会泰州商会牌子)
会　长:唐　驰
四级调研员:孙远举(至2019-11,到龄退休)
市文化广电和旅游局(挂文物局牌子)
局　长:钱建网(2019-01任)
副局长:江晓琴(女,2019-01任)
曹家为(至2019-01)
黄正良(2019-01任)
许　晶(2019-01任)
王立新(2019-01任)
赵　忠(2019-01任)
王　瑾(女,2019-01任)
二级调研员:季　彬(2019-1任)
曹家为(2019-1任)
四级调研员:杨松杰(2019-1任)
冯永凤(女,2019-1任)
市卫生健康委员会(对外挂市中医药管理局牌子)
主　任:徐洪涛(至2019-01)
刘宏鸣(2019-01任)
副主任:黄立红(女,2019-01任,至2019-12)
杨建国(2019-01任)
翟德祥(2019-01任)
孙正太(2019-01任)
江义舟(2019-01任)
邵　骅(女,2019-12任)
四级调研员:周卫兵(2019-01任)
樊明书(至2019-05)
徐志明(女,2019-01任)
段义峰(2019-01任,至2019-05)
吕海涛(2019-01任)
王　彬(2019-01任)
▲疾病预防控制中心
主　任:张　翔
▲卫生监督所
所　长:浦政轶
四级调研员:杜　江
市退役军人事务局(机构改革,新成立)
局　长:张永生(2019-01任)
副局长:沈洪喜(2019-01任)
王　玮(2019-01任)
张亚坤(2019-01任)
二级调研员:马新亮(2019-01任)
沈洪喜
四级调研员:翁　平(2019-05任)
市应急管理局(机构改革,新成立)
局　长:陈忙耕(2019-01任)
副局长:李　濮(2019-01任)
华正迁(2019-01任)
王建春(2019-01任)
刘红官(2019-01任)
二级调研员:吴卫宁(2019-01任)
张连华(至2019-08)
四级调研员:张连华(2019-01任,至2019-08)
汪亚强(2019-01任)
曹爱民(2019-01任)
▲安全生产监察支队
支队长:柴锡陵(2019-01任)
市审计局(市委审计委员会办公室设在审计局)
局　长:方　捷(至2019-01)
周小慧(女,2019-04任)
副局长:叶　兵
张连璋
顾　军(女)
于　飞
总审计师:孙宏伟
二级调研员:刘卫国(2019-06任)
四级调研员:刘卫国(至2019-06)
市生态环境局(机构改革,相关职能进行调整,环境保护局更名为生态环境局)
局　长:钱　忠(2019-01任)
副局长:颜忠林(2019-01任)
何如松(2019-01任)
吴建伟(2019-01任)
陈玉琴(女,2019-01任)
四级调研员:吉登亮(2019-01任,至2019-05)
朱　靖(2019-05任)
▲环境执法局(挂省环境执法局苏中分局牌子)
局　长:张建军
四级调研员:徐志明(2019-06任)
市体育局
局　长:陈学东(至2019-09)
董维华(2019-09任)
副局长:徐　刚
王学标
洪　澄
李铁军
一级调研员:潘　强(2019-12任)
二级调研员:潘　强(至2019-12)
樊　蓉(女,2019-12任)
四级调研员:樊　蓉(女,至2019-12)
秦国梁
市统计局
局　长:傅　升
副局长:徐　龙
戴国平
黄　斌
马　林(2019-01任)
二级调研员:邵剑峰(2019-01任,至2019-05)
四级调研员:薛凤琴
市医疗保障局(机构改革,新成立)
局　长:陈正泉(2019-01任)
副局长:韩金虎(2019-01任)
张国祥(2019-01任)
王学军(2019-01任)
周春林(2019-01任)
二级调研员:杨建国(2019-12任)
四级调研员:杨建国(2019-01任,至2019-12)
市工商行政管理局(机构改革,不再保留)
局　长:孙　群(至2018-08)
副局长:唐龙础(至2019-01)
于世生(至2019-01)
杨恒龙(至2019-01)
二级调研员:蔡忠云(至2019-01)
李友胜(至2019-01)
四级调研员:许德和(至2019-01)
葛　琪(至2019-01)
市质量技术监督局(机构改革,不再保留)
局　长:顾维中(至2019-01)
副局长:江　峰(正处级,至2019-01)
王　坚(至2019-01)
王建春(至2019-01)
朱君贤(至2019-01)
四级调研员:张　勇(至2019-01)
市市场监督管理局(对外挂市知识产权牌子,市食品安全委员会办公室设在市场监督管理局)
局　长:顾维中(2019-01任)
副局长:许爱庆(2019-01任)
唐龙础(2019-01任)
江　峰(2019-01任)
李　萍(女,2019-01任)
王　坚(2019-01任)
于世生(2019-01任)
朱君贤(2019-01任)

知识产权局
局　长:顾维中(2019-01任)
副局长:黄雨祥(2019-01任)
食品安全总监:张　洁(女,2019-09任)
二级调研员:蔡忠云(2019-01任)
　　江　峰
四级调研员:刘金祥(2019-01任,至2019-04)
　　许德和(2019-01任)
　　翟华兵(2019-01任)
　　姚久松(2019-01任)
　　魏文灿(2019-01任)
　　葛　琪(2019-01任)
　　张　勇(2019-01任)
　　张　洁(女,2019-01任,至2019-09)

市安全生产监督管理局(机构改革,不再保留)
局　长:陈忙耕(至2019-01)
副局长:李　濮(至2019-01)
　　华正迁(至2019-01)
　　刘红官(至2019-01)
副调研员:吴卫宁(至2019-01)
　　张连华(至2019-01)
　　汪亚强(至2019-01)
　　曹爱民(至2019-01)
▲安全生产监察支队
支队长:柴锡陵(至2019-01)

市食品药品监督管理局(机构改革,不再保留)
局　长:刘宏鸣(至2019-01)
副局长:许爱庆(至2019-01)
　　翟耀华(至2019-01)
　　李　萍(女,至2019-01)
　　沈洪喜(正处级,至2019-01)
副调研员:翟华兵(至2019-01)
　　刘金祥(至2019-01)
　　张　洁(女,至2019-01)

市旅游局(机构改革,不再保留)
局　长:申　强(至2019-01)
副局长:季　彬(至2019-01)
　　许　晶(至2019-01)
　　王立新(至2019-01)
　　赵　忠(至2019-01)
　　王　瑾(女,至2019-01)

市粮食局(机构改革,不再保留)
局　长:卞赋章(至2019-01)
党委书记:胡志鸿(至2019-01)
副局长:陈文炉(至2019-01)
　　谢雪锋(至2019-01)
　　李　勇(至2019-01)
四级调研员:王金明(至2019-01)
　　戴道友(至2019-01)

市信访局
局　长:姜文湘
副局长:常爱国
　　卞德才
　　于春祥
　　李　明
信访督查专员:王贵绪
　　周旺根
　　谢凤友
四级调研员:陈建生(2019-01任)
　　张竞荣(2019-05任)

市民族宗教事务局
局　长:孙　琦
副局长:殷荣领
　　杨爱明
　　叶少华

市民防局(机构改革,不再保留)
局　长:王根余(至2019-01)
副局长:马生荣(至2019-01)
　　刘俊雄(正处级,至2019-01)
　　高　宏(至2019-01)
　　王一平(至2019-01)
人民防空办公室主任:王根余(至2019-01)
副调研员:杨宝龙(至2019-01)

市机关事务管理局
局　长:封新华
副局长:王　平
　　王如铭
　　潘智民
　　吉锦忠
　　秦金平(2019-01任)
总工程师:秦金平(至2019-01)
四级调研员:张红保(至2019-09)
　　刘小东
　　王　俭(女,2019-05任)

市政府法制办公室(机构改革,不再保留)
主　任:杨　歆(至2019-01)
副主任:施志斌(至2019-01)
　　丁正林(至2019-01)
　　沙文高(至2019-01)
四级调研员:陆虎臣(至2019-01)
▲仲裁委秘书处
秘书长:刘春档(至2019-01)

市政府外事办公室(对外保留市政府港澳事务办公室牌子)
主　任:何　军(2019-01任)
市人民政府港澳事务办公室
主　任:何　军(2019-01任)
副主任:王　强(至2019-01)
　　张聿晗(女,2019-01任,至2019-12)
　　魏杰钢(2019-01任)
　　顾兴国(2019-11任)
四级调研员:唐建新(2019-01任)
　　邵宝顺(2019-05任)

市行政审批局(对外保留市政务服务管理办公室牌子)
局　长:任国平(至2019-01)
邹　晶(2019-01任)
市政务服务管理办公室
主　任:邹　晶(2019-01任)
副局长:朱　化
　　陆乔松
　　沈长江(2019-01任)
　　谢雪峰(2019-01任)
总工程师:张　辉
二级调研员:徐兴海(至2019-08)
　　沈长江(2019-06任)
四级调研员:陈　炜(至2019-05)
政务服务中心
副主任:陈　炜(至2019-05)
　　周　民
▲公共资源交易中心
主　任:陈长明

市金融工作办公室(机构改革,不再保留)
副主任:张宇明(至2019-01)
　　李金兵(挂职,至2019-01)
　　张健羽(至2019-01)
　　陈　军(挂职,至2019-01)

市地方金融监督管理局(对外挂市政府金融工作办公室牌子)
主　任:申　强(2019-01任)
副主任:张宇明(2019-01任)
　　李金兵(挂职,2019-01任)
　　张健羽(2019-01任)
　　陈　军(挂职,2019-01任,至2019-08)

市物价局(机构改革,不再保留)
局　长:邹　晶(至2019-01)
副局长:陈海俊(至2019-01)
　　王学军(至2019-01)
副调研员:杨建国(至2019-01)
▲物价局检查分局
局　长:魏文灿(至2019-01)

市供销合作总社
理事会主任:周书清

副主任:顾　建
许国兵
监事会主任:朱余昌
二级调研员:赵宏勋(2019-09任)
何飞跃(2019-12任)
四级调研员:赵宏勋(至2019-09)
何飞跃(至2019-12)
李金鸿
李晓荣

市地震局(机构改革,不再保留)
局　长:陈扣喜(至2019-01)
副局长:陈靖云(至2019-01)
刘秀泰(至2019-01)

▲市住房公积金管理中心
主　任:匡章斌

江苏省现代农业综合开发示范区管理委员会("市委现代农业综合开发示范区工作委员会""红旗良种场"与其合署)
主　任:张　彧(2019-01任)
工委书记:张　彧(2019-01任)
副主任:张　彧(至2019-01)
柏长春
柳林景
黄银琪
朱明华(至2019-01)
何　明
纪工委书记:张国武
副处级干部:王根林(至2019-05)
四级调研员:唐正勇
王根林(2019-06任)

周山河街区管理委员会("市委周山河街区工作委员会"与其合署)
书　记:陈　林
副主任:许立新
丁银存
翟荣明

市人民医院
党委书记:黄俊星
院　长:朱　莉(女)
党委副书记:朱　莉(女)
副院长:孔旭辉
桂　春
吴　健
田为中
纪委书记:顾成兴
总会计师:王红扣(2019-12任)
副处级干部:商继华

▲市中医院
院　长:王　华
党委书记:王　华

泰州技师学院
院　长:冯广振(至2019-01)
殷荣安(2019-09任)
副院长:王一平
翁　平
高卫军(2019-09任)

省农科院泰州农科所
所　长:陈应柳(2019-01任)
副所长:陈应柳(至2019-01)
秦晓平
陈志德

市政府国有资产监督管理委员会
主任、党委书记:戚才俊
副主任:张　纯
许时阳
刘新华(2019-01任)
监事会主席:马　林(至2019-01)
刘新华(至2019-01)
四级调研员:葛沁春(女,2019-12任)
邹贵宾(2019-05任)

市城市建设投资集团有限公司
董事长:朱建和
总经理:吴　旐
副总经理:程小平
赵　进
宫建勇
陈红林
孙大明(2019-09任,至2019-12)

市交通产业集团有限公司
董事长:许向前
总经理:刘广宏
副总经理:陈建华
张志华
吴海明(2019-09任)

市文化旅游发展集团有限公司
董事长:张　涛(至2019-09)
张爱华(2019-09任)
总经理:宋　羽
副总经理:叶慧莲(女)
周　建
马文宁

市金融控股集团有限公司
董事长:陈　军
党委书记:陈　军
副总经理:王有广(至2019-09)
张九龙
刘正芳

泰州市委医药高新技术产业开发区工作委员会、泰州医药高新技术产业开发区管理委员会
书　记:张小兵
主　任:顾　萍(女)
副书记:顾　萍(女)
副主任:陈锋剑(至2019-12)
潘爱民(女)
李金兵
孙桂银
王　平(2019-09任)
正处级干部:严晓明(至2019-09)
纪工委
书　记:江福斌
副书记:顾宝林(2019-08任)
刘　鹏(至2019-08)
张明俊
监察工委
主　任:江福斌
副主任:顾宝林(2019-08任)
刘　鹏(至2019-09)
张明俊
人大工委
主　任:任志强
政法委
书　记:任志强
四级调研员:高明岗
组织部
部　长:葛立网
人武部
部　长:陆　波
法院
院　长:胡欣荣(女)
四级调研员:谢俊义
检察院
检察长:张　蓉(女)
四级调研员:朱德富
杨金霞(女)
党政办公室
主　任:赵荣林
发展改革委
主　任:朱海涛
公安分局
局　长:王　平(2019-09任)
政　委:高　君
住房建设局
局　长:朱叶青(至2019-09)
财政局
局　长:周同山

人力资源社会保障局
局　长:王　敏
市场监管局
局　长:孙　静(女)
政务服务管理办公室
主　任:吴　诗
副处级干部:丁建中(至 2019－08)
一级调研员:严晓明(2019－01 任)
泰州医药高新技术产业园区管理委员会("市委医药高新技术产业园区工作委员会"与其合署)
书　记:陈锋剑(至 2019－12)
主　任:陈锋剑(至 2019－12)
副书记:吴　翔
副主任:吴　翔
史献辞
周继红
秦晓瑞(至 2019－01)
邓大伟(挂职,2019－09 任)
纪工委书记:徐永千
泰州经济开发区管理委员会("市委经济开发区工作委员会"与其合署)
书　记:陈　磊
主　任:陈　磊
副主任:华晓明
朱桂五
蒋　鹏
纪工委书记:周　杰(至 2019－08)
二级调研员:王昌林(2019－12 任)
四级调研员:霍雨霞
王昌林(至 2019－12)
周　杰(2019－08 任)
综合保税区管理委员会
主　任:陈　磊
副主任:严春荣
杨学进
高等教育园区管理委员会
书　记:葛立网(至 2019－08)
副主任:陈　正
四级调研员:祝灯山
丁建中(2019－08 任)
▲数据产业园区管理委员会
主　任:魏昌东
四级调研员:黄　亮
▲滨江工业园区管理委员会
主　任:潘小泉

·地方协管部门(单位)·

国家税务总局泰州市税务局(机构改革,由江苏省泰州市国家税务局与江苏省泰州地方税务局合并组建)
局　长:徐祖跃
副局长:王新业(正处级)
王昌银
毛祥林
彭祖光
邱俊华
万小春
吉秋根
陈晨阳(女,至 2019－07)
纪检组长:陈　宏(女)
总经济师:艾永美(女)
总会计师:王平生
冯健男
总经济师:李　进
中国人民银行泰州市中心支行
行　长:李　军
副行长:顾玉清
褚应前(女)
姚金楼
余良霁(至 2019－08)
副调研员:刘艳霞(女)
纪委书记:周宜强
中国银行业监督管理委员会泰州监管分局
局　长:胡　宏
党委书记:胡　宏
副局长:谢　飞(至 2019－04)
刘维民
施　靖(2019－09 任)
纪委书记:张可乙(至 2019－04)
杨　光(2019－04 任)
中国工商银行股份有限公司泰州分行
行　长:李　杰
副行长:王　忠
邓　纯
于其冰
商　凯
陆正宏(2019－02 任)
纪委书记:王春松
中国建设银行股份有限公司泰州分行
行　长:陆　滨(至 2019－02)
缪学田(2019－02 任)
副行长:翁　颖
刘汉文
王月卉(女,挂职)
王士辉(挂职)
纪检组长:田振林
中国银行股份有限公司泰州分行
行　长:王恩福(至 2019－12)
王　俊(2019－12 任)
纪委书记:郭锡均(至 2019－06)
万　泓(2019－11 任)
副行长:邵永平
石海港
卞大军(至 2019－07)
魏懋疆(2019－07 任)
卫　迅(至 2019－06)
刘　沁(2019－06 任)
中国农业银行泰州市分行
行　长:朱炳忠
副行长:顾俊飞
王　炜
潘丽丽(女)
纪委书记:王峰涛
中国农业发展银行泰州市分行
行　长:徐　睿
副行长:陈履庭
肖葆华(2019－02 任)
丁　丁(女)
纪委书记:陈履庭
交通银行泰州分行
行　长:纪玉成(至 2019－09)
吴志军(2019－09 任)
副行长:陈荣璜
徐江萍(女)
孙光宇(至 2019－09)
侯　亮

束 东
陶亦涵(2019－06任)

中信银行泰州分行

行 长:顾玉震(至2019－09)
黄建伟(2019－09任)
副行长:袁志勇
宦文锋
朱欣百
杭 江(女,2019－12任)
纪委书记:朱欣百

中国人民财产保险股份有限公司泰州市分公司

总经理:王晓文
副总经理:丁 波
田 彪
许如宏

中国人寿保险股份有限公司泰州市分公司

总经理:许 震
副总经理:赵珏云
廖卫兵
李 俊
刘智章
石宏英(女,2019－09任)
纪委书记:赵珏云

中国电信股份有限公司泰州分公司

总经理:陈勇刚
副总经理:包志凯(至2019－12)
邵亚红(女,至2019－07)
张 俊
张建齐(2019－12任)
何 奇(2019－03任)
徐 焕(2019－11任)
纪委书记:包志凯
工会主席:邵亚红(女,至2019－07)

中国邮政集团公司泰州市分公司

总经理:俞泽昕
副总经理:马兴军(女)
李 强
姜诚义(2019－08任)
纪委书记:郭 权

中国移动通信集团江苏有限公司泰州分公司

总经理:凌 峰
副总经理:朱 烨
纪委书记:朱 烨

中国联通有限公司泰州分公司

副总经理:陈庆荣
邵振锋
顾 炼
杨 帆(2019－11任)

国网江苏省电力公司泰州供电公司

总经理:龙 禹(女)
副总经理:姚 军(女)
季昆玉
胡亚山
郑祥华(至2019－03)
纪委书记:金岳军
总会计师:郑祥华(至2019－03)
王 飞(2019－03任)
祥泰实业董事长:范正满
副处级调研员:朱承志
金 炎(2019－12任)
封志宏

泰州市气象局

局 长:秦士春(2019－08任)
副局长:秦士春(至2019－08)
赵 蓓(女)
纪检组组长:聂德勇(2019－08任)
二级调研员:夏金元

江苏省泰州市烟草专卖局(公司)

局 长:徐 春(至2019－07)
刘 磊(2019－07任)
总经理:徐 春(至2019－07)
刘 磊(2019－07任)
副经理:周传德(2019－07任)
朱玉乔
纪检组组长:周传德(至2019－07)
刘 伟(2019－09任)

泰州市盐务管理局(江苏省苏盐连锁有限公司泰州分公司)

局长、总经理:王 平
副局长、副总经理:何凌云(女)
张惠明
赵 亮

中华人民共和国泰州海关(机构改革,与泰州出入境检验检疫局合并,重新组建)

关 长:庄保才
副关长:鞠德群(正处级,至2019－07)
刘 进
高振兴
周和明
陈爱华
缉私分局局长:秦敬兵(2019－11任)
纪检组副组长:陈道亮
驻泰兴办事处主任(副处级):钱中华
副主任(副处级):刘小平
缉私分局调研员:张宇清
二级高级主办:崔 鸿
四级高级主办:金长泰
徐利国

中华人民共和国泰州海事局

局 长:王 林
纪委书记:黄 梅(女,至2019－06)
陈俊杰(2019－06任)
副局长:陈建新
陈华文(至2019－04)
彭树林(至2019－05)
丁 波(2019－04任)
景生成(2019－06任)

江苏省泰州引江河管理处

主 任:张加雪(至2019－02)
唐荣桂(2019－02任)
副主任:徐 明
张桂荣
陈建标
赵林章
纪委书记:黄亚明

江苏林海动力机械集团公司(林海股份有限公司、苏美达林海有限公司)

董事长:孙 峰(兼)
副董事长:陈文龙
总经理:陆 莹
纪委书记:袁 伟
总工程师:高 峰
副总经理:高 峰
袁瑞明
袁 伟
吴 俊(2019－10任)

泰州石油化工有限责任公司

总经理:韩 哲
副总经理:曹汉中
沈 艺
宋双明
纪委书记:林华光
鲍阅兵
总会计师:王安宁

中国石化销售有限公司江苏泰州石油分公司

经 理:刘照江
副经理:刘照江
张献明(至2019－03)
黄晓梅(女)
周家俊(2019－04任)
纪委书记:刘照江

国电泰州发电有限公司

总经理:陈旭伟
副总经理:高瑞斌
侯海宏
王 强
蒋欣军

纪委书记:颜小剑(至2019－02)
顾贤根(2019－02任)
总会计师:卢　迅(女)
调研员:蒋启红(至2019－12)

国家统计局泰州调查队

队　长:申炳龙
副队长:朱瑞华(2019－04任)
仲庆国(2019－07任)
纪检组组长:顾德富
一级调研员:申炳龙(2019－11任)
二级调研员:李　越(女)
顾德富(2019－11任)

江苏泰州农村商业银行股份有限公司

董事长:袁　军(至2019－08)
赵　波(2019－08任)
行　长:李佳发(至2019－06)
华　飞(2019－06任)
监事长:刘友余(至2019－06)
姜跃华(女,2019－06任)
副行长:姜跃华(女,至2019－06)
卢　丹
张　杰
丁　胜
邵伟俊
张青海(2019－08任)

省信用再担保公司泰州分公司

总经理:许　正

中国铁塔股份有限公司泰州市分公司

总经理:丁　静
副总经理:袁国安(至2019－07)
张庆明(2019－07任)
蒋小勇(2019－09任)
纪委书记:袁国安(至2019－07)
张庆明(2019－07任)

泰州市邮政管理局

局长、党组书记:李扣其(至2019－10)
副局长、纪检组组长:周　军

·政协泰州市委员会·

主　席:卢佩民
副主席:黄立红(女)
奚爱国
蔡德熙
陆晓声
缪云忠
王金国
颜忠林
刘汉秋(女,2019－01任)
党组书记:卢佩民
党组副书记:蔡德熙
秘书长:刘建邦
副秘书长:刘汉秋(女,至2019－01)
吴建华
徐国平
徐洪涛(2019－01任)

市政协办公室、各专门委员会

市政协办公室

主　任:刘建邦
副主任:徐　强
李春寅(2019－01任)
调研员:田　军(至2019－09)
吴建华
王春满

市政协提案委员会

主　任:王　林
副主任:陈　铭(女)

市政协学习文史联络委员会

主　任:申俊才
副主任:李　良
郭　健

市政协经济科技委员会

主　任:丁亚明
副主任:樊宝剑

市政协文教卫体委员会

主　任:蒋建华
副主任:许　佳
黄红华(女)

市政协社会法制委员会

主　任:徐国平
副主任:丁　旭
副调研员:王秀华(女)

市政协城乡建设委员会

主　任:徐朝铭
副主任:钱跃明

市政协港澳台侨委员会

主　任:顾永伯
副主任:徐学存

·纪委　监委·

中共泰州市纪律检查委员会

书　记:汤成快
副书记:刘　刚(至2019－05)
王海波
丁　斌
常　委:汤成快
刘　刚(至2019－05)
王海波
丁　斌
王中庆(女)
于　庆
肖志勇
田春荣
朱云桦(女)

泰州市监察委员会

主　任:汤成快
副主任:刘　刚(至2019－06)
王海波
丁　斌
委员:汤成快
刘　刚(至2019－06)
王海波
丁　斌
于　庆
肖志勇
田春荣
丁军青

纪委监委工作部门

办公室
主　任:朱云桦(女)
组织部
部　长:夏万云(至2019－12)
宣传部
部　长:黄泽南
法规研究室
主　任:蒋　曦
党风政风监督室
主　任:彭　飞(2019－08任)
信访室
主　任:刘　禅(2019－08任)
案件监督管理室
主　任:朱　征(女)
第二纪检监察室
主　任:常　军
第四纪检监察室
主　任:胡日华
第五纪检监察室
主　任:郁艳清(女)
第六纪检监察室
主　任:戴小俊(2019－08任)

第七纪检监察室
主　任:郑　祥(2019－08 任)
第八纪检监察室
主　任:刘晓昕(2019－08 任)
第九纪检监察室
主　任:陈咏梅(女,2019－08 任)
二级调研员:顾宝林(至 2019－08)
副处级干部:陈咏梅(女,至 2019－08)
第一派驻纪检组
组　长:王德太
第二派驻纪检组
组　长:栾建中
第三派驻纪检组
组　长:刘金发
第四派驻纪检组
组　长:凌云志
第五派驻纪检组
组　长:包继春
第六派驻纪检组
组　长:陆铁宏
第七派驻纪检组
组　长:殷宏俊
第八派驻纪检组
组　长:汤日宏
副处级干部:周惠明
第九派驻纪检组
组　长:王明华
副处级干部:汤　波
第十派驻纪检组
组　长:张谦恒
第十一派驻纪检组
组　长:王卫兵
第十二派驻纪检组
组　长:张建强
第十四派驻纪检组
组　长:顾宏伟(女)
第十五派驻纪检组
组　长:陆彩鸣
第十六派驻纪检组
组　长:杨基全
第十七派驻纪检组
组　长:王　蕾(女)
第十八派驻纪检组
组　长:史　卫
第十九派驻纪检组
组　长:朱马鸿
第二十派驻纪检组
组　长:顾贤卫
第二十一派驻纪检组
组　长:曹洪春

·法院　检察院·

泰州市中级人民法院
院　长:徐　军
副院长:纪阿林(正处级)
　　冯　毅(正处级)
　　任晓龙
　　宋亚平
　　陈卫兵
政治部主任:刘　瑛(女)
审判委员会专职委员:丁正明
　　陈富贵
执行局局长:丁明霞(女)
四级调研员:刁志华
　　张　军

泰州市人民检察院
检察长:李　军
副检察长:何建明(正处级)
　　苍月岚(正处级)
　　陆红梅(女)
　　邹云翔
　　蔡红卫(2019－01 任)
政治部主任:陈海峰
检查委员会专职委员:华为民
　　刘　贵(2019－12 任)
四级调研员:刘　军
　　彭国栋
　　周美华(女)

·民主党派·

中国国民党革命委员会泰州市委员会
主任委员:奚爱国
副主任委员:封立群(兼)
　　童　宁(女,兼)
　　夏道忠(女)
　　唐卫华(兼)

中国民主同盟泰州市委员会
主任委员:臧大存
副主任委员:王晓洪(女,兼)
　　徐兴海(兼)
　　邵　骅(女,兼)
　　戴金龙

中国民主建国会泰州市委员会
主任委员:卞赋章
副主任委员:薛晨光(兼)
　　杨延慧(女,兼)
　　殷红兰(女)

中国农工民主党泰州市委员会
主任委员:黄立红(女)
副主任委员:王　涓(女,兼)
　　高军业(兼)
　　汪正九(兼)
　　杨芙蓉(女)

九三学社泰州市委员会
主任委员:徐小芳(女)
副主任委员:洪　澄(兼)
　　卞新峰(兼)
　　袁　强(兼)
四级调研员:魏友圣

·群众团体·

市总工会
主　席:曹卫东
副主席:马雅斐(女)
　　杨世民
　　邱　健(女)
　　朱秀宏
　　李　楠(挂职)
　　韩金虎(兼)
　　张冬梅(女,兼)
四级调研员:张　霖
　　杨小敏

共青团泰州市委员会
书　记:殷　俊(至 2019－08)
　　翟文周(2019－08 任)
副书记:翟文周(至 2019－08)
　　唐　晶(女)
　　贺　骏(2019－08 任)
　　张鹏飞(挂职)
　　朱　杰(兼)
　　鞠　鑫(兼)

市妇女联合会
主席、党组书记:黄海燕(女)
副主席:黄云平(女)
　　唐银华(女)
　　李　蒸(女,2019－01 任)
　　朱　尧(女,挂职)
　　陈燕萍(女,兼职)
　　张海霞(女,兼职)
四级调研员:吴秋娣(女)
　　董赛昭(女)

市文学艺术界联合会
主　席:刘仁前
副主席:王树桃
　　万　琳(女,兼)
　　冯晨光(兼)

刘亚华(兼)
庞余亮(兼)
曹家为(兼)
温潘亚(兼)
翟　明(兼)
四级调研员:谢翠竹

市科学技术协会

主　席:杨国华
副主席:谷少平
朱红灿
李　进(2019－09 任)
朱　莉(女,兼)
朱善元(兼)
罗　进(女,兼)
周建超(兼)
黄文军(兼)
董元华(兼)
四级调研员:姚洪生
陈　波

市哲学社会科学界联合会

主　席:倪郭明(至 2019－01)
张　涛(2019－09 任)
副主席:窦立成
曹宝林
张　群(2019－02 任)
陈方根(兼)
贾　拓(兼)
郭宁生(兼)
王　龙(兼)
魏桂军(兼)

市归国华侨联合会

主　席:蔡吉圣
副主席:吴　焱(女)
陈　妍(女,兼)
吉江平(女,兼)
宗义正(兼)
四级调研员:宗　斌

市残疾人联合会

名誉主席:卢佩民
主　席:陈明冠
副主席:奚爱国
周天云
栾　斌
王明根
叶海波
蔡德熙
徐洪涛
封红年
理事长:栾　斌
副理事长:赵幼林
薛明生
封红年
四级调研员:蒋金林
窦国荣

市红十字会

会　长:王学锋(女)
副会长:缪俊豪
梅有宏
李进强
兼职副会长:刘宏鸣
王海波
徐洪涛
刘建邦
张　涛
王晓梅(女)
孙　平
叶跃华

市工商业联合会(挂"泰州商会"牌子)

主　席:刘汉秋(女)
副主席:戴庆柳(兼)
卢均一
刘春堂
于　勇
郑红卫(兼)
殷爱国(兼)
戴香玲(女,兼)
赵　良(兼)
徐　杰(兼)
葛江宏(兼)
秦伯进(兼)
陈　杰(兼)
吕　麟(兼)
徐丽琴(女,兼)
杨屹峰(兼)
李焕军(兼)
王正宇(兼)
龚朝晖(兼)
四级调研员:朱于才

·学校·

泰州职业技术学院

党委书记:陈士宏
院　长:徐庆国
党委副书记:徐庆国
钟文乐
副院长:慕博华
陈红秋
陈　芷(女)
纪委书记:黄建平

泰州学院

党委书记:赵茂程
院　长:徐向明
党委副书记:徐向明
邓友祥
王美林
副院长:王美林
张曙光
周建超
赵云燕(女)
鲁学军
纪委书记:吴　菁(女)

江苏农牧科技职业学院

党委书记:何正东
院　长:朱善元
党委副书记:朱善元
蒋春茂
副院长:郑　义(女)
朱国奉
刘俊栋
纪委书记:毕德全

江苏省泰州中学

校　长:董　健(至 2019－09)
封留才(2019－09 任)
党委书记:董　健(至 2019－08)
封留才(2019－08 任)
副校长:季新明
夏淑萍(女)
蔡长春
陆　瑢(女)
党委副书记:殷荣安(至 2019－08)
纪委书记:殷荣安(至 2019－08)

▲江苏省口岸中学

校　长:丁　骏

▲泰州机电高等职业技术学校

校　长:翁光明

·市(区)·

靖江市

中共靖江市委员会

书　记:赵　叶
副书记:叶冬华(2019－12 免)
陈锋剑(2019－12 任)
赵国庆
常　委:何卫东
王　权

包国芳(女)
申晓勇
潘企根
沈南松
史骥涛
罗晓东
赵巧新(挂职)

靖江市人大常委会

主　任:尤　红
副主任:丁少华
黄文龙
叶丽华(女)
季士发

靖江市人民政府

市　长:叶冬华(2019－12 免)
代市长:陈锋剑(2019－12 任)
副市长:沈南松
周如勇
邵春宁(女)
姚东辉
赵建国
张佳炜
李　明(挂职,2019－07 免)
张　昆(挂职)
潘政宗(挂职)
于　政(2019－12 任)

政协靖江市委员会

主　席:范　敏(女)
副主席:毛雨华
庞余亮
王绍斌
李建新

中共靖江市纪律检查委员会、靖江市监察委员会

书记、主任:王　权

靖江市人民法院

院　长:许　飞

靖江市人民检察院

检察长:刘　贵(2019－12 免)
代检察长:钱　飞(2019－12 任)

泰兴市

中共泰兴市委员会

书　记:张育林(至 2019－09)
刘志明(2019－09 任)
副书记:刘志明(至 2019－09)
张　坤
常　委:张育林(至 2019－09)
刘志明
张　坤
刘荣华(至 2019－12)
徐闻仲
刘文荣(2019－12 任)
张红霞(女)
鞠林红
刘　辉
周焕祥
顾　刚
葛　涛
李超鲲(挂职,2019－04 任)

泰兴市人大常委会

主　任:孙云
副主任:田之本
耿元进
王中先
张金堂

泰兴市人民政府

市　长:刘志明(至 2019－09)
代市长:张　坤(2019－09 任)
副市长:刘荣华(至 2019－12)
李超鲲(挂职,2019－04 任)
邵　骅(女,至 2019－12)
钱　军
谢红官
李双山
王　亮(女,2019－12 任)
焦国庆
商春锋(挂职,至 2019－07)
黄锁明(挂职)

政协泰兴市委员会

主　席:丁　亚
副主席:周桂香(女)
薛晨光
刘　建
顾爱军
董剑东

中共泰兴市纪律检查委员会、泰兴市监察委员会

书记、主任:周焕祥

泰兴市人民法院

院　长:杨旭波

泰兴市人民检察院

检察长:吴文彬

兴化市

中共兴化市委委员会

书　记:李卫国(至 2019－12)
叶冬华(2019－12 任)
副书记:方　捷
葛志晖
常　委:徐立华
马元连
刘春龙
李　斌(至 2019－12)
李　蓓(女)
金永忠
张海林
常冬海

兴化市人大常务委员会

主　任:吉天鹏
副主任:翟云峰
邓志方(女)
余建年
常传林

兴化市人民政府

市　长:方　捷
副市长:徐立华
丁春华
朱学林
刘汉梅(女)
沈德才
刘　忠
花再鹏(至 2019－12)
牛世杰(2019－12 任)
周　尤(女,至 2019－10)
周　斌
崔　恒(2019－08 任)

政协兴化市委员会

主　席:沙顺喜
副主席:邹祥龙
彭国良(至 2019－11)
丁永明
吴海盈
王福全

中共兴化市纪律检查委员会、兴化市监察委员会

书记(主任):刘青萍(至 2019－01)
金永忠(2019－01 任)

兴化市人民法院

院　长:张　伟

兴化市人民检察院

检察长:钱　飞(至 2019－12)
张红成(2019－12 任)

海陵区

中共泰州市海陵区委员会

书　记:陈　翔(至 2019－12)
副书记:孙　群
张兆洋

常　委:丁和扣
刘　玲(女)
仲春瑞
陆宝存
徐志仑
张爱华(至2019-12)
邵剑峰(至2019-12)
刘　燕(女)
肖　云
杭绘东(至2019-12)

泰州市海陵区人大常委会
主　任:崔国庆
副主任:罗建群(女)
窦国钧
周晓晔
吴国余

泰州市海陵区人民政府
区　长:孙　群(2019-01任)
代区长:孙　群(至2019-01)
副区长:丁和扣
孙佳玲(女)
费志民
周海霞(女)
杭绘东(至2019-09)
肖六林
翟文周(挂职,至2019-07)
左　静(女,挂职,至2019-09)
尹　宁(挂职,2019-09任)
张　杰(挂职,2019-09任)

政协泰州市海陵区委员会
主　席:季玉平
副主席:朱爱俊(女)
张怀德
周宏林
周来荣
刘金桂

中共泰州市海陵区纪律检查委员会、区监察委员会
书记、主任:陆宝存

泰州市海陵区人民法院
院　长:蒋　蓓(女)

泰州市海陵区人民检察院
检察长:申玉军

高港区

中共泰州市高港区委员会
书　记:顾　萍(女)
副书记:孙宏建
蒋向荣
常　委:顾　萍(女)
孙宏建
蒋向荣
薛永忠(至2019-12)
高宇彤(女)
吴　斌
陈志斌
王友茂(至2019-12)
张汉刚
蔡秋云(女)
顾为进
李春荣
夏万云(2019-12任)
李　丹(2019-12任)

泰州市高港区人大常委会
主　任:赵晓玲(女)
副主任:刘振东
杨春宣
李　强
田宝武

泰州市高港区人民政府
区　长:孙宏建
副区长:吴　斌
张汉刚
李新美(女)
薛荣美(至2019-09免)
杨益华
刘　洪
王　庆
戴登军(挂职,至2019-01)
邢　斌(挂职,至2019-01)
杨兆华(挂职,至2019-01)
赵　珂(挂职,至2019-09)
谢　军(挂职,至2019-09)
王晓云(挂职,至2019-09)

政协泰州市高港区委员会
主　席:韩　亚
副主席:周法鸣
徐桂明
周正青
张　琴(女)
殷继东

中共泰州市高港区纪律检查委员会、区监察委员会
书记、主任:薛永忠(至2019-12)
夏万云(2019-12任)

泰州市高港区人民法院
院　长:陈富贵(至2019-01)
李惠平(2019-01任)

泰州市高港区人民检察院
检察长:钱　峻

姜堰区

中共泰州市姜堰区委员会
书　记:李文飙
副书记:方　针
孙靓靓(女)
常　委:戴兆平(至2019-12)
薛金林
刘志群(至2019-12)
邓　肯
盛育河
孔令明
王国祥
王荣明(2019-08任)
顾鹏程(2019-12任)

泰州市姜堰区人大常委会
主　任:申泰州
副主任:钱拥军
汤文林
秦永金
周　谅

泰州市姜堰区人民政府
区　长:方　针(2019-01任)
副区长:戴兆平(至2019-12)
王　萍(女)
顾鹏程(至2019-12)
曹　祥
郑长进
王　亮(女,至2019-12)
范　琦(挂职,至2019-08)
陈　莉(女,挂职,至2019-08)
花再鹏(2019-12任)
杨　剑(挂职)
章惠明(2019-12任)

政协泰州市姜堰区委员会
主　席:钱　娟(女)
副主席:黄健全
夏彩霞(女)
陈文德
花庆如
李新荣(女)

中共泰州市姜堰区纪律检查委员会、区监察委员会
书记、主任:王国祥

泰州市姜堰区人民法院
院　长:卢爱华(女)

泰州市姜堰区人民检察院
检察长:孔维俊

注:加"▲"的为副处级机构
(各市、区政府办)

2019年泰州市市级机构改革情况一览表

表68

责任部门	职能调整	
市纪律检查委员会市监察委员会机关	—	
市委办公室	划入	将市国家安全领导小组改为市委国家安全委员会,作为市委议事协调机构。市委国家安全委员会办公室设在市委办公室 优化市委办公室职责。将市接待办公室、市委保密委员会办公室(市国家保密工作局)、市委机要局(市国家密码管理局)并入市委办公室,对外保留市委机要局、市国家密码管理局牌子,加挂市国家保密局牌子 将市党史方志档案办公室(市档案局、市档案馆)的行政职能划归市委办公室,对外保留市档案局牌子。市党史方志档案办公室更名为市党史方志办公室(市档案馆),作为市委直属事业单位 不再保留市接待办公室、市委保密委员会办公室(市国家保密工作局)。不再保留单设的市委机要局(市国家密码管理局)
	划出	将在市委办公室挂牌的市委研究室调整为单独设置,作为市委工作机关
市委组织部	划入	市委组织部统一管理公务员工作。将市公务员局的职责,市人力资源和社会保障局的公务员工资福利管理等职责划入市委组织部,对外保留市公务员局牌子。 市考核工作委员会办公室设在市委组织部 不再保留单设的市公务员局
市委宣传部	划入	市委宣传部统一管理新闻出版和电影工作。将市文化广电新闻出版局(市版权局)的新闻出版、电影管理等职责划入市委宣传部,对外加挂市新闻出版局(市版权局)牌子 市委宣传部不再保留市委对外宣传办公室牌子,相关职责由市委宣传部承担
	划出	划出网络新闻管理职责,至市委网络安全和信息化委员会办公室
市委统一战线工作部	划入	市委统一战线工作部统一领导民族宗教工作。市民族宗教事务局归口市委统一战线工作部领导,仍作为市政府工作部门 市委统一战线工作部统一管理侨务工作。将市政府外事侨务办公室的侨务管理职责划入市委统一战线工作部,对外加挂市政府侨务办公室牌子
市委政法委员会	划入	不再设立市社会治安综合治理委员会及其办公室、市维护稳定工作领导小组及其办公室,有关职责交由市委政法委员会承担 将市委防范和处理邪教问题领导小组及其办公室职责交由市委政法委员会、市公安局承担。市委政法委员会指导协调有关工作
市委研究室	划入	组建市委财经委员会,作为市委议事协调机构。市委财经委员会办公室设在市委研究室 将市委全面深化改革领导小组改为市委全面深化改革委员会,作为市委议事协调机构。市委全面深化改革委员会办公室设在市委研究室 将在市委办公室挂牌的市委研究室调整为单独设置,作为市委工作机关
市委网络安全和信息化委员会办公室	划入	将市委网络安全和信息化领导小组改为市委网络安全和信息化委员会,作为市委议事协调机构。市委网络安全和信息化委员会的办事机构为市委网络安全和信息化委员会办公室,作为市委工作机关 将市委宣传部的网络新闻管理、市经济和信息化委员会的网络信息安全统筹协调等职责划入市委网络安全和信息化委员会办公室
市委机构编制委员会办公室	调整	调整优化市委机构编制委员会领导体制。市委机构编制委员会办公室作为市委机构编制委员会的办事机构,承担市委机构编制委员会日常工作,作为市委工作机关,归口市委组织部管理。将市事业单位登记管理局的行政职能划归市委机构编制委员会办公室,对外加挂市事业单位登记管理局牌子。不再保留承担行政职能的事业单位市事业单位登记管理局

续表 68－1

责任部门		职能调整
市委台湾工作办公室		—
市委市级机关工作委员会		—
市委巡察工作办公室		—
市委老干部局	调整	调整市委老干部局管理体制。将市委老干部局由市委组织部管理的机关调整为市委工作机关，归口市委组织部管理，对外保留市委离退休干部工作委员会牌子
市政府办公室	划入	优化市政府办公室职责。市政府办公室对外加挂市大数据管理局牌子，承担大数据政策制定、开放共享、统筹管理等职责。
	划出	划出应急管理职责，至市应急管理局 划出口岸管理工作职责，至市商务局
市发展和改革委员会	划入	组建市委军民融合发展委员会，作为市委议事协调机构。市委军民融合发展委员会办公室设在市发展和改革委员会 重新组建市发展和改革委员会。将市发展和改革委员会、市粮食局的职责，以及市经济和信息化委员会的社会信用体系建设、经济运行调节和电力、煤炭相关管理职责，市商务局、市民政局等部门组织实施重要物资和应急储备物资的收储、轮换和日常管理职责、市物价局的定价管理职责等整合，重新组建市发展和改革委员会，作为市政府工作部门。市发展和改革委员会对外加挂市粮食和物资储备局牌子 将市经济协作办公室、市重大项目办公室的行政职能划归市发展和改革委员会。 不再保留市粮食局。不再保留承担行政职能的事业单位市经济协作办公室、市重大项目办公室
	划出	划出组织编制主体功能区规划职责，至市自然资源和规划局 划出应对气候变化和减排职责，至市生态环境局 划出农业投资项目管理职责，至市农业农村局 划出重大项目稽察职责，至市审计局 将市粮食局对海陵区的相关管理职责下放海陵区行使 根据改革方案，划出相关工作职责至市委研究室
市教育局	优化	优化市教育局职责。市政府教育督导室由在市教育局挂牌调整为设在市教育局
市科学技术局	划入	优化市科学技术局职责。将市人力资源和社会保障局的引进国外智力和外国专家管理职责划入市科学技术局
	划出	划出市知识产权局的行政职能，至市市场监督管理局。不再保留承担行政职能的事业单位市知识产权局
市工业和信息化局	划入	组建市工业和信息化局。在市经济和信息化委员会基础上组建市工业和信息化局，作为市政府工作部门 将市无线电管理办公室除行政执法以外的其他相关行政职能划归市工业和信息化局 不再保留市经济和信息化委员会
	划出	划出市经济和信息化委员会的网络信息安全统筹协调职责，至市委网络安全和信息化委员会办公室 划出市经济和信息化委员会的社会信用体系建设、经济运行调节和电力、煤炭相关管理职责，至市发展和改革委员会 划出市经济和信息化委员会的融资担保公司监管职责，至市地方金融监督管理局
市民族宗教事务局		—

续表 68－2

<table>
<tr><th>责任部门</th><th colspan="2">职能调整</th></tr>
<tr><td rowspan="2">市公安局</td><td>划入</td><td>将市委防范和处理邪教问题领导小组及其办公室职责交由市委政法委员会、市公安局承担。市公安局承担具体业务工作</td></tr>
<tr><td>划出</td><td>不再设立市维护稳定工作领导小组及其办公室，有关职责交由市委政法委员会承担
划出消防管理相关职责，至市应急管理局</td></tr>
<tr><td>市民政局</td><td>划出</td><td>划出市老龄工作委员会办公室职责，至市卫生健康委员会
划出退役军人优抚安置职责，至市退役军人事务局
划出救灾职责，以及市减灾委员会的职责，至市应急管理局
划出医疗救助职责，至市医疗保障局
划出组织实施重要物资和应急储备物资的收储、轮换和日常管理职责，至市发展和改革委员会（市粮食和物资储备局）</td></tr>
<tr><td>市司法局</td><td>划入</td><td>将市依法治市领导小组改为市委全面依法治市委员会，作为市委议事协调机构。市委全面依法治市委员会办公室设在市司法局
重新组建市司法局。将市司法局和市政府法制办公室的职责整合，重新组建市司法局，作为市政府工作部门
不再保留市政府法制办公室</td></tr>
<tr><td>市财政局</td><td>划出</td><td>划出农业综合开发项目管理职责，至市农业农村局
划出市级预算执行情况和其他财政收支情况的监督检查职责，至市审计局</td></tr>
<tr><td>市人力资源和社会保障局</td><td>划出</td><td>划出部门管理机构市公务员局的职责，划出公务员工资福利管理等职责，至市委组织部
不再保留单设的市公务员局
划出军官转业安置职责，至市退役军人事务局
划出城镇职工和城镇居民基本医疗保险、生育保险、新型农村合作医疗职责，至市医疗保障局
划出引进国外智力和外国专家管理职责，至市科学技术局</td></tr>
<tr><td rowspan="2">市自然资源和规划局</td><td>划入</td><td>组建市自然资源和规划局。将市国土资源局和市规划局的职责，市发展和改革委员会的组织编制主体功能区规划职责，市水利局的水资源调查和确权登记管理职责，市农业委员会（市林业局）的林业管理职责，市环境保护局、市住房和城乡建设局等部门的自然保护区、风景名胜区等管理职责，以及相关市辖区的相应职责整合，组建市自然资源和规划局，作为市政府工作部门，对外保留市林业局牌子
设立市自然资源和规划局相关市辖区分局，作为市自然资源和规划局的派出机构
不再保留市国土资源局、市规划局</td></tr>
<tr><td>划出</td><td>划出市国土资源局的监督防止地下水污染职责，至市生态环境局
划出市国土资源局的农田整治项目管理职责，至市农业农村局
划出市国土资源局的地质灾害防治相关职责，至市应急管理局</td></tr>
<tr><td rowspan="2">市生态环境局</td><td>划入</td><td>组建市生态环境局。将市环境保护局的职责，市发展和改革委员会的应对气候变化和减排职责，市国土资源局的监督防止地下水污染职责，市水利局的编制水功能区划、排污口设置管理和流域水环境保护职责，市农业委员会的监督指导农业面源污染治理职责，以及县（市、区）的相应职责等整合，组建市生态环境局，作为市政府工作部门。环保垂管体制改革具体工作按中央有关改革部署实施
不再保留市环境保护局</td></tr>
<tr><td>划出</td><td>划出自然保护区、风景名胜区等管理职责，至市自然资源和规划局</td></tr>
<tr><td rowspan="2">市住房和城乡建设局</td><td>划入</td><td>重新组建市住房和城乡建设局。将市住房和城乡建设局、市民防局（市人民防空办公室）的职责整合，将市房产管理局、市园林绿化局、市市政公用事业管理局、市房屋征收办公室的行政职能划归市住房和城乡建设局，重新组建市住房和城乡建设局，作为市政府工作部门，对外保留市人民防空办公室牌子，对外加挂市园林局牌子
不再保留市民防局。不再保留承担行政职能的事业单位市房产管理局、市园林绿化局、市市政公用事业管理局、市房屋征收办公室</td></tr>
<tr><td>划出</td><td>划出自然保护区、风景名胜区等管理职责，至市自然资源和规划局</td></tr>
</table>

续表 68-3

责任部门	职能调整	
市城市管理局	划入	优化市城市管理局职责。市城市管理局对外加挂市城市管理综合行政执法局牌子 将市数字化城市管理办公室的行政职能划入市城市管理局。不再保留承担行政职能的事业单位市数字化城市管理办公室
	划出	将市城市管理局对海陵区、高港区的城市管理及行政执法等职责下放所在辖区行使
市交通运输局	划入	优化市交通运输局职责。市交通运输局对外加挂市地方铁路建设办公室牌子,承担地方铁路建设项目协调管理等职责 将市地方海事局、市运输管理处、市公路管理处、市航道管理处除行政执法以外的其他相关行政职能划归市交通运输局
	划出	将市交通运输局对靖江、泰兴、兴化的公路、航道、超限检测等相关执法管理职责下放所在辖区行使
市水利局	划出	划出水资源调查和确权登记管理职责,至市自然资源和规划局 划出编制水功能区划、排污口设置管理和流域水环境保护职责,至市生态环境局 划出农田水利建设项目管理职责,至市农业农村局 划出水旱灾害防治相关职责,以及市防汛防旱指挥部的职责,至市应急管理局
市农业农村局	划入	组建市农业农村局。将市委农村工作办公室、市农业委员会的职责,以及市发展和改革委员会的农业投资项目、市财政局的农业综合开发项目、市国土资源局的农田整治项目、市水利局的农田水利建设项目等管理职责整合,组建市农业农村局,作为市政府工作部门。市农业农村局对外加挂市政府扶贫工作办公室牌子。市委农村工作领导小组办公室设在市农业农村局 不再保留市委农村工作办公室、市农业委员会
	划出	划出市农业委员会的林业管理职责,至市自然资源和规划局 划出市农业委员会的监督指导农业面源污染治理职责,至市生态环境局 划出市农业委员会的市护林防火指挥部的职责,至市应急救援局 划出市委农村工作办公室的从事信用互助的农民专业合作社管理职责,至市地方金融监督管理局
市商务局	划入	优化市商务局职责。将市政府办公室的口岸管理工作职责划入市商务局,对外保留市口岸办公室牌子
	划出	划出打击侵犯知识产权和假冒伪劣商品、参与反垄断调查相关职责,至市市场监督管理局 划出组织实施重要物资和应急储备物资的收储、轮换和日常管理职责,至市发展和改革委员会(市粮食和物资储备局) 划出典当行、融资租赁公司、商业保理公司监管职责,至市地方金融监督管理局
市文化广电和旅游局	划入	组建市文化广电和旅游局。将市文化广电新闻出版局(市文物局)和市旅游局的职责整合,组建市文化广电和旅游局,作为市政府工作部门,对外保留市文物局牌子 不再保留市文化广电新闻出版局、市旅游局
	划出	划出市文化广电新闻出版局的新闻出版、电影管理等职责,至市委宣传部
市卫生健康委员会	划入	组建市卫生健康委员会。将市卫生和计划生育委员会职责,以及市民政局承担的市老龄工作委员会办公室职责,市安全生产监督管理局的职业安全健康监督管理职责等整合,组建市卫生健康委员会,作为市政府工作部门。市卫生健康委员会对外加挂市中医药管理局牌子 保留市老龄工作委员会,日常工作由市卫生健康委员会承担 不再保留市卫生和计划生育委员会
市退役军人事务局	划入	组建市退役军人事务局。将市民政局的退役军人优抚安置职责,市人力资源和社会保障局的军官转业安置职责等整合,组建市退役军人事务局,作为市政府工作部门,按中央有关改革部署实施
市应急管理局	划入	组建市应急管理局。将市安全生产监督管理局的职责,以及市政府办公室的应急管理职责,市公安局的消防管理相关职责,市民政局的救灾职责,市国土资源局的地质灾害防治相关职责,市水利局的水旱灾害防治相关职责,市农业委员会的森林防火相关职责,以及防汛防旱、减灾、抗震救灾、护林防火等指挥部(委员会)的职责等整合,组建市应急管理局,作为市政府工作部门,按中央有关改革部署实施不再保留市安全生产监督管理局
	划出	划出市安全生产监督管理局的职业安全健康监督管理职责,至市卫生健康委员会

续表 68－4

责任部门	职能调整	
市审计局	划入	组建市委审计委员会，作为市委议事协调机构。市委审计委员会办公室设在市审计局 优化市审计局职责。将市发展和改革委员会的重大项目稽察、市财政局的市级预算执行情况和其他财政收支情况的监督检查、市政府国有资产监督管理委员会的国有企业领导干部经济责任审计以及市属国有企业监事会等职责划入市审计局
市政府外事办公室	划入	将市委外事工作领导小组改为市委外事工作委员会，作为市委议事协调机构。市委外事工作委员会的办事机构为市委外事工作委员会办公室，设在市政府外事办公室 组建市政府外事办公室。在市政府外事侨务办公室基础上组建市政府外事办公室，作为市政府工作部门，对外保留市政府港澳事务办公室牌子 不再保留市政府外事侨务办公室
	划出	划出市政府外事侨务办公室的侨务管理职责，至市委统一战线工作部 划出市政府外事侨务办公室的海外华人华侨社团联谊等职责，至市侨联
市政府国有资产监督管理委员会	划出	划出国有企业领导干部经济责任审计以及市属国有企业监事会等职责，至市审计局
市行政审批局	划入	优化市行政审批局职责。将涉及到“3550”改革的市场准入和投资建设审批链条上的相关事项划入市行政审批局。将有关部门的政务数据管理职责划入市行政审批局。对外保留市政务服务管理办公室牌子
市市场监督管理局	划入	组建市市场监督管理局。将市工商行政管理局、市质量技术监督局、市食品药品监督管理局职责，以及市知识产权局的行政职能，市物价局除对海陵区以外的价格监督检查相关职责，市商务局的打击侵犯知识产权和假冒伪劣商品、参与反垄断调查等相关职责整合，组建市市场监督管理局，作为市政府工作部门，对外加挂市知识产权局牌子。保留市食品安全委员会，日常工作由市市场监督管理局承担 不再保留市工商行政管理局、市质量技术监督局、市食品药品监督管理局。不再保留承担行政职能的事业单位市知识产权局
市体育局	—	
市统计局	—	
市医疗保障局	划入	组建市医疗保障局。将市人力资源和社会保障局的城镇职工和城镇居民基本医疗保险、生育保险、新型农村合作医疗职责，市民政局的医疗救助职责，市物价局的药品和医疗服务价格管理职责，以及相关市辖区的相应职责等整合，组建市医疗保障局，作为市政府工作部门。市医疗保障局向相关市辖区派驻医疗保障机构
市信访局	优化	优化市信访局管理体制。市委信访局和市信访局合署办公，实行一套工作机构、两个机关名称
市地方金融监督管理局	划入	组建市地方金融监督管理局。将市金融工作办公室的行政职能，以及市商务局的典当行、融资租赁公司、商业保理公司监管职责，市经济和信息化委员会的融资担保公司监管职责，市委农村工作办公室的从事信用互助的农民专业合作社管理职责等整合，组建市地方金融监督管理局，对外加挂市政府金融工作办公室牌子 不再保留承担行政职能的事业单位市金融工作办公室
市机关事务管理局	—	
市物价局	划出	划出药品和医疗服务价格管理职责，至市医疗保障局 划出价格监督检查相关职责，至市市场监督管理局 划出定价管理职责，至市发展和改革委员会 对海陵区的物价监督检查相关职责、定价管理职责下放海陵区行使 不再保留市物价局
市侨联	划入	将市政府外事侨务办公室的海外华人华侨社团联谊等职责，划归市侨联行使

（市委编办）

奋力谱写高质量发展新篇章 以过硬的发展成果造福于民

——在中共泰州市委五届九次全会上的讲话(摘录)

(2019年12月27日)

市委书记　史立军

这次全会的主要任务是,高举习近平新时代中国特色社会主义思想伟大旗帜,认真贯彻党的十九大和十九届二中、三中、四中全会以及中央经济工作会议、省委十三届七次全会精神,总结今年工作,研究部署当前和今后一个时期任务,对推进治理体系和治理能力现代化作出安排,动员全市各级党组织和广大党员干部,践行初心使命,大兴实干之风,奋力谱写高质量发展新篇章,以过硬的发展成果造福于民。

一、全面贯彻落实中央和省委决策部署,经济社会保持平稳健康发展

今年以来,我们在习近平新时代中国特色社会主义思想的科学指引下,在省委、省政府的坚强领导下,统筹推进改革发展稳定各项工作,预计全年实现地区生产总值5400亿元,增长6.5%;一般公共预算收入374亿元,增长2%;固定资产投资增长6%;社会消费品零售总额增长6.5%;城乡居民人均可支配收入分别增长8.8%、9%,经济社会发展和党的建设取得新成效。

1. 对标对表坚定坚决。把深入学习贯彻习近平新时代中国特色社会主义思想作为首要政治任务,市委常委会带头加强学习,充分发挥党委中心组示范引领作用,做到学懂弄通做实,引导广大党员干部增强"四个意识"、坚定"四个自信"、做到"两个维护"。开展"不忘初心、牢记使命"主题教育,突出问题导向和群众参与,认真抓好"1+8"专项整治,全面提高党员干部履职尽责的自觉性主动性。始终坚持"中央和省委有要求、泰州有行动、落实见成效",稳步推进党政机构改革,积极有效防范化解重大风险,主动融入长三角区域一体化发展,推进基层减负,扫黑除恶专项斗争工作得到中央督导组肯定,中央和省委一系列重大决策部署在泰州得到坚决有力的贯彻落实。

2. 经济运行稳中有进。推进项目建设,全市亿元以上项目新开工436个、新竣工344个,其中10亿元以上项目新开工32个、新竣工22个,泰兴新浦轻烃综合利用、靖江智能重装等重大项目竣工投产,长城汽车整车项目开工建设,药明康德新药研发生产项目签约落户。开展"新时代科技新长征"活动,新认定高新技术企业428家,创历史新高,856家企业通过国家科技型中小企业入库评价,新建校企联盟167家,引进高层次人才2516名。营商环境进一步优化,举办"泰州制造·央地合作"系列活动,组织100多家本土企业与央企开展富有成效的专题对接。减税降费政策落地见效,全年减轻企业负担95亿元。

3. 三大攻坚战有力推进。积极防范化解重大风险,多措并举化解政府债务,超额完成年度化债目标;加强非法集资风险防范和处置,截至11月末,全市线下投融资机构比年初减少58.7%,15家P2P网贷机构线上业务全面退出。深入推进脱贫攻坚,加大项目扶持和挂钩帮扶力度,建档立卡低收入人口和经济薄弱村达到省定脱贫标准。保持铁腕治污高压态势,中央环保督察交办问题市级销号率91.2%,细颗粒物平均浓度下降超过6%,省考及以上断面水质达到或优于Ⅲ类比例91.7%。认真做好长江入河排污口排查整治,创新开展"健康长江泰州行动",建成全国地级市首家遥感应用基地,实施20个长江生态整治修复重点项目,建成16.4公里江港防洪能力提升工程、18公里沿江生态绿化工程,长江岸线绿化面积达300万平方米。

4. 重点改革成效显著。推进金融改革试点,出台金融支持制造业高质量发展20条,硕世生物成为苏中首家科创板上市企业,新增5家境内外上市企业,上市数量创历史新高。深入开展大健康产业集聚发展试点,成功加入世界卫生组织健康城市联盟,泰州医药健康产业创新中心列入国家战略规划。"放管服"改革持续深化,创新打造"泰企云"平台。国资国企改革取得突破,完成行政事业单位53家直属企业和28处经营性资产划转,组建泰州公用事业集团,市属国企资产总额和营业收入分别增长25%、

40%。推进国土资源改革，全面推行“亩产论英雄”工业用地效益提升综合机制，土地节约集约利用获省表彰，获奖单位数和用地指标奖励量全省第一。“品质泰州”建设取得新突破，在全国地级市中率先制定《标准化条例》，品质城市评价指标体系获得国家标准立项。加强政府投资项目的招投标管理，进一步净化规范了公共资源交易市场。

5. 城乡品质持续改善。部署开展“城建惠民”两年行动计划，强力整治东部、南部市场群，实施30个老旧小区“微整治”项目，累计新建改造64家农贸市场。加快重大交通基础设施建设，常泰过江通道全面开工，永定路西段快速化改造工程即将通车。开展农村人居环境整治，特色田园乡村建设取得新成效。促进就业创业，城镇新增就业10.7万人、新增创业9.5万人，城镇登记失业率创历史新低，就业工作得到省政府通报表彰。加大教育投入，新改扩建50所中小学幼儿园，新增近3万个优质学位。认真做好省运会筹备工作，成功举办省首届智运会，加快建设市体育公园、水上运动中心。深入推进平安法治泰州建设，网格化社会治理走在全省前列，非正常上访人数大幅下降，万人刑事案件、八类案件发案率保持全省最低。出台党政领导干部安全生产责任制实施办法，建成安全生产大数据平台，全面开展24个重点行业领域安全生产专项整治，事故起数和死亡人数大幅下降。

6. 党的建设全面加强。严格落实意识形态工作责任制，精心组织开展新中国成立70周年、人民海军成立70周年等庆祝活动，主流思想舆论不断巩固壮大。建立党建“抓乡促村”机制，实施“新乡贤回流工程”、“党建+扶贫”书记项目，基层基础进一步夯实。常态化评选“骏马奖”“蜗牛奖”，实施职务与职级并行制度，积极用好“三项机制”，干事创业热情进一步激发。深入落实全面从严治党政治责任，开展省委巡视整改“8+1”专项行动，深化“微官微权微腐败”专项治理工作，保持惩治腐败高压态势，有力推动政治生态持续向好。加强人大立法工作，推进政协协商民主，强化国防动员和后备力量建设，完善大统战工作格局，深化群团组织改革，巩固了团结奋进的良好政治局面。

二、始终坚持以习近平新时代中国特色社会主义思想为指引，奋力谱写泰州高质量发展新篇章

现在区域竞争已经由单纯的经济总量规模的竞争，全面转到产业发展能级、城市发展能级的竞争上，转到创新、协调、绿色、开放、共享一体推进的竞争上。我们必须摆脱传统路径的惯性束缚，把思想和行动统一到贯彻新发展理念上来，转变发展方式，加快动能转换，不断提升产业和城市的发展能级，在区域发展的赛道上跑得又好又快。要准确把握自身态势。发展的不平衡不充分仍是我们最突出的问题，产业层次总体不高、结构不优、竞争力不强，园区主阵地作用发挥不够，大项目好项目偏少，发展后劲不足；中心城市首位度不高，重大功能设施不够齐全，尚未形成完备的现代化对外交通体系；教育、医疗、养老等公共服务优质供给不足，与群众期盼差距较大。我们必须直面问题向前看、迎着困难向前走，以更加务实的工作作风、更加过硬的工作举措，推动全市经济社会发展走向凤凰涅槃。

当前和今后一个时期工作的总体要求是：以习近平新时代中国特色社会主义思想为指导，全面贯彻党的十九大和十九届二中、三中、四中全会精神，深入贯彻中央经济工作会议和省委十三届七次全会精神，坚决贯彻党的基本理论、基本路线、基本方略，坚持稳中求进工作总基调，统筹推进“五位一体”总体布局，协调推进“四个全面”战略布局，自觉践行新发展理念，以供给侧结构性改革为主线，以改革开放为动力，坚持做强产业、做强城市，提升发展能级，突出产业强市、特色发展，突出项目为王、质量至上，突出城乡协调、一体发展，埋头苦干、真抓实干，开创泰州“强富美高”实践新局面，努力实现人民满意的高质量发展。

实现人民满意的高质量发展，这是一个总的工作目标。我们所做的一切工作，都要朝着这个目标去努力，都要以这个要求来衡量。做强产业、做强城市，这是两大工作重点。产业和城市，既是现代区域经济发展的关键所在，也是泰州发展的两大薄弱环节，必须重点重抓，让泰州的“强”真正强在产业上、强在城市上。突出产业强市、特色发展，突出项目为王、质量至上，突出城乡协调、一体发展，这是三条工作路径。

突出产业强市、特色发展。这是提升经济发展能级的必由之路。我们既要着力巩固提升现有的优势产业，又要积极培育新的优势产业，聚焦重点、强化特色，集中资源、集中力量，着力打造生物医药和新型医疗器械、高端装备和高技术船舶、化工及新材料三大先进制造业集群，推动优势产业由局部优势向整体优势跨越、由一般优势向明显优势跨越，提高泰州产业发展的优势集中度和核心竞争力，打造长三角先进制造业基地，建设特色鲜明的现代产业名城。

突出项目为王、质量至上。这是增强区域核心竞争力的制胜之路。我们要一切围绕项目转、一切围绕项目干，更加注重项目的含金量、含新量、含绿量，由单纯的数量追求转到重点抓大项目好项目上来，由漫天撒网式的招商引资转到高水平的项目谋划和

拼抢上来，由园区的粗放发展转到科学发展上来。市委把明年确定为“重大项目攻坚年”，今后几年都必须求真务实抓项目，攻坚克难抓项目，以高质量的项目推动高质量的发展，构筑未来发展的优势。

突出城乡协调、一体发展。这是实现人民群众对美好生活向往的宽广之路。我们要坚持以水秀城、以绿美城、以文润城、以业兴城，促进城乡环境优化、现代功能完善、老城有机更新、管理精细智能，打造宜居宜业的秀美水城，推动泰州城乡“颜值”“气质”齐升。更大范围推进市区一体发展，推进产业融合、交通融合、重大功能设施布局融合，以更加务实的改革举措推进高港区和泰州医药高新区融合发展。做强城市经济，着力建设青年和人才友好型城市，把中心城市打造成经济繁荣、活力迸发的“硬核”。更大力度推进城乡一体发展，坚持乡村振兴战略与新型城镇化战略协调推进，着力形成以中心城市为核心，靖江、泰兴、兴化为支撑，一批特色乡镇竞相发展的新型城镇体系。

三、深入贯彻十九届四中全会精神，推进市域治理体系和治理能力现代化

我们要以高度的政治自觉、思想自觉、行动自觉，增强“四个意识”、坚定“四个自信”、做到“两个维护”，积极探索具有泰州实践特点的治理体系和治理能力现代化。

1. 充分发挥党的领导制度的统领作用。贯彻落实十九届四中全会精神，就要毫不动摇地坚持和完善党的领导制度体系，不断提高科学执政、民主执政、依法执政水平，推动制度优势转化为治理效能。要将党的领导制度体系建设摆在首位，把党对一切工作的领导落实到区域治理的各领域各方面各环节。要健全人大立法监督和人民政协协商民主制度机制，完善大统战工作格局、群众工作机制，形成制度建设的合力。各级党委政府和领导干部都要强化制度意识，带头维护制度权威，以制度为准星想问题、作决策、抓落实。在落实制度过程中，要坚持执行与监督相统一，坚持系统推进与重点突破相统一，坚持“守正”与“创新”相统一，及时总结完善实践中的好经验好做法，力争形成更多务实管用的制度性成果。

2. 加快对重点领域和关键环节的探索。坚持固根基、扬优势、补短板、强弱项，加快探索符合实际、系统完备、运行有效的制度体系。在区域发展治理上，围绕增强城市经济和产业承载能力，突破行政区划限制，坚持各类规划一体编制、产业布局一体谋划、公共服务一体配置，形成优势互补、高质量发展的区域经济布局。在区域创新治理上，集中力量抓好全局性、战略性、前瞻性的重大创新项目，加快形成促进科技成果转化应用的体制机制。在城乡发展治理上，创新基层组织建设、基本公共服务、农村产权关系等方面的体制机制，进一步探索新型农村社区治理模式。在产业发展治理上，从自主可控、体系构建、布局优化等方面形成一整套制度安排，推动产业层次加快由中低端向中高端迈进。在安全生产治理上，形成招商引资、产业落户、园区管理、生产监管的全链条安全体系，推动安全生产实现根本性好转。在生态环境治理上，坚持生态优先、绿色发展，建立末端治理和源头防控两手抓的体制机制。在政务服务治理上，提供“全生命周期”的服务，充分激发市场活力和社会创造力。在公共服务治理上，构建以权利公平、机会公平、规则公平为主要内容的社会公平保障体系，通过制度安排、法律规范、政策支持，更好地解决民生发展中的问题。在加快探索重点领域和关键环节的同时，要着眼全局，系统谋划，使得各个方面都得到完善加强。

3. 积极构建社会治理新模式。要把握社会治理的规律特点，进一步理顺市、县、乡镇权责关系，形成市级统筹、县级推进、乡镇强基固本的治理链条，着力构建政务服务、综合执法、社会救助、便民服务、公共安全为一体的基层治理新格局。要针对社会发展的新情况新问题，强化公共安全、公共管理、公共服务，提高网格化服务管理水平。要把握社会主要矛盾的变化，着眼于“更好的教育、更稳定的工作、更满意的收入、更可靠的社会保障、更高水平的医疗卫生服务、更舒适的居住条件、更优美的环境、更丰富的精神文化生活”，建立完善实现高品质生活的制度体系。

四、攻坚克难抓好明年各项工作，在高质量发展上迈出更加坚实的步伐

明年是全面建成小康社会和“十三五”规划的收官之年，是贯彻落实十九届四中全会精神的开局之年，也是落实“一高两强三突出”部署的起始之年。做好明年工作至关重要，要坚持稳字当头、积极进取，全面抓好“六稳”工作，坚决打赢三大攻坚战，统筹推进稳增长、促改革、调结构、惠民生、防风险、保稳定，保持经济运行在合理区间，确保全面建成小康社会和“十三五”规划圆满收官，确保得到人民认可、经得起历史检验。明年主要预期目标：地区生产总值增长6.5%左右，一般公共预算收入增长2.5%左右，城乡居民收入增长与经济增长同步。确定上述预期目标，既考虑到经济下行压力加大的实际，又充分体现践行新发展理念、推动高质量发展的内在要求。要重点抓好以下六个方面工作：

1. 全力推进产业强市。把产业强市纳入市委全会进行重点部署，是市委稳增长、调结构的一项重要工作安排，就是要在全市上下树立一个强烈导向：发展是第一要务，产业是发展的第一支撑，必须始终把产业发展摆在

重要位置，致力提升核心竞争力。要着力打造先进制造业集群。深入推进供给侧结构性改革，一手抓传统产业改造升级，一手抓新兴产业提速扩量，推动全市产业迈向中高端。产业链是制造业的“骨架”，要制定实施“产业强链”三年行动计划，在推进大健康产业发展的同时，以生物医药和新型医疗器械、高端装备和高技术船舶、化工及新材料等为重点，按照“产业图谱”，抓住关键、强壮“筋骨”，培育壮大一批先进制造业特色产业集群。要围绕产业链配置各类资源，量身定制生产性服务业，鼓励发展服务型制造，支持企业加快数字化、网络化、智能化改造，以“两业”融合、“两化”融合推动形成卓越产业链。要增强创新能力。构建以企业为主体、需求为导向、产学研深度融合的技术创新机制，不断提高全社会研发投入占 GDP 比重、企业研发经费占主营业务收入比重和科技进步对经济增长的贡献率，让“科技之花”结出丰硕的“产业之果”。继续推进新型研发机构、创新服务平台、科技大市场等载体建设，在争创国家级产业创新中心、制造业创新中心、质量标准实验室上实现重大突破。要针对部分平台载体与产业脱节、产出效益不高、经济贡献度不大的突出问题，加强运行绩效评估，优化政策资金扶持方式，推动平台载体真正发挥作用。要坚决做强实体经济。明年的经济形势依然严峻复杂，要把做强实体经济作为稳增长、调结构的重要支撑，推动生产要素、政策资源更多地向实体经济集中。要认真落实中央支持民营企业“新 28 条”，全面梳理近年来全市出台的各项政策，该兑现的坚决兑现，该给足的给足。要建立板块、园区、企业和群众对机关部门履职服务的评价机制，推动机关部门进一步转变作风、提升能力，以优良的营商环境更好地服务企业、服务项目、服务群众。

2. 强化重大项目建设。没有项目的稳和进，就没有经济发展的稳和进。要坚持项目为王、质量至上，以“重大项目攻坚年”为抓手，在产业项目的质量、重大项目的数量、有效投资的总量上取得更大突破，力争全年新开工 5 亿元和 3000 万美元以上的产业项目 150 个以上，省重大项目 15 个以上，实际使用外资 16 亿美元以上。一是提高项目谋划水平。市级层面成立大项目部，统筹考虑产业规划布局和资源要素配置。精准开展各类招商活动，主攻大项目好项目，把含金量、含新量、含绿量作为项目签约、要素供给、政策优惠的重要依据，力争形成“引来一个、带来一群”的集聚效应。搭建“大树底下乘好凉”的平台机制，鼓励引导本土企业，通过合资合作、股权转让、技术嫁接等形式，融入大型央企、民企巨头、跨国企业的生产链、供应链、价值链。要抓好企业技改项目、创新孵化项目和资本生成项目，加快推动形成现实生产力。坚持过程跟踪、结果考核，建立从项目签约到项目达产达效的大数据管理平台，确保抓真抓实、抓出成效。二是充分发挥园区主阵地作用。开展“三比一提升”行动，比质量规模、比推进效率、比产出效益，提升核心竞争力，把重点园区的转型升级、开放创新，作为做大经济总量、做强实体经济、做优项目载体的有效途径。要把园区体制机制改革作为重中之重，围绕加压力、激活力、增动力，按照精简高效的原则，坚决地去行政化，坚定地转到企业化管理、市场化运作的道路上来。要着力完善园区组织管理体制、干部使用机制，以及薪酬分配和绩效激励机制，真正打破“铁饭碗”“大锅饭”，真正做到“下得来”“出得去”。园区要把精力集中到抓好经济管理和项目建设上来，更好地服务企业、服务投资者，真正成为项目建设的主战场、经济发展的主动力。三是建立健全组织推进机制。建立市四套班子领导挂钩联系重点园区、重大项目制度，完善“双月过堂、季度点评、半年巡查、年度述职”的推进机制，实行市区和重点开发园区党政主要负责人专项考核制度，形成上下联动、左右互动、共同推进的强大合力。

3. 提升城乡品质。高质量编制国土空间总体规划，坚持走特色化、内涵式城乡发展之路，以中心城市现代化引领城乡发展一体化，推动城乡高品质建设、高水平融合。一是提高城市建设水平。把筹办省运会作为城建功能品质提升的重要引擎和抓手，推进高质量的城市规划、建设和管理。坚持国际化视野，精心修编路网管网、绿化美化以及水电气暖等专项规划，深化建筑风貌、生态景观、公共空间设计，从源头上解决“城市病”等突出问题。坚持政府、市场双向发力，积极盘活城市资源，多元化开发利用，突出“功能补缺、道路通畅、添绿净水、环境做美”四个重点，高标准实施一批基础性、先导性、标志性工程。深入推进“城建惠民”两年行动计划，推进“微更新”、畅通“微循环”、优化“微服务”，着力治脏、治乱、治堵、治污，加快建设安全高效便利的市政公用设施网络，推进建设管理的精细化、标准化、智能化。坚持把体育嵌入城市，加快推进市体育公园、体育运动学校等竞赛场馆，以及文化旅游、高端商贸等配套设施建设，带动中心城市品质快速提升。二是深入实施乡村振兴战略。推进国家农业可持续发展试验示范区建设，建好现代农业设施，保障重要农产品有效供给，实施新型农业经营主体提升工程，做强乡村振兴的产业支撑。加大农村基础设施建设力度，抓好农村人居环境整治，提高农村教育质量，健全农村医疗卫生服务体系，推动农村社会事业持续进步。全面推开农村集体产权制度改革试点，加强农村基层治理,推动社会治理和服务重心下移,维护农村和谐稳定。三是加快构建现代综合交通体系。加强对外互联互通,年内动车进京达沪,开通泰沪直通班列,配合做好北沿江高铁和江阴第二通道的开工建设,推进盐泰锡常宜铁路前期工作,加快常泰过江通道建设,积极融入区域交通一体化。市域交通要尽快成网成环,建成站前路、东环高架北延段快速化工程,开工建设姜堰南绕城快速路,启动东风北路快速化改造工程,推进青年路北延等城区道路改造工程,高质量建好国省干线公路和"四好农村路",让群众出行更加畅通便捷。

4. 不断增进民生福祉。及时回应重大民生关切,解决好人民群众反映强烈的突出问题,以党政机关的"紧日子"换取人民生活的"好日子"。要对照全面小康监测指标体系,按照"全面性""高水平"的要求,认真排查、逐项梳理,进一步把各项工作做细做实。一是坚决打赢脱贫攻坚战。聚焦黄桥老区和里下河经济薄弱乡镇,聚焦困难群体特殊群体,紧盯"两不愁三保障"领域,统筹运用精准扶贫与社保兜底机制,应扶尽扶,应保尽保,集中力量啃下最后的"硬骨头"。积极探索解决相对贫困的长效机制,对返贫人口和新发生贫困人口,及时落实帮扶政策,确保小康路上一户不少、一个不落。二是着力拓展增收渠道。注重以高端产业结构带动形成高端收入结构,以创业带动就业,推动居民收入增长和经济增长同步、劳动报酬提高和劳动生产率提高同步。突出抓好高校毕业生、返乡农民、下岗工人等群体就业工作,做好退役军人优抚安置工作,组织实施技能提升行动,全年新增就业6.5万人、创业5万人。三是加快补齐民生短板。深化教育改革发展,完善全市中小学、幼儿园规划布局,发展学前教育,推进义务教育集团化办学,全年新建幼儿园29所、义务教育学校13所,在扩大普高资源供给、优化提升职教体系等方面取得新的突破性进展,办好人民满意的教育。深化医药卫生体制改革,推进医联体、医共体和专科联盟建设,开工建设市妇幼保健院和市第五人民医院,提高医疗水平和人民群众满意度。更加重视文化惠民,不断彰显梅兰芳、泰州学派、里下河文学流派等城市文化标识。全面加强社会保障体系建设,推进基本医疗保险市级统筹,开展职工医保补充保险试点,落实城乡低保、医疗救助、社会救助等政策,构建多元化、多层次的养老服务体系。

5. 深入推进改革开放。我们要以更大的勇气全面深化改革、高水平扩大开放,释放市场主体活力,拓展未来发展空间,为高质量发展增添新优势。一方面,坚持向改革要动力。全市有很多改革试点,既有国家层面的,也有许多省级层面的。这些试点不是政策的"帽子",而是要在改革上打好"当头炮"、当好排头兵,努力创造更多实践成果。要深入推进金融改革试点,加快打造资本市场促进中心,优化提升产融综合服务中心功能,努力构建支持中小企业发展的全链条融资服务模式和促进新兴产业发展的全生命周期金融支持模式。推进国企改革,有效整合资产资源,不断完善以管资本为主的国有资产监管体制,增强市场竞争力和抗风险能力,加快组建现代农业集团。深化"放管服"改革,推进工程建设领域审批制度改革和"一网、一门、一次"改革,提升"一网通办"效能。需要强调的是,所有改革都要始终站稳人民立场,让群众得到更多实惠。要善于把成功的改革经验固化为制度,创造性集成运用,进一步放大改革效应。另一方面,坚持向开放要活力。积极抢抓长三角一体化发展机遇,加快落实国家《规划纲要》和省《实施方案》,按照"一体化""高质量"要求,编制全市《行动方案》。主动对接上海和南京两大都市圈,积极承接溢出资源,深度参与分工合作。加快"走出去"步伐,引导企业利用境内外各类展会,进一步开拓新兴市场。支持装备制造、新能源等领域的企业,积极承揽或参与"一带一路"基础设施建设,鼓励重点开发园区加强与国外产业园区合作,全力拓展对内对外开放空间。

6. 防范化解重大风险。坚持底线思维,增强忧患意识,统筹抓好七大领域各类风险防范工作,确保不发生区域性系统性风险。要坚决打赢安全生产突围战。全市为期一年的安全生产专项整治行动已经展开,要从发展理念纠偏、隐患排查整治、安全体系构建三个层面全面发力,真正让新发展理念扎下深根,让生命至上、安全第一的意识融入血液。要以"隐患无处不在、成绩每天归零"的心态,进一步明确和压实每个行业领域、每个生产经营单位、每个环节的安全生产责任,开展全覆盖拉网式的安全生产大检查、大排查、大整治,务求事故数量明显下降。积极推进化工行业安全环保整治提升行动,彻底整治各类突出问题。着力强化责任体系,以体制机制创新、专业队伍建设、现代技术支撑等为重点,加快推进安全生产治理体系和治理能力现代化。要坚决打赢生态环境保卫战。明年是习总书记作出"共抓大保护、不搞大开发"重要指示的第五年,我们要围绕交出一份合格的绿色答卷,把加强长江生态保护与修复作为重中之重,深入实施"健康长江泰州行动",突出抓好问题整改和特色示范段建设,努力把泰州沿江建成生产发展、生活文明、生态优良的高质量发展典范。要自觉践行"绿水青山就是金山银山"的理念,坚持开发与保护并重,污染防治和生态修复并举,生物、工程、技术等多种措施协同发力,注重运

用生态环保政策举措激发和提升经济发展动能,发展绿色产业,力争创成国家生态文明建设示范市。要坚决打赢社会稳定持久战。健全平安建设工作体系,强化网格化社会治理,加强党建引领、平台建设、科技应用,完善立体化、信息化社会治安防控体系。纵深推进扫黑除恶专项斗争和非法金融活动专项治理,建设“无黑”城市。深化家安、路安、校安、业安、食安、医安“六安”行动,争创“七五”普法全国先进市,建设更高水平的平安泰州、法治泰州。坚持以文化人,持续开展全国文明城市创建,实施公民道德建设工程,广泛开展典型选树和学习宣传活动,不断提升城乡文明程度,推动全社会向上向善。

五、纵深推进全面从严治党,为实现人民满意的高质量发展提供坚强保证

推动人民满意的高质量发展,圆满完成明年各项目标任务,关键要坚持全面从严治党,打造一支忠诚干净担当的干部队伍。要巩固拓展主题教育成果,着力构建“不忘初心、牢记使命”长效机制,纵深推进全面从严治党,使埋头苦干、真抓实干成为泰州党员干部的鲜明特质和时代风尚。

1. 强化思想建党,筑牢信仰根基。习近平新时代中国特色社会主义思想是全党全国人民的思想之旗、精神之魂,是广大党员干部砥砺初心使命的价值指引、行动指南。要把学习贯彻新思想引向深入,以新思想统领意识形态领域、指导思想政治工作,引导全市上下不断增强对党的基本理论、基本路线、基本方略的政治认同、思想认同、理论认同、情感认同,真正做到内化于心、外化于行,真正从灵魂深处增强“四个意识”、坚定“四个自信”、做到“两个维护”。学习新思想,不仅要解决“真信”的问题,更要落实“笃行”的要求,在深入理解中自觉执行,在坚决执行中加深理解,准确把握实践要求,全面贯彻落实到位。要在对标对表新思想中持久深入地解放思想、统一思想,坚持以新思想定向领航,坚决破除思维定势、路径依赖,做到融会贯通、活学活用,使我们的思想和行动全方位地适应新时代、引领新征程。

2. 夯实基层基础,建强战斗堡垒。党的工作最坚实的力量支撑在基层,最突出的矛盾和问题也在基层,必须把抓基层打基础作为固本之策、长远之计。要以破解“两张皮”、提高组织力为主攻方向,在城乡党建上,推进“党建+基层治理”;在机关党建上,推进党务业务服务“三务融合”;在非公企业党建上,推进同心同行同力同赢“四同助企”,推动基层党建脱虚向实,推动各类党组织成为坚强战斗堡垒。深化“雁阵培育计划”和“新乡贤回流工程”,积极探索村干部专职化管理,推行城市社区“全科社工”,强化“两新”领域“三员一会”建设,促进基层干部政治强、能力强、品行好、干劲足。要进一步减轻基层负担,减少痕迹管理,规范检查考核,精简文山会海,让广大党员干部把更多的时间和精力用到干事创业、服务群众上。

3. 突出实干导向,建强干部队伍。今天的奋斗姿态,就是明天的发展业绩。谱写泰州高质量发展新篇章,必须要有奋起直追不服输的拼命精神,必须要有越是艰险越向前的担当作为。各级领导干部要充分发挥“火车头”的作用,沉下身来摸实情,静下心来谋思路,埋下头来抓落实,在推进重大项目、化解疑难信访积案、排除重大安全生产隐患、加强环境保护等方面,实行紧密的包保挂钩联系制度,以上率下,形成发展合力。广大党员干部特别是年轻干部要主动投身重大项目一线、重点工程一线、重要事项一线,强化思想淬炼、政治历练、实践锻炼、专业训练,以高水平工作推动高质量发展。省委全会上娄书记特地强调,决不能干那些只讨领导欢心、让群众失望的蠢事,决不能干那些表面光鲜亮丽、内部问题遍地的傻事,决不能干那些自以为是、违背规律的笨事。我们必须以实事求是的态度把握规律、积极作为,不浮躁、不折腾,科学地干、务实地干。这次市委全会将推出《关于激励干部实干担当的六条措施》,就是要突出“实干至上”的选人用人导向,坚持“谁有能力谁干、谁能胜任选谁、谁能干好用谁”,把愿不愿做事、敢不敢扛事、能不能成事、群众认不认可,作为选拔干部的重要依据。要大胆运用“三项机制”,真正把敢闯敢干的“狮子型”干部、善作善成的“骏马型”干部、任劳任怨的“黄牛型”干部选出来、用起来。

4. 从严管党治党,净化政治生态。深化作风建设,持之以恒落实中央八项规定精神,持续整治形式主义、官僚主义,紧盯不敬畏、不在乎、喊口号、装样子等问题,严肃查处上有政策、下有对策以及政策执行“中梗阻”、弄虚作假等问题。以强化党内监督为重点,促进各方面监督有机贯通、相互协调,及时发现问题、纠正偏差,管好关键人、管到关键处、管住关键事,着力消除权力监督的“真空地带”,压减权力行使的“任性空间”。深化运用监督执纪“四种形态”,既严肃查处严重违纪违法案件,也坚决整治侵害群众利益的不正之风和腐败问题,保持高压态势,巩固发展反腐败斗争的压倒性胜利。要严格落实“两个责任”,坚持标本兼治,一体推进不敢腐、不能腐、不想腐,形成既干事又干净的浓厚氛围,涵养风清气正、心齐劲足的政治生态。

(市委办)

泰州市政府工作报告

——2020年1月8日在泰州市第五届人民代表大会第四次会议上(摘录)

代市长　朱立凡

一、2019年工作回顾

过去的一年,我们在市委的正确领导下,坚持以习近平新时代中国特色社会主义思想为指导,认真贯彻党的十九大和十九届二中、三中、四中全会精神,深入落实习近平总书记对江苏工作系列重要讲话指示精神,牢牢把握稳中求进工作总基调,自觉践行新发展理念,坚持以供给侧结构性改革为主线推动"六个高质量",统筹抓好稳增长、促改革、调结构、惠民生、防风险、保稳定各项工作,较好完成了市五届人大三次会议确定的目标任务。预计,实现地区生产总值5400亿元,增长6.5%;一般公共预算收入374.6亿元,增长2.4%;固定资产投资增长6%;社会消费品零售总额增长6.5%;城乡居民人均可支配收入分别增长8.8%、9%;居民消费价格涨幅3%;城镇登记失业率1.76%。

(一)经济运行总体平稳

惠企措施逐见成效。始终将稳定实体经济作为重中之重,出台聚焦企业关切进一步优化营商环境行动方案,创新设立"泰企云"涉企奖补申报管理平台,全面落实减税降费政策,降低实体经济企业成本95亿元。举办"泰州制造·央地合作"系列活动,组织100多家本土企业与央企开展专题对接,以政府信用为企业发展架桥铺路。推出金融支持制造业高质量发展20条,制造业贷款增长5%,普惠型小微企业贷款增加9000户。推行"亩产论英雄"工业用地效益提升综合机制,土地节约集约利用获奖单位数、用地指标奖励量均居全省首位。规上工业增加值增长6.1%,新增规上工业企业358家、市场主体8.2万户。

有效投入增势稳健。强化"抓经济必须抓项目"意识,实施项目大提升三年行动计划,总投资80亿元的长城整车制造、31亿元的乐叶5吉瓦太阳能组件、15.3亿元的赛孚士抗体药物等项目开工建设,实际投资52亿元的新浦轻烃综合利用、15亿元的中江装配式建筑生产基地、11.7亿元的靖江港口集团智能重装等项目竣工投产。亿元以上项目新开工436个、新竣工344个,20个项目列入省重点工业投资计划。高新技术产业投资占比提高4.5个百分点,基础设施投资增速提高7.4个百分点。

开放开发破难前行。制定促进开放型经济高质量发展若干政策措施,新增有进出口实绩企业233家,实现进出口总额140亿美元;实际使用外资14.5亿美元,其中制造业占比64%,战略性新兴产业占比提高10个百分点;新批境外投资企业36家,完成外经营业额9亿美元。海关、海事、边检为开放开发做出积极贡献。

风险防控扎实有力。担负起防范化解重大风险的政治责任,整治非法金融活动,线下投融资机构减少205家,P2P网贷机构线上业务全面退出;综合施策化解大额授信风险,不良贷款率、规上工业企业资产负债率分别下降0.28个、0.5个百分点;建成政府性债务综合监管系统,制定事业单位债务管理办法,设立国企债务风险防控应急资金池,超额完成年度化债目标。

(二)动能转换步伐加快

产业结构进一步优化。认真落实"八字方针",部署推进制造业高质量发展。"泰州医药健康产业创新中心"列入国家战略规划,获批江苏省质量奖2个,新增省示范智能车间10个、星级上云企业129家。扬子江药业连续五年位居中国医药工业百强企业榜首,罡阳股份成为国家制造业单项冠军示范企业,振华泵业获评国家"专精特新"小巨人企业。兴化创成省级全域旅游示范区,泰兴祁巷成为全国乡村旅游重点村。服务业增加值占比提高0.6个百分点。单位地区生产总值能耗下降3%以上。

创新支撑能力明显增强。充分发挥企业创新主体作用,新认定高新技术企业428家,新增省级以上工程技术研究中心19家、企业技术中心27家,太平洋精锻入围国家技术创新示范企业,6家企业成为省百强创新型企业。加大关键技术攻关和科技成果转化力度,91个项目进入省重点技术创新导向计划,18个产品列入省重点推广应

用目录，获批首张国产特殊医学用途全营养配方食品注册证书。推动“科技人才80条”落地见效，成功举办“一赛两会”人才系列活动，新引进高层次人才2516名。高新技术产业产值占比44.8%，万人发明专利拥有量15.3件。

重点领域改革不断深化。深入推进“放管服”改革，开展规划用地“多审合一、多证合一”改革，38个资质类许可业务实行告知承诺制，制定市本级行政许可容缺受理材料清单45个，压减涉企行政许可前置中介服务及收费13项。推进金改试点，产融综合服务中心助力企业融资累计近300亿元，31家企业进入人民币跨境结算便利化试点，实质运营5支产业子基金，新增境内外上市企业5家，硕世生物成为苏中首家科创板上市企业。有序推进国企改革，完成行政事业单位53家直属企业、28处经营性资产划转，成立公用事业集团主导供水、燃气等设施建设运营，上线运行国有资产监管系统，加强股权投资管理和经营业绩考核，市属国企资产总额增长25%、营业收入增长40%。

（三）城乡发展协调推进

城市发展加速融合提升。完成国土空间总体规划编制“双评估”“双评价”等前期工作，探索推动高港区和泰州医药高新区融合发展，优化市区财政管理体制。加快补齐城市功能短板，北沿江高铁、盐泰锡常宜铁路前期工作稳步推进，常泰过江通道全面开工，永定路西段快速化改造工程完工；成功加入世界卫生组织健康城市联盟，开工建设市中医院新院二期工程和妇幼保健院；全面启动省运会筹备，推进市体育公园等场馆建设，完成市体育中心田径场改造；泰州金融广场建成开放。持续深化全国文明城市创建，社会文明程度测评指数位居全省前列。举办新中国成立70周年、人民海军成立70周年庆祝活动，筹建大运河（泰州）文化旅游发展基金，开展文化惠民演出超过2000场。“品质泰州”建设取得新突破，评价指标体系获国家标准立项。

幸福宜居水平持续提高。开展“城建惠民”两年行动计划，强力整治东部、南部市场群，关停违规石材加工企业244家，拆除违法建设15.9万平方米；新辟优化公交线路6条，投放新能源公交车202辆、共享单车5000辆；新增公共停车泊位2858个，建成投用南园、三水湾等大型停车场；实施老旧小区“微整治”30个，新建改造农贸市场11家、公厕163个，新（扩）建游园26个；整治黑臭水体4条，完成46个小区雨污分流改造。

乡村振兴战略深入实施。推进国家农业可持续发展试验示范区建设，姜堰家庭农场服务联盟、泰兴洋宇循环种养模式等特色做法得到国务院领导肯定。调整优化农业结构，粮食总产量达56亿斤，建成高标准农田25万亩，畜禽生态健康养殖比重83.6%；高港获批国家农产品质量安全县，姜堰大米成为国家地理标志农产品；推进华统、顶旺等养殖项目落户投产，生猪产能逐步恢复。加强新型农业经营主体培育，创成省级示范家庭农场49家，虆洋食品成为国家重点农业龙头企业。全面完成村集体清产核资，“股权到人、固化到户”改革完成率80%。开展农村人居环境整治，新增省级特色田园乡村3个，无害化卫生户厕普及率95.4%，通过“四好农村路”省级示范市验收。严格落实耕地保护制度，完成72个“大棚房”问题项目、8个违建别墅问题整改。

生态环境状况稳定好转。履行环保督察整改的政治责任，中央环保督察交办问题市级销号率91.2%。开展长江入河排污口排查整治全国试点，创新实施“健康长江泰州行动”，建成大数据平台和指挥中心，设立全国地级市首家遥感应用基地，组建首期规模10亿元的长江生态环保发展基金。狠抓突出环境问题治理，空气质量优良率75.3%，国考断面全部达到或优于Ⅲ类水质，创成省城镇污水处理提质增效示范城市。深化生态环境改革创新，严格落实河（湖）长责任制，全面推行“专家治厂、科学治污”，海陵成为国家生态文明建设示范区。

安全生产形势总体平稳。深刻汲取响水“3·21”特别重大爆炸事故教训，牢固树立“全域安全”的责任意识，出台党政领导干部安全生产责任制实施办法，完善“1+X”安全生产责任体系，试行事故企业公开道歉、风险较大场所所长制等举措，建成安全生产大数据平台。制定实施化工产业安全环保整治提升方案，推行危化品企业积分动态管理，严格落实危化品项目“三个一律不批”，关闭退出化工生产企业18家。部署开展24个重点行业领域安全生产专项整治，推进双重预防机制建设，实施“严打整治”行动，实行安全生产违法违规行为和安全隐患有奖举报，生产安全事故起数、死亡人数分别下降17.3%、16.6%。

（四）人民生活明显改善

富民增收力度加大。完善经济薄弱村挂钩帮扶机制，构建“三保险、四救助、一预警”医保扶贫体系，完成农村危房改造3847户，建档立卡低收入人口和经济薄弱村达到省定脱贫标准。落实援企稳岗、创业服务等政策，城镇新增就业10.7万人、创业9.5万人。实现养老、失业、医疗保险市区统筹，推进长三角地区跨省异地就医门诊直接结算“双向互通”，成为全省首家医保移动支付应用城市。城乡低保标准提高到每人每月680元，发放价格临时补贴8000万元。完成棚户区改造8162户、保障性住房建设5838套。

社会事业稳步发展。新（改扩）建幼儿园及中小学50所，义务教育学校建设达标率提高26个百分点，泰州中学入选首批省高品质示范高中建设立项学校，泰职院成为全国首批1+X证书制度试点院校，江苏牧院入围“双高计划”建设单位。启动市人民医院医联体和泰兴、兴化医共体建设，创新医保医师积分制管理，新增省级临床重点专科4个，儿童预防接种门诊全部建成达标，实现三级乙等综合医院全覆盖。实施长期护理保险制度，政府购买居家养老服务惠及16.2万人。成立退役军人党校、双拥学院和四级服务中心，发放抚恤补助资金3.7亿元。兴化长江引水工程开工建设。民族宗教、社会科学、广播电视、妇女儿童、残疾人、史志档案工作取得新进步，统计、气象、台湾事务、外事侨务工作取得新成绩。

社会保持安定和谐。率先开展市域社会治理现代化试点，探索“网格+警格”“一中心三平台”基层综合治理服务模式。实施信访“三化解一规范”专项行动，群众来访批次、人次分别下降29.3%、28.5%。开展普法志愿服务“718行动”，走访服务企业5182家。纵深推进扫黑除恶专项斗争，摧毁涉黑组织5个、恶势力犯罪集团17个，破获涉黑涉恶案件1107起，万人刑事案件发案率保持全省最低，现行命案连续十年保持全破。省级食品评价性抽检合格率居全省首位。

一年来，我们坚持以政治建设统领政府自身建设，深入开展“不忘初心、牢记使命”主题教育，进一步强化“四个意识”、坚定“四个自信”、做到“两个维护”。我们在全国率先制定《标准化条例》，全面推行行政执法“三项制度”，开展重大行政决策事项合法性审查33项；落实向人大报告、向政协通报制度，开展建议提案办理“回头看”，高质量完成233件人大代表建议、356件政协提案办理。我们以机构改革为契机推动部门职责融合、效能提升，完善领导干部接访下访机制，推行重大事项督查清单管理，“12345”政务服务热线获评省内唯一“全国服务之星奖”。我们高度重视中央、省委巡视反馈问题整改，认真落实中央八项规定及其实施细则精神，持续纠治“四风”尤其是形式主义、官僚主义，制定加强政府投资项目招投标管理意见及配套办法，出台基层减负20条，严肃查处各类违法违规行为，始终保持正风反腐高压态势。

我们也清醒地看到，发展道路上还有不少困难挑战，政府工作仍存在一些问题不足。主要是：经济下行压力加大，部分经济指标增速回落，实体经济和企业经营困难较多，大项目好项目相对较少；结构调整任重道远，新兴产业支撑能力不足，传统产业转型面临阵痛，服务业发展层次较低，科技经济“两张皮”尚未真正破解；城市能级亟待提升，中心城市首位度不高，重大交通基础设施短板突出，上学、看病、养老、出行等问题群众反映强烈，城市治理仍需改善；风险隐患不容忽视，安全生产形势依然严峻，生态环境保护任务艰巨，财政收支平衡难度增大；政务服务还要优化，营商环境还有很多方面需要改进，少数公务人员能力素质不适应改革发展要求，一些部门存在守摊子、等政策、靠支持的依赖思想，等等。对此，我们一定认真予以重视，采取有力措施，努力把各项工作做得更好。

二、2020年工作任务

今年是高水平全面建成小康社会和“十三五”规划收官之年，是贯彻落实党的十九届四中全会精神开局之年，也是朝着“一高两强三突出”方向奋进的起始之年，做好政府工作意义重大、任务艰巨。我们将坚持以习近平新时代中国特色社会主义思想为指导，全面贯彻党的十九大和十九届二中、三中、四中全会精神，坚决贯彻党的基本理论、基本路线、基本方略，深入落实中央经济工作会议、省委十三届七次全会、市委五届九次全会部署安排，坚持稳中求进工作总基调，坚持新发展理念，坚持以供给侧结构性改革为主线，坚持以改革开放为动力，坚持做强产业、做强城市，突出产业强市、特色发展，突出项目为王、质量至上，突出城乡协调、一体发展，坚决打赢三大攻坚战，全面做好“六稳”工作，开展安全生产专项整治，保持经济平稳健康发展和社会安全稳定，确保高水平全面建成小康社会和“十三五”规划圆满收官，努力实现人民满意的高质量发展。

今年全市国民经济和社会发展主要预期目标为：地区生产总值增长6.5%左右，一般公共预算收入增长2.5%左右，社会消费品零售总额增长7%左右，城乡居民收入与经济同步增长，居民消费价格涨幅3%左右，城镇登记失业率控制在3%以内，全社会研发经费支出占比2.6%以上，节能减排完成省定目标，生产安全事故起数和死亡人数大幅下降。

重点抓好三个方面11项工作：

（一）聚力突破经济转型关口，筑牢高质量发展的实体根基

今年宏观环境仍然复杂多变，经济发展面临新的风险挑战，坚定不移用产业强市的务实举措化解下行压力，是当前和今后一段时期经济工作的核心任务。我们将以更强的韧劲抓好产业转型、创新驱动和园区建设，以制造业为基点打好产业基础高级化、产业链现代化攻坚战，加快构建自主可控、安全高效的产业体系。

1. 瞄准中高端增强产业实力。制定实施“产业强链”三年行动计划，聚焦关键零部件、核心装备、高端制成品补链强基，提高特色产业控制力和话语权。培育壮大新兴产业。深化长江经济带大健康产业集聚发展试点，创建泰州医药健康产业创新中心，加快药明康德等医药重点项目建设，培优培强扬子江、济川等骨干医药企业。围绕形成三大先进制造业集群，服务支持长城整车制造、赛孚士抗体药物、科奕莱共聚树脂等重大项目建设，打造长三角先进制造业新地标。加快促进大数据、物联网、区块链等技术融合应用，突破5G、人工智能、虚拟现实等技术场景应用，催生一批行业级新业态、新模式。改造升级传统产业。以产品提档促进优势产业提质，发挥新浦、中海油等企业基础原料优势，引导化工产业向精细化工、新材料延伸；发挥扬子鑫福、亚星锚链等企业行业地位优势，引导船舶产业在“两高”船型和高端配套设备上集中突破。建设工业互联网平台，扩大制造业与互联网融合发展试点示范，支持企业加强产品、工艺、流程再造和服务模式创新。实施工业“113工程”项目计划，力争建成市级以上智能车间(工厂)30个。集聚提升现代服务业。落实国家、省促进消费政策，开展水城水乡国际旅游节服务业专题招商活动，推进泰州中国医药城康健医疗区建设，整合资源要素引进一批时尚消费、健康养老、现代金融等服务业项目。运用新一代信息技术改造提升传统服务业，培育共享经济、现代供应链等服务业新动能，加

快先进制造业和现代服务业双向融合步伐。制定实施“互联网＋物流”行动计划，发展综合物流园区和物流企业联盟。深化全域旅游示范创建，协同提升凤城河、溱湖、千垛等核心旅游集聚区品质。优先发展农业农村。深入建设国家农业可持续发展试验示范区，扩大农业物联网示范应用，推广先进适用农机装备，鼓励申报区域公用品牌，新增高标准农田20万亩。全面落实粮食安全责任制和“菜篮子”市长负责制，用足扶持生猪生产的各项政策措施，保障重要农副产品有效供给。探索特色田园乡村产业振兴路径，健全农村一二三产业融合发展体系，支持农产品精深加工基地、营销平台和供应链建设，培育乡村旅游、休闲农业等富民产业，让农民更多参与价值链高端分配。加强农业产业园和产业强镇建设，鼓励发展农业产业化联合体和社会化服务组织，新增市级示范家庭农场100家。搞好农村人居环境整治，完成50条农村河道生态治理。

2. 突出企业主体激发创新活力。围绕活跃企业创新行为，提供好服务、创造好环境。推动创新成果在企业转化。鼓励企业与大院大所、高端人才合作创办新型研发机构，提高中科院大化所生物医药创新研究院、复旦大学健康科学研究院、哈工大智能制造研究院等创新平台运营质态，支持ICGEB区域研究中心、双登集团与省产业技术研究院共建联合创新中心。发挥产业技术创新联盟在技术攻关、标准制定等方面的作用，依托领军企业推进产业协同创新。推广泰兴高新区“1＋1＋1＋N”创新项目孵化模式，打造“中试基地＋产业基金”孵化平台，促进市外创新成果转化为泰州制造产品。优化创新生态让企业受益。建立政府基金引导、社会资本主体的创新投融资模式，丰富投贷联动、知识产权质押、专利综合保险等金融产品，探索技术股与现金股结合激励的利益捆绑机制。发挥“凤城英才卡”集成功能，落实“泰爱才”十大服务举措，新引进高层次人才2600名，新增高技能人才4000名。推进创新服务平台、科技大市场等载体建设，集聚研发设计、检验检测等服务机构。选树创新型企业和企业家标杆，讲好创新创业人才故事，让更多人走上创新路、成为追梦人。整合创新政策助企业创造。推行企业科技创新积分管理制度，支持企业建设重点实验室、工程研究中心等平台，完善企业装备首台套、材料首批次、软件首版次等奖补政策，促进企业增加研发投入、增强自主创新能力。加大本土企业创新产品和服务政府采购力度，开展关键核心技术攻关任务揭榜工作，力争净增高新技术企业120家、新增省级以上“专精特新”企业10家。

3. 围绕“三比一提升”再造园区竞争力。以重大项目攻坚年为抓手，通过比质量规模、比推进效率、比产出效益，推动园区走特色化、高效型发展道路，成为具备更强核心竞争力的市域经济增长极。强化项目建设主战场定位。指导园区运用产业金融理念和资本招商模式，与行业龙头企业开展资本项目合作，力争谋划生成1～2个有望形成百亿级投资、千亿级规模的基地型项目。建立主抓园区的项目推进机制，加强项目报建面积、设备抵扣、研发费用加计扣除和新增规上企业的监测考评，力争重点园区新开工5亿元(3000万美元)以上产业项目超过150个，实际使用外资超过16亿美元。坚持园区围绕项目转、部门围绕园区转，排出审批监管、要素支撑、上争对接等部门责任清单，建立全员参与的项目服务保障机制。刚性兑现考评结果在资源配置、班子配备等方面的应用，营造大抓项目、实抓发展的浓厚氛围。强化产业集群主阵地作用。引导园区选取重点产业方向开展主攻节点研究，推进以核心企业为主导的重大产业链项目建设，鼓励实施上下游配套项目和高价值环节项目，力争优势特色产业项目占比、规模占比均提高5个百分点以上。继续举全市之力建设泰州中国医药城，支持泰州医药高新区构建“4＋3＋1”产业体系，推进“一院两中心”建设，力争进入全国生物医药园区十强。分别明确19个园区追赶目标、赶超要求，促进靖江经济技术开发区加速融入长三角航空制造产业链，推动有条件的开发区升格为国家级开发区，加快市级重点园区提档升级步伐。强化开放开发主窗口功能。差别化制定园区高质量发展指标体系，开展园区综合实力、产出效率、创新能力评价，倒逼园区提升产业集中度和发展质量。坚持“亩产论英雄”资源配置导向，集中支持重大项目建设和优质企业扩张，力争重点园区新增税收1000万元以上、500万元～1000万元企业分别超过20家、35家，净增税收1000万元以上、500万元～1000万元存量企业分别超过20家、35家。推动园区整合归并管理层级和机构，推行企业化管理、市场化运作，建立灵活合理的绩效薪酬制度，形成精简高效的园区管理体制。

（二）精细做好城市转型文章，塑造美在内涵的品质之城

长三角一体化发展带来的是溢出和虹吸“双重效应”，对泰州而言“危”“机”并存。我们将立足长三角Ⅱ型大城市定位和江苏高质量发展中部支点方向，主动以特色发展、内涵提升参与融入区域发展，增强中心城市集聚辐射力和综合服务功能，推动城乡高品质建设、高水平融合。

4. 以能级提升为目标提高城市建设水平。针对布局碎片化、中心虚化、功能弱化等影响泰州发展的战略性问题，把筹办省运会作为城市功能品质提升的重要引擎和抓手，全方位开展区域空间整合和资源要素组合，着力打造城市硬核、增强核心功能，下定决心推动城市跨越式发展。系统规划做优框架。精心编制国土空间总体规划，完善市域总体空间结构和城镇空间体系，界定中心城市性质、定位、规模，明确规划约束性指标和刚性管控要求，提高国土空间开发保护质量和效率。构建对外连接大通道，开工建设北沿江高铁和江阴第二通道，加快常泰过江通道建设，主动配合盐泰锡常宜铁路前期工作，开展淮兴泰高铁规划研究和上争工作。围绕嵌入近洋航运分工体系，聚合沿江港口资源、建

设资金和国有资本，集中力量打造长江南京以下江海联运港区中心港，统筹规划布局疏港公路、高等级航道和港口铁路支线，以港口枢纽经济建设放大港产城联动效应。一体发展做实中心。更大范围推进市区一体发展，构建“一主一新”中心城区空间格局，有机更新海陵老城，务实推动高港区和泰州医药高新区融合发展；整合姜堰自然资源优势，做特做美姜堰城区。加快市区产业、交通、重大功能设施布局融合，建设青年和人才友好型城市。进一步理顺市与区事权关系，调整完善城建体制机制，建立协同高效的运转体系。办好赛事做强功能。精心筹备省运会，推进市体育公园等场馆建设和周边“三违”整治，打造凤凰路、海军大道等迎宾通道。结合动车进京达沪、开通泰沪直达班列，整治火车站及进站主干道沿线环境，同步完善公铁换乘系统。实施姜堰南绕城快速路、东风北路快速化改造和S353改扩建工程，建成站前路、东环高架北延段快速化工程，开工建设沪陕高速平广段扩建工程，形成快速路、国省干道、高速公路相互贯通的市域交通网络。城建惠民做精服务。实施城区河道清淤活水工程，完成10公里道路“白改黑”，更新7条主干道沿街立面和15条道路无障碍设施，协同推进老旧小区改造、雨污分流工程和人居环境改善。创建国家生态园林城市，推动园林绿化提档升级。围绕“大循环+小循环”优化公交线路6条、新增换乘站点10个，建设交叉路口公交优先专用通道和信号控制系统，投放新能源公交车180辆、共享单车1万辆，形成方便快捷绿色的公共交通体系。

5. 以民生优先为取向彰显城市幸福本色。坚持群众需要什么、我们就干什么，解决一批群众烦心忧心的问题，用可观可感的工作实绩赢得群众点赞。巩固增收脱贫成效。细化重点群体就业帮扶措施，发挥创业项目库和示范基地孵化作用，城镇新增就业6.5万人、创业5万人。促进农民持续增收，深化集体经营性资产“股权到人、固化到户”改革试点，丰富农村承包土地“三权分置”改革内涵。紧盯“两不愁三保障”领域，加强开发式扶贫与保障式扶贫统筹衔接，严格执行脱贫验收办法、标准和程序，探索解决相对贫困和返贫难题的长效机制，确保高质量完成脱贫攻坚目标任务。完善社会保障体系。推进基本医疗保险、生育保险市级统筹，开展职工医保补充保险试点，将更多救命救急的好药纳入医保支付范围。健全低保“单人保”、残疾人“两项补贴”等救助制度，让困难群众求助有门、生活有靠。落实房地产长效管理机制，新开工保障性住房1.2万套。提升退役军人服务保障能力，抓好新一轮全国双拥模范城创建。增加公共服务供给。统筹优化教育管理体制和规划布局，新建幼儿园29所，新(改扩)建义务教育学校13所，推进义务教育集团化办学和省高品质示范高中建设，增强职业教育、高等教育服务地方发展能力。开展世界卫生组织健康城市最佳实践奖创建，开工建设市第五人民医院，启动“五大救治中心”专科联盟建设，实施市区基层医疗卫生机构建设提升工程，确保通过国家中医药综合改革试验区终期评估。加强城乡标准化社区居家养老服务中心建设，完成市区特困老年人家庭适老化改造1000户，确保每千名老人拥有养老床位40张。

6. 以文明创建为抓手提升城市形象品位。弘扬社会主义先进文化，传承本土优秀传统文化，让城市有颜值更有气质。提高文明程度。巩固深化文明城市创建成果，推进新时代文明实践中心全覆盖，实施公民道德建设工程，让核心价值观融入群众日常生活。加强社会诚信体系建设，加大不文明行为惩戒力度，发挥“十行百星”榜样效应，让点滴文明行为汇成城市文明风景。创新融媒体中心运营模式，建立健全网络综合治理体系，善用新载体传播正能量，让市民在“转评赞”中共赴文明之约。涵养人文底蕴。优化文化惠民券运作方式，开展“百姓大舞台”“文化百场”等主题活动，提高群众参与度、感受度。深化省书香城市示范创建，推进市博物馆整体改造，增强图书馆、文化馆、美术馆服务功能，造浓全域沉浸式文化氛围。用活地方特色文化资源，出台古盐运河文化带建设总体规划，组织政府文艺奖评选，开发具有“泰州记忆、泰州风骨、泰州印记”的文化产品。

7. 以风险防控为重点守牢城市发展底线。牢固树立底线思维、红线意识，标本兼治防范化解重大风险，与人民群众共筑安定祥和的温馨家园。用极端负责的态度抓好安全生产。始终绷紧安全生产这根弦，构建系统化、闭环式安全生产责任体系，用超常规的重视程度、时间精力狠抓责任落地落实。以强烈的使命担当深入开展安全生产专项整治行动，坚持聚焦重点、严管重罚、形成合力，推进全覆盖拉网式安全生产大检查、大排查、大整治，打好源头管控主动战、风险防控攻坚战、城市安全阵地战，确保高质量完成这项严肃的政治任务。提升安全生产治理体系和治理能力现代化水平，健全监管执法体系、双重预防体系、科技支撑体系、社会化服务体系，坚决杜绝重特大事故发生，大幅压降生产安全事故起数和死亡人数，全面提升本质安全水平。用钉钉子的精神防控金融风险。完善金融机构网格化监测机制，早发现、早介入、早处置重点行业领域金融风险隐患。落实六类机构监管工作制度，严格管机构、管合规、管行为、管风险，促进金融行业规范健康发展。持续开展非法金融活动排查整治，加强区域性金融生态修复，确保不发生系统性金融风险。用绣花的功夫实践良治善治。推进市域社会治理现代化，建立健全平安建设协调机制，实施“万村善治”工程，加快社会治理“一网通管”、公共服务“一网通办”步伐。坚持把非诉讼纠纷解决机制挺在前面，做响“泰有理”信访工作品牌，争创全国“七五”普法先进城市。深入开展扫黑除恶专项斗争，完善立体化信息化社会治安防控体系，建设“无黑”城市。深化“六安”行动，加强和改进食品药品安全监管。

8. 以环境治理为突破推动城市永续发展。突出问题治理和生态修复两

个着力点,坚决做到方向不变、力度不减,确保实现污染防治攻坚战阶段性目标。巩固治理成效。抓好中央和省环保督察交办问题整改,逐一明确目标、落实责任,确保更有力度、更富实效。深入推进"健康长江泰州行动",按照"沿江一张图"优化发展布局,有序实施沿江水体治理、长江清废等专项行动。坚决打好蓝天、碧水、净土保卫战,强化空气主要污染物防治,聚焦改善河湖水质落实河(湖)长制,制定污染地块名录和开发利用负面清单,力争空气质量优良率、省考及以上断面优于Ⅲ类水质比例分别达74%、83.3%。夯实治理基础。实行更严标准的准入负面清单管理,开展化工产业安全环保整治提升行动,加快园区循环化改造、企业绿色化转型。打造"一带二岛三节点"沿江生态走廊,推进重点平原洼地治理项目建设,构建里下河地区自然湿地保护网络。建设垃圾焚烧发电二期和分类收集后端处理项目,新增危废处置能力3万吨/年。健全治理机制。规范支持生态类政府和社会资本合作项目建设,鼓励金融机构发行"环保贷"和绿色债券。严格落实生态环境保护责任追究制度和损害赔偿制度,力争创成国家生态文明建设示范市。强化环保行政执法与刑事司法衔接,开展"散乱污"企业综合整治,让以身试法者付出高昂代价。

(三)系统提升政府转型实效,建设人民满意的服务型政府

高质量发展需要匹配高水平政府治理,这就要求我们主动适应社会主要矛盾转化和发展阶段转向,以更高标准、更严要求、更实举措推进自身建设。我们将深入学习贯彻党的十九届四中全会精神,以守正创新为关键加强政府治理体系和治理能力建设,加快形成符合高质量发展要求的政府工作方式。

9. 让守规矩成为政府自觉行动。我们将坚持把全面从严治党要求贯穿政府工作全过程,以永远在路上的坚韧和执着正本固元。始终将政治建设摆在首位。落实不忘初心、牢记使命的制度要求,坚持以新思想为准绳抓发展、干工作,真正从灵魂深处筑牢"四个意识"、坚定"四个自信"、做到"两个维护"。深入领会习近平总书记系列重要讲话精神,提高运用五大发展理念能力,谋深谋实"十四五"重大规划、重大工程和改革开放举措,勇攀"强富美高"新泰州建设更高峰。坚决贯彻中央和省市委决策部署,根据发展的阶段性特征创造性推动"六个高质量",将党的意志转化为政府行动。始终将依法行政顶在前面。严格依照法定程序作决策、出政策,坚决纠正多头检查、"一刀切"执法,完善投诉举报回应制度,做到一切权力行使于法有据、违法必究。做好机构改革"后半篇文章",进一步理顺关系、优化流程、严密制度,确保政府工作更加规范、更高效率。自觉接受人大法律监督、工作监督和政协民主监督,支持审计监督、统计监督、群众监督、舆论监督。始终将清正廉洁抓在日常。严格落实全面从严治党责任,探索廉政建设与政府工作融合机制,以高度的政治责任感抓好巡视、审计问题整改。驰而不息纠治形式主义、官僚主义,深入治理"红顶中介"和加重企业负担行为,坚决整治群众身边不正之风和腐败问题,维护为民务实清廉政府形象。

10. 让重实干成为政府鲜明导向。我们将围绕"大兴实干之风,致力高质量发展",在解放思想中强化执行力建设,树立勇担当、比作为、拼实绩的工作新风。动真碰硬抓实工作。坚持经济形势分析会制度,更多采取"四不两直"方式开展务实调研,找准补短板、强弱项的具体"落点"。建立"月督查、季协调、半年考核、年终评定"的抓落实工作机制,定期通报重要部署、重点指标和重大项目完成情况,推动压力层层传递、责任有效落实。对标高质量发展要求优化考核项目、量化评价标准,实行工作实绩与评先评优、部门预算、问责问效相挂钩,让"无功就是过、平庸也是错"成为共识。精准有效用实政策。完善和强化"六稳"政策,坚持制造业贷款"月通报、季约谈"工作机制,开展"疏解治理投资堵点"专项行动,制定实施制造业外资优先计划,研究建立外贸重点企业监测预警管理模式。全面落实减税降费、降本减负政策,修订公布政策清单、收费清单和政府机构失信清单,推行退税退费业务全流程电子化办理,坚决清理涉企收费项目、整治违规收费行为。对接上争地方政府专项债、开发性金融等国家政策,深化城建项目市场化运作探索。换位思考做实服务。落实中央支持民营企业"新28条",实施优化营商环境六大专项行动,打造央地合作、创新合伙人等服务品牌。建立企业"首席服务员"和政务服务"好差评"制度,搭建"早茶峰会""政商面对面"等政企沟通协商平台,让政商关系"清"上加"亲"。依法保护企业自主经营权和创新权,化解企业维权成本高、执行难等问题,用法治方式激发和保护企业家精神。

11. 让善创新成为政府内在追求。我们将克服思维定势和路径依赖,探求消解痛点、打通堵点的新招子,用智慧和勇毅办好泰州的事。深化改革破除制度性障碍。推进工程建设领域审批制度改革和"一网、一门、一次"改革,逐步推开容缺预审、并联审批和区域评、承诺制。紧扣服务实体经济推进金改试点,加快打造资本市场促进中心,优化提升产融综合服务中心,增强担保机构和信保基金增信服务能力,进一步缓解企业融资难融资贵问题。持续整合优化国有资产资源,积极探索国企功能分类和界定,谋划启动重点国企上市工作,加快组建现代农业集团,推动国企转换经营机制、改善综合效益。提高本领破解根本性难题。改进政府系统工作方法,强化问题导向防控重大风险,运用系统思维化解突出矛盾,采取市场化法治化方式推动改革发展。提高公务人员专业水平和履职能力,走出去开拓眼界、更新理念,沉下去实战磨砺、甘当学生,做到会动脑更会动手、有想法更有办法。落实激励干部实干担当"六条措施",以经济一线和基层岗位为重点,探索清单式、案例式容错免责机制,为"改革闯将""创新尖兵"鼓劲撑腰。

(市政府办)

重要文件题录

2019年中共泰州市委重要文件题录

表69

文号	题名	签发日期
泰发〔2019〕1号	中共泰州市委泰州市人民政府印发《关于推动农业农村优先发展做好"三农"工作的实施意见》的通知	1月29日
泰发〔2019〕2号	中共泰州市委泰州市人民政府关于实施2018年市区改善民生实事的通知	3月24日
泰发〔2019〕4号	中共泰州市委关于印发《2018～2022年泰州市干部教育培训规划》的通知	5月11日
泰发〔2019〕6号	中共泰州市委关于学好用好《习近平新时代中国特色社会主义思想学习纲要》的通知	7月3日
泰发〔2019〕7号	中共泰州市委泰州市人民政府关于印发《泰州建设江苏高质量发展中部支点城市总体方案》的通知	8月3日
泰发〔2019〕9号	市委、市政府关于印发《泰州教育现代化2035》的通知	9月7日
泰发〔2019〕10号	中共泰州市委印发《关于开展"不忘初心、牢记使命"主题教育的实施方案》的通知	9月11日
泰发〔2019〕11号	中共泰州市委关于深入学习宣传党的十九届四中全会精神的通知	11月2日
泰发〔2019〕13号	中共泰州市委关于新时代加强和改进人民政协工作的实施意见	12月3日
泰办发〔2019〕1号	市委办公室市政府办公室关于印发靖江市机构改革方案的通知	1月24日
泰办发〔2019〕2号	市委办公室市政府办公室关于印发泰兴市机构改革方案的通知	1月24日
泰办发〔2019〕3号	市委办公室市政府办公室关于印发兴化市机构改革方案的通知	1月24日
泰办发〔2019〕4号	市委办公室市政府办公室关于印发泰州市海陵区机构改革方案的通知	1月24日
泰办发〔2019〕5号	市委办公室市政府办公室关于印发泰州市高港区机构改革方案的通知	1月24日
泰办发〔2019〕6号	市委办公室市政府办公室关于印发泰州市姜堰区机构改革方案的通知	1月24日
泰办发〔2019〕7号	市委办公室市政府办公室关于印发《泰州市党政机关法律顾问服务工作规范》的通知	2月1日
泰办发〔2019〕8号	市委办公室市政府办公室关于印发《泰州年鉴(2019)编纂实施方案》的通知	2月1日
泰办发〔2019〕9号	中共泰州市委办公室关于印发《中共泰州市委常委会2019年工作要点和任务分工方案》的通知	2月2日
泰办发〔2019〕14号	市委办公室市政府办公室关于印发《"健康长江泰州行动"工作方案》的通知	2月22日
泰办发〔2019〕15号	中共泰州市委办公室关于印发《泰州市关心下一代工作委员会2019年工作要点》的通知	2月25日
泰办发〔2019〕16号	市委办公室市政府办公室市政协办关于明确2019年市政协重点协商计划的通知	2月24日
泰办发〔2019〕17号	市委办公室市政府办公室关于泰州市2018年督查检查考核事项清理和2019年督查检查考核计划安排情况的报告	2月26日
泰办发〔2019〕19号	市委办公室市政府办公室关于成立市区一体化发展工作领导小组的通知	2月28日

续表 69－1

文号	题名	签发日期
泰办发〔2019〕21 号	中共泰州市委办公室关于印发《中共泰州市委全面深化改革委员会 2019 年工作要点》的通知	2 月 28 日
泰办发〔2019〕23 号	中共泰州市委办公室关于印发《完善落实“党建带关建”工作机制的意见》的通知	3 月 5 日
泰办发〔2019〕24 号	中共泰州市委办公室关于成立新时代文明实践中心建设工作领导小组的通知	2 月 25 日
泰办发〔2019〕33 号	市委办公室市政府办公室关于印发泰州市教育局等部门职能配置、内设机构和人员编制规定的通知	3 月 25 日
泰办发〔2019〕34 号	市委办公室市政府办公室关于印发泰州市审计局等部门职能配置、内设机构和人员编制规定的通知	3 月 25 日
泰办发〔2019〕37 号	市委办关于印发中共泰州市委研究室等部门职能配置、内设机构和人员编制规定的通知	3 月 30 日
泰办发〔2019〕38 号	市委办公室市政府办公室关于印发泰州市人民政府办公室等部门职能配置、内设机构和人员编制规定的通知	3 月 30 日
泰办发〔2019〕39 号	市委办公室市政府办公室关于印发泰州市人力资源和社会保障局等部门职能配置、内设机构和人员编制规定的通知	3 月 30 日
泰办发〔2019〕40 号	市委办公室市政府办公室关于印发泰州市商务局等部门职能配置、内设机构和人员编制规定的通知	3 月 30 日
泰办发〔2019〕43 号	中共泰州市委办公室关于成立市委教育工作领导小组的通知	5 月 13 日
泰办发〔2019〕44 号	市委办公室市政府办公室印发《关于加强和规范新形势下督促检查工作的实施意见》的通知	5 月 20 日
泰办发〔2019〕45 号	市委办公室市政府办公室关于解决形式主义突出问题落实“基层减负年”工作措施的通知	5 月 20 日
泰办发〔2019〕46 号	市委办公室市政府办公室关于印发《泰州市党政领导干部安全生产责任制实施办法》的通知	5 月 27 日
泰办发〔2019〕50 号	市委办公室　市人大办公室　市政府办公室关于在第二批“不忘初心、牢记使命”主题教育前开展“两先一改”活动的通知	7 月 24 日
泰办发〔2019〕51 号	市委办关于印发《泰州市文学艺术界联合会机关职能配置、内设机构和人员编制规定》的通知	8 月 3 日
泰办发〔2019〕52 号	市委办关于印发《泰州市工商业联合会机关职能配置、内设机构和人员编制规定》的通知	8 月 3 日
泰办发〔2019〕53 号	市委办关于印发《泰州市妇女联合会机关职能配置、内设机构和人员编制规定》的通知	8 月 3 日
泰办发〔2019〕54 号	市委办关于印发《泰州市哲学社会科学界联合会机关职能配置、内设机构和人员编制规定》的通知	8 月 3 日
泰办发〔2019〕55 号	市委办关于印发《泰州市中级人民法院职能配置、内设机构和人员编制规定》的通知	8 月 3 日
泰办发〔2019〕56 号	市委办关于印发《共青团泰州市委机关职能配置、内设机构和人员编制规定》的通知	8 月 3 日
泰办发〔2019〕57 号	市委办关于印发《中共泰州市委党校职能配置、内设机构和人员编制规定》的通知	8 月 3 日
泰办发〔2019〕58 号	市委办市政府办关于印发《泰州市住房公积金管理中心职能配置、内设机构和人员编制规定》的通知	8 月 3 日
泰办发〔2019〕59 号	市委办关于印发《泰州市归国华侨联合会机关职能配置、内设机构和人员编制规定》的通知	8 月 3 日
泰办发〔2019〕60 号	市委办关于印发《泰州市科学技术协会机关职能配置、内设机构和人员编制规定》的通知	8 月 3 日

续表 69－2

文号	题名	签发日期
泰办发〔2019〕61 号	市委办关于印发《泰州市总工会机关职能配置、内设机构和人员编制规定》的通知	8 月 3 日
泰办发〔2019〕62 号	市委办关于印发《泰州市红十字会机关职能配置、内设机构和人员编制规定》的通知	8 月 3 日
泰办发〔2019〕65 号	市委办公室市政府办公室印发《关于加强乡镇政府服务能力建设的实施方案》的通知	9 月 5 日
泰办发〔2019〕66 号	市委办市政府办印发《关于加强乡镇政府服务能力建设实施方案》的通知	9 月 5 日
泰办发〔2019〕67 号	市委办市政府办关于调整泰州市拥军优属拥政爱民（拥军支前军地协调）工作领导小组成员的通知	9 月 4 日
泰办发〔2019〕68 号	市委办市政府办关于印发《加快推进泰州教育现代化实施方案(2019～2022 年)》的通知	9 月 7 日
泰办发〔2019〕69 号	市委办市政府办印发《关于深化教育体制机制改革的实施方案》的通知	9 月 7 日
泰办发〔2019〕70 号	市委办市政府办印发《关于深化教育领域群众反映强烈突出问题专项治理工作方案》的通知	9 月 7 日
泰办发〔2019〕71 号	市委办公室市政府办公室关于印发《泰州市经济薄弱村脱贫攻坚行动方案》的通知	9 月 10 日
泰办发〔2019〕73 号	市委办公室市政府办公室关于成立泰州市国土空间规划编制工作领导小组的通知	9 月 19 日
泰办发〔2019〕74 号	市委办公室市人大办公室市政府办公室市政协办公室关于做好 2019 年市人大代表建议市政协提案办理工作的通知	9 月 19 日
泰办发〔2019〕76 号	市委办公室市政府办公室关于成立市行政区划变更工作领导小组的通知	9 月 24 日
泰办发〔2019〕78 号	市委办公室市政府办公室关于进一步创新农村集体“三资”监管稳步推进集体产权制度改革的意见	9 月 27 日
泰办发〔2019〕79 号	市委办公室市政府办公室关于印发《泰州市贯彻落实省第三安全生产巡查组反馈意见整改方案》的通知	9 月 29 日
泰办发〔2019〕81 号	市委办公室市政府办公室关于印发《新时代泰州产业工人队伍建设改革重点任务实施方案》的通知	10 月 9 日
泰办发〔2019〕86 号	中共泰州市委办公室印发《关于深化泰州市纪委监委派驻机构改革的实施意见》的通知	11 月 18 日
泰办发〔2019〕87 号	中共泰州市委办公室印发《关于市属国有企业市属本科院校等事业单位纪检监察机构设置有关事项的意见》的通知	11 月 18 日
泰办发〔2019〕89 号	市委办市政府办关于成立推进市域社会治理现代化建设更高水平平安泰州领导小组的通知	12 月 12 日
泰办发〔2019〕91 号	市委办公室市政府办公室关于印发《泰州市党政机关公务用车管理办法》的通知	12 月 13 日
泰办发〔2019〕92 号	市委办公室市政府办公室关于成立泰州市安全生产专项整治行动领导小组的通知	12 月 16 日
泰办发〔2019〕93 号	市委办公室市政府办公室关于印发《泰州市深入开展安全生产专项整治行动实施方案》的通知	12 月 16 日
泰办发〔2019〕94 号	市委办公室市政府办公室关于印发《泰州市重点开发园区高质量项目建设“三比一提升”行动方案》的通知	12 月 17 日
泰办发〔2019〕97 号	市委办公室市政府办公室关于成立泰州市高等教育改革发展领导小组的通知	12 月 25 日

（市委办）

2019 年泰州市政府重要文件题录

表 70

文号	标题	签发日期
政府令 9 号	关于修改《〈泰州市房屋安全管理条例〉实施细则》《泰州市户外广告设施管理办法》的决定	11 月 21 日
泰政规〔2019〕1 号	市政府关于印发泰州市商业性户外广告有偿设置管理办法的通知	1 月 21 日
泰政规〔2019〕2 号	市政府关于印发完善残疾儿童康复救助制度实施办法的通知	6 月 24 日
泰政规〔2019〕3 号	市政府关于印发泰州市节约用水办法的通知	11 月 21 日
泰政规〔2019〕4 号	市政府关于印发泰州市水土保持管理办法的通知	11 月 21 日
泰政规〔2019〕5 号	市政府关于印发泰州市市容环境卫生责任区管理办法的通知	11 月 21 日
泰政规〔2019〕6 号	市政府关于修改泰州市市长质量奖评审管理办法的决定	12 月 13 日
泰政规〔2019〕7 号	市政府关于印发泰州市老年人优待办法的通知	12 月 26 日
泰政发〔2019〕3 号	市政府关于做好当前和今后一个时期促进就业工作的实施意见	1 月 3 日
泰政发〔2019〕7 号	市政府关于重新明确市国资委履行出资人职责企业名单和监管权限的通知	1 月 7 日
泰政发〔2019〕11 号	市政府关于表彰泰州市十佳和谐企业泰州市和谐劳动关系企业(园区)的决定	1 月 10 日
泰政发〔2019〕25 号	市政府关于下达 2019 年度引进高层次人才指标的通知	2 月 1 日
泰政发〔2019〕27 号	市政府关于明确 2019 年全市一般公共预算收入预期目标的通知	2 月 18 日
泰政发〔2019〕36 号	市政府关于表彰 2018 年度安全生产工作先进集体和先进个人的决定	3 月 27 日
泰政发〔2019〕47 号	市政府关于公布 2018 年泰州市有突出贡献的中青年专家名单的通知	4 月 8 日
泰政发〔2019〕116 号	市政府关于公布 2019 年泰州市政府重大行政决策事项目录的通知	9 月 23 日
泰政发〔2019〕124 号	市政府关于变更海陵区姜堰区部分行政区划的通知	10 月 15 日
泰政发〔2019〕136 号	市政府关于扩大市区禁止燃放烟花爆竹区域的通告	11 月 27 日
泰政发〔2019〕139 号	市政府关于表彰 2019 年度泰州市市长质量奖获奖单位的决定	12 月 13 日
泰政发〔2019〕142 号	市政府关于表彰第五届泰州市青少年科技创新市长奖的决定	12 月 17 日
泰政发〔2019〕150 号	市政府关于调整完善市区财政管理体制的通知	12 月 30 日
泰政办发〔2019〕2 号	市政府办公室关于印发泰州市 2019 年度水利工作意见的通知	1 月 8 日
泰政办发〔2019〕9 号	市政府办公室关于实行企业职工基本养老保险和失业保险市区统筹的通知	2 月 2 日
泰政办发〔2019〕11 号	市政府办公室关于表彰 2018 年度泰州市建筑业十强企业明星企业专业十佳企业的决定	2 月 13 日
泰政办发〔2019〕12 号	市政府办公室关于表彰 2018 年度泰州市建筑业优秀企业家的决定	2 月 13 日
泰政办发〔2019〕13 号	市政府办公室关于对相关建筑企业和项目实施资金奖励的决定	2 月 13 日
泰政办发〔2019〕14 号	市政府办公室关于印发 2019 年泰州市建筑业工作目标管理考核办法的通知	2 月 13 日

续表 70－1

文号	标题	签发日期
泰政办发〔2019〕16 号	市政府办公室关于做好 2019 年度耕地占补平衡和城乡建设用地增减挂钩工作的通知	2 月 18 日
泰政办发〔2019〕17 号	市政府办公室关于印发“泰企云”服务管理平台建设工作方案的通知	2 月 21 日
泰政办发〔2019〕18 号	市政府办公室关于调整城镇土地使用税税额标准的通知	2 月 25 日
泰政办发〔2019〕19 号	市政府办公室关于全面落实取消证明事项的通知	2 月 28 日
泰政办发〔2019〕20 号	市政府办公室印发关于严格落实企业环境治理主体责任提高企业环境管理水平意见的通知	3 月 1 日
泰政办发〔2019〕21 号	市政府办公室关于印发泰州市长江入河排污口排查整治试点工作方案的通知	3 月 18 日
泰政办发〔2019〕22 号	市政府办公室关于加强市政公用事业监管提高民生事业服务保障水平的意见	3 月 19 日
泰政办发〔2019〕23 号	市政府办公室关于印发泰州市加强个人诚信体系建设实施意见的通知	3 月 27 日
泰政办发〔2019〕24 号	市政府办公室关于印发泰州市信用“红黑名单”管理办法的通知	3 月 27 日
泰政办发〔2019〕25 号	市政府办公室关于印发泰州市全面加强电子商务领域诚信建设实施意见的通知	3 月 27 日
泰政办发〔2019〕26 号	市政府办公室关于印发泰州市推进建筑信息模型技术应用实施意见的通知	3 月 29 日
泰政办发〔2019〕27 号	市政府办公室关于印发泰州市市区长期护理保险制度实施意见的通知	3 月 29 日
泰政办发〔2019〕28 号	市政府办公室关于印发市政府 2019 年立法工作计划的通知	4 月 9 日
泰政办发〔2019〕29 号	市政府办公室关于印发市政府 2019 年规范性文件制定工作计划的通知	4 月 9 日
泰政办发〔2019〕30 号	市政府办公室关于印发 2019 年全市安全生产工作要点的通知	4 月 19 日
泰政办发〔2019〕32 号	市政府办公室关于印发泰州市促进开放型经济高质量发展若干政策措施的通知	5 月 6 日
泰政办发〔2019〕33 号	市政府办公室关于表彰 2018 年度全市开放型经济工作先进单位的决定	5 月 6 日
泰政办发〔2019〕34 号	市政府办公室关于印发泰州市健康名城建设实施方案的通知	5 月 6 日
泰政办发〔2019〕36 号	市政府办公室关于提高城乡居民最低生活保障和特困人员供养标准的通知	7 月 3 日
泰政办发〔2019〕40 号	市政府办公室印发关于进一步加强城市地下管线质量管理意见的通知	8 月 1 日
泰政办发〔2019〕41 号	市政府办公室关于印发泰州市“城建惠民”两年行动计划的通知	8 月 1 日
泰政办发〔2019〕42 号	市政府办公室关于印发进一步加强市政府投资项目招标投标管理工作意见等四个文件的通知	8 月 15 日
泰政办发〔2019〕43 号	市政府办公室关于印发泰州市市区城市基础设施配套费征收管理办法的通知	8 月 15 日
泰政办发〔2019〕44 号	市政府办公室关于印发泰州市沿江地区生态保护和空间利用专项规划泰州市沿江“一张图”规划的通知	8 月 26 日
泰政办发〔2019〕45 号	市政府办公室关于公布泰州市本级设定证明事项取消清单的通知	8 月 19 日
泰政办发〔2019〕46 号	市政府办公室关于印发泰州市长江保护修复攻坚战行动计划实施方案的通知	8 月 26 日

续表 70－2

文号	标题	签发日期
泰政办发〔2019〕47 号	市政府办公室关于加强和规范泰州口岸限定区域管理的通知	8 月 26 日
泰政办发〔2019〕50 号	市政府办公室关于印发泰州市国土空间总体规划（2020～2035 年）编制工作方案的通知	9 月 18 日
泰政办发〔2019〕51 号	市政府办公室关于国Ⅲ及以下排放标准柴油货车通行管理的通告	9 月 25 日
泰政办发〔2019〕53 号	市政府办公室关于印发泰州市推行政府购买服务加强基层社会救助服务能力实施办法的通知	10 月 15 日
泰政办发〔2019〕54 号	市政府办公室关于印发泰州市大面积停电事件应急预案的通知	10 月 28 日
泰政办发〔2019〕55 号	市政府办公室关于实施泰州市基本医疗保险和生育保险市区统筹的通知	10 月 28 日
泰政办发〔2019〕56 号	市政府办公室关于印发聚焦企业关切进一步优化营商环境行动方案的通知	10 月 28 日
泰政办发〔2019〕58 号	市政府办公室关于调整完善医疗机构审批工作的通知	11 月 1 日
泰政办发〔2019〕60 号	市政府办公室关于印发泰州市工程建设项目审批制度改革实施方案的通知	11 月 11 日
泰政办发〔2019〕61 号	市政府办公室关于印发 2019 年泰州市工业经济工作目标考核办法的通知	11 月 12 日
泰政办发〔2019〕62 号	市政府办公室关于印发泰州市重污染天气应急预案的通知	11 月 11 日
泰政办发〔2019〕63 号	市政府办公室关于印发泰州市推进运输结构调整实施方案的通知	11 月 21 日
泰政办发〔2019〕64 号	市政府办公室关于修改泰州市网络预约出租汽车经营服务管理实施细则的决定	11 月 22 日
泰政办发〔2019〕65 号	市政府办公室关于印发泰州市职业技能提升行动实施方案（2019～2021 年）的通知	12 月 4 日
泰政办发〔2019〕66 号	市政府办公室关于印发泰州市施工扬尘环境保护税核定征收管理办法（修订稿）的通知	12 月 4 日
泰政办发〔2019〕67 号	市政府办公室关于印发泰州市自然灾害救助应急预案的通知	12 月 10 日
泰政办发〔2019〕69 号	市政府办公室关于印发泰州市基本医疗保险和生育保险市级统筹实施意见的通知	12 月 13 日
泰政办发〔2019〕70 号	市政府办公室印发关于鼓励和支持台湾青年来泰州就业创业政策措施的通知	12 月 13 日
泰政办发〔2019〕71 号	市政府办公室关于进一步加快第五代移动通信网络基础设施建设的意见	12 月 17 日
泰政办发〔2019〕72 号	市政府办公室关于建立全市消防救援队伍职业保障机制的意见	12 月 26 日
泰政办发〔2019〕73 号	市政府办公室关于印发泰州市不动产登记有关问题处理意见的通知	12 月 26 日
泰政办发〔2019〕74 号	市政府办公室关于印发泰州市管河道保护与利用规划的通知	12 月 30 日
泰政办发〔2019〕76 号	市政府办公室关于 2019 年度全市政务信息和政府网站信息工作有关情况的通报	12 月 31 日
泰政办发〔2019〕79 号	市政府办公室印发关于进一步加强市级财政专项资金管理实施方案的通知	12 月 30 日

（市政府办）

统计资料

2019年泰州市主要经济社会指标一览表

表71

指　标	单　位	2019年	比上年增减(±%)
地区生产总值	亿元	5133.36	6.4
#第一产业增加值	亿元	292.50	2.3
第二产业增加值	亿元	2525.98	5.9
第三产业增加值	亿元	2314.88	7.6
人均地区生产总值(按常住人口计算)	元	110731.00	6.6
规模以上工业总产值	亿元	5431.80	2.2
规模以上工业增加值	亿元		6.4
规模以上工业营业收入	亿元	5525.95	0.2
规模以上工业利润总额	亿元	336.45	4.0
全社会用电量	亿千瓦时	296.00	3.4
#工业用电量	亿千瓦时	212.36	3.2
固定资产投资	亿元		6.0
#工业投资	亿元		6.1
服务业投资	亿元		6.5
#房地产开发投资	亿元	352.58	-0.3
社会消费品零售总额	亿元	1348.94	5.2
#限额以上社会消费品零售额	亿元	449.59	-0.2
进出口总额	亿美元	144.66	-1.8
#进口	亿美元	49.34	-5.1
出口	亿美元	95.32	0.0
实际到账注册外资	亿美元	14.86	-1.4
一般公共预算收入	亿元	374.58	2.2
#税收收入	亿元	287.48	-2.5
一般公共预算支出	亿元	594.24	11.6
金融机构人民币存款余额	亿元	6879.13	12.4
#住户存款	亿元	3263.96	13.5
金融机构人民币贷款余额	亿元	5493.92	14.8
居民人均可支配收入	元	37773	9.0
居民人均生活消费支出	元	23108	7.2
城镇常住居民人均可支配收入	元	47216	8.7
城镇常住居民人均生活消费支出	元	27298	7.1
农村常住居民人均可支配收入	元	23116	8.9
农村常住居民人均生活消费支出	元	16604	6.6
城镇非私营单位在岗职工年平均工资	元	79895	12.8
城乡住户人均存款(人民币)	元	70403	13.5
城市居民消费价格指数	上年=100	103.1	1.1点

2019年泰州市主要经济社会指标占全省比重一览表

表72

指标名称	单　位	江苏省	泰州市	泰州市占江苏省比重(%)
土地面积	万平方千米	10.72	0.58	5.4
年末常住人口	万人	8070.00	463.61	5.7
地区生产总值	亿元	99631.52	5133.36	5.2
人均地区生产总值	元	123607	110731	89.6
粮食产量	万吨	3706.20	280.52	7.6
棉花产量	万吨	1.57	0.01	0.6
油料产量	万吨	94.32	9.49	10.1
猪牛羊肉产量	万吨	155.63	10.78	6.9
水产品产量	万吨	484.36	36.95	7.6
规模以上工业营业收入	亿元	118768.30	5525.95	4.7
规模以上工业利润总额	亿元	6733.77	336.45	5.0
全社会用电量	亿千瓦时	6264.36	296.00	4.7
#工业用电量	亿千瓦时	4453.35	212.36	4.8
社会消费品零售总额	亿元	35291.19	1348.94	3.8
#限额以上社会消费品零售额	亿元	13428.17	449.59	3.3
进出口总额	亿美元	6294.70	144.66	2.3
#进口	亿美元	2346.85	49.34	2.1
出口	亿美元	3947.84	95.32	2.4
实际到账注册外资	亿美元	261.24	14.86	5.7
一般公共预算收入	亿元	8802.36	374.58	4.3
#税收收入	亿元	7339.59	287.48	3.9
一般公共预算支出	亿元	12573.62	594.24	4.7
金融机构年末存款余额(人民币)	亿元	152837.34	6879.13	4.5
#住户存款	亿元	57759.21	3263.96	5.7
金融机构年末贷款余额(人民币)	亿元	133329.87	5493.92	4.1
居民人均可支配收入	元	41400	37773	91.2
居民人均生活消费支出	元	26697	23108	86.6
城镇常住居民人均可支配收入	元	51056	47216	92.5
城镇常住居民人均生活消费支出	元	31329	27298	87.1
农村常住居民人均可支配收入	元	22675	23116	101.9
农村常住居民人均生活消费支出	元	17716	16604	93.7
城镇非私营单位在岗职工年平均工资	元	98669	79895	81.0
城乡住户人均存款(人民币)	元	71573	70403	98.4

2019年泰州的一天

表73

指　标	单位	2019年	2018年
每天创造的财富			
地区生产总值	万元	140640	130609
第一产业	万元	8014	7842
第二产业	万元	69205	65626
第三产业	万元	63421	57141
一般公共预算收入	万元	10262	10045
粮食	吨	7685	7866
猪牛羊肉	吨	295	544
水产品	吨	1012	1066
粗钢	吨	4581	4324
钢材	吨	4524	4338
水泥	吨	21880	21824
布	万米	44.88	54.93
每天消费量			
居民人均生活消费支出	元	63	59
#食品烟酒消费	元	18	17
城镇居民人均生活消费支出	元	75	70
#食品烟酒消费	元	21	19
农村居民人均生活消费支出	元	45	43
#食品烟酒消费	元	14	13
社会消费品零售总额	万元	36957	35147
每天其他经济活动			
货物运输量	万吨	62	60
旅客运输量	万人	17	18
商品房竣工面积	万平方米	1.49	1.03
进出口总额	万美元	3963	4036
#出口	万美元	2611	2611
实际到账注册外资	万美元	407	413
每天人口变动和婚姻			
出生人数	人	97	116
死亡人数	人	119	117
结婚对数	对	97	112
离婚对数	对	32	31

2019年泰州市各市(区)地区生产总值一览表

表74

指标	单位	泰州市	市区	海陵区	高港区	姜堰区	医药高新区	兴化市	靖江市	泰兴市
地区生产总值		5133.36	2198.07	595.66	611.30	669.72	321.39	871.82	979.57	1083.90
#农业	亿元	202.73	60.18	7.48	11.46	40.13	1.10	68.58	20.85	53.13
林业	亿元	1.78	0.27	0.03	0.07	0.15	0.01	0.77	0.26	0.49
畜牧业	亿元	23.20	6.19	0.51	1.28	4.39	0.00	5.65	2.72	8.64
渔业	亿元	64.78	6.64	1.08	0.97	4.54	0.05	53.12	1.88	3.14
农林牧渔服务业	亿元	12.70	2.98	0.58	0.53	1.80	0.07	6.04	1.76	1.92
工业	亿元	1972.11	876.08	186.01	281.66	242.74	165.67	241.91	388.82	465.3
建筑业	亿元	556.68	206.67	68.32	44.36	74.25	19.74	104.76	154.1	91.15
批发和零售业	亿元	445.67	211.77	65.31	66.27	57.50	22.69	80.86	62.06	90.98
交通运输、仓储和邮政业	亿元	212.66	89.66	21.90	27.10	33.13	7.53	36.06	43.52	43.42
住宿和餐饮业	亿元	57.34	25.43	11.22	4.50	6.18	3.53	10.66	8.12	13.13
信息传输、软件和信息技术服务业	亿元	79.18	38.65	14.80	6.61	8.95	8.29	11.64	10.93	17.96
金融业	亿元	330.49	146.59	53.17	38.47	41.31	13.64	59.97	61.9	62.03
房地产业	亿元	328.25	134.62	46.01	26.84	41.30	20.47	52.74	73.19	67.7
租赁和商务服务业	亿元	137.94	69.39	19.01	14.99	17.70	17.69	14.92	27.29	26.34
科学研究和技术服务业	亿元	72.69	39.78	8.64	11.51	14.69	4.94	5.94	13.08	13.89
水利、环境和公共设施管理业	亿元	64.28	33.86	13.54	13.43	5.17	1.72	5.52	11.79	13.11
居民服务、修理和其他服务业	亿元	39.71	16.81	5.14	7.04	3.49	1.14	7.83	6.32	8.75
教育	亿元	132.00	59.08	20.01	14.17	19.88	5.02	21.59	23.13	28.2
卫生和社会工作	亿元	112.15	43.92	10.43	9.76	14.89	8.84	25.89	20.52	21.82
文化、体育和娱乐业	亿元	34.35	17.37	9.05	3.54	3.33	1.45	5.24	5.67	6.07
公共管理、社会保障和社会组织	亿元	252.66	112.14	33.41	26.74	34.20	17.79	52.13	41.67	46.72
#第一产业增加值	亿元	292.50	73.27	9.11	13.78	49.21	1.17	128.12	25.7	65.41
第二产业增加值	亿元	2525.98	1082.32	254.17	325.93	316.87	185.35	346.55	540.91	556.2
第三产业增加值	亿元	2314.88	1042.48	332.38	271.59	303.64	134.87	397.15	412.96	462.29
人均地区生产总值（按常住人口计算）	元	110731	134241	114682	240291	96752	187509	70178	143066	101157

2019年泰州市农业生产情况一览表

表75

指标名称	单位	2018年	比上年增减(±%)
种植业			
粮食产量	万吨	280.52	-2.3
夏粮	万吨	104.65	-2.1
秋粮	万吨	175.87	-2.4
棉花产量	万吨	0.01	-79.2
油料产量	万吨	9.49	8.7
蔬菜(含菜用瓜)	万吨	334.29	1.0
瓜果类	万吨	15.11	2.0
蚕茧	吨	33.55	4.8
园林水果	万吨	5.98	4.7
食用坚果	吨	19752	-9.4
#白果	吨	19741	-9.4
畜牧业			
肉类总产量	万吨	15.39	-28.8
奶类总产量	万吨	7.75	93.3
禽蛋总产量	万吨	23.61	121.5
大牲畜年末数	万头	1.68	3.1
猪年末存栏	万头	17.71	-87.5
羊年末存栏	万头	11.15	-24.5
渔业			
水产品产量	万吨	36.95	-5.1
农业生产条件			
农业机械总动力	万千瓦	286.91	1.0
化肥使用折纯量	万吨	14.81	-3.2
农村用电量	亿千瓦时	144.41	7.3
有效灌溉面积	千公顷	275.23	0.3
农林牧渔业总产值	亿元	481.48	1.7
#农业总产值	亿元	266.14	2.5
林业总产值	亿元	3.17	7.1
牧业总产值	亿元	61.20	-3.6
渔业总产值	亿元	125.76	1.6
农林牧渔服务业总产值	亿元	25.20	4.4
农林牧渔业增加值	亿元	305.20	2.4
#农业增加值	亿元	202.73	3.5
林业增加值	亿元	1.78	7.1
牧业增加值	亿元	23.20	-6.0
渔业增加值	亿元	64.78	1.5
农林牧渔服务业增加值	亿元	12.70	4.2

2019年泰州市规模以上工业主要指标完成情况一览表

表76

指标名称	单位	全 市	市 区	海陵区	高港区	姜堰区	医药高新区	兴化市	靖江市	泰兴市
规模以上工业企业单位数	个	2576	1003	238	188	400	177	506	523	544
#高技术产业企业	个	204	133	20	40	23	50	14	17	40
#国有控股企业	个	45	21	8	3	4	6	3	11	10
#轻工业	个	763	359	78	71	116	94	192	78	134
#大型企业	个	40	20	4	6	4	6	2	10	8
中型企业	个	163	69	22	14	23	10	18	38	38
小型企业	个	2198	853	198	154	349	152	429	446	470
资产合计	万元	54445209	23426246	4341149	9179344	4717506	5188247	4856624	14280213	11882127
流动资产合计	万元	33127540	14656324	2712351	6098936	2915799	2929238	3043418	9015734	6412064
固定资产合计	万元	12744609	5747572	901627	2035542	1123368	1687036	1193634	2361724	3441679
负债合计	万元	28170779	12170325	2485610	4114325	2510339	3060051	2645911	6895699	6458844
营业收入	万元	55259542	28045728	4644343	13485566	4201962	5713857	5484941	9534125	12194748
营业成本	万元	43881584	20967994	3993199	8533635	3492384	4948776	4814291	8146092	9953207
利润总额	万元	3364482	1478816	148159	827650	236425	266582	202190	820692	862785
应交增值税	万元	1356238	700974	78869	382725	122896	116484	124924	216443	313897

2019年泰州市国内外贸易完成情况一览表

表77

指标名称	单位	全市	市区	海陵区	高港区	姜堰区	医药高新区	兴化市	靖江市	泰兴市
社会消费品零售总额	万元	13489421	6658925	2606270	662463	1882836	1507356	2103973	2190857	2535667
#批发和零售业	万元	11393591	5826686	2069515	600919	1676818	1479434	1803644	1830037	1933223
住宿和餐饮业	万元	2095830	832239	536755	61544	206018	27922	300329	360819	602443
#限上社会消费品零售总额	万元	4495907	2638321	778391	252379	496259	1111292	453884	582551	821151
限额以上批发和零售业法人企业数	个	1303	686	207	147	165	167	209	187	221
#零售业	个	513	256	60	49	83	64	107	55	95
进出口总额	万美元	1446582	593114	175377	158233	133003	126501	75191	344713	433564
#出口总额	万美元	953159	376857	147172	53734	111135	64815	72937	255124	248241
进出口总额(人民币计价)	万元	9967028	4088240	1206981	1091980	916292	872988	517687	2373890	2987211
#出口总额	万元	6563732	2596925	1012876	370467	765220	448362	502133	1757746	1706928
外商投资项目个数	个	126	83	17	15	18	33	8	7	28
协议外资金额	万美元	332702	179538	34738	57404	37539	49857	25563	12734	114867
实际到账外资	万美元	148648	83390	18079	20968	16013	28333	16179	11577	37502

2019 年泰州市教育事业一览表

表 78

指标名称	单位	全市	市区	海陵区	高港区	姜堰区	医药高新区	兴化市	靖江市	泰兴市
学校总数										
#普通高等学校	个	7	7							
中等职业学校	个	12	9	0	1	4	0	1	1	1
普通中学	个	182	61	12	10	28	3	52	25	44
#高中	个	34	15	1	0	7	1	8	4	7
初中	个	148	46	11	10	21	2	44	21	37
小学	个	147	49	8	9	25	5	33	22	43
特殊教育	个	5	2			1		1	1	1
幼儿园	个	337	132	41	19	44	24	90	49	66
毕业生总数										
#普通高等学校	人	16830	16830							
中等职业学校	人	8471	4428	0	600	1817	0	1794	1187	1062
普通中学	人	58981	22177	4386	1968	10770	320	14268	8178	14358
#高中	人	20799	7590	743	0	3562	0	4891	2807	5511
初中	人	38182	14587	3643	1968	7208	320	9377	5371	8847
小学	人	37573	13341	4053	1933	5465	1047	11252	4876	8104
特殊教育	人	187	52	17	5	11	9	36	14	85
幼儿园	人	39949	15321	4480	2263	5519	2416	11025	5227	8376
招生总数										
#普通高等学校	人	19970	19970							
中等职业学校	人	8981	5282	0	647	2312	0	1117	1038	1544
普通中学	人	62323	23412	4435	1845	10874	427	16880	8285	13746
#高中	人	24816	9575	833	0	4520	0	6136	3451	5654
初中	人	37507	13837	3602	1845	6354	427	10744	4834	8092
小学	人	40758	16244	4784	2241	6114	1607	10660	5300	8554
特殊教育	人	191	84	27	8	29	4	37	20	50
幼儿园	人	35773	14661	4029	2420	5132	2344	8328	5244	7540
在校学生总数										
#普通高等学校	人	65793	65793							
中等职业学校	人	26096	15257	0	1957	7432	0	3350	3428	4061
普通中学	人	177981	68923	13300	5612	32494	1175	42945	24442	41671

续表 78

指标名称	单位	全市	市区	海陵区	高港区	姜堰区	医药高新区	兴化市	靖江市	泰兴市
#女生	人	79871	31760	5773	2590	14852	544	17621	11975	18515
#高中	人	67614	26316	2328	0	12425	0	15623	9359	16316
普通小学	人	232566	86804	26368	12258	33270	7875	68320	28665	48777
#女生	人	102558	38977	11941	5506	14903	3526	28594	13634	21353
特殊教育	人	1377	504	96	46	226	20	349	155	369
幼儿园在园幼儿数	人	112150	45193	12797	7339	15543	7268	27604	15709	23644
专任教师总数										
#普通高等学校	人	3317	3317							
中等职业学校	人	1830	905	0	233	355	0	169	404	352
普通中学	人	18964	6781	1300	665	3099	162	4349	2893	4941
#高中	人	6923	2556	161	0	1256	0	1472	1040	1855
初中	人	12041	4225	1139	665	1843	162	2877	1853	3086
普通小学	人	14261	5111	1439	753	2091	452	4245	1870	3035
幼儿园	人	6947	2824	913	448	862	479	1931	953	1239

2019 年泰州市卫生事业一览表

表 79

指标名称	单位	全市	市区	海陵区	高港区	姜堰区	医药高新区	兴化市	靖江市	泰兴市
卫生机构数	个	2118	663	272	87	304		650	320	485
#医院	个	87	41	25	4	12		14	14	18
卫生院	个	115	31	6	5	20		42	13	29
卫生机构床位数	张	29885	13403	7819	1074	4510		5952	4741	5789
#医院	张	21562	10826	7093	634	3099		3434	3433	3869
卫生院	张	6810	1667	270	265	1132		2318	1238	1587
卫生技术人员	人	31673	13811	7881	1413	4517		6660	4911	6291
#执业(助理)医师	人	13309	5543	2907	630	2006		2982	2128	2656
注册护士	人	13263	6105	3747	502	1856		2758	1823	2577
#卫生防疫人员	人	457	212	120	15	77		70	94	81
医院、卫生院技术人员	人	25639	10888	6237	1028	3623		5904	4006	4841
#执业(助理)医师	人	10075	3996	2180	415	1401		2617	1629	1833
注册护士	人	11421	5205	3124	416	1665		2473	1593	2150

2019 年泰州市财政收支情况一览表

表 80

科目名称	单位	全市	市区	海陵区	高港区	姜堰区	医药高新区	兴化市	靖江市	泰兴市
财政总收入(上划中央收入+一般公共预算收入)	亿元	611.26	305.70	56.05	69.82	63.25	67.88	64.10	108.55	132.91
上划中央收入	亿元	236.68	118.08	22.04	27.72	24.71	27.07	24.34	41.94	52.32
增值税	亿元	146.85	67.76	10.82	20.80	17.09	12.28	18.22	27.36	33.51
消费税	亿元	15.96	15.86	3.10	0.33	0.54	4.89	0.01	0.05	0.03
企业所得税(60%)	亿元	58.27	26.45	6.25	4.52	5.33	8.62	4.59	12.52	14.72
个人所得税(60%)	亿元	15.60	8.01	1.87	2.07	1.74	1.28	1.52	2.01	4.06
一般公共预算收入	亿元	374.58	187.62	34.01	42.10	38.54	40.81	39.76	66.61	80.59
#税收收入	亿元	287.48	135.51	27.35	33.43	30.87	31.01	31.40	54.31	66.26
#增值税	亿元	146.85	67.76	10.82	20.80	17.09	12.28	18.22	27.36	33.51
企业所得税(40%)	亿元	38.85	17.63	4.17	3.01	3.56	5.74	3.06	8.34	9.81
个人所得税(40%)	亿元	10.40	5.34	1.25	1.38	1.16	0.85	1.01	1.34	2.70
一般公共预算支出	亿元	594.24	290.31	39.97	47.70	90.60	29.87	111.23	86.25	106.46
#一般公共服务	亿元	66.24	36.61	6.05	4.65	12.22	4.89	8.60	11.65	9.38
科学技术	亿元	17.75	12.50	1.21	2.28	2.66	4.32	0.68	1.36	3.22
教育	亿元	75.86	35.64	5.52	6.76	13.33	1.67	13.43	12.09	14.69
文化旅游体育与传媒	亿元	10.24	5.26	0.22	0.59	0.88	0.05	1.83	1.17	1.98
卫生健康	亿元	48.97	17.99	2.79	3.23	7.67	1.36	14.00	7.52	9.46
节能保护	亿元	16.31	7.46	1.93	0.68	1.09	1.57	2.16	2.95	3.73
城乡社区事务	亿元	55.25	37.29	1.97	14.91	7.46	4.72	3.98	10.78	3.21
交通运输	亿元	29.48	14.43	0.00	0.06	1.34	0.03	8.11	2.99	3.94
社会保障和就业	亿元	93.21	41.34	6.34	5.03	21.52	2.46	23.71	9.80	18.36
住房保障	亿元	38.18	18.41	2.48	2.80	5.37	0.97	6.71	5.33	7.73
农林水	亿元	53.59	17.59	2.60	3.08	7.83	1.25	15.04	5.55	15.41

2019年泰州市城镇非私营单位劳动就业情况一览表

表81

指标名称	单位	全市	市区	海陵区	高港区	姜堰区	医药高新区	兴化市	靖江市	泰兴市
从业人员	万人	275.0	97.8	31.5	14.8	40.8	10.7	73.2	40.6	63.4
第一产业	万人	54.3	12.1	1.1	1.8	9.0	0.2	21.7	6.0	14.5
第二产业	万人	112.6	40.4	11.4	6.9	16.6	5.5	25.3	20.7	26.2
第三产业	万人	108.1	45.3	18.9	6.1	15.3	5.0	26.2	13.9	22.7
在岗职工人数	人	885286	538401	141227	56982	247206	92986	55661	74161	217063
#国有单位	人	132329	62504	23562	8850	17242	12850	22175	18540	29110
城镇集体单位	人	9635	4593	506	919	2496	672	1209	1779	2054
港澳台商投资单位	人	58785	50524	1377	1651	2802	44694	1409	3009	3843
外商投资单位	人	40902	22990	5306	8908	4877	3899	1951	5760	10201
在岗职工平均人数	人	775559	443812	105120	60818	194961	82913	53112	74562	204073
在岗职工工资总额	万元	6196335	3528124	926924	496720	1422077	682403	400990	605972	1661249
在岗职工平均工资	元	79895	79496	88178	81673	72942	82304	75499	81271	81405
#国有单位	元	127680	142034	144998	118627	131505	167910	97169	129406	118742
城镇集体单位	元	83512	98385	53789	72073	129335	54324	57800	99136	54105

（季　杰）

2019年泰州市社会保障情况一览表

表82

指标名称	单位	全市	市区	海陵区	高港区	姜堰区	医药高新区	兴化市	靖江市	泰兴市
基本养老保险参保人数	人	3298008	428293	—	178143	543751	—	981276	423852	742693
#城镇职工基本养老保险参保人数	人	1357758	302806	—	72015	220694	—	196879	293073	272291
城乡居民基本养老保险参保人数	人	1940250	125487	—	106128	323057	—	784397	130779	470402
基本医疗保险参保人数	人	4545991	1593660	—	223396	698799	—	1357525	612811	981995
#城乡居民基本医疗保险参保人数	人	3077125	912141	—	140559	479986	—	1165628	280776	718580
城镇职工基本医疗保险参保人数	人	1468866	681519	—	82837	218813	—	191897	332035	263415
失业保险参保人数	人	962437	320167	—	—	—	—	79733	153805	138732
工伤保险参保人数	人	843751	192351	—	48568	135402	—	118500	191530	157400
提供住宿的各类社会服务机构数	个	151	38	8	8	21	—	36	29	48
提供住宿的各类社会服务机构床位数	张	22811	5560	1449	1165	2683	263	6449	2179	8623
城镇居民最低生活保障人数	人	5347	1576	1304	63	196	13	2971	158	642
农村居民最低生活保障人数	人	39179	8809	549	2046	5607	607	18220	1760	10390

2019年泰州市城乡居民家庭基本情况一览表

表83

指标名称	单位	泰州市	市辖区	海陵区	高港区	姜堰区	兴化市	靖江市	泰兴市
基本情况									
调查户数	户	1040	440	—	120	200	200	200	200
平均每户家庭常住人口	人	3.1	3.2	—	3.6	2.8	2.9	3.4	3.1
平均每户就业人口	人	1.9	1.9	—	2.3	2.1	1.8	2	2.3
平均每一就业人口负担人数	人	1.7	1.7	—	1.6	1.4	1.6	1.7	1.3
平均每户就业面	%	60.1	59.1	—	63	72.8	61.9	59.9	74.2
平均每人现住房建筑面积	平方米	59.2	54.2	—	62.4	50.2	52.7	68.6	66.2
人均可支配收入	元	37773	40951	—	38863	36656	32642	40941	36616
工资性收入	元	23354	25122	—	23560	22313	19116	26142	21627
经营净收入	元	5745	6182	—	6805	5709	8364	5090	4645
财产净收入	元	3553	4228	—	3864	3292	1005	4057	3342
转移净收入	元	5122	5419	—	4634	5341	4157	5652	7003
人均生活消费支出	元	23108	24908	—	25071	21971	19121	28456	22160
食品烟酒	元	6680	7456	—	7283	6513	5710	8302	6196
衣着	元	1752	1841	—	1800	1605	1495	1751	1872
居住	元	5171	5382	—	4622	4880	3499	5664	5270
生活用品及服务	元	1169	1347	—	1286	1128	1095	1400	1068
交通通信	元	3108	3421	—	3875	2657	2518	5195	2534
教育文化娱乐	元	2797	3076	—	4089	3198	2806	3455	3677
医疗保健	元	1612	1581	—	1773	1294	1243	1854	965
其他用品和服务	元	818	803	—	343	697	755	835	579

注：由于海陵区常住居民城镇化率较高，无农村住户调查点，故无相关资料。

2019年泰州市城镇居民每百户耐用消费品拥有量一览表

表84

指标名称	单位	泰州市	市辖区	海陵区	高港区	姜堰区	兴化市	靖江市	泰兴市
家用汽车	辆	63	66	63	87	51	37	82	44
摩托车	辆	16	17	9	33	15	14	21	9
电冰箱(柜)	台	117	116	117	120	114	106	115	133
洗衣机	台	108	107	111	107	103	104	113	107
热水器	台	125	126	131	131	124	122	123	131
空调	台	262	284	257	280	250	198	285	231
彩色电视机	台	215	228	225	227	209	178	225	199
照相机	台	17	23	27	27	15	11	15	11
计算机	台	87	95	116	101	70	67	92	79
其中:接入互联网的计算机	台	85	93	111	101	68	62	89	79
中高档乐器	架	12	16	24	13	13	5	10	8
固定电话	部	25	19	15	31	15	32	33	24
移动电话	部	279	272	280	303	254	262	298	290
其中:接入互联网的移动电话	部	250	249	256	280	232	216	265	265

2019年泰州市农村居民每百户耐用消费品拥有量一览表

表85

指标名称	单位	泰州市	市辖区	海陵区	高港区	姜堰区	兴化市	靖江市	泰兴市
家用汽车	辆	44	47		66	37	22	51	43
摩托车	辆	21	20		30	14	17	30	19
电冰箱(柜)	台	129	136		172	116	108	131	139
洗衣机	台	107	109		126	100	90	117	113
热水器	台	107	107		130	93	77	113	133
空调	台	194	215		290	169	142	220	198
彩色电视机	台	181	181		236	151	159	219	177
照相机	台	7	8		16	3	2	13	8
计算机	台	55	55		98	31	31	83	61
其中:接入互联网的计算机	台	49	55		98	31	19	74	53
中高档乐器	架	6	8		14	4	31	9	7
固定电话	部	30	15		26	9	249	40	44
移动电话	部	270	274		308	254	153	297	266
其中:接入互联网的移动电话	部	197	201		290	152		227	216

注:由于海陵区常住居民城镇化率较高,无农村住户调查点,故无相关资料。

（季　杰）

责任编辑　张　华

说　明

一、本索引采用主题分析法编制，索引词条按汉语拼音音序排列。

二、类目标题用黑体字样标示。

三、索引词条后的阿拉伯数字表示内容所在页码，阿拉伯数字后的拉丁字母（a、b、c）分别表示该页版面的左、中、右3个栏别。

四、为便于检索，在泰州的企事业单位和泰州发生的事件名称前的“泰州”两字，除易产生歧义者外，均予省略。

A

B

C

D

E

F

G

H

J

K

R

S

T

W

X

Y

Z

责任编辑　叶　彤